MANUAL DE DIREITO PENAL

EUGÊNIO PACELLI
ANDRÉ CALLEGARI

MANUAL DE DIREITO PENAL

PARTE GERAL

SÃO PAULO
EDITORA ATLAS S.A. – 2015

Capa: Leonardo Hermano
Composição: Set-up Time Artes Gráficas

Dados Internacionais de Catalogação na Publicação (CIP)
(Câmara Brasileira do Livro, SP, Brasil)

Pacelli, Eugênio

Manual de direito penal: parte geral / Eugênio Pacelli, André Callegari.
– São Paulo: Atlas, 2015.

Bibliografia.
ISBN 978-85-224-9912-0
ISBN 978-85-224-9913-7 (PDF)

1. Direito penal 2. Direito penal – Brasil. I. Callegari, André. II. Título.

15-01709
CDU-343

Índice para catálogo sistemático:

1. Direito penal 343

Depósito legal na Biblioteca Nacional conforme Lei nº 10.994, de 14 de dezembro de 2004.

Impresso no Brasil/*Printed in Brazil*

Editora Atlas S.A.
Rua Conselheiro Nébias, 1384
Campos Elísios
01203 904 São Paulo SP
011 3357 9144
atlas.com.br

Agradecimentos, muitos e sinceros, a Domingos Barroso da Costa, Pedro Ivo de Moura Oliveira, Rodrigo Dias Coelho, Caio Paiva, Arion Escorsin de Godoy, Douglas Fischer, Flávio Cardoso Pereira e José Carlos Porciúncula, que nos prestaram luxuoso auxílio nos trabalhos de pesquisa.

Eugênio Pacelli

À Cristina Motta e André da Motta Callegari.

Ao meu colega e amigo Ariel Weber e aos meus bolsistas Raul Marques Linares e Daniela Scariot.

André Callegari

Sumário

Nota explicativa

Este é um livro escrito a quatro mãos. Mas, ao contrário de tantos outros de igual característica, as mãos que o subscrevem não estiveram juntas na sua elaboração. André CALLEGARI já havia publicado o seu *Teoria geral do delito e da imputação objetiva* pela mesma Editora Atlas, obra que recebeu, já em 2014, a sua 3ª edição.

A seu turno, EUGÊNIO PACELLI vinha, há tempos, trabalhando a ideia e *gestando* um *Manual de direito penal – parte geral,* com o objetivo de oferecer à comunidade jurídica uma obra que, junto às necessidades do dia a dia de cada um, profissional ou aluno do Direito, pudesse apresentar reflexões mais atualizadas acerca desse difícil e, ao mesmo tempo, fascinante universo da dogmática penal.

A união dos projetos, então, se impôs.

Não como convergência absoluta de ideias e concepções, até porque os autores não são a mesma pessoa. Mas, seguramente, como convergência de propósitos e de compromissos com a abertura para um diálogo mais aprofundado no âmbito do Direito Penal brasileiro, sem perder de vista a atenção e a preocupação que se deve ter com a didática. Trata-se, portanto, de obra que rejeita a superficialidade, mas que também abraça os deveres com a clareza do pensamento.

Assim, no presente livro, foi incorporado o texto do mencionado *Teoria geral do delito e da imputação objetiva* de CALLEGARI, com as alterações e acréscimos comuns às viradas de ano na produção literária nacional (leis e mais leis e a atual jurisprudência), que veio, então, a unir-se aos demais estudos do *Manual* de PACELLI, daí resultando uma obra abrangente de todas as disciplinas da Parte Geral do Direito Penal.

Chamamos de *Manual* pelo método de trabalho desenvolvido. Não é um *Tratado,* com ampla e completa abordagem sobre toda a dogmática da Parte Geral do Direito Penal, o que demandaria tempo, pesquisas e esforços muito superiores àqueles realizados. Mas, certamente, se trata de livro que pretende levar ao leitor o *estado da arte* na matéria, em modo reflexivo e também informativo.

Ficamos devendo alguns tópicos, como, por exemplo, a aplicação das medidas de segurança, o debate sobre o conceito e as consequências da *ação comunicativa* e sobre o atual estágio das discussões na *neurociência,* no âmbito da *culpabilidade.* Deixamos, então, o compromisso com a segunda edição. Ainda assim, a primeira (edição) se faz, mais que oportuna, necessária, segundo nossa avaliação, acadêmica e profissional.

Os autores

Pequeno Dicionário de Conceitos e de Magias no Direito Penal

Antes que o leitor gaste um pouco de seu precioso tempo especulando sobre o que pode vir a ser um *Pequeno Dicionário de Conceitos e de Magias no Direito Penal,* antecipamo-nos com a explicação.

Mais que nunca na história deste país os alunos de Direito sofrem com a indústria cultural dos concursos públicos, cujo ápice – infelizmente – vem se consolidando nas respectivas Bancas. Naturalmente, não vai aqui uma generalização completa do fenômeno. Há bancas de concurso integradas por notáveis profissionais, com inegável formação jurídica e portadores daquelas virtudes necessárias àquele difícil compromisso.

Outras há, contudo, e parecem ser maioria, que padecem de um mal típico da pós-modernidade nos concursos públicos: o apego a conceitos e definições jurídicas mais ou menos obscuras e/ou sem maiores fundamentações epistêmicas. Já se perguntou em prova, por exemplo, o que significaria a expressão *quadros mentais paranoicos,* que, como sabemos nós, reporta-se à doutrina de Franco Cordero, na Itália. O que está de errado nisso? Bem, concorda-se que a erudição doutrinária seja um requisito aceitável, mas a especificação de um autor de língua estrangeira – direito comparado, pois – com pouco trânsito na generalidade das academias parece-nos uma demasia. No mínimo. Por que não se indagar diretamente sobre o conteúdo do significado daquela expressão? Por que não cuidar logo dos riscos de um sistema processual em que o juiz exerce ampla atividade investigatória ou probatória?

Há, pois, excesso de apego aos conceitos e às definições de autores nem sempre comprometidos com a ciência jurídica. Pior, nem mesmo comprometidos com a *práxis* jurídica. E, com isso, há excesso de arrogância e prepotência dos avaliadores, ainda não cientes da importância de seu papel e da responsabilidade da função, umbilicalmente ligada aos sonhos, aos candentes esforços e aos projetos de vida de inúmeros candidatos dedicados aos concursos públicos.

Daí a ideia de nosso *Dicionário*, que lamentavelmente tende a crescer muito mais. Os *conceitos* existem mesmo e até podem ser úteis. Já as *magias* parecem fantasias rebuscadas de quem tem pouco a dizer, a não ser demonstrar um simulacro do conhecimento pessoal, não compartilhado com as variadas instâncias do saber. Mas há que registrar também que muitas vezes a criação da magia foi involuntária e tinha outros propósitos. No entanto, a indústria, sempre necessitada de novidades, dela se apropria como conhecimento verdadeiro e definitivo.

Seguem alguns de uns (conceitos) e outros (magias). Iniciamos com uma advertência.

- **OBSERVAÇÃO E ADVERTÊNCIA:** Os autores não se responsabilizam pelo acerto, pela fidelidade da definição e nem pelo insucesso na utilização dos conceitos e significados que seguem adiante. Por isso, limitamo-nos a utilizar *a tradução* corrente na doutrina, que pode se revelar útil àqueles dedicados aos concursos.

- **DIREITO PENAL SUBTERRÂNEO (ZAFFARONI)**: Exercido por um Estado paralelo – agentes públicos que agem com o apoio passivo ou ativo dos operadores do direito, aplicando sanções arbitrárias aos "marginais".

- **4ª VELOCIDADE DO DIREITO PENAL:** Ligada ao Direito Internacional, tendo como exemplo o julgamento de Nuremberg e os demais crimes contra a humanidade (tratados sobre direitos humanos também). Há uma diminuição das garantias individuais penais e processuais penais dos réus, defendida até mesmo por ONGs. **Obs.**: Cuidamos da concepção teórica de J. M. Silva Sánchez e seu *direito penal da terceira velocidade.*

- **TEORIA DO DIREITO INTERVENCIONISTA**: O direito penal deveria se ocupar apenas de condutas lesivas a bens jurídicos individuais e que causem prejuízos concretos. Os demais ramos do direito poderiam cobrir as demais situações.

- **INTERPRETAÇÃO PROGRESSIVA (MIRABETE)**: O processo deve abarcar novas concepções dilatadas pelas transformações sociais, científicas, jurídicas ou morais que devem permear a lei. Não confundir com PROGRESSÃO CRIMINOSA (autor comete um crime menos grave e depois muda de ideia, passando a cometer um mais grave). Há também CRIME PROGRESSIVO, que é o que exige **necessariamente** o cometimento de um crime menor para que se chegue ao maior.

- **MANDADOS DE CRIMINALIZAÇÃO:** A Constituição da República determina que o legislador penal se debruce sobre matérias específicas. Exemplos: racismo, tortura, tráfico, corrupção eleitoral (este é implícito). **Obs.**: Fazemos referência à ideia contida no conceito. Ou seja, não reconhecemos nenhum conceito.

- **CRIMES BILATERAIS OU DE ENCONTRO:** Exigem para a sua configuração a presença de duas pessoas, mas a conduta de UMA delas não é punível. Exemplo: bigamia.

- **CRIMES TRANSEUNTES**: Crimes que não deixam vestígios.

- **CRIMES VAGOS:** Têm por sujeito passivo uma entidade despersonalizada. Ex.: casa de prostituição.

- **CRIMES DE DUPLA SUBJETIVIDADE JURÍDICA:** Possuem dois sujeitos passivos. Ex.: violação de correio e aborto provocado por terceiro.

- **CRIMES DE RESULTADO CORTADO**: Delito em que a vontade (*sic*) do criminoso não fica na dependência da conduta da vítima, e sim na de terceiro alheio. Ex.: extorsão mediante sequestro.

- **CRIMES MUTILADOS DE DOIS ATOS**: É necessário cometer dois crimes diferentes para obter o intento do primeiro, caso contrário este não produziria resultados práticos. Exemplo: falsificação de moeda, que exige posteriormente o uso desta moeda.

- **TEORIA DA CEGUEIRA DELIBERADA OU TEORIA DAS INTRUÇÕES DO AVESTRUZ:** Se o agente se omite diante de uma ilicitude evidente, com o intuito de lucrar (exemplos: lavagem de capitais, corrupção eleitoral), deve responder por dolo e não culpa. Foi aplicada em primeiro grau no Brasil para condenar uma concessionária (ladrões que roubaram um banco no dia anterior compraram onze carros caríssimos com dinheiro em espécie), mas em segunda instância entendeu-se que a conduta era culposa.

- **COCULPABILIDADE ÀS AVESSAS**: No Brasil, os desfavorecidos socialmente não só não possuem um tratamento penal atenuado quanto recebem um agravado! Há diversas imputações bizarras que caracterizam delitos, como vadiagem, mendicância etc. Os crimes tradicionalmente cometidos pelas classes mais altas são protegidos pelo direito, com penas brandas e tipificações imprecisas.

- **VALORAÇÃO PARALELA NA ESFERA DO PROFANO**: *Profano* é o leigo, que não conhece o direito. A capacidade de compreensão do profano deve ser levada em conta na hora de se averiguar a potencial consciência da ilicitude da conduta. **Obs.**: Tratamos do conceito no livro.

- **TEORIA DAS JANELAS QUEBRADAS**: A ordem social seria destruída a partir de pequenos delitos e condutas desordeiras, daí a necessidade de tipos vagos e genéricos como "vadiagem" e outros do gênero. Configuraria, portanto, apenas mais uma justificativa para o sistema afastar esses indivíduos problemáticos da comunidade temporariamente, restaurando a paz social. **Obs.**: Tratamos da teoria no livro, com perspectiva acentuadamente diversa.

- **ESPIRITUALIZAÇÃO DE BENS JURÍDICOS**: Aplicação do direito penal a condutas configuradoras de crimes de perigo, de resultados difusos etc.

- **FRAGMENTARIEDADE ÀS AVESSAS:** Seria a superação, no tempo, de normas incriminadoras cujo conteúdo valorativo (ação desvalorada) perdesse a importância e, assim, a eficácia. Um exemplo seria o crime de adultério (antes da Lei 11.106/05, que o revogou expressamente).

- **LEI PENAL EM BRANCO HOMOGÊNEA HOMOVITELINA/HETEROVITELINA**: A distinção está em qual diploma normativo estaria o complemento da norma em branco: se for nele mesmo (em anexo, por exemplo), é homovitelina; em outro, heterovitelino. **Obs.**: Tratamos da questão no livro, sem, porém, o exagero e a desnecessidade da distinção (homovitelina/heterovitelina).

- **PRINCÍPIO DA BAGATELA IMPRÓPRIA**: Apesar de típico, o caso concreto indicaria a desnecessidade de aplicação de pena. Como se fosse a hipótese de um perdão judicial, mas fora dos casos previstos. **Obs.**: Tratamos da insignificância no livro, abarcando aquilo que nos parece necessário e suficiente para a apreensão da matéria.

- **CLASSIFICAÇÕES DA TENTATIVA:**

  a) PERFEITA – ou "CRIME FALHO"/IMPERFEITA (todo *iter criminis* é percorrido/não percorrido);
  b) BRANCAS/CRUENTAS (segundo não houver lesão ao bem protegido/se houver);
  c) ABANDONADAS; INADEQUADAS ou INIDÔNEAS. **Obs.**: Tratamos das classificações no livro.

- **DOLO DIRETO DE SEGUNDO GRAU:** Quando um dos resultados não era propriamente a intenção do agente, mas era uma consequência **inevitável/necessária** da conduta adotada. **Obs.**: Tratamos do conceito no livro.

- **DOLO ALTERNATIVO:** Está contida na ação dolosa a alternativa quanto ao resultado a ser obtido. Ex.: "matar ou ferir"; "disparo deferido contra uma ou outra pessoa". Há doutrina que defende que o agente deve responder por concurso formal, ainda que somente um único resultado seja obtido (consumação + tentativa). **Obs.**: Tratamos do conceito no livro.

- **DOLO GERAL:** Ficção jurídica para imputar o resultado consumado de forma dolosa ao agente e encobrir o fato de que, tecnicamente, em alguns casos haveria tentativa + consumação por culpa. Roxin tem uma interessante concepção de que se deve compreender o dolo do agente até o momento em que ele larga o curso causal. Ex.: depois de nela atirar, o autor joga a vítima no rio. A morte por afogamento está dentro do curso causal em que o autor agiu ainda com dolo. Se ele atira e vai embora – mesmo achando que matou – e a vítima se arrasta para longe e posteriormente acaba caindo no rio, não há falar em imputação do resultado ao dolo do autor. Aqui seria tentativa + culpa, ou até somente tentativa. **Obs.**: tratamos do conceito no livro.

- **TEORIAS DE DIFERENCIAÇÃO ENTRE DOLO EVENTUAL E CULPA CONSCIENTE:** POSSIBILIDADE (se houver consciência da possibilidade do resultado, já há dolo eventual); PROBABILIDADE (exige-se a consciência da alta probabilidade do resultado acontecer para que haja imputação por dolo eventual, não só a simples possibilidade); RISCO (já é dolo eventual se o agente conhecia o risco não permitido, independentemente de qualquer elemento volitivo); EVITABILIDADE (o agente só pode alegar culpa consciente se tiver efetivamente agido para evitar o resultado; caso contrário, se tratará de dolo eventual); PERIGO DESPROTEGIDO (quando se tratar de uma questão de sorte ou azar, haverá risco desprotegido – e consequentemente, dolo eventual. Quando for POSSÍVEL atuação do agente no sentido de evitar o resultado, haverá risco protegido, que enseja culpa consciente); CONSENTIMENTO/INDIFERENÇA (adotada no Brasil, o agente responde por dolo eventual se consentir com o resultado ou este lhe for indiferente). **Obs.**: tratamos da matéria no livro.

- **DELITOS DE ACUMULAÇÃO:** Resultam do acúmulo de condutas individualmente inofensivas (Ex.: nos crimes contra o meio ambiente, a poluição realizada por meio de pequenas condutas (bagatela) ao longo do tempo. **Obs.**: Tratamos de semelhante classificação no livro.

Título I

Fundamentos

I

O Direito Penal no Estado de Direito

I Direito e Direito Penal

1 Considerações introdutórias

Nos tópicos iniciais deste Título, e especificamente em relação aos fundamentos do Direito, ao modelo de Estado, à ideia de sistema jurídico e às teorias da pena, pode ser que o leitor venha a se aborrecer. E não é (será) para menos, dependendo de sua inserção pessoal anterior em questões dessa natureza.

Com efeito, a abordagem poderá lhe parecer excessivamente teórica e aparentemente desconectada com a vida prática. No entanto, estamos definitivamente convencidos de que somente uma compreensão *suficiente* das principais questões teóricas do Direito permitirá a ampliação do alcance da *práxis* jurídica. Vale a pena, então, e sem trocadilho, ter paciência. Até porque, a partir do exame dos *princípios,* ao final deste Título, tudo restará facilitado e clarificado.

Iniciemos com uma grande questão: O que é o Direito? Ordenação de regras proibitivas, permissivas e regulatórias da existência social? Positivação de valores da cultura de determinada sociedade? Instrumento de dominação das classes política e socialmente mais fortes?

Há inúmeras respostas, algumas mais, outras menos, pertinentes, sempre a depender da *lente* daquele que as fornece. Nessa quadra do desenvolvimento das ciências sociais não há mais espaço para ingenuidades: a ideologia, os desejos, os interesses, pessoais e coletivos, a permanente criação de (des)necessidades humanas e o não atendimento de tantas outras, enfim, parecem habitar o mundo pós-moderno e interferir na construção de toda forma do conhecimento. E, junto a isso e por isso, o discurso jurídico, de modo geral, tende a escamotear as alternativas que não agradam ao respectivo titular (do discurso).

O que não significa, necessariamente, que não seja possível pretender-se (pelo menos!) uma investigação livre de tais propósitos acerca dos conteúdos do Direito Positivo. Não estamos falando de neutralidade do autor, mas do âmbito de liberdade da obra, a ser aferido segundo a capacidade de alinhamento e esclarecimento das posições divergentes sobre o conteúdo examinado.

O Direito é ou pode ser tudo aquilo que acabamos de perguntar (ordenação de regras, instrumento de dominação etc.). Mas o que será objeto do presente trabalho é apenas o direito penal brasileiro *positivo*, em perspectiva, portanto, dogmática, pressupondo a legitimidade de boa parte dos dispositivos constitucionais que possam fundamentar a validade das normas penais em apreço. E, é claro, a invalidade de outras.

Por direito positivo entenda-se aquele ordenamento *legislado* e, assim, *positivado* em determinada ordem social e política.

Nossa missão começa daqui: não iremos responder o que efetivamente se deve entender por *Direito*, tópico mais afeito aos estudos da Filosofia e da Teoria do Direito, mas, sim, quais as possibilidades de compreensão do Direito Penal em nosso universo jurídico. E, para isso, teremos que recorrer ao contexto político e social que dá sustentação à ordem jurídica nacional, a fim de oxigenar a leitura da legislação penal, sobretudo a incriminadora.

Nosso propósito, portanto, é estudar a *dogmática penal* brasileira, a partir de nossas escolhas normativas, sobretudo a partir da Constituição da República de 1988.

Esclareça-se, contudo, que a separação a que acabamos de nos referir não é essencialmente metodológica, no sentido de se defender o estudo dogmático sem qualquer comunicação/interlocução com os demais saberes (filosofia, sociologia, criminologia etc.). Dito de modo mais claro: o sistema do Direito não vive por si e em si mesmo, mas se comunica com outros sistemas sociais, do conhecimento e da cultura.

Pretendemos apenas esclarecer que o objeto central de nossos esforços é o direito positivo brasileiro. E mais. O direito positivo *válido*, isto é, em conformidade com a ordem constitucional. Mas, quando nada, ficarão aqui registros mínimos acerca das disciplinas que, de algum modo, *dialogam* com o Direito Penal. Nesse passo, o Direito Constitucional, nos limites detalhados mais à frente, a definir a estrutura do Estado e a posição dos direitos e garantias individuais no modelo político escolhido, será de grande valia.

A Criminologia, que submete à crítica o Direito Penal, levantando as questões atinentes à legitimidade do sistema penal e sobre as práticas das instâncias oficiais que operam nesse contexto (Poder Judiciário, Polícia, Ministério Público etc.), embora de grande importância para a modernização do Direito Penal, cumprirá aqui missão menos pretensiosa, servindo mais de suporte argumentativo para a interpretação das leis penais. E nisso já nos será de grande utilidade. Que ninguém duvide: sociedades desiguais, de tradição oligárquica – de que somos exemplo – tendem a produzir criminalizações seletivas (para *alguns* e não para *todos*), seja ao nível das *leis* (criminalização *primária*), seja no âmbito do processo judiciário penal (*secundária*) e nos demais setores da segurança pública (polícias). Basta ver a diferença abismal entre o número de condenações pelos crimes *de sangue* e de *violência* (homicídios, furtos, roubos, extorsão) e aqueles relativos à chamada *violência silenciosa* (sistema financeiro, corrupção, ordem econômica etc.).

Quanto à importância do processo penal, talvez sequer seja necessário fazer qualquer acréscimo. O Direito Penal, tal como ocorre com as demais disciplinas de conteúdo essencialmente *material,* somente é levado ao Poder Judiciário pelo *processo.* Mas que não se pense que a única ou mesmo a principal função do processo penal seria a de *viabilizar* a aplicação da lei penal. Processo é *também* instrumento, sem dúvida. O processo penal, contudo, é muito mais que isso, já que recebeu amplo repertório de garantias individuais expressas na Constituição da República, instituindo-se, então, e hoje, como um verdadeiro *direito de cidadania.*

Aliás, sobre o processo penal, e, sobretudo, sobre a *ação penal,* regulada pelo nosso Código Penal, em seus arts. 100 a 106, é preciso que se advirta que, ao contrário de nossos manuais de Direito Penal, não trataremos mais longamente do tema neste trabalho. Pensamos que o lugar mais adequado para se discutir a *persecução penal,* que inclui a fase de investigação do crime (pré-processual), a identificação da titularidade para a *ação* e o desenvolver-se do *processo,* é o Direito Processual Penal. E, para isso, remetemos o leitor às edições atuais de nosso *Curso de processo penal,* e nossos *Comentários ao Código de Processo Penal* (com Douglas FISCHER), ambos publicados pela Editora Atlas. Por aqui, ficaremos apenas no registro dos principais pontos da disciplina, em sua conexão com o Direito Penal.

Feitas, então, tais considerações e justificada nossa escolha, algumas definições bem simplificadas poderão auxiliar a leitura dessa obra.

No parágrafo anterior, fizemos referências a conceitos que serão frequentemente utilizados, a saber: *metodologia, objeto, dogmática etc.* Outros ainda serão também manejados, diante de seu trato cotidiano no Direito, tal o caso dos termos *categoria,* muitas vezes tratadas como *institutos* e/ou *elementos.*

Poderia o aluno iniciante se surpreender com tantas distinções, como se se tratasse de algo de difícil apreensão. E não é nada disso.

A *metodologia* nada mais é que um *modo/maneira/método* de o homem se aproximar de determinado *conhecimento* humano (matemática, física, biologia, cibernética etc.). De modo geral, as *Ciências,* que pretendem examinar o conteúdo, o alcance e as explicações possíveis e válidas acerca de algum conhecimento, operam segundo uma metodologia específica. A *dogmática* jurídica traduz uma maneira ou um método de compreensão de determinada ordem jurídica. O seu objeto de estudo é o direito *positivo,* isto é, aquele direito tornado vigente e válido, se atendidos os requisitos de produção legislativa, em determinado Estado.[1]

---

[1] ORDEIG, Enrique Gimbernat. *Conceito e método da ciência do direito penal.* Tradução de José Carlos Gobbis Pagliuca. São Paulo: Revista dos Tribunais, 2002. p. 31-32.

Como ainda veremos de modo mais detalhado, a dogmática utiliza-se de um método *sistemático* para a solução dos conflitos inerentes à vida em sociedade. A organização de um *sistema jurídico* tem por objetivo, portanto, facilitar a aplicação do Direito, ordenando o estudo da legislação, sobretudo por meio da seleção dos princípios *fundamentais* da disciplina e da identificação das *categorias* mais importantes, e que, diante de sua maior extensão teórica e prática, encampariam o exame de um número maior de questões. Também em Direito Penal há inúmeros princípios que estarão presentes ao longo de toda a sua aplicação.

De outro lado, a *tipicidade, a ilicitude e a culpabilidade* são consideradas as principais *categorias* da teoria do delito, cada uma delas contendo variados *conceitos* (e/ou *institutos*), cuja compreensão é fundamental para resolver a maior parte dos problemas dogmáticos.

Na *tipicidade*, por exemplo, se estuda o conceito da *ação/omissão* do comportamento humano, do *dolo*, da *culpa*, do *resultado*, do *nexo de causalidade* e da *imputação objetiva* do resultado, além, é claro, do *bem jurídico* objeto da proteção penal.

Na *ilicitude*, na qual se definem as valorações sociais acerca da matéria proibida, serão estudadas, com maior ênfase, as *causas de justificação* (estado de necessidade, legítima defesa, estrito cumprimento do dever legal), tudo de modo a esclarecer quais seriam as condutas vedadas, as permitidas e aquelas apenas *toleradas*.

Já a *culpabilidade* tratará daquelas relevantes questões que cuidam da atribuição do fato criminoso ao seu autor, examinando a sua *imputabilidade penal* (capacidade para responder por suas ações) e a *reprovabilidade* pessoal de seu ato, em face das circunstâncias concretas que cercam o evento danoso.

Mas, antes de se chegar a tais categorias, essenciais aos estudos da teoria do delito, não podemos deixar de examinar, ainda que brevemente, algumas questões de suma importância para a contextualização da matéria, da perspectiva da história e da evolução do fenômeno jurídico.

Nesse contexto, e sem retroceder às concepções do *direito natural*, não se pode deixar de registrar a importância da passagem do *positivismo jurídico* para o atual estágio, designado por *pós-positivismo*, ambiente fértil para os estudos e para a aplicação dos princípios jurídicos, e, de modo mais sensível, para o crescimento da hermenêutica (interpretação) do Direito. A referida mudança foi riquíssima de consequências, sobretudo no que respeita à sua aproximação com importantes questões da *democracia*.

2 Positivismo e Direito Penal

Sem descer a detalhes de maior complexidade, o positivismo jurídico, que teve início, provavelmente, na doutrina de Hobbes, e, posteriormente, com as grandes codificações em fins do século XVIII e início do século XIX, acabou por se transformar em um sistema legal meramente *formal*, fundamentado na onipotência do legislador e construído a partir de uma premissa dificilmente realizável: a harmonização perfeita e acabada entre a soberania popular e as leis produzidas pelos titulares do poder de legislar.

Desse ponto de vista, isto é, do ponto de vista formal (sem compromisso com o *conteúdo*), parecia mesmo aceitável a tese de que a produção normativa (leis) consagrasse a efetiva *vontade popular* daqueles que outorgassem a representação àqueles legisladores, ou, ainda, nas hipóteses em que o exercício do poder seria legitimado pela vontade divina.

Daí ao famoso *dura lex, sed lex* (dura a lei, cumpra-se a lei!) foi um pulo, passando-se, necessariamente, pela figura do famoso *juiz boca da lei* (que se vê em Montesquieu, no célebre *O espírito das leis*), que se via reduzido à tarefa de aplicar o Direito segundo as expressas determinações legais, sem qualquer participação quanto à compreensão dos respectivos sentidos (da lei). Seu papel, portanto, era o de mero reprodutor *da vontade da lei*. E o que se buscava ou se prometia oferecer em troca era algo extremamente valioso: a segurança jurídica.

Note-se, aqui, clara e deliberada delimitação da atividade interpretativa em ordens que se proclamavam democracias: se todo o poder emanava do povo, que o exercia por seus representantes, ou pertencia ao soberano (nas monarquias), não poderia caber aos juízes qualquer papel de criação de leis. Cabia a eles apenas cumprir o quanto estipulado nos textos legais.

Percebe-se, então – já há muito tempo, é certo –, que semelhante perspectiva ignorava solenemente a complexidade da tarefa reservada ao intérprete. E não apenas ao intérprete *do direito*, senão também de qualquer outra espécie de texto, na medida em que as palavras nem sempre ostentam um único significado. Já por aí se viam as dificuldades de se manter *inativo* o juiz. Toda legislação se submete aos caprichos e às variações de sentidos dos textos e das palavras, o que, por si só, já tornaria tormentosa a posição do juiz *boca da lei*, não raramente acuado, ora na pluralidade de sentidos (dos textos), ora na sua vagueza, e, frequentemente, na ausência de técnica legislativa.

Para além de tudo isso, outro enorme problema, particularmente nas democracias representativas: a inevitável distância entre a vontade do titular do poder (povo) e aquela (vontade) do legislador, representante daquele. Traduzindo: problema entre os *déficits* de legitimidade da produção normativa, diante da abismal distância entre as leis *desejadas* e aquelas *outorgadas*. Fenômeno, aliás, mais atual que nunca...

Indo mais adiante, o positivismo jurídico também encontrou abrigo seguro no Estado Liberal, de feições nitidamente individualistas, no qual se buscava assegurar as chamadas liberdades *negativas* (é permitido tudo aquilo que não seja proibido!). Nessas ordens político-sociais, quanto menor a intervenção estatal, mais se garantiria o exercício da liberdade individual.

Não obstante ser irrecusável o reconhecimento de alguns méritos do positivismo em matéria penal, nem mesmo o princípio da *legalidade* das incriminações precisa ser creditado à sua conta. Assegurar que toda proibição de conduta esteja prevista em lei não significa a confiança cega no desempenho legislativo, mas apenas um limite a mais na proteção dos direitos fundamentais, perfeitamente compatível com um modelo democrático de Estado. A exigência de lei, nesse sentido, é apenas o *ponto de partida*, por meio do qual se iniciará o exame de sua pertinência em face da ordem constitucional, segundo as premissas valorativas do Estado de Direito.

Somente a partir da segunda metade do século XX, com o que se pode denominar de *novo constitucionalismo*, teve início a derrocada do positivismo jurídico, já então incompatível com o estágio de desenvolvimento da Ciência do Direito e da Filosofia Política da época. É quando ressurgem, com força total, os princípios fundamentais do ordenamento constitucional, no âmbito de um movimento de ampliação do espaço democrático, não mais limitado à produção legislativa propriamente dita e com pretensões de ampla participação da sociedade civil.

A chegada dessa nova dimensão do Direito ao mundo pós-positivista apresenta uma singular característica: a reabertura dos debates acerca da *legitimidade* da produção legal pelo Estado. É dizer: toda lei produzida pelo Estado seria *válida*, se observados os requisitos formais do processo legislativo? Ou haveria outra instância de controle dos textos legais? E, mais que isso: ainda que válida a lei, qual seria o seu *significado* e respectivo *alcance*?

É claro que há leis cujo texto não oferece maiores dificuldades quanto à eventual coincidência entre os intérpretes. E isso ocorre e deve ocorrer de modo mais emblemático no Direito Penal, cujas normas, em regra, proíbem comportamentos. Assim, as proibições devem ser claras. *Matar alguém* (o *texto* do art. 121, CP), por exemplo, parece não suscitar qualquer dúvida quando ao conteúdo da norma proibitiva: *é proibido matar qualquer pessoa*.

Nesse ponto, cumpre observar: não há identidade de conceitos entre a *norma* jurídica e o *texto* que a veicula. A *norma*, ou o comando e o sentido normativo, deve ser extraída do texto. Em um mesmo texto, podem conviver várias normas, do mesmo modo que vários textos podem se referir a uma mesma norma. Não bastasse, fora do Direito, há textos sem normas. E, mais, há normas *morais*, normas *sociais*, *religiosas* e também as normas *jurídicas*, que são as que nos interessam aqui.

Mas a questão permanece. No caso de textos não muito claros, poderia o juiz *decidir* segundo *seus* critérios de *justiça?* Quais?

Naturalmente, e, em princípio, se assim for possível, passaríamos do arbítrio legislativo daquele que detém o poder de *legislar*, para o arbítrio *judicial*, daquele que tem o poder de *julgar*. Quais seriam, então, as alternativas do pós-positivismo para questão tão complexa?

A essa relevante indagação não se pode dar respostas definitivas.

É nesse ponto e nesse cenário que ocuparão posição de proeminência na moderna compreensão do Direito enquanto ciência social aplicada (a) o Estado Constitucional; (b) o Estado Democrático de Direito; e (c) a Hermenêutica (interpretação) constitucional.

Assentada já, e desde o surgimento do Estado Constitucional, a ideia de uma ordem normativa superior às leis, e que servirá de controle quanto à validade de cada uma delas, cumpriria identificar, então, quais seriam os critérios fundamentais que permitiriam a *constitucionalização* do Direito, e, sobretudo, do Direito Penal.

E, para isso, deveremos identificar o modelo político escolhido pelo poder constituinte nacional em 1988, para, em seguida, estabelecer as pautas de interpretação que deverão vincular tanto o legislador quanto o aplicador do Direito. Deverão ser examinados, então, e em sequência, o conceito mais atual de Estado de Direito e importantes aspectos da chamada hermenêutica ou interpretação constitucional.

Advirta-se, contudo, que *nem tudo* no mundo de nossa existência poderá ser traduzido ou acolhido em um princípio constitucional. De fato, nem toda disciplina jurídica pode abrigar-se completamente em normas constitucionais vinculantes, até porque a Constituição, como obra essencialmente política e, assim, plural, não poderia dar conta de instituir princípios com densidade normativa suficiente para encampar todos os problemas do cotidiano. A isso ainda voltaremos.

II Direito Penal e Estado de Direito

Antes de articularmos as premissas ou as pautas de interpretação que nos conduzirão pela dogmática penal, impõe-se assinalar, de modo brevíssimo, a trajetória do Estado de Direito, iniciada nos Estados Constitucionais, que, aliás, abrigou por longo tempo a metodologia positivista para o Direito.

A sua primeira configuração (do Estado constitucional) é o Estado Liberal, do século XIX, fundado prioritariamente na liberdade do indivíduo/cidadão, com inteira primazia sobre considerações de interesses mais gerais. Não por outra razão, há quem o aponte como o Estado liberal *burguês*, imbricado ou identificado com os valores da burguesia, titular, então, do poder político e do poder econômico.[2]

Sob tais premissas, outra não poderia ser a história: "O século XIX conheceu desajustamentos e misérias sociais que a Revolução Industrial agravou e que o Liberalismo deixou alastrar em proporções crescentes e incontroláveis".[3]

Por isso, as Constituições que se seguiram ao pós-guerra do início do século XX "não ficam apenas preocupadas com a estrutura política do Estado, mas salientam o direito e o dever do Estado em reconhecer e garantir a nova estrutura exigida pela sociedade".[4] Confira-se, nesse sentido, a Constituição do México, em 1917, e, particularmente, a Constituição de Weimar (Alemanha), de 1919, a inaugurar no ocidente a constitucionalização da dignidade humana (art. 151).

A partir daí, os novos modelos de Estado, voltados para o *social*, ora apresentavam características preferencialmente *liberais*, ora preferencialmente *totalitários*, no que toca, sobretudo, à gestão dos respectivos governos. Importante assinalar, porém, que ordens políticas tradicionalmente classificadas como totalitárias, da perspectiva

---

2 MIRANDA, Jorge. *Teoria do estado e da constituição*. Rio de Janeiro: Forense, 2007. p. 47.

3 MAGALHÃES, José Luiz Quadros de. *Direito constitucional*. Tomo I. 2. ed. Belo Horizonte: Mandamentos, 2002. p. 44.

4 BARACHO, José Alfredo de Oliveira. Teoria geral do constitucionalismo. *Revista de Informação Legislativa*, ano 23, nº 91, p. 46, jul./set. 1986.

das políticas oficiais do ocidente, ocupavam-se já com maior eficiência e com amplitude na construção da igualdade social.

Já, então, na segunda metade do século XX, surge na história do constitucionalismo moderno o Estado Democrático (e social) de Direito, fundado na articulação entre direitos, liberdade e garantias individuais com os direitos sociais, tendo por premissa a realização da *igualdade*, não só diante da lei (liberdade *formal* – jurídica), mas diante da realidade da vida (liberdade *material*).[5]

A noção de Estado Democrático de Direito, então, pode ser apresentada sob pelo menos duas perspectivas.

A *primeira*, ligada à evolução histórica do constitucionalismo e das teorias do Estado, que podemos denominar *material*, porquanto fundada em determinados valores, reputados essenciais para a respectiva cultura e sociedade.

E, a *outra*, de fundo *procedimental*, na qual o conteúdo das ordens normativas estaria sempre em aberto, devendo ser permanentemente construído pelos titulares ou sujeitos de direitos (o povo), segundo as respectivas necessidades de cada momento histórico, ressalvado, contudo, um *núcleo subordinante* ou imutável: o respeito e a realização dos direitos humanos.

A primeira acepção, que compõe a tradição clássica do Direito Constitucional, reserva ao Estado de Direito um modelo político-social voltado para a realização dos direitos fundamentais, que determinariam o horizonte de sua instituição (e constituição). Ao contrário do Estado Liberal, que se caracterizava pelo *individualismo*, e do Estado do Bem-Estar Social, impregnado de intervenções estatais na vida privada, o Estado de Direito proporia novas pautas de valores, justificando-se precisamente pela necessidade de reconhecimento e afirmação dos direitos fundamentais. Nesse particular, o Estado de Direito seria também Social, a fim de se legitimarem as intervenções necessárias e suficientes para a realização da igualdade *material* entre os cidadãos (e não apenas *diante* da lei!).

Já quanto à *segunda* noção, tem-se em Habermas um dos principais articuladores das recentes teorias *discursivas* do direito, que buscam a legitimação de seu modelo nos procedimentos voltados para a apuração da soberania popular, de modo a permitir uma efetiva participação de todos na construção do significado e do alcance do Direito. Assim, o direito não seria algo previamente dado e definido no passado, mas teria a sua configuração segundo a necessidade de cada momento histórico, por meio de procedimentos e práticas discursivas, na busca da adesão e do consenso em torno do melhores argumentos.

Ouçamos o ilustre filósofo alemão, no ponto:

> "O projeto de realização do direito, que se refere às condições de funcionamento de nossa sociedade, portanto de uma sociedade que surgiu em determinadas circunstâncias históricas, não pode ser meramente formal. Todavia, divergindo

[5] MIRANDA, Jorge. *Teoria do estado e da constituição*, op. cit., p. 53.

do paradigma liberal e do Estado social, este paradigma do direito não antecipa mais um determinado ideal de sociedade, nem uma determinada visão de vida boa ou de uma determinada opção política. Pois ele é formal no sentido de que apenas formula as condições necessárias segundo as quais os sujeitos do direito podem, enquanto cidadãos, entender-se entre si para descobrir os seus problemas e o modo de solucioná-los."[6]

No entanto, semelhante modelo não prescindiria de um conteúdo *democrático*, na mais significativa acepção da palavra (enquanto atendimento das necessidades gerais), o que somente seria possível por meio de um *núcleo dogmático*, irrenunciável, e, portanto, *vinculante*.

Como se vê, há um denominador comum entre ambas as noções (da tradição clássica e das teorias de fundo discursivo): a base ou a estrutura do poder e de suas manifestações residiria nos direitos humanos, tornados *fundamentais* por meio de sua positivação na ordem constitucional. A distinção seria quanto ao modo de concretização e de delimitação desses direitos fundamentais. Para a concepção clássica, tais valores se imporiam como o curso natural da evolução do Estado; para a percepção discursiva, a definição e o alcance dos direitos fundamentais decorreriam do consenso entre os titulares do poder, ressalvado, repita-se, o núcleo essencial dos direitos humanos (dignidade humana, liberdade e autodeterminação etc.).

No presente trabalho, essa convergência aos direitos fundamentais dispensaria uma opção definitiva por um ou por outro modelo (clássico ou discursivo). O que nos importa aqui é elaborar uma dogmática penal que tenha como base a construção jurídica de um sistema dos direitos fundamentais. Em síntese: se ambos reconhecem o núcleo dos direitos fundamentais como a base de qualquer prescrição normativa *jurídica* (relembre-se de que há prescrições morais, religiosas etc.), faremos dele a base *material* para a interpretação.

Mas, e devemos dizê-lo, nossa preferência penderá por um modelo de corte *discursivo*, a fim de poder nos qualificar, a todos nós, como verdadeiros *autores* e não meros *destinatários* da ordem jurídica.

O Estado Democrático de Direito, portanto, como a organização política de determinado agrupamento social (tradução livre e asséptica dos tradicionais elementos do Estado, como *nação, território e povo*), fundada no reconhecimento dos direitos humanos e na sua positivação em nível constitucional (*direitos fundamentais*), irradia consequências em vários setores da ordem jurídica. Há farta doutrina nacional nesse sentido.[7]

---

[6] HABERMAS, Jürgen. Sobre a legitimação pelos direitos humanos. In: MERLE; MOREIRA (Org.). *Direito e legitimidade*. São Paulo: Landy, 2003. p. 91.

[7] BONAVIDES, Paulo. *Teoria do estado*. 3. ed. São Paulo: Malheiros, 1995. p. 367; OLIVEIRA, Marcelo Andrade Catoni de. *Direito constitucional*. Belo Horizonte: Mandamentos, 2002. p. 66 *et seq*.; CITTADINO, Gisele. *Pluralismo, direito e justiça distributiva*. Rio de Janeiro: Lumen Juris, 1999. p. 17; SARLET, Ingo Wolfgang. *A eficácia dos direitos fundamentais*. 9. ed. Porto Alegre: Livraria do Advogado, 2007; STRECK, Lenio Luiz.

A rigor, aliás, se entendido como tal ordem (política, social, econômica e jurídica) sequer seria necessário agregar ao *Estado de Direito* o predicado *Democrático*. Razões óbvias: sendo voltado e justificado para os direitos fundamentais, outra não poderia ser a conclusão senão da satisfação das exigências inerentes à concretização dos propósitos democráticos. Caso de se indagar: que outra finalidade teria o Estado, afinal?

No particular, a Constituição da República de 1988 é verdadeiramente pródiga no estabelecimento de direitos e garantias individuais.

Talvez, ou, muito provavelmente, em razão das práticas autoritárias dolorosamente experimentadas até então, o constituinte daquele ano optou por insculpir em texto a memória de um passado nunca mais desejado. Por isso, embora pudesse fazê-lo de modo mais sintético, o art. 5º, o art. 6º e o art. 7º foram e são minuciosos e detalhistas, emblemáticos da virada política da nova ordem.

Com efeito, o texto de 1988 oferece um grande repertório de direitos e garantias individuais, que permitem, a partir de definições de determinadas políticas de Estado, a configuração de um modelo jurídico inteiramente voltado para as pretensões da modernidade nacional: uma ordem em que o cidadão não seja mero expectador de eventuais generosidades do Poder Público, mas protagonista de seu destino e de sua história. Nesse sentido, *coautor* da ordem jurídico-social.

Tudo isso em tese, é claro, e como projeto irrenunciável do futuro, por ora.

Sim, porque em países como o Brasil, no qual sequer se implementaram políticas básicas de inclusão social e de erradicação da miséria, o Estado de Direito aparece apenas como *projeto* a ser levado a cabo; jamais, como algo já construído. Aliás, pode-se afirmar que o Brasil sequer *passou* pelo denominado Estado Social ou de Bem-Estar, modelo que antecederia o Estado de Direito.

III As bases para a interpretação do Direito Penal

1 A vinculação constitucional

Assentada na Constituição a escolha política pelo Estado de Direito, deve partir-se, então, para a definição de seu modelo *jurídico*.

Do Estado de Direito, como fundamento e finalidade da organização assim instituída, passa-se, então, à delimitação e aos contornos do universo jurídico. Não no aspecto de sua *completude*, mas, sim, nos seus traços mais gerais, e, não obstante, mais essenciais.

Se o Estado busca justificação e legitimidade na realização dos direitos fundamentais, parece intuitivo que qualquer política pública a ser instituída no seu interior deverá observar limites mínimos quanto ao modo de atuação do Poder.

Hermeneutica jurídica e(m) crise. Uma exploração hermenêutica da construção do direito. 10. ed. Porto Alegre: Livraria do Advogado, 2011.

Por isso, a base em que deverá se estruturar o direito em semelhante modalidade estatal se fundará em um verdadeiro *sistema dos direitos fundamentais*. Nessa perspectiva, ou seja, do sistema dos direitos fundamentais na Constituição, enquanto determinação específica de semelhante modelo estatal, consulte-se a obra indispensável de Ingo Wolfgang SARLET.[8]

Mas de quais direitos fundamentais estaríamos falando? Aqueles declinados na Constituição? Apenas eles e nenhum outro? Afinal, o que seriam *direitos fundamentais?*

Este não é um trabalho de filosofia política (do Estado). Aliás, como já esclarecemos, nossos propósitos se encaminham diretamente para a Dogmática Penal, e têm a pretensão de também se escorar em uma Dogmática Constitucional, isto é, por meio da adoção de direitos instituídos na ordem positiva, primeiramente no âmbito constitucional, e, depois, com suas repercussões no campo legal. Por isso, a resposta acerca da identificação dos direitos fundamentais será fornecida por uma teoria *normativa* de tais direitos, vinculada ao exame daqueles positivados na Carta de 1988.

E o rol de direitos individuais ali afirmado se qualifica mesmo como *fundamental*, dado que referidos direitos *fundamentam* a ordem instituída em 1988. Mas, a partir deles, outros poderão vir a ser igualmente configurados, como, aliás, resulta claro, por exemplo, do art. 5º, § 2º e § 3º, da Constituição da República, relativamente aos direitos humanos acolhidos em tratados internacionais.

Mais ainda.

Pensamos que também a *lei* poderá *incrementar* o rol dos direitos individuais, sobretudo no que toca ao asseguramento de melhores posições do cidadão em face dos poderes públicos. Quer se trate de garantias fundamentais, seja de direitos individuais, o que importa é assinalar o *status* de proteção essencial no ordenamento.

Parece inevitável, então, e agora, a alusão ao decantado princípio da *proporcionalidade*. Sobre este tema, em suas variadas acepções, se debruçaram ilustres autores, aqui e acolá.[9]

Para nós, como acentuamos em outro espaço (Ver nosso *Curso de processo penal*, 19. ed., Atlas, *no prelo*), a proporcionalidade ganha em significação quando reconhecida como *postulado*, deixando-se o conceito de *princípios* àquelas normas efetivamente positivadas, sobretudo, no texto da Constituição da República, de 1988. Há também princípios alçados a esse nível na própria legislação.

---

8 SARLET, Ingo Wolfgang. *A eficácia dos direitos fundamentais*. 9. ed. Porto Alegre: Livraria do Advogado, 2007.

9 ÁVILA, Humberto. *Teoria dos princípios*. Da definição à aplicação dos princípios jurídicos. 4. ed. São Paulo: Malheiros, 2005; SARMENTO, Daniel. *A ponderação de interesses na constituição federal*. Rio de Janeiro: Lumen Juris, 2002; BARROSO, Luis Roberto. *Interpretação e aplicação da constituição*. 5. ed. ver. atual. ampl. São Paulo: Saraiva, 2003; ALEXY, Robert. *Teoría de los derechos fundamentales*. Madrid: Centro de Estudios Constitucionales, 1993; SERRANO, Nicolas Gonzales-Cuellar. *Proporcionalidad y derechos fundamentales en el proceso penal*. Madrid: Colex, 1990; FEITOSA, Denilson. *Princípio da proporcionalidade no direito processo penal brasileiro*. Rio de Janeiro: Lumen Juris, 2007.

O aludido *postulado*, portanto, não vem explicitado no texto. Nada obstante, pode ser deduzido do conjunto (sistema) dos direitos e garantias individuais assegurados na ordem jurídica constitucional, emergindo, então, do *contexto*.

E, nesse sentido, oferece uma pauta de interpretação de enorme valia para nossas finalidades.

2 Proporcionalidade e sua dupla face

Reitere-se que é possível e aconselhável o manejo do postulado da proporcionalidade em pelo menos dois sentidos.

Na sua primeira leitura, a proporcionalidade se manifesta enquanto *proibição de excesso*, consoante se vê na origem da formação do conceito no âmbito da jurisprudência alemã. De fato, no Estado de Direito, instituído e destinado à realização dos direitos fundamentais, o uso do Poder deve se orientar sempre e somente para a consecução dos objetivos clarificados pelo interesse público.

E como o Direito Penal constitui uma das mais graves intervenções estatais na vida privada, atingindo duramente uma série de atributos individuais que qualificam o cidadão enquanto tal, o seu manejo há de ser feito, necessariamente, com parcimônia. De modo ainda mais claro: o Direito Penal cuida da violência institucionalizada, sempre carente de legitimação, sobretudo em tempos e em ambientes de maior desigualdade social. É nesse terreno que mais facilmente se propaga a reprodução violenta do *sectarismo* silencioso do poder político-econômico. Mesmo autores de outras áreas do Direito já reconheceram a pertinência da proibição do excesso na configuração teórica do Direito Penal, como se vê, dentre outros e, por exemplo, em Reinhold ZIPPELIUS.[10]

Sendo assim, parece inevitável uma compreensão *minimalista* da intervenção penal estatal. É dizer: se o Direito Penal se manifesta inevitavelmente de modo violento, deve ele ocupar papel reduzido nas políticas públicas, diante da magnitude de seu custo social. Qualquer que seja a concepção teórica adotada para a pena pública, ninguém duvida de sua natureza intrínseca como *privação de direitos*. E, exatamente por isso, deve ser utilizada com redobrada cautela.

Nesse passo, e enquanto a privação da liberdade for a sua principal característica, somente se poderá compreender o Direito Penal moderno a partir de sua configuração mínima, voltada para a inevitabilidade da reação diante de graves violações aos direitos fundamentais. O chamado princípio/postulado da *intervenção mínima* presta-se a isto: afirmar a necessidade do reconhecimento da gravidade do instrumental estatal penal, para, a partir daí, recorrer a ele apenas em casos de maior gravidade, nos quais a ausência de qualquer intervenção poderia *somar-se* ao mal causado pelo delito.

Chega-se, então, a uma definição fundamental: na perspectiva do Estado de Direito devem-se evitar os excessos legislativos, quando desconectados internamente,

---

[10] ZIPPELIUS, Reinhold. *Introdução ao estudo do direito*. Tradução de Gercélia Batista de Oliveira Mendes. Belo Horizonte: Del Rey, 2006. p. 150.

isto é, quando excessivo em face do próprio sistema geral de imputações (de responsabilidades). Mais se dirá sobre isso logo à frente, ao exame dos princípios fundamentais do Direito Penal e das objeções que podem e são levantadas contra a intervenção mínima.

A leitura que aqui se faz possivelmente encontrará ecos na doutrina do sistema penal *redutor* (melhor seria, *reduzido*) de ZAFFARONI, ao menos no que se diz respeito à diminuição do excesso (onde nos parecer haver) da intervenção penal, conforme adiante se explicitará.[11]

Um exemplo da fecundidade do postulado da proibição do excesso para a dogmática penal pode ser encontrado no princípio da *insignificância* ou da *bagatela,* a ser ainda estudado, e no qual se acentua a função da proteção de bens jurídicos contra ataques de maior relevo. Naturalmente, ainda faremos alguns relevantes acréscimos quanto a essa importante questão, mas, por ora, basta assentar que o conteúdo da lei penal incriminadora não pode ser encontrado unicamente na *literalidade do texto.* O art. 155 do Código Penal, por exemplo, qualifica como furto a ação de *subtração de coisa alheia móvel.* Uma leitura orientada pela literalidade (*dura lex sed lex*) indicaria que a subtração de *qualquer objeto* reclamaria a aplicação da pena criminal, independentemente de quaisquer considerações acerca do valor da coisa, sua importância geral no patrimônio atingido, e, ainda, o grau de proveito alcançado pelo agente.

A exigência de tipicidade *material* e não apenas *formal,* porém, demonstra a insuficiência do texto (e das palavras) para o enfrentamento das diferentes situações que podem se encontrar abarcadas em um mesmo conteúdo linguístico ou vernacular.

No exemplo dado, cabe ao intérprete contextualizar a aplicação do furto no âmbito mais amplo do princípio geral da *lesividade,* que deve estar presente em todo e qualquer tipo penal. Afinal, a elaboração e a criação da lei não podem se tornar mero deleite na atividade legislativa; cumpre-lhe (ao legislador) apontar uma específica finalidade *protetiva* de bens ou valores (mais adiante se esclarecerá tais conceitos) *e reguladora* de comportamentos.

Nesse ponto, cumpre assinalar que não pretendemos substituir o legislador na sua hercúlea tarefa de produção de incriminações e de sanções, colocando no lugar das escolhas por ele realizadas, outras, que nos pareçam mais adequadas. O que, pela via da proibição do excesso, se poderá fazer é o alinhamento lógico das censuras penais, atualizando as consequências dos tipos e cortando os desvios legislativos carentes de justificação interna (dentro do Código). Em nenhum momento fugiremos da ordem jurídica positiva. Todas as alternativas a serem aqui buscadas serão encontradas no próprio sistema penal brasileiro. Isso é fundamental que seja desde logo esclarecido.

E essa é uma missão especialmente cara ao jurista ou a todo aquele que se vê na contingência de aplicar o Direito Penal. Que o Parlamento brasileiro se equivoca, e muito, basta ver a profusão legislativa que assola o ambiente penal e processual

---

[11] ZAFFARONI, Eugênio Raul; BATISTA, Nilo; ALAGIA, Alejandro; SLOKAR, Alejandro. *Direito penal brasileiro* – Tomo I. Teoria geral do direito penal. Rio de Janeiro: Revan, 2003. p. 176.

penal ao longo destas sete décadas de vigência dos respectivos Códigos. Sobram leis e penas, sem que se possa saber o estágio atual de reprovabilidade de cada crime ainda em vigência (isto é, ainda não *revogados expressamente*), embora de validade discutível.

De outro lado, não só da proibição de excesso se ocupa a pauta da proporcionalidade.

Deve ela zelar também (e tão bem), em igualdade de propósito e de relevo, pela *máxima efetividade dos direitos fundamentais*. Missão essa que inclui a intervenção penal, na medida em que a Constituição da República assegura várias espécies de proteção aos direitos ali abrigados, reportando-se, em diversas passagens, à matéria de Direito Penal.

Nesse passo, o referido vetor se prestará a justificar uma interpretação assim orientada, ainda quando dela resultar uma leitura de maior rigor no horizonte penal aplicável. Sempre como exceção, é claro!

É o que se verá, por exemplo, no caso do infanticídio: para nós, *também* a interpretação fundada na proteção aos direitos fundamentais autoriza a aplicação de pena do homicídio ao partícipe, por concreta impossibilidade de comunicação do denominado *estado puerperal* (art. 30, c/c art. 123, Código Penal).

Nesse aspecto, há, no Brasil, uma preocupante curiosidade. Embora a maioria da doutrina penal se afirme partidária de um modelo de Estado de Direito, defendem-se ali, em verdade, concepções muito mais próximas ao Estado Liberal, descurando-se, então, da relevante função de tutela penal dos direitos fundamentais.

Com efeito, a maior parte de nossos autores de manuais de Direito Penal não se detém sobre a necessidade de se recorrer à *efetividade* dos direitos na interpretação da matéria penal. Ora, quando se chega a aceitar a legitimidade dessa modalidade de proteção (penal) aos direitos, e mesmo sob o enfoque de sua intervenção mínima, é preciso que se leve a sério a consequência que daí resulta: mínima que seja, há que ser *interventiva!*[12]

Obviamente, nem no caso do infanticídio e em nenhum outro, defenderíamos o emprego da *analogia*, por meio do qual se busca a integração do ordenamento jurídico em caso de ausência de regramento específico de determinada questão. A analogia, para fins de incriminação, não tem e não pode ter cabimento no Direito Penal. O princípio da *reserva legal* o impediria, como de fato o impede, consoante se vê de nossa Constituição (art. 5º, XXXIX).

No entanto, haverá situações em que a otimização da regra (norma penal) de proteção se imporá à interpretação que proíbe o excesso. Mas que fique claro: jamais como primazia do excesso sobre a sua e respectiva proibição, e, sim, como hipóteses de *inexistência* do excesso na interpretação.

---

[12] No campo das monografias há registros mais explícitos no mesmo sentido: STRECK, Maria Luiza Schäfer. *Direito penal e constituição*. A face oculta da proteção dos direitos fundamentais. Porto Alegre: Livraria do Advogado, 2009, e FELDENS, Luciano. *A constituição penal*. A dupla face da proporcionalidade no controle de normas penais. Porto Alegre: Livraria do Advogado, 2005.

Eis, então, a dupla face da proporcionalidade: de um lado, a *proibição do excesso;* do outro, a *máxima efetividade dos direitos fundamentais.* Mas ambas no mesmo nível: há entre elas (as apontadas faces) co-originalidade e complementariedade. É dizer: *nascem* juntas e se *complementam* reciprocamente.

De outra parte, seguiremos nesse trabalho a ideia geral que atribui ao Direito Penal a *função* de proteção de bens jurídicos.

É nossa declarada pretensão interpretar o Direito Penal de modo a reduzir o espectro das incriminações legais, na perspectiva e com a finalidade de que a violência inerente ao aludido sistema (penal) seja menos dramática e menos problemática que a violência do crime. Motivos não faltam e se justificam por eles mesmos, a tanto bastando apontar:

a) os textos legais, de modo geral, não abarcam a complexidade dos fatos por eles regulados e nem diferenciam a singularidade da individualidade humana;
b) a punição, qualquer que seja a sua justificativa, produz resultados evidentemente *não desejados,* mas apenas *tolerados.*

Assim, em atenção à evidência dos resultados das penas corporais, deve-se permitir sempre a renovação do juízo acerca dos custos sociais decorrentes da aplicação do Direito Penal, a partir das particularidades do caso concreto.

IV A DOGMÁTICA PENAL

Os estudos de Direito Penal dividem a matéria tratada na chamada *Parte Geral* daquela intitulada *Parte Especial,* ambas referidas ao Código Penal. E razões não faltam: na primeira (Parte Geral), examinam-se todos os elementos que integram as conhecidas regras de imputação jurídica (de um fato ao seu autor), a partir das quais se permite compreender o modo pelo qual se apura a responsabilidade penal.

Há ainda outra importante distinção, do ponto de vista prático, em nossa legislação penal.

No Brasil, há os *crimes,* propriamente ditos, e as *contravenções,* infrações penais de menor gravidade, merecendo ambos distintos tratamentos penais. Para as contravenções (Decreto-Lei 3.688/41) não é previsto o regime penitenciário, mas apenas a prisão *simples,* a ser cumprida em estabelecimentos *especiais ou seção especial de prisão comum, em regime semiaberto ou aberto,* nos termos do art. 6º da nossa chamada Lei de Contravenções Penais (que, na verdade, é *decreto-lei*). Não há também a punição da tentativa em matéria de contravenções (art. 4º).

Na Parte Geral, então, se cuida da definição do *sistema geral* adotado pela legislação penal em análise, examinando-se a fundamentação e as finalidades da pena pública, o conceito de delito (crime e contravenção), seus autores, coautores e partícipes, as hipóteses de punibilidade e de sua exclusão (prescrição, morte do agente e outras). Há, ainda, a enumeração dos requisitos e pressupostos da responsabilização, bem como a respectiva extensão (tentativa, consumação, desistência, arrependimento etc.), além, é claro, das demais matérias abrangidas pela *teoria do delito*, encarregada de especificar os limites e características da *conduta*, da *tipicidade*, da *ilicitude* e *da culpabilidade*, e das consequências do crime, de que são exemplos as diversas modalidades da pena.

Já na Parte Especial do Código, assentadas já as questões fundamentais atinentes à definição do crime, parte-se para a escolha das *condutas proibidas*, isto é, do objeto da incriminação, bem como da identificação dos bens juridicamente protegidos e das consequências penais decorrentes do não atendimento das respectivas prescrições.

No ensino jurídico, ambas as disciplinas se inserem no âmbito da *dogmática penal*, entendida, portanto, como o conjunto de conceitos e definições articulados em torno da legislação positiva de determinado ordenamento.

Em uma leitura mais simples e tradicional, a Dogmática Penal se ocuparia do Direito (Penal) *escolhido* pelo legislador, enquanto a *Política Criminal* configuraria o espaço deliberativo – e democrático – em cujo interior (Parlamento e demais instâncias da sociedade civil) se faria tal escolha, acerca dos caminhos, fins e das missões a serem desempenhadas e cumpridas pelo Direito Penal. Para Gimbernat ORDEIG, por exemplo, "o objeto da ciência do Direito Penal é a lei positiva jurídico-penal, isto é, a determinação do conteúdo do Direito Penal, o que realmente diz o Direito Penal".[13]

Contudo, é preciso certa prudência quando se alude à expressão *dogmática*.

A palavra *dogma* advém do grego e significaria uma *opinião* criada por decreto e ensinada sem contestação.[14] *Dogmatismo*, nesse sentido, seria uma atitude ou comportamento de passividade diante de determinada realidade já posta e acabada.

A *dogmática jurídica*, incluída a penal, porém, não impõe, necessariamente, uma ausência de contestação ou de reserva crítica, quando entendida a partir dos balizamentos constitucionais.

Embora ela se proponha a examinar *algo previamente dado* – a ordem jurídica positiva –, não quer dizer que em seu interior estejam afastadas as reflexões e as intervenções de outros campos do conhecimento jurídico. Quer significar apenas que o conteúdo da matéria a ser examinado não se referirá a todas ou às diversas alternativas teóricas possíveis, mas somente àquelas do direito penal positivo de determinado ordenamento. É nesse sentido que nos referimos à dogmática penal.

No presente trabalho se partirá de uma premissa inevitável: a *legitimação* da intervenção penal estatal, ainda quando não se acredite em determinadas escolhas e pretensões legislativas, tal como ocorre com a *justificação* na aplicação da pena, conforme se lê no art. 59 de nosso Código Penal, no ponto em que se volta para a *prevenção suficiente* de novos delitos. É difícil afirmar com alguma segurança que nosso sistema

---

[13] GIMBERNAT ORDEIG, Enrique. *Conceito e método da ciência do direito penal*. Tradução de José Carlos Gobbis Pagliuca. São Paulo: Revista dos Tribunais, 2002. p. 34. (Série As ciências criminais no século XXI, v. 9).

[14] CHAUI, Marilena. *Convite à filosofia*. 12. ed. São Paulo: Ática, 2001. p. 88.

penal, e, em particular, o carcerário (no que respeita à pena privativa da liberdade) previne mesmo delitos...

Por isso, os variados conteúdos ideológicos, sobretudo aqueles subjacentes à construção e à manutenção do *status quo* do corpo social que constitui o núcleo da dominação política e econômica da sociedade brasileira, embora perceptíveis e bem diagnosticados, não se prestarão a um discurso de *deslegitimação* do Direito Penal.

Partiremos, então, de premissas normativas *constitucionais*, é dizer: se o trabalho é de *dogmática*, deve-se partir das *normas válidas* ou validadas pelo ordenamento constitucional.

E, nesse ponto, parece-nos irrecusável o reconhecimento de que a Constituição da República acolhe de modo expresso a intervenção penal, legitimando-a *para a efetiva proteção de direitos*, sobretudo ao se referir, em diversos dispositivos, à pena privativa da liberdade, dentre outras (art. 5º, XLVI),

a) à inafiançabilidade de determinados crimes (art. 5º, XLIII), e
b) à imprescritibilidade de outros (art. 5º, XLIV);
c) à garantia do direito de ação (penal) do particular, em hipótese de inércia do Ministério Público (art. 5º, LIX);
d) à titularidade deste órgão (MP) para as ações penais públicas (art. 129, I, etc.).

Atribuir relevância à leitura constitucional para a consolidação de uma dogmática historicamente mais ajustada é tributo que se deve à concretização do Estado de Direito. Veja-se, no ponto, a conclusão da boa doutrina constitucionalista.[15]

Chegando-se, então, a esse nível (constitucional), deve-se partir para outra ordem de indagações, de suma importância para a compreensão da função reservada à dogmática penal.

Alessandro BARATTA, seguramente um dos mais importantes juristas de seu tempo, cujas contribuições ocupam posição de inegável relevo na formação da criminologia nacional,[16] já alertava, de há muito, sobre a necessidade de revisão do papel da dogmática penal, absorta, até então, e segundo ele, em um quase *autismo* metodológico, por ausência de diálogos com os demais *saberes* incidentes sobre o fato penalmente punível (particularmente, a Criminologia e a Sociologia do Direito).[17]

Dentre todas as pertinentes observações do mestre italiano, uma delas cresce de importância no cenário nacional: a enorme fragmentariedade social, cultural, e, sobretudo, econômica de nosso Estado, com seríssimas consequências, inclusive, na

---

[15] BARROSO, Luis Roberto. *Interpretação e aplicação da Constituição*. 5. ed. São Paulo: Saraiva, 2003. p. 317.

[16] Registre-se, já para o Direito Penal, MEROLLI, Guilherme. *Fundamentos críticos de Direito Penal*. Rio de Janeiro: Lumen Juris, 2010.

[17] BARATA, Alessandro. *Criminologia crítica e crítica do direito penal*. Introdução à sociologia do Direito Penal. 2. ed. Tradução de Juarez Cirino dos Santos. Rio de Janeiro: Freitas Bastos, 1999. p. 45-46.

formação de nosso *poder constituinte*. Quem conhece minimamente o nosso processo eleitoral, no qual pululam corrupção e aquisições fraudulentas da vontade popular, pode atestar a precariedade de nossa incipiente democracia.

Com efeito, não se pode falar em efetiva participação popular em nossos processos e procedimentos deliberatórios e decisórios. E nem é só a apontada *pluralidade ética* (afinal, todos *valoram* os bens *do mesmo modo?*) que o impede, mas, particularmente, o modo seletivo e excludente como se instituem e se consolidam os poderes (públicos e privados) nacionais.

Mas, repita-se, não se vai aqui discutir o tema da *legitimidade* do direito penal (muito menos, a do Direito!), conforme já esclarecido. Para os fins do presente trabalho, ela é pressuposta, por força de nossas opções constitucionais, que dão o suporte de validade para todo o ordenamento.

O que estamos sustentando é que haverá situações em que tais considerações deverão ultrapassar a fronteira de sua mera *percepção* para se tornar importante instrumento de aplicação na *práxis* punitiva. De nossa parte, como dito e reafirmado, a proibição do excesso, como *pauta concreta* de interpretação do direito, poderá abrigar semelhante pretensão, segundo seja a necessidade e a particularidade de cada caso concreto.

II

Funções e Justificações do Direito Penal

I Funções do Direito Penal e o bem jurídico

1 Funções da pena e funções do Direito Penal

A configuração do Direito Penal difere da maioria das demais disciplinas, no que diz respeito ao seu conteúdo principal, isto é, no que afeta às normas penais *incriminadoras*, que vêm a ser aquelas que definem a matéria proibida, sob determinadas sanções, incluindo a pena privativa da liberdade, ainda hoje majoritária nesse âmbito do Direito.

Enquanto nos demais setores e disciplinas se encontram normas jurídicas de natureza meramente *regulatórias* das relações entre as pessoas, tal como ocorre de modo muito particular no Direito Privado – ou, entre *privados* –, o Direito Penal, ao contrário, trata de proibir comportamentos pela intervenção da pena pública, que, em princípio, sequer é dirigida à satisfação dos interesses individuais das pessoas eventualmente envolvidas.

E quando se trata da delimitação das *funções* do Direito Penal não é incomum a menção direta às funções da pena criminal. Ou seja, há doutrinas que não parecem seguras quanto à distinção que deve ser feita entre as funções do Direito Penal e aquelas (funções) destinadas à respectiva sanção. E talvez isso decorra da ausência de percepção quanto ao papel reservado às normas penais incriminadoras, que constituem o núcleo essencial da dogmática penal.

Afinal, e para ficarmos apenas nas perspectivas mais comuns de sua fundamentação, o Direito Penal teria por função a proteção de bens jurídicos ou a de prevenir delitos?

Para que bem se possa apreender a matéria, saliente-se que as normas incriminadoras apresentam dois níveis inseparáveis – mas distintos – de conteúdos e, assim, de finalidades.

No primeiro plano, seleciona-se a matéria proibida, o que é feito, segundo nossa concepção, a partir da escolha do bem jurídico a ser protegido pela norma, isto é, pela vedação do comportamento ali anunciado. É a lesividade da conduta e do resultado que legitimam a proibição. Nada há de inconstitucional ou de ilegítimo na proibição de determinados comportamentos, desde que se possa neles encontrar o dano ou o risco relevante de danos significativos para os direitos fundamentais. Não há ordem jurídica que não se organize assim.

Da estipulação da matéria proibida, portanto, surge a função essencial do Direito Penal, que é a de proteger aqueles bens (ou interesses) que possam ter reconhecida a sua importância ao exame mais simples e descuidado da ordem de valores positivados no ordenamento jurídico. Bem jurídico há de ser a fiel tradução dos mais elevados valores de cultura de um povo, socialmente compartilhados em determinada comunidade submetida a uma mesma ordenação jurídica. Daí a enorme dificuldade de se reconhecer a convergência dessa valoração em sociedades de classes sociais tão fragmentadas quanto desiguais.

E com a identificação do bem jurídico protegido se realiza outra missão, inerente a toda e qualquer norma jurídica proibitiva: a pretensão de se evitar a prática de comportamentos danosos. Nesse passo, exerce-se também, já na proibição da conduta, a função de *prevenção* contra tais comportamentos e resultados. Aqui, a função preventiva será mera decorrência da função de proteção do bem jurídico.

No outro nível da proibição de condutas e, assim, do âmbito de aplicação da norma incriminadora, se encontra a pena pública criminal, ou o preceito secundário da norma, sua sanção. A proibição contém o preceito primário (matar alguém, por exemplo), enquanto a pena se impõe como o preceito secundário, a fim de garantir a eficácia da proibição.

Nesse nível, o da sanção criminal, fica mais clara a função de prevenção de *novos delitos*, na medida em que a pena somente terá lugar após a prática da infração penal. Ou seja, a pena pública não se dirige prioritariamente à proteção do bem jurídico, finalidade primeira da norma de proibição, mas para reforçar e tornar eficaz a vedação do comportamento danoso. Importante esclarecer, então, que, para nós, a sanção surge como o meio de realização das normas jurídicas, pela respectiva exequibilidade. Alinhamo-nos, portanto, à concepção clássica da sanção ou da coerção no Direito (desde JHERING). Em outra perspectiva, e para um estudo sobre a sanção como objeto (das normas) e o Direito como o conjunto de normas que regulam o uso da força coativa, ver Norberto BOBBIO, em *O positivismo jurídico*.[18]

[18] BOBBIO, Norberto. *O positivismo jurídico*. Lições de filosofia do direito. Tradução e notas de Márcio Pugliese, Edson Bini e Carlos E. Rodrigues. São Paulo: Ícone, 1995. p. 147-160.

No entanto, embora seja assim, a *escolha* da sanção penal não poderá ser arbitrária. A opção dentre as modalidades disponíveis de pena (privativa da liberdade, restrição de direitos etc.) deve guardar sintonia e respeito às determinações constitucionais do ordenamento jurídico. E nesse ponto se verá que, ao menos no âmbito de um Estado de Direito, a coerção penal não pode estar ligada unicamente à garantia de eficácia da norma proibitiva. Ela deve *também* cumprir uma finalidade socialmente justificada, segundo assim se delibere no campo da política criminal. Essa função, modernamente, em tempos mais recentes, é a de prevenção de novas infrações.

E quando se fala na função preventiva da pena, portanto, está se falando da prevenção contra *atos futuros* e não mais para a proteção daquele bem efetivamente violado. Prevenção de crimes e proteção de bens são funções inteiramente imbricadas, mas perceptivelmente diferentes. A pena criminal somente terá lugar quando não tiver sido suficientemente eficaz a função de proteção de bens estipulada na proibição de determinada conduta (na violação da norma incriminadora, portanto).

2 O bem jurídico como objeto de proteção

A história do direito penal nem sempre incluiu o bem jurídico como o objeto da proteção penal. A partir da noção do contrato social, a estabelecer direitos subjetivos entre as pessoas e até mesmo em relação ao Estado, FEUERBACH, no início do século XIX, insistia na ideia de crime enquanto violação a tais direitos (subjetivos). E mesmo nos dias que correm há ensaios de um possível retorno à ideia da função de proteção a direitos subjetivos.[19] A inclusão do bem jurídico, em substituição à ideia de direito subjetivo, segundo ideia já consolidada na doutrina, parece remontar à década de 30 (trinta) do século XIX, sobretudo a partir dos trabalhos de BIRNBAUM.

Já àquele tempo não se tinha por difícil a tarefa de distinguir o papel desempenhado pelos direitos subjetivos e aquele pelos bens jurídicos. É que nem sempre a previsão legal de direitos subjetivos correspondia à proteção a um bem. Nesses casos, a violação a uma norma jurídica deveria ser entendida apenas como uma desobediência a uma *prescrição legal* (exigência de comportamento segundo uma norma). De modo geral, os direitos subjetivos seriam apenas um *meio* para a obtenção de bens jurídicos. O bem jurídico seria, então, o *objeto do poder jurídico* de alguém sobre uma coisa ou um interesse.[20]

Importante salientar, contudo, que o debate àquela época não se inclinava definitivamente para a identificação da função do bem jurídico como limitador do poder

---

[19] É o que se insinua – apenas se insinua – no texto de NAUCKE, Wolfgang. O alcance do direito penal retributivo em Kant. In: GRECO, Luís; TÓRTIMA, Fernanda Lara (Org.). *O bem jurídico como limitação do poder estatal de incriminar?* Rio de Janeiro: Lumen Juris, 2011. p. 77-100, e que, segundo os organizadores, teria se confirmado em escritos posteriores (ver p. 12 da obra aqui citada).

[20] BINDING, Karl. *As normas e suas infrações*. Tradução do *Die normen und ihre ubertretungen*, por Antônio José Miguel Feu Rosa. V. I, Biblioteca pessoal do Min. Bueno de Souza, Biblioteca do Superior Tribunal de Justiça, p. 210-211.

punitivo do Estado. Segundo ROXIN, as críticas de BIRNBAUM à concepção de FEUERBACH, do direito penal como proteção a direitos subjetivos, pretendiam justificar a punição de delitos contra a religião e contra a moralidade.[21]

Atualmente, sobretudo no direito estrangeiro, renovaram-se as discussões acerca do bem jurídico, no que toca à efetividade de suas funções no Direito Penal, a começar pelas dificuldades encontradas para a respectiva definição, além da necessidade de maiores esclarecimentos quanto aos diferentes níveis de sua proteção penal (nos crimes de perigo, concreto e abstrato, nos crimes de dano efetivo).[22]

Talvez o principal questionamento que se levanta à suficiência da teoria do bem jurídico, além das objeções antes mencionadas, decorra do diagnóstico tão bem apontado por HASSEMER, segundo o qual o bem jurídico, ao invés de cumprir a sua missão originária de se estabelecer como *limitação* ao poder de incriminação, estaria se transformando ou permitindo a construção de teorias voltadas para a justificação e até para a ampliação da criação de tipos penais.

Afirma o ilustre penalista que "(desde suas origens) o recurso à proteção de bem jurídico apresentava-se como demanda por descriminalização: o legislador penal só poderia criminalizar aquilo que *realmente* ameaçasse um bem jurídico (e não também, por exemplo, violações a convicções valorativas dominantes, como a moral sexual coletiva)".[23]

Para ele, que adota uma concepção de bem jurídico unicamente afetado às necessidades essenciais de desenvolvimento da pessoa humana, "bens jurídicos são interesses humanos que carecem de proteção penal. Isso quer dizer, antes de tudo, que a proteção de instituições só pode ir até onde ela for condição da possibilidade de proteção de pessoas humanas".[24]

O que parece a salvo de maiores indagações é que, embora ainda não se possa falar em um resultado final das investigações acerca da teoria do bem jurídico, o fato é que a sua construção (da teoria) se mostra absolutamente necessária à fundamentação do Direito Penal.

Com efeito, o Poder Legislativo, ainda que legitimamente constituído, não pode ser livre para quaisquer incriminações, como se nenhum limite houvesse a essa tarefa. Daí por que quando se fala em uma teoria do bem jurídico *crítico à legislação*, conforme sustenta Claus ROXIN, o que se pretende é insistir na necessidade de se estabelecerem limites dogmáticos seguros para o controle de legitimidade da

---

[21] ROXIN, Claus. Sobre o recente debate em torno do bem jurídico. In: GRECO, Luís; TÓRTIMA, Fernanda Lara (Org.). *O bem jurídico como limitação*, op. cit., p. 179.

[22] GRECO, Luís; TÓRTIMA, Fernanda Lara. *O bem jurídico...* op. cit., p. 12. Sobre outras perspectivas de fundamentação do Direito Penal, e também pela rejeição do critério do bem jurídico, adotando-se concepções de fundo normativista, consulte-se o trabalho de LUZ, Yuri Corrêa da. *Entre bens jurídicos e deveres normativos*. Um estudo sobre os fundamentos do direito penal contemporâneo. São Paulo: IBCCRIM, 2013.

[23] HASSEMER, Winfried. Linhas gerais de uma teoria pessoal do bem jurídico. In: *O bem jurídico como limitação do poder estatal de incriminar?*, op. cit., p. 17.

[24] HASSEMER, Winfried. *Linhas gerais....*, op. cit., p. 21.

intervenção penal. E para isso, segundo ele, deve-se mesmo reportar-se a uma fundamentação constitucional para o Direito Penal.[25] Com a expressão *crítico à legislação* está se referindo, portanto, à possibilidade de se questionar, não todo o sistema, mas a legislação penal, a partir da identificação de bens e valores constitucionalmente assegurados. Essa necessidade se mostra particularmente mais atual na Alemanha, já que o Tribunal Constitucional alemão ainda não se convenceu da fertilidade da teoria, tendo já validado, inclusive, a criminalização do incesto (§ 173, CP alemão). Aliás, o Tribunal Europeu de Direitos Humanos confirmou a decisão da Corte Constitucional alemã (caso Patrick S.).

3 Conceito e funções

Mas, afinal, o que seria o *bem jurídico?* E, ainda mais importante: *quais* seriam aqueles que poderiam ser objeto da tutela penal?

Assinale-se, para logo, que a noção de *bem* é polissêmica, ou seja, apresenta vários significados. Mesmo para o Direito possui sentidos diferentes.

Em princípio, pode-se concluir tratar-se de um bem *de vida,* isto é, daquilo que entre as pessoas, em determinado momento histórico, apresenta um *valor* ou *um* interesse *tal* que mereça a proteção do Direito. É o desejo, a vontade ou a necessidade de *fruição* ou de *gozo* das coisas postas, criadas ou produzidas pelo homem, além daquel'outras de índole *espiritual* ou transcendentes (a vida, por exemplo), que conferem a estes bens o selo da proteção jurídica. Alguns, considerados mais valiosos, são alçados à proteção penal, merecedores, então, do *interesse público.* Daí a dimensão *pública* da pena, como se, de fato, tanto a proibição da conduta quanto a sanção penal tivessem lugar para a satisfação do interesse de todos.

O bem jurídico da proteção penal, por tudo isso, há de ser aquele de maior relevância ou importância para a comunidade jurídica, tendo em vista o caráter gravoso de suas sanções, como logo veremos ao exame dos princípios fundamentais do Direito Penal.

E quando referimos à relevância e à importância *para a comunidade jurídica* não estamos, com isso, colocando em plano inferior a satisfação de necessidades da pessoa individualmente considerada. Há bens jurídicos de dimensão preferencialmente individual, como a vida e tantos outros, e há aqueles cuja dimensão somente pode ser corretamente apreendida da perspectiva coletiva ou difusa, tal como ocorre com o meio ambiente, por exemplo.

Impende ressaltar, contudo, que todos eles guardam entre si relação de *complementariedade* e de *reciprocidade,* no sentido de que a proteção de um bem jurídico individual implica também a pretensão ou a garantia de proteção de outros (bens), dos demais titulares. Do mesmo modo, a proteção de um bem jurídico coletivo diz respeito à satisfação das necessidades individuais (de novo, o exemplo do meio ambiente).

[25] ROXIN, Claus. *Sobre o recente debate...*, op. cit., p. 184.

Mas, e já quanto ao problema da identificação do bem jurídico, cumpre avançar sobre a questão da valoração do bem para fins de justificação de sua proteção penal.

Ora, se esse *bem* é aquele *valor/interesse/bem de vida* de grande relevância para a coletividade de pessoas, não seria necessária uma *identidade mínima* entre os titulares da ordem jurídica para a sua identificação? É dizer: não seria preciso uma convergência entre as pessoas quanto *ao valor* e quanto à importância daquele bem? Ou seja: uma *ordem comum* de interesses?

Naturalmente, não estamos a defender qualquer modalidade de *ditadura da maioria!* O significado político essencial da democracia não equivale ao da *vontade da maioria,* ainda quando esta seja uma das formas de manifestação e de construção da coexistência humana. Em um Estado de Direito, que há de se orientar para a afirmação dos direitos fundamentais da pessoa humana, pressupondo já a ideia de *igualdade material,* não há espaços para a superioridade dos interesses da maioria em detrimento daqueles da minoria, quando não se estiver diante da possibilidade de atendimento a todos eles.

Em matéria penal, em especial, não se pode aceitar a incriminação de condutas minoritárias unicamente em razão da censura que lhes impõem os valores morais ou de cultura da maioria. Será sempre preciso que o comportamento incriminado possa, efetivamente, produzir danos relevantes a bens fundamentais. A intolerância moral ou a religiosa não podem fomentar qualquer política criminal.

Posta a advertência em forma de ressalva, caberia, então, indagar: em sociedades socialmente tão desiguais como a brasileira, seria possível falar em *comunhão,* isto é, de interesses *comuns?*

Certamente que a resposta positiva se imporá em uma série de questões e para inúmeros bens jurídicos. Não temos dúvidas em reconhecer uma convergência quase unânime quanto à necessidade da proteção da *vida, da integridade pessoal, da liberdade individual, da liberdade sexual, do meio ambiente* e de outros interesses e direitos cujo exercício se faz de modo difuso e no proveito de todos. Até mesmo acerca do *patrimônio,* abarcando a *posse* e a *propriedade,* parece irrecusável a sua valoração na ordem jurídica brasileira. E isso em um mundo em que tão poucos têm (coisas) e tantos querem ter!

Todavia, mesmo aí, nem sempre se entenderá da mesma maneira o significado e o alcance das normas penais. Há grandes empreendimentos imobiliários que afetam o meio ambiente e são tratados como exercício de direitos individuais de propriedade, enquanto, de outro lado, a pesca de um ou mais cabeças de bagre poderá configurar crime contra a fauna ictiológica, quando em área ou época proibida.

Veja-se, então, a complexidade que acompanha o Direito Penal, desde o seu início, isto é, desde a formulação das regras de proteção. E adiante-se que essa não é só uma questão de política criminal. Diz respeito, na verdade, a *todo o Direito.*

Com efeito, um Direito Penal ilegítimo e arbitrário, no que toca à escolha seletiva dos bens jurídicos a serem protegidos, somente tem guarida em uma *ordem jurídica,* toda ela, igualmente ilegítima. O Direito Penal não vale por si mesmo. Sua função essencial, como ainda se apontará, está inevitavelmente atrelada ao Direito a que pretende proteger. Não existe direito penal *autônomo* em relação à totalidade da ordem jurídica.

Cumpre, portanto, *construir* um Direito com pretensões mais democráticas. Ou seja, cumpre trabalhar o direito penal – e também o bem jurídico – no horizonte do Estado de Direito.

Da perspectiva da dogmática jurídico-penal, a única alternativa que se oferece para a minimização dos excessos legislativos é a otimização dos *direitos fundamentais* assegurados na ordem constitucional e nos tratados internacionais sobre direitos humanos. Somente assim se poderá recusar validade a determinadas incriminações abusivas, além de se reduzir o espectro de umas tantas outras, por ocasião de sua aplicação.

Isso não significa dizer, porém, que *todos os bens* que devam ser protegidos pelo Direito Penal *estejam* necessariamente identificados e arrolados na Constituição, como sustenta parte considerável de nossa doutrina.[26] É certo que essa conclusão iria alargar a proteção geral contra as incriminações. Disso, não se duvida.

Aliás, esse é um ponto que merece maiores esclarecimentos.

Não se está aqui a sustentar a diminuição do papel e da função da ordem constitucional na limitação do poder punitivo. Obviamente que não! Como ordem que *funda e constitui* a organização social, política e jurídica da comunidade constituinte, a Constituição sempre ocupará a posição nuclear de fundamentar a validade do ordenamento, inclusive e, sobretudo, o poder de incriminações (proibição de condutas) e de punições (definições das penas).

É por isso que o conceito de bem jurídico como o critério de adequação às determinações constitucionais de proteção aos direitos fundamentais surge como a grande alternativa de sua legitimação contra as críticas que lhe são endereçadas.

No entanto, e, por outro lado, não se encontrará na Constituição o *rol* – e foi isso que dissemos! – dos bens penalmente tuteláveis. Se o Direito Penal moderno, ao menos no paradigma (modelo) do Estado de Direito, deve cumprir missões de *ultima ratio*, o conceito de *bem jurídico* deve ser construído a partir da aptidão e da capacidade de cumprimento de tais finalidades pelo objeto da proteção penal. "Bens jurídicos são, portanto, a vida, a integridade física e sexual, a liberdade, a propriedade etc., mas também – como bens jurídicos da coletividade – por exemplo, uma Justiça que funcione, uma moeda autêntica ou um meio ambiente intacto, sem os quais é impossível uma vida juridicamente segura e com saúde."[27]

É de ver-se, então, que não se encontrarão na Constituição nem a explicitação da totalidade dos bens que podem ser objeto de proteção jurídica e tampouco a definição dos graus dessa proteção. Se isso fosse possível, semelhante compreensão conferiria poderes quase divinos ao constituinte, posto, então, como *oráculo* do porvir (do nosso

---

26 Veja-se, por exemplo, Juarez CIRINO, autor do mais sofisticado trabalho sobre a Parte Geral de nosso Direito Penal, *Direito penal. Parte geral*. Curitiba/Rio de Janeiro: ICPC-Lumen Juris, 2006. p. 16.

27 ROXIN, Claus. *Sobre o recente...*, artigo citado, op. cit., p. 185.

futuro). Uma Constituição, repetimos, deve se manter viva no tempo, o que exige uma permanente vigilância quanto ao sentido histórico de suas determinações. Para a satisfação de tal desiderato, deve-se a ela o respeito ao seu núcleo fundamental de disposições acerca da estrutura do Estado e dos direitos individuais, coletivos e difusos então assegurados, decorrentes da opção política e jurídica pelo modelo de Estado de corte democrático e de Direito(s).

Mas não reconhecemos na tarefa constituinte a competência e a capacidade para a delimitação prévia e definitiva do que deveria ser o *permanente* objeto de proteção penal. Reconhecemos, sim, que ela, Constituição, pode se ocupar do Direito Penal e do Processo Penal, articulando um sistema geral de proteções e garantias. Mas pretender que *toda* a matéria penal esteja prevista no texto constitucional é admitir uma capacidade sobre-humana do poder constituinte.

Para nós, portanto, o tão decantado e necessário princípio (ou postulado) da *lesividade* ou da *ofensividade* está diretamente vinculado ao conceito e às capacidades de rendimento que se puderem extrair da noção de bem jurídico, submetida, sempre, ao horizonte interpretativo inerente a um sistema jurídico dos direitos fundamentais, seja quanto à exigência de gravidade dos danos produzidos, seja quanto ao nível de incriminação e de punição. Parece ser nesse sentido também a compreensão de Francesco PALAZZO.[28]

Nesse passo, o constituinte de 1988, ainda quando, de um lado, tenha sido parcimonioso na estipulação das penas, como se nota na proibição de penas cruéis, na exigência de individualização da pena etc., de outro (lado), obrou com evidente exagero em vários outros campos, de que são exemplos mais eloquentes as referências feitas à imprescritibilidade de determinados crimes e à inafiançabilidade de tantos outros.[29]

E mesmo alguns tipos penais que encontrariam abrigo seguro na exigência constitucional de proteção, como é o caso da *honra,* nos parecem excessivos. É dizer: que se trata de um bem jurídico, dúvidas não há; porém, que esteja a exigir proteção *também penal* pode ser discutível, ao menos no que toca à definição dos graus de incriminação. A superioridade de sua fonte (constitucional), então, nos impede de sustentar a não recepção ou a revogação dos crimes contra a honra, infrações para as quais o direito civil oferece pronta e satisfatória resposta.

De outro lado, e ainda no exemplo dado, parece-nos possível, em contrapartida, defender a ampliação da aplicação do princípio da insignificância, de modo a reduzir a incidência do Direito Penal, limitando-a, nesse caso específico, aos danos (à honra) de maior dimensão e repercussão pública.

Também em relação aos crimes contra o patrimônio o aludido princípio poderá se mostrar um importante instrumento de redução da intervenção penal. Por primeiro,

---

[28] PALAZZO, Francesco C. *Valores constitucionais e direito penal.* Tradução de Gérson Pereira dos Santos. Porto Alegre: Sergio Antonio Fabris, 1989. p. 79-80.

[29] Ver, sobre o tema, em posição, senão divergente, pelo menos com maior aproximação na relação Bem jurídico/Constituição: PRADO, Luiz Regis. *Bem jurídico-penal e constituição.* 3. ed. São Paulo: Revista dos Tribunais, 2003. Também: COELHO, Yuri Carneiro. *Bem jurídico-penal.* Belo Horizonte: Mandamentos, 2003.

no campo da tipicidade *material*, a exigir uma *lesividade concreta* da ação, e, depois, se for o caso, no âmbito da culpabilidade, em atenção às condições pessoais do agente.

De todo modo, a noção de bem jurídico parece-nos não só fundamental para o Direito Penal, mas a única maneira de se oferecer um critério racional para as incriminações. E, mais que isso, para oferecer uma maior possibilidade de controle de seus limites. Por isso, logo veremos a importância do citado princípio da *lesividade* em matéria penal: são intoleráveis as incriminações arbitrárias e contrárias às liberdades asseguradas ao homem livre.

Vamos aos exemplos: a Constituição de 1988 assegura a inviolabilidade da *liberdade consciência e de crença*, garantindo o livre exercício dos cultos religiosos e suas liturgias (art. 5º, VI). Assegura também a liberdade de manifestação do pensamento e a expressão da atividade intelectual (art. 5º, IV e IX), além da inviolabilidade da intimidade, da vida privada e da imagem das pessoas (art. 5º, X).

Com isso, parece-nos fechada a porta para a incriminação de juízos *moralizantes*, de preferências religiosas ou partidárias, ou acerca de escolhas políticas, ideológicas e/ou sexuais. O que não significa que tais juízos, associados à moralidade ou à religiosidade, não devam ser respeitados e merecedores de proteção, dado que constituem, obviamente, valores constitucionais. Eventuais ataques aos portadores de tais concepções se incluirão entre os comportamentos violadores da liberdade de crença e de consciência. Mas não necessariamente deverão ser objeto do Direito Penal.

Não se poderia aceitar, por exemplo, a criminalização (a) da prostituição; (b) do adultério (a Lei 11.106/2005 revogou expressamente o art. 240, CP, que previa o crime de adultério); (c) de opiniões; (d) do homossexualismo, dentre outras escolhas inseridas no contexto da liberdade pessoal. A decisão do Tribunal Constitucional alemão a que nos referimos, relativa à legitimidade da criminalização do incesto naquele país (§ 173, CP alemão), é emblemática de uma longa tradição europeia. Ao que parece, mais da metade dos países europeus (28 em 44) permanecem criminalizando o incesto. Respeitamos a tradição enquanto tal e produto da cultura daquele povo, mas o tratamento *penal* da matéria soa-nos um absurdo injustificável, além de perigosa subserviência a valores já não mais incorporados nas Constituições democráticas.

Otimizar os direitos individuais que se põem como fundamentais na ordem jurídica nacional é tarefa perfeitamente compatível com a moderna dogmática penal, permitindo uma reconfiguração mais atual do papel do bem jurídico penal. Uma lei que venha a tornar crime a prostituição não estará protegendo bem jurídico algum, senão a ideia de moralidade pessoal (ainda que da maioria) acerca do comportamento sexual de pessoas livres.

Do mesmo modo, será inaceitável eventual censura penal à liberdade de opção sexual ou às violações aos deveres morais do casamento. Faltaria em tais tipos penais a identificação precisa do bem protegido e da afirmação de sua proeminência na ordem social. Como também, em outra ponta, será inaceitável a incriminação da manifestação do *pensamento* que deplore ou que critique a suposta *liberalidade de costumes* da sociedade moderna, desde que não se ultrapasse o nível da tolerância da divergência.

O que se pode e que se deve proibir é o comportamento lesivo ou dirigido à lesão de pessoas e de seu patrimônio, moral, intelectual, espiritual e físico. Bem jurídico, portanto, é a coisa, o valor, o atributo espiritual ou intelectual cujo usufruto e gozo são reconhecidos como significativamente relevantes. Primeiro, para o efetivo desenvolvimento pessoal de seu titular, e, depois e em consequência, para todo o corpo social, de que é exemplo o meio ambiente ecologicamente equilibrado.

Suas principais funções serão:

a) a de *limitar* a intervenção penal, reduzindo o espaço de liberdade da legislação penal na formulação de tipos penais desconectados com a exigência de efetiva *ofensividade;*
b) de balizar (medir) a aplicação da pena, segundo o grau de lesão (a pena do crime *tentado*, por exemplo, deve ser sempre diminuída, em relação ao *consumado*); e
c) servir como referencial interpretativo, no sentido de situar o intérprete no exame de cada tipo penal, de maneira a determinar o respectivo alcance.[30]

Impende ainda salientar que o bem jurídico jamais cumpriria ou cumprirá sozinho as suas funções e/ou missões. Apesar de sua posição central na teoria do delito, somente com o acréscimo de outras exigências de semelhante envergadura é que se poderá manter como indispensável qualquer teoria do bem jurídico. Nesse passo, o postulado (ou princípio) da lesividade e da intervenção mínima serão de grande valia para tais finalidades.

De outra parte, a compreensão do Direito Penal como grave e violenta intervenção na coexistência humana poderá forjar e legitimar uma hermenêutica dos direitos fundamentais orientada pela proibição do excesso, de modo a reduzir os enormes custos sociais por ele produzidos.

4 Para além e/ou no entorno do bem jurídico

No particular, não pode ficar sem registro a posição de Juarez TAVAREZ, seguramente um de nossos mais proeminentes penalistas da atualidade.

Acolhendo, embora, o conceito de bem jurídico e ratificando a sua relevância no âmbito do injusto (fato típico e ilícito) penal, sustenta ele que mais importante ainda que associar o direito penal à proteção de bens jurídicos, seria entendê-lo como *limitações mínimas às liberdades individuais*.[31]

Para o douto e eminente jurista – e, corretamente! – o centro de toda normatização é o homem. Por isso, na identificação do bem jurídico será sempre preciso avaliar a relevância do bem (coisa, interesse etc.) para a pessoa humana *considerada*

---

[30] PRADO, Luiz Regis. *Bem jurídico-penal e constituição...*, op. cit., p. 60-61.

[31] TAVARES, Juarez. *Teoria do injusto penal.* 3. ed. Belo Horizonte: Del Rey, 2003. p. 216.

enquanto tal. Somente assim se poderia evitar a instituição arbitrária de bens jurídicos na legislação penal.[32]

De se ver, contudo, que a compreensão do injusto a partir da possibilidade de justificação da limitação da liberdade de seu agente também não se afasta da ideia do bem jurídico, na medida em que a delimitação dos espaços de liberdade individual, (a) somente pode ser feita pelo Direito, e (b) e apenas a partir de finalidades legítimas.

Assim, e para aqueles que assim entendem, quando se chegar a admitir a legitimidade de incriminação de algum e específico comportamento, já se estará aceitando a validade dos fins de proteção da norma jurídica, e, em consequência, já se estará reconhecendo a primazia do objeto de proteção.

Em síntese: nessa concepção, o que é limitada é a liberdade, mas o que legitima a sua limitação é a finalidade! E a finalidade da norma é a proteção, não da liberdade, mas daquilo sobre a qual ela se exerce. Em uma palavra: o bem juridicamente relevante e então escolhido! A objeção no sentido de que sempre haverá a possibilidade de *arbítrio* na escolha do bem jurídico vale também para a ideia de limitação da liberdade: tanto poderá ser arbitrária a eleição do bem jurídico quanto a limitação da liberdade pela norma incriminadora!

Ao fim e ao cabo, o controle acerca da validade da norma penal incriminadora deverá passar, necessariamente, pelo exame do objeto de sua proteção. E, nesse passo, pensamos que a identificação da lesividade ao bem jurídico é um critério mais seguro que o exame da legitimidade da limitação individual da liberdade. Isso, se se chegar a admitir – o que não é o nosso caso – que sejam análises distintas!

Há casos, aliás, em que a *liberdade individual* se apresenta como o verdadeiro substrato do bem jurídico, malgrado os equívocos do legislador penal.

Veja-se o caso da incriminação do uso de drogas, segundo o disposto no art. 28 da Lei 11.343/06. A incriminação não se justifica à luz de uma política criminal orientada pelo respeito às liberdades e pela proteção dos direitos fundamentais. A proibição do excesso, de fato, constitui postulado jurídico suficiente a infirmar a validade da referida norma, por ausência de justificativa para a punição de quem, em verdade, se vê vitimado (a depender da natureza da droga) pelo tráfico de drogas e pelas demais mazelas pessoais e sociais a que estamos todos sujeitos.

Do ponto de vista da compreensão das normas penais como limitações mínimas e justificadas da liberdade aparece visível a utilidade da concepção, dado que se trataria de injustificada restrição às escolhas pessoais daquele que se faz uso de substância entorpecente.

Nesse passo, parece-nos inadmissível eventual argumento no sentido de que a incriminação se justificaria como política de contenção do tráfico ilícito de drogas. Para não irmos muito longe, se estaria diante de manifesta instrumentalização do ser

---

32 Para ele, "o objetivo do direito penal não é o de simplesmente proteger bens jurídicos, mas o de traçar, nitidamente, os contornos das zonas do lícito e do ilícito, do proibido e do permitido, no sentido de só se justificar a intervenção do Estado sobre a liberdade da pessoa humana, em casos de extrema e demonstrada necessidade...", idem, p. 217.

humano como *objeto* de estratégicas públicas e não como um fim em si mesmo. KANT, há mais de século, já advertia sobre esse risco, como ainda veremos. Se em seus aspectos e dimensões mais difusas o *tráfico de drogas* pode ser visto como lesivo à saúde pública, o *uso pessoal* certamente não admite essa extensão.

Entretanto, também na perspectiva do bem jurídico se veria o excesso da incriminação, já que a liberdade individual constitui patrimônio dos mais significativos no Estado de Direito. A liberdade, portanto, há de ser entendida, também, como um relevante bem jurídico.

Também a posição de Günther JAKOBS há de ser aqui apontada, ainda que, mais adiante, tenhamos que voltar a ela, em outras abordagens.

No sistema penal do ilustre penalista alemão, a própria norma penal incriminadora seria o objeto da proteção do Direito Penal. É dizer, a função primordial do Direito Penal e da pena seria a manutenção da validade da norma violada pelo ato delituoso. Assim, e se é que ainda se poderia falar em *bem jurídico*, para Jakobs, o verdadeiro *bem jurídico penal* seria a norma penal, essa sim, efetivamente protegida pela pena pública, a ser imposta precisamente pela sua violação e para fins de manutenção de sua validade, ameaçada pelo delito. Com a pena, então, se garantiria a manutenção da configuração normativa da sociedade, de modo a impedir a sua erosão.

JAKOBS faz duras críticas à ideia de se vincular a pena pública ou o Direito Penal à proteção de bens jurídicos, sustentando, dentre outros riscos, o de permitir uma expansão incontrolável das criminalizações, na medida em que o crescimento das valorações acerca da importância daquilo que pode ser qualificado como bem jurídico poderia gerar, em igual proporção, a necessidade de sua proteção penal. Suas concepções são coerentes com a sua ideia de sociedade e de funcionalismo penal sistêmico, via dos quais a coexistência humana imporia deveres normativos a todas as pessoas capazes, segundo as necessidades concretas da vida em comum.[33]

Ainda voltaremos a essas questões, tanto na parte da análise acerca das teorias da pena, quanto no exame dos sistemas penais. Mas, mesmo antes disso, constata-se que JAKOBS, na articulação de sua concepção de *bem*, prefere não fazer qualquer incursão ao conteúdo material da norma de proibição (norma incriminadora), limitando-se a apontar o que chamamos de *segundo nível* de proteção do Direito Penal: o preceito secundário da norma, isto é, a sanção, posta como garantia de eficácia da regra de proibição. E isso, naturalmente, repita-se, como decorrência de sua concepção sistêmica do Direito Penal, a partir de um conceito específico de sociedade.

5 Evolução e síntese

No que toca à identificação das espécies de bens jurídicos objeto de proteção, observa-se uma significativa alteração promovida nas últimas décadas.

---

[33] Para a crítica às teorias do bem jurídico, confiram-se os trabalhos de LUZ, Yuri Corrêa. *Entre bens jurídicos e deveres normativos*, op. cit., p. 135 e seguintes, e TEIXEIRA, Ricardo Augusto de Araújo. *Direito penal de emergência*. Belo Horizonte: D'Plácido, 2014. p. 187 e seguintes.

Ao tempo do Estado Liberal e do Direito Penal com tais características, a ênfase protetiva ou regulatória, como vimos, residia na *individualidade* de cada um. Para não voltarmos demasiado na história, vem daí o surgimento do bem jurídico penal atrelado ao sujeito *individualizado*.

Mais recentemente, mas já em fins do século passado, dois fenômenos reclamaram a atenção dos penalistas em todo o mundo.

Por primeiro, a alteração do paradigma da responsabilidade pelo dano, que, sobretudo no Direito Civil, passou a incorporar, não só a lesão ou o risco concreto de lesão, a partir da *atuação subjetiva (negligente ou dolosa)*, mas também o dano causado *nas atividades de risco*, já, então, sob a ótica de uma responsabilização explicada *objetivamente*, oriunda, portanto, do exercício da atividade, em si. Nesse modelo, a incriminação do dano causado sem culpa aparece de modo bastante problemático, como ainda veremos no tópico atinente à tipicidade (Título II).

E, o segundo fenômeno, que tem por consequência a modificação da própria concepção dos bens merecedores da proteção jurídica, oferece nova leitura para aqueles bens de vida cuja dimensão de fruição e gozo não se limita mais ao sujeito individual, mas à pluralidade ou à coletividade de pessoas. Nesse cenário, a indispensabilidade de manutenção de um meio ambiente ecologicamente equilibrado, como condição de subsistência digna dos povos, cada dia mais premente, vem modificando a pauta das necessidades humanas, daí podendo resultar até mesmo uma modificação sensível da geopolítica do Poder.

O Direito Penal, naturalmente, não escaparia a tais preocupações. O novo paradigma trabalha, então, com os bens jurídicos *supraindividuais*, reunindo bens de interesses *sociais, transindividuais, transpessoais*, e, enfim, interesses difusos e/ou coletivos. Há obras nacionais de inegável envergadura intelectual tratando do tema.[34]

Vale lembrar as observações de ROXIN acerca da validade do conceito de bem jurídico para as infrações praticadas contra aqueles (bens) da comunidade:

> "Uma Justiça que funciona, uma estrutura de funcionários públicos isenta de corrupção, uma moeda intacta, um sistema de tributos justo e um meio ambiente não destruído tem importância essencial para a possibilidade de desenvolvimento do indivíduo na sociedade, de modo que eles (essa espécie de delitos) de maneira alguma contradizem o conceito pessoal de bem jurídico."[35]

Esclarecendo: a ideia de bem jurídico na perspectiva *individual*, isto é, como satisfação das necessidades e possibilidades do sujeito, não se opõe à existência de bens *coletivamente considerados*, ou seja, no interesse de todos. Simples: a realização

---

[34] BOTTINI, Pierpaolo Cruz. *Crimes de perigo abstrato*. 2. ed. São Paulo: Revista dos Tribunais, 2011. SILVEIRA, Renato de Mello Jorge. *Direito penal supra-individual*. Interesses difusos. São Paulo: Revista dos Tribunais, 2003. E, de novo, GRECO, Luísa; TÓRTIMA, Fernanda Lara. *O bem jurídico como limitação do poder estatal de incriminar?*, op. cit.

[35] ROXIN, Claus. *Sobre o recente debate em torno do bem jurídico*, op. cit., p. 196.

individual de cada um é também a concretização dos projetos de interesse comum. O meio ambiente ecologicamente preservado serve a todos e a cada um individualmente considerado.

Em consequência, ressurge o debate acerca das potencialidades do conceito de *ação,* até então apropriado e adequado à ação *humana,* e agora conduzido a outros referenciais, não mais *naturalistas* (como a conduta *natural* humana), mas de fundo *normativo,* ou seja, de criação puramente normativa. Fala-se, então, na possibilidade de ampliação da responsabilidade penal, inclusive para atingir a pessoa jurídica.

Quanto a esse ponto, especificamente, independentemente de maiores considerações – por ora – não vemos como recusar a responsabilidade penal da pessoa jurídica no Brasil, restrita, porém, aos *crimes ambientais,* por força do disposto no art. 225 da Constituição da República. Diz ali que *as condutas e atividades consideradas lesivas ao meio ambiente sujeitarão os infratores, pessoas físicas ou jurídicas, a sanções penais e administrativas...* (art. 225, § 3º).

Atualmente, a Lei 9.605/98 estabelece a responsabilidade penal da pessoa jurídica, nas infrações praticadas por deliberação de seu representante legal ou contratual ou de seu órgão colegiado, no seu interesse ou em seu benefício (art. 3º), como ainda veremos, no Subtítulo atinente à *Tipicidade.* O tema é de grande importância, como se vê.

De todo modo, pensamos que não se pode pensar em abandonar o conceito de bem jurídico e nem as relevantes funções de que ele se ocupa na dogmática penal, e, particularmente, repita-se, na política criminal. Cumpre, porém, avançar o mais prudentemente possível na direção da vinculação de tais bens às necessidades concretas do Homem.

Limitar a incriminação à tutela efetiva de bens jurídicos é a única forma de garantir um modelo penal compatível com o Estado de Direito. As políticas de incriminações e as leis penais não podem se transformar em instrumento de arbítrio em mãos daqueles que, circunstancialmente, estejam na sua titularidade. Nem o Congresso Nacional e nenhuma outra instância de poder poderão alterar o quadro desenhado na Constituição da República, no que toca às garantias e aos direitos individuais subjetivos.

Se, do ponto de vista de sua especificidade, como uma das várias das disciplinas do Direito, o Direito Penal exerce ou pretende exercer a função de proteção a bens jurídicos socialmente relevantes, há outras perspectivas com as quais ele trabalha e que, do mesmo modo, podem ser entendidas como *funções.*

Com efeito, subjacente às suas finalidades originárias, a instituição da tutela de bens e de direitos pelo direito penal, por si só, implica uma relevante demarcação do campo da ilicitude. A norma incriminadora validamente instituída traz em seu interior a comunicação de um sentido dos mais significativos, na medida em que proíbe determinados comportamentos mediante a ameaça de graves restrições de direitos individuais. Assim, o direito penal exerce também a função de enunciar e de comunicar os comportamentos que não serão tolerados.

Não é exagero algum afirmar-se que esse direito, por excelência, traduz uma forma de violência institucionalizada do e pelo Estado, o que, somente por isso, já exige uma tomada de posição quanto ao papel que ele exercerá no contexto jurídico em que for instituído.

No ambiente do Estado de Direito, como vimos, as premissas fundamentais da aludida organização política (o Estado) já determinam o horizonte máximo da tutela penal, ou seja, o da mínima intervenção. E isso certamente já leva em consideração a sua compreensão como instrumento de violência contra determinados e relevantes direitos individuais, com o que sua justificativa há de ficar no mesmo plano, isto é, da necessária proteção a direitos fundamentais, se e quando atingidos em níveis intoleráveis.

Superada que seja a inevitabilidade da vida em agrupamentos de pessoas,[36] formando sociedades – algumas das quais coexistem no interior de uma mesma nação! –, o Direito Penal, também inevitavelmente, se constitui em poderoso instrumento de controle social. Poderoso, não só pelo fato da coercibilidade inerente a quase todo o Direito estatal, ou seja, de poder ser imposto coercitivamente, mas, sobretudo, pelo fato de poder avançar violenta e diretamente sobre as liberdades públicas.

Há, assim, pelo menos duas grandes perspectivas com as quais ou por meio das quais se exerce esse controle social pela via do direito penal.

Na primeira, do ponto de vista do aparato estatal, a tutela penal surge como um instrumento para a realização de seus projetos e de suas visões de mundo, determinando comportamentos e escolhendo bens e valores a serem protegidos na consecução de tais finalidades.

Na segunda, ainda na perspectiva estatal, mas já associada ao grupo social, as normas jurídicas pretendem se impor como a melhor alternativa aos interesses gerais e difusos, delas se extraindo uma função de *motivação de comportamentos* (conforme o Direito), de modo a se estabilizarem as expectativas, os interesses e as pretensões individuais e coletivas. Ainda que não se examine tal questão sob o aspecto psicanalítico e as influências dessa motivação na *psique humana*, fato é que a afirmação estatal da legitimidade de suas normas penais compõe o cenário inevitável para o mais amplo controle social do cotidiano.[37] Ou, em outras palavras: com as normas incriminadoras e a execução da pena, o Estado se autoafirma.[38]

II Teorias da pena

Estudada a primeira e essencial função do Direito Penal, associada à proteção dos bens jurídicos mais relevantes à coexistência humana, há que passar-se ao exame do segundo nível em que é realizada essa proteção: a sanção criminal ou o preceito

---

36 Assim, didaticamente, MEROLLI, Guilherme. *Fundamentos críticos de direito penal.* Rio de Janeiro: Lumen Juris, 2010. p. 11-12.

37 CONDE, Francisco Muñoz. *Derecho penal y control social.* 2. ed. Santa Fe de Bogotá: Temis, 1999. p. 20-25.

38 BUSTOS RAMIREZ, Juan J.; MALARÉE, Hernán Hormazábal. *Nuevo sistema de derecho penal.* Madrid: Trota, 2004. p. 57.

secundário da norma incriminadora. Relembrando: o primeiro nível é o da própria proibição do comportamento!

Tanto em Direito Penal quanto em Processo Penal, é frequente o uso da expressão *direito de punir*, de que seria titular o Estado, em face daquele que violasse a lei penal. Desnecessárias referências bibliográficas, tamanha a profusão dos autores que a mencionam.[39]

De nossa parte, julgamo-la absolutamente inadequada, até mesmo para o Direito Processual Penal, na medida em que, para fins da *ação* e do *processo*, o Estado agiria *por dever* (e não por *direito*), diante da *obrigatoriedade* da ação penal pública no Brasil, ao menos no que se refere à ausência de discricionariedade quanto à persecução penal.[40] E o mesmo ocorre em relação também ao Direito Penal.

Com efeito, a expressão soa estranha aos padrões conceituais da relação *direito* x *dever*, entendido o *primeiro* como uma *faculdade* de acesso a algum bem de vida, e o *segundo* como o dever de respeito, por todos, àquele exercício.

Não vemos a punição pelo crime como *direito* de quem quer que seja e nem a submissão à pena como *dever do condenado*.[41] O Estado, diante de sua *soberania*, pode e está autorizado a produzir leis e decidir pelo destino dos seus membros, desde que atenda às condições mínimas que articulam o modelo do Estado de Direito. Fora daí, uma organização política que se veja em condições de desrespeitar os direitos humanos e de utilizar o direito como força coercitiva para satisfação do poder não poderá ser qualificada como Estado de Direito, não merecendo sua inclusão entre as ordens políticas da modernidade.

A pena *pública* é imposta coercitivamente ao condenado por meio do devido processo legal, independentemente de sua adesão ou não. Esclareça-se que quando dizemos *pena pública* estamos nos referindo a uma forma específica de solução de conflitos pelo Direito Penal. Outros mecanismos de enfrentamento da questão criminal podem também ser experimentados. E, aliás, podem oferecer resultados muito menos problemáticos que aqueles decorrentes da política carcerária, reprodutora incansável da violência do crime. Em tais perspectivas, o fato *criminoso* é levado em uma dimensão de menor repercussão pública, de modo a permitir alguma forma de pacificação voluntária entre os interessados.[42]

---

[39] KANT, Immanuel. *A metafísica dos costumes*. A doutrina do direito. A doutrina da virtude. Tradução de Edson Bini. 2. ed. São Paulo: Edipro, 2008. p. 174. Também Franz VON LISTZ recorria ao termo *jus puniendi*. In: *Tratado de derecho penal*. 4. ed. Tradução da 18ª edição alemã por Quintiliano Saldaña. Madrid: Editorial Reus, 1999. t. I, p. 5.

[40] PACELLI, Eugênio. *Curso de processo penal*. 19. ed. São Paulo: Atlas, 2015.

[41] Em sentido contrário, vendo ali um *dever do condenado*, a posição de Ernst VON BELING, *A ação punível e a pena*. Tradução de uma pequena parte (Doutrina do delito-tipo) do famoso *Esquema de Direito Penal* do ilustre autor, traduzida para o espanhol pelo grande Sebastián Soler, e vertido para o português por Maria Carbajal. São Paulo: Riedel, 2006. p. 95.

[42] Consulte-se, por todos, o trabalho de SICA, Leonardo. *Justiça restaurativa e mediação penal*. O novo modelo de justiça criminal e de gestão do crime. Rio de Janeiro: Lumen Juris, 2007.

Enfim," o problema dos fins da pena criminal é tão velho quanto a própria história do direito penal...".[43] Por isso, a pena precisa ser *justificada,* na perspectiva de sua necessidade – e que, para nós, é a de proteção de bens jurídicos considerados indispensáveis ao convívio – e precisa também ser *legítima,* devendo a sua aplicação se orientar pelas especificidades do *fato* praticado.

Para logo, pode-se insinuar que a pena privativa da liberdade no Brasil, no que toca ao regime penitenciário de seu cumprimento, não atende às determinações constitucionais e nem legais pertinentes (Lei de Execução Penal – Lei 7.210/84). A multidão carcerária e as condições precaríssimas da coexistência entre os presos atentam contra a dignidade humana. E esse não é um fenômeno tipicamente brasileiro.

O crescimento da população carcerária nos Estados Unidos, por exemplo, atingiu já a marca de dois milhões de pessoas, no ano de 2010. Aqui, o número chega a mais de 500 mil presos, sendo que pouco menos da metade é constituída por presos *provisórios,* ou seja, ainda não condenados definitivamente. Passa da hora de a discussão sobre a pena privativa da liberdade se livrar do ranço maniqueísta, como se fosse uma luta entre *o bem* e o *mal,* na qual, partindo-se da *responsabilidade pessoal* daquele que pratica o crime, devem-se aceitar quaisquer tipos de castigos ao culpado.

Não iremos longe em um debate que ultrapassaria imensamente os propósitos desse trabalho. Ficaremos no exame simplificado das principais teorias da pena, na perspectiva de sua legitimação, no marco de um Direito Penal de mínima intervenção.

A nosso sentir, as diversas teorias podem e devem ser alinhadas em dois grandes grupos classificatórios.

Há teorias que se enquadram em uma perspectiva *absoluta* da pena, no sentido de que ela deve se impor em qualquer situação, desde que praticado o crime, justificando-se *por si e em si mesma.* Trata-se da fórmula latina *punitur, quia peccatum est* (punir quem pecou).

E outras há que *condicionam* a pena a determinadas *finalidades.* Essas, por buscarem a justificação da pena em *fins específicos,* são consideradas *relativas,* já que se imporiam apenas *em relação* a tais finalidades. Aqui, a fórmula seria outra: *punitur, ne peccetur* (punir para não pecar).

Uma síntese: as teorias absolutas buscam legitimação na própria pena, a partir da prática do crime. As teorias relativas, sobretudo aquelas que se referem à necessidade de proteção de um bem jurídico, apresentam o caráter unicamente *preventivo,* dado que a pena somente seria aplicada *após* a lesão ao bem, prestando-se, portanto, a tutelar *outros bens,* e de *futuras* lesões.

De modo geral, as teorias *absolutas* abrigariam, necessariamente, as teorias *retributivas,* se se considerar que ela, a pena, deveria ser imposta pelo princípio da *retaliação,* sem qualquer vinculação com possíveis justificações de sua necessidade, ainda que, excepcionalmente, pudessem ser associadas com a proteção imediata daquilo que teria sido atingido pelo crime.

---

[43] FIGUEIREDO DIAS, Jorge de. *Direito penal.* Parte geral..., op. cit., p. 41.

A seguir, cuidaremos das principais teorias da pena, não sem, antes, advertir o leitor para o seguinte: as teorias de KANT e de HEGEL foram elaboradas no âmbito de filosofias das mais complexas. Sua compreensão não é nada fácil. Aliás, a leitura de ambas chega a ser tarefa das mais enfadonhas. Mas, diante de sua importância histórica, buscaremos clarificar ao máximo possível as aludidas concepções, por ocasião da apreciação crítica de ambas.

1 Teorias retributivas

É na *Metafísica dos costumes* que KANT elabora a sua *doutrina do direito* e desenvolve a sua filosofia da pena para o direito penal.

Segundo ele, e em primeiro lugar, haveria um *direito de punir,* pertencente ao Estado Soberano, livre para impor sanções e de "infligir dor ao súdito que tivesse cometido um crime".[44]

Esse direito decorreria de um princípio de *Justiça,* a ser perseguido e aplacado sob quaisquer circunstâncias, sob pena de, desaparecida ela (a justiça), "não haver mais valor algum na vida dos seres humanos sobre a terra". Por isso, e porque a justiça não poderia ser comprada por qualquer preço, seriam inaceitáveis atitudes utilitaristas por parte dos Tribunais, tal como se vê no Evangelho de João, do tipo: "É melhor que *um* homem morra do que pereça um povo inteiro."

Para Kant, então, deve se rejeitar qualquer *finalidade externa* na pena pública. O homem, como um fim em si mesmo, e como *ser* dotado de personalidade inata, jamais poderia ser *utilizado como meio* para obtenção de algum bem ou proveito dele próprio ou da sociedade civil, sob pena de se dar a ele um tratamento inerente àquele destinado aos *objetos e às coisas.* Nesse ponto, ele rejeita definitivamente os fins *preventivos* da pena.

A punição do criminoso resultaria de um *imperativo categórico,* que pode ser entendido como um *dever incondicional,* posto na regra do *agir* do sujeito de modo *objetivo,* com pretensão de validade universal, ou seja, para todos os homens que se deparassem com aquela possibilidade de ação. Esta, a ação, que, do ponto de vista subjetivo (de cada um) poderia se apresentar como *contingente* (situada em tempo e espaços próprios), é convertida em *universal* no imperativo categórico.

Uma coisa é como o sujeito *deseja agir* (máxima subjetiva); outra, seria como ele *deve agir* (a máxima como lei universal, imposta pela Razão). Com efeito, diz KANT: *age com base em uma máxima que também possa ter validade como uma lei universal.* Por isso, afirma ele: "mesmo que uma sociedade civil tivesse que ser dissolvida pelo assentimento de todos os seus membros (por exemplo, se um povo habitante de uma ilha decidisse separar-se e se dispersar pelo mundo), o último assassino restante na prisão teria que ser executado...".[45]

---

[44] KANT, Immanuel. *Metafísica dos costumes...*, op. cit., p. 174.

[45] KANT, op. cit., p. 176.

E, dando cores finais à sua concepção acerca do caráter retributivo da pena, Kant se volta para a Lei de Talião (olho por olho, dente por dente), vista por ele como o único meio de realizar o princípio da igualdade na retaliação. Aquele que insulta alguém insultaria a si mesmo; aquele que furtasse de outrem, furtaria de si mesmo, perdendo, em consequência o direito a *querer possuir as coisas,* na medida em elas não seriam dele, mas de quem quisesse agir como ele. Daí a pena de morte para o homicídio (p. 176).

E chega-se a HEGEL.

Normalmente incluído entre os defensores de uma concepção retributivista – inclusão *indevida,* como veremos! –, HEGEL discute a pena pública na perspectiva dialética, a partir de uma concepção própria de Estado e de Direito.

É conhecida sua formulação que apresenta o crime como uma *negação* do direito; e que, como tal (negação do direito = negação da liberdade), deveria também ser *negada,* a fim de que o Direito viesse a ser restaurado. Daí, a *pena pública* seria o modo pelo qual se *negaria* o crime como uma vontade *existente,* restaurando o Direito e tornando possível a liberdade.

Quando HEGEL, no prefácio à sua *Fenomenologia do espírito,* afirma que o verdadeiro *é o todo,* quer ele dizer que os elementos que compõem o movimento dialético de afirmação e de negação constituem o percurso histórico da Razão na busca de uma síntese ou unidade entre as teses e filosofias opostas e que se punham em contradição. Para ele, a dialética era a "própria forma de manifestação e desenvolvimento do espírito" até sua elevação ao Absoluto, na forma de um saber que se compreende como a manifestação da própria totalidade.[46] Se, para KANT, a consciência era a estrutura do pensamento para conhecer as coisas, para HEGEL a aludida consciência era ainda mais que isso, dado que implicava a compreensão de si mesma enquanto tal (consciência que conhece).

Na apresentação que fizemos ao *Tratado de direito penal. Teoria do injusto e culpabilidade,* na tradução brasileira da obra de Günther JAKOBS,[47] tivemos oportunidade de sintetizar a posição de Hegel. Seguem nossas considerações:

> "Hegel construiu a sua ideia de sanção criminal sobre uma estrutura ética muito bem delineada e dialeticamente articulada. Para ele, a *vontade* (*livre*), expressão da *liberdade* (fundamento radical do Direito), para ser real há de efetivamente *existir,* de tal maneira que essa existência seja o seu *ser* (ser da liberdade), no plano do conceito.
>
> Assim, uma violência ou coação praticadas contra tal existência da vontade implicaria, ainda no âmbito do *conceito,* uma auto-destruição, ou seja, o não reconhecimento da liberdade como algo real. Por isso, se uma vontade livre,

---

[46] VOLPI, Franco. In: SCHOPENHAUER, Arthur. *A arte de ter razão. Exposta em 38 estratagemas.* Organização e Ensaio de Franco VOLPI. Tradução de Alexandre Krug e Eduardo Brandão. São Paulo: Martins Fontes, 2011. p. 71-72.

[47] JAKOBS, Günther, op. cit., p. vii-xxv.

expressão da liberdade, é coagida ou violentada, essa ação (coação e violência), abstratamente, deveria ser considerada *injusta*.

Se o Direito é a afirmação da liberdade, estruturado em um Estado voltado para a realização ética da coexistência, o injusto, definido como *crime*, é a negação da liberdade, devendo se submeter, por isso mesmo, a uma outra coação, que, do mesmo modo, implique a sua destruição *conceitual*. Daí se afirmar que a pena seria o movimento dialético da reafirmação do Direito lesado. O crime, então, não deveria ser considerado um *mal*, mas uma violação ao Direito, que somente pela pena (negação da violência ou violação do Direito) poderia ser coartado. Para Hegel, portanto, o mal não é o crime, mas a *existência real* de uma negação da liberdade, que, sem a pena, continuaria existindo."[48]

1.1 Considerações críticas

A doutrina nacional e estrangeira inclui ambos, KANT e HEGEL, dentre os partidários de uma teoria retributivista, exceção feita, talvez, a JAKOBS, no que toca a este último (Hegel).

Com efeito, afirma-se, sobretudo na doutrina nacional, que KANT adotaria uma retribuição *moral*, enquanto HEGEL, uma retribuição *jurídica*.[49]

Relativamente a KANT, não temos dúvidas em ver ali a adoção de uma teoria absoluta e retributiva da pena. Já, quanto a Hegel, parece-nos que sua teoria pode ser enquadrada entre as *absolutas*, mas não como retributivista.

Vejamos.

KANT foi o responsável por uma grande reviravolta na história da filosofia, tendo ele construído um sistema filosófico destinado a demonstrar a insuficiência do *empirismo* de HUME, sustentando, ao contrário deste, que haveria conhecimentos *a priori*, independentemente da experiência humana. E, para isso, buscou elaborar um *sistema* de conhecimento a partir da definição de categorias e de conceitos com os quais seria possível a compreensão do *fenômeno* (as coisas, segundo a representação que delas fazia o sujeito). Para ele, o conhecimento jamais chegaria ao *nôumeno*, ou seja, à coisa *em si mesma* (existente fora e independentemente do sujeito).

Na *Metafísica dos costumes*, obra em que KANT irá apresentar a filosofia da pena pública, ele parte da mesma ideia de *sistema* antes utilizado em outros trabalhos (*A crítica da razão pura*), buscando, do mesmo modo, identificar categorias e conceitos que, articulados entre si, permitiriam uma universalização da *moralidade*. O que ele pretendeu foi elaborar um sistema ou estrutura da *moralidade* e não necessariamente determinar o seu conteúdo.

---

[48] HEGEL. *Princípios da filosofia do direito*. Tradução de Orlando Vitorino. São Paulo: Martins Fontes, 2000. p. 89.

[49] PRADO, Luiz Regis. *Curso de direito penal*, op. cit., p. 553-554. QUEIROZ, Paulo. *Direito penal*, op. cit., p. 85-86. BITENCOURT. César Roberto. *Tratado de direito penal*. Parte Geral. 6. ed. São Paulo: Saraiva, 2007.

Eis, então, a primeira objeção à teoria da pena por retribuição. Se a pena deve ser imposta *pelo crime realizado*, a justificação fundada no princípio da *justiça* deveria partir de uma conceituação mais ampla deste conceito (justiça). Afinal, toda incriminação, porque produzida pelo Estado Soberano, seria intrinsecamente *justa?* Percebe-se, sem esforço, não haver qualquer conteúdo material (de direito) em referida perspectiva, o que deixaria o legislador penal absolutamente livre para criminalizar e impor penas de modo inteiramente arbitrário.

E, mais seriamente: a sua concepção de contrato social como base de uma sociedade civil – que permitiria ao homem sair de seu *estado de natureza* – permanece carente de vinculação aos direitos humanos, tal qual hoje se põe no mundo moderno.

KANT chega a sustentar que o infanticídio praticado por uma mãe em razão de uma maternidade não reconhecida na ordem social (fora do casamento, portanto) não seria merecedor da pena capital como os demais assassinatos. Segundo ele, por se tratar de um ato dirigido a uma concepção *fora da lei*, a vítima (a criança) não teria a proteção das leis da sociedade. Desse modo, a mãe teria agido em *estado de natureza*, razão pela qual sequer se deveria chamar a sua ação de assassinato (conceito reservado aos membros da sociedade civil). Diz ele: "Ela foi (a criança), por assim dizer, imiscuída na coisa pública (como a mercadoria de contrabando), de modo que a comunidade pode ignorar sua existência (uma vez que não foi *justo* o fato de ela ter passado a existir dessa forma) [...]".[50]

Tamanha desconsideração da pessoa, fundada no fato de não poder ela ser reconhecida pelas regras da sociedade civil, unicamente em razão de ter sido gerada com violação às exigências do casamento civil, dá bem a dimensão da pretensão de *universalização* a que chegou a filosofia kantiana: a sociedade civil teria primazia inquestionável sobre a pessoa humana. E isso, em sociedades complexas e carentes de igualdade como a de hoje, se mostra, não só impertinente e inoportuno, mas absolutamente inconcebível.

Inaceitável, portanto, a justificação da pena pelo princípio da retaliação ou da retribuição. Quando se enxerga no Estado apenas o *retribuidor* do crime, passa-se a ignorar, não só as razões pelas quais ele teria sido instituído, mas, sobretudo, as razões *com as quais* se espera com ele seguir adiante.

E, em conclusão: a aludida teoria não trata de uma retribuição *moral*. Para KANT, a pena criminal deve ser imposta *unicamente por um tribunal* e em atenção a um princípio de *justiça*. O imperativo categórico impõe um dever no âmbito da moralidade; todavia, nada impede a sua exigência como princípio do direito. Que é o que faz KANT, especificamente no âmbito de uma *doutrina do direito*.

Já quanto à teoria de HEGEL, não nos parece que ela conteria um tipo de retribuição *jurídica*, como muito se alardeia. Ora, toda pena pública se insere no âmbito de uma filosofia do direito, queira ou não o seu autor. Nesse sentido, a *imposição* da pena será sempre uma determinação jurídica.

---

[50] KANT, Immanuel. *Metafísica*... op. cit., p. 179.

Já que sua teoria é *absoluta* não temos dúvida. Mas não nos parece correto incluir Hegel entre os *retributivistas,* se se quiser continuar entendendo a retribuição como uma *justificativa,* em si, para a pena.

Somente para assinalar o caráter preventivo (mas, *absoluto*) da pena em Hegel, percebe-se que ele, mais abertamente que Kant, desenvolve um conceito de Estado e de Direito centrado em postulados éticos bem definidos materialmente, o que permitiria enxergar na sua dialética da pena (o crime como *negação* do direito; a pena como *negação do crime* e restauração do direito) um propósito superior ao *simples merecimento* do castigo, isto é, pelo simples fato de ter sido realizado.

Não por outra razão, JAKOBS acompanha a teoria da pena de HEGEL em vários aspectos. E, curiosamente, é frequentemente incluído (Jakobs) entre os preventivistas (positivos) e não entre os retributivistas, como ocorre em relação a HEGEL, ao menos na doutrina brasileira.

Demais disso, a pena em HEGEL é também dotada de significado (manutenção *contrafática* do significado do crime, enquanto violação do direito), o que permite um alargamento da discussão acerca da validade dos atos praticados e do Direito violado.

E mais.

HEGEL não acompanha a Lei de Talião.

Ao contrário, depois de alertar para as imensas dificuldades para a determinação das penas cabíveis para cada espécie de crimes, ele tem por absolutamente inadequada e absurda a pena de talião, fundada que seria ela em um conceito muito específico de igualdade. Para ele, a igualdade que deve ser considerada para a pena é unicamente o seu *merecimento* pelo dano produzido.

Externamente (o tipo de pena), elas podem ser diferentes (pena de multa, pena de prisão), mas deverão manter uma conexão de sentido valorativo com o fato praticado. Diz ele:

> "Se não se conceber a virtual conexão interior do crime e do ato que o suprime (pena) e não se perceber, por conseguinte, a ideia do valor e da comparabilidade segundo o valor, acaba-se por apenas se ver, na pena propriamente dita, a ligação arbitrária de um mal com uma ação proibida."[51]

Como se vê, a pena em HEGEL atende a uma finalidade de conservação de uma ordem social e política, qual seja o Estado, que somente se legitimaria pelo Direito.

Entretanto, há uma diferença essencial entre a prevenção de HEGEL e aquelas outras, fundadas na proteção dos bens jurídicos tutelados pelo Direito Penal. Enquanto nestas, a proteção é para o futuro, ou seja, para os bens ainda não atingidos pelo crime para o qual se imporá a pena, na teoria de HEGEL a proteção é *imediata,* voltada para a *reafirmação do direito.* Para ele, então, o que é atingido com o crime é o Direito como um todo e não determinado e específico bem jurídico.

---

[51] HEGEL, G. W. F. *Princípios da filosofia do direito.* Tradução de Orlando Vitorino. São Paulo: Martins Fontes, 2000. p. 92.

Portanto, as teorias preventivistas da pena pela proteção do bem jurídico, ainda que *mediatamente*, ou seja, ainda que não imediatamente, também se destinariam a *manter uma determinada ordem social e jurídica*.[52]

De todo modo, a concepção de HEGEL, mesmo se considerada preventivista, como nos parece, não se mostra pertinente em um mundo inteiramente transformado (KANT e HEGEL escreveram em fins do século XVIII e início do século XIX), nos quais a legitimação do Poder Público (Soberano) não pode mais ser pressuposta e nem fundada em deveres morais e/ou éticos, mas compartilhada na igualdade material entre as pessoas, cidadãs ou não, ainda que continuemos a correr atrás de tais promessas (de paz, de igualdade, de distribuição equitativa de bens e de justiça).

Nenhum Estado e nenhuma sociedade civil podem ser colocados em nível superior ou considerados mais valiosos que o Homem, mesmo quando considerado isoladamente. De fato, Estado, sociedade e quaisquer outras formas de coexistência organizada terão que partir dos direitos humanos, sob pena de não se enquadrarem nos atuais modelos de democracia e de Estado de Direito.

Em tempos de tamanha complexidade social, o Direito Penal, sobretudo, deve permanecer cada dia mais atento à culpabilidade pessoal, segundo a inserção do agente em seu contexto histórico.

2 Teoria da expiação

Talvez nem merecesse registro uma concepção da pena pública voltada para a *expiação* do condenado, nada obstante o efeito *pedagógico* e educativo de seu caráter. Pela expiação, se pretenderia convencer o apenado acerca da necessidade, da utilidade e da legitimidade da pena, de modo a se obter a sua adesão.

Naturalmente, parece-nos à beira do impossível *coagir* alguém *a concordar* com a pena e as consequências maléficas que ela apresenta. Tem razão JAKOBS quando afirma, no ponto, que uma execução penal tendente ao convencimento do condenado a aceitar e a aderir à punição se afastaria de uma teoria da pena, propriamente dita.

Releva observar, porém, que semelhante ponto de vista somente faz sentido quando se considera a pena no contexto de modelos *condenatórios*, e fundados, sobretudo, em penas corporais. Execuções penais tendentes à obtenção de efeitos terapêuticos poderiam se escorar em fundamentações dessa natureza (expiatória).

Há alguns inconvenientes práticos na busca de tais efeitos. Algumas experiências nacionais têm demonstrado o manejo de apelos religiosos coativos ou impositivos para a obtenção da adesão à execução, o que não nos parece cabível em um Estado que deve respeito *a todas as manifestações religiosas*, e se encontra proibido de professar preferências.

---

[52] JESCHECK, Hans-Heinrich. *Tratado de derecho penal*. Parte general. 5. ed., corregida y ampliada. Tradução de Miguel Olmedo Cardenete. Granada: Comares, 2002. p. 69.

3 Teorias preventivas

Como já assinalado, enquanto as teorias *absolutas* da pena buscam sua justificação *na pena em si mesma*, as teorias *relativas*, rejeitando tal solução, se orientam pelos *fins* ou *finalidades* dela (pena). As teorias preventivas são as que ostentam maior aceitabilidade na doutrina penal ainda hoje.

Vamos desde logo a uma síntese necessária de suas principais concepções.

Para semelhante perspectiva, a pena deveria ser imposta com a finalidade de obtenção de algum proveito concreto, tendo em vista a gravidade de sua natureza. Teria que ter, portanto, um determinado *fim*. Seu objetivo, profilático, por assim dizer, seria o de impedir novas práticas delituosas. *Punitur, ne peccetur* (punir para evitar delitos futuros), portanto.

Se, em princípio, a pretendida eficácia preventiva se limitaria a oferecer tão somente um *motivo/razão* para a imposição da pena, pode-se, de outro lado, sustentar que a manutenção da ordem jurídica então realizada cumpriria o papel de sua *justificação*.

Que a pena criminal tem – no mínimo, *também* – caráter preventivo parece a salvo de maiores indagações. Já o dissemos.

É que a sanção penal depende da realização anterior de um fato definido como crime. E se esse fato implica, necessariamente, uma lesão ou, de qualquer modo, um ataque relevante a um bem jurídico, não se pode esperar dela (pena) a proteção daquele bem já atingido ou exposto a risco de dano.Nessa configuração, a tutela penal somente protegeria *outros* bens jurídicos, contra futuras lesões.

Posto isso, a função de prevenção da pena pode ser entendida de diferentes ângulos.

O primeiro seria o da prevenção *geral*, dirigida a todos os interessados na manutenção da ordem jurídica ou da proteção dos bens submetidos ao Direito Penal.

O segundo teria por destinatário o próprio autor do crime, para fins de se obter dele, por adesão ou por receio, a não reiteração de comportamentos lesivos. Fala-se, nesse caso, em prevenção *especial*. Além disso, obter-se-ia também a *neutralização* do agente *incorrigível* por ocasião do cumprimento de pena de prisão, e, enquanto isso, a proteção da sociedade, conforme a posição de VON LISTZ.[53]

E tanto a prevenção *geral* quanto a prevenção *especial* podem ser orientadas por propósitos distintos.

De fato, a prevenção, geral e especial, pode ser *positiva* ou *negativa*.

No primeiro caso, de prevenção *positiva*, a pena teria a pretensão de reforçar a confiança na força, na coercibilidade e na utilidade do Direito, que se apresentaria, então, como uma necessidade de segurança pública e de estabilidade social. Mais que

---

[53] É conhecido o Programa de Marburgo, de Von LISZT, no qual ele se aproximou da política criminal, enunciando a célere afirmação no sentido de que o Direito Penal seria a *barreira intransponível da política criminal*. Apud JESCHECK, Hans-Heinrich. *Tratado de derecho penal*. Parte general. 5. ed., corregida y ampliada. Tradução de Miguel Olmedo Cardenete. Granada: Comares, 2002. p. 79.

isso: uma alternativa racional para a coexistência. Claus ROXIN,[54] na Alemanha, e Jorge de FIGUEIREDO DIAS,[55] em Portugal, por exemplo, e apenas para nos referir aos autores com maior proximidade de nossa doutrina penal, defendem a pena como prevenção positiva.

No segundo caso, de efeitos *negativos* da prevenção, a pena buscaria obter, não a adesão do apenado (como ocorre nos efeitos positivos), mas a *intimidação* dele, que, em razão da ameaça da privação da liberdade ou da restrição de direitos, se manteria na conformidade das prescrições legais. Tem em Paul Johan Anselm V. FEUERBACH, em fins do século XVIII, seu mais importante articulador,[56] com a chamada teoria da *coação psicológica* da pena.

Note-se, mais, que a prevenção especial, isto é, aquela dirigida ao autor do fato, operaria em dois momentos distintos, a saber: (a) por ocasião da sentença condenatória, já que o juiz deverá aplicar a pena *conforme seja necessário* para prevenir novos delitos (art. 59, CP); e (b) na execução da pena privativa da liberdade, quando, então, o seu regime de cumprimento (da pena) poderia produzir resultados em dupla via: pela *neutralização* do agente (aspecto *negativo*), retirado do convívio social, e pela sua *reintegração* social (aspecto *positivo*), por força de uma pedagogia penitenciária e de outras técnicas de (tentativa de) reinserção do autor à sociedade.[57]

Ainda em tema de prevenção, não se pode deixar de mencionar a posição de Luigi FERRAJOLI, para quem a única maneira de se legitimar o Direito Penal, e, particularmente, a pena, é impedir que o crime possa gerar reações arbitrárias junto àqueles diretamente envolvidos nos fatos e mesmo junto aos demais membros da comunidade jurídica.

Para ele, a pena teria uma função de prevenção *negativa,* de intimidação. O ilustre jusfilósofo italiano rejeita a ideia de prevenção especial, quando voltada para qualquer utilidade social. É dizer, segundo ele, não pode o Estado interferir na intimidade e na vontade do agente, que, uma vez livre para as escolhas pessoais, deve continuar sendo o que é (mal, injusto, arbitrário etc.). Rejeita, então, funções ressocializadoras, pedagógicas, terapêuticas ou educacionais.[58]

3.1 Teoria da união dialética, em Claus ROXIN

Teoria hoje predominante na Alemanha, a teoria da *união* pretende trazer para um mesmo espaço as teorias preventivas e as teorias retributivas. Não é nova a perspectiva

---

54 ROXIN, Claus. *Derecho penal.* Parte general. Tomo I. Fundamentos. La estructura de la teoría del delito. Tradução de Diego-Manuel Luzón Peña, Miguel Díaz y García Conlledo e Javier de Vicente Remesal. Madrid: Civitas, 1997. p. 95.

55 FIGUEIREDO DIAS, Jorge de. *Direito penal...*, op. cit., p. 75.

56 Apud JESCHECK, Hans-Heinrich. *Tratado de derecho penal.* Parte general. 5. ed., corregida y ampliada. Tradução de Miguel Olmedo Cardenete. Granada: Comares, 2002. p. 78.

57 CIRINO, Juarez. *Direito penal...*, op. cit., p. 457 e seguintes.

58 FERRAJOLI. Luigi. *Derecho y razón.* Teoría del garantismo penal. Tradução de Perfecto Ibánez et al. Madrid: Trotta, 1995. p. 223-224.

da união entre a prevenção e a retribuição,[59] fundadas, de modo geral, nos defeitos de cada uma delas, isoladamente.

E isso porque essas últimas – as retributivas – não poderiam ser aceitas (autonomamente) por absoluta desconexão com as finalidades e/ou funções do Direito Penal, na medida em que buscam justificar a pena *unicamente* em razão do fato praticado.

E também as teorias preventivas teriam o defeito de não apresentar um limite à pena, permitindo ao Estado uma política sem qualquer controle no que toca à definição da pena correspondente a cada delito. É dizer, se a finalidade da pena é *prevenir* delitos, podem-se estabelecer qualquer modalidade e quantidade dela, a fim de melhor se chegar a tais propósitos.[60]

Por isso, afirma Roxin que a retribuição de culpabilidade, isto é, o aspecto de retribuição da pena *levando-se em conta* o *fato praticado,* deveria se juntar às finalidades preventivas, de maneira a, com isso, possibilitar uma *limitação* da pena. Essa, somente cumpriria sua função no Direito Penal quando correspondente – quantitativamente – ao crime.

Há que se mencionar o fato de que as objeções de ROXIN às teorias retributivas se ajustam ao seu modelo de sistema penal, ou seja, ao seu *funcionalismo teleológico.* Com efeito, se o Direito Penal somente se legitima quando orientado às funções a ele determinadas, parece mesmo impensável aceitar uma teoria da pena afastada de qualquer teleologia (finalidade).

Em síntese, reiteramos o quanto afirmado em nossa apresentação à tradução para o português da obra *Introdução ao direito penal e ao direito processual penal,* de autoria de Claus ROXIN e outros:

> "A teoria da união é basicamente uma teoria da prevenção, na qual o seu autor ressalta a necessidade de uma finalidade para a pena pública - daí incluir-se entre as teorias relativas da pena - bem como os proveitos funcionais de uma intervenção que garanta a confiança dos membros da comunidade na racionalidade dos objetivos do Direito Penal".[61]

Ao que acrescentamos, agora: o caráter *retributivo* se prestaria a *limitar* a pena, impedindo que a fixação da sanção penal se dirigisse unicamente à finalidade preventiva; deveria ela, então, guardar correspondência com o fato praticado.

3.2 A concepção de Günther JAKOBS

O sistema penal de Günther JAKOBS apresenta características peculiares e originais. Apesar das polêmicas que se instalaram mundo afora a respeito de seu *direito*

---

59 BELING, Ernst Von. *A ação punível e a pena...*, op. cit., p. 85.

60 ROXIN, Claus; ARZT, Gunther; TIEDEMAN, Klaus. *Introdução ao direito penal e ao direito processual penal.* (*Einführung in das Strafrecht und Strafprozessrecht*). Tradução de Gercélia Batista de Oliveira Mendes. Apresentação: Eugênio Pacelli de Oliveira. Belo Horizonte: Del Rey, 2007. p. 57-58.

61 Idem, p. XXI.

penal do inimigo, ninguém duvida da qualidade e da consistência teórica de seu *Tratado de Direito Penal*, já traduzido, do alemão para o português, em obra que tivemos a honra de apresentar a edição/versão nacional.[62]

O sistema do ilustre filósofo e penalista alemão apresenta características eminentemente *formais*, no sentido de se desvincular de qualquer conteúdo material específico para as normas penais. Para tanto, parte de um *pressuposto de legitimação*, isto é, do ponto em que somente seria possível falar em Direito no âmbito de uma sociedade entre *iguais*. Para ele, então, tanto o Direito, considerado como um todo, quanto o Direito Penal, de modo particular, só podem ser assim qualificados no âmbito de uma sociedade fundada na igualdade material (e não só diante da lei).

Afirma o autor:

> "se todos os bens vitais estão concentrados nas mãos de algumas poucas pessoas, pode ser que o ordenamento jurídico garantisse aos demais o direito de propriedade sobre sua própria pessoa e o direito de adquirir a propriedade de bens, mas, como todos os meios de subsistência de fato se encontram em mãos alheias, aqueles que não têm nada mais que seu próprio corpo dificilmente poderão aceitar esse ordenamento como ordem geral: a mera existência de uma personalidade abstrata é demasiado pouco para que assim o façam. Resumindo: culpabilidade material pressupõe normas legítimas".[63]

A partir, então, de uma perspectiva de *sociedade*, da qual o Direito seria um *subsistema*, JAKOBS vê a pena criminal como uma necessidade para a manutenção da configuração normativa dela (sociedade), ou seja, para a manutenção da *validade da norma*. Para ele, que se propõe a ser um observador externo, em toda sociedade concretamente existente haveria uma *identidade normativa*, obtida, não pela coincidência de valores entre seus membros, mas apenas *quanto ao sentido* das normas válidas. É dizer, os processos de interação social entre as pessoas, por meio da comunicação entre eles, permitiriam a formação de um consenso (identidade) quanto às regras de proibição e de permissão.

Dessa identidade normativa surgiria também uma *expectativa de comportamento* (conforme à norma e ao significado dela – identidade normativa), o que tornaria possível a coexistência daquela comunidade jurídica. Exemplo: no trânsito, o conhecimento acerca do significado do sinal *vermelho* e do sinal *verde* é que possibilitaria o tráfego de pessoas. É por esperar que os demais condutores parem seus veículos diante do sinal vermelho que as pessoas prosseguem livremente no sinal verde. Haveria, ali, portanto, expectativa de comportamento, fundada na identidade normativa.

---

[62] JAKOBS, Günther. *Tratado de direito penal*. Teoria do injusto penal e culpabilidade. Tradução do alemão: Gercélia Batista de Oliveira Mendes e Geraldo de Carvalho. Apresentação: Eugênio Pacelli de Oliveira. Belo Horizonte: Del Rey, 2009.

[63] JAKOBS, Günther. *Fundamentos do direito penal*. Tradução da tradução espanhola de Manuel Câncio Meliá por André Luis Callegari. São Paulo: Revista dos Tribunais, 2003. p. 35.

A prática da infração penal, portanto, apareceria como uma *frustração de expectativas*, implicando também a *perturbação* na identidade normativa da sociedade, dado que seus membros poderiam passar a questionar a validade daquela norma efetivamente violada. Sugere o autor que, se o agente do crime há que ser considerado um sujeito de direitos, a prática de um ato – manifestação da vontade – contrariamente à norma poderia ser interpretada como uma modificação na identidade normativa, não fosse a consequência da pena.

Por isso, a pena pública teria a função de *estabilizar* aquela ordem social, afastando a irritação e a perturbação sociais produzidas pelo crime, pela manutenção *contrafática* (contra o fato do crime) da validade da norma violada. A norma conteria abstratamente uma prescrição de conduta. A pena se prestaria, então, a reafirmar essa prescrição, já agora *concretamente*.[64]

Para JAKOBS, o bem jurídico a ser protegido pela pena, *imediatamente*, é a *norma*, e, *mediatamente*, a configuração concreta de determinada sociedade. Por isso, a função e a justificação da pena pública seria a manutenção da validade normativa da regra de direito penal violada.

Quanto aos efeitos preventivos, positivos – atitude de fidelidade ao direito –, eles seriam secundários e permaneceriam apenas *latentes*.[65] O que ela, pena, poderia prevenir seria apenas a *erosão normativa* (esfacelamento do ordenamento penal) na sociedade.[66]

JAKOBS é um autor inegavelmente controvertido. E, em parte, isso se deve a ele mesmo, em razão de certas alterações de posicionamentos que o douto penalista alemão promoveu ao longo dos tempos.

Afirma-se, por isso, que ele teria experimentado três fundamentações distintas em sua teoria da pena. A primeira, com acento no caráter de prevenção geral positiva, com o fim de obtenção do exercício de fidelidade ao direito, que teve início na década de 70 do século passado; a segunda, a partir de meados dos anos 90, em que a concepção de HEGEL passa a assumir a principal fundamentação da pena; e, ainda uma terceira, já na primeira década deste século XXI, em que o ilustre autor teria incorporado elementos da teoria da prevenção geral negativa, como reforço para a consolidação dos aspectos *cognitivos* da conduta em sociedade, isto é, para que a imposição da pena, como realidade *concreta*, demonstrasse o efetivo compromisso com a manutenção da ordem jurídica.[67]

---

64 JAKOBS, Günther. *Tratado de direito penal...*, op. cit., p. 25-27.

65 Idem, p. 33-34. E, também, do mesmo autor: *La ciencia del derecho penal ante las exigências Del presente.* Tradução de Teresa Manso Porto. Bogotá: Universidad Externado de Colombia, Cuadernos de conferencias y artículos, nº 24, 2000. p. 27.

66 Idem, p. 32.

67 É o que anota PORCIÚNCULA, José Carlos, *in La 'exteriorización de lo interno': Sobre la relación entre lo 'objetivo' y lo 'subjetivo' em el tipo penal,* em impressionante tese de doutoramento defendida e aprovada (com nota máxima) no ano de 2012 na Universidade de Barcelona, sob a orientação do Prof. Santiago MIR PUIG. Ver, no ponto, p. 231-237.

No entanto, malgrado eventuais incompatibilidades temporais, pode-se acompanhar as linhas gerais traçadas pelo citado autor em seu *Tratado de Direito Penal*, seja no âmbito de sua teoria da pena, e seja, sobretudo, na sua concepção de sistema funcionalista.

No particular, constata-se ali que, não obstante a ausência de uma referência concreta a conteúdos materiais do Direito Penal (quais bens jurídicos devem ser abarcados por normas penais?), o aludido modelo não pode ser subestimado, quando nada quanto à originalidade. Aliás, ROXIN não hesita em apontar o grande número de propostas originais, inteligentes e frutíferas no *Tratado de Direito Penal* de JAKOBS, que, em muitos aspectos, chega a conclusões semelhantes ao dele (sistema).[68]

Há algo mais a ser dito.

É o próprio JAKOBS quem afirma que sua concepção da pena se aproxima daquela de Hegel, ainda que se possa encontrar ali muitas referências às teorias sociais sistêmicas (compreensão da sociedade pelo exame interno de seu funcionamento),[69] decorrentes da proximidade de seu sistema com as ideias de Niklas LUHMANN.

Se em HEGEL a pena se mostraria necessária para a reafirmação do Direito, negado pelo crime, que, por sua vez, deveria ser negado pela pena, em JAKOBS ela teria por função estabilizar a configuração concreta de determinada sociedade, por meio da manutenção da validade de suas normas jurídicas. Nesse ponto, há inegável pertinência entre ambos, ainda quando diferentes as concepções de Estado e de sociedade cuja ordem se estaria a manter.

3.3 Síntese crítica e a legislação nacional

> **Código Penal:** "Art. 59. O juiz, atendendo à culpabilidade, aos antecedentes, à conduta social, à personalidade do agente, aos motivos, às circunstâncias e consequências do crime, bem como ao comportamento da vítima, estabelecerá, conforme *seja necessário e suficiente para reprovação e prevenção do crime*" (grifamos).

As teorias preventivas se mostram, no mínimo, insuficientes, no que diz respeito a realizarem um modelo de Direito Penal próprio de um Estado de Direito.

Note-se, por primeiro, que a prevenção *geral*, isto é, aquela função dirigida a contramotivação, por intimidação (efeito negativo) ou por respeito e/ou adesão ao direito (efeito positivo) a todas as pessoas, sequer garantiria a imposição de uma pena àquele que se julgasse o autor do fato.

Com efeito, levada às últimas consequências, uma funcionalização da pena fundada tão somente na prevenção geral não impediria que qualquer pessoa inocente

---

68 ROXIN, Claus. *La evolución de la política criminal*. El derecho penal y el proceso penal. Tradução de Carmen Gómez Rivero y Maria Del Carmen García Cantizano. Introducción de Francisco Muñoz Conde. Valencia: Tirant lo Blanch, 2000. p. 54.

69 JAKOBS, Günther. *Teoria da pena e suicídio e homicídio a pedido*. Tradução espanhola de Manuel Câncio Meliá, vertida para o português por Maurício A. Ribeiro Lopes. São Paulo: Manole, 2003. p. 21.

pudesse receber a reprimenda, já que, com isso, se poderia obter, junto aos demais membros da comunidade jurídica, a eficácia preventiva da sanção.

Naturalmente, a observação que se acaba de fazer é mais provocativa que qualquer outra coisa. Por certo que em qualquer cenário do mundo ocidental atual – não incluímos o oriente, por deficiência de conhecimento e não por ideias preconcebidas – pareceria repugnante a ideia de submeter alguém à pena criminal simplesmente para obter o respeito ao direito. KANT já havia levantado fundadas objeções às teorias preventivas, responsáveis, segundo ele, pela instrumentalização do homem, que seria, então, tratado como *coisa*, para satisfazer finalidades sociais.

Não se pode pretender fundamentar a pena, portanto, em uma prevenção unicamente geral.

Já com a prevenção *especial*, ou seja, dirigida ao concreto autor do fato, aí, sim, se poderia pretender uma justificação mais adequada às funções do Direito Penal, diante do princípio da responsabilidade pessoal de cada um. Todavia, nem assim se completaria o nível de exigência decorrente de um Estado de Direito.

É que, se a função da pena for unicamente a de prevenir delitos, para todos e, sobretudo, em relação ao autor dos fatos, bastaria a aplicação de *uma única e mesma* pena para qualquer delito. Com efeito, a imposição de qualquer sanção, em tese, cumpriria a meta preventiva.

O que se pode criticar nas teorias preventivas, no particular, portanto, é: uma pena pode estar justificada pelos fins que dela se espera; mas ela não será legítima se estiver acima ou abaixo da valoração dos diversos bens jurídicos protegidos.

Por isso, apenas quando se consegue equacionar a pena criminal a ser imposta com o fato praticado, segundo uma escala valorativa orientada pela equação *merecimento/dano* (como sustentava HEGEL), é que se poderia pensar na *legitimidade* da pena pública. De modo mais claro: quantitativa (o total da pena cominada ao crime) e qualitativamente (o tipo de sanção) falando.

Veja-se que aqui se faz uma importante distinção: a pena criminal não estaria *justificada* pelo caráter retributivo do crime praticado, mas encontraria a sua *legitimação* na correspondência entre o dano causado e o tipo de sanção prevista no ordenamento, segundo o merecimento/culpabilidade do autor.

Na teoria da união de ROXIN, contudo, a retribuição não é entendida como fator de *legitimação* da pena, mas tão somente como seu *limite*. E essa é uma questão de alta indagação, resultante do fato de se *unir* fundamentos tão distintos em um mesmo conceito (os fundamentos da prevenção e retribuição). Limitações da pena não são prerrogativas ou características exclusivas da teoria da união. Até mesmo a Lei de Talião ofereceria *um limite à pena*, é dizer: *olho por olho e dente por dente*.

Quanto a isso, veja-se que, em tese, e do ponto de vista *exclusivo* da sua fundamentação, a pena como retribuição até poderia *superar*, ao menos em *qualidade* (o tipo e não o montante da sanção), o fato praticado, se for considerado o crime como *um mal* e a pena como *outro*, que o retribui. Quando se pensa em *olho* e em *dente*, fica fácil equiparar os males. Mas outros há – e são muitos – em que não aparece de modo simples a *compensação* da retribuição, o que permite, em tese, que ela seja *mais grave* que o crime.

Para nós, qualquer pena pública, se e desde que *justificada* (a sua necessidade), somente será *legítima* se levar em consideração, na sua fixação, o fato praticado. É dizer: o *limite* da pena se põe como pressuposto de sua *legitimação*.

De outro lado, há que se ponderar também as enormes dificuldades práticas para que se pudesse comprovar empiricamente a eficácia preventiva da pena pública. Por eficácia, entendemos a capacidade de efetiva aplicação na ordem social, como *motivo* para o respeito às leis.

Com efeito, não se saberá ao certo – e jamais – quais seriam as razões que impediriam em alguém o cometimento de um crime. Motivos religiosos ou morais, ou até a indolência ou a covardia pessoal poderão dissuadir alguém a praticar delitos, sem que, necessariamente, se trate de alguma eficácia da pena pública. Não há dados empíricos disponíveis nesse sentido. Ao contrário, o que existe são estatísticas alarmantes de reincidência entre os condenados.

Assim, a se considerar a realidade atual e concreta do mundo em que vivemos, parece muito difícil afirmar-se a eficácia preventiva da pena.

Mas, e, paradoxalmente, pelas mesmas razões, e mesmo considerando os expressivos números de reincidência, não há também como sustentar a absoluta ineficácia de efeitos preventivos na pena. Se não se pode afirmar peremptoriamente que a pena *previne* delitos, não se pode também atestar que ela *não o faça*. Em igual medida!

Com isso, pode-se *desejar* e *esperar* que ela previna delitos, como, por exemplo, anotou Jakobs, classificando tais feitos como secundários, mas, *comprovar a eficácia preventiva,* jamais.

Em resumo: nenhuma teoria da pena está a cavaleiro da crítica. Quando se pensa nas penas privativas da liberdade e de sua aplicação concreta em regimes carcerários subumanos, fica demasiado difícil aceitar ou legitimar a intervenção penal.

No entanto, embora sob condições absolutamente diversas, segundo seja o grau de civilidade e de desenvolvimento social e econômico, a Humanidade adentra o século XXI não prescindindo da pena privativa da liberdade, ainda que caminhe também para a redução dos modelos penitenciários. O Direito Penal, portanto, parece longe se ser abolido.

E, enquanto a pena existir, deve ela apresentar alguma utilidade socialmente compartilhada. Seu fundamento é a proteção de bens jurídicos relevantes e indispensáveis ao convívio social. Sua finalidade é a de prevenir novos crimes e novas lesões, como proclama o nosso Código Penal (art. 59).

E, sendo assim, ela deve ser *limitada e legitimada* pela *culpabilidade* do autor, cujo referencial, evidentemente, há de ser o *fato praticado*. A finalidade preventiva, portanto, é, assim, *controlada na determinação da pena,* não podendo prevalecer acima do limite da culpabilidade do autor. Nenhuma política de segurança pública pode ultrapassar essa fronteira.

É por isso que também aqui, junto ao tema das teorias da pena pública, se deve ressaltar a importância de uma interpretação do Direito Penal orientada pela proibição do excesso.

4 As teorias que desconstroem a legitimidade da pena

Recomenda-se, no particular, a leitura de Juarez CIRINO acerca dos discursos críticos da teoria criminológica da pena. Anota o douto mestre que dois métodos seriam utilizados para tais finalidades.[70]

O primeiro, então designado de teoria *negativa/agnóstica* da pena, cujas referências podem ser encontradas em obra já aqui citada.[71] E, o segundo, a partir da teoria *materialista/dialética* da pena, construída sob bases de tradição marxista da criminologia, dentre os quais avultaria a figura de Alessandro BARATTA.

Não avançaremos sobre tais teorias. A complexidade das respectivas abordagens recomenda uma imersão mais consequente nos estudos de sociologia do Direito Penal e de Criminologia, incabíveis em uma obra *elementar* de direito penal.

No fundo de tudo, se é que se pode falar em algum *fundo* e mesmo em um *tudo*, reside uma percepção radicalmente crítica acerca do funcionamento das sociedades capitalistas e dos modelos de Estados que as abriga. Podem eles (Estados) se qualificar como Estados *de polícia*, caracterizados pelo exercício de poder *vertical e autoritário* dos grupos de domínio político-econômico, responsáveis pela vontade hegemônica do Direito, ou enquanto Estados *de Direito*, nos quais, a partir de uma *horizontalização* do poder, por vias democráticas, se buscaria a redução do poder punitivo do Estado de Polícia, cujo viés seria inerente a qualquer forma de intervenção penal, dada a inevitável irracionalidade desta.

As teorias *agnósticas* negam ou recusam as funções oficiais da pena criminal, vislumbrando nelas apenas uma arbitrária manifestação política, nas quais se escamoteariam os verdadeiros e ocultos objetivos da sanção penal,[72] voltados para a manutenção do *status quo* da dominação (política-econômica-social), em todos os níveis.

E mesmo no modelo do Estado de Direito, embora possível a redução do papel do Direito Penal, por meio de uma dogmática humanista e democrática, não se chegaria jamais à extinção do Estado de Polícia, cujo poder transcenderia qualquer função da pena pública.[73]

A seu turno, a teoria materialista/dialética vê na pena pública das sociedades capitalistas a realização do princípio da *retribuição equivalente*, que corresponderia aos fundamentos ideológicos destas sociedades (capital/trabalho assalariado). O Direito,

[70] CIRINO, Juarez. *Direito penal...*, op. cit., p. 464-488.

[71] ZAFFARONI, Eugênio Raúl; BATISTA, Nilo et al. *Direito penal brasileiro*. Teoria geral do direito penal, op. cit. Capítulo I.

[72] CIRINO, Juarez. *Direito penal...*, op. cit., p. 465-466.

[73] Idem, p. 466.

nessa perspectiva, seria o mais útil reprodutor da lógica capitalista, impondo a privação da liberdade como *valor de troca* (tal como o salário pelo trabalho) do crime medido pelo *tempo* de liberdade suprimida.

Em outra ponta, é digno de nota o movimento *abolicionista*, que defende a abolição total do Direito Penal, diante de sua insuficiência para solucionar os problemas para os quais teria sido criado, e, mais, por ter se transformado, ele próprio, em mero reprodutor de violência, mais problemático que os fatos definidos como crime.[74] Ainda voltaremos a essas questões por ocasião dos estudos acerca da aplicação das penas.

Malgrado inúmeras discordâncias que poderiam ser aqui levantadas – junto a algumas concordâncias –, o que nos move aqui é a tentativa de construção de uma dogmática penal hermeneuticamente orientada pelos balizamentos oferecidos (e exigidos!) pelo Estado de Direito. Tanto o marco teórico (ou marcos teóricos) quanto os fundamentos e a metodologia aqui aplicados serão inteiramente diferentes daqueles de que partem ou propugnam tais concepções do Direito e do Estado, ainda quando chegarmos, todos, a resultados semelhantes.

5 As medidas de segurança

> **Código Penal:** "Art. 26. É isento de pena o agente que, por doença mental ou desenvolvimento mental incompleto ou retardado, era, ao tempo da ação ou da omissão, inteiramente incapaz de entender o caráter ilícito do fato ou de determinar-se de acordo com esse entendimento."

A pena pública é imposta a partir do injusto penal, ou seja, a partir da prática de um fato típico e ilícito, mas apenas a alguém portador de *culpabilidade*. A culpabilidade é uma das principais categorias da teoria do delito. Presta-se não só a apontar os casos em que a pena pública poderá ser imposta a um autor, como também para limitá-la.

E se o Direito Penal tem por fundamento a proteção de bens jurídicos e a finalidade de prevenção de novas lesões – mas, em todo caso, a partir e orientada pela *culpabilidade* –, as *medidas de segurança* têm outro endereço e destinatários. Elas se prestam a *prevenir* danos e lesões futuras por parte daquele cujo fato praticado seja demonstrativo de uma *periculosidade concreta*, isto é, daquele que, por não poder responder legalmente por seus atos, tenha contra si um juízo técnico (médico legal) de *risco* quanto ao comportamento em relação a terceiros.

Se a culpabilidade é a base da estrutura da pena, a perigosidade ou periculosidade é que fundamenta a aplicação de medidas de segurança. De outro modo: a *pena* se aplica ao *imputável*, ou seja, aquele que tem capacidade penal; a medida de segurança, como regra, ao *inimputável* (art. 26, CP), isto é, àquele que não a tem, podendo,

---

[74] HULSMAN, Louk; BERNAT DE CELIS, Jaqueline. *Penas perdidas*: o sistema penal em questão. Tradução de Maria Lúcia Karam. Niterói: Luam, 1993.

entretanto, ser aplicado ao semi-imputável (art. 26, parágrafo único, CP), como hipótese de substituição da pena (art. 98, CP).

No que toca à aplicação das penas e das medidas de segurança, há, basicamente, dois modelos bem delineados. Um, que permite a aplicação de apenas *uma* das intervenções a um mesmo fato; outro, que aceita a imposição de ambas (pena e medida de segurança), também ao mesmo fato.

E somente porque a doutrina tem excessivo apreço pelas classificações, um foi designado por *monista* e ou outro por *dualista,* ou *duplo binário!*

No entanto, diante dos aspectos negativos presentes em uma e em outra alternativa, chegou-se a uma terceira via, por meio de um sistema denominado *vicariante,* por meio do qual se poderiam combinar as duas intervenções apenas de modo excepcional e justificado. A expressão *vicariante* derivaria de *vicário,* cujo sentido é "o poder de substituição de outro por delegação", significando também, e mais adequadamente ao sistema de execução penal, "a capacidade de suprir a insuficiência de outro órgão".

As medidas de segurança no Brasil são: (a) internação em hospital de custódia e tratamento psiquiátrico ou, à falta, em outro estabelecimento adequado; e (b) sujeição a tratamento ambulatorial (art. 96, CP).

Quanto ao prazo, e porque se trata de *tratamento ou terapêutica* fundados na incapacidade do agente, prevê o Código Penal (art. 97, § 1º, CP) que a medida de segurança teria duração *indeterminada,* enquanto fosse necessária ao controle da periculosidade.

Para nós, como veremos no momento oportuno, do mesmo modo que a aplicação de medida de segurança depende da prática de um comportamento tipificado como crime, ela não poderia ultrapassar o prazo máximo de prisão no Brasil. Em outras palavras: se o Estado não está autorizado a internar compulsoriamente os incapazes, unicamente em razão da respectiva incapacidade, deve ele se reportar ao sistema geral de prevenção previsto na legislação penal, seja como pena, seja como medida de segurança. Sistema esse que exige *a conduta lesiva,* mas que *tem prazo certo e determinado* para a prevenção.

Por fim, quando se tratar de inimputabilidade decorrente da menoridade penal, segundo as disposições pertinentes (art. 27, CP) – 18 anos –, não se aplicarão medidas de segurança, mas, sim, (medidas) *socioeducativas,* tais como previstas na Lei 8.069/90 (art. 112, e seguintes, Estatuto da Criança e do Adolescente).

III

Balizamentos metodológicos

I Sistemas penais

1 A importância do sistema na dogmática penal

1.1 Considerações iniciais

O que se deve entender por *sistema jurídico?* A que serve *ele?*

Se não se puder responder a essas questões, melhor seria sequer tratar do assunto.

Quando surge um fato qualificado como crime ou contravenção penal na legislação, devem aqueles que lidam com o aparato da Justiça (Polícia, Ministério Público, Juiz e Defensores, públicos ou privados – advogados) se movimentar em direção a ele (fato), cada um no âmbito das respectivas funções.

Assim, a polícia judicial investiga o crime, o órgão do Ministério Público apresenta uma acusação, e, instaurado o processo, põe-se em curso o *devido processo legal.* Dito assim, parece tudo muito simples e fácil. Antes fosse!

Toda aplicação do Direito a um caso concreto envolve uma série de questões, algumas delas a exigir uma compreensão *teórica* superior ou mais ampla que a mera previsão legal.

Naturalmente, o ponto de partida será sempre a Lei a ser interpretada, sobretudo, e particularmente, sob as determinações constitucionais pertinentes. Mas, como já vimos, jamais será possível ao Homem *antecipar* todos os possíveis conflitos e problemas surgidos no cotidiano. Por isso, jamais será possível ao legislador prever em texto todas as alternativas necessárias e indispensáveis às soluções daqueles (problemas e conflitos).

Então, a primeira pista da resposta à questão inicial: todo texto normativo (aliás, *qualquer texto*) submete-se à interpretação. Para isso, é preciso que aquele que se propõe a tal tarefa *compreenda* já, de antemão, questões mínimas acerca do texto. A pessoa que não compreende o idioma alemão nada fará diante de um texto escrito naquela língua. Será preciso, então, que o intérprete *compreenda* o significado de várias palavras do texto, sem o que sua leitura restará comprometida. Quer-se, então, frisar que a aplicação do Direito *depende* de algumas *compreensões* prévias, que poderão facilitar o entendimento do contexto normativo, ou seja, o entendimento acerca do texto legal, inserido no âmbito mais amplo do Direito (a Constituição, por exemplo).

Por isso, a elaboração de um *sistema jurídico* referido a determinada *disciplina* do ordenamento oferece inúmeras vantagens, precisamente quanto a essa tarefa de compreender, interpretar e aplicar o Direito a um caso concreto. Com um *sistema jurídico* bem elaborado, pode-se construir uma *dogmática jurídica* melhor articulada, permitindo o manejo mais seguro e coordenado do direito positivo.

Que seria, então, o *sistema jurídico?*

Seria um *modo* de ordenar um conhecimento específico, a partir do estabelecimento das premissas/princípios fundamentais e vinculantes da interpretação/aplicação, bem como da identificação de categorias e conceitos que poderão ser úteis para a solução da maioria dos problemas. O sistema, então, seria um conhecimento organizado.

E para que serve ele? Dito do modo mais sintético e simplificado possível: para facilitar a solução dos casos jurídicos levados ao Poder Judiciário.

A dogmática penal, portanto, se ocuparia da elaboração de um *sistema* para o direito positivo, a fim de permitir a sua compreensão e facilitar a sua aplicação. Trata-se, ao fim e ao cabo, de uma *metodologia.*

No âmbito do conhecimento humano, ou da necessidade de se melhor entender os eventos do mundo da vida, a *metodologia,* entendida como a prévia e determinada perspectiva intelectual adotada para a compreensão *daquilo a ser conhecido/interpretado,* já não goza entre nós do mesmo prestígio de tempos passados. A reconhecida *falibilidade* de todo conhecimento seria indicativa da necessidade de prudência até mesmo quanto à validade ou à pertinência de qualquer método.

No universo jurídico, porém, no qual se constata a permanente necessidade de soluções de problemas *concretos,* uma conclusão parece possível: a compreensão da dogmática (direito positivo) como um *sistema* (de conhecimento) ordenado por princípios e categorias jurídicas (à conhecida maneira de Kant), com sentido e funções previamente estabelecidas, é um ponto de partida bastante seguro para a *práxis* (prática). Ponto apenas de *partida*, veja-se bem!

E, para que esse sistema concretize as aspirações do Direito, nele deverão se encontrar, em sua base, os principais componentes axiológicos de qualquer agrupamento de pessoas: os valores, os ideais e a cultura que são entendidos como a razão de existência do Estado.

1.2 A construção e a necessidade do sistema jurídico

Reside aqui um dos grandes debates da teoria contemporânea do Direito.

A questão fundamental giraria em torno da suficiência e da necessidade da organização da ciência jurídica como *sistema,* bem como acerca da potencialidade dessa perspectiva (sistemática). E isso porque, ao contrário do que ocorre na *matemática* e em outros horizontes da *lógica formal,* haveria grandes dificuldades em apontar na ciência do direito uma *base unitária* do sistema, a partir da qual ou com a qual se poderia extrair ou deduzir novas categorias e conceitos úteis e válidos para todas as situações da vida jurídica.

Atribui-se a PUCHTA a fundação da *jurisprudência dos conceitos* no século XIX, na qual se concebia a ciência jurídica como uma *pirâmide de conceitos,* de tal modo que o aplicador poderia extrair o sentido de cada proposição jurídica ou de cada conceito na simples relação entre eles no interior do sistema, à maneira de uma *genealogia.*[75]

Nessa perspectiva, a construção (do sistema) seria meramente formal. Mais que isso, traduziria um sistema pronto e acabado, ou seja, um sistema *fechado,* alegadamente suficiente para resolver *todos* os problemas, a partir *dele mesmo.*

Dentre aqueles que se levantaram contra a aludida metodologia merece registro a obra de ENGISCH,[76] para quem a impossibilidade de aplicação deste modelo de sistema à ciência jurídica residia exatamente no método *dedutivo/axiomático* formulado na jurisprudência dos conceitos de PUCHTA. Para aqueles não versados ainda na linguagem desse tipo de filosofia, um sistema dedutivo e axiomático se constituiria e operaria da seguinte maneira: na base do sistema, haveria um ou mais axiomas (máximas/verdades subordinantes) que permitiriam, por meio de dedução, o desdobramento de outros conceitos, a fim de permitir a sua mais completa e ampla operacionalização.

Em maior extensão foi a crítica de Theodor VIEHWEG[77]ao método sistemático na ciência jurídica, em cuja obra, a partir da *tópica* (busca da solução *pelo problema* e não *pelo sistema*) e da retórica, apontam-se os riscos do pensamento sistemático nas soluções de problemas concretas.

Afirmava o ilustre autor que, por lidar o Direito com questões de relevância social, dever-se-ia partir *do problema* (o conflito) para se chegar à solução mais adequada. Segundo ele, inserir o problema em um *sistema jurídico,* buscando dali obter-se, por

---

[75] LARENZ, Karl. *Metodologia da ciência do direito.* 3. ed. Tradução de José Lamego. Lisboa: Fundação Calouste Gulbenkian, 1997. p. 23-25.

[76] ENGISCH, Karl. *Introdução ao pensamento jurídico.* 8. ed. Tradução de João Batista Machado. Lisboa: Fundação Calouste Gulbenkian, 2001. p. 69 e 371. Ver, também, referência em (apud) LARENZ, Karl. *Metodologia da ciência do direito,* op. cit., p. 230.

[77] *Tópica e jurisprudência.* Uma contribuição à investigação dos fundamentos jurídico-científicos. Tradução de Kelly Susane Alflen da Silva. Porto Alegre: Sergio Antonio Fabris, 2008.

dedução, a resolução dos conflitos, reduziria as possibilidades de atendimento das necessidades dos envolvidos, já que a unidade e coerência de um tal modelo de sistema somente produziria respostas *padrões*, nem sempre adequadas às questões da vida. Afirmava, então, que haveria outros meios de se chegar a uma conclusão mais aceitável que aqueles previamente estabelecidos no interior de um sistema.

Não aderimos às objeções de VIEHWEG, como já o fizeram, antes e com muito mais autoridade e competência, o próprio ENGISCH,[78] também LARENZ,[79] e, sobretudo, CANARIS,[80] em obra definitivamente esclarecedora sobre o papel do sistema *no e para* o Direito.

Com efeito, as críticas de VIEHWEG somente têm pertinência quando referidas aos sistemas *fechados*, de fundo unicamente dedutivo, e, por isso, classificados como formais, incapazes de se abrirem às próprias fragilidades, de resto inerentes à toda construção humana.

Embora o sistema jurídico seja *normativo*, isto é, formado por normas, o que se encontra em sua base, subordinando o seu funcionamento, são os *fatos e acontecimentos* da realidade da vida. Somente um sistema *aberto* às respectivas necessidades pode cumprir sua missão em uma ordem social.

O que deve ser posto a descoberto, segundo nos parece, é o seguinte:

a) o sistema jurídico há de ser entendido como *ordenação* de normas, relacionadas entre si pela *identidade* ou pela *pertinência* de conteúdo entre elas;
b) o sistema deve operar segundo uma *pretensão* de *unidade/coerência* determinada por *valores/finalidades*, que compõem a sua base. Naturalmente, o curso da história determinará a modificação permanente de tais valores e finalidades, para o que deverá se manter aberto o sistema jurídico;
c) o sistema, então, não pode ser *fechado*, isto é, de caráter dedutivo/axiomático (de soluções preexistentes e definitivas); ao contrário, deve ser e estar sempre *aberto*, orientado por uma teleologia de valores (aqueles transformados em normas jurídicas, é claro), que justificam e justifiquem a sua operacionalização;
d) a dogmática penal há que ser compreendida como um sistema classificatório (do direito positivo) de conceitos e categorias, ordenados de modo coerente, de maneira a facilitar a compreensão e a solução do fenômeno criminoso.

Que o leitor não se veja na obrigação de *decorar* nada disso. Basta-lhe a compreensão geral do conceito e da finalidade da organização do direito *enquanto e como* sistema de normas. Uma das mais importantes funções atribuídas ao Direito, além da

---

78 ENGISCH, Karl. *Introdução ao pensamento jurídico*, op. cit., p. 384-385.

79 LARENZ, Karl. *Metodologia da ciência do direito*, op. cit., p. 232-233.

80 CANARIS. *Pensamento sistemático e conceito de sistema na ciência do direito*. 3. ed. Tradução de Antônio Menezes Cordeiro. Lisboa: Fundação Calouste Gulbenkian, 2002.

prescrição e de regulamentação de condutas, é a de solucionar problemas concretos, surgidos no dia a dia da convivência social. Por isso, a compreensão do direito enquanto sistema facilita sobremaneira a resolução dos casos, seja pela semelhança, seja pela previsibilidade dos conflitos.

Nesse passo, a elaboração de um *sistema* penal, organizado a partir da legislação em vigor, pode ser bastante proveitosa, a fim de facilitar o entendimento acerca da aplicação do Direito, como há séculos alertava VON IHERING.

Na história do Direito Penal moderno podem-se apontar pelo menos três grandes tendências ou três grandes *sistemas penais*, que tiveram papel mais destacado nos ordenamentos jurídicos ocidentais, ainda que nenhum deles possa reclamar para si a originalidade absoluta de todas as suas proposições. Se é verdade que o mundo e que o conhecimento humano caminham com as pernas de seu tempo, não menos o será (verdadeira) a conclusão no sentido de que, acima de quaisquer considerações, a base do presente se assentará, sempre, sobre as experimentações e sobre as reflexões deixadas pelo passado.

O primeiro, cuja tradução mais fiel é o *causalismo* (fins do século XIX e início do século XX), corresponderia aos sistemas elaborados essencialmente à maneira das ciências naturais, pautados, portanto, em critérios assemelhados àqueles utilizados na referida metodologia (natural). Nesse modelo, essencialmente *naturalista*, a principal característica era a *neutralidade* de todas as suas mais importantes categorias (tipicidade, ilicitude e culpabilidade). Buscava-se, inclusive, a separação dos elementos objetivos e subjetivos do crime em dimensões diferentes (os elementos objetivos no tipo e os subjetivos na culpabilidade), enquanto o processo de atribuição da responsabilidade pelo fato era feito exclusivamente por critérios *naturais*, da causalidade (relação entre a causa e o efeito).

Se o sistema denominado *neoclássico* (início do século XX) que se seguiu ao *causalismo* recusava o método *naturalista* pela excessiva *neutralidade valorativa* daquele modelo, introduzindo no conceito do injusto penal a sua valoração como ato *socialmente lesivo* e no (conceito) de culpabilidade a ideia de *reprovação* da conduta, não se pode negar, de outro lado, que ali se permaneceu atrelado à *causalidade*, enquanto critério de imputação do resultado. Por isso, não se pode dizer que o referido sistema era essencialmente *normativo*, dada a sua vinculação a critérios também naturalísticos (nexo de causalidade).

Mesmo o *finalismo* – modelo que até hoje se mantém influente entre nós –, apesar da grande alteração que promoveu na estrutura do delito, ao instituir na base do sistema um conceito de ação imutável em qualquer situação, não deixa de ser um sistema também com vinculações naturalistas, igualmente atrelado ao *nexo de causalidade*, inerente às ciências naturais.

De outro lado, o único modelo de sistema penal que caminhou firmemente na consolidação de uma estrutura essencialmente *normativista* foi o chamado *funcionalismo*, que, em suas variadas concepções, desenvolve-se por meio de orientações normativas, construindo a dogmática penal na perspectiva das necessidades regulativas do Direito, a partir da identificação das funções atribuídas ao Direito Penal e, via de consequência, à pena pública. Nesses modelos, busca-se, o quanto possível, a aproximação entre a política criminal e a dogmática penal.

Reiteramos o alerta: o mundo iniciou-se muito antes de qualquer um deles, sobrevivendo a todos. Há algo na história do Homem e suas Ciências que parece imutável, embora dinâmico: sempre haverá um entendimento qualquer que pretende se pôr em condições de superioridade àqueles do passado. Eis o paradoxo: saber a validade ou certeza dessa pretensão sempre dependerá do futuro.

Uma coisa é certa, porém: dependendo do grau de diferença entre os sistemas penais, as respostas a um mesmo problema poderão ser distintas. Tentaremos mostrar isso no correr da exposição.

2 Sistemas penais

2.1 O sistema clássico ou causal: VON LISZT e BELING

O primeiro grande sistema penal, iniciado em fins do século XIX e que perdurou até o início do século passado, foi denominado *causal* ou *causalista*, e também designado por *clássico* na literatura estrangeira. Àquele tempo, o Direito ainda buscava o reconhecimento de seu estatuto científico (sua inclusão como Ciência), com o que se via na obrigação de também se estruturar a partir de determinada metodologia.

E essa metodologia não poderia ser outra senão a da pesquisa *causal*, pela observação e pelo recolhimento dos dados empiricamente comprovados. Era, ainda, o apogeu do positivismo científico, próprio das ciências da natureza e cujo método era incompatível com as chamadas ciências do espírito.

VON LISZT, emérito professor da Universidade de Berlim, adotou então o referido paradigma científico para elaborar um sistema para o direito penal. Para ele, o sistema penal deveria ser construído sob aspectos puramente *técnico-jurídicos*, tendo por objeto a *legislação* positiva. Segundo ele, e sob a perspectiva *ideal* dos *delitos e das penas*, dever-se-ia desenvolver cada prescrição legal em particular até que se chegasse a uma base, constituída por princípios fundamentais.

Como se vê, e foi por ele confessado, o seu sistema era do tipo *fechado*.[81] Parece, então, evidente, o alinhamento *positivista* de semelhante modelo. O aspecto *técnico-jurídico* a que ele se referia nada mais era que o exame da legislação sem qualquer apreciação valorativa de seu conteúdo. A ênfase, então, residia em aspectos *estruturais* e não nas eventuais e possíveis *funções* do Direito Penal. O *positivismo* jurídico não era outra coisa senão a pretensão de se elevar o Direito ao nível da *Ciência* de sua época.

---

[81] VON LISTZ, Franz. *Tratado de derecho penal*. 4. ed. Tradução da 18ª edição alemã, por Quintiliano Saldaña. Madrid: Reus, 1999. t. I, p. 6.

Nesse sistema, a *ação* era entendida apenas como um movimento corporal voluntário, apto à produção de um *resultado*. A conexão entre ambos seria feita pelo *nexo de causalidade*, identificado como a causa, a concausa ou a condição sem a qual não teria ocorrido o resultado (*conditio sine qua non*). Apenas do ponto de vista *psicológico*, poder-se-ia entender a ação humana como um movimento motivado por *representações* (do resultado). Na perspectiva *jurídica*, no entanto, o movimento voluntário (a vontade) da *ação* deveria se manter *separado* do resultado externo por ele causado. Com isso, ou, por isso, afirmava que *falar em vontade de resultado poderia conduzir a erros.*[82]

E, segundo se reconhece sem divergências, deve-se também a BELING a estruturação do sistema causal. Em sua perspectiva, a ação e a omissão constituiriam o centro do sistema. Obviamente, não se reconhecia ou não se admitia a responsabilidade penal de outro que não fosse a pessoa humana, única habilitada a *agir*. Para esse autor, a ação significava a *face externa* do delito, devendo ser entendida como comportamento corporal. O *domínio sobre o corpo*, isto é, a vontade, caracterizaria a sua *face interna.*[83] Em todo tipo haveria uma conexão entre a face externa e a interna.

O modelo causal, que partia, então, de uma metodologia positivista, separava as categorias do injusto (tipicidade e ilicitude) daquela atinente à culpabilidade, como se elas se referissem à partes distintas do delito. Uma, interna, e, a outra, externa. No injusto, ficariam os elementos *objetivos* – ação, omissão, resultado, nexo de causalidade –, enquanto os *subjetivos*, como a vontade, compunham a culpabilidade. Por isso, o *dolo* e a *culpa* eram *formas de culpabilidade.*

Nesse modelo, o dolo incluía a *consciência do ilícito*, isto é: o dolo não seria apenas a vontade de realizar o fato típico; mais que isso, incluiria a consciência de se estar praticando um fato *ilícito*. Daí, a expressão *dolus malus*, que se opõe ao atual dolo *natural*, portador unicamente da vontade.

O aludido sistema, portanto, apresentava duas características bem claras:

a) a ação era entendida apenas como *movimento corporal* e como *causa de um resultado*;
b) por associar o seu método jurídico às ciências da natureza, a construção do sistema e da dogmática penal se preocupava apenas com os aspectos *descritivos e neutros* (quanto ao valor) do crime. Do ponto de vista de sua correspondência com a filosofia da época, o causalismo se aproximava do empirismo (o *conhecimento* a partir da experiência).

Síntese: no sistema causal, a *ação* é um movimento corporal voluntário, com aptidão de produzir um resultado (modificação do mundo exterior); a *tipicidade* é a

---

82 VON LISTZ, Franz. *Tratado de derecho penal.* 4. ed. Tradução da 20ª edição alemã por Luis JIMENEZ DE ASUA. Madrid: Reus, 1999. t. II, p. 297-298 e 305.

83 BELING, Ernst Von. *A ação punível e a pena.* Tradução de Maria Carbajal, de parte – Doutrina do delito-tipo – do famoso *Esquema de Direito Penal,* traduzido para o espanhol por SEBASTIÁN SOLER, em 1944. São Paulo: Riedel, 2007. p. 11.

mera descrição da conduta punível, sem quaisquer considerações de ordem valorativa (conteúdo material da norma), contendo apenas elementos *objetivos*; a *ilicitude*, então decorrente dos outros ramos do direito, significava apenas a contradição formal entre o fato e a norma, podendo ser afastada pela presença de uma *causa de justificação;* a *culpabilidade,* que seria a face interna do delito, teria duas formas: o dolo e a culpa, além da exigência de capacidade penal (imputabilidade do agente). É dizer: o injusto é *descritivo e objetivo* e a culpabilidade é *psicológica*: imputabilidade do agente, o dolo (*dolus malus* = vontade do resultado *com* a consciência do ilícito) e a culpa.

2.2 O sistema neoclássico (ainda da ação causal) e o neokantismo

A boa doutrina se refere também a um sistema *neoclássico.*[84]

Referido modelo teria se articulado ainda no início do século XX, sobretudo na década de 30, na Alemanha, como superação do sistema clássico, a partir do reconhecimento e da sistematização dos chamados *elementos subjetivos do injusto.*

Criticava-se, então, o modelo de LISZT e BELING, particularmente pela separação metodológica que ambos faziam entre o injusto e a culpabilidade, reservando ao primeiro todos os elementos *objetivos* do delito, e são segundo seus aspectos *subjetivos.*

Anota ROXIN, que, já àquela época, se percebeu que nem o injusto poderia ser explicado unicamente com base em elementos *objetivos*, e nem a culpabilidade se constituiria somente de elementos *subjetivos*. Diz ele,

> "à guisa de exemplo, o tipo de furto exige mais que a subtração – (em si) objetiva – de uma coisa alheia móvel, ato que representa um furto de *uso,* irrelevante para o direito penal; sem a elementar anímica da intenção de assenhoramento (para si ou para outrem) não se consegue apreender corretamente o tipo e o injusto do furto. Em face disso, viu-se a doutrina obrigada a reconhecer elementos subjetivos do injusto".[85]

Por outro lado, afirmava-se que, se era verdade que o dolo significava a face subjetiva do crime, já a culpa, isto é, a outra forma de culpabilidade, não conteria qualquer elemento subjetivo (a vontade)! O modelo neoclássico, então, passava a estudar o crime não mais na perspectiva meramente *descritiva* e *neutra* como no sistema anterior.

Bem ao contrário, e rejeitando as premissas naturalistas (do *ser*) do sistema clássico, buscava compreender o fenômeno do crime já no âmbito do *dever-ser,* já que o Direito, e também o Direito Penal, seriam ciências essencialmente *normativas* e não *naturais*. E sendo *normativa* a teoria do delito não poderia prescindir de uma *valoração mínima* nas suas principais categorias. Assim, a ação, embora ainda *causal,* ou seja,

---

[84] ROXIN, Claus. *Funcionalismo e imputação objetiva no direito penal.* Tradução e apresentação de Luis Greco. Rio de Janeiro: Renovar, 2002. p. 198; FIGUEIREDO DIAS, Jorge de. *Direito penal...*, op. cit., p. 227.

[85] ROXIN, Claus. *Funcionalismo e imputação objetiva...*, op. cit., p. 199.

ainda conceituada meramente como um movimento corporal, desprovido de vontade, passa a ser valorada enquanto *devida* (e indevida).

Com isso, o injusto – a ação típica e ilícita – deixa de ser a *descrição* do comportamento proibido, passando a ser compreendido a partir de sua *danosidade social.* E a culpabilidade, até então vista como o aspecto subjetivo do crime ou psicológico da ação, adquire um novo *status,* significando a censurabilidade ou a *reprovação jurídica* do comportamento pessoal do agente, que *deveria ter* agido de outro modo, segundo as prescrições legais.[86] Tem-se a passagem e alteração do conceito de culpabilidade, que, de *unicamente* psicológica, passa a ser *também* normativa.

O referido movimento (neoclássico) buscava sua fundamentação na filosofia neokantiana, que se esforçava para distinguir, com o máximo de rigor, as categorias (do pensamento) do *ser* e do *dever ser,* particularmente a partir da distinção entre ciências *da natureza* e ciências *culturais.* As primeiras, ciências da natureza, ocupavam-se da observação *dos fatos* e suas consequências, ao passo que as ciências culturais apresentariam uma visão relativa a valores (o significado dos fatos nas relações humanas).[87]

RADBRUCH, por exemplo, e com apoio nas premissas teóricas da Escola do Sudoeste Alemão, passou a incluir o Direito entre os fenômenos culturais, que deveria então ser compreendido sempre com referência a um valor específico. Enquanto as normas sociais se refeririam a certos e determinados valores, as normas jurídicas se atrelariam ao valor de realização da Justiça.[88]

A novidade neokantiana, portanto, introduz no Direito Penal o elemento *valorativo* no âmbito do injusto (penal), o que não ocorria até então no modelo causalista, orientado, com vimos, unicamente pelo método das ciências da natureza. Note-se, porém, que, se a distinção entre os modelos penais for buscada apenas em torno do conceito de ação e sua importância dentro do sistema, o sistema neoclássico permaneceria com a mesma designação do *causalismo,* já que o dolo e a culpa permaneciam na culpabilidade (seu aspecto psicológico), longes, ainda, da ação.

Síntese: no sistema neoclássico, a *ação* prossegue sendo *causal* (movimento corporal voluntário); a *tipicidade,* além do reconhecimento de elementos subjetivos no tipo, ganha em conteúdo material, referindo-se já à lesividade social do fato; a *ilicitude* penal presta-se também a compor o cenário da lesividade do comportamento proibido, expressando um conteúdo valorativo (a perspectiva social da ação danosa); a *culpabilidade* se enriquece, com um elemento *normativo:* a exigibilidade de conduta diversa, que se junta à imputabilidade do agente e ao dolo (*dolus malus* = vontade do resultado *com* a consciência do ilícito) e à culpa.

---

[86] Segundo Jorge Figueiredo Dias, os grandes representantes do sistema neoclássico seriam MEZGER, na Alemanha e DELITALA, na Itália. *Direito penal...*, op. cit., p. 228.

[87] ZIPPELIUS, Reinhold. *Filosofia do direito.* Tradução para a edição portuguesa de Antônio Franco e Antônio Francisco de Sousa. São Paulo: Saraiva, 2012. p. 41-42. (Série IDP – Linha direito comparado.)

[88] Idem, p. 42-43.

2.3 O sistema da ação final de Hans WELZEL

O segundo grande sistema penal do século XX foi elaborado na Alemanha da década de 30 do século passado por Hans WELZEL e ficou conhecido como *finalismo*. Tido como seguidor do *ontologismo* de N. Hartmann é o próprio Welzel quem rejeita semelhante conclusão, ao afirmar que seu conceito de ação final procederia da Psicologia do Pensamento, sobretudo, de Richard HÖNIGSWALD, bem como de alguns autores da *fenomenologia*, filosofia do conhecimento em que se buscava descrever apenas o fato ou coisa a ser conhecida, desatrelada de qualquer vinculação com a realidade ou com a historicidade circundantes (inerentes a ele), ou mesmo com a possibilidade concreta dessa descrição.[89]

WELZEL, jurista com sólida formação filosófica, desenvolveu o seu sistema, primeiro, como crítica radical, tanto à (in)utilidade dogmática do sistema causal, quanto à (in)correção de sua estrutura inteiramente *naturalista* e *causal;* e, depois, com o nobilíssimo (relativo à *nobre*) propósito de assegurar à Ciência Penal uma *garantia mínima* contra eventuais arbítrios legislativos, inerente ao universo da produção das normas. Afirmava ele que "*As normas do Direito não podem ordenar ou proibir meros processos causais, mas apenas atos dirigidos finalisticamente (consequentemente, ações) ou a omissão de tais atos.*"[90]

Com efeito, se à lei fosse dado dispor sobre tudo quanto bem entendesse o legislador, não haveria segurança alguma nas ordenações jurídicas. A *ação humana,* segundo ele, é portadora de um significado social (do homem, no seu contexto histórico) e não um mero processo mecânico causal. O que deve ser entendido como ação é a manifestação de uma vontade *previamente orientada* por uma finalidade.

Assim, o Homem, porque conhecedor de sua realidade e das consequências dos acontecimentos causais, somente daria início a um curso causal quando já tivesse *antecipado* os possíveis *resultados* de seu comportamento. A ação, enquanto mera causação de um resultado, seria *cega,* não devendo merecer semelhante designação (de ação). Já a ação *final,* ou seja, de uma *vontade dirigida* pela antecipação das consequências do ato, seria *vidente,* e por isso, passível de regulação pelo Direito.[91]

WELZEL critica duramente o sistema *causal* já na definição da *tentativa* do crime. A seu ver, qual seria o significado penal de um comportamento voluntário que não produzira resultado algum? Afirmava o douto autor que a tentativa não seria um mero processo causal, "mas uma ação que *aponta* para um resultado previamente eleito; consequentemente *uma ação* na qual o conteúdo da vontade é um elemento constitutivo".[92] Com isso, esse *conteúdo da vontade* que dirigiria a conduta voluntária somente pode ser

---

[89] WELZEL, Hans. *O novo sistema penal. Uma introdução à doutrina da ação finalista.* Prólogo à 4ª edição, Tradução da versão espanhola anotada por José Cerezo Mir, por Luis Régis Prado. São Paulo: Revista dos Tribunais, 2001. p. 11-12.

[90] WELZEL, Hans. *O novo sistema penal...*, op. cit., p. 14.

[91] Idem, p. 27.

[92] Idem, p. 35.

compreendido *na própria ação,* ou seja, já na tipicidade e não na culpabilidade, como queriam os modelos causais.

Tem-se, então, e como visto, o deslocamento do *dolo* e da *culpa,* que se encontravam na culpabilidade, para o interior da tipicidade, no âmbito da ação. Note-se, contudo, que não se trata *do mesmo dolo* a que se referiam os sistemas causais. Aquele, o *dolus malus,* seria a vontade de praticar a conduta, *com a consciência* de se estar realizando um comportamento proibido (ilícito). O que, com o finalismo, vai para a tipicidade é apenas o *dolo natural,* isto é, o conteúdo de uma vontade dirigida a uma consequência previamente antevista.

E em consequência da alteração do papel do dolo (e da culpa) na configuração do delito, a culpabilidade se consolidava então na perspectiva essencialmente *normativa* (agora já sem o dolo e a culpa), integrada, portanto, pela *imputabilidade* (capacidade penal), pela *consciência do caráter ilícito* e pela *inexigibilidade de comportamento diverso,* caracterizando, então, esta última, a censura ou reprovação (do fato típico e ilícito) a uma pessoa determinada.

E também em relação aos delitos culposos, a teoria da ação final superaria o modelo causal. Sustenta WELZEL que em tais modalidades delituosas a violação da norma penal se daria pelo desrespeito ao cuidado devido e não na produção do resultado. Afinal, afirma ele, nem todo resultado danoso é antijurídico (ilícito). A ilicitude no delito culposo repousaria, então, no *desvalor da ação,* ou seja, na falta de cuidado devido, a fim de se evitar a produção de danos ou de risco deles.[93]

O que se percebe, em resumo, é que Hans WELZEL recorreu a um elemento *pré-jurídico* – um conceito definitivo de ação final – que funcionaria como a base de toda a estrutura da teoria do delito. Não só como a base, mas com caráter *vinculante e vinculativo* para a elaboração de todas as demais categorias dogmáticas, além da tipicidade, em cujo interior já estaria a ação *final.*

E por que seria *pré-jurídico* esse elemento?

Ora, porque WELZEL afirmava que o conceito da ação, enquanto a manifestação da vontade dirigida a uma consequência antevista, *seria imutável* e estaria a salvo de qualquer política criminal ou legislativa. O seu (do conceito) caráter vinculante residiria precisamente nisto: em impor uma barreira às regulações do ordenamento, seja ao nível da legislação, seja ao nível da interpretação na dogmática penal.

Daí afirmar-se que o aludido sistema trabalha, ainda hoje, com uma categoria (jurídica) *lógico-real,* ou seja, com um dado *preexistente, ontológico* (de algo imodificável, como estrutura do *ser*). Nele, todavia, permanece a essência *naturalista* em relação à imputação do resultado (*nexo de causalidade*), além, é claro, do próprio conceito de ação como um *ser das coisas.*

---

93 Afirma o autor: "Com o desvalor da ação fica completamente fundamentado o injusto material dos delitos culposos, enquanto o resultado produzido (o desvalor do resultado, portanto) leva a cabo somente uma 'seleção' dentro dele (do injusto)". Idem, p. 19.

Síntese: no sistema final, o conceito de ação se transforma, passando a incluir o *dolo natural* ou o conteúdo da vontade, dirigida à realização do tipo; a *tipicidade*, enriquecida com a presença do dolo e da culpa, retirados da culpabilidade, passa a conter, necessariamente, elementos objetivos e subjetivos; a culpabilidade se consolida como conceito essencialmente *normativo*, sem o dolo e a culpa, e constituída, portanto, da imputabilidade do agente, da consciência do caráter ilícito e da inexigibilidade de conduta diversa. A ilicitude segue sendo a desvaloração social e jurídica do fato, portadora, ela mesma, das causas que justificariam o comportamento sob determinadas circunstâncias (estado de necessidade, legítima defesa etc.).

2.4 O funcionalismo

Antes de se chegar ao funcionalismo, haveríamos que mencionar o que Claus ROXIN designa por *a síntese neoclássica-finalista* da teoria do delito,[94] a reunir variadas concepções que convergiram no sentido de mesclar elementos do *finalismo* com os modelos *neoclássicos*. Há uma razão, contudo, para não nos estendermos no seu exame já aqui: é o sistema que melhor se nos apresenta para a compreensão e aplicação do Direito Penal. Por isso, a respectiva análise virá logo a seguir, em forma de considerações conclusivas.

Se todos os sistemas anteriores mantinham (uns mais, outros menos) uma vinculação a critérios naturalísticos da imputação do resultado (*nexo de causalidade*), o funcionalismo surge como um *novo sistema penal*, construído basicamente sob a perspectiva *normativa*. Neles, a configuração das categorias do delito se orienta preferencialmente (uns mais, outros menos!) por critérios *normativos* (daí, *normativismo*), construídos segundo as necessidades regulativas do Direito, e, particularmente, segundo os fins declarados da pena pública. O objetivo final seria o de tornar mais segura a aplicação do direito, do que dependeria a elaboração mais consequente da dogmática penal, sempre voltada para a concretização das determinações de política criminal.

2.4.1 Antecedentes e referências gerais

A expressão *funcionalismo* e mesmo o sentido a ela atribuído nos sistemas jurídicos não são exclusividade do mundo *normativo* e, muito menos, do Direito Penal.

Com efeito, o exame de determinado *sistema* a partir da identificação de sua operacionalidade, das interações e das reações entre seus elementos constitutivos, e, sobretudo, das relações/adaptações dele (sistema) com o ambiente em que se encontra estabelecido, não é novidade.

Muito antes de se chegar ao funcionalismo em matéria penal, em pelo menos três outros âmbitos do conhecimento humano já se falava nele.

Na neurobiologia, por exemplo, atribui-se ao chileno Humberto MATURANA o mérito de ter identificado em determinados organismos vivos a capacidade de

---

[94] ROXIN, Claus. *Funcionalismo e imputação objetiva...*, op. cit., p. 203-204.

autopoiese, isto é, a capacidade de *autoprodução*, por meio das interações entre o organismo vivo e o respectivo meio, como "*um resultado sistêmico de suas interações recorrentes enquanto sistemas determinados estruturalmente, e operacionalmente independentes um do outro*".[95]

Na perspectiva cibernética (das máquinas) também se examina, de há muito, a capacidade de alimentação do sistema, por meio da troca de informações entre ele e o meio, gerando novas adaptações *ambientais*, segundo as relações *input-output* e *feedback*.

Em outra ponta, grassou o funcionalismo também no âmbito da sociologia, em diferentes perspectivas, tais as propostas como compreensão do sistema social, por Émile DURKHEIM,[96] Talcot PARSONS, e, por fim, a teoria sistêmica de Niklas LUHMANN.

Algumas teorias dos sistemas sociais, e, particularmente, as de corte *sistêmicos*, não bastasse a complexidade dos respectivos conteúdos, vêm, em geral, embrulhadas em linguagem de difícil acesso. Quando não impossível!

Por isso, fiquemos assim: essencialmente, buscam elas apontar os níveis de interação e de adaptação do sistema social às perturbações e/ou modificações provocadas pelos diversos fatores/elementos que o constituem ou que com ele interferem em alguma instância. E isso pode ser feito, como o foi na sociologia mais tradicional, a partir da compreensão da *estrutura* que vincularia o seu funcionamento (relação do *todo* com suas *partes*), ou, a partir da *diferenciação* entre sistema e ambiente, como o fez LUHMANN, primeiro aproveitando-se do já consolidado conceito de *sistemas abertos*, e depois, pela teoria sistêmica de modelos autorreferentes e autopoiéticos, aplicada a uma perturbadora teoria da sociedade.[97]

Para este autor (LUHMANN), o Direito configura um sistema específico, inserido em determinado ambiente e no qual conviveria com outros (sistemas), como, por exemplo, a Política, a Cultura ou a Moral. E o que permite que cada um desses sistemas seja assim qualificado é exatamente o fato de que eles produzem e são dotados de sentidos e limites próprios, diferentes dos demais. Por isso se fala que ele, o Direito,

---

[95] Apud TAVAREZ, Juarez. *Teoria do injusto penal...*, op. cit., p. 53.

[96] É conhecida a perspectiva de DURKHEIM em relação ao crime, vendo nele um elemento de normalidade no interior da sociedade. Diz ele que "O crime é, portanto, necessário; ele está ligado às condições fundamentais de toda vida social e, por isso mesmo, é útil; pois as condições de que ele é solidário são elas mesmas indispensáveis à evolução normal da moral e do direito". DURKHEIM, Émile. *As regras do método sociológico*. Tradução de Paulo Neves, São Paulo: Martins Fontes, 2007. p. 71.

[97] A teoria dos sistemas de LUHMANN é de uma complexidade que transcende aos objetivos dessa obra. E duvidamos de sua utilidade para a compreensão dos sistemas penais. Apenas JAKOBS se vale de alguns elementos de sua concepção sistêmica para se referir a uma sociedade auto-referente, que se produz a partir de si mesma, somente podendo ser entendida no âmbito de sua configuração concreta. Nesse sentido, LUHMANN rompe com antigas concepções sociais que, em última análise, se fundamentaram na perspectiva *sujeito* (observador) e *objeto* (sociedade), e que, de modo geral, recusavam a aplicabilidade de uma teoria *sistêmica* para questões humanas e sociais. LUHMANN, Niklas. *A nova teoria dos sistemas*. Coord. Clarissa Baeta Neves e Eva Machado Barbosa Samios. Tradução de Eva Machado Barbosa Samios. Porto Alegre: Editora da Universidade, 1997. p. 72.

é um sistema *autorreferente, autopoiético* (que se reproduz nele mesmo), cujas estrutura e função próprias estabelecem um *fechamento operacional* em relação aos demais e ao ambiente.

No entanto, apesar de autorreferencial e operacionalmente fechado, o Direito, como qualquer sistema social, estaria submetido às alterações e irritações funcionais do ambiente em que se acha inserido, e que seriam percebidas por uma forma de interdependência que ele designa por *acoplamento estrutural,* que se estabeleceria como um canal de comunicação entre o ambiente e o sistema.[98]

Nesse contexto, a hermenêutica (o estudo da interpretação) cumpriria a relevante missão de franquear ao Direito essa comunicação com outros sistemas e com o seu ambiente. A *proibição do excesso,* então, tal como a *máxima efetividade dos direitos fundamentais,* como pautas de interpretação no paradigma do Estado de Direito, deverá acompanhar as transformações e mutações desse horizonte de sentido normativo, modulando os significados dos textos conforme o contexto em que se acham inseridos (pela via da *pragmática*).

Em remate: há teorias sociais que põem relevo na *estrutura* do sistema; outras que já se voltam para os aspectos de sua *funcionalidade* (atuação vinculada às funções). Aliás, anota BOBBIO, que somente nos últimos 50 anos o Direito voltou suas preocupações para *a sua função,* afastando-se um pouco do exame de sua *estrutura.*[99]

O funcionalismo penal, como se segue, busca articular o sistema (penal) a partir das prévias determinações de suas *funções* (finalidades!) pela política criminal.

2.4.2 O funcionalismo penal

Aqui, as coisas ficam muito mais fáceis, como logo se perceberá. Até porque, nesse contexto, e à exceção de JAKOBS e outros de menor repercussão entre nós, os referenciais sistêmicos das teorias sociais de LUHMANN não se prestam como suporte teórico.

Nesses modelos, que contam com variados adeptos e distintas configurações, há uma verdadeira virada epistemológica (epistemologia: relativo à investigação científica ou teoria da ciência) em relação ao sistema anterior (finalismo).

A começar do fato, já aqui antecipado, de que os sistemas penais funcionalistas apresentam uma estrutura essencialmente *normativista,* em praticamente todos os níveis do sistema.

Em primeiro lugar, rejeitam a ideia da subordinação de qualquer sistema jurídico – que, em última análise, cuida do *dever ser* das normas – a elementos cujo sentido e alcance prático já estejam previamente constituídos. Relembre-se que WELZEL se referia ao conceito de ação *final* como algo absolutamente imutável, isto é, como algo

---

[98] LUHMANN, Niklas. *A nova teoria dos sistemas,* op. cit., p. 41-42.

[99] BOBBIO, Norberto. *Da estrutura à função.* Novos estudos de teoria do direito. Tradução de Daniela Beccaccia Versiani. São Paulo: Manole, 2007.

fora do controle das normas jurídicas. Afirmava ele, então, que o Direito, e, em especial, o Direito Penal, não poderia ignorar determinadas *realidades*, dele independentes e concretamente constituídas. A ação, por exemplo, não poderia receber outro tratamento legislativo que recusasse a sua estrutura *finalística*, enquanto manifestação de uma vontade pré-orientada a determinada finalidade.

Ao contrário, os funcionalistas veem nisso – nas estruturas *reais, ontológicas* (estudo do *ser*) – um empecilho para a construção de um sistema jurídico que possa se voltar para as necessidades regulativas do Direito. Este, o Direito, qualquer que seja a sua configuração, deve se guiar *pelas funções a ele atribuídas* pelo ordenamento.

Assim, se a política criminal pretende obter esse ou aquele resultado por meio das incriminações e demais normas do Direito Penal, a dogmática jurídica (penal) deveria se orientar por essas finalidades declaradas. Com isso, dever-se-ia construir um sistema *funcionalmente* estruturado, de tal maneira que, por ocasião de sua aplicação concreta (dele, Direito Penal), se cumprissem as missões e as funções anteriormente definidas (pelas políticas criminais).

Naturalmente, um sistema penal *funcionalista* ou orientado pelos valores (bens) escolhidos à (para) tutela na política criminal deverá estar também atrelado às funções da pena, que, em última instância, se inserem no âmbito das funções do próprio Direito Penal. Relembrando: para nós, a função essencial do referido Direito é a proteção de bens jurídicos, o que é feito por meio das normas incriminadoras, via das quais se proíbem comportamentos danosos. E a pena, como preceito secundário, buscaria garantir a eficácia dessas proibições.

A seguir, faremos brevíssima incursão em dois dos sistemas funcionalistas mais discutidos no Brasil (Claus ROXIN e Günther JAKOBS). Ambos se voltam para as finalidades e funções do Direito Penal, segundo entendem sejam as suas necessidades. No entanto, o sistema de JAKOBS, como antecipamos, apresenta também uma aproximação com as teorias sociais de corte sistêmico, para fins de elaboração de sua dogmática penal.

2.4.3 O sistema funcional teleológico de ROXIN

Para ROXIN, como visto, o Direito Penal teria por missão, primeiro, a proteção de bens jurídicos, e, com a pena pública, a prevenção de novos crimes. Essa prevenção se faria tanto no âmbito *geral*, dirigida a todos, quanto ao nível do autor do fato (prevenção *especial*). E sua teoria unificadora da pena, embora aceite os efeitos *negativos* (de *intimidação*), se orienta na busca dos efeitos *positivos*, ou seja, de reforço da confiança no direito (na prevenção geral) e de ressocialização do condenado (na prevenção especial). Contudo, como tais funções da pena seriam insuficientes para oferecer um limite a elas, ele recorre à retribuição (daí o nome unificadora) para *modular* a sanção penal, como correspondência ao fato praticado.

Essa seria a perspectiva fundamental de um sistema penal orientado pela realização dessa opção de política criminal. E como se faria isso?

Em primeiro lugar, ROXIN, como os demais funcionalistas, rejeita a vinculação de um sistema jurídico a quaisquer dados ou elementos *ontológicos*, que estariam situados no mundo do *ser*. Para ele, repita-se, cuidando-se de um modelo *normativo*, a construção do sistema deve ser elaborado e impulsionado pelas regras do *dever ser*.[100]

Por isso, ele recusa o conceito de ação final, enquanto dado permanente e imutável no interior do sistema. Também no campo da imputação do resultado, o ilustre penalista alemão, mesmo admitindo que se deva partir da *causalidade*, como verdadeiro pressuposto, constrói o seu sistema orientado por outros critérios de imputação, que não aqueles tradicionalmente expostos pelas teorias do nexo de causalidade. Fixando-se em referenciais essencialmente normativos e, assim, objetivos (criação do risco não permitido e concretização desse risco no âmbito de proteção da norma e do alcance do tipo), ROXIN vê na adoção das regras da (agora) moderna *imputação objetiva* a melhor alternativa para a concretização dos objetivos e funções do Direito Penal.[101]

Nesse sistema, em que a ação é a *valoração* de um fato, o injusto seria a realização de um risco não permitido para um bem jurídico penal, no âmbito do alcance do tipo. Referido entendimento se insere e decorre particularmente de uma compreensão acerca da *sociedade de riscos*, que seria o atual modelo social na modernidade, caracterizado pela *automação* e industrialização de bens e serviços, cujo manejo e operacionalização, por si só, seriam fatores de risco.[102]

Por fim, o sistema funcionalista de ROXIN implicaria também a ampliação da categoria da *culpabilidade*.

De fato, em algum momento e em algum local teria que haver a conexão final entre as determinações de política criminal (as funções da pena) e a dogmática penal. Se é verdade que também no âmbito da tipicidade e da ilicitude pode-se adotar uma interpretação igualmente orientada por funções, o fato é que, como a prevenção, geral e especial, seria a função por excelência da pena, o *locus* apropriado à sua *aplicação* seria a culpabilidade, na qual, concretamente, se atribui a alguém a responsabilidade pela prática de um fato danoso.[103]

Assim, a culpabilidade passaria a se designar por *responsabilidade*, daí resultando que, para a aplicação da pena, seriam necessárias, de início, as presenças de uma ação *típica, ilícita* e *culpável*. Mas, não só. Que a pena, precisamente em relação àquele fato e àquele autor, concretamente considerados, fosse também necessária para fins de prevenção de novos delitos.

Em resumo: o sistema seria *funcional* ou *funcionalista*:

a) por se orientar pelas funções de política criminal, segundo fossem as deliberações para a missão do Direito Penal;

---

[100] ROXIN, Claus. *Funcionalismo e imputação objetiva...*, op. cit., p. 205.

[101] ROXIN, Claus. *Funcionalismo e imputação objetiva...*, op. cit., p. 207.

[102] ROXIN, Claus. *La evolución de la política criminal. El derecho penal y el proceso penal.* Tradução de Carmen Gómez Rivero y Maria Del Carmen García Cantizano. Introducción de Francisco Muñoz Conde. Valencia: Tirant lo Blanch, 2000. p. 45.

[103] ROXIN, Claus. *Funcionalismo e imputação objetiva...*, op. cit., p. 208.

b) por rejeitar a vinculação dele (sistema) a dados *ontológicos*, prévios e anteriores ao ordenamento, tais os casos do conceito de ação final e do nexo de causalidade;

c) por inserir no âmbito da dogmática penal as determinações da política criminal, seja ao nível dos princípios fundamentais do sistema penal, seja pela concreta realização das funções específicas ou gerais da pena.

E, em síntese: ROXIN, a partir de sua perspectiva normativista (e não naturalista), abandona os critérios mais comuns de atribuição do resultado (os nossos nexos de causalidade, art. 13, CP) pelas regras da imputação objetiva. O *injusto* é a ação típica, apreciada segundo a sua permissão ou a proibição, na medida em que *somente ações típicas* podem ser injusto-penais. E isso porque a *antijuridicidade*, bem como as causas de sua exclusão, não seriam uma categoria específica do Direito Penal, mas de todo o ordenamento.[104] A *culpabilidade* é ampliada para a *responsabilidade*, exigindo não só a imputabilidade do agente e os demais elementos, mas também o atendimento às finalidades preventivas da pena.

2.4.4 O modelo sistêmico de JAKOBS e também seu Direito penal do inimigo

Como já assentamos linhas atrás, tivemos oportunidade de fazer a apresentação do *Tratado de direito penal* de JAKOBS para a língua portuguesa. E ali articulamos o que se poderia chamar de *resenha* do pensamento do ilustre penalista e filósofo alemão, limitada, contudo, aos aspectos mais relevantes da configuração de seu sistema funcional, sem adentrar as suas particularidades e singularidades. A apresentação de uma obra, porém, e por maior seja o respeito a ela, não pode, à evidência, vincular teoricamente o apresentador.

JAKOBS foi aluno de WELZEL. Nada obstante, fugiu inteiramente ao modelo proposto por seu mestre, preferindo abordar a dogmática penal sob um enfoque essencialmente *formal*, tratando as questões *materiais* (justiça, valorações acerca do bem, do necessário, do indispensável etc.) como verdadeiros pressupostos de sua legitimação.

Nesse passo, a *igualdade* de acesso aos bens e serviços, por exemplo, surge como critério básico para se atestar o grau de legitimação do Direito, a ser subsidiariamente protegido pelo Direito Penal, como já transcrito, quando cuidamos da teoria pena de JAKOBS.

Antes de quaisquer outras considerações, então, impõe-se saber que o sistema de JAKOBS busca uma completa *normatização* de todas as categorias jurídicas. É dizer: trata-se de um modelo inteiramente *normativista*. Por isso, também ele rejeita conceitos como o de *ação final* e de *causalidade* do resultado, embora, em relação a esta última, ele não negue a necessidade de uma causalidade *mínima*.

---

104 Idem, p. 236.

No entanto, e em razão de ter adotado uma perspectiva de fundo eminentemente *sistêmico,* tendo por paradigma a teoria social desenvolvida por LUHMANN – senão totalmente, mas, quando nada, de modo significativo –, a construção de sua dogmática se viu inevitavelmente afetada por um certo *formalismo.*

Partindo, então, de uma sociedade qualquer, em cujo interior as pessoas se *comunicariam,* entendendo-se quanto ao *sentido* das normas que as regeriam (ação portadora de significado, de comunicação), surgiria dessa interação social uma *identidade normativa,* que, embora pudesse parecer, à primeira vista, uma comunhão quanto à correção e justiça das normas ou quanto aos valores nela protegidos, significa única e exclusivamente a identidade *quanto aos respectivos sentidos.* É dizer, por identidade normativa se afirma apenas que as pessoas, em suas interações, *conheceriam o significado* das normas essenciais.

E por conhecerem tais significados, e, mais, por coexistirem em determinado espaço e tempo, tais pessoas teriam, em relação às outras, *expectativas de comportamentos.* De outro modo: o processo de interação social entre as pessoas, *segundo uma normatividade qualquer* (o ordenamento jurídico), produziria uma segurança quanto ao sentido das ações devidas (aspecto *cognitivo* da norma) e uma expectativa quanto à respectiva observância (aspecto *volitivo* = vontade).

Daí a ocorrência de um crime levantaria à seguinte questão: se todos entendem o sentido da norma, por que razão ela teria sido violada? Qual seria o *significado* dessa ação contrária a uma norma, cujo sentido seria de todos conhecidos? Teria ela perdido validade, na medida em que essa violação partira de um sujeito livre (esse, então, um possível *significado* do comportamento)?

Por isso, a pena viria para *confirmar a validade* da norma violada, na perspectiva daquela identidade normativa antes referida. O crime implicaria uma *perturbação* no sistema social, por defraudação de uma expectativa previamente justificada. A pena pública surgiria, portanto, para *marginalizar* o significado da ação contrária à norma, levando-o para a *margem* do ordenamento, e, com isso, restaurando, *contrafaticamente,* a sua validade.

Essa expressão – contrafaticamente – carece de uma explicação. É que toda norma seria portadora de um *significado* (daí a identidade normativa, quanto ao significado). Também os comportamentos de pessoas capazes e livres devem ser entendidos como portadores de um *significado.* Assim, se o crime, como fato concreto, pode sugerir um *novo significado* à norma violada, a pena teria que *marginalizar,* ou seja, *afastar* referida pretensão de significado, *contra o fato* praticado.

A pena, portanto, exerceria uma relevante função no sistema social, qual seja a de *estabilizar* as expectativas de comportamento.

Como se vê, o sistema funcionalista de JAKOBS apresenta uma característica essencialmente *sistêmica,* sem uma finalidade de política criminal específica que não seja a de *manter a sua configuração.* Sua elaboração dogmática parece voltada unicamente para a manutenção do sistema jurídico, sem maiores esclarecimentos quanto ao seu conteúdo. No ponto, diz ele: *quem só sabe que uma sociedade está organizada funcionalmente nada sabe sobre a configuração concreta.*

Daí se segue, então, que a função da pena em JAKOBS se destina a manter a validade da norma e a configuração normativa da sociedade, que, sem ela, poderia entrar em erosão. Por isso, ele não professa uma teoria do bem jurídico. Para ele, o bem jurídico a ser protegido, ou melhor, mantido, pela pena pública é a norma penal violada. Essa seria o bem jurídico penal.

Tudo isso já foi dito por ocasião dos estudos acerca das teorias da pena, e, especificamente, daquela de JAKOBS.

Por fim, note-se que o modelo de JAKOBS chegaria, inevitavelmente, a uma encruzilhada. É que, como a pena se destina a *estabilizar* o sistema e a manter as *expectativas de comportamento,* casos há em que a reiteração sistemática de determinados crimes estaria indicar o contrário, ou seja, a ausência de expectativas quanto às mencionadas condutas, ao menos em relação a determinadas pessoas.

É quando JAKOBS adverte acerca da existência de situações radicais no interior das sociedades, nas quais alguns de seus membros já teriam rompido definitivamente com aquele modelo social, deles não se podendo esperar condutas de respeito ou de observância à ordem jurídica.

É por isso que ele sustenta que, em tais situações, existiria um direito penal do cidadão, voltado para aqueles dos quais se espera ainda os comportamentos devidos, e, outro, por ele designado *direito penal do inimigo,* orientado pelo *risco* de novas práticas criminosas, o que, por si só, justificaria a adoção de modelos de incriminação mais ajustados ao *perigo* (antecipação dos danos) e de normas processuais de maior alcance investigatório e acautelatório (não falta quem já se refira ao processo penal do inimigo!).

É importante assinalar, porém, que o ilustre penalista alemão não se propõe a identificar o inimigo *na pessoa em si,* concretamente considerada. É dizer, ele não sustenta que *alguém* seja o inimigo, como característica pessoal e intrínseca do sujeito. Não haveria, ali, e por assim dizer, a ontologia (o ser) do inimigo. Ao que nos parece, a identificação do inimigo seria feita pelos *tipos penais* cuja violação reiterada demonstraria a tal ruptura com a ordem normativa. Daí a referência que ele faz aos crimes organizados, aos crimes sexuais e a outros comportamentos pautados pela habitualidade.

JAKOBS afirma não haver nenhuma sociedade atual que adote somente um ou outro modelo de Direito Penal (do cidadão ou do inimigo). Segundo ele, os dois (modelos) coexistem em um único Direito Penal, relacionando-se aos agentes que deveriam e que são tratados como sujeitos de direitos, e aqueles que seriam tratados como fonte de perigo.[105]

De nossa parte, pensamos que há mesmo situações de maiores riscos de incidências de comportamentos danosos. Tanto mais em sociedades de absoluta desigualdade

---

105 JAKOBS, Günther. *Direito penal do inimigo.* Tradução de Gercélia Batista. Rio de Janeiro: Lumen Juris, 2008. p. 1.

social, nas quais as promessas de vida boa (desenvolvimento completo das potencialidades humanas) e de amplo acesso ao mercado de consumo (modelos capitalistas) somente são alcançadas por poucos. Justificar ou não tais comportamentos, e em que medida, é a grande questão para o nosso direito penal.

Uma coisa parece certa: nesses modelos sociais, o rótulo *inimigo* torna-se ainda mais incabível, na medida em que a imensa fragmentação da sociedade impediria uma conexão mais precisa para a identificação do cidadão e do inimigo. Como exigir-se a conduta conforme a norma daquele que jamais se beneficiou daquela sociedade? Não seria essa sociedade a verdadeira inimiga daquele por ela excluído?

Nesse passo, talvez haja certa contradição no sistema articulado pelo douto penalista alemão. Ao definir o conceito de *culpabilidade material*, JAKOBS afirma que o monopólio dos bens e serviços por parte de uma minoria impediria a consolidação da igualdade entre os membros da sociedade, e, assim, a inexigibilidade do comportamento segundo aquele universo normativo (ilegítimo, então).[106] Ora, se assim é, a sua percepção do inimigo em determinada sociedade, concretamente existente, deveria levar em conta tais fatores e respectivas consequências (a exclusão social). Ou seja, a sua ideia de inimigo é bem menos útil e pertinente que aparentemente pretende ser, aplicando-se apenas àquelas sociedades em que haja um alto nível de igualdade *material* entre seus membros.

De todo modo, a qualificação do inimigo como sendo aquele que teria rompido em definitivo com aquela ordem jurídica sob a qual se encontra deveria pressupor, antes, a sua inclusão, como cidadão (o que é inadequado e incabível nas sociedades essencialmente desiguais). Mas, embora sem ter sido muito claro, talvez seja exatamente isso que quer dizer JAKOBS: seu inimigo não é e nem nunca foi (foram) os excluídos sociais de sociedades desiguais.

Como quer que seja, deve-se corrigir um equívoco frequente em relação ao direito penal do inimigo.

É verdade que JAKOBS afirma que este, o inimigo, não deveria ser tratado como *pessoa*. Mas, em nenhuma passagem de sua obra se encontrará a afirmação de que o inimigo não seria um *indivíduo*, ou, pior, que ele seria uma *coisa*.

Para ele, as pessoas das quais se podem esperar um comportamento conforme a norma – expectativas de comportamentos – seriam os *sujeitos de direito*, por parte de quem se espera o cumprimento de seus deveres e obrigações. Já o inimigo, exatamente em razão de não se poder esperar dele o comportamento devido, não se incluiria entre os sujeitos de direito *daquela sociedade* assim configurada. Mas jamais se reservaria a ele um tratamento que ignorasse a sua humanidade intrínseca. Fosse assim, não se deveria destinar a ele o Direito Penal, ou, sequer, o Direito. O tal *inimigo* não teria *déficits* apenas *cognitivos*, no sentido de não compreender o sentido das normas, mas,

---

106 JAKOBS, Günther. *Fundamentos do direito penal*. Tradução da tradução espanhola de Manuel Câncio Meliá por André Luis Callegari. São Paulo: Revista dos Tribunais, 2003. p. 35.

e sim, de defeitos *volitivos*, ou seja, da vontade de respeitar a configuração normativa daquela sociedade.[107]

No que diz respeito, finalmente, a sua construção dogmática, a teoria dos sistemas sociais, na perspectiva sistêmica (voltada para dentro), operou grandes novidades, a começar do conceito de ação, que, em JAKOBS é trabalhada do ponto de vista dos processos de interação social comunicativa. A ação, portanto, não seria *algo dado*, mas a expressão de sentidos obtidos nos processos de comunicação entre os membros da sociedade. Caberia ao Direito Penal operar com tais sentidos e com a motivação determinante dos comportamentos.

Também na imputação objetiva do resultado, o ilustre penalista e filósofo elabora concepção bastante singular, construindo uma teoria centrada nos papéis (sociais) desempenhados pelas pessoas na sociedade, não podendo o Direito Penal se lhes exigir, como regra, nenhum outro compromisso que não seja a atuação nesses limites.

Síntese: para Jakobs, o Direito Penal se presta a *manter a configuração normativa* de uma sociedade concreta, isto é, em funcionamento; a função da pena, então, é *manter a validade da norma violada;* a configuração do *injusto* se centraliza no conceito de *imputação*, isto é, de se remeter a alguém *capaz* a responsabilidade por uma conduta contrária ao direito. O *injusto* é configurado por um comportamento não tolerável socialmente, atribuído ao agente de modo objetivo (imputação objetiva da conduta e do resultado), segundo as regras de imputação; a *culpabilidade* se refere ao agente com capacidade penal e deve ser entendida como a exigência de fidelidade ao direito.

Não temos qualquer receio em afirmar que o que até aqui vimos sobre JAKOBS, não passa de um pequenino recorte da fundamentação do Direito Penal daquele autor. A sua construção dogmática, sobretudo na elaboração do injusto (imputação objetiva, o dolo e a negligência etc.), é riquíssima em complexidades, o que impede qualquer tentativa de síntese. Nossas desculpas ao leitor seguem acompanhadas da indicação da leitura de seu *Tratado de direito penal: teoria do injusto penal e culpabilidade*, já traduzido para o português, e aqui tantas vezes referido.

2.4.5 Direito penal de velocidades?

Tornou-se conhecida entre nós a obra de Jesús-Maria Silva SÁNCHEZ, intitulada *A expansão do direito penal*,[108] na qual o ilustre autor levanta fundadas suspeitas sobre a inevitável expansão das normas incriminadoras, a partir de uma série de questões inerentes ao mundo contemporâneo e sua globalização, e, particularmente, na perspectiva de certa *administrativização* do direito criminal, que, ao lado da redução das

---

[107] Nesse sentido e em maior profundidade e extensão, confira-se TEIXEIRA, Ricardo Augusto de Araújo. *Direito penal de emergência*, op. cit., p. 235-236.

[108] SÁNCHEZ, Jesús-Maria Silva. *A expansão do direito penal*. Aspectos da política criminal nas sociedades pós-industriais. Tradução de Luiz Otávio de Oliveira Rocha. São Paulo: Revista dos Tribunais, 2002. (As Ciências Criminais no Século XXI, v. 11.)

penas privativas da liberdade, traria a flexibilização de garantias individuais, fundamentais ao modelo liberal de Direito Penal.

No último capítulo da citada obra, o douto penalista espanhol, depois de dar por caracterizada a existência de dois modelos específicos de Direito Penal, por ele designados como:

a) de *primeira velocidade*, em que a rigidez da reação penal – penas privativas da liberdade – seria acompanhada da ampliação das garantias individuais, seja no que toca às regras gerais da imputação, seja no âmbito das garantias processuais penais (Direito penal *liberal*); e
b) de *segunda velocidade*, assim definido o modelo de maior flexibilidade da intervenção penal, sobretudo ao nível de diminuição das exigências para a atribuição da responsabilidade penal, com a contrapartida da prevalência de penas alternativas, restritivas e/ou pecuniárias, chega à inevitável indagação acerca da possibilidade de se ter que admitir um direito penal *de terceira velocidade*, caracterizado pela soma dos elementos de maior rigidez dos anteriores (penas de prisão e redução de garantias individuais).

SÁNCHEZ parece ter-se resignado a aceitar um modelo mais rígido de intervenção do sistema penal, de menores garantias individuais – ampliação das regras de imputação – e a ainda prevalência da pena de prisão, ao se referir a determinados crimes de maior gravidade e de mais difícil combate. Daí a referência à *delinquência patrimonial profissional, à sexual violenta e reiterada, aos crimes organizados e o terrorismo,* que, segundo ele, "ameaçam solapar os fundamentos últimos da sociedade constituída na forma de Estado".[109]

É nesse passo que as reflexões lançadas na obra citada se aproximaria do *direito penal do inimigo*, de JAKOBS.

No entanto, há que se observar, por primeiro, que o ilustre penalista espanhol não construiu – e nem pretendeu fazê-lo!! – nenhum sistema de direito penal. Ele apenas examina determinadas tendências de evolução ou de involução do direito penal, a partir de considerações feitas sobre as atuais sociedades de risco.

E, em segundo lugar, atente-se também para o fato de que não há convergência entre eles – SÁNCHEZ e JAKOBS – acerca de suposta identidade entre o direito penal de terceira velocidade e o direito penal do inimigo, especificamente no que toca à *fundamentação e à legitimação do sistema.* Embora ambos identifiquem a gravidade da reiteração de determinados comportamentos no âmbito das sociedades modernas, as explicações de ambos para o fenômeno não coincidem.

E, menos ainda, as consequências que se devem extrair dos fatos. Enquanto para um (JAKOBS) o direito penal do inimigo teria que cuidar da significativa e duradoura ruptura deste (inimigo) com a ordem normativa vigente, identificadas a partir

[109] SÁNCHEZ, Jesús-Maria Silva. *A expansão do direito penal*, op. cit., p. 148.

de determinados delitos e a exigir providências para se evitar a erosão daquela ordem (normativa), SÁNCHEZ admite a necessidade da rigidez de um modelo penal apenas em caráter emergencial e contingente, chegando a duvidar que o tratamento dado a um inimigo possa mesmo ser incluído no universo do Direito.

Não há razão alguma para apreciarmos em maior profundidade os pontos de aproximação ou de distinção entre as posições de um e outro autor. JAKOBS não tinha como escapar das conclusões acerca do direito penal do inimigo, precisamente em razão da estruturação de seu sistema penal, cujo funcionalismo é orientado para a manutenção da validade das normas de determinada sociedade, concretamente considerada. E a obra de SÁNCHEZ limita-se a levantar suspeitas sobre o futuro do direito penal, levando em consideração as transformações mais recentes das sociedades atuais, bem como as modernas ordens jurídico-penais em vigor, sempre na perspectiva de um Estado de Direito.

3 Considerações conclusivas

Uma vez aceita a importância do *sistema* para os estudos do Direito, e uma vez aceita a tese de que este (o Direito) se move por determinados propósitos e finalidades, para além de sua consideração como aquilo que torna possível a coexistência quase civilizada entre os homens, pensamos que o *causalismo* há que ser rechaçado.

Com efeito, no atual estágio do desenvolvimento do conhecimento jurídico a construção de uma dogmática fundada em um sistema *fechado*, estruturado à maneira das ciências da natureza, com a separação entre conteúdos *objetivos* e conteúdos *subjetivos*, e, mais, em *face externa* e *face interna* do crime, parece-nos rematado retrocesso.

Do ponto de vista dogmático, ou, ainda, da capacidade e suficiência de referida metodologia em resolver problemas concretos, o causalismo deixa muito a desejar, a começar da *tentativa*. De modo geral, a imputação de um tipo penal *tentado* a alguém somente é possível após saber-se *qual* teria sido o conteúdo da vontade da ação realizada. Para o sistema causal, como o dolo e a culpa se encontravam na culpabilidade, a resposta à semelhante indagação *exigiria* todo o percurso das principais categorias do delito (tipicidade, ilicitude e culpabilidade) para, apurado o elemento subjetivo da ação, retroceder-se ao exame das demais fases.

Demais disso, a neutralidade valorativa da tipicidade e da ilicitude em semelhante modelo reduzia, sobremaneira, o alcance prático dessas categorias. E isso, para ficarmos apenas nas definições mais básicas do sistema penal causal, a partir de VON LISZT e de BELING.

Quando se chega, especificamente, ao conceito de ação causal, entendido unicamente como um movimento corporal suficiente à produção de um resultado, desprovido de qualquer conteúdo valorativo, as críticas podem subir de tom, diante da ausência de diferenciação entre comportamentos meramente corporais com relevância penal e outros absolutamente insignificantes. No crime de injúria, por exemplo, indaga Figueiredo DIAS, acaso a ação seria a emissão de ondas sonoras ao órgão auditivo do receptor?[110]

O sistema causal padece ainda de outro mal, relativamente ao próprio conceito *causalista*. É que, nos crimes omissivos, a relevância da omissão não se conecta propriamente ao nexo de causalidade, que, aliás, não se deverá a ela, omissão, mas ao *dever* de ação ou de evitabilidade do resultado. Em outras palavras: o dado mais significativo é *normativo* (dever de ação) e não causal.

Mas há aqui algo a ser acentuado.

Atualmente, já se defende a dupla função do dolo, sendo a primeira *na ação* e a segunda, *na culpabilidade,* a saber, (a) na ação: o dolo *natural,* como vontade dirigida a uma consequência; e (b) na culpabilidade: o dolo como manifestação intelectual (e não volitiva), com a *consciência do ilícito,* como se vê, por exemplo, em parte da doutrina alemã, consoante aqui já referido. Para SCHMIDHAÜSER, por exemplo, o dolo deveria ser bipartido, ficando o elemento *volitivo* no tipo, enquanto o *intelectual* (consciência do fato e do injusto) integraria a culpabilidade.[111]

É certo que essa dupla função não se deve às eventuais vantagens do sistema causal, nem tampouco do *finalismo,* mas, sim, às dificuldades inerentes a qualquer modelo de conhecimento humano, a impor a adoção de soluções adequadas aos conflitos que busca resolver. Já aqui surge digna de nota a importância de um sistema jurídico orientado por funções (funcionalismo), sobretudo quando assentado em bases de um Estado de Direito.

De qualquer maneira, não nos parece possível renunciar ao papel do dolo no tipo. Aceitá-lo *também* na culpabilidade poderia ser proveitoso, por exemplo, para reduzir eventuais excessos punitivos nos crimes praticados em erro de proibição ou em erro quanto à licitude da conduta.

Quanto ao sistema da ação *final,* embora não nos vinculemos a um conceito *definitivo* da ação para fins dogmáticos, concordamos em muitos pontos com WELZEL. O Direito não tem acesso a vários níveis do que hoje entendemos por *realidade,* ou, como queiram, por elementos *ontológicos,* do mundo do ser. Uma norma não pode *proibir* abortos espontâneos e nem ordenar o aceleramento de partos, para usarmos exemplo do próprio autor.[112] O Direito não pode também incidir e nem querer controlar o acontecimento de fatos da natureza.

Estamos inteiramente de acordo também com a posição do dolo no interior do tipo, a facilitar a compreensão e a aplicação do Direito Penal em muitos casos. Quanto a isso, não parece haver maiores divergências no direito comparado. Mesmo aqueles que querem ver o dolo exercendo uma dupla função, como já aqui mencionado, não dispensam o seu manejo no interior do tipo. Variam, é claro, as fundamentações.

---

110 FIGUEIREDO DIAS, Jorge de. *Direito penal...*, op. cit., p. 226.

111 A informação é de Claus ROXIN, apud *Funcionalismo e imputação objetiva...*, op. cit., p. 210.

112 WELZEL, Hanz. *O novo sistema penal...*, op. cit., p. 14.

No entanto, há um ponto – caríssimo ao finalismo – em que não podemos prestar adesão ao aludido sistema, ao menos do ponto de vista da perspectiva de interpretação aqui adotada.

Para nós, a solução de um caso penal concreto jamais poderá estar atrelada a *um dado prévio e imutável*, tido como *a natureza das coisas*. O que deve importar ao Direito é o cumprimento de suas finalidades ou de suas possíveis funções. Nesse passo, vemos os sistemas funcionalistas em vantagem. Se o finalismo oferece respostas corretas ou adequadas (aceitáveis) em 90% dos casos, nem por isso se poderá prestar adesão acrítica a ele. Em matéria penal, qualquer percentual mínimo de erro na aplicação de determinado sistema jurídico deve ser tido por relevante e suficiente para inaugurar *procedimentos de correção* ou de ajustamento da solução aos valores e finalidades do Direito.

Assim, o conceito final de ação, entendida como um comportamento voluntário dirigido a uma finalidade, parece-nos, em princípio, aceitável e útil. Desde que, todavia, não impeça soluções alheias ao seu modelo, quando estas se mostrarem mais adequadas ao caso concreto. Aliás, nem sequer é indispensável, para nós, o próprio conceito de ação, quando se puder admitir a responsabilidade penal da pessoa jurídica, como o faz a Constituição da República em relação aos crimes ambientais, por meio da *imputação* do resultado.

Há outra crítica ao finalismo que nos parece inteiramente pertinente.

Afora a correta questão do deslocamento do dolo e da culpa para o tipo, o finalismo, enquanto *dado ontológico* (da natureza das coisas) parece ajustar-se unicamente aos crimes dolosos, nos quais a ação seria a vontade de realização do tipo. Nos crimes culposos, *a finalidade* da conduta do agente não parece ter a relevância anunciada por WELZEL, no que toca à sua relação com o resultado. Como o crime culposo decorre de uma conduta negligente (ou imprudente ou imperita), a finalidade do comportamento seria lícita e não visaria a *realização do tipo* afinal concretizado.

O argumento de WELZEL, no sentido de que a adaptação de seu conceito de ação final aos crimes culposos repousaria no acento dado ao *desvalor da ação* também não convence. De fato, se é verdade, como sustenta ele, que nem todo resultado danoso constitui um ilícito penal, não há como recusar que o inverso também é verdadeiro, ou seja: nem toda ação negligente (imprudente/imperita) – *desvaliosa*, portanto – constitui infração penal! É dizer: nesse ponto, dos crimes culposos, tanto finalistas quanto causalistas estariam igualmente corretos, ou errados, a depender da perspectiva (do desvalor da ação ou do resultado).

Por fim, pela densidade de suas ponderações, há que se registrar a perspectiva redutora do sistema penal de ZAFFARONI, na qual também se argumenta a partir da necessidade de se manter no horizonte jurídico-penal a vinculação do Direito Penal com elementos *ônticos*, que seriam a *realidade social* e o *respeito ao mundo* (das coisas que são, inevitavelmente). O ilustre penalista argentino observa que o Direito Penal deve reconhecer-se enquanto e como instrumento de poder do Estado, "estruturalmente condicionado a expandir-se de modo ilimitado".[113]

[113] ZAFFARONI, Eugenio Raúl et al., op. cit., p. 171-172.

Assim, caberia a ele (Direito Penal), por meio de um discurso racional, fornecer um filtro de contenção do poder punitivo, controlando a sua irracionalidade intrínseca. E isso somente seria possível a partir da compreensão de sua vinculação (dele, Direito Penal) à realidade social, da qual ele jamais poderá se afastar, sob pena de não mais cumprir suas funções no âmbito de um Estado de Direito, e, sim, inapelavelmente, de um Estado de Polícia.[114]

Aludido sistema redutor, como se verá, se aproxima muito do modelo aqui abordado, embora guardemos significativas diferenças quanto à fundamentação e quanto às justificativas de construção dogmática do Direito Penal.

De fato, a dialética traçada pelo douto e erudito penalista está absolutamente correta: o Direito Penal, assim como o Direito, de modo geral, deve ser a contenção do arbítrio de todos os poderes e faculdades, públicos ou privadas.

Ocorre que o Direito, enquanto sistema *normativo*, é também Poder, ou, quando nada, *exercício* de Poder. Assim, ele não poderia cumprir uma missão de *ser*, ao mesmo tempo, (a) *o poder punitivo*, e, (b) o *redutor* de si mesmo. Melhor seria se já se justificasse, enquanto poder, e operasse em grau mínimo, enquanto exercício desse poder. O que ZAFFARONI aponta como *poder punitivo* inerente à estrutura estatal não é outra coisa, segundo nos parece, senão o próprio Direito Penal. A estrutura estatal de força e de coação já vem sob a roupagem jurídica do Direito, com o fim de justificar seu monopólio. Poder punitivo desatrelado do direito penal não é poder, mas barbárie inadmissível no estágio atual do processo civilizatório. Por isso, e no âmbito de um Estado de Direito, o sistema penal deve ser a articulação do poder punitivo de intervenção mínima.

Vejamos, enfim, o funcionalismo penal.

De modo geral, o funcionalismo – sobretudo, em ROXIN –, a partir da ideia de realização do Direito segundo necessidades de regulação da ordem (normativização, portanto), pretende conciliar no âmbito da dogmática penal as determinações e escolhas da política criminal, de tal modo que a aplicação do direito penal jamais se afaste das funções para as quais ele teria sido instituído e legalmente configurado.

Pode-se perguntar: ora, mas se a função do Direito Penal já teria sido justificada no âmbito das escolhas da política criminal, por que *rediscutir* semelhante questão por ocasião de sua *aplicação* (pela e na dogmática penal)?

Uma resposta a esta indagação somente pode ser fornecida a partir da compreensão da *falibilidade intrínseca* de qualquer sistema de conhecimento humano ou mesmo de outra ordem. Com efeito, mesmo nos sistemas biológicos e cibernéticos há casos de *disfunção* nos padrões de resposta (do sistema), ou de erro na operatividade funcional.

ROXIN, em seu sistema denominado *teleológico* e orientado a valores e às consequências, chama a atenção para a necessidade da transformação das funções e finalidades do Direito Penal, objeto das reflexões da Política Criminal, em categorias

---

[114] Op. cit., p. 172-173.

jurídicas da própria Dogmática Penal, com o fim de se impedir eventuais desvios (de finalidade = função) de funcionalidade do sistema. É dizer, a vinculação do sistema penal, isto é, de sua *operatividade*, às funções e finalidades declaradas pela política criminal permitiria a correção de rumos e de excessos legislativos, nas hipóteses em que a complexidade da vida indicasse a necessidade de soluções distintas em determinados casos concretos, a fim de se preservar as premissas valorativas que fundamentaram a respectiva estruturação (do sistema).

O funcionalismo do douto penalista alemão, que conta com ilustres e variados seguidores mundo afora, parece-nos teoricamente perfeito, seja ao nível dos princípios fundamentais do Direito Penal vinculados às respectivas funções, seja também no âmbito do injusto, com a *unificação* e a *objetivação* do conceito de ação, e no da culpabilidade, com a inclusão da necessidade preventiva da pena, como requisito de punibilidade.

Todavia, não nos animamos ainda a nos juntar às fronteiras de seu sistema penal, malgrado todas as inúmeras contribuições que ele oferece. Nossos receios em relação ao funcionalismo são de ordem prática. Se, de um lado, reconhecemos a possibilidade de se identificar algumas funções essenciais ao Direito Penal, de outro, todavia, só podemos *esperar* que a pena pública – especificamente, a privativa da liberdade! – efetivamente realize a missão a que se propõe. Nada há que indique o seu sucesso. Pelo contrário...

De outra parte, e à parte de nossas limitações pessoais, não conseguimos ainda enxergar a concreta utilidade prática da mais importante contribuição de seu funcionalismo à dogmática penal, qual seja, a categoria da *responsabilidade,* com a inclusão da finalidade preventiva da pena, junto à culpabilidade. Não nos parece presente aí um critério seguro para a aplicação da pena, sobretudo diante da duvidosa eficácia preventiva da pena pública.

Quanto ao modelo de JAKOBS, embora não se possa recusar – e lamentar – que o papel do Direito Penal em países de incontida desigualdade social se limite a manter a validade das normas e a configuração concreta dessas sociedades injustas (a valoração aqui é nossa e não do ilustre penalista alemão), estamos ainda longe de nos curvarmos à lógica formal das incriminações.

Se é verdade, como já respondeu JAKOBS, que a escolha dos bens jurídicos protegidos pelo Direito Penal recai sobre o mesmo responsável pela produção das normas penais, que, para ele, seria o objeto da proteção penal, nem por isso se deve aderir à ideia de que a pena se prestaria unicamente a manter a validade das normas e que o bem jurídico penal seria a norma penal.

A diferença, segundo nos parece, é imensa.

É que somente o conceito de bem jurídico enquanto aquilo indispensável ao convívio é que permitiria, por exemplo, a construção melhor elaborada de um princípio como o da insignificância. Não vemos como mensurar *violações insignificantes às normas penais*. Para dar um exemplo mais visível de aplicação prática do princípio, basta pensar-se nos crimes patrimoniais, nos quais a insignificância *da coisa* permite o afastamento da norma penal. No entanto, na perspectiva da norma, jamais se poderia dizer ser insignificante a lesão, diante da enorme quantidade de infrações dessa natureza. Aliás, a violação às normas seria *a regra* e não a exceção.

A concepção de JAKOBS nos parece demasiado formalista, e, aliás, ele não recusa essa crítica. Conceitos como o de *identidade normativa* e o de *expectativa de comportamentos* não se mostram pertinentes em sociedades tão fragilizadas e fragmentadas como a nossa. Na verdade, eles *pressupõem* – ou seja: se não existir o pressuposto, não serve a conclusão – a igualdade entre os membros da sociedade. Não a igualdade de *disponibilidade*, mas a *de acesso* aos bens e serviços. Pouco importa: sociedades como a nossa não partilham de nenhuma delas.

Em conclusão: ainda que sem estarmos definitivamente convencidos de que apenas o modelo funcionalista garanta uma aplicação do Direito orientada pelas suas finalidades – em tese, qualquer sistema de pensamento pode exercer o controle de sua falibilidade – não há como recusar a fertilidade de tal modelo, apto a fornecer critérios muito mais seguros e objetivos para a apontada correção, quanto aos erros e desvios inerentes ao funcionamento de todo pensamento organizado sistematicamente.

De fato, saber-se o sistema *falível* não basta. É preciso delimitar os instrumentos cabíveis para a correção e para o controle de eventuais erros na sua aplicação. Para os funcionalistas, a resposta estaria na conexão dogmática entre as funções da pena e as categorias do delito. Para nós, não necessariamente.

Parece-nos possível seguir trabalhando com as tradicionais categorias do delito – ação, resultado, tipicidade, ilicitude, culpabilidade – sem modificações sensíveis nos seus conceitos, deixando, porém, à hermenêutica dos direitos fundamentais a correção de rumos eventualmente necessária.

Nesse passo, cerramos fileira com a síntese *neoclássica-finalista* apontada por ROXIN e já aqui mencionada de passagem, sem aderir, contudo – e insista-se nisso! – ao aprisionamento do sistema ao conceito de ação final.

Se o modelo neoclássico, para além do reconhecimento dos elementos subjetivos do tipo e da percepção de certos elementos objetivos na culpabilidade, superou o antigo sistema causal pela perspectiva valorativa introduzida na teoria do delito, caracterizando o injusto (tipicidade + ilicitude) como o ato socialmente lesivo e a culpabilidade como o juízo de reprovação e censura ao seu autor, foi o finalismo que, por primeiro, retirou o dolo e a culpa da culpabilidade, inserindo-os já no exame de tipicidade.

A partir daí, e também da consideração de que somente se pode compreender a maior parte das ações socialmente lesivas reportando-se ao dolo, as modernas concepções do delito que se seguiram ao finalismo passaram a fixar o dolo no injusto (no tipo), embora sem recorrer ao conceito de ação final (vontade finalisticamente orientada).[115] Nessa síntese, o injusto deve ser entendido como o juízo de desvalor sobre o fato, enquanto à culpabilidade se reservaria o desvalor do ânimo do agente (exigibilidade de conduta diversa).

---

[115] ROXIN, Claus. *Funcionalismo e imputação objetiva...*, op. cit., p. 204.

A compreensão da ciência do direito penal como um sistema de valorações inerentes à coexistência humana resultou dos movimentos filosóficos que buscavam superar o positivismo científico então dominante, com o objetivo de também demonstrar a absoluta inadequação do método das ciências naturais às chamadas ciências do espírito (linguística, filosofia, arte etc.).

No conceito positivista de ciência da época somente se admitiam como científicas as disciplinas que se serviam dos métodos das ciências naturais, fundadas na pesquisa causal dos eventos, mediante a observação e a experimentação.[116] Em matéria penal, particularmente, ocupou relevante espaço a filosofia neokantiana, sobretudo da Escola do sudoeste alemão.

O Direito, evidentemente, veio a se mostrar incompatível com tais proposições e metodologias naturalistas. A partir, sobretudo, dos trabalhos de Emil LASK, no início do século XX, é que se deu início a um tratamento de maior rigor científico ao Direito, primeiro, como "teoria social e cultural", e, depois e também, como "jurisprudência dogmática", já então sob a perspectiva do entendimento das normas jurídicas como e enquanto portadoras de valores e finalidades socialmente reconhecidos.[117]

E é justamente aqui que nos acomodamos.

Na compreensão do *injusto* como o desvalor do fato e da *culpabilidade* como o (grande) encontro entre o abstrato da norma (a incriminação) e o ato de um sujeito concretamente considerado. E do entendimento do Direito Penal como a concretização de um esforço e de um reforço jurídico inevitável na proteção de direitos fundamentais. E, por fim, na compreensão de que a Constituição da República oferece os balizamentos normativos necessários para esse desiderato. Resta, então, lançar-se à empreitada na construção de uma hermenêutica para a tutela penal de tais direitos (fundamentais).

Nossa perspectiva, portanto, é de um *macro* sistema jurídico-penal, em cuja base estão as premissas, os princípios e os postulados do Estado de Direito, subordinando a configuração dogmática do direito positivo brasileiro, sem que se tenha que recorrer à funcionalização específica (segundo finalidades da pena) de suas principais categorias. Em consequência, o princípio da *insignificância* decorrerá (consectário lógico) da exigência de *lesividade* das condutas contidas nos tipos penais. Essa, a seu turno, também se originará da *proibição do excesso* em matéria de limitação das liberdades e de imposição de sanções. Nessa medida, a *intervenção mínima* não é outra coisa senão um postulado derivado também da *proibição do excesso* na proporcionalidade do Direito.

De outro lado, mas, pelos mesmos fundamentos, haveremos de incorporar na interpretação da realização do tipo penal alguns critérios já consolidados da teoria da *imputação objetiva*, para o fim de bem e melhor delimitar o âmbito de proteção da norma incriminadora e do alcance do tipo.

Naturalmente que o nosso Código Penal não opera ainda com semelhante categoria jurídica (imputação objetiva). No entanto, desde LARENZ, na década de 30 do

[116] LARENZ. *Metodologia da ciência do direito...*, op. cit., p. 125.

[117] Idem, ibidem.

século passado, já se alertava para a necessidade de delimitação do alcance das normas jurídicas em relação à imputação de um fato à vontade de seu agente. Assim, e na medida em que seja necessário para a contenção de excessos punitivos, não teremos quaisquer dificuldades no seu manejo, tendo em vista os propósitos e a base de aplicação do direito aqui declinada.

E esse caminho não nos é inteiramente desconhecido. Já o iniciamos com o nosso *Processo e hermenêutica na tutela penal dos direitos fundamentais*,[118] cujas reflexões vieram a ser também incorporadas em nosso *Curso de processo penal*.[119] Ali, os esforços se dirigiram mais à perspectiva processual.

Importante salientar que as funções do Direito Penal, quaisquer que sejam elas, não podem ultrapassar ou contradizer as funções *do próprio Estado*. Assim, na perspectiva de um Estado de Direito, o *ponto de chegada* há que ser o reconhecimento e a afirmação dos direitos fundamentais, em todas as suas dimensões. Essa, a grande missão do Estado brasileiro. E o Direito Penal não poderá andar na contramão. Por isso, as funções de garantias, a serem obtidas por meio de uma interpretação conectada aos direitos fundamentais, deverão prevalecer sobre quaisquer respostas fornecidas pelo sistema positivo.

Nesse passo, pensamos que a concepção da ação final não guarda mais pertinência com o estágio atual do conhecimento humano, sobretudo e particularmente em uma ciência social aplicada, como é o caso do Direito. E, exatamente por isso, parece-nos perfeitamente aceitável a imputação de responsabilidade penal da pessoa jurídica, embora se saiba que esta, a rigor, *não age*, senão por meio de seus representantes. Significa, então, que a responsabilidade penal pode amparar-se em outras regras de imputação.

Dito tudo isso, resta indagar: o que nos oferece a atual legislação penal brasileira?

Em primeiro lugar, há de ser ressaltado que as legislações, de modo geral, não acolhem nenhum dos *modelos ideais* de sistemas penais. Dito de outro modo, os ordenamentos penais não podem ser definidos como *causalistas*, *finalistas* ou, menos ainda, *funcionalistas*. Tais e diferentes maneiras de compreender e de aplicar o direito positivo – ou seja, por meio de determinada metodologia ou sistema – apesar de deverem obediência às escolhas do legislador, não são dele prisioneiras, sobretudo quando inseridas em perspectiva normativa mais ampla, como é o caso de uma interpretação penal segundo determinações constitucionais mais claras e concretizáveis.

Pode-se até associar determinadas escolhas como um tipo de aproximação mais visível a um ou a outro modelo de sistema, como ocorre, por exemplo, no tratamento do erro, modificado na reforma da Parte Geral de 1984.

Mas nem por isso se pode falar no alinhamento de nossa legislação ao *finalismo*, dado que também os modelos funcionalistas trabalham com o posicionamento do dolo no tipo, sem falar no fato, de todo relevante, da dupla função a ele atribuída por parte

---

[118] Op. cit., 4. ed.

[119] Op. cit., 17. ed.

relevante da doutrina penal, sem qualquer ofensa aos compromissos da dogmática penal de cada um desses ordenamentos.

O que se pode apontar, na verdade, é que a legislação brasileira ainda se orienta essencialmente por critérios *naturalistas* na imputação do resultado, como se pode ver com as definições do nexo de causalidade (art. 13, Código Penal).

> **Código Penal.** Art. 13 – O resultado, de que depende a existência do crime, somente é imputável a quem lhe deu causa. Considera-se causa a ação ou omissão sem a qual o resultado não teria ocorrido.
>
> **Superveniência de causa independente**
>
> § 1º A superveniência de causa relativamente independente exclui a imputação quando, por si só, produziu o resultado; os fatos anteriores, entretanto, imputam-se a quem os praticou.
>
> **Relevância da omissão**
>
> § 2º A omissão é penalmente relevante quando o omitente devia e podia agir para evitar o resultado. O dever de agir incumbe a quem:
> a) tenha por lei obrigação de cuidado, proteção ou vigilância;
> b) de outra forma, assumiu a responsabilidade de impedir o resultado;
> c) com seu comportamento anterior, criou o risco da ocorrência do resultado.

Não temos ainda – e nem sabemos se seria realmente de bom proveito! – a previsão legislativa da adoção dos critérios *normativos* da imputação objetiva para a definição da imputação do resultado. Há, em lenta tramitação no Congresso Nacional, um Projeto de Lei para um novo Código Penal, tanto de sua Parte Geral, quanto da Especial, no qual se contempla a aplicação de alguns dos principais critérios de imputação objetiva. No entanto, nem se pode dizer que referida previsão legislativa seja indispensável para os avanços de nossa dogmática penal, e, tampouco, que tais propostas venham a ser acolhidas naquela Casa. E, menos ainda, em tempo razoável que justifique qualquer inquietação.

Com efeito, pensamos ser também possível trabalhar com a teoria da imputação objetiva, sobretudo aquela do funcionalismo teleológico de Roxin, senão em substituição ao nexo de causalidade, já que assim previsto no art. 13 de nosso Código Penal, mas pelo menos como reforço argumentativo em uma hermenêutica pautada pela proibição do excesso e pela máxima efetividade dos direitos fundamentais.

Tudo isso será dito e visto mais adiante, no âmbito da Teoria do Delito.

IV

A ESTRUTURAÇÃO DOS PRINCÍPIOS

I PRINCÍPIOS/POSTULADOS FUNDAMENTAIS

Depois de já articulado o nosso sistema dos direitos fundamentais, cumpre apenas esclarecer que a *proporcionalidade,* como pauta de interpretação, orientada pela *proibição do excesso* e pela *máxima efetividade dos direitos fundamentais,* não será abordada em tópico separado. E isso por uma razão muito simples: referido postulado será a *lente* e a *bússola* para a construção de toda a leitura da Parte Geral.

Quanto aos elementos mais frequentes de sua aplicação (adequação e necessidade), deles cuidaremos no Título seguinte, relativamente aos critérios de interpretação mais específicos do Direito Penal.

1 A intervenção mínima: o caráter fragmentário e subsidiário da ilicitude penal

Segue, então, que nos reportaremos aos princípios fundamentais apenas em relação àqueles que tiverem previsão normativa expressa ou implícita, seja e principalmente na Constituição, seja na Lei. Para nós, os princípios do ordenamento são aqueles assim acolhidos.

No entanto, como nenhum texto jurídico será suficiente para as relevantes missões a que se dedica, impõe-se a sua ampliação, a fim de que se chegue, senão a normas jurídicas expressas, mas a *critérios de interpretação,* absolutamente necessários à concretização dos princípios. Dos textos, extraímos os princípios, alguns dos quais poderão se encontrar *implícitos*; do contexto, os *postulados*.

Veja-se o exemplo do denominado princípio da *intervenção mínima*, constante de qualquer manual sério de Direito Penal. De modo geral, não se encontram na doutrina maiores esclarecimentos sobre o papel por ele desempenhado, não se sabendo exatamente se se trata apenas de um princípio orientador da *política criminal*, ou, se, mais concretamente, se poderia utilizá-lo no campo da dogmática e/ou da *práxis* penal. É dizer: semelhante princípio se prestaria a fundamentar a *invalidação* de uma norma penal já escolhida ou diminuir seu alcance, ou seria apenas uma recomendação ao legislador penal?

Para nós, a intervenção mínima surge como a alternativa efetivamente acolhida pela ordem jurídica nacional para a configuração de seu Direito Penal, e, mais especificamente, no âmbito da hermenêutica penal. Constitui, sim, matéria de observância necessária no âmbito da política criminal, mas, também, instrumental apto e suficiente a exercer controle do excesso incriminador no interior dos tipos penais, ocupando papel relevante no campo da prática do direito, quando nada para diminuir o alcance da respectiva incidência (dos tipos), quando desconectada com o sistema geral de reprovações e de condutas proibidas. Em um Estado de Direito, o *máximo* que se concede em matéria penal é a intervenção *mínima*.

E, como desdobramento necessário da proibição do excesso, e diante de uma ausência – óbvia – de sua explicitação em texto positivo, entendemos o *minimalismo penal* também como pauta de interpretação. *Postulado*, então. Mas que o leitor não se inquiete: essa é uma questão meramente conceitual (se postulado ou se princípio), dependente, sempre, da preferência teórica do intérprete.

E é exatamente do postulado da intervenção mínima que se pode também deduzir o caráter *fragmentário* do Direito Penal.

Ora, se a intervenção penal deve ser mínima, segundo uma valoração racional quanto à importância e à necessidade de tutela penal de determinados bens jurídicos, é preciso, então, que o universo das incriminações somente incida de modo fragmentário, isto é, sobre apenas alguns daqueles bens (jurídicos). E não só. Que incida apenas quando se tratar de danos de maior gravidade, na medida em que a própria intervenção penal é também, por ela mesma, igualmente grave. O que nem de longe implicará qualquer recusa à sua necessidade, quando destinada à proteção de bens jurídicos essenciais à coexistência – tutela penal dos direitos fundamentais – contra ações e condutas tendentes à produção de danos mais graves e relevantes.

Tem-se, portanto, junto ao aspecto fragmentário do Direito Penal, a sua *subsidiariedade* – também arrolada entre os princípios fundamentais – que implica dizer que a intervenção mínima significa não só a eleição de determinados bens e interesses para a sua proteção, mas também a exigência qualificada de sua incidência, reservada sempre como *ultima ratio*, a dar preferência para outras formas de intervenção menos gravosa e mais adequada. Naturalmente, não é tarefa das mais simples recusar a validade ou a aplicação de determinado tipo penal ao argumento de sua manifesta desnecessidade.

Haverá sempre o risco de excessiva subjetividade da interpretação constitucional ou *constitucionalizante* (repita-se: nem tudo é uma questão constitucional!). Mas, quando nada, a compreensão da subsidiariedade do Direito Penal poderá autorizar a leitura restritiva de determinadas normas proibitivas, sobretudo quando insuficiente a definição típica.

Veja-se, como exemplo, o tipo penal previsto no art. 4º, parágrafo único, Lei 7.492/86, que trata da gestão temerária de instituição financeira. Não há qualquer explicitação das condutas que consistiriam em temeridade da atuação gerencial! O que é temerário? A própria atividade financeira já implica a assunção de riscos permanente do mercado. A intervenção do Banco Central seria muito mais eficaz para a proteção do sistema (financeiro) e dos depositantes.

Quanto a esse ponto, do minimalismo, há relevantes objeções na doutrina alemã, como anota ROXIN. O ilustre penalista se reporta também a JAKOBS e a SCHÜNEMANN como críticos do modelo minimalista da Escola de Frankfurt, relativamente aos crimes de perigo abstrato, com o que, aliás, estamos plenamente de acordo![120] Sustenta ele, então, que o Direito Penal não pode renunciar à tarefa de lutar contra os riscos mais graves à sociedade e ao indivíduo, arrolando, como exemplo, os crimes de perigo abstrato e contra o meio ambiente. E, por isso, deveria progredir a dogmática penal, a fim de fornecer um melhor e mais adequado instrumental à proteção de bens jurídicos de grande repercussão individual e coletiva.[121]

Em princípio, não nos parecem inconciliáveis as críticas ali mencionadas e o que entendemos por minimalismo penal, no paradigma de um Estado Social e Democrático de Direito. De notar-se, aliás, que a perspectiva adotada pela citada e então criticada Escola de Frankfurt aproxima-se claramente de um modelo penal liberal, sob os signos dos velhos princípios ideológicos europeus.

De fato, na perspectiva individualista do Estado Liberal, a definição de bem jurídico – e, daí, e de intervenção mínima – se orientava por uma irrecusável pujança dos interesses individuais, de tal modo que ao Estado coubesse apenas uma mínima intervenção *em todos os setores sociais*. Desse modo, a intervenção do Direito Penal, com mais razões ainda, deveria ser a mais limitada possível.

Mas, no âmbito do Estado de Direito, não há razão alguma para que a intervenção penal se mantenha alheia às novas formas de ações lesivas e danosas (ou, de risco efetivo de danos). A progressão da proteção dos direitos fundamentais pode e deve encontrar novas alternativas, incluindo o Direito Penal, desde que essas se mostrem mais eficazes que outras formas de controle.

E, nesse passo, nada modifica o cenário do minimalismo penal, desde que ele não se transforme em um *minimalismo do individualismo*. A eventual ampliação do espectro das incriminações, como ocorreu com os crimes ambientais, não significa, necessariamente,

[120] ROXIN, Claus. *La evolución de la política criminal*. El derecho penal y el proceso penal. Tradução de Carmen Gómez Rivero y Maria Del Carmen García Cantizano. Introducción de Francisco Muñoz Conde. Valencia: Tirant lo Blanch, 2000. p. 89-94.

[121] Idem, p. 90-91-92.

o fim da intervenção mínima, mas *modulação* de seu alcance, justificado no tempo e no espaço de nosso Direito Penal. E, na cumeada das normas, ou seja, na Constituição.

2 Lesividade/ofensividade e bem jurídico: princípio geral

Como vimos, os princípios jurídicos configuram normas escolhidas e acolhidas no ordenamento, seja em nível constitucional, seja na legislação comum. E podem eles ser *explícitos* ou também *implícitos*, desde que se possa deduzir a sua presença na respectiva disciplina jurídica.

Determinados princípios podem ser classificados como *gerais*, ou seja, abrangentes de todo o conteúdo de determinada matéria. Para nós, no Direito Civil, por exemplo, a *boa-fé*, a *confiança* e mesmo o *pacta sund servanda* (respeito ao pactuado), todos eles podem ser considerados princípios gerais do direito, ainda que, em relação a este último, surjam relevantes exceções às regras gerais, a começar da teoria da imprevisão, derivada da cláusula *rebus sic stantibus*, a ditar a modificação das condições contratuais quando modificada a situação de cumprimento do ajuste. E, nesse passo, dispensariam previsão expressa, habitando implicitamente todo o universo da regulação das obrigações.[122]

Em matéria penal, e, particularmente, no âmbito das incriminações, pode-se alinhar o princípio da *lesividade* ou da *ofensividade* como inerente a todo e qualquer tipo penal. Trata-se de verdadeira *norma* não escrita, mas contida implicitamente em todo o Direito de natureza penal.

E sequer se trata de novidade, segundo se vê da máxima latina do *nullum crimen sine injuria*, que integra um dos mais importantes axiomas do garantismo penal. Consulte-se, no ponto, Luigi Ferrajoli e seu portentoso tratado *Direito e razão. Teoria do garantismo penal.*[123] Com efeito, parece-nos mesmo impensável a compreensão da atividade legislativa penal como mero exercício de poder ou das preferências morais e éticas do Parlamento.

Poder-se-ia, em princípio, acreditar-se democrática uma eventual opção legislativa que criminalizasse determinado comportamento, ao simples fundamento de suposta imoralidade da conduta, a juízo da maioria da sociedade. Aliás, ainda hoje se confunde democracia com maioria, o que está longe de ser correto, se adotada uma compreensão mais atual do Estado de Direito, na perspectiva da positivação (acolhimento de determinados valores no ordenamento jurídico positivo) dos direitos humanos.[124]

---

[122] Referida definição encontra eco na doutrina francesa, conforme se vê em BERGEL, Jean-Louis. *Teoria geral do direito*. Tradução de Maria Ermantina Galvão. São Paulo: Martins Fontes, 2001. p. 107-110. Afirma o autor: "Os princípios gerais são regras do direito objetivo, não de direito natural ou ideal, expressas ou não nos textos mas aplicadas pela jurisprudência e dotadas de um caráter suficiente de generalidade" (p. 109).

[123] FERRAJOLI, Luigi. *Direito e razão*: teoria do garantismo penal. Tradução de Ana Paula Juarez Tavares. São Paulo: Revista dos Tribunais, 2002.

[124] DOEHRING, Karl. *Teoria do Estado*. Tradução de Gustavo Castro Alves Araújo. Apresentação de Ingo W. Sarlet. Belo Horizonte: Del Rey, 2008. p. 150.

Reiteramos o exemplo: a legislação atinente à prostituição (art. 227 ao art. 230, CP) jamais poderá ser interpretada e aplicada como uma *censura moral* ao ato daquele ou daquela que se prostitui, mesmo quando seja este o entendimento geral (*leigo*) acerca da matéria (imoralidade da conduta). O princípio da lesividade impõe que todo tipo penal deve descrever ou abrigar um comportamento suficiente a produzir danos concretos ou perigo efetivo de danos à pessoa, assim considerados aqueles que atinjam o conjunto dos atributos reconhecidos ao Homem, como necessários ao desenvolvimento de suas potencialidades.

Naturalmente, o juízo acerca da moralidade é inerente à dignidade de cada um, na medida em que se deve reconhecer a sua liberdade para conformar livremente as suas escolhas éticas. Mas é exatamente por isso, ou seja, por que se deve reconhecer tais atributos *a todos, indistintamente*, que não pode a maioria discordante *criminalizar e proibir* a moralidade alheia.

Já nos referimos aqui à incriminação do incesto, presente na maioria dos países europeus, e também à decisão do Tribunal Constitucional alemão, que, em 2008, reafirmou a validade da norma contida no § 173 do Código Penal daquele país. Essa decisão foi validada pelo TEDH – Tribunal Europeu de Direitos Humanos, que reconheceu a liberdade legislativa de escolha do tratamento da matéria (caso Patrick S.). E já deixamos assentada também nossa crítica a tais posicionamentos, incompatíveis a mais não poder com a realização do direito fundamental à liberdade sexual. A censura moral ou religiosa a qualquer comportamento – que é também direito (à censura) daquele que vive em sociedade – não pode ser confundida com a necessidade de se tornar *ilícito* o comportamento. O Direito estatal não pode ser refém de preferências morais e religiosas. Não por outra razão, a Lei 11.106/05, há tempos, pôs fim entre nós à vigência da criminalização do adultério, como a reconhecer a ausência de dimensão pública nas relações privadas entre cônjuges. Afinal, nem tudo é assunto de todos...

De outro lado, pode-se (e se deve) *proteger* tais liberdades individuais, de que é exemplo, outra vez, a *liberdade sexual*. Aquela ou aquele que sejam restringidos no exercício de sua liberdade por meio de qualquer tipo de coerção (exploração da pobreza, da incapacidade de consentimento etc.) deve ser protegido, inclusive pelo Direito Penal, tal como se encontra naqueles tipos penais a que nos referimos. É dizer: se a prostituição configurar livre escolha e opção da pessoa maior e capaz, não pode o Estado reprimir semelhante comportamento, incluídas as ações de terceiros, eventualmente associadas. Mas, quando a prostituição passa a ser imposta à pessoa, via exploração econômica, física ou de outra natureza, justifica-se a criminalização da aludida coerção.

A lesividade ou a ofensividade do ato, portanto, deverão estar presentes em todo tipo penal, estendendo-se para outros setores do Direito Penal, como se vê, por exemplo, na não punição (ausência de consequências penais) da ação culposa sem resultado. Advirta-se, contudo, que a *ofensidade* não significa a necessidade de *danos efetivos* no comportamento. Fosse assim, não seria punível a tentativa.

> **Código Penal:** Art. 14 [...] Parágrafo único. Salvo disposição em contrário, pune-se a tentativa com a pena correspondente ao crime consumado, diminuída de um a dois terços.

Satisfaz à exigência de lesividade todo comportamento que implique um risco efetivo, e racionalmente justificado, ao bem jurídico protegido na norma penal incriminadora, quando não o dano concreto e consumado.

2.1 A potencialidade lesiva (concreta) da conduta

Dito isso, pode-se avançar um pouco mais, ainda no âmbito do alcance do princípio da lesividade.

Um dos grandes méritos do movimento pós-positivista foi, sobretudo, a superação da onipotência do legislador. Em Direito Penal, se, de um lado, o princípio da reserva legal para as normas incriminadoras se mostra imprescindível, no que toca aos *limites* da matéria proibida, de outro, a *literalidade* dos tipos penais não pode servir de referência absoluta para a determinação de seu alcance.

Veja-se o exemplo do crime de falsidade, seja ela *material* (art. 297, CP), isto é, aquela cuja ação incide no próprio documento a ser alterado, seja *ideológica* (art. 299, CP), por meio da qual se modifica, não o documento, mas o conteúdo que deveria nele constar.

Em princípio, aquele que declara algo que sabe não ser verdadeiro em algum documento poderia estar realizando o delito de falsidade ideológica, do ponto de vista *formal*, ou seja, do ponto de vista da subsunção entre o fato e a norma jurídica reguladora do comportamento.

Mas suponha-se que a aludida declaração não ostente qualquer capacidade de influência em qualquer setor da vida pública, ou privada, limitando-se a alterar a verdade. O argumento pode carecer de maior aplicabilidade na *práxis*, mas, quando nada, presta-se a demonstrar a necessidade de relevância do conteúdo declarado, aliás, exigência do próprio tipo penal (de falsidade ideológica).

Tome-se um caso concreto: Z, com o objetivo de ter reconhecido direito subjetivo de que se julgava titular, apresenta junto ao órgão público um documento ideologicamente falsificado, fazendo nele constar a referência à suposta decisão judicial que reconheceria o preenchimento de uma das condições exigidas para o benefício. A falsidade foi realizada por servidor público, em coautoria, portanto.

Em princípio, a falsidade ostenta inegável relevância, na medida em que a declaração dada altera um fato juridicamente relevante – existência de uma decisão judicial *inexistente*. Mas suponha-se, agora, que, para o recebimento do benefício pretendido pelo requerente com a declaração do servidor público, não fosse exigido o requisito mencionado na inexistente decisão (judicial). Suponha-se, mais ainda, que o direito individual pleiteado sempre existira, em razão de preencher o requerente todas as exigências legais.

Ora, no que se refere àquela falsidade, realizada apenas para comprovar o atendimento a um requisito não exigível em lei, qual seria a potencialidade lesiva do falso assim praticado, senão no âmbito da responsabilidade disciplinar do servidor? A complexidade do mundo da vida e das ações realizadas pelas pessoas jamais encontrará abrigo seguro na previsão de danos que antecede a formulação de todo tipo penal. O fato da falsidade, em si, constitui efetivamente indício da lesão, mas, eventual e excepcionalmente, poderá não conter tal atributo – o da potencialidade lesiva *concreta*.

Outro exemplo, no campo da falsidade documental. Se um beneficiário de aposentadoria por idade altera a data de seu nascimento, aumentando de 65 para 70 anos, qual seria a potencialidade de danos desta falsidade, se e desde que estivesse comprovado o efetivo exercício de atividade laboral por mais de 35 anos, cumprindo-se, assim, os requisitos legais para a aposentação?

Nesse passo, formula-se, então, uma *máxima* que será ainda repetida em várias oportunidades: a tipicidade *formal,* isto é, a subsunção do fato à norma, constitui apenas o *ponto de partida;* o ponto de chegada, porém, será o juízo de tipicidade *material,* com efetiva violação ao bem jurídico protegido.

3 O princípio da insignificância

Fala-se, então, em tipicidade *formal* quando se quer apontar a coincidência ou a perfeita subsunção de um ato realizado pela conduta humana a uma norma jurídica, e, mais especificamente, a um tipo penal.

Portanto, o exame e o juízo que se fazem acerca desta correspondência (do fato à norma) esclarecem a tipicidade apenas do ponto de vista formal, isto é, da perspectiva da *descrição* da lesão. No entanto, referida análise, repita-se, constitui apenas o ponto de partida para a descoberta do crime.

Um pequenino pedaço de palha, cortado para a produção artesanal de cigarros, também se inclui na definição de *coisa,* ao menos do ponto de vista de nosso vernáculo. Assim, a sua subtração por quem não seja o seu proprietário – coisa *alheia,* portanto – se subsumiria na descrição do crime de furto, tal como previsto no art. 155 do Código Penal. Tipicidade formal, sem dúvida.

Mas cumpre indagar: na elaboração dos crimes (tipos penais) dos chamados crimes contra o patrimônio, poderia o legislador descrever todos os bens patrimoniais passíveis de subtração? Exatamente por ser impossível semelhante empreitada, vale-se ele (legislador) de elementos de linguagem de uso cotidiano, de compreensão mais abrangente, também designados na doutrina penal como elementos *normativos,* que necessitam de juízos de valoração. Daí a expressão *coisa alheia móvel* na descrição do furto.

Então, sabendo-se que o objeto da proteção penal no exemplo dado é o patrimônio, deve-se examinar, em cada caso concreto, se o fato imputado ao agente satisfaz a exigência de tipicidade *material,* isto é, de efetiva lesão ao conjunto de bens da vítima, a ser considerado na perspectiva de sua totalidade.

A expressão *insignificância*, ou *crimes de bagatela*, posta aqui como princípio geral da parte especial, pretende cumprir exatamente essa função redutora do excesso penal, perfeitamente justificada no sistema de interpretação de ora cuidamos de expor. Relembre-se, no particular, de que o próprio Código Penal reconhece o menor desvalor do resultado (e talvez até *da ação*) na subtração da coisa *de menor valor*, consoante se vê do texto expresso contido no art. 155, § 2º, CP. Ali, se prevê hipótese de diminuição obrigatória da reprimenda, por meio de juízo de correlação entre o valor da coisa e seu significado no patrimônio.

Ora, tomando-se por base a referência legislativa à coisa *de menor valor*, pode-se, de fato, avançar-se para o conceito da coisa *insignificante*, do ponto de vista patrimonial. E que *a valoração* da coisa para fins de sua proteção penal é importante não resta a mais mínima dúvida, diante da opção do próprio Código (Penal), que reduz a pena de acordo com o valor subtraído. Na linguagem do Código, portanto, as coisas passíveis de subtração, aptas a gerar a punição, seriam aquelas de valor *considerável*, conceito ajustado à regra geral da pena cominada ao delito.

Colocada assim a questão, podemos chegar à seguinte conclusão. Há coisas de valor considerável e há coisas de menor valor, segundo o Código Penal. Se as coisas podem e devem ser *valoradas* há que se convir que algumas delas (coisas) não possuem valor algum, ou quase nenhum, do ponto de visto econômico, patrimonial, se consideradas isoladamente. Articula-se, no particular, a aplicação do postulado da intervenção mínima do Direito Penal, a partir da exigência de uma efetiva *danosidade* da ação.

Mas os problemas não cessam aí, evidentemente. Do contrário, sempre estariam justificados os ataques ao patrimônio daqueles de maior pujança econômica/patrimonial. Há, aqui e então, pelo menos três perspectivas a serem examinadas.

A primeira, do ponto de vista da *vítima*, de modo a avaliar a coisa subtraída no contexto global de seu patrimônio, a fim de se saber a relevância da lesão, na comparação com os custos sociais da intervenção penal. A segunda, da perspectiva do *agente*, na medida em que a subtração de pequenas coisas em grandes quantidades poderá produzir um significativo acréscimo patrimonial para o agente. E a terceira, diretamente associada à questão do bem jurídico, que, na verdade, englobaria as anteriores e se poria como síntese daquelas duas preocupações.

Suponhamos que diversas pessoas, sem vinculação entre si, e em diferentes situações de tempo, possam subtrair diversas e pequeninas (se consideradas *de per si*) coisas de um grande patrimônio. Ou, pior: de um bem jurídico da coletividade, como ocorre com o meio ambiente, por exemplo.

No particular, Claus ROXIN faz referência à construção dogmática do delito de *cumulação*, que resultaria da ideia da inevitável reiteração de ações contra determinados bens jurídicos. Tais condutas, quando consideradas *de per si*, não causariam dano efetivo; todavia, se considerada a possibilidade de sua reiteração, a somatória delas produziria outro resultado. O ilustre penalista atribui a KUHLEN o desenvolvimento inicial da ideia, mas termina por rejeitar a sua fecundidade, sobretudo porque se estaria a punir *um* autor do fato por aqueles outros (fatos) praticados ou a serem praticados por terceiros.[125] O exemplo examinado era o de poluição de águas.

A questão é mesmo intrincada e seus efeitos e consequências não se limitam ao âmbito dos bens jurídicos coletivos. Pode-se também argumentar com a reiteração da bagatela nos crimes patrimoniais, cuja dilapidação poderia ocorrer com a frequente e sistemática reiteração do comportamento lesivo. Com efeito, se o exame de tipicidade material, na perspectiva da insignificância ou bagatela, se resumisse à apreciação e à valoração da coisa efetivamente subtraída, nenhuma das inúmeras subtrações seria punida, ainda que comprovada a ruína progressiva da vítima.

Parece-nos que a solução para a delimitação do espaço de possibilidade de aplicação da insignificância em tais casos deve partir de considerações orientadas pela culpabilidade do autor. Tem razão ROXIN quando afirma que a punição da lesão de bagatela fundada apenas no risco de reiteração de novas ações contra o mesmo bem jurídico implicaria a responsabilização do autor por fatos de terceiros.

No entanto, nos casos de reiteração da conduta *pelo mesmo autor,* isto é, quando se estiver diante de comportamentos tendentes à habitualidade, seria possível mesmo o afastamento do princípio da insignificância, na medida em que se teria também que levar em conta o proveito do agente na reiteração do comportamento. Isso, é claro, nos crimes cuja natureza permita a identificação desse proveito, como ocorre nos crimes patrimoniais.

Na reiteração de delitos contra bens jurídicos coletivos, como é o caso do meio ambiente, a punição da reiteração não se daria pelo proveito do agente, mas pela unidade do dolo do autor, voltada para a ampliação do resultado danoso. Nesse passo, registre-se copiosa jurisprudência no âmbito da Segunda Turma do Supremo Tribunal Federal, no sentido de rejeição da insignificância nos casos de reiteração da conduta pelo autor de fato anterior (RHC 117.130/MG, Rel. Min. Ricardo Lewandowski, julg. 13-8-2013 – HC 115.331/RS, Rel. Min. Gilmar Mendes, julg. 18-6-2013 – HC 110.841/PR, Rel. Cármen Lúcia, jul. 27-11-2012).

Aliás, a jurisprudência do Supremo Tribunal Federal sobre a aplicação da bagatela ou insignificância não anda nada bem. E o problema parece residir precisamente naqueles deslizes a que já nos referimos, via dos quais se busca delimitar o conceito e a interpretação do princípio a partir, essencialmente, da consideração do valor em causa. E especificamente em relação à matéria tributária, a Suprema Corte parece ter se vinculado às determinações legais pertinentes à atuação da Fazenda Nacional, para admitir a insignificância de sonegações fiscais até o limite de R$ 10.000,00 (dez mil reais). Colhe-se nesse sentido: HC 100.942/PR, 1ª Turma, HC 96.412/SP, 1ª Turma, HC 97257/RS, 1ª Turma, HC 96.852/PR, 2ª Turma, HC 100.365/PR, 2ª Turma e HC 102.935/RS, 1ª Turma.

A questão, então, está ali consolidada, incluindo o crime de descaminho, que, ao que parece, é tratado naquela Corte como um delito *tributário*. O Superior Tribunal

---

[125] ROXIN, Claus. *Sobre o recente debate em torno do bem jurídico.* Artigo citado, op. cit., p. 197.

de Justiça segue a mesma trilha, a partir de decisão da 3ª Seção daquele Tribunal, no julgamento do Resp 1.12.748/TO.

Todavia, não poderíamos deixar de nos referir às divergências e resistências ainda presentes no Supremo Tribunal Federal, consoante se vê na decisão proferida no HC 110.124 – Origem AG – 1374177 – Rel. Min. Cármen Lúcia, 1ª Turma, julg. 14-2-2012. Também é nesse sentido a posição do Min. Marco Aurélio.

Reiterando o respeito que temos em relação aos ilustres membros daquela Corte que adotam a tese vencedora, tal jurisprudência não encontra o menor fundamento no horizonte teórico em que se construiu o princípio da bagatela. E tampouco na fonte legal buscada como amparo das decisões.

Com efeito, sustenta-se que o art. 20 da Lei 10.522/02, com redação dada pela Lei 11.033/04, justificaria a insignificância dos citados valores, tendo em vista a *autorização* legal para a *não execução fiscal* de débitos tributários/previdenciários inferiores a R$ 10.000,00 (dez mil reais).

Vamos a ele:

> "Art. 20. Serão arquivados, sem baixa na distribuição, mediante requerimento do Procurador da Fazenda Nacional, os autos das execuções fiscais de débitos inscritos como Dívida Ativa da União pela Procuradoria-Geral da Fazenda Nacional ou por ela cobrados, de valor consolidado igual ou inferior a R$ 10.000,00 (dez mil reais)". (Redação dada pela Lei 11.033, de 2004)

Note-se, contudo, e em primeiro lugar, que a referida norma se refere apenas *aos processos de execução fiscal já ajuizados*, o que, à evidência, já é suficiente para indicar que se trata de execuções *frustradas*, isto é, sem a localização de bens suficientes para garantir o juízo. Outra não poderia ser a conclusão, já que o arquivamento seria *sem baixa na distribuição*. Evidentemente não se trata de *anistia* ou de *desoneração* da obrigação tributária para os débitos inferiores a R$ 10.000,00! As cobranças no âmbito administrativo fiscal não foram atingidas, o que é de uma evidência solar.

Em segundo lugar, é de se ter em conta que a justificativa legal para a aludida política fiscal reside em juízos meramente de conveniência, à base do custo e benefício, a partir da constatação de que inúmeras execuções fiscais são frustradas cotidiana e sistematicamente pela ausência de patrimônio ou de condições financeiras dos devedores, suficientes para garantir a quitação. Jamais se emitiu juízo de *menor valia* aos débitos inferiores a R$ 10.000,00. Não fosse a perspectiva legal, isto é, da conveniência das execuções fiscais, não hesitaríamos em apontar a inconstitucionalidade da referida legislação.

E a comprovar tudo o quanto se acaba de afirmar, veja-se decisão emanada do Superior Tribunal de Justiça, na qual se reconheceu que a Lei 10.522/02 jamais afirmou a insignificância do débito de R$ 10.000,00, limitando-se a pontificar o caráter contraproducente de sua cobrança, o que poderia ser justificado pelo princípio da eficiência. Colhe-se do voto do ilustre Relator, Min. Marco Aurélio Bellizze, a importante observação no sentido de que a aplicação da insignificância nesses casos seria criação puramente dos Tribunais e não da legislação. Confira-se em STJ – RE 1.409.973-SP, Rel. Min. Marco Aurélio Bellizze.

Nesse julgamento, aliás, aquele Tribunal (STJ) rejeitou a pretendida insignificância de sonegação de valores até R$ 20.000,00 (vinte mil reais), sustentada com base na Portaria 75/12, do Ministério da Fazenda, que autoriza o não ajuizamento de execuções fiscais em valores inferiores àqueles (R$ 20.000,00). Cúmulo da ineficiência administrativa tributária, e sem amparo ou fundamento legal! Esperamos que o Supremo Tribunal faça o mesmo, ao menos em relação à citada Portaria 75.

E que o valor de R$ 10.000,00 é absolutamente significativo já reconheceu o próprio Supremo Tribunal Federal, em julgamento que envolvia estelionato contra a Previdência (recebimento por terceiros de benefícios de pessoa falecida). Ali, corretamente, sustentou-se a inaplicabilidade do princípio da insignificância fundada no limite para execução fiscal (R$ 10.000,00), em razão dos danos causados ao regime da previdência geral (HC 111.918/DF, Rel. Min. Dias Toffoli, 1ª Turma, julg. 29-5-2012). Veja-se, então, que o fundamento aí utilizado há de ser o mesmo em relação à sonegação fiscal ou previdenciária: os danos evidentes ao Erário e à Previdência geral.

Uma coisa é certa: não nos parece possível operar abstratamente com o conceito de insignificância. Do contrário, estar-se-ia cometendo o mesmo erro ou submetendo o tratamento da matéria às mesmas limitações do legislador. Apenas o exame de cada caso concreto é que poderá justificar a não aplicação do Direito Penal, com fundamento na insignificância da lesão (na perspectiva da vítima), do proveito (na perspectiva do agente) e dos riscos de reiteração das ações no cotidiano dos envolvidos.

No tráfico de drogas, por exemplo, a menor quantidade da mercadoria apreendida deverá ser valorada na aplicação da pena e não no exame de tipicidade da conduta. Não se trata mesmo de insignificância, diante dos riscos de danos produzidos ao usuário por determinadas substâncias entorpecentes. É o que se deduz das regras dispostas no art. 33, § 3º e § 4º, da Lei 11.343/06.

Contudo, não se pode deixar de considerar que também a *natureza* menos lesiva da droga (a popular *maconha,* por exemplo) deveria autorizar um juízo de atipicidade material em alguns dos casos tipificados na referida legislação Lei 11.343/06. Não se pode colocar no mesmo *balaio* lesões ou risco de lesões tão diferentes.

4 O princípio da legalidade e a reserva legal

> **Constituição da República:** art. 5º, XXXIX – não há crime sem lei anterior que o defina, nem pena sem prévia cominação legal;
>
> **Código Penal:** Art. 1º Não há crime sem lei anterior que o defina. Não há pena sem prévia cominação legal.

Em matéria de proibições de condutas, seja em que instância do Direito elas tenham lugar, parece intuitivo que o comportamento vedado deve se encontrar previamente definido, até porque, e do contrário, aqueles que devem obediência à norma teriam dificuldades em seguir suas determinações.

O princípio da reserva legal, portanto, surge como uma exigência até mesmo instrumental, na medida em que se espera efetividade das normas incriminadoras.

No entanto, nem só de tais modalidades de normas se compõe o Direito Penal. Com efeito, muitas outras há que regulam espécies diferentes, tratando, inclusive, de situações em que estará afastada a incidência do crime, tal como ocorre, por exemplo, com as causas de justificação (art. 23, CP).

Pode-se dizer, então, que o princípio da *legalidade* em matéria penal abarcaria também o do reserva legal, posto que a própria expressão (legalidade) ostenta uma dimensão mais ampla, quanto ao conteúdo, referindo-se à totalidade do ordenamento.

A doutrina, porém, de modo geral, cuida do princípio da legalidade como se referindo apenas à exigência de prévia tipificação penal do comportamento proibido. E tanto para a definição do crime quanto da pena. De fato, não se pode admitir qualquer margem de arbitrariedade judiciária na aplicação de sanção a um fato definido como crime. Por isso, *não há crime sem previsão legal e nem pena sem prévia cominação em lei,* segundo nossa Constituição (art. 5º, XXXIX) e nosso Código Penal (art. 1º).

Referido princípio, da legalidade, remonta ao Iluminismo, no século XIII, e traduz uma conquista dos Estados de feição liberal. VON LISZT dizia que a legalidade seria a *Magna Carta do Criminoso,* como a reforçar a função de proteção individual do princípio, diante dos poderes do Estado.

Observa ROXIN que a primeira formulação do princípio no direito penal se deveria a FEUERBACH, por ocasião da elaboração do Código Penal da Bavária, nos idos de 1813. E, mais. Que o propósito inicial seria o de satisfazer a sua teoria psicológica da pena, visto que a intimidação (prevenção geral negativa) ou a ameaça da pena dependeria do conhecimento prévio da cominação penal ao crime.[126] Como quer que seja, o princípio da legalidade se impôs no mundo civilizado, e nem poderia ser de outro modo.

Quanto mais complexa a ordem social, quanto mais diluídos os valores da moralidade contemporânea, e tanto mais prevalecentes as pretensões individualistas, características de nosso mundo na virada do século XXI, mais se impõe a necessidade de regulação expressa e determinada dos comportamentos proibidos. Em uma sociedade em que *quase tudo* parece possível quando justificado pela compensação financeira – e não estamos falando das atividades de subsistência! – os limites entre o lícito e o ilícito devem ser ainda melhor demarcados.

Há alguns desdobramentos conceituais bem claros em tema de legalidade.

Antes de passá-los em revista, porém, deixemos assentada a sua função mais importante: a legalidade é a limitação do poder punitivo do Estado e a garantia da

---

[126] ROXIN, Claus; ARZT, Gunther; TIEDEMAN, Klaus. *Introdução ao direito penal e ao direito processual penal.* Tradução de Gercélia Batista de Oliveira Mendes. Apresentação de Eugênio Pacelli de Oliveira. Belo Horizonte: Del Rey, 2007. p. 66.

liberdade individual, segundo determinações prévias e de todos conhecidas. Relembre-se: a ilicitude penal (o Direito Penal, portanto) é sempre menor que a ilicitude comum, dos demais ramos do Direito. Por isso, se diz que ela se presta a proteger apenas subsidiariamente os bens jurídicos eleitos pelo Direito. E, também por isso, o grau de legitimidade do Direito Penal dependerá da legitimidade do Direito a que serve.

E em consequência e como consectário dessa função de garantia, a interpretação dos tipos penais, ao contrário das demais, obedece a uma lógica inteiramente particular. De fato, o processo de interpretação das normas incriminadoras se inicia pelo juízo de *subsunção,* a exigir a perfeita e completa correspondência entre o fato praticado e a descrição típica. Somente se obtém a garantia da punição *segundo a reserva de lei.*

O princípio da legalidade apresenta variadas configurações. Seus principais desdobramentos são,

a) a proibição de analogia em matéria de incriminação;
b) a proibição da retroatividade da lei mais gravosa;
c) a exigência de determinação e certeza das incriminações (taxatividade).

A primeira, como será objeto de abordagem específica, no Título II, na parte atinente à interpretação, será aqui apenas referida. As duas últimas veremos em tópicos separados, logo a seguir.

4.1 A proibição de analogia *in malam partem*

Consectário lógico e evidente do princípio da legalidade é a proibição da analogia em matéria de norma incriminadora.

Pela analogia, aplica-se uma norma prevista no ordenamento para regular determinada hipótese a outra (hipótese), para a qual não haveria previsão expressa, sob o fundamento de semelhança entre elas. Assim, a exigência de legalidade – ou de reserva de lei – impede que se faça o aludido método de integração, na medida em que o comportamento não proibido expressamente não pode ser exigido de quem quer que seja.

Com efeito, não se pode exigir que nenhuma pessoa seja obrigada a interpretar o alcance da norma incriminadora, segundo as possibilidades de sua aplicação analógica, tarefa que pressupõe um mínimo de compreensão do Direito, não só legislado, mas enquanto *ciência efetivamente aplicada.* Um modelo social e político como esse se equipararia a um verdadeiro Estado de Polícia, diante da ampla e incontida margem de discricionariedade que se reservaria aos aplicadores oficiais do Direito Penal (a começar da Polícia, passando pelo Ministério Público, e, finalmente, o Poder Judiciário).

Portanto, não será possível a analogia *in malam partem,* ou seja, em prejuízo da parte. Já a analogia *in bonam partem,* em favor da parte, será sempre possível.

É que a legislação penal – como as demais – deve ser entendida sempre a partir de sua inevitável falibilidade, isto é, das dificuldades do controle da linguagem nos referidos textos. Em Direito Penal, então, a complexidade é ainda maior. É por isso que vimos insistindo até agora na construção de uma hermenêutica penal, ou de um sistema de interpretação do Direito Penal, que leve em consideração as fragilidades do modelo positivista e as dificuldades do *legalismo jurídico*.

A ausência de previsão legal deve ser compreendida segundo o conteúdo e a função que poderiam ser atribuídas às normas faltantes. Se a matéria diz respeito ao comportamento proibido – norma incriminadora – não se pode alargar o seu âmbito de incidência, na medida em que a sua função é proteger bens jurídicos, nos estritos limites do tipo descrito. Nesse caso, a função da legalidade seria a de limitar o conteúdo proibitivo.

Se, ao contrário, tratar-se de normas não incriminadoras, cujas funções são essencialmente regulativas, quando não *justificadoras* da conduta ou excludentes da culpabilidade ou da punibilidade, nada impedirá a aplicação da analogia, sobretudo quando favorecer o âmbito de proteção da liberdade individual. A ausência da norma específica deverá ser suprida por outra, que exerça a mesma função e que tenha identidade de conteúdo.

5 A irretroatividade da lei penal

> **Constituição da República:** art. 5º, XL – a lei penal não retroagirá, salvo para beneficiar o réu;
>
> **Código Penal:** Art. 2º Ninguém pode ser punido por fato que lei posterior deixa de considerar crime, cessando em virtude dela a execução e os efeitos penais da sentença condenatória.
>
> Parágrafo único. A lei posterior, que de qualquer modo favorecer o agente, aplica-se aos fatos anteriores, ainda que decididos por sentença condenatória transitada em julgado.

Eis aqui outro consectário igualmente lógico e evidente do princípio da legalidade.

Se a matéria proibida deve estar previamente contida em lei, não se poderia pensar na aplicação de uma *proibição retroativa*. O conteúdo proibitivo da norma incriminadora deve ser conhecido pelo agente, ao *tempo da prática* do fato. Se a lei é posterior ao comportamento, não seria possível o acesso à matéria efetivamente proibida.

Toda lei que pretender a sua aplicação a uma hipótese passada terá sua validade condicionada à natureza de seu conteúdo: se for benéfica, poderá ser aplicada; se não o for, ou seja, se contiver nova definição de crime, ou o aumento de pena, ou, ainda, qualquer outro prejuízo ao agente, não poderá ser aplicada.

E por que a lei mais favorável poderia retroagir?

Simples. É que qualquer mudança de tratamento legislativo em matéria penal significa uma nova valoração quanto à necessidade, quanto às consequências, e, enfim, quanto ao alcance das incriminações. Ao fim e ao cabo, tais alterações implicam modificação da política criminal.

Assim, em um Estado de Direito, em que a pena pública não é justificada como retribuição, mas inserida em um contexto mais amplo da administração de conflitos, não há razão alguma para se manter um tratamento penal tido por *ultrapassado* pelo próprio Estado.

Não vamos aqui tratar nem das normas de conteúdo misto, isto é, de normas em cujo interior há alterações favoráveis, e outras, desfavoráveis, e tampouco daquelas de natureza mista, ou seja, que contém disposições penais e processuais penais. Isso será visto mais adiante, no tópico atinente à interpretação da lei penal.

Mas pode-se insistir desde logo no seguinte: nenhuma norma penal desfavorável será aplicada a um fato anterior. Se houver disposições favoráveis e desfavoráveis em uma mesma lei, poderá ser aplicada a disposição mais favorável, *se e somente se*, não houver subordinação lógica entre as aludidas normas. É dizer, se a eficácia da aplicação de um dispositivo não depender da aplicação de outro. Havendo referida dependência e/ou subordinação, não se deve aplicar a lei posterior

Um exemplo mais claro acerca da subordinação lógica a que nos referimos: a Lei 9.271/96, dando nova redação ao art. 366, do Código de Processo Penal, impôs a suspensão do processo, com a consequente suspensão do prazo prescricional, quando o acusado for citado por edital. A norma mais favorável seria, em tese, a suspensão do processo, enquanto a norma mais desfavorável seria a suspensão do prazo prescricional.

Não se poderia e não se pode aceitar o entendimento no sentido de que, em tal situação, se deveria aplicar apenas a norma mais favorável, deixando em curso o prazo prescricional. Vê-se, claramente, a relação de dependência e de subordinação entre a suspensão do processo e a suspensão do prazo prescricional. Como correr a prescrição se o Estado estaria impedido de impulsionar o processo (suspenso)?

Como ainda veremos, no julgamento do RE 600817, em que se reconheceu a repercussão geral da matéria, o Supremo Tribunal Federal reafirmou a impossibilidade de *combinação* de leis, relativamente à Lei 11.343/06 e à anterior Lei 6.368/76, ambas cuidando do tráfico ilícito de entorpecentes. Decisão essa que nos parece efetivamente discutível, conforme ainda teremos oportunidade de ver.

6 Legalidade estrita e taxatividade

Da exigência de lei para a proibição de comportamentos resulta também a necessidade de determinação ou de certeza quanto ao conteúdo das normas incriminadoras.

Naturalmente, o conhecimento da lei jamais será objeto de comprovação empírica. É dizer, não é possível, concretamente, afirmar-se que todas as pessoas conheçam o ordenamento jurídico a que devem seguir. Pelo contrário, uma grande e imensa minoria tem conhecimento das leis.

No entanto, o Direito estatal não seria possível sem esse pressuposto: o de que a ninguém é dado recusar-se ao cumprimento das leis ao fundamento de não conhecê-las, desde, pelos menos, os termos do art. 3º de nossa velha Lei de Introdução ao Código Civil (Decreto-lei 4.657/42).

Assim, somente a interação social, nos mais diferentes níveis e graus, o acesso aos veículos de comunicação mais usuais (rádio, televisão e demais mídias), a participação, enfim, nas redes sociais e no convívio do dia a dia, é que poderão permitir o conhecimento das leis. E, assim mesmo, de modo absolutamente informal e parcial.

Por isso, também a matéria penal não se inclui no dia a dia das preocupações cotidianas, de tal maneira que apenas uma pequenina parte da legislação é conhecida, segundo seja a sua maior incidência nos processos de comunicação social (furtos, roubos, homicídios, crimes sexuais, estelionatos etc.).

Exatamente por isso, ou para isso, há que se apurar a *culpabilidade* daquele que age sem consciência do caráter ilícito da conduta, ou em *erro de proibição*.

> **Código Penal:** Art. 21. O desconhecimento da lei é inescusável. O erro sobre a ilicitude do fato, se inevitável, isenta de pena; se evitável, poderá diminuí-la de um sexto a um terço.
> Parágrafo único. Considera-se evitável o erro se o agente atua ou se omite sem a consciência da ilicitude do fato, quando lhe era possível, nas circunstâncias, ter ou atingir essa consciência.

Mas, se o conhecimento da lei é apenas pressuposto, não sendo, em princípio, demonstrável, a *taxatividade* dos tipos penais é absolutamente impositiva. E por ela (taxatividade) há que entender a exigência legal de que as condutas proibidas sejam descritas em linguagem precisa e acessível. Um exemplo de comportamento bem delimitado seria o tipo penal do art. 121, CP, que descreve o homicídio: *matar alguém.* Um exemplo em sentido contrário, ou seja, sem uma correta e precisa delimitação de texto, seria o crime de rixa, nos termos do art. 137, CP: *participar de rixa, salvo para separar os contendores.*

No primeiro exemplo, do homicídio, dificilmente se encontrará maiores dúvidas acerca do significado efetivo da norma proibitiva. Tanto a expressão *alguém* quanto o verbo *matar* se adaptam facilmente à linguagem do cotidiano, nos mais diferentes segmentos sociais.

Já no segundo, tanto a palavra *rixa,* matéria proibida, quanto a expressão *contendores* (exceção de licitude do comportamento), demandariam um conhecimento mais apurado, ou do Código Penal, ou do idioma nacional, embora todos eles, os *contendores ou brigões,* saibam o significado e as consequências das lesões corporais.

Outro exemplo de tipicidade deficiente e cujo defeito de técnica dificulta enormemente a sua aplicação se encontra no art. 50 do Decreto-lei 3.688/41 (Lei das Contravenções Penais), que trata dos conhecidos *jogos de azar.* Ali, § 3º, dispõe-se que "*consideram-se jogos de azar: a) o jogo em que o ganho e a perda dependam exclusiva ou PRINCIPALMENTE da sorte* (grifamos)".

Para além da discutível constitucionalidade do dispositivo, na medida em que o próprio governo federal patrocina sorteios e loterias, nota-se que a referência feita a uma possível *graduação* da sorte em alguns jogos impede a *determinação e certeza* do tipo em comento. Máquinas caça-níqueis, a roleta e outros de idêntica natureza são mesmo de *resultado aleatório,* independentemente de qualquer habilidade do jogador.

Mas há outros em que isso não ocorre do mesmo modo. Nos jogos de baralho, por exemplo, como mensurar o grau de importância da sorte se há, pelo menos na maioria deles, regras específicas de observação necessária pelos jogadores? Mais que isso: o resultado sempre dependerá das estratégias pessoais de cada um, seja de índole psicofísica, como no pôquer, seja quanto ao acerto e pertinência das escolhas das jogadas. Certamente que estará presente o fator sorte; mas, em que medida, jamais se poderá afirmar.

De todo o exposto, o significado do princípio da legalidade em matéria de incriminação deve ser acentuado na sua função de proteção e de garantia contra o poder punitivo.

Assim, a legalidade em sentido *estrito* levanta também a questão acerca da insuficiência da reserva de lei para cumprir semelhante função. Daí há que se acrescer a ela a exigência de *taxatividade* ou de determinação textual dos tipos penais, de modo a torná-los acessíveis a todos, incluindo àqueles que se dedicam às atividades/ilicitudes claramente reguladas no Direito Penal, caso, por exemplo, dos crimes eleitorais, dos crimes tributários e de boa parte dos crimes contra o sistema financeiro, nos quais os possíveis agentes conhecem e compreendem bem o alcance da proibição, bem como de suas consequências.

7 Princípio da legalidade e Medidas Provisórias

> **Constituição da República:** Art. 62. Em caso de relevância e urgência, o Presidente da República poderá adotar medidas provisórias, com força de lei, devendo submetê-las de imediato ao Congresso Nacional. (Redação dada pela Emenda Constitucional 32, de 2001)
>
> § 1º É vedada a edição de medidas provisórias sobre matéria: (Incluído pela Emenda Constitucional 32, de 2001)
>
> I – relativa a: (Incluído pela Emenda Constitucional nº 32, de 2001)
>
> [...]
>
> b) direito penal, processual penal e processual civil; (Incluído pela Emenda Constitucional 32, de 2001)

Já houve tempo no Brasil em que a violação ao princípio da legalidade era a regra, diante dos excessivos e arbitrários poderes atribuídos ao Chefe do Executivo, relativamente à edição de *decretos-leis,* instrumentos normativos *baixados* pelo Presidente da República, *com força de lei.* A ordem constitucional anterior – que, de constitucional tinha muito pouco, a partir do Golpe Militar de 1964, com seguidos Atos Institucionais (AI 2, 3, 4, 5 etc.) – permitia que, publicado o Decreto-lei, se o Congresso Nacional não o rejeitasse em 30 (trinta) dias, ele adquiria vigência e validade típicas de lei.

E até hoje temos exemplos desse tipo de abuso normativo, bastando ver que a chamada Lei de Contravenções Penais, ainda hoje regularmente aplicada, não passa de um Decreto-Lei, aprovado por decurso de prazo (Decreto-lei 3.688/41). Aliás, a rigor, o nosso Código Penal e também o de Processo Penal foram introduzidos no Brasil por meio de Decretos-leis (Decreto-lei 2.848/40 e Decreto-lei 3.689/41), na década de 40 (quarenta) do século passado.

No entanto, as legislações que a eles sobrevieram, e, sobretudo, após a Constituição de 1988, agora já emanadas do Congresso Nacional, prestam-se a chancelar a validade das respectivas normas, na medida em que não determinaram a sua revogação integral.

Diferentemente é a hipótese das *medidas provisórias,* permitidas ao Presidente da República em casos de urgência e sobre matéria de relevante interesse, e cuja vigência durará 30 (trinta) dias, após os quais perderão sua vigência, ao contrário do que ocorria com os antigos decretos-leis.[127]

E se houve dúvidas quanto à possibilidade de edição de medidas provisórias em matéria de Direito Penal, logo após a promulgação da Constituição de 1988, elas terminaram definitivamente com a Emenda Constitucional 32, de 2001, na qual se previu, expressamente, a proibição de medida provisória em matéria penal ou processual penal.

Na verdade, não há como aceitar nem a criação de normas incriminadoras e nem de normas penais de outra natureza por simples ato do Presidente da República. O Direito estatal, para alcançar o grau de legitimidade que dele se espera, há que provir de fonte democrática, na qual sejam possíveis as intervenções efetivas e a participação dos interessados na sua regulação, ou seja, de todos nós. Nesse passo, apenas o Congresso Nacional poderia e poderá cumprir semelhante missão, malgrado as conhecidas deficiências apuradas na formação de seus quadros (o processo eleitoral, em si).

8 Princípio da dignidade humana

> **Constituição da República:** Art. 1º A República Federativa do Brasil, formada pela união indissolúvel dos Estados e Municípios e do Distrito Federal, constitui-se em Estado Democrático de Direito e tem como fundamentos:

[127] Registre-se, no entanto, que inúmeras medidas provisórias foram reproduzidas após o aludido prazo, em manifesta violação à legalidade. Não, evidentemente, em matéria penal.

[...]

III – a dignidade da pessoa humana;

Constituição da República: art. 5º, XLVII – não haverá penas:

a) de morte, salvo em caso de guerra declarada, nos termos do art. 84, XIX;

b) de caráter perpétuo;

c) de trabalhos forçados;

d) de banimento;

e) cruéis;

A dignidade humana não pode ser reduzida a nenhum princípio específico de quaisquer ramos de nosso ordenamento.

Mais que um princípio de natureza jurídica, a dignidade humana se situa na base de todo o sistema político, social e econômico brasileiro, instituindo-se como o mais importante núcleo de regulação do Estado. Toda atividade e todos os esforços de intervenção estatal deveriam se orientar pela realização dos direitos humanos, positivados na ordem constitucional em diversos dispositivos, todos eles centralizados no princípio da dignidade humana.

Com efeito, as expressões *direitos humanos* e *direitos fundamentais* não apresentam significação e/ou dimensão autônomas, desacompanhadas do tratamento digno que deve ser reservado ao Homem, em todas as instâncias de suas realizações.

Em matéria penal, há normas específicas que permitem identificar o princípio da dignidade humana, não só em sua dimensão política, mas também de aplicação prática e, por isso, de grande utilidade dogmática.

Veja-se que a proibição de penas de morte, de penas de caráter perpétuo, de penas cruéis, de trabalhos forçados e de banimento, reforça a ideia de respeito à humanidade e de limitação radical de determinadas intervenções estatais, impedindo se destine ao culpado por um crime uma sanção que ultrapasse a fronteira da existência humana digna.

Evidentemente, estamos a nos referir ao modelo jurídico *em tese* e não ao modelo concreto de nosso sistema penitenciário e, particularmente, de nossos estabelecimentos prisionais, em cujo interior se impõe, não só uma privação de liberdade, mas a inflição (ato de infligir) de sofrimentos não autorizados em lei.

E a violação se dá já em nível constitucional, consoante se vê do disposto no art. 5º, XLIX, da Constituição da República, reproduzida também na legislação penal (art. 38, CP), que exigem o respeito à integridade física e moral do preso.

Constituição da República: art. 5º, XLIX – é assegurado aos presos o respeito à integridade física e moral;

A proteção aos presos, no contexto do respeito à dignidade humana se estende às gestantes, sendo garantido o respectivo direito à amamentação.

Constituição da República: art. 5º, L – às presidiárias serão asseguradas condições para que possam permanecer com seus filhos durante o período de amamentação;

Quanto à pena de morte, por fim, registre-se a sua vedação, enquanto matéria de Direito Penal, somente a autorizando a Constituição da República em tempo de guerra declarada, e desde que observada a norma constitucional do art. 84, XIX (Aprovação pelo Congresso Nacional).

9 Princípio da responsabilidade pessoal

Constituição da República: Art. 5º, XLV – nenhuma pena passará da pessoa do condenado, podendo a obrigação de reparar o dano e a decretação do perdimento de bens ser, nos termos da lei, estendidas aos sucessores e contra eles executadas, até o limite do valor do patrimônio transferido;

Constituição da República: Art. 5º, XLVI – a lei regulará a individualização da pena e adotará, entre outras, as seguintes:

a) privação ou restrição da liberdade;

b) perda de bens;

c) multa;

d) prestação social alternativa;

e) suspensão ou interdição de direitos;

Enquanto a sanção de recomposição patrimonial do dano causado pode atingir aqueles que nada tiveram a ver com o fato praticado, em matéria penal isso não é possível. A pena pública não pode jamais ultrapassar a pessoa do condenado.

Assim, apenas os autores e partícipes de um fato definido como crime devem responder criminalmente por ele. Aqui, não tem lugar para a responsabilidade por *culpa in eligendo* e nem para a culpa *in vigilando*, do Direito civil, via das quais o patrão, o pai, e terceiros, enfim, respondem pelos danos causados por seus filhos, empregados etc. (art. 932, Código Civil).

A responsabilidade penal, portanto, é *pessoal* e intransferível.

De outra parte, a Constituição garante não somente a punibilidade limitada aos autores e partícipes do crime, como já visto, mas, também, a imposição de sanção segundo o grau de culpabilidade de cada um. É dizer: é garantida a *individualização* da pena, de tal maneira que também as consequências do crime (e não só a responsabilização) sejam impostas de modo diferente, segundo o fato *pessoal* de cada responsável.

Por fim, há inúmeros autores no Brasil que sustentam que o princípio da responsabilidade pessoal implicaria também a limitação da responsabilidade *aos seres humanos*, excluindo-se, então, aquela das pessoas jurídicas.[128]

[128] Dentre tantos, SANTOS, Juarez Cirino dos. *Direito penal*. Parte geral. Curitiba/Rio de Janeiro: ICPC-Lumen Juris, 2006. p. 31.

De nossa parte, e como já antecipado, não aderimos a essa conclusão, ao menos diante de nossa Constituição da República, relativamente ao disposto no art. 225, que cuida da proteção penal ao meio ambiente.

As modernas teorias do delito, e aqui, de modo muito específico, aquelas que sistematizaram a dogmática penal sob a perspectiva funcional – o chamado funcionalismo penal – não mais se construíram sobre as bases do conceito de ação humana, orientando-se por critérios de imputação que se mostrem necessários à efetiva tutela de bens jurídicos, ou, quando nada, que possam se revelar úteis à legitimação do Direito Penal.

E, segundo nos parece, não há por que se afastar a eficácia dessa modalidade de intervenção estatal (penal) unicamente com base em exigências metodológicas de tal ou qual opção dogmática, como foi o caso do causalismo, e, sobretudo, do finalismo penal. Se a função do Direito Penal é a proteção de bens jurídicos, como parece ser a compreensão geral acerca da matéria, nada há que impeça a sua aplicação a lesões imputáveis a pessoas não naturais.

No mais, essa é uma tendência mundial, ao menos no mundo ocidental, que caminha firmemente na direção de certa *administrativização* do Direito Penal, em face da crescente falência do sistema penitenciário. E essa rota indica uma mudança radical de paradigma epistemológico, via do qual a eficácia protetiva da intervenção há de prevalecer sobre as exigências de sistematização de pontos de vista *científicos*, embora não se queira aqui dizer que as novas perspectivas sejam teoricamente mais frágeis que as anteriores. A dogmática, portanto, aqui traduzida como a aludida sistematização do direito positivo, deve render-se aos propósitos de regulação da vida social, se e desde que respeitados os mandamentos constitucionais que se encontram na base da estrutura normativa estatal.[129]

---

[129] De Parecer de nossa autoria, nos autos do RC 2007.41.00.005004-0/RO, TRF 1ª Região, 4ª Turma, Rel. Des. Fed. Mário César Ribeiro.

Título II

As leis e as normas penais: estrutura e aplicação

V

As normas penais

I As normas, as leis e o Direito: breves apontamentos

O estudo pormenorizado acerca da natureza, das espécies e das principais características das normas jurídicas, bem como da metodologia e da ciência do Direito, encontra-se na disciplina Teoria do Direito, sobre a qual se debruçaram inúmeros e ilustres autores, desde sempre.

Nosso propósito aqui é apenas assinalar algumas distinções fundamentais quanto ao *conceito,* quanto às *funções* e quanto às *consequências* das normas penais, na medida em que elas se mostrem indispensáveis para a apreensão e o manejo da dogmática penal.

As normas jurídicas, via de regra, se constituem de um *preceito,*ou seja, de uma determinação (de conduta, de procedimento, de regra, enfim), e, em menor escala, de uma *sanção* que já esteja nela cominada. É que as normas que prescrevem obrigações *devem* fazer-se acompanhar das *consequências* previstas para eventual descumprimento. Mas nem todas as normas jurídicas são portadoras de uma sanção nela própria expressa, ao menos no sentido de se impor uma consequência *pessoal* a alguém como decorrência do ato (positivo ou negativo/ação ou omissão). Há normas, como aquelas de conteúdo processual ou procedimental, cuja inobservância poderá gerar apenas a nulidade processual. Nesse caso, a invalidação do ato pode ser entendida como uma *sanção,* ainda que sua consequência se limite à repetição ou renovação dele (ato).

No âmbito do Direito produzido pelo Estado, a *Lei* é o instrumento por excelência das prescrições normativas. Note-se, contudo, que as expressões *leis* e *normas* não são sinônimas. Uma lei pode conter várias normas, e uma mesma norma pode ser encontrada em várias leis diferentes (Código Penal, Código Civil – como em relação ao estado de necessidade, por exemplo).

A *lei* fornece o texto, no qual se buscará encontrar a *norma*. Na Parte Especial do Código Penal, por exemplo, existem vários tipos penais, contendo, portanto, variadas prescrições e/ou proibições. O art. 121, CP, dispõe como homicídio a ação de *matar alguém*. O texto, como se viu, *não prescreve* o comportamento vedado; ao contrário, narra a sua realização. A *norma* que dele se extrai é *"é proibido matar alguém"*. Do mesmo modo o art. 155 e tantos outros do Código Penal, cujos textos adotam uma linguagem inversa da regra de proibição, descrevendo o *meio de execução* ou de realização do crime.

Uma das características mais marcantes das normas jurídicas em geral, e das (normas) penais em particular, é o seu caráter *prescritivo*, no sentido de ordenarem ações, comportamentos, regras jurídicas e procedimentos, dado e fundado na *coercibilidade* inerente ao Direito estatal.

A seguir, veremos algumas espécies de normas no Direito Penal, limitando-nos apenas às mais significativas, até chegar, ainda que muito brevemente, a algo próximo de suas *fontes*, ou seja, até as justificações da respectiva origem.

1 As normas incriminadoras e seu caráter subsidiário

Do ponto de vista dos chamados *destinatários da norma*, que somos todos nós, a espécie de norma penal que mais interessa remete àquelas que definem a matéria objeto da proibição. Em outras palavras, aquelas que apontam a conduta proibida.

A construção de tais normas constitui uma das tarefas mais complexas da atividade legislativa, diante das inúmeras exigências impostas pela política criminal e pela dogmática penal.

A elaboração dos tipos, com efeito, deve obediência, primeiro, às escolhas dos bens jurídicos a serem penalmente protegidos, e, depois, aos princípios fundamentais que acabamos de ver no capítulo anterior (Capítulo III), posto que previamente alinhados ao nível constitucional.

De igual modo, os tipos penais deverão obedecer também aos postulados essenciais do Direito Penal, deduzidos do sistema dos direitos fundamentais, conforme tivemos oportunidade de assinalar no mesmo espaço. As normas incriminadoras penais demarcam, portanto, o campo da respectiva ilicitude.

E surge, então, a primeira questão, não de todo importante, mas teoricamente significativa: referidas normas teriam um caráter *autônomo* ou *subsidiário*? De outro modo, a ilicitude penal é *constitutiva* ou se limita a reafirmar proibições já assentadas pelo Direito?

Deve-se, por primeiro, indagar-se acerca do sentido da expressão *ilicitude* ou *antijuridicidade*.

O Direito, seja ele estatal ou não, propõe-se a estabelecer uma dicotomia normativa, entre aquilo que enquadraria como *permitido* ou, de qualquer modo, *não proibido*, e aquilo que seria vedado aos membros da organização jurídica. Naturalmente, em tema de tamanha grandeza teórica, há também aqueles, como KELSEN, que excluem do âmbito do *jurídico* a matéria por ele *não regulada*. Para o ilustre autor, a ausência de uma permissão ou de uma proibição implicaria a *indiferença jurídica* em relação à questão.[1]

Como quer que seja, no que toca especificamente à ilicitude e não à totalidade dos elementos do universo jurídico, parece fora de dúvida a conclusão no sentido de que a ausência de proibição de comportamentos implica, necessariamente, a sua autorização, ou, a sua *licitude*.

Mas, voltando à indagação que fizemos, uma simples revisão dos princípios fundamentais em matéria penal nos indicará a necessidade de *lesividade* ou de *ofensividade* (princípio geral do Direito Penal) de todo comportamento elevado ao nível da incriminação. Não poderá haver incriminação que não atenda a essa exigência. Não há, pois, crime sem dano, ou sem o risco de dano, segundo uma valoração prévia e que possa racionalmente ser justificada, segundo a aferição do grau de perigo oferecido.

E, sendo assim, pode-se chegar à conclusão de que tanto o dano quanto o seu risco, que vêm a ser o objeto da incriminação, configuram situação de contrariedade ao Direito, ainda quando a fundamentação de eventual responsabilização civil pelo ato, por exemplo, oriente-se em sentido diverso do fato penal, ou mesmo não exista.

Imagine-se o exemplo da *tentativa* de homicídio, da qual não tenha resultado qualquer dano à integridade física da vítima. A ilicitude penal resta clara e insofismável. E, embora não tenha havido o dano concreto e, por isso, não seja cabível eventual responsabilização civil sob essa rubrica, parece-nos fora de questão que, em tese, a conduta do agente poderia gerar uma indenização por danos morais.

Mas, independentemente disso, e até porque uma tentativa sequer pode ter sido percebida pela vítima – hipótese em que ela não sofreria sequer danos morais –, o fato é que a ação dirigida à supressão da vida constitui evidente contrariedade ao Direito, na medida em que esta, a vida, institui-se como direito fundamental de todos.

Da lesividade ao bem jurídico, portanto, se chega à noção fundamental do próprio bem (jurídico) como uma valoração socialmente relevante encampada pelo Direito, que o põe a salvo de quaisquer investidas de terceiros, ainda quando não haja uma previsão expressa de proteção geral no ordenamento. Com efeito, somente pelo fato de se tratar de *bem jurídico*, a sua inserção na ordem jurídica, isto é, no âmbito do protegido, já caracteriza como ilícita – contrária ao Direito – a conduta dirigida a sua ofensa.

Por isso, e desde as lições de BELING, as normas penas incriminadoras não constituem uma ilicitude originária, mas sancionam comportamentos já vedados na

---

1 KELSEN, Hans. *Teoria pura do direito*. 6. ed. Tradução de João Baptista Machado. Coimbra: Armênio Amado Editora, 1984. p. 470.

ordem jurídica geral.[2] Daí o seu caráter subsidiário. No ponto, então, sem razão a doutrina que sustenta o caráter constitutivo do Direito Penal a partir da ausência de previsão legal expressa nos demais ramos do ordenamento, sobretudo quando ausente a responsabilidade civil.[3]

A ilicitude (geral) não depende de sanção. Há normas jurídicas sem sanção, como já vimos, e, a título de exemplo, podem ser destacadas aquelas que cuidam da regulação de relações privadas tipicamente negociais, que deixam aos contraentes a estipulação, ou não, de sanções. O pressuposto da responsabilidade civil, é certo, é o *dano concreto,* seja ele moral ou patrimonial. Mas isso não significa que a ausência de responsabilização implique a *licitude* do comportamento. Apenas aqueles partidários de uma concepção *positivista-legalista* do Direito podem justificar referido posicionamento. Se a ilicitude penal *depende* de lei, o mesmo não ocorre com a ilicitude geral, a se entender o Direito, não a partir apenas de suas proibições, mas também de suas *valorações positivas,* tal como ocorre com a eleição dos bens jurídicos.

Assim, a ilicitude penal, por significar um ataque a um bem juridicamente relevante e protegido, sempre implicará a contrariedade do fato ao Direito (ilicitude, pois).

O inverso, contudo, não é verdadeiro.

A ilicitude civil, bem como as demais (administrativa, fiscal etc.), não importará a penal, bem o sabemos. Essa, a penal, depende *de lei penal expressa* (princípio da legalidade ou da reserva de lei). No ponto, põe-se em relevo o caráter fragmentário do Direito Penal (ver, item 7.1, Capítulo III).

Há outra importante questão em tema de normas penais incriminadoras.

Quando uma norma de outro ramo do Direito autorizar expressamente a conduta, isto é, revestir de licitude o comportamento diante da ordem jurídica, lá não incidirá o Direito Penal. Aliás, a questão remete à necessidade de coerência interna do ordenamento jurídico enquanto sistema, bem trabalhada por BOBBIO em seu *Teoria do ordenamento jurídico.*[4]

Mas, se constatada uma *aparente* contradição, uma primeira pergunta a esse respeito seria: acaso não se estaria diante de um conflito de normas? Sobre o tema, conflito de normas, mais adiante se dirá (item 8.5.).

Na verdade, a resposta, em princípio, é negativa, se de conflito *aparente* estivermos falando. Todavia, e em tese, até poderá ocorrer um conflito verdadeiramente *real* entre normas de espécies diferentes, de maneira que uma lei penal posterior modifique outra, de natureza diversa, desde que haja manifesta e insuperável incompatibilidade entre os respectivos comandos na ordem jurídica.

---

[2] BELING, Ernst Von. *A ação punível e a pena.* Tradução, por Maria Carbajal, de parte – Doutrina do delito-tipo – do famoso *Esquema de Direito Penal,* traduzido para o espanhol por Sebastián Soler, em 1944. São Paulo: Riedel, 2007. p. 13-15.

[3] LOPES, Jair Leonardo. *Curso de direito penal.* Parte geral. 4. ed. São Paulo: Revista dos Tribunais, 2005. p. 40-41.

[4] BOBBIO, Norberto. *Teoria do ordenamento jurídico.* 10. ed. Brasília: Editora UnB, 1999.

Mas a regra é que não haja qualquer efeito revogatório entre as citadas prescrições (entre normas jurídicas de diferentes regulações – disciplinas jurídicas).

A questão passa, necessariamente, pelo exame da tipicidade penal, em cujo interior se prevê uma série de comportamentos que, somente quando desautorizados pelo Direito (geral), configurarão os respectivos tipos penais.

Veja-se o exemplo do crime do art. 150, CP:

> **Código Penal:** Art. 150. Entrar ou permanecer, clandestina ou astuciosamente, ou contra a vontade expressa ou tácita de quem de direito, em casa alheia ou em suas dependências:

Trata-se do direito constitucional à inviolabilidade do domicílio (art. 5º, X, CF). Assim, cabe ao morador autorizar a entrada e a permanência de terceiros no âmbito de seu domicílio.

No entanto, é o próprio Direito, e, no caso, a própria Constituição da República, que excepciona o exercício de tal direito subjetivo individual, prescrevendo que a inviolabilidade de domicílio cederá às hipóteses de *autorização judicial* (art. 5º, X, CF).

Então, quando o oficial de justiça, munido de mandado de busca e apreensão, ingressar no domicílio e ali permanecer *contrariamente à vontade* do morador, ele estará atuando em perfeita harmonia com o Direito e cumprindo, aliás, seu dever funcional. Nada obstante, sua conduta poderá se subsumir (amoldar-se), em tese, ao tipo penal aqui referido.

Há quem sustente, em teoria, e, a nosso ver, corretamente, tratar-se aqui de uma questão de tipicidade – a tipicidade *conglobante*,[5] que ainda veremos. No entanto, é bem de ver que o Código Penal brasileiro cuida do *estrito cumprimento do dever legal* como hipótese de excludente da ilicitude (art. 23, III, CP), não havendo, por essa única razão, que falar em exclusão da tipicidade.

Note-se, contudo, que, ao contrário das demais causas de exclusão da ilicitude de nosso art. 23, CP, tanto o exercício regular de um direito quanto o cumprimento de um dever legal (inciso III) configuram comportamentos *lícitos*, ao contrário da legítima defesa e do estado de necessidade (incisos, I e II), que traduzem condutas apenas *justificadas*, ou seja, *toleradas* pelo ordenamento, em razão do risco ou da agressão iminentes.

Nesse passo, parece-nos irrecusável que se trata de questões com características inteiramente distintas. O exercício de um direito e o cumprimento de um dever, efetivamente, *integram* o campo da licitude, ao contrário das ações lesivas que podem advir da legítima defesa e do estado de necessidade. Estas últimas excludentes se fundam em juízos de ponderação quanto aos danos a serem suportados pelas vítimas. Aquele que mata alguém não atua *segundo o direito*, na medida em que desrespeita um bem valorado juridicamente (a vida). Contudo, este (o Direito) *aceita* tal comportamento,

---

[5] ZAFFARONI, Eugenio Raúl; PIERANGELI, José Henrique. *Manual de direito penal brasileiro*. Parte geral. São Paulo: Revista dos Tribunais, 1997. p. 455-463.

quando em legítima defesa, diante da *relevância* da *motivação* do agente, que estaria agindo na proteção *também* de um bem igualmente tutelado.

Por fim, e relativamente ao conteúdo, as normas incriminadoras abrigam um juízo de *valoração negativa* por parte do legislador, relativamente ao comportamento do agente e ao resultado então causado ou provocado. Há em seu interior, então, essencialmente, um desvalor quanto à conduta, suas motivações e/ou ausência do cuidado devido, e quanto ao resultado produzido.

E nem sempre se exigirá o dano para a incidência da norma, como vimos, por exemplo, na tentativa, contentando-se o Direito Penal com a situação de risco do resultado. Também nem sempre a ocorrência de um resultado produzido por uma ação realizará a conduta típica, como se verifica no crime culposo, que depende do *desvalor* do ato (imprudência, imperícia ou negligência) para a caracterização do crime.

Finalmente, nem só de ações, no sentido *comissivo*, ou seja, no sentido *positivo* do ato, se constituem as normas incriminadoras.

Também as omissões, quando relevantes e suficientes para o não impedimento de um dano a que se deveria evitar, são objeto de incriminação. Isso se deve ao fato da existência de determinadas obrigações assumidas pelo agente, a impor a ele o dever de ação, conforme se verá em maiores detalhes ao exame da *tipicidade*.

E não é só. Há crimes que descrevem, no próprio tipo, a omissão (art. 135), e outros que, embora descrevam comportamentos ativos, ou seja, crimes de natureza comissiva, podem também ser realizados pela omissão (art. 121, CP). No primeiro caso, o tipo narra uma conduta omissiva *propriamente dita* (deixar de prestar socorro); no segundo, uma pessoa, que tenha o dever de agir ou ocupe a posição de *garantidor* do não resultado (art. 13, § 2º, CP) pode *matar alguém*, recusando-lhe alimentos ou ajuda em situação de risco. Já os veremos no *título* seguinte (*Teoria geral do delito*).

2 Normas penais não incriminadoras

Ao lado das normas incriminadoras, outras há que não tratam da proibição de comportamentos, comissivos ou omissivos.

Enquanto a Parte Especial cuida, essencialmente, de normas incriminadoras, identificando o bem jurídico e prescrevendo as condutas proibidas, a Parte Geral trata da lei penal e seus modos de aplicação, da definição do crime, de suas modalidades, das formas e meios de sua realização, de seus autores e demais maneiras de responsabilização, bem assim dos critérios de fixação das consequências penais, das diversas modalidades de penas e das causas de extinção da punibilidade.

Ou seja, enquanto à Parte Especial reserva-se essencialmente o que se pode apontar como objeto *especializado* do Direito Penal, que diz da *especificação* de condutas incriminadas e penas correspondentes – normas incriminadoras –, à Parte Geral cabe a sistematização de normas – gerais e não incriminadoras – necessárias à interpretação e aplicação daquelas.

Nesse passo, na medida em que não definem crimes e penas, mas ostentam conteúdo estruturante e sistematizador do ordenamento jurídico penal, pode-se afirmar que às normas penais não incriminadoras deve ser assegurado tratamento equivalente ao conferido às demais normas jurídicas de outros ramos do ordenamento, não se lhes aplicando as exigências e limitações daquelas de conteúdo incriminador.

Por isso, a conformação jurídico-penal das referidas normas oferece um espaço muito mais amplo e flexível na tarefa de sua aplicação. Para elas, como regra, não há qualquer impedimento à utilização da analogia ou de outros instrumentais interpretativos, *desde que não ampliem o espectro das incriminações*. Evidentemente.

3 Normas (ou leis?) penais em branco

Determinadas matérias não comportam previsão definitiva, diante das variações inerentes ao seu conteúdo. Imagine-se, por exemplo, uma legislação que determine o *tabelamento oficial* de preços de determinadas mercadorias e serviços, considerando como crime a violação às suas definições.

Para que se possa entender melhor o exemplo, basta ver que o Brasil já passou por diversos *planos econômicos,* desde o velho Plano *Cruzado,* em 1986, ao qual seguiram tantos outros na década seguinte (Plano *Verão,* Plano *Collor,* Plano *Real* etc.).

O que sempre esteve por trás de tais medidas, ao menos enquanto *fundamento alegado,* foi a necessidade de regulação emergencial de uma situação de especial delicadeza da economia. Então, nessa linha de compreensão, se válido e legítimo o tabelamento de preços, caberia a algum órgão do governo a edição da citada tabela de preços.

A lei penal, portanto, no exemplo dado, se referiria tão somente ao *tabelamento* e à respectiva violação, impondo sanção a semelhante comportamento (violação às definições do tabelamento). Contudo, não há como recusar que não poderia ou não conseguiria ela fixar, no próprio texto legislativo, as citadas tabelas, que estariam sempre dependentes da política econômica do momento. Ver, nesse sentido, a Lei 1.521/51, a tratar das tabelas de preços aprovadas *por órgãos competentes*.

Assim, embora fixados o preceito e a sanção, o conhecimento do alcance do texto para fins de aplicação do tipo penal passaria a depender da atuação de outro órgão regulador, a quem competiria editar os valores máximos permitidos.

Esse seria, então, um exemplo de uma norma penal *em branco,* cuja definição final quanto ao alcance do tipo dependeria da iniciativa regulamentadora de outra instância, que não o legislador.

Mas note-se que o princípio da reserva de lei impede, terminantemente, que se delegue a outra autoridade a fixação da *matéria proibida,* e, menos ainda, das consequências penais (a pena) advindas do descumprimento da norma. A proibição e a sanção *devem estar na lei.* O seu alcance ou, melhor, o *esclarecimento de seu conteúdo* é que poderá ser delegado, diante das circunstâncias específicas da matéria então regulada.

Quanto à autoridade a quem caberá a delegação, pensamos tratar-se de questão de menor importância, na medida em que o essencial será a *matéria delegada*, de tal modo que a competência para a prática do ato dependa das funções atribuídas em lei ou na própria Constituição aos diversos setores do Poder Público.

Veja-se o exemplo do delito previsto no art. 269, CP, que cuida do dever de notificação às autoridades competentes acerca de determinadas doenças. Ali, como se depreende da titularidade para definição das políticas de saúde, caberá ao respectivo Ministério (da Saúde) estabelecer *quais seriam as doenças* de notificação compulsória.[6]

Outro exemplo eloquente de norma penal em branco encontra-se no art. 268, CP, que se refere à violação *às determinações do poder público* sobre doenças contagiosas.[7] Também nesse caso, observa-se que o conhecimento do alcance para fins de adequação típica depende de anterior regulamentação das doenças consideradas contagiosas e em risco de propagação.

Mas, talvez, o exemplo de maior impacto em relação a tais modalidades de normas se encontre na legislação de drogas.

Atualmente, a Lei 11.343/06, que cuida da matéria, dispõe que se consideram "drogas as substâncias ou os produtos capazes de causar dependência, *assim especificados em lei ou relacionados em listas atualizadas periodicamente pelo Poder Executivo da União*" (art. 1º, parágrafo único).

Naturalmente, se ocorrer, no futuro, de o rol das substâncias consideradas como drogas proibidas vir previsto *em lei*, sequer será necessária a alusão ao citado art. 1º, na medida em que, sabe-se muito bem, lei posterior revoga a anterior.

Já as listas antes mencionadas dependerão de iniciativa do Poder Executivo Federal, por meio do SISNAD, sistema nacional de políticas públicas sobre drogas, conforme avaliação técnica e indicação de necessidade de controle e tratamento do uso de determinadas substâncias.

Há quem sustente a inconstitucionalidade de referidas listas, ao argumento de que violariam o princípio da reserva legal. Assim não nos parece, contudo.

A *definição* da substância entorpecente considerada de uso proibido ou controlado é questão eminentemente *técnica*, ultrapassando as fronteiras da política deliberativa *já instituída em lei*. É dizer: o legislador pode perfeitamente *liberar ou diminuir a repressão penal à* posse para uso e ao tráfico de drogas, ao entendimento de se tratar de um *mal menor* que a sua repressão oficial, ou, ainda, por qualquer outro argumento de conveniência.

---

[6] Art. 269. Deixar o médico de denunciar à autoridade pública doença cuja notificação é compulsória:

Pena – detenção, de 6 (seis) meses a 2 (dois) anos, e multa.

[7] Art. 268. Infringir determinação do poder público, destinada a impedir introdução ou propagação de doença contagiosa:

Pena – detenção, de um mês a um ano, e multa.

Parágrafo único. A pena é aumentada de um terço, se o agente é funcionário da saúde pública ou exerce a profissão de médico, farmacêutico, dentista ou enfermeiro.

Cabem aqui algumas ponderações, tendo em vista duas questões fundamentais, do ponto de vista jurídico. A primeira diz respeito à previsão constitucional de maior proteção contra o tráfico e entorpecentes (art. 5º, LI e XLIII, CF), e, a segunda, à interpretação dada ao postulado da proporcionalidade, no sentido de que referida pauta hermenêutica deve impedir a *proteção deficiente* dos direitos fundamentais.

De fato, trata-se de questão de alta complexidade, sobretudo pelo alto grau de censura à referida atividade, compartilhada quase como senso comum no Brasil.

No entanto, perceba-se que não estamos *defendendo* a descriminalização do *tráfico* de drogas. Se não vemos o *uso* delas como matéria legítima para a incriminação, ao entendimento de que o usuário é *também vítima* do tráfico, já este último (o *tráfico*) se apresenta como um dos grandes problemas nas sociedades ainda em desenvolvimento. Certamente que a desigualdade social e a distribuição de pobreza em escala industrial contribuem, e muito, para o fomento e o crescimento do tráfico, sobretudo pelo recrutamento da juventude socialmente abandonada aos malefícios da ausência efetiva de políticas públicas. Contudo, não vemos como ela possa legitimar o verdadeiro *sistema* que se construiu em torno das drogas, com gravíssimas repercussões em outros e importantes setores do cotidiano de nossa criminalidade.

O que estamos sustentando é que, tal como ocorre com a maioria das grandes questões nacionais, incluindo aquelas de Direito Penal, a ordem jurídica deve acompanhar e mesmo servir de instrumento para determinadas políticas, segundo sejam as necessidades de cada momento histórico da trajetória humana. *Pode ser* – apenas *pode ser!!* – que um dia se chegue à conclusão de que a melhor maneira de se enfrentar a política de drogas seja *diminuindo* a incidência do Direito Penal, na medida em que o sistema penitenciário pode se tornar um núcleo de resistência operacional em favor do tráfico de entorpecentes. E, atenção: descriminalizar *não é legalizar!* Pode-se, em tese, afastar o Direito Penal e manter-se a ilicitude do comportamento.

A guerra ou o combate contra as drogas e as inevitáveis tragédias que elas produzem deve ser conduzido também sob a perspectiva estratégica (política dirigida aos fins). Se e desde que diferentes alternativas (à criminalização) se mostrem *mais eficazes* nessa luta, não poderemos recuar unicamente com base na *hediondez* penal com que, corretamente, se qualificam tais atividades na Constituição da República.

Ali, e, juridicamente falando, fez-se grave censura à aludida conduta e a seus (d)efeitos. Isso não se pode negar. Todavia, nenhuma norma pode ter sua aplicação fossilizada no tempo, sobretudo quando esta venha a se revelar manifestamente contraproducente, isto é, que siga na direção contrária aos resultados originariamente por ela perseguidos! Estamos aqui, à evidência, no campo das *hipóteses* e não da atual legislação de drogas.

Por isso, quando e se ele (legislador) entender que a melhor política de drogas é mesmo a proibição *penal* de seu comércio e também de seu uso, pela via, então, do Direito Penal, nada impedirá que a definição das substâncias que se enquadrem nas situações que se quer evitar dependa de juízo técnico de órgãos especializados. De se ver, ainda e também, que o processo legislativo é extremamente moroso e impediria a adoção de uma política mais ágil e necessária à regulação da matéria.

Certamente que, em se tratando de listas emanadas de órgãos técnicos, o acesso ao seu *conhecimento* será ainda mais complexo, o que poderá gerar situações de ausência de culpabilidade em determinados casos concretos. No entanto, nem por isso se poderá afirmar tratar-se de violação ao princípio da reserva de lei.

O que deve ser privativo do Poder Legislativo – e vedada a sua delegação – é a definição *da matéria proibida* (posse para uso e tráfico de drogas) e não o exato alcance do tipo (quais drogas), quando esse depender de exame de natureza técnica.

Contudo, há de se observar que, não obstante haja a *delegação legislativa* para que outra autoridade complemente o conteúdo proibitivo, deve permanecer a rigidez de legalidade que distingue o Direito Penal. Ilustra essa compreensão precedente do Tribunal de Justiça do Rio Grande do Sul,[8] que considerou que inexistia materialidade delitiva do crime de tráfico de entorpecentes por o laudo pericial não indicar a presença da substância THC (tetraidrocanabinol), a qual vem explicitada na Lista F2 da Portaria 344/98 da ANVISA e de presença imprescindível, segundo a norma técnica, para configurar a popular *maconha*. Ou seja, a interpretação do que é incriminado, mesmo na regra complementar, deve ser estrita e balizada pelos princípios de Direito Penal.

Outro exemplo de norma penal em branco apontado em doutrina se refere ao art. 236, CP.[9] Vê-se, ali, que a norma penal *proíbe o casamento* daquele que, *estando legalmente impedido de fazê-lo,* oculta o vício do outro contraente, referindo-se também à proibição de induzir o outro a *erro essencial*, sem, contudo, especificar *quais seriam os impedimentos* e *quais* seriam os *erros essenciais*.

Desse modo, a aplicação da norma penal dependerá de outra norma, não penal, que regula os deveres, direitos e impedimentos relativos ao casamento, ou seja, da legislação civil pertinente (ver arts. 1.521, 1.548 e 1.550, todos do Código Civil). Nesse caso, o *preenchimento* ou o *esclarecimento* do conteúdo proibitivo da norma penal dependerá também *de lei*, embora de outra espécie (civil e não penal).

Nos primeiros casos que vimos a norma penal em branco seria *heterogênea,* no sentido de depender da providência de outra instância normativa para a concretização da matéria proibida (órgãos técnicos do Poder Público). No último exemplo, dos impedimentos ao casamento, a norma penal em branco seria *homogênea,* em razão da identidade entre as fontes legiferantes (na hipótese, o Congresso Nacional, responsável tanto pelo Código Civil quanto pelo Código Penal, consoante se infere do art. 22, I, da CF).

Mas não estamos convencidos de que, efetivamente, cuide-se ali – na hipótese do art. 236 do CP – de norma penal em branco. É que a *antecedência* da legislação civil

---

8 Apelação nº 70051270478, Terceira Câmara Criminal, Relator: Diogenes Vicente Hassan Ribeiro, julgado em 13-12-2012.

9 "Art. 236. Contrair casamento, induzindo em erro essencial o outro contraente, ou ocultando-lhe impedimento que não seja casamento anterior."

(o velho Código Civil), ao tempo da penal, já permite a compreensão de que o conteúdo da respectiva norma penal *já estaria preenchido* ao tempo de sua vigência. Do mesmo modo, pensamos que a matéria regulada na Constituição da República, vinculativa de todas as demais normas jurídicas, poderá delimitar inteiramente o objeto da proibição dos tipos penais, como ocorre, por exemplo, com as normas gerais relativas ao servidor público civil, dispostas nos arts. 37 e seguintes da Carta de 1988. A partir dela, as legislações municipais tiveram que se ajustar ao respectivo comando, daí por que reduzido restou o alcance do tipo contido no art. 1º, XIII, do Decreto-lei 201/67.

Por isso, a característica mais saliente da norma penal em branco há de repousar na consideração da *inexistência* de regulação prévia da matéria ao tempo da lei penal carente de definição do conteúdo.

Uma curiosidade.

Normalmente, atribui-se a BINDING a expressão *norma penal em branco*, desde a edição de seu clássico *Die normen und lhre ubertretungen*, que, no Brasil, recebeu a tradução de Antônio José Miguel Feu Rosa.[10] Ocorre que na citada obra a referência às leis penais em branco parecem decorrer do fato da existência, excepcional, no Direito alemão daquele tempo, de dupla competência em matéria penal, autorizando-se aos Estados a imposição de sanções para proibições já constantes da legislação do Império, desde que essas (penas) ainda não estivessem definidas na origem (as normas do Império).[11]

De todo modo, o conceito encontra-se já consolidado na configuração que acabamos de analisar.

Por último, cumpre registrar uma questão quase sempre posta em doutrina como problemática e controvertida, acerca de se saber se as leis penais em branco poderiam retroagir ou não.[12]

Pensamos, contudo, que essa é uma falsa (inexistente) questão.

Como já sugerido, a regra complementar se submete aos princípios de Direito Penal, eis que se apresentam, em última análise, como incriminadoras. Logo, é evidente que as normas penais em branco não retroagem, a não ser quando mais favoráveis, como se observaria na hipótese de *retirada* de uma doença do rol daquelas de notificação compulsória às autoridades públicas (art. 269, CP), se ao tempo do fato inexistisse situação de especial risco de disseminação endêmica da doença. E tal ocorre tanto em relação à norma *principal*, assim considerada aquela que prevê a proibição, com a imposição de sanção, como no que se refere àquela *que a complementa*. Uma e outra devem *ser conhecidas* ao tempo da conduta; não as existindo, não haverá como discutir a sua aplicabilidade.

---

[10] BINDING, Karl. *As normas e suas infrações*. Tradução do *Die normen und ihre ubertretungen*, por Antônio José Miguel Feu Rosa. Vol. I, Biblioteca pessoal do Min. Bueno de Souza, Biblioteca do Superior Tribunal de Justiça.

[11] Idem, p. 105-109.

[12] BITENCOURT, César Roberto. *Tratado de direito penal*. Parte geral. 8. ed., op. cit., 2003, p. 112.

No passado, suposto equívoco cometido pela ANVISA, levantou questão dessa natureza. É que, por ato do Diretor-Presidente da citada agência reguladora, teria sido retirada da lista de substâncias proibidas o cloreto de etila, decisão essa que dependia do referendo do Colegiado. Referendo esse que não veio e, ao final de oito dias, reeditou-se a Resolução 104, voltando a se proibir o notoriamente conhecido *lança-perfume*.

O Supremo Tribunal Federal, no julgamento do HC 94.397/BA, Rel. Min. Cezar Peluso, lamentavelmente, não teve oportunidade de se posicionar em definitivo sobre a questão dos efeitos que poderiam ou não ser produzidos pelo citado ato administrativo. No passado, porém, a 2ª Turma daquele Tribunal já deixara assentada a retroatividade da descriminalização da substância na lista oficial de proibições (STF – HC 68.904/91, 2ª Turma, Rel. Carlos Veloso).

No Superior Tribunal de Justiça, contudo, parece haver-se consolidado o entendimento no sentido da invalidade do referido ato administrativo, dele não se podendo extrair quaisquer efeitos (STJ – HC 56.187/SP, Rel. Min. Paulo Gallotti, Sexta Turma, 2006 –, e HC 191.023/RS, Rel. Min. Laurita Vaz, 5ª Turma, *DJE* 1º.2.2013).

Para nós, e com todo o respeito a ambas as Cortes, pouco importa se a omissão da substância na lista teria decorrido de erro ou de má-fé, como também pouco importa se houve ou não o referendo do Colegiado: a consequência há de ser a não punibilidade do uso da citada substância no curto intervalo de oito dias de inexistência de completude da norma proibitiva. Pode-se exigir que todos nós conheçamos a matéria proibida; mas não se pode exigir que saibamos quais são os atos administrativos ou as leis penais *válidas*! Aqui, a distinção entre vigência e validade é riquíssima de consequências: para o *conhecimento* da lei bastam sua *vigência e publicidade*.

Finalmente, o fato de haver alteração das normas *complementares* não terá qualquer consequência no plano da vigência e da validade da norma penal em branco. Contudo, não poderá ela *ser aplicada*, por ausência de definição concreta da matéria proibida.

4 Fontes para o Direito Penal: costumes, isonomia e decisões judiciais

A palavra *fonte* tanto pode ser entendida como a *origem* ou a *produção* de algo, quanto a sua *causa*.

Em Direito, basta a sua compreensão no primeiro sentido. Fonte do direito, portanto, seria a *matéria* utilizada na produção e reprodução do ordenamento jurídico, e, particularmente, na sua *aplicação*.

Em princípio, poder-se-ia pensar que a única fonte do Direito Penal seria a *lei*, diante do princípio da legalidade.

No entanto, terá percebido o leitor que nem todas as normas do Direito Penal apresentam caráter incriminador. Por isso, deixamos apontada a existência das normas penais não incriminadoras, que são tão importantes quanto aquelas que definem a matéria proibida.

Talvez melhor aqui se compreenda a maior abrangência e, por isso, a maior flexibilidade do princípio da legalidade em relação ao princípio da reserva de lei, conforme mencionamos no item 7.3, *retro*. Em matéria penal, a exigência de lei fica reservada às normas incriminadoras (reserva de lei). Quanto ao mais, embora a legislação ou o direito positivo sejam também o ponto de partida, nem sempre se dependerá de dispositivo legal específico para a interpretação do Direito Penal.

Normalmente, as fontes mais importantes do Direito – considerado de modo global – arroladas pela doutrina são a *lei, os princípios gerais do direito, a jurisprudência e os costumes*. Há, ainda, aqueles que incluem também a *doutrina* como fonte de direito.[13]

Para nós, e a partir da consideração de que o Direito há que ser a permanente abertura para o reconhecimento dos direitos fundamentais e para a sua realização, toda forma de participação do Homem na vida cotidiana que implique manifestação de suas potencialidades pode ser considerada uma *fonte* do direito, ao menos em sentido *lato*.

Certamente, essa definição é de pouquíssima serventia, diante do alto grau de sua abstração. Mas com ela se quer apenas assinalar que a ideia de *fonte do direito* não se reduz a um único aspecto, qual seja o da *legalidade*, e, mais especificamente, ao da *produção legislativa*.

O Direito não é apenas o direito *legislado*, mas também o direito *aplicado*, o que, por si só, já afastaria a autonomia absoluta das *leis*. É que estas, as leis, quando de sua aplicação, recebem o aporte intelectual e volitivo (vontade) do intérprete. E este, o intérprete, para interpretar, sempre dependerá de sua inserção naquela ordem social e política, a determinar, portanto, as suas *pré-compreensões* em torno do sentido das coisas, antes da legislação a ser aplicada (daí, pré-compreensão). Mais se esclarecerá sobre esse ponto no capítulo seguinte.

Assim, a construção do direito aplicado, isto é, a elaboração da interpretação do Direito, não dispensaria a atuação da jurisprudência, da doutrina, das academias, e, enfim, em grau um pouco mais distante, de todos aqueles submetidos à ordem jurídica.

Mas não iremos tão longe. Nosso propósito é o de compreender o Direito na perspectiva de um específico ponto de partida: o direito positivo, que começa, para nós, na Constituição, ainda que nem todas as questões do dia a dia encontrem ali suas soluções. Direito legislado e direito aplicado, pois. Por isso, temos como fontes do direito: a *lei*, a *jurisprudência, os princípios gerais do direito* e os *costumes*. Importam-nos, no ponto, os elementos com capacidade para orientar comportamentos e para justificar racionalmente as decisões judiciais e as demais formas de soluções de conflitos, razão pela qual encontramos na *doutrina* apenas uma fonte de *fundamentação*, mas não um referencial de aplicação do Direito.

---

[13] Referida posição é refutada pelo ilustre catedrático da Faculdade de Lisboa, Prof. José de Oliveira ASCENSÃO, que sustenta que a doutrina limitar-se-ia "pelo seu influxo sobre a vida jurídica, a provocar alterações na vida jurídica (*sic*) e assim na ordem jurídica vigente". *O direito*. Introdução e teoria geral. 13. ed., refundida. Coimbra: Almedina, 2005. p. 263.

E por que apenas essas?

A *lei,* por razões óbvias: constitui o direito positivo válido; a *jurisprudência,* por cuidar do direito *decidido* e interpretado de modo vinculante para todos; os *costumes,* diante de sua capacidade de traduzir, por vezes, *valorações culturais* intransponíveis (quer pela lei, quer pela jurisprudência), as quais, por isso, devem ser necessariamente respeitadas; e, por fim, *os princípios gerais do direito,* que, para nós, não se limitam a fornecer critérios de interpretação das leis, mas compõem a totalidade do ordenamento normativo (direito positivo, portanto), ainda que implicitamente.

Não veremos de modo detido a nenhuma delas, até porque o Direito Penal não comporta algumas das principais leituras das aludidas fontes, sobretudo quando pertinentes às relações do Direito Privado.

Esclarecida, então, a caríssima questão da reserva legal para as normas incriminadoras, examinemos brevemente os conceitos que acabamos de mencionar, a fim de sabermos a real e concreta potencialidade que oferecem ao Direito Penal.

Por primeiro, renove-se a compreensão acerca dos chamados *princípios gerais do direito* como vetores (orientações) normativos deduzidos do ordenamento, dotados de generalidade e efetivamente aplicados na jurisprudência.

Note-se que os *princípios gerais* sequer necessitam de previsão legal expressa, a tanto sendo suficiente a possibilidade de serem deduzidos da ordem jurídica geral de determinada disciplina. Já demos aqui o exemplo mais emblemático; o princípio da lesividade ou da ofensividade há que ser deduzido de todo o ordenamento penal, relativamente às normas de conteúdo proibitivo. Não se pode, com efeito, aceitar quaisquer incriminações que não guardem pertinência com possíveis lesões ou riscos a bens jurídicos relevantes, conforme já deixamos acentuado no Capítulo anterior.

A *isonomia* ou igualdade de tratamento diante do Direito Penal é outro aspecto relevante que se pode atribuir à conta de um *princípio geral.* E, esse, ao contrário daquele (lesividade), vem expressamente afirmado (art. 5º, *caput*) na Constituição da República.

Vejam-se, como exemplo, os casos de *anistia,* de *indulto* e da *graça,* previstos como hipóteses de *causas de extinção da punibilidade* no art. 107, II, CP, por razões de política criminal, sendo o primeiro da competência do Congresso Nacional, e os demais, do Presidente da República.

Nessas hipóteses, a generalidade da renúncia à punibilidade deve atingir a todas as pessoas que tenham praticado os fatos *nas circunstâncias* em que for concedida a anistia, e nas condições de cumprimento de pena a que se referir o indulto. Também em relação à *graça,* embora se trate de benefício *individual* e não coletivo como os outros, pensamos constituir direito subjetivo daquele que se encontrar nas mesmas condições objetivas de cumprimento da pena que aquele a quem se concedeu a *extinção da punibilidade*. Não é dado a nenhuma das instâncias dos Poderes a que nos aludimos a violação da regra da isonomia. Não existe, no particular, discricionariedade pura ou desvinculada de interesses públicos, o que, por si só, já incorporaria o dever de observância do *princípio* da igualdade.

Em tema de imputação objetiva, que aqui, repita-se, se constituirá em reforço de argumentação para resolver problemas da relação de causalidade (art. 13, Código Penal), não se pode descurar do princípio da *confiança,* tão importante nas relações de direito privado, mas também útil na determinação do alcance do tipo em alguns delitos (crimes de trânsito, por exemplo).

Vejamos, agora, a importância dos *costumes.*

Do ponto de vista teórico, a legislação – toda ela – deveria obedecer às valorações culturais de cada comunidade jurídica, além daqueles núcleos intangíveis de realização dos direitos fundamentais. Quanto a estes, uma ordem jurídica democrática deve protegê-los ainda quando em contrariedade às manifestações da maioria. Democracia não é sinônimo de maioria, mas conjugação e acomodação de interesses legítimos, individuais/coletivos e públicos.

Quando estivermos diante de um absoluto descompasso entre uma prescrição penal incriminadora e as práticas do cotidiano deverá ser *ligado* o alerta, a fim de que se indague em maior profundidade acerca da *validade* da norma penal, ou, quando nada, quanto ao seu *alcance.*

Por certo que a questão não é tão simples.

Há comportamentos *repetitivos* na ordem social e que, nem por isso, se qualificam como *legítimos* ou desejáveis, a tanto bastando ver o altíssimo índice de sonegação fiscal no Brasil. De modo geral, o contribuinte se sente refém da voracidade do Fisco, em meio a contribuições sociais, previdenciárias, tarifas e os impostos propriamente ditos. Sem embargo de tais considerações, não há como fugir da necessidade de participação geral na formação do patrimônio comum, sem o qual jamais se cumprirão as promessas de um Estado social e democrático, voltado para a realização dos direitos fundamentais.

De outro lado, e já aqui o mencionamos, as contravenções penais relativas aos *jogos de azar* nos parecem intervenção excessiva e desmedida na vida privada, impondo-se, indevidamente, como tutela de certa moralidade, sem esquecer, é claro, o malefício da prática reiterada e permanente do jogo.

Mas, convenhamos, se a preocupação legislativa – que, aliás, remonta à década de 40 (quarenta) do século passado – é com o bem-estar dos grupos familiares atingidos pelo vício, não se entende por que razão não está proibido o comércio de bebidas alcoólicas, de cigarros e outras substâncias ou comportamentos causadores de graves mazelas. A nosso aviso, então, parecem-nos inválidas as normas penais atinentes à incriminação dos chamados *jogos de azar.*

O que não significa que não se possa proibir ou limitar a sua prática, sob considerações de variadas perspectivas. O que não nos parece aceitável é a sua *incriminação,* é dizer, o fato de se levar a proibição ao nível do Direito Penal, quando qualquer modalidade de intervenção administrativa poderia produzir os efeitos desejados.

Estamos a nos referir apenas a alguns exemplos mais visíveis. Outros tantos poderão se enquadrar na mesma linha de raciocínio. Nosso Código Penal, e, de modo particular, a sua Parte Especial, é velhíssimo. A sociedade brasileira do século XXI não é a mesma daquela de meados do século XX. Outros são seus valores e outras são suas necessidades. O Direito Penal não pode se postar na contramão da história nacional.

Os *costumes*, portanto, se constituem em importante fonte do direito em matéria penal, por traduzirem, em regra, manifestações de valores e de cultura que não podem ser desprezados pelo legislador, a não ser quando se puder justificar a medida na linha das políticas públicas a que nos aludimos, quando voltadas e necessárias para a concretização dos direitos fundamentais.

E, mesmo quando não se mostrem úteis a essa finalidade específica (controle de validade ou do alcance da norma incriminadora), os *costumes* permitem um alargamento do campo do erro de proibição, ou seja, do erro quanto à consciência do ilícito, indispensável para a afirmação da *culpabilidade*.

Do mesmo modo, a *jurisprudência* é também fonte do Direito Penal, e muito mais útil que normalmente se pensa.

Nos sistemas jurídicos orientados pela *equidade*, isto é, do *common law* (*and equity*), de que são exemplos mais eloquentes o direito inglês e o estadunidense, as decisões judiciais correspondem a verdadeiro direito, na medida em que estabelecem *precedentes* vinculantes.[14]

Em nosso modelo, que vem da tradição romano-germânica, o sistema é de base *legal*, que tem primazia sobre a jurisprudência.

No entanto, se, em matéria de Direito Penal, o princípio da legalidade ocupa posição de absoluta proeminência no âmbito das normas incriminadoras, o mesmo não se pode dizer em relação às demais normas.

Atualmente, com o avanço da mídia televisiva e o enorme espaço ocupado pelo Supremo Tribunal Federal, não vemos como recusar a ausência de *culpabilidade* daquele que atua em conformidade com as decisões daquela Corte em matéria penal.

Sabemos o quão problemática pode ser essa afirmação, dado que ela, em princípio, poderia estar sugerindo uma alteração profunda no sistema jurídico nacional orientado pela primazia da lei.

Mas não é isso.

O que estamos a sustentar é a possibilidade de se *aceitar* uma exclusão apenas da *culpabilidade* daquele que age *pautado* ou *orientado* por uma interpretação da Corte Suprema do Poder Judiciário, independentemente de se saber tratar-se de decisão de uma *Turma*, do *Plenário* ou de questão *sumulada* ou não. No ponto, não se pode exigir do cidadão comum o conhecimento acerca da organização judiciária do Supremo Tribunal Federal e nem de seu funcionamento. O fato permanecerá típico e ilícito, ou seja, *injusto*, a obrigar a todos (em tese). Somente a culpabilidade, em determinado caso concreto, é que poderia ser excluída com base em erro escusável quanto à consciência do ilícito.

---

[14] Recomenda-se aos interessados em uma ampla visão dos sistemas jurídicos a obra de DAVID, René. *Os grandes sistemas do direito contemporâneo*. Tradução de Hermínio A. Carvalho. São Paulo: Martins Fontes, 1998.

E nem se diga que o Brasil não tenha ainda trilhado essa experiência. Pelo contrário: trilhou e ainda caminha nessa direção, como se vê no âmbito da Justiça Eleitoral. Ali, as decisões do Tribunal Superior Eleitoral *justificam* plenamente o comportamento daquele que de algum modo participe de alguma fase do processo eleitoral.

É certo que nem toda decisão do citado TSE teria essa consequência, ao menos do ponto de vista *oficial*. Aquele tribunal, com efeito, tem poder *normativo*, isto é, ele detém competência legal para emitir enunciados vinculantes, em forma de respostas às consultas e na edição de resoluções, como se estivessem *determinando* a interpretação *oficial* da legislação eleitoral (art. 23, IX e XII, Código Eleitoral – Lei 4.737/65). Mas as decisões no âmbito do controle difuso (concreto), ou seja, *nos processos individuais*, não teriam, em princípio, esse caráter.

No entanto, jamais se verá o citado Tribunal *contrariar* a sua jurisprudência quando estiver no exercício de seu poder normativo (respostas a consultas, elaboração de resoluções para as eleições etc.), ao menos *no curso do mesmo processo eleitoral*.

O que se defende aqui é exatamente a ausência de *consciência da ilicitude*, quando se tratar de ações praticadas em conformidade com determinadas decisões da Suprema Corte, desde que ainda não pacificada a questão naquele tribunal em sentido contrário.

5 Concurso aparente de normas, de tipos ou de crimes

Tema dos mais complexos da dogmática penal, o concurso *aparente* de normas ou de tipos penais não será objeto de análise nesse espaço. Diferentemente de alguns autores, reservamos o respectivo estudo junto ao Título que cuida da *teoria do delito*, e, mais especificamente, após o exame dos Capítulos atinentes ao Concurso de Pessoas e ao Concurso de Crimes.

Mas fica aqui o registro, na medida em que a matéria, além de oferecer ricos desdobramentos na dogmática do crime, pode ser compreendida *também* como uma questão *hermenêutica* ou de *interpretação*.

Para logo, não há aqui efetivamente qualquer concurso! O que acontece é que a possibilidade de mais um juízo de subsunção (adequação do fato à norma) em relação a uma conduta, envolvendo diferentes tipos penais, poderia induzir ao equívoco de se pretender a exasperação ou a cumulação de penas, quando, na verdade, o concurso seria apenas *aparente*, impondo-se a aplicação de apenas um dos tipos penais.

VI

INTERPRETAÇÃO E APLICAÇÃO

I A INTERPRETAÇÃO E O INTÉRPRETE

Não é de hoje que se discute o problema da interpretação, relativamente ao papel do intérprete e sua posição diante do texto a ser interpretado. A questão é tão velha quanto a evolução da filosofia do conhecimento.

Em um primeiro momento, supunha-se a *neutralidade* do sujeito em relação ao *objeto* a ser conhecido. De outro modo: acreditava-se ser possível (a) o conhecimento do objeto, em si, e (b) a não influência do intérprete na formulação desse objeto, em si. Era o tempo da *filosofia do objeto*.

KANT, para além de outras importantes contribuições no campo do conhecimento, trouxe uma radical alteração no eixo dessa equação – sujeito-objeto – ao afirmar que ao sujeito jamais seria possível o conhecimento da *coisa, em si* (o *noumenon*), cabendo-lhe o acesso apenas ao *fenoumenon,* isto é, à coisa como *representação* que o sujeito e sua consciência fazem dela. Sua filosofia, nesse particular, é conhecida como *filosofia da consciência.*

A partir de Ferdinand SAUSSURE,[15] e, sobretudo, de WITTGENSTEIN,[16] primeiro com o *Tratactus logico-philosophicus,* e, depois, com as *Investigações filosóficas,* a

---

[15] É conhecida sua distinção entre a *langue* (língua) e a *parole* (fala), a primeira significando o sistema de signos socialmente compartilhado em determinada comunidade, e, a segunda, o uso intencional da linguagem.

[16] WITTGENSTEIN, Ludwig. *Investigações filosóficas.* 6. ed. Tradução de Marcos G. Montagnoli. Petrópolis: Vozes, 2009. Registre-se que, nesta obra, Wittgenstein revê as certezas afirmadas em seu famoso *Tratactus,* com o qual teria iniciado o movimento filosófico então conhecido como a *virada ou giro linguístico.*

filosofia experimentava a *virada linguística,* afastando-se das concepções de corte ontológico. Importante também não nos esquecermos das contribuições de GADAMER[17] no campo da hermenêutica. Daí em diante, então, o problema da interpretação dos textos teve definida em cores mais vivas a sua complexidade.

O intérprete, como parece já fora de questionamentos, nunca foi e jamais será *neutro* em relação ao conteúdo daquilo que seguirá por ele interpretado. E isso sequer se deve, necessariamente, à intrincada e jamais superada questão das *estratégias pessoais* do intérprete, quase sempre disposto a fazer valer o *sentido do texto* que corresponda à sua *vontade,* seja por interesse profissional, seja por qualquer outra contingência humana.

A ausência de neutralidade, com efeito, parece comprovada já à saída, na medida em que a interpretação de qualquer texto exige um mínimo de *compreensão,* quando nada, acerca dos *sentidos* das palavras. Como interpretar, então, sem compreender? Portanto, as *pré-compreensões,* isto é, aquelas definições prévias quanto ao significado inicial de textos e de conceitos, e, enfim, *quanto às coisas do mundo,* são inerentes ao intérprete, como condição de sua existência e de sua inserção social.

Assim, sabendo delas, das pré-compreensões, e, então, sabendo-se portador de *antecipações de sentido,* o intérprete que se dispuser, de fato, a interpretar e não apenas a se ver no texto, deverá buscar ali (no texto) a *alteridade* (o outro) do respectivo autor.

Justamente por isso se afirma que a interpretação seria uma *espiral hermenêutica,* com a seguinte configuração: o intérprete deve sempre *ir* ao texto e *retornar* à sua pré-compreensão do significado daquilo a ser interpretado, de modo a permitir a identificação do *outro,* para, juntos, construírem o sentido do texto interpretado, como uma mediação entre o passado (a pré-compreensão) e o presente (a interpretação).

No ponto, melhor ouvir o próprio GADAMER:

> "não pressupõe nem *neutralidade* com relação à coisa nem tampouco autoanulamento, mas inclui a apropriação das próprias opiniões prévias e pré-conceitos, apropriação que se destaca destes. O que importa é dar-se conta das próprias antecipações, para que o próprio texto possa apresentar-se em sua alteridade e obtenha assim a possibilidade de confrontar a sua verdade com as próprias opiniões prévias".[18]

Nada disso, em princípio, presta-se a resolver em definitivo os grandes problemas da interpretação, e, de modo ainda mais sensível, da aplicação do Direito Penal. Mas, de todo modo, ajuda-nos a entender que a interpretação dos textos jurídicos deve levar em consideração todas essas questões, a exigirem que o intérprete adote uma postura esclarecida em relação à legislação e ao Direito interpretado.

Para nós, os estudos da Parte Geral do Direito Penal – e, também, e, talvez, em maior extensão, da Parte Especial – se orientarão por uma *pauta específica de interpretação,* a cumprir o papel de uma *lente,* com a qual se examinarão os conceitos e as categorias do aludido Direito.

---

[17] GADAMER, Hans-Georg. *Verdade e método.* 3. ed. Petrópolis: Vozes, 1997.

[18] Idem, p. 405.

Trata-se do postulado da *proporcionalidade*, indispensável, segundo nos parece, para dotar as soluções dos problemas do dia a dia de alternativas mais racionais, fundadas na compreensão prévia de que o Direito Penal somente deve intervir de modo reduzido – a *mínima intervenção* –, limitado às questões de maior relevância para a vida em comum. A gravidade de suas consequências, aliadas ao estado atual das práticas penitenciárias e prisionais no Brasil, justifica a opção por um garantismo de corte minimalista. Nada obstante, por um minimalismo efetivo e apto a proteger os direitos fundamentais.

II A proibição do excesso e o Direito Penal

Quando da abordagem feita no Capítulo II, item 3, procuramos definir quais seriam os nossos referenciais para a interpretação do Direito Penal.

Por primeiro, apontamos o modelo do Estado Democrático de Direito como a estrutura política e a base de toda construção jurídica nacional, a partir da Constituição da República de 1988.

Definidas, então, as premissas axiológicas (relativas a *valores*) e normativas de observância necessária, voltamo-nos agora para o postulado da proporcionalidade, já referido à matéria penal, em sua dupla perspectiva: a da proibição do excesso e a da máxima efetividade dos direitos.

No que toca ao Direito Penal, a proibição do excesso oferece maior alcance hermenêutico, diante da natureza incriminadora da maioria de suas normas.

Como já apontado anteriormente, o aludido postulado presta-se a fundamentar uma série de princípios (e também outros postulados) já correntes no direito penal da modernidade, tais os exemplos da *intervenção mínima, da lesividade, da insignificância* e *da subsidiariedade* da intervenção penal.

Nesse passo, a sua relevância para a aplicação do direito é inconteste.

Por primeiro, no campo do controle de validade de determinadas incriminações, como por muito tempo se deu com o crime de adultério, antes da Lei 11.106/05, que determinou, enfim, a revogação do art. 240, CP, e cuja norma, para nós, e mesmo antes da lei revogadora, já não poderia ser aplicada diante da absoluta ausência de lesividade da conduta por ela incriminada do ponto de vista social. Afinal, que cada um cuide do próprio chifre...

Mas não só. Também no controle quanto ao alcance da incriminação e mesmo no da punição, a proibição de excesso permite grandes avanços.

Vamos a um exemplo, já por nós abordado em outro espaço, relativamente ao crime de latrocínio,[19] considerado um crime *qualificado pelo resultado*.

---

[19] OLIVEIRA, Eugênio Pacelli de. Funcionalismo e dogmática penal: ensaio para um sistema de interpretação. In: MENDES, Gilmar; OLIVEIRA, Eugênio Pacelli de; BOTTINI, Pierpaolo (Coord.). *Direito penal contemporâneo*. Questões controvertidas. São Paulo: Saraiva, 2011.

Referido delito cuida da ação do agente que se volta para a obtenção de vantagem patrimonial, por meio de subtração de coisa alheia, valendo-se de violência ou grave ameaça, e, mais, acompanhada de conduta suficiente a produzir a morte. Trata-se, pois, de um crime *integrado* pelo homicídio e pelo roubo.

Nosso CP, art. 157, § 3º, segunda parte, não faz distinção entre o resultado morte dolosa e o resultado morte culposa (*Se resulta morte...*)

Veja-se o tipo:

> **Código Penal.** Art. 157. Subtrair coisa móvel alheia, para si ou para outrem, mediante grave ameaça ou violência a pessoa, ou depois de havê-la, por qualquer meio, reduzido à impossibilidade de resistência:
>
> [...]
>
> § 3º Se da violência resulta lesão corporal grave, a pena é de reclusão, de sete a quinze anos, além da multa; se resulta morte, a reclusão é de vinte a trinta anos, sem prejuízo da multa.

Pense-se, então, no seguinte exemplo: (a) o agente invade a residência, para o fim de subtração de coisas em seu interior. Diante de resistência – ou sem ela –, ele atira e mata um dos moradores. E, agora, outro exemplo: (b) o agente invade a residência, com o mesmo propósito de subtração de coisa alheia. Em ato de força, puxa a bolsa de uma das moradoras, que, idosa, com o empuxo, cai ao solo e bate a cabeça em algum objeto cortante, vindo a falecer.

Indaga-se: faz algum sentido aplicar-se a ambos casos a pena do crime de latrocínio, sendo que o resultado morte em um dos exemplos foi *doloso*, e o outro, *culposo?*

Nem se pense, como já se defendeu em doutrina,[20] ser possível resolver o descompasso da punição por ocasião da *dosimetria da pena*, aumentando-se a pena mínima para o resultado *doloso*. Ora, tratando-se de uma pena (mínima) já fixada em inacreditáveis 20 (vinte) anos, aumentá-la *para todos os resultados morte dolosa* implicaria verdadeira atividade legislativa, sem consideração ao princípio da individualização da pena (art. 5º, XLVI, CF).

A solução deve ser encontrada *no sistema geral de incriminações*, ou seja, ao exame da Parte Especial e demais leis, a fim de que, na perspectiva da proibição do excesso, se dê unidade e coerência ao juízo de reprovação na tutela penal dos direitos fundamentais.

Note-se, então, que a pena mínima prevista para o crime de homicídio doloso é de 6 (seis) anos – art. 121, CP –, enquanto para o crime de roubo, de 4 (quatro) anos – art. 157, CP. Aplicando-se o concurso material de crimes – art. 69, CP –, as penas somadas equivaleriam a 10 (dez) anos. Estamos nos referindo a esses delitos, porquanto ambos *integram* o latrocínio, que é crime *complexo*.

---

20 JESUS, Damásio de. *Direito penal*. Parte Especial. 8. ed., op. cit., 1985, p. 366.

Vamos agora imaginar que o latrocínio, que cuida exatamente de ações dirigidas contra o patrimônio e contra a vida, pudesse merecer o mesmo tratamento desses crimes, não em sua forma *simples*, mas na *qualificada*. A soma das penas mínimas do homicídio qualificado e do roubo simples alcançaria 16 (dezesseis) anos, resultantes da seguinte operação: art. 121, § 2º (12 – doze – anos) + art. 157, *caput* (4 – quatro – anos). Ou, em inversão do acréscimo, somando-se a pena mínima do homicídio simples à do roubo, majorada em patamar máximo (½): art. 121, *caput* (6 – seis – anos) + art. 157, § 2º (6 – seis – anos) = 12 (doze) anos.

Vamos ainda mais longe. Suponha-se, então, o máximo de reprovação a tais fatos, pelo somatório das penas mínimas do crime de homicídio e de roubo, *ambos na forma qualificada*: art. 121, § 2º (12 – doze – anos) + art. 157, § 2º (6 – seis – anos) = 18 (dezoito) anos. Repare-se que não estamos nos referindo à qualificadora do roubo do qual resulte lesão corporal de natureza grave (art. 157, § 3º – primeira parte). E, por uma razão óbvia: no latrocínio, o resultado é a morte, desdobramento causal superior à lesão corporal grave ali prevista (na qualificadora).

Chega-se, portanto, às seguintes conclusões: as formas qualificadas dos crimes de homicídio e de roubo, *somadas*, impõem penas mínimas *inferiores* àquela do latrocínio (art. 157, § 3º – segunda parte). E isso, em relação ao somatório *de condutas dolosas* e não culposas.

Ora, se é possível, então e *em tese*, aceitar-se o mínimo de 20 (vinte) anos para o resultado morte *dolosamente provocado*, ainda que se observe um discutível acréscimo de 2 (dois) anos, no que se refere ao somatório das formas qualificadas dos delitos de roubo e de homicídio (18 – dezoito – anos, conforme *retro*), o mesmo *não pode ocorrer* em relação ao *resultado morte decorrente de conduta culposa!* O excesso aqui é visível e inaceitável!

E qual seria a solução?

Por primeiro, deve-se perguntar a razão pela qual o legislador não se satisfez com a já existência do crime do art. 121, CP (homicídio) e também a do art. 157, *caput*, CP (roubo), cujas penas poderiam ser somadas, em conformidade com o disposto no art. 69, CP, a cuidar do *concurso material* de crimes. Na forma simples, a soma de ambos chegaria ao patamar de dez anos de pena mínima.

Certamente, trata-se de política de maior proteção à vida, ainda que referida a um crime *contra o patrimônio*. Ao que parece, pretende-se obter maiores cautelas por parte daqueles que promovem violência a qualquer custo, visando a aquisição de patrimônio.

Se assim é, e seria essa a única justificativa razoável para a fixação da pena mínima em patamares superiores a todas as somas possíveis entre os crimes de roubo e de homicídio, não resta a menor dúvida de que o aumento de pena somente pode se justificar *para o resultado morte* produzido dolosamente!

Parece-nos que somente os comportamentos dolosos podem receber eventuais motivações pelo aumento da pena, exceção feita, talvez, na culpa *consciente*, em que o agente antevê a possibilidade do resultado, sem, contudo, aceitar a sua produção. Nas demais hipóteses, de culpa *inconsciente*, não será o acréscimo de pena que servirá de *contramotivação* para impedir o agravamento dos danos – mesmo porque, na culpa, o agente não *aceita* a produção de tais danos, ou seja, não há motivação a que se oponha uma contramotivação.

De toda sorte, e independentemente de quaisquer considerações acerca da eficácia preventiva de qualquer política criminal, o que não se pode conceber em tema de Direito Penal é a *unificação* de tratamento e a *equiparação* entre resultados dolosos e resultados culposos, que implicaria também uma identidade de tratamento entre a ação dolosa e a ação culposa, absolutamente inaceitável em qualquer horizonte da dogmática penal.

Por fim, como já tivemos oportunidade de sustentar, solução admissível seria a seguinte:

> "Quando a morte resultar de ação culposa, ainda que violenta, a ficção jurídica do latrocínio deverá ceder lugar à realidade, não só dos fatos, mas da própria estrutura normativa incriminadora (o sistema penal), devendo-se aplicar a pena do crime de homicídio *culposo*, em concurso material com o crime de roubo. Todos os comportamentos da realidade assim realizada se conteriam nos mencionados tipos, não havendo razão alguma para o recurso à excepcional incidência da exasperação do latrocínio. Interpretação diferente conduziria à violação da proibição de excesso, resultando em grave intervenção estatal no âmbito das liberdades públicas, sem justificativa racional, o que pode ser deduzido a partir da própria regulação penal da proteção da vida e do patrimônio na legislação penal vigente."[21]

No mesmo passo, a proibição de excesso também nos parece muito útil no campo da tipicidade material, fundamentando o princípio da insignificância, com capacidade para reduzir a punibilidade de diversos comportamentos que apenas formalmente se adequariam ao horizonte do Direito Penal. Condutas, danos e lesões irrelevantes não podem gerar uma resposta estatal mais grave que eles próprios produziram.

Recentemente, o Superior Tribunal de Justiça avaliou se a incriminação da embriaguez na direção de veículo automotor ofenderia a proibição de excesso, eis que se trata, em princípio, de delito de perigo abstrato e que, por isso, não observaria o princípio da lesividade. Preponderou, entretanto, a compreensão de que não ofenderia, aduzindo-se que

> "o delito de embriaguez ao volante talvez seja o exemplo mais emblemático da indispensabilidade da categoria dos crimes de perigo abstrato, e de sua previsão de modo a tutelar a segurança no trânsito, a incolumidade física dos indivíduos, e a própria vida humana, diante do risco que qualquer pedestre ou condutor de automóvel se submete ao transitar na mesma via que alguém que dirige embriagado".[22]

---

[21] OLIVEIRA, Eugênio Pacelli de. Funcionalismo e dogmática penal: ensaio para um sistema de interpretação. In: MENDES, Gilmar; OLIVEIRA, Eugênio Pacelli de; BOTTINI, Pierpaolo (Coord.). *Direito penal contemporâneo*. Questões controvertidas. São Paulo: Saraiva, 2011.

[22] HC 161.393/MG, Rel. Min. Jorge Mussi, Quinta Turma, julgado em 19-4-2012, *DJe* 3-5-2012.

Fiquemos por aqui, para não ter que reproduzir os conceitos e o alcance de princípios já apontados no capítulo anterior.

Outros exemplos de aplicação do postulado (da proibição do excesso) serão fornecidos ao longo do trabalho.

III A máxima efetividade na proteção dos direitos e Direito Penal

De outra parte, e sem embargo de todas essas considerações, não se pode perder de vista a fertilidade da outra *face* da proporcionalidade antes mencionada, qual seja, a da máxima efetividade dos direitos, que também é tratada em doutrina como a *proibição de proteção deficiente.*[23]

Em princípio, a utilização de semelhante perspectiva poderia induzir a uma expansão do espectro incriminatório, alargando as fronteiras, já demasiado abrangentes, do Direito Penal. Afinal, o que seria uma proteção penal *eficiente?* Seria mesmo o Direito Penal a melhor forma de proteção para todos os bens jurídicos e, mais ainda, contra todos os tipos de lesão ou risco de lesão?

Mas, de outro lado, parece fora de dúvidas a preocupação do constituinte de 1988 com diversos comportamentos lesivos a bens jurídicos ali especificados, o que autoriza a conclusão no sentido de haver-se ali assentada a legitimação da proteção penal dos direitos fundamentais. Ver, por exemplo, o quanto disposto no art. 5º, XLII, XLIII e XLIV (racismo, tortura, tráfico de drogas, crimes hediondos etc.).

Assim, o que cumpre fazer é delimitar as fronteiras de uma interpretação que se realize sob a bandeira da máxima efetividade dos direitos fundamentais.

Nesse passo, a questão não passa pela análise de uma discutível eficiência quanto ao desempenho estatal de suas funções. Fosse assim, a realidade do dia a dia poderá nos conduzir ao mais profundo desencanto quanto às políticas públicas, a desembocar em um ainda mais perigoso imobilismo social.

Tampouco a existência de previsão constitucional dirigida à proteção penal dos direitos fundamentais parece-nos o bastante para a *delimitação* do postulado, embora o seja para *justificar* a sua aplicação.

À guisa de exemplo, tome-se o caso da *honra,* merecedor de registro expresso quanto à sua importância no âmbito dos direitos fundamentais. Confira-se o disposto no art. 5º, X (*são invioláveis a intimidade, a vida privada, a honra e a imagem das pessoas...*). Ora, nem por isso se deve defender o necessário manejo do Direito Penal para a sua eficaz proteção, na medida em que os danos produzidos à honra já encontraram na indenização civil outra forma de recomposição muito mais acessível e aparentemente eficiente, do ponto de vista de prevenção de futuras lesões.

---

[23] STRECK, Maria Luiza Shäfer, op. cit.

É claro que o meio de execução de qualquer ação danosa poderá determinar uma grande diferença – qualitativa e quantitativa – quanto ao seu alcance. Uma injúria veiculada na mídia televisiva produz muito mais danos que aquela proferida no interior de determinado agrupamento social. Mas, se essa distinção for decisiva para se determinar a eficácia ou eficiência da proteção penal, ou bem não se punem os delitos de menor propagação da ofensa, ou se aumenta, em muito, a pena máxima dos aludidos crimes. Estaríamos aqui no campo *de lege ferenda*, isto é, para a lei futura, já que a legislação penal brasileira pune os crimes contra a honra. Nesse âmbito, portanto, o que se pode reduzir pela via interpretativa é a extensão da respectiva aplicabilidade, sabendo-se, por certo, que cada caso será um caso, a ser lido e entendido com a lente de sua singularidade (insignificância da lesão, por exemplo).

O que se está a afirmar é: a busca pela efetividade da proteção penal não pode decorrer unicamente da identificação da nobreza constitucional do bem jurídico; devem-se levar em conta também a natureza dos danos e os modos de sua produção.

De outro lado, em alguns casos, relativamente a alguns bens, haverá uma regularidade na lesão, ressalvada, é claro, a distinção entre o crime *consumado* e o crime *tentado*, dado que o primeiro produz mais danos que o segundo. Em tais situações, a importância do bem jurídico, aliada à natureza invariável do dano, já justificará uma maior preocupação com a efetividade da tutela penal, *no que toca à interpretação das normas penais pertinentes*. Vejamos o exemplo da *vida*.

Quando da abordagem atinente ao *concurso de agentes*, cuidaremos do crime de *infanticídio*, que recebe previsão legal no art. 123 do Código Penal, e trata da conduta de *matar o próprio filho, sob a influência do estado puerperal, durante ou logo após o parto*.

A maior parte da doutrina nacional contemporânea, como ali veremos, prefere estender o alcance do tipo ao partícipe, isto é, àquele que presta adesão ou auxílio à ação, ao fundamento de que *todos* (*autores, partícipes*) *devem responder pelo mesmo crime* (art. 29, CP); além disso, acrescentam que se comunicariam as condições pessoais quando elementares do crime (art. 30, CP).

Para nós, nada há que impeça – ao contrário, há o que a recomende! – uma interpretação mais restritiva da *teoria monista* adotada no Código (um mesmo crime para todos, ressalvada a hipótese do § 2º do mesmo art. 29). Em princípio, parece-nos boa política atribuir-se o mesmo referencial punitivo, ou seja, o mesmo tipo penal, a todos quantos atuem no delito.

No entanto, há espécies delitivas que oferecem inúmeros desdobramentos. No exemplo dado, o legislador poderia ter tratado o delito de infanticídio como uma forma *privilegiada* de homicídio, ou seja, poderia punir com brandura a mãe, pilhada em estado puerperal, enquanto o partícipe não teria direito ao privilégio. Não o fez, porém, preferindo a autonomia entre os crimes (de homicídio e de infanticídio).

Ora, nada obstante, a punição por tipos penais diferentes, quando houver a unidade quanto ao bem jurídico atingido, não seria qualquer novidade no direito brasileiro, já se encontrando incorporada em nosso sistema, como se nota, por exemplo, no crime de aborto, para o qual há tipos penais distintos para a parturiente e para terceiros (art. 124, art. 125 e art. 126, CP).

E, ainda quanto ao infanticídio, não nos parece razoável aplicar-se o art. 30, CP, na medida em que parece irrealizável uma comunicação de um *estado psíquico*, ainda que se queira ver ali uma *condição pessoal*. A lei pode até *construir realidades* mais desejadas que aquelas da experiência humana do cotidiano, como ocorre com as chamadas *ficções jurídicas*. No entanto, não se pode querer *funcionalizar* o Direito em absoluto descompasso com as compreensões cotidianas do senso comum e das ciências de cada tempo. Ora, como o partícipe teria acesso à elementar *sob o estado puerperal*?? Que instância do conhecimento humano autoriza semelhante avanço no psiquismo alheio??[24]

Note-se que tal entendimento extrapolaria, em muito, o sentido mais prosaico da comunicabilidade de condições pessoais quando elementares do crime, prevista na segunda parte do art. 30, CP, em superação desarrazoada da realidade. De resto, equivaleria à verdadeira admissão da comunicabilidade de *circunstâncias* – e não de *condições* – de caráter *personalíssimo* e não pessoal, como já sustentava HUNGRIA.

A condição pessoal *comunicável*, para nós, é apenas aquela que pode ser acessada e compreendida pelo partícipe. Nesse caso, portanto, deverá o partícipe responder pelo crime de homicídio, enquanto a mãe, se no estado puerperal, pelo de infanticídio.

E com a aludida interpretação, portanto, dar-se-á uma proteção mais efetiva ao direito fundamental ali atingido (vida do recém-nascido), cumprindo-se, em maior extensão, o postulado da proporcionalidade, orientado também pela máxima efetividade dos direitos fundamentais.

A interpretação que queira se fundar *na vedação de proteção deficiente*, ou, como preferimos, na exigência de máxima efetividade dos direitos fundamentais, não pode conduzir à ampliação da matéria proibida, até porque se corre o risco de invadir a cláusula genérica de proteção às liberdades fundamentais a que acabamos de nos referir. Deve, sim, levar em consideração a importância do bem jurídico em causa, relativamente ao tipo de comportamento dirigido contra ele, de modo a ajustar as consequências dogmáticas à coerência interna do sistema geral de incriminações e de punibilidade.

IV A ANALOGIA EM MATÉRIA PENAL

Uma das grandes pretensões dos primeiros passos da Ciência do Direito foi a *completude* do ordenamento, no sentido de que o direito positivo, ou seja, legislado, guardaria em seus textos todas as soluções necessárias aos mais variados problemas.

Não há mais espaço, aqui também, para se prosseguir na constatação de que nenhum ordenamento jurídico conseguirá dispor sobre todas as questões do cotidiano, ou, melhor esclarecendo, sobre todos os problemas que tenham que ser resolvidos pelo Direito. Nem o legislador e nem os teóricos do Direito teriam poderes de tamanha dimensão, de modo que sempre será necessário o recurso a alguns procedimentos

---

24 Especificamente sobre o ponto, consulte-se artigo de nossa autoria. *Funcionalismo e dogmática penal: ensaio para um sistema de interpretação*. In: MENDES, Gilmar; OLIVEIRA, Eugênio Pacelli de; BOTTINI, Pierpaolo (Coord.). *Dogmática penal*. São Paulo: Saraiva, 2011.

de *integração* do Direito. Portanto, sempre existirão *lacunas* a serem preenchidas pelo intérprete.

Fala-se em *heterointegração* quando o suprimento das ausências de regulação – as citadas *lacunas* – é buscado *fora* do direito positivo, como pode ocorrer em relação a algumas fontes do direito – os costumes e a jurisprudência, por exemplo – ou até mesmo com o direito comparado, que, embora também *direito,* não se insere naquele direito positivo (legislado) a ser completado ou integrado.

E, quando o suprimento da lacuna surgir no *interior* do direito positivo, o procedimento se denominará *autointegração,* caso em que a solução da incompletude será oferecida pelo próprio ordenamento.

A *analogia* é o exemplo por excelência da autointegração.

Por meio dela, uma situação da vida não regulada, isto é, não prevista em nenhuma das normas do ordenamento, será resolvida com base em outra, instituída para situação diversa. Obviamente, para que se possa recorrer à analogia, e como a própria expressão indica, é preciso que haja uma grande proximidade entre a situação regulada e a outra, carente de norma específica. A aplicação da analogia não pode ser arbitrária; impõe-se uma identidade ou uma semelhança relevante entre *os fundamentos* da norma existente a ser aplicada e a *necessidade* de regulação. Ou, na fórmula latina: *ubi eadem ratio, ibi eadem iuris* (onde a mesma razão, o mesmo direito).

Um exemplo: o casamento civil tem efeitos jurídicos específicos, seja de ordem patrimonial (na obrigação conjunta na prestação de fiança), seja até mesmo em relação ao direito processual (ver art. 31, Código de Processo Penal, a cuidar da legitimação processual). No entanto, a própria Constituição reconhece a união *estável* entre o homem e a mulher, para fins de proteção do Estado (art. 226, § 3º, CF).

Assim, com o recurso à analogia pode-se validamente pretender reconhecer determinados efeitos na união estável, ainda quando a lei de regência da situação somente se refira ao *casamento,* desde que se trate de normas atinentes à proteção dos direitos dos *estáveis,* como já ocorre com os benefícios previdenciários e na divisão da herança. Advirta-se, contudo, que não se pode falar em analogia no âmbito das normas incriminadoras. Já chegaremos a esse ponto.

Pela analogia, então, *cria-se* uma *nova norma,* dado que, ao menos em relação à situação não regulada, inexistiria solução no ordenamento.

É claro, e certamente assim pensará o leitor, que não se trataria, a rigor, de uma *nova norma,* já que se teria recorrido a uma já existente.

Todavia, e nisso estamos nos valendo da doutrina de BOBBIO,[25] o preenchimento da lacuna implicaria ou teria o condão de instituir, então, a *existência* de uma norma para a situação até então lacunosa. É apenas nesse sentido que se pode falar em criação e de uma nova norma.

---

[25] BOBBIO, Norberto. *Teoria do ordenamento jurídico.* Tradução de Maria Celeste Cordeiro Leite dos Santos. 10. ed. Brasília: UnB, 1982. p. 155 (outra edição da obra foi citada em sugestão – vide nota de rodapé 4, página 4).

A doutrina nacional costuma fazer uma distinção entre a *analogia* e a *interpretação analógica*. Sem razão, contudo.

A analogia não deixa de significar também um processo de interpretação, na medida em que implica um juízo acerca da semelhança, ou, quando nada, da relação de pertinência entre a norma a ser manejada e a situação lacunosa. E não é outra coisa a interpretação analógica: recurso à norma que regula determinada situação para aplicação em outra (situação não regulada).

Já a interpretação *extensiva* consagra situação diversa.

Quando uma norma se refere ao *homem*, por exemplo, a possibilidade de se aplicá-la também à *mulher* não implicará a criação de uma nova norma ou a aplicação de outra, prevista apenas para situação diversa, como ocorre na analogia. Nesse caso, será a *própria norma* reguladora da situação atinente ao homem que se estenderá também à mulher. O mesmo ocorre nas hipóteses em que a norma alude expressamente a situações assemelhadas (*ou por outro meio, de qualquer modo* etc.), a exigir do intérprete uma ampliação do seu alcance. Mas, ainda assim, a ampliação será *da mesma norma* e não de outra.

Nestes últimos casos que acabamos de ver, fala-se, por isso, em interpretação *extensiva*, por meio da qual se amplia o sentido de uma norma insuficientemente descrita, porque incapaz de prever expressamente todas as situações por ela abrangidas.

Bem, até aqui vimos apenas o conceito e as características de determinados modos de interpretação ou de integração do Direito, de modo geral. Vamos, agora, ao Direito Penal.

Para logo, já se põe em evidência o princípio da *legalidade* e/ou da *reserva legal*. É que, se ninguém pode ser punido senão quando houver previsão legal específica e expressa quanto à matéria proibida, como se poderia pensar na aplicação da *analogia* em relação às normas incriminadoras?

Portanto, e por princípio, resulta manifestamente incabível a criação de norma de conteúdo incriminador por interpretação fundada em *semelhança ou similitude* de situações.

E, mais, cumpre esclarecer que não só em relação aos *tipos penais* é vedado o recurso à analogia. Também normas penais de outra espécie podem ter igualmente proibido o manejo da analogia, desde que regulamentem quaisquer situações ou circunstâncias relativas à pena, à punibilidade e, enfim, aos pressupostos que definem a imposição ou a intensidade da intervenção penal, os quais, *conditio sine qua non* (condição indispensável), impliquem *gravame* ou *piora* da posição do agente.

Exemplos: normas relativas à prescrição, à decadência ou a qualquer outra questão referente à extinção da punibilidade (art. 107, CP); normas que alterem a quantidade de pena aplicável, a sua natureza executória ou o regime de seu cumprimento (reclusão e detenção, regimes fechado, aberto e semiaberto – arts. 32 e 33, CP); normas que modifiquem as circunstâncias das excludentes de ilicitude ou de culpabilidade.

Em relação a essas normas, a analogia somente terá lugar quando a sua aplicação não for desfavorável ao agente. Sendo favorável, pode-se perfeitamente recorrer-se a ela (analogia), do mesmo modo que se recorre à *retroatividade* da norma mais favorável. A diferença: na retroatividade benéfica ou benigna, aplica-se a norma que efetivamente *regula* a situação; na analogia benéfica, aplica-se outra norma, relativa a outra situação, mais com pertinência suficiente para solucionar o caso não regulado.

Quanto às demais normas de Direito Penal, cujo conteúdo não afeta a punibilidade, e, por isso, são designadas de normas essencialmente *não incriminadoras*, não há qualquer impedimento ao uso da analogia. Sempre que houver uma lacuna na regulação legal de determinada situação, se poderá recorrer à analogia, a fim de que a ausência de norma não impeça a solução do caso concreto.

Esclarecimentos finais: as normas incriminadoras propriamente ditas são interpretadas pelo processo de *subsunção*, de tal modo que a *descoberta* e a aplicação do tipo penal somente terão lugar quando houver a completa e perfeita correspondência entre o fato realizado e a descrição normativa do tipo.

Não é dado ao intérprete, portanto, qualquer alargamento ou construção de sentido *oposto* ou não adequado à tipologia penal. Pode-se dizer, com isso, que a hermenêutica das normas incriminadoras obedece a uma rígida e inflexível legalidade.

VII

Leis penais no tempo

Código Penal: Art. 2º Ninguém pode ser punido por fato que lei posterior deixa de considerar crime, cessando em virtude dela a execução e os efeitos penais da sentença condenatória.

Parágrafo único – A lei posterior, que de qualquer modo favorecer o agente, aplica-se aos fatos anteriores, ainda que decididos por sentença condenatória transitada em julgado.

Oxalá o mundo oferecesse o máximo de segurança quanto ao conteúdo e quanto ao alcance da legislação, permitindo, com isso, que as pessoas melhor se organizassem em relação aos seus interesses. Por um lado, é certo, se teria até boa dose de conforto, resultante da previsibilidade dos comportamentos, segundo fossem ou não aceitas as normas então vigentes.

No entanto, e, talvez, felizmente, a história tem seu curso, os valores morais e culturais têm seu tempo, e o homem, enfim, precisa sempre renovar suas necessidades e suas pretensões.

Daí, segue-se que a legislação deverá manter-se atualizada no tempo.

Quanto maior o conteúdo de uma legislação, tal como ocorre com os Códigos, por exemplo, maior o risco de coincidência entre a matéria regulada. Vimos já a possibilidade de dúvidas quanto à lei aplicável para a solução de determinado caso concreto, em face da aparente identidade de questões tratadas em uma lei *contemporânea*, ou seja, de uma lei cujas disposições tenham origem ao mesmo tempo.

Já em relação à sucessão de leis no tempo, poderão ocorrer alguns problemas, sempre que houver coincidência ou identidade real, concreta, entre as matérias reguladas na legislação anterior e naquela que lhe for superveniente.

Quando uma lei posterior cuida da *mesma matéria* já regulada, dá-se o conhecido fenômeno da *revogação* da lei anterior pela posterior, seja ela total ou parcial (*derrogação*). Embora a Lei Complementar 95/98, com redação dada pela LC 107/01, exija que toda lei aponte expressamente as disposições legais que estariam sendo revogadas pela nova lei (*Art. 9º A cláusula de revogação deverá enumerar, expressamente, as leis ou disposições legais revogadas*), casos há em que o legislador ignora a aludida recomendação, silenciando-se olimpicamente sobre quais disposições teriam sido revogadas.

É quando se falará em revogação ou derrogação *implícita*, a ser aferida pela extensão do conteúdo da lei superveniente. Se esta – legislação posterior/superveniente – cuidar de maneira ampla de toda a matéria regulada na legislação precedente, operar-se-á a revogação desta – legislação anterior, mesmo quando não tenha havido referência expressa nesse sentido.

Do mesmo modo, quando houver *incompatibilidade* entre as normas anteriores e as posteriores, ou seja, se houver divergência em relação à matéria regulada, também ocorrerá a revogação, nos limites da divergência.

Em princípio, portanto, a superveniência de uma lei determinará a revogação da anterior, desde que cuide da mesma matéria. Trata-se do princípio da *cronologia* em matéria de lei (*lex posterior derrogat priori*).

Aqui, impõe-se um cuidado: quando a lei posterior, tratando da mesma matéria, for de *hierarquia* inferior à anterior (ex.: lei ordinária regulando matéria constitucional), não se poderá reconhecer a revogação em razão do princípio da *hierarquia* – salvo quando, excepcionalmente, a legislação anterior tiver regulado matéria da *competência inferior.*

Vamos esclarecer essa questão, particularmente em relação às leis complementares e às leis ordinárias.

A Constituição da República encontra-se no ápice do ordenamento, condicionando a validade de todas as demais normas, que, assim, devem obediência a suas determinações.

Doutrina já mais antiga sustentava que, logo abaixo da Constituição, na hierarquia legislativa, se encontrariam as *leis complementares,* seguidas, então, das leis *ordinárias* e demais modalidades normativas (Decretos, Resoluções etc.).

Observe-se, contudo, que essa afirmação não encontra sustentação na ordem jurídica.

As leis complementares exigem *quorum* privilegiado em relação às *ordinárias,* não porque sejam hierarquicamente superiores, mas em atenção à *natureza da matéria* a ser legislada.

Assim, não é correto afirmar-se que lei ordinária não pode revogar lei complementar, *em razão da hierarquia normativa* entre elas. Não. Ela não poderá revogar a lei complementar por haver (quando houver) *reserva da matéria* a essa modalidade de legislação. Em outras palavras: não é a hierarquia que é decisiva, mas o conteúdo regulado. Sempre que a Constituição da República afirmar que *caberá à lei complementar* dispor sobre qualquer matéria, o legislador ordinário não poderá legislar sobre o tema, por *incompetência legislativa.*

Contudo, quando a lei complementar cuidar de matéria ao alcance do legislador ordinário, nada impedirá que essa, a lei ordinária, regule a questão, revogando a legislação complementar.

Uma curiosidade: a Constituição da República dispõe que caberá à legislação complementar dispor sobre a organização, as atribuições e o estatuto de cada Ministério Público (art. 128, § 5º). E assim foi feito em relação ao Ministério Público da União (integrado pelo Ministério Público Federal, Ministério Público do Trabalho, do Distrito Federal, Militar da União), consoante os termos da LC 75/93. Já em relação aos Estados, a matéria veio veiculada em lei *ordinária* (Lei 8.625/93). Por isso, afirma-se que essa lei teria *status* de lei complementar. Coisas do Brasil.

Sob outro aspecto, pode ocorrer de a legislação superveniente abordar também o conteúdo de legislação anterior, mas, ainda assim, não provocar a sua revogação.

Trata-se do princípio da *especialidade,* já mencionado, e de grande utilidade também para resolver conflitos aparentes de normas – que, em verdade, sequer cuidam de *conflitos,* mas de *concorrência* de normas.

Uma norma é *especial* em relação à outra, então denominada *geral,* quando, apesar de manter identidade quanto ao conteúdo, oferece um acréscimo ou um *plus* acerca da matéria regulada, no âmbito do mesmo comportamento proibido.

O fenômeno é frequente nos tipos penais *qualificados,* em relação aos tipos *simples,* como, por exemplo, no homicídio, no furto, no roubo e em tantos outros. Nesses casos, ao núcleo central de cada tipo simples é acrescido um *meio especial de execução* ou de *motivação* (elemento subjetivo).

Outro exemplo, de maior visibilidade, seria a relação de especialidade existente entre o crime de homicídio (art. 121, CP), norma geral de proteção à vida, e o delito de *infanticídio* (art. 123, CP), que cuida também da ação de *matar alguém,* mas particulariza o sujeito ativo (a mãe), o passivo (o próprio filho) e as condições de execução (sob a influência do estado puerperal).

Por vezes, o que provoca ou identifica a *especialidade* é o acréscimo relativo ao bem jurídico protegido.

Os crimes de calúnia, de difamação e de injúria (art. 138, art. 139 e art. 140, todos do CP) ofendem a *honra* da vítima, ainda quando se possa também enxergar a necessidade de proteção da Administração Pública nas hipóteses em que os delitos são praticados contra servidor público, *em razão de suas funções* (art. 141, II, CP).

Já quando a ofensa é proferida durante as eleições e no curso da *propaganda eleitoral* (art. 324, art. 325 e art. 326, Código Eleitoral – Lei 4.737/65), amplia-se o leque de proteção penal, tendo em vista a necessidade de tutela da lisura e da legitimidade dos pleitos.

Desse modo, a lei posterior não determinará a alteração e nem a revogação da anterior, quando se tratar de norma especial em relação à outra, de conteúdo e de alcance mais geral.

Eis, em linhas muito breves, os princípios da *cronologia* e da *especialidade*, além do princípio da hierarquia legislativa, todos passíveis de aplicação em tema de sucessão das leis no tempo.

I Vigência, validade e eficácia

Nem sempre o aluno de Direito se dispõe a familiarizar-se com alguns conceitos fundamentais da teoria do Direito, e, particularmente, da teoria das normas jurídicas. Expressões como *vigência, validade* e *eficácia* são muito importantes para uma boa compreensão teórica e, melhor ainda, para a *práxis*.

Uma lei tem sua vigência iniciada por meio de sua publicação, após o devido processo *legislativo* e a partir do prazo eventualmente nela fixado, conforme exigência do art. 8º da Lei Complementar 95/98. Regra é que a vigência tenha início a partir da própria publicação, o que é indicado para as leis de conteúdo mais simples e de menor alcance. De todo modo, deverá constar do texto legislativo "essa lei entra em vigor na data de sua publicação", ou o prazo que deverá ser observado até iniciar-se a vigência. Esse prazo é denominado *vacatio legis*.

Na hipótese de não observância das regras estipuladas na citada LC 95/98 (art. 8º), ou seja, nos casos em que a nova lei não dispuser sobre a data de sua entrada em vigor, parece-nos mais aceitável a permanência do quanto disposto no art. 1º do Decreto-Lei 4.657/42 (Lei de Introdução às Normas do Direito Brasileiro), que estabelece o prazo de 45 (quarenta e cinco) dias.

A vigência, portanto, é o tempo de *vida* da norma, cuja previsão, como regra, é apenas a do seu início. De fato, em princípio, as leis somente determinam a data do *início* de sua vigência, exceção feita às leis *temporárias* e às *excepcionais*, com prazo de vigência já predeterminado. É verdade que as leis *excepcionais* nem sempre podem prever o prazo de sua necessidade, assim dependendo de posterior revogação, quando já resolvida a situação de excepcionalidade. Mas, como quer que seja, sua aplicabilidade vem sempre condicionada a determinadas e específicas condições, que, aliás, justificam a sua existência.

Uma lei somente perderá sua vigência quando for revogada expressamente por outra, ou, também, quando tiver suspensa (sua vigência) por ato do Senado Federal, após decisão definitiva do Supremo Tribunal Federal acerca de sua inconstitucionalidade, consoante o disposto no art. 52, X, da Constituição da República.[26]

---

[26] Foi o que ocorreu em relação à expressão "vedada a conversão em penas restritivas de direitos" do § 4º do art. 33 da Lei 11.343/06, declarada inconstitucional por decisão definitiva do Supremo Tribunal Federal nos autos do Habeas Corpus nº 97.256/RS.

A revogação poderá, ainda, ser *implícita,* não obstante o disposto no art. 9º da LC 95/98, que exige a referência expressa aos dispositivos revogados. Como já observamos tantas vezes, nem sempre o legislador domina a técnica legislativa, e, para piorar, e, com muita frequência, desconhece a matéria legislada. Observe-se, contudo, que essa modalidade de revogação *não tem origem* na mesma fonte de produção da lei, isto é, no legislador. Caberá aos intérpretes e aplicadores do Direito, e de modo essencial ao Poder Judiciário, recusar a vigência de uma lei com fundamento em revogação implícita.

Já a *validade* de uma lei ou de uma norma depende fundamentalmente de sua compatibilidade *material* com a Constituição. A lei, portanto, pode ser *vigente,* ou seja, posta em vigor segundo o devido processo legislativo, e, nada obstante, ser *inválida,* na medida em que venha a contrariar as determinações constitucionais.

Naturalmente, o reconhecimento dessa *invalidade,* é dizer, dessa incompatibilidade com a Constituição, dependerá da interpretação dos tribunais na *práxis* forense.

Todavia, uma norma penal não incriminadora, ou que, de qualquer modo, diminua as consequências penais do fato, deverá ser observada e respeitada pelos operadores/intérpretes, mesmo quando *inválida/inconstitucional,* mas ainda *vigente.* É que, se ninguém pode escusar-se ao cumprimento da lei sob o fundamento de não conhecê-la, de outro lado, não se pode também exigir do jurisdicionado (todos nós) o conhecimento acerca da *validade* e, assim, da constitucionalidade da norma!

Suponha-se o seguinte exemplo: determinada lei vem extinguir a punibilidade de um crime contra a ordem tributária pelo pagamento do tributo, em qualquer fase do processo. Ainda que se queira reconhecer alguma inconstitucionalidade na citada lei, pela desigualdade de tratamento penal reservado àquele que sonega impostos, em relação àqueles que praticam crimes contra o patrimônio (sem grave ameaça ou sem violência) e promovem a sua devolução (e não gozam do mesmo benefício), há que se atentar para o fato de que, em tese, o agente do fato da sonegação poderia ter agido *com expectativa de pagamento tempestivo e futuro dos valores sonegados.* Em outras palavras: tendo a lei estabelecido alguma vantagem ao agente de qualquer delito, deve-se aceitar os seus efeitos enquanto não afastada a vigência da aludida norma. Repita-se: o que se pode exigir do destinatário da norma penal é o conhecimento de *sua vigência;* não de sua *validade.*

E, para aqueles ainda não versados no Direito Penal Econômico, o exemplo que acabamos de dar é *real.* De fato, a Lei 10.684/03, em seu art. 9º, prevê semelhante hipótese, e já teve sua constitucionalidade questionada no STF, por meio de ação direta proposta pelo Procurador-Geral da República.[27]

Eis, então e assim, que se demonstra, em exemplo concreto, a utilidade prática dos conceitos que estamos a examinar (validade e vigência).

---

[27] Em várias ocasiões, a Suprema Corte afirmou a constitucionalidade do referido dispositivo. STF – Plenário – HC nº 81.611, Rel. Min. Sepúlveda Pertence, decisão essa seguida uniformemente naquela Corte. Ver, por exemplo, STF – HC nº 81.929. *Informativo* nº 334, de 4-2-2004, Rel. Min. Cezar Peluso.

Por outro lado, a *eficácia* da norma também se distingue de sua vigência e de sua validade, embora a sua completa e absoluta ausência (de eficácia) possa interferir nessa última.

Por *eficácia* se deve entender a *capacidade de produção de efeitos* que tem a norma jurídica. De outro modo: a eficácia de uma lei é aferida a partir do grau de aplicabilidade que ela tem, no sentido de ser ela *observada* e efetivamente cumprida, tanto no cotidiano da vida, quanto no universo judiciário. Certamente, jamais se chegará a uma norma que tenha eficácia máxima, de observância permanente e indiscutível. As normas penais incriminadoras, por exemplo, são frequentemente violadas (roubos, homicídios, crimes sexuais, tributários etc.), sem que isso signifique que elas não tenham eficácia.

Quando, porém, determinada norma, perfeitamente válida e vigente, é frequente e sistematicamente violada, não encontrando também qualquer aplicação no âmbito do Judiciário, pode-se começar a pensar, primeiro, na sua *ineficácia*, e, depois, na perda de sua *validade*, na medida em que o aludido desrespeito e indiferença do Judiciário, quando nada, prestam-se a justificar comportamentos que estejam em sua conformidade.

A nosso aviso, a incriminação de comportamentos como aqueles ali previstos não se justifica. Pode-se até aceitar, em tese, a sua *proibição* pelo Direito, mas não a sua elevação ao nível do Direito Penal, no qual devem repousar apenas as ações de maior repercussão e maior gravidade social.

Não bastasse, o grau de reprovação social e cultural de tais práticas parece-nos decisivamente afastado do âmbito de sua proibição, até porque o próprio governo patrocina inúmeras iniciativas de azar (loterias, lotos, senas, tudo em grande velocidade).

Nem se diga que os gastos despendidos pelos interessados em tais jogos seriam de menor monta. Na verdade, o argumento seria ofensivo aos padrões remuneratórios nacionais, além de aritmeticamente incorreto. Os concursos lotéricos têm periodicidade muito curta, sobrepondo-se no tempo uns aos outros.

De outro lado, argumentar-se com eventuais benefícios na distribuição dos prêmios – partilha das receitas e impostos – também não pode render frutos: quaisquer modalidades de jogos e cassinos poderiam ser fiscalizadas e amplamente tributadas.

E, por fim, os males que causam os jogos de azar não parecem superiores àqueles produzidos pelas bebidas alcoólicas e cigarros, de há muito autorizados no país.

No entanto, não há como sustentar, atualmente, a sua perda de validade *em razão de suposta ineficácia*, dado que o Judiciário nacional prossegue aplicando regularmente as normas penais previstas na Lei de Contravenções acerca dos jogos de azar. Pode-se sustentar, sim, a sua *não recepção* pela Constituição da República, por violação do princípio geral da *lesividade*, ou da exigência de necessidade quanto à limitação das liberdades (art. 5º, II, CF: *ninguém é obrigado a fazer ou deixar de fazer alguma coisa senão em virtude de lei*). Não basta a previsão em lei, impõe-se que a proibição seja necessária e racionalmente justificada.

É certo, então, que as hipóteses de perda de validade por ausência absoluta ou significativa de eficácia são e serão sempre muito raras. No entanto, a ideia, sobretudo em matéria penal, deve ser sempre colocada em perspectiva. Quando nada, isto é, se não servir (a ausência de eficácia) à invalidação da norma penal, ela será muito importante para a comprovação de eventual *erro de proibição*.

II Irretroatividade e retroatividade da lei penal

Constituição da República: art. 5º, XL – a lei penal não retroagirá, salvo para beneficiar o réu;

Código Penal: Art. 2º [...]

Parágrafo único – A lei posterior, que de qualquer modo favorecer o agente, aplica-se aos fatos anteriores, ainda que decididos por sentença condenatória transitada em julgado.

No trato dos princípios fundamentais, já havíamos nos referido à irretroatividade da norma penal incriminadora, ou, de modo mais amplo, da norma penal *desfavorável* aos interesses do agente do crime.

Enquanto as leis de natureza processual dizem respeito, em regra, aos procedimentos, aos trâmites da persecução penal e às garantias individuais (neste último caso, poderão apresentar características de direito material), as leis penais afetam diretamente a regulação do crime e a aplicação de suas consequências.

E como todo o Direito material (não processual) é aplicado com base na premissa de que todos *devem conhecer as leis* – e até mesmo por essa razão não há crime sem lei *anterior* que o defina, nem pena sem *prévia* cominação legal (CF, art. 5º, XXXIX, e CP, art. 1º) –, impõe-se, então, o respeito a esse conhecimento como orientação primária dos comportamentos, sobretudo, no que diz respeito aos proibidos.

Já por isso, uma lei penal *não poderá retroagir*, na medida em que as condutas anteriores à nova legislação estavam sob a tutela das exigências da lei revogada, somente em relação a esta podendo ser apreciadas quanto à respectiva *tipicidade, ilicitude, culpabilidade* e demais pressupostos de punibilidade (inexistência de prescrição, por exemplo). Além, é claro, das *consequências penais* do fato. O fato, ou melhor, a conduta humana se realiza segundo *as circunstâncias e condições* de seu tempo e no seu espaço. A retroatividade é o *retorno ao passado*, cuja validade sempre dependerá do conteúdo da lei nova – se mais benéfica ou mais gravosa.

Se uma nova lei prevê um tratamento penal mais *favorável* aos possíveis agentes de crimes praticados a partir de sua vigência, importa indagar por que razões as pessoas que praticaram a mesma ação no passado deveriam receber uma resposta *mais gravosa* ou *desfavorável*. Não haveria, então, violação ao princípio da igualdade?

É por isso que a Constituição da República assegura que a *lei mais favorável* retroagirá, enquanto aquelas de conteúdo desfavorável, não. O agente deve receber a sanção e assumir as consequências vigentes ao seu tempo, na exata medida em que ele as conhecia. Se, contudo, a legislação alterar a *regulação penal* de qualquer comportamento, de tal maneira que o fato não receba mais a mesma censura ou o mesmo grau de reprovação, nada justificaria a aplicação da lei passada.

Portanto, as novas leis penais que, de qualquer maneira, prejudiquem a situação daquele que já realizara o fato antes de sua vigência não poderão ser a ele aplicadas. Leis que alterem o prazo de prescrição, que aumentem a pena, que modifiquem o regime penitenciário, a natureza da pena, e, enfim, que impliquem qualquer recrudescimento nas consequências e no cumprimento da lei anterior somente serão aplicadas aos fatos realizados sob sua vigência.

Ao contrário, quando tais leis conferirem um tratamento mais benéfico ao autor do fato, em quaisquer das dimensões a que acabamos de nos referir, elas deverão *retroagir no tempo,* ou seja, deverão voltar ao passado para acolher aqueles fatos praticados sob as regras da legislação revogada. Essa é uma exigência de qualquer povo civilizado, que por variadas razões, altera seu ponto de vista acerca do tratamento penal sobre as ações do Homem.

E como saber se uma lei é mais favorável, na hipótese de haver modificações legislativas em parte *mais* favoráveis e, noutras, *menos* favoráveis?

1 Aplicação parcial de leis no tempo

Pode também ocorrer de uma lei nova trazer alguns pontos mais favoráveis e outros desfavoráveis, se comparada à anterior. E isso decorre do fato de que várias são as matérias de possível modificação no tempo, relativamente a determinadas infrações penais.

Com efeito, uma lei que regule a proibição de uso e de comércio de drogas – atualmente, vige a Lei 11.343/06 – pode dispor sobre a quantidade de pena, a sua qualidade (privativa da liberdade, restritiva de direitos), espécie (detenção ou reclusão), bem como seu regime de cumprimento (regime fechado, semiaberto ou aberto), além de outros aspectos igualmente importantes, como a possibilidade de obtenção de liberdade provisória e demais regulações de natureza processual. Leis como estas, contendo disposições de conteúdo penal e processual, são conhecidas como leis de natureza *mista* e serão examinadas a seguir.

Por ora, e por aqui, estamos a apreciar a divergência entre uma lei nova de teor exclusivamente penal, e que contenha disposições *mais* e também *menos* favoráveis que a anterior. Ou seja, lei de *conteúdo* (e não de *natureza*) misto.

No exemplo dado, da Lei de Drogas, imagine-se a hipótese de uma lei nova aumentar a pena do crime de *tráfico* e, tal como o fez a Lei 11.343/06, não mais prever pena privativa da liberdade para o crime de *posse de drogas para consumo próprio.* Ou, ainda, diminuir as penas dos delitos relativos às drogas e, ao mesmo tempo, agravar a determinação quanto ao regime inicial de cumprimento da pena, impondo um (regime) que seja mais desfavorável que o aplicável segundo a lei anterior (de semiaberto para fechado – NÃO É ESSE O CASO da Lei 11.343/06: trata-se de exemplo, em tese).

Para esse tipo de crime, a retirada da pena privativa da liberdade poderá ser aplicada sem qualquer obstáculo à proibição de retroatividade das normas atinentes ao tráfico. Nesse caso, a hipótese seria a mesma se a nova lei *descriminalizasse* o uso de drogas, hipótese em que *essa parte da lei* deveria ser aplicada a todos os fatos anteriores.

Um exemplo concreto, de significativa repercussão nos Tribunais, diz respeito precisamente à atual Lei 11.343/06. O citado diploma legislativo introduziu (art. 33, § 4º) a figura do inadequadamente chamado *tráfico privilegiado*, que implica a redução da pena em até dois terços (2/3), isto é, para até 1 ano e 8 meses de reclusão, voltada para aqueles que não integrem organizações criminosas e nem se dediquem à prática do ilícito. A legislação anterior, no entanto, previa a pena mínima de 3 (três) anos (hoje em 5 anos), sem permitir, contudo, a incidência da redução indicada. Ou seja, a lei nova aumentou a pena mínima, mas ampliou as hipóteses para sua redução.

Discute-se, então, se a aludida causa de diminuição pode ser aplicada aos casos anteriores à vigência da nova lei, sem, contudo, aplicar-se a pena na conformidade da nova regra, obviamente desfavorável ao agente.

Após a Sexta Turma do Superior Tribunal de Justiça decidir, reiteradas vezes, no sentido da viabilidade da *combinação* das leis ora apontadas, a Terceira Seção do mesmo Tribunal firmou compreensão no sentido da impossibilidade.[28] Hoje, a matéria está regulada na Súmula 501, que tem a seguinte e péssima redação:

> "Súmula 501: É cabível a aplicação retroativa da Lei 11.343/06, desde que o resultado da incidência de suas disposições, na íntegra, seja mais favorável ao réu do que o advindo da aplicação da Lei 6.368/76, SENDO VEDADA A COMBINAÇÃO DE LEIS."

Inicialmente, em 2011, o Supremo Tribunal Federal, em julgamento em que se admitiu a repercussão geral da matéria, manteve, *por empate de votos*, decisão do Superior Tribunal de Justiça que admitia a aplicabilidade da redução da pena aos fatos praticamente anteriormente à Lei 11.343/06.[29] O argumento utilizado pela Corte foi no sentido da inexistência de combinação de leis, na medida em que a legislação posterior *criara situação* não contida na anterior.

No entanto, mais recentemente, aquela Corte chegou à conclusão diversa sobre a matéria.

No julgamento do RE 600817, em que também se reconheceu a repercussão geral da matéria, o Supremo Tribunal Federal sinalizou pela impossibilidade de *combinação* de leis, relativamente à Lei 11.343/06 e a anterior, Lei 6.368/76, ambas cuidando do tráfico ilícito de entorpecentes, abordando especificamente a questão da impossibilidade de aplicação de causa de diminuição prevista no art. 33, § 4º, da Lei 11.343/06.

---

[28] HC 193.700/SP, Rel. Min. Jorge Mussi, Quinta Turma, julgado em 4-9-2012, *DJe* 21-9-2012.

[29] RE 596152, Relat. Min. Ricardo Lewandowski, Relator(a) p/ Acórdão: Min. Ayres Britto, Tribunal Pleno, julgado em 13-10-2011, Repercussão Geral – Mérito Acórdão Eletrônico *DJe* 30, divulg. 10-2-2012, Public. 13-2-2012.

De nossa parte, pensamos que a questão é mesmo complexa.

É que, em princípio, qualquer nova legislação sobre determinada matéria haverá de contemplar um juízo mais atualizado acerca dos níveis de censura e de reprovação da matéria a ser regulada. É dizer: a nova lei, que outra substitui, pretende impor-se como a *atual* política criminal sobre o crime então objeto de modificação legislativa.

Assim, forçoso reconhecer que o aumento da pena mínima do crime de tráfico de drogas – de 3 para 5 anos – pode ter sido considerado na estipulação da nova causa de diminuição, até então inexistente. Uma coisa é diminuir *até dois terços* uma pena de 5 anos; outra, é fazê-lo em relação à uma sanção de 3 anos! A aritmética, evidentemente, altera o produto!

Por outro lado, não se pode também afirmar que a previsão da citada causa de diminuição esteja *necessariamente vinculada* ao aumento da pena mínima do citado crime de tráfico de drogas. Pode ser que a causa de redução da pena em razão da primariedade e de não integrar o agente organização criminosa, nos termos do art. 33, § 4º da Lei 11.343/06, venha a traduzir expressa manifestação legal no sentido da menor reprovação da conduta quando presentes aquelas circunstâncias e condições.

Tratar-se-ia, então, e, por isso mesmo, de norma mais favorável na regulação da matéria, sem vínculo de dependência *objetiva ou lógica* com a pena mínima fixada para o crime (seja na anterior, de três anos, seja na atual, de cinco). Se, do ponto de vista aritmético, a equação muda mesmo de resultado, há que notar-se que a causa de diminuição também pode ser explicada como um tratamento menos gravoso àquele cuja atuação tenha sido legalmente qualificada como *pontual* ou *circunstancial* (pela primariedade e pela ausência de participação em organização criminosa). Ou seja, nada assegura a existência de *subordinação lógica* entre as referidas normas jurídicas (o aumento da pena mínima e a redução pela menor intensidade da conduta).

E é o quanto nos basta, portanto, para referendar a posição jurisprudencial que, lamentavelmente, parece ter saído vencida. O combate ao tráfico não pode perder de vista a necessidade de dar tratamento diverso a agentes/pessoas que estejam em posições tão distintas nesse complexo universo social do mundo das drogas.

Ainda sobre a Lei 11.343/06, observa-se também o grande avanço em matéria de política de drogas, no que toca especialmente à posição do usuário, visto agora muito mais como vítima que como agente de crime. Retirou-se a imposição de sanção criminal a ele, mantendo-se, porém, a criminalização da conduta (de uso).

Nada há que sustente a descriminalização apenas pelo fato de a nova lei prever tratamento terapêutico para o usuário. Quem define a matéria objeto de Direito Penal é o legislador, independentemente do tratamento reservado ao agente. Sobre o tema, remetemos o leitor a texto de nossa autoria, com o qual pensamos ter esclarecido esse ponto.[30] O ideal seria a descriminalização em relação ao usuário, mas, a se levar em consideração o *senso comum* nacional, melhor manter-se como está.

---

[30] OLIVEIRA, Eugênio Pacelli de. Sistemas penais e a nova lei de drogas: do uso, da pena e de outras questões. In: LIMA, Marcellus Polastri; RIBEIRO, Bruno de Morais (Coord.). *Estudos Criminais em homenagem a*

Por outro lado, pode-se até mesmo questionar a constitucionalidade da citada incriminação, se considerarmos que a autolesão não é considerada para fins penais (de incriminação). Assim, sabendo-se que o Homem não pode ser *instrumentalizado* como meio de política de contenção de drogas, a criminalização do *uso de drogas* seria arbitrária e contrária aos princípios da autonomia e da liberdade individual. De lembrar-se que nem toda droga produz efeitos que criam riscos a terceiros. Não mais, por exemplo, que as bebidas alcoólicas.

De modo que, como se vê, algumas dificuldades poderão surgir para a identificação de uma norma integralmente mais favorável, razão pela qual, salvo hipóteses legais mais visíveis (de ausência de subordinação lógica entre as matérias), o mais adequado é evitar-se a fragmentação das leis, aplicando-se apenas a regra da *irretroatividade:* a lei anterior regeria os casos anteriores e a lei nova seria aplicada apenas às novas infrações.

Nos crimes permanentes (sequestro e cárcere etc.) e também nos continuados (art. 71, CP), em que a ação (no primeiro) e as ações (nos segundos) são mantidas ou renovadas ao longo do tempo, a lei nova alcançará os fatos então *renovados ou mantidos.* O Superior Tribunal de Justiça,[31] avaliando questão referente ao tráfico de drogas, entendeu, acertadamente, que deve prevalecer aquela sob a égide da qual cessa a permanência, ainda que mais gravosa ao réu. O mesmo deve ocorrer na continuidade delitiva, cujo conceito ainda veremos em maiores detalhes, por ocasião dos estudos atinentes ao *concurso de crimes.*

2 Leis de natureza mista (penais e processuais) no tempo

Em regra, as leis de conteúdo material, ou seja, de conteúdo penal incriminador, ou que, de qualquer modo, impliquem uma condição ou uma circunstância mais desfavorável ao agente do fato, não podem ter efeito retroativo, devendo ser aplicadas apenas às condutas praticadas durante a sua vigência.

Vimos que uma lei nova pode revogar uma anterior e, quanto ao seu conteúdo, apresentar aspectos mais benéficos que esta, revogada, e outros, mais desfavoráveis. Nesse caso – também o assentamos –, não restando clara a natureza mais favorável da lei nova, o mais adequado é manter-se a regra da irretroatividade.

Fala-se em doutrina e, com razão, não ser possível ao intérprete *mesclar* as duas leis no tempo (a anterior e a nova, que a revoga), na medida em resultaria daí a *criação indevida* de uma *terceira lei,* com manifesta violação ao princípio da legalidade.

Em princípio, o raciocínio é válido e oferece uma margem mais confortável de segurança ao intérprete.

No entanto, a questão passa a apresentar algumas peculiaridades quando se tratar de uma lei nova contendo disposições *penais* e também disposições *processuais*

Weber Martins Batista. Rio de Janeiro: Lumen Juris, 2008. p. 187-209.

[31] HC 218.946/SP, Rel. Min. Maria Thereza de Assis Moura, Sexta Turma, julgado em 3-11-2011, *DJe* 8-2-2012.

penais. É que, nesse caso, estaria e estará a exigir aplicação a regra do contido no art. 2º do CPP, que prevê a aplicação *imediata* das leis processuais, ressalvados apenas os atos já realizados nas hipóteses de processo com instrução iniciada sob a vigência da lei anterior (Lei de Introdução ao CPP – Decreto-Lei 3.931/41, art. 6º).

É dizer: as leis processuais, em princípio, seriam de aplicação imediata; as penais, a seu turno, seriam *irretroativas*, por excelência.

A questão (leis de conteúdo misto), para nós, não deve ser resolvida pela proibição pura e simples de uma interpretação que estabeleça a criação de uma nova lei.

O que deverá prevalecer é a identificação de eventual *subordinação lógica* entre as normas de conteúdo processual e aquelas de conteúdo material. Havendo condicionamento recíproco entre elas, ou seja, se a aplicação de uma estiver *condicionada* à outra, não se poderá pretender a aplicação da lei nova aos fatos praticados anteriormente a ela.

Exemplo: há tempos, a Lei 9.271/96 determinou a alteração do disposto no art. 366 do Código de Processo Penal, prevendo a *suspensão do processo* quando o réu citado por edital não comparecer ou constituir advogado. Todavia, e *por isso*, previu também a *suspensão do prazo prescricional* enquanto permanecer suspenso o processo.

Não faltaram aqueles que, precipitadamente, defenderam a aplicação imediata da *parte processual* e a *irretroatividade* da parte penal, fechando a sua equação da seguinte maneira: citado o acusado por edital, o processo seria suspenso e o prazo prescricional continuaria a correr, para os fatos praticados *antes* da nova regra.

Vê-se, aqui, e com facilidade, o equívoco na interpretação. A suspensão do processo *impediria* a adoção de quaisquer providências persecutórias por parte do Estado *naquele processo*, não havendo razão alguma para justificar a renúncia à punibilidade (a prescrição). Quando muito, e, a prevalecer essa leitura, deveria a acusação requerer sempre a decretação da prisão preventiva – obrigatória, então – do réu. Além disso, a suspensão do processo visava permitir a efetiva participação do acusado, quando de sua localização.

Há, portanto, *subordinação lógica* entre as normas processuais e penais (suspensão do processo e suspensão da prescrição), somente aplicando-se a de conteúdo penal em razão da aplicação anterior daquela de natureza processual.

De outro lado, se não houver o aludido condicionamento entre ambas (as normas), não haverá problema em se atribuírem efeitos retroativos às disposições penais – desde que mais benéficas –, mantendo-se a regra dos efeitos imediatos – nos processos em curso – àquelas processuais.

III A *ABOLITIO CRIMINIS*

> **Código Penal:** Art. 2º Ninguém pode ser punido por fato que lei posterior deixa de considerar crime, cessando em virtude dela a execução e os efeitos penais da sentença condenatória.
>
> [...]

Se a lei nova mais favorável deve ter aplicação retroativa, na medida em que implicará, sempre, um novo *juízo de censura* sobre o fato, interferindo no grau de reprovação de determinada infração penal, com muito mais razões deverá também sê-lo aquela que *deixe de considerar crime* a conduta praticada no passado.

Ora, em princípio, e abstraídas aqui considerações de ordem criminológica e da Sociologia do Direito Penal, o crime é um juízo de desvalor que se dirige a um comportamento, seja pela gravidade de suas consequências (o delito *consumado*), seja pelo alto grau de risco de lesão a determinado bem jurídico (na *tentativa* do crime).

A *abolitio criminis* significa, portanto, não uma renúncia à pena ou à punibilidade de um fato do passado, mas a sua *descriminalização* posterior, por considerações, seja de política criminal – inconveniência da intervenção penal estatal –, seja por mudança ou alterações culturais e de valores socialmente compartilhados.

Por isso, ela, a *abolitio*, tem efeitos absolutamente extintivos de quaisquer consequências penais do fato. Se estiver em curso o cumprimento da pena, cessará a sua execução; se estiver em curso o processo ou a investigação do fato, serão ambos *trancados*, pela extinção da punibilidade (art. 107, III, CP);[32] se o acusado tiver sido condenado por outro crime e sua pena tiver sido aumentada em razão de condenação anterior – reincidência – pelo delito objeto de *abolitio criminis*, deverá ela ser reduzida, no julgamento do recurso, se ainda houver, ou durante a execução da pena (do outro crime), até mesmo por meio de *habeas corpus*.

Exemplo dos mais interessantes se deu em relação à Lei 10.826/03, conhecido como Estatuto do Desarmamento. Ali, no curso de ampla campanha nacional pelo desarmamento chegou-se a descriminalizar temporariamente – período compreendido entre 23-12-2003 a 23-10-2005 – as ações alusivas aos artefatos de uso permitido como para os de uso proscrito. Posteriormente, por meio da Medida Provisória 417/08, a regra foi estendida até 31-12-2008 apenas para as armas de uso permitido. Finalmente, a Lei 11.922/09 impôs nova prorrogação até 31-12-2009, já agora apenas para os artefatos de uso permitido. Aos olhos de jurisprudência do Superior Tribunal de Justiça, os sucessivos atos normativos despenalizadores teriam implicado a *abolitio criminis* da conduta não só nos períodos referidos, como também retroativamente à edição da Lei 10.826/03.[33] Como o fundamento da *abolitio temporalis* repousava na possibilidade de registro e regularização do material bélico até certo prazo, é natural e acertado que se estendessem e se estendam os efeitos daquela temporária descriminalização aos fatos praticados antes dela (afinal, se os autores poderiam regularizar sua situação, por que manter-se eventual punição do passado?).

---

[32] Uma observação de índole processual. A partir da Lei 11.719/08, o legislador brasileiro passou a classificar a decisão judicial que extingue a punibilidade de crime como hipótese de *absolvição sumária*, se já iniciado o processo (art. 397, CPP). Há quem, à falta de revogação expressa do art. 61, CPP, prefira a solução de simples extinção da punibilidade. Para nós, por opção legislativa, equivocada é certo, a decisão deverá ser de absolvição sumária, em qualquer momento do processo. Se ainda se estiver na fase de investigação, deverá ser requerido o seu *arquivamento*. Ver nosso *Curso de processo penal*. 19. ed. São Paulo: Atlas, 2015.

[33] Dentre tantos outros, cite-se: AgRg nos EDcl no AREsp 6.658/SC, Rel. Des. (Convocado) Campos Marques, Quinta Turma, julgado em 19-2-2013, *DJe* 22-2-2013.

Em resumo, a *abolitio criminis* põe fim à censura penal, apagando quaisquer de seus efeitos no tempo, inclusive no que diz respeito a registro de maus antecedentes (art. 59, CP) e, obviamente, no que diz respeito à reincidência (art. 63, CP).

1 Retroatividade benéfica da jurisprudência

Eis aqui uma das mais inquietantes questões do Direito Penal: poderia a alteração de jurisprudência produzir consequências jurídicas em relação a fatos anteriores *já definitivamente julgados*?

A resposta, em princípio, seria *negativa.*

De fato, enquanto a irretroatividade e a retroatividade de *leis* se justificam sem maiores dificuldades, dado que tais espécies normativas consagram juízos de valorações sociais acerca de comportamentos e respectivas proibições, ou permissões, o mesmo não se pode dizer da *jurisprudência,* entendida esta como o conjunto de decisões dos juízes e dos tribunais.

O problema não é de pouca monta mesmo, até porque eventuais oscilações jurisprudenciais poderiam causar um incontrolável tumulto na prática judiciária.

Antes de avançarmos, que se assente desde logo a plena e total irretroatividade *maléfica* – isto é, *para pior* – de quaisquer alterações jurisprudenciais!

Primeiro, porque admiti-la violaria o princípio constitucional da *legalidade,* segundo o qual alguém somente pode ser punido por fato definido em lei. E por *punição* deve-se entender, em seu sentido *lato,* qualquer circunstância relacionada com as consequências do crime, tal como ocorre em relação à contagem do prazo prescricional, do juízo de tipicidade, de excludentes de ilicitude etc.

Assim, qualquer interpretação jurisprudencial que implique recrudescimento do ponto de vista sobre as mencionadas circunstâncias não poderá ser aplicada retroativamente.

Em segundo lugar, porque implicaria violação à *coisa julgada.* E é quanto basta!

De outro lado, porém, por quais razões não se poderia aplicar um novo entendimento jurisprudencial sobre fato já julgado, se a nova interpretação *diminui,* de qualquer modo, *as consequências do crime?*

Mas fato é que a *mudança* de interpretação acerca de *outros aspectos* do crime, tais como a própria *atipicidade,* sobre a configuração efetiva de *excludentes de ilicitude,* e, por fim, sobre qualquer questão atinente à execução penal ou à punibilidade do agente, deve ser levada em consideração, especificamente quando resultar de *consolidação* da jurisprudência do Supremo Tribunal Federal sobre matéria penal.

Se é verdade que aquele Tribunal atua em maior extensão que o recomendável no campo do Direito Penal, por outro lado não resta dúvida que se trata do órgão de última instância do Poder Judiciário nacional. Assim, é de se concluir que a aplicação retroativa de entendimento do Supremo Tribunal Federal que se consolide em modificação a posicionamento anterior mais gravoso é, ao menos em tese, medida que concorre efetivamente para preservar a estabilidade das decisões judiciais.

Nesse sentido, se determinada condenação se concretizou à luz de entendimento jurisprudencial sobre a matéria – independentemente de ter chegado ou não à Suprema Corte – a modificação da interpretação por parte deste Tribunal deve ser entendida como a nova *concretização* da norma jurídica no direito vigente.

Não se trata, esclareça-se bem, de se dar primazia ao Poder Judiciário sobre o Poder Legislativo. Definitivamente não. O que estamos sustentando é que o Direito *aplicado* é tão e tanto Direito quanto aquele *legislado*. Se todos nós, em nosso cotidiano, devemos observância à lei, cabe ao Poder Judiciário dar a última palavra quanto ao *significado* e à *extensão* dos efeitos da norma jurídica.

Por isso, também quanto aos fatos *já julgados*, nada deverá impedir a retroatividade benéfica da modificação da jurisprudência do Supremo Tribunal Federal em matéria penal, desde que se trate de entendimento efetivamente consolidado no âmbito daquela Corte. Havendo, ainda, divergência entre as Turmas, não se poderá pretender a revisão da coisa já julgada.

Relembre-se, por último, de que o processo penal brasileiro oferece pelo menos duas alternativas para a alteração da condenação já passada em julgado. Tanto poderá ser utilizada a ação de revisão criminal, quanto o *habeas corpus*, se o caso não depender de instrução probatória.

IV Leis temporárias e leis excepcionais: a ultratividade

> **Código Penal:** Art. 3º A lei excepcional ou temporária, embora decorrido o período de sua duração ou cessadas as circunstâncias que a determinaram, aplica-se ao fato praticado durante sua vigência.

Não é incomum o surgimento de situações excepcionais ou, de algum modo, modificadoras do estado de normalidade que caracteriza o mundo das normas. As leis, em princípio, devem atender às necessidades de regulação, sem as quais elas não se justificam.

E, por vezes, a anormalidade de determinada situação de vida, seja causada por eventos naturais, seja em decorrência de ações e/ou omissões humanas, exige uma intervenção legislativa.

Tratando-se, então, de situação excepcional, não se poderia pensar na edição de leis *comuns*, ou seja, da legislação do que ordinariamente sucede na coexistência humana. Por isso, o Código Penal se refere à lei *excepcional* e à lei *temporária*.

Ambas as expressões falam por si mesmas: o que qualifica algo de *temporário* é exatamente a possibilidade de antecipação de seu período de existência. Mais ainda. A possibilidade ou a esperança de que o *temporário* seja mesmo *passageiro*, e que a normalidade se refaça após o seu término. Em princípio, a lei temporária será sempre *excepcional*, na medida em que a sua necessidade de regulação aparece como transitória ou condicionada a uma situação específica, cuja duração no tempo pode ser antevista.

No entanto, nem toda lei *excepcional* será também temporária. É que nem toda situação anormal permite que se possa antecipar a sua duração, como se dá nas hipóteses em que se faz justificada a lei temporária.

Um exemplo recente de *norma* temporária – não era *lei* – é aquela que instituiu a CPMF – contribuição *provisória* sobre movimentação financeira – prevista na Emenda Constitucional 12/96. Aludida contribuição já nasceu com prazo certo de duração e, ao menos segundo se alegou, visava atender à necessidades específicas de políticas de saúde.

Já a lei excepcional, também fundada em necessidade excepcional de regulação de determinada matéria, não recebe a mesma designação (temporária) precisamente em razão de não ser possível antecipar a sua duração. Será ela aplicável, em princípio, enquanto persistir a situação de excepcionalidade. Observe-se, contudo, que a sua vigência, por não se encontrar previamente estipulada, permanecerá até que outra lei a revogue.

Naturalmente, em se tratando de normas penais, sobretudo quando incriminadoras, o término concreto da situação de excepcionalidade, independentemente de revogação expressa por outra lei, será suficiente para impedir a punição de qualquer comportamento já ajustado à normalidade.

Na década de 80 e 90 do século passado, o Brasil passou por diversos planos econômicos, no bojo dos quais se estipulava, entre outra coisa, a retenção de depósitos financeiros e o controle de resgate, a deflação de dívidas e, em pelo menos um deles (o Plano Cruzado, de 1986), o *congelamento* de preços ao consumidor. Tratava-se de situação excepcional, mas com previsão expressa de duração. Lei temporária, portanto. Aliás, àquele tempo, nem lei era: tratava-se do famigerado *Decreto-Lei*, emanado do Executivo e com vigência *até que o Congresso o rejeitasse*.

Leis excepcionais são raras em matéria penal, em obediência, sobretudo, ao princípio da legalidade, a exigir, desde o fim do Decreto-Lei pela Constituição da República, ampla discussão no Congresso Nacional, o que, seguramente, ultrapassaria os limites da excepcionalidade.

E como não se pode aceitar a edição de *medidas provisórias* para a produção de normas penais incriminadoras (art. 62, § 1º, *b*, Constituição da República), dificilmente se encontrará uma lei com tais características. Leis temporárias, sim.

De todo modo, cumpre examinar as consequências das aludidas normas.

Como elas se destinam a regular situações emergenciais, posto que temporárias, e excepcionais, a norma penal incriminadora nelas contida, a fim de preservar a sua eficácia, deverá incidir sobre todos os fatos praticados durante sua vigência, ainda quando, à época da ação penal e da aplicação da pena, não estejam mais em vigor. Cuida-se do efeito *ultrativo* da lei no tempo.

E que se esclareça: não se trata de qualquer violação ao princípio da legalidade. Na *abolitio criminis*, o fato objeto da incriminação passa a ser não mais desvalorado, em face da evolução social e cultural que assim determinou. Por isso, não teria qualquer sentido pretender a punição de alguém por um fato que o tempo cuidou de aceitar.

Já nas leis temporárias e excepcionais, o fato praticado permanece *desvalorado*, no sentido de não ser socialmente admitido, *nas condições e circunstâncias* em que teria sido realizado, ou seja, ao tempo de vigência das citadas leis. Daí o seu efeito *ultrativo*, para atingir, no futuro, condutas *do passado*.

V *VACATIO LEGIS*

> **Lei Complementar 95/98:** Art. 8º A vigência da lei será indicada de forma expressa e de modo a contemplar prazo razoável para que dela se tenha amplo conhecimento, reservada a cláusula "entra em vigor na data de sua publicação" para as leis de pequena repercussão.
>
> § 1º A contagem do prazo para entrada em vigor das leis que estabeleçam período de vacância far-se-á com a inclusão da data da publicação e do último dia do prazo, entrando em vigor no dia subsequente à sua consumação integral. (Parágrafo incluído pela Lei Complementar nº 107, de 26-4-2001)
>
> § 2º As leis que estabeleçam período de vacância deverão utilizar a cláusula 'esta lei entra em vigor após decorridos (o número de) dias de sua publicação oficial'. (Parágrafo incluído pela Lei Complementar nº 107, de 26-4-2001)

A Lei Complementar 95/98, que define as regras técnicas da produção legislativa, dispõe que toda lei deverá estabelecer o prazo de início de sua vigência. Apenas para as leis que cuidam de matéria de maior complexidade se deveria estabelecer prazos mais amplos para a vigência. Nas demais hipóteses, a regra deverá ser a vigência *a partir de sua publicação.*

Considera-se *vacatio legis* o período que antecede o início da vigência de uma lei, contado a partir do dia de sua publicação, inclusive, até o termo (dia) final do prazo de vacância, de tal modo que aquela (a vigência) se inicie no dia imediatamente posterior.

Embora não nos pareça possível sua ocorrência na prática, se a lei nova deixar de fixar o seu prazo de vacância e tampouco fizer constar que ela teria sua vigência a partir de sua publicação, pensamos que o caso seria de aplicação do art. 1º do Decreto-Lei 4.657/42, que fixa o prazo de 45 (quarenta e cinco) dias para o início da vigência da lei, *quando nada se dispuser a respeito.*

> Art. 1º Salvo disposição contrária, a lei começa a vigorar em todo o país quarenta e cinco dias depois de oficialmente publicada.

VI Revogações/alterações parciais e a unidade do sistema

Nem sempre se dá a devida importância à questão da necessidade de coerência nos processos de interpretação das leis que se sucedem no tempo, notadamente no que toca à manutenção da unidade lógica do sistema. E aqui nos referimos à lógica *material*, ou seja, quanto ao conteúdo da legislação a ser aplicada na sucessão temporal de leis.

Já apontamos as dificuldades inerentes a toda e qualquer produção legislativa, no que se refere ao manejo e aos limites da linguagem, e, não raramente, ao desconhecimento da coerência lógica do sistema legal a ser modificado.

E, infelizmente, disso têm resultado interpretações que ignoram completamente a incoerência entre as premissas que fundamentam a matéria regulada e o resultado interpretativo alcançado.

Vamos aos exemplos, primeiro, do *passado*, e, depois, do *presente*.

A antiga redação do art. 311 do Código de Processo Penal previa que a prisão preventiva somente poderia ser decretada *até o final da instrução criminal*. Esse dispositivo se conectava com outro, que dispunha ser *consequência da sentença condenatória* a prisão do acusado (art. 594, CPP, já revogado, e em sua redação original).

Ora, sobrevindo a Constituição da República e alterada a ordem processual penal, afastou-se, primeiro, por interpretação, e, depois, via legislativa, a obrigatoriedade da prisão enquanto decorrência necessária da sentença condenatória (Lei 11.719/08, que deu a atual redação do art. 387, parágrafo único, CPP).

Nesse meio tempo, ou seja, até *antes* da Constituição, não faltava quem sustentasse entendimento segundo o qual, encerrada a fase de instrução do processo, não seria mais possível ao juiz criminal decretar a prisão preventiva do acusado, nem quando presentes as razões previstas no art. 312, CPP. O fundamento: o limite temporal da antiga redação do art. 311, CPP, hoje já modificada (Lei 12.403/11).

Ora, mas veja-se bem: o prazo de decretação da prisão preventiva – até a instrução – fora fixado tão somente em razão da regra de prisão compulsória decorrente da sentença condenatória! É dizer: se a sentença condenatória implicaria o recolhimento à prisão (antiga redação do já revogado art. 594, CPP), por que razão o art. 311 se referiria a outro momento processual de prisão preventiva *depois* da instrução (nota: a sentença vem logo após a instrução!)?

Uma interpretação assim construída, no sentido de impedir o juiz criminal de decretar a prisão preventiva após a instrução – seja por ocasião da sentença, seja no prazo fixado para a sua prolação –, *quebraria* a relação lógica entre a norma *modificada* (art. 594, CPP) e a outra *mantida* em vigor pela então nova legislação (art. 311, CPP).

Tudo isso serve apenas para ilustrar a argumentação que aqui se vem desenvolvendo. Atualmente, o art. 311, CPP, com redação dada pela Lei 12.403/11, diz que a prisão preventiva poderá ser decretada *em qualquer fase da investigação e do processo*, não pairando mais qualquer dúvida sobre a questão.

Outra discussão relevante e, portanto, digna de nota, diante de seu longo alcance, diz respeito aos novos contornos que se vêm dando ao tema da prescrição, seja aquela denominada *intercorrente,* seja a de natureza *executória.* Ambas serão objeto de detido exame quando do trato específico da matéria. Por ora, adianta-se: a prescrição *intercorrente* é aquela que ocorre *antes do trânsito em julgado,* apurando-se a sua incidência no curso do processo, após o recebimento da acusação; a prescrição da execução (pretensão executória), ao contrário, por pressupor o trânsito em julgado da condenação, se apura a partir da inércia na execução da decisão condenatória. A primeira atinge a pretensão *punitiva;* a segunda, a pretensão *executória.*

Vamos ao problema, já alertando que se trata também de uma questão atinente à lei penal no tempo e da necessidade de se dar a ela uma interpretação que se *ajuste* à lógica do sistema da prescrição então vigente.

Na redação originária do Código de Processo Penal, que é de 1941, a regra, como vimos, era a *execução provisória* do julgado, *desde a sentença condenatória* em primeiro grau! E isso em decorrência do então vigente art. 594 (CPP), que dispunha ser efeito da sentença (condenatória) a obrigação de o réu recolher-se à prisão para apelar.

Sobrevindo a ordem constitucional, prosseguiu no Supremo Tribunal Federal o entendimento no sentido de ser possível a execução provisória, a depender, porém, de decisão confirmatória da condenação em *segunda instância.* É dizer: a execução provisória (antes do trânsito definitivo em julgado) passou a ser possível apenas no segundo grau da jurisdição, com o que se afastou a obrigatoriedade do recolhimento à prisão para apelar e também se limitou o alcance do antigo art. 594, CPP.

O fundamento para a permissão da execução provisória, mesmo diante da norma constitucional que assegura o princípio da *não culpabilidade* (ninguém será considerado culpado senão após o trânsito em julgado da decisão condenatória), residia na ausência de *efeito suspensivo* dos recursos especiais e extraordinários, por determinação da Lei 8.038/90, que cuida dos processos nos tribunais.

No entanto, e mais recentemente, a partir da decisão proferida pela Suprema Corte no julgamento do HC 84.078/MG, passou-se a não mais se admitir a execução das decisões dos tribunais de segundo grau, *enquanto não transitada em julgado a decisão condenatória penal.* Em outras palavras: encerrou-se a possibilidade de execução provisória.

Bem, enquanto isso, o nosso Código Penal, que é contemporâneo de nossa legislação processual penal codificada (1941), previa algumas hipóteses de *interrupção da prescrição,* conforme o disposto no art. 117 (CP). A que nos interessa aqui é aquela então prevista no inciso IV, que cuidava da interrupção da prescrição *pela sentença condenatória recorrível.*

O mundo, então, girava assim, antes da decisão do Supremo Tribunal Federal:

a) se o réu era condenado em primeiro grau, a prolação da sentença interrompia a prescrição. Mantida a condenação em segundo grau, *teria início imediatamente a sua execução da condenação,* não mais se falando em prescrição da pretensão punitiva e, sim, da prescrição *executória;*

b) se ele era absolvido em primeiro grau e condenado em segundo, esta última condenação, embora rigorosamente *não interrompesse a prescrição*, do mesmo modo, *já autorizava o início da execução da pena*, não mais se podendo falar em prescrição da pretensão punitiva, e, sim, da *executória*.

A decisão da Suprema Corte (HC 84.078/MG), alterando a sua jurisprudência consolidada desde o ano de 1989, trouxe, portanto, uma novidade na interpretação do direito vigente, cuja consequência, não antevista – e nem deveria sê-lo, segundo nos parece! –, poderá implicar a *quebra* da sincronia lógica e harmônica existente entre a legislação penal e a processual penal de seu tempo, acolhida também na jurisprudência.

É que, antes dela (a decisão do STF), como o acórdão de segundo grau era imediatamente cumprido, independentemente do trânsito definitivo do julgado, não seria necessário atribuir-se a ele (acórdão) o efeito de interrupção da prescrição, já que este seria imediatamente executado. É essa a razão pela qual o Código Penal de 1941 não fez qualquer alusão ao fato de a decisão de segundo grau *também interromper* a prescrição, limitando-se a se referir à *sentença condenatória* (de primeiro grau, portanto).

Só que, *agora*, já se insinua, na jurisprudência e em doutrina, que a decisão da Suprema Corte *não teria qualquer efeito* na interpretação das leis penais, notadamente no que diz respeito às regras de interrupção da prescrição (art. 117, CP). Afirma-se mesmo que a decisão de segundo grau, quando meramente *confirmatória* da condenação de primeiro grau, não teria o efeito de iniciar novo marco do curso prescricional. Quando, porém, a sentença de primeiro grau for absolutória e o acórdão modificá-la para condenar o réu, haveria, somente aí, interrupção da prescrição.

Em uma primeira e apressada leitura, a manter-se semelhante interpretação, haverá contagem do prazo de prescrição intercorrente entre a data da sentença condenatória (causa interruptiva) e o trânsito em julgado em definitivo da condenação. Em outras palavras: no primeiro exemplo, o prazo prescricional, interrompido na sentença condenatória de primeiro grau (art. 117, IV, CP), fluiria livremente enquanto não esgotados todos os recursos cabíveis, já que o acórdão *confirmatório* da condenação não interromperia a prescrição.

Eis, então, e aqui, um claríssimo exemplo da ausência de uma compreensão sistemática das normas jurídicas, em razão da qual se pretende *uma nova interpretação* de regras *processuais* já vigentes (o fim da execução provisória em segundo grau) e uma *velha leitura* das *penais* em vigor.

E, exatamente para evitar o raciocínio que ora aqui se aponta e se critica, a Lei 11.596/07 veio modificar o art. 117, do Código Penal, nele inserindo o *acórdão de segundo grau* como causa interruptiva da prescrição. Embora não se tenha dito na lei que a alteração legal não fazia distinção entre a decisão *confirmatória* da condenação de primeiro grau e aquela que, modificando a absolvição na sentença, condenasse o acusado, o fato é que a própria Exposição de Motivos da citada lei não deixa dúvidas quanto ao propósito da nova legislação. Ou seja: o legislador deixa claro ser aquele o fundamento e a justificação da alteração legislativa.

Mas nem isso bastou para convencer a Sexta Turma do Superior Tribunal de Justiça, que, no julgamento do AgRg no REsp 710.552/MG, Rel. Min. Maria Thereza de Assis Moura, *DJe* 1-2-2010, reafirmou o antigo entendimento, rejeitando qualquer efeito interruptivo no acórdão confirmatório da condenação de primeiro grau.

Jamais renderíamos tributos indevidos ao método interpretativo da busca por um suposto *espírito* ou mesmo uma *razão* da lei, afinal nem todos se alinham em uma mesma fileira quanto ao significado de uma produção humana (no caso, as leis).

No entanto, quando se percebe que uma nova legislação vem anunciadamente, com o apelo de sua Exposição de Motivos, para *corrigir* distorções legislativas ou interpretativas, há que se reconhecer a autoridade da fonte (do Direito), salvo quando o seu conteúdo estiver em desacordo com a ordem constitucional, o que, nem de longe, é o caso da interrupção da prescrição.

As escolhas legislativas, quando válidas, isto é, quando em conformidade com a Constituição da República, devem ser respeitadas, ainda que não concordemos com elas. O intérprete há que buscar a alteridade (o outro) no texto; há que entender que sua vontade, por melhores que sejam suas intenções, não deve prevalecer unicamente pela preferência pessoal. A democracia deve, sim, atender à demanda e às pretensões das minorias, mas deve também aceitar as determinações da maioria (a Lei), salvo apenas quando a solução legal estiver na direção oposta das previsões constitucionais.

Mas não é só.

O *fim* da execução provisória – a partir de decisão da 2ª Instância – há que produzir outra alteração na interpretação da matéria. É que o art. 112, I, do Código Penal prevê que o início da pretensão executória (e, logo, da contagem do prazo prescricional relativo à execução) ocorria com o *trânsito em julgado* (da sentença condenatória) *para a acusação*. Ora, pelas mesmas razões antes alinhadas, o dispositivo perde eficácia com o fim da execução provisória.

Com efeito, quando era possível executar-se a condenação já a partir da decisão em segundo grau, a ausência de recurso especial ou extraordinário por parte da acusação *não impedia* a sua execução. Assim, e tendo em vista que a pena não poderia ser aumentada em recurso exclusivo da defesa, já se podia fazer a *conta* do prazo prescricional pela pena *efetivamente aplicada* (art. 110, § 1º, CP).

Agora, como não é mais possível a execução provisória, pensamos que somente terá início o prazo de prescrição executória com o *trânsito em julgado* para ambas as partes, tal como se encontra no *caput* do mesmo art. 110, CP – especialmente porque somente a partir de então será a decisão condenatória exequível, ou seja, apenas a partir do trânsito em julgado para acusação e defesa se poderá dizer de uma pretensão executória passível de extinção pela prescrição.

Afinal, como iniciar-se a prescrição da execução se e quando ela *não puder ser concretamente realizada*, por determinação constitucional (segundo o STF)? Parece-nos que os precedentes em sentido contrário, com algumas divergências,[34] não contemplaram essa questão, conforme se verifica de precedente da Corte Especial do Superior Tribunal de Justiça[35] e também de julgados do Supremo Tribunal Federal.[36] Não temos dúvida alguma em afirmar que essa jurisprudência irá se modificar.

Mas, note-se, contudo, que nada impedirá o reconhecimento da prescrição da pretensão *punitiva* – agora com fundamento no art. 110, § 1º, CP – entre os marcos legais interruptivos da prescrição, incluindo aquele existente entre a data do acórdão condenatório (ou confirmatório) de segundo grau e o trânsito em julgado em definitivo. Quanto à conclusão, portanto, está correta a decisão da 6ª Turma do Superior Tribunal de Justiça no julgamento do HC 254.080/SC – Rel. Min. Marco Aurélio Bellizze, julg. 15-10-2013, embora incorreta a sua parte dispositiva (art. 112, I, CP).

Lá, ao exame da Prescrição, voltaremos ao tema.

VII O TEMPO DO CRIME

Art. 4º Considera-se praticado o crime no momento da ação ou omissão, ainda que outro seja o momento do resultado.

Ninguém há de negar a importância ou mesmo a necessidade de se identificar com precisão o tempo do crime, isto é, o momento em que se considera praticado o delito, seja em sua forma tentada, seja na consumada.

Em primeiro lugar, para fins de se saber até mesmo de sua existência, ou seja, para que se possa afirmar que o fato praticado efetivamente corresponde a alguma definição típica. Tudo isso em atenção, é claro, ao princípio da legalidade.

E também para que se possa aferir a sua *punibilidade*. Como se sabe, há prazos certos e específicos para a persecução penal dos crimes, sob pena da respectiva prescrição, causa extintiva da punibilidade (art. 107, IV, CP). Como se vê, a legislação não poderia deixar de cuidar da matéria, como fez pelo disposto no art. 4º, CP.

Observe-se que o tratamento da matéria, relativamente ao *tempo* do crime, é diferente do critério utilizado pelo nosso Código Penal na definição do *lugar* do delito. Com efeito, dispõe o art. 6º, CP, que tanto se considera lugar do crime aquele em que se praticaram os atos de execução, quanto aquele em que ocorreu o resultado. Facilmente explicável a adoção da teoria da *atividade* – tempo da ação ou da omissão – para a definição do tempo do crime.

É que quanto mais cedo se concretize a definição da prática do fato criminoso, mais e melhor se observam os princípios fundamentais em matéria punitiva. E não

---

[34] AgRg no REsp 1323336/RJ, Rel. Ministro Jorge Mussi, Quinta Turma, julgado em 23-10-2012, *DJe* 6-11-2012.

[35] EDcl no AgRg no ARE no RE no REsp 1113401/SP, Rel. Min. Eliana Calmon, Corte Especial, julgado em 17-12-2012, *DJe* 1º-2-2013.

[36] HC 110133, Relator(a): Min. Luiz Fux, Primeira Turma, julgado em 3-4-2012, Processo Eletrônico *DJe* 76, Divulg. 18-4-2012, Public. 19-4-2012.

se trata de cortesia garantista por parte do legislador. A consideração do tempo como sendo o momento da ação ou da omissão respeita o elemento anímico que orientou o comportamento e, via de consequência, consolida a compreensão geral da ilicitude do fato e, assim, o conhecimento da matéria proibida à época de seu cometimento. E, mesmo nos crimes culposos, a exigência do *nullum crimen sine lege* se faz presente, certamente pela consideração de que eventual criminalização do resultado pela conduta negligente pretende obter um mínimo de eficácia da norma incriminadora.

Portanto, por variados motivos, justifica-se a eleição da teoria da *atividade* em relação ao contido no art. 4º do Código Penal. Se se pudesse considerar também como tempo do crime o momento de sua consumação, o risco de abusos punitivos seria inevitável, seja pela prorrogação do prazo prescricional, seja, enfim, pela modificação legislativa da matéria, quando anteriores ao resultado final da conduta (imagine-se o resultado morte ocorrido muito tempo depois da ação causadora da lesão).

VIII Os prazos no Direito Penal

> **Código Penal.** Art. 10 – O dia do começo inclui-se no cômputo do prazo. Contam-se os dias, os meses e os anos pelo calendário comum.

Há diferentes modos de contagem de prazos, relativamente ao Direito Penal e ao Processo Penal.

Para o Direito Penal, independentemente da hora e para todos os fins (aplicação da pena, prescrição, decadência etc.), o primeiro dia será sempre computado. Se no processo penal dá-se exatamente o contrário, isto é, não se computa o primeiro dia, o critério para a legislação penal é perfeitamente explicável.

A perspectiva que se adota, então, é a do *favor rei,* de modo a evitar excessos em relação ao agente do crime, dado que, em tema de tamanha envergadura, sobretudo pelas consequências, quaisquer minutos passam a ter importância para a mais adequada tutela da liberdade individual. Por isso, a inclusão do primeiro dia do tempo do crime.

Em processo penal, o raciocínio é o inverso: exclui-se o primeiro dia, para que a prática dos atos não seja reduzida pelos diferentes horários em que se noticiam as movimentações processuais (citações, intimações e notificações).

Quanto à forma de contagem, adota-se o calendário comum, considerando-se o dia, o mês e o ano, quando a norma legal a eles se referirem. Nesse passo, não há lugar para as referências tradicionais, que computam o mês como o intervalo de 30 (trinta) dias e o ano como de 365 (trezentos e sessenta e cinco) dias. O ano no calendário comum vai do dia inicial ao dia correspondente no ano seguinte (de 1º de abril de um ano ao mesmo 1º de abril do outro). Do mesmo modo, é claro, a contagem dos meses.

VIII

LEIS PENAIS NO ESPAÇO

I LUGAR DO CRIME

Código Penal: Art. 6º Considera-se praticado o crime no lugar em que ocorreu a ação ou omissão, no todo ou em parte, bem como onde se produziu ou deveria produzir-se o resultado.

Assentada a ideia inicial, por todos, senão conhecida, pelo menos intuída, de que somente se processam no Brasil os crimes aqui praticados, ressalvados os casos de *extraterritorialidade,* que já veremos, a norma jurídica disposta no art. 6º, CP, oferece interesse muito mais processual penal que propriamente penal.

Mesmo nos chamados *crimes à distância,* com previsão no art. 70, § 1º e § 2º, CPP, e que estabelecem a competência jurisdicional brasileira nos casos em que a execução do crime (ação ou omissão) se inicia fora do país e aqui se consuma ou deveria se consumar, e vice-versa (início da execução aqui e consumação fora do território nacional), o que se está a definir é competência do juiz brasileiro para julgamentos de fatos que, de um modo ou outro, realizam no país algum de seus elementos típicos (execução ou consumação, e, ainda, onde se deveria produzir o resultado).

Curiosamente, o nosso CPP, cuidando de fixar competências, não acompanhou a definição de *lugar do crime* do CP, que termina por estabelecer e assegurar, de forma abrangente, as circunstâncias territoriais em que deve ser aplicada a lei penal brasileira. Com efeito, dispõe o art. 70, *caput,* do CPP, que, em regra, a competência será fixada no lugar onde *se consumar* a infração, ou, no caso de tentativa, naquele onde tiver sido praticado o último ato de execução. É dizer, para o CPP, a regra é o princípio do *resultado*.

Há três concepções bem conhecidas a cuidar da matéria atinente ao lugar da infração penal. Pela teoria da *atividade*, considera-se lugar do crime aquele no qual se praticaram os atos de execução (ação ou omissão). Já pela teoria do *resultado*, o lugar será aquele em que se consumar a infração penal, exceção feita à tentativa, quando, então, se aplicará a regra da *atividade*, isto é, se atenderá ao lugar onde tiver sido praticado o último ato de execução (art. 70, *caput*, CPP). Por fim, outra teoria abrangeria as duas anteriores: pela chamada teoria da *ubiquidade* (para alguns, *mista*), tanto se considera lugar da infração o local da ação ou da omissão quanto o de seu respectivo resultado. Foi essa a concepção acolhida no art. 6º, CP.

De modo que o citado art. 6º, CP, não tem muita utilidade prática, uma vez que toda a matéria ali tratada já foi regulada na legislação processual penal, *para fins específicos de determinação da competência jurisdicional brasileira*. E qual outra função a referida norma poderia exercer, senão limitar-se a afirmar que tanto a execução quanto a consumação constituiriam elementos a serem considerados na respectiva fixação de competência, sobretudo nos crimes *à distância* (parte no Brasil e parte no exterior)? Quando muito, se prestará a justificar a teoria da *ubiquidade* no âmbito dos Juizados Especiais Criminais (Lei 9.099/95), cujo art. 63 não esclarece o que deveria se entender por *lugar da infração*. Afinal, ali, nos Juizados, se aplicaria o art. 6º, CP, ou o art. 70, *caput*, CPP? Ficamos com a regra do CP, já que o objetivo da Lei 9.099/95 é promover a conciliação e não incentivar o processamento da ação. Não obstante, a doutrina majoritária parece se posicionar de forma contrária a este entendimento, defendendo que no âmbito dos juizados deve ser adotada a teoria da atividade.

Também nos crimes de competência do júri aplica-se a teoria da atividade, conforme entendimento já considerado nos Tribunais Superiores.

II Territorialidade

> **Código Penal:** Art. 5º Aplica-se a lei brasileira, sem prejuízo de convenções, tratados e regras de direito internacional, ao crime cometido no território nacional. (Redação dada pela Lei nº 7.209, de 1984)
>
> § 1º Para os efeitos penais, consideram-se como extensão do território nacional as embarcações e aeronaves brasileiras, de natureza pública ou a serviço do governo brasileiro onde quer que se encontrem, bem como as aeronaves e as embarcações brasileiras, mercantes ou de propriedade privada, que se achem, respectivamente, no espaço aéreo correspondente ou em alto-mar. (Redação dada pela Lei nº 7.209, de 1984)
>
> § 2º É também aplicável a lei brasileira aos crimes praticados a bordo de aeronaves ou embarcações estrangeiras de propriedade privada, achando-se aquelas em pouso no território nacional ou em voo no espaço aéreo correspondente, e

estas em porto ou mar territorial do Brasil. (Redação dada pela Lei nº 7.209, de 1984)

A soberania política e legislativa de uma nação não estaria completa se não viessem acompanhadas da soberania de sua jurisdição. A própria ressalva em relação às normas previstas em tratados e convenções internacionais já constitui manifestação de parte desse atributo estatal e social.

Com efeito, é a Constituição da República que acolhe a jurisdição do Tribunal Penal Internacional, segundo o disposto no art. 5º, § 4º, de nosso texto, bem como a validade normativa dos tratados internacionais aos quais tenha aderido. Mais ainda. Em relação àqueles (tratados e convenções internacionais) que tenham por objeto o reconhecimento e a afirmação dos direitos humanos, e que sejam aprovados pelas duas Casas (Câmara dos Deputados e Senado), em dois turnos, por três quintos de seus membros, a Carta de 1988 reconhece a estatura constitucional de suas disposições, como se emendas (constitucionais) fossem (art. 5º, § 3º).

Não se perca de vista, contudo, que a jurisdição do Tribunal Penal Internacional, a partir do Estatuto de Roma, aprovado em 1998 e subscrito pelo Brasil em 2000, ratificado e promulgado pelo Decreto Legislativo 112/02 e pelo Decreto 4.388/02, não se sobrepõe à nacional, exercendo função *subsidiária* e *complementar* àquela do nosso Poder Judiciário (art. 17 e art. 18, TPI), a depender de situações específicas, tal como ocorre nas hipóteses de manifesta ausência de vontade ou de comprometimento com a efetiva censura aos crimes contra os direitos humanos.

Portanto, os crimes praticados no Brasil, feitas as ressalvas antes mencionadas, que incluem as *imunidades diplomáticas* e *consulares,* que ainda veremos, deverão aqui ser julgados, segundo a nossa legislação vigente, válida e aplicável ao tempo do fato. A regra, portanto, é a aplicação do princípio da *territorialidade.*

E o que se deve entender por território?

Há quem faça a distinção entre território *em sentido estrito* e território *por extensão.* Do ponto de vista conceitual (de que se extrai a definição das características essenciais de alguma coisa), a distinção não é lá muito rica; do ponto de vista didático, porém, é bastante razoável.

O território em sentido estrito é aquele composto pelo solo, o subsolo, as águas interiores, o mar territorial, a plataforma continental, bem como o espaço aéreo acima do solo e do mar territorial. É o que se extrai das Leis 7.565/86 e 8.617/93. Já o território por extensão abrangeria as embarcações e aeronaves brasileiras, de natureza pública ou a serviço do governo brasileiro, estejam onde estiverem, bem assim as embarcações e aeronaves brasileiras, mercantes ou de propriedade privada, que estejam em alto-mar ou no espaço aéreo correspondente (art. 5º, § 1º, Código Penal).

Tais disposições acerca da definição do território, incluindo a especificação e a extensão do mar territorial e da plataforma continental, todas contidas na Lei 8.617/93, incorporaram a Convenção da ONU (1982) sobre o Direito do Mar e as normas de direito internacional sobre o espaço aéreo.[37]

E aplica-se a legislação penal brasileira aos crimes praticados a bordo de aeronaves e embarcações estrangeiras quando praticados em território nacional, consoante os termos e limites do § 2º, art. 5º, Código Penal.

A Lei 8.617/93, art. 3º, contempla a curiosa situação do *direito de passagem inocente* por parte de navios estrangeiros em nosso mar territorial. A passagem será considerada inocente desde que não seja prejudicial à paz, à boa ordem ou à segurança do Brasil, devendo ser contínua e rápida (§ 1º) e compreenderá o *parar e o fundear,* mas apenas na medida em que tais procedimentos constituam incidentes comuns de navegação ou sejam impostos por motivos de força ou por dificuldade grave, ou tenham por fim prestar auxílio a pessoas a navios ou aeronaves em perigo ou em dificuldade grave (§ 2º).

E exatamente na medida em que se institui *direito* ao navio estrangeiro, que deverá identificar sua bandeira de origem, ter-se-á aqui exceção à aplicação da legislação penal brasileira aos crimes ali praticados, desde que nas situações de excepcionalidade previstas na lei. Ou seja, o reconhecimento legal da limitação de nossa soberania depende do atendimento das restrições legais (passagem contínua e rápida). Tais embarcações – e são apenas os navios! – estarão sujeitas aos regulamentos estabelecidos pelo Governo brasileiro (§ 3º). Naturalmente, nos referimos aos navios de propriedade privada, conforme ressalva no próprio texto do art. 5º, CP.

III Imunidades e inviolabilidades diplomáticas e consulares

Enquanto alguns autores preferem tratar das imunidades diplomáticas junto à abordagem relativa às imunidades *materiais* (e *processuais*), decorrentes do exercício de relevantes funções públicas exercidas pelo agente – pensamos que a questão ali não se situa.

De fato, enquanto o fundamento para a não punição ou para a exclusão da ilicitude (ou até da tipicidade) nas imunidades materiais (parlamentares e Presidente da República) se ancora na especial proteção ao regular exercício daquelas elevadas funções, as imunidades diplomáticas e as consulares atendem a outra ordem de interesses, ligados muito mais – ou exclusivamente – à política internacional. O substrato delas (imunidades) repousa nas relações internacionais entre Estados, sendo estabelecidas, portanto, não em favor da função, mas do Estado *acreditante,* que, aliás, pode renunciar a elas. Em síntese: o que se reconhece na imunidade diplomática e consular é a independência do Estado estrangeiro para cuidar de seus representantes. Naturalmente que são também protegidas as funções diplomáticas e consulares, mas não como reconhecimento de sua importância para o Brasil e sim para o Estado *acreditante.*

---

[37] SANTOS, Juarez Cirino dos. *Direito penal.* Parte geral. 4. ed., revista e atualizada. Florianópolis: Conceito, 2010, p. 35-36.

Aliás, cumpre esclarecer também que as aludidas imunidades não excluem o caráter ilícito do fato ou mesmo a sua punibilidade no Brasil. O que resta afastada é a jurisdição brasileira para apreciar as respectivas condutas (art. 31.4). De modo que, a menos que o fato não constitua crime no Estado *acreditante*, isto é, de origem do agente diplomático, lá ele deverá, em tese, responder pelo crime.

Segundo o disposto na Convenção de Viena (1961), aprovada pelo Decreto Legislativo 103/64 e promulgada pelo Decreto 56.435/65, os agentes diplomáticos (Chefes da Missão) e seus respectivos familiares gozam de imunidade penal, civil e administrativa (com algumas ressalvas quanto a essas últimas – civil e administrativa), nos termos do art. 31. Quanto aos membros do pessoal administrativo e técnico da Missão (Diplomática) e respectivos familiares, é ampla a imunidade penal e restrita a civil e administrativa, limitada aos atos praticados no exercício da função (art. 31, 2). A imunidade dos familiares se aplica às pessoas que não sejam nacionais (brasileiras) e nem aqui tenham residência (art. 37, 1 e 2). São também invioláveis a sede da Missão, os meios de transporte e respectivas bagagens (art. 30). E, mais, o agente diplomático não é obrigado a depor como testemunha (art. 31.2).

A Convenção, porém, limita a imunidade do pessoal de serviço doméstico da Missão aos fatos praticados no respectivo exercício, conforme disposto no art. 37, 3.

Já em relação aos agentes consulares, a imunidade de jurisdição limita-se aos fatos praticados no exercício da função consular, podendo eles responder por outros delitos no Estado *receptor* (o Brasil, no caso), não gozando também da imunidade de depoimento em processo como testemunhas, com a única ressalva em relação aos atos de ofício. E, do mesmo modo, o Estado de origem poderá renunciar à citada imunidade relativa. Tais são os termos do art. 43, I, e art. 45, da Convenção de Viena para as Relações Consulares, aprovada pelo Decreto legislativo 6/67, e promulgada pelo Decreto 61.078/67.

Lembram, ainda, Artur de Brito Gueiros SOUZA e Carlos Eduardo Adriano JAPIASSÚ[38] que os funcionários da ONU (Carta da ONU – art. 105), quando em missão, gozariam também de imunidade, caso também do Chefe de Estado estrangeiro em idêntica situação.

IV Imunidades materiais e imunidades processuais

Nossa Constituição assegura aos membros do Congresso Nacional a *inviolabilidade* quanto aos respectivos votos e quanto às palavras e opiniões manifestadas por ocasião do exercício do mandato parlamentar ou com ele relacionadas. Embora o texto do art. 53, CF, não se refira à ressalva que acabamos de fazer, relacionada às funções parlamentares, parece-nos claro que a norma constitucional não instituiu nenhuma

[38] SOUZA, Artur de Brito Gueiros; JAPIASSÚ, Carlos Eduardo Adriano. *Curso de direito penal*. Parte geral. Rio de Janeiro: Elsevier, 2012. p. 124.

salvaguarda para a violação de direitos individuais – de que é exemplo a honra – unicamente pelo fato de se tratar de membro do Congresso Nacional.

O que se quer proteger com a aludida inviolabilidade é exatamente a representatividade popular, não devendo o parlamentar se deixar intimidar pelo risco de reações pessoais contrárias aos seus pontos de vista e às pretensões de seu mandato popular. Em última análise, o dispositivo constitucional está relacionado com a tutela da vontade popular consagrada no voto, consubstanciada na garantia contra tentativas de responsabilização penal e civil contra o seu representante.

Assegura, ainda, que eles não serão obrigados a testemunhar sobre informações recebidas ou prestadas em razão do exercício do mandato, nem sobre as pessoas que lhes confiaram ou deles receberam informações (art. 53, § 6º, CF).

E, mais, que as *imunidades* de Deputados e de Senadores subsistirão durante o estado de sítio, somente podendo ser suspensas mediante o voto de dois terços dos membros da respectiva Casa (art. 53, § 8º, CF).

Percebe-se que o constituinte não parece ter se preocupado em distinguir *inviolabilidade* de *imunidade*, o que nos deixa mais à vontade para tratar de ambos como se uma e só proteção houvesse. Fiquemos com a *imunidade*, pois.

A doutrina, de modo geral, vê aí *causa pessoal de exclusão da pena* ou da punibilidade,[39] em que ficam mantidas as razões de reprovação da conduta, mas que resta excluída a punibilidade por variadas considerações. Entre nós, René Ariel DOTTI[40] entende que a aludida imunidade configura verdadeira *exclusão de ilicitude*,[41] com o que estamos de acordo. Não estamos convencidos do acerto da posição defendida pelos doutos autores alemães, o que, talvez, derive dos termos em que está posta a imunidade das manifestações parlamentares no § 36 do Código Penal alemão, não só expressamente designada como situação de não punibilidade, mas contendo também ressalva quanto às ofensas caluniosas. Deixemos o exame pormenorizado da questão para o devido momento, ao tratarmos dos *outros pressupostos de punibilidade* do fato.

Adiante-se, no entanto, que não chegaríamos ao ponto de sustentar a ausência de tipicidade nas ofensas assim proferidas (na perspectiva da tipicidade *conglobante*, fundada no conceito de antinormatividade dos tipos penais), na medida em que não vemos ali o exercício de um direito subjetivo, mas, sim, manifestação de um *poder* e de um *dever*. Quando do exercício do mandato resultar lesões a bens jurídicos alheios (crimes contra a honra, no exemplo dado), o que se terá é a prática de comportamentos a serem apenas tolerados, em homenagem aos deveres do fiel cumprimento da representatividade

---

[39] ROXIN, Claus. *Derecho penal.* Parte general. Tomo I. Fundamentos. La estrutura de la teoría del delito. Traducción de la 2ª edición alemana, por Diego-Manuel Luzán Peña, Miguel Diaz y Garcia Conlledo e Javier de Vicente Remesal. Madrid: Civitas Ediciones, 1997. p. 971. No mesmo sentido, JESCHECK/WEIGEND, op. cit., p. 201-202 e 593. Entre nós, SANTOS, Juarez Cirino dos. *Direito penal.* Parte geral. 4. ed. Florianópolis: Conceito, 2010. p. 44.

[40] DOTTI, René Ariel, ob. cit., p. 370.

[41] Para JESCHECK e WEIGEN, tal imunidade constituiria causa pessoal de exclusão da pena, do que resultaria a possibilidade de punição do partícipe. *Tratado de derecho penal*, cit., p. 201-202.

parlamentar. Para nós, então, a inviolabilidade de votos e opiniões no exercício da atividade parlamentar constitui causa específica de exclusão da ilicitude.

Em relação aos deputados estaduais, é de se ter presente a norma constitucional prevista no art. 27, § 1º, CF, que lhes assegura a aplicação das regras atinentes às imunidades e às inviolabilidades garantidas aos membros do Congresso Nacional.

Pensamos, contudo, que a regra da inviolabilidade aí prevista (para os deputados estaduais) limita-se às questões atinentes ao regular exercício da citada função. Assim, e tendo em vista a reduzida competência constitucional de tais parlamentares, sobretudo legislativa, não há como negar que a inviolabilidade a eles deferida é menos ampla que aquela dos membros do Congresso Nacional.

Também os vereadores gozam de inviolabilidade *por suas opiniões, palavras e votos no exercício do mandato e na circunscrição do Município,* consoante o disposto no art. 29, VIII, da Constituição da República. Ao que se vê, e como não poderia deixar de ser, diante da diminuta competência constitucional dos vereadores, a imunidade destes vem expressamente reduzida à circunscrição do Município, o que significa dizer que ela é limitada às manifestações relativas à política local.

A seu turno, as imunidades processuais, também designadas por *formais,* dizem respeito à posição de determinados ocupantes de cargos públicos em relação à persecução penal.

Assim, o Presidente da República não poderá ser processado por atos estranhos ao exercício de seu mandato e enquanto estiver no cargo, o que implica verdadeira suspensão da persecução até o final do aludido mandato. É ver o disposto no art. 86, § 4º, CF. E já em relação a atos praticados por ocasião do mandato, isto é, por atos que estejam com ele relacionados, a ação penal somente se iniciará após licença prévia da Câmara dos Deputados (*quorum* de dois terços). É dizer, a denúncia poderá ser oferecida, mas a sua apreciação dependerá de citada licença. Sendo esta concedida, e uma vez admitida a peça acusatória (nas infrações comuns) pelo Supremo Tribunal Federal, o Presidente será afastado do cargo (suspenso de suas funções), podendo a ele retornar, todavia, se, no prazo de 180 (cento e oitenta) dias, não estiver concluído o julgamento (art. 86, § 2º, CF). Outra *imunidade:* enquanto não transitar em julgado a sentença – melhor dizendo, o acórdão condenatório –, ele não poderá ser preso.

Importante esclarecer que estamos a nos referir aqui apenas às infrações penais comuns, o que não inclui os chamados *crimes de responsabilidade,* passíveis de apreciação pela jurisdição *política,* e que, por isso, não se submetem às imunidades e regras aqui mencionadas.

Também os Governadores de Estado gozam de algumas das imunidades que acabamos de ver, sobretudo aquela que diz respeito à exigência prévia para o processamento de ação penal. Ver STF – HC nº 80.511/MG – *Informativo STF* 209, 16-11-2000.

Todavia, a Suprema Corte decidiu que eles estão sujeitos à prisão preventiva, não se lhes aplicando, portanto, a simetria de tratamento contida no art. 86, § 3º, CF (STF – HC 102.732/DF, Plenário, Rel. Min. Marco Aurélio). Ora, se assim for, também as demais medidas cautelares pessoais (art. 319, CPP) poderiam ser a eles impostas, se presentes os respectivos fundamentos.

Já os prefeitos não gozam de semelhante prerrogativa, em nenhum de seus níveis, a não ser no que toca ao foro privativo na segunda instância (Tribunal de Justiça, nos crimes da competência estadual; Tribunais Regionais Federais, na jurisdição federal, e Tribunais Regionais Eleitorais, nas infrações penais eleitorais).

Mais.

Os membros do Congresso Nacional, e bem assim os deputados estaduais, poderão ter suspenso o curso de ação penal contra eles instaurada pelo voto da maioria da respectiva Casa (Câmara dos Deputados, Senado ou Assembleias Legislativas), quando se tratar de crimes praticados após a diplomação. Nesse caso, suspenso também estará o curso do prazo prescricional (art. 53, § 5º, CF). Aos vereadores, porém, não se estende semelhante regra de imunidade ou de prerrogativa. Aliás, até mesmo para a existência de foro privativo pelo exercício da função, será necessária previsão expressa na respectiva Constituição Estadual.

Para um estudo acerca dos foros privativos por prerrogativa de função, as hipóteses de manutenção e modificação das respectivas jurisdições, consulte-se nosso *Curso de processo penal* ou os também nossos (na companhia de Douglas Fischer) *Comentários ao Código de Processo Penal e sua jurisprudência*, edições mais recentes, todas pela Atlas.

1 Condenação criminal de agentes políticos: suspensão dos direitos políticos e perda do cargo

No ano de 2012, realizou-se no Supremo Tribunal Federal o julgamento da Ação Penal 470, popular e anunciadamente conhecida como o processo do *mensalão*. Trata-se de caso notório, envolvendo a acusação, pela prática de diversos crimes, de vários agentes políticos, incluindo membros do Congresso Nacional.

Ao final do julgamento, com a condenação de grande parte dos réus, decidiu-se, por maioria, pela imposição da sanção de perda do cargo aos acusados ainda no exercício do mandato de deputado federal, aplicando-se a norma contida no art. 92, I, do Código Penal, ou seja, como efeito da sentença. Determinou-se também a suspensão dos direitos políticos (art. 15, III, CF).

Na decisão, outros e vários argumentos foram também expostos, sobretudo levando em consideração a necessidade de se dar unidade e sistematização às censuras contidas na Constituição Federal em relação aos atos praticados por tais pessoas, ocupantes das mais altas funções do Poder Legislativo.

Posteriormente, a mesma Corte, alterando o posicionamento então firmado, recusou semelhante possibilidade (de perda do mandato por condenação criminal aos membros do Congresso Nacional) no julgamento da AP 565, tendo como réu o Senador Ivo Cassol – decidindo, por maioria (6 x 4), caber à respectiva Casa do Congresso a decisão acerca da perda do mandato nos casos de condenação criminal. A alteração da posição no Supremo Tribunal Federal decorreu dos votos dos novos Ministros, Teori Zavascki e Luis Roberto Barroso, que ainda não integravam a Corte quando do julgamento da AP 470.

No ponto, remetemos o leitor aos estudos que fizemos por ocasião dos efeitos *extrapenais* da pena criminal, espaço em que apreciaremos as possíveis distinções de tratamento que devem ser feitas em relação à perda de cargos e funções públicas, e, de outro lado, de mandatos eletivos, bem como acerca da suspensão dos direitos políticos.

V A Extraterritorialidade

> **Código Penal:** Art. 7º Ficam sujeitos à lei brasileira, embora cometidos no estrangeiro:
>
> I – os crimes:
>
> a) contra a vida ou a liberdade do Presidente da República;
>
> b) contra o patrimônio ou a fé pública da União, do Distrito Federal, de Estado, de Território, de Município, de empresa pública, sociedade de economia mista, autarquia ou fundação instituída pelo Poder Público;
>
> c) contra a administração pública, por quem está a seu serviço;
>
> d) de genocídio, quando o agente for brasileiro ou domiciliado no Brasil;
>
> II – os crimes:
>
> a) que, por tratado ou convenção, o Brasil se obrigou a reprimir;
>
> b) praticados por brasileiro;
>
> c) praticados em aeronaves ou embarcações brasileiras, mercantes ou de propriedade privada, quando em território estrangeiro e aí não sejam julgados.
>
> § 1º Nos casos do inciso I, o agente é punido segundo a lei brasileira, ainda que absolvido ou condenado no estrangeiro.
>
> § 2º Nos casos do inciso II, a aplicação da lei brasileira depende do concurso das seguintes condições:
>
> a) entrar o agente no território nacional;
>
> b) ser o fato punível também no país em que foi praticado;
>
> c) estar o crime incluído entre aqueles pelos quais a lei brasileira autoriza a extradição;
>
> d) não ter sido o agente absolvido no estrangeiro ou não ter aí cumprido a pena;
>
> e) não ter sido o agente perdoado no estrangeiro ou, por outro motivo, não estar extinta a punibilidade, segundo a lei mais favorável.

§ 3º A lei brasileira aplica-se também ao crime cometido por estrangeiro contra brasileiro fora do Brasil, se, reunidas as condições previstas no parágrafo anterior:

a) não foi pedida ou foi negada a extradição;

b) houve requisição do Ministro da Justiça.

1 Princípios gerais

Se a regra é a territorialidade, ou seja, o julgamento e a aplicação do Direito Penal brasileiro apenas aos fatos aqui praticados – ressalvadas as hipóteses de imunidades que acabamos de ver –, há também situações em que se aplicará nossa legislação a determinados crimes praticados no exterior. O Código Penal as designa por (hipóteses de) *extraterritorialidade*.

A regulação normativa dessas situações obedece a alguns critérios já consagrados nos ordenamentos jurídicos dos povos civilizados. Referidos critérios podem ser concebidos como *princípios gerais* em tema de aplicação da lei penal no espaço e, de modo particular, nos casos de extraterritorialidade. São eles os princípios *da proteção ou da defesa, da justiça universal, da representação ou da bandeira* e, talvez o mais importante deles, o *da personalidade,* mais adequadamente conceituado como *da nacionalidade.*

Iniciemos por este último.

Para não irmos ainda mais longe, ao tempo das primeiras formas de organizações sociais, tem-se em Aristóteles, em sua *Política,* a ideia de que a existência do Estado precederia ao próprio indivíduo, sendo ele resultado da natureza das coisas e não obra instituída e elaborada pelo Homem. Nessa e dessa perspectiva, o indivíduo não ocuparia a proeminência na organização política. Anota BOBBIO que a expressão "Estado, que através de modificações ainda não bem esclarecidas passou de um significado genérico de situação (*status*) para um significado específico de condição de posse permanente e exclusiva de um território e de comando sobre os respectivos habitantes, como aparece no próprio trecho de Maquiavel, no qual o termo [...] é imediatamente assimilado ao termo 'domínio'".[42]

No entanto, ainda que o *poder* tenha ocupado posição de destaque, surgindo mesmo como força propulsora inevitável na formação do Estado, talvez resida aí o embrião dessa concepção que ainda hoje liga o indivíduo ao Estado pelo sentimento de pertença a uma *nação* de iguais, ou, quando nada, de comuns interesses. A expressão, e mais que isso, a ideia, vem consagrada de modo solene na Declaração dos Direitos do Homem e do Cidadão, de 1789 (art. 3º).

A *nacionalidade* surge, então, como o mais importante dos princípios reitores da extraterritorialidade, precisamente por derivar do princípio fundamental da soberania

---

[42] BOBBIO, Norberto. *Estado, governo e sociedade*. Para uma teoria geral da política. Tradução de Marco Aurélio Nogueira. 7. ed. São Paulo: Paz e Terra, 1999. p. 67.

dos Estados nas suas relações com os seus membros, ideia subjacente e definitivamente incorporada à concepção do Estado moderno.

Independentemente de eventuais e possíveis considerações a respeito de tal concepção no mundo atual, globalizado e cada dia mais *sem fronteiras*, e, talvez, sem essa *identidade com os pares* que caracterizaria aquela ideia de nação, o fato é que as ordens jurídicas atuais seguem acentuando a proteção aos seus nacionais, seja quando preveem a punição deles por fatos praticados fora do país, seja quando intentam aplicar sua legislação penal aos estrangeiros que tenham vitimado os seus cidadãos, fora dos domínios do respectivo território. No primeiro caso, a tutela penal se daria na forma de nacionalidade *ativa*, isto é, dirigida ao nacional *autor* do fato; no segundo, a modalidade de proteção pela nacionalidade seria *passiva*, ou seja, quando o nacional for a *vítima*.

Para além das fundamentações buscadas nas relações internacionais entre países igualmente soberanos e no recíproco respeito às leis penais internas, pode-se identificar um argumento prático de grande alcance no que toca à *necessidade* da extraterritorialidade em alguns casos. É que parece comum aos povos ocidentais a proibição da extradição de seus nacionais, o que poderia expandir para horizontes politicamente incontroláveis as consequências de um delito prévia e asseguradamente impunível em determinada ordem jurídica, se e quando praticado pelo cidadão em outros países.

Já o princípio da *proteção* ou da *defesa real*, diferentemente do critério da nacionalidade, direciona a extraterritorialidade para a tutela de determinados bens jurídicos, cuja relevância é identificada pela natureza eminentemente pública de seu objeto.

Algumas infrações penais, ainda que não tenha sido essa a finalidade que as motiva, transcendem a subjetividade do ofendido, apresentando-se como lesões ao próprio Estado, ou, quando nada, aos seus interesses mais visíveis.

É o que ocorre com os crimes praticados contra a fé pública (crimes de falsidade documental, por excelência) ou contra o patrimônio da União, Estados, Distrito Federal e Municípios, incluindo as respectivas autarquias, empresas públicas, sociedades de economia mista ou fundações instituídas pelo Poder Público (art. 7º, *b*, CP). E também com os crimes praticados contra a vida ou a liberdade do Presidente da República (art. 7º, *a*, CP). A importância da tutela penal de tais bens impõe que não haja condicionamentos à respectiva persecução penal, cuidando-se de hipótese de extraterritorialidade *incondicionada*, cujo conceito já se declinará, adiante.

Pelo princípio da *justiça universal*, a consideração da extraterritorialidade está associada aos tratados e convenções internacionais, por meio dos quais os Estados soberanos se comprometem a tutelar penalmente determinadas ações criminosas, cujo grau de censura lhes seja socialmente comuns, independentemente do local em que venham a ser praticados.

A expressão nele (princípio) consagrada, apesar de ter origem em tempos remotos, encontra-se a cada dia mais atual, diante das pretensões comunitárias do direito internacional, em favor e em torno de uma ordem jurídica universal.

Por fim, o princípio da *bandeira* ou da *representação* se volta para a identificação da origem da embarcação ou da aeronave, determinando a competência jurisdicional do Estado que registrou uma e outra (embarcação ou aeronave).

Ora, presentes as considerações feitas acerca da *territorialidade por extensão*, linhas atrás, nas quais se aponta a competência da Justiça brasileira para o julgamento de crimes praticados no interior de embarcações e aeronaves que sejam consideradas *em* território nacional (art. 5º, § 2º, CP), as hipóteses de aplicação do princípio da bandeira (ou do Pavilhão) aos casos de extraterritorialidade se limitariam àqueles reunidos na *alínea c*, II, do art. 7º, CP, isto é, crimes praticados a bordo de navios ou aeronaves brasileiras, que estejam em território estrangeiro e ali não sejam julgados.[43]

2 Extraterritorialidade incondicionada

As hipóteses arroladas no inciso I, do art. 7º, CP, referem-se à modalidade incondicionada de extraterritorialidade, em que a aplicação da lei penal brasileira justifica-se pela necessidade de se melhor tutelarem os altos interesses públicos atingidos a partir das infrações ali previstas. Nos termos do disposto no art. 7º, § 1º, CP, o agente será punido ainda quando vier a ser absolvido ou mesmo condenado na jurisdição estrangeira, ressaltando-se que, neste último caso, de condenação, a pena cumprida no estrangeiro será aqui considerada e computada, quando diversas (art. 8º, CP).

Observe-se, ainda, que, uma coisa é o julgamento do fato no Brasil; outra, muito diferente, é a execução da sentença, que dependerá, no mínimo, da extradição ou da *entrega* do autor.

Assim, *ficam sujeitos à lei brasileira, embora cometidos no estrangeiro, os crimes*:

a) *Contra a vida ou a liberdade do Presidente da República*

Ora, desnecessário desenvolver qualquer fundamentação a justificar a escolha legislativa. É que, em princípio, qualquer atentado ao Presidente da República *fora do país* implicaria violação e desrespeito ao próprio Estado. É claro que esse foi um critério objetivo. Impensável e inaceitável pretender-se qualquer retrocesso ao nível da confusão entre Estado e seu representante máximo, à maneira de alguns antiquíssimos delitos de *lesa majestade*, com perigosos contornos da máxima *L'État c'est moi*, a nos trazer os odores da monarquia absolutista francesa de fins do século XVII e início do século XVIII.

Assim, ainda quando o crime não ostentar qualquer dimensão de ataque ao Estado brasileiro, o fato deverá ser aqui julgado.

b) *Contra o patrimônio ou a fé pública da União, do Distrito Federal, de Estado, de Territórios, de Municípios, de empresa pública, sociedade de economia mista, autarquia ou fundação instituída pelo Poder Público*

---

[43] BRANDÃO, Cláudio. *Curso de direito penal*. Parte geral. Rio de Janeiro: Forense, 2008. p. 90.

Como se vê, aplicação clara do princípio da *defesa real* ou da *proteção*, a zelar pelo patrimônio dos entes políticos nacionais, abrangendo a Administração Pública indireta. Uma curiosidade no tempo – isto é, em relação ao fato de que nosso Código Penal é de 1941 – repousa na proteção do patrimônio dos *territórios*, atualmente inexistentes no país. De observar-se, ainda, que os bens aqui apontados – patrimônio e fé pública – não são unicamente aqueles previstos na Parte Especial do Código Penal, dada a profusão de incriminações que se seguiram à legislação codificada de 1941.

Os conceitos e o âmbito de eficácia da norma deverão ser obtidos no Direito Administrativo, em cujo campo se encontram a disciplina e a atuação dos órgãos, entidades e empresas de direito público (e privado – como as sociedades de economia mista, abrangidos pela Administração Pública *lato sensu*).

c) Contra a administração pública, por quem está a seu serviço

Aqui, tanto incidem o princípio da proteção (defesa real), quanto o da nacionalidade, já que, em princípio, as pessoas que estão a serviço do país fora dele são nacionais. Por óbvio, poderá ocorrer situação distinta, o que não impedirá a aplicação da lei brasileira, à conta, então e apenas, do critério da proteção.

d) De genocídio, quando o agente for brasileiro ou domiciliado no Brasil

O genocídio, ou seja, o extermínio, parcial ou total, de grupo nacional, étnico, racial ou religioso (Lei 2.889/56), constitui delito que afronta a consciência social e moral da chamada comunidade internacional, tão cara ao direito de idêntica denominação (internacional). Diz respeito a crimes cujo repúdio é comum entre os diversos Estados e povos civilizados, consoante afirmado e reconhecido em inúmeros tratados e convenções internacionais (Convenção da ONU, de 1948, Estatuto de Londres e o Estatuto de Tóquio, após a Segunda Guerra, como formas de extermínio etc.).

Também o Tribunal Penal Internacional, como lembram GUEIROS SOUZA e JAPIASSÚ,[44] tipifica o crime de genocídio (art. 6º do Estatuto).

E, embora não se enquadre na definição de *crimes contra a humanidade* e sim como delito autônomo, pelo menos desde a Convenção das Nações Unidas, em 1948, ratificada pelo Brasil em 1952, o genocídio consagra toda forma de extermínio ou destruição de pessoas vinculadas por origem, crença, raça ou etnia, o que, por si só, constitui grave desrespeito à humanidade, no seu sentido mais radical, isto é, o do direito de *coexistência*. Sua punição no Brasil, com independência das jurisdições internacionais, depende de o fato ter sido praticado por brasileiro ou por pessoa aqui domiciliada.

O fundamento da extraterritorialidade, portanto, reside na convergência internacional quanto à necessidade de efetiva punição de tais condutas, atentatórias, à evidência, aos interesses de todos os povos.

Assim, o "Estado é obrigado, ele age em substituição à comunidade internacional quando persegue esses crimes. E, quando o Estado não dá conta de perseguir esses

---

[44] SOUZA, Artur de Brito Gueiros; JAPIASSÚ, Carlos Eduardo Adriano. *Curso de direito penal*, cit., p. 106.

crimes, hoje nós temos vários mecanismos de evitar que a impunidade tome conta do cenário. Uma das possibilidades são os tribunais internacionais e a outra possibilidade é que outro Estado assuma a jurisdição através do exercício da chamada jurisdição extraterritorial, ou seja, jurisdição universal, ou jurisdição a partir de critérios como o sujeito passivo do crime, ou sujeito ativo do crime."[45]

A lei da tortura (Lei 9.455/97) prevê em seu artigo 2º uma hipótese de extraterritorialidade incondicionada (segundo posição majoritária na doutrina), já que esta lei é aplicada ainda que o crime ocorra fora do país – desde que a vítima seja brasileira.

3 Extraterritorialidade condicionada

Por razões também de ordem prática, em algumas situações, cujas condutas são igualmente desvaloradas ao nível da extraterritorialidade, ou seja, da aplicação da lei penal a fatos praticados fora do país, o Código Penal impõe algumas condições para a punição do agente.

Os crimes arrolados no inciso II, art. 7º, CP, *a, b* e c, incluem-se entre aqueles de extraterritorialidade condicionada, o mesmo ocorrendo em relação aos delitos praticados por estrangeiros contra brasileiros fora do Brasil, se além das condições gerais estabelecidas para os citados delitos (art. 7º, II, *a, b* e *c*, CP), não for pedida ou for negada a extradição, tendo sido requerida pelo Ministro da Justiça.

As condições gerais, então, são:

a) *Entrada do agente em território nacional*

A condição acha-se conectada, sobretudo, à máxima de direito internacional segundo a qual seria vedada a *extradição de nacionais*. Embora a voz corrente na doutrina seja no sentido de ter-se aqui *condição objetiva de punibilidade*, ousamos discordar. Como assinala, com acerto, FIGUEIREDO DIAS, do ponto de vista dogmático, nada há que correlacione a entrada do agente em território nacional com o fundamento e a teleologia das condições objetivas de punibilidade.[46]

Trata-se, na realidade, de outra e somente condição de aplicação da lei penal no espaço, devidamente acomodada nos princípios gerais da extraterritorialidade.

b) *Ser o fato punível também no país em que for praticado*

Obviedade que dispensa maiores considerações. Se nas hipóteses de extraterritorialidade incondicionada a gravidade dos crimes fala por si mesma, não sendo de se acreditar que exista qualquer país civilizado que não reprima duramente o homicídio e o genocídio, não se poderia pensar na transcendência penal de determinada ordem

---

[45] ARAGÃO, Eugênio José Guilherme. Crimes contra a humanidade. Sistema internacional de repressão. – *Rev. TST*, Brasília, v. 75, nº 1, jan./mar. 2009.

[46] DIAS, Jorge de Figueiredo. *Direito penal*. Parte geral. Tomo I. Questões fundamentais. A doutrina geral do crime. Coimbra: Coimbra Editora, 2004. p. 205.

jurídica que ignorasse e desrespeitasse tão abertamente os demais ordenamentos, impondo sanções às condutas ali permitidas. Evidentemente que não! Seria ilegítima a pretensão de se punir a conduta autorizada no país estrangeiro em que foi praticada.

Embora se possa traçar aqui algum paralelo com as condições relativas à extradição (alínea *c*, a seguir), pensamos que, em essência, a aludida condição atende mais à exigência de respeito ao princípio fundamental de Direito Penal, consagrado em todo o direito comparado e nas ordens constitucionais modernas, atinentes ao *nullum crimen sine lege*.

Obviamente, estamos a nos referir ao delito *praticado por brasileiro*, conforme alínea *b*, II, do art. 7º, CP, já que as demais hipóteses do mesmo inciso praticamente se excluem reciprocamente. De fato, se o Brasil se obrigou a reprimir o crime por tratado ou convenção (alínea *a*, II, art. 7º, CP), a regra (da condição de ser punível também no país em que for praticado) somente terá aplicação em casos muito raros, em que o país do local do delito não seja signatário do tratado ou convenção. Do mesmo modo, a alínea *c*, II, art. 7º, CP, relativa a crimes praticados em aeronaves e embarcações brasileiras, mercantes ou de propriedade privada, em território estrangeiro, se refere ao fato de *não ter sido ali julgado o agente*, o que parece supor tratar-se de fato definido como crime, mas ainda *não julgado*.

c) Estar o crime incluído entre aqueles pelos quais a lei brasileira autoriza a extradição

Caso típico de *reciprocidade*, relativamente às situações de extradição. Sob outra lente, que não a das relações internacionais: não se julga aqui o que aqui não se poderá executar. Mais sobre o tema ao exame da Extradição.

d) Não ter sido o agente absolvido no estrangeiro ou não ter aí cumprido a pena

e

e) Não ter sido o agente perdoado no estrangeiro ou, por outro motivo, não estar extinta a punibilidade, segundo a lei mais favorável

Ambas as situações descrevem condições que consagram o respeito à ordem jurídica e respectiva jurisdição de outros países, admitindo, inclusive, a suficiência e superioridade da norma estrangeira mais favorável ao agente (alínea *e*, retro).

O condicionamento, portanto, veda o *duplo julgamento* pelo mesmo fato *em países diferentes* – no caso de absolvição – e se satisfaz com a punibilidade do fato no país do local do crime, pouco importando se houver diferença entre as penas cominadas, aqui e lá.

f) [...]

§ 3º A lei brasileira aplica-se também ao crime cometido por estrangeiro contra brasileiro fora do Brasil, se, reunidas as condições previstas no parágrafo anterior:

a) não foi pedida ou foi negada a extradição;

b) houve requisição do Ministro da Justiça.

Teriam aplicação aqui os princípios da *defesa* e o da *nacionalidade*, dado que se trata de proteção ao nacional, vítima de crime cometido por estrangeiro fora do território nacional. A Lei 9.455/97 ratifica a regra em relação aos crimes de tortura (art. 2º).

O problema aqui é o cumprimento de todos os requisitos da extraterritorialidade condicionada. Se o agente ingressar no país, ainda que por pequeno período de tempo, estará autorizada a ação penal (desde que atendidas as demais condições!). No entanto, se não for decretada a sua prisão e ele sair do país, a execução penal de eventual condenação dependerá de seu retorno.

E a competência jurisdicional será da Justiça Federal, consoante o disposto no art. 109, V, da Constituição da República. Nesse sentido, ver STF – HC 100154 MC-MT, julg. 31-7-2009 e Extr. 1122, julg. em 21-5-2009.

VI Pena cumprida no estrangeiro

> Art. 8º A pena cumprida no estrangeiro atenua a pena imposta no Brasil pelo mesmo crime, quando diversas, ou nela é computada, quando idênticas.

Como acabamos de ver, a pena cumprida no estrangeiro, relativamente aos crimes de extraterritorialidade condicionada (art. 7º, § 2º, *d*, CP), exaure a punibilidade do fato também aqui.

Portanto, o referido dispositivo somente tem cabimento e aplicabilidade em relação aos fatos arrolados como hipóteses de extraterritorialidade *incondicionada* (art. 7º, I, CP). Isso, em relação às hipóteses de extraterritorialidade, ou seja, em relação aos crimes praticados no exterior.

Já em relação aos delitos aqui cometidos, hipóteses de territorialidade, portanto, o art. 8º, CP, dispõe no sentido de que a pena cumprida no estrangeiro, se e quando relativa *ao mesmo fato criminoso*, deverá ser aqui considerada. São os casos em que ocorre o duplo julgamento, tanto aqui (pelo fato de ter sido aqui realizado), como lá, segundo regras de extraterritorialidade no país estrangeiro. A sanção de lá, quando diferente – menor –, será computada na determinação da pena a ser aqui executada. Se maior, nada restará a ser cumprido.

Um problema: desde a Emenda Constitucional 45/04, a ordem jurídica brasileira reconhece o *status* de normas constitucionais àquelas decorrentes de tratado ou convenção internacional sobre direitos humanos, desde que aprovadas por *quorum* qualificado pelo Congresso Nacional (art. 5º, § 3º, CF). Indaga-se, então, se o Pacto de São José da Costa Rica (art. 8º, 4, objeto do Decreto 678/92), ao proibir que alguém seja processado mais de uma vez pelo mesmo fato, teria revogado todas as normas do CP que admitem a dupla condenação, pelo mesmo fato, em países diferentes.

Abstraídas considerações acerca da natureza constitucional do aludido tratado (que teria validade de emenda constitucional, como consta do art. 5º, § 3º, CF), até porque, para revogar normas de direito penal, não seria preciso recorrer a semelhante fundamentação, dado que o art. 5º, § 2º, da CF, anterior à EC 45/04, já aderia aos tratados internacionais, com força normativa superior, pelo menos, às leis ordinárias, não vemos aí qualquer hipótese de revogação.

O que determina o Pacto de São José é o compromisso de cada Estado no âmbito da respectiva jurisdição, conforme se vê no art. 1º de seu texto, e que nem poderia ser de outro modo. As hipóteses de extraterritorialidade existem em praticamente todos os ordenamentos jurídicos ocidentais, sem prejuízo da afirmação das jurisdições territoriais (internas) de cada Estado, relativamente aos crimes ali praticados. Ademais, inúmeros delitos submetidos à dupla persecução, em países diferentes, encontram-se arrolados entre aqueles que o Estado se obrigou a reprimir, também por tratado internacional.

De modo que a proibição de novo processo em relação a fato do qual o pretenso agente tenha sido absolvido somente diz respeito a uma mesma jurisdição nacional, em nada afetando os motivos e as razões de ordem político-sociais que fundamentam a adoção da extraterritorialidade pelos Estados soberanos e, menos ainda, implicando qualquer redução ou renúncia ao critério da territorialidade, afirmativo da independência do Poder Judiciário local.

Nem se recorra, como argumento em prol da revogação, à flexibilização das hipóteses de extradição determinada pela Convenção sobre Extradição da União Europeia (1996). E não só pelo fato de que tais disposições não seriam pertinentes ao Brasil, mas também porque dali não se pode extrair consequência ou mesmo qualquer semente de renúncia às hipóteses de punibilidade previstas nos respectivos ordenamentos jurídicos.

Em arremate: não vemos a possibilidade de revogação da *independência* do Poder Judiciário nacional pelo fato da aceitação da validade constitucional de normas contidas em tratados e convenções internacionais (art. 5º, § 3º, CF). A nosso aviso, apenas nas situações de inércia e manifesta morosidade em prejuízo da efetiva proteção aos direitos humanos é que se legitimaria a intervenção de organismos internacionais nas jurisdições internas, impondo-se, em sua inteireza, o princípio da *subsidiariedade* e da *complementariedade* dos Tribunais e Cortes Internacionais.

VII Extradição

CF. Art. 5º, [...]

LI – nenhum brasileiro será extraditado, salvo o naturalizado, em caso de crime comum, praticado antes da naturalização, ou de comprovado envolvimento em tráfico ilícito de entorpecentes e drogas afins, na forma da lei;

LII – não será concedida extradição de estrangeiro por crime político ou de opinião;

Até bem pouco tempo, também os países europeus seguiam rigorosamente o princípio da *não extradição* de seus nacionais, com as exceções e sob as condições geralmente estabelecidas em tratados e mesmo nas respectivas Constituições. É ver, por exemplo, a Lei Fundamental da Alemanha – art. 16.2 –, a Constituição da Espanha – art. 13.3 –, da França – Preâmbulo C da Constituição de 1946 – e de Portugal, art. 33.3.

No entanto, após a consolidação da Comunidade Europeia, alguns países deram curso e cumprimento às regras inicialmente previstas na Convenção Europeia de Extradição, de 13 de dezembro de 1957, e Protocolos Adicionais, de 15 de outubro de 1975 e 17 de março de 1978, ampliando as possibilidades de extradição. Em Portugal, a citada Convenção entrou em vigor em 1990. E em 1996, com a LC 1/97, o Estado português "optou por abrir o seu direito à extradição de nacionais em certos casos contados e taxativamente descritos, de acordo com o art. 7º-2 da Convenção entre Estados-membros da União Europeia (1996)".[47]

A extradição inclui-se, então, entre as diferentes modalidades de *cooperação penal internacional* e pode ser conceituada como um procedimento mediante o qual, em atenção às relações de reciprocidade entre países, é feita a entrega do nacional condenado ou processado em seu país de origem. A extradição há de ser requerida junto ao país em que se encontrar o agente e seguirá a tramitação de um processo de natureza judicial. E, embora não se cuide rigorosamente de um processo de *conhecimento, cautelar* ou *de execução,* nos moldes em que os conhecemos, trata-se de procedimento submetido às regras previamente estabelecidas nos tratados e legislações que regulam a matéria. No Brasil, compete ao Supremo Tribunal Federal a extradição solicitada por Estado estrangeiro, consoante o disposto no art. 102, I, *g,* da Constituição Federal.

É certo que a extradição decorre de ajustes políticos entre os países que a admitem e nos limites das autorizações constitucionais, a depender, então, do grau de abertura ou de influência em que forem acatados e incorporados os tratados e convenções internacionais naquele nível normativo (nas Constituições, portanto).

Nada obstante, e como regra, não se aceita a extradição de estrangeiros por infrações de natureza política ou de opinião, no sentido de se respeitar, como direito inalienável do cidadão na comunidade internacional, a liberdade de ideias, do pensamento e das escolhas ideológicas, nos limites em que tais manifestações não ultrapassarem a respectiva fronteira (liberdade). É o que se encontra no art. 5º, LII, da nossa Constituição.

Relativamente ao nacional, a Carta de 1988 é incisiva em sua proteção, proibindo a extradição do brasileiro *nato* (art. 12, I, *a, b* e *c*), mas aceitando a do *naturalizado* (art. 12, II, CF), desde que se trate de condenação, no estrangeiro, pela prática dos crimes de tráfico ilícito de entorpecentes e drogas afins, na forma da lei.

No plano legislativo, a Lei 6.815/80, também conhecida como o Estatuto do Estrangeiro, cuida da extradição, exigindo para a sua concessão:

---

[47] DIAS, Jorge de Figueiredo. *Direito penal,* cit., p. 207.

a) que o Estado requerente seja competente para a aplicação e execução da pena (art. 78, I), o que exigirá do Estado concedente ou requerido o exame acerca das regras de territorialidade e extraterritorialidade aplicáveis;
b) o trânsito em julgado da sentença condenatória (art. 78, II);
c) se ainda em curso o processo, eventual requerimento de extradição para prisão deverá partir de juiz ou tribunal competente (art. 78, II);
d) tratando-se de brasileiro naturalizado, desde que a naturalização tenha sido posterior ao fato, se não se tratar de crimes de tráfico de entorpecentes (art. 77, I);
e) o fato que motivar o pedido também constituir crime no Brasil, e, evidentemente, no Estado requerente (art. 77, II);
f) a cominação de pena de prisão superior a um ano pela lei brasileira (art. 77, IV);
g) desde que o extraditando não esteja respondendo a processo, ou já tiver sido condenado ou absolvido no Brasil pelo mesmo fato (art. 77, V);
h) não estiver extinta a punibilidade pela prescrição segundo a lei brasileira ou a do Estado requerente (art. 77, VI);
i) o fato não constitua crime exclusivamente político (art. 77, VII, e art. 77, §§ 1º e 2º) e que não seja conexo a um crime comum, de maior alcance, questão essa a ser definida pelo Supremo Tribunal Federal.

Aliás, cumpre relembrar que no ano de 2011, o Supremo Tribunal Federal foi acionado pelo Governo italiano para o fim de afastar a decisão do Governo brasileiro concessiva de asilo ou refúgio político a Cesare Battisti, então condenado criminalmente naquele país por crimes de homicídio. No processo de extradição de 2007, a Suprema Corte a havia concedido (STF – Extradição 1.085), dando cumprimento ao Tratado de Extradição firmado entre os países (Brasil e Itália) em 1989.

No entanto, e mesmo após o CONARE – Comitê Nacional para os Refugiados – ter negado o pedido de refúgio político, o então Ministro da Justiça reviu aludida decisão e reconheceu esse direito a Cesare Battisti, ao entendimento de que os fatos por ele praticados teriam natureza política e que isso seria suficiente para o atendimento dos requisitos legais para a concessão de asilo político.

Inconformado, o Governo italiano foi ao Supremo Tribunal Federal para anular a mencionada decisão. A Suprema Corte, contudo, por maioria, reconheceu que a concessão de asilo político seria ato discricionário do Presidente da República. O desfecho do caso, então, como todos sabemos, foi a não extradição, em razão do asilo concedido, com fundamento no art. 4º, X, da Constituição Federal. Para uma visão mais completa do episódio, consulte-se a obra de Artur de Brito Gueiros SOUZA, já aqui mencionada.[48]

---

[48] SOUZA, Artur de Brito Gueiros. *As novas tendências do direito extradicional.* 2. ed. revista, atualizada e ampliada. Rio de Janeiro: Renovar, 2013. p. 205-214.

Além dos requisitos antes mencionados para a concessão da extradição, existem outros na mesma Lei 6.815/80, igualmente relevantes, a saber:

> "Art. 91. Não será efetivada a entrega sem que o Estado requerente assuma o compromisso: (Renumerado pela Lei nº 6.964, de 9-12-81)
>
> I – de não ser o extraditando preso nem processado por fatos anteriores ao pedido;
>
> II – de computar o tempo de prisão que, no Brasil, foi imposta por força da extradição;
>
> III – de comutar em pena privativa de liberdade a pena corporal ou de morte, ressalvados, quanto à última, os casos em que a lei brasileira permitir a sua aplicação;
>
> IV – de não ser o extraditando entregue, sem consentimento do Brasil, a outro Estado que o reclame; e
>
> V – de não considerar qualquer motivo político, para agravar a pena.

Por fim, é preciso não confundir a extradição com outros atos de entrega, tais as hipóteses de *expulsão* e de *deportação,* ambas previstas no Estatuto do Estrangeiro (Lei 6.815/80).

Enquanto a expulsão, da competência exclusiva do Presidente da República, se refere às situações em que o estrangeiro pratica atos atentatórios à segurança nacional, à ordem política ou social, à tranquilidade ou moralidade pública e à economia popular, ou cujo procedimento o torne nocivo à conveniência e aos interesses nacionais (art. 65), a deportação do estrangeiro é a determinação de sua saída compulsória do país, em razão de ter ele aqui ingressado irregularmente (art. 57).

Fala-se, ainda, em *repatriação,* para se referir à medida administrativa que determina o impedimento da entrada do estrangeiro no país sem documentação hábil, quando este ainda estiver em área de controle migratório (portos, aeroportos ou fronteira).[49]

No caso de prática de crime aqui no Brasil, tanto a extradição quanto a expulsão ou a deportação aguardarão o cumprimento da pena.

VIII Tribunal Penal Internacional

A concepção de um Tribunal Penal de caráter internacional originou-se da constatação de que, tradicionalmente, os crimes cometidos contra a humanidade por governos autoritários não eram devidamente punidos pelo direito interno, particularmente em razão da pujança política que tais autoridades detinham. O combate a esse estado de coisas ganhou força, sobretudo após a Segunda Guerra Mundial, na qual se tornou

---

[49] SOUZA, Artur de Brito Gueiros. *As novas tendências do direito extradicional.* 2. ed., revista, atualizada e ampliada. Rio de Janeiro: Renovar, 2013. p. 27.

evidente a ameaça que tais excessos criminosos representavam para os outros países e para a democracia.[50]

Àquele tempo, ao que parece, o Direito Internacional considerava os Estados soberanos como sujeitos de direitos, confundindo a responsabilidade dos governantes com a da própria nação, o que afastava a responsabilização individual.

Os Tribunais de Nuremberg e de Tóquio foram criados logo após o encerramento da Segunda Guerra Mundial e tinham como objetivo julgar e punir as atrocidades e os crimes cometidos no conflito. Era a primeira vez que indivíduos seriam penalmente responsáveis pela infração de normas internacionais, julgados por uma instância igualmente internacional (ao fim da Primeira Guerra, o julgamento de Leipzig pela Suprema Corte Alemã processou apenas 12 acusados, sendo que a lista de suspeitos continha 900 nomes e foi posteriormente reduzida para 40!).

O Estatuto do Tribunal de Nuremberg era bastante restritivo, já que se autointitulava "uma corte quadripartite", na qual cada país aliado (Inglaterra, Estados Unidos, Rússia e França) enviaria um juiz e um suplente, não podendo este juiz ser recusado pela defesa ou pela promotoria. Em previsão inédita, o Estatuto afirmava que a posição de comando dos acusados não os isentava dos crimes, nem sequer atenuaria suas penas. Havia também a classificação dos crimes em: "crimes de guerra", "crimes contra a paz" e "crime contra a humanidade". Apesar das diversas críticas – afinal, tratava-se irrecusavelmente de um tribunal de exceção, de caráter eminentemente político, em que os vencedores julgavam os vencidos, em afronta também ao princípio da anterioridade da lei penal, considerando-se que muitas condutas foram abrangidas por tipos criados pelo próprio tribunal –, o aludido Estatuto talvez seja a semente embrionária para a criação do Tribunal Penal Internacional, em caráter permanente.[51]

O Tribunal de Tóquio seguiu basicamente a mesma linha do de Nuremberg, mas adotou classificação diversa, optando por responsabilizar os líderes, organizadores, instigadores e cúmplices que tivessem participado na execução ou formulação de qualquer plano de conspiração para cometer algum dos crimes previstos no Estatuto. A diferença mais significativa, no entanto, pode ser apontada na circunstância deste Tribunal considerar como atenuante a atuação em nome do Estado.

Posteriormente, o Conselho de Segurança da ONU autorizou a instituição de dois tribunais *ad hoc* para julgar as violações ocorridas na antiga Iugoslávia, desde 1991, e em Ruanda. Definiu-se a autoridade de tais tribunais para processar quatro categorias de crime: violações à Convenção de Genebra; violações às leis e aos costumes de guerra; crimes contra a humanidade e genocídios. Ambos os tribunais orientavam-se pelos mesmos princípios, como a vedação de penas de morte, corporais e de trabalhos forçados. Ademais, consagrava-se, além do *ne bis in idem*, a *suplementariedade*

---

[50] Sobre o tema, consulte-se a alentada compilação de pesquisa realizada por GARCIA, Fernanda Lau Mota. O Tribunal Penal internacional: funções, características e estrutura. *Âmbito Jurídico*, Rio Grande, XV, nº 103, ago. 2012, tão útil às nossas breves considerações sobre a matéria. Ver também ARAGÃO, Eugênio José Guilherme. *Crimes contra a humanidade*: sistema internacional de repressão, já aqui mencionado.

[51] GARCIA, Fernanda Lau Mota, cit., p. 3.

dos Tribunais, que só atuavam no caso de inércia da jurisdição interna ou de atuação suspeita desta. Havia também Câmaras de Apelação, o que aumentava a imparcialidade do julgamento.

Em 17 de julho de 1998, foi aprovada a criação do Tribunal Penal Internacional, cujo Estatuto começou a vigorar em 2002 (EUA, China e Rússia ainda não aderiram ao tratado). Caracteriza-se o Estatuto por exigir sua ratificação *integral*, sobretudo para evitar que os Estados-partes se neguem a entregar nacionais ao Tribunal sob a alegação de proibição da extradição.

O Tribunal Penal Internacional não é um órgão da ONU, mas é integrante do sistema das Nações Unidas. Tem caráter subsidiário, o que significa que só atua quando há ineficiência do Estado. Em seu Estatuto, é vedada a analogia na interpretação de normas definidoras de crime e é expressa a regra do *in dubio pro reo*. Somente quatro categorias de crimes são julgadas pelo Tribunal, quais sejam os crimes de genocídio, crimes contra a humanidade, crimes de guerra e crimes de agressão.

Tais crimes podem ser conceituados basicamente como: (a) violência (física ou mental) contra um grupo nacional, étnico, racial ou religioso (genocídio); (b) violência (física ou mental, incluindo também escravidão, perseguição, deportação forçada etc.) generalizada ou sistemática contra uma população civil (crimes contra a humanidade);[52] (c) em relação aos crimes de guerra, só serão assim considerados aqueles cometidos como parte integrante de estratégias políticas ou como prática de larga escala. Também só são considerados como tais os ocorridos em tempo de guerra e contra estrangeiros (não nacionais); (d) já os crimes de agressão, embora ainda não definidos claramente, seriam as ações políticas ou militares contra outro ente internacional, por alguém que detenha o poder.

A organização interna do Tribunal se assemelha mais a um complexo de justiça penal internacional do que a um tribunal tal como os conhecemos. Há a Presidência (um Presidente e dois Vices eleitos por maioria absoluta, todos eles exercendo também o cargo de Juízes), a Câmara de Instrução (encarregada inclusive de receber a denúncia), a Câmara de Julgamento, a Câmara de Revisão (lida com os recursos, evidentemente), Gabinete do Promotor (o Procurador é assistido por mais promotores, que devem servir em tempo integral). O Tribunal é composto por 18 juízes, com mandatos de 9 (nove) anos sem recondução – no Brasil, exigem-se os mesmos requisitos que os necessários para se ocupar o cargo de Ministro do STF. É necessário que a composição seja geograficamente equitativa, com membros de ambos os sexos e que estejam representados os principais sistemas jurídicos existentes no mundo. No mínimo 9 (nove) deles devem ser especializados em Direito Penal ou Processual Penal, e, no mínimo, 5 (cinco) devem ser especializados em Direitos Humanos e Direito Internacional Humanitário.

---

[52] Ver em ARAGÃO, Eugênio José Guilherme de, ob. cit., p. 5, a distinção feita em relação aos crimes contra a humanidade, "sendo os primeiros os de homicídio e extermínio, e, os segundos, os de perseguição, ou seja, os *the persecution type*".

Há que restar, portanto, devidamente esclarecido, que a competência do TPI é *supletiva* ou *complementar*, consoante os termos expressos no Estatuto.

Veja-se, nesse sentido, a lição de Sylvia STEINER:

> "O Tribunal Penal Internacional rege-se pelo princípio da complementaridade. Não antecede, nem tem primazia sobre os sistemas judiciais internos. Ao contrário, para exercer sua jurisdição exige-se seja reconhecida uma série de requisitos atinentes à admissibilidade, orientados especialmente na questão referente à capacidade ou vontade de um Estado em exercer sua jurisdição primária. Assim é que vem expressa a previsão do exercício de sua competência sempre que um Estado não esteja disposto a levar a cabo a investigação dos fatos, ou não possa fazê-lo (artigo 17)" (disponível em: www.esmpu.gov.br).

Por fim, hipótese diversa da extradição seria a de *entrega de indivíduos* pelos Estados-partes, consoante o disposto no art. 89 do Estatuto de Roma. Há quem afirme que aludida entrega (*surrender*) pode transformar-se em forma dissimulada de extradição, com violação ao comando constitucional atinente aos nacionais e naturalizados (cuja proteção não se estende ao crime de tráfico de drogas), art. 5º, LI, Constituição Federal.

Ficamos, no particular, com as lições de André de Carvalho RAMOS, também incorporadas em nosso *Curso de processo penal,* do qual se transcrevem nossas conclusões acerca da matéria.

> "'não haveria óbice constitucional, na medida em que a extradição implica a entrega de nacionais a Estados soberanos, enquanto a medida prevista no art. 89 do TPI determina a entrega a um organismo internacional, cuja normatização é aceita pelo país'. Estamos de acordo, sobretudo em relação ao fato de se estar entregando um nacional não a outro Estado, mas a uma organização internacional, de quem se espera o efetivo cumprimento do devido processo legal (arts. 65, 66, 67, TPI). De se acentuar, mais, que, no caso da extradição, não há aceitação prévia das normas jurídicas do Estado solicitante pelo Estado concedente, em face da soberania de ambos. Na entrega, ao contrário, além de não se cuidar de outro Estado – mas de organismo internacional –, a normatividade a ser aplicada ao caso concreto há de ser previamente admitida e aceita pelo Estado que a realiza (entrega). A diferença entre as situações é sensível."[53]

[53] OLIVEIRA, Eugênio Pacelli de. *Curso de processo penal.* 16. ed. São Paulo: Atlas, 2012. p. 21.

Título III

Teoria do Delito

IX

O CONCEITO DE CRIME

Se há algo que deve ser imediatamente esclarecido quanto ao conceito de crime, é a pluralidade de abordagens que ele comporta. Fala-se em conceito *material,* em conceito *formal,* e, ainda, no crime como *categoria* dogmática específica, submetida a uma teoria geral. Isso, para ficarmos no âmbito da própria Dogmática penal. A Criminologia, por exemplo, fornece diversas outras perspectivas, sobretudo quando considerado o delito no contexto mais amplo da sociedade, entendida como *macrossistema econômico.*

O crime, visto do horizonte do Direito positivo, é uma *ilicitude qualificada,* e que, em razão de suas peculiaridades (pena pública, privação da liberdade etc.), vem cercada de várias outras exigências, ora referidas ao próprio *fato* (tipicidade), ora ao agente (culpabilidade), e, ainda, a determinadas opções de política criminal (a punibilidade).

O conteúdo da matéria penalmente proibida dependerá sempre do modelo político e social que estiver na base do ordenamento jurídico de determinada sociedade. O Direito Penal não tem vida própria, autônoma; ao contrário, ele busca sua justificação na necessidade de asseguramento – radical – do direito positivo. Sociedades desiguais e socialmente fragmentadas, quanto ao efetivo acesso aos bens de vida, nos quais o conceito de democracia sobrevive apenas *formalmente* (todos são *diante* da lei) e não *materialmente* (possibilidade concreta de desenvolvimento das potencialidades individuais), tendem a produzir um Direito Penal excludente, voltado para a afirmação dos poderes dominantes, normalmente definidos pela pujança política e econômica.

Nesse passo, portanto, quanto maior a distribuição de igualdade *material,* tanto menor será o grau de seletividade do sistema penal, ajustando-se melhor a sua capacidade de eficácia geral. E, do mesmo modo, quanto maiores as desigualdades sociais, menor será a chance de uma configuração mais democrática do sistema penal.

O delito, então, surge como um juízo de censura sobre determinados comportamentos. Juízo esse da competência do Poder Legislativo, no âmbito da análise do direito *positivo,* estatal. A legitimidade da *censura* dependerá, portanto, do maior ou menor grau de *aceitabilidade* social da proibição. De fato, nem sempre a proibição de uma conduta encontra eco na comunidade jurídica, seja em razão de sua superação cultural e social no tempo (A Parte Especial de nosso Código é de 1941!), seja por ausência de qualquer correspondência entre as pretensões gerais e a seletividade da norma incriminadora. Em uma sociedade em que o governo federal promove diversas formas de arrecadação de recursos públicos, tais as hipóteses das *loterias* e demais concursos de prognósticos (*sena, loto* etc.), ainda que destinados – parte deles – aos interesses públicos, não parece fazer sentido, por exemplo, a proibição dos chamados jogos de azar (Lei de Contravenções Penais – Decreto-Lei 3.688/41).

Do ponto de vista dogmático, ou seja, do estudo sistematizado do direito positivo, o crime é um fato *típico, ilícito* e *culpável.* Que até poderá não ser *punível,* se assim decidir o legislador, por razões de política criminal (exemplo: *as causas de extinção da punibilidade* do art. 107, CP). A referência feita a um fato típico, ilícito e culpável traduziria uma concepção *tripartida* do delito, que goza da esmagadora preferência da doutrina contemporânea.

O conceito *formal* de crime é extraído unicamente da lei. De modo mais completo: o crime se configura *formalmente* quando atendidos os requisitos legais acerca da tipicidade, da ilicitude e da capacidade do agente (imputabilidade penal).

Materialmente, o delito se realiza quando há efetiva *lesividade* no comportamento concretizado e descrito no tipo; quando a conduta *não é justificada* (excludentes da ilicitude), e quando o agente, maior e capaz, pode ser considerado culpável, à vista de suas condições pessoais diante do fato (concreta *inexigibilidade de conduta pessoal diversa*).

Já houve quem sustentasse a definição do crime limitada ao *injusto,* reservando à culpabilidade o papel de *pressuposto da pena.* Muito poderia ser dito sobre a inadequação e, mais ainda, sobre o equívoco dessa orientação, que, quando nada, reduz perigosamente o papel da *culpabilidade* na teoria do delito. Não o faremos, contudo. Pensamos que a notória superação de semelhante leitura do crime nos dispensa de esforços nessa direção. Trata-se de concepção que se perdeu na (in)compreensão da evolução normativa do conceito de culpabilidade. Aliás, talvez tenha se perdido bem antes, ao incluir o inimputável como agente de crime, o que nos parece incompreensível – e incompatível *com – em* tema de responsabilidade pessoal.

De outra sorte, há outra perspectiva *bipartida* do crime, que se orienta por uma compreensão *unitária* do injusto, de tal modo que a tipicidade seria sempre um tipo *ilícito,* não se justificando, segundo essa concepção, a separação entre tipicidade e ilicitude.

De fato, e, em princípio, parece impensável a formulação de um tipo penal de fato considerado *lícito.* Por que se daria ao trabalho o legislador de tipificar comportamentos *não só aceitáveis* e *tolerados*, como ocorre com as causas de justificação (estado de necessidade, legítima defesa etc.), mas também de condutas configuradoras do exercício de direitos subjetivos?

No ponto, veja-se o exemplo do chamado *exercício regular do direito*, tratado como uma causa/fato excludente da ilicitude (art. 23, CP). Ora, se o agente se encontra no *exercício de um direito*, não se poderia mesmo pensar na ilicitude/proibição da conduta.

No entanto, haveria que se indagar: como um comportamento *segundo o direito* poderia constituir um fato penalmente típico?

Como a seu tempo veremos, a resposta a essa questão vem explicada com acerto pela já conhecida teoria da *tipicidade conglobante*, que elabora a construção de seu conceito (da tipicidade) a partir da distinção entre *normatividade* e *antinormatividade:* a matéria a ser submetida ou escolhida em *tipos penais* se encontraria apenas entre estas últimas, significando a seleção de um comportamento, por si só, já *contrário ao direito*, isto é, *antinormativo*. Eventual correspondência entre um comportamento *autorizado pelo direito* e determinada previsão típica do Direito Penal se resolveria já ao nível da própria tipicidade, excluindo desse campo as ações que concreta ou materialmente significariam o exercício do direito ou mesmo o desempenho de funções públicas regulares.

O executor de mandado de busca e apreensão que ingressa em domicílio sem a autorização do morador, a fim de ali apreender coisas ou pessoas (art. 241, CPP), não realiza o tipo de violação de domicílio, precisamente pelo fato de se encontrar no cumprimento de seu legítimo dever. Do mesmo modo, a atuação do cirurgião e do responsável pelo poder familiar de menor não pode ser levada ao exame de tipicidade de lesões corporais, configurando, antes, exercício de dever e exercício de direito.

As excludentes da ilicitude deveriam ser reservadas para aqueles comportamentos cuja prática seja sempre excepcional, justificados por circunstâncias alheias à vontade do agente e somente admitidas por critérios de ponderação entre os danos por ele causados e aqueles que adviriam de condutas/fatos de terceiro ou do acaso, cujo resultado não devesse ser suportado por aquele que não lhe deu causa.

Aquele que age em legítima defesa, causando a morte de seu agressor, estará excepcionalmente justificado pelo direito, que não pode exigir dele o sacrifício a direitos e interesses legítimos de que é titular. Aliás, a censura ao comportamento do agressor vai ao ponto de aceitar a reação (em legítima defesa – justificada, portanto) até mesmo em defesa de terceiros. Nesse caso, a conduta do agente é aceita e tolerada por ter sido realizada em razão de *provocação de ação injusta* do agressor.

Solução semelhante é fornecida pela teoria dos *elementos negativos do tipo*, também partidária de um conceito *bipartido* do crime (tipicidade = tipo + ilícito), e que enxerga nas causas de justificação da ação apenas a *negação da presença típica*, como se todo tipo penal contivesse, implícita, mas, essencialmente, a ressalva quanto ao comportamento justificado. Assim, os tipos penais conteriam a matéria proibida, a respectiva sanção e a regra de exceção (implícita): *salvo se em legítima defesa, em estado de necessidade, no exercício regular do direito ou no estrito cumprimento do dever legal.* Estes é que seriam os *elementos negativos* do tipo, quando efetivamente presentes.

I Princípio do *ne bis in idem*

Esse princípio consagra o direito do agente de não ser sancionado duas vezes (ou mais) pelo mesmo fato. Em uma tradução livre, poder-se-ia designar esse princípio como "não duas vezes (*ne bis*) pela mesma razão (*in idem*)".

Não poderá, pois, o mesmo agente ser sancionado penalmente por mais de uma vez, se essa sanção decorrer do mesmo fato e do mesmo fundamento daquela já aplicada.

Conforme lecionam Cancio MELIÁ e Pérez MANZANO, esse princípio pode ser considerado como decorrência dos princípios da proporcionalidade e da legalidade.[1]

Como decorrência do princípio da proporcionalidade, tem-se que, na esfera legislativa, já restou definida, em abstrato, qual a medida proporcional a ser aplicada como pena ao fato criminoso. De igual forma, ao final do processo criminal, é aplicada a sanção adequada ao caso concreto. Em razão disso, qualquer apenamento dúplice ao agente, pelo mesmo fato, se consubstanciaria em excesso punitivo por parte do Estado.

Por outro lado, a ocorrência de *bis in idem* violaria o princípio da legalidade, pois, com a primeira punição do agente, é satisfeita a imposição legal da pena ao fato, motivo pelo qual a reaplicação da reprimenda ultrapassa o limite legalmente determinado. A primeira sanção somada à segunda resulta em uma sanção não prevista em lei.

II Conceito de crime

O conceito de crime pode ser entendido a partir das três principais correntes a seguir abordadas.

1 Conceito formal

A partir desse conceito, o crime é definido como todo o fato humano proibido pela lei penal, ou seja, é o fato ao qual a ordem jurídica associa a pena como legítima consequência.

Conforme Claus ROXIN, "se um preceito pertence ao Direito Penal não é porque regule normativamente a infração de mandatos ou proibições – pois isso o faz

[1] CANCIO MELIÁ, Manuel; PÉREZ MANZANO, Mercedes. Principios del derecho penal (II). In: LASCURAÍN SÁNCHEZ, Juan Antonio (Org.). *Introducción al derecho penal*. Espanha: Civitas, 2011. cap. 3, p. 106.

também múltiplos preceitos cíveis e administrativos –, mas porque essa infração é sancionada mediante penas ou medidas de segurança".[2]

O conceito formal é o mais simples dos conceitos, visto que se preocupa exclusivamente com o aspecto *externo* do fenômeno criminoso, e não com o seu conteúdo. O crime resta conceituado, aqui, como a conduta proibida na lei penal, independentemente de qualquer análise valorativa ou de relevância. Francisco MUÑOZ CONDE refere que o conceito de delito como conduta punida legalmente com uma pena, por ser puramente formal, nada diz acerca dos elementos que deve ter essa conduta para ser punida.[3] Por essa razão, o conceito sob análise nos parece insuficiente para a definição do fato criminoso.

Como um exemplo de aplicação deste conceito podemos citar o Código Penal espanhol, que em seu art. 10 determina: "Son delitos o faltas las acciones o omisiones dolosas o imprudentes penadas por la Ley".[4]

2 Conceito material

É o conceito que diz respeito ao *conteúdo* do ilícito penal, ou seja, ao caráter danoso da ação ou seu desvalor social. Refere-se à importância que determinada sociedade dá àquilo que considera que deva ser proibido pela lei penal.

De acordo com esse conceito, crime é todo o fato humano que lesiona um interesse capaz de comprometer as condições de existência, de conservação e de desenvolvimento da sociedade.

O conceito material diferencia-se do conceito formal porque se preocupa com os aspectos intrínsecos, internos, do crime.

Claus ROXIN esclarece: "enquanto que mediante o 'conceito formal de delito' a conduta punível só é objeto de uma definição no marco do Direito positivo, o conceito material de delito se remonta antes do respectivo Direito Penal codificado e pergunta pelos critérios materiais da conduta punível. Portanto, o conceito material de delito é anterior ao Código Penal e subministra ao legislador um critério político-criminal sobre o que o mesmo pode condenar e o que deve deixar impune".[5]

O conceito material de crime, no entanto, perdeu o sentido a partir do advento do princípio da reserva legal, segundo o qual alguém só pode ser punido se existente lei prévia à sua conduta que a tipifique como crime. Assim, para que uma ação seja

---

[2] ROXIN, Claus. *Derecho penal, parte general:* Tomo I, Fundamentos. La Estructura de la Teoría del Delito. Tradução e notas de Diego-Manuel Luzón Pena, Miguel Diaz y Garcia Conlledo e Javier de Vicente Remesal. Madrid: Civitas, 1997. p. 41.

[3] CONDE, Francisco Muñoz. *Teoria geral do delito*. Tradução de Juarez Tavares e Luiz Regis Prado. Porto Alegre: Sergio Antonio Fabris, 1988. p. 2.

[4] Esse exemplo é mencionado por Pedro Krebs em seu livro *Teoria jurídica do delito*. Noções introdutórias: tipicidade objetiva e subjetiva. São Paulo: Manole, 2004. p. 2.

[5] ROXIN, Claus, op. cit., p. 51.

considerada criminosa, não importa o desvalor social que é dado a ela. Tal desvalor somente servirá de parâmetro ao legislador, constituindo-se, assim, parte de uma etapa pré-legislativa, sendo incapaz de conceituar se a ação é ou não criminosa.

3 Conceito analítico ou dogmático

É o conceito que decompõe o delito nos requisitos a ele exigíveis. É aí que reside a sua importância, visto que os conceitos formal e material não são capazes de permitir essa divisão dos elementos estruturais do crime.

O crime resta desmembrado nos elementos tipicidade, antijuridicidade e culpabilidade. Podemos conceituá-lo, portanto, como sendo uma conduta (ação ou omissão) típica, antijurídica e culpável. Percebe-se que, em um primeiro plano, a conduta se apresenta como um dado basilar para a configuração do fato criminoso. Disso decorre o dizer de Francisco de ASSIS TOLEDO, para quem a ação humana deve ser submetida a uma tríplice ordem de valoração,[6] sendo que, satisfeitos os requisitos de tipicidade, antijuridicidade e culpabilidade, estará configurado o fato criminoso.

Assim, crime é toda ação típica, antijurídica e culpável, pressupostos estes que serão analisados no decorrer deste livro. Entretanto, para uma melhor compreensão, é necessária uma visão global desses aspectos, razão pela qual uma análise resumida desses pressupostos será feita no ponto 5.

III Definições importantes

Antes de iniciarmos a classificação das infrações penais, bem como a exposição dos demais conteúdos, é necessário que algumas definições sejam feitas, para que seja possível o entendimento do que será posteriormente explanado.

1 Título do delito

Título do delito é a denominação jurídica do crime (*nomen juris*). Assim, como exemplos, podemos citar o art. 121, *caput*, do Código Penal, cujo título é homicídio simples; o art. 155, *caput*, do Código Penal, cujo título é furto, e o art. 129, *caput*, do mesmo diploma legal, cujo título, por sua vez, é lesão corporal.

Ocorre que, muitas vezes, são acrescidas ao tipo básico, descrito no *caput* do artigo, circunstâncias que modificam a gravidade do crime, modificando, também, o seu título. Por exemplo: o art. 121, § 2º, do Código Penal, tem o título homicídio qualificado; o art. 129, § 3º, CP, traz o título de lesão corporal seguida de morte, e o art. 155, § 4º, CP, possui o título furto qualificado.

---

6 ASSIS TOLEDO, Francisco de. *Princípios básicos de direito penal*. 5. ed. São Paulo: Saraiva, 2008. p. 82.

2 Tipo penal

Em sentido amplo, o tipo penal pode ser concebido como o dispositivo da lei penal que elenca determinados elementos que, quando satisfeitos, acarretarão em uma consequência previamente disciplinada.

O tipo penal deve ser entendido a partir de dois enfoques: o tipo penal incriminador e o tipo penal permissivo.

Tipo penal incriminador é a descrição feita pelo legislador na norma penal de uma conduta proibida. De acordo com Francisco MUÑOZ CONDE e Mercedes GARCÍA ARÁN, "tipo é, portanto, a descrição da conduta proibida que faz o legislador de um caso fático e o insere numa norma penal".[7] Nesse sentido, o tipo penal discrimina os elementos básicos de constituição da figura delitiva, os quais se fazem necessários para a aplicação da consequência prevista.

O art. 121 do Código Penal, por exemplo, traz a conduta "matar alguém". Esta conduta está descrita abstratamente pelo legislador na norma penal, constituindo, portanto, um tipo penal. Nesse tipo penal, constam os requisitos de configuração do crime de homicídio (conduta dolosa de causar a morte de uma pessoa etc.) que, quando presentes no caso prático, acarretarão a aplicação da sanção penal constante no tipo.

Tipo penal permissivo, por sua vez, é a descrição, na norma penal, de situações em que, embora tenha sido praticada uma conduta proibida, não se considera que ela seja criminosa, visto que há a exclusão do requisito ilicitude. Traduz-se na legítima defesa, no estado de necessidade, no exercício regular de um direito e no estrito cumprimento de dever legal, previstos nos arts. 23 e seguintes do Código Penal. Assim, partindo do exemplo anterior, a conduta de quem "mata alguém", apesar de ser proibida, não será criminosa se praticada em legítima defesa. Novamente, aqui, havendo o preenchimento dos requisitos legais do art. 25 do Código Penal, restará configurada a legítima defesa e, como consequência, haverá a exclusão da ilicitude do ato.

Sobre o tipo, por ora, bastam esses simples entendimentos. Devido à sua extrema importância, a ele será dedicado capítulo especial. Portanto, para um maior aprofundamento, remetemos o leitor ao ponto 9 desta obra.

3 Bem jurídico

Talvez um dos maiores problemas enfrentados até hoje seja a crise de legitimação do Direito Penal, principalmente no que diz respeito à proteção de determinados bens jurídicos, segundo a doutrina majoritária,[8] verdadeira missão do Direito Penal.[9]

---

[7] MUÑOZ CONDE, Francisco; GARCÍA ARÁN, Mercedes. *Derecho Penal*. Parte general. 2. ed. Valencia: Tirant lo Blanch, 1996. p. 268.

[8] Ver, por todos, ROXIN, Claus. *Derecho penal*. Parte general. Tomo I. Traducción de Diego-Manuel Luzón Peña, Miguel Díaz y García Conlledo y Javier de Vicente Remesal. Madrid: Civitas, 1997. p. 52 e ss.

[9] Em sentido contrário, WELZEL, Hans. *Derecho penal alemán*. Traducción de Juan Bustos Ramírez y Sergio Yáñez Pérez. Santiago: Editorial Jurídica de Chile, 1993, p. 3, defende que a missão do Direito Penal, antes

Isso ocorre com a amplitude de bens jurídicos que o legislador abarca na esfera de proteção penal,[10] quando muitos deles deveriam ficar somente na esfera de proteção administrativa.

Atualmente tem-se praticamente como pacificado (ressaltando-se que ainda há dissensos doutrinários) que o Direito Penal deve ter como função a proteção de bens jurídicos.

Winfried HASSEMER explica a noção de bem jurídico, salientando que o conceito de bem jurídico é obra do pensamento da Ilustração. Assim, refere que Paul Johann Anselm FEUERBACH o fundamentou e o formulou como arma contra una concepção moralizante do Direito Penal. Para declarar uma conduta como delito não bastaria que supusesse uma infração de una norma ética ou divina, seria necessário antes de tudo a prova de que lesiona interesses materiais de outras pessoas, isto é, de que lesiona bens jurídicos. Deste modo, assentaram-se as bases para um sistema penal orientado empiricamente, se bem que foram necessárias muitas batalhas para lograr dirigir a atenção do legislador e dos penalistas em direção às consequências do comportamento. A conduta humana somente pode ser um injusto punível se lesiona um bem jurídico. Com esta máxima, (re)aparece a vítima, depois de séculos de haver permanecido oculta pelos princípios de reprovabilidade, de antijuricidade e de referência exclusiva à conduta do delinquente. Como fundamento do merecimento de castigo penal de uma conduta, ao legislador não pode bastar a referência à vulneração de uma norma ética ou divina. É preciso demonstrar a existência de uma vítima e mostrar que em relação a ela foram lesionados bens ou interesses.[11]

Bens jurídicos seriam então, resumidamente, os "objetos legítimos de proteção das normas",[12] ou seja, a que a norma penal visa tutelar. Por exemplo, o delito de homicídio é proibido tendo em vista a proteção à vida.

Assim, pode-se afirmar que o Estado, na sua função de garantir a coexistência pacífica e livre entre os cidadãos, respeitando os direitos humanos, deve proteger, utilizando-se do Direito Penal quando não houver outro meio adequado de índole civil

---

de proteger bens jurídicos, é a de assegurar a real vigência (observância) dos valores do ato da consciência jurídica, no sentido de fortalecimento de permanente fidelidade jurídica. Também em sentido contrário, JAKOBS, Günther. *Derecho penal*. Parte general. Fundamentos y teoría de la imputación. Traducción de Joaquin Cuello Contreras y Jose Luis Serrano de Murillo. 2. ed. Madrid: Marcial Pons, 1997. p. 45 e ss., quando argumenta que a função do Direito Penal é a de manter as expectativas normativas, ou seja, a vigência da norma. No mesmo sentido de Jakobs, MONTEALEGRE LYNETT, Eduardo. Introdução à obra de Günther Jakobs. *Direito penal e funcionalismo*. Tradução de André Luís Callegari. Porto Alegre: Livraria do Advogado, 2005, p. 15, assinala que o que protege o direito penal são os mecanismos que permitem manter a identidade de uma sociedade, é dizer, as expectativas fundamentais para sua constituição. Ver também PEÑARANDA RAMOS, Enrique; SUÁREZ GONZÁLEZ, Carlos; CANCIO MELIÁ, Manuel. *Um novo sistema do direito penal*. Tradução de André Luís Callegari e Nereu José Giacomolli. Barueri: Manole, 2003. p. 9.

[10] Sobre uma nova concepção de bem jurídico constitucional, STRECK, Lenio Luiz; FELDENS, Luciano. *Crime e Constituição*. Rio de Janeiro: Forense, 2005. p. 22 e ss.

[11] HASSEMER, Winfried. *Fundamentos del derecho penal*. Barcelona: Bosch, 1984. p. 37-38.

[12] ROXIN, Claus. *A proteção de bens jurídicos como função do Direito Penal*. Tradução de André Luís Callegari e Nereu José Giacomolli. Porto Alegre: Livraria do Advogado, 2006. p. 18.

e/ou administrativa, a vida, a integridade física, a liberdade etc., sendo estes, dentre outros, bens jurídicos relevantes e, por isso, dignos de tutela penal.

É justamente nesse sentido que Francisco de Assis TOLEDO salienta que, "dentre o imenso número de bens existentes, seleciona o direito aqueles que reputa 'dignos de proteção' e os erige em 'bens jurídicos'".[13] E, citando WELZEL, refere o sobredito autor que "bem jurídico é um bem vital ou individual que, devido ao seu significado social, é juridicamente protegido. Pode ele apresentar-se, de acordo com o substrato, de diferentes formas, a saber: objeto psicofísico ou objeto espiritual ideal (exemplo daquele, a vida; deste, a honra), ou uma situação real (respeito pela inviolabilidade do domicílio), ou uma ligação vital (casamento ou parentesco), ou relação jurídica (propriedade, direito de caça), ou ainda um comportamento de terceiro (lealdade dos funcionários públicos, protegida contra a corrupção). Bem jurídico é, pois, toda situação social desejada que o direito quer garantir contra lesões".[14]

Claus ROXIN, por sua vez, assevera que "a exigência de que o Direito Penal só pode proteger 'bens jurídicos' desempenhou um importante papel na discussão da reforma das últimas décadas. Partiu-se da base de que o Direito Penal só tem que assegurar determinados 'bens' previamente dados, como a vida, a integridade corporal, a honra, a Administração da Justiça etc., e dessa posição se deduziu a exigência de uma substancial restrição da punibilidade num duplo sentido".[15]

Na busca por uma definição de bens jurídicos, ROXIN salienta que eles podem ser definidos como "circunstâncias reais dadas ou finalidades necessárias para uma vida segura e livre, que garanta todos os direitos humanos e civis de cada um na sociedade ou para o funcionamento de um sistema estatal que se baseia nestes objetivos".[16] Dentro desta concepção estaria o dever do Estado de garantir não somente as condições para uma coexistência pacífica entre os homens, mas também a proteção de suas próprias instituições. Por essa razão, estaria justificada a proteção de bens jurídicos de índole *individual* (vida, propriedade) e *geral* (administração de justiça, sistema monetário), sendo que neste último caso a proteção só se justificaria na medida em que os bens tutelados estivessem relacionados ao cidadão, ao particular.

Por fim, é importante salientar que não se adentrará, aqui, na diferenciação entre bens jurídicos individuais, coletivos e supraindividuais, muito menos em quais deles devem ser protegidos. O tema é vasto, atual e polêmico, e o que se pretende no momento é somente o entendimento do que são bens jurídico-penais, a fim de que se possa compreender o conteúdo que será abordado no restante da obra.

---

[13] TOLEDO, Francisco de Assis. *Princípios básicos de direito penal*. São Paulo: Saraiva, 2000. p. 16.

[14] TOLEDO, Francisco de Assis, op. cit., p. 16.

[15] ROXIN, Claus. *Derecho Penal, parte general:* Tomo I, Fundamentos. La Estructura de la Teoría del Delito. Tradución y notas: Diego-Manuel Luzón Pena, Miguel Diaz y Garcia Conlledo e Javier de Vicente Remesal. Madrid: Civitas, 1997. p. 52.

[16] ROXIN, Claus. *A proteção de bens jurídicos como função do Direito Penal*. Porto Alegre: Livraria do Advogado, 2006. p. 18-19.

IV Classificação das infrações penais

1 Crime e contravenção

Não há falar em uma diferença ontológica, intrínseca ou essencial entre crime e contravenção.

Crimes e contravenções não são categorias que se distinguem pela sua natureza, mas sim realidades que se diversificam pela sua maior ou menor gravidade. A questão reside na *quantidade* da infração, não em sua *substância*. O critério é quantitativo. As contravenções são condutas que, comparadas com os crimes, apresentam menor gravidade, por isso ensejam punição menos severa. A contravenção obedece ao mesmo conceito de crime, ou seja, é um fato típico, antijurídico e culpável: a diferença reside na quantidade de pena e no bem jurídico protegido.

Descabida, portanto, a afirmação de que contravenções infringem somente normas criadas pelo Estado, e não bens jurídicos (como os crimes).

É o que ressalta Claus ROXIN quando menciona que "não é possível delimitar delitos e contravenções segundo o critério de se uma ação lesiona bens jurídicos preexistentes ou somente infringe normas criadas pelo Estado. Com efeito, também as contravenções lesionam bens jurídicos, posto que causam danos ao indivíduo (ruído perturbador da tranquilidade ou descanso) ou são prejudiciais para o bem comum (e com isso mediatamente também para o cidadão)".[17]

É exatamente em função disso que Francisco MUÑOZ CONDE acrescenta que considerar-se um fato como delito ou contravenção é uma questão de política legislativa, visto que "normalmente as contravenções costumam ser delitos em miniatura, 'delitos veniais' como os chamava Pacheco, e não diferem muito dos delitos. Mas, outras vezes, são puras infrações administrativas, que só por tradição se incluem no Código Penal. Atualmente, há uma corrente a favor da descriminalização dessas contravenções e de sua consideração como simples infrações administrativas".[18]

No Brasil, a diferenciação entre crime e contravenção é feita pelo art. 1º da Lei de Introdução ao Código Penal, que simplesmente determina: "Art. 1º Considera-se crime a infração penal a que a lei comina pena de reclusão ou de detenção, quer isoladamente, quer alternativa ou cumulativamente com a pena de multa; contravenção, a infração penal a que a lei comina, isoladamente, pena de prisão simples ou de multa, ou ambas, alternativa, ou cumulativamente".

No ordenamento jurídico-penal brasileiro, as contravenções penais estão previstas no Decreto-lei 3.688, de 1941, sendo-lhes cominada pena máxima de dois anos de reclusão, razão pela qual são processadas perante os Juizados Especiais Criminais.[19]

---

[17] ROXIN, Claus. *Derecho penal, parte general*, p. 57.

[18] CONDE, Francisco Muñoz. *Teoria geral do delito*, p. 6.

[19] O Juizado Especial Criminal (JECrim) está previsto na Lei nº 9.099, de 1995, e tem por competência conciliar, julgar e executar as infrações de menor potencial ofensivo, que são aquelas às quais é cominada pena não superior a dois anos.

2 Classificação doutrinária

Os crimes podem ser classificados nas seguintes espécies, de acordo com seus tipos penais.

2.1 Crimes unissubjetivos e plurissubjetivos

Esta classificação leva em consideração o número de agentes que levam a cabo a conduta típica.

De acordo com esta dicotomia, os crimes *unissubjetivos*, que são a maioria, são aqueles que *podem* ser praticados por um só autor. São exemplos os arts. 121, 129 e 155, todos do Código Penal. Em que pese o fato de não se necessitar, aqui, de mais de um autor para a prática delitiva, nada impede que ditos delitos sejam praticados por duas ou mais pessoas. Assim, por exemplo, um homicídio pode ser cometido por um só agente por meio da conduta de quem desfere um disparo de arma de fogo, ou por diversas pessoas por meio da conduta espancamento.

Os crimes *plurissubjetivos*, por sua vez, são os que conceitualmente *exigem* a intervenção de mais de um autor, ou seja, *não podem* ser praticados por um único autor. São exemplos os arts. 137, 288 e 354, todos do Código Penal.

2.2 Crimes comuns, especiais (próprios e impróprios) e de mão-própria

Sob o enfoque da figura do autor do fato, considerando que o tipo legal de crime pode circunscrever ou ampliar os agentes possíveis de um certo delito,[20] os crimes podem ser classificados em crimes comuns, especiais e de mão-própria.

Crimes comuns são os que podem ser praticados por qualquer pessoa, ou seja, não requerem qualificação do autor. Exemplos: lesão corporal (art. 129, CP), homicídio (art. 121, CP), furto (art. 155, CP), estelionato (art. 171, CP).

Os crimes especiais próprios são os que exigem uma especial condição, relação ou qualificação do sujeito ativo.[21] São delitos em que o autor é uma pessoa especialmente definida pelo legislador. Exemplos: funcionário público (art. 312, CP); médico (art. 269, CP).

Os crimes especiais impróprios são aqueles crimes comuns que, se praticados por determinadas pessoas, terão um aumento de pena. Por exemplo: art. 133, *caput*, c/c seu § 3º, II, CP.

---

[20] TOLEDO, Francisco de Assis, op. cit., p. 141.

[21] LUZÓN PEÑA, Diego-Manuel. *Curso de derecho penal, parte general I*. Madrid: Editorial Universitas, 1996. p. 304.

É fácil perceber, assim, que, nos crimes especiais próprios, a qualificação do autor é condição para a prática do delito. Nos crimes especiais impróprios, por sua vez, a qualificação será condição do aumento da pena, e não do delito em si.

Quanto à diferença entre os crimes especiais próprios e impróprios, de acordo com Claus ROXIN, "nos delitos especiais próprios o elemento especial da autoria opera fundamentando a pena; por exemplo, a prevaricação só é possível por parte das pessoas indicadas no § 336 do Código Penal alemão. Ao contrário, nos delitos especiais impróprios o elemento do autor só opera agravando a pena, por exemplo, nas lesões causadas no exercício do cargo (§ 340 do Código Penal alemão), estão construídas sobre o delito comum de lesões (§ 223); portanto, a qualidade de funcionário no exercício de seu cargo opera certamente no § 340 fundamentando a autoria, mas em reação com o tipo de lesões só agravando a pena".[22]

Por fim, os crimes de mão-própria são delitos cuja qualificação do autor é ainda mais restrita do que nos delitos especiais próprios. A diferença fica clara quando pensamos nos crimes praticados por funcionários públicos, que são crimes especiais próprios, e nos crimes que somente podem ser praticados por prefeitos, que são crimes de mão-própria. Por essa razão, seguindo a linha abordada por Pedro KREBS,[23] tendo em vista essa restrição da autoria, nos delitos de mão-própria não é possível a delegação da conduta criminosa, uma vez que em tais delitos o tipo exige que a conduta típica se realize pessoalmente, sem intermediários, ou seja, não podem ser executados por outras pessoas. O falso testemunho é um exemplo clássico de crime de mão-própria, pois somente a testemunha pode mentir em juízo. Ainda que o advogado instrua a testemunha a mentir, jamais poderá ser autor ou coautor do delito previsto no art. 342 do CP, somente será partícipe.

2.3 Crimes materiais, formais e de mera conduta ou atividade

Os crimes materiais (ou de resultado) são aqueles em que o tipo requer, para sua consumação, a produção de um resultado, material ou ideal, como consequência da conduta e distinto da mesma, geralmente posterior, mas às vezes simultâneo a ela.[24] Esse resultado é, portanto, parte integrativa do próprio tipo penal.

Segundo MIRABETE,[25] o crime material exige um resultado descrito na lei que seja externo à ação, ou seja, que se destaque lógica e cronologicamente da conduta. Esse resultado deve ser considerado de acordo com o sentido naturalístico da palavra, e não com relação ao seu conteúdo jurídico, pois, afinal, todos os crimes provocam lesão ou perigo ao bem jurídico. É por isso que, de acordo com Pedro KREBS, "crimes materiais são aqueles em que o legislador descreve no tipo um resultado (naturalístico) e exige a sua produção. Exemplo: homicídio (art. 121). Considerando que a morte é o resultado

---

[22] ROXIN, Claus. *Derecho penal, parte general:* Tomo I, p. 336.

[23] KREBS, Pedro. *Teoria jurídica do delito*. São Paulo: Manole, 2004. p. 107-108.

[24] LUZÓN PEÑA, Diego-Manuel, op. cit., p. 307.

[25] MIRABETE, Julio Fabbrini. *Manual de direito penal*. 7. ed. São Paulo: Atlas, 1992. p. 128.

naturalístico determinado pelo legislador, só pode ocorrer o crime se a vítima efetivamente morrer. Caso contrário, pode existir qualquer outro crime, menos homicídio".[26]

Os crimes formais, por sua vez, são aqueles em que o tipo menciona o comportamento e o resultado, mas não exige a sua produção para a consumação do delito, ou também se pode dizer que são os crimes de consumação antecipada, independentemente da (in)ocorrência do resultado desejado pelo agente.

Assim, nos crimes formais, embora haja a previsão de um resultado (como ocorre nos crimes materiais), não é necessário que ele ocorra para a configuração do delito, bastando a conduta do agente visando àquele resultado para que o crime esteja consumado. A título de exemplo, pode ser citada a difamação (art. 139, CP), que se consuma com a sua simples comunicação à outra pessoa, independentemente de a reputação do ofendido ser efetivamente abalada.

Já os crimes de mera conduta são aqueles em que o tipo somente requer uma determinada conduta, ativa ou passiva, e não descreve qualquer resultado. Exemplos: violação de domicílio (art. 150, CP), omissão de notificação de doença (art. 269, CP).

Os crimes de mera atividade ou mera conduta o tipo se esgota na mera ação do autor, não sendo necessário que se verifique um resultado exterior, isto é, separado espaço-temporalmente da ação.[27]

Conclui-se, portanto, que nos crimes de mera conduta, embora não haja a previsão no tipo penal, até pode haver a produção de um resultado. No entanto, sua produção ou não em nada influenciará para a consumação do delito.

A partir do exposto, torna-se possível afirmar, portanto, que a diferença entre os crimes formais e os de mera conduta reside no fato de que estes são delitos *sem* resultado, ao passo que aqueles possuem resultado, mas há uma antecipação da sua consumação pelo legislador, de forma que a mesma ocorra antes da produção efetiva deste resultado.

A compreensão dos aspectos ora tratados, salienta-se, é de extrema importância, visto que serão determinantes para a definição dos crimes omissivos próprios e impróprios, bem como para o entendimento da relação de causalidade.

2.4 Crimes instantâneos, instantâneos de efeitos permanentes e permanentes

Crimes instantâneos são os delitos que se consumam no momento em que ocorre o resultado, sem que este determine a criação de uma situação antijurídica duradoura.[28] É o caso, por exemplo, do crime de homicídio (art. 121, CP), que se consuma com a morte da vítima.

---

[26] KREBS, Pedro, op. cit., p. 64.

[27] JESCHEK, Hans-Heinrich. *Tratado de derecho penal*, p. 237.

[28] MIR PUIG, Santiago. *Derecho penal, parte general*. 4. ed. Barcelona: PPU, 1996. p. 202.

Não há, portanto, continuidade temporal, o que não significa que sua prática deva ser rápida, imediata, mas que, uma vez praticado o delito, ele não poderá ser mantido temporalmente pelo autor.

Crimes permanentes, por sua vez, são os delitos em que a consumação ocorre com uma situação antijurídica duradoura (de lesão ou de perigo ao bem jurídico) que se mantém ou pode cessar pela conduta do autor. Claus ROXIN alude que "delitos permanentes são aqueles fatos em que o delito não está concluído com a realização do tipo, mas que se mantém pela vontade delitiva do autor tanto tempo como subsiste o estado antijurídico criado por ele".[29]

Assim, pode-se afirmar que a consumação, nos crimes permanentes, prolonga-se no tempo. Como exemplos desses delitos podem ser citados o sequestro ou cárcere privado (art. 148, CP), o rapto (art. 219, CP) e a violação de domicílio (art. 150, CP). Nesses casos, a consumação ocorre durante o tempo em que o agente mantém a vítima sob seu jugo ou se encontra na casa ou dependência da vítima contra a sua vontade, respectivamente.

Buscando elucidar a diferença existente entre os crimes instantâneos e permanentes, Francisco de Assis TOLEDO, invocando BETTIOL, esclarece que "são instantâneos os crimes que possuem como objeto jurídico bens destrutíveis; permanentes, aqueles cuja consumação, pela natureza do bem jurídico ofendido, pode protrair-se no tempo, detendo o agente o poder de fazer cessar o estado antijurídico por ele realizado. Dentro dessa concepção, poder-se-á concluir que no delito instantâneo (furto, injúria, etc.), a consumação ocorre em um momento certo, definido; no permanente, o momento consumativo é uma situação duradoura, cujo inicio não coincide com o de sua cessação (sequestro, cárcere privado,usurpação de função pública etc.)".[30]

Nos delitos permanentes, segundo LUZÓN PEÑA, "cabe co-autoria e participação depois da consumação enquanto se mantém a situação antijurídica, e até que esta cesse não começa a contar o prazo da prescrição do delito, pois, caso contrário, poderia dar-se o absurdo de que este prescreveria sem que os autores cessassem sua ação antijurídica".[31]

A importância dessa classificação está na identificação de até quando o autor do fato pode ser preso em flagrante delito, visto que, nos crimes permanentes, a prisão em flagrante poderá ocorrer enquanto não cessada a permanência.[32]

Outra classificação, feita, sobretudo, no Brasil, aponta para a existência de um crime *instantâneo,* mas *com efeitos permanentes.*

A falta de uma explicitação mais clara acerca do critério utilizado para semelhante classificação pode conduzir a equívocos. Se com a expressão *efeitos permanentes* se quiser referir à *definitividade* do resultado, até mesmo o homicídio seria um crime

---

29 ROXIN, Claus. *Derecho penal...*, p. 329.

30 ASSIS TOLEDO, Francisco de Assis, op. cit., p. 146.

31 LUZÓN PEÑA, Diego-Manuel, op. cit., p. 315.

32 ASSIS TOLEDO, Francisco de Assis, op. cit., p. 147.

instantâneo de efeitos permanentes.[33] Ora, ainda que formalmente correta a afirmação, uma tal classificação não teria qualquer relevância prática, tendo em vista a identidade entre a consumação dos crimes instantâneos e os instantâneos de efeitos permanentes, no entendimento a que vimos de nos referir, que incluiria o exemplo do homicídio.

Acabamos de ver a importância das classificações dos crimes a partir do critério da *consumação,* seja do ponto de vista do Direito Penal, seja do Processo Penal. A prescrição, por exemplo, encontra-se umbilicalmente ligada à consumação do crime, na medida em que somente tem início a partir dela. Ora, se a consumação é a mesma, por que razão fazer-se tão importante a distinção?

Para nós, e para que se tenha uma distinção justificada entre essas classificações, parece-nos imprescindível a adoção mais consequente do critério a ser utilizado. A *irreversibilidade* do dano causado não nos parece um critério plausível, a não ser quando elementar do tipo (enfermidade incurável e deformidade permanente na lesão corporal grave, – art. 129, § 2º, II e IV, CP). A morte de alguém não produz *efeitos jurídicos* para além de sua ocorrência. De outro modo: do ponto de vista jurídico, sempre se deverá considerar a *data do óbito* para fins de aplicabilidade de quaisquer relações de direito que devam surgir do evento (morte).

A pertinência da classificação do aludido crime instantâneo, de efeitos permanentes, deve se reportar, então, a determinadas e eventuais características que não estejam presentes nos demais (crimes instantâneos e crimes permanentes), sob pena de absoluta inutilidade conceitual. A nosso aviso, o que poderia qualificá-lo enquanto espécie diversa seria a continuidade ou a *permanência da lesão* ao bem jurídico, em *momento posterior* àquele da realização do tipo, sem, contudo, a permanência temporal da ação já praticada.

Imagine-se a hipótese de fraude na obtenção de aposentadoria de alguém que ainda não tenha preenchido os requisitos legais para o ato. Nesse caso, embora a *fraude* perpetrada *para o ato de aposentação* tenha se realizado *instantaneamente,* é fácil perceber que o agente *permanecerá se aproveitando* de sua ação, enquanto não descoberto o crime. É dizer: a todo recebimento de verbas da aposentadoria, novas lesões ocorrerão em relação ao patrimônio previdenciário, iludido em erro em momento anterior.

Note-se, no exemplo anterior, que o ato de recebimento de novas e seguidas parcelas previdenciárias não guarda identidade com a ação fraudulenta realizada por ocasião da aposentadoria, ainda quando seja fruto e, por isso, dependente dela. No crime permanente, a ação *típica* permanece a mesma; no instantâneo, com efeitos permanentes, *é outra* a ação, reproduzindo apenas a vantagem indevida e não mais a fraude.

Naturalmente, o prazo prescricional em semelhante situação haverá que ser outro daquele previsto para o crime instantâneo. Enquanto o agente prosseguir no proveito de vantagens indevidas ao longo do tempo, e, assim, produzindo novas lesões ao bem jurídico, permanecerão os efeitos da ação anterior já concretizada, de molde a

---

[33] Nesse sentido, e, equivocadamente, segundo nos parece: BITENCOURT, César Roberto. *Tratado de direito penal.* Parte especial. Dos crimes contra a pessoa. 6. ed. São Paulo: Saraiva, 2007. p. 42; e, também, QUEIROZ, Paulo. *Direito penal...*, cit., p. 166.

permitir a contagem do prazo prescricional *a partir de cada vantagem*. Esse entendimento é também sufragado no Supremo Tribunal Federal, embora não possamos aderir à conclusão quanto ao prazo prescricional do partícipe que, funcionário público, não se beneficie ao longo do tempo da fraude por ele perpetrada, realizando apenas os atos necessários à obtenção indevida da aposentadoria. Nessa situação, parece-nos, não se pode deixar de reconhecer que o aludido servidor público teria agido com dolo e com completo conhecimento do ilícito e da reiteração de danos à Previdência, devendo responder por participação em cada recebimento de parcelas sucessivas.

2.5 Crimes comissivos, omissivos próprios (ou puros) e omissivos impróprios (ou comissivos por omissão)

Crimes comissivos são aqueles em que é exigida, pelo tipo penal, uma atividade positiva do agente, ou seja, "um fazer", "um agir". Nesses delitos, a lei proíbe uma conduta (ação) que se estima nociva. Por exemplo, no homicídio, há a conduta positiva "matar"; no furto, a conduta positiva "subtrair".

Crimes omissivos próprios (ou puros) são os crimes em que o legislador descreve um não fazer, e, com independência, se produz ou não um resultado. Requerem somente a não realização de uma conduta devida – mediante pura inatividade ou, quase sempre, mediante outras atividades distintas da devida – como a omissão de socorro.[34]

Ressalte-se que o não fazer não se traduz necessariamente em inércia corporal, devendo ser pensado como um não fazer o que a lei exige, podendo tal "não ação" ser a prática de conduta diversa da exigida (como a fuga na omissão de socorro, por exemplo). São descritos como uma conduta negativa, de não fazer o que a lei determina, consistindo a omissão na transgressão da norma jurídica e não sendo necessário qualquer resultado naturalístico. O exemplo clássico é o da omissão de socorro, que se consuma com a simples abstenção de prestar socorro, independentemente se outra pessoa auxilia a vítima e nada acontece a ela.

Crimes omissivos impróprios (ou comissivos por omissão), segundo JESCHECK,[35] consistem em não impedir a produção do resultado em face à posição de garante do agente, posto que a maioria dos delitos impróprios de omissão está configurada conforme o art. 13, § 2º, do Código Penal. Os garantes estão elencados no referido artigo, sendo aquelas pessoas que, por uma razão ou outra, têm o dever e/ou a responsabilidade de evitar o resultado.

Assim, são considerados garantes aqueles que têm por lei obrigação de cuidado, proteção ou vigilância. Normalmente são os detentores do poder familiar (ex.: pais), aqueles que assumem a responsabilidade de evitar o resultado (ex.: guia contratado para uma trilha), e, ainda, aqueles que, com seu comportamento anterior, criaram o risco da ocorrência do resultado (ex.: aquele que, de brincadeira, atira

---

[34] LUZÓN PEÑA, Diego-Manuel, op. cit., p. 306.

[35] JESCHECK, Hans-Heinrich. *Tratado de derecho penal, parte general*. Comanares, p. 239.

alguém na piscina, expondo-o a risco, e depois não o salva, provocando a sua morte por afogamento).

Esta figura jurídica existe para que haja a possibilidade de responsabilização daqueles que possuem dever de agir, afinal, não é previsto em nosso Código o tipo penal "deixar de amamentar filho" (se fosse, seria esta uma conduta omissiva pura ou própria), mas sim o tipo penal homicídio, que exige um agir positivo para que ocorra o resultado. Não há como, fisicamente falando, uma "não ação" produzir um resultado, o simples deixar de fazer alguma coisa não altera o mundo fático. Por essa razão, há essa criação jurídica denominada omissão imprópria ou comissão por omissão, que fará com que a mãe que deixa de amamentar seu filho, provocando sua morte, responda por homicídio.

Nesse sentido, conforme salienta Francisco de ASSIS TOLEDO, "os crimes omissivos próprios são necessariamente previstos em tipos específicos (arts. 135, 244, 246, 269 etc.), ao passo que os omissivos impróprios, ao contrário, se inserem na tipificação comum dos crimes de resultado, de que são exemplos o homicídio (art. 121), a lesão corporal (art. 129) etc., passíveis em um bom número de serem cometidos por omissão".[36]

Nos delitos omissivos impróprios não basta, dessa forma, o não fazer, visto que são delitos de resultado, devendo, portanto, com o não fazer, ocorrer a produção do resultado. São aqueles delitos em que o sujeito garantidor, mediante uma omissão, permite a produção de um resultado posterior, que os condiciona. Nesses crimes, em geral, a simples omissão não constitui crime.

Cumpre ressaltar, ainda, que conforme o disposto no § 2º do art. 13 do Código Penal, o omitente, para responder pelo crime, precisa ter o dever e a possibilidade de agir no sentido de evitar o resultado. Resta claro, a partir de tal dispositivo, portanto, que não está a nossa legislação a exigir condutas heroicas por parte do garantidor.

Esses aspectos serão mais bem explicados quando abordarmos a conduta, mais especificadamente no ponto 6.3. Também serão referidos quando analisada a relação de causalidade, merecedora de especial atenção no que tange aos crimes omissivos próprios (7.3) e impróprios (7.4).

2.6 Crimes de dano e de perigo

Crimes de dano são os delitos que supõem a efetiva lesão ou diminuição do bem jurídico, ou seja, a consumação se dá somente com a lesão ao bem jurídico protegido pela norma, como ocorre, por exemplo, nos crimes de homicídio e lesão corporal.

Crimes de perigo, por sua vez, são aqueles que se consumam sem a necessidade de lesão, com o simples perigo – inseguridade ou probabilidade de lesão – do bem jurídico, supondo, portanto, um adiantamento das barreiras de proteção a uma fase anterior à efetiva lesão ao bem jurídico.

---

[36] ASSIS TOLEDO, Francisco de, op. cit., p. 116.

Como explica Pedro KREBS, "crimes de perigo são aqueles em que o legislador antecipa o momento de consumação do delito e se satisfaz apenas com a criação da situação de perigo, não sendo necessária a ocorrência de um dano efetivo".[37] Ou seja, "nos delitos de perigo o fato somente supõe uma ameaça mais ou menos intensa para o objeto da ação do sujeito".[38]

Sintetizando a diferença entre os crimes de dano e os de perigo em relação ao bem jurídico protegido, Francisco de ASSIS TOLEDO assevera que "os primeiros causam lesão efetiva, os últimos conduzem uma potencialidade de lesão, realizável ou não, em concreto, que o legislador deseja cortar no nascedouro".[39]

No que diz respeito aos crimes de perigo, torna-se necessária a distinção entre crimes de perigo *concreto* e crimes de perigo *abstrato*.

Os delitos de perigo concreto requerem que a ação produza um resultado de concreto perigo de lesão imediata ou próxima para algum bem jurídico,[40] devendo a ocorrência do perigo, como elemento do tipo, ser constatada pelo juiz.[41] O crime de perigo concreto é aquele que necessita ser provado, ou seja, o perigo não é presumido, a acusação deve provar que efetivamente foi colocado em perigo concreto o bem jurídico tutelado. Como exemplo, podemos citar o abandono de recém-nascido (art. 134, CP).

Já os crimes de perigo abstrato são aqueles em que basta que a conduta seja perigosa em geral para algum bem jurídico, ainda que não chegue a colocá-lo em perigo de lesão próxima ou imediata. Mir PUIG aduz que não é preciso que no caso concreto a ação crie um perigo efetivo, pois somente seriam delitos de perigo no sentido de que a razão de seu castigo é que normalmente supõem um perigo.[42]

Nesses delitos, o perigo é presumido pelo legislador (presunção *juris et de juri*), não sendo necessária a prova da existência do perigo. É como se o legislador considerasse que a prática da conduta em si já é suficientemente prejudicial para ser punida. Basta, assim, a realização da conduta prevista no tipo penal, mesmo que dela nenhum perigo reste comprovado. Segundo Claus ROXIN, nos delitos de perigo abstrato, "o perigo típico de uma ação é motivo para sua penalização, sem que no caso concreto se faça depender a punibilidade da produção real de um perigo".[43] Como exemplos, temos a omissão de socorro (art. 135, CP) e a falta de habilitação para dirigir veículo (art. 32, LCP). Com as alterações do Código de Trânsito Brasileiro, a condução de veículo automotor sob a influência de álcool ou outra substância psicoativa passou a ser um delito de perigo abstrato, ou seja, basta que se constate a embriaguez do motorista e, de acordo com a nova redação do art. 306 do CTB, a alteração da capacidade

---

37 KREBS, Pedro, op. cit., p. 64.

38 ROXIN, Claus. *Derecho penal...*, p. 336.

39 ASSIS TOLEDO, Francisco de, op. cit., p. 143.

40 LUZÓN PEÑA, Diego-Manuel, op. cit., p. 314.

41 JESCHECK, Hans-Heinrich, op. cit., p. 238.

42 MIR PUIG, Santiago, op. cit., p. 208.

43 ROXIN, Claus. *Derecho penal...*, op. cit., p. 336.

psicomotora (que deverá ser decorrência da substância referida) para que o delito esteja consumado. Nossa posição é contrária ao dispositivo em comento.[44]

O problema dos crimes de perigo abstrato é que não há necessidade de prova do perigo, bastando a realização da conduta descrita no tipo penal. A mera presunção não se coaduna com o moderno Direito Penal da culpabilidade, onde se reprova o fato realizado e, dentro deste, deve-se analisar se houve ou não o perigo de lesão para o bem jurídico tutelado. Assim, e como toda presunção em direito penal pode admitir prova em contrário, também aqui será possível afastar-se aquela (presunção) do perigo.

2.7 Crime exaurido

O crime é exaurido quando, após a consumação, o sujeito o leva às consequências mais lesivas. Como exemplo pode ser citado o recebimento do resgate pelo agente no crime de extorsão mediante sequestro (art. 159, CP), ato que exaure o delito que se consuma com o arrebatamento da vítima.

O exaurimento, com a consequente produção do resultado mais lesivo, poderá ser levado em consideração pelo julgador no momento da aplicação da pena. Além disso, nos casos de exaurimento, ainda é possível a participação criminal do sujeito que colabora após a consumação pelo mesmo delito praticado anteriormente. A regra é que, após a consumação, toda e qualquer colaboração tipifique crime autônomo, isto é, outro delito. A exceção é o caso do exaurimento. Assim, aquele que após o sequestro da vítima, sem ter uma participação do arrebatamento desta, vem a saber do ocorrido e do cativeiro e se oferece para negociar o resgate, também responde pelo delito já consumado de extorsão mediante sequestro.

2.8 Crimes simples e complexos

Crimes simples (ou de ação única) são delitos que se configuram com uma só ação, como matar, lesionar ou caluniar.[45] São delitos que ofendem apenas um bem jurídico (nos exemplos citados, a vida, a integridade física ou a honra da vítima, respectivamente) e cujo tipo penal prevê uma única ação para a sua configuração.

Crimes complexos (delitos de vários atos, de ação múltipla ou de conteúdo variado) são aqueles que requerem uma pluralidade de ações. Dividem-se em crimes complexos em sentido amplo e em sentido estrito.

Os crimes complexos em sentido amplo são aqueles que se integram de diversas ações, mas que cada uma delas não necessariamente será delitiva, e, caso o sejam, não ficam todas absorvidas pelo delito. Ou seja, em uma mesma figura típica são abrangidos, por exemplo, um tipo simples acrescido de fatos e/ou circunstâncias que, isoladamente,

---

[44] CALLEGARI, André Luís; LOPES, Fabio Motta. *Boletim do Instituto Brasileiro de Ciências Criminais*, nº 191, p. 8, 2008.

[45] LUZÓN PEÑA, Diego-Manuel, op. cit., p. 310.

não são típicos, como é o caso do crime de constrangimento ilegal (art. 146, CP), que encerra em si o crime de ameaça (art. 147, CP) ou violência (art. 129, CP), e outro fato, que é o de a vítima fazer o que não quer ou não fazer o que deseja.

Os crimes complexos em sentido estrito se formam pela união de duas ou mais ações, cada uma delas delitivas por si só, mas que desaparecem dentro de um novo tipo que absorve o desvalor de seus componentes. Há, nesse caso, uma única descrição típica que encerra em si dois ou mais tipos penais. Como exemplo, pode ser citado o roubo (art. 157, CP), que é a reunião de um crime de furto (art. 155, CP) e de ameaça (art. 147, CP) ou de lesão (art. 129, CP), ofendendo o patrimônio e a liberdade psíquica da vítima ou sua integridade corporal.

Elucidativa a respeito da classificação ora apresentada é a lição de Francisco de ASSIS TOLEDO: "segundo Nelson Hungria '*simples* é o crime que se identifica com um só tipo legal, *complexo*, o que representa a fusão de mais de um tipo'. Exemplo do primeiro seria a lesão corporal; do segundo, o roubo, no qual se fundem o constrangimento ilegal (CP, art. 146) e a subtração (CP, art. 155). Autores há, porém, que tomam a palavra *complexo* em sentido mais amplo para designar também o crime que resulta da fusão de um crime com outro elemento que pode não ser um crime (exemplo: denunciação caluniosa, calúnia mais instauração de processo ou de investigação). Note-se que os crimes complexos são em geral crimes *pluriofensivos* por lesarem ou exporem a perigo de lesão mais de um bem jurídico tutelado. Assim, no roubo, a um só tempo, o patrimônio, através da subtração, e a liberdade individual, por meio do constrangimento ilegal".[46]

2.9 Crimes qualificados e privilegiados

Crime qualificado é aquele em que ao tipo básico a lei acrescenta circunstância que agrava a sua natureza, elevando, assim, os limites da pena. Não ocorre a formação de um novo tipo penal, mas apenas uma forma mais grave do crime. Por exemplo: denomina-se homicídio qualificado quando o homicídio é praticado por motivo fútil (art. 121, § 2º, II, CP); o furto é qualificado quando é praticado com emprego de chave falsa (art. 155, § 4º, III, CP).

Já o crime privilegiado ocorre quando a lei acrescenta, ao tipo básico, circunstância que o torna menos grave, diminuindo, consequentemente, a sua pena. Exemplos: o homicídio praticado por relevante valor social ou moral (art. 121, § 1º, CP); o furto de pequeno valor praticado por agente primário (art. 155, § 2º, CP).

2.10 Crimes progressivos e progressão criminosa

Ocorre o crime progressivo quando o sujeito, para alcançar a produção de um resultado mais grave, passa por outro delito menos grave, ou seja, o tipo, abstratamente

[46] ASSIS TOLEDO, Francisco de, op. cit., p. 145.

considerado, contém, implicitamente, outro que deve ser necessariamente realizado para que se alcance o resultado. Exemplo: quando praticado crime de homicídio (art. 121, CP), antes do resultado morte, ocorre o crime de lesão corporal (art. 129, CP). O crime de lesão corporal é absorvido pelo homicídio, ou seja, ocorre a simples "passagem" para o crime de homicídio, respondendo, portanto, o agente, somente pela prática deste último delito.

Já na progressão criminosa, há duas ou mais infrações penais, ou seja, há dois fatos, e não um só (como no crime progressivo). O agente pretende praticar um crime e, em seguida, resolve praticar outro mais grave. Exemplo: o ladrão, após ter subtraído a coisa alheia móvel ao encontrar a pessoa que pretende obstar a posse da *res furtiva*, vem a agredi-la, passando do furto ao roubo.[47]

No caso da progressão criminosa, há pluralidade de condutas delitivas, com dolos distintos em momentos diversos, respondendo o agente, nesses casos, pelo crime mais grave. Ressalte-se, no entanto, que é necessário que os crimes estejam sempre em um mesmo contexto, sendo um deles praticado justamente para viabilizar ou em decorrência do cometimento de outro.

2.11 Crime doloso, culposo e preterdoloso

O crime é doloso quando o agente quer o resultado produzido por aquela ação criminosa ou assume o risco de produzi-lo, conforme preceitua o art. 18, inciso I, do nosso Código Penal.

O dolo pode ser dividido em dolo direto e dolo eventual. Ocorre o que se denomina dolo direto quando o agente quer, deseja o resultado. Ele quer o resultado e age de forma a causá-lo.

Já o dolo eventual ocorre quando o agente, embora não deseje o resultado, assume o risco de produzi-lo. No dolo eventual o agente prevê que aquele resultado poderá ocorrer e o aceita, não se importando com a consequência de sua ação.

O crime é culposo quando o agente prevê o resultado ou o resultado é previsível. A culpa pode ser dividida em culpa consciente e culpa inconsciente. A culpa consciente ocorre quando o agente não quer o resultado, não o deseja nem o aceita, mas, por imprudência (atitude positiva – o agente faz algo que não deveria), negligência (atitude negativa – o agente não faz algo que deveria) ou imperícia (falta de habilidade técnica para o exercício de ofício, arte ou profissão), ou seja, por ausência de um dever de cuidado, acaba por provocá-lo. É o que está descrito no art. 18, inciso II, do Código Penal. Na culpa consciente, o agente acredita que o resultado não irá ocorrer. A culpa inconsciente ocorre quando o agente não quer o resultado, não o aceita, não o prevê, mas ele seria previsível pelo homem prudente, isto é, que adota as cautelas exigíveis pela ordem jurídica.

---

47 MIRABETE, Julio Fabbrini, op. cit., p. 126.

Para que um crime seja considerado culposo é necessário que seu tipo penal expressamente preveja esta modalidade. Caso contrário, considera-se que aquela ação só poderá ser tida como crime se praticada de forma dolosa. É o que dispõe o art. 18, parágrafo único, do Código Penal.

Fica claro que a mera previsão do resultado não caracteriza o dolo eventual, é necessário que o agente, além de tê-lo previsto, aceite-o, não se importe com a sua consumação. A mera previsão caracteriza a culpa, residindo aí sua diferença. Nosso diploma legal, ao definir o dolo eventual, pecou ao utilizar a expressão "assumiu o risco o produzir", visto que fácil confundir com a culpa consciente. Tal expressão deve ser interpretada, portanto, como a aceitação da produção do resultado lesivo.

O crime preterdoloso, por sua vez, é um crime misto. Ele abarca uma conduta inicialmente dolosa, por dirigir-se a um fim típico, e, ao mesmo tempo, culposa, pela obtenção, devido à inobservância de um dever de cuidado, de outro resultado que não era objeto do crime fundamental. Diz-se que o delito inicial é punido a título de dolo e o resultado qualificador do crime a título de culpa, ocorrendo, então, dolo no antecedente e culpa no consequente. "Ocorre o crime preterdoloso quando o agente, desejando um resultado (dolo), acaba por dar causa a um outro mais grave, em decorrência de negligência ou imprudência (culpa)".[48] É, por exemplo, o caso do agente que pretende causar lesão corporal na vítima, fazendo-a rolar por uma escarpa (dolo), mas esta, ao rolar, acaba por bater com a cabeça em uma pedra, vindo a falecer (culpa).

Saliente-se, para que não haja confusão, que quando se fala em culpa *lato sensu*, ou seja, em sentido amplo, significa abranger tanto o dolo quanto a culpa, significa a culpabilidade (requisito do fato punível – abordado no tópico 3.4). Já quando se fala em culpa em sentido estrito (*stricto sensu*) quer-se referir à culpa ora estudada, em sua modalidade consciente ou inconsciente.

Todos esses aspectos serão detalhadamente analisados nos tópicos 9 e 10, onde serão analisados o dolo e a culpa.

2.12 Crimes unissubsistentes e plurissubsistentes

Os crimes unissubsistentes são aqueles que se realizam (consumam) com apenas um ato. Nesses casos, a conduta não pode ser fracionada, pois é una e indivisível, como ocorre, por exemplo, nos delitos de injúria verbal (art. 140, CP) e ameaça oral (art. 147, CP).

Já os crimes plurissubsistentes são aqueles que se compõem de vários atos que integram a conduta, permitindo, portanto, o fracionamento da conduta. É o caso, por exemplo, dos delitos de homicídio (art. 121, CP), furto (art. 155, CP) e estelionato (art. 171, CP).

A relevância dessa distinção reside no fato de que os crimes unissubsistentes não admitem a forma tentada, ao contrário do que acontece com os plurissubsistentes.

---

[48] KREBS, Pedro, op. cit., p. 185.

2.13 Crime habitual

O crime habitual é aquele que, para a sua configuração, necessita de comportamentos idênticos e repetidos, que só existem com a reiteração da conduta. Tais comportamentos, vistos de forma isolada, constituem-se um indiferente penal, ou seja, são comportamentos não delituosos, porém, se eles forem realizados reiteradamente, haverá crime. Como exemplos temos o curandeirismo (art. 284, CP), o rufianismo (art. 230, CP) e a casa de prostituição (art. 229, CP).

2.14 Crimes uniofensivos e pluriofensivos

A classificação em crimes uniofensivos e pluriofensivos leva em consideração o número de bens jurídicos atingidos pela conduta criminosa.

Assim, serão uniofensivos os crimes cujos tipos penais protegem apenas um bem jurídico, como, por exemplo, no delito de homicídio, em que o legislador visa a tutelar a vida.

Os crimes pluriofensivos, por sua vez, trazem tipos penais que tutelam mais de um bem jurídico, como por exemplo o roubo, em que o legislador protege, ao mesmo tempo, a liberdade do indivíduo e a sua propriedade ou posse.

V Os requisitos do fato punível

Para que um fato seja considerado criminoso, é necessário que haja uma conduta típica, antijurídica e culpável. São esses, portanto, os requisitos do fato punível: (a) ter sido praticada uma conduta, (b) tratar-se de uma conduta típica, (c) tratar-se de uma conduta antijurídica e (d) tratar-se de uma conduta culpável. Tais elementos serão abordados de forma resumida nesse ponto, para que se entenda o contexto no qual estão inseridos, a fim de que, posteriormente possam ser analisados de forma exaustiva.

1 Conduta

A conduta é o primeiro requisito exigido para que possamos considerar um fato como criminoso.

Sem uma conduta humana não há crime, podendo ela ser, como já vimos, comissiva (uma ação positiva) ou omissiva (uma não ação, uma abstenção, portanto, negativa).

Salienta-se que essa conduta deve ser voluntária; ou seja, deve ser uma manifestação exterior da vontade do agente. Dessa forma, deve-se questionar se a ação humana foi dominada ou dominável pela vontade para que se configure a conduta para fins penais.[49]

---

[49] WESSELS, Johannes. *Direito penal*: parte geral (aspectos fundamentais). Tradução de Juarez Tavares. Porto Alegre: Sergio Antonio Fabris, 1976. p. 24.

Não há definição no Código Penal brasileiro do que seja ação e omissão, sendo esta uma atribuição da doutrina. Neste aspecto, é importante se conhecer as teorias da ação, que serão expostas no item 6.

2 Tipicidade

A tipicidade é a conformidade, a correspondência, da conduta concretamente praticada à descrição abstrata contida na norma penal.

Pelo princípio da legalidade, inexistirá crime na ausência de lei que o defina. Por isso, a legislação penal deve descrever cada conduta a qual deseja transformar em delito, estabelecendo os requisitos para a sua configuração. Nesse processo de previsão legal de condutas, cria-se o tipo penal, que nada mais é do que um dispositivo legal. Quando a conduta do agente se adéqua perfeitamente ao tipo penal, satisfazendo todos os seus requisitos, teremos a tipicidade. Conforme MUÑOZ CONDE, a tipicidade é uma qualidade atribuída a um comportamento, quando esse se encaixa na hipótese prevista na norma penal.[50]

Uma conduta (ação ou omissão) será típica, portanto, quando prevista na norma penal como proibida.

O tipo penal já foi resumidamente explicado no item 3.2, mas será, juntamente com a tipicidade, devidamente abordado no item 9.

3 Antijuridicidade

Antes de explicar a antijuridicidade, é importante esclarecer que antijuridicidade e ilicitude são sinônimos.

Inicialmente, temos que saber se a ação praticada pelo sujeito, ainda que típica, também se reveste de contrariedade ao ordenamento jurídico. A regra no Direito Penal é a de que todo fato típico é também antijurídico, salvo nos casos em que se encontra presente uma causa de justificação (legítima defesa, estado de necessidade etc.).

Uma conduta antijurídica, assim, é uma conduta contrária ao Direito. Para que melhor se compreenda, utilizemos um exemplo: se alguém mata outrem, estaremos diante de uma conduta típica (já que é proibido por norma penal matar alguém – art. 121, CP) e antijurídica, já que naturalmente contrária ao Direito. Já se alguém mata outrem em legítima defesa, estaremos diante de uma conduta típica (já que proibido por norma penal matar alguém – art. 121, CP), porém não antijurídica, visto que a legítima defesa é uma das causas de exclusão da antijuridicidade, fazendo com que a conduta não seja contrária ao direito. Nesse caso, não há crime por ausência de um de seus requisitos, qual seja, a antijuridicidade.

---

[50] CONDE, Francisco Muñoz. *Teoria geral do delito*, op. cit., p. 42.

4 Culpabilidade

A culpabilidade refere-se à reprovabilidade da conduta que é típica e antijurídica. Ou seja, para que se possa falar em culpabilidade do agente, é imprescindível que se possa aferir se ele poderia ter agido de acordo com o Direito.

Nesse sentido, primeiramente, deve ser feito um juízo de imputabilidade, ou seja, analisar se o agente possui a capacidade psíquica necessária para lhe permitir compreender a antijuridicidade de sua conduta. A imputabilidade diz respeito, portanto, à condição psíquica pessoal do agente de compreender o caráter ilícito de um determinado fato e de se determinar de acordo com essa compreensão.

Além da imputabilidade, exige-se para o juízo de reproche que o agente tenha a possibilidade de conhecer a antijuridicidade de sua conduta, ou seja, se pode o agente, mediante um esforço intelectual, conhecer a ilicitude de um determinado fato, não o praticando em prol da prática de um fato conforme ao direito.

Por fim, é também necessário, a par da imputabilidade e da possibilidade de conhecimento da antijuridicidade do fato, que o agente, diante das circunstâncias do fato, tenha a possibilidade de agir de modo diverso à prática do ilícito penal, ou seja, analisar se é exigível conduta diversa por parte do agente.

Assim, estabelecidos estão os elementos da culpabilidade, que só haverá quando o sujeito tiver condições psíquicas de se determinar de acordo com o direito, tiver condições de compreender a ilicitude de sua conduta e se tiver possibilidade de, diante das circunstâncias de um determinado fato, adotar conduta diversa à prática de um crime.

VI Da conduta

1 Considerações gerais

A conduta é um comportamento humano significativo no mundo exterior dominada ou ao menos dominável pela vontade. Não se consideram conduta no sentido jurídico os efeitos produzidos por forças naturais (raio, chuva, terremoto), animais, e tampouco os atos de uma pessoa jurídica.[51]

Nesse sentido, a conduta, para assim ser configurada, exige uma repercussão externa da vontade do agente. O pensar e o querer humano não preenchem as características da conduta enquanto não se tenha iniciado a manifestação exterior da vontade. Apenas se considera conduta a exteriorização do pensamento, da cogitação. O planejamento intelectual não constitui a prática de uma conduta e/ou crime, pois a conduta deve abarcar o aspecto físico.

Cabe destacar, também, que não caracterizam condutas os pensamentos, atitudes internas, e também eventos no mundo exterior (como por exemplo atos reflexos,

---

[51] ROXIN, Claus. *Derecho penal...*, op. cit., p. 194.

ataques convulsivos, sonambulismo, hipnose, desmaio e outros estados de inconsciência), que não são domináveis pela vontade humana.[52]

Assim, entende-se a conduta como uma ação ou omissão voluntária, ou seja, a pessoa deve ter a vontade livre de praticá-la. No entanto, isso não significa que, necessariamente, haja previsão ou seja almejado o resultado, como ocorre, por exemplo, nas ações culposas, em que o agente apenas quer a causa do resultado lícito e a voluntariedade não alcança o resultado, como na ação dolosa.

O termo *conduta,* terminologia que aplicamos, indiferentemente, como sinônimos de "ação", "comportamento", é, sem divergências, extremamente necessário para nossos estudos, pois está coligado com um Princípio cerne do Direito Penal – "não há crime sem ação humana" (*nullun crimen sine actione*), princípio este insculpido no art. 13 do Código Penal brasileiro.

No entanto, pode-se dizer que o conceito de ação é ainda muito controvertido, havendo três correntes doutrinárias a seu respeito, a saber: Teoria causal da ação, Teoria final da ação e Teoria social da ação, que serão a seguir explanadas.

2 Teorias da ação

2.1 Teoria causal da ação

A lei da causalidade, que rege as ciências da natureza, baseia-se numa relação de causa e efeito. Ação é o movimento corporal voluntário que causa uma modificação no mundo exterior. A manifestação de vontade é toda conduta voluntária – ação ou omissão – resultante de um movimento do corpo.

Para a teoria causal, a ação é o movimento corpóreo voluntário que causa modificação no mundo exterior. Em outras palavras, a ação, de acordo com esta teoria, constitui uma mera enervação muscular, um movimento voluntário (e, portanto, não reflexo) cuja finalidade para a qual se dirige é irrelevante.[53] Assim, no caso de um homicídio, por exemplo, haveria, de acordo com esta teoria, uma ação homicida desde que o agente disparasse sobre a vítima com *animus* de pressionar o gatilho da arma, sem se perquirir a finalidade com que ele praticaria esta ação.

Os expoentes dessa teoria foram Franz VON LISZT e Ernst VON BELING, que, consoante lembra Pedro KREBS, foram os fundadores da escola clássica do delito.[54]

LISZT definia ação como "conduta voluntária no mundo exterior; causa voluntária ou não-impediente de uma modificação no mundo exterior".[55] A conceituação de LISZT tem três elementos: vontade, modificação no mundo exterior e o nexo de

---

[52] Idem, ibidem.

[53] CLAUS, Roxin. *Derecho penal...*, op. cit., p. 48.

[54] KREBS, Pedro, op. cit., p. 47.

[55] LISZT, Franz von. *Tratado de derecho penal.* Tomo 2. Madrid: Reus, s./d. p. 297.

causalidade, que liga a ação ao resultado. Deve-se entender a manifestação de vontade como toda realização ou omissão voluntária de um movimento corpóreo que, livre de qualquer violência, está motivada pelas representações mentais do agente; em suma, é a vontade objetivada.

BELING, seguindo a mesma linha de raciocínio, define ação como "um comportamento corporal voluntário".[56] O comportamento corporal corresponde à fase externa da ação; a voluntariedade indica que essa fase externa é produzida pelo domínio sobre o corpo, pela liberdade de enervação muscular. A ação pode constituir-se em um fazer, que é uma ação positiva, ou um não fazer, que é uma omissão, isto é, a distensão dos músculos.

De acordo com MOURULLO, sob a influência das ciências da natureza, a teoria causal da ação foi concebida como "a realização de uma modificação no mundo exterior reconduzível a um querer humano", ou como "a voluntária causação ou não evitação de uma modificação no mundo exterior".[57]

A ação é mera causação do evento, provocada pela vontade ou voluntariedade (impulso mecânico/enervação muscular), mas não pode por esta ser conduzida. O que importa não é o conteúdo da vontade – sua *direção final* (se o agente queria ou não realizar a ação típica). O sentido ou conteúdo da vontade é deslocado para a *culpabilidade* (dolo ou culpa, formas de culpabilidade).[58]

De acordo com esta concepção de ação, configura-se a seguinte sistemática: há uma distinção entre o *impulso volitivo* e o *conteúdo de vontade*. O primeiro (impulso volitivo) é elemento integrante do conceito de ação, portanto, objeto do juízo de antijuridicidade. O segundo pertence unicamente à culpabilidade e não se valora, por conseguinte, ainda na antijuridicidade. Em princípio, todo o processo causal-objetivo desencadeado por um impulso voluntário pertence à antijuridicidade e todo o processo anímico-subjetivo – motivos, propósitos, fins perseguidos pelo autor – pertence à culpabilidade.[59]

Assim, para saber se existe uma ação, bastaria comprovar a existência de uma conduta voluntária – no sentido de espontânea, e não forçada – e a causação ou não evitação de uma modificação danosa, perceptível pelos sentidos, no mundo exterior. O conteúdo de vontade não constitui elemento integrante da ação ou da antijuridicidade e se valora pela primeira vez no marco da culpabilidade. Para a existência da ação é suficiente saber que o autor "queria algo". Conhecer "o que realmente queria" interessa unicamente para os efeitos do juízo de culpabilidade.[60]

A crítica feita a essa teoria reside no fato de ela considerar que o conteúdo da volição não deve ser analisado na ação, mas na culpabilidade. A falha da teoria causal da ação é que ela esvazia o conteúdo da vontade. A intenção dos causalistas é imputar

---

56 BELING, Ernst von. *Esquema de derecho penal*. Buenos Aires: Depalma, 1944. p. 20.

57 RODRÍGUEZ MOURULLO, Gonzalo. *Derecho penal*. Parte general. Madrid: Civitas, 1978. p. 214.

58 PRADO, Luiz Régis. *Curso de Direito Penal brasileiro*. São Paulo: Revista dos Tribunais, 2002. p. 191.

59 RODRÍGUEZ MOURULLO, Gonzalo, op. cit., p. 215.

60 Idem, ibidem.

todos os *juízos objetivos* à ação típica e antijurídica e todos os *juízos subjetivos* à culpabilidade, como se pudesse haver uma separação perfeita e peremptória entre o objetivo e o subjetivo.

2.2 Teoria finalista da ação

A Teoria Finalista da Ação idealizada por WELZEL traz uma concepção de ação distinta da concepção anterior. A ideia central é que a ação humana consiste em um acontecer "final", não meramente "causal".

É uma teoria que se baseia filosoficamente em teorias ontológico-fenomenológicas, que tentam pôr em saliência determinadas leis estruturais do ser humano, bem como convertê-las no fundamento das ciências que se ocupam com o homem. Para esta teoria é lógico colocar um conceito básico e pré-jurídico como o da ação humana no centro da Teoria Geral do Delito e construir a partir da constituição ontológica da ação um sistema, que venha previamente dado ao legislador de estruturas lógico-objetivas.[61]

A finalidade ou o caráter final da ação se baseia em que o homem, graças a seu saber causal e correspondente seleção de meio, controla o curso da ação conduzindo-a com um determinado objetivo, ou seja, o homem prevê e predetermina a finalidade da ação.

Nesse sentido, o saber causal do homem, adquirido com a experiência e preservado como ciência, fundamenta a capacidade humana de prever, dentro de certos limites, as consequências possíveis da ação, de propor diferentes fins, ou seja, de dirigir sua atividade, conforme seu plano, à consecução de um fim.[62]

Assim, ressalta-se a distinção entre ação humana e fato natural. A ação humana é um obrar orientado pela vontade consciente do fim, enquanto o acontecer causal não está dirigido para um fim, mas é a resultante causal de componentes causais preexistentes. Por isso, de acordo com WELZEL, figurativamente, a finalidade é "vidente", a causalidade é "cega".[63]

A fim de elucidar essa afirmação figurativa, Welzel traz um exemplo: quando um raio eletrocuta um homem que trabalha no campo, o acontecer se baseia em que entre o homem e a nuvem se originou a máxima tensão elétrica, que levou à descarga. Esta tensão poderia ter se originado, também, exatamente igual entre outro objeto de certa altura e a nuvem, no entanto, foi justamente o homem que estava por certo condicionado, casualmente, na cadeia infinita do acontecer, mas o acontecer não estava dirigido finalmente a ele. Totalmente diferente das ações humanas, pois quem quer assassinar o outro elege, conscientemente, para ele, os fatores causais e os dispõe de tal modo que alcance o fim previamente determinado. Neste último caso, a constatação causal é

---

[61] ROXIN, Claus. *Derecho penal...*, p. 201.

[62] WELZEL, Hans. *Derecho penal alemán*. Tradução de Juan Bustos Ramírez y Sergio Yáñez Pérez. Santiago: Editorial Jurídica de Chile, 1993. p. 39. Citações a serem complementadas.

[63] Idem, p. 39-40.

ordenada para a execução de um fim: compra da arma, averiguação da oportunidade etc., ou seja, os atos são dirigidos a um fim, que estão sujeitos a um conjunto de planos.[64]

A finalidade se apoia na capacidade do homem de prever, dentro de certos limites, as consequências de sua intervenção causal e, de acordo com o seu plano e mediante a aplicação de seus recursos, dirigir o processo em direção à meta desejada. A vontade que guia o acontecer causal é, por isso, "a espinha dorsal da ação final", o "fator de direção que determina o acontecer causal externo" e em virtude disso o converte em uma ação dirigida finalmente. Sem ela a ação seria um processo causal cego.[65]

A direção final de uma ação realiza-se em duas etapas:

1ª etapa: *Subjetiva* – ocorre totalmente na esfera do pensamento, subdividindo-se em três fases: (a) adiantamento da meta (objetivo pretendido pelo autor); (b) eleição dos meios precisos para alcançar o fim; (c) consideração dos efeitos concomitantes (relação do fator causal elegido como meio e o fim a ser alcançado).

2ª etapa: *Objetiva* – ocorre no mundo real. O autor inicia a execução da ação de acordo com a antecipação do fim, a eleição do meio e a consideração dos efeitos concomitantes. É um processo causal posto na realidade, predeterminado pelas definições de fins e meios na esfera do pensamento. Se não se alcançar o fim, o resultado predeterminado no mundo real, a ação considera-se apenas tentada.[66]

Segundo a concepção finalista, pertencem à relação final somente as consequências que tenham sido incorporadas à vontade antecipada. Como compreende WELZEL, não existe uma ação final "em si" ou "absoluta", mas somente uma relação das consequências antepostas pela vontade de realização. Nesse sentido, afirma que ficam fora do conteúdo final da ação, da vontade de realização, todas aquelas consequências que o autor prevê, mas confia que não se produzirão.[67]

As críticas mais comuns à Teoria Finalista referem-se à sua não adequação, satisfatória: (a) aos crimes culposos, cujo resultado é meramente causal, não sendo abrangido pela vontade, eis que a violação do dever de cuidado encontra-se fora da finalidade da ação; (b) aos crimes omissivos, cuja conduta, por não ser causa de nenhum resultado, não pode atuar de modo finalista.

2.3 Teoria social da ação

A teoria social da ação foi formulada por Eberhard SCHMIDT e, posteriormente, desenvolvida principalmente por WESSELS e JESCHECK. Tem como postulado básico serem penalmente relevantes somente aquelas condutas que tenham um cunho social, ou seja, que atinjam a terceiros, que façam parte das inter-relações humanas.

---

64 WELZEL, Hans. *Derecho penal alemán*, p. 40.

65 Idem, ibidem.

66 Idem, p. 40-42.

67 Idem, p. 43.

Neste sentido, ROXIN menciona que Eberhard SCHMIDT, reelaborando o tratado de Liszt, definiu ação como uma "conduta voluntária em direção ao mundo externo social", alegando que "a ação não nos interessa como fenômeno fisiológico desde pontos de vista das ciências naturais, mas como fenômeno social na direção de seus efeitos dirigida à realidade social".[68]

Jescheck, por sua vez, definiu ação de uma forma mais simples, como "toda conduta socialmente relevante".[69] WESSELS segue no mesmo compasso, trazendo a ação como "la conducta socialmente relevante dominada o dominable por la voluntad humana".[70]

Para a teoria social, resumidamente, a ação é um comportamento humano socialmente relevante. Este comportamento deve ser entendido como toda resposta do homem a uma exigência situacional reconhecida ou, ao menos, reconhecível, mediante a realização de uma possibilidade de reação da qual dispõe graças à sua liberdade.

Assim, o comportamento pode consistir no exercício da atividade final (finalidade), mas também pode limitar-se ao ocasionamento de consequências, contanto que o processo seja dirigível acudindo à finalidade (culpa). Por último, pode manifestar-se igualmente na atividade frente a uma concreta esperança de ação (não necessariamente fundada no Direito), sempre que também aqui se suponha que, em definitivo, concorra à possibilidade de direção (omissão).[71]

A teoria social da ação vem, dessa forma, para abarcar tanto o conceito final quanto o conceito causal de ação.

Claus ROXIN também aborda o assunto, alertando que a teoria social da ação não é capaz de delimitar, de excluir do conceito de ação, as condutas que não são juridicamente relevantes, como por exemplo, os movimentos reflexos e os decorrentes de coação física irresistível. Por essa razão, "os defensores do conceito social de ação se vem forçados ou a tomar emprestadas as características do conceito natural de ação, recorrendo aos critérios da voluntariedade, domínabilidade ou semelhantes, e a expor-se assim as objeções formuladas contra dito conceito, ou bem transferir a funcção delimitadora a um elemento situado à margem do social".[72]

Outra crítica feita pelo autor diz respeito à mimetização que essa teoria faz do Direito com a moral. Muitas vezes, o Direito regula fatos já valorados moralmente (valoração social), e outras tantas a valoração jurídica é antecedente, determinando a valoração social. Assim, em diversos casos, uma conduta só será socialmente relevante, pois típica, o que faz perder o sentido da teoria da ação, já que a relevância da conduta deve antevir a sua tipificação pela norma.

---

68 ROXIN, Claus. *Derecho penal...*, p. 244.

69 JESCHEK, Hans-Heinrich. *Tratado de derecho penal*, p. 201.

70 ROXIN, Claus. *Derecho penal...*, p. 241.

71 JESCHECK, Hans-Heinrich, *Tratado de derecho penal*, p. 198.

72 ROXIN, Claus. *Derecho penal, parte general*, p. 245.

Ainda, cabe salientar que a exigência do comportamento humano significa que para a atuação em sentido jurídico-penal só podem ser levadas em consideração as exteriorizações da atividade do homem individual, e não os atos das pessoas coletivas. Assim, um comportamento é socialmente relevante se corresponde à relação do indivíduo com o mundo que lhe cerca e lhe afeta por suas consequências. Por isso, requer-se que o comportamento se tenha projetado ao exterior, sendo suficiente, no caso da omissão, a ausência dos efeitos que pudesse ter o fazer esperado e dirigível (*v. g.*, a ausência da possível prestação de auxílio num acidente).[73]

Em síntese, o que importa para a teoria social é a *significação social* da conduta humana do ponto de vista da sociedade (conceito valorado de ação). A ação tem relevância social quando "afeta a relação do indivíduo para com o seu meio e, segundo suas consequências ambicionadas ou não desejadas, constitui, no campo social, elemento de um juízo de valor".[74]

3 Formas de conduta

Conforme já salientado no item 4.2.5, existem duas formas de conduta: a conduta comissiva (consubstanciada em uma ação propriamente dita) e a conduta omissiva (que se subdivide em omissiva própria e omissiva imprópria). Por tratar-se de temática já analisada, nesse ponto somente serão traçadas algumas considerações gerais acerca da mesma.

A conduta pode ser vista por meio de um movimento positivo (conduta comissiva), perceptível pelos sentidos, ou decorrer de uma abstenção de atividade, isto é, de uma negação da ação (conduta omissiva).

3.1 Comissiva

A conduta comissiva ou ação propriamente dita é a que se manifesta por intermédio de um movimento corpóreo positivo.

Assim, os crimes comissivos são os que exigem, segundo o tipo penal, uma atividade positiva do agente, ou seja, "um fazer". Por exemplo, na extorsão (art. 158, CP) há a conduta positiva "constranger".

3.2 Omissiva

A conduta omissiva é caracterizada por um não fazer, uma inação contrária ao dever jurídico de agir. Quando o agente deixa de fazer alguma coisa a que estava obrigado, temos um crime omissivo. Os crimes omissivos são divididos em próprios e impróprios (ou comissivo por omissão).

---

[73] JESCHECK, Hans-Heinrich. *Tratado de derecho penal*, p. 201-202.

[74] PRADO, Regis, op. cit., p. 194.

3.2.1 Omissiva própria

Crimes omissivos próprios (ou puros) são os crimes em que o legislador descreve um não fazer, independentemente da produção ou não de um resultado. Requerem somente a não realização de uma conduta devida – mediante pura inatividade ou, quase sempre, mediante outras atividades distintas da devida – como a omissão de socorro.[75]

Ressalte-se que o não fazer não se traduz necessariamente em inércia corporal, ele deve ser pensado como um não fazer o que a lei exige, podendo tal "não ação" ser a prática de conduta diversa da exigida (ex.: fuga na omissão de socorro).

3.2.2 Omissiva imprópria ou comissiva por omissão

A designação "crimes omissivos impróprios" faz referência ao que, na realidade, se trataria de uma omissão que deveria ser considerada como uma ação; na mesma linha, "comissão por omissão" seria, de fato, uma conduta comissiva em sentido estrito, isto é: uma ação.[76] Assim, tem-se que nos crimes omissivos impróprios o agente pratica uma ação por meio de uma omissão.

Segundo JESCHECK,[77] consistem em não impedir a produção do resultado em face da posição de garante do agente, posto que a maioria dos delitos impróprios de omissão está configurada conforme o art. 13, § 2º, CP. Os garantes estão elencados em tal artigo, sendo aquelas pessoas que, por uma razão ou outra, têm o dever, a responsabilidade, de evitar o resultado.

Nesses delitos, não basta, dessa forma, o não fazer, visto que são delitos de resultado, devendo, portanto, com o não fazer, ocorrer a produção do resultado. São aqueles delitos em que o sujeito, mediante uma omissão, permite a produção de um resultado posterior, que os condiciona. Nesses crimes, em geral, a simples omissão não constitui crime.

Para facilitar a compreensão, colacionamos um quadro descritivo das formas de ação.

---

[75] LUZÓN PEÑA, Diego-Manuel, op. cit., p. 306.

[76] ORDEIG, Enrique Gimbernat apud KREBS, Pedro da Silva, op. cit., p. 40.

[77] JESCHECK, Hans-Heinrich, op. cit., p. 239.

Quadro sobre as formas de ação:[78]

Responsabilidade penal	Por tipo de ação	Por tipo de omissão	De comissão por omissão
Descrição típica	realizar uma ação	não realizar uma ação	(não possui um tipo que o descreva)
Norma	de proibição	de mandato	basicamente de proibição, mas possui uma obrigação de atuar em segundo plano
Conteúdo imperativo	não fazer	fazer	impedir um resultado injusto
Efeito da norma	não alterar uma situação existente	impor um obrar para atingir uma mudança	obrar para proteger uma situação existente
Finalidade social	proteger bens jurídicos	exigir deveres impostos	fazer efetiva obrigação de garantia para proteção de bens jurídicos
Sujeito ativo possível	qualquer dos que o tipo indique	qualquer dos que o tipo indique	somente quem esta na posição de garantidor

4 Da ausência de conduta

O aspecto negativo de conduta refere-se aos casos em que não há a conduta.

Quanto aos fatos da natureza, não há dúvidas sobre a inexistência de conduta (ex.: avalanches, terremotos, que matam pessoas). Por isso se diz que, para fins de responsabilização penal, deve haver uma conduta humana, desinteressando, para o Direito Penal, os meros fatos da natureza.

Nesse sentido, também não constituem qualquer "ação", em sentido jurídico, os movimentos reflexos, a coação física irresistível e os atos em estado de inconsciência, como o sonambulismo e a hipnose, por exemplo. Aqui, deve-se valorar a característica da voluntariedade da ação, sobre a qual o agente deve ter domínio ou possibilidade de domínio.

Nesse sentido, aquele que pratica uma ação e produz um resultado fora do controle da vontade, como, por exemplo, o agente que, ao conduzir uma moto e ser picado, inesperadamente, por uma abelha que entra em seu capacete, acelera de forma repentina e causa um acidente (ato reflexo); o agente que tem seu braço forçado a praticar um delito (coação física irresistível); o agente que, ao ter uma convulsão, golpeia

[78] MONREAL, Eduardo Novoa. *Fundamentos de los delitos de omisión*. Buenos Aires: Depalma, 1984. p. 215.

outrem, causando lesões corporais, ou em estado de sonambulismo ou hipnose pratica um furto (estado de inconsciência).

Cabe frisar que a conduta que é coagida diretamente através de força física irresistível difere da coação moral irresistível: esta se refere à excludente de culpabilidade, ou seja, temos a conduta, mas ela não é punível (ex.: o agente é coagido sob ameaça, com um revólver mirado a sua cabeça, a matar outrem); já nos casos de coação física irresistível, falta a qualidade de conduta, ou seja, há inexistência de conduta, pois a força que leva o agente a praticar a conduta é absoluta, o agente apenas serve como um meio, objeto utilizado para a prática do fato típico.

Assim, conforme WESSELS,[79] onde subsistir dúvidas acerca da qualidade de ação, devem-se analisar: (a) primeiramente, se há uma conduta humana; (b) em seguida, deve-se investigar se a conduta em questão foi dominada ou era dominável pela vontade do agente; (c) se existir uma conduta humana volitiva, ou seja, se a análise da letra "b" for positiva, cabe investigar então sua "relevância social".

5 A responsabilidade penal da pessoa jurídica

5.1 Introdução

A problemática da definição da responsabilidade penal da pessoa jurídica se apresenta, no cenário jurídico-penal atual, como um divisor de doutrinas. Ou seja, apresenta-se inalcançado um ponto comum em relação à possibilidade ou não de se proceder a essa responsabilização, justamente por não ser tarefa fácil a adequação da pessoa jurídica à teoria historicamente desenvolvida do Direito Penal.

Nesse aspecto, desde a época da Roma antiga, costumava-se invocar o aforismo *societas delinquere non potest*, representativo da incapacidade da pessoa jurídica de responsabilização penal.

Comumente se entendia que a pessoa jurídica não poderia ser considerada um sujeito criminoso, seja em razão de sua concepção como mera ficção jurídica, seja pelo princípio do Direito Penal liberal da pessoalidade das penas.[80]

Esse cenário passa a se alterar modernamente, verificando-se uma cada vez maior relativização do ditado romano acima transcrito, em prol da responsabilização penal da pessoa coletiva. Grande parte da responsabilidade por essa tendência se deve ao papel social desempenhado pelas pessoas jurídicas, pela relevância e amplitude dos danos advindos da atividade empresarial e de tomadas de decisões, no âmbito da teoria do crime, influenciadas pelos valores político-criminais.

---

[79] JOHANNES, Wessels. *Direito penal* (aspectos fundamentais). Tradução do original alemão e notas por Juarez Tavares. Porto Alegre: Sergio Antonio Fabris, 1976. p. 24.

[80] MIR PUIG, Santiago. *Derecho penal*. Parte general. 7. ed. Barcelona: Reppetor, 2005. p. 197-198.

Determinante nessa matéria, portanto, é o reflexo das atividades empresárias na sociedade, o que, por vezes, viola ou expõe a perigo um amplo conjunto de bens jurídicos de destacada relevância. Soma-se a isso uma necessidade de se desenvolver e incentivar políticas de gestão adequada das pessoas jurídicas, como forma de tutela dos bens jurídicos envolvidos, o que nem sempre se alcança com as tutelas diversas da penal.

Por volta do final do século XIX, surge uma nova concepção em prol da punibilidade penal da pessoa jurídica, conhecida como "teoria da realidade" (diferente da "teoria da ficção"), nascendo a partir de então diversas outras concepções favoráveis à punição penal da pessoa jurídica. Por essa corrente de pensamento, considerou-se a pessoa jurídica um verdadeiro organismo existente, conquanto diferente da pessoa natural. Na lição de Santiago MIR PUIG, a pessoa jurídica passou a ser comparada a um organismo biológico: "a pessoa jurídica teria cérebro (governo), sistema nervoso (comunicações), células (indivíduos) etc.".[81]

Assim, o conhecido Direito Penal da empresa conduz à exigência de se punir penalmente não só as pessoas físicas que atuam contrariamente ao Direito Penal, mas, também, a pessoa jurídica.[82]

Além do sistema de responsabilização penal pessoal (para pessoas naturais), já desenvolvido e consolidado na história do Direito Penal, se mostra necessário o desenvolvimento de uma teoria da responsabilidade penal da pessoa jurídica, especialmente na atual sociedade, demarcada pelo desenvolvimento tecnológico, pela sofisticação dos meios de produção e, dentre outras características, pela disseminação dos riscos de danos nas relações sociais. Em um contexto tal, são justamente as pessoas coletivas que aparecem como maiores produtores de risco e de danos a bens transindividuais.

Em prol dessa construção de uma teoria da responsabilidade penal da pessoa jurídica, Laura ZÚÑIGA RODRÍGUEZ fundamenta a necessidade de se tratar dos delitos cometidos por empresas no

> "fato constatado cientificamente de que os perigos e lesões a bens jurídicos dentro de uma empresa são, na maioria das vezes, resultado de defeitos de uma série de condutas atribuíveis à organização da própria empresa (políticas de empresa), que não podem se individualizar em uma concreta decisão de uma concreta pessoa, senão em uma deficiência de longos anos de falta de cuidado de risco consciente".[83]

Apresenta-se, então, a necessidade de que o Estado se utilize do instrumento jurídico mais gravoso para a tutela de determinados bens atingidos pela atividade empresária, objetivando-se instituir uma conduta de cumprimento das normas de prevenção de riscos e de adequado funcionamento da pessoa jurídica.

---

[81] MIR PUIG, Santiago. *Derecho penal.* Parte general. 7. ed. Barcelona: Reppetor, 2005. p. 198.

[82] GÓMEZ, Carlos Daza. La responsabilidad de la empresa en Derecho Penal. In: ______ (Dir.). *El pensamiento filosófico y jurídico-penal de Günther Jakobs.* México: Flores Editor y Distribuidor, 2007. p. 680.

[83] ZÚÑIGA RODRÍGUEZ, Laura. *Bases para un modelo de imputación de responsabilidad penal a las personas jurídicas.* 3. ed. Espanha: Aranzadi, 2009. p. 283 (tradução nossa).

O Direito Penal aplicado à pessoa jurídica se apresentaria como uma forma de combate aos riscos gerados pela pessoa coletiva em complementação às esferas menos gravosas (especialmente o Direito Administrativo). Desse modo, a prevenção de riscos no âmbito da atividade empresarial se desenvolveria em dois momentos distintos: primeiramente, por meio do Direito Administrativo sancionador, com uma atuação meramente preventiva; por outro lado, por meio da atuação do Direito Penal, etapa repressiva e confirmadora da primeira, quando os riscos se manifestam como delitos e justifiquem a aplicação de uma pena.[84]

Ainda na lição de Laura ZÚÑIGA RODRÍGUEZ,[85] alguns pressupostos objetivos para a imputação penal à pessoa jurídica deveriam ser analisados:

a) risco proibido: a atividade empresarial, para interessar ao Direito Penal e, consequentemente, gerar a possibilidade de responsabilização penal da pessoa jurídica, deve criar um risco não permitido, gerando lesão ou perigo de lesão a bens jurídicos tutelados penalmente;
b) deveres jurídicos do empresário: deve-se, ainda, atentar para os eventuais deveres jurídicos atribuídos ao empresário no direcionamento das decisões e ações da pessoa jurídica, como o de controle e vigilância sobre as atividades de seus subordinados, a contratação de pessoas idôneas para o controle das fontes de risco da empresa, a capacitação dos empregados para o desenvolvimento das funções que a cada um deles for atribuída no sistema empresarial, entre outros;
c) resultado lesivo: somente pode ser atribuída à empresa a responsabilidade pelos resultados provocados na atuação social da mesma; ou seja, os resultados/riscos somente se imputam à empresa quando provenientes da atividade empresarial;
d) previsibilidade objetiva: ainda, exige-se a verificação de ocorrência de uma probabilidade de lesão ao bem jurídico para responsabilizar a pessoa jurídica pelo ato, de maneira a se poder afirmar que, objetivamente, era previsível a ocorrência da lesão ou do perigo de lesão;
e) materialização do risco: o injusto deve ser a materialização do risco desaprovado criado pela empresa. A lesão ao bem jurídico ou a sua colocação em risco deve advir do incremento do risco proibido.

5.2 Culpabilidade da pessoa jurídica

Um dos temas mais controversos no ramo da responsabilidade penal da pessoa jurídica é a contraposição dessa teorização com a necessária culpabilidade configuradora

[84] ZÚÑIGA RODRÍGUEZ, Laura. *Bases para un modelo de imputación de responsabilidad penal a las personas jurídicas*. 3. ed. Espanha: Aranzadi, 2009. p. 307.

[85] ZÚÑIGA RODRÍGUEZ, Laura. *Bases para un modelo de imputación de responsabilidad penal a las personas jurídicas*. 3. ed. Espanha: Aranzadi, 2009. p. 323-325.

do fato delitivo. Por essência, a culpabilidade sempre foi considerada uma categoria única e exclusiva do homem, pessoa natural, capaz de compreender o caráter ilícito de sua conduta e de, por isso, ser responsabilizada. Seria esse conceito, então, de aplicação incompatível à pessoa jurídica.

Tal é o impasse doutrinário em relação à definição de uma culpabilidade à pessoa jurídica, que Bernardo FEIJÓO SÁNCHEZ destaca:

> "Não vou discutir que se possa desenvolver um conceito normativo e social e, inclusive, funcional de culpabilidade orientado a categorias sociais e jurídicas. O problema é que esta concepção não teve, ainda, um desenvolvimento satisfatório em relação à responsabilidade penal das pessoas jurídicas no marco da moderna ciência do Direito Penal."[86]

Todavia, não se procura a aplicação à pessoa jurídica da mesma culpabilidade desenvolvida para a pessoa física. Diferentemente, respeitando-se as diferenças entre ambos, devem ser mantidas as especificidades teóricas de cada caso, desenvolvendo-se uma concepção de culpabilidade própria à pessoa jurídica, assim como deve se manter uma concepção especial voltada à pessoa física, que, conquanto diferenciadas, se apresentem funcionalmente equivalentes.[87]

Em um primeiro momento, no tocante à pessoa jurídica, assim como acontece com a pessoa física, é de se assumir que nem todas serão imputáveis (ou seja, com capacidade de culpabilidade). Apenas serão imputáveis as organizações empresariais que possuírem um complexo sistema interno suficiente para justificar sua responsabilidade penal (igualmente, no caso da pessoa física, considera-se que os menores de idade não possuem uma estrutura interna suficientemente complexa para serem considerados responsáveis penalmente).[88]

Quanto ao conceito da culpabilidade da pessoa jurídica, pode-se entendê-la, como feito por Günter Heine, ser uma culpabilidade não pelo fato, mas pelo caráter ou forma de condução da empresa.[89]

Desse modo, "o injusto empresarial estaria vinculado com a organização da empresa; a culpabilidade empresarial referir-se-ia à cultura da empresa".[90]

---

[86] FEIJÓO SÁNCHEZ, Bernardo. ¿Culpabilidad y punición de personas jurídicas?. In: MONTEALEGRE LYNETT, Montealegre (Coord.) *El funcionalismo en derecho penal*: libro homenaje al profesor Günther Jakobs. Colombia: Universidad Externado de Colombia, 2003. t. 1, p. 359.

[87] GÓMEZ-JARA DÍEZ, Carlos. *A responsabilidade penal da pessoa jurídica e o dano ambiental*: a aplicação do modelo construtivista de autorresponsabilidade à Lei 9.605/98. Tradução de Cristina Reindolff da Motta. Porto Alegre: Livraria do Advogado, 2013. p. 36.

[88] GÓMEZ-JARA DÍEZ, Carlos. *A responsabilidade penal da pessoa jurídica e o dano ambiental*: a aplicação do modelo construtivista de autorresponsabilidade à Lei 9.605/98. Tradução de Cristina Reindolff da Motta. Porto Alegre: Livraria do Advogado, 2013. p. 32-35.

[89] GÓMEZ-JARA DÍEZ, Carlos. *La culpabilidad penal de la empresa*. Madrid: Marcial Pons, 2005. p. 185.

[90] GÓMEZ-JARA DÍEZ, Carlos. *A responsabilidade penal da pessoa jurídica e o dano ambiental*: a aplicação do modelo construtivista de autorresponsabilidade à Lei 9.605/98. Tradução de Cristina Reindolff da Motta. Porto Alegre: Livraria do Advogado, 2013. p. 45.

5.3 Dolo e culpa

Também em relação à definição do dolo e da culpa se vai alcançar um conceito uniforme aplicável tanto à pessoa jurídica quanto à natural.

No caso da pessoa jurídica, admite-se a possibilidade de sua punição a título de dolo identificando-se este com a presença do elemento cognitivo, configurado pelo conhecimento do risco que a conduta empresarial representa a um bem jurídico. Prescinde, para sua punição, da demonstração de uma vontade contrária à norma de conduta.[91] Todavia, destaca-se que esse conhecimento não se confunde com o psicológico próprio das pessoas naturais, senão em um defeito de organização.[92]

Nesse sentido, Carlos GÓMEZ-JARA DÍEZ direciona sua construção teórica na tendência a uma normatização do dolo, com uma carga relativizadora do elemento volitivo em face da sobreposição do elemento cognitivo. Nas palavras do autor: "o dolo no Direito Penal empresarial é entendido como conhecimento organizativo do concreto risco empresarial – nos delitos de perigo – que se realiza no resultado típico – nos delitos de resultado".[93]

Quanto à culpa, configura-se nos casos de ausência evitável de conhecimento do risco gerado pelo desempenho da atividade empresarial.[94]

5.4 Aplicação da pena

Historicamente, verifica-se uma hegemonia da pena privativa de liberdade, verdadeira sanção identificadora do Direito Penal. Contudo, com o passar do tempo, essa espécie de pena cedeu espaço a penas diversas, passando-se a incidir a reprimenda penal ao patrimônio, ao objeto do delito etc. Veja-se, nesse sentido, o rol de penas diversas da de prisão do art. 43 do Código Penal brasileiro.

Em relação ao sancionamento da pessoa jurídica, o juiz deve sopesar as penas dispostas em lei e aplicar aquela mais apropriada à finalidade preventiva (geral e especial), atentando para que as sanções, quando pecuniárias, não sejam absorvidas pelos custos da empresa, sob pena de perder seu caráter intimidatório. Deve-se, ainda, ter consciência de que a pena aplicada à pessoa jurídica pode lesionar interesses de terceiros, especialmente os empregados da empresa e seus credores, sendo necessário

---

[91] ZÚÑIGA RODRÍGUEZ, Laura. *Bases para un modelo de imputación de responsabilidad penal a las personas jurídicas*. 3. ed. Espanha: Aranzadi, 2009. p. 327.

[92] ZÚÑIGA RODRÍGUEZ, Laura. *Bases para un modelo de imputación de responsabilidad penal a las personas jurídicas*. 3. ed. Espanha: Aranzadi, 2009. p. 328.

[93] GÓMEZ-JARA DÍEZ, Carlos. *A responsabilidade penal da pessoa jurídica e o dano ambiental*: a aplicação do modelo construtivista de autorresponsabilidade à Lei 9.605/98. Tradução de Cristina Reindolff da Motta. Porto Alegre: Livraria do Advogado, 2013. p. 47-48.

[94] ZÚÑIGA RODRÍGUEZ, Laura. *Bases para un modelo de imputación de responsabilidad penal a las personas jurídicas*. 3. ed. Espanha: Aranzadi, 2009. p. 329.

que o julgador avalie tais interesses no momento da definição da reprimenda penal mais adequada.[95]

5.5 Direito brasileiro

No Direito brasileiro, a responsabilidade penal das pessoas jurídicas foi expressamente prevista, havendo referência a essa possibilidade já na Constituição Federal, que, em seu art. 225, preceitua:

> "Todos têm direito ao meio ambiente ecologicamente equilibrado, bem de uso comum do povo e essencial à sadia qualidade de vida, impondo-se ao Poder Público e à coletividade o dever de defendê-lo e preservá- lo para as presentes e futuras gerações. § 3º As condutas e atividades consideradas lesivas ao meio ambiente sujeitarão os infratores, pessoas físicas ou jurídicas, a sanções penais e administrativas, independentemente da obrigação de reparar os danos causados."

Por sua vez, a Lei 9.605 de 12 de fevereiro de 1998 (Lei de Crimes Ambientais), da mesma forma, institui a possibilidade de punição penal da pessoa jurídica, destacando a independência da responsabilidade da pessoa coletiva em relação à responsabilização da pessoa natural. O art. 3º da referida lei assim foi redigido:

> "As pessoas jurídicas serão responsabilizadas administrativa, civil e penalmente conforme o disposto nesta Lei, nos casos em que a infração seja cometida por decisão de seu representante legal ou contratual, ou de seu órgão colegiado, no interesse ou benefício da sua entidade. Parágrafo único. A responsabilidade das pessoas jurídicas não exclui a das pessoas físicas, autoras, co-autoras ou partícipes do mesmo fato."

Boa parte de nossa doutrina insiste na impossibilidade de criminalização da pessoa jurídica, quase sempre com fundamentação atrelada a conceitos e categorias da dogmática penal anterior ao *funcionalismo*. Para o modelo finalista de ação, por exemplo, seria mesmo incompatível a ideia de definição de vontade do ente jurídico, com aquela da pessoa humana.

No entanto, há que se objetar que tais conceitos e tais categorias são construções *teóricas* e que podem ou não ser incorporadas por determinada legislação, ou seja, pelo direito positivo de cada país.

No Brasil, como vimos, a Constituição da República é bastante enfática ao consagrar semelhante modelo de responsabilização penal, a despeito das críticas que podem ser feitas a esta opção constituinte. Lembremo-nos, sempre, de que a vontade do intérprete não pode se sobrepor a de todos os demais interessados na compreensão e

---

[95] ZÚÑIGA RODRÍGUEZ, Laura. *Bases para un modelo de imputación de responsabilidad penal a las personas jurídicas*. 3. ed. Espanha: Aranzadi, 2009. p. 330.

na aplicação das normas jurídicas. Não é porque não se concorda com a opção legislativa – ou constitucional – que se deve tê-la por inválida.

Ademais disso, cresce a cada dia mais referida modalidade de responsabilização penal no direito comparado, o que, se, de um lado, não parece ser suficiente para nos convencer do seu acerto, de outro, porém, é indicativo da viabilidade de sua aplicação no direito positivo.

Não bastassem tais considerações, a jurisprudência nacional, com a Suprema Corte a frente, já consolidou o entendimento no sentido da validade da incriminação da pessoa jurídica *nos crimes ambientais*.

De nossa parte, sobretudo em atenção às características da atuação das pessoas jurídicas e das espécies de pena de direito penal a elas aplicáveis (Lei 9.605/98), pensamos que as funções atribuídas à referida incriminação terão eficácia muito mais simbólica – com reforço no estigma da sanção penal – que propriamente dos objetivos finais e gerais da política criminal (repressão e prevenção de delitos). A identidade das penas do Direito Penal das pessoas jurídicas com aquelas previstas no direito administrativo nos conduzem a ver ali a *administrativização* dessa intervenção penal, com o consequente alargamento de seu horizonte. Se devido ou não, o tempo dirá: mas certamente que a escolha constituinte é legítima e válida não temos o menor receio em afirmar.

Uma última observação: acostumou-se a sustentar-se, primeiro em doutrina, e depois em boa parte da jurisprudência, que a responsabilidade penal dependeria do respeito a um certo *princípio da dupla imputação*, consistente na exigência de se oferecer denúncia tanto em relação aos gestores da pessoa jurídicas, em nome pessoal (pessoa física) quanto em relação à esta (pessoa jurídica).

Não nos parece tão clara semelhante conclusão. Aliás, corre-se o risco até de afetação do princípio do *ne bis in idem*, com a punição de ambos (pessoas físicas e pessoa jurídica), na medida em que a decisão da prática do ato tem a mesma origem e fonte.

E, precisamente sobre esse ponto, há decisão da Suprema Corte no sentido de que *não é necessária a dupla imputação*, conforme se vê no julgamento do RE 548181/PR, 1ª Turma, Supremo Tribunal Federal, Rel. Min. Rosa Weber, julg. em 6-8-2013.

VII Da relação de causalidade

1 Da conduta, do resultado e do nexo causal

Para que possamos compreender a relação de causalidade, é necessária a realização da distinção entre a ação para fins penais e o resultado. Em regra, o resultado se manifestará por uma modificação no mundo exterior (classificado como resultado naturalístico), sendo ele fruto da ação, concebida como a manifestação da vontade do agente.[96] Temos, pois, a ação como sendo o fator responsável pela produção do resultado.

---

[96] CONDE, Francisco Muñoz. *Teoria geral do delito*, op. cit., p. 21.

Grande parte dos delitos de nossa legislação tem como pressuposto intrínseco à sua consumação a necessidade de ocorrência de um resultado no mundo exterior (resultado naturalístico). São os denominados crimes materiais ou de resultado. Pune-se, aqui, a consumação de um resultado legalmente reprovado.

Outra parte de delitos, embora haja a previsão de um resultado naturalístico, não tem a sua consumação dependente da produção deste resultado, bastando a manifestação de vontade do agente em ocasioná-lo. São os denominados crimes formais, também já abordados no ponto acima referido.

Há ainda os crimes de mera conduta, que são aqueles em que o legislador descreve a conduta, mas não prevê qualquer resultado, bastando, para a sua consumação, a comissão ou omissão prevista na norma, conforme também já mencionado.

A diferença entre os crimes formais e os de mera conduta está no fato de que, nos primeiros, o tipo penal não exige, mas prevê um resultado, e, nos segundos, o tipo não exige e tampouco prevê o resultado. Em ambos os casos, a produção de um resultado naturalístico não é determinante para a configuração do fato típico. Percebe-se, portanto, que o legislador optou não por punir a produção de um resultado naturalístico, mas a mera conduta do agente (a manifestação da vontade).

Analisando-se essa classificação, percebe-se que ela se dá de acordo com a teoria naturalística que versa sobre a natureza do resultado e prevê que ele é a modificação do mundo exterior causada por um comportamento voluntário, ou seja, o resultado será "palpável", será uma alteração no "mundo físico", não importando sua relevância no mundo jurídico.

A partir disso, conclui-se facilmente que os crimes de mera conduta são crimes sem resultado naturalístico, já que nenhuma alteração do mundo exterior é prevista no tipo penal. Os crimes formais, por sua vez, também podem ocorrer sem que um resultado naturalístico se verifique.

Tudo isso está correto. Ocorre que não podemos olvidar da teoria jurídica ou normativa sobre a natureza do resultado. De acordo com tal teoria, o resultado da conduta é a lesão ou perigo de lesão de um interesse protegido pela norma penal. Assim, toda conduta gerará um resultado, já que toda norma penal visa a proteger um interesse, um bem jurídico. Como exemplo, podemos citar o crime de ameaça (art. 147 do CP), afinal, a conduta de ameaçar alguém não gera nenhuma alteração no mundo exterior, mas atinge um bem jurídico (liberdade individual).

No que tange a essa teoria jurídica ou normativa, os delitos podem ser classificados em crimes de dano ou de perigo. Conforme já explicitado no item 4.2.6, crimes de dano são aqueles em que há previsão de uma efetiva lesão a um bem jurídico, e crimes de perigo são aqueles em que não há a necessidade de um dano efetivo, bastando que seja colocado em perigo o bem jurídico tutelado. Saliente-se, ainda, que os crimes de perigo podem ser divididos em de perigo concreto e de perigo abstrato. Os primeiros são aqueles em que a situação de perigo precisa ser demonstrada, com a comprovação de sua ocorrência; os segundos não, pois a simples prática da conduta já é vista pelo legislador como perigosa, havendo, portanto, uma presunção da periculosidade.

Concluímos, pois, que alguns delitos apresentarão resultado naturalístico e outros não, porém, todos os crimes, obrigatoriamente, apresentarão um resultado normativo.

Nesse contexto, o nexo de causalidade deve ser entendido como o liame que une a conduta ao resultado, sendo, portanto, um elemento fático, fenomênico, naturalístico, não havendo, para a sua identificação, qualquer relação jurídica ou normativa. A importância de determinar o nexo causal reside, justamente, na verificação de se aquele resultado, naturalisticamente falando, é consequência da ação.

Essa introdução é necessária para que possamos compreender o nexo de causalidade que deve existir entre a conduta e o resultado para a configuração do delito. Saliente-se, porém, que esse nexo de causalidade deve ser entendido a partir da teoria naturalística, já que traz uma relação fática entre a ação do agente e a modificação que tal conduta provocará no mundo exterior.[97] Essa análise diz respeito à relação de causalidade, à constatação de se aquela conduta praticada, descrita no tipo penal, foi a causadora do resultado. Por esta razão, podemos dizer que a definição dessa relação de causalidade somente interessa aos crimes materiais (já que os crimes de mera conduta não possuem resultado naturalístico e os formais, embora tragam a sua previsão, não dependem dele para se verem consumados).

2 Teoria da equivalência dos antecedentes causais ou da equivalência das condições (*conditio sine qua non*)

No que tange à relação de causalidade, nosso Código Penal consagrou a teoria da equivalência das condições ou da *conditio sine qua non*. Seu art. 13 assim determina: "o resultado, de que depende a existência do crime, somente é imputável a quem lhe deu causa. Considera-se causa a ação ou omissão sem a qual o resultado não teria ocorrido".

Desmembrando o artigo supratranscrito, da primeira parte, tem-se que a relação de causalidade só diz respeito aos crimes que, para a sua existência, é necessária a ocorrência de um resultado. Da segunda parte, extrai-se a teoria da equivalência das condições.

Tal teoria, desenvolvida por Julius GLASER e aprimorada por VON BURI,[98] determina que todas as condições que concorreram para a produção do resultado são suas causas, não havendo distinção ou grau de importância entre elas. Todas as condições, vistas de uma forma conjunta, são a causa do resultado. Partindo do disposto em nosso diploma legal, toda ação ou omissão que seja uma condição para a ocorrência do evento será considerada uma causa do resultado.

Para que possamos verificar se aquela situação antecedente será considerada causa ou não do resultado, adota-se o denominado *juízo hipotético de eliminação*, que consiste simplesmente num exercício de imaginação. Basta que se proceda à exclusão mental da série causal. Se, com a exclusão, o resultado deixa de ocorrer, aquele

---

[97] ROXIN, Claus. *Derecho penal, parte general*, op. cit., p. 346.

[98] JESCHECK, Hans-Heinrich. *Tratado de derecho penal*, parte general, 5. ed., op. cit., p. 299.

antecedente é considerado causa. Devemos nos fazer o seguinte questionamento: se aquela ação ou omissão (situação antecedente ao resultado) não tivesse ocorrido, mesmo assim o resultado teria sido produzido? Se a resposta for negativa, então estaremos diante de uma ação ou omissão que deu causa ao resultado, afinal, existirá uma relação de dependência entre tal situação antecedente e o efeito posteriormente ocorrido (resultado). Do contrário, se a resposta for positiva, a ação ou omissão não pode ser considerada uma causa, já que não foi constatada qualquer relação de dependência entre um episódio e outro.

Do explicado acima, percebe-se o principal problema que a teoria em questão traz: tende-se a levar ao infinito a relação de causalidade. Fazendo o raciocínio acima demonstrado, chegaremos a uma série de situações longínquas que contribuíram para o resultado. Como exemplo clássico, podemos considerar o homicida que mata a vítima com um tiro de revólver. Nesse caso, tanto a conduta do agente que efetuou o disparo, quanto o vendedor da arma e, ainda mais remotamente, o seu fabricante, terão dado causa ao resultado, visto que se nenhuma de suas ações tivesse sido praticada (disparar, vender e fabricar), o resultado morte não teria ocorrido.

Por essa razão, algumas limitações são feitas a essa teoria, as quais serão abordadas a seguir.

2.1 Concausas

Existem condições que, de forma absoluta ou relativamente independente à conduta do sujeito, dão causa ao resultado. Tais condições são denominadas concausas, e podem ser preexistentes, concomitantes ou supervenientes à conduta, podendo se constituir de outra conduta ou simplesmente de um fato natural.

A concausa preexistente é aquela que ocorre antes da conduta; a concomitante, aquela que ocorre simultaneamente a ela; e a superveniente, a que ocorre posteriormente à conduta.

2.1.1 Causas absolutamente independentes em relação à conduta do sujeito

Existem concausas que são absolutamente independentes da conduta do sujeito, ou seja, produzirão o resultado, não importando que a ação do agente tenha sido praticada. Isso se verificará por meio do juízo hipotético de eliminação, visto que, subtraindo-se imaginariamente a concausa, também o resultado desaparecerá.

A conduta do agente, aqui, não interfere na produção do resultado, resolvendo-se o problema da causalidade pela própria disposição do art. 13 do CP.

Alguns exemplos clássicos elucidam bem a questão:

a) Causa preexistente absolutamente independente da conduta do sujeito: "A" desfere uma facada em "B", que vem a falecer minutos depois, não em consequência da facada, mas porque antes tomara um poderoso veneno.

b) Causa concomitante absolutamente independente da conduta do sujeito: "A" desfere um soco em "B" no mesmo momento em que este vem a falecer exclusivamente por força de um ataque cardíaco.
c) Causa superveniente absolutamente independente da conduta do sujeito: "A" ministra veneno na bebida de "B" que, durante a refeição, vem a falecer em consequência de um incêndio.

Assim, nesses casos, podemos perceber a ocorrência de uma causa que, por si só, provoca o resultado, independentemente da conduta do agente. Por esta razão o agente não será responsabilizado pelo resultado, o que se denota do art. 13 do Código Penal, conforme já mencionado.

2.1.2 Causas relativamente independentes em relação à conduta do sujeito

Além das causas absolutamente independentes, há as causas relativamente independentes, que são aquelas que auxiliam, somam-se à conduta do sujeito, colaborando para a produção do resultado. Note-se que a causa relativamente independente não é, por si só, responsável pela ocorrência do resultado (como ocorre na absolutamente independente), mas é um fator que se soma à ação do agente. Por isso, a conduta e a causa, vistas isoladamente, jamais teriam possibilitado a produção daquele resultado, mas a combinação de ambas sim.

Para facilitar a compreensão, trazemos os seguintes exemplos, levando em consideração a preexistência, concomitância ou superveniência da causa.

a) Causa preexistente relativamente independente da conduta do sujeito: "A" desfere socos em "B", que é portador de hemofilia e vem a falecer em consequência dos ferimentos, somados a sua particular condição fisiológica.
b) Causa concomitante relativamente independente da conduta do sujeito: "A" desfere uma facada em "B" no mesmo momento em que este está sofrendo um ataque cardíaco, provando-se que a lesão contribuiu para o resultado letal.
c) Causa superveniente relativamente independente da conduta do sujeito: o motorista de um táxi colide com um poste de luz. O passageiro, ao sair do veículo apenas com algumas lesões, acaba sendo atingido pelo fio que se desprendera do poste e morre em consequência da descarga elétrica.

Nos dois primeiros exemplos, que trazem uma causa preexistente e uma concomitante, respectivamente, as causas (hemofilia e ataque cardíaco) não excluem a linha de desdobramento físico, e o agente responde pelo resultado morte.

Se fizermos o juízo hipotético de eliminação, veremos que, eliminando a causa, a conduta, por si só, não produzirá o resultado; do mesmo modo, se eliminarmos a conduta, também a causa não será suficiente para que o resultado ocorra.

Por essa razão, devido ao juízo de eliminação ter demonstrado que a conduta foi indispensável à produção do resultado, e, portanto, existente o nexo causal, apesar da causa relativamente independente ter auxiliado na ocorrência do evento, o agente deverá responder por homicídio consumado.

Já no terceiro caso, estamos diante de uma situação especial.

Por vezes, a causa relativamente independente é posterior à conduta do agente (superveniente). Nessas situações, o problema é resolvido pelo que dispõe o art. 13, § 1º, do Código Penal: "A superveniência de causa relativamente independente exclui a imputação quando, por si só, produziu o resultado; os fatos anteriores, entretanto, imputam-se a quem os praticou."

A previsão legal abrange os casos em que, após a conduta do agente, iniciado o processo causal, um evento (atividade humana ou fator natural) ocorre, provocando um novo nexo de causalidade. Isso ocorre porque essa causa superveniente é de tamanha importância que poderia ter agido sozinha, produzindo o resultado. Porém, deve ficar claro que ela não é uma causa absolutamente independente, pois, no caso concreto, tal causa não teria ocorrido se não fosse por conta da conduta do agente, sendo, por isso, uma causa relativamente independente. Para que se compreenda melhor: no exemplo trazido acima (letra *c*), o contato da vítima com o fio que se desprendera é uma causa suficientemente importante para sozinha determinar o resultado, contudo, esse resultado jamais teria ocorrido se não fosse a conduta do motorista de colidir o veículo com o poste.

Nesse caso, o agente não responde pelo resultado final, ficando responsável pelos atos anteriores se previstos em lei como crime. No exemplo, o motorista não responderia pelo resultado morte, mas sim pelas lesões corporais.

3 Causalidade e omissão própria

Os crimes omissivos próprios são aqueles em que o agente desobedece a uma norma mandamental, ou seja, ele não realiza uma conduta imposta por uma norma.

Nesse caso, naturalisticamente falando, não podemos visualizar qualquer nexo de causalidade entre a não ação e o resultado, pois não é possível que surja algo do "nada".

Assim, maiores dificuldades não são encontradas para determinar a relação de causalidade nos crimes omissivos próprios, e isso devido a uma simples razão: tal relação não existe.

4 Causalidade e omissão imprópria

Nos crimes omissivos impróprios, ou comissivos por omissão, encontraremos certa dificuldade para determinar a relação de causalidade.

Nesses delitos, assim como nos omissivos próprios, há um dever de agir, que se dá, porém, de uma forma mais complexa. Não é um simples dever de agir, pois há uma norma que assim o determina, mas um dever de agir para evitar um resultado concreto. O agente tem a obrigação de agir daquela forma com a finalidade de evitar o resultado. Disso concluímos que os crimes omissivos impróprios são delitos de resultado ou materiais, ou seja, para a sua consumação, é necessário que o resultado seja produzido.

O que aqui interessa é percebermos que, havendo um resultado, consequentemente poderemos falar em nexo de causalidade.

Tal nexo não se dará por uma causalidade naturalística, pois, fisicamente falando, uma não ação não poderá provocar uma modificação no mundo fático. Porém, poderá ser verificada uma causalidade normativa,[99] uma ficção jurídica.

Isso se dá justamente porque a lei previa uma ação que deveria ter sido praticada para evitar o resultado, estabelecendo assim uma relação jurídica entre a omissão e o resultado, relação essa que será estranha ao mundo dos fatos, mas não ao mundo do Direito.

MUÑOZ CONDE e GARCÍA ARÁN esclarecem que

> "o delito de comissão por omissão é um crime de resultado, no qual o resultado produzido deve ser imputado ao sujeito da omissão; fala-se de 'causalidade da omissão', embora realmente a omissão não possa ser entendida como componente causal de qualquer resultado, já que a causalidade exige que se ponha em marcha uma força desencadeante que por definição inexiste na omissão (*ex nihilo nihil fit*). O que importa na comissão por omissão é a constatação de uma causalidade hipotética, isto é, a possibilidade fática que teve o sujeito de evitar o resultado. Se se der como certo ou, pelo menos, como provável que, se o sujeito tivesse realizado a ação mandada, o resultado não se teria produzido, poder-se-á, então, imputar o resultado ao sujeito da omissão".[100]

Na legislação brasileira, mais especificamente no Código Penal, há a previsão dos crimes omissivos impróprios em seu art. 13, § 2º, que assim determina: "a omissão é penalmente relevante quando o omitente devia e podia agir para evitar o resultado".

Ainda, no mesmo parágrafo, há a definição de quem possui o dever de agir: (a) quem tem por lei obrigação de cuidado, proteção ou vigilância, (b) quem, de outra forma, assumiu a responsabilidade de impedir o resultado e (c) quem, com o seu comportamento anterior, criou o risco da ocorrência do resultado.

A alínea *a* diz respeito, por exemplo, aos pais, que têm a obrigação de zelar pelos filhos, conforme inclusive dispõe o art. 1.634 do Código Civil. A letra *b* diz respeito àqueles que, por sua posição, assumem o dever de impedir a ocorrência do resultado,

---

99 Aqui devemos ter o cuidado de não confundir essa causalidade normativa com a teoria jurídica ou normativa sobre a natureza do resultado (mencionada no ponto 7.1). A causalidade normativa diz respeito a essa ficção jurídica que ocorre nos delitos omissivos impróprios, enquanto a teoria jurídica ou normativa sobre a natureza do resultado aborda a questão dos bens jurídicos, supostamente atingidos por toda conduta criminosa.

100 MUÑOZ CONDE, Francisco; GARCÍA ARÁN, Mercedes. *Derecho penal.* Parte general, op. cit., p. 258-259.

como acontece com os salva-vidas, enfermeiros e os guias turísticos. A letra *c*, por sua vez, aponta aqueles que, por seu comportamento, criaram uma situação de perigo que provocou o resultado, não impedindo, após, que ele ocorresse. O exemplo clássico é o do nadador que convida um amigo para efetuar a travessia de um rio. Ocorre que, no meio do percurso, o nadador constata que seu convidado não tem mais forças para prosseguir, e, ao invés de ajudá-lo, deixa-o para trás, continuando a trajetória até o fim. Este nadador, portanto, criou a situação de perigo e, podendo, não evitou que o resultado ocorresse.

São os chamados garantidores, assim, que possuem esse dever de evitar o resultado, sendo tais pessoas as que estão sujeitas a praticar um crime omissivo por comissão. Segundo Miguel REALE JÚNIOR, "os elementos normativos que integram o tipo penal comissivo por omissão constituem, portanto, [...] a designação de um sujeito ativo próprio, pois autor só será aquele que possua o dever de agir, oriundo das três situações acima mencionadas".[101]

Francisco de ASSIS TOLEDO alerta que "a omissão terá o mesmo valor penalístico da ação quando o omitente se colocar, por força de um dever jurídico (art. 13, § 2º), na posição de garantidor da não ocorrência do resultado".[102]

Dessa forma, conclui-se que os crimes omissivos impróprios ocorrem quando há um dever normativo de evitar um resultado e se praticados pelas pessoas denominadas garantidoras (art. 13, § 2º), havendo, nesse caso, a responsabilização do agente por um delito originariamente praticado por uma ação, como o homicídio, por exemplo.

Nesse caso, considera-se, portanto, a existência de um nexo de causalidade, que será, entretanto, normativo, e não naturalístico.

5 Teoria da causalidade adequada

A teoria da causalidade adequada originou-se nos escritos de Johannes VON KRIES, em meados do século XIX.

Tal teoria prevê que será considerada causa aquela condição que normalmente produziria o resultado.

Hans WELZEL esclarece que "adequada é aquela condição que geralmente é apropriada para produzir um determinado resultado";[103] em outras palavras, é a condição que habitualmente irá produzi-lo. Portanto, ficam excluídos todos os acontecimentos causais completamente extraordinários.

Extraordinários são aqueles acontecimentos causais com os quais não podia contar um observador razoável no momento da ação (prognóstico posterior objetivo).[104] Podemos dizer, assim, que a causa adequada será constatada, embora posteriormente à

---

[101] REALE JÚNIOR, Miguel. *Instituições de direito penal parte geral*. Rio de Janeiro: Forense, 2002. v. I, p. 261.

[102] ASSIS TOLEDO, Francisco de. *Princípios básicos de direito penal*. São Paulo: Saraiva, 2000. p. 116-117.

[103] WELZEL, Hans. *Direito penal*. São Paulo: Afonso Celso Resende, 2003. p. 92.

[104] Idem, ibidem.

ocorrência do resultado, por meio de um juízo *ex ante*, realizado pelo juiz, terceiro imparcial, do conhecimento e previsão do agente. É o chamado prognóstico objetivo-posterior.

Miguel REALE JÚNIOR acrescenta que a teoria da causalidade adequada "considera que o antecedente necessário alcança a qualidade de causa do evento se, em abstrato, possui idoneidade para o provocar. Esta idoneidade é de ser aferida da experiência comum, segundo o que costuma suceder, *id quod plerumque accidit*, em face das relações de causalidade próprias do mundo natural".[105] Por fim, define: "em suma, segundo a teoria da causalidade adequada, a condição é de ser considerada como causa se constitui uma probabilidade séria de produzir o evento, havendo internamente na relação causal uma congruência na passagem de antecedente a consequente, pois com razoável regularidade a atividade traz em si o resultado, constituindo uma condição perigosa de sua ocorrência, revelada pela experiência social".[106]

Claus ROXIN traz algumas vantagens dessa teoria, entre elas, está a

> "desejada eliminação de nexos causais totalmente não usuais: a mesma evita o *regressus ad infinutum* da teoria da equivalência ao aceitar que os antepassados do delinquente jurídico-penalmente nem sequer são causas dos fatos perpetrados por este (enquanto que os partidários da teoria da equivalência neste caso acreditavam que só se podia chegar à absolvição negando o dolo e a culpa)".[107]

Apesar disso, essa teoria sofreu muitas críticas. Ademais, ela seria antes uma teoria de imputação do que de causalidade.

Partindo do exposto por Claus ROXIN, a teoria da causalidade adequada não diria se aquela condição é causa do resultado, mas, dentre todas as condições, quais delas seriam juridicamente relevantes e possíveis de serem imputadas ao agente. Não há uma superação, portanto, da teoria da equivalência das condições, visto que para se chegar à causa adequada é necessário antes fazer o juízo hipotético de eliminação para definir quais condutas estabelecerão possíveis nexos causais com o resultado. Por isso, a teoria da adequação tampouco é, contra o que inicialmente entendiam seus partidários, uma alternativa à teoria da equivalência, sendo mais um complemento.[108]

VIII Considerações sobre a teoria da imputação objetiva

Neste capítulo, procuramos dar uma visão mais clara sobre a teoria da imputação objetiva, pois, de fato, até agora não se elaborou, apesar das publicações existentes, um texto enxuto onde se possa verificar, de acordo com um material de casos, a importância e a aplicação de referida teoria. Muito se tem publicado e pouco explicado sobre em que consiste a teoria da imputação objetiva. Como nos filiamos à concepção

---

[105] REALE JÚNIOR, Miguel. *Instituições de direito penal parte geral*. Rio de Janeiro: Forense, 2002. v. I, p. 248.

[106] Idem, ibidem.

[107] ROXIN, Claus. *Derecho penal, parte general*, op. cit., p. 360

[108] ROXIN, Claus. *Derecho penal, parte general*, op. cit., p. 361.

de JAKOBS, o aporte teórico fundamental neste trabalho será realizado com base neste autor. Como existem vários detratores no Brasil, alguns que sequer citam corretamente o nome do autor ou indicam a fonte correta da informação, outros, porém, fazem um estudo crítico e sustentam a sua posição, devemos apenas lembrar que até mesmo no seu país de origem a teoria cada vez mais ganha força, ainda que conte com várias concepções. Portanto, a crítica deve ser feita quando se conhece o que se está criticando, ou, ao menos, se tenha lido as ideias lançadas pelo autor.

O estudo a seguir desenvolvido conta com um material de casos previamente desenvolvidos que nos permite trabalhar e explicar a teoria da imputação objetiva, indicando que no Brasil também é possível a sua aplicação.

O trabalho fundamental foi desenvolvido pelo professor Cancio MELIÁ, publicado em outro livro no Brasil[109] e agora se torna capítulo desta obra para que melhor se explique a teoria, agregando-se aos exemplos comentários ou referências sobre as decisões da justiça brasileira em que referida teoria poderia ser perfeitamente utilizada. Portanto, o estudo se desenvolve em face do material de casos selecionado com um posterior aporte doutrinário e, em casos possíveis, aduz-se a jurisprudência pátria, ainda que não se citem taxativamente os acórdãos, mas a direção adotada no Brasil.

1 Material de casos

1. O sobrinho "S" deseja adiantar o momento em que pode suceder ao seu tio "T" em sua grande fortuna, já que este lhe instituiu herdeiro universal. Como não quer fazer uso de meios mais expeditivos para alcançar o seu objetivo, "S" sugere a "T" – argumentando sua preocupação por sua delicada saúde – que dê um passeio diário. Com carinhosa insistência, comprova que seu tio cumpre com a recomendação. Previamente "S" averiguou que o lugar que ensina a "T" para o passeio é o de maior incidência estatística de tormentas, além de que a hora recomendada a "T" para o exercício seja a de maior concentração de descargas elétricas durante o dia. Ao fim de alguns meses, seu plano surte efeito: "T" é alcançado por um raio enquanto dá seu passeio diário e morre neste ato.

2. O empresário "E" dedica grande parte do seu tempo livre à biologia marinha, alcançando inclusive o grau de doutor em biologia. Ao inaugurar uma nova fábrica de produção de celulose em sua propriedade, situada na beira do rio, o Dr. "E" pensa fugazmente que a população de caranguejos irremediavelmente desaparecerá por causa dos vertidos da nova fábrica. Com efeito, ao cabo de alguns meses, os caranguejos praticamente desaparecem, o que afeta gravemente o equilíbrio do sistema ecológico da fauna do rio em seu conjunto, como constata consternado. Entretanto, Dr. "E" previamente havia solicitado e obtido de modo plenamente de acordo com

[109] CANCIO MELIÁ, Manuel; CALLEGARI, André Luis. Aproximação à teoria da imputação objetiva. In: *Direito penal e funcionalismo*. Porto Alegre: Livraria do Advogado, 2004.

as disposições legais e regulamentares as pertinentes permissões para iniciar a nova atividade industrial.

3. O estudante de arquitetura "EA" trabalha nas suas férias de verão como pedreiro com a intenção de adquirir a perspectiva do pessoal de execução de obra como valioso complemento para sua formação como arquiteto. Estando trabalhando na obra de uma casa, "EA" recebe do chefe de obra o encargo de preparar com concreto armado a estrutura do teto da casa. Uma rápida olhada nos parâmetros do teto mostra a "EA" – que foi merecedor das mais elevadas qualificações na correspondente disciplina de sua carreira universitária – que o cálculo da estrutura é errôneo, de modo que parece seguro que a futura casa acabará caindo. Ainda assim, "EA", que teme desavenças com o chefe de obra se lhe adverte do erro, decide guardar silêncio e se limita a executar as instruções que lhe deram. Passando-se dois anos, "EA" lê no jornal que a casa que ele contribuiu para levantar naquele verão acabou caindo, enterrando sob seus escombros um grupo de crianças de pequena idade que brincavam numa das salas da casa, convertida em jardim de infância.

4. "C", contador de uma empresa, recebe da direção da mesma a ordem de separar os ingressos do ano fiscal em curso em duas partidas diferentes, que deve intitular como "branco" e "negro". "C" é consciente de que a segunda das partidas não aparecerá nunca nas declarações tributárias da empresa, como assim efetivamente ocorre.

5. "A" vende a "B" uma pequena quantidade de heroína. Devido às habituais oscilações do mercado, a substância é de extraordinária pureza, o que desconhecem tanto "A" como "B". "B" consome a heroína e morre.

6. "A" e "B", que não se conheciam até este momento, coincidem numa noite num local de baile. Depois de entabularem conversações, bailar, passear etc., mantêm relações sexuais sem fazer uso de preservativo. "A" sabe que é portador do vírus de imunodeficiência humana, mas não menciona esta circunstância. "B" resulta contagiado.

7. "A" agride a "B" com uma arma branca, cravando-a no tórax. Trasladado "B" com urgência a um centro hospitalar, o médico "M" comunica aos familiares de "B" que, em princípio, não há que temer por sua vida. Entretanto, "M" ordena que se administre a "B" um medicamento que facilita a coagulação sem levar a cabo previamente – como é preceptivo de acordo com o atual estágio da ciência médica – uma análise do sangue para verificar a tolerância ao medicamento. "B" sofre um choque e morre.

8. O médico "M" receita a um grupo de seus pacientes como tratamento único um medicamento destinado a combater várias enfermidades graves de que padecem as distintas pessoas tratadas. Ao fim de algum tempo, vários dos pacientes descobrem que o "medicamento" receitado por "M" juridicamente não tem tal consideração, pois nem se realizou o estudo clínico preceptivo, nem se solicitou a correspondente licença perante as autoridades sanitárias. Oito pacientes morrem durante o "tratamento" como consequência de suas respectivas doenças. Consultado um perito médico a respeito dessas mortes, afirma que é cientificamente impossível saber se os pacientes mortos teriam sobrevivido se fossem submetidos a um tratamento segundo a *lex artis*.

Todos esses casos têm em comum – à parte de que concorrem condutas e resultados que apresentam a aparência de poder integrar diversos tipos delitivos: *por um lado*, que os sujeitos que intervêm como possíveis responsáveis jurídico-penais dispõem de conhecimentos – atuais ou potenciais – que impedem pensar que o acontecido fosse subjetivamente imprevisível. *Por outro*, que a respeito de todos eles se propôs na doutrina a sua resolução absolutória através da teoria do tipo objetivo, precisamente, fazendo uso da teoria da imputação objetiva.

No Brasil, provavelmente, muitos dos exemplos acima seriam resolvidos pelo art. 13, § 2º, do Código Penal, ou seja, pela teoria da equivalência das condições. Ocorre que esta teoria serve quando se conhece a causa preexistente, mas, nos cursos causais hipotéticos ou, que não se tem certeza da causa anterior, fica prejudicada a sua utilização. Portanto, a teoria da imputação objetiva permite uma maior compreensão do problema, conduzindo a resolução para esfera da tipicidade, ou, seja, para a verificação do preenchimento do tipo objetivo. Além disso, centra-se no papel (rol) que desempenha o cidadão na sociedade, imputação do comportamento, que na concepção de JAKOBS situa-se no primeiro nível da imputação e também recebe uma maior importância.

2 Evolução e alcance da teoria da imputação objetiva

2.1 Fórmula

A teoria da imputação objetiva habitualmente se condensa na seguinte forma: o tipo de um delito de resultado resta cumprido quando a conduta submetida à análise: (a) gerou um "risco juridicamente desaprovado" e (b) este risco se "realizou no resultado". Partindo dessa fórmula de aplicação, apesar de concorrer uma relação de causalidade entre a conduta e o resultado, deve-se negar a ocorrência da tipicidade, por exemplo, nos casos do sobrinho (nº 1) ou do empresário proprietário de uma fábrica contaminante (nº 2) por ausência do primeiro dos elementos, uma criação desaprovada de um risco. Quanto ao segundo elemento – a realização do risco –, este falta, por exemplo, a respeito do agressor da arma branca do caso do erro médico (nº 7). Esta fórmula é a que se encontra mais estendida e é usada, por exemplo, pelo Tribunal Supremo espanhol. ROXIN – que, como se verá a seguir, pode ser considerado o principal autor no desenvolvimento da moderna teoria da imputação objetiva – propõe um modelo substancialmente equivalente, ao que se acrescenta, entretanto, uma escala adicional na análise: além de comprovar a criação e a realização de um risco juridicamente desaprovado, deve verificar-se que o resultado entre dentro do "alcance do tipo". Neste passo sistemático, deve comprovar-se que – apesar da ocorrência de uma relação de causalidade e da criação e realização do risco – o resultado ocorrido realmente seja um dos que o tipo em questão pretende evitar: com base em diversas considerações valorativas, afirma-se que isso pode ser colocado em dúvida, por exemplo, nos casos como o do contador (nº 4) ou os da heroína (nº 5) ou da transmissão de HIV (nº 6).

2.2 Evolução

Na modalidade em que é aplicada, desenvolvida e discutida atualmente, não cabe qualquer dúvida de que a teoria da imputação objetiva é devida, fundamentalmente, a vários artigos de ROXIN publicados no início dos anos 70 do século passado (sobre os antecessores mais remotos desta doutrina muito haveria que discutir; basta agora aceitar que está estabelecida uma espécie de "genealogia oficial", centrada em LARENZ e HONIG, que deixa fora de consideração tanto ou mais relevantes que as de estes dois autores). A partir das contribuições de ROXIN, a teoria da imputação objetiva – primeiro na Alemanha e depois no âmbito de países hispânicos – foi desenvolvendo uma verdadeira marcha triunfal, reservada a poucas construções dogmáticas da Parte Geral. Foi-se iniciando uma autêntica maré de publicações – de umas dimensões tão consideráveis que permitiram a SCHÜNEMANN equiparar a discussão gerada com a confrontação entre causalismo e finalismo –, e com uma rapidez inusitada, a nova doutrina começou a ser aplicada pelos tribunais. Este processo desenvolvido no âmbito da doutrina alemã reproduziu-se primeiro na Espanha e começou depois – deixando de lado a influência na doutrina italiana – também em diversos países da América Latina. Nesta evolução também constitui um fato surpreendente: o de que apenas se tenha que constatar a existência de resistências teóricas na doutrina; se se prescinde de algumas vozes críticas provenientes do campo do finalismo, é chamativa a facilidade com a que a nova doutrina foi incorporada a diversas construções dogmáticas.

2.3 Interrogantes

Diante do panorama que se acaba de esboçar, poderia passar-se diretamente ao plano operativo, é dizer, a expor quais são as características dos instrumentos dogmáticos concretos nos que a teoria da imputação objetiva deve firmar-se. Entretanto, isso não seria adequado. De fato, se existe algo no que estão de acordo os partidários (a imensa maioria da doutrina) e os escassos detratores da teoria da imputação objetiva, é a falta de solidez de muitos dos conceitos utilizados. Na realidade, sob o verniz unificador que lhe outorga seu surpreendente êxito, a teoria da imputação objetiva ainda não se encontra firmemente assentada. E isso não só porque o tempo transcorrido é curto para consolidar uma série de instituições dogmáticas concretas, mas por uma razão de fundo: porque não está claro o conceito de imputação objetiva, a própria idiossincrasia teórica dessa evolução dogmática. Nesse sentido, pode advertir-se o risco de morte por hipertrofia da teoria (ou: morrer de êxito): sem uma suficiente determinação do significado sistemático da teoria – uma questão que ao lado do desenvolvimento concreto de soluções gerou um interesse surpreendentemente escasso nos próprios autores protagonistas do desenvolvimento dogmático –, corre-se o risco da desaparição de todo contorno de seu alcance. Por isso, na hora de expor os conteúdos básicos da teoria da imputação objetiva, aqui se tentará explicitar qual é a base sistemática da que se parte (cfr. infra IV.1, V.1).

Só partindo de uma determinada visão sistemática da teoria da imputação objetiva, por outra parte, pode avaliar-se sua compatibilidade com sistemas jurídico-penais distintos do alemão. Com feito, só se defende qual é a relevância sistemática da teoria da imputação poderá dar-se – mais além da força de convicção derivada de soluções pontuais – uma resposta à questão, tantas vezes posta oralmente e tão poucas vezes respondida por escrito, acerca de se este produto da dogmática europeia-continental é suscetível de ser integrado na realidade da América Latina (cfr. sobre *infra* V.2).

Talvez nas linhas do que foi dito até agora poderia já se eliminar tudo que reside no Brasil para a não aceitação da teoria, é dizer, primeiro porque se trata de uma teoria alemã, como se não importássemos quase tudo em termos de teoria geral do delito daquele país. Sob esse ponto de vista, parece-nos que não haveria muito que discutir, pois o mesmo transcorreu com a mudança do causalismo para o finalismo, fato este que provocou, à época, várias discussões a respeito do tema. Apesar da discussão central, ninguém argumentava que a teoria finalista não poderia ser aplicada em nosso país porque se tratava de uma teoria estrangeira, mais precisamente alemã. Esses argumentos não encontram qualquer sustentação jurídica.

Diante das proposições infra e de suas respectivas explicações, veremos que a teoria tem perfeita aplicação em países latino-americanos, desde que os conceitos utilizados, ainda que sejam os mesmos, permitam que se possa adequar a nossa realidade (por exemplo, o risco permitido, o princípio de confiança etc.), que encontrarão, em alguns casos, uma tolerância maior do que no país que originou a teoria, mas isso não impede a sua aplicação.

3 Linhas básicas da teoria da imputação objetiva

3.1 Exposição

Dito em termos de tipo ideal, uma ligeira consideração dos casos enumerados ao princípio (*supra* II) indica que parece haver dois problemas distintos no âmbito do que habitualmente se denomina "imputação objetiva". Por um lado, um campo de casos que é muito conhecido para qualquer penalista – não só continental, como mostra um breve exame da bibliografia anglo-saxônica – ao menos desde o século XIX: os chamados cursos causais atípicos, é dizer, aqueles casos nos que de alguma maneira é pouco habitual a conexão existente entre a conduta analisada e o resultado produzido (casos n°s 7 e 8, e também o n° 1). Por outro lado, entretanto, parece claro que também se abordam problemas que não estão centrados nessa relação entre conduta e resultado, mas que têm que ver com a determinação de quais dos *comportamentos* que aparentemente podem subsumir-se sob o tipo que o realizam, em sentido estrito, conforme o sentido deste (casos n°s 1, 2 a 6).

A doutrina majoritária normalmente concebe a teoria da imputação objetiva como uma teoria da imputação do resultado, como se verifica também no Brasil através de algumas obras ou artigos publicados. Entretanto, como se acaba de assinalar, isso não se compadece com a própria *práxis* da doutrina dominante, que inclui neste marco teórico considerações em realidade pertencentes à determinação da conduta típica. Por isso, um crescente setor doutrinal – em que se destacam as colocações de FRISCH e JAKOBS – propôs orientar a teoria da imputação objetiva para entendê-la como revisão do tipo objetivo. Passa-se assim da imputação do resultado à imputação da conduta como típica.

Do ponto de vista aqui adotado, esta é a visão correta da teoria da imputação objetiva: trata-se de definir a conduta típica, mais além de elementos fático-naturais e de acidentes particulares da infração, normativamente como conduta com significado (objetivo) típico. Desde essa perspectiva, o peso essencial da teoria – aplicável a qualquer infração – estaria nos mecanismos dogmáticos da *imputação da conduta* como típica, passando os problemas de *imputação objetiva do resultado* a converter-se numa especialidade dos delitos de resultado. Vista assim, a teoria da imputação objetiva é a tradução dogmática na teoria do tipo das correntes jurídico-dogmáticas funcionais das últimas décadas.

Uma vez assentados os pressupostos que a antecedem, resulta possível chegar ao nível dogmático concreto, é dizer, oferecer uma ordenação do material destinado a ser aplicado na resolução de casos. Cabe afirmar, de acordo com o já exposto, que toda a teoria da imputação objetiva responde a duas raízes distintas: por um lado, trata-se de determinar se as características da conduta realizada pelo autor se correspondem com a previsão do delito. Por outro lado, nos delitos de resultado, trata-se de comprovar – uma vez verificado o caráter típico da conduta – se o resultado conectado causalmente a essa conduta pode conduzir-se normativamente a esta, é dizer, se também o resultado é típico. A essas duas raízes respondem os dois níveis de análises que a continuação examina: imputação objetiva do comportamento (*infra* 2) e imputação objetiva do resultado (*infra* 3).

3.2 Imputação do comportamento

Neste nível de análise, como se acaba de expor, deve-se comprovar que a conduta em questão responde aos parâmetros normativos gerais do tipo objetivo. Desde o ponto de vista aqui adotado, essas características gerais podem resumir-se em três instituições dogmáticas: *risco permitido, proibição de regresso* e *imputação ao âmbito de responsabilidade da vítima*. Essas instituições devem entender-se não como pontos de vista isolados, mas como verdadeiras escalas sucessivas de análise: a ordem de exame responde a uma classificação progressiva do mais genérico ao mais específico; em cada uma das instituições vão introduzindo-se, como se verá, mais dados do contexto do comportamento examinado. A comprovação sucessiva dessas escalas de análise conduz, em caso negativo (não há nenhum risco permitido, nem proibição de regresso, nem imputação no âmbito de responsabilidade da vítima), à afirmação da tipicidade do comportamento.

a) Risco permitido

Entre o setor da doutrina que adotou a teoria da imputação objetiva, pode dizer-se que há um consenso fundamental – se bem com múltiplas diferenças na configuração concreta – à hora de aceitar que no marco da realização de atividades arriscadas existem determinados espaços que desde o princípio não se encontram abarcadas pelas normas penais de comportamento por responder a uma configuração vital que é tolerada de modo geral; as condutas realizadas nesse marco estão cobertas por um *risco permitido*.

Sob esse rótulo, agrupam-se dois grandes grupos de casos (deixando de lado os casos normalmente assinalados ao chamado "princípio de confiança"): por um lado – e a este campo normalmente dedicam-se as maiores considerações na doutrina –, aqueles casos em que uma atividade geradora de riscos é permitida em determinadas circunstâncias, bem existindo uma regulamentação expressa (por exemplo: o tráfego viário, o funcionamento de indústrias, a realização de competições esportivas etc.; vide o caso nº 2) ou sem tal regulamentação (as "normas de cuidado" conhecidas do delito culposo: os casos de *lex artis* na atividade médica, na construção, as precauções na educação dos filhos etc.). Por outro lado, entretanto, também se devem incluir aqui aqueles casos nos quais o elemento preponderante é a normalidade social da conduta geradora do risco (por exemplo, no caso do sobrinho que envia seu tio para passear sob a tormenta, nº 1), sem que exista uma regulamentação em termos quantitativos de "níveis de risco" medidos em velocidades, emissões, padrões explícitos de condutas etc. Parece claro que esse segundo grupo de casos se apreende muito melhor desde uma perspectiva que não esteja obcecada pelo curso causal e, pelo contrário, tenha em conta as qualidades normativas da conduta incriminada.

Nesse contexto, normalmente se fala, segundo os casos, de que não concorre um "risco juridicamente relevante" – especialmente, nas atividades socialmente normais ou com uma conexão muito fraca com o posterior resultado ("cursos causais irregulares") – ou que se trata de um "risco permitido" – especialmente, quando se trata de uma atividade que gera riscos, mas está permitida de modo geral –, de maneira que a conduta em questão, em última instância, acarreta um risco que não é tipicamente relevante. Aqui se parte – com aquele setor de autores que se pode considerar que configura a doutrina majoritária – da ideia de risco permitido como aquela instituição dogmática que determina o "estado de interação normal" (JAKOBS) no tratamento de determinados riscos – no sentido de que se trata de uma determinação geral para determinados tipos de atividades, não vinculada (a diferença do âmbito da justificação) ao contexto particular –, e, nesse sentido, implica a legitimação de espaços gerais de liberdade de atuar, enquanto elemento do tipo objetivo (dos delitos dolosos e culposos, como mostram os casos nºs 1 e 2).

Nesse contexto é que aparecem já os problemas, porque não lidamos no Brasil com os conceitos supra, é dizer, não verificamos para imputar determinada conduta ao sujeito se este agiu dentro do risco permitido, ou, em todo caso, se podia confiar de que os outros, dentro de uma interação social que se espera, ou ainda, numa organização de trabalho, comportar-se-iam de acordo com o esperado. Isso demonstra que na maioria dos acidentes de trânsito acaba-se absolvendo o autor, quando a vítima tem participação decisiva, por uma decisão que não encontra respaldo na estrutura da teoria do crime, ou seja, acaba-se por solucionar o ocorrido afirmando-se a "culpa exclusiva da vítima", quando, na realidade, o resultado nem típico era, tendo em vista o comportamento do autor que agiu corretamente, ou porque sua conduta estava dentro do risco permitido, ou porque podia esperar o comportamento correto dos outros que interagem na sociedade.

Não raras vezes ainda encontramos na jurisprudência acórdãos mencionando que no Direito Penal não há concorrência de culpas e, portanto, se há relação de causalidade, o autor, mesmo com a participação da vítima para a produção do resultado, deve ser responsável. A teoria da imputação objetiva, aplicada corretamente, corrige esses erros.

Para que se fique exatamente nos parâmetros do estudo, a justiça defronta-se quotidianamente com o caso dos *motoboys*, motociclistas que prestam serviços com rapidez para as empresas de tele-entrega. Sabe-se que neste caso o desrespeito às normas de trânsito é constante e quem não enxerga isso está dissociado da realidade. Quando ocorre um acidente, por exemplo, como a colisão de um automóvel com um motociclista, a primeira pergunta que se deveria fazer é se o motorista agia dentro de um risco permitido. Como conduzir um automóvel, dentro das regras de trânsito é permitido, a conduta é atípica. Portanto, passa-se à segunda indagação que é no sentido do princípio da confiança, ou seja, se o motorista do automóvel poderia esperar um comportamento correto da vítima (motoqueiro). Se não havia nada que indicasse o contrário, por exemplo, o direito de preferência era o do condutor do automóvel e quem o desrespeitou foi o motoqueiro, o fato produzido é atípico. Isso significa uma análise no primeiro nível de imputação (comportamento) e, nesse caso, verificado o comportamento correto do autor, a conduta é atípica.

O princípio da confiança também tem relevância e aplicação nos casos de divisão de trabalho como ocorre nas intervenções médico-cirúrgicas. Nesses casos, ocorrendo um resultado lesivo (lesões ou morte), acaba-se denunciando e, não raras vezes, condenando-se toda a equipe médica, quando na realidade se deveria buscar o papel correspondente de cada um. O cirurgião não pode ser responsável pela falha do anestesista, pois àquele compete a cirurgia, nada mais. As falhas do equipamento do hospital também não são de sua responsabilidade se obrou dentro da *lex artis*. Como já foi mencionando, busca-se a responsabilidade desde o mais genérico (risco permitido) até o mais específico (princípio da confiança, proibição de regresso etc.) e, constatado que o comportamento do autor foi correto, sua conduta é atípica.

b) Proibição de regresso

Em segundo lugar, deve mencionar-se a seguinte escala da imputação do comportamento: a *proibição de regresso*. Essa instituição, que não tem praticamente nada em comum – enquanto à formulação dogmática – com a antiga ideia de proibição de regresso como interrupção do curso causal nos casos em que posteriormente a uma conduta culposa se produz um comportamento doloso, foi desenvolvida como parte da teoria da imputação objetiva nos últimos tempos sobretudo por JAKOBS. Segundo o ponto de vista deste autor,

> "o caráter conjunto de um comportamento não pode impor-se de modo unilateral-arbitrário. Portanto, quem assume com outro um vínculo que de modo estereotipado é inócuo, não viola seu papel (rol) como cidadão ainda que o outro incorpore dito vínculo numa organização não permitida. Por conseguinte, *existe uma proibição de regresso* cujo conteúdo é que um comportamento que de modo estereotipado é inócuo não constitui participação numa organização não permitida".

Para JAKOBS, no que se refere ao seu enquadramento sistemático – e este é, como se disse, o ponto de vista que aqui se defende –, a proibição de regresso exclui a imputação objetiva do comportamento. Tampouco neste âmbito pode-se entrar em profundidade na discussão acerca da fundamentação e da localização sistemática desta instituição dogmática. Em todo o caso, o certo é que, como afirmou o próprio JAKOBS, as diferenças materiais – mais além da denominação ou da localização sistemática dentro da imputação objetiva – com aquelas posturas que incorporam algum tipo de delimitação normativa de âmbitos de responsabilidade e a correspondente exclusão da responsabilidade por atos que carecem de significado delitivo não são determinantes.

Como casos em que se pode aplicar esta instituição mencionam-se habitualmente os ocorridos em que existe uma contribuição inicial subjetivamente dolosa, mas objetivamente ambivalente, a um posterior desenvolvimento delitivo ou a uma autolesão: assim, por exemplo, quando o empregado de um posto de gasolina enche o tanque de combustível de um automóvel cuja tampa se encontra de modo tão evidente em mau estado que é cristalino que se produzirá um acidente (que produza lesões ao condutor ou aos ocupantes do veículo ou a terceiros) se segue circulando com o veículo, esta contribuição causal do empregado não pode dar lugar a uma responsabilidade por um delito de lesão – doloso ou culposo, dependendo do lado subjetivo. O mesmo ocorre se um sujeito – sem ter nenhum tipo de conhecimento sobre o particular – afirma numa reunião social que no mês de março, em determinada zona de montanha, normalmente há uma temperatura muito alta, e que alguém que lhe ouve e toma como base para realizar uma excursão a essa zona com equipamento de verão, pelo que sofre lesões por congelamento ou desse modo provoca que as sofram seus filhos de pequena idade que o acompanham. A este contexto pertencem, nos casos mencionados inicialmente, os casos 3 e 4: apesar de que existe uma contribuição com efeitos causais, está em questão que – apesar da previsão do posterior acontecer que pode ser delitivo –, *sit venia verbo*, por muita má vontade que haja, a conduta pode ser delitiva em seu significado objetivo: os pedreiros não se ocupam da estrutura projetada, os (meros) contadores não são responsáveis do uso delitivo que se possa dar a seus apontamentos.

O problema no Brasil dos delitos fiscais ou contra o sistema financeiro torna mais clara a questão, pois, normalmente, o contador da empresa também é responsabilizado, ou, ao menos denunciado, quando realiza a escrita contábil que torna possível o "caixa 2" da empresa. Talvez esta seja uma das questões mais difíceis de delimitar na participação criminal, e a justiça brasileira normalmente se inclina pela condenação do profissional em comento, diferentemente do que se expõe no exemplo 4 supra. O problema todo se opera no âmbito de competência deste profissional, do seu papel (rol) de contador, e não do que será feito posteriormente com o dinheiro. Como não desempenha papel de garantidor, não lhe cabe a responsabilidade do que fará o proprietário da empresa (sonegação, por exemplo). Aqui se impõem os denominados âmbitos de competência ou responsabilidade dos cidadãos no contexto social, ou seja, o papel correspondente de cada um para a delimitação da responsabilidade e, como já disse JAKOBS, nem tudo é assunto de todos. Chama mais atenção ainda que a Justiça brasileira acaba aceitando, nos crimes fiscais, a chamada denúncia genérica, onde não se especifica a forma de atuação de cada um na sociedade (empresa) que, por exemplo, sonegou impostos. Assim, pouco importa o papel correspondente que desempenha o acusado, mais importante é que seu nome conste no contrato social, o que se dissocia do contexto aqui defendido.

Como já se mencionou, esses casos específicos provavelmente serão os que maior controvérsia apresentarão, pois ainda estamos vinculados no Brasil à máxima do art. 29 do Código Penal, somando-se, claro, o liame subjetivo. O problema que para a denúncia o próprio liame ainda não está claro e somente ao final da instrução é que tal fato restará esclarecido, mas, ainda assim, na maioria das vezes todos os que têm poderes de gerência acabam sendo responsabilizados, sem qualquer questionamento ao papel (rol) que desempenham na empresa.

Como parece claro, a dificuldade aparece quando se trata de estabelecer os *limites* da proibição de regresso. Há casos em que resulta praticamente evidente que a conduta do primeiro sujeito que atua não pode ser interpretada em nenhum caso – com independência das intenções ou desejos do sujeito – como uma provocação delitiva da ulterior conduta delitiva. Entretanto, se, no caso da informação incorreta sobre as condições meteorológicas que se acaba de colocar, se trata de um sujeito que faz a afirmação em questão sendo o responsável pela proteção civil da zona, e, concretamente, ao ser indagado a respeito pela vítima – ainda que se produza a pergunta igualmente no marco de uma reunião informal –, pode ser que a situação seja distinta e que a sua conduta possa vincular-se à lesão que posteriormente se produz.

Para marcar estes limites, FRISCH propôs recorrer ao critério do "conteúdo de sentido" da conduta do autor. Desde essa perspectiva, só se a conduta do autor mostra o específico sentido de ser um favorecimento ou uma incitação a um comportamento delitivo ou a uma conduta arriscada de um sujeito que carece dos conhecimentos relativos ao risco, poderá falar-se, em princípio, de uma conduta típica do primeiro. Este conteúdo de sentido específico não concorre quando quem dispõe dos conhecimentos se limita a não fazer uso destes para formular uma advertência, mas também pode faltar quando se realizem determinadas condutas ativas normais (como seguir um determinado caminho que se sabe perigoso para os forasteiros quando se é seguido por outro, ou fazer entrega de substâncias inócuas se são usadas de modo normal, ainda que o receptor mostre uma disposição cognoscível de fazer um uso autolesivo dessa substância, por exemplo, inalando-a, ou delitivo, envenenando a um inimigo etc.).

Desde a perspectiva aqui adotada, em conclusão, pode-se dizer que o âmbito da proibição de regresso fica diferenciado do correspondente ao risco permitido pelo fato de que, uma vez determinado o âmbito em que existe um significado unívoco não delitivo da conduta do autor – a conduta do autor, como se viu, fica desvinculada do posterior desenvolvimento lesivo com independência da cognoscibilidade ou conhecimento por parte do autor do mesmo. É dizer que a proibição de regresso opera de modo completamente contrafático. De outra maneira, trata-se de condutas ambivalentes em seu significado – desde o ponto de vista natural – externo – a respeito das quais cabe estabelecer um significado objetivo vinculante. E frente à terceira instituição da imputação do comportamento, que se aborda seguidamente, a imputação ao âmbito da responsabilidade da vítima – que, como se verá a continuação, opera em um plano sistemático posterior –, a proibição de regresso se apresenta como uma espécie de reverso: enquanto na proibição de regresso se estabelece que não existe um comportamento em comum, que a conduta do autor deve ser interpretada em todo caso como uma contribuição inócua, no âmbito da imputação da vítima é precisamente o fato de que atividade conjunta pode ser atribuída ao responsável preferente – o titular dos bens –, o que permite afirmar a falta de tipicidade da conduta do autor.

A questão fundamental exposta linhas acima e talvez ainda não percebida pela doutrina brasileira é que não importa para a delimitação da participação criminal o conhecimento da prática delitiva e, indo mais longe, a mera indiferença a isso (exemplo 4 supra), pois o relevante é o papel que desempenha o sujeito, e este seria então o limite para uma possível participação criminal.

c) A imputação no âmbito da responsabilidade da vítima

A terceira e última instituição da imputação do comportamento se refere à relevância que pode ter para a tipicidade da conduta a atuação de um sujeito que, ao realizar a mesma, também conte com a intervenção, de algum modo, do sujeito, que resulta lesionado posteriormente a "vítima" (ao menos aparente) desse comportamento. Sobre determinadas circunstâncias, que passam a delinear-se a continuação, esta intervenção pode afetar a qualificação que merece a conduta do primeiro sujeito, eliminando seu caráter típico, ao entrar o ocorrido no âmbito de *responsabilidade da vítima*. Esta questão é a que talvez mais produção bibliográfica motivou a doutrina em relação à teoria da imputação objetiva, e, em todo caso, é a que maior repercussão gerou na jurisprudência de diversos países.

Realizando uma primeira ordenação do material de casos, pode-se dizer que nos últimos tempos atraíram a atenção da doutrina jurídico-penal neste contexto sobretudo dois grupos de casos. Por um lado, casos em que a gênesis do risco que acaba lesionando a vítima interveio tanto a vítima como o autor. A este respeito, têm-se exemplificado os casos nos que se faz entrega a alguém de uma determinada coisa ou substância – por exemplo, de um medicamento, de uma máquina ou de uma substância estupefaciente (como no caso nº 5) –, e o receptor resulta lesionado ao fazer uso do objeto ou ao consumir a substância. Também despertaram muito interesse os casos em que se produz um contágio de uma pessoa a outra de uma enfermidade mortal – em particular, da Síndrome de Imunodeficiência Adquirida (caso nº 6) – ou as numerosas constelações de casos em que no tráfico viário quem resulta lesionado por uma colisão se comportou de alguma maneira de modo descuidado. Por outro lado, têm-se debatido numerosos casos em que a conduta descuidada da vítima se produz depois de um comportamento do autor que lesiona ou põe em perigo os bens desta. Assim, por exemplo, nos casos em que uma vítima lesionada por um ataque doloso do autor descuida suas feridas ou se nega a receber tratamento médico.

Para abordar o significado da conduta da vítima neste contexto, deve-se perguntar, em primeiro lugar, qual relevância pode ter que precisamente seja o titular dos bens afetados aquele que intervenha junto ao autor. Porque só quando seja essa a qualidade decisiva estaremos, em realidade, ante um caso específico de intervenção da vítima; já se assinalou, nos exemplos correspondentes às duas instituições anteriores, que também no marco destas existem casos em que de algum modo intervém o sujeito lesionado; só que então se trata de casos em que a qualidade de titular dos bens jurídicos afetados não é a decisiva.

A fundamentação da especial relevância da vítima que aqui interessa habitualmente exposta – quando isso se faz, o que não é nada comum – sob o rótulo do "*princípio de autorresponsabilidade*". Entre os extremos metodológicos de uma pura dedução de tal "princípio de autorresponsabilidade" de premissas axiológicas pré-jurídicas e uma determinação puramente funcional de tal princípio dentro do sistema da imputação jurídico-penal existe também a via intermediária – adotada implicitamente pela maioria da doutrina que se ocupou da questão – de constatar as decisões normativas do ordenamento jurídico como ponto de partida material da reconstrução dogmática. Nesse sentido, o conteúdo do art. 10.1 da Constituição espanhola – ou de outras normas constitucionais similares –, que estabelece o "livre desenvolvimento da personalidade" como fundamento da organização social, não pode ser entendido fora de um sistema em que está consagrada implicitamente uma noção de cidadão como sujeito autônomo. Ademais da genérica atribuição de autonomia a cada sujeito, com o correlativo princípio de responsabilidade pessoal que esta implica, ao titular dos bens jurídicos pessoais deve-lhe ser atribuída uma posição especial. Posto que o sacrifício por parte do próprio titular desses bens não é reprimido pelo Direito penal, e as intervenções de terceiros em atividades autolesivas são incriminadas de modo excepcional por normas especiais, fica ao arbítrio do titular desses bens configurar sua atividade vital de tal modo que se gere um risco para seus próprios bens. Como correlato dessa liberdade de organização arriscada, será também o titular quem deva assumir de modo preferente os danos que possam derivar dela. Como ponto de partida prévio à construção dogmática, portanto, o princípio de autorresponsabilidade consiste no reconhecimento de liberdade de organização, e, correlativamente, na atribuição de uma responsabilidade preferente ao titular dos bens.

A instituição que traduz em termos dogmáticos esta necessidade de levar em conta o valor da autorresponsabilidade no marco da teoria da imputação objetiva pode denominar-se *imputação ao âmbito de responsabilidade da vítima*. Esta instituição opera nos casos em que o titular de um bem jurídico ("vítima") empreende conjuntamente com outro ("autor") uma atividade que pode produzir uma lesão desse bem jurídico. A atividade geradora do risco deve ser imputada ao âmbito de responsabilidade preferente da vítima, na medida em que – em primeiro lugar – a atividade permaneça no âmbito do organizado conjuntamente pelo autor e pela vítima – em segundo lugar –, a conduta da vítima não tenha sido instrumentalizada pelo autor, por carecer esta da responsabilidade ou da base cognitiva necessárias para poder ser considerada autorresponsável, e – finalmente, em terceiro lugar – o autor não tenha um dever de proteção específico frente aos bens da vítima.

A imputação da atividade ao âmbito de responsabilidade da vítima não *depende da configuração fenomenológica das contribuições de execução material da vítima e autor por si*. Nesse sentido, pode haver tanto casos de execução nas mãos do autor em que em caso de dano este se impute à vítima, como casos em que, apesar de ser vítima quem executa diretamente a atividade arriscada, o fato se apresenta como conduta típica do autor.

Uma vez definida a atividade conjunta do autor e da vítima, o ocorrido deve ser imputado, em princípio, ao âmbito de responsabilidade da vítima. A razão disso está em que a esfera de autonomia da vítima dá lugar a uma atribuição preferente dos possíveis danos a seu próprio âmbito de responsabilidade. Em atenção a esse caráter preferente do âmbito da responsabilidade da vítima, a atribuição dos danos não pode seguir as mesmas regras que determinam, mediante a teoria de autoria e participação, qual é o grau de responsabilidade que corresponde aos distintos intervenientes num fato consistente na realização de uma infração que afeta a um terceiro. Uma vez constatada que é a interação existente entre autor e vítima a que há que reconduzir – nos termos que serão precisados mais adiante – a atividade arriscada, a organização conjunta não pode ser fragmentada em contribuições de maior ou menor classe em atenção a sua relevância na execução. A distribuição das distintas contribuições materiais à execução da atividade arriscada, como pode ser, por exemplo, a decisão de quem entre dois sujeitos que decidiram participar de uma competição de motocicletas conduza efetivamente o veículo (se é quem não conduz que resulta lesionado e se apresenta *ex post* como "vítima"), não modifica em nada a qualidade de todo o ocorrido de ser uma atuação conjunta dentro do âmbito de autorresponsabilidade da vítima, pois neste âmbito não se trata de comprovar – como ocorre na distinção entre autoria e participação – a maior ou menor "proximidade" – determinada do modo que seja dentro da teoria da participação – da conduta de distintos sujeitos ao comportamento típico, acerca de cuja concorrência, ao menos a respeito de um deles, não há dúvida –, mas de determinar se a conduta do "autor" pode ser típica. Se a interação é reconduzivel ao atuar imputável à vítima, desde o ponto de vista normativo o fator dominante é sua conduta autorresponsável.

Uma vez definida a atividade conjunta na que intervém a vítima junto ao autor, a imputação dessa atividade conjunta ao âmbito de responsabilidade da vítima – concorrendo os demais requisitos – se produz em termos *objetivos*. Que isto deva ser assim vem determinado não só pelo marco sistemático, a teoria da imputação objetiva, mas também por um traço característico das constelações em questão: a interação entre autor e vítima. Em efeito, no presente âmbito, o risco para os bens é criado conjuntamente pelo autor e pela vítima. Desde esta perspectiva, não tem sentido perguntar de modo isolado a respeito de cada um desses que representação subjetiva deve ter o "autor" para poder ser autor, nem que representação subjetiva cabe requerer da "vítima" para que não se a considere vítima em sentido estrito – sujeito passivo de um fato delitivo –, mas responsável de suas perdas, pois o horizonte relevante para considerar até que ponto estas questões merecem uma resposta afirmativa ou negativa só pode encontrar-se no configurado conjuntamente, neste sentido – e coincidindo com o significado do termo no marco da teoria da imputação objetiva (do comportamento) –, em um plano objetivo. Dito de outro modo, em nenhuma das duas direções (autor – vítima) a questão pode fazer-se depender da representação subjetiva dos intervenientes. Isto não significa, todavia, que a representação da vítima e do autor careça de relevância na hora de configurar o marco da atuação conjunta. Esta, pelo contrário, ficará definida na maioria das ocasiões incluindo as perspectivas, as representações subjetivas dos intervenientes. O que se quer dizer é que não podem ser os dados subjetivos despidos, não introduzidos na atuação conjunta de autor e vítima, os que devam decidir uma ou outra qualificação, pois de acordo com a estrutura interativa das constelações em questão, só de um modo relativo, introduzindo a perspectiva comum de autor e vítima, pode-se chegar à qualificação. Este significado objetivo, situado num plano superior ao das representações de autor e vítima, determina-se conforme os padrões normativos: só aqueles aspectos da organização são "conjuntos" que se apresentam como um elemento inerente à atividade eleita pela vítima. Ninguém pode ser distanciado dos riscos implícitos numa atividade sua que põe em perigo seus bens sem ser autocontraditório e sem que se ponha em dúvida sua autorresponsabilidade. O ponto decisivo, portanto, está em determinar – na hora de concretizar quando a atividade conjunta é "sua", lhe é imputável – em que medida o contato pode ser definido pela vítima de modo unilateral como inócuo, quando é o autor aquele que instrumentaliza através de sua organização à vítima, e a partir de que ponto a organização conjunta abandona essa esfera e obtém um significado objetivo autônomo independente do arbítrio dos intervenientes.

No caso nº 5 – entrega de heroína – parece que se pode constatar um amplo consenso doutrinário (e também o correspondente reflexo na jurisprudência) em torno da ideia de que em condições "normais" do mercado ilegal, a entrega de estupefacientes (sem prejuízo da responsabilidade jurídico-penal só por essa conduta) a pessoas responsáveis não cria um risco juridicamente desaprovado de morte: as consequências do consumo de substâncias estupefacientes são assunto de cada um. Também se pode chegar a uma solução similar no caso nº 6 (relações sexuais em que se transmite o HIV). Se se parte de que HIV e AIDS já não são desconhecidos em nossas sociedades, pode-se chegar a afirmar que num contato casual, pouco intenso, como o referido, não há no fato de manter relações sexuais uma afirmação implícita no sentido de "e ademais, isto não gera nenhum risco que parta de mim": lidar com os riscos de contágio implícitos em tal contato sexual é assunto de cada qual. O raciocínio, está claro, depende de que papel social jogue a infecção em questão. Se já é um fato incorporado à vida social, isso deve ser levado em conta. E quem pensa que não pode ser correto que o tipo de homicídio não proíba a gênesis consciente de um risco potencialmente mortal, deve fazer o experimento mental correspondente à culpa inconsciente: se o risco de transmitir o HIV é só assunto do portador, deverá afirmar-se a possível responsabilidade pelo homicídio culposo (ou, ao menos, pelas lesões corporais graves por culpa) de quem, devendo suspeitar que pode ser portador (pela sua vida sexual prévia; por ser originário de um determinado país de alta prevalência da enfermidade; por haver sofrido uma operação cirúrgica antes das análises sistemáticas nas transfusões de sangue etc.), apesar disso, mantém relações sexuais de risco.

Cumprindo-se os critérios acabados de expor, pode-se afirmar que a conduta do "autor" não é objetivamente imputável – apesar de não concorrer nenhum risco permitido nem uma proibição de regresso – nos casos como a entrega de estupefacientes ou outras substâncias perigosas, as condutas conjuntas arriscadas no marco do tráfico rodado, como as competições irregulares ou o fato de que o condutor ébrio transporte a outro sujeito, ou determinados casos em que se produz um contágio de uma perigosa enfermidade.

Nesse ponto de responsabilidade da vítima é que reside a controvérsia e falta de esclarecimento da doutrina e da jurisprudência brasileiras. Os juízes e os tribunais não levam em consideração, na maioria dos casos, o papel desempenhado pela vítima, principalmente, nos acidentes de trânsito. Nos casos concretos frequentemente julgados de competição automobilística ("racha") em que alguém resulta morto ou ferido, mesmo que seja aquele que tenha sugerido tal competição, condena-se o condutor e os demais participantes da competição, desprezando-se a autorresponsabilidade da vítima.

No mesmo sentido são as decisões no Brasil quando o condutor está visivelmente embriagado, e a vítima aceita o transporte oferecido por aquele, porém, ela mesma é a que resta lesionada. Nestas hipóteses, em que a vítima se colocou em perigo livremente, também se acaba condenando o condutor do veículo, porque aqui não se leva em consideração o critério de responsabilidade da vítima. Parece fundamental que esta posição comece a sedimentar-se no Brasil para que se introduza, em nível de imputação, o critério de competência da vítima. Assim, ainda que se verifique um resultado lesivo, não será imputado ao autor dito resultado se, no caso concreto, a vítima era responsável e "participou" dele ou, em outras palavras, contribuiu para a sua ocorrência.

3.3 A imputação objetiva do resultado

a) Exposição

A teoria da imputação objetiva não só estabelece critérios normativos para a determinação da tipicidade da conduta, mas também – e este é o âmbito ao que inclusive normalmente é conectada de modo prioritário esta teoria, como antes se recordou – oferece as máximas para constatar, uma vez que se afirmou que a conduta é típica, quando o resultado produzido deve ser reconduzido, imputado, à conduta: é esta a imputação objetiva do resultado ou imputação objetiva em sentido estrito. Com independência das controvérsias que acompanham a determinação das relações sistemáticas existentes entre os dois setores da imputação objetiva, o certo é que existe um consenso generalizado acerca de que também no segundo setor há uma série de critérios normativos que permitem realizar essa atribuição do resultado à conduta.

Como assinalou com particular clareza JAKOBS, que se trata neste segundo escalão de análises é o de explicar o resultado lesivo produzido. Só poderá considerar-se o resultado consequência da conduta típica quando esta apareça como o fator causal determinante do resultado. Neste sentido, como é natural, esta questão adquire relevância quando concorre junto ao comportamento típico outra explicação alternativa, como pode ser um acidente ou a conduta de outro sujeito.

A análise dessas hipóteses de casos em determinadas ocasiões conduz a uma discussão acerca de certas questões que devem se situar realmente no plano da imputação objetiva do resultado, ou pertencem melhor ao primeiro nível da imputação objetiva. Em um número considerável de casos, constatar-se-á que são acertadas as palavras de LUZÓN PEÑA – expressando uma preocupação crescente em determinados setores da doutrina que se ocuparam do âmbito que aqui interessa – no sentido de que "se está sobrecarregando indevidamente o âmbito da imputação objetiva do resultado com problemas que podem e devem resolver-se em outro lugar distinto dentro da estrutura do tipo". Concretamente, observar-se-á que algumas das hipóteses de casos que vêm-se tratando pela doutrina como problemas pertencentes à imputação do resultado – provavelmente, por razão da existência de uma sequência temporal entre conduta do autor e outro fator concorrente – devem considerar-se questões que afetam já o caráter típico da conduta, é dizer, algumas das instituições delineadas no apartado anterior.

b) Critérios de interrupção do nexo da imputação

No que segue, examinaram-se algumas das hipóteses de casos que habitualmente expõe a doutrina neste contexto – também aqui, desde logo, sem ânimo de exaustividade – com maior frequência: *por um lado*, duas questões prévias: em primeiro lugar, a relevância das formulações hipotéticas para determinar a conexão entre conduta e resultado; em segundo lugar, a problemática que gera o transcurso de um largo lapso de tempo entre a realização da conduta típica e a produção do resultado. *Por outro lado*, a problemática da imputação de resultados em si, é dizer, a existência de riscos concorrentes junto ao gerado pela conduta típica. Aqui, a linha diretriz está na identificação do risco que apareça como explicação do resultado. Em primeiro lugar, devem abordar-se os casos, de interrupção do nexo de imputação, bem por riscos que formam parte da normalidade social, do que se poderia chamar "risco vital", bem por riscos gerados pela intervenção de outros sujeitos que introduzem riscos novos com posterioridade à conduta típica inicial.

1. Questões prévias

– As hipóteses, os casos de "comportamento alternativo ajustado ao Direito" e a doutrina do incremento do risco.

Desde muito antes do surgimento da teoria da imputação objetiva – no marco da relação de causalidade – vem-se discutindo na doutrina (e em resoluções judiciais) acerca da relevância que deve corresponder na valoração de um fato, concretamente na atribuição de um resultado a uma conduta, as considerações hipotéticas de haver-se produzido circunstâncias ao menos parcialmente distintas.

Nesse contexto, sustenta-se de modo praticamente unânime que estas considerações carecem de relevância quando que se trata de valorar uma causa de substituição: em efeito, no que se refere à imputação da morte ao autor de um disparo, é indiferente que sua vítima fosse morrer minutos depois por uma enfermidade, pois os delitos de resultado não se referem ao asseguramento das possibilidades de sobrevivência de um bem, mas a sua efetiva destruição.

A fórmula hipotética mais estendida na imputação do resultado incorpora a esta não quaisquer outras hipóteses, mas só as hipóteses do que houvesse ocorrido se o autor se comportasse corretamente ("comportamento alternativo ajustado ao Direito"). Nesse sentido, diz-se – por parte da doutrina tradicional – que o resultado não resulta imputável quando este se produziria com probabilidade próxima à certeza, ainda que o sujeito se comportasse corretamente. Esta fórmula apresenta especiais dificuldades quando precisamente não é seguro o que ocorreria: assim, por exemplo, quando um médico prescreve equivocadamente um determinado medicamento (por exemplo, por tratar-se de um medicamento com efeitos secundários que foi substituído na *lex artis* por outros mais modernos), o paciente morre, e um posterior laudo pericial indica que a morte também talvez se produziria no caso de haver-se receitado o medicamento indicado pela *lex artis*, ao mostrar o paciente – sem que isso pudesse ser percebido – uma acusada sensibilidade a todos os medicamentos desta classe, permitidos e não permitidos. É a este contexto o que pertence também o caso aqui apresentado em último lugar (caso nº 8, que reproduz um caso real ocorrido na Espanha há alguns meses).

Para resolver estes casos, frente à doutrina tradicional que exige a concorrência de uma probabilidade segura a respeito da evitação de o autor comportar-se corretamente, um nutrido grupo de autores – encabeçado precisamente por ROXIN – propõe imputar o resultado, ainda que não seja seguro que a conduta ajustada ao Direito evitaria o resultado. Conforme a esta "teoria do incremento do risco", uma vez que se comprove que o autor gerou um risco desaprovado – e que não é seguro que sua ausência não evitaria o resultado –, deve imputar-se o resultado como realização do risco típico, já que não seria lícito separar artificiosamente o risco que se realiza no resultado em um segmento permitido (no caso referido: o risco derivado – pela constituição delicada do paciente – da administração de qualquer medicamento, especificamente dos medicamentos indicados pela *lex artis*) e um não permitido (a administração de um medicamento não indicado).

O certo é que um exame mais detalhado da fórmula utilizada pela doutrina tradicional não tem valor cognitivo algum: com efeito, a hipótese de que foi o risco não permitido o que se realizou no resultado e a hipótese de que foi o risco permitido o que se realizou se bloqueiam mutuamente, ao poder manipularem-se as distintas alternativas hipotéticas de conduta alternativa ajustada ao Direito. Por isso, mais além da formulação de hipóteses, o que procede é determinar se a norma de cidadão infringida estava dirigida à evitação do resultado em questão, é dizer, se seu respeito serve para evitar de modo planificável esse tipo de resultados. No caso a que se está fazendo referência, parece claro que a exclusão de determinados medicamentos dos que resultam indicados para sua prescrição está destinada a evitar danos ao paciente. O que ocorre no caso é que se desconhece se é esse risco (evitável de modo planificável mediante a não prescrição) o que se realizou, ou, pelo contrário, o risco geral (não evitável mediante a não prescrição) que implica a administração de todo medicamento, também dos indicados, é dizer, o risco que podemos denominar "hipersensibilidade do paciente". Assim as coisas, o que ocorre é que não há prova de que foi efetivamente a conduta típica a que produziu o dano: enquanto a doutrina tradicional faz um uso tautológico de hipóteses, a doutrina do incremento do risco cai num erro igualmente grave: infringe o princípio *in dubio pro reo* e converte um delito de resultado numa infração de perigo.

– A relevância do transcurso de tempo entre conduta e resultado.

Existe um numeroso grupo de constelações de casos que vem expondo-se na doutrina sobre a rubrica de "danos consequenciais" ou "derivados" e cujo denominador comum está em que, uma vez realizada a conduta típica, o resultado se produz depois de transcorrido um considerável lapso de tempo, é dizer, que o dano é "consequência" da conduta do autor, mas não uma consequência imediata no tempo.

Neste contexto, pode-se pensar em dois grandes grupos de casos: por um lado, aqueles nos que existem lesões de caráter permanente ou transitório produzidas pelo autor que um tempo depois – por exemplo, anos mais tarde – são a base de um ulterior dano: o sujeito lesionado, que ficou paralítico por uma lesão produzida, não pode sair de um edifício em chamas décadas depois; a criança que é internada num hospital por um envenenamento produzido por uma prescrição farmacêutica inadequada, e morre por uma infecção no hospital. Por outro lado, aqueles casos em que as lesões iniciais conduzem por sua própria natureza a um processo lento ao final do qual está um ulterior dano: assim, por exemplo, enfermidades como a Síndrome de Imunodeficiência Adquirida, ou um envenenamento ou uma contaminação com substâncias radioativas que produzem a morte muitos anos depois.

O tratamento de ambos os grupos de constelações é diferente. No primeiro grupo de casos trata-se de concorrência de riscos, é dizer, trata-se de determinar se os riscos surgidos com posterioridade (o incêndio e a impossibilidade de escapar, a infecção) interrompem o nexo de imputação. Tão só há que se assinalar que a existência de determinados danos permanentes, como é lógico, impõe certas precauções exigíveis à vítima.

No segundo grupo de casos, entretanto, não há tal concorrência de riscos: o risco inicial é o que se realiza só depois de um lapso de tempo muito considerável. A este mero transcurso de tempo se lhe atribui distinta relevância na doutrina; enquanto uns pensam que o mero passar do tempo não afeta *per se* a imputação do resultado, outros querem excluir esta imputação, ao menos a respeito de determinadas hipóteses de casos; também se propôs estimar uma redução do injusto em atenção a que não se trata de casos de destruição imediata da vida, mas de diminuição desta.

Parece claro que inconvenientes processuais que possam derivar do grande lapso de tempo existente entre a conduta do sujeito e a lesão não podem fazer desaparecer sem mais o vínculo entre risco e resultado: com efeito, o que atribui, por exemplo, gravidade precisamente ao HIV não está nas moléstias ou enfermidades oportunistas que vá produzindo, mas o desenlace final depois do colapso do sistema imunológico. Parece razoável, entretanto, pensar numa diminuição da pena por redução do injusto.

2. Riscos concorrentes

Finalmente, aborda-se brevemente o campo em que na realidade se produz o processo normativo de imputação do resultado: aquele em que competem dois riscos por serem identificados como os decisivos a respeito do resultado, como possíveis explicações deste. Em primeiro lugar, cabe identificar um setor de casos em que já desde um princípio parece claro que o risco criado pelo autor carece de relação com o resultado produzido, pois ainda que exista uma conduta típica por parte do autor, o risco que se realiza no resultado é outro distinto (questão que frequentemente se aborda sobre o rótulo do "fim de proteção da norma de cuidado").

Deve-se chegar a esta conclusão, em princípio, em dois âmbitos: em primeiro lugar, pode suceder que o risco criado pelo autor só contribua de modo causal à produção do resultado, mas que em realidade se realize um *risco geral da vida*. Esta possibilidade concorre, por exemplo, se um sujeito sequestra a vítima, e esta morre em um acidente de trânsito – inevitável – durante o sequestro: não há, em pureza de termos, sequer um risco tipicamente relevante de morte. A este contexto pertencem também os danos derivados de uma conduta delitiva mediados por uma grande impressão emocional: nos chamados casos de *shock*; se, por exemplo, ao ter conhecimento um pai da morte por homicídio de seu filho, sofre um ataque do coração, esta lesão não resulta atribuída ao autor do homicídio.

Por outro lado, ainda em casos que exista tal risco inicial – por exemplo, no frequentemente citado caso em que a vítima morre, depois de ser apunhalada, a caminho do hospital na ambulância em face de um acidente de trânsito –, o resultado não resulta imputável – sim uma tentativa quando se trata de uma conduta dolosa – quando esse risco inicial se vê substituído por outro risco concorrente que forma parte dos riscos gerais da vida – no caso da ambulância: o risco "tráfico viário".

Em segundo lugar, pode que o risco criado pelo autor esteja relacionado com o âmbito em que se produz o resultado – é dizer, que não possa considerar-se um acidente devido a um risco vital –, mas este não se realiza porque a conduta de outro sujeito – que pode ser a própria vítima – introduz um *risco novo* distinto do criado pelo autor. Isto é bastante evidente, por exemplo, no caso de um motorista que circula pelo lado esquerdo da via – infringindo seu dever de andar pela direita – quando um pedestre se arremessa de modo repentino sobre a pista; não cabe estabelecer conexão entre a infração do condutor e o resultado produzido.

Entretanto, a solução não resulta tão simples quando não se pode estabelecer de modo nítido que o risco inicial não é tipicamente relevante a respeito do específico resultado produzido, ou, o que é o mesmo, que a conduta do sujeito que atua com posterioridade realmente introduz um risco novo.

Com efeito, em muitas ocasiões, o resultado se produz como realização do risco inicial gerado pelo autor, mas a conduta posterior – dito, de momento, de modo aproximativo – é de algum modo descuidada ou inadequada. Neste contexto, são de interesse o caso de nº 7, é dizer, ocorridos em que a uma lesão inicial se soma um tratamento médico inadequado, ou a omissão de tal tratamento médico, ou múltiplas configurações de casos em que a conduta "descuidada" é levada a cabo com posterioridade à lesão inicial por parte da vítima. A problemática neste âmbito é abordada na doutrina, sobretudo desde a perspectiva da conduta que se agrega à conduta e à lesão iniciais.

Nesse sentido, um setor da doutrina propôs excluir a imputação quando a conduta posterior da vítima ou do segundo sujeito atuante seja (ao menos) "gravemente imprudente". Outros autores, em troca, adotam uma posição que em vez de valorar a gravidade da imprudência do comportamento do sujeito que atua com posterioridade ou de qualificar por analogia a conduta da vítima – e a que esta, como é lógico, não é acessível a uma qualificação jurídico-penal –, parte de um início vinculado às características do risco inicial e que resulta potencialmente mais estrito a respeito da exclusão da imputação do resultado ao autor.

A respeito destas duas tendências – caracterizadas deste modo somente a grandes traços – pode-se dizer, em primeiro lugar, que não parece adequado fazer depender a constatação – realizada *ex post* – da materialização do risco criado pela conduta do autor da "qualificação" que se possa levar a cabo a respeito da conduta posterior da vítima ou da valoração jurídico-penal que mereça o comportamento posterior de um terceiro.

Com efeito, a possível relevância das características da conduta da *vítima* enquanto ao seu significado normativo levar-se-á em conta – como se propôs aqui – no plano da tipicidade da conduta do autor – em seu caso, imputando o ocorrido ao âmbito de responsabilidade da vítima e excluindo a imputação objetiva da conduta do autor –, quando a existência de uma interação converta o ocorrido em algo comum de autor e vítima. Entretanto, uma vez constatada a relevância típica da conduta do autor, ou, o que é o mesmo, a imputação objetiva do comportamento deste – já que nos casos que agora são de interesse não existe, por definição, uma "organização conjunta" no sentido antes exposto –, a possível relevância de uma conduta posterior da vítima só pode derivar de que esta afete a "emanação" da conduta objetivamente imputável do autor, é dizer, que afete a dimensão do risco desta. E para verificar essa possível relevância, como parece claro, é necessário partir do risco criado, é dizer, da possível influência da conduta posterior no mesmo, e não da qualificação – "gravemente imprudente" ou não – que mereça a conduta da vítima. E *mutatis mutandis* rege o mesmo a respeito de uma conduta inadequada posterior de um terceiro; dito brevemente: a qualificação de sua conduta afeta, como é lógico, a sua responsabilidade penal; mas não pode influir no juízo de atribuição do resultado ao primeiro sujeito. Neste sentido, parece preferível seguir, em princípio, a orientação proposta pela segunda das tendências doutrinárias aludidas. A referência à "imprudência" do sujeito que atua em segundo lugar referida pelo primeiro dos setores doutrinários mencionados pode entender-se, em todo caso, precisamente como uma referência terminologicamente pouco precisa ao que se acaba de expor.

4 Algumas conclusões

Concluído o breve repasso de alguns dos conteúdos da teoria da imputação objetiva, parece que podem formular-se duas conclusões a respeito das duas questões aqui expostas:

1. A teoria da imputação objetiva é o contexto teórico em que se delineia o alcance objetivo *real* das normas penais, dos tipos delitivos, não uma mera tópica de problemas de imputação do resultado. Dito com um exemplo: quando o Código penal proíbe o "homicídio culposo", de uma mera operação linguística não cabe extrair se se deve considerar que concorre uma conduta de "homicídio" quando, por exemplo, um motorista mata faticamente um pedestre, atropelando-o, ou quando um pai produz faticamente a morte de seu filho ao permitir-lhe subir num tobogã. Desde o ponto de vista meramente natural, está claro que existe uma relação fática ("causalidade") entre as condutas respectivas e os resultados lesivos. Pelo contrário, no plano normativo – este é o contexto da teoria da imputação objetiva – haverá que verificar – para saber o que significa "matar" ou "homicídio", e se concorre tal homicídio ou, pelo contrário, estamos ante um acidente ou um fato que somente responde a "vítima", ou outro sujeito distinto – qual é o que se normalmente denomina o "risco permitido" nos respectivos contextos, é dizer, no primeiro caso, consultando as normas jurídicas em matéria de Direito de trânsito (circulava o motorista à velocidade permitida? Cruzou o pedestre de modo regulamentar? etc.), no segundo, atendendo à *práxis* social (adequação social: levando em conta a idade da criança e a altura do tobogã, era razoável no correspondente contexto social permitir à criança que subisse? etc.).

Entendida a teoria da imputação objetiva deste modo, é um procedimento de interpretação dos tipos penais que significa a conexão entre o texto da lei e a realidade social.

2. Assim as coisas, trata-se de uma teoria explicativa que é perfeitamente aplicável a qualquer ordenamento em que exista o princípio da legalidade que dá carta de natureza a qualquer teoria do delito. O fato de que se trate de uma sociedade economicamente injusta, desigual, não impede a virtualidade desta teoria. É mais: pode contribuir a mostrar com maior claridade tal desigualdade que outras opções teóricas menos articuladas, que demonstram um divórcio entre a norma e a realidade social. Por exemplo: se as normas administrativas de um determinado país exigem em matéria de segurança nos alimentos que os estabelecimentos de venda de comestíveis disponham de um aparelho de refrigeração de determinadas características, interpretar-se-ão – no marco da teoria da imputação objetiva – as normas penais que possam estar em relação

com isso de acordo com esse Direito administrativo. Assim, se um consumidor compra uma torta de maçã oferecida num estabelecimento, e esta está em mal estado e produz lesões a quem a come, e as más condições da torta vêm determinadas pela ausência do aparelho de refrigeração regularmente prescrito, a conclusão é clara: criou-se um risco não permitido de lesão com a venda da torta, a conduta é objetivamente típica de um delito de lesões. De outro lado, se resulta que o aparelho de refrigeração prescrito tem um custo tão alto que é inalcançável para a grande maioria dos pequenos comerciantes de bairro, de modo que sua exigência os condena à ilegalidade em sua atividade, fica claro qual é o significado político de tal solução jurídica, e qual é a tensão entre o alcance normativo-objetivo da Lei penal e as possibilidades individuais (subjetivas, econômicas etc.) de cumprimento para os integrantes das classes sociais situadas nos segmentos sociais mais desfavorecidos pelo sistema de exploração.

Dito de modo frívolo: a teoria da imputação objetiva não impulsiona a revolução (nenhuma teoria *jurídica* o faz), mas deixa a descoberto as razões que possa haver para fazê-la.

Portanto, descabem as críticas no sentido de que esta teoria é de aplicação em países desenvolvidos porque os riscos permitidos seriam distintos dentro de sociedades mais avançadas. O risco permitido, por exemplo, deverá ser mensurado de acordo com a sociedade, ou seja, dentro daquele contexto social em que as pessoas interagem. Dizendo de outro modo, não se importa de um país para o outro a teoria sem qualquer alteração, o importante são as instituições dogmáticas da teoria que, sem qualquer dúvida, podem ser aplicadas no Brasil, adequando-se, é claro, ao nosso contexto social as instituições por ela trazidas.

IX Tipo e Tipicidade

1 Considerações iniciais

Como já referido no ponto 5, um fato, para se constituir em um crime, deve ser uma conduta típica, antijurídica e culpável.

Até então, analisamos o que deve ser entendido por conduta e que tal conduta deve possuir uma relação de causalidade com o resultado por ela produzido (nexo causal).

Em havendo essas duas condições, o próximo passo para a verificação de se aquela ação ou omissão humana é criminosa é a constatação de sua tipicidade.

A noção de tipicidade, como a entendemos hoje, foi desenvolvida por BELING, em 1906, e trouxe a importante distinção entre tipicidade, antijuridicidade e culpabilidade.

Francisco de ASSIS TOLEDO salienta a importância do estudo da tipicidade:

> "para que uma conduta seja considerada crime, é necessário que dela se possa, inicialmente, afirmar a tipicidade, isto é, que tal conduta se ajuste a um tipo

legal de crime. Quando se diz, por exemplo, que Caio, desferindo um tiro fatal em Tício, cometeu delito de homicídio, o que em última análise se está a dizer é que a ação de Caio, causadora da morte de Tício, coincide em seus elementos essenciais com a figura do homicídio descrita no art. 121 do Código Penal (tipo legal). Temos, pois, de um lado, uma conduta da vida real; de outro, o tipo legal de crime, constante na lei penal".[110]

2 Distinções importantes

2.1 Tipo e tipicidade

Tipo, em seu sentido incriminador, é a descrição, feita pelo legislador, em uma norma, de uma conduta proibida. O tipo penal abarcará uma série de elementos para que aquela conduta seja considerada um delito.

Há os mais simples, como, por exemplo, o clássico homicídio (art. 121, CP), "matar alguém", e os mais complexos, como a falsidade ideológica (art. 299, CP), "omitir, em documento público ou particular, declaração que dele devia constar ou nele inserir ou fazer inserir declaração falsa ou diversa da que devia estar escrita, com o fim de prejudicar direito, criar obrigação ou alterar a verdade sobre fato juridicamente relevante", que traz, além de elementos objetivos, um elemento subjetivo, uma finalidade específica – com o fim de prejudicar direito, criar obrigação ou alterar a verdade sobre fato juridicamente relevante. Os elementos do tipo veremos mais detalhadamente adiante. Aqui, o que se quer é demonstrar que cada tipo penal é único, como se fosse um modelo a que deve perfeitamente se encaixar a conduta. Não havendo esse "encaixe", a conduta será atípica e, portanto, não criminosa.

Tipo é, pois, a descrição da conduta proibida que o legislador leva a cabo na hipótese de fato de uma norma penal.[111] Conforme refere MUÑOZ CONDE:

> "da ampla gama de comportamentos jurídicos que ocorrem na realidade, o legislador seleciona, conforme o princípio da intervenção mínima, aqueles mais intoleráveis e mais lesivos aos bens jurídicos de maior importância e os ameaça com uma pena, descrevendo-os na hipótese de uma norma penal. Com isso, cumpre as exigências do princípio da legalidade ou da intervenção legalizada".[112]

E, para complementar, Miguel REALE JÚNIOR adverte que

> "a elaboração do tipo não é aleatória, a ordem e o significado são ínsitos à ação, cabendo, por reflexão e abstração, traçar de modo paradigmático o perfil e o sentido do comportamento. O modelo construído refere-se, portanto,

---

110 ASSIS TOLEDO, Francisco de, op. cit., p. 125.

111 MUÑOZ CONDE, Francisco; GARCÍA ARÁN, Mercedes. *Derecho penal, parte general*, op. cit., p. 268.

112 Idem, p. 267.

a comportamentos futuros e previsíveis, aos quais se atribuem determinadas consequências jurídicas".[113]

A tipicidade, por sua vez, é a conformidade, a correspondência, da conduta concretamente praticada à descrição abstrata contida na norma. É o "encaixamento" da ação ou omissão humana àqueles elementos consubstanciados na norma penal, que constituem por sua vez o tipo.

A tipicidade é a adequação de um fato cometido à descrição que dele se faz na lei penal. Por imperativo do princípio da legalidade, em sua vertente do *nullum crimem sine lege*, só os fatos tipificados na lei penal como delitos podem ser considerados como tal.[114]

Assim, podemos dizer, para facilitar a compreensão, que o tipo é o "modelo", e a tipicidade é a adequação do fato àquele modelo. Portanto, uma conduta que recebe o adjetivo *típica* é aquela que se deu em conformidade com o tipo penal, tendo revelado um juízo de tipicidade positivo.

2.2 Tipo legal e tipo de injusto

A conceituação de tipo legal é a que vimos acima, ou seja, é a descrição da conduta proibida na norma.

Já o tipo de injusto, ou também chamado somente de injusto, é o tipo legal acrescido da antijuridicidade ou ilicitude.

A antijuridicidade, como já resumidamente explicada no ponto 5.3, é a contrariedade do fato ao Direito.

De acordo com MUÑOZ CONDE/GARCÍA ARÁN, a antijuridicidade é um juízo negativo de valor que recai sobre um comportamento humano e indica que este comportamento é contrário às exigências do ordenamento jurídico. A antijuridicidade é um conceito unitário, válido para todo o ordenamento jurídico, de tal forma que o que é antijurídico em um ramo do direito o é também para os demais ramos do ordenamento jurídico.[115] Nesta linha, de acordo com Miguel REALE JÚNIOR, a antijuridicidade constitui um juízo de valor que atribui ao fato caráter contrário à ordem jurídica.[116]

Agora sim podemos entender que o tipo de injusto é a conduta típica valorada como antijurídica, ou seja, a conduta que se dá conforme o tipo penal e, ao mesmo tempo, é contrária ao ordenamento jurídico.

Francisco de ASSIS TOLEDO assevera que "o conceito de injusto engloba toda e qualquer ação típica e antijurídica, mesmo que não seja culpável. O crime é, pois, um injusto culpável; mas o injusto é uma conduta ilícita que pode não se aperfeiçoar como um verdadeiro crime, pela ausência da culpabilidade".[117]

---

113 REALE JÚNIOR, Miguel, op. cit., p. 136.

114 MUÑOZ CONDE, Francisco; GARCÍA ARÁN, Mercedes, p. 267-268.

115 MUÑOZ CONDE, Francisco; GARCÍA ARÁN, Mercedes, p. 269.

116 REALE JÚNIOR, Miguel, op. cit., p. 138.

117 ASSIS TOLEDO, Francisco de, op. cit., p. 119.

Dizer, portanto, que estamos diante de um injusto culpável significa dizer que estamos diante de um crime. Isso porque o injusto abarca uma conduta típica e antijurídica (os dois primeiros requisitos do fato punível), sendo a culpabilidade o último dos requisitos.

2.3 Tipicidade e antijuridicidade ou ilicitude

De todas as considerações acima fica fácil estabelecer a diferença entre tipicidade e antijuridicidade ou ilicitude.

A tipicidade é a adequação da conduta ao tipo penal.

Antijuridicidade é a contrariedade da conduta ao Direito, é a valoração negativa que atribuímos à conduta.

Podemos dizer, então, que a tipicidade pressupõe a antijuridicidade, é um indício dela, pois uma conduta típica, de regra, será contrária ao Direito, ou seja, possuirá esse juízo negativo de valor. Porém, a certeza de que uma conduta será típica e antijurídica só ocorrerá se esta não estiver eivada de uma excludente de ilicitude (legítima defesa, estado de necessidade, estrito cumprimento de dever legal e exercício regular de direito), situações que afastam a contrariedade ao Direito.

2.4 Tipicidade conglobante

ZAFARONI se refere à tipicidade *conglobante,* a sustentar que o tipo penal deveria se reportar apenas ao conjunto das normas efetivamente proibitivas, ou seja, às hipóteses de verdadeira *antinormatividade,* assim entendida como as prescrições violadoras do ordenamento jurídico em geral e não unicamente penal. Relembre-se: a *norma penal* não é o mesmo que o *tipo.* No tipo se encontra apenas o *texto.* Exemplo: *matar alguém* (art. 121, CP). A *norma penal* desse tipo seria: *não matarás.* Antinormatividade, portanto, é a contrariedade ao ordenamento jurídico, isto é, a qualquer norma que autorize o comportamento. Assim, para a configuração de um tipo penal, seria preciso, antes, investigar se a conduta estaria autorizada em alguma norma do ordenamento. Estando autorizada, sequer se realizaria o juízo de tipicidade, ainda quando presente a subsunção do fato à norma penal.

A diferença entre a tipicidade conglobante e as causas de justificação residiria, segundo o douto penalista argentino, no fato de que as causas de justificação traduziriam comportamentos apenas *tolerados,* excepcionalmente, em razão de determinadas e específicas circunstâncias, enquanto a tipicidade conglobante abarcaria, no próprio tipo, o exame acerca *da normatividade* do comportamento, referindo-se às condutas *incentivadas* no cotidiano do Direito. Afinal, quem tem o *dever legal* ou *exerce regularmente seu direito* não pode, com efeito, realizar fato penal típico.

Assim, a se adotar a concepção antes mencionada, o estrito cumprimento do dever legal e o exercício regular do direito sequer constituiriam causas de justificação, mas hipóteses de *atipicidade* da conduta. O Código Penal português, ao contrário, estabelece expressamente que o *facto não é punível quando a sua ilicitude for excluída pela ordem jurídica considerada na sua totalidade* (art. 38, CP de Portugal). Ou seja, lá, a questão se resolve como excludente de ilicitude.

Como quer que sejam as divergências e distinções teóricas, o fato é que o direito brasileiro também acolhe, expressamente, as aludidas espécies como *causas de justificação* da conduta, excludentes, pois, da *ilicitude*.

3 Funções do tipo

A fim de demonstrar a sua importância, passaremos a analisar as principais funções do tipo. São elas:

a) *Função seletiva*: a função seletiva consiste basicamente em determinar o que é e o que não é crime. Saliente-se que, sendo o juízo de tipicidade positivo, ou seja, concluindo-se que a conduta se encaixa ao tipo penal instituído pela norma, haverá um indicativo de que estamos diante de um fato criminoso, não sendo esta uma presunção absoluta, já que ainda restará a análise da ilicitude e da culpabilidade. Do contrário, se o juízo for negativo, aí sim haverá certeza de que aquela conduta não é delituosa. A função seletiva se dá, portanto, porque é o tipo que indica os comportamentos que ferem determinados bens jurídicos e, portanto, são penalmente sancionáveis.

b) *Função de garantia*: a função de garantia pode ser verificada no fato do tipo penal, ao determinar a conduta proibida, limitar a atuação punitiva estatal. Isso ocorre porque o Estado, munido do *jus puniendi*, somente poderá exercê-lo se determinada ação ou omissão estiver prevista no ordenamento jurídico como delituosa, ou seja, estiver tipificada. A função da garantia está refletida diretamente no princípio da legalidade penal, que determina que *não há crime sem uma lei anterior que o defina*,[118] trazendo, portanto, segurança ao cidadão, que tem o direito de saber se a sua ação é ou não punível.

c) *Função indiciária da ilicitude*: a função indiciária da ilicitude consiste no fato de toda conduta típica ser, também, provavelmente, ilícita ou antijurídica. Conforme já explicitado no ponto 2.3, sendo uma conduta típica, ou seja, enquadrando-se na proibição descrita pelo tipo penal, presumivelmente será ela ilícita, ou seja, contrária ao Direito, carregada se um juízo negativo de valor. Assim, a função indiciária está justamente nessa presunção que o juízo de tipicidade positivo faz em relação à ilicitude.

d) *Função de delimitação do iter criminis*: a função delimitadora do tipo em relação ao *iter criminis* consiste em determinar quando se pode afirmar que uma conduta começa a realizar o delito, isto é, pode-se afirmar que o sujeito

---

[118] Art. 1º do Código Penal.

ingressou na esfera do ilícito penal. Algumas fases do *iter criminis* não são puníveis (atos de ideação e normalmente os atos preparatórios, que são puníveis excepcionalmente), portanto, necessário estabelecer a partir de quando se pode punir a conduta do agente. Alguns tipos, de consumação antecipada, não permitirão a tentativa, consumando-se com a simples realização da conduta. Outros permitirão a forma tentada, porém, o importante é delimitar quando o sujeito ingressa na fase punível para o Direito Penal. Para isso, remetermos o leitor para o capítulo da tentativa, onde as teorias existentes buscam uma explicação para o início da realização do delito. Por ora, é importante que se diga que o tipo também tem esta importância delimitadora do início da execução de um delito.

4 Elementos do tipo

4.1 Objetivos

Os elementos objetivos são aqueles que podem ser identificados pelo sentido do autor do delito ou de outra pessoa qualquer.

ASSIS TOLEDO esclarece que são "todas as circunstâncias da ação típica que não pertencem ao psiquismo, ao mundo anímico do agente".[119] E acrescenta: "esses elementos são objetivos porque são independentes do sujeito agente, possuem uma validade externa que não se restringe ao agente, mas que pode ser aferida, constatada, por outras pessoas, além do agente, é claro".[120]

Os elementos objetivos dividem-se em descritivos e normativos.

Os descritivos são aqueles que não necessitam de um juízo de valor para a sua compreensão, sendo facilmente entendidos pelo intérprete. Nas palavras de ASSIS TOLEDO, tais elementos "exprimem juízos de realidade, isto é, fenômenos ou coisas apreensíveis diretamente pelo intérprete".[121] Como exemplos temos "matar", "coisa", "mulher".

Já os elementos denominados normativos são aqueles que, para a sua compreensão, necessitam de um juízo de valor, isto é, não são muitas vezes compreensíveis pela simples leitura.

De acordo com o mesmo autor, constituem-se de "termos ou expressões que só adquirem sentido quando completados por um juízo de valor, preexistente em outras normas jurídicas ou ético-sociais".[122] Como exemplos podemos citar "coisa alheia", "propriedade". Tal juízo de valor também pode advir do próprio intérprete, como por exemplo, "dignidade", "decoro".

---

[119] ASSIS TOLEDO, Francisco de, op. cit., p. 153.

[120] Idem, ibidem.

[121] Idem, p. 154.

[122] ASSIS TOLEDO, Francisco de, op. cit., p. 154.

4.2 Subjetivos

Os elementos subjetivos são aqueles que dizem respeito ao psiquismo do agente, à sua intenção, sendo, portanto, compostos de fenômenos anímicos (da própria alma).

Miguel REALE JÚNIOR destaca que os elementos subjetivos "somam-se aos dados descritivos, objetivos, como aspectos psicológicos especiais da ação, indispensáveis para a determinação da tipicidade".[123]

Assim, temos que ter em mente que, como parte integrante do tipo, também encontraremos aspectos psicológicos, relacionados à intenção do agente, que são o que denominamos de elementos subjetivos.

Como exemplo podemos citar, no crime de formação de quadrilha (art. 288, CP), o *fim de cometer crimes*. Assim, para que a conduta seja típica, é necessária essa finalidade específica, *in casu*, o objetivo, a vontade de cometer delitos.

5 Formas de adequação típica

A tipicidade, ou seja, a adequação de uma conduta a uma norma penal pode ocorrer de duas formas: direta ou de subordinação imediata e indireta ou de subordinação mediata, por extensão ou ampliada.

A adequação direta é aquela em que o tipo penal possui todos os elementos necessários à subsunção do fato, não necessitando do auxílio de outra norma. Por exemplo, a conduta de "A" esfaquear "B", vindo a provocar a sua morte se encaixa perfeitamente ao tipo penal do homicídio – matar alguém. *In casu*, houve uma conduta humana, um resultado, tendo tal conduta sido a produtora desse resultado – nexo causal.

Já a adequação indireta ocorre quando não existe um tipo penal que contenha todos os elementos suficientes para a conformidade da conduta à norma incriminadora, havendo a necessidade da incidência de uma norma que amplie a abrangência do tipo. No caso brasileiro, a adequação indireta pode se resumir a duas situações: a tentativa e o concurso de pessoas.

Utilizando o exemplo anterior, se o agente "A" desfere as mesmas facadas na vítima "B", tencionando matá-la, mas esta não morre porque é socorrida a tempo, a que tipo penal podemos "encaixar" essa conduta? Afinal, não há em nosso ordenamento jurídico um tipo penal que preveja *tentar matar alguém*.

Nesse caso, a adequação típica se dará através de uma combinação do art. 121 – matar alguém – que traz o delito em sua forma consumada, com o art. 14, inciso II – que traz a modalidade da tentativa – "Diz-se o crime: II – tentado, quando, iniciada a execução não se consuma por circunstancias alheias à vontade do agente." Nesse caso, o tipo penal será dado da seguinte forma: art. 121, *caput*, combinado com o art. 14, inciso II, ambos do Código Penal.

---

123 REALE JÚNIOR, Miguel, op. cit., p. 142.

O mesmo ocorre com o concurso de pessoas, visto que não há tipos que prevejam a conduta específica daquele que é o coautor ou partícipe do delito, como, por exemplo, emprestar uma arma de fogo. Nesse caso, haverá a combinação do tipo penal do delito praticado com o art. 29 do Código Penal, que assim determina: "Quem, de qualquer modo, concorre para o crime incide nas penas a este cominadas, na medida de sua culpabilidade."

6 Causas excludentes de tipicidade

Além dos casos em que alguma das elementares do tipo está ausente, uma conduta também será considerada atípica se sobre ela incidir um dos seguintes princípios: o da adequação social e o da insignificância.

6.1 Princípio da adequação social

O princípio da adequação social, desenvolvido por WELZEL, tem como base o princípio de que uma conduta socialmente adequada, ou, melhor dizendo, socialmente aceita, não deve ser considerada criminosa.

Para o referido autor, "socialmente adequadas são todas as atividades que se movem dentro do marco das ordens ético-sociais da vida social, estabelecidas por intermédio da história".[124] E, ainda,

> "somente as ações que ultrapassem a adequação social são fatos tipicamente ajustados a homicídios, lesões, danos, prejuízos, coações e diversos mais. A função metódica da adequação social consiste em recortar das palavras formais dos tipos, aqueles acontecimentos da vida que materialmente a eles não pertencem, e em que, com isso, se consegue que o tipo seja realmente uma tipificação do injusto penal".[125]

WELZEL exemplifica: "a exploração de uma ferrovia é, eventualmente, uma atividade socialmente adequada, apesar de ter que contar necessariamente com prejuízos, não obstante a observação de todas as medidas de segurança".[126]

Outro exemplo que bem demonstra a aplicação do princípio é o caso de um ferimento causado por uma "falta" em um jogo de futebol. Nessa situação, embora o jogador tenha tido o dolo de praticar aquela conduta, ela é socialmente aceita, não devendo, portanto, ser considerada típica (lesão corporal).

Francisco de ASSIS TOLEDO acrescenta que "se o tipo delitivo é um modelo de conduta proibida, não é possível interpretá-lo, em certas situações aparentes,

---

[124] WELZEL, Hans. *Direito penal,* op. cit., p. 106.

[125] WELZEL, Hans. *Direito penal,* op. cit., p. 109.

[126] Idem, p. 106-107.

como se estivesse também alcançando condutas lícitas, isto é, socialmente aceitas e adequadas".[127] E alerta:

> "podem as condutas socialmente adequadas não serem modelares, de um ponto de vista ético. Delas se exige apenas que se situem dentro da moldura do comportamento socialmente permitido ou, na expressão textual de Welzel, dentro do quadro da liberdade de ação social ([...]im Rahmen der sozialen Handlungsfreiheit), o que, em última análise, como bem observa Mir Puig, se reduz a essa afirmação apodítica: não se pode castigar aquilo que a sociedade considera correto".[128]

Ocorre que, mesmo ante todas essas conclusões, não podemos deixar de admitir que o princípio da adequação traz uma certa insegurança. Há discussões se ele realmente excluiria a tipicidade, se simplesmente afastaria a antijuridicidade, ou ainda, se não seria apenas um princípio geral de interpretação.

6.2 Princípio da insignificância

De acordo com o princípio da insignificância, aquelas condutas que, embora formalmente típicas, não possuam uma relevância material, não guardando uma proporcionalidade entre o resultado por ela produzido e a sanção pela norma cominada, não devem ser consideradas criminosas.

Nos casos de aplicação do princípio da insignificância é necessário que se compreenda que formalmente a conduta sempre será típica, pois há a perfeita adequação do fato praticado pelo sujeito à norma penal, isto é, o que sujeito fez encontra-se formalmente previsto na norma penal incriminadora. A exclusão da tipicidade ocorre porque materialmente falando, isto é, na proteção do bem jurídico tutelado pela norma é que se reflete a insignificância, ou seja, embora a conduta se encaixe perfeitamente na norma penal, o bem jurídico protegido não chega a sofrer uma lesão digna de proteção penal, excluindo-se, assim, a tipicidade. Como se trata de um princípio, sua aplicação não é cogente e depende da interpretação dos tribunais diante do caso concreto.

Esse princípio foi desenvolvido por Claus ROXIN, sendo proposto como uma maneira de interpretação que visa a excluir das condutas típicas *os danos de pouca importância.*

Francisco de ASSIS TOLEDO aponta que "segundo o princípio da insignificância, que se revela por inteiro pela sua própria denominação, o direito penal, por sua natureza fragmentária, só vai até onde seja necessário para a proteção do bem jurídico. Não deve ocupar-se de bagatelas. Assim, no sistema penal brasileiro, por exemplo, o dano do art. 163 do Código Penal não deve ser qualquer lesão à coisa alheia, mas

---

[127] ASSIS TOLEDO, Francisco de, op. cit., p. 131.

[128] Idem, p. 132.

sim aquela que possa representar prejuízo de alguma significação para o proprietário da coisa".[129]

O princípio da insignificância é bastante utilizado, sendo invocado, na prática, nos chamados crimes de bagatela (justamente pela sua insignificância), como por exemplo no furto de um produto de limpeza do supermercado, nas lesões de pequena monta, na sonegação de tributos ou no descaminho de mercadorias de pequeno valor.

Atente-se, contudo, e como já alertado ao tratarmos dos princípios fundamentais do Direito Penal, que a *insignificância* não pode ser um juízo unicamente sobre o *objeto material* do crime. Com efeito, há que se ter em mira todas as demais circunstâncias do injusto. Pode ser, por exemplo, que centenas de pessoas sejam lesadas por uma única pessoa, em valores absolutamente insignificantes, se considerados *de per si,* mas cujo resultado final (a soma deles) apresente grande relevância econômica. Nesse caso não se poderá falar em insignificância da conduta.

A questão, portanto, passa pelo exame do agente do delito, a vítima, o objeto material e todas as demais considerações que a singularidade do caso ostentar (habitualidade ou reiteração exacerbada da conduta).

X Do dolo

1 Considerações iniciais

Dolo, em sentido técnico penal, é a vontade de uma ação orientada à realização de um delito,[130] ou seja, é o elemento subjetivo que concretiza os elementos do tipo. O crime é considerado doloso quando o agente prevê objetivamente o resultado e tem a intenção de produzir esse resultado ou assume o risco de produzi-lo, conforme preceitua o art. 18, I, do CP.

Partindo da Teoria Finalista, o dolo inclui unicamente o conhecer e o querer a realização da situação objetiva descrita pelo tipo, não fazendo menção à antijuridicidade da conduta (não inclui a consciência da antijuridicidade da conduta).[131]

Segundo WELZEL, toda a ação consciente é conduzida pela decisão de ação, é dizer, pela consciência do que se quer – o momento intelectual – e pela decisão a respeito de querer realizar – o momento volitivo. Ambos os momentos, conjuntamente, como fatores configuradores de uma ação típica real formam o dolo.[132]

Pode-se, então, conceituar o dolo como sendo a vontade de ação orientada para a realização de um tipo de delito.

---

[129] ASSIS TOLEDO, Francisco de, op. cit., p. 133.

[130] WELZEL, Hans. *Derecho penal alemán*, p. 77.

[131] MIR PUIG, Santiago. *Derecho penal, parte general*, p. 239.

[132] WELZEL, Hans. *Derecho penal alemán*, p. 77.

2 Elementos do dolo

Todo dolo tem um aspecto intelectual e um volitivo (conforme a vontade). Dessa forma, para que haja a configuração do dolo, deve o agente preencher ambos os elementos, com o conhecimento do conteúdo típico (elemento intelectivo ou intelectual) e com a vontade dirigida à realização do fato típico (elemento volitivo).

O dolo é, dessa forma, o conhecimento e a vontade do fato típico; ou, em outras palavras, "é a *vontade de realização de um tipo penal, com o conhecimento de todas as suas circunstâncias objetivas*".[133]

2.1 Elemento intelectual

A parte intelectual compreende o conhecimento atual de todas as circunstâncias objetivas do fato do tipo legal.[134]

Portanto, para atuar dolosamente, o sujeito deve saber o que faz e conhecer os elementos que caracterizam sua ação como ação típica. É dizer, deve saber, por exemplo, no homicídio, que mata outra pessoa; no furto, que se apodera de uma coisa alheia móvel.[135]

O elemento intelectual do dolo refere-se, portanto, aos elementos que caracterizam objetivamente a ação típica (elementos objetivos do tipo).

Assim, por exemplo, o tipo subjetivo do homicídio doloso requer o conhecimento (e como depois se verá, a vontade) de que se realizem os elementos objetivos do tipo homicídio: que se mata alguém, que a ação realizada é adequada para produzir a morte de outra pessoa, que a vítima é uma pessoa e não um animal.[136]

2.2 Elemento volitivo

Além do elemento intelectual, o dolo requer um elemento volitivo, que se consubstancia na vontade. Não se trata, aqui, de uma vontade genérica de ação – necessária para qualquer conduta –, senão, precisamente, da vontade de realizar a conduta típica, o querer realizar todos os elementos objetivos do tipo dos quais se tem conhecimento.[137]

JESCHECK afirma que a vontade consiste na decisão de realizar a ação típica e na execução dessa decisão. Corresponde, portanto, à intenção (como modalidade de dolo), em que o autor se propõe à consecução do resultado típico.[138]

---

[133] WESSELS, Johannes. *Direito penal*: parte geral. Tradução de Juarez Tavares. Porto Alegre: Sergio Antonio Fabris, 1976. p. 50.

[134] WELZEL, Hans. *Derecho penal aleman*, p. 78.

[135] MUÑOZ CONDE, Francisco; GARCÍA ARÁN. *Derecho penal, parte general*, op. cit., p. 284-285.

[136] Idem, p. 285.

[137] LUZÓN PEÑA, Diego-Manuel, op. cit., p. 411.

[138] JESCHECK, Hans-Heinrich. *Tratado de derecho penal, parte general*, op. cit., p. 264.

Dessa forma, sabendo-se que o tipo doloso, além de possuir uma face subjetiva (referente ao próprio dolo), institui determinados componentes objetivos do delito (por exemplo, descrição do sujeito, do objeto, do resultado etc.), temos que o dolo se encontra completo quando houver o conhecimento, pelo agente, desses componentes e, ainda, a vontade de realização desses componentes conhecidos. Nisso, se fazem presentes os elementos intelectual e volitivo do dolo.

3 Teorias do dolo

3.1 Teoria do consentimento ou da aprovação

Para a teoria do consentimento não é suficiente que o autor veja o resultado enquanto possibilidade. Ou seja, a mera representação da possível ocorrência do resultado não basta para a configuração do dolo.[139] Mais do que isso, deve se manifestar no agente a vontade de consecução do resultado mentalmente representado. Deve haver, pois, um querer o resultado para que esteja presente o dolo.[140]

Em outras palavras, é preciso que o autor efetivamente diga, em relação ao resultado antevisto: "ainda quando fosse segura sua produção (do resultado) atuaria".[141] Nesse sentido, Hans-Heinrich JESCHECK refere que, para essa teoria, tanto faz se o agente aprovar o resultado ou se prosseguir em sua conduta, tendo o conhecimento seguro da futura ocorrência do resultado; em ambos os casos, estaria configurado o dolo.[142]

Assim, a teoria do consentimento requer, para o dolo, a previsão do resultado, pois essa previsão é requisito indispensável e prévio ao querer; afinal, não se manifestaria, no agente, o desejo/querer sem que houvesse a previsão do objetivo desejado. Ou seja, exige-se que o sujeito tenha aprovado a produção do resultado interiormente, que haja acordado com ele. Se se tomar literalmente o critério de "aprovação", terá que se exigir que o autor se agrade do resultado, aceite o resultado.

3.2 Teoria do assentimento

A teoria do assentimento é também conhecida como teoria da indiferença, na qual o sujeito aceita as consequências de sua conduta com indiferença.

Segundo essa teoria, ocorre o dolo quando o sujeito dá por bem ou recebe com indiferença as consequências acessórias negativas meramente possíveis, entretanto, não se caracteriza o dolo quando consideradas indesejáveis as consequências e o sujeito

---

139 SOLLER, Sebastián. *Derecho penal argentino*. Buenos Aires: La Ley, 1945. t. II, p. 101.

140 FLORIAN, Eugenio. *Trattato di diritto penale*: dei reati e delle pene in generale. 2. ed. Milano: Casa Editrice Dott. Francesco Vallardi, 1910. v. 1, p. 314.

141 MUÑOZ CONDE, Francisco; GARCÍA ARÁN, Mercedes, op. cit., p. 288.

142 JESCHECK, Hans-Heinrich. *Tratado de derecho penal*: parte general, 5. ed., op. cit., p. 324.

tiver a esperança de que não se produzirão.[143] Dessa forma, quando o agente tiver por indesejável o resultado e com a negação mental da possibilidade de sua ocorrência, afastado estará o dolo, por inexistir indiferença em relação ao resultado. Na lição de Mª Del Mar DIAZ PITA, portanto, a indiferença do agente em relação à possibilidade de produção do resultado é o elemento caracterizador do dolo para essa teoria.[144]

Como se percebe, esta teoria é mais direcionada ao dolo eventual, por estar fundamentada na indiferença do agente quanto à configuração do resultado típico.

3.3 Teoria do conhecimento

A teoria do conhecimento prescinde da análise do posicionamento final do agente em relação ao resultado previsto, porquanto a mera previsão da futura ocorrência do resultado é suficiente para a configuração do dolo.[145] Nessa teoria, o dolo se configura com a verificação unicamente do seu elemento intelectual ou cognitivo, excluindo-se da análise o elemento volitivo do dolo.

Essa teoria pode ser dividida em duas subteorias:

3.3.1 Teoria da representação

A teoria da representação, também conhecida como teoria da possibilidade, parte do elemento puramente cognitivo.

Consoante esta teoria, a mera previsão,[146] pelo agente, da possibilidade de produção do resultado, sem a necessidade de verificação de qualquer elemento volitivo, fundamenta o dolo, tendo em vista que a existência da possibilidade já deveria ser o suficiente para fazer o sujeito desistir de seguir atuando. Entretanto, trata-se de teoria de difícil aplicação, pois ela afasta a possibilidade da configuração da culpa consciente.

O que se percebe em muitos casos práticos é que o sujeito pode perceber perfeitamente que pode causar lesão a um bem jurídico, porém, confia, inteiramente, em sua não produção, o que caracterizaria a imprudência (ou culpa) consciente, sem o elemento volitivo caracterizador do dolo, divergindo, portanto, do que defende esta teoria.

3.3.2 Teoria da probabilidade

A teoria da probabilidade aprecia a existência do dolo se, na representação do autor, a realização do resultado típico é considerada próxima. Não procede levar em conta a posição interna do autor frente a tal probabilidade do resultado nem ao

143 Idem, ibidem.

144 DIAZ PITA, Mª Del Mar. *El dolo eventual*. Valencia: Tirant Lo Blanch, 1994. p. 180.

145 FLORIAN, Eugenio. *Trattato di diritto penale*: dei reati e delle pene in generale. 2. ed. Milano: Casa Editrice Dott. Francesco Vallardi, 1910. v. 1, p. 314.

146 SOLLER, Sebastián. *Derecho penal argentino*. Buenos Aires: La Ley, 1945. t. II, p. 102.

resultado mesmo.[147] Diferencia-se essa teoria da anterior pelo grau de convicção atribuída à ocorrência do resultado. Ou seja, probabilidade significa mais do que a mera possibilidade.[148]

O que deve ser analisado é se o sujeito, antes de agir, considerou a probabilidade (mais ou menos provável) da produção do resultado e se há indícios essenciais de que se valeu de tal probabilidade e contou com ela. Assim, neste caso, se houver uma probabilidade de lesão ao bem jurídico e o sujeito continuar atuando, supõe-se, por regra geral, uma conduta dolosa em razão da provável lesão ao bem jurídico.

Assim, neste caso, como no da representação, o ponto discutível está na análise da produção do resultado quanto ao aspecto cognitivo, que será sempre decidido em um prognóstico puramente intelectual de probabilidade.[149]

4 Espécies de dolo

Pode-se dizer que o dolo é o gênero, pois, conforme estudaremos, quanto à intensidade do elemento volitivo, temos as seguintes espécies: dolo direto, dolo eventual e preterdolo.

4.1 Dolo direto

O dolo direto, previsto no art. 18, primeira parte, do Código Penal, configura-se na hipótese em o agente quer o resultado descrito em lei, ainda que não tenha consciência de que sua vontade se encontra tipificada em lei. Assim, deve ser afirmado o dolo direto, quando o autor sabe ou prevê como certo que seu agir se dirige no sentido de realizar o tipo legal, ou seja, prevê o resultado como consequência certa de sua conduta.[150]

O dolo direto é concebido por ROXIN como o querer a realização do tipo, mesmo que o resultado ou parte dele seja desagradável para o sujeito.[151] Para esse autor, portanto, nem sempre o agente se agradará do resultado, apesar de produzi-lo conscientemente. Dessa forma, haverá o dolo direto, também, quando o agente possuir segurança de que seu agir proporcionará determinado resultado e, ainda assim, prosseguir em seu intento[152] – seja ou não agradável, ao indivíduo, a produção do resultado. Com isso, admite-se que o indivíduo obre dolosamente também em relação ao

---

[147] MAURACH, Reinhart; ZIPF, Heinz. *Derecho penal*: parte general 1. Buenos Aires: Astrea, 1994. p. 388.

[148] ROXIN, Claus. *Derecho penal, parte general*, op. cit., p. 435.

[149] MAURACH, Reinhart; ZIPF, Heinz. *Derecho penal*: parte general 1. Buenos Aires: Astrea, 1994. p. 388.

[150] JOHANNES, Wessels. *Direito Penal* (aspectos fundamentais). Tradução do original alemão e notas por Juarez Tavares. Porto Alegre: Sergio Antonio Fabris, 1976.

[151] ROXIN, Claus. *Derecho penal*: parte general, p. 424.

[152] WESSELS, Johannes. *Direito penal*: parte geral (aspectos fundamentais). Tradução de Juarez Tavares. Porto Alegre: Sergio Antonio Fabris, 1976. p. 52.

resultado secundário e a ele desagradável, que seria representado, pelo sujeito, como consequência necessária de seu agir.[153]

Desse posicionamento decorre a diferenciação entre "intenção" (o desejar o resultado, se agradar com ele) e "dolo direto de segundo grau" (o não se agradar com o resultado, mas agir com a convicção de que ele irá ser produzido). No Direito brasileiro, essa distinção não é realizada, sendo ambos os estados subjetivos considerados dolo direto.

Em suma, partindo-se da premissa de que a teoria que define o dolo direto é a teoria da vontade (antes conceituada), como de fato apregoado pelo art. 18, inciso I, primeira parte, do Código Penal, pode-se concluir que o dolo direto seja a vontade consciente de realização do fato típico.

Por exemplo, deve-se afirmar o dolo direto de homicídio (art. 121, CP) e lesão corporal (art. 129, CP), quando o agente atua volitivamente, configurando-se, portanto, o dolo direto quando ele atira contra outrem com o fim de matar, bem como quando ofende a saúde de outrem com a intenção de lesionar, respectivamente.

4.2 Dolo eventual

O dolo eventual, previsto no art. 18, inciso I, parte final, do Código Penal, configura-se quando o agente prevê que o resultado possa ocorrer, entretanto não o deseja, ou seja, apenas assume o risco de produzi-lo. Deve ser afirmado o dolo eventual quando o agente prevê o resultado e continua a agir, conformando-se com o risco de que sua conduta conduza à realização do tipo legal. Basta, portanto, que o agente preste sua anuência ao resultado, que se conforme com ele,[154] que admita sua eventual produção.[155]

Salienta-se que, aqui, não há o direcionamento da vontade do agente à consecução do resultado ou, ainda, a convicção de que o resultado necessariamente advirá da conduta realizada. Se assim fosse, estaríamos diante de dolo direto. No dolo eventual, a ocorrência do resultado é tomada, pelo agente, como possível decorrência de seu agir e, diante disso, o sujeito não rejeita essa possibilidade e prossegue sua conduta, não se importando com a ocorrência, ou não, do resultado.

Assim, o dolo eventual, por ser espécie do dolo, não se consubstancia pela mera possibilidade, probabilidade ou necessidade do resultado, mas por uma representação dessa possibilidade somada a uma atitude do sujeito diante dessa representação,[156] que aqui é compreendida pela atitude de indiferença.

É exemplo de dolo eventual de homicídio (art. 121, CP) o caso em que o agente, ao efetuar um disparo de arma de fogo para cima com o intuito de produzir som, prevê que poderia acertar em alguém e, mesmo assim, acreditando ser realmente possível

---

[153] CONDE, Francisco Muñoz. *Teoria geral do delito*, op. cit., p. 59.

[154] JESCHECK, Hans-Heinrich. *Tratado de derecho penal*: parte general, op. cit., p. 321.

[155] CONDE, Francisco Muñoz. *Teoria geral do delito*, op. cit., p. 60.

[156] SOLLER, Sebastián. *Derecho penal argentino*. Buenos Aires: La Ley, 1945. t. II, p. 135.

esse resultado final (não crendo na inocorrência) e, assumindo o risco, dispara a arma de fogo e mata outrem.

4.3 Preterdolo

O preterdolo configura-se quando o agente deseja um resultado a título doloso, mas, por negligência, imperícia ou imprudência, causa um resultado mais grave do que aquele pretendido. Assim, deve haver uma vontade específica e um resultado mais grave que o pretendido, a título de culpa, de maneira que se conjugue o dolo no resultado antecedente e a culpa no resultado consequente. O que se tem, aqui, é uma mistura de dolo e culpa no mesmo fato criminoso.[157]

Em um caso prático, por exemplo, deve-se afirmar que o agente cometeu um crime preterdoloso quando tem a intenção de cometer o crime de lesão corporal, no entanto, ao bater na cabeça da vítima, mata-a. Configurar-se-ia, nesse caso, um crime doloso qualificado pelo resultado, sendo este último produzido culposamente.

5 Dolo e pena

Não há diferenciação de pena conforme a espécie de dolo, ou seja, mesmo que o agente cometa o fato com dolo direito ou eventual, a pena será a mesma para o crime que cometeu.

Conforme verificamos, o dolo direto e o dolo eventual são, ambos, espécies do dolo. Dessa forma, considerando que o tipo penal doloso possui, como um de seus elementos, o dolo em si, qualquer das duas formas de manifestação do dolo é suficiente para satisfação desse elemento do tipo, de maneira que deverá ser aplicada a pena previamente estabelecida para o caso.

Ou seja, havendo um crime de homicídio simples (art. 121, *caput*, CP), tanto se cometido com dolo direto como com eventual, a pena restará balizada pelos limites estabelecidos no tipo (6 a 20 anos).

XI Da culpa

1 Considerações iniciais

Quando LISZT refere que "culpa é a *responsabilidade pelo resultado produzido*",[158] pode-se perceber a ausência dos dois elementos essenciais ao dolo, quais sejam, a previsão do resultado e a vontade de sua produção. Aqui, o agente age com a intenção

---

[157] ROXIN, Claus. *Derecho penal*: parte general, op. cit., p. 330.

[158] LISZT, Franz Von. *Tratado de direito penal alemão*. Tradução de José Hygino Duarte Pereira. Rio de Janeiro: F. Briguiet & C, 1899. t. I, p. 249.

de atingir um resultado (geralmente lícito), sendo esse resultado o mentalmente previsto. O que ocorre, contudo, é a produção de um resultado juridicamente vedado, não previsto pelo agente.

Pode-se afirmar, portanto, que a culpa constitui uma conduta voluntária, sem intenção de produzir um resultado típico, porém, previsível. Trata-se, em suma, da inobservância do dever de diligência, do cuidado ao realizar condutas, para que estas não causem danos a bens jurídicos alheios. Ou seja, é a ausência do chamado cuidado objetivo exigível nas relações em sociedade. A conduta torna-se típica a partir do instante em que não se tenha manifestado o cuidado necessário nas relações, vale dizer, a partir do instante em que não corresponda ao comportamento que teria adotado uma pessoa colocada nas mesmas circunstâncias que o agente, e que com a devida atenção teria evitado.

Assim, tem-se que os elementos do fato típico culposo são: conduta humana, voluntária, de fazer ou não fazer, inobservância do cuidado objetivo, manifestada por meio da imprudência, negligência ou imperícia, previsibilidade objetiva do resultado, ausência de previsão pelo agente, resultado involuntário, nexo de causalidade e tipicidade.

Culpa, assim, é a produção de um resultado antijurídico não desejado. O elemento decisivo da ilicitude do fato culposo reside não propriamente no resultado lesivo causado pelo agente, mas sim na ausência de valor e cuidado que atribuiu à ação quando da sua prática.

2 Espécies

Quando, por ausência de um dever de cuidado, o agente acaba por provocar lesão a um bem jurídico alheio tutelado, sem que esta lesão tenha sido ocasionada mediante elemento subjetivo capaz de caracterizar o dolo, estaremos diante de uma conduta culposa. É importante examinar a natureza dessa ausência do dever de cuidado, o que determinará a espécie de culpa na qual incorreu o agente.

Assim, a culpa pode ser dividida em culpa consciente e culpa inconsciente.

2.1 Culpa consciente

A culpa consciente ocorre quando o agente não quer o resultado, não o deseja nem o aceita. O resultado é previsto pelo agente, mas ele acredita que não irá produzi-lo ou que poderá evitá-lo, por confiar em suas habilidades ou conhecimento. Há aqui um conhecimento acerca do perigo.

Dessa forma, o que se tem na culpa consciente é, em um primeiro momento, o elemento intelectual do dolo (previsão mental da ocorrência do resultado). Contudo, em um segundo momento, o agente toma postura diferente, acreditando que o resultado inicialmente previsto não se materializará. O agente age, aqui, esperando que o evento antes previsto como possível não ocorra.[159]

Na culpa consciente, como se percebe, inexiste o elemento volitivo próprio do dolo (seja direto ou eventual).

2.2 Culpa inconsciente

Na culpa inconsciente o agente, antes de não desejar o resultado, não o prevê. Assim, ocorre quando o agente não quer o resultado, não o aceita, não o prevê, mas ele seria previsível. Nessa espécie de culpa, o resultado, embora previsível, não é antevisto pelo agente.

Devemos atentar, portanto, ao fato de que, na culpa inconsciente, conquanto o agente seja capaz de prever o resultado e assim fosse exigível que fizesse, ele não o faz, age sem cumprir com um dever de cuidado, e vem a dar causa a um resultado proibido.

3 Formas de manifestação

As formas de manifestação dizem respeito ao modo pelo qual se porta o agente, o que acaba por fazer com que o resultado lesivo da conduta culposa se exteriorize. Pode ocorrer mediante uma ação positiva ou negativa descrita no art. 18, II, do CP, que define como culposo o crime quando "quando o agente deu causa ao resultado por imprudência, negligência ou imperícia".

O que se pode perceber é que se pune a violação ao dever de cuidado, e não precisamente o resultado que a conduta ocasionou.

3.1 Imprudência

Tem-se por imprudência a prática de um fato perigoso, também classificado como um excesso no agir.[160] Configura-se uma atitude positiva do agente que fez algo que não deveria, como, por exemplo, conduzir veículo em excesso de velocidade. A imprudência consiste na violação das regras de condutas ensinadas pela experiência. É o atuar sem precaução, precipitado, imponderado. Há sempre um comportamento positivo. É a chamada culpa *in faciendo*. Uma característica fundamental da imprudência é que nela a culpa se desenvolve paralelamente à ação. Desse modo, enquanto o agente pratica a conduta comissiva, vai ocorrendo simultaneamente a imprudência.

---

159 BETTIOL, Giuseppe. *Direito penal*. Tradução e anotações de Paulo José da Costa Jr. e Alberto Silva Franco; notas de Everardo da Cunha Luna. São Paulo: Revista dos Tribunais, 1971. v. 2, p. 110-111.

160 ZAFFARONI, Eugenio Raúl; PIERANGELI, José Henrique. *Manual de direito penal brasileiro:* parte geral. 3. ed. São Paulo: Revista dos Tribunais, 2001. p. 507.

3.2 Negligência

Negligência é caracterizada pela ausência de precaução ou indiferença em relação ao ato realizado. Caracteriza-se por uma atitude negativa do agente que não faz algo que deveria, um estado de inércia, como, por exemplo, deixar uma arma de fogo ao alcance de uma criança.

3.3 Imperícia

Configura-se imperícia a falta de aptidão, habilidade técnica para o exercício de arte ou profissão a ser praticada. Materializa-se no momento em que o agente, não considerando o que sabe, ou deveria saber, causa prejuízo a outrem. Temos como exemplo o caso do motorista profissional que conduz seu veículo sem possuir a necessária competência.

4 Observações finais

Para que um crime seja considerado culposo, é necessário que seu tipo penal expressamente preveja esta modalidade. Caso contrário, considera-se que aquela ação só poderá ser considerada como crime se praticada de forma dolosa. É o que dispõe o art. 18, parágrafo único, do CP: "Salvo os casos expressos em lei, ninguém pode ser punido por fato previsto como crime, senão quando o pratica dolosamente."

Ainda, em relação à distinção entre o dolo eventual e a culpa consciente, fica claro que a mera previsão do resultado não caracteriza o dolo eventual. É necessário que o agente, além de tê-lo previsto, o aceite, não se importe com a sua consumação. A mera previsão do resultado, sem que exista a assunção do risco pelo agente, caracteriza a culpa, residindo aí sua diferença. Nesses termos, prevendo a possibilidade de ocorrência do resultado, mas acreditando que ele não advirá, o agente não assume o risco da ocorrência do resultado, mas, em verdade, refuta esse risco.

Saliente-se, para que não haja confusão, que, quando se fala em culpa *lato sensu*, ou seja, em sentido amplo, significa a culpabilidade, um dos requisitos do fato punível. Já quando se fala em culpa em sentido estrito (*stricto sensu*) quer-se referir à culpa acima explicada.

XII A TENTATIVA

A distinção entre tentativa e consumação invoca rapidamente uma diferenciação de grau puramente objetiva na fase de execução do delito. Essa diferenciação repercute depois na determinação da pena aplicável e tem sua razão de ser em que a consumação é mais grave que a tentativa, porque nela o desvalor do resultado não só é maior, senão que às vezes implica a lesão irreversível do bem jurídico que geralmente não se dá na tentativa.[161] Assim, na tentativa, não há o resultado do delito pretendido pelo agente. Então, tentativa é a execução inacabada do procedimento típico, que objetivamente não se conclui por circunstâncias alheias à vontade do agente. Afirma-se que o crime ou a atividade delituosa tem um caminho a ser percorrido, que se inicia com a fase da ideação (pensamento) até atingir o seu objetivo (consumação). Portanto, deve-se investigar quais atos são puníveis nesse caminho, delimitando-se, para tanto, o início da execução do crime e a sua consumação.

1 O *iter criminis*, ou também denominado caminho do crime

A primeira fase que temos é a da *cogitação ou ideação* do delito. Para COSTA JÚNIOR, a fase inicial se desenrola no interior da mente e não pode ser objeto de punição.[162] Assim, as etapas desenvolvidas no íntimo do agente não podem ser atingidas pela tipicidade, na conformidade do antigo e elementar princípio *cogitationis poenam nemo patitur*.[163] WELZEL afirma que no Direito Penal da vontade não se castiga a vontade má como tal, senão somente a vontade má na realização; isto só porque a vontade má não é aprensível, e a moralidade não pode ser imposta à força, senão também pelo profundo abismo que separa em último caso os pensamentos do fato.[164]

A seguir, temos os atos preparatórios. Os atos preparatórios são atos externos ao agente, que passa da cogitação à ação objetiva, como a aquisição de arma para a prática de um homicídio ou a de uma chave falsa para o delito de furto, o estudo do local onde se quer praticar um roubo etc.[165] A regra geral é a de que os atos preparatórios não são puníveis, visto que, na maioria das vezes, são atípicos. Pode acontecer que o legislador transforme um ato preparatório em um tipo penal, porém, nesse caso, o ato preparatório é punível porque assim determinou o legislador, erigindo aquela conduta a um tipo específico de delito (petrechos para falsificação de moeda, art. 291, que seria ato preparatório para a fabricação de moeda falsa; art. 288, CP etc.). Além desses casos, os atos preparatórios não são puníveis.

JESCHECK afirma que as ações preparatórias ficam por geral impunes, porque estão demasiado distantes da consumação para poder comover seriamente o sentimento jurídico da coletividade.[166] A isso se acrescenta que, normalmente, tampouco pode

---

[161] MUÑOZ CONDE, Francisco; GARCÍA ARÁN, Mercedes. *Derecho penal*: parte general. 2. ed. Tirant lo Blanch, p. 430.

[162] COSTA JÚNIOR, Paulo José da. *Direito penal objetivo*. Rio de Janeiro: Forense Universitária, p. 35.

[163] ZAFFARONI, Eugenio Raúl; PIERANGELLI, José Henrique. *Da tentativa*. 3. ed. São Paulo: Revista dos Tribunais, p. 12.

[164] WELZEL, Hans. *Derecho penal alemán*. Tradución de Juan Bustos Ramírez y Sergio Yáñez Pérez. Editorial Jurídica de Chile, p. 221.

[165] MIRABETE, Julio Fabbrini. *Manual de direito penal*: parte geral. 7. ed. São Paulo: Atlas, p. 149.

[166] JESCHECK, Hans-Heinrich. *Tratado de derecho penal*: parte general. Tradución de José Luis Manzanares Samaniego. 4. ed. Comares, p. 474.

acreditar-se na maioria das ações preparatórias o dolo do delito.[167] Para JESCHECK, somente por especiais razões político-criminais se presta o legislador a castigar com caráter excepcional algumas ações preparatórias, distinguindo os caminhos adotados pelo legislador.[168]

De um lado, trata-se, então, da extensão não autônoma de certos tipos cuja peculiaridade requer uma intervenção especialmente antecipada, porque em outro caso nada se conseguiria com a pena, como acontece com a preparação de uma operação de alta traição, a espionagem de segredos de Estado, a preparação de um delito de sequestro político[169] (os exemplos dizem respeito à doutrina e aos tipos penais do Código Alemão).

De outra parte, castigam-se especialmente como delitos autônomos ações preparatórias de fisionomia típica e elevada periculosidade, sem necessidade de que o autor pense já em um delito perfeitamente determinado, como a preparação da falsificação de moeda.[170] Assim ocorre em nossa legislação, nos casos em que o legislador tipifica os atos preparatórios por considerá-los já perigosos, transformando-os em tipos penais autônomos. Para alguns autores, esse método adotado pela lei é a tipificação independente de certos atos preparatórios, que dá lugar a uma tipicidade própria, ou, por outras palavras, a um delito independente, com a consequência de que, por sua vez, este admitirá a tentativa.[171]

Então, na realidade, somente se diz que os atos preparatórios são puníveis quando erigidos a tipos penais, ou seja, quando consistirem em uma infração descrita na lei penal, pois, caso contrário, estaríamos ferindo o princípio da legalidade. Logo, todos os atos preparatórios que não ingressem na esfera de uma figura típica não são puníveis.

Para RODRIGUEZ MOURULLO, o Código Penal espanhol de 1995 manteve a exigência de que o sujeito "de princípio a execução do delito diretamente por fatos exteriores", com a que se descartam tanto os atos preparatórios, porque não são todavia de execução, como a fase interna de ideação, de acordo com o clássico princípio *cogitationis poenam nemo patitur*, por não haver-se traduzido ainda em comportamento externo.[172]

Do exposto até agora, os atos de ideação e preparatórios restaram impunes. Então, para a nossa legislação, a tentativa inicia-se com o início da execução do crime. Porém, quando estaria iniciada a execução de um crime, com o ingresso na esfera da tipicidade (teoria formal-objetiva) ou devemos seguir outros critérios? O Código Penal pátrio não faz menção ao critério a ser adotado, mas tampouco menciona o início da execução do tipo como critério reitor. O art. 14, II, CP, dispõe que o crime é tentado quando "iniciada a execução, não se consuma por circunstâncias alheias à vontade do

---

167 Idem, ibidem.

168 Idem, ibidem.

169 Idem, ibidem.

170 Idem, ibidem.

171 ZAFFARONI, Eugenio Raúl; PIERANGELLI, José Henrique, op. cit., p. 13.

172 RODRÍGUEZ MOURULLO, Gonzalo. *Comentarios al Código Penal*. Madri: Civitas, 1997. p. 74.

agente". Portanto, mister se faz uma análise das teorias que disputam o critério válido para o início da execução na tentativa.

2 Teorias sobre o início da execução. Considerações

2.1 Teoria formal-objetiva

Como já mencionamos, a teoria formal-objetiva leva em consideração o ingresso do autor na esfera da tipicidade, é dizer, considera iniciada a execução de um crime quando o autor pratica os atos descritos no verbo nuclear do tipo.[173] A crítica que merece esta teoria é a de que, em muitos casos, só teremos o ingresso na esfera da tipicidade com o último ato de execução propriamente dito. No crime de furto, por exemplo, quando estaria iniciada a execução? Não são raros os casos em que o agente é detido dentro da residência, ou, ainda, quando tenta ingressar nesta e, não obstante, ainda não há ato típico de subtração. Ademais, já ocorreu de o agente ficar preso quando tentava ingressar pela janela da residência e, ao considerarmos este fato isoladamente, ainda não se pode afirmar que há início da execução de furto. Portanto, os detratores desta teoria argumentam que ela deixa de fora atos que já se encontram numa zona neutra imediata do tipo e que já haveria punibilidade.

2.2 Teoria objetivo-material

Segundo esta teoria, existe a tentativa quando todos os atos de atividade, graças a sua vinculação necessária com a ação típica, aparecem como parte integrante dela, segundo uma concepção natural, ou que produzem uma imediata colocação em perigo do bem jurídico.[174]

2.3 Teoria objetivo-subjetiva

Para essa teoria, a tentativa começa quando o autor, segundo sua representação do fato, coloca-se em atividade direta e imediata à realização do tipo. Combina-se um critério subjetivo (a representação do autor) e um critério objetivo (dar princípio diretamente à realização do tipo). Nas palavras de WESSELS, não bastaria qualquer postar-se em atividade para realizar a resolução do fato, mas tão somente uma conduta, que na verdade não precisa ser propriamente típica, mas que, segundo o plano do autor, esteja ligada estreitamente à ação típica executiva, de tal forma que, sem solução de continuidade e sem maiores interrupções no decorrer do acontecimento,

---

[173] WELZEL, Hans, p. 224; WESSELS, Johannes. *Direito penal*: parte geral. Tradução de Juarez Tavares. Porto Alegre: Sergio Antonio Fabris Editor, 1976. p. 134.

[174] WELZEL, Hans, p. 224; WESSELS, Johannes. *Direito penal*: parte geral. Tradução de Juarez Tavares. Porto Alegre: Sergio Antonio Fabris Editor, 1976. p. 134.

deva conduzir *diretamente* à realização do tipo legal.[175] Assim, a tentativa de furto é formada por todas as ações que se põem em relação de agressão da posse alheia e devam ser conduzidas, finalmente, sob o ponto de vista espaço-temporal, de modo direto à subtração planejada.[176]

SILVA SÁNCHEZ, analisando as teorias, menciona a importância que tem o problema da distinção entre atos preparatórios e os de execução de um delito, pois de sua solução depende o que, como regra geral, um fato fique impune ou seja penalmente sancionado, segundo que se considere quem começou ou não a correspondente execução.[177] Ainda que se trate das teorias logo abaixo, merecem destaque as anotações de SILVA SÁNCHEZ. Assim, para o autor,

> "a doutrina coincide em que para tal solução não basta acudir ao mencionado elemento subjetivo, o dolo relativo ao delito consumado (*teoria puramente subjetiva*), pois este concorre tanto nos atos de execução como nos preparatórios, ainda que habitualmente se utilize 'o plano do autor' como elemento importante para, através dele, junto com outros elementos objetivos, poder apreciar se a execução começou ou não".[178]

Assim mesmo, a doutrina atual habitualmente não considera suficiente a teoria *objetivo-formal* que considera iniciada a execução quando começou a realizar-se algum dos elementos recolhidos no correspondente tipo delitivo.[179]

Geralmente, reconhece-se caráter executivo aos atos imediatamente anteriores à ação típica quando conduzem diretamente a tal ação. Essa teoria objetivo-formal parece demasiadamente estreita.[180] Tem muitos adeptos a chamada teoria *objetivo-material*, que considera iniciada a execução quando começou a estar em perigo o bem jurídico protegido pelo delito de que se trate. Alguns se referem ao dado da proximidade espaço-temporal; outros, à causalidade material como critérios reveladores de caráter executivo da ação dirigida ao delito.[181] Outro setor doutrinal fala de univocidade, reputando atos de execução os que inequivocamente conduzem à produção do delito, ainda que este último critério sirva só para revelarmos através da prova de indícios a realidade do antes referido elemento subjetivo ou dolo, necessário tanto para os atos de execução como para os preparatórios.[182]

Conclui SILVA SÁNCHEZ que

---

175 Idem, ibidem.

176 Idem, p. 135.

177 SILVA SÁNCHEZ, Jesús-María. *El nuevo Código Penal*: cinco cuestiones fundamentales. José Maria Bosch, 1997. p. 122.

178 SILVA SÁNCHEZ, Jesús-María. *El nuevo Código Penal*: cinco cuestiones fundamentales. José Maria Bosch, 1997. p. 122.

179 Idem, ibidem.

180 Idem, ibidem.

181 Idem, ibidem.

182 Idem, ibidem.

"em realidade não há uma solução válida para todos os casos. Partindo do plano do autor, que habitualmente aparece manifestado na conduta objetiva observada, e do tipo de delito concreto de que se trate, se se iniciou um comportamento que naturalmente (quando haja um elemento estranho interruptor) levaria à consumação, podemos considerar iniciada a execução, ainda que nenhum elemento típico se haja produzido. Todos os elementos antes mencionados, que as distintas teorias reputam como decisivos segundo seu particular ponto de vista, devem valorar-se em seu conjunto para apreciar em cada caso se nos encontramos ou não ante o início da execução. Em todo caso, teremos em conta a expressão 'directamente' que nosso CP (Código Penal espanhol) utiliza ao definir a tentativa (art. 3.3), que deve servir para restringir a excessiva amplitude com que na prática habitualmente se aplica esta forma de imperfeita execução dos delitos".[183]

3 Teorias sobre a punibilidade da tentativa

Para que se entenda a adoção da teoria objetiva e sua explicação, mister se faz um breve estudo das teorias preconizadas da razão do castigo da tentativa.

3.1 Teoria objetiva

Segundo a doutrina antiga, o merecimento da pena da tentativa se encontra na colocação em perigo do objeto da ação protegido pelo tipo. Posto que o dolo é igual por natureza em todas as fases do fato (preparação, execução e consumação), a delimitação da tentativa frente à ação preparatória se busca no âmbito *objetivo*.[184] A seu teor, a razão jurídica da punibilidade da tentativa não está na vontade do autor, senão no perigo próximo da realização do resultado típico.

Assim, a tentativa se castigaria pela elevada possibilidade da produção do injusto do resultado. Entretanto, dado que esta probabilidade só pode afirmar, em princípio, com o início da execução e unicamente quando a ação da tentativa for idônea, a teoria objetiva leva a restrição da punibilidade da tentativa frente à ação preparatória e afasta a punibilidade da tentativa absolutamente inidônea.[185] Ademais, ao faltar o injusto do resultado, a teoria objetiva leva à atenuação penal obrigatória.[186] Analisada a teoria objetiva, conclui-se que é a adotada pelo nosso legislador, visto que menciona o início da execução do tipo e também a atenuação da pena para o crime tentado.

183 Idem, ibidem.

184 JESCHECK, Hans-Heinrich, op. cit., p. 464.

185 Idem, ibidem.

186 Idem, ibidem. Para aprofundar, ver MAURACH, Reinhart; GÖSSEL, Karl Heinz; ZIPF, Heinz. *Derecho penal*: parte general 2. Traducción por Jorge Bofill Genzsch. Buenos Aires: Astrea, p. 25; WELZEL, Hans, op. cit., p. 224 e ss.

Ademais, como veremos no capítulo seguinte, a tentativa absolutamente inidônea (crime impossível) fica impune.

3.2 Teoria subjetiva

Segundo a teoria subjetiva, a razão penal da tentativa é a vontade contrária ao direito colocada na ação.[187] Com isso, o decisivo não seria a efetiva colocação em perigo, pelo fato, do objeto protegido da ação, senão o *injusto da ação*, materializado no dolo do delito. A teoria subjetiva leva a ampliação do âmbito da tentativa punível à costa da ação preparatória, à admissão da punibilidade inclusive da tentativa absolutamente inidônea e à equiparação, em princípio, da punição da tentativa e da consumação, posto que a vontade contrária ao Direito em ambos os casos é a mesma.[188]

3.3 Teoria subjetivo-objetiva ou teoria da impressão

Parte da teoria subjetiva, mas a combina com elementos objetivos. A seu teor, o verdadeiro fundamento da punição da tentativa é a vontade contrária a uma norma de conduta, mas somente se afirma o merecimento da pena da exteriorização da vontade dirigida ao fato quando com isso possa perturbar-se profundamente a confiança da coletividade na vigência do ordenamento jurídico, assim como o sentimento de segurança jurídica, e, em consequência, resultar diminuída a paz jurídica.[189] O merecimento da pena da tentativa se apoia, ademais, *na perigosidade do autor*, para o que se tem em conta se a colocação em perigo do objeto protegido da ação se encontra incluída em sua vontade de realizar o fato (teoria do autor).[190] As teorias ecléticas levam a uma combinação de critérios subjetivos e objetivos na delimitação da preparação e tentativa, a impunidade da tentativa marcadamente irracional e a atenuação penal facultativa.[191]

4 Elementos da tentativa

Segundo JESCHECK, a tentativa precisa de três requisitos: a resolução de realizar o tipo, como elemento subjetivo, o dar começo direto à realização do tipo, como elemento objetivo, e a falta de consumação do tipo, fator negativo conceitualmente indispensável.[192] Dito de outra maneira, a tentativa pressupõe uma completa tipicidade subjetiva e, como correlato objetivo, um começo de execução e uma falta de consumação.[193]

---

[187] JESCHECK, Hans-Heinrich, op. cit., p. 465.

[188] JESCHECK, Hans-Heinrich, op. cit., p. 465.

[189] Idem, ibidem.

[190] Idem, ibidem.

[191] Idem, p. 465-466.

[192] Idem, p. 466.

[193] ZAFFARONI, Eugenio Raúl; PIERANGELLI, José Henrique, op. cit., p. 39.

Assim, deve-se acrescentar ainda que o delito não se consuma por circunstâncias alheias à vontade do agente, visto que se não ocorrer a consumação por vontade própria, poderemos estar diante da desistência voluntária ou do arrependimento eficaz. Importante ter em conta que o elemento subjetivo da tentativa é o dolo do delito consumado,[194] visto que o agente quer a realização completa do crime, ou seja, a sua consumação, que não ocorre por fatores externos. Assim, MIR PUIG diz que, subjetivamente, a tentativa requer que o sujeito queira os atos que objetivamente realiza com ânimo de consumar o fato,[195] o que demonstra também que o elemento subjetivo é o do crime consumado.[196]

5 Tentativa imperfeita ou inacabada e tentativa acabada, perfeita ou crime falho

5.1 Tentativa inacabada ou imperfeita

Ocorre a tentativa imperfeita quando o sujeito não esgota toda a sua capacidade ofensiva contra o bem jurídico tutelado. A ação é interrompida durante o processo executório, como no exemplo em que o sujeito é impedido de continuar disparando quando ainda lhe sobram projéteis em sua arma.

5.2 Tentativa acabada, perfeita ou crime falho

Fala-se em tentativa perfeita quando a fase de execução é integralmente realizada pelo agente, mas o resultado não se verifica por circunstâncias alheias a sua vontade. Nesse caso, o agente realiza tudo aquilo que está a seu alcance para obter o êxito desejado, afirmando-se que o crime é subjetivamente consumado em relação ao agente que o comete, mas não o é objetivamente em relação ao objeto ou à pessoa contra a qual se dirigia. Assim, seria o caso do agente que dispara todos os seus projéteis na vítima, que, atingida, é levada ao hospital e salva por uma intervenção cirúrgica. Nesse caso, tudo o que estava ao alcance do agente foi feito, por isso, diz-se que o crime foi subjetivamente consumado, porém, objetivamente não o foi, porque o tipo penal não restou integralizado.

O nosso Código Penal não faz distinção entre a tentativa imperfeita e a tentativa perfeita ou crime falho, recebendo o mesmo tratamento dispensado pelo art. 14, II, do Código Penal. A distinção oferece importância no estudo da desistência voluntária e do arrependimento eficaz, momento em que se verifica a aplicação de um dos institutos mencionados de acordo com o esgotamento ou não do processo executório do delito. Assinala RODRÍGUEZ MOURULLO que a distinção entre tentativa acabada e tentativa inacabada se reflete no âmbito da "evitação voluntária da consumação". Na tentativa inacabada basta com o omitir o resto dos atos executivos todavia necessários

---

194 MIRABETE, Julio Fabbrini, op. cit., p. 151; JESCHECK, Hans-Heinrich, op. cit., p. 466.

195 MIR PUIG, Santiago. *Derecho penal*: parte general. 4. ed. PPU, 1996. p. 343.

196 MUÑOZ CONDE, Francisco; GARCÍA ARÁN, Mercedes, op. cit., p. 433.

para que se produza o resultado (desistência), enquanto na acabada é preciso levar a cabo positivamente aquelas ações que neutralizem a eficácia dos atos executivos já praticados em sua totalidade (arrependimento ativo).[197]

6 Considerações sobre alguns crimes que não admitem tentativa

6.1 Crimes culposos

ZAFFARONI e PIERANGELLI afirmam que é certo que a tentativa não é admissível nos crimes culposos, pois só se pode tentar alcançar o que se quer alcançar, mas não o que não é querido.[198] Só há tentativa quando o autor atua com dolo de realizar o tipo delitivo previsto: a direção da vontade do fato tentado coincide com a do fato consumado.[199] Isso é verdade porque só quem conhece e quer realizar os elementos do fato punível pode conceitualmente dar início imediato à realização do tipo de acordo com a sua representação, ou seja, dirigir a sua vontade a realização do fato punível. Nos crimes culposos, a conduta é dirigida a um fim lícito, ocorrendo o resultado em face da falta do dever de cuidado objetivo que não é observado pelo agente. Com isso, não podemos imaginar a tentativa de um delito culposo, visto que não há direcionamento da vontade nos crimes culposos ao fim ilícito. Alguns autores mencionam que é possível a tentativa na culpa imprópria, na qual o sujeito incide em erro de tipo inescusável.[200]

A possibilidade é contestada por ZAFFARONI e PIERANGELLI, que afirmam que a confusão doutrinária surgiu depois, quando o idealismo sustentou a teoria do erro e admitiu a "tentativa culposa como uma possibilidade racional". O que efetivamente acontece é que, nestes casos de erro inescusável, é possível que o Código *imponha a pena do crime culposo a uma tentativa de crime doloso*, único sentido em que é possível falar-se em "equiparação", porque a teoria da ampliação da ideia de culpa, no Código, é inadmissível, mesmo porque o legislador não é onipotente, não pode tornar lógico o que é ilógico.[201]

Assim, estamos de acordo que não é possível a tentativa em crime culposo, ainda que seja na denominada culpa imprópria, decorrente das descriminantes putativas,

---

[197] RODRÍGUEZ MOURULLO, Gonzalo, ob. cit., p. 74.

[198] ZAFFARONI, Eugenio Raúl; PIERANGELLI, José H., op. cit., p. 19.

[199] MAURACH, Reinhart; GÖSSEL Karl Heinz; ZIPF, Heinz. *Derecho penal*: parte general 2. Buenos Aires: Astrea. Traducción de Jorge Bofill Genzcch. p. 36.

[200] MIRABETE, Julio Fabrini. *Manual de direito penal*. São Paulo: Atlas, 2004. p. 160. Também é o caso citado por DAMÁSIO DE JESUS: supondo que o guarda-noturno que entra em seu quintal é o ladrão que continuamente vem-lhe subtraindo bens, o agente apanha uma arma de fogo e, sem maior atenção ou indagação (erro vencível, inescusável, censurável), dispara vários projéteis contra ele, na suposta defesa de sua propriedade, errando o alvo. Apresenta-se, diz a doutrina, uma tentativa de homicídio culposo. JESUS, Damásio E. de. *Direito penal*, 1º v. – Parte Geral. São Paulo: Saraiva, 1995. p. 292. Embora o próprio Damásio admita em seu livro que não é possível a tentativa, ainda que na culpa imprópria. JESUS, Damásio E. *Direito penal*, 1º v. – Parte Geral. São Paulo: Saraiva, 2003. p. 339.

[201] ZAFFARONI, Eugenio Raúl; PIERANGELLI, José H., op. cit., p. 21.

ou seja, nos casos em que se dá o erro sobre situação de fato que, pela teoria limitada da culpabilidade, recebe o tratamento do erro de tipo. Portanto, se o erro for vencível, a pena será a do crime culposo. A questão é de fácil tratamento jurídico quando o sujeito, supondo uma agressão injusta ou atual, dispara contra o suposto inimigo e o mata, verificando-se que na realiadade não havia agressão (descriminante putativa por situação de fato). Aqui só há duas soluções: se o erro for invencível ou desculpável, o agente terá excluído o dolo e a culpa (art. 20, CP); se o erro for vencível ou indesculpável, responderá pelo crime culposo. O problema ocorre quando o agente dispara numa situação imaginária, ou seja, supondo que se trata da agressão atual e injusta, mas não mata. Neste caso não há tentativa de homicídio culposo, mas tão somente a aplicação da pena do crime culposo, porque se trata de aplicação da regra inserta no art. 20, parte final, do Código Penal.

Há outros motivos que nos levam pensar assim. Na realidade, há dolo na conduta do agente, pois dirige a sua conduta finalisticamente para matar alguém, porém, de forma justificada, porque entende, erroneamente, que se encontra abrigado por uma causa de justificação. Portanto, não há modificação do elemento subjetivo do agente, ocorrendo, sim, um tratamento jurídico em face do erro nas descriminantes putativas.

6.2 Crimes preterdolosos

Para DAMÁSIO, os crimes preterdolosos não admitem tentativa, pois o evento de maior gravidade objetiva, não querido pelo agente, é punido a título de culpa.[202] MIRABETE afirma que não é possível a tentativa quando não se consuma o resultado agregado ao tipo fundamental, pois, nessa hipótese, o evento é que o transforma em crime preterintencional.[203] Nos delitos preterintencionais só se admite a tentativa dolosa – por hipótese – nos casos em que o resultado que tem lugar dolosamente está vinculado à própria ação, como ocorre no caso de estupro com o resultado morte ou lesões. Porém, não é admissível quando o resultado sobrevém vinculado ao resultado doloso, como no homicídio preterintencional, "porque, no segundo caso, a tentativa do delito principal não tem, conforme o tipo, fundamento suficiente para a imputação do resultado mais grave".[204]

6.3 Crimes unissubsistentes

Para MIRABETE e DAMÁSIO e grande parte da doutrina, os crimes unissubsistentes não admitem a forma tentada, visto que são crimes de um único ato, sendo impossível o fracionamento dos atos de execução.[205] O exemplo seria a injúria verbal, o uso

[202] JESUS, Damásio E. de, op. cit., p. 293.

[203] MIRABETE, Julio Fabbrini, op. cit., p. 153.

[204] ZAFFARONI, Eugenio Raúl; PIERANGELLI, José H., op. cit., p. 18-19. Ver também JESCHECK, Hans-Heinrich, op. cit., p. 475.

[205] MIRABETE, Julio Fabbrini, op. cit., p. 153; JESUS, Damásio de, op. cit., p. 293.

de documento falso. ZAFFARONI e PIERANGELLI afirmam que não se pode ter esse critério como geral e absoluto, porque, contrariamente, haverá sempre necessidade de se considerar o plano concreto do autor, da mesma maneira que se faz no caso de limitação dos atos preparatórios e executivos. Afirmam que a injúria verbal pode ser constituída de uma só palavra, ainda mais, a injúria verbal pode ser uma simples gesticulação, um único movimento do corpo. Mas também pode ser constituída de uma frase, que, embora breve, possui um começo e um final e é ela, na sua totalidade, que forma uma unidade de sentido, uma totalidade simbólica, e nesse caso, o começo da frase é o começo da execução, quando não tenha ela abrangido o sentido total do símbolo injuriante.[206]

6.4 Crimes omissivos puros

Não admitem a forma tentada, pois, conforme MIRABETE, não se exige um resultado naturalístico decorrente da omissão.[207] Assim, quando o sujeito não atua quando deveria atuar, consuma-se o crime. Seria o caso da omissão de socorro, por exemplo, em que o agente deixa de prestar socorro, podendo fazê-lo. No momento em que não presta o socorro, consuma-se o crime, mesmo que um terceiro o faça.

6.5 Tentativa no crime complexo. Roubo próprio e impróprio

Roubo próprio: permite a tentativa quando o sujeito, iniciada a execução do tipo mediante emprego de grave ameaça, violência própria ou imprópria, não consegue efetivar a subtração da coisa alheia móvel.

Roubo impróprio: art. 157, 1º, CP. "Na mesma pena incorre quem, logo depois de subtraída a coisa, emprega violência contra a pessoa ou grave ameaça, a fim de assegurar a impunidade do crime ou a detenção da coisa para si ou para terceiro."

Conceito: ocorre quando o agente emprega violência contra a pessoa ou grave ameaça não como meio para a subtração, mas após esta, a fim de assegurar a impunidade do crime ou a detenção da coisa para si ou para outrem. Essa violência ou ameaça deve ser exercida *imediatamente* após a subtração; se for praticada após sensível espaço de tempo, haverá concurso de crimes.

Para a ocorrência do roubo impróprio, a violência empregada deve ser exercida logo após a subtração, quando a posse ainda é precária, e o agente age para assegurar a execução do crime. Se o agente utiliza violência após a subtração, por exemplo, reage meia hora depois, ao ser surpreendido pela polícia, não há o delito de roubo, mas, o delito de furto consumado com o de concurso de crime contra a pessoa.

Roubo impróprio: no sentido da inadmissibilidade da tentativa neste tipo de delito existe controvérsia na jurisprudência, sendo que o entendimento dos tribunais superiores era de não admissibilidade, porém, o Tribunal de Justiça, por algumas de suas Câmaras, tem entendido pela admissibilidade.

---

206 ZAFFARONI, Raúl Eugenio; PIERANGELLI, José H., op. cit., p. 60.

207 MIRABETE, Julio Fabbrini, op. cit., p. 153.

STF – "No roubo, quando a violência é subsequente à subtração, o momento consumativo é o do emprego da violência. O delito previsto no art. 157, 1º, do Código Penal não comporta tentativa (RT 453/436).

STJ – O roubo impróprio não admite tentativa, tendo em vista que o momento consumativo é o emprego da violência" (Min. Assis Toledo).

O momento consumativo do roubo impróprio é quando o agente emprega a violência. Nesse caso, o roubo está consumado. Se não houver violência, caracteriza-se o furto.

Admissibilidade de tentativa: as decisões que admitem a tentativa utilizam o exemplo de que o crime seria tentado quando o agente, após a subtração, é preso quando emprega a violência ou grave ameaça contra a pessoa.[208]

Outro meio para assegurar a posse: a lei não prevê a tipificação do roubo próprio quando o agente, efetuada a subtração, emprega outro meio para assegurar a coisa ou sua impunidade. Exemplo: caso do agente que é detido pelo furto, ministrando narcótico ao copo de bebida do policial que aguarda a chegada da viatura para levá-lo à prisão por ter sido preso em flagrante.

Tentativa no latrocínio: verificada a morte da vítima, o crime é o de latrocínio, ainda que o agente não tenha conseguido subtrair a *res*. Orientação predominante do STF e do STJ.

Hipóteses possíveis:

> 1ª Homicídio consumado e subtração consumada = latrocínio consumado;
>
> 2ª Homicídio tentado e subtração tentada = latrocínio tentado (STF, *DJU* 11-10-1996, p. 38502);
>
> 3ª Homicídio tentado e subtração consumada = latrocínio tentado;
>
> 4ª Homicídio consumado e subtração tentada = latrocínio consumado.
>
> Súmula 610, STF "Há crime de latrocínio, quando o homicídio se consuma, ainda que não realize o agente a subtração dos bens da vítima".

No que diz respeito à aplicação da Súmula 610 do STF, há entendimento divergente, ou seja, admitindo a tentativa num acórdão do Tribunal de Justiça do RS, onde se menciona que a razão da edição da súmula foi de política criminal, porque reconhecido o latrocínio tentado, a pena ficaria aquém da soma das penas (concurso) entre um crime consumado contra a vida e um tentado contra o patrimônio, portanto, reconheceu-se, através da súmula, que, havendo a morte da vítima, com ou sem êxito na subtração, o latrocínio estaria consumado. Neste interessante julgado do TJRS, rejeitou-se a aplicação da Súmula 610 porque isso ocorria antes em face do *quantum* da pena aplicada ao latrocínio (15 a 30 anos). Porém, com a edição da lei dos crimes hediondos, a pena mínima foi aumentada (20 a 30), corrigindo-se a lacuna suprida pela súmula.[209]

---

[208] TJRS, Ap.Crim. 70005128889; TJRS, Ap. Crim. 70006202832; TJRS, Ap. Crim. 70005758875.

[209] RJTJRS, 171/137.

Também no sentido de que é possível a tentativa de latrocínio é o entendimento de Nereu GIACOMOLLI, conforme explicitado em voto vencido, porém, com fundamento no princípio da ofensividade aos bens jurídicos tutelados.[210]

7 O crime impossível no Código Penal brasileiro – art. 17

Segundo o art. 17, CP, "não se pune a tentativa quando, por ineficácia absoluta do meio ou por absoluta impropriedade do objeto, é impossível consumar-se o crime".

O "crime impossível" apresenta uma grande afinidade com a tentativa. Enquanto, na tentativa, o resultado delituoso é sempre possível, não só porque os meios empregados são idôneos, como também porque o objeto contra o qual se dirigiu a conduta é passível de lesão ou do perigo de lesão; no crime impossível, o emprego de meios ineficazes ou o ataque a objetos impróprios tornam inviável aquele resultado.[211]

Para JESCHECK, existe uma tentativa inidônea quando a ação do autor dirigida à realização de um tipo penal não pode chegar à consumação nas circunstâncias dadas, seja por razões fáticas, seja por razões jurídicas. Este é o caso da inidoneidade do objeto, do meio ou do sujeito. Também se incluem aqui as hipóteses em que o objeto da ação prevista pelo autor não se encontra no lugar do fato ou, contra o esperado, mantém-se distante do mesmo (inidoneidade do meio).[212]

Conforme o art. 17, CP, duas hipóteses se verificam de crime impossível: por ineficácia absoluta do meio ou por absoluta impropriedade do objeto. Porém, deve-se ressaltar que o meio deve ser absolutamente inidôneo. E o que se entende por isso? Segundo FRAGOSO, meio absolutamente inidôneo é aquele que, por sua essência ou natureza, não é capaz de produzir o resultado.[213] Assim, o agente que, com a intenção de causar a morte de seu inimigo, ministra-lhe açúcar pensando ser veneno, utiliza-se de um meio absolutamente inidôneo para causar a morte, não sendo punível por essa conduta. Também é absolutamente inidôneo utilizar-se como meio arma sem munição. Entretanto, adverte FRAGOSO que a inidoneidade do meio deve ser sempre aferida *ex post*, em face do caso concreto, afirmando que o meio normalmente inidôneo pode ser, excepcionalmente, idôneo, como no caso da morte por susto de uma pessoa cardíaca.[214] Se o meio empregado for relativamente ineficaz, haverá tentativa.

Recentemente, a 7ª Câmara do Tribunal de Justiça, através de voto condutor do Des. Nereu Giacomolli, decidiu pelo crime impossível no caso de furto de automóvel quando o veículo só pode ser acionado pela própria vítima, é dizer, somente ela possui "o modo" de acioná-lo.[215]

---

210 TJRS, Embargos Infringentes 70007442346; TJRS, Ap. Crim. 70007295470.

211 Cf. SILVA FRANCO, op. cit., p. 38.

212 JESCHECK, Hans-Heinrich, op. cit., p. 480.

213 FRAGOSO, Heleno Cláudio, op. cit., p. 260.

214 Idem, ibidem.

215 TJRS, Ap. Crim. 70008635518.

Se a dose de veneno empregada não é suficiente a causar a morte, o meio é relativamente ineficaz. O mesmo se verifica no caso da arma carregada que falha, ou seja, o meio utilizado é relativamente ineficaz, havendo, então, tentativa. Isso ocorre porque o fato não se verificou por circunstâncias alheias à vontade do agente. Nesse caso, a arma tinha potencialidade lesiva e apenas falhou, diverso do que ocorre quando a arma não está carregada (meio totalmente ineficaz). O Tribunal de Alçada do Rio Grande do Sul considerava crime impossível alguns casos de furto em supermercado quando o vigilante do estabelecimento controla desde o início todos os movimentos do agente, apreendendo a mercadoria e detendo o agente quando este tenta se retirar sem efetuar o pagamento. Um dos fundamentos é de que o pleno sucesso da ação preventiva de proteção ao patrimônio contrasta com a inidoneidade do meio empregado pelo agente para lograr o propósito delituoso.[216]

De outro lado, há impropriedade absoluta do objeto quando este não existe ou, nas circunstâncias em que se encontra, torna impossível a consumação.[217] Assim, o agente que efetua disparos em seu inimigo que já se encontrava morto não comete o delito de homicídio. Também não comete o delito de aborto a mulher que realiza manobras abortivas supondo estar grávida quando na realidade encontrava-se com um fibroma. Nesse caso também a impropriedade deve ser absoluta, ocorrendo a tentativa no caso de impropriedade relativa. Segundo FRAGOSO, a impropriedade é apenas relativa se, existindo e podendo ser atingido, ocasionalmente o objeto não se encontra onde poderia ser atacado (disparos feitos sobre o leito, tendo-se ausentado a vítima momentos antes). Exemplo de impropriedade relativa é o caso do desvio do projétil, ou seja, o agente dispara a arma não matando a vítima porque esta utilizava uma carteira ou uma medalha que desviou o projétil.

RODRÍGUEZ MOUROLLO, ao comentar o novo CP espanhol, diz que a primeira das mencionadas inovações repercute, como seguidamente veremos, no âmbito da denominada tentativa inidônea (ou delito impossível, segundo terminologia fabricada a partir do art. 52 do CPA – Código espanhol, antigo).[218]

A jurisprudência, sob a influência do CPA (Código espanhol), vinha sustentando já uma concepção objetiva da tentativa e frustração:

> "Afilhando-se nosso Código Penal, em seu artigo 3, ao conceito objetivo do delito frustrado, ao referir os 'atos de execução' desenvolvidos pelo agente a todos os que deveriam produzir como resultado o delito, ou seja, aos que, segundo módulos de necessidade, haviam de conduzir para origem do dano ao bem jurídico protegido, conforme as regras de existência comum, e não simplesmente

---

216 Ap. Crim., 2ª Câm. Crim., nº 295.014104, Rel. Paulo Moacir Aguiar Vieira; Ap. Crim., 1ª Câm. Crim., nº 293226650, Rel. Saulo Brum Leal.

217 FRAGOSO, Heleno Cláudio, op. cit., p. 260.

218 RODRÍGUEZ MOURULLO, Gonzalo, op. cit., p. 75.

aqueles que o sujeito considere idôneos ou suficientes para a efetividade de seu propósito" (STS 29.1.91).[219]

Concepção que se vê assentada no CPN (Código Penal espanhol – novo) pela introdução do advérbio *objetivamente*, ao que antes nos referimos.[220]

Os atos executados devem possuir *objetivamente* aptidão e idoneidade suficiente para produzir o resultado. O juízo sobre esta idoneidade deverá, portanto, formular-se por um observador imparcial (na prática o Juiz) conforme a experiência geral, sem que resulte decisivo o que subjetivamente pensou o autor.[221]

A punibilidade da tentativa se baseia precisamente na criação objetiva de um risco que põe materialmente em perigo o bem jurídico protegido (STS 9.6.73, 6.5.85 e 12.7.95).[222] Colocação em perigo que será dolosa, porquanto o elemento subjetivo da tentativa se identifica com a resolução de consumar o delito, de tal modo que "o delito consumado e o frustrado não acusam diferenças desde um plano subjetivo, ao ser comum a ambos o ânimo resolutivo de levar a término o projeto criminal idealizado" (STS 29.1.91).[223]

Em matéria de tentativa, as maiores dificuldades práticas surgem na hora de deslindar os atos preparatórios do que é já princípio de execução. A Sentença do Tribunal Supremo espanhol recorda as distintas teorias formuladas a respeito, para concluir logo que:

> "Em realidade não há uma solução válida para todos os casos. Partindo do plano do autor, que habitualmente aparece manifestado na conduta objetiva observada, e do tipo de delito concreto de que se trate, se iniciou-se um comportamento que naturalmente (quando não haja um elemento estranho interruptor) levaria a consumação, podemos considerar iniciada a execução, ainda que nenhum elemento típico se haja produzido".[224]

O Tribunal Supremo espanhol se aproxima, assim, da fórmula doutrinal que sustenta que "existe um começo de execução nas ações do autor que, uma vez conhecido o seu plano, aparecem segundo a concepção natural como partes integrantes do comportamento típico".[225]

A STS 9.6.73[226] indicou:

---

[219] Sentença do Tribunal Supremo espanhol.

[220] RODRÍGUEZ MOURULLO, Gonzalo, op. cit., p. 75.

[221] RODRÍGUEZ MOURULLO, Gonzalo, op. cit., p. 75.

[222] Sentenças do Tribunal Supremo espanhol.

[223] Idem, ibidem.

[224] RODRÍGUEZ MOURULLO, Gonzalo, op. cit., p. 76.

[225] Idem, ibidem.

[226] Sentença do Tribunal Supremo espanhol.

"É necessário dar princípio a execução *diretamente*, advérbio que não alude tanto a uma imediatividade espacial temporal daqueles atos iniciais com os que produzem o resultado próprio de cada delito, como a uma relação *funcional*, a uma conexão íntima com a *ação típica* representada pelo verbo nuclear do correspondente tipo delitivo, pelo que cabe dizer que os atos executivos próprios da tentativa se distinguem dos simplesmente preparatórios: a) em que *formalmente* aqueles incidem no núcleo do tipo, ainda que bastará pelo dito que se conectem diretamente com a ação típica para que possam ser considerados como elementos dela; b) em que *materialmente* ponham em perigo o bem jurídico penalmente protegido; c) em que *subjetivamente* possa dizer-se, conforme ao chamado 'plano do autor' que sua resolução criminal, objetivada em ditos atos iniciais, penetrou efetivamente no tipo e pôs diretamente em risco o bem jurídico".

O CPA,[227] depois de configurar em termos objetivos a tentativa e a frustração no art. 3, castigava, através da regra do art. 52, § 2º, com a mesma pena da tentativa, "os casos de impossibilidade de execução ou de produção do delito", é dizer, casos nos que o delito resulta impossível bem porque os meios empregados (se utiliza uma substância inócua crendo que é venenosa) são idôneos ou bem porque falta o objeto (se dispara sobre um cadáver crendo todavia que é pessoa viva). Segundo CPA resultavam desta sorte puníveis as hipóteses de delito *absolutamente impossível*, nos que pela absoluta inidoneidade de meios ou de ausência de objeto não se havia originado nenhum perigo para o bem jurídico concretamente protegido.[228] No fundo, impunha-se, assim, uma pena baseada fundamentalmente na *perigosidade do autor*, o que supunha uma clara desviação do sistema, que tratou de salvar-se apelando a *teoria da comoção*, que vê em tais casos de delito impossível uma conduta que, de algum modo, comove a ordem social e afeta, em definitivo, a própria vigência do Direito.[229]

Ao exigir agora o novo art. 16.1,[230] para que exista tentativa, a prática de todos ou parte dos atos que *objetivamente* deveriam produzir o resultado, está pressupondo a *possibilidade objetiva* de produção do delito, com o que ficam excluídos os casos de delito impossível que o CPA considerava punível.[231]

A nova definição da tentativa ao exigir a possibilidade de produção objetiva do resultado, entranha a idoneidade também *objetiva* dos meios empregados. Por conseguinte, só poderão reconduzir-se à tentativa punível aqueles casos de *tentativa relativamente inidônea* nos que o meio empregado era, em princípio, *idôneo*, se bem resultou *insuficiente* (dose de veneno menor que a necessária para causar a morte). Nesses casos,

---

[227] Anterior Código Penal espanhol.

[228] RODRÍGUEZ MOURULLO, Gonzalo, op. cit., p. 76-77.

[229] Idem, p. 77.

[230] O art. 16.1 do novo Código Penal espanhol menciona que: "Hay tentativa cuando el sujeto da principio a la ejecución del delito directamente por hechos exteriores, practicando todos o parte de los atos que objetivamente deberían producir el resultado, y sin embargo éste no se produce por causas independientes de la voluntad del autor."

[231] RODRÍGUEZ MOURULLO, Gonzalo, op. cit., p. 77.

pode-se seguir falando de uma "prática parcial" de atos que *objetivamente* deveriam produzir o resultado e assim mesmo de um perigo para o bem jurídico concreto, se bem menor que o que origina a tentativa absolutamente idônea.[232]

7.1 Teorias

a) *Teoria objetiva*. A teoria objetiva exige a efetiva colocação em perigo do objeto protegido da ação, mediante a ação questionada. Parte do injusto do resultado como verdadeira razão para o merecimento de pena do fato e, por isso, requer também da tentativa que apareça como um nascente injusto do resultado.[233]

b) *Teoria individual-objetiva ou teoria da impressão*. Para essa teoria, o decisivo para a punibilidade da tentativa é a vontade do autor contrária ao Direito, mas não como um fenômeno em si mesmo, senão entendida em seus efeitos sobre a comunidade. A confiança da coletividade na vigência do ordenamento jurídico, como um dos poderes que configuram objetivamente a vida social, se perderia se ficasse impune quem se propõe seriamente a realizar um delito grave e desse princípio a sua execução.[234]

c) *Teoria subjetiva*. Leva-se em conta somente a vontade do autor, tanto para a delimitação frente à preparação como respeito ao grau de periculosidade da tentativa inidônea.

A teoria adotada pela nossa legislação é a objetiva, ou seja, somente será punível o fato se o bem jurídico tutelado efetivamente foi posto em perigo ou sofreu ameaça de perigo. Então, nos casos em que o fato não se consuma por ineficácia absoluta do meio ou impropriedade absoluta do objeto, ainda que a vontade do agente seja contrária ao direito, não há punibilidade.

Sobre as teorias, à primeira vista, poderia parecer que a diferença entre a teoria objetiva e a teoria subjetiva consiste em que para a teoria objetiva só são constitutivos de tentativa os perigos *reais*, enquanto para a subjetiva também o são, ao menos, certos perigos *putativos*.[235] Entretanto, SILVA SÁNCHEZ crê que a primeira tese que a este respeito convém assentar, e que deriva do já exposto, é que a diferença entre o real e o putativo é *de grau*, de modo que ao final a fixação da fronteira é questão valorativa, e não, em absoluto, ontológica.[236] A afirmação anterior merece, sem dúvida, uma aclaração. Com efeito, o que denominamos *real*, em puridade não é *necessariamente* real (no sentido "forte" do termo), senão aparente, ainda que é certo que a qualificação de "real" expressa um determinado (e superior) grau de *consenso* social a respeito da efetiva existência daquilo

---

232 Idem, p. 77-78.

233 JESCHECK, Hans-Heinrich, op. cit., p. 480.

234 Idem, ibidem.

235 SILVA SÁNCHEZ, Jesús-María, op. cit., p. 127.

236 Idem, ibidem.

de que se trata. Assim, a qualificação de algo como "real" seria expressiva da existência de um consenso máximo sobre sua existência, consenso que logo iria descendo até chegar ao caso de erro grosseiro (tentativa irreal).[237] Nesse caso, a hipótese do autor sobre a existência de algo careceria de um mínimo consenso. Toda esta questão guarda, portanto, uma clara relação, que convém sublinhar, com a ideia de que *é o consenso cultural alcançado que subministra as normas dos juízos de valor inerentes à tipicidade*.[238]

A respeito da inclusão do advérbio *objetivamente* no art. 16 do CP 1995, ela permite, de entrada, fundamentar legalmente a impunidade dos casos de tentativa irreal. Com efeito, a apelação a uma norma objetiva para decidir se os atos "deveriam produzir o resultado" exclui, sem dúvida, aqueles casos em relação com os quais não se alcança sequer um mínimo consenso sobre a periculosidade da conduta.[239] O novo texto estabelece, pois, de modo claro, a impunidade de casos que de modo praticamente unânime se vêm considerando pela doutrina como merecedores de pena. Porém, escreve SILVA SÁNCHEZ que, deixando de lado a questão de qual foi a vontade do legislador – que, por demais, não se fez expressa –, a vontade da lei não indica que grau de intersubjetividade é preciso para lograr a objetividade a que alude o novo art. 16.[240] Assim, pois, não é impossível sustentar que o advérbio *objetivamente* segue sem excluir de modo absoluto a punição das tentativas inidôneas (no sentido objetivista) e inclusive, indo mais longe, de algumas tentativas inidôneas (no sentido subjetivista) próximas àquelas e que gozaram, portanto, de um consenso relativamente amplo enquanto ao juízo de perigo *ex ante*.

Pois desde o momento em que a periculosidade se define *ex ante* e, adicionalmente, não se indica que grau de *intersubjetividade* se requer para alcançá-la, em ambos os casos pode seguir afirmando-se que o sujeito realiza atos que, segundo uma certa visão intersubjetiva (e, portanto, objetiva), vão dirigidos à produção do resultado.[241] Tal visão intersubjetiva seria, no primeiro caso, a que teriam todos os sujeitos de características médias que compartiram a perspectiva do autor; ou, no segundo caso, a de *bom número* de sujeitos (com nível muito pouco inferior ao do homem médio por razões cognitivas ou emocionais) quem, assim mesmo, se situou na posição de autor.[242]

Ainda que se considerem as observações de SILVA SÁNCHEZ, a respeito do novo tipo do CP espanhol, pensamos que é evidente que os atos, tanto na tentativa inidônea como na idônea, vão dirigidos à produção do resultado. Assim, não nos parece o melhor critério para punir os atos absolutamente incapazes de produzir o resultado a visão intersubjetiva do sujeito, ainda que se de uma visão objetiva. Para nós, parece claro que no Brasil, está em consideração o efetivo perigo que sofreu o bem jurídico protegido e, fora esses casos, ainda que a ação do sujeito vá dirigida à produção do

[237] SILVA SÁNCHEZ, Jesús-María, op. cit., p. 127.

[238] Idem, p. 127-128.

[239] Idem, p. 128.

[240] Idem, p. 133.

[241] SILVA SÁNCHEZ, Jesús-María, op. cit., p. 133.

[242] Idem, p. 133-134.

resultado, estaríamos diante do crime impossível se não ocorreu a efetiva colocação em perigo dos bens penalmente tutelados.

XIII Desistência voluntária e arrependimento eficaz

1 Introdução

No caso da desistência voluntária e do arrependimento eficaz, embora iniciada a execução do delito, o resultado não se consuma por vontade do próprio agente, punindo-se, somente, os atos já praticados, o que diferencia, então, os institutos em estudo da tentativa. Qual seria a razão do Estado em colocar tais disposições no Código Penal? Segundo JESCHECK, um setor da doutrina defende a teoria da "ponte de ouro", que se remonta a FEUERBACH (teoria politicocriminal). Esta sustenta que mediante a promessa de impunidade se deve proporcionar ao autor um *estímulo* para abandonar a tentativa antes da consumação e, em seu caso, evitar o resultado.[243] A crítica sublinha em primeiro lugar que a promessa de impunidade não influencia de modo algum sobre a resolução do autor no momento decisivo, quanto mais habitualmente é ignorada pela maioria da população.[244] De acordo com uma doutrina mais recente, que hoje tem o apoio majoritário e deve ser seguida, o artigo seria visto como um prêmio à desistência na tentativa (considerações feitas sobre a previsão da desistência na doutrina alemã). Quem desiste voluntariamente e evita a consumação ou se esforça seriamente para isso, sem que, em todo o caso, a consumação se produza, apaga a impressão juridicamente perturbadora que seu fato causou na comunidade e merece por isso a benevolência.[245]

2 Desistência voluntária

A desistência encontra-se prevista na primeira parte do art. 15 do CP. Para JESCHECK, a desistência liberadora da pena na tentativa inacabada (para nós seria na tentativa imperfeita) exige que o autor renuncie voluntariamente a continuar executando o fato no momento em que ainda acredite não haver realizado todo o necessário para a consumação do delito.[246] Ainda, para o mesmo autor, é necessário um fator objetivo que consiste só em que o autor não siga atuando e também um fator subjetivo que radica na *voluntariedade* da renúncia a decisão de realizar o fato. A voluntariedade implica que a desistência não responda a obstáculos determinantes, senão que provenha

---

[243] JESCHECK, Hans-Heinrich. *Tratado de derecho penal:* parte general. 4. ed. Traducción de José Luis Manzanares Samaniego, Comares-Granada, p. 488.

[244] Idem, ibidem.

[245] Idem, p. 488-489.

[246] JESCHECK, Hans-Heinrich, *Tratado de derecho penal*, op. cit., p. 492.

de um motivo autônomo, que, entretanto, não necessita ser eticamente valioso,[247] opinião compartilhada por nossa doutrina e jurisprudência.[248]

Para WESSELS, *desistir* significa tomar distância de continuar realizando a antecipada resolução para o fato, através do cumprimento de uma correspondente "contra-resolução". Isso pressupõe a representação do autor de poder, ainda, de qualquer modo, através da atividade considerada, realizar o tipo penal.[249] Afirma ainda o autor que é necessária a *integral e definitiva renúncia* da vontade de realização; o simples abster-se de uma determinada forma de cometimento, uma eventual parada ou uma transferência da execução para uma data mais propícia não bastam.[250]

O que se deve ter em conta é que na desistência voluntária o agente ainda deve-se encontrar na fase executória do delito, pois, caso contrário, poderá ocorrer o arrependimento eficaz. Ademais, é o próprio texto da lei que faz referência a isso quando menciona que "o agente que, voluntariamente, deixa de prosseguir na execução". Então, a desistência somente é cabível nessa fase, por isso, fala-se também que a desistência voluntária só é possível na tentativa imperfeita, ou seja, naquela em que ainda o agente não esgotou o processo executório (é claro que aqui o processo será interrompido por vontade do agente). Essa distinção entre tentativa imperfeita e perfeita é importante nesse momento porque os pressupostos para o reconhecimento da desistência ou do arrependimento eficaz dependem deles. Assim, na tentativa imperfeita basta a simples omissão da atuação anterior, e o próprio autor tem assim em suas mãos o cumprimento do requisito fundamental, ou seja, deixar de atuar voluntariamente na fase executiva. Importante é a colocação de SILVA FRANCO quando menciona que, na desistência voluntária, o agente abandona a execução do crime quando ainda lhe sobra, do ponto de vista objetivo, uma margem de ação.[251]

3 Voluntariedade da desistência

A desistência é voluntária quando não se origine de causas impeditivas coatas, mas sim quando renasce de *motivos autônomos*, que como tais não precisam ser éticos ou valorados (por exemplo, remorso, arrependimento, vergonha, consideração para com a vítima, emoção espiritual, temor ante a descoberta, medo da pena etc.).[252] Para MUÑOZ CONDE, a voluntariedade de uma conduta, no sentido de livre e espontânea, supõe que

---

[247] Idem, p. 492-493.

[248] TJRS, Ap. Crim. 70006867311; TJRS, RSE 70006880710; TJRS, Ap. Crim. 70006928071.

[249] WESSELS, Johannes. *Direito penal, parte geral*. Tradução de Juarez Tavares. Porto Alegre: Sergio Antonio Fabris Editor, p. 142.

[250] Idem, ibidem.

[251] SILVA FRANCO, Alberto. *Código Penal e sua interpretação jurisprudencial*. 2. ed. São Paulo: Revista dos Tribunais, p. 33.

[252] WESSELS, Johannes, op. cit., p. 142.

o autor tenha a possibilidade de seguir atuando. Se essa possibilidade falta por razões psíquicas, físicas ou técnicas, a questão da voluntariedade sequer se coloca.[253]

A questão da voluntariedade ainda se coloca, na distinção da tentativa, na fórmula elaborada por FRANK: "se o autor diz eu não quero chegar a meta, ainda quando posso, há desistência. Se o autor diz eu não posso chegar a meta, ainda quando quero, há tentativa".[254] A desistência deve ser voluntária, porém, pode não ser espontânea, como nos casos de sugestão da vítima ou de terceiro.

Por outro lado, diz-se que a desistência é involuntária quando seja originada por causas impeditivas, *independentemente da vontade do autor* e que lhe tolham sua liberdade de resolução. Assim, quando o autor se veja descoberto ou exposto à persecução penal, ou quando o continuar com a ação lhe resultaria, como consequência, graves desvantagens, com as quais razoavelmente não poderia arriscar.[255]

4 Consequências da desistência voluntária

Conforme o artigo em análise, o agente somente responde pelos atos já praticados, não respondendo por tentativa. Se a tentativa constitui já um delito consumado (tentativa qualificada), a impunidade pela desistência não alcança este.[256] Assim, se o agente ingressa na residência da vítima para subtrair alguma coisa e desiste, responderá pelo crime de invasão de domicílio; se efetua um disparo com a intenção de matar a vítima e, podendo prosseguir, pára voluntariamente de atirar, responderá por lesões corporais.

5 Arrependimento eficaz

O arrependimento eficaz ocorre em momento distinto da desistência voluntária, visto que naquele o processo de execução já foi esgotado, devendo o agente impedir o resultado. JESCHECK menciona que tal fato ocorre na tentativa acabada (que para nós corresponde à tentativa perfeita) e requer que o autor impeça voluntariamente a consumação do fato.[257] Segundo SILVA FRANCO, no arrependimento eficaz não há mais margem alguma de ação, porque o processo de execução está encerrado, e o agente atua então para evitar a produção do resultado.[258]

Com a autoridade de sempre, em ementa da qual foi relator, o Min. Luiz Vicente Cernicchiaro coloca com clareza os pressupostos do instituto em estudo. Assim, para

---

[253] MUÑOZ CONDE, Francisco. *El desistimiento voluntario de consumar el delito*. Barcelona: Bosch, p. 75-76.

[254] Citado por MUÑOZ CONDE, Francisco, op. cit., p. 83-84.

[255] WESSELS, Johannes, op. cit., p. 142.

[256] MUÑOZ CONDE, Francisco; GARCÍA ARAN, Mercedes. *Derecho penal*: parte general. 2. ed. Tirant lo Blanch, p. 443-444.

[257] JESCHECK, Hans-Heinrich, op. cit., p. 494.

[258] SILVA FRANCO, Alberto, op. cit., p. 33.

Cernicchiaro, o arrependimento eficaz situa-se entre a execução e a consumação. Esgotados os meios executórios idôneos, antes de alcançada a consumação, o agente pratica contra-ação para impedir a chegada à *meta optata*. Há, pois, evidente mudança de orientação subjetiva; o agente abandona o *animus* inicial de querer o resultado, ou assumir o risco de produzi-lo. Consequentemente, decorre de deliberação de iniciativa do próprio agente. Basta a voluntariedade, ainda que não seja orientada por motivo nobre. A finalidade da lei é preservar o bem jurídico, conferindo ao agente o benefício de responder só pelos atos já praticados.[259]

Para JESCHECK, no aspecto objetivo, o arrependimento na tentativa perfeita exige *mais* que na tentativa imperfeita, porque naquela o fato chega até o final da ação executiva. O autor tem que impedir o resultado mediante sua própria atividade, e em seu caso, com a ajuda de terceiros. Por último, o arrependimento deve, ademais, *ter êxito*: se apesar da iniciativa contrária do autor se produz o resultado, aquele continua sendo responsável pelo delito consumado.[260] Como ocorre também na desistência voluntária, o arrependimento deve ser voluntário (sobre a voluntariedade, ver item supra).

6 Consequências do arrependimento eficaz

Da mesma maneira que ocorre na desistência voluntária, o agente responderá somente pelos atos já praticados e que constituam crimes. Assim, no exemplo do agente que, desejando matar a vítima, ministra veneno em sua bebida e, após a ingestão do veneno, ministra à vítima o antídoto para salvá-la, somente responderá pelos atos já praticados, caso tipifiquem alguma conduta punível.

7 Os institutos em estudo são hipóteses de atipicidade ou causas inominadas de extinção da punibilidade?

Nossa doutrina encontra-se dividida. Para SILVA FRANCO, os institutos são causas inominadas de exclusão da punibilidade (art. 107 da PG/84), que têm por fundamento razões de política criminal. Se o próprio agente, por sua vontade, susta a execução do delito ou obsta, mesmo depois de terminado o processo de execução do crime, que advenha o resultado ilícito, interessa ao Estado que seja ele recompensado com a impunidade, respondendo apenas pelos atos já realizados, desde que constituam crimes ou contravenções, menos graves, já consumados.[261] HUNGRIA afirma tratar-se de causa de extinção da punibilidade (embora não catalogadas no art. 108), ou seja, circunstâncias que, sobrevindo à tentativa de um crime, anulam a puniblidade

[259] STJ, Ac. unân. da 6ª Turma, publ. no *DJ* de 20-11-1995, p. 39.643 – Rec. Esp. 64.384-8-PR.

[260] JESCHECK, Hans-Heinrich, op. cit., p. 494-495.

[261] SILVA FRANCO, Alberto, op. cit., p. 33.

do fato a esse título. Há uma renúncia do Estado ao *jus puniendi* (no tocante à entidade "crime tentado"), inspirada por motivos de oportunidade.[262]

Paulo José da COSTA JÚNIOR tem idêntica posição, mencionando que tanto a desistência voluntária quanto o arrependimento eficaz importam na impunidade do agente, no que tange à tentativa. Trata-se de uma escusa absolutória. Não parece aceitável a concepção segundo a qual a mudança de comportamento do agente eliminaria a tipicidade da conduta.[263] Para ZAFFARONI e PIERANGELLI, após um estudo profundo da matéria, os institutos tratam-se de uma causa pessoal que extingue a punibilidade do delito, mas que não afeta qualquer de seus caracteres, os quais permanecem inalterados.[264]

Para outra corrente doutrinária, dentre a qual se encontram MIRABETE, HELENO FRAGOSO[265] e DAMÁSIO DE JESUS,[266] a desistência voluntária e o arrependimento eficaz traduzem a exclusão da tipicidade, não havendo no fato tentativa típica. MIRABETE sustenta que, interrompida a execução "por vontade do agente" ou se por vontade deste não há consumação, é evidente a falta de adequação típica pelo não preenchimento do segundo elemento da tentativa que é a não consumação por circunstâncias alheias à vontade do agente.[267]

8 Pontos em comum e diferenças entre tentativa, desistência e arrependimento eficaz

Merece acolhida a distinção elaborada pelo mestre SILVA FRANCO quando traça as características dos institutos. Nos três institutos, ocorre uma ação realizada pelo agente cuja vontade, de acordo com o plano previamente esboçado, está dirigida à produção de um resultado ilícito que não chegou, contudo, a consumar-se. A partir daí, no entanto, os institutos se distinguem. A consumação não é alcançada por razões diversas: na tentativa, por circunstâncias alheias à vontade do agente; na desistência voluntária e no arrependimento eficaz, por manifestação de vontade do agente. E tal manifestação de vontade, expressa em momentos diversos no processo de execução do delito, serve para separar nitidamente o conceito de desistência voluntária do de arrependimento eficaz. Na desistência voluntária, o agente abandona a execução do crime quando ainda lhe sobra, do ponto de vista objetivo, uma margem de ação. No arrependimento eficaz, não há mais margem alguma, porque o processo de execução está encerrado, e o agente atua então para evitar que sobrevenha o resultado.[268]

---

[262] HUNGRIA, Nelson. *Comentários ao Código Penal*. Forense, p. 89.

[263] COSTA JUNIOR, Paulo José da. *Direito Penal Objetivo*. Forense Universitária, p. 39.

[264] ZAFFARONI, Eugenio Raúl; PIERANGELLI, José Henrique. *Da tentativa*. 3. ed. São Paulo: Revista dos Tribunais, p. 91.

[265] FRAGOSO, Heleno Cláudio. *Lições de direito penal*: a nova parte geral. 10. ed. Rio de Janeiro: Forense, p. 255.

[266] JESUS, Damásio E. de. *Direito penal*: parte geral. São Paulo: Saraiva. v. I, p. 295-296.

[267] MIRABETE, Julio Fabbrini. *Manual de direito penal 1*: parte geral. 7. ed. São Paulo: Atlas, p. 154.

[268] SILVA FRANCO, Alberto, op. cit., p. 33.

9 Arrependimento posterior – art. 16, CP

Dispõe o art. 16, CP, que "nos crimes cometidos sem violência ou grave ameaça à pessoa, reparado o dano ou restituída a coisa, até o recebimento da denúncia ou da queixa, por ato voluntário do agente, a pena será reduzida de um a dois terços".

Conforme o item 15 da Exposição de Motivos da Nova Parte Geral do Código Penal, o arrependimento posterior é causa obrigatória de redução de pena. Essa inovação constitui providência de Política Criminal e é instituída menos em favor do agente do crime do que da vítima. Objetiva-se, com ela, instituir um estímulo à reparação do dano, nos crimes cometidos "sem violência ou grave ameaça à pessoa". Para Paulo José da COSTA JÚNIOR, de há muito que a jurisprudência vinha emprestando relevo ao ressarcimento do dano, antes de oferecida a denúncia, nos crimes patrimoniais não violentos. Salienta ainda o autor que o arrependimento posterior não se diversifica, ontologicamente, do arrependimento eficaz. A diferenciação reside no momento cronológico. O arrependimento eficaz ocorre durante o *iter criminis*, antes que o resultado se verifique. O arrependimento posterior tem lugar após o momento consumativo.[269]

10 Requisitos

a) Crimes cometidos sem violência ou grave ameaça à pessoa. Para se beneficiar do instituto em tela, o delito praticado pelo agente deve ter sido praticado sem violência ou grave ameaça à pessoa. A violência pode ser física, que é o emprego de força física no sentido de que a vítima realize uma conduta ou não (no caso da omissão); e a violência pode ser também moral, traduzindo-se do emprego de grave ameaça à pessoa.

b) Reparação do dano ou restituição da coisa objeto do delito. Para DAMÁSIO, a reparação deve ser integral, como assim também a restituição. Assim, se o dano monta em tal importância, só a reparação integral desse valor perfaz a exigência legal. Da mesma forma, se diversos são os objetos materiais, a restituição de um deles é insuficiente.[270] MIRABETE lembra que a reparação do dano pode ser causa da extinção da punibilidade, como no caso de peculato culposo (art. 312, § 3º) ou excluir a possibilidade da ação penal, como na hipótese do pagamento do cheque antes da denúncia quanto ao ilícito previsto no art. 171, § 2º, VI (Súmula 554).[271]

c) Ato voluntário do agente. A reparação dever ser voluntária, porém, não necessita ser espontânea, podendo ser o agente convencido por um terceiro a voluntariamente reparar o dano ou restituir a coisa.

d) Até o recebimento da denúncia ou queixa. O marco final para que o agente seja beneficiado pelo instituto é o recebimento da denúncia ou queixa pelo

[269] COSTA JUNIOR, Paulo José da. *Curso de direito penal*: v. 1. parte geral. 2. ed. São Paulo: Saraiva, p. 81.

[270] JESUS, Damásio de, op. cit., p. 301.

[271] MIRABETE, Julio Fabbrini, op. cit., p. 157.

juiz. Caso a reparação ou a restituição verifique-se após o recebimento da denúncia ou da queixa, poderá incidir a circunstância atenuante prevista no art. 65, III, *b*, CP. Importante a observação de COSTA JÚNIOR quando menciona que se o legislador atendeu às razões de política criminal, seria mais lógico que estabelecesse como prazo fatal o instante em que o réu fosse intimado para o interrogatório, concedendo-lhe três dias para proceder ao ressarcimento ou à restituição.[272]

XIV Erro de tipo

1 Introdução e conceito – art. 20, CP

Quando o delito é descrito de maneira tradicional, como uma ação típica, antijurídica, atribuível e cominada com pena, subjaz uma objetivação de um acontecer em si complexo, realizada para formular abreviadamente o fato criminal. O quadro completo de um delito doloso somente se dá quando aquilo que comete o autor contém todos os elementos do fato criminal e quando o autor reproduziu em sua subjetividade os elementos essenciais desses fatos. Somente podemos falar de um fato dolosamente cometido se a representação do autor do ato criminal coincide com este fato criminal.[273]

Segundo JESCHECK, a teoria do erro de tipo conecta diretamente com a teoria do dolo, porque o erro de tipo não é outra coisa que a negação do quadro de representação requerido para o dolo: o autor desconhece os elementos a que há de se estender o dolo segundo o correspondente tipo. Há erro de tipo quando alguém "na comissão de um fato desconhece uma circunstância que pertence ao tipo legal". Com essas "circunstâncias" alude-se em primeiro lugar a todos os elementos objetivos do tipo legal. De maneira legal similar, deve aplicar-se o preceito a todas as restantes circunstâncias a que se refere o dolo. Quanto ao seu conteúdo, o erro de tipo pode consistir tanto numa representação falsa como na falta de uma representação, pois erro é, em termos gerais, a discrepância entre consciência e realidade.[274]

Em outras palavras, considerando que o conhecimento de todos os componentes objetivos do tipo é o que configura o elemento intelectual do tipo subjetivo doloso (esse conhecimento dos elementos objetivos do tipo é requisito para a existência do dolo), em não havendo esse conhecimento pelo agente, inexistirá o elemento intelectual do tipo,[275] culminando em uma atipicidade, portanto.

Isso se dá porque o tipo penal realiza uma função de apelo e advertência, de maneira a pretender que o agente não realize a conduta proibida ou que atue positivamente, de acordo com a ação cominada. Havendo o desconhecimento de circunstância elementar do tipo, o agente não é atingido por essa função de apelo e advertência do

---

[272] COSTA JUNIOR, Paulo José da, op. cit., p. 157.

[273] MAURACH, Reihart; ZIPF, Heinz. *Derecho penal*: parte general 1. Buenos Aires: Astrea, 1994. p. 398.

[274] JESCHECK, Hans-Heinrich. *Tratado de derecho penal*: parte general. 4. ed. Granada: Comanares, p. 275-276.

[275] CONDE, Francisco Muñoz. *Teoria geral do delito*, op. cit., p. 62.

tipo,[276] motivo pelo qual não se lhe pode exigir o estrito respeito ao disposto no tipo, porquanto sequer a prévia advertência houve.

Nesse passo, o autor deve conhecer os elementos integrantes do tipo de injusto. Qualquer desconhecimento ou erro sobre a existência de algum destes elementos exclui, portanto, o dolo e tudo mais. Se, contudo, o erro for vencível, resta o tipo objetivo de um delito imprudente. O erro, quando referente ao dolo, deve se referir a qualquer dos elementos integrantes do tipo, sejam de natureza descritiva (coisa, explosivo) ou normativa (alheia, documento).[277]

Então, diante dessas considerações, poderíamos dizer, seguindo WESSELS, que há erro de tipo quando alguém, no cometimento do fato, desconhece uma circunstância pertencente ao tipo legal. O erro de tipo é o lado inverso do dolo do tipo: o atuante "não sabe o que faz"; falta-lhe a imagem representativa exigível para o dolo do tipo.[278]

Luiz Flavio GOMES, citando Teresa SERRA, diz que estamos perante um erro de tipo "quando o agente erra (por desconhecimento ou por ter um falso conhecimento) sobre os elementos objetivos – sejam eles descritivos ou normativos – do tipo, ou seja, o agente não conhece todos os elementos a que, de acordo com o respectivo tipo legal de crime, se deveria estender o dolo".[279]

A doutrina costuma dizer que no erro de tipo existe a tipicidade objetiva, mas não há tipicidade subjetiva por estar ausente o dolo.[280]

O erro de tipo também pode ocorrer sobre uma circunstância qualificadora, sobre uma circunstância agravante e sobre as causas de aumento de pena, visto que essas circunstâncias fazem parte do tipo penal qualificado ou agravado, como elementos deste, sendo possível a incidência do erro sobre elas.

2 Formas de erro. Erro de tipo essencial e erro de tipo acidental

Erro de tipo essencial. O erro de tipo essencial é aquele que se dá sobre os elementos sem os quais não ocorreria a correspondente figura típica do delito, nem sequer em seu tipo básico.[281] O erro de tipo essencial pode apresentar-se de duas formas: invencível ou vencível.

Erro invencível. Para MIR PUIG, o erro é invencível quando não pode ser evitado ainda que se aplicasse a diligência devida.[282] Deve-se precisar se o erro de tipo baseia-

276 JESCHECK, Hans-Heinrich. *Tratado de derecho penal*: parte general, 5. ed., op. cit., p. 324.

277 CONDE, Francisco Muñoz; GARCÍA ARÁN, Mercedes. *Derecho penal*: parte general. 2. ed. Tirant lo Blanch, p. 291-292.

278 WESSELS, Johannes. *Direito penal*: parte geral. Porto Alegre: Sergio Antonio Fabris Editor, 1976. p. 99.

279 *Erro de tipo e erro de proibição*. 2. ed. São Paulo: Revista dos Tribunais, p. 96.

280 MIRABETE, Julio Fabbrini. *Manual de direito penal*: parte geral. 7. ed. São Paulo: Atlas, p. 161.

281 LUZÓN PEÑA, Diego Manuel. *Curso de derecho penal*: parte general I. Universitas, 1996. p. 443.

282 MIR PUIG, Santiago. *Derecho penal*: parte general, 4. ed. 1996. p. 253.

-se em uma crença objetivamente fundada ou, em geral, é objetivamente inevitável para o homem médio ideal – desde o ponto de vista do Direito e para cada posição jurídica – colocado na situação do autor, com os conhecimentos deste e empregando toda *a diligência objetivamente devida*. Nesse caso, não há nem dolo nem imprudência alguma, porque se trata de uma hipótese de caso fortuito, no pensamento de LUZÓN.[283] Luiz Flávio GOMES aduz que o erro de tipo é invencível quando o agente comete a infração penal *sem* a consciência dos elementos constitutivos do tipo incriminador e, nas circunstâncias em que praticou a conduta, *sem* a possibilidade de atingir essa consciência.[284] Costuma-se, também, afirmar que o erro é invencível quando, apesar de todas as cautelas devidas, o sujeito erra e, colocado qualquer cidadão nas mesmas condições do autor, este também erraria. Exemplos: não há crime se o autor danifica uma coisa alheia pensando ser sua; não há crime se o autor, num campo destinado à caça, fere um ser humano supondo ser um animal; se o autor, diante da semelhança de uma mala, leva-a consigo pensando ser sua, quando, na realidade, pertence a outrem.

Consequências do erro invencível: exclui o dolo e a culpa e, em decorrência disso, o fato típico, isentando de qualquer responsabilidade penal o agente.

Erro vencível. Erro vencível é aquele que poderia ser evitado se o autor houvesse observado o devido cuidado, podendo considerá-lo como erro "imprudente".[285] É o erro que pode ser evitado prestando a devida atenção ou diligência na comprovação, significando imprudência do autor.[286] Em outras palavras, o erro é vencível quando o autor não obra com o dever de cuidado objetivo, ou quando o homem médio, colocado diante da mesma situação, não erraria. No dizer de Luiz Flávio GOMES, ocorre quando o agente comete a infração penal *sem* a consciência dos elementos constitutivos do tipo incriminador, mas, nas circunstâncias em que praticou a conduta, *com* a possibilidade de atingir essa consciência.[287]

Consequências do erro essencial evitável: exclui o dolo, mas permite a punição de crime culposo, se previsto em lei.

3 Descriminantes putativas – art. 20, § 1º, CP

Pode ocorrer, por erro plenamente justificado pelas circunstâncias, que o sujeito suponha-se encontrar sob o abrigo de uma das causas de justificação (legítima defesa, estado de necessidade, estrito cumprimento do dever legal ou exercício regular do direito). Nesses casos, o agente supõe uma situação (estar em legítima defesa) que se existisse, tornaria a sua ação legítima. Pode-se afirmar que se trata de uma situação

[283] LUZÓN PEÑA, Diego Manuel, op. cit., p. 445.

[284] GOMES, Luiz Flavio. *Erro de tipo e erro de proibição*, op. cit., p. 98.

[285] MIR PUIG, Santiago, op. cit., p. 253.

[286] LUZÓN PEÑA, Diego-Manuel, op. cit., p. 444.

[287] GOMES, Luiz Flavio, op. cit., p. 99.

imaginária, visto que o agente pensa, no caso concreto, estar agindo sob o abrigo de uma descriminante, que se existisse, tornaria a sua ação legítima.

Inserimos, inicialmente, o estudo das descriminantes putativas neste capítulo porque em determinados casos podem ensejar um erro de tipo. São os casos de quando o erro recai sobre os pressupostos fáticos de uma causa de justificação, ensejando, assim, o tratamento dispensado ao erro de tipo.

Nas descriminantes putativas, o erro pode ocorrer sobre os pressupostos fáticos da descriminante ou sobre o alcance ou limites da causa de justificação. Quando o erro recair sobre os pressupostos fáticos, estaremos diante do erro de tipo (adotada a teoria limitada da culpabilidade).[288] Quando, nas descriminantes putativas, o erro recair sobre os limites ou alcance da justificativa, estaremos diante do erro de proibição (estudado em outro capítulo).

Assim, como exemplo de erro de tipo nas descriminantes putativas, teríamos o caso de que "A" sai em disparada de uma sala de cinema lotada de espectadores, ao ouvir o falso alarme de incêndio, e provoca lesões em um deles. O agente não responde por lesões corporais, visto que se encontrava em estado de necessidade putativo.

Em outro caso ilustrativo, "A" ameaça "B" de morte, prometendo matá-lo no primeiro encontro. Certo dia, encontram-se. "A" põe a mão na altura da cintura, supondo "B"que ele iria empunhar o revólver para matá-lo. Rápido, "B" saca de sua arma e mata "A". Verifica-se que "A" não se encontrava armado, tendo apenas feito menção de procurar um lenço no bolso. "B" não responde por crime de homicídio. Agiu em legítima defesa putativa, que exclui dolo e culpa, se o erro for justificável na situação fática.[289]

4 Erro provocado por terceiro. Art. 20, § 2º, CP

Ocorre esse tipo de erro quando o agente a ele é induzido por conduta de terceiro. A provocação pode dar-se de forma dolosa, quando o sujeito conscientemente induz outrem em erro, ou de forma culposa, quando o provocador não observa o dever de cuidado objetivo (agindo com imprudência, imperícia ou negligência).

Provocação dolosa. No caso de erro provocado dolosamente, o provocador é que responde pelo crime a título de dolo. O provocado, em face do erro, não responde pelo crime, salvo se agiu com culpa, caso em que responderia por crime culposo. Nesse

---

[288] Para a teoria extrema da culpabilidade as três hipóteses de erro nas discriminantes putativas (erro sobre a *existência* ou sobre os *limites* de uma causa de justificação e erro sobre *situação de fato*) são tratados como erro de proibição. Se o erro for inevitável exclui a culpabilidade totalmente e, de outro lado, se evitável, permanece a responsabilidade pelo crime doloso, com a possibilidade de se diminuir a pena; em suma, o agente sempre atua dolosamente, razão pela qual é impossível a sua punição por "crime culposo" na eventualidade de erro vencível. Para a teoria limitada da culpabilidade se o erro recai sobre "situação de fato que, se existisse, tornaria a ação legítima", ele é equiparado ao verdadeiro erro de tipo, com a consequência de excluir o dolo (e assim a punição do agente por crime doloso), só restando a possibilidade eventual de punição por "crime culposo" (no erro evitável). Se o erro recai sobre a existência ou limites jurídicos da discriminante, configura-se o erro de proibição.

[289] O exemplo é de Damásio de Jesus: *Direito pena:* 1º Vol. – Parte Geral. São Paulo: Saraiva, p. 271.

caso, de acordo com o que escrevemos, estabelece-se uma das formas de autoria mediata em que o instrumento (provocado) atua sem adesão à conduta típica do indutor, ou seja, do autor mediato.[290] Caso o provocado aderisse à conduta do provocador, isto é, soubesse do desígnio criminoso daquele e, mesmo assim resolvesse agir, estaria configurado o concurso de pessoas, porém o provocador passaria a ser o partícipe por induzimento, e o provocado seria o autor imediato.

Exemplo: Tício, introduzindo insidiosamente balas na pistola pertencente a Mévio, faz com que este, convencido de que a arma continua descarregada, acione o gatilho, atingindo Caio, que vem a ser morto. Tício responderá por homicídio doloso, enquanto Mévio ficará isento de pena, salvo se tivesse razões para desconfiar de Tício, respondendo então por culpa.[291]

Provocação culposa. Existe provocação culposa quando o terceiro age com imprudência, negligência ou imperícia. Neste caso, o terceiro responde pelo crime praticado pelo provocado a título de culpa.[292]

Exemplo: sem verificar se a arma se encontra carregada ou não, "A" entrega a "B", afirmando que se encontra sem munição, induzindo-o a acionar o gatilho. Acionado, o projétil atinge "C", matando-o. O provocador também responde por crime culposo, uma vez que a prudência indicava que deveria por si mesmo verificar se arma se encontrava descarregada ou não.[293] Nesse caso, de acordo com a doutrina brasileira, há a coautoria de um crime culposo, pois ambos faltaram com o dever de cuidado objetivo. Porém, para nós, trata-se de autorias isoladas, ou seja, cada sujeito que descuida com o dever de cuidado objetivo é autor, pois nos crimes culposos não é possível a coautoria ou a participação.[294]

A responsabilização do provocador dar-se-á de acordo com o seu elemento subjetivo do induzimento, ou seja, dolo ou culpa. Quanto ao provocado, deve-se verificar se o erro foi invencível ou vencível, visto que se o erro for invencível não responde a título de dolo ou culpa; se vencível, responde a título de culpa se prevista a modalidade culposa em lei.

Nos casos em que o provocador age com dolo, e o provocado, tendo ciência da provocação e aderindo a conduta do provocador, também age com dolo, não há problemas, visto que diante do liame subjetivo que se estabelece, estaríamos diante do concurso de pessoas (art. 29, CP). O provocador seria o partícipe por induzimento, e o provocado, o autor direito do crime.

---

[290] CALLEGARI, André Luís. *Imputação objetiva, lavagem de dinheiro e outros temas do Direito Penal*. Porto Alegre: Livraria do Advogado, 2001. p. 88 e ss.

[291] O exemplo é de Nelson Hungria, citado por Paulo José da Costa Júnior: *Curso de direito penal*, v. 1: Parte Geral. São Paulo: Saraiva, p. 95.

[292] JESUS, Damásio de, op. cit., p. 274.

[293] Idem, ibidem.

[294] CALLEGARI, André Luís, op. cit., p. 95 e ss.

5 Erro acidental

Segundo DAMÁSIO DE JESUS, erro de tipo acidental é o que não versa sobre elementos ou circunstâncias do crime, incidindo sobre dados acidentais do delito ou sobre a conduta de sua execução. Não impede o sujeito de compreender o caráter ilícito de seu comportamento. Mesmo que não existisse, ainda assim a conduta seria antijurídica. O sujeito age com consciência do fato, enganando-se a respeito de um dado não essencial ao delito ou quanto à maneira de sua execução. O erro acidental não exclui o dolo.[295]

O erro de tipo acidental pode ocorrer nos seguintes casos: erro sobre o objeto (*error in objecto*), erro sobre a pessoa (*error in persona*), erro na execução (*aberratio ictus*) e resultado diverso do pretendido (*aberratio criminis*).

6 Erro sobre objeto – *error in objecto*

Ocorre o erro sobre objeto quando o agente supõe que sua conduta recai sobre determinada coisa, sendo que na realidade ela incide sobre outra. Conquanto parte da doutrina insira o erro sobre a pessoa como espécie do erro sobre o objeto,[296] opta-se, por vezes, em proceder à distinção entre o *error in persona* e o *error in objecto*, referindo-se este último ao erro sobre a coisa, unicamente.

Exemplo: o agente subtrai bijuterias pensando ser joias de grande valor. Nesse caso, o erro é irrelevante, visto que o Direito Penal protege a propriedade de qualquer coisa, independentemente do valor, razão pela qual o sujeito responderá pelo crime de furto.

7 Erro sobre pessoa – *error in persona*

Previsto no art. 20, § 3º, CP, no erro sobre a pessoa há erro de representação em relação à pessoa a ser atingida pela ação do agente, razão pela qual atinge ele uma pessoa supondo tratar-se da que pretendia ofender. Nesse caso, o agente pretende atingir uma determinada pessoa, mas acaba por atingir pessoa diversa, em decorrência de uma má valoração do destino da conduta. O agente dirige a agressão a uma pessoa, pensando se tratar daquela a qual realmente pretendia lesionar.

Exemplo: "A", diante da escuridão, atira contra "B", supondo tratar-se de "C", pessoa que guardava as mesmas características de "B". "A" responderá por homicídio doloso, visto que pretendeu matar uma pessoa e tirou a vida de outra. Nesse caso, a lei penal não tutela a vida de "B" ou "C", mas tutela a vida humana, portanto, não há exclusão do crime.

---

[295] JESUS, Damásio de, op. cit., p. 275.

[296] ROXIN, Claus. *Derecho penal*: parte general, op. cit., p. 503; MIR PUIG, Santiago, *Derecho penal*: parte general. 7. ed., op. cit., 2005, p. 277; CONDE, Francisco Muñoz, *Teoria geral do delito*, op. cit., p. 63.

O que deve ser levado em conta, no erro sobre a pessoa, são as condições ou qualidades da vítima que o agente pretendia ofender (vítima virtual) e não as condições ou qualidades da vítima sobre a qual recaiu a conduta (vítima efetiva). Assim dispõe a segunda parte do § 3º do art. 20, CP: "Não se consideram, neste caso, as condições ou qualidades da vítima, senão as da pessoa contra quem o agente queria praticar o crime."

Exemplos: "A" pretende matar seu inimigo "B". Prepara-se, à noite, e fica à espera de seu inimigo em local que este sempre transita. Ao avistar um vulto e imaginando tratar-se de seu inimigo, efetua o disparo, vindo a acertar e causar a morte de seu pai, que passava no local. Sobre o crime, não incide a agravante prevista no art. 61, II, *e*, CP (ter o agente cometido o crime contra ascendente). Caso o exemplo fosse inverso, ou seja, o agente pretendesse matar o próprio pai e, por erro de representação, viesse a atingir um terceiro, incidiria a agravante prevista no art. 61, II, *e*, CP, visto que se considerariam as qualidades da vítima que o agente pretendia ofender.

8 Erro na execução – *aberratio ictus*

O erro na execução se encontra disciplinado no art. 73 do CP. Segundo LUZÓN, o erro na execução literalmente significa "desvio (equivocação) de golpe" e ocorre quando se desvia ou modifica o curso causal previsto pelo autor, que não alcança ao objeto – nem ao concreto bem jurídico – representado e querido por aquele, senão a outro objeto – e bem jurídico – distinto e mais ou menos próximo do primeiro.[297] MAURACH diz que ocorre a *aberratio ictus* naqueles casos em que o autor individualizou suficientemente um objeto de ação e dirigiu sua vontade de atuação até este, mas o efetivo curso de causalidade afeta, entretanto, a outro objeto não considerado pelo autor.[298]

O erro na execução verifica-se não na fase do juízo do agente, mas no mecanismo da ação. A divergência entre o desejado e o produzido não depende de um defeito de percepção ou valoração da realidade, de um erro que se desenvolve na fase de formação de vontade, mas sim de um desvio que surge na atividade executiva subsequente, quando a vontade se traduz em ato.[299]

COSTA JÚNIOR, com precisão, faz a distinção entre erro na execução e erro sobre a pessoa, afirmando que como o erro na execução tem lugar na fase executiva do crime, não há que falar em erro de pessoa. Este, em verdade, que constitui uma subespécie do *error in objecto*, origina-se de uma falsa representação da realidade (erro de percepção), que intervém no processo de formação do dolo. A *aberratio ictus*, ao contrário, deriva de um erro executivo, que surge em um momento ulterior à ideação e à violação. No *error in persona*, o agente vem a atingir pessoa diversa daquela que tinha

[297] LUZÓN PEÑA, Diego Manuel, op. cit., p. 458.

[298] Idem, p. 409.

[299] COSTA JÚNIOR, Paulo José da. *Curso de direito penal*, op. cit., p. 189.

a intenção de ofender, por se haver equivocado a respeito da identidade do objeto, trocando uma pessoa por outra. Na *aberratio*, o agente individualiza de modo preciso o sujeito que tencionava ofender e contra ele desenvolve a conduta, não obtendo o resultado que tinha em mira pela aparição de uma causa desviadora. O erro na *aberratio*, portanto, surge não durante o processo de formação de vontade, mas no estágio em que a vontade se realiza no plano dinâmico.[300]

Se o agente, por erro na execução, atingir pessoa diversa da que pretendia ofender (por exemplo, dispara com a intenção de atingir "A", mas, por desvio do projétil, vem a atingir "B", que se encontrava ao lado), aplica-se a primeira parte do art. 73, CP, ou seja, o agente responde como se tivesse praticado o crime contra "A" (pessoa que pretendia ofender), considerando-se as qualidades da vítima virtual, visto que o art. 73, primeira parte, CP, manda que se atenda o disposto no art. 20, § 3º, CP.

A segunda parte do art. 73 do CP refere que no caso de também ser atingida a pessoa que o agente pretendia ofender, aplica-se a regra do art. 70, CP (concurso formal). Exemplo: "A", pretendendo matar "B", efetua o disparo e, por erro na execução, além de ferir "B", mata "C", que se encontrava ao lado. Pela regra do art. 70, CP, "A" responderá pelo crime de homicídio doloso, aumentando-se a pena de um sexto até a metade.

9 Resultado diverso do pretendido – *aberratio criminis*

Prevista no art. 74 do CP, na *aberratio criminis*, o agente, por acidente ou erro na execução, pretendendo lesionar um determinado bem jurídico, acaba por lesionar outro, de espécie diversa, ou a ambos. O que se altera, aqui, não é a pessoa atingida, como na *aberratio ictus*, mas o título do delito, pois o agente realiza um crime diverso do pretendido.[301]

Exemplos: "A", visando a danificar uma vitrine, atira uma pedra e atinge uma pessoa, causando-lhe lesões. "A"responderá por lesões corporais culposas (art. 74, CP). Todavia, se "A", com uma pedra, pretende atingir "B", mas acaba atingindo somente uma janela, não responderá por crime de dano, visto que não há previsão culposa para este delito. Dependendo do elemento subjetivo, poderá responder por tentativa de homicídio ou lesões corporais.

XV Antijuridicidade

Antijuridicidade significa "contradição com o Direito". Esta contradição deve entender-se do seguinte modo: o legislador estabelece para a proteção da convivência do homem na sociedade preceitos vinculantes de comportamento que se denominam

[300] Idem, ibidem.

[301] COSTA JÚNIOR, Paulo José da, op. cit., p. 198.

normas jurídicas.[302] As normas jurídicas não são puros mandatos coercitivos, senão exigências ajustadas à ordem da comunidade, que por seu sentido racional apelam à compreensão dos sujeitos de direito e reclamam consequentemente obediência cívica.[303] Ou prescrevem um fazer positivo que favoreça os valores (*v. g.* prestação de ajuda em caso de acidente) ou proíbam o comportamento contrário a ditos valores (*v. g.* a morte dolosa de uma pessoa), de maneira que consistem em mandatos ou proibições.[304]

Para a presença de um delito, é preciso um comportamento humano subsumível em um "tipo" de conduta previsto, em princípio, na parte especial do Código Penal. Mas isso não basta, pois pode acontecer que tal comportamento típico se encontre justificado pela ocorrência de uma *causa de justificação*. Faltará então a antijuridicidade da conduta e desaparecerá a possibilidade de considerar que a mesma constitui um delito.[305]

ROXIN afirma que uma conduta é típica e antijurídica se não há uma causa de justificação (como legítima defesa, estado de necessidade etc.) que exclua a antijuridicidade.[306]

Enquanto a tipicidade e a culpabilidade são categorias próprias da teoria do crime, a ilicitude, como "contradição com o Direito", constitui um conceito à parte, válido em relação à ordem jurídica em seu sentido global, possuindo, por tal motivo, um inequívoco caráter unitário. Não há cogitar, assim, uma ilicitude especificamente penal, civil, administrativa etc.[307]

Segundo SILVA FRANCO, o legislador penal não cria, na realidade, a ilicitude: aciona apenas um mecanismo seletivo em nível de escolha de bens e de valores de importância vital para a sociedade onde atua, e em nível de descrição de comportamentos ilícitos que, de forma grave, os lesionem. E, para tais comportamentos ilícitos, cominam-se penas.[308] Portanto, o primeiro requisito da antijuridicidade penal é a tipicidade penal. Um fato é penalmente típico quando se encontra previsto pela lei como constitutivo de uma espécie ou figura (tipo) de delito, como o homicídio, o roubo, o estelionato, a falsificação de documento público.[309] Isso assegura a relevância penal do possível fato antijurídico, pois nem todo fato antijurídico tem caráter penal, senão somente aqueles os que realizam um tipo de delito.

---

302 JESCHECK, Hans-Heinrich. *Tratado de derecho penal, parte general*. 4. ed. Tradución de José Luis Manzanares Samanniego. Comares, p. 210.

303 Idem, ibidem.

304 Idem, ibidem.

305 MIR PUIG, Santiago. *Derecho penal*: parte general. 4. ed. Barcelona: PPU, 1996. p. 411.

306 ROXIN, Claus. *Derecho penal*: parte general. Tomo I: Fundamentos. La Estructura de la Teoria Del Delito. Madri: Civitas, 1997. 557.

307 SILVA FRANCO, Alberto. *Código Penal e sua interpretação jurisprudencial*, v. 1 – Tomo I, Parte Geral. 6. ed. São Paulo: Revista dos Tribunais, p. 333.

308 SILVA FRANCO, Alberto. *Código Penal e sua interpretação jurisprudencial*, v. 1 – Tomo I, Parte Geral. 6. ed. São Paulo: Revista dos Tribunais, p. 333.

309 MIR PUIG, Santiago, op. cit., p. 120.

Nesse passo, o conceito de ilicitude, numa primeira abordagem, se mostra firmemente atado ao de tipicidade. Desse modo, da execução de um fato típico deflui, como consequência imediata, a indicação que tal fato é também ilícito. Cuida-se não de uma afirmação definitiva de ilicitude, mas, sim, de uma presunção de ilicitude que pode ser afastada se o legislador licitou, através de uma norma permissiva, a conduta que se ajustava ao tipo. Mas, se nenhuma causa excludente de ilicitude se mostrar cabível, o comportamento posto em prática é típico e ilícito, só restando formular, para o reconhecimento do crime e para o acionamento da sanção punitiva, o juízo de culpabilidade do agente.[310]

Por isso, alguns autores advertem que o segundo requisito da antijuridicidade penal é ausência de causas de justificação.[311] Assim, o fato de realizar um tipo penal (por exemplo, um homicídio) não é antijurídico quando se realiza sob o abrigo de uma causa de justificação.

1 Antijuridicidade e injusto

Junto ao conceito de antijuridicidade, com frequência se utiliza, como equivalente, o conceito de *injusto*. Não obstante, deve-se fazer a distinção entre ambos. Antijuridicidade é a contradição da ação com uma norma jurídica. O injusto é a ação mesma valorada antijuridicamente. A antijuridicidade é um predicado; o injusto, um substantivo.[312] MUÑOZ CONDE faz a distinção entre antijuridicidade e injusto dizendo que a antijuridicidade é um predicado da ação, o atributo com o que se qualifica uma ação para denotar que é contrária ao ordenamento jurídico. O injusto é um substantivo que se emprega para denominar a ação mesma qualificada já como antijurídica; o injusto é, portanto, a conduta antijurídica mesma.

Enquanto a antijuridicidade é uma qualidade de ação comum a todos os ramos do ordenamento jurídico, o injusto é uma ação antijurídica determinada: a ação antijurídica de furto, de homicídio, de descumprimento contratual, de infração administrativa. Por isso se fala de injusto penal, de injusto civil ou de injusto administrativo, ainda que a antijuridicidade seja unitária para todo o ordenamento jurídico.[313]

2 Antijuridicidade formal e antijuridicidade material

A simples contradição entre uma ação e o ordenamento jurídico denomina-se *antijuridicidade formal*. A antijuridicidade não se esgota, entretanto, nesta relação de

[310] SILVA FRANCO, Alberto, op. cit., p. 333.

[311] MIR PUIG, Santiago, op. cit., p. 122; MIR, José Cerezo. *Curso de derecho penal español*: parte general II, Teoria jurídica del delito 1. 5. ed. Madri: Tecnos, p. 178.

[312] WELZEL, Hans. *Derecho penal alemán*. Editorial Jurídica de Chile, p. 61.

[313] MUÑOZ CONDE, Francisco; GARCÍA ARÁN, Mercedes. *Derecho penal*: parte general. 2. ed. Tirant lo Blanch, 1996, p. 318.

oposição entre ação e norma, senão que tem também um conteúdo material refletido na ofensa ao bem jurídico que a norma quer proteger. Fala-se nesse caso em *antijuridicidade material*.[314]

Para MUÑOZ CONDE, uma contradição puramente formal entre a ação e a norma não pode ser qualificada de antijurídica, como tampouco pode ser qualificada como tal a lesão de um bem jurídico que não esteja protegido juridicamente. A essência da antijuridicidade é, por conseguinte, a ofensa a um bem jurídico protegido pela norma que se infringe com a realização da ação. Na medida em que não se dá essa ofensa ao bem jurídico, não se poderá falar de antijuridicidade, por mais que aparente ou formalmente exista uma contradição entre a norma e a ação. A falsificação da assinatura de um personagem famoso por puro passatempo ou a confecção de uma letra de câmbio com fins didáticos não constitui uma ação antijurídica de falsidade documental, já que o bem jurídico protegido neste delito, a segurança do tráfico fiduciário, não se vê afetado por esses fatos.[315]

Em sentido material, uma ação é antijurídica em atenção à diminuição do bem jurídico protegido pela correspondente norma. A contemplação material da antijuridicidade indica assim por que razão o legislador cominou com pena um determinado comportamento, como lesão intolerável da ordem da comunidade, e revela, ademais, que neste caso concreto o fato pugna com ditas razões.[316]

Contudo, a expressão *lesão* não deve ser entendida naturalisticamente, como deterioração de um determinado objeto da ação (*v. g.* como morte de uma pessoa ou danos em uma coisa), senão como atuação contrária ao valor ideal que deve ser amparado pela norma jurídica (*lesão do bem jurídico*).[317]

JESCHECK leciona que a concepção material da antijuridicidade oferece considerável importância prática. A antijuridicidade material é de pronto o guia do legislador para estabelecer tipos penais, assim como a ideia reitora dos órgãos dedicados à persecução penal, se têm que buscar um preceito penal aplicável no caso concreto. O ponto de vista da antijuridicidade material permite, ademais, escalonar o injusto segundo sua gravidade e expressar as diferenças graduais na medição da pena. A contemplação material possibilita também a interpretação dos tipos atendendo aos fins e representações valorativas que lhes servem de base.[318]

Conforme SILVA FRANCO, o reconhecimento da existência, em concreto, de um fato típico acarreta, indiciariamente, o juízo da ilicitude. É que toda conduta humana que se ajusta a um tipo configura não apenas um comportamento proibido ou ordenado e que, apesar disso, foi posto em prática ou não foi obedecido, como

314 Idem, op. cit., p. 319.

315 Idem, ibidem.

316 JESCHECK, Hans-Heinrich, op. cit., p. 211.

317 Idem, ibidem.

318 Idem, ibidem.

também a lesão ou o perigo de lesão a bem jurídico que a norma buscava tutelar. É óbvio que o efeito indiciário de ilicitude, decorrente da tipicidade, está condicionado à técnica legislativa de composição de tipos, técnica essa que formaliza, em graus diversos, o procedimento incriminado. Conforme a estrutura típica que se movimenta pendularmente de um tipo hermético, que contém ampla descrição do comportamento incriminado até um tipo aberto, que demanda uma tarefa complementar de preenchimento desse comportamento, o efeito indiciário terá maior ou menor intensidade.[319]

Segue o autor mencionando que o indício de ilicitude que a tipicidade, de uma forma geral, faz pressupor pode, contudo, desaparecer se o legislador, por razões as mais diversas, formular uma norma permissiva do procedimento típico. A causa de exclusão da ilicitude "converte o fato, em si típico, num fato perfeitamente lícito e aprovado pelo ordenamento jurídico". O juízo de ilicitude é, por isso, bifásico: no primeiro momento, afirma-se, em caráter provisório, que a conduta humana se acomoda ao tipo; no segundo, proclama-se a inexistência de causa que licite a conduta típica.[320]

As normas permissivas são estruturalmente idênticas às normas proibitivas e às normas preceptivas: todas elas figuram, em termos abstratos, um enorme espectro de condutas humanas. A diferença entre elas não reside no processo de tipificação, mas no fato de que se empresta àquelas um sentido diametralmente oposto ao destas: enquanto as normas permissivas retratam fatos lícitos, as normas proibitivas e preceptivas compõem fatos ilícitos.[321]

As causas excludentes da ilicitude constituem expressão dessas normas permissivas na medida exata em que justificam um comportamento típico. "São situações reconhecidas pelo direito, nas quais a execução de um fato típico se encontra permitida ou mesmo exigida e é, por conseguinte, lícita."[322]

3 Estado de necessidade

3.1 Conceito

Para SILVA FRANCO, a necessidade pode licitar um fato que se acomoda a uma figura típica. Assim, se o agente, para salvar de perigo atual e inevitável um bem jurídico próprio ou de terceiro, vê-se na contingência de lesionar bem jurídico alheio, atua ele em estado de necessidade, e a ofensa praticada, em situação de necessidade, será considerada lícita.[323] JESCHECK afirma que estado de necessidade é um estado de perigo atual para interesses legítimos que só pode ser afastado mediante a lesão dos

[319] Idem, p. 333.

[320] Idem, ibidem.

[321] Cf. SILVA FRANCO, Alberto, op. cit., p. 333-334.

[322] Cf. Enrique Cury Urzúa, citado por Silva Franco, op. cit., p. 334.

[323] SILVA FRANCO, Alberto, op. cit., p. 349.

interesses legítimos de outro.[324] Embora não seja fácil conceituar o estado de necessidade, torna-se fácil sua compreensão através de seus requisitos e da distinção entre este e a legítima defesa.

Tanto o estado de necessidade como a legítima defesa supõem uma situação de perigo que só pode ser afastada mediante um fato típico. A distinção está em que na legítima defesa se permite a reação frente a uma pessoa que agride antijuridicamente; no estado de necessidade, em câmbio, permite-se lesionar interesses de uma pessoa que não realiza nenhuma agressão ilegítima. Na legítima defesa, enfrentam-se dois sujeitos que se encontram em diferente situação ante o Direito: enquanto o agressor infringe o Direito, o defensor se encontra numa situação legítima com respeito a seu agressor. Em câmbio, no estado de necessidade entram em conflito sujeitos que se encontram na mesma posição frente ao Direito: nenhum deles é aqui injusto agressor.[325]

Como exemplo de legítima defesa, podemos citar aquele que defende sua propriedade do ataque de um ladrão dentro dos limites legais. Por outro lado, como demonstração da ocorrência do estado de necessidade, podemos citar o caso no qual uma tempestade ameaça afundar um barco se o capitão não jogar ao mar uma parte da carga pertencente à outra pessoa. Note-se que neste segundo caso entram em conflito interesses de pessoas que não aparecem como agressoras ou transgressoras do Direito: o dono ou donos da carga, por uma parte, e os tripulantes do navio e seu proprietário, por outra.

Assim é que ambos, estado de necessidade e legítima defesa, possuem o caráter de uma agressão autorizada a bens jurídicos, com a diferença, entretanto, de que no estado de necessidade ocorre uma ação predominantemente agressiva com aspectos defensivos, ao passo que na legítima defesa se dá uma ação predominantemente defensiva com aspectos agressivos.[326]

3.2 Requisitos do estado de necessidade

1. *Perigo atual (ou iminente)*. É atual o perigo quando, conforme uma consideração objetiva *ex ante*, a produção de dano é imediata, ou, em um momento posterior, aparece tão provável que, razoavelmente, devem-se adotar em seguida as medidas necessárias para a proteção do bem jurídico ameaçado.[327] O perigo aqui referido deve ser entendido como uma probabilidade concreta de dano, é dizer, que o sujeito pratique o fato típico para evitar um mal que pode ocorrer se não o fizer. Para MIR PUIG, perigo significa algo mais que possibilidade, não bastando somente a possibilidade de um mal, senão que tem que existir uma probabilidade iminente, requerendo uma

[324] JESCHECK, Hans-Heinrich, op. cit., p. 316-317.

[325] MIR PUIG, Santiago, op. cit., p. 444.

[326] ASSIS TOLEDO, Francisco. *Ilicitude penal e causas de sua exclusão*. Rio de Janeiro: Forense, 1984. p. 37.

[327] JESCHECK, Hans-Heinrich, op. cit., p. 324.

necessidade momentânea e imperiosa.[328] O perigo atual é aquele que está ocorrendo, enquanto o perigo iminente é o que está prestes a ocorrer.

Existe divergência doutrinária em relação à limitação, para o reconhecimento do estado de necessidade, aos casos de perito atual, excluindo-se o perigo iminente, pois não mencionado no art. 24 do CP.[329]

Todavia, ainda que não mencionado o perigo iminente no dispositivo legal, temos que o mesmo se encontra abarcado pelo instituto do estado de necessidade. Nas palavras de Francisco de Assis TOLEDO, "a atualidade engloba a iminência do perigo".[330]

Dessa forma, ainda que a lei não mencione o perigo iminente, deve-se entender que este também está sob o abrigo da excludente, visto que também haveria uma probabilidade concreta de dano imediato e, assim, abrange o que está prestes a ocorrer.

O perigo no estado de necessidade pode ser provocado pelo homem, por irracional (caso de animais) ou por força da natureza: tempestades, raios, inundações etc. Porém, não pode alegar a excludente aquele que provocou a situação de perigo, visto estar expresso na lei "perigo atual, que não provocou por sua vontade". O problema que a doutrina discute é se a vontade mencionada no tipo abrange somente o dolo ou também a culpa, é dizer, se aquele que provoca a situação de perigo culposamente também pode alegar a excludente.

DAMÁSIO DE JESUS entende que o perigo causado dolosamente impede que seu autor alegue encontrar-se em fato necessitado, justificando que além da consideração de ordem humana, tal assertiva tem apoio no CP, que define a tentativa empregando a expressão *vontade*, que é indicativa de dolo. Assim, por meio de interpretação sistemática, analisando a expressão *vontade* contida nos dois dispositivos (arts. 14, II, e 24), e, sendo a primeira indicadora de dolo, conclui que só o perigo causado dolosamente tem a força de excluir a ação justificadora do agente.[331]

Nesse sentido, Heleno FRAGOSO adverte que não pode invocar o estado de necessidade quem por sua vontade provocou o perigo. Essa fórmula refere-se exclusivamente ao dolo. Pode haver estado de necessidade se o agente causou culposamente a situação em que surge o perigo.[332]

ASSIS TOLEDO, dentre outros, afirma que o emprego pelo legislador da palavra *vontade* tem levado alguns autores a supor – a nosso ver erroneamente – que só o perigo provocado com dolo afasta o estado de necessidade. Explica o citado autor que algumas situações de perigo são causadas voluntariamente, porém não o resultado.

---

[328] MIR PUIG, Santiago, op. cit., p. 454.

[329] Nesse sentido: "O estado de necessidade é uma causa de justificação que incide quando há uma situação de perigo atual para o bem jurídico" (BRANDÃO, Cláudio. *Teoria jurídica do crime*. 2. ed. Rio de Janeiro: Forense, 2007. p. 110).

[330] TOLEDO, Francisco de Assis. *Princípios básicos de direito penal*. 5. ed. São Paulo: Saraiva, 2008. p. 82. Nesse mesmo sentido: JESUS, Damásio de. *Direito penal*: parte geral. 31. ed. São Paulo: Saraiva, p. 416.

[331] JESUS, Damásio de. *Direito penal*, 1º V. – Parte Geral. 19. ed. São Paulo: Saraiva, 1995. p. 325.

[332] FRAGOSO, Heleno Cláudio. *Lições de direito penal*: a nova parte geral. 10. ed. 1986, p. 196.

Seria o caso em que o diretor de um filme cinematográfico que, para uma cena de incêndio, prepara e orienta a forma de se atear fogo à casa pré-fabricada para a filmagem, indagando-se se age com dolo. Refere o autor citado que a resposta é negativa, todavia não se poderá negar a provocação voluntária de um perigo calculado, que em princípio nada tem de criminoso, mas que pode dar causa a resultados que configurem o crime culposo previsto em lei.[333] Ora, nesta hipótese de crime culposo, em que o "perigo" (não confundir com o "resultado") tenha sido *voluntariamente provocado*, exclui-se, em nosso entender, o estado de necessidade em relação ao seu agente causador, apesar da inexistência do dolo, porque assim o quer o legislador pátrio, e por não ser razoável permitir-se ao negligente ou imprudente que sacrifique bens ou interesses legítimos de inocentes para a egoística salvação de seus bens ou interesses, posto em rigor por sua própria negligência ou imperícia.[334] Note-se, aliás, que o legislador fala em *provocação do perigo*, não em *provocação do resultado*. A confusão em que se debatem os que identificam *provocação voluntária do perigo* com *dolo* se deve à impropriedade dos exemplos restritos a que se apegam para a construção doutrinária. E mais: deve-se igualmente a não terem esses mesmos autores percebido, talvez, que a "vontade" faz parte do espetáculo também nos crimes culposos, pois nestes, deve haver uma *voluntariedade na causa do resultado* (não no resultado), conforme tivemos oportunidade de salientar no estudo da culpa em sentido estrito,[335] sob pena de o fato descambar para o terreno do caso fortuito ou da força maior, única região em que a vontade humana está totalmente ausente ou inoperante.[336]

Assim que, para ASSIS TOLEDO, o perigo culposo impede ou obsta o estado de necessidade. A ordem jurídica não pode homologar o sacrifício de um direito, favorecendo ou beneficiando quem já atuou contra ela, praticando um ilícito, que até pode ser crime ou contravenção.[337]

2. *Ameaça de direito próprio ou alheio*. Como sabemos, a expressão *direito* deve ser entendida em sentido amplo, abrangendo qualquer bem jurídico, como a vida, a integridade física, a liberdade, o patrimônio e a honra. A intervenção necessária pode ocorrer para salvar um bem jurídico do sujeito ou de terceiro (estado de necessidade próprio e estado de necessidade de terceiro). No último caso, salienta DAMÁSIO DE JESUS, não se exige qualquer relação jurídica entre ambos (não se exige relação de parentesco, amizade ou subordinação entre o agente e o terceiro necessitado).[338]

A doutrina estrangeira denomina o estado de necessidade em favor de terceiro de auxílio necessário,[339] ocorrendo quando alguém resolve uma situação de necessidade de outra pessoa lesionando um bem jurídico alheio: em lugar de atuar o necessita-

---

333 ASSIS TOLEDO, Francisco, op. cit., p. 57.

334 Idem, ibidem.

335 O autor refere-se a sua obra, *Princípios básicos de direito penal*. São Paulo: Saraiva, p. 97-99.

336 ASSIS TOLEDO, Francisco, op. cit., p. 57.

337 Idem, ibidem.

338 JESUS, Damásio de, op. cit., p. 324.

339 RAMÍREZ, Juan Bustos. *Manual de derecho penal español*: parte general. Buenos Aires: Ariel, p. 252.

do, o faz um terceiro que lhe ajuda.[340] O exemplo seria o caso do médico que toma emprestado um veículo alheio para transladar com urgência ao hospital um ferido grave. No auxílio necessário não há limitações das pessoas que possam exercê-lo; não exige que a pessoa que auxilia seja um parente ou pessoa vinculada ao necessitado.

3. *Inevitabilidade do comportamento lesivo*. Segundo ASSIS TOLEDO, a lesão a bens jurídicos só está autorizada pelo fato necessário quando inevitável e na medida dessa inevitabilidade. O que significa que onde houver outro modo de evitar o perigo, mesmo com fuga, nem sempre honrosa, estará desfigurado o estado de necessidade. Exige-se o emprego do meio menos danoso entre os que ofereçam aptidão a afastar o perigo.[341] Para JESCHECK, a inevitabilidade significa que os bens jurídicos em conflito estão em colisão de tal forma que um deles somente pode ser salvo sacrificando o outro. Se cabe a salvação mediante intervenções em diversos bens jurídicos, quem atua em estado de necessidade deve escolher, entre as diferentes vias apropriadas, aquela que promete alcançar dita meta ao menor custo possível.[342]

Pressuposto de toda ação de estado de necessidade é que a ação típica constitua o único meio de preservar o bem jurídico ameaçado pelo perigo. Toda possibilidade de justificação fracassa quando o bem é sacrificado, e o sujeito que atuou dispunha de outras medidas de menor intensidade.[343]

4. *Inexigibilidade de sacrifício do bem ameaçado*. Alguns autores também denominam de ponderação de bens, é dizer, deve-se verificar, no caso concreto, se era ou não razoável exigir-se o sacrifício do bem ameaçado e que foi preservado pela conduta típica, ou seja, é o requisito da proporcionalidade entre a gravidade do perigo que ameaça o bem jurídico do agente e a gravidade da lesão causada pelo fato necessitado. Diante da existência de uma situação de necessidade que excede o risco normal, deve-se recorrer ao critério da ponderação de bens com o fim de pesquisar a licitude da ação de salvamento. Basicamente, a ação só está justificada quando o bem a ser salvo goza de uma valoração social consideravelmente mais importante que a do bem a sacrificar. O problema da ponderação de bens diz respeito diretamente com a teoria que adotarmos, isto é, será sempre uma causa justificante ou, em certos casos, poderá ser uma causa de exclusão da culpabilidade. Portanto, necessário que se verifiquem as teoria unitária e diferenciadora.

A *teoria diferenciadora* distingue o estado de necessidade em justificante e exculpante, com base na variação de valor dos bens em conflito (balanço dos bens). O primeiro (justificante) ocorre quando o bem sacrificado é de menor valor do que o ameaçado, excluindo a antijuridicidade. (Ex.: patrimônio contra a vida. Alguém, para não atropelar um pedestre, arremessa o veículo contra outro estacionado). O estado de necessidade exculpante ocorre quando o bem sacrificado for de igual ou superior valor ao que se pretendeu salvar (exemplo clássico da tábua de salvação em que está em jogo

---

[340] MIR PUIG, Santiago, op. cit., p. 458.

[341] ASSIS TOLEDO, Francisco, op. cit., p. 59.

[342] JESCHECK, Hans-Heinrich, op. cit., p. 324.

[343] MAURACH, Reinhart; ZIPF, Heinz. *Derecho penal*: parte general 1. Buenos Aires: Astrea, 1994. p. 470.

vida contra vida). Para a teoria diferenciadora, nesse caso, ocorreria uma situação de inexigibilidade de outra conduta, que seria excludente da culpabilidade.

A *teoria unitária* não faz distinção entre o estado de necessidade, considerando-o como causa de justificação em qualquer hipótese.

No Brasil, adotamos a teoria unitária, é dizer, seja quando ocorra o sacrifício de bem de menor valor, seja quando, na ponderação de bens e deveres, for sacrificado um bem de valor equivalente (vida contra vida), estará em questão o estado de necessidade justificante, que exclui entre nós a ilicitude do fato. Evidentemente que nada impede que se utilize o estado de necessidade exculpante na hipótese de o bem sacrificado ser de valor superior ao salvo, porém, nesse caso, estaríamos diante de uma causa supralegal de exclusão da culpabilidade, é dizer, a inexigibilidade de outra conduta.

É que pode ocorrer, no caso concreto, que não seja exigido do sujeito outra conduta que não seja aquela adotada, mesmo sacrificando um bem de valor superior, caracterizando-se, assim, a inexigibilidade de outra conduta, que é causa de exclusão da culpabilidade (ver a respeito no capítulo da culpabilidade). Ademais, parece-nos que, se não for o caso de inexigibilidade e, mesmo assim ocorrer o sacrifício de bem superior que nas circunstâncias não era razoável exigir-se, a solução vem posta no art. 24, § 2º, CP, que prevê a redução de pena. Para MIRABETE, presentes os demais requisitos legais, é facultada ao juiz a redução da pena em caso de sacrifício de bem de maior valor do que o protegido. Não está excluída a antijuridicidade do fato, e o agente responderá pelo ilícito praticado, podendo o aplicador da lei, diante das circunstâncias do fato, reduzir a sanção imposta ao sujeito passivo.[344]

5. *Inexistência do dever legal de enfrentar o perigo*. Segundo o art. 24, § 1º, CP, "não pode alegar estado de necessidade quem tinha o dever legal de enfrentar o perigo". Portanto, as pessoas que têm o dever imposto por lei de enfrentar a situação de perigo não podem alegar a excludente a seu favor, isto porque quando o Direito regulamenta o exercício de certas atividades, frequentemente traça os deveres inerentes a ela.[345] E se entre esses deveres está o de enfrentar determinados perigos (ex.: os bombeiros ou soldados incumbidos de combater incêndio, não se pode admitir aqueles que desempenham tais atividades, invoquem o estado de necessidade para salvação de bens próprios com o sacrifício precisamente daqueles que lhes incumbia salvar), seria uma contradição insuperável. Note-se, entretanto, que, no direito brasileiro, só o dever legal está em consideração, excluindo o dever de índole puramente moral ou contratual.[346]

6. *Elemento subjetivo*. Como toda causa de justificação, também o estado de necessidade supõe a combinação de elementos de justificação objetivos e subjetivos. Ademais, o art. 24, CP, pressupõe que o autor em estado de necessidade "pratica o fato para salvar de perigo atual". Com isso, a justificação pressupõe a vontade de salvação.

[344] MIRABETE, Julio Fabbrini. *Manual de direito penal* 1: parte geral. 7. ed. São Paulo: Atlas, p. 171.

[345] ASSIS TOLEDO, Francisco, op. cit., p. 61.

[346] Idem, ibidem.

Para WELZEL, as causas de justificação têm elementos objetivos e subjetivos. Para a justificação de uma ação típica não basta que se deem os elementos objetivos de justificação, senão que o autor deve conhecê-los e ter ademais as tendências subjetivas especiais de justificação. Assim, por exemplo, o autor deverá conhecer os elementos objetivos da justificação (*v. g.* o perigo atual) e ter a vontade de salvamento. Se faltar o elemento subjetivo da justificação, o autor não fica justificado apesar dos elementos objetivos da justificação.[347] Parte da doutrina também sustenta que ao adotarmos a teoria finalista da ação, a conduta só poderia restar justificada se o agente dirige a conduta para determinado fim, ou seja, no estado de necessidade, direciona sua conduta para o fim de salvamento.

3.3 Estado de necessidade defensivo e estado de necessidade agressivo

Ocorre o estado de necessidade defensivo quando o ato necessário se dirige contra a coisa de que promana o perigo para o bem jurídico defendido. Ex.: quem é atacado por um animal bravio acaba por matá-lo; para evitar uma inundação de grandes proporções, o sujeito desvia um canal na direção da propriedade do causador do rompimento do dique.

O estado de necessidade agressivo ocorre quando o ato necessário é praticado contra coisa diversa daquela de que promana o perigo para o bem jurídico defendido, ou, quando a conduta do sujeito atinge um bem jurídico de terceiro inocente. Ex.: o sujeito que subtrai um veículo alheio que está estacionado para prestar socorro a uma pessoa gravemente ferida.

A importância prática desta distinção está ligada ao dever de indenização. No Estado de necessidade *agressivo* há obrigação de indenizar os prejuízos sofridos pelo terceiro inocente, ainda que haja possibilidade de se acionar em regresso o causador do perigo (conforme os artigos 929 e 930 do Código Civil). Só no estado de necessidade *defensivo* não há previsão de indenização, em regra.

XVI Legítima defesa

A possibilidade de um determinado indivíduo utilizar-se de uma conduta iminentemente defensiva perante uma agressão juridicamente injustificada já encontrava guarida nas sociedades romanas, podendo ser considerada, desde sempre, uma atitude recepcionada pelos ordenamentos jurídicos.[348] Trata-se de um direito natural, uma ação fundamentada no princípio de que *ninguém pode ser obrigado a suportar o injusto*.[349]

---

[347] WELZEL, Hans, op. cit., p. 100.

[348] LISTZ, Franz Von. *Tratado de derecho penal*. 4. ed. Madri: Reus, t. 1, p. 342.

[349] ZAFFARONI, Eugenio Raúl; PIERANGELLI. *Manual de direito penal brasileiro*: parte geral. São Paulo: Revista dos Tribunais, p. 580.

Assim, quando o Estado não pode garantir a efetiva proteção de um direito da vítima, estaria ela legitimada para atuar nesse sentido. Em outras palavras, quando não houver possibilidade de o Estado preservar o bem jurídico de uma determinada vítima, esta poderá fazê-lo utilizando seus próprios meios sem que sofra qualquer censura por parte do agente público. O mesmo raciocínio pode ser estendido para os casos em que o direito ameaçado é de legitimidade de terceiro. Nessas ocasiões, poder-se-á igualmente atuar em legítima defesa, uma vez que a legislação consagra e estimula o sentimento de solidariedade humana.[350]

Pertinente é esclarecer que, justamente pelo fato de constatarmos essa inegável realidade natural que fundamenta o instituto em análise, ao contrário do que sustentam as teorias subjetivas, que afirmam ser a legítima defesa uma das excludentes da culpabilidade do agente, fundamentando a razão do seu entendimento nos motivos ou ânimo da vítima, acompanhamos o entendimento de que *esse instituto é uma excludente de antijuridicidade*. Isso porque, como já afirmamos, percebe-se que a legítima defesa é um direito primário, inerente ao ser humano. Em uma concepção objetiva, podemos dizer que a legítima defesa é nada mais que um direito natural de defesa;[351] um ato instintivo de autopreservação exercido de forma imediata e moderada pela pessoa injustamente agredida.

A legítima defesa pode ser conceituada como a defesa requerida e necessária para que se afaste de si ou de outro uma agressão atual ou iminente e antijurídica. Claro que poderíamos acrescentar todos os outros requisitos previstos no art. 25 do CP no conceito de legítima defesa, porém, o importante é que o leitor saiba que, diferentemente do estado de necessidade, a excludente da legítima defesa só pode ser usada quando o ato partir de agressões humanas, pois outra situação caracterizaria a utilização do estado de necessidade.

Destarte, para restar configurada a excludente de antijuridicidade sob análise, é indispensável que:

a) a ação do autor repila uma agressão (atual ou iminente) injusta;
b) sua ação tenha por finalidade proteger direito próprio ou alheio;
c) sejam empregados, moderadamente, os meios necessários para repelir agressão injusta;
d) consciência da situação justificante (elemento subjetivo).

1 Agressão (atual ou iminente) injusta

Um dos primeiros elementos a serem observados para identificarmos se a conduta de um determinado agente encontra-se sob o pálio da legítima defesa é o fato de esta ter sido ou não utilizada a fim de repelir uma agressão injusta, seja ela atual ou iminente.

---

[350] MIRABETE, Julio Fabbrini. *Manual de direito penal* 1: parte geral. 7. ed. São Paulo: Atlas, p. 185.

[351] Idem, p. 182.

Agressão injusta: considera-se agressão toda a lesão ou colocação em perigo por parte de uma pessoa contra um interesse jurídico de outra pessoa, claro que dito interesse deve estar protegido juridicamente pelo ordenamento jurídico. Normalmente se entende a agressão como um comportamento realizado por uma ação dolosa, porém, juridicamente não é necessário que isto seja assim. A agressão não precisa ser intencional e tampouco com dolo eventual, podendo decorrer até mesmo de um comportamento imprudente ou até mesmo procedente de uma conduta de um inimputável (doentes mentais, crianças etc.).[352]

A agressão injusta também pode decorrer de um comportamento que não é ativo, isto é, é possível que se configure a agressão por omissão. É claro que não estamos falando da omissão própria (crimes omissivos puros), mas da omissão imprópria ou dos crimes comissivos por omissão (decorrentes dos deveres de garantia). Assim, os garantes que não atuam no momento esperado podem ser obrigados a atuar porque seu ato configura uma agressão injusta. Exemplo: a mãe que propositadamente deixa de amamentar o filho recém-nascido com a intenção de matá-lo. Nesse caso, a mãe (garantidora) tem o dever jurídico de evitar o resultado morte, alimentando o seu filho. Quando não o faz, pratica uma agressão por omissão, pois tinha obrigação de evitar o resultado e com isso possibilita que alguém intervenha e a obrigue a alimentar o nascituro. Portanto, quem, mediante o uso de força física, obrigar a mãe a alimentar a criança recém-nascida, age em legítima defesa de terceiro em face de uma agressão produzida pela omissão do garante (crime omissivo impróprio). Por isso, é possível que a agressão decorra de uma omissão, desde que ela seja oriunda de alguém que tem o dever jurídico de atuar. Outro exemplo seria o do carcereiro que não soltar o preso decorrido o tempo de cumprimento de pena ou quando recebe o alvará de soltura. Nesse caso, a falta de ação do carcereiro constitui uma omissão passível de legítima defesa, pois a prisão torna-se uma agressão injusta.

Os bens passíveis de defesa são todos aqueles interesses juridicamente protegidos: vida, liberdade, integridade física, patrimônio, honra etc. O problema que aqui enfrentamos é a moderação em face da agressão sofrida, mas isso não impede o uso da excludente. O tema será tratado no item próprio sobre os meios necessários e a moderação.

A agressão deve ser injusta, isto é, contrária ao ordenamento jurídico. Existem agressões que estão justificadas, pois decorrem de autorização do próprio poder público (cumprimento de mandado de prisão, de busca e apreensão etc.) e outras que decorrem de outra causa de justificação (invasão de domicílio em face do estado de necessidade, furto de víveres para saciar a fome). A agressão deve ser injusta, admitindo-se a excludente quando falta a culpabilidade do agente (doentes mentais, crianças, ébrios etc.).

Para fins de legítima defesa, devemos entender que a agressão é todo ato humano que lesa ou põe em perigo um bem juridicamente protegido. A agressão pode decorrer tanto de uma ação quanto de uma omissão, sendo que, todavia, esta última somente pode ser considerada nos casos em que o omitente tinha o dever legal de agir,

[352] JESCHECK, Hans-Heinrich. *Tratado de derecho penal*: parte general. 4. ed. Traducción de José Luis Manzanares Samaniego. Granada: Comares, 1993. p. 303.

mas não agiu. Cuida-se dos chamados crimes comissivos por omissão, ou omissivos impróprios, já estudados em capítulo anterior.

Diferente seria o evento se "A", após a prática de um delito, estivesse sendo perseguido por policiais e, em determinado momento da fuga, desferisse uma série de tiros contra estes, sob o pretexto de estar se defendendo das investidas dos agentes. Ora, fica claro que, apesar de estar havendo uma grave ameaça à liberdade de locomoção (bem jurídico protegido) do fugitivo, a ação por este realizada não encontraria guarida no instituto da legítima defesa, por não se tratar a ação dos policiais de uma agressão contrária ao ordenamento jurídico ou injusta.

Lembremos que a agressão de que trata a legítima defesa refere-se a todo o ato humano, prescindindo-se da análise se o ato praticado pelo ser humano foi voluntário ou não. A partir dessa constatação, podemos concluir duas coisas: 1 – não é possível agir em legítima defesa contra atos de animais; e 2 – pode-se agir em legítima defesa contra atos de inimputáveis ou dos isentos de culpa.

Especificamente no que se refere aos ataques de animais, a doutrina é uníssona ao afirmar que não se trata de legítima defesa, mas sim de estado de necessidade. Contudo, devemos atentar para o fato de que, caso o animal seja instigado por alguém, normalmente por seu dono, no clássico exemplo do cão, será possível agir em legítima defesa. Nessa específica situação, entende-se que o animal funcionaria como um mero instrumento a serviço de seu dono, que seria o agressor. Poderia ter ele utilizado uma faca, um revólver, porém optou pela utilização de um animal.

Já a respeito da voluntariedade do ato, WELZEL afirma que: "*Incluso es antijurídica según el § 1004BGB. la iminente lesión de la propiedad a través de un ataque espasmódico y autoriza para emplear la legítima defensa.*"[353] Ou seja, permite-se a legítima defesa contra ato proveniente de mero espasmo muscular, na lição de WELZEL, sendo, inclusive, tal lesão proibida pelo Código Civil alemão. Entende-se, portanto, que a agressão deve ser analisada de uma maneira objetiva, desvinculando a conduta da real intenção do autor. Ou seja, não é relevante se o autor da agressão tinha a finalidade ou a consciência de produzir o dano ao agir injustamente. Basta que seja exteriorizado um comportamento suscetível de causar uma lesão a um bem juridicamente protegido. É uma decorrência lógica dos fundamentos deste instituto, que prima pelo direito básico e natural de autopreservação. Por esse motivo é que se admite, no ordenamento jurídico pátrio, a ocorrência de legítima defesa contra ato praticado por inimputáveis ou por quem é excluído de culpabilidade, *v. g.*, coação moral irresistível, obediência hierárquica. Na esteira do mesmo entendimento, é possível lançar mão desta excludente em razão de uma agressão culposa. MIRABETE traz o seguinte exemplo: um passageiro, de arma em punho, objetivando fazer parar um ônibus que é conduzido de maneira imprudente, obriga o motorista a parar o veículo, salvando a vida dos demais passageiros do risco que corriam.[354] Nesse caso, ainda que o motorista não tivesse a intenção de cometer

[353] WELZEL, Hans, *Derecho penal alemán*, op. cit., p. 102.

[354] MIRABETE, Julio Fabbrini. *Manual de direito penal* 1, op. cit., p. 182.

o ato agressivo, a conduta do passageiro não seria punida, pois agiu em legítima defesa própria e de terceiros.

Não é necessário, também, que a agressão a ser repelida encontre uma correspondência na legislação penal. Muitas são as situações em que a agressão não possui tipificação e, contudo, poderá ser alvo de uma repulsa legitimamente defensiva. Nesse sentido, temos o furto de uso, o dano culposo e outros.

A legítima defesa, por se tratar de um ato de urgência, deve ser um ato imediato à agressão. Assim, a legítima defesa somente subsistirá enquanto durar a ameaça que a autoriza. Caso o agredido, e isso ocorre muito na prática, fuja do local, arme-se, retorne ao local e lesione aquele que antes era seu algoz, não estaremos diante de uma ação defensiva. Ao contrário, estaremos diante de uma flagrante agressão, atitude que será prontamente execrada pelos tribunais. Nesse sentido o instituto é muito coerente, pois, se a vítima, de uma maneira ou de outra, conseguiu esquivar-se da agressão, é porque não está mais em situação de agressão atual ou iminente, razão pela qual qualquer ato seu que tenha por objetivo ferir o antigo agressor será punido. Isso não significa dizer que a primeira agressão não será igualmente punida; com efeito, ela será. Ocorre que se a primeira vítima, na sequência dos acontecimentos, afastou a agressão e acabou fazendo as vezes de agressor, também deverá ser punida. O mesmo raciocínio poderá ser aplicado para os casos em que a repulsa se mostra excessiva em relação à agressão, conforme tópico que será desenvolvido em momento posterior.

1.1 Direito próprio ou alheio

Perante o ordenamento jurídico brasileiro, para que reste caracterizada uma conduta legitimamente defensiva, exige-se desta uma finalidade direcionada à proteção de um direito próprio ou alheio. É necessário que o agir do defensor esteja voltado a proteger um bem jurídico de sua titularidade ou de terceiro. Para identificarmos tal situação, devemos constatar qual é a relação do defensor com o bem a ser protegido. Destarte, quando se pretende garantir a defesa de um direito pessoal, tem-se uma *legítima defesa própria*. Trata-se de uma situação em que o próprio agredido se insurge contra a ofensa, no sentido de preservar seu direito que está sendo injustamente lesado.

Quando a ação defensiva tem por objetivo preservar direito alheio, estaremos diante de uma *legítima defesa de terceiro*. Neste caso, entende-se por terceiro qualquer pessoa física ou jurídica[355] que esteja sofrendo (ou na iminência de sofrer) a injusta agressão. E, como já informado anteriormente, sob o fundamento de consagrar o princípio da solidariedade, a legislação permite a uma pessoa intervir em favor de outra que esteja sofrendo (ou na iminência de) injusta agressão.

Ressalte-se, contudo, que a legítima defesa de direito alheio somente será possível nos casos em que o direito afetado é indisponível. Caso disponível seja, à defesa somente será exigido o consentimento do ofendido. A título de exemplificação: "A"

---

[355] JESUS, Damásio E. de. *Direito penal*, 1º V., op. cit., p. 389.

percebe que "C" está camuflado, a fim de surpreender "B" e, dessa forma, assassiná-lo com golpes de faca. "A" saca seu revólver e fere "C" antes que este consumasse o delito. Nesse exemplo, temos uma legítima defesa de terceiro, praticada por "A" em favor de "B". Diferente seria a seguinte situação: "A" percebe que "C" está furtando laranjas do pomar de "B", plenamente capaz, o qual presenciou o fato e quedou inerte. "A", indignado com tal situação, atira uma pedra em "C", que cai da árvore e foge. Nesse caso, não se tratava de um direito indisponível de "B", mas sim de um direito patrimonial, que a vítima, podendo dispor como bem entender, resolveu consentir com a subtração. Logo, não estamos diante de um caso de legítima defesa.

Segundo WESSELS, a eficácia do *consentimento justificante* do ofendido está condicionada aos seguintes pressupostos: (a) a renúncia ao direito deve ser juridicamente admissível; (b) deve possuir a titularidade, ou a autorização dos demais titulares, para dispor do bem; (c) deve possuir capacidade; (d) inexistência de vícios de consentimento; (e) se a lesão ofender a integridade corporal do indivíduo, esta não poderá atentar contra os bons costumes; (f) o consentimento deve ser, antes do fato, expressamente declarado ou concludentemente expresso; (g) o ofendido deve ter agido no conhecimento e por causa do consentimento.[356]

Em suma, pode-se atuar em legítima defesa para garantir direito próprio ou de terceiros. Neste último caso, contudo, deverá o defensor certificar-se de que o direito do terceiro é disponível, e este não manifestou consentimento na agressão.

1.2 Utilização moderada dos meios necessários

Para ser entendido como um ato de legítima defesa, a repulsa do agente deve observar uma proporcionalidade objetiva com a agressão sofrida. ZAFFARONI entende que:

> "A legítima defesa não pode contrariar o objetivo geral da ordem jurídica – a viabilização da coexistência –, de maneira que, quando exista uma desproporção muito grande entre o mal que evita quem se defende e o que lhe quer causar quem o agride, porque o primeiro é ínfimo comparado com o segundo, a defesa deixa de ser legítima."[357]

Essa proporcionalidade de que trata ZAFFARONI será identificada mediante análise conjuntural das circunstâncias que contribuíram para as ocorrências da agressão e da reação.

Como abordado anteriormente, a lei permite apenas afastar o perigo e não revidar a lesão causada pela conduta do agressor. DAMÁSIO sustenta que a "medida da repulsa deve ser encontrada pela natureza da agressão em face do valor do bem atacado

---

[356] WESSELS, Johannes. *Direito penal*: parte geral. Tradução de Juarez Tavares. Porto Alegre: Sergio Antonio Fabris, 1976. p. 77-78.

[357] ZAFFARONI, Eugenio Raúl; PIERANGELLI. *Manual de direito penal brasileiro*: parte geral. São Paulo: Revista dos Tribunais, p. 581.

ou ameaçado, circunstâncias em que se comporta o agente e meios à sua disposição para repelir o ataque".[358]

Quando se fala em proceder à análise das naturezas da agressão e da reação, devemos ponderar se para a efetiva preservação do bem juridicamente protegido era justificável a agressão ao outro bem jurídico. Na realidade, trabalha-se com o sopesamento da relevância dos dois direitos. Como exemplo, imaginemos a seguinte situação: "A", com cinco anos de idade, envolve-se em uma briga com outra criança, "B", de igual idade e mesmas condições físicas. Seria justificável um pai, no intuito de proteger a integridade física de seu filho, desferir um tiro contra "B", que está a agredir seu filho? Logicamente não. Contudo, se o pai de "A", em vez do tiro, utilizasse ameaça contra a criança (art. 147), a fim de interromper a agressão e resgatar seu filho, ter-se-ia a proporcionalidade entre agressão e reação. Diante disso, podemos concluir que essa ponderação somente será eficaz mediante análise do caso concreto. Uma ponderação abstrata poderá não atingir o resultado pretendido, uma vez que, como evidenciado por DAMÁSIO, não basta a análise da natureza da agressão, mas também das circunstâncias e dos meios disponíveis para a repulsa.

Assim, ainda que a natureza das agressões seja compatível, no exemplo de uma lesão corporal repelida por outra lesão corporal, devemos analisar as circunstâncias em que se comportaram os agentes. Senão vejamos: "A" está na iminência de lesionar, com um soco, "B". "B", antecipando-se ao golpe, desfere outro contra "A". Atentemos para o fato de que, abstratamente, a repulsa de "B" está em evidente proporção com a agressão de "A". Ou seja, temos a ideia de que "B" agiu em legítima defesa própria e, portanto, agiu conforme o ordenamento jurídico. Porém, se, no caso concreto, constatarmos que "A" era um senhor idoso e paraplégico, enquanto "B" era um saudável e jovem lutador de caratê, percebemos que os meios utilizados por "B" foram completamente desproporcionais, pois poderia ter-se defendido aparando o golpe com o braço. Diga-se mais, dependendo da circunstância, mesmo que a própria natureza das agressões seja desproporcional, poderemos nos deparar com uma ação abrangida pela legítima defesa. Voltemos ao exemplo do idoso e do lutador. Numa situação diferente daquela que havia sido citada, o idoso, percebendo que estava na iminência de ser injustamente agredido pelo lutador, desfere um tiro de espingarda contra este, matando-o. Ainda que as naturezas das agressões sejam desproporcionais (integridade física × vida), poderíamos estar tratando de uma conduta em legítima defesa, caso o meio utilizado pelo idoso fosse o único a sua disposição para garantir a proteção de seu bem jurídico.

Com relação aos meios necessários, inicialmente devemos atentar para o fato de que estes não se confundem com a moderação com que foram utilizados. Por meios necessários, a doutrina é pacífica ao afirmar que são os meios menos lesivos à disposição da vítima e suscetíveis de garantir a proteção do bem jurídico agredido. Já no que se refere à moderação, esta reflete a intensidade com a qual o meio é utilizado. A toda evidência, são elementos completamente diferentes, possuindo, todavia, aguda comunicação.

---

[358] JESUS, Damásio E. de. *Direito penal*, 1º V. op. cit., p. 390.

Nas palavras de FERNANDO CAPEZ, "a necessidade do meio não guarda relação com a forma com que é empregado. Interessa apenas saber se o instrumento era o menos lesivo colocado à disposição do agente no momento da agressão",[359] pois a maneira e intensidade com que foi utilizado "diz respeito à moderação e não à necessidade". Assim, podemos nos confrontar com a situação de que o meio empregado seja o necessário, mas tenha sido usado de maneira desmedida. O inverso também vale. Ou seja, pode ocorrer de ter sido utilizado o meio menos adequado, porém de uma maneira moderada, de forma a não afastar a legítima defesa.

Todavia, não exige o direito penal que o agredido tenha que aceitar os efeitos, mesmo que parciais, da agressão, esquivando-se mediante uma "fuga vergonhosa".[360] Tampouco a análise acerca da utilização moderada dos meios necessários pretende questionar o resultado obtido com a atitude defensiva, pois *a necessidade deve referir-se à ação de defesa e não ao resultado da defesa.*[361] Assim, é possível estarmos diante de uma ação em legítima defesa mesmo quando for verificado que o agente poderia ter fugido, mas não o fez. Ou ainda nos casos em que a reação acarreta lesões diversas das que o agente havia previsto.

Na linha traçada, portanto, é legítima a defesa que, de acordo com a *intensidade real*[362] da agressão, utiliza, de maneira moderada, os meios menos lesivos à sua disposição a fim de, na medida do necessário, fazer cessar a injusta agressão. Constatada a desnecessidade dos meios ou a imoderação em sua utilização, o agente poderá ser responsabilizado pelo excesso praticado.

Nesta última hipótese, o parágrafo único do art. 23 do Código Penal é muito claro ao determinar que o agente que atuar em legítima defesa responderá pelo seu excesso, seja ele cometido dolosa, seja culposamente.

No caso de excesso da legítima defesa, devemos perquirir se esse excesso foi ou não fruto de uma atitude dolosa do agente. Se negativa a resposta, pode ser o excesso proveniente de erro de tipo ou erro de proibição, isso em decorrência da adoção, pelo Direito brasileiro, da teoria limitada da culpabilidade (conforme já visto no item 18.3.5.4).

Se o agente avaliar mal a situação fática, equivocando-se no cálculo da gravidade da agressão sofrida ou no sopesar da forma de repulsa da agressão, estaremos diante de erro de tipo. Aqui, conquanto inicialmente exista uma situação legitimadora da defesa, o agente pensa ser a agressão mais grave do que realmente é e se mantém em sua defesa, pensando ser moderada, mesmo que já não mais subsista a situação de agressão inicial; ou se utiliza de meio que pensa ser o necessário, quando não o é. Se invencível for esse erro, restarão excluídos o dolo e a culpa, sendo o agente isento de

[359] CAPEZ, Fernando. *Curso de direito penal,* Volume 1. São Paulo: Saraiva, p. 237.

[360] WESSELS, Johannes. *Direito penal*: parte geral, op. cit., p. 73.

[361] JAKOBS, Günther. *Derecho penal*: parte general. Traducción Joaquin Cuello Contreras y Jose Luis Serrano Gonzales de Murillo. Madri: Marcial Pons, 1997. p. 476.

[362] WELZEL, Hans. *Derecho penal alemán,* op. cit., p. 102.

pena. Se vencível, poderá ser punido pelo excesso cometido a título de culpa, conforme o art. 23, parágrafo único, e art. 20, § 1º, ambos do CP.[363]

Quando o excesso na legítima defesa for originado de erro sobre os limites jurídicos da legítima defesa, equipara-se ao erro de proibição indireto, isentando o autor de pena se inevitável e atenuando a pena se evitável for, conforme o art. 21 do CP.

Salienta-se não ser equiparável o excesso na legítima defesa e a legítima defesa putativa. Nesta última, há um erro em situação que não permite a legítima defesa; ou seja, não se fazem presentes os requisitos que permitem a legítima defesa, porém, o agente pensa estarem eles presentes. Ao contrário, o excesso somente será possível quando existente, mesmo que apenas em um primeiro momento, a situação apta a permitir a legítima defesa.

O excesso doloso, por sua vez, compreende uma atitude consciente do defensor que, extrapolando a moderação ou meios para repelir a agressão, tem a finalidade de lesionar o outrora agressor. Sinale-se que somente será punido o excesso, as lesões anteriores estarão justificadas pela legítima defesa. Como exemplo, podemos citar o seguinte caso: "A", que está sofrendo injusta agressão de "B", utiliza-se de socos e chutes para defender-se. "B" resulta gravemente ferido. "A" prossegue na agressão com o objetivo de ferir "B", causando-lhe, desta vez, lesões leves. Nesse caso, "A" não será responsabilizado pelas lesões graves, já que agiu em legítima defesa. Porém, responderá pelo excesso doloso cometido, qual seja, lesões leves.

Assim, *se o agredido ultrapassa, consciente ou inconscientemente, os limites da legítima defesa permitida, atua ilegalmente*;[364] logo, será penalizado.

1.3 Consciência da situação justificante (elemento subjetivo)

Com relação à consciência da situação justificante por parte daquele que atua em legítima defesa, poderemos encontrar nas doutrinas nacional e internacional uma série de divergências que vão desde a desnecessidade de configuração deste elemento até diferenças substanciais em suas conceituações. Especificamente no que se refere à doutrina nacional, lembremos que a sólida implantação da teoria finalista da ação fez com que preponderasse, no Brasil, o imperativo *animus defendendi*,[365] afastando o argumento de que seria necessária apenas a constatação dos elementos objetivos da legítima defesa. Assim, poucos são os autores brasileiros que negam a presença do elemento subjetivo na ação defensiva. Dentre estes, recentemente destaca-se JUAREZ TAVARES, o qual afirma que, no caso da legítima defesa, "só importam os elementos que se refiram à agressão, como sua existência, atualidade ou iminência e injustiça".[366]

---

363 JESUS, Damásio de. *Direito penal*, parte geral. 31. ed. São Paulo: Saraiva, p. 436.

364 WESSELS, Johannes. *Direito penal*: parte geral, op. cit., p. 74.

365 FRAGOSO, Christiano. Sobre a necessidade do *animus defendendi* na legítima defesa. *Boletim IBCCRIM*. São Paulo, v. 10, Fascículo 112, p. 13, março 2002.

366 TAVARES, Juarez. *Teoria do injusto penal*. Belo Horizonte: Del Rey, p. 252.

Destaca, ainda, que os elementos subjetivos de justificação somente poderiam ser aplicados nas situações fáticas em que correspondem à análise do dolo, por exemplo.

Ressalvadas, portanto, as posições contrárias, a doutrina majoritária sustenta ser imprescindível que o defensor tenha a convicção de que sua atuação possui a finalidade de proteger o bem jurídico ameaçado. Não significa dizer que se deva ter a consciência da ilicitude da ação repelida, mas sim que a agressão (atual ou iminente) existe e é passível de lesionar o bem jurídico. Logo, entende-se que a reação deve possuir uma orientação subjetiva do agente, no sentido de afastar o risco do dano ou oferecer defesa a este.

Essa posição é bem trabalhada por WELZEL. Segundo ele, "a ação defensiva é aquela executada com o propósito de defender-se da agressão. Aquele que se defende tem que conhecer a agressão atual e ter a voluntariedade de defesa".[367] Na esteira dessa concepção, somente estaremos diante de uma ação legitimamente defensiva quando o agente: 1 – tiver a plena consciência de que a atitude do agressor é suscetível a acarretar uma lesão a um bem jurídico, próprio ou alheio, e 2 – pelo motivo anterior, conduz uma sequência de atos na finalidade de resguardar o bem ou minorar os efeitos da agressão.

Não nos parece a fundamentação mais plausível. Perceba-se que estamos trabalhando com dois elementos diferentes: (a) consciência da agressão e (b) finalidade defensiva. É perfeitamente possível enfrentarmos uma situação em que um dos elementos subsista sem o outro e, ainda assim, seja possível determinada pessoa atuar em legítima defesa. Filiamo-nos à corrente que admite ser possível ao defensor, em determinadas circunstâncias, tomar conhecimento da agressão, direcionando sua vontade para lesionar o agressor, sem, contudo, chegar a concretizar tal intento e mesmo assim agir em legítima defesa.

Importante então lembrar que mesmo entre os próprios subjetivistas há divergências de opiniões a respeito de quais elementos acima enumerados insurge-se como o cerne da subjetividade da situação justificante. Como exemplo, citemos WELZEL, JESCHECK e MAURACH, autores que manifestam o entendimento de que o agente deve atuar com a finalidade de se defender. Já ROXIN e BOCKELMANN dizem que não seria necessária a finalidade de defesa, bastando apenas que o agente tenha o conhecimento da agressão atual ou iminente.[368]

Parece-nos mais razoável o ensinamento ministrado pelos doutrinadores da segunda corrente. Portanto, conforme modelo exposto por ROXIN, acreditamos que o defensor estará justificado a atuar a partir do conhecimento da situação de legítima defesa. Não se deve exigir que o agente esteja motivado pelo interesse na defesa, exige-se apenas que este tome conhecimento da agressão injusta. Ocorrendo situações em que o defensor não venha a tomar ciência da situação justificante, a ação poderá ser

367 WELZEL, Hans. *Derecho penal alemán*, op. cit., p. 103.

368 FRAGOSO, Christiano. Sobre a necessidade do *animus defendendi* na legítima defesa. *Boletim IBCCRIM*, op. cit., p. 14-15.

enquadrada como um crime impossível.[369] Isso porque não seria conveniente fundamentar a legítima defesa no fato de o agredido ter atuado para sua defesa, mas sim no fato de este estar agindo para repelir uma agressão, iminente ou atual, injusta.

XVII Estrito cumprimento do dever legal

O estrito cumprimento do dever legal é, a exemplo do estado de necessidade e da legítima defesa, uma das causas de exclusão de antijuridicidade admitidas no direito pátrio, tendo sido positivado no art. 23, III, do Código Penal.

Entende-se estar agindo em estrito cumprimento do dever legal o agente que orienta um comportamento lesivo ao bem jurídico de outrem, fazendo-o em obediência a um comando legal. Esse direito/dever de agir, todavia, encontra-se delimitado na própria lei, fazendo com que qualquer ato abusivo seja passível de responsabilização. Geralmente, os autores dessa conduta são funcionários públicos ou particulares que estão exercendo uma função pública. Os demais particulares também poderão agir em estrito cumprimento do dever legal, desde que atuem em conjunto com aqueles anteriormente citados, *v. g.*, coautoria.

A excludente em estudo é uma decorrência lógica do fato de ser inviável reprimir uma conduta previamente autorizada por lei, na realidade, tal proceder jamais será antijurídico, quando praticado dentro dos limites estabelecidos pelo dispositivo legal. Mirabete adverte que, não fosse assim, a lei seria contraditória, pois aquele que "cumpre regularmente um dever não pode, ao mesmo tempo, praticar um ilícito penal".[370] Não fosse assim, estar-se-ia consentindo e, ao mesmo tempo, abolindo determinada conduta.

Tal qual as demais excludentes estudadas, aquele que age em estrito cumprimento de um dever legal deve ter consciência da situação justificante. Ou seja, deve ter o *conhecimento do dever e a vontade de cumpri-lo*.[371] Não sendo assim, o agente não age em estrito cumprimento de dever legal, uma vez que faltaria o elemento subjetivo. O elemento objetivo do instituto resta evidenciado já na própria nomenclatura adotada. Exige-se que o dever seja uma decorrência legal; deveres morais, religiosos ou sociais estão excluídos, não estão compreendidos.[372]

1 Exercício regular do direito

Se as causas de justificação que vimos até aqui se referem a hipóteses específicas no âmbito geral da ilicitude, de modo a afastar os seus efeitos quando diante da *necessidade de ação para afastar o perigo* e/ou para *defender-se de injusta agressão*, o exercício

---

[369] ROXIN, Claus. *Derecho penal*: parte general. Madrid: Civitas, 1997. t. I, p. 667.

[370] MIRABETE, Julio Fabbrini. *Manual de direito penal* 1, op. cit., p. 188.

[371] PRADO, Luis Régis. *Curso de direito penal brasileiro*, V. I, RT, 4. ed. p. 379.

[372] MIRABETE, Julio Fabbrini, op. cit., p. 189.

regular do direito, bem ao contrário, diz respeito a fatos situados no campo da *licitude*. É dizer: aquele que age em *regular exercício de direito* há que estar acobertado pela licitude de seu comportamento.

Como se vê, a apontada excludente de ilicitude bem poderia ser tratada no espaço reservado à tipicidade, na medida em que não se concebe a *contradição* entre normas que *proíbem* condutas e outras que as *autorizam* em um único e mesmo ordenamento jurídico. Em outras palavras: se a conduta traduz *exercício regular de direito* não poderia estar prevista como crime. Ver o tópico acerca da *Tipicidade Conglobante* para se entender melhor a questão que se põe entre a *normatividade* e a *antinormatividade*. Condutas *antinormativas* são aquelas contrárias ao Direito (qualquer ramo do Direito). Por isso, e para a citada Teoria (Tipicidade Conglobante), não poderia haver tipo penal que cuidasse de condutas autorizadas pelo direito, isto é, abrangidas pela *normatividade*. Assim, já se excluiria o próprio tipo penal quando a pessoa agisse *no exercício regular do direito*, pela simples e correta razão de que o Direito não pode ser lícito e ilícito ao mesmo tempo, em relação a um mesmo comportamento.

Na verdade, se o estado de necessidade e a legítima defesa se colocam como *exceções à regra geral da ilicitude* (matar alguém, por exemplo), excluindo-a apenas naquelas hipóteses *excepcionais* (de perigo e diante de injusta agressão), tanto o estrito cumprimento do dever legal e o exercício regular de direito *já se referem à situações contidas no âmbito geral da licitude*, ou seja, da matéria permitida.

É que, em determinadas situações, a conduta lícita não deixa de se enquadrar na tipologia geral da matéria proibida, surgindo quase à maneira de um *aparente conflito de normas* (sem sê-lo, tecnicamente). O agente público que, cumprindo mandado de prisão, exerce força física sobre a pessoa, *poderia* estar realizando o tipo penal de constrangimento ilegal (art. 146, CP), não fosse *a legalidade da medida*. Já quando o oficial de justiça adentra determinada residência *sem o consentimento* do morador, poderia estar concretizando o tipo de violação ao domicílio (art. 150, CP), se não fosse o fato – relevantíssimo – de se encontrar ele *autorizado* por outra norma jurídica (art. 5º, X, da Constituição da República).

Do mesmo modo, alguns comportamentos realizados no exercício do poder familiar (art. 1.630, Código Civil) poderiam se enquadrar no tipo penal de *lesão corporal*, atinente à integridade física (art. 129, CP), se abstraída a circunstância de se tratar de *exercício regular de direito*. Há outros exemplos, igualmente demonstrativos da hipótese de que ora se cuida: ainda em relação ao exercício do poder familiar: sequestro, coação, ameaças, injúria, violação de correspondência, e, como exercício de poder pelo particular, a prisão em flagrante delito, autorizada a todos, também no Brasil (art. 301, CPP).[373]

Como se vê, o campo geral da *ilicitude* (proibição) cede às exceções contidas no âmbito geral da *licitude* (permissão), dentro, então, de um mesmo ordenamento.

Daí, mais uma vez se mostra fértil o manejo da teoria dos elementos negativos do tipo, segundo a qual a tipicidade já conteria todas as causas excludentes da ilicitude,

[373] FIGUEIREDO DIAS, José de. *Direito penal*, op. cit., p. 468.

a fim de que nela (tipicidade) permaneça apenas a matéria efetivamente proibida. Já demos um exemplo e a ele voltamos, para fins didáticos: No crime de homicídio, art. 121, CP, o preceito positivo do tipo penal prescreveria a proibição de *matar alguém*. No entanto, para os adeptos da citada teoria, a proibição da norma estaria sempre ressalvada quando em estado de necessidade ou em legítima defesa, que seriam, então os elementos *negativos* do tipo.

Exerce regularmente seu direito (art. 23, III, Código Penal) aquele que realiza uma conduta correspondente a um tipo penal e que, igualmente, é permitida pela própria legislação em vigor. Trata-se de uma hipótese semelhante à estudada anteriormente (estrito cumprimento do dever legal), onde o direito do agredido é afastado, em razão da permissão do direito do agressor. Isso porque, como vimos, não pode haver no direito contradição entre as normas. Logo, se é juridicamente permitido a alguém efetuar uma lesão, não poderá o direito penal responsabilizar aquele que agrediu. Assim, se a lei, ao mesmo tempo proibir e permitir uma determinada conduta, deve-se interpretar que esta é uma exceção àquela regra proibitiva.

Diferentemente do que se verifica no estrito cumprimento do dever legal, situação onde o agente tem uma obrigação de realizar a conduta lesiva (dever legal), no caso do exercício regular do direito o agente tem a faculdade de assim agir. Ou seja, o agente pode ou não, de acordo com a sua vontade, realizar determinada conduta e, caso decida realizá-la, não poderá ser punido por sua ação ou omissão, pois a lei permite que assim o faça. Para Miguel Reale Júnior, "a excludente do exercício regular de direito consente a eliminação automática de um confronto interno".[374]

Ainda na mesma linha traçada pelas demais excludentes de ilicitude, o instituto em comento exige que o agente tenha a consciência e a vontade de agir conforme seu direito. Ou seja, o pai que agride, de maneira consciente e moderada, o filho, com a única finalidade de corrigir seu comportamento, estará agindo conforme o ordenamento jurídico lhe faculta. Porém, se o mesmo pai tiver somente a intenção de lesioná-lo ou humilhá-lo, estará cometendo um ilícito penal. Isso porque, como já afirmado, o exercício regular do direito não pode subsistir sem que se verifique o elemento subjetivo, qual seja, o *animus* do agente.

A doutrina elege os seguintes exemplos clássicos de exercício regular de direito:

2 Intervenções médicas e cirúrgicas

As lesões derivadas de intervenções cirúrgicas são prerrogativas do ofício médico e não constituem ilícito penal, desde que não verificados culpa ou dolo por falecimento do paciente. Isso porque a finalidade curativa exclui qualquer possibilidade de dolo direto, haja vista que o médico pretende curar, e não lesionar. MIR PUIG aplica o mesmo raciocínio nas chamadas cirurgias estéticas, onde o paciente não se encontra em risco de morte, mas igualmente é lesionado em busca de um efeito favorável.

---

[374] REALE JÚNIOR, Miguel. *Instituições de direito penal*: parte geral, op. cit., v. I, p. 174.

Segundo o doutrinador, nesses casos, não se poderá tratar por lesões os casos em que estas têm a finalidade de produzir um resultado socialmente positivo.[375]

3 Violência esportiva

Situação semelhante é a que podemos observar nas práticas esportivas, especialmente no que se refere a esportes notadamente violentos, tais como boxe, futebol americano e luta livre.[376] Nesses casos, os praticantes dessas atividades, desde que observem as regras e o zelo inerentes à disputa, bem como a voluntariedade do ofendido na disputa, não estarão praticando um ilícito penal.Todavia, se não forem observados tais limites, responderão pelo delito que for cometido.

Miguel REALE JÚNIOR entende que a lesão esportiva não é um exercício regular de direito, posto que não há norma permitindo tal conduta. Para ele, essa questão deve ser tratada como uma ação socialmente adequada, pois a punição de tais atos inviabilizaria o jogo.[377]

4 Ofendículos

Os ofendículos são mecanismos predispostos para a defesa de determinado bem jurídico. De modo contrário ao que ocorre com as chamadas defesas mecânicas, que são instrumentos ocultos ou de difícil percepção (ex.: uma espingarda oculta na janela de uma residência, que dispara ao ser aberta), os ofendículos são instrumentos facilmente identificáveis e refletem o direito que o proprietário tem de proteger seu patrimônio. Logo, eventual lesão ocasionada em uma pessoa que tentou escalar o muro de uma residência, o qual estava protegido por cacos de vidros, não poderá ser objeto de punição. Diferente seria o caso se os dispositivos de segurança fossem imperceptíveis, como a arma na janela. Tais armadilhas geralmente configuram excesso no exercício do direito e, portanto, são punidas pelo Poder Judiciário.

5 Consentimento do ofendido

Tratando-se de direito disponível, o consentimento do ofendido exclui a tipicidade da conduta. Isso advém do fato de que ao direito penal o importante é preservar o interesse da coletividade, ficando sua atuação condicionada à manifestação da vítima quando se tratar de um bem jurídico de interesse meramente privado. Pacífica é a doutrina com relação à impossibilidade de punição de um agressor que agiu com o consentimento do ofendido, divergindo, apenas, no que se refere ao fato de esta ser uma excludente de ilicitude ou de tipicidade.

---

375 MIR PUIG, Santiago. *Derecho penal*, parte general, 4. ed., PPU, 1996, p. 494.

376 PRADO, Luis Régis. *Curso de direito penal brasileiro*, op. cit., p. 380.

377 REALE JÚNIOR, Miguel. *Instituições de direito penal*, parte geral, op. cit., v. I, p. 175.

ROXIN sustenta que o consentimento do ofendido exclui a tipicidade da conduta, pois inexiste lesão ao bem jurídico quando a conduta não contraria a vontade de seu titular. Há sim uma colaboração do agressor com o desejo do ofendido. "Si el propietario, en virtud de una decisión libre, consiente en el menoscabo o en la destrucción de su cosa, o incluso lo solicita, no existe en ello ninguna lesión de la posición de propietario, sino una cooperación en su ejercicio libremente tolerado".[378]

Já JESCHECK, fundamentando um posicionamento adotado pela doutrina majoritária brasileira, afirma que o consentimento do ofendido é sim uma das causas de exclusão da ilicitude, uma vez que a ação típica não é afastada pela aceitação do resultado, tanto é assim que a anuência é condicionada à verificação de certos requisitos, *v. g.*, presença de vícios de consentimento, exteriorização ineficaz, capacidade.[379]

6 Causas justas, supralegais?

Há também quem entenda possível a existência de causas *supralegais* de justificação da conduta, aptas, então, a excluir a ilicitude do fato.

Embora nos pareça efetivamente possível incluir outras hipóteses de menor ou nenhuma reprovação em determinados comportamentos típicos, diante da singularidade e, por isso, excepcionalidade, da situação, pensamos que a matéria não se acomodaria, necessariamente, no âmbito das causas de justificação.

Assente-se, por primeiro, que semelhante entendimento, ou seja, acerca da possibilidade de se emitir juízos de menor ou nenhuma reprovação em relação à condutas penalmente tipificadas, decorre, fundamentalmente, da reserva crítica que se deve ter a respeito da tarefa legislativa de incriminação. Vimos já, e mais de uma vez, que as dificuldades e limitações linguísticas, por si só, indicariam a necessidade de se ter maiores cuidados no juízo de *subsunção* entre o fato praticado e a norma a ser eventualmente aplicada. Ao tratarmos da *insignificância,* por exemplo, apontamos algumas hipóteses de incompatibilidade nessa equação (norma/fato), na perspectiva da consideração social da lesão em determinado caso concreto.

Mas não só.

Também a deficiência técnica do legislador é responsável por uma tipologia muitas vezes defeituosa, a deixar imensos vazios no conteúdo da norma referente à matéria efetivamente proibida.

E, se isso ocorre em relação às normas *proibitivas,* também podem ser encontradas tais limitações no campo dos *tipos de justificação,* ou, de modo mais esclarecedor, das *causas de justificação do comportamento.* Pode-se indagar: seria mesmo necessário e indispensável a previsão legislativa da *legítima defesa* para que não se impusesse condenação alguma àquele que assim agisse? Considerando as premissas fundamentais e fundantes do Estado de Direito, articuladas as missões e funções do Direito

---

[378] ROXIN, Claus. *Derecho penal.* Parte general. Madrid: Civitas, 1997. t. I, p. 517.

[379] JESCHECK, Hans-Heinrich. *Tratado de derecho penal*: parte general. 4. ed. Comares, 1993. p. 338.

Penal, e devidamente estruturado o sistema de realização dos direitos fundamentais, por que razão se sustentaria a necessidade de intervenção penal em tais situações (de legítima defesa)?

A resposta a essa pergunta pode servir, do mesmo modo, a outras situações da vida, não percebidas e, por isso, não especificadas entre as causas *legais* de justificação. Note-se, por exemplo, que o próprio legislador, em algumas situações, *já exclui, no próprio tipo,* a reprovação do comportamento, a partir da inclusão da expressão *sem justa causa* na elaboração do tipo, associada ao motivo da conduta do agente. É ver os tipos penais previstos no art. 153, *caput,* art. 153, § 1º, e art. 154, todos do CP, a cuidar de divulgação indevida de segredo e/ou conteúdos de documentos.

Com efeito, a expressão "*sem justa causa*", e, sobretudo, o seu significado, esclarecem, a mais não poder, que determinados comportamentos típicos são realizados com base em *motivações não reprováveis,* ou, em outras palavras, *com justa causa.* A *justiça* do motivo da ação, portanto, aparece como *aceitação e justificação* social da conduta.

Uma outra perspectiva didática da matéria giraria em torno dos chamados *elementos subjetivos do tipo,* que apontam *razões especiais* para o comportamento, que qualificaria a ação dolosa. Ver, por exemplo, os tipos penais do art. 161, CP (alteração de limites) e art. 161, § 1º, II, CP (esbulho possessório), nos quais, ao lado do núcleo da ação (*suprimir ou deslocar tapume...* e ... *desviar ou represar...*), se segue o fim especial (*para apropriar-se; para o fim de...*). A expressão *sem justa causa,* portanto, seria indicativa do reconhecimento que, nos mencionados tipos (no exemplo dado, de divulgação de segredo), uma *causa justa* ou *um fim legítimo para a ação* excluiria o tipo penal.

Ocorre, entretanto, que estamos a nos referir, evidentemente, às hipóteses em que o motivo *relevante* ora mencionado *não integra o tipo penal* e nem vem contido, implicitamente, em algum elemento subjetivo do tipo e tampouco na ressalva prevista na expressão *sem justa causa.*

Bem compreendida a questão, restaria apenas avançar para a definição dogmática da matéria. É dizer: quando evidentemente não reprovada a conduta, por razões de excepcionalidade, inerente, aliás, às dificuldades de toda *casuística legislativa,* tratar-se-ia de exclusão de ilicitude (causa *supralegal* de justificação), de culpabilidade (inexigibilidade de conduta diversa), ou, por fim, de *atipicidade?*

De nossa parte, pensamos que o caso não configura causa *supralegal* excludente de ilicitude. Aliás, estamos convencidos de que seriam raras as hipóteses concretas de excludentes de ilicitude *fora da previsão legislativa expressa,* desde que, é claro, se esteja a falar de ilicitude *válida,* isto é, em conformidade com a Constituição. Uma delas (exceções) seria o *consentimento do ofendido,* normalmente arrolado como hipótese *supralegal* excludente da ilicitude, em razão de não se poder *proibir* comportamentos autorizados pelo titular do bem jurídico atingido. Obviamente, tratar-se-ia, na hipótese, de bens jurídicos *disponíveis,* dado que o Estado não tolera a renúncia a determinados e específicos bens (a *vida,* por exemplo). Em Portugal, o Código Penal, ao contrário da maioria esmagadora das legislações estrangeiras, o consentimento vem previsto, expressamente (art. 38), como causa excludente da ilicitude. Causa *legal,* portanto.

A questão não é mesmo tão simples.

Do ponto de vista das normas incriminadoras, parece fora de dúvidas que *apenas a lei* pode criar e sancionar condutas proibidas, impondo-se a exigência constitucional da *reserva legal* (art. 5º, XXXIX, CF).

E, já o vimos, quanto à matéria não incriminadora, nada impedirá o uso da analogia (*in bonam partem*) e, tampouco, a redução do espectro punitivo, sob a ótica da proibição do excesso, orientado pela intervenção mínima, pela exigência de lesividade e pela insignificância social dos danos. Uma interpretação pautada pelos aludidos postulados e princípios poderá redundar no afastamento do tipo ao *caso concreto* (atipicidade da conduta) ou na *invalidade* da norma penal (parcial ou integralmente).

No entanto, a nosso aviso, ao menos do ponto de vista da *práxis*, parece-nos mais seguro e prudente afastar a possibilidade de interpretações excludentes da proibição legal – quando *constitucionalmente válida*, repita-se! – tendo em vista e em consideração o caráter *objetivo e genérico* dos comandos legislativos. Ou bem a norma proibitiva é *inválida* e não haverá necessidade de se discutir a relevância de um motivo para afastar a sua aplicação a um caso concreto, ou, de outra sorte, é ela *válida*, impondo-se *abstratamente* a todos.

Mas isso não significa que ela deverá ser aplicada em todos *os casos concretos*. Uma coisa é a validade *abstrata* da norma; outra, o âmbito de sua aplicação ou de sua concretização. Em outras palavras: Não há casuística legal que dê conta da complexidade das relações e interações humanas.

Assim, pensamos que o afastamento da norma penal, quando se puder entender *essencialmente relevante* o motivo justificador do comportamento previsto em um tipo penal, deverá ser feito apenas excepcionalmente, em atenção especial às peculiaridades de cada caso concreto, e, sobretudo, em consideração à posição do agente diante do contexto de sua ação. De modo mais claro: no âmbito da *culpabilidade*, de modo a entender-se inexigível o comportamento, *em face das condições* (pessoais, motivacionais, culturais etc.), que fundamentaram a ação típica e vedada em lei.

Um exemplo: a gravação ambiental de comunicação entre terceiros constitui fato *ilícito*, ainda quando não prevista a sua punição no âmbito do Direito Penal, tal como ocorre com a interceptação telefônica (Lei 9.296/96). No entanto, supondo-se que a razão da gravação tenha sido motivada unicamente a fim de obtenção de prova que demonstre a *existência de direito subjetivo* do agente em face de um dos interlocutores, será perfeitamente possível o afastamento de eventual responsabilidade civil daquele que promoveu a gravação, por *inexigibilidade de conduta diversa*, a ser constatada *naquele caso concreto*. Pensamos, aliás, desde que presentes outras circunstâncias e justificativas, até mesmo a interceptação telefônica realizada *pelas mesmas razões* poderá afastar a punição penal, se comprovado, por exemplo, ser aquele o único meio de prova disponível e a ciência prévia do agente quanto ao conteúdo da conversação que seria realizada.

XVIII Culpabilidade

1 Conceito

Aspecto material. A culpabilidade consiste na capacidade de obrar de outro modo, é dizer, na capacidade de adotar uma resolução de vontade diferente, de acordo com as exigências do ordenamento jurídico. A culpabilidade supõe, por isso, em primeiro lugar, um determinado desenvolvimento ou maturidade da personalidade e umas determinadas condições biopsíquicas que permitam ao sujeito conhecer a licitude ou ilicitude de suas ações ou omissões e agir conforme a esse conhecimento.[380] Assim, culpabilidade significa a valoração negativa dos princípios orientadores pelos quais o autor se deixou levar na formação de sua vontade e por isso o fato cometido por ele deve ser reprovado. Assim, culpabilidade é a reprovação da formação de vontade.[381]

De acordo com a estrutura da teoria do delito, necessário que se reprove somente um fato típico e antijurídico, portanto, a culpabilidade, como juízo de reprovação à conduta realizada, pressupõe a realização de um fato previsto na lei como crime (tipicidade) e não autorizada a sua realização pelo Direito (causas de exclusão da antijuridicidade). Verificando-se que o fato encontra previsão legal e não está autorizado, então é que se pode reprovar a conduta realizada.

É claro que a culpabilidade está fundada na possibilidade do homem, de acordo com o seu livre arbítrio, poder optar pelo caminho correto. Por isso, assinala WESSELS que o fundamento do princípio da culpabilidade e responsabilidade é constituído pela capacidade do homem, de se decidir livre e corretamente entre o Direito e o injusto. Só quando exista a liberdade de decisão é que terá sentido se impor uma censura de culpabilidade contra o agente.[382]

2 Teorias da culpabilidade

2.1 Concepção psicológica da culpabilidade

O conceito causal-naturalista do delito de VON LISZT e BELING (o chamado "conceito clássico de delito") supôs uma concepção psicológica de culpabilidade: a *culpabilidade como relação psicológica* entre o fato e seu autor.[383] O ambiente positivista do fim do século passado moldou-se numa construção da teoria do delito que, por uma parte, partia da divisão do mesmo em duas partes que se manifestam separadas ante

---

[380] CEREZO MIR, José. *Derecho penal.* Parte general. 2. ed. Universidad Nacional de Educación a Distancia, 2000. p. 47.

[381] JESCHECK, Hans Heinrich. *Tratado de Derecho penal.* Parte general, op. cit., p. 364. No mesmo sentido, WELZEL, Hans. *Derecho penal alemán*, op. cit., p. 167; WESSELS, Johannes. *Direito penal*, op. cit., p. 83.

[382] WESSELS, Johannes, op. cit., p. 83.

[383] Ver STRATENWERTH, Günther. *Derecho penal.* Parte general, I. Traducción de Gladys Romero. Madrid: Edersa, 1982. p. 163; JAKOBS, Günther. *Derecho penal*, op. cit., p. 568 e ss.

a percepção dos sentidos: a *parte externa* e a *parte interna*, e, por outra parte, atendia como elemento definidor fundamental à ideia de causalidade. A parte externa do fato identificou-se com o objeto da antijuridicidade, enquanto a parte interna se atribuiu à culpabilidade.[384] Esta apresenta-se como o conjunto de elementos subjetivos do fato. Por outra parte, assim como o injusto define-se a partir do conceito de causalidade, como causação de um estado lesivo, a culpabilidade concebe-se como uma relação de causalidade psíquica, como o nexo que explica o resultado como produto da mente do sujeito. O dolo e a culpa são vistos como as duas formas possíveis desta conexão psíquica entre o autor e seu fato.[385] O delito aparece, pois, como o resultado de uma dupla vinculação causal: a relação de *causalidade material*, que dá lugar à antijuridicidade, e a conexão de *causalidade psíquica*, em que consiste a culpabilidade.[386]

Nesta concepção, o dolo e a culpa não só pertencem à culpabilidade: são as duas classes ou espécies de culpabilidade, que constitui o gênero. Não são formas da culpabilidade, porque são a culpabilidade mesma em uma ou outra de suas possíveis espécies. Assim, o vínculo de vontade que representa o dolo não constitui somente um requisito da culpabilidade, senão que é a culpabilidade específica do delito doloso. É, mais concretamente, a espécie mais perfeita de culpabilidade, porque supõe a relação psíquica completa entre o fato e seu autor. Como pressuposto da culpabilidade exige-se a imputabilidade.[387]

2.1.1 Críticas

a) *Delitos culposos*. Não há como explicar a relação psicológica nos delitos culposos. De imediato, na *culpa inconsciente* não existe nenhuma conexão psíquica entre o autor e a lesão, posto que se caracteriza por falta de representação de sua possibilidade (desconhecimento do perigo). Na culpa consciente, tentava-se explicar seu caráter psicológico atendendo o conhecimento do perigo que se supõe: nela não se quer a lesão, mas se prevê a possibilidade. Por extensão, toda a imprudência define-se em função da *previsibilidade*. Trata-se de um conceito relacionado com o psicológico, e daí sua aceitação na concepção psicológica da culpabilidade; mas em realidade não descreve nenhuma relação psíquica efetiva, senão somente sua possibilidade.[388]

Por outra parte, não bastam nem a previsibilidade nem a previsão da lesão para que a imprudência exista: o único decisivo é que se infrinja o *dever de cuidado*, o qual não obriga a evitar toda conduta previsivelmente lesiva. Assim, o tráfico de veículos é uma fonte previsível de lesões e, entretanto, não se encontra proibido. Em realidade, praticamente toda lesão é teoricamente "previsível" que pode suceder, o que ocorre é

---

384 MIR PUIG, Santiago. *Derecho Penal*, op. cit., p. 531-532. Ver a evolução em ROXIN, Claus. *Derecho Penal*. op. cit., p. 794 e ss.

385 WESSELS, Johannes, op. cit., p. 86-87, assinala que a concepção psicológica centra-se na relação mental-subjetiva do autor para com o fato e vê o dolo e a culpa como "formas de culpabilidade".

386 MIR PUIG, Santiago, op. cit., p. 532.

387 Idem, ibidem.

388 MIR PUIG, Santiago, op. cit., p. 532.

que somente temos o dever de prever as lesões em cuja possibilidade normalmente contamos. A imprudência não consiste, pois, em algo psicológico, mas sim em algo *normativo*: na infração da norma de cuidado.[389]

2.2 Concepção normativa da culpabilidade

Pretende integrar a totalidade dos componentes psíquicos do fato num conceito material superior de que deve possibilitar uma valoração da face interna do fato e, desse modo, fazer compreensível que fatores pertencem à culpabilidade e como se colocar a ausência de alguns de seus elementos. FRANK deu o primeiro passo nessa direção. Em sua opinião, a culpabilidade é um *juízo de valor* sobre uma situação psíquica apoiado na ordem normativa. "Culpabilidade é reprovabilidade." Mais tarde, viu-se a culpabilidade não tanto num juízo sobre as características subjetivas do fato como nas próprias *características defeituosas da vontade da ação*. Dessa maneira resultava possível ordenar convincentemente os elementos da culpabilidade: a *capacidade de culpabilidade* constitui pressuposto da culpabilidade, como condição prévia da formação de uma vontade de ação conforme ao Direito. A própria vontade culpável de ação manifesta-se nas formas de culpabilidade do *dolo* (conhecer e querer o fato) e da *culpa* (não conhecer com possibilidade de conhecer).

Como sequela da teoria normativa da culpabilidade, a consciência da antijuridicidade foi incluída majoritariamente no dolo (no dolo, ao lado do conhecer e querer os elementos do tipo, o agente deve ter a consciência atual da ilicitude), posto que a vontade da ação não aparece como merecedora de censura no caso do erro invencível de proibição. FREUDENTHAL extraiu a última consequência do conceito normativo da culpabilidade com o reconhecimento da *inexigibilidade* do comportamento adequado à norma como causa geral de exclusão da pena.

As críticas efetuadas conduziram à substituição da concepção psicológica da culpabilidade por sua *concepção normativa*. Graças à contribuição de FRANK, GOLDSCHMIDT e FREUDENTHAL, formuladas desde o princípio do século, a culpabilidade passa a entender-se como um juízo de valor: como um *juízo de reprovação* pela realização do fato antijurídico quando era *exigível* obrar conforme o Direito. Também como infração da "norma de determinação" (ou "de dever"), entendida como imperativo pessoal, contraposta a infração da "norma de valoração" (ou "de direito"), que constituiria o injusto. Isso não significa que o dolo e a culpa não sigam considerando-se na culpabilidade, senão somente que deixam de ver-se como "a" culpabilidade (como suas espécies), para passar a constituir elementos necessários mas não suficientes da culpabilidade. Pode aparecer o dolo e faltar a culpabilidade, o que sucede quando existe uma causa de exculpação, porque então o dolo não é reprovável em atenção às circunstâncias concomitantes. Por outra parte, pode aparecer a culpabilidade culposa sem a necessidade de uma efetiva relação psicológica, como ocorre na culpa inconsciente: o decisivo é que a

---

[389] Idem, p. 533.

conduta seja reprovável e na culpa inconsciente o é porque o sujeito atua sem cumprir o dever de observar o perigo.[390]

Concebida como *reprovabilidade pela vontade defeituosa*, a culpabilidade requeria, segundo a concepção normativa originária:[391]

1. *A imputabilidade*, como capacidade de culpabilidade, é dizer, como pressuposto de uma vontade defeituosa reprovável.
2. *O dolo e a culpa* como vontade defeituosa. O conhecimento próprio do dolo, ou sua possibilidade na imprudência, para ser defeituosos tinham que se referir tanto aos fatos como a sua significação antijurídica (conhecimento da antijuridicidade).
3. *Ausência de causas de exculpação*, cuja presença impediria a reprovabilidade da vontade defeituosa por inexigibilidade de adotar uma decisão conforme o Direito.

2.3 Concepção normativa pura da culpabilidade – o finalismo

Como consequência de transladar a finalidade do centro do injusto, o finalismo de WELZEL retirou o dolo, assim como a infração do dever de cuidado, base da imprudência, de sua tradicional sede na culpabilidade. Todo o fato, concebido como unidade definida pelo subjetivo, e não somente sua parte objetiva, constitui-se no conteúdo do injusto. *A culpabilidade deixa de continuar cobrindo a parte subjetiva do fato*. Deste modo consegue-se abandonar por completo o conteúdo psicológico da culpabilidade e converter a concepção normativa do causalismo em uma concepção "*puramente normativa*". Como se havia visto, a anterior concepção normativa não rompeu mais que parcialmente com o psicologismo a que parecia opor-se: a "vontade defeituosa" constituía o centro da culpabilidade. Em troca, para o finalismo, a culpabilidade limita-se a reunir aquelas circunstâncias que condicionam a reprovabilidade do fato antijurídico. Todo o objeto de reprovação se encontra no injusto (fato típico e antijurídico). Na culpabilidade, ficam somente as condições que permitem atribuir o fato a seu autor.[392]

Na teoria finalista da ação, dolo e culpa deixam de ser elementos ou requisitos da culpabilidade para integrarem o fato típico; fazem parte, assim, do tipo, não da culpabilidade. O dolo e a culpa, assim, não fazem parte da culpabilidade, eles passam a ser "objeto da valoração" da culpabilidade. Eles integram o tipo e, uma vez ausentes, o fato é atípico.[393]

Concretamente, o conteúdo da culpabilidade fica no finalismo constituído pelos seguintes elementos:[394]

---

390 MIR PUIG, Santiago, op. cit., p. 533-534.

391 Idem, p. 534.

392 MIR PUIG, Santiago, op. cit, p. 535.

393 Ver GOMES, Luiz Flavio. *Erro de tipo e erro de proibição*, op. cit.

394 MUÑOZ CONDE, Francisco. *Teoria geral do delito*. Porto Alegre: Sergio Antonio Fabris, 1988.

1. *À imputabilidade,* sob esta denominação, incluem-se aqueles requisitos que se referem à maturidade psíquica e à capacidade do sujeito para se motivar (idade, doença mental). É evidente que, se não se têm as faculdades psíquicas suficientes para poder ser motivado racionalmente, não pode haver culpabilidade.
2. *A possibilidade de conhecimento da antijuridicidade do fato* ou potencial consciência da ilicitude. O dolo passa ao injusto somente como "dolo natural", porque não inclui o conhecimento da proibição (que no causalismo pertence ao dolo como *dolus malus*). O exame deste aspecto fica para a culpabilidade, mas não já como um conteúdo psicológico de conhecimento efetivo, senão como possibilidade, normativamente determinável, de dito conhecimento. Deve-se comprovar se o sujeito podia conhecer a proibição do fato, enquanto condição de poder adequar a conduta à norma. A falta de dita possibilidade não exclui, pois, o dolo, senão que exclui a culpabilidade (erro de proibição invencível).
3. *Exigibilidade de conduta diversa.* Exige-se que nas circunstâncias do fato o sujeito tivesse a possibilidade de realizar outra conduta, de acordo com o ordenamento jurídico. A conduta só é reprovável quando, podendo o sujeito realizar comportamento diverso, de acordo com a ordem jurídica, realiza outro, proibido.

3 Elementos da culpabilidade

3.1 Imputabilidade

O primeiro pressuposto de toda reprovação de culpabilidade é que o autor, no momento do fato, seja capaz de obrar responsavelmente, ou seja, compreender que o fato não está autorizado e determinar-se de acordo com esta compreensão, é dizer, abster-se da realização do fato.[395] Assinala STRATENWERTH que não é possível determinar a capacidade de culpabilidade (capacidade de imputação) de forma positiva, mas captá-la através da ausência de determinados fundamentos que a excluem. Estes fundamentos são, por um lado, a menoridade e, por outro, as modificações anormais da personalidade ou o déficit da mesma.[396] No Brasil, em hipóteses excepcionais, ainda fundamentam este déficit a embriaguez acidental (ver infra).

3.1.1 Conceito de imputabilidade

O Código Penal (art. 26, *caput*) oferece um conceito negativo de imputabilidade, ou seja, nos dá a definição da inimputabilidade. Assim, a imputabilidade é a

[395] STRATENWERTH, Günther, ob. cit., p. 165. No mesmo sentido, JESCHECK, Hans-Heinrich, op. cit., p. 391.

[396] Idem, p. 165.

capacidade de a pessoa entender que o fato é ilícito e de agir de acordo com esse entendimento, ou seja, são as condições de maturidade e sanidade mental que conferem ao agente a capacidade de entender o caráter ilícito do fato e de determinar-se de acordo com esse entendimento.

A inimputabilidade, como já dissemos, encontra-se conceituada no art. 26, *caput*, do Código Penal, e consiste na ausência de capacidade de o agente entender o caráter ilícito do fato e de determinar-se de acordo com este entendimento. É claro que esta verificação se dá no momento da prática do fato, pois o legislador pátrio adotou um sistema misto para aferição da inimputabilidade (biopsicológico). Como veremos em seguida, não basta tão somente a doença para que se declare o agente inimputável.

3.1.2 Causas de exclusão da imputabilidade

a) doença mental;
b) desenvolvimento mental incompleto ou retardado;
c) menoridade;
d) embriaguez acidental completa proveniente de caso fortuito ou força maior.

3.1.3 Critérios ou sistemas de aferição da inimputabilidade

a) Sistema biológico: segundo este sistema, a pessoa que apresenta uma anomalia psíquica é sempre inimputável, não se indagando se essa anomalia causou qualquer perturbação que retirou do agente a inteligência e a vontade no momento do fato.
b) Sistema psicológico: sistema em que se verificam apenas as condições psíquicas do autor no momento do fato, afastada qualquer preocupação a respeito da existência ou não de doença mental ou distúrbio patológico.
c) Sistema biopsicológico: constituído dos dois primeiros sistemas. Só é inimputável o sujeito que, em consequência da anomalia mental, não possui capacidade de compreender o caráter criminoso do fato ou de determinar-se de acordo com essa compreensão. Adotado pelo legislador brasileiro, art. 26, *caput*, CP.[397]

Assim, é necessário que se verifique, em primeiro lugar, se o agente é doente mental ou tem desenvolvimento mental incompleto ou retardado. Em caso negativo, não é inimputável. Em caso positivo, averígua-se se era ele capaz de entender o caráter ilícito do fato, será inimputável se não tiver essa capacidade. Tendo capacidade de entendimento, apura-se se o agente era capaz de determinar-se de acordo com essa consciência. Inexistente a capacidade de determinação, o agente é também inimputável.

[397] Conforme JESCHECK, Hans-Heinrich, op. cit., p. 395, também foi o critério adotado pelo legislador alemão.

Exemplo: a doença mental por si só não é causa de inimputabilidade, é preciso que em decorrência dela o sujeito não possua capacidade de entendimento ou de autodeterminação.

3.1.4 Incapacidade de culpabilidade por doença mental ou desenvolvimento mental incompleto ou retardado

a) Doença mental. As noções de doença mental não são propriamente da área do Direito Penal, mas da área médica. Portanto, seguiremos a doutrina estrangeira para conceituarmos algumas doenças ou formas de anomalias psíquicas que podem ficar enquadradas nas hipóteses do art. 26, *caput*, do Código Penal. De acordo com isso, nos casos de doença mental, estariam enquadradas as enfermidades psíquicas, que coincidem na psiquiatria com a noção de psicoses, ou seja, aqui estariam incluídas todas as perturbações patológicas da atividade mental.[398] Assim, nesta classificação incluem-se todas as perturbações do âmbito intelectual ou emocional que escapam do marco das vivências compreensíveis e respondem a uma lesão ou enfermidade do cérebro.[399] Como exemplo, citam-se as psicoses traumáticas (lesões cerebrais); as psicoses tóxicas; as enfermidades orgânicas cerebrais (epilepsia).

b) Desenvolvimento mental incompleto. Como o próprio nome diz, trata-se de ausência completa de maturidade em face do desenvolvimento do agente que, segundo alguns critérios, ainda não está completo e, diante disso, falta-lhe a capacidade perfeita de entendimento do caráter ilícito do fato. Aqui se enquadram os menores de 18 anos, de acordo com o art. 27 do Código Penal.

c) Desenvolvimento mental retardado. Nesses casos, também se encontram algumas doenças mentais como a oligofrenia, a imbecilidade a debilidade mental, em geral, perturbações mentais de um grau menor, porém, que também retiram a capacidade de entendimento do agente do momento do fato.

3.1.5 Capacidade de culpabilidade diminuída. Semi-imputabilidade

O art. 26, parágrafo único, do Código Penal prevê a possibilidade de diminuição da pena nos casos em que o agente não for totalmente capaz de entender o caráter ilícito do fato ou de determinar-se de acordo com este entendimento. Como se verifica, o legislador manteve os mesmos requisitos da inimputabilidade, isto é, o da verificação da doença ou anomalia psíquica e o que diz respeito ao tempo (ação ou missão), porém, alterou o requisito da capacidade de entendimento que, neste caso, não precisa ser plena.

De acordo com ROXIN, a imputabilidade ou capacidade de culpabilidade diminuída não é uma forma autônoma de "semi-imputabilidade" que se encontra entre a

---

[398] WELZEL, Hans, op. cit., p. 184.

[399] JESCHECK, Hans-Heinrich, op. cit., p. 396.

imputabilidade e a inimputabilidade, mas, um caso de imputabilidade, pois o sujeito é (ainda) capaz de compreender o injusto do fato e de atuar conforme esta compreensão.[400] Não obstante, a capacidade de controle é um conceito graduável: à pessoa lhe pode custar mais ou menos poder motivar-se pela norma. Em consequência, quando ainda existe capacidade de controle, mas está substancialmente reduzida, por regra geral diminui a culpabilidade.[401]

Nesse sentido é que o legislador brasileiro, ao prever a semi-imputabilidade no art. 26, parágrafo único, do Código Penal, fez menção expressa à diminuição da pena do caso de capacidade de entendimento reduzida, porque considerou que o agente ainda possui parcialmente a capacidade de entender, apenas há uma diminuição nesta capacidade.

Nessas hipóteses, encontraríamos os portadores de defeitos paralíticos ou esquizofrênicos leves, as manifestações incipientes de demência senil, as formas leves de epilepsia ou de oligofrenia, as lesões cerebrais com escassas repercussões psíquicas, algumas neuroses etc.[402]

3.1.6 Consequências da inimputabilidade e da semi-imputabilidade

a) Inimputáveis: art. 97, CP. – aplica-se a medida de segurança, com internação (indivíduo condenado à pena de reclusão) ou tratamento ambulatorial, se o crime for apenado com pena de detenção
b) Semi-imputáveis: art. 98, CP – diminuição da pena ou substituição por internação ou tratamento ambulatorial, necessitando o condenado de especial tratamento curativo.

3.2 Menoridade – os menores de 18 anos são inimputáveis – art. 27, CP

Art. 27, CP – os menores de 18 anos são penalmente inimputáveis, ficando sujeitos às normas estabelecidas na legislação especial (Estatuto da Criança e do Adolescente).

Nesse caso, o legislador adotou um critério puramente biológico (idade do autor do fato), não se levando em conta o desenvolvimento mental do menor, ou seja, a sua capacidade de entender o caráter ilícito do fato. Trata-se de uma presunção absoluta de inimputabilidade que faz com que o menor seja considerado como tendo desenvolvimento mental incompleto em decorrência de um critério de política criminal.

a) Tempo da maioridade: dia que o sujeito completa seus 18 anos. Se cometer o crime com 17 anos e 11 meses, é inimputável.
b) Momento para apreciar a imputabilidade: art. 4º, CP – momento da ação ou omissão.

---

[400] ROXIN, Claus, op. cit., p. 839.

[401] Idem, ibidem.

[402] Idem, ibidem.

c) Crimes permanentes: o menor torna-se penalmente imputável se completa 18 anos antes de cessar a permanência, ou seja, enquanto não cessada a consumação que se prolonga no tempo em decorrência da ação do agente (sequestro, rapto etc.).
d) Prova da menoridade: através da certidão do registro civil (certidão de nascimento).

3.3 Embriaguez completa proveniente de caso fortuito ou força maior

3.3.1 Conceito

Embriaguez é a intoxicação aguda e transitória causada pelo álcool, cujos efeitos podem progredir de uma ligeira excitação inicial até o estado de paralisia e coma.

3.3.2 Fases da embriaguez

a) Incompleta: (fase da excitação) quando há afrouxamento dos freios morais, em que o agente tem ainda consciência, mas torna-se loquaz, desinibido, excitado;
b) Completa: ocorre quando o agente não possui mais qualquer censura ou freio moral, ocorrendo confusão mental ou falta de coordenação motora, não tendo o agente mais consciência e vontade livre (fase da depressão);
c) Letárgica: caracteriza-se pelo estado de coma, sono profundo.

3.3.3 Divisão da embriaguez

a) Voluntária: quando o agente ingere substância alcoólica com a intenção de embriagar-se.
b) Culposa: quando o sujeito não ingere substância alcoólica com a finalidade de embriagar-se, mas em face do excesso imprudente vem a ficar embriagado.

Estas duas formas não excluem a imputabilidade (art. 28, II, CP).

c) Acidental decorrente de caso fortuito.

Caso fortuito: ocorre quando o sujeito desconhece o efeito inebriante da substância que ingere, ou quando, desconhecendo uma particular condição fisiológica, ingere substância que possui álcool (ou substância análoga), ficando embriagado.

Exemplo: embriaguez causada por acidente, no caso de pessoa que cai em tonel de aguardente; pessoa que, desconhecendo efeito de medicação que está ingerindo para o sistema nervoso, ingere substância alcóolica, provocando momentânea alteração da consciência.

d) Acidental decorrente de força maior: há força maior na embriaguez provocada por terceiro, sem responsabilidade do agente.

Exemplo: o agente é forçado a ingerir bebida alcóolica.

3.3.4 Requisitos para que se verifique a inimputabilidade na embriaguez acidental

a) embriaguez proveniente de caso fortuito ou força maior, que a causa da embriaguez, pois, se se tratasse de embriaguez voluntária ou culposa, já não estaríamos falando de isenção de pena;
b) embriaguez completa, pois deve retirar a capacidade de entendimento do agente no momento do fato;
c) ao tempo da ação ou omissão;
d) ausência de capacidade de entender o caráter ilícito do fato ou de determinar-se de acordo com esse entendimento.

Consequência: (a) embriaguez completa – art. 28, § 1º, CP – exclui a imputabilidade, isentando o agente de pena.

3.3.5 Requisitos para que se verifique a redução de pena na embriaguez acidental

a) embriaguez proveniente de caso fortuito ou força maior;
b) embriaguez incompleta;
c) ao tempo da ação ou omissão;
d) redução da capacidade de entender o caráter ilícito do fato ou de determinar-se de acordo com esse entendimento.

Consequência: na embriaguez incompleta – art. 28, § 2º, CP – o agente responde pelo crime com atenuação da pena.

3.4 *Actio libera in causa* – (ação livre na causa)

3.4.1 Explicação

Existem casos em que o sujeito é inimputável no momento em que realiza o resultado típico e poderiam suscitar dúvidas quanto à culpabilidade do sujeito, mas verifica-se que, no momento anterior em que o sujeito ainda era imputável, estabeleceu, dolosa ou culposamente, uma causa do resultado.[403]

---

[403] ROXIN, Claus, op. cit., p. 850.

Via de regra, a questão da verificação de se o autor é capaz ou incapaz de culpabilidade se refere ao momento do fato (art. 26, CP, "no momento da ação ou omissão"). A teoria da *actio libera in causa* comporta uma exceção não regulada na lei, ou seja, o momento da verificação da responsabilidade (capacidade de entendimento) é transferido para um momento anterior. O comportamento responsável (capacidade de entendimento) deve ser verificado sempre no momento anterior, em que o agente era capaz, e não quando o autor põe em marcha a sua ação que desembocará em um resultado típico em que o agente já perdeu a capacidade de culpabilidade (não possui mais capacidade de entendimento).[404]

Assim, no caso mais simples, o autor suscita, quando ainda é capaz de culpabilidade, a comissão posterior do delito e, antes de levá-lo a cabo, coloca-se em estado de embriaguez para tomar coragem, perdendo total ou parcialmente sua capacidade de culpabilidade. Nesse caso, existe a *actio libera in causa* com dolo direto (sendo indiferente se o autor contou com sua posterior incapacidade de culpabilidade se somente poderia contar com ela). Também é possível que o autor atue com dolo eventual, ou, mesmo contando com o risco de sua conduta, espere que ela não cause nenhum resultado típico (culpa consciente). Nestes casos também haverá a incidência da teoria da *actio libera in causa*, porém, na segunda hipótese, o agente responderá a título de culpa, o que não afasta a sua responsabilidade.[405]

Nos casos de embriaguez preordenada, voluntária ou culposa, não há problema da adoção da teoria da ação livre na causa, pois o agente assumiu o risco de embriagado cometer o crime, ou pelo menos lhe era previsível, fazendo-se então responsável.

Portanto, nos casos em que o agente se coloca em estado de embriaguez e comete um delito, não será isento de pena, aferindo-se a sua responsabilidade no momento em que ele era livre para colocar-se naquele estado. Evidentemente que nem todos os casos conduzirão à hipótese de dolo, pois os casos deverão ser avaliados isoladamente e muitos deles serão de crimes culposos.

A embriaguez preordenada é aquela em que o agente bebe para cometer o crime em estado de embriaguez, ocorre uma circunstância agravante (art. 65, II, l, CP).

3.5 Potencial consciência da ilicitude e erro de proibição – art. 21, CP

Há acordo na doutrina atual em requerer para a presença do delito que o sujeito saiba ou possa saber que seu fato se encontra proibido pela lei. Não basta que quem atua tipicamente conheça a situação típica, pois faz falta, ademais, saber ou poder saber que sua atuação se encontra proibida. É preciso, em outras palavras, o conhecimento, ou sua possibilidade, da antijuridicidade do fato. Quando falta tal conhecimento, fala-se de erro de proibição.[406]

---

[404] Nesse sentido, JESCHECK, Hans-Heinrich, op. cit., p. 403.

[405] Nesse sentido, STRATENWERTH, Günther, op. cit., p. 175.

[406] MIR PUIG, Santiago, op. cit., p. 553.

No erro de proibição, o autor sabe o que faz tipicamente, mas supõe erroneamente que está permitido.[407] O erro de proibição recai sobre a consciência da ilicitude do fato, visto que o agente faz um juízo equivocado daquilo que lhe é permitido fazer, ou seja, supõe, erroneamente, que sua conduta não é contrária ao direito. O agente não erra sobre os elementos fundamentais de composição da figura delitiva (erro de tipo), mas a respeito da relação intercorrente entre o seu comportamento e a ordem jurídica na sua globalidade. Cuida-se, portanto, da crença positiva do agente de que sua conduta está autorizada, é permitida, é conforme ao ordenamento.[408]

3.5.1 Erro e desconhecimento da lei

A primeira parte do art. 21, CP, dispõe que o desconhecimento da lei é inescusável. Tal preceito não se confunde com o erro de proibição, visto que neste o sujeito erra sobre a ilicitude do fato. SILVA FRANCO adverte que ninguém poderá sustentar a ilicitude de seu procedimento, sob o pretexto de que desconhece a norma penal que o proíbe. A validade formal da norma é irrecusável em relação a todos os seus destinatários, não sendo admissível que um só deles a ela se furte, invocando o seu desconhecimento. O erro sobre a ilicitude do fato não se cifra, por sua vez, na ignorância da lei. Dizer que as leis, uma vez editadas e publicadas, adquirem validade formal ou vigência, independentemente de serem conhecidas *em concreto,* é uma afirmação correta, mas que nada tem a ver com o problema da consciência da ilicitude, pois – afirma Eduardo CORRÊA – "do que neste se cura não é da ignorância da lei penal, mas de concreta ausência no agente, e no momento da atuação, da *consciência* da ilicitude de *uma certa conduta*". "Pratico esta conduta concreta que se ajusta a um tipo penal não porque ignoro ou compreendo mal a lei penal (posso até conhecê-la muito bem), mas, porque não me passa pela cabeça que tal conduta seja algo errado, seja algo condenável, seja algo 'proibido'. É uma valoração leiga que faço sobre o fato e não sobre a lei."[409] Portanto, efetuada a diferença, mais uma vez verifica-se que o erro de proibição não se confunde com a ignorância da lei, e que esta não isenta de pena.

3.5.2 Erro de proibição direto e erro de proibição indireto

a) Erro de proibição direto

Segundo JESCHECK, o erro de proibição direto ocorre quando o autor não contempla a norma proibitiva como tal que se refere diretamente ao fato e, por isso, considere permitida a ação. Este erro pode obedecer a que o autor ignore a norma proibitiva, ou que, ainda conhecendo-a, considere-a sem vigência ou que a interprete equivocada-

[407] JESCHECK, Hans-Heinrich, op. cit., p. 412; WESSELS, Johannes, op. cit., p. 100.

[408] SILVA FRANCO, Alberto e outros. *Código Penal e sua interpretação jurisprudencial*. 2. ed. São Paulo: Revista dos Tribunais, p. 55.

[409] Op. cit., p. 54.

mente e por essa razão a considere não aplicável.[410] O agente atua na plena convicção, embora errada, de que sua ação não está proibida pela ordem jurídica.

Exemplos: JESCHECK cita o exemplo do jovem campesino que mantém relações sexuais consentidas com uma mulher oligofrênica mas de particular sensualidade, sem saber da ilicitude do fato, por ignorar, no caso, a presunção legal de violência.[411] O agente que retira do lar uma jovem de 15 (quinze) anos, com o consentimento desta, mas à revelia do seu responsável, por desconhecer a violação do poder familiar.[412]

b) Erro de proibição indireto

Ocorre o erro de proibição indireto quando o autor, com absoluto conhecimento da proibição, acredite, erroneamente, que no caso concreto concorre uma norma justificante, ou porque desconhece os limites jurídicos de uma causa de justificação reconhecida, ou ainda porque reconhece a seu favor uma causa de justificação não acolhida pelo ordenamento jurídico.[413] No dizer de MUÑOZ CONDE, o autor sabe que o que faz está proibido em geral, mas acredita que no caso concreto ocorre uma causa de justificação que lhe autoriza, que atua dentro dos limites da mesma ou que se verificam seus pressupostos objetivos.[414] Essas hipóteses de erro de proibição indireto (erro sobre a existência e erro sobre os limites de uma causa de justificação) acontecem nas descriminantes putativas.

Exemplo: o agente que aplica uma injeção letal em seu cônjuge enfermo, crendo que o pedido deste basta para assegurar a licitude do fato.[415] O agente que vende o relógio que recebeu para conserto depois de escoar-se o prazo em que o proprietário deveria apanhá-lo, supondo que a lei permite a venda para pagamento dos serviços de reparos; vender mercadoria do empregador para pagar salários atrasados.[416]

3.5.3 Consequências do erro de proibição. Erro de proibição inevitável e erro de proibição evitável

Erro inevitável. Ocorre quando o agente comete a infração penal *sem* a consciência da ilicitude do fato e, nas circunstâncias em que praticou a conduta, *sem* a possibilidade de ter ou atingir essa consciência.[417] É o erro que não pode ser atribuído à negligência ou detenção, ou seja, o erro pelo qual o agente não pode ser reprovado,[418] ou seja, que, mesmo com a diligência ordinária, o sujeito erraria. Consequência: isenta de pena, não recaindo sobre o agente o juízo de censura penal.

---

410 JESCHECK, Hans-Heinrich, op. cit., p. 412.

411 Idem, p. 410.

412 MIRABETE, Julio Fabbrini, op. cit., p. 195.

413 JESCHECK, Hans-Heinrich, op. cit., p. 412-413.

414 MUÑOZ CONDE, Francisco, op. cit., p. 401.

415 O exemplo é de Enrique Cury Urzúa, citado por Alberto Silva Franco e outros, op. cit., p. 55.

416 MIRABETE, Julio Fabbrini, op. cit., p. 195.

417 GOMES, Luiz Flávio, ob. cit., p. 107.

418 FRAGOSO, Heleno Cláudio. *Lições de direito penal*, 10. ed., op. cit., p. 215.

Erro evitável. Ocorre quando o agente comete a infração penal *sem* a consciência da ilicitude do fato mas, nas circunstâncias em que praticou a conduta, *com* a possibilidade de ter ou atingir essa consciência. É possível ao agente ter ou atingir a consciência da ilicitude mediante o "esforço de sua inteligência", no meio em que vive, ou informando-se sobre o que faz. Considera-se, assim, inescusável o erro de proibição: (a) quando o agente podia conhecer a ilicitude de sua conduta "mediante o esforço de sua inteligência"; (b) quando propositadamente não quis se informar; e (c) quando não se informou sobre a sua atividade regulamentada.[419] Afirma-se ainda que é aquele erro que pode ser evitado quando observada a diligência ordinária.[420] Consequência: diminuição da pena de um sexto a um terço.

3.5.4 Descriminantes putativas

Já vimos o que são as descriminantes putativas (quando o agente, por erro plenamente justificado pelas circunstâncias, supõe situação de fato que se realmente existisse tornaria a sua ação legítima). Verificamos também que, adotada a teoria limitada da culpabilidade, quando o erro recai sobre pressupostos fáticos da descriminante, ele é equiparado ao erro de tipo, com a consequência de excluir o dolo, restando somente a possibilidade de punição por crime culposo no caso de erro vencível e se prevista a modalidade culposa em lei. Por outro lado, se o erro recai sobre a existência ou limites jurídicos de uma causa de justificação, configura-se o erro de proibição indireto, com a consequência de isentar de pena (erro inevitável) ou atenuar a pena do crime doloso (erro evitável). Exemplos: o sujeito supõe, por erro, que o oficial de justiça está se excedendo na penhora de seus bens e, mediante violência, impede parte da constrição judicial;[421] o sujeito se defende do carrasco, supondo injusta a condenação (legítima defesa putativa por erro de proibição, recaindo sobre a injustiça da agressão).[422]

3.6 Inexigibilidade de conduta diversa

Em respeito a uma ética inerente à própria condição evoluída do espírito humano, o legislador ou o estudioso do Direito, sapientes de que existem situações excepcionais, elaboram fórmulas que compreendam essas situações para satisfazer esse sentimento. Essas fórmulas muitas vezes chegam ao ponto de retirar a conduta do campo da ilicitude; noutras, a ilicitude está presente, a conduta não é socialmente adequada, ao menos sob um aspecto objetivo agride valores a que o ordenamento visou

---

[419] GOMES, Luiz Flávio, op. cit., p. 107.

[420] RODRIGUEZ DEVESA, Jose Maria; SERRANO GOMEZ, Alfonso. *Derecho penal español*: parte general. 18. ed. Dykinson, p. 627.

[421] JESUS, Damásio de, op. cit., p. 271.

[422] Idem, p. 432.

proteger, mas, em que pesem essas circunstâncias, não é permitida a reprovação. São as causas de exclusão da culpabilidade.[423]

Dentre estas causas, encontramos a inexigibilidade de conduta diversa, que apresenta um aspecto da consciência social. É um princípio geral, guia do ordenamento jurídico-penal. À ordem jurídica penal foi possível reproduzir positivamente algumas situações, onde não está autorizada a punição exatamente em respeito a este espírito do sistema. Não existe, porém, uma norma positiva geral, suficiente para compreender todas as hipóteses onde a "inexigibilidade" deverá ser operante. O caráter normativo do princípio, por outro lado, não é refutado, simplesmente porque a função do princípio é normativa: orientar um comportamento. No caso do Direito Penal, o comportamento que se quer orientar concerne aos aplicadores da lei penal, no sentido de não estarem autorizados a impor a punição de alguém, se a conduta conforme a licitude não lhe era exigível.[424]

A exigibilidade constitui um dos pressupostos da culpabilidade: ao autor da conduta típica e antijurídica não se pode fazer um juízo de reprovação que a culpabilidade supõe, se não lhe é exigível uma conduta distinta da que realizou. Essa exigência somente pode ser feita ao destinatário da norma penal quando, nas circunstâncias concretas em que atuou, não era possível que se motivasse normalmente.

Assinala MUÑOZ CONDE que o cumprimento de preceitos normativos é um dever que se pode exigir, em tese, de todos os cidadãos. Os níveis de exigência desse cumprimento variam segundo o comportamento exigido, as circunstâncias em que ele se realize, os interesses em jogo etc. Em princípio, o ordenamento jurídico fixa níveis de exigência mínimos, que podem ser cumpridos por qualquer pessoa. Fala-se, nesses casos, de uma exigibilidade objetiva, normal ou geral. Além dessa exigibilidade normal, o ordenamento jurídico não pode impor o cumprimento de suas determinações.[425]

Além da exigibilidade objetiva, existe uma subjetiva ou individual, que se refere a determinadas situações extremas em que não se pode exigir do autor concreto de um fato típico e antijurídico que se abstenha de praticá-lo, porque isso significaria um sacrifício excessivo para si mesmo.[426]

SAINZ CANTERO leciona que existe em princípio o dever de determinar-se de acordo com a norma, de conformar a própria conduta ao que o Direito dispõe. Mas há situações em que as circunstâncias que concorrem não permitem ao sujeito uma normal determinação conforme ao dever; nelas, não lhe é possível executar ou omitir o que a norma lhe ordena que haja ou omita sem adotar uma atitude heroica. A estas situações se refere a doutrina que expomos, colocando o interrogante de se em tal

---

[423] VELO, Joe Tennyson. *O juízo de censura penal* – o princípio da inexigibilidade de conduta diversa e algumas tendências. Porto Alegre: Sergio Antonio Fabris, 1993. p. 62-63.

[424] Idem, p. 43-44.

[425] MUÑOZ CONDE, Francisco. *Teoria geral do delito*, op. cit., p. 161.

[426] MUÑOZ CONDE, Francisco. *Teoria geral do delito*, op. cit., p. 162.

situação o ordenamento jurídico deve exigir ao autor que se houvesse comportado de acordo com a norma, o que equivaleria a exigir-lhe uma conduta heroica.[427]

Nessa linha de pensamento MUÑOZ CONDE, quando coloca que o direito não pode exigir comportamentos heroicos, ou, em todo o caso, não pode impor uma pena quando, em situação extrema, alguém prefere realizar um fato proibido pela lei penal a ter que sacrificar sua própria vida ou integridade física.[428]

Assim, a definição mais clara de exigibilidade é encontrada na lição de SAINZ CANTERO, quando diz que ela existe quando o homem médio, situado em idênticas circunstâncias externas, impulsionado pelas mesmas motivações, e em semelhantes condições pessoais em que atuou o autor em concreto, comportar-se-ia de acordo com o dever.[429]

A inexigibilidade de outra conduta pode funcionar como causa supralegal de exclusão da culpabilidade, nos casos em que não se encontre regulada no ordenamento jurídico. Essa alegação foi utilizada muitas vezes nos crimes de apropriação indébita previdenciária, onde o agente não possuía condições de recolher o tributo e alegava que não havia outra saída que não fosse o pagamento dos funcionários sem o devido recolhimento da parte devida à Previdência Social. Não nos cabe aqui discutir o mérito de tal alegação, apenas demonstrar seu cabimento como causa supralegal.

3.6.1 Causas de exclusão de exigibilidade de conduta diversa ou causas de inexigibilidade de conduta diversa

O legislador brasileiro reconhece duas causas legais de exclusão da exigibilidade de conduta diversa, que são a coação moral irresistível (art. 22, 1ª parte, CP) e a obediência hierárquica (art. 22, 2ª parte, CP).

3.6.2 Coação moral irresistível

a) Conceito. É o emprego de grave ameaça contra alguém, no sentido de que realize um ato ou não. Quando o sujeito comete o fato típico e antijurídico sob coação moral irresistível não há culpabilidade em face da inexigibilidade de outra conduta (não é reprovável o comportamento).

b) Coação moral e coação física. Deve-se ter cuidado porque o simples emprego da palavra *coação* muitas vezes confunde o estudioso, isso porque a coação pode ser o emprego de força física ou de grave ameaça contra alguém, no sentido de que faça alguma coisa ou não. Neste conceito não há distinção entre coação física e moral, estando ambas abarcadas pelo mesmo conceito, porém, na teoria do delito, possuem consequências distintas.

---

[427] SAINZ CANTERO, José A. *Lecciones de derecho penal, parte general*. 3. ed. Bosch, p. 716. No mesmo sentido, WESSELS, Johannes, op. cit., p. 97.

[428] MUÑOZ CONDE, Francisco, op. cit., p. 162.

[429] SAINZ CANTERO, José A., op. cit., p. 718-719.

c) Coação física e sua consequência. Apenas para que não ocorra confusão, cabe lembrar que a coação física é o emprego da força bruta tendente a que a vítima (coato) faça alguma coisa ou não. Ex.: o sujeito, mediante força bruta, impede que o guarda ferroviário desvie os trilhos e impeça uma colisão.

No caso de coação física irresistível, não há liberdade psíquica ou física, ou seja, não há vontade integrante da conduta, não ocorrendo o próprio comportamento, primeiro elemento do fato típico. Logo, não ocorre crime por ausência de conduta, aplicando-se o art. 13, *caput*, CP.

d) Coação moral irresistível e sua consequência. A coação moral irresistível, que se insere no capítulo da culpabilidade, é a que exclui a culpabilidade, porque aqui o agente tem a ação livre, porém, diante da ameaça que lhe é dirigida, não pode fazer outra coisa. Ex.: sujeito constrange a vítima, sob ameaça de morte, a assinar um documento falso.

A coação moral deve ser irresistível, ou seja, é indispensável que a coação seja irresistível, insuperável, uma força que o coato não se pode subtrair, tudo sugerindo situação à qual ele não se pode opor, recusar-se ou fazer face, mas tão somente sucumbir ante o decreto inexorável.

Tratando-se de coação moral resistível, não há exclusão da culpabilidade, incidindo uma circunstância atenuante (art. 65, III, *c*, 1ª figura, CP).

Pode ocorrer o mal prenunciado contra terceiros, é dizer, não é necessário que o mal prenunciado se dirija contra o coato, podendo dirigir-se contra outras pessoas que estejam sentimentalmente ligadas a ele (esposa, mãe, filhos).

A consequência da coação moral irresistível é que o coator é que responde pelo crime, com a agravação prevista no art. 62, II, CP. Neste caso, configura-se uma das hipóteses de autoria mediata, em que o coato é utilizado como instrumento para a prática do crime que o deseja o coator.

3.6.3 Obediência hierárquica

a) Conceito. Ordem de superior hirárquico é a manifestação de vontade do titular de uma função pública a um funcionário que lhe é subordinado, no sentido de que realize uma conduta (positiva ou negativa). O subordinado que cumpre um mandato contrário ao Direito Penal realiza uma conduta típica e antijurídica, com independência de que acredite no caráter legal e vinculante da ordem. Neste caso, o problema resolve-se em sede de culpabilidade, como veremos a seguir.[430]

b) Pressupostos para que ocorra a exclusão da culpabilidade:[431]

---

[430] Nesse sentido, JESCHECK, Hans-Heinrich, op. cit., p. 448.

[431] FRAGOSO, Heleno Cláudio. *Lições de direito penal*. Edição revista por Fernando Fragoso. Rio de Janeiro: Forense, 2003, p. 263; em sentido similar, JESCHECK, Hans-Heinrich, op. cit., p. 450.

1. Relação de subordinação fundada no direito público. Não se cogita aqui das relações entre empregado e empregador, pais e filhos, bispos e sacerdotes. Deve tratar-se de funcionário subordinado a superior hierárquico.
2. Não deva a ordem ser manifestamente ilegal. A ordem é manifestamente ilegal quando: (a) é dada por autoridade incompetente; (b) quando sua execução não se enquadre nas atribuições legais de quem a recebe; (c) quando não se reveste de forma legal.
3. Deve a execução limitar-se à estrita observância da ordem, ou seja, não pode o subordinado exceder-se na execução da ordem, sob pena de responder pelo excesso. Ex.: soldado, que, cumprindo ordem de superior, priva da liberdade seu colega de farda. Caso lesione o colega para executar a ordem, responde pelo crime.

c) Efeitos:

1. Se a ordem é manifestamente ilegal e o agente conhece a ilegalidade, responde pelo crime, em concurso com o superior. Nessa hipótese, configura-se o concurso de pessoas, onde se estabelece o vínculo subjetivo entre os concorrentes, bastando delimitar a figura de cada interveniente (autor, coautor ou partícipe).
2. Se o agente supõe ser lícita a ordem, ou seja, não manifestamente ilegal, e age, há erro de proibição, ficando o agente isento de pena no caso de erro de proibição invencível.
3. O verdadeiro fundamento da exclusão da culpabilidade, nos casos de obediência hierárquica, é a inexigibilidade de outra conduta. Neste caso configura-se a hipótese de autoria mediata, recaindo a responsabilidade penal sobre os ombros do superior (autor mediato).

XIX Concurso de pessoas

1 Introdução

Na maior parte dos casos, o delito é praticado por um único indivíduo a quem se reservou o título de "autor". Algumas vezes, no entanto, o "autor" não age isoladamente: há diversos "autores" que atuam em conjunto, numa verdadeira divisão de tarefas, para a concretização de um crime. Outras vezes, certos indivíduos são alcançados pela lei penal não porque tenham praticado uma conduta ajustável a uma figura delitiva, mas, porque, embora executando atos sem conotação típica, contribuíram, objetiva e subjetivamente, para a ação criminosa de outrem. Para eles, foi atribuída a denominação de "partícipes".[432]

---

[432] FRANCO, Alberto Silva et al. *Código Penal e sua interpretação jurisprudencial.* 2. ed. São Paulo: Revista dos Tribunais, p. 99.

2 Autoria. Teorias e conceito de autor

2.1 Conceito unitário de autor

Considera autor todos os intervenientes que trazem uma contribuição causal na realização do tipo, com independência da importância que corresponda a sua colaboração no marco da totalidade do sucesso.[433] Como consequência, a causalidade constitui o único critério de relevância jurídico-penal de um comportamento, e o conceito de acessoriedade resulta supérfluo. Ao juiz, confia-se o castigo de cada cooperador de acordo com a intensidade de sua vontade delitiva e a importância de sua contribuição ao fato.[434]

2.2 Conceito restritivo de autor

Para esta teoria, somente é autor quem realiza por si mesmo a ação típica, enquanto a simples contribuição na causação de um resultado mediante ações distintas das típicas não pode fundar nenhuma autoria. Os outros intervenientes, que só determinaram ao autor a realizar o fato ou lhe ajudaram, teriam que ficar impunes se não fosse pelos especiais preceitos penais para a indução e para a cumplicidade.[435] Segundo MAURACH, este conceito atende à redação dos tipos particulares, cujo teor literal é interpretado no sentido o mais próximo possível da utilização cotidiana de linguagem, considerando como autor aquele que executa a ação típica legal do tipo respectivo, é dizer, o que realiza os elementos típicos legais. Somente uma ação típica causal fundamenta a autoria. Sobre ela se constrói a indução e a cumplicidade, como acontecimentos extratípicos de causação e colaboração.[436]

As regras sobre a responsabilidade pela participação são, de acordo com essa concepção, causas de extensão da pena (WELZEL coloca como causas de extensão da tipicidade),[437] as que, iguais às da tentativa, ampliam o conceito de delito trazido na Parte Especial.[438] Portanto, a autoria é a configuração típica fundada em atividade própria. A delimitação da autoria com respeito à participação só pode ser executada com a ajuda de meios auxiliares *objetivos*, sem que se possa tomar em conta a vontade do autor: somente e sempre é autor aquele que – pessoalmente ou mediante um instrumento humano – realiza os elementos típicos legais do tipo respectivo: o determinante é o aporte típico efetivamente realizado. A consequência do conceito restritivo de autor é a *teoria objetiva da autoria*.[439]

---

[433] JESCHECK, Hans-Heinrich. *Tratado de derecho penal*, op. cit., p. 587.

[434] Idem, ibidem.

[435] JESCHECK, Hans-Heinrich. *Tratado de derecho penal*, op. cit., p. 589.

[436] MAURACH, Reinhart; GÖSSEL, Karl Heinz; ZIPF, Heinz. *Derecho penal*: parte general 2. Buenos Aires: Astrea, p. 310.

[437] WELZEL, Hans. *Derecho penal alemán*, op. cit., p. 119.

[438] MAURACH, Reinhart et al., op. cit., p. 310.

[439] Idem, ibidem.

2.3 Teoria objetivo-formal

Atém-se ao teor literal das descrições da ação nos tipos e, prescindindo da importância de sua contribuição efetiva no marco da totalidade do sucesso, considera autor todo aquele cujo comportamento entre no círculo que o tipo pretende abarcar, enquanto, por isso, qualquer outra aportação causal ao fato só pode ser participação.[440] É autor quem executa pessoalmente a ação típica. Pelo contrário, encontramo-nos ante a cumplicidade (participação) quando o colaborador, sem executar pessoalmente a ação típica, atua em forma meramente preparatória ou em apoio a esta.[441]

2.4 Teoria objetivo-material

Proporciona um complemento mediante a consideração da maior periculosidade que deve caracterizar a contribuição ao fato por parte do autor frente à do cúmplice (partícipe). Atendeu-se, ademais, às supostas diferenças na classe e intensidade da relação causal.[442] Busca-se uma restrição distinguida na importância objetiva da contribuição, sobre a base de diferenciar entre condição e causa, trata-se de indagar a maior perigosidade objetiva da contribuição.[443] O problema é encontrar tais critérios objetivos e, em todo o caso, fica sem consideração o autor mediato e também em certos casos um coautor que, objetivamente, não intervenha com uma contribuição importante.[444]

2.5 Conceito extensivo de autor e a teoria subjetiva da participação

O fundamento dogmático desta teoria – coincidindo até aqui com o conceito unitário de autor – é a ideia da equivalência de todas as condições do resultado, que serve de base à teoria da condição.[445] A seu teor, é autor todo aquele que contribuiu na causação do resultado típico, sem que sua contribuição ao fato tenha que consistir numa ação típica. Segundo isso, também o indutor e o cúmplice serão em si autores, mas o estabelecimento de especiais disposições penais para a participação indicaria que estas formas de intervenção devem ser tratadas de outra maneira dentro do conceito global de autor.[446] Os tipos penais de participação aparecem, então, como "causas de restrição da pena", posto que sem elas deveria-se castigar a todos os intervenientes como autores.[447] Se a autoria e a participação, dada a sua equivalência desde uma perspectiva causal, não

---

440 JESCHECK, Hans-Heinrich, op. cit., p. 590.

441 MAURACH, Reinhart e outros, op. cit., p. 311.

442 JESCHECK, Hans-Heinrich, op. cit., p. 590.

443 RAMÍREZ, Juan Bustos. *Manual de derecho penal español*: parte general. Buenos Aires: Ariel Derecho, p. 325.

444 Idem, ibidem.

445 JESCHECK, Hans-Heinrich, op. cit., p. 591.

446 Idem, ibidem.

447 MIR PUIG, Santiago. *Derecho penal*: parte general. 4. ed. PPU, p. 360.

podem distinguir-se objetivamente, somente resta a possibilidade de buscar a diferenciação num critério subjetivo.[448] Por isso, o conceito extensivo de autor vai unido à *teoria subjetiva da participação*.[449] Segundo essa teoria, é autor quem com *vontade de autor* realiza uma contribuição causal ao fato, qualquer que seja seu conteúdo, sendo, pelo contrário, partícipe quem unicamente tem, então, *vontade de partícipe*.[450] O autor quer o fato "como próprio" e tem *animus auctoris*, enquanto o partícipe quer o fato "como alheio" e tem *animus socii*.[451] Segundo RAMÍREZ, estas teorias caem em completa contradição, já que deixam entregue o fato totalmente ao que diga o sujeito, ou bem, ao que pense o juiz a respeito de sua subjetividade. Em definitivo, é totalmente arbitrária.[452] JESCHECK aduz também a crítica de que quem atua pessoalmente e com plena responsabilidade pode ser somente cúmplice (partícipe), se não deseja o fato "como próprio".[453] Assim, num crime de estupro, aquele que somente segura a vítima para que o outro mantenha conjução carnal, pode ser partícipe, pois não deseja o fato como próprio.

2.6 Teoria do domínio do fato ou objetivo-subjetiva

Segundo MIR PUIG, a teoria do domínio do fato constitui a opinião dominante na doutrina alemã atual.[454] WESSELS afirma que na jurisprudência, no setor das teorias *material-objetiva* e *final-objetiva* mais recentes, impõe-se, em cunhagem parcialmente diversa, *a teoria do domínio do fato*, que desenvolveu, a partir de critérios objetivos e subjetivos, o conceito subsistente do *domínio do fato* como *princípio diretor* para a delimitação entre autoria e participação.[455] Tem sua origem no finalismo, e a característica geral do autor é o domínio final sobre o fato.[456] Senhor do fato é aquele que o realiza na forma final, em razão de sua decisão volitiva. A conformação do fato mediante a vontade de realização que dirige na forma planificada é o que transforma o autor em senhor do fato. Nos delitos dolosos, é autor somente aquele que, mediante uma condução, consciente do fim do acontecer causal em direção ao resultado típico, é senhor sobre a realização do tipo.[457] Mediante o domínio final sobre o acontecer, o autor destaca-se do mero partícipe, aquele que, ou bem somente auxilia num ato dominado finalmente pelo autor ou bem incitou a decisão.[458] Para MAURACH, domínio do fato significa ter nas mãos o curso típico dos acontecimentos que compreende o dolo.[459] O elemento objetivo da autoria consiste em ter nas mãos o curso do acontecer típico, na possibilidade fática de dirigir em todo o

---

[448] JESCHECK, Hans-Heinrich, op. cit., p. 591.

[449] Idem, ibidem.

[450] Idem, ibidem.

[451] JESCHECK, Hans-Heinrich, op. cit., p. 591.

[452] RAMÍREZ, Juan Bustos, op. cit., p. 326.

[453] JESCHECK, Hans-Heinrich, op. cit., p. 593.

[454] MIR PUIG, Santiago, op. cit., p. 364.

[455] WESSELS, Johannes. *Direito penal*: parte geral, op. cit., p. 119.

[456] WELZEL, Hans, op. cit., p. 120.

[457] Idem, p. 119.

[458] Idem, ibidem.

[459] MAURACH, Reinhart et al., op. cit., p. 315.

momento a configuração típica.[460] Em oposição à autoria, toda a forma de participação caracteriza-se pela ausência de domínio do fato do colaborador; o domínio do fato é um elemento objetivo necessário da autoria nos fatos puníveis dolosos em todas as suas formas.[461] MIR PUIG, citando JESCHECK, explica as consequências concretas da teoria do domínio do fato: (1) sempre é autor quem executa por sua própria mão todos os elementos do tipo; (2) é autor quem executa o fato utilizando a outro como instrumento (*autoria mediata*); (3) é autor o *coautor*, que realiza uma parte *necessária* da execução do plano global (*domínio funcional do fato*), mesmo que não seja um ato típico em sentido estrito, mas participando em todo caso da comum resolução delitiva.[462] Como se vê, a teoria do domínio do fato permite combinar o ponto de partida do conceito restritivo de autor com uma certa flexibilidade que engloba na autoria não só o executor material, como também a autoria mediata e casos de coautoria sem um ato típico em sentido estrito.[463] Como visto até agora, a teoria do domínio do fato somente faz referência aos delitos dolosos, ou seja, quem pode ser considerado autor nesses delitos.

Para o *delito culposo*, deve-se adotar outra explicação. Autor de um delito culposo é todo aquele que, mediante uma ação que lesiona o grau de cuidado requerido no âmbito de relação, produz de modo não doloso um resultado típico.[464] Todo grau de causação com relação de um resultado típico produzido não dolosamente, mediante uma ação que não observa o cuidado requerido no âmbito de relação, fundamenta a autoria do respectivo delito culposo.[465] Então, todo aquele que causa um resultado típico mediante uma ação que não observa o dever de cuidado é autor. Assim, não há coautoria nem participação nos delitos culposos.[466]

3 Coautoria

Também a coautoria baseia-se no domínio do fato, mas, posto que em sua execução vários intervêm, o *domínio do fato* tem que ser *comum*.[467] Cada coautor domina o sucesso total em união com outra ou outras pessoas. A coautoria consiste assim em uma "divisão de trabalho", que é o que chega a fazer possível o fato, ou lhe facilita, ou reduz notavelmente o seu risco.[468] Requer, no *aspecto subjetivo*, que os intervenientes vinculem-se entre si mediante uma resolução comum sobre o fato, assumindo cada qual, dentro do plano conjunto, uma tarefa parcial, mas essencial, que

---

460 Idem, p. 317.

461 MAURACH, Reinhart et al., op. cit., p. 317.

462 MIR PUIG, Santiago, op. cit., p. 364.

463 Idem, ibidem.

464 WELZEL, Hans, op. cit., p. 119.

465 Idem, ibidem.

466 Contra essa posição, JESUS, Damásio de. *Direito penal*: parte geral. 10. ed. São Paulo: Saraiva, p. 364; MIRABETE, Julio Fabbrini. *Manual de direito penal*: parte geral. 7. ed. São Paulo: Atlas, p. 224.

467 JESCHECK, Hans-Heinrich, op. cit., p. 614.

468 JESCHECK, Hans-Heinrich, op. cit., p. 614.

o apresenta como cotitular da responsabilidade pela execução de todo o sucesso.[469] A resolução comum de executar o fato é a braçadeira que integra em um todo as diferentes partes. No *aspecto objetivo*, a contribuição de cada coautor deve alcançar uma *determinada importância funcional*, de modo que a cooperação de cada qual no papel que lhe corresponde constitua uma peça essencial na realização do plano conjunto (*domínio funcional*).[470] Para Welzel, a coautoria é autoria; sua particularidade consiste em que o domínio do fato unitário é comum a várias pessoas.[471] Cada coautor complementa com a sua parte no fato a dos demais e na totalidade do delito; por isso responde também pelo todo.[472]

A teoria do domínio do fato explica melhor a coautoria, posto que todos que dominam funcionalmente o fato, ainda que não realizem a conduta estritamente descrita no tipo, são coautores. Adotada a teoria objetivo-formal, como fazem alguns autores, não haveria como condenar como coautor aquele que somente segura a vítima ou a mantém sob ameaça para que outro subtraia os bens, posto que, em realidade, não pratica a conduta descrita no verbo nuclear do tipo.[473] Também não haveria como se condenar como coautores aqueles que, num assalto, dividem a execução da atividade delituosa, ou seja, um segura a vítima, o outro imobiliza o acompanhante, enquanto os outros retiram os pertences, pois os atos de subtração somente são realizados pelos que retiram os pertences. Os que imobilizaram a vítima somente poderiam ser considerados partícipes, pois não realizam a conduta nuclear descrita no tipo.

3.1 Teoria do domínio do fato na coautoria e abrangência maior de condutas

É justamente com adoção da teoria do domínio do fato que poderemos incluir condutas que, embora aparentem participação (teoria formal-objetivo) em realidade, configuram a verdadeira coautoria.

3.1.1 O organizador

E aqui há uma série de exemplos. Em primeiro lugar, pode-se estudar a figura do organizador, prevista no art. 62, I, do Código Penal.[474] WELZEL, explicando esta

---

469 Idem, ibidem.

470 Idem, ibidem.

471 WELZEL, Hans, op. cit., p. 129.

472 Idem, ibidem.

473 Nesse ponto, configura-se uma confusão doutrinária e jurisprudencial. É certo que o crime de estupro é um crime de mão própria e, portanto, não se admitiria a coautoria, mas, somente a participação. Ocorre que em inúmeros acórdãos considera-se coautor aquele que segura a vítima para que outro mantenha a conjunção. A maior parte da doutrina sustenta que o estupro não é um crime de mão própria, corroborando o entendimento jurisprudencial.

474 Art. 62. "A pena será ainda agravada em relação ao agente que: I – promove, ou organiza a cooperação no crime ou dirige a atividade dos demais."

figura, começa dizendo que também é coautor o que objetivamente somente realiza atos preparatórios de ajuda, mas é coportador da decisão comum ao fato, mas por isso tem-se que comprovar de forma especial a participação na decisão delitiva, para o que se invocarão como indícios o conjunto de circunstâncias objetivas e subjetivas do fato.[475] O *minus* de coparticipação objetiva na realização típica tem que ser compensado com o *plus* de coparticipação especial no plano delitivo.[476] Isso vale para o "chefe do bando" ou o organizador em nosso direito; quem projeta o plano a ser executado, distribui os executores do fato, e dirige suas obras.[477] O que deve ficar claro que não é a simples organização que fundamenta a coautoria, mas o domínio funcional do fato e a coautoria somente subsistirá enquanto houver este domínio. BATISTA, com precisão, estabelece que esta figura do organizador como coautor não provém da simples circunstância de organizar a engenharia do empreendimento criminoso, mas da qualidade de liderança na empresa criminosa, de chefia (poder) sobre os demais que introduz o domínio funcional do fato.[478] É claro que a simples elaboração do plano delitivo não configura a coautoria, configurando-se, então, a participação, sem a incidência da agravante.[479]

STRATENWERTH, citando o exemplo de ROXIN, menciona que a planificação e a organização de um delito executado por várias pessoas também fundamentam a coautoria quando o organizador não aparece durante a execução, mas comunica-se por telefone com os autores, pois o plano dá sentido ao comportamento dos participantes durante a execução, conforma os papéis individuais e determina a participação do organizador no domínio do fato.[480]

3.1.2 O que subjuga a vítima

A figura daquele que subjuga a vítima não oferece problemas. Para nós, nos casos em que um dos participantes segura a vítima para que outro a execute ou, segure a vítima para que outro a despoje de seus bens, haveria coautoria. Ainda que um dos participantes não realize a conduta descrita no tipo, detém, em conjunto com o outro, o domínio funcional do fato. E isso nos parece claro porque a conduta de cada um deve ser vista como uma parte fundamental da execução do delito, ainda que fracionada, mas, que ambos mantenham as rédeas da situação sem a qual o crime não se configuraria.

3.1.3 O motorista

Neste caso, afiguram-se hipóteses distintas. Em primeiro lugar, parece claro que aquele que serve de motorista para transportar o executor e a vítima aparece como

---

[475] Welzel, p. 132.

[476] Idem, ibidem.

[477] Idem, ibidem.

[478] BATISTA, Nilo, op. cit., p. 80.

[479] PIERANGELLI, José Henrique. *Escritos jurídicos penais*. São Paulo: Revista dos Tribunais, 1992. p. 57.

[480] STRATENWERTH, Günther. *Derecho penal*: parte general. Tradução de Gladys Romero. EDERSA, v. I, 1982.

coautor pela "execução fracionada" ou pelo domínio funcional do fato (também detém o controle). Na hipótese de assalto a banco, o motorista que aguarda os companheiros na porta com o motor ligado para que possam fugir com os valores subtraídos é coautor. Realiza o motorista a execução fracionada, é dizer, parte da ação de subtrair. No mesmo caso encontra-se o motorista que transporta a vítima sequestrada. Nesses casos, o domínio do fato também se encontra nas mãos do motorista.

A segunda hipótese, trazida por Nilo BATISTA, é aquela na qual fica excluída a execução fracionada, subsistindo o domínio funcional do fato por parte do motorista. O exemplo é o seguinte: num atentado a um chefe de Estado, que desfilará em carro aberto, o motorista se compromete a dirigir com menor velocidade em determinado trecho, para facilitar o disparo que fará o executor.[481] Segundo BATISTA, à objeção de que o motorista seria aqui coautor por assimilação à figura daquele que subjuga a vítima, responda-se com a inversão do problema: o homicídio será cometido através de um disparo efetuado dentro de um carro, cujo motorista, portanto, deverá assumir determinada posição física que permita a cômoda execução. É evidente que nessa situação, embora não intervenha com atos executivos, o motorista é cotitular do domínio do fato, e por isso é coautor.[482]

4 Autoria mediata

A autoria mediata é uma forma de autoria e, igual à autoria imediata, caracteriza-se pela existência do domínio do fato. É autor mediato quem realiza o tipo penal de maneira que para a execução da ação típica se serve de outro como "instrumento".[483] O domínio do fato requer na autoria mediata que todo o sucesso apareça como obra da vontade reitora do "homem de trás", e que este, mediante sua influência, disponha do intermediário do fato.[484] Para WELZEL, o autor não necessita cumprir por suas próprias mãos o fato em cada uma de suas fases, pois pode servir-se para isso não só de instrumentos mecânicos, como também utilizar para os seus fins o autuar de outro, enquanto só ele possui o domínio do fato a respeito da realização do tipo.[485] Domínio final do fato é levar a cabo, por meio de um atuar final, a própria vontade de realização (o dolo do tipo). Por isso falta no autor imediato, que obra sem dolo de tipo, e é próprio do que está atrás, que com dolo de tipo manda realizar o resultado típico através de um terceiro que obra sem dolo em relação a esse resultado.[486]

MAURACH, por sua vez, afirma que é autor mediato quem comete o fato "por meio de outro", ou de um modo mais complicado, mas também mais preciso: quem para execução de um fato punível que se possa cometer com dolo serve-se de outro

[481] BATISTA, Nilo, op. cit., p. 84.

[482] Idem, ibidem.

[483] JESCHECK, Hans-Heinrich, op. cit., p. 604.

[484] Idem, ibidem.

[485] WELZEL, Hans, op. cit., p. 122.

[486] Idem, ibidem.

ser humano como instrumento.[487] Para que se possa afirmar o domínio do fato por parte do "homem de trás", precisa-se que, frente a este, o instrumento encontre-se em uma *posição subordinada*. Todos os pressupostos da punibilidade devem concorrer, consequentemente, na pessoa do "homem de trás" e serem colocados em relação com ele mesmo.[488] A subordinação pode responder a coação, erro, incapacidade de culpabilidade ou, também, à razão exclusiva de que o fato, a que o instrumento foi incitado pelo "homem de trás", não pode sequer ser realizado por este como delito, dado que lhe falta qualificação requerida ou a intenção.[489]

Exemplos de autoria mediata (*erro determinado por terceiro* – art. 20, § 2º, CP): (1) é autor mediato de um homicídio doloso o que entrega uma arma carregada a quem quer fazer uma brincadeira com um fuzil descarregado;[490] (2) um médico entrega, com vontade homicida, a uma enfermeira uma injeção de morfina muito forte para ser aplicada a um paciente. Ela a injeta sem prever seu efeito, e o paciente morre. O médico é autor doloso, a enfermeira, dependendo do cuidado requerido por ela pudesse reconhecer ou não o excesso na dose, é autora culposa ou inculpável.[491] Nesses exemplos, a doutrina utiliza a expressão do "instrumento que atua sem dolo".[492] Para JESCHECK, a referência retrospectiva de todos os requisitos de punibilidade ao "homem de trás" aparece especialmente clara no caso de autoria mediata através de um *instrumento que atua conforme o Direito*. Certamente, o instrumento mesmo atua nesta hipótese objetiva e subjetivamente de acordo com o direito (*v. g.* o policial que pratica de boa-fé uma detenção devido a uma denúncia conscientemente falsa), não se trata da atuação jurídica dele mesmo, senão da desconformidade com o direito por parte da atuação do "homem de trás", e este sabe que a privação da liberdade não tem justificação na realidade.[493]

Também são casos de autoria mediata aqueles em que se inserem um instrumento incapaz de culpabilidade (*utilização de inimputáveis*) (uma criança, um doente mental), que obram, por certo, finalmente, mas levam a cabo sem vontade uma vontade alheia. Logo, o autor os tem totalmente "em suas mãos".[494] Nesses casos, isso não ocorre de modo geral, pois um jovem ou um doente mental podem desenvolver também uma vontade própria, então, no caso de participação de um terceiro nesses fatos, haverá instigação.[495] Isso ocorre quando o agente que é utilizado como instrumento (doente mental ou menor) tem conhecimento da vontade do autor mediato e adere a esta conduta, desfigurando a autoria mediata, posto que passaria a ser autor direto, enquanto o que determinou a conduta seria o partícipe. Embora isso possa ocorrer

---

[487] MAURACH, Reinhart e outros, op. cit., p. 329.

[488] JESCHECK, Hans-Heinrich, op. cit., p. 605.

[489] Idem, ibidem.

[490] Idem, p. 607.

[491] WELZEL, Hans, op. cit., p. 122.

[492] WELZEL, Hans, op. cit., p. 122; JESCHECK, Hans-Heinrich, op. cit., p. 607.

[493] JESCHECK, Hans-Heinrich, op. cit., p. 608.

[494] WELZEL, Hans, op. cit., p. 124.

[495] Idem ibidem; JESCHECK, Hans-Heinrich, op. cit., p. 608-609.

nos casos de doença mental, acreditamos não ser possível nos casos de utilização de menores. É que na doença mental existe, às vezes, a capacidade de entendimento, até mesmo porque o Código Penal adotou um critério biopsicológico. Portanto, poderá o doente mental aderir à conduta do autor mediato. Porém, nos casos dos menores isso não será possível, não no que se refere à adesão, mas à possibilidade do concurso. Ainda que a doutrina majoritária seja favorável à possibilidade do concurso,[496] discordamos dessa posição. Ocorre que o legislador presumiu a incapacidade dos menores de 18 anos (art. 27, CP), portanto, não há como se configurar o concurso de pessoas, até mesmo porque os menores cometem ato infracional, e não crime e seria ilógico que pudessem concorrer para o que não podem praticar. Outro motivo é que o art. 29 do CP é claro em afirmar "quem de qualquer modo concorre para o *crime*", o que inviabiliza, no nosso ponto de vista, a possibilidade do concurso, pois, como já dissemos, o menor não pode concorrer para o *crime*. Além disso, há o problema do concurso de crimes, ou seja, da imputação do crime praticado pelo sujeito responsável em concurso com o delito de corrupção de menores. A jurisprudência do STJ firmou-se no sentido de que a mera participação de um menor já configura por si só crime de corrupção de menores, que é um delito formal (Súmula 500 STJ).[497]

Na doutrina alemã ainda encontram-se outros exemplos de autoria mediata, ou seja, por erro invencível de proibição e no caso em que o instrumento atua sem liberdade, aplicáveis também no Brasil. Finalmente, podem-se referir os casos de atuação sem liberdade (*obediência hirárquica e coação moral irresistível*) quando o agente atua em virtude de obediência hierárquica ou coação moral irresistível. No primeiro caso, três hipóteses se afiguram: (a) o superior hirárquico dá a ordem que é manifestamente ilegal, e o inferior, mesmo conhecendo dita ilegalidade, cumpre o que lhe foi determinado. Nesse caso, configura-se o concurso de pessoas, devendo-se somente estabelecer as formas de intervenção de cada um; (b) o superior hierárquico dá a ordem, porém, o inferior supõe que ela é lícita, ou seja, que não é ilegal. Aqui ocorre um erro sobre a licitude da ordem (erro de proibição) que se for invencível isenta o inferior de pena e somente será responsável o superior; (c) o superior hirárquico dá a ordem mas a ela não pode se opor o inferior, em face do regime de disciplina e hierarquia, configurando-se um caso de inexigibilidade de conduta diversa que isenta de pena o inferior, respondendo, somente, o superior.

Na segunda hipótese, coação moral irresistível, também se trata de um caso em que o coato, que sofre a ameça, não pode a ela se opor, praticando, então, a conduta criminosa. Nesse caso, em face da inexigibilidade de conduta diversa, ficará isento de pena o coato e responderá o coator.

---

[496] PRADO, Luiz Regis. *Curso de direito penal brasileiro*. V. 2 – Parte Especial. São Paulo: Revista dos Tribunais, 2000. p. 377.

[497] STJ, Resp 127692/DF, 5ª Turma, Rel. Min. Edson Vidigal, j. 18-5-1998; STJ, Resp 150392/DF, 6ª Turma, Rel. Min. Vicente Leal, j. 11-4-2000; STJ Resp 184961/RS, 5ª Turma, Min. José Arnaldo da Fonseca, j. 4-2-1999; TJRS, Ap. Crim. 70007666472.

5 Participação e teorias

Precisado que todo delito tem um determinado autor, que surge a respeito da realização do correspondente tipo legal, o que constitui o fato principal; todo outro interveniente realiza uma atividade acessória. A acessoriedade significa, pois, que para a existência da participação é indispensável que se dê um fato principal, que é ele realizado pelo autor.[498] O problema é determinar quando se dá um fato principal, posto que há que considerar desde duas perspectivas: uma em relação ao desenvolvimento externo do fato e outra em referência à estrutura interna do delito.[499] Do ponto de vista de desenvolvimento externo, é opinião geral que o delito deve-se encontrar em fase de tentativa, é dizer, tem que haver pelo menos um princípio de execução do fato principal.[500] Do ponto de vista da estrutura interna do delito, isto é, dos requisitos que tradicionalmente se exigem para a sua existência (tipicidade, antijuridicidade e culpabilidade), existem diferentes posições[501] ou teorias da participação.

5.1 Teoria da acessoriedade máxima

Para esta teoria, exigiam-se todos os requisitos para que houvesse um fato principal, isto é, tipicidade, antijuridicidade e culpabilidade. Era lógico desde uma concepção para a qual o delito era ação (o causalismo) e no que os demais requisitos eram adjetivos ou qualificações dessa ação, portanto, para que se desse o fato delitivo (= ação), teria que se dar com todas suas características.[502] Isso produzia certos problemas insolúveis, se ajudava-se um menor de idade ou um alienado à realização de um delito, não havia um fato principal, pois tanto ao menor como ao alienado faltava a culpabilidade, logo, não havia autor e tampouco podia haver partícipe.[503] Todos ficavam impunes, chegava-se ao absurdo. Daí que surgiu a teoria do autor mediato, que solucionava os casos mais grosseiros; mas não aqueles que realmente a intervenção do outro somente havia sido de partícipe (simples cúmplice, por exemplo).[504]

5.2 Teoria da acessoriedade mínima

Para esta teoria, basta a realização do fato típico, resultando excessiva, pois a tipicidade é somente indício do injusto; chegar-se-ia ao absurdo de castigar ao partícipe

---

[498] RAMÍREZ, Juan Bustos, op. cit., p. 333.

[499] Idem, ibidem.

[500] RAMÍREZ, Juan Bustos, op. cit., p. 333.

[501] Idem, ibidem.

[502] Idem, ibidem.

[503] Idem, ibidem.

[504] Idem, p. 334.

em um fato que não é antijurídico em relação ao ordenamento (ao que colaborou ou induziu a atuar em legítima defesa ou motivado pelo estado de necessidade).[505]

5.3 Teoria da acessoriedade limitada

Participação é a cooperação dolosa em um delito doloso alheio.[506] Desta definição se desprende que a participação é um conceito de referência, já que supõe a existência de um fato alheio (o do autor ou coautores materiais), a cuja realização o partícipe contribui.[507] Daí que se deduz também que a participação não é um conceito autônomo, senão dependente do conceito de autor e que somente com base neste pode enjuizar-se a conduta do partícipe. Se não existe um fato pelo menos típico e antijurídico, cometido por alguém como autor, não pode falar-se em participação (*acessoriedade limitada*), já que não há por que castigar alguém que se limita a participar num fato penalmente irrelevante ou ilícito para seu autor.[508] Para MAURACH, a participação é a colaboração em *um fato alheio* ou a motivação deste. Ela caracteriza-se pela ausência do domínio final do fato que é própria das formas de autoria dolosa ou, dito de forma diferente, pela não dominação do acontecer causal também buscado na forma final pelo partícipe.[509] Então, se não ocorrer pelo menos o início de um fato típico e antijurídico, não podemos falar de participação. É o caso, por exemplo, do mandante do crime mediante paga ou promessa de recompensa, que entrega o dinheiro ao matador profissional. Se este recebe o dinheiro e vai embora, sem cumprir a determinação, não podemos falar de participação no crime de homicídio, visto que sequer houve início da execução.

5.3.1 Espécies de participação

O Código Penal, quando trata em seus artigos do tema do concurso de pessoas, não faz referência expressa às espécies de participação. Como ponto de referência, muitos autores adotam as espécies enunciadas no art. 31, CP, que menciona a determinação à instigação e o auxílio. A doutrina estrangeira, basicamente, adota a instigação e a cumplicidade. Vejamos, então, em que consistem as espécies de participação.

5.3.2 Instigação

Instigação é a dolosa colaboração de ordem espiritual, objetivando o cometimento de um crime doloso.[510] Segundo JESCHECK, o indutor limita-se a provocar no

---

[505] Idem, ibidem.

[506] MUÑOZ CONDE, Francisco; GARCÍA ARÁN, Mercedez. *Derecho penal*: parte general. 2. ed. Tirant lo Blanch, p. 457.

[507] MUÑOZ CONDE, Francisco; GARCÍA ARÁN, Mercedez. *Derecho penal*: parte general. 2. ed. Tirant lo Blanch, p. 457.

[508] Idem, ibidem.

[509] MAURACH, Reinhart e outros, op. cit., p. 411.

[510] BATISTA, Nilo. *Concurso de agentes*. Liber Juris, 1979. p. 139.

autor a resolução de realizar o fato, sem ter participação alguma no próprio domínio deste.[511] Os meios de instigação podem ser todas as possibilidades de influência volitiva: persuasão, dádivas, promessa de recompensa, provocação de um erro de motivo, abuso de uma relação de subordinação, ameaça etc.[512] A denominação *instigação* abrange a *determinação* e a *instigação propriamente dita*.[513] Por determinação se compreende a conduta que faz surgir no autor direto a resolução que conduz à execução; por instigação propriamente dita se compreende a conduta que faz reforçar e desenvolver no autor direto uma resolução ainda não concretizada, mas preexistente.[514] WELZEL cita como exemplo de instigador quem dá o preço exigido ao assassino que se ofereceu por dinheiro para cometer o crime.[515]

5.3.3 Cumplicidade ou auxílio

Segundo BATISTA, cumplicidade é a dolosa colaboração de ordem material, objetivando o cometimento de um crime doloso. O legislador brasileiro optou pela *vox* "auxílio", porém a expressão *cumplicidade* tem tradição em nosso direito e deve ser mantida.[516] O cúmplice limita-se a favorecer um fato alheio; participa tampouco no domínio do fato como o indutor; e o autor não necessita conhecer o apoio que lhe é prestado.[517] A cumplicidade tem que favorecer (objetivamente) o fato principal, e este favorecimento ser querido (subjetivamente) pelo cúmplice, para o qual basta o dolo eventual.[518] Para WELZEL, "favorecer" significa prestar uma colaboração causal para a comissão do fato principal; logo, nos delitos de resultado também uma colaboração para o resultado.[519] A cumplicidade pode ser também por omissão, contanto que incumba ao cúmplice um dever de garantidor[520] (exemplo do guarda que não tranca o cofre para que seja facilitada a ação do autor). É necessário, para que ocorra a cumplicidade, que o favorecimento do partícipe tenha eficiência causal na ação do autor, não bastando realizar uma atividade que não contribua na realização final do autor. Por isso, o crime deve ser ao menos tentado, ou seja, deve ocorrer o início da execução pelo autor, pois, caso contrário, não se poderia falar em qualquer favorecimento do partícipe se não iniciada a execução. Assim se "A" fornece uma chave falsa para que "B" subtraia objetos de uma residência, e este não se sente encorajado com a ideia, não há qualquer relevância nesse favorecimento. Ainda, deve o partícipe ter consciência de que coopera na conduta delitiva do autor, mesmo que este desconheça esta cooperação.

---

511 JESCHECK, Hans-Heinrich, op. cit., p. 626.

512 WESSELS, Johannes, op. cit., p. 127.

513 BATISTA, Nilo, op. cit., p. 140.

514 Idem, ibidem.

515 WELZEL, Hans, op. cit., p. 139.

516 BATISTA, Nilo, op. cit., p. 143.

517 JESCHECK, Hans-Heinrich, op. cit., p. 630.

518 WELZEL, Hans, op. cit., p. 143.

519 Idem, ibidem.

520 WESSELS, Joahannes, op. cit., p. 129.

6 Autoria, participação e delito culposo

A doutrina brasileira reconhece a possibilidade de coautoria em crime culposo, embora a doutrina estrangeira afaste essa possibilidade. JESCHECK afirma que se várias pessoas realizam em comum um delito por imprudência inconsciente, não cabe distinguir entre autoria e participação, porque a todos os intervenientes falta por igual a previsão do resultado típico e, em consequência, não se pode falar de um domínio do sucesso a respeito de nenhum deles.[521] Assim, autor de um delito culposo é todo o que mediante uma ação que lesiona o grau de cuidado requerido no âmbito de relação produz, de modo não doloso, um resultado típico.[522] Todo o grau de concausação a respeito do resultado típico produzido não dolosamente, mediante uma ação que não observa o cuidado requerido no âmbito de relação, fundamenta a autoria no respectivo delito culposo.[523] Por essa razão não existe, no âmbito dos delitos culposos, a diferença entre autoria e participação. Isso porque toda a classe de concausação na produção não dolosa de um resultado mediante uma ação que lesiona o cuidado conforme o âmbito de relação é autoria.[524] É que a forma do domínio do fato não é aplicável ao autor culposo, já que justamente não tem tal domínio; autor culposo é, portanto, somente aquele que não aplica o dever de cuidado requerido no âmbito de relação.[525] Por isso mesmo não pode haver um autor mediato culposo, pois esta categoria parte necessariamente do conceito do domínio do fato e a intrumentalização então consciente de outra pessoa.[526] Para BUSTOS, nem sequer pode haver coautoria nos delitos culposos, já que o conceito de coautor exige a ideação de um plano comum e a distribuição funcional do fato, o qual não é possível no delito culposo. No delito culposo somente se pode dar os autores concomitantes ou acessórios, é dizer, em que cada um levou a cabo sua própria falta de cuidado na realização do fato (assim, o copiloto que diz ao condutor do caminhão, sem olhar que pode dar marcha a ré, e a sua vez o condutor, apesar de se dar conta disso, o faz, com o qual fere uma pessoa; ambos são autores, não coautores).[527] Se a acompanhante incita o condutor a conduzir imprudentemente e contribui dessa maneira na causação de um acidente, ambos são autores da morte imprudente (culposa).[528] No Brasil, os exemplos citados seriam casos de coautoria no crime culposo.[529]

---

[521] JESCHECK, Hans-Heinrich, op. cit., p. 596.

[522] WELZEL, Hans, ob. cit., p. 119.

[523] Idem, ibidem.

[524] Idem, ibidem.

[525] RAMÍREZ, Juan Bustos, op. cit., p. 339.

[526] Idem, ibidem.

[527] RAMÍREZ, Juan Bustos, op. cit., p. 339.

[528] JESCHECK, Hans-Heinrich, op. cit., p. 596.

[529] Nesse sentido, JESUS, Damásio de. *Direito penal*, 1º volume, Parte Geral. 19. ed. São Paulo: Saraiva, p. 366; MIRABETE, Julio Fabbrini. *Manual de direito penal*: parte geral. 7. ed. São Paulo: Atlas, p. 225; Contra: BATISTA, Nilo, op. cit., p. 62.

Quanto à participação, deve-se entender que um dos requisitos para o concurso é a homogeneidade do elemento subjetivo; logo, não pode haver participação dolosa em crime culposo e, tampouco, participação culposa em crime doloso, justamente, pela falta de homogeneidade do elemento psicológico que vincula as condutas. Assim, se "A", desejando matar seu inimigo "B", entrega uma arma a "C" e afirmando que está descarregada pede que atire em "B". "C" atira e causa a morte de "B". Não há concurso de pessoas, visto que "C" não possui qualquer vínculo subjetivo (não adere à conduta) com "A", pois pensa que a arma está descarregada. Caso soubesse da potencialidade ofensiva da arma e aderisse à conduta de "A", seria autor do crime de homicídio, e "A" seria partícipe por instigação.

7 Autoria e participação nos delitos omissivos

Os crimes omissivos são crimes de dever; a base da responsabilidade não alcança qualquer omitente, e sim aquele que está comprometido por um concreto dever de atuação.[530] O critério do domínio do fato deverá, então, ser abandonado aqui em favor da preponderância da violação do dever. Nessa perspectiva, autor direto de um crime omissivo é sempre aquele que viola o dever de atuação ao qual estava adstrito.[531] O problema da coautoria e da participação dos crimes omissivos gera grandes divergências na doutrina. Analisaremos, então, algumas posições. Para BATISTA, a exemplo da linha argumentativa perfilhada no exame dos crimes culposos, o dever de atuar a que está adstrito o autor do delito omissivo é indecomponível.[532] Por outro lado, como diz BACIGALUPO, a falta de ação priva de sentido o pressuposto fundamental da coautoria, que é a divisão de trabalho; assim, "não é concebível que alguém omita uma parte enquanto outros omitem o resto".[533] Quando dois médicos omitem – ainda que de comum acordo – denunciar moléstia de notificação compulsória de que tiveram ciência (art. 269, CP), temos dois autores diretos individualmente consideráveis.[534] BATISTA, citando WELZEL, também exemplifica a impossibilidade da participação, pois a conduta de quem, mediante uma atividade dissuasiva, impede outrem de atuar conforme o especial dever ao qual está adstrito correspondente a uma ação deve ser considerada na perspectiva de um crime comissivo. O exemplo por ele exposto é o seguinte: aquele que diante de um acidente dissuada o obrigado ao socorro de sua decisão de prestá-lo, oferendo-lhe uma quantia em dinheiro, não deve ser castigado pela instigação de omissão de socorro, e sim por

---

530 BATISTA, Nilo, op. cit., p. 63.

531 Idem, p. 64.

532 Idem, p. 65.

533 BATISTA, Nilo, op. cit., p. 65; BACIGALUPO, Enrique. *Principios de derecho penal*: parte general. Akal/ Iure, 1998. p. 413.

534 Idem, p. 65.

homicídio.[535] Assim, para BATISTA, não há coautoria, autoria mediata ou participação nos crimes omissivos (próprios ou impróprios).[536]

Para JESCHECK, nos delitos de omissão são igualmente possíveis a indução e a cumplicidade por um fazer positivo.[537] MIRABETE, nessa linha de pensamento, afirma que é possível a participação em crime omissivo puro, ocorrendo concurso de agentes por instigação ou determinação e cita como exemplo a conduta do paciente que convence o médico a não comunicar à autoridade competente a moléstia de que é portador e cuja notificação é compulsória.[538]

Nos crimes omissivos próprios há também controvérsia sobre a possibilidade de participação. Perfilhando o entendimento de que não são possíveis a coautoria e a participação, TAVARES diz que nos crimes omissivos cada qual responde pela omissão individualmente, com base no dever que lhe é imposto, diante da situação típica de perigo ou diante da sua situação de garantidor.[539] Assim também BATISTA, quando afirma que a solução não se altera se se transferem os casos para a omissão imprópria: pai e mãe que deixam o pequeno filho morrer à míngua de alimentação são autores diretos do homicídio; a omissão de um não "completa" a omissão do outro; o dever de assistência não é violado em 50% por cada qual.[540] Da mesma forma é resolvido o caso em que se defrontam uma ação positiva que tipicamente lesiona um bem jurídico e a omissão do garantidor desse bem, como no exemplo de BACIGALUPO: o salva-vidas *A* olha tranquilamente e inerte *B*, que empurra para água *C*, que visivelmente não sabe nadar, e vem a morrer por afogamento.[541] Não há coautoria pensável, pela falta de um ponto em comum de referência fracionável: *A* é autor direto por violar o dever de garantidor; *B* é autor direto porque possui o domínio do fato (na modalidade domínio de ação).[542] TAVARES cita o exemplo de alguém que está na companhia de outra pessoa e vê terceiro afogar-se. Quem está se afogando é o filho de uma das pessoas que observam o afogamento. Os dois não só observam, mas comentam entre si quem irá salvá-lo, ressaltando as incertezas desse empreendimento. Afinal, decidem em conjunto que não irão proceder ao salvamento. Embora um tenha aconselhado o outro acerca do que devesse fazer ou não fazer, inexiste no caso participação, porque um deles responderá por crime de omissão de socorro e outro por homicídio por omissão. Cada um, portanto, responde individualmente pela omissão e seus efeitos, na medida de sua posição em face da proteção do bem jurídico. O pai viola o dever

---

535 Idem, p. 67.

536 Idem, p. 150; Nesse sentido, também, Juan Bustos Ramírez, op. cit., p. 341.

537 JESCHECK, Hans-Heinrich, op. cit., p. 582.

538 MIRABETE, Julio Fabbrini, op. cit., p. 233-234.

539 TAVARES, Juarez. *A Controvérsia em torno dos crimes omissivos.* Instituto Latino-Americano de Cooperação Penal, 1996, p. 86.

540 BATISTA, Nilo, op. cit., p. 65.

541 BATISTA, Nilo, op. cit., p. 65.

542 Idem, ibidem.

de impedir o resultado, porque era garantidor da vida do filho. O outro viola o dever geral de assistência, porque, como cidadão presente na situação de perigo, tinha que lhe prestar socorro.[543]

7.1 Autoria colateral

A autoria colateral caracteriza-se pela ausência do vínculo subjetivo entre os participantes. Assim, no dizer de BITENCOURT, ocorre quando mais de uma pessoa, ignorando uma a contribuição da outra, realizam condutas convergentes, objetivando a execução da mesma infração penal. É o agir conjunto de vários agentes sem reciprocidade consensual no empreendimento criminoso que identifica a autoria colateral.[544] Para BATISTA, quando não haja, portanto, o acordo de vontades (tácito ou expresso), que representa o requisito da comum resolução para o fato, não haverá coautoria, e sim autoria colateral, citando como exemplo duas pessoas que, sem conhecimento uma da atividade da outra, ministram doses de veneno a uma terceira, que vem a falecer.[545] Na autoria colateral, cada agente deve responder por sua conduta, considerada individualmente. Se *A* ingressa, mediante chave falsa, na mesma residência à qual *B* tem acesso pelo telhado, ignorando um a conduta do outro, e de lá subtraem respectivamente dinheiro e peças antigas, há um furto qualificado pela chave falsa e outro furto qualificado pela escalada, porém não há um furto qualificado também pelo concurso de agentes.[546]

Pode ocorrer a *autoria incerta*, quando na autoria colateral não se determine quem produziu o evento. Assim ocorre no exemplo de BATISTA, em que *A* e *B*, desconhecendo reciprocamente suas atividades, disparam *necandi animo* suas armas contra *C*, atingido por ambos os projéteis, um dos quais produz ferimento letal. Por circunstâncias que não vêm a talhe, não se consegue determinar de quem partira o disparo que causou a morte.[547] A solução é admitir a tentativa para ambos.[548]

8 Teorias

8.1 Monística ou unitária

Para esta teoria, o crime permanece único e indivisível, mesmo que tenha sido praticado em concurso por diversas pessoas. Não há distinção entre autoria e participação, assim, todo aquele que concorre para o crime causa-o em sua totalidade.

543 TAVARES, Juarez, op. cit., p. 87.

544 Idem, ibidem.

545 BATISTA, Nilo, op. cit., p. 86.

546 BATISTA, Nilo, op. cit., p. 86.

547 Idem, ibidem.

548 Idem ibidem; JESUS, Damásio de, op. cit., p. 378; MIRABETE, Julio Fabbrini, op. cit., p. 231.

8.2 Dualística

Para esta teoria há dois crimes: um para os autores, aqueles que realizam a atividade principal, a conduta típica emoldurada no ordenamento positivo, e outro para os partícipes, aqueles que desenvolvem uma atividade secundária, que não realizam a conduta nuclear descrita no tipo penal. MIRABETE lembra que o crime é um só fato e que, por vezes, a ação do executor é menos importante que a do partícipe (casos de mandante, de coação resistível etc.). Ademais, a teoria não se ajusta aos casos de autoria mediata.[549]

8.3 Pluralística

Segundo essa teoria, no concurso de agentes não ocorre apenas pluralidade de pessoas, mas também de crimes. A cada um dos participantes corresponde uma conduta própria, um elemento psicológico próprio, um resultado próprio, devendo-se, pois, concluir que cada um responde por delito próprio.[550] Existem tantos crimes quantos forem os participantes do fato delituoso. Há pluralidade de agentes e pluralidade de crimes. É uma teoria subjetiva, ao contrário da unitária, que é objetiva.[551]

Como regra, adotou o Código a teoria monística, posto que o art. 29, *caput*, CP, dispõe que só há um crime e que todos os participantes respondem por ele, incidindo na mesma pena abstratamente cominada. Segundo COSTA JÚNIOR, a teoria monística foi mantida pelo Código, quiçá pela dificuldade que teria o magistrado em distinguir, uma a uma, as várias espécies de participação.[552] Para minorar os excessos da equiparação global dos coautores, jamais equivalentes nem merecendo tratamento parificado, adotou as exceções consubstanciadas na disposição final da cabeça do artigo e em seus dois parágrafos.[553] Foi adotada em princípio a teoria unitária; como exceção, a concepção dualística, que difere o tratamento penal entre autores e copartícipes.[554] DAMÁSIO faz a ressalva em que em algumas hipóteses o Código adotou a teoria pluralística, em que a conduta do partícipe constitui outro crime, havendo, então, um crime do autor e outro do partícipe, sendo que ambos são descritos pela norma como delitos autônomos.[555] Assim seria o caso dos crimes, por exemplo, de corrupção ativa e passiva (arts. 317 e 333, CP).

---

549 MIRABETE, Julio Fabbrini, op. cit., p. 216-217.

550 JESUS, Damásio de, op. cit., p. 357-358.

551 JESUS, Damásio de, op. cit., p. 358.

552 COSTA JÚNIOR, Paulo José da. *Direito penal objetivo*. Rio de Janeiro: Forense Universitária, p. 73.

553 Idem, ibidem.

554 Idem, ibidem.

555 JESUS, Damásio de, op. cit., p. 358.

9 Requisitos do concurso de pessoas

Para nós, não seria necessária a análise dos requisitos do concurso de pessoas, pois quase todos são decorrência lógica do próprio concurso. O único que não se inclui nessa categoria é o requisito do vínculo subjetivo entre os participantes. Entretanto, como a doutrina brasileira menciona os requisitos, passaremos a estudá-los.

9.1 Pluralidade de condutas

Para que ocorra o concurso de pessoas, é necessária a concorrência de mais de uma pessoa na execução de uma infração penal. Não necessariamente todos praticam atos executórios do delito, pois enquanto alguns desenvolvem a ação descrita do verbo nuclear do tipo, outros realizam atividades acessórias (atípicas inicialmente), contribuindo de outro modo para o resultado, mas respondendo pelo fato típico em razão da norma de extensão do concurso.

9.2 Relevância causal das condutas

As várias condutas devem constituir procedimentos de contribuição ao delito ou antecedentes causais necessários à sua produção. É preciso que a conduta seja *relevante* para o Direito Penal. Significa que nem todo comportamento constitui participação, pois precisa ser eficaz, no sentido de haver provocado ou facilitado a conduta principal ou a eclosão do resultado.[556] Assim, no exemplo citado por BITENCOURT, daquele que querendo participar de um homicídio empresta uma arma de fogo ao executor que não a utiliza e tampouco sente-se estimulado ou encorajado com tal empréstimo a executar o delito. Aquele não pode ser tido como partícipe pela simples e singela razão de que o seu comportamento foi irrelevante, isto é, sem qualquer eficácia causal.

9.3 Liame subjetivo ou vínculo psicológico entre os participantes

Para a configuração do concurso de pessoas, exige-se que cada participante acompanhe a vontade do outro, ou seja, saiba que está cooperando com a vontade do outro na prática do crime, não sendo necessário o ajuste prévio. A ausência desse elemento psicológico desnatura o concurso eventual de pessoas, transformando-o em condutas isoladas e autônomas,[557] podendo levar à autoria colateral. Assim desnecessário combinação ou prévio ajuste entre os participantes, bastando, para a configuração do concurso, que um adira à vontade do outro, mesmo que este não saiba da colaboração. Nesse sentido é o exemplo de DAMÁSIO quando menciona que uma empregada doméstica, percebendo que um ladrão está rondando a residência, para

---

556 JESUS, Damásio de, op. cit., p. 365.

557 Idem, ibidem.

vingar-se do patrão, deliberadamente deixa a porta aberta, facilitando a prática do furto. Há participação e, não obstante, o ladrão desconhecia a colaboração da criada (não ocorreu o acordo prévio).[558]

9.4 Identidade de infração

A infração penal deve ser a mesma para todos os participantes, pois, mesmo que ocorra uma divisão de trabalho constituída de atividades distintas, elas devem convergir a um mesmo objetivo típico. Para nós, a identidade de infração é decorrência, até mesmo, do requisito do vínculo psicológico, visto que se o concorrente adere à conduta do outro é porque quer participar daquela infração, e não de outra.

10 Cooperação dolosamente distinta

Conforme o § 2º do art. 29, "se algum dos concorrentes quis participar de crime menos grave, ser-lhe-á aplicada a pena deste; essa pena será aumentada até a metade, na hipótese de ter sido previsível o resultado mais grave". Nessa hipótese, ocorre o desvio subjetivo de conduta, acontecendo quando a conduta executada difere daquela idealizada a que aderira o partícipe, isto é, o conteúdo do elemento subjetivo do partícipe é diferente do crime praticado pelo autor. MAURACH afirma que o tratamento dessas discrepâncias, a respeito das quais se produzem por demais superposições parciais, determina-se basicamente conforme a regra segundo a qual o indutor (partícipe) responde pelo acontecer somente no marco do seu próprio dolo, de maneira que, ao menos em princípio, não deve ser castigado pelo excesso.[559] Assim também o ensinamento de WELZEL, afirmando que o instigador somente responde até onde o fato coincide com o seu dolo, não respondendo pelo excesso do autor.[560] Se o autor principal fez mais do que o desejado pelo indutor (excesso), este unicamente responderia até o limite de seu dolo de indutor.[561]

Assim, se "A" determina a "B" que aplique uma surra em "C", e este, ao executar o mandato, excede-se, causando a morte de "C", "A" responderá por lesões corporais, podendo a pena ser aumentada até a metade se o resultado mais grave lhe era previsível, e "B" responderá por homicídio. Se ao autor instiga-se a cometer um furto, mas comete um roubo, o instigador somente responderá pelo furto, podendo a pena ser aumentada até a metade se o resultado lhe era previsível, enquanto o autor responderá pelo roubo.

O problema enfrentado na aplicação do art. 29, § 2º, CP, ocorre, principalmente, no delito de latrocínio. Nesses casos, quando os agentes inicialmente aderem a uma

---

558 Idem, ibidem.

559 MAURACH, Reinhart et al., op. cit., p. 447.

560 WELZEL, Hans, op. cit., p. 140.

561 JESCHECK, Hans-Heinrich, op. cit., p. 628.

empreitada criminosa (assalto a banco) e acaba ocorrendo o resultado morte, mesmo aqueles que ficaram do lado de fora da agência (vigias ou "soldados de reserva") acabam sendo condenados pelo mesmo delito dos executores. De acordo com alguns julgados, haveria aqui já a aceitação do resultado mais grave por parte de todos, logo, não haveria cooperação dolosamente distinta.[562] A situção deve ser examinada caso a caso e, de acordo com a teoria do domínio do fato, fica mais fácil examinar a posição dos participantes. Caso se considere que todos são cossustentadores do fato (domínio funcional), não haverá problema em negar a cooperação dolosamente distinta. Porém, ficando demonstrado claramente que o partícipe não possui qualquer domínio não se pode dizer que deve responder pelo mesmo delito por esta "aceitação" do resultado. Isso seria o caso de dolo eventual, mas que deve restar provado, caso contrário, faríamos letra morta do dispositivo em comento.

11 Participação de menor importância

A participação de menor importância é tratada no § 1º do art. 29, CP. Refere-se ao partícipe que desenvolve uma atividade de menor importância na prática delituosa. Segundo COSTA JÚNIOR, a antiga atenuante genérica do art. 48, II ("ter sido de somenos importância sua cooperação no crime") transformou-se no § 1º do dispositivo em análise. Os cúmplices poderão ter sua pena abrandada, de um sexto a um terço, conforme a cooperação que tenham emprestado ao evento. Em sentido oposto, se a cooperação do agente revestir-se de especial relevo, o CP previu circunstâncias agravantes (art. 62, I a IV).[563] Segundo DAMÁSIO, a redução de um sexto a um terço deve variar de acordo com a maior ou menor contruibuição do partícipe na prática delituosa: quanto mais a conduta se aproximar do núcleo do tipo, maior deverá ser a pena; quanto mais distante do núcleo, menor deverá ser a resposta penal.[564]

12 Participação impunível

Dispõe o art. 31, CP, que "o ajuste, a determinação ou instigação e o auxílio, salvo disposição expressa em contrário, não são puníveis, se o crime não chega, ao menos, a ser tentado". O dispositivo deixa mais uma vez clara a acessoriedade da participação, pois, se não houver o início da execução de uma figura típica, não se falará em participação. Então, para que ocorra a participação em uma das formas elencadas pelo artigo, necessário que ocorra o início da execução pelo autor. Assim, a simples oferta de dinheiro de "X" para que "B" elimine "C" não constitui participação, visto que "B" pode, até mesmo, receber o dinheiro e ir embora, sem cometer qualquer delito, não havendo início de execução de qualquer crime. A ressalva do artigo (salvo

---

[562] Nesse sentido, TJRS, Ap. Crim. 70004688198; TJRS, Ap. Crim. 70005294707.

[563] COSTA JÚNIOR, Paulo José da, op. cit., p. 73.

[564] JESUS, Damásio de, op. cit., p. 374.

disposição expressa em contrário) diz respeito aos casos em que a instigação, a determinação, o auxílio etc. são puníveis como delitos autônomos. Como exemplo em que essas formas de participação são puníveis como delitos autônomos temos os arts. 122, 227, 286, CP.

13 Circunstâncias incomunicáveis – art. 30, CP

As circunstâncias são os fatos ou dados, de natureza objetiva ou subjetiva, que não interferem, porque acidentais, na configuração do tipo, destinando-se apenas a influir sobre a quantidade de pena cominada para efeito de aumentá-la ou de diminuí-la.[565] Algumas circunstâncias participam, no entanto, da própria estrutura da figura criminosa e deixam, por via de consequência, de ser acidentais para se transformarem em circunstâncias essenciais ou elementares do tipo.[566] O dispositivo em exame cuida da comunicação, no concurso de pessoas, das circunstâncias do crime e, partindo da classificação de circunstâncias objetivas ou reais, de um lado, e de circunstâncias subjetivas ou pessoais, de outro, estabelece que as primeiras são sempre comunicáveis, e que as segundas, de regra, incomunicáveis. Quando estas, contudo, fizerem parte da própria economia interna do tipo, integrando sua estrutura, tornam-se comunicáveis.[567]

13.1 Circunstâncias objetivas

Como regra, as circunstâncias objetivas ou reais sempre se comunicam. Relacionam-se elas com o fato criminoso, em sua materialidade.[568] Poderão ser de natureza instrumental, quando disserem respeito aos meios empregados; materiais, quando concernentes ao objeto do delito; de natureza temporal ou espacial; consequenciais, quando relativas ao dano ou perigo que se segue ao crime; pessoais, quando concernentes às condições ou qualidades pessoais da vítima; ou poderão ainda relacionar-se com o modo de execução do delito.[569] No dizer de MIRABETE, essas circunstâncias dizem respeito ao tempo (durante a noite, por ocasião de incêndio etc.), ao lugar (em local ermo, em casa habitada etc.), ao meio de execução (emprego de veneno, fogo, explosivo etc.), às condições ou qualidades da vítima (criança, enfermo, funcionário público etc.) etc.[570] Em regra, essas circunstâncias são comunicáveis, porém, não o são quando desconhecidas por parte do agente. Assim, para que essas circunstâncias se comuniquem, deverão ser conhecidas do agente. No exemplo de COSTA JÚNIOR, se o autor intelectual de um homicídio não tiver conhecimento de que o executor irá

565 SILVA FRANCO, Alberto e outros, op. cit., p. 115.

566 Idem, ibidem.

567 Idem, ibidem.

568 COSTA JÚNIOR, Paulo José da, op. cit., p. 75.

569 SILVA FRANCO, Alberto e outros, op. cit., p. 115.

570 MIRABETE, Julio Fabbrini, op. cit., p. 229.

torturar a vítima, antes de tirar-lhe a vida, não responderá pela qualificadora.[571] Se o partícipe determina que um furto seja executado durante o dia, e o autor o executa durante a madrugada, não responderá o partícipe pela qualificadora do repouso noturno.

13.2 Circunstâncias subjetivas

Como regra, as circunstâncias subjetivas ou de caráter pessoal são incomunicáveis, comunicando-se apenas quando elementares do crime (art. 30, CP). As circunstâncias subjetivas referem-se à qualidade ou condição pessoal do réu (imputabilidade, reincidência), às suas relações com a vítima (parentesco, relações domésticas ou de coabitação), aos motivos determinantes do crime.[572] Assim se "A", reincidente, e "B", primário, cometem um crime em concurso de pessoas, somente "A" terá a pena agravada pela reincidência, visto a circunstância de caráter pessoal não se comunicar a "B".

13.3 Circunstâncias comunicáveis – elementares do crime

A regra é de que as circunstâncias de caráter pessoal são incomunicáveis, e a exceção é a de que se comunicam quando elementares do crime. Portanto, deve-se definir o que é uma circunstância elementar do crime. As elementares são dados ou fatos que compõem a própria descrição do fato típico, integrando a descrição da infração penal e cuja ausência exclui ou altera o crime. Assim, as circunstâncias elementares, sejam de caráter objetivo ou pessoal, comunicam-se entre os fatos cometidos entre os participantes, desde que tenham ingressado na esfera de seu conhecimento. Tomemos como exemplo aquele que auxilia o funcionário público na prática do peculato; responde por este crime ainda que não exerça função pública (a elementar de natureza pessoal "funcionário público" comunica-se ao partícipe).[573] Assim também, no caso do partícipe que auxilia a mulher que se encontra sob a influência do estado puerperal a matar o próprio filho, deverá ele responder aquele por infanticídio, embora existam posições contrárias. DAMÁSIO faz a ressalva de que, enquanto não for modificada a legislação penal a respeito do assunto, deve o terceiro que participa do infanticídio responder por esse crime.[574] Por fim, cabe lembrar que a elementar somente se comunica se entrar na esfera de conhecimento do partícipe, pois, quando desconhecida, não se comunica. Assim, aquele que auxilia o funcionário na subtração de um bem móvel da Administração, ou que esteja na posse desta, responderá apenas por furto comum, e não por peculato-furto (art. 312, CP) se desconhecer a qualidade do coautor. Nessa hipótese, aliás, aplica-se o art. 29, § 2º, CP, porque o *extraneus* queria participar de crime menos grave.[575]

---

571 COSTA JÚNIOR, Paulo José da, op. cit., p. 75.

572 Idem, ibidem.

573 MIRABETE, Julio Fabbrini, op. cit., p. 229; JESUS, Damásio de, op. cit., p. 384.

574 JESUS, Damásio de, op. cit., p. 394.

575 MIRABETE, Julio Fabbrini, op. cit., p. 230.

14 Participação e arrependimento

Para HUNGRIA, pode acontecer que, antes ou depois de iniciado o *iter criminis*, venha a cessar a coerência das vontades dos concorrentes, ou, mais precisamente: pode ocorrer que um dos concorrentes se arrependa, enquanto os outros persistem no propósito criminoso.[576] A solução para os casos de participação e arrependimento é de Nelson HUNGRIA, nas seguintes hipóteses:[577]

a) o arrependido é o autor principal, e não inicia a realização do crime projetado, ou é o partícipe, vindo este a impedir (por qualquer forma) que a execução tenha início: não existe fato punível;
b) o arrependido é o autor principal e, iniciada a execução, desiste da consumação ou impede que o evento se produza; ou é o partícipe que consegue impedir (por qualquer forma) seja alcançada a *meta optata*: em face no disposto no art. 15, não respondem por tentativa, ressalvados os atos anteriores à desistência voluntária ou arrependimento eficaz;
c) o arrependido é o partícipe, resultando inútil o seu esforço para evitar a execução ou consumação por parte do autor principal: o arrependido responde pelo fato cometido pelo autor principal.

15 Autoria e participação nos delitos especiais – a comunicabilidade das circunstâncias elementares do art. 30 do Código Penal

15.1 Colocação do problema

A nosso juízo, a questão da comunicabilidade das elementares do crime aos coparticipantes do delito não foi enfrentada, ainda, com profundidade pela doutrina. É certo que, de acordo com o art. 30, CP, as circunstâncias de caráter pessoal, quando elementares do crime, desde que entrem na esfera de conhecimento de um dos participantes, a ele se comunica. Até este ponto, rege acordo entre a doutrina brasileira. Porém, até onde haveria esta comunicabilidade? Ou melhor, em que fluxo ela se operaria? Para expor melhor o problema, colocamos o seguinte exemplo: "A", funcionário público, determina a "B" que subtraia objetos de valor da repartição em que "A" trabalha. "B" executa o mandato e subtrai os objetos de valor, conhecendo a qualidade de funcionário público de "A". Por força do art. 30, CP, "B" seria autor do delito de peculato. Outro exemplo. A mãe, que se encontra sob a influência do estado puerperal, pede a seu marido uma faca para matar o recém-nascido. O pai, sabendo desta condição, entrega a faca. Ambos respondem por infanticídio. Agora, se a mãe,

---

[576] HUNGRIA, Nelson. *Comentários ao Código Penal*. Rio de Janeiro: Forense, t. 2, v. 1, p. 416.

[577] Idem, ibidem.

sob a influência do estado puerperal, pede que o pai mate o recém-nascido, e aquele saca uma arma e desfere tiros contra a criança, não concordamos que deva responder pelo delito próprio (infanticídio).

Para nós, já no primeiro exemplo não seria possível que "B" respondesse como autor pelo delito próprio, uma vez que lhe falta, justamente, a qualidade pessoal exigida pelo tipo penal, é dizer, ser funcionário público. A doutrina brasileira, apegando-se estritamente à disposição do art. 30, CP, admite a possibilidade de que o *extraneus*, ainda que realize atos executórios, seja considerado autor. Ocorre que os delitos especiais só podem ser cometidos por determinadas pessoas, que detêm a qualidade exigida no tipo para a sua realização.[578]

De acordo com essa classificação doutrinária, somente pode ser autor do delito especial aquele que reúne as qualidades específicas exigidas pelo tipo penal.[579] Isso não significa que não admitimos o concurso de pessoas entre o qualificado e o não qualificado. Não é esse o problema. Como mencionamos linhas acima, o problema a ser enfrentado é que em algumas hipóteses não será possível a posição jurídica de autores e partícipes. É viável a participação nos crimes especiais, desde que o partícipe seja o *extraneus*, isto é, não realize a conduta descrita no tipo, e o autor seja o *intraneus* (funcionário público, por exemplo). Assim, no exemplo citado, se o *extraneus* pede ao funcionário que subtraia coisa alheia móvel da repartição, será partícipe no delito de peculato. Nesse caso, não há problema com a elementar prevista no art. 30, CP. O que não é correto é a comunicabilidade da circunstância quando o *extraneus* execute pessoalmente o delito, pois lhe falta, justamente, a qualidade exigida no tipo e, assim, não poderia ser autor do crime especial, mas somente partícipe.

15.2 Delitos especiais próprios e impróprios

Assinala MIR PUIG que os delitos especiais próprios são os que descrevem uma conduta que só pode ser punida a título de autor quando realizada por certos sujeitos, de modo que os demais que a executem não podem ser autores nem deste, nem de nenhum outro delito comum que castigue para eles a mesma conduta.[580] Os delitos especiais próprios são os que não contam com uma figura paralela no Código – em que o resto do tipo é igual – do delito comum, como a concussão. Assim, fala-se de delitos especiais próprios quando a qualidade especial do sujeito é determinante para a existência do delito, de tal forma que, faltando a mesma, o fato será atípico. Não existe, pois, correspondência alguma com um delito comum consistente no

---

[578] ROXIN, Claus. *Derecho penal*: parte general. Madrid: Civitas, 1997. t. I, p. 338; JESCHECK, Hans-Heinrich. *Tratado de derecho penal*: parte general. Granada: Comares, 1993. p. 240; MIR PUIG, Santiago. *Derecho penal*: parte general, op. cit., 1996, p. 206; RODRÍGUEZ MOURULLO, Gonzalo. *Derecho penal*: parte general. Madri: Civitas, 1978. p. 269; CUELLO CONTRERAS, Joaquin. *El derecho penal, español*: parte general. Madri: Civitas, 1996. p. 401; QUINTERO OLIVARES, Gonzalo. *Manual de derecho penal*: parte general. Aranzadi, 1999. p. 316.

[579] STRATENWERTH, Günther. *Derecho penal*: parte general I. Edersa, 1982. p. 234.

[580] MIR PUIG, Santiago. *Derecho penal*: parte general, op. cit., p. 206.

mesmo fato cometido por uma pessoa carente da qualificação exigida.[581] RODRÍGUEZ MOURULLO leciona que nos delitos especiais em sentido estrito (próprios) a limitação dos sujeitos ativos não vem imposta pela própria natureza do injusto, senão que é fruto de uma decisão legal.[582]

Já os delitos especiais impróprios contam com um tipo penal paralelo no Código.[583] Nos delitos especiais impróprios, a qualidade especial possui unicamente a virtude de atenuar ou agravar a pena de seu autor, mas existe uma correspondência fática com o delito comum, que seria realizado por qualquer pessoa que não tivesse aquela qualidade especial,[584] como o peculato em relação ao furto.

15.3 Delitos especiais como delitos de infração de dever. Classificação de ROXIN

A doutrina já assinalava que a classificação dos delitos especiais (próprios) tinha relevância, justamente, em sede do concurso de pessoas para a delimitação entre autores e partícipes.[585] A partir dessa concepção, alguns autores passaram a adotar outra classificação para os delitos especiais, denominando-os de delitos de infração de dever.[586] É que nesses delitos falham as teorias formal-objetiva e do domínio do fato. Para isso, basta que se tome o exemplo do funcionário público, *intraneus*, que determina o *extraneus* a subtrair coisa alheia móvel da repartição em que o primeiro trabalha. Nenhuma das duas teorias serviria para explicar a autoria do funcionário público, porque, de fato, quem realiza a infração penal pessoalmente (teoria formal-objetiva) ou tem o domínio do fato (teoria do domínio) é o *extraneus*, e não o funcionário.

Para ROXIN, a adoção de tal postura não se deriva do conceito de domínio do fato, senão da significação do tipo para a determinação da autoria. É que se os tipos descrevem uma ação e uma pessoa do autor, os preceitos de participação, com respeito àqueles, apresentam-se como causa de extensão. Assim, ao requerer o tipo especial próprio determinada condição, está exigindo um requisito especial para a autoria.[587]

Portanto, somente um *intraneus* pode ser autor de um dos delitos praticados por funcionário público. Ao examinar-se mais de perto esta posição determinante para a

---

581 QUINTERO OLIVARES, Gonzalo, op. cit., p. 629.

582 RODRÍGUEZ MOURULLO, Gonzalo, op. cit., p. 270.

583 Nesse sentido, LUZÓN PEÑA, Diego Manuel. *Curso de derecho penal*: parte general I. Universitas, 1996, p. 304 e 305; CEREZO MIR, José. *Curso de derecho penal español*: parte general II. Madri: Tecnos, 1997. p. 113.

584 QUINTERO OLIVARES, Gonzalo, op. cit., p 629. No mesmo sentido, BUSTOS RAMÍREZ, Juan. *Manual de derecho penal español*: parte general. Buenos Aires: Ariel Derecho, 1984. p. 190; MAURACH, Reinhart. In: MAURACH, Reinhart; ZIPF, Heinz. *Derecho penal*: parte general 1. Buenos Aires: Astrea, 1994. p. 371; RODRÍGUEZ MOURULLO, Gonzalo, op. cit., p. 270.

585 ROXIN, Claus. *Derecho penal*: parte general, tomo I, op. cit., p. 338.

586 ROXIN, Claus. *Autoría y dominio del hecho en derecho penal*. Madri: Marcial Pons, 1998. p. 383; JAKOBS, Günther, *Derecho penal*: parte general. Madri: Marcial Pons, 1997. p. 791; BACIGALUPO, Enrique. *Principios de derecho penal*: parte general, Akal/Iure, 1998. p. 373.

587 ROXIN, Claus. *Autoría y dominio del hecho en derecho penal*, op. cit., p. 384.

autoria, verifica-se que não é a condição de funcionário público o que lhe converte em autor, pois isso se deve ao dever específico (que se deriva de ter encomendada uma concreta matéria jurídica) dos implicados de comportarem-se adequadamente, cuja infração consciente fundamenta a autoria. Assim, unicamente pode ser autor do tipo de concussão aquele que exige, em razão da função, vantagem indevida (art. 316 CP); quem não se encontre nessa posição jurídica, ainda quando domine o curso dos acontecimentos, só responde como partícipe.[588] Em todos os casos, o critério determinante para a autoria reside numa infração de dever, cuja natureza ainda deve ser esclarecida.[589]

O dever que constitui a matéria da lesão jurídica nestes tipos penais não é o dever genérico que surge de toda norma e que alcança também o dos partícipes. Trata-se, pelo contrário, de um dever extrapenal, que não alcança a todo partícipe, senão a quem tem uma determinada posição a respeito da inviolabilidade do bem jurídico (funcionários, administradores, garantes no delito de omissão). Nesse sentido, afirma-se que os delitos de infração de dever "são todos aqueles cujos autores estão obrigados institucionalmente a um cuidado do bem".[590]

Segundo a elaboração de ROXIN, o elemento que decide sobre a autoria constitui uma infração de dever extrapenal que não se estende necessariamente a todos os implicados no delito, mas que é necessária para a realização do tipo.[591] Trata-se sempre de deveres que estão antepostos no plano lógico à norma e que, em geral, originam-se em outros ramos jurídicos. Os exemplos desta categoria são os já citados deveres jurídico-públicos dos funcionários, os mandatos de sigilo de certas profissões e os estados e as obrigações jurídico-civis de satisfazer alimentos ou de lealdade. Todos eles se caracterizam em razão de que o obrigado se sobressai entre os demais cooperadores por uma especial relação com o conteúdo de injusto do fato e porque o legislador o considera como figura central do sucesso da ação, como autor, precisamente devido a esta obrigação.[592]

Colocado o problema, mister uma análise detalhada da questão. Como os casos de autoria simples não fazem ressaltar com tanta nitidez as diferenças específicas das

---

588 BACIGALUPO, Enrique, op. cit., p. 373.

589 ROXIN, Claus, op. cit., p. 384-385.

590 JAKOBS, Günther, op. cit., p. 791.

591 MAURACH, Reinhart. *Derecho penal*: parte general, v. 2, Atrea, 1995, p. 326, não concorda com esta concepção, pois, "por um lado, a lesão de um dever extra-típico não pode decidir sobre a qualidade do sujeito do fato determinada no tipo por outro, posto que ainda ante a existência dos elementos especiais do sujeito do fato (delitos especiais) pode faltar o domínio do fato, aqui considerado como essencial, devido ao qual – nos fatos dolosos – a mera participação é inclusive possível ante a existência dos elementos especiais da autoria de mão própria (e correspondente nos delitos especiais)". MUÑOZ CONDE, Francisco. *Derecho penal*: parte general. Tirant lo Blanch, 1996. p. 447, não admite uma categoria geral de *delitos consistentes na infração de um dever* em que os *obrigados* fossem sempre autores, qualquer que seja sua intervenção. Mas reconhece que a particularidade de muitos destes tipos delitivos desafia todo intento de resolver estes problemas com ajuda de teorias gerais elaboradas de costas à regulação dos delitos na Parte Especial.

592 ROXIN, Claus, op. cit., p. 386.

distintas concepções sobre a autoria, temos que nos ocupar, em primeiro lugar, da intervenção de vários no marco dos delitos de infração de dever.

15.4 A coautoria nos delitos de infração de dever

Com fundamento no que foi exposto, está claro que o sujeito que, cooperando na divisão de trabalho com outro, realiza um tipo de infração de dever, mas nem por isso tem que ser autor. Por exemplo: o particular que, em conjunto com o funcionário público, patrocinasse, diretamente, interesse privado perante a administração pública, sendo que o funcionário se valeu de seu cargo para isso (art. 321 CP), somente pode ser partícipe, ainda que seja cossustentador do domínio do fato. De acordo com isso, não basta o domínio do fato nos delitos de infração de dever para fundamentar a coautoria. Portanto, não tem aplicação a teoria do domínio do fato para esses delitos. ROXIN cita o exemplo de dois sujeitos que administrarão conjuntamente um patrimônio. Ambos concebem de embolsar os valores de seu encargo. A execução, entretanto, é levada a cabo só por um dos administradores, enquanto o outro só atua na fase preparatória ou favorece o plano. Aqui não se dá uma dependência funcional no sentido da teoria do domínio do fato. Não obstante, ambos são autores de administração desleal, pois também o que se limita a auxiliar infringe o "dever de salvaguardar interesses patrimoniais alheios", que lhe incumbe, causando, assim, "um prejuízo àqueles por cujos interesses tinha que velar". Sendo esta a circunstância que lhe faz avançar ao centro da realização do delito, não se compreende por que seria necessário, ademais disso, o domínio do fato. A administração desleal não experimentaria nenhuma modificação qualitativa pela falta de caráter comum da execução externa da ação, pois o sentido da ação, a coloração pessoal da conduta de cooperar, em que se baseia a distinção de formas de participação, resulta unicamente da vulneração do vínculo de lealdade.[593]

O correto da solução proposta se deriva forçosamente de uma consideração prática: se se quisesse requerer para a autoria, junto à infração de dever, também o domínio do fato, os partícipes se dividiriam em dois grupos completamente heterogêneos: em senhores do fato com dever de lealdade e em obrigados à lealdade sem domínio do fato. Isso não só eliminaria o conceito unitário de participação nos delitos de infração de dever, senão também forçaria a consequência intolerável de que não haveria autor se o executor obrou sem que lhe incumbisse o dever de lealdade, e o obrigado permaneceu em segundo plano.[594] No mesmo exemplo, se pensamos que existe um único administrador que pede a um *extraneus* que trabalha num banco que faça desaparecer o dinheiro, o sujeito agente não pode ser autor de administração desleal por falta do dever de lealdade, enquanto o administrador tampouco poderia responder, porque lhe falta o domínio do fato.

Parece que esta não pode ter sido a vontade do legislador. O administrador do patrimônio é autor da deslealdade. Porém, para que isso seja assim, deve-se eliminar

---

593 ROXIN, Claus, op. cit., p. 387.

594 Idem, ibidem.

por completo o critério do domínio do fato e atender-se, para delimitar a autoria e a participação, unicamente ao critério da posição que ocupa o cooperador, é dizer, se ocupa ou não a posição de dever extrapenal descrito no tipo.[595]

O mesmo ocorreria no Brasil, pois não parece correto que o *extraneus*, ainda quando realize pessoalmente a infração penal, possa ser autor. Mesmo que se adotasse outro raciocínio, isto é, de que seguimos a teoria da acessoriedade limitada para a participação, o que significa que só existe participação quando o autor principal ao menos inicia o fato típico e antijurídico, a solução não se modifica. Nesse caso, o *intraneus* (funcionário público) que determinasse um furto na sua repartição não realizaria pessoalmente nada e, tampouco, teria o domínio do fato. Assim, a conduta principal seria realizada pelo *extraneus*. De acordo com a teoria da acessoriedade limitada, também adotada pela doutrina brasileira, como o funcionário não domina o fato, ou não o realiza pessoalmente (teoria formal-objetiva), sua conduta seria acessória, dependente do fato principal. Ocorre que sua participação não acederia a nada, pois o fato principal (peculato) depende justamente de sua qualificação (funcionário público). Portanto, o funcionário não poderia ser partícipe do delito, ainda que se encontre na posição mencionada. O fluxo contrário é possível, é dizer, quando o funcionário realiza pessoalmente a infração penal determinada por um terceiro, pois, assim, a participação tem como aceder ao fato principal que, neste caso, exige um autor qualificado.[596]

ROXIN assinala que se chega à conclusão (inclusive os partidários da teoria do domínio do fato) de que nos delitos deste gênero é determinante um conceito de autor distinto, e que o rompimento do dever especial extrapenal, produtor do resultado, é o que fundamenta a autoria, sem levar em conta nem a vontade do autor nem o domínio do fato.[597]

De acordo com esta posição, a coautoria obtém, nos delitos de infração de dever, uma estrutura totalmente distinta daquela utilizada para o conceito geral de autor. No lugar da camada das contribuições ao fato na fase executiva, dá-se a determinação do resultado pelo rompimento conjunto de um dever comum. O âmbito da coautoria se encolhe notavelmente, pois só cabe falar de caráter comum neste sentido quando várias pessoas encontram-se sujeitas a um mesmo e único dever.[598]

---

595 Idem, ibidem.

596 MUÑOZ CONDE, Francisco. *Derecho penal*: parte general. Valencia: Tirant lo Blanch, 1996, p. 466 e 447, assinala que o funcionário que induz a outro para que subtraia valores que tem sob sua responsabilidade responderá sempre por peculato; o estranho, em câmbio, por furto sempre; e isso igualmente ainda que o indutor fosse o estranho e o induzido o funcionário. Isso converteria esses delitos em *delitos consistentes na infração de um dever*, sendo irrelevante para a qualificação da autoria a contribuição objetiva do *intraneus*. Entretanto, para MUÑOZ CONDE, não há razão para que não se apliquem as regras gerais de participação. Se o autor é o *intraneus*, o delito cometido será o especial (peculato) e, em virtude do princípio de unidade de título de imputação, todos os demais responderão por este delito, ainda que não tenham as qualidades exigidas no mesmo. Ao contrário, se o autor é o *extraneus*, o delito cometido será um comum (furto), e os partícipes responderão pelo delito comum, qualquer que seja a sua consideração pessoal.

597 ROXIN, Claus, op. cit., p. 389.

598 Idem, ibidem.

JESCHECK, ainda que sem esta fundamentação, concorda que não é possível a coautoria nestes casos (qualificado e não qualificado), pois, como a coautoria constitui uma forma de autoria, só pode ser coautor quem também é autor idôneo com respeito às demais contribuições para o fato. Por isso, não existe coautoria nos delitos especiais próprios quando falta ao autor a qualidade requerida.[599]

Essa opinião também é reforçada por STRATENWERTH, pois nos casos em que a lei requer os elementos especiais da autoria, vige o mesmo para a coautoria. Se eles faltam, o partícipe – ainda quando tenha parte do domínio do fato – somente poderá ser responsabilizado como partícipe, e isso nos casos em que ocorram os pressupostos de participação.[600]

Isso tudo não significa que não possa ocorrer a coautoria, pois ela existirá onde determinado âmbito de assuntos esteja confiado a várias pessoas de uma vez. Isso ocorre, por exemplo, na vigilância de internos, que pode estar a cargo de vários funcionários das prisões (§ 347 StGB), ou na conservação de cartas e pacotes confiada a múltiplos funcionários dos correios (§ 354 StGB). Nesses casos, de acordo com a opinião de ROXIN, haverá coautoria sempre que alguém, de acordo com outros obrigados, mediante qualquer contribuição ao fato, não cumprindo as funções que lhe estão encomendadas, coopera na evasão de presos ou na desaparição de cartas.[601]

15.5 Autoria mediata nos delitos de infração de dever

Os fundamentos adotados para a coautoria têm validade para a autoria mediata. Desse modo, deve-se atender somente à infração de dever especial extrapenal, e não ao domínio do fato.

Assim, nos delitos de domínio (domínio do fato), o sujeito é autor mediato se dirige e tem o domínio do acontecer mediante coação ou engano de outro ou no marco de aparatos de poder organizados. Pelo contrário, nos delitos de infração de dever não se requer para a autoria mediata o domínio do fato. Basta que o indivíduo que está sujeito a uma relação de dever deixe a execução da ação para uma pessoa que se encontra à margem da posição de dever que fundamenta a autoria. Assim, a coautoria e a autoria mediata se distinguem nos delitos de infração de dever – de novo em contraposição aos delitos de domínio –, só que no primeiro caso cooperam para alcançar o resultado vários obrigados, e, no segundo, *intraneus* e *extraneus*. Também as distintas manifestações de autoria adquirem assim uma estrutura notavelmente modificada.[602]

---

599 JESCHECK, Hans-Heinrich. *Tratado de derecho penal*, op. cit., p. 616. No mesmo sentido, MIR PUIG, Santiago, assinalando que todo coautor deve reunir as condições necessárias para ser autor nos delitos especiais. O interveniente não qualificado não pode ser coautor, somente partícipe.

600 STRANTENWERTH, Günther, op. cit., p. 251.

601 ROXIN, Claus, op. cit., p. 389.

602 ROXIN, Claus, op. cit., p. 392.

15.5.1 Utilização de um instrumento não qualificado que obra dolosamente

Os casos de utilização de um instrumento não qualificado são resolvidos de forma satisfatória com a utilização dessa classificação (delitos de infração de dever). O funcionário que, sem ter o domínio do fato, determina ao *extraneus* realizar um resultado juridicamente desaprovado, é autor mediato, posto que, vulnerando o dever especial extrapenal que lhe incumbe (o único que importa), determinou a violação do bem jurídico descrito no tipo. Assim, o *extraneus*, apesar do domínio do fato, é cúmplice.[603]

Nesse sentido, BACIGALUPO assinala que estes casos eram tradicionalmente considerados como autoria mediata, mas para isso se modificava o conceito de domínio do fato. A questão se apresentava nos delitos especiais, nos quais só pode ser autor um sujeito que tenha a qualificação exigida para o delito.[604]

A utilização de um não qualificado (*extraneus*), que obra com dolo, por um qualificado (*intraneus*), determina um problema complexo. Exemplo (modificado): o funcionário, que por meio de um não funcionário subtrai coisa alheia móvel da repartição em que trabalha. Nesse caso, pode-se afirmar que existe acordo a respeito da punibilidade do qualificado como autor mediato, que realiza a ação de execução por meio de um não qualificado que obra com dolo, e do "instrumento" que realiza a ação de execução de forma direta como partícipe.[605]

O problema se apresenta aqui para a teoria do domínio do fato, pois o não qualificado que obra com dolo e liberdade teria, em princípio, o domínio do fato e, entretanto, não pode ser autor pela falta da qualificação legal. A questão tem repercussão fundamentalmente na matéria da acessoriedade. Se esta depende do domínio do fato do autor principal, pareceria que no caso não há outra solução que a impunidade, já que o não qualificado não pode ser autor por falta da qualificação, e o qualificado não pode ser indutor porque a indução supõe a autoria do induzido.[606]

JESCHECK reconhece o problema da fundamentação da autoria mediata para a teoria do domínio do fato quando se utiliza de um instrumento sem qualificação. Nesse caso, não tem aplicação a indução ou a cumplicidade, porque falta ao executor precisamente a intenção típica desta classe de delito ou, em qualquer caso, tampouco cabe falar de um domínio da vontade do "homem de trás" sobre o instrumento, desde que não ocorra coação, erro ou incapacidade por parte deste. Aqui será determinante a consideração de que nestes casos o domínio do fato deve ser entendido *normativamente*. O delito não pode ser cometido de modo algum pelo executor sem a cooperação do "homem de trás", e um fato relevante na área jurídico-penal somente se dá quando este aporta a intenção ou a característica requerida pelo legislador. A influência juridicamente dominante do "homem de trás" resulta, assim, decisiva para a autoria. Mas deve-se reconhecer a crítica que, ademais do fator jurídico consistente em que o delito

---

[603] Idem, ibidem.

[604] BACIGALUPO, Enrique, op. cit., p. 375.

[605] Idem, ibidem.

[606] Idem ibidem; STRATENWERTH, Günther, op. cit., p. 243.

não lhe seja acessível em absoluto ao atuante sem o "homem de trás" qualificado, deve-se acrescentar um fator psicológico no sentido de que o "homem de trás" determinou ao atuante para a realização do fato. Portanto, fala-se, nestes casos, de autoria normativo-psicológica.[607]

WELZEL admite a existência da autoria mediata nos casos em que um qualificado utiliza um não qualificado para a realização do delito e fundamenta a autoria do não qualificado no "domínio social do fato". Assim, nos delitos especiais próprios, o qualificado que está detrás e que induz, é o que dá ao não qualificado a possibilidade de tomar parte na realização típica do delito especial. Isso fundamentaria o domínio do que está atrás, é dizer, do qualificado, sobre a participação do não qualificado, na realização do delito especial e com isso a sua autoria.[608]

Preferimos a fundamentação de ROXIN, pois não concordamos que se possa entender esses casos com base num domínio do fato "normativo" ou no "domínio social do fato". Em qualquer caso teríamos que alterar a teoria do domínio do fato, pois realmente quem domina o fato é o não qualificado, o que nos leva a preferir a elaboração do critério da infração de dever.

QUINTERO OLIVARES critica esta concepção, pois em sua opinião a figura do instrumento doloso na autoria mediata somente é defensável desde uma *concepção subjetivista da autoria*. Assinala que é inegável que podem produzir-se situações nas quais um qualificado utiliza um não qualificado para cometer um delito especial próprio, e parece claro que há que se evitar a impunidade de um e de outro. Assim, para lograr construir a autoria mediata, cria-se um conceito de instrumento doloso com o fim de evitar que se chegue à conclusão de que se trata de indução a um comportamento atípico. Mas, segundo QUINTERO, apesar de tão respeitável propósito, sustenta-se que a figura do instrumento doloso deve ser rechaçada em todos os casos, pois o sujeito que atua consciente e voluntariamente não é já um instrumento; sua conduta é uma ação juridicamente valorável, e se é atípica, a solução não se pode buscar forçando os conceitos, senão introduzindo as necessárias modificações na parte especial, caso se estime necessário.[609]

Nas palavras de BACIGALUPO, todas as propostas acima referidas ficaram fora de consideração em consequência do desenvolvimento dogmático dos *delitos de infração de dever*. Nesses delitos se modifica o regime da acessoriedade de tal maneira que a ação do partícipe não depende do domínio do fato e do dolo do autor (nestes casos o qualificado), senão da infração do dever do qualificado, *qualquer* que seja a posição em

607 JESCHECK, Hans-Heinrich. *Tratado de derecho penal*, op. cit., p. 610.

608 WELZEL, Hans. *Derecho penal alemán*. Editorial Jurídica de Chile, 1993. p. 125. STRANTEWERTH, Günther, op. cit., p. 243, critica esta posição dizendo que é uma solução aparente que transforma a exigência de um dever especial num momento do domínio, despreciando o sentido originário do critério do domínio do fato e, além disso, passa por alto o domínio fático do *extraneus* – que, ademais, é decisivo.

609 QUINTERO OLIVARES, Gonzalo. *Manual de derecho penal*: parte general. Aranzadi, 1999. p. 633. No mesmo sentido, COBO DEL ROSAL, M.; VIVES ANTÓN, T. S. *Derecho penal*: parte general. 5. ed. Valencia: Tirant lo Blanch, 1999. p. 749 e 750.

que este atue, dado que toda atuação que signifique infração de dever é suficiente para a autoria.[610]

16 Conclusão

De todas as formas, como já mencionamos no início deste trabalho, consideramos correta a premissa de que, nos delitos especiais próprios, somente pode ser autor o sujeito que detém a qualidade exigida pelo tipo penal. Qualquer outra forma de intervenção será a de participação, ainda que se comuniquem a circunstâncias do art. 30 do Código Penal. Isso significa que mesmo que o *extraneus* possua o domínio do fato ou realize pessoalmente a infração penal, não poderá ser autor, pois lhe falta a qualidade requerida pelo tipo penal. Nos delitos especiais impróprios, quando o *extraneus* realiza pessoalmente a infração penal induzido pelo *intraneus*, será autor do delito que corresponda a sua conduta na parte especial, mas não do delito especial. Assim, se o funcionário induz ao não funcionário que subtraia coisa da repartição, o funcionário (*intraneus*) responde por peculato, e o não funcionário (*extraneus*) *responde por furto*.

16.1 Homicídio e lesões culposas do Código de Trânsito como delitos de mão-própria

O legislador brasileiro, ao editar o Código de Trânsito, acabou por transformar as condutas típicas de homicídio culposo e lesões corporais culposas em delitos de mão própria. Vejamos o que estabelecem os arts. 302 e 303 do CTB.

> "Art. 302. Praticar homicídio culposo na direção de veículo automotor.
>
> Art. 303 Praticar lesão corporal na direção de veículo automotor."

Antes da edição do novo Código de Trânsito, o sujeito que matasse alguém conduzindo um automóvel, ou causasse lesões nessas mesmas circunstâncias, ficaria sujeito aos dispositivos do Código Penal brasileiro. Com a introdução dos dispositivos regulando tais condutas no Código de Trânsito, aplica-se a norma especial. Portanto, desde 1997, o homicídio culposo e as lesões culposas decorrentes de acidentes de trânsito regulam-se pela lei especial.

No que diz respeito à realização pessoal nestes delitos não se oferece qualquer problema, pois, como é sabido, a autoria está relacionada diretamente com a causação do resultado, é dizer, todo aquele que, descumprindo o dever objetivo de cuidado no trânsito, causar um resultado, será autor. A problemática surge quando houver a intervenção de mais de uma pessoa na causação do resultado. Nesse caso, segundo a jurisprudência e um setor de nossa doutrina, haveria a coautoria. Isso era afirmado por tal segmento sem que ainda houvesse o Código de Trânsito, ou melhor, sem que os

---

[610] BACIGALUPO, Enrique, op. cit., p. 376.

crimes fossem transformados em crimes de mão própria. Como veremos a seguir, os delitos de mão própria não permitem a coautoria, mas somente a participação. Antes, é necessária uma pequena conceituação acerca dos delitos de mão própria.

Os delitos de mão própria são, de acordo com a doutrina, aqueles em que o tipo penal pressupõe um ato de execução corporal ou, ao menos, que deve ser realizado pelo próprio autor, porque em outro caso faltaria o específico injusto da ação da correspondente classe do delito.[611] Portanto, para que se configure este delito, o tipo exige a própria intervenção corporal do autor no fato realizado. Assim, nestes delitos o tipo exige a realização de uma ação determinada e somente aquele que se encontre em posição de executar imediata e pessoalmente, por si mesmo, a ação pode ser sujeito ativo ou autor em sentido estrito da ação descrita no tipo legal.[612]

De acordo com a descrição das condutas típicas trazidas pelo legislador no Código de Trânsito brasileiro, conclui-se que são delitos de mão própria. Isso porque o legislador utilizou as seguintes expressões "praticar homicídio culposo *na direção* (grifo nosso) de veículo automotor" (art. 302) e "praticar lesão corporal culposa *na direção* (grifo nosso) de veículo automotor" (art. 303). Nessas hipóteses, somente pode ser autor destes delitos aquele que estiver conduzindo o veículo, qualquer outra forma de intervenção construiria participação.

Nesse ponto, reside o choque entre a doutrina preconizada no Brasil. É que a doutrina brasileira admite a coautoria nos delitos culposos, porém, como no Código de Trânsito estes delitos são de mão própria, não se pode admitir a coautoria, mas somente a participação. É que, em contrapartida, não se admite a coautoria nos crimes de mão própria, admitindo-se somente a participação.[613] Para que fique claro, nos delitos de mão própria, o injusto determinante não é a produção de um resultado controlada pela atuação final, senão a execução corporal de um ato reprovável com tal. O ato com tal é incorreto ou reprovável desde um ponto de vista ético-social. Assim que só pode ser autor aquele que efetua pessoalmente este ato,[614] decisiva é apenas a *propriedade da execução do fato*. Quem não realize por si mesmo a ação típica não pode ser autor, mas somente partícipe.[615]

Plantado o problema, deve-se buscar uma solução. Em recente e elogiável trabalho sobre o tema, o Prof. Pedrotti conclui que diante da dogmática brasileira o motorista que causa a morte ou a lesão responde pelo direito previsto no Código de Trânsito

---

611 JESCHECK, Hans-Heinrich, op. cit., p. 240; JAKOBS, Günther, op. cit., p. 214; COBO DEL ROSAL, M.; VIVES ANTÓN, T. S. *Derecho penal general*. 5. ed. Valencia: Tirant lo Blanch, 1999. p. 357.

612 MUÑOZ CONDE, Francisco; GARCÍA ARÁN, Mercedes. *Derecho penal*: parte general. 2. ed. Valencia: Tirant lo Blanch, 1996. p. 277; CUELLO CONTRERAS, Joaquin. *El derecho penal español*: parte general. Madri: Civitas, 1996. p. 401-402.

613 Nesse sentido, JESCHECK, Hans Heinrich, op. cit., p. 617.

614 WELZEL, Hans, op. cit., p.128.

615 WESSELS, Johannes, op. cit., p. 118. No mesmo sentido, BACIGALUPO, Enrique. *Principios de derecho penal, parte general*. 5. ed. Akal/Iure, 1998, p. 373-374.

brasileiro, e o passageiro que está ao lado e que instiga a não obedecer ao dever de cuidado objetivo responde pelo delito no Código Penal.[616]

Também me havia fixado nesta posição, é dizer, nos casos de homicídio ou lesões culposas praticados na direção de veículo automotor, somente responde a título de autor que conduz o veículo e, diante da tipicidade dos arts. 302 e 303 do CTB, qualquer outra "contribuição" para o fato nos levaria à conclusão de autoria dos respectivos arts. 121, § 3º, e 129, § 6º, ambos do Código Penal.

Porém, após um estudo aprofundado sobre o tema, estamos propondo uma outra solução, mais coerente com a dogmática. É que nos delitos culposos especiais e de mão própria só podem ser autores aqueles que reúnem a qualidade pessoal requerida pelo tipo ou executem pessoalmente por si mesmos a ação descrita.[617]

De acordo com a doutrina alemã, nos delitos imprudentes especiais ou de mão própria e nos que exigem determinadas formas de atividade, chega-se à mesma conclusão que se chegaria ao utilizarmos um conceito restritivo de autor: não todo que coopera culposamente para a realização de um comportamento típico pode ser castigado com autor, senão somente aquele que realiza por si mesmo o comportamento pode ser autor do correspondente delito. O conceito de autor assim manejado não é, pois, aqui extensivo no sentido de que cubra também o campo que nos delitos dolosos abarcam as formas de participação de imprudente (culposa) que, à falta de preceitos que a incriminem especialmente, resulta impune. Por esse motivo, alguns autores excluem este grupo de delitos da concepção unitária ou extensiva da autoria que predicam para as demais infrações penais. Mas, por isso, deixa de ser "extensivo" ou "unitário" este conceito de autor considerando em seu conjunto, se é que deve ter algum sentido aquela crítica que se dirige contra as concepções: a de que não estão em condições de justificar, se não é pela via de preceitos de ampliação, a punibilidade da intervenção nos delitos especiais ou de mão própria por parte dos sujeitos que não cumprem os requisitos pessoas exigidos e que, nessa medida, não poderiam ser "em si" autores do delito em questão.[618]

Estas objeções têm sentido quando se protejam sobre aquela versão de conceito extensivo ou unitário de autor que responde ao modelo que a concepção dominante na doutrina alemã contemporânea utiliza para os casos de intervenção de várias pessoas nos delitos culposos. Quando se afirma que nesse caso vige um conceito extensivo ou unitário de autor, na verdade se quer dizer com isso que a tipicidade do comportamento de cada sujeito deve ser considerada isoladamente e em relação direta com o resultado eventualmente requerido. Precisamente por essa consideração isolada da conduta de cada sujeito e pela redução dos comportamentos alheios ao papel de meros anéis

616 PEDROTTI, Marcelo Líscio. Do concurso de agentes nos delitos de lesões corporais e homicídios culposos na direção de veículo automotor. *Revista Ibero-Americana de Ciências Penais*, ano 2, nº 2, jan./abr. 2001, Centro de Estudos Ibero-Americano de Ciências Penais, 2001, p. 59.

617 PEÑARADA RAMOS, Enrique. *La participación en el delito y el principio de accesoriedad*. Madri: Tecnos, 1990. p. 275.

618 PEÑARADA RAMOS, Enrique, op. cit, p. 277-278.

de cadeia causal, não se admite nenhuma forma de intervenção que a autoria única e, são vários que atuam imprudentemente ocorre "autoria acessória", que não é outra coisa que uma autoria única plural.[619] Numa concepção semelhante é, pois, evidente que a conduta de cada interveniente que deve ser considerado autor deve reunir em si mesma todos os requisitos exigidos pela correspondente figura típica delitiva. Assim, *todos* os intervenientes aparecem sem distinção como autores do delito. Mas quando o resultado se produzir por meio de uma atividade determinada, quem não realiza a conduta descrita no tipo ou não reúne a condição pessoal a ele correspondente é alheio ao tipo em questão e, portanto, não é seu ator.[620]

De acordo com essa concepção, que ao nosso ver parece a mais correta, não há como se imputar a título de autoria ou coautoria do art.302 do Código de Trânsito Brasileiro a conduta do passageiro que "instiga" o motorista a descumprir o dever de cuidado objetivo e acaba produzindo o resultado morte, isso porque se trata de um delito de mão própria e, nesse caso, o passageiro não realiza a conduta; no art. 302 CTB será tão somente o motorista (delito de mão própria); qualquer outra intervenção neste delito não pode justificar a imputação no tipo penal em destaque.

Diante dessas considerações fica plantado e agora devemos verificar como fica então a situação do passageiro que "instiga" o motorista a descumprir o dever de cuidado objetivo. A primeira solução proposta já foi referida linhas acima, é dizer, o motorista responde como autor do homicídio ou das lesões previstos no Código de Trânsito, e o passageiro, pelos delitos correspondentes, porém, previstos no Código Penal.[621]

Porém, diante do problema posto pelo legislador e de acordo com a linha dogmática que seguimos, pensamos que a solução pode ser outra. Em nossa opinião, o passageiro não responde por qualquer tipo penal, restando impune.

Continuamos afirmando que, diferentemente do que ocorre nos delitos dolosos, onde não só são injustos penais ou típicos as condutas que supõem a autêntica realização do tipo (da Parte Especial), é dizer, as condutas de autoria – em suas distintas formas – de um delito, senão também são, por prever-se na Parte Geral as correspondentes causas de ampliação ou extensão da tipicidade (art. 29, CP), as formas de participação. Nos delitos culposos somente soa injusto penal ou típico as condutas de autoria, ou seja, só estão proibidas penalmente as condutas de autêntica realização do tipo objetivo correspondente, pois a lei não prevê, ademais, a punição das condutas de mero favorecimento culposo, é dizer, as formas de participação culposa.[622]

É cediço que as formas de participação são dolosas (indução, investigação, auxílio etc.). O Código de Trânsito exige para o delito culposo punível o verbo *praticar* que, em caso de dolo, haveria participação dolosa em fatos dolosos, tal conduta seria

---

[619] MAURACH, Reinhart, op. cit., p. 321, assinala que a chamada autoria acessória culposa não se diferencia materialmente em absoluto da autoria individual culposa; somente por razões de clareza ela é tratada como o contraponto negativo da coautoria.

[620] PEÑARADA RAMOS, Enrique, op. cit., p. 278.

[621] PEDROTTI , Marcelo, op. cit., p. 59.

[622] LUZÓN PEÑA, Diego Manuel. *Curso de derecho penal*: parte general I. Editorial Universitas, 1996. p. 507.

punível. Também é certo que as ações ou omissões culposas somente são castigadas quando expressamente estiverem dispostas na lei, em face de que os preceitos da Parte Especial que preveem figuras culposas só tipificam a realização culposa do tipo, e os preceitos do concurso de agentes preveem a forma culposa. E isso tanto se trata de participação culposa em autoria culposa como se é participação culposa em autoria dolosa de um terceiro; e igualmente se o "autor" "doloso" ou "culposo" de sua autolesão é a própria vítima (utilizando aqui os conceitos de autor, dolo ou culpa em sentido neutro, não normativo), ainda que nestes casos, ao ser já atípica a conduta do "autor", a acessoriedade da participação, que exige aos menos um fato principal típico e antijurídico, seria uma razão adicional para a impunidade da participação culposa.

Portanto, afirma-se que nos delitos culposos não cabe participação. A graduação do injusto típico do delito culposo opera sobre a base de outros critérios: sobre a base da gravidade da infração do dever de diligência. Porém, esta última afirmação só será certa se a contribuição causal o sujeito para a lesão do bem jurídico alheio é suficientemente importante para ensinar que realiza o tipo objetivo e qualificá-la de autoria. Mas não o será se somente cabe qualificá-la de participação, pois, a doutrina alemã dominante tem razão e não cabe a participação (culposa) em crime culposo e, então, tal contribuição causal é impune.[623]

Nesse sentido, a questão deve ser vista desde o ponto de vista da causação do resultado típico, ou seja, o resultado deve haver sido produzido causalmente pela ação do autor. Assim, o primeiro requisito da imputação objetiva do resultado é o *nexo causal*, cuja constatação deve ser feita conforme as regras gerais da teoria da condição.[624] Entretanto, nos delitos culposos não basta que a ação contrária ao cuidado constitua uma causa do resultado. Na realidade, o resultado só pode ser imputado objetivamente ao autor quanto *teve precisamente seu pressuposto específico na infração de dever de cuidado*, pois unicamente na infração de dever de cuidado constitui uma causa do resultado. Na realidade, o resultado só pode ser imputado objetivamente ao autor quanto *teve precisamente seu pressuposto* de cuidado radica, diferentemente do que ocorre nos delitos dolosos, o injusto da ação culposa.[625] De acordo com isso, nos casos de homicídio e lesões culposas na direção de veículo automotor, em que o tipo requer justamente do autor um específico dever de cuidado, só a ele (autor-motorista) se pode atribuir a causação do resultado. Ainda que ao passageiro se possa atribuir alguma consideração na causação do resultado (porque, ao final, teria dito ao motorista que poderia ultrapassar em lugar proibido já que confiava na habilidade do condutor), o dever de cuidado aqui é específico do motorista. Somente ele pode praticar a conduta descrita no tipo, e, portanto, somente ele pode causar o resultado típico.

Assim, no exemplo de LUZÓN, será impune (atípica) como simples indução culposa de um delito culposo a conduta do acompanhante do condutor que verifica que vem um veículo de frente, não muito distante, mas mesmo assim afirma que há

---

623 LUZÓN PEÑA, Diego Manuel. *Derecho penal de la circulación*. 2. ed. PPU, 1990. p. 79-80.

624 JESCHECK, Hans Heinrich, op. cit., p. 530.

625 Idem, ibidem.

tempo e lhe incita para ultrapassar ao outro veículo que está na sua frente e, ao efetuar a ultrapassagem nessas condições, o motorista provoca um choque com o veículo que vinha em sentido contrário. Neste caso só é punível a autoria do condutor na produção das lesões ou homicídio culposo.[626]

Isso significa que as condutas culposas de mera participação em fatos culposos ou dolosos não são suficientemente graves para constituir fatos tipicamente (penalmente) antijurídicos, mas constituem sim fatos antijurídicos extrapenais, ou seja, ilícitos administrativos ou cíveis com a conseguinte responsabilidade nesses campos. Esta interpretação, à parte de ter um claro apoio legal nos preceitos do Código Penal, é político-criminalmente razoável, dado o caráter fragmentário e de *ultima ratio* do Direito Penal, a menor gravidade e desvalor dos fatos culposos, o papel das formas de participação como figuras não centrais, senão marginais subordinadas no fato ilícito, e como causas de ampliação da tipicidade, que torna aconselhável uma interpretação restritiva das mesmas.[627]

Portanto, baseado em todos os argumentos expostos, concluímos que não é possível qualquer forma de concurso de pessoas (coautoria ou participação) nos delitos de homicídio culposo e lesões corporais culposas previstos no Código de Trânsito brasileiro.

---

[626] LUZÓN PEÑA, Diego Manuel, op. cit., p. 507-508.

[627] Idem, p. 508-509.

X

Do concurso de crimes

I Notas introdutórias

Há autores que preferem cuidar do concurso de crimes unicamente no âmbito da teoria e da aplicação da pena. É também uma opção válida, sobretudo, do ponto de vista das preocupações didáticas.

No entanto, pensamos que o tema oferece desdobramentos relevantes tanto lá quanto cá, junto ao exame da teoria do delito em sentido mais amplo. Por isso, enquanto por aqui cuidaremos da conceituação e das principais características do concurso de crimes, das razões de diferenciação entre eles e da importância dessas distinções, lá, no campo da aplicação da pena, nos dedicaremos unicamente a apreciar as consequências do regime concursal de delitos para a respectiva dosimetria e aplicação (da pena).

A expressão *concurso* em Direito Penal tem significados aproximados, mas nem sempre idênticos. Em princípio, pode ser entendido como a *concorrência,* ou seja, a relação de proximidade de interesses sobre um mesmo objeto. Dizer que um ou mais crimes *concorrem* com outros significa afirmar que todos devem ser analisados em um mesmo contexto jurídico. E, para isso, também em princípio, eles devem ser *contemporâneos.*

Mas também se pode entender por concurso a *colaboração* ou a *intervenção* que pode existir entre pessoas em determinada situação. Exemplo claro nesse sentido é o concurso de agentes em matéria penal, via da qual se quer explicar a relação e as consequências jurídicas advindas das várias espécies de pluralidade de pessoas na prática do crime ou dos crimes. Casos, portanto, de definição da autoria, da coautoria e da participação, em seus diferentes níveis.

No concurso de crimes é o significado da *concorrência* que melhor se ajusta ao conceito dessa modalidade de responsabilização penal, em atenção à presença de determinadas circunstâncias de fato e de direito que aproximam uma ou mais condutas caracterizadoras de crimes. Trata-se de reconhecer em que medida tais circunstâncias deverão ser levadas em consideração por ocasião da aplicação da pena em relação aos seus autores e partícipes.

Advirta-se, de início, que o concurso *material* de crimes, ao contrário do concurso *formal* e da continuidade delitiva, está condicionado à realização de um pressuposto de ordem processual penal, que constitui o fundamento legal para a sua identificação. Trata-se da *simultaneidade* do julgamento das condutas em concurso. A rigor, somente se poderá falar em concurso material quando se estiver diante de condutas e de fatos distintos apurados em um mesmo e único processo.

Em relação à matéria, e, ao contrário do Código alemão (§ 53), o nosso Código Penal não faz referência expressa a essa circunstância (da simultaneidade de julgamento). Nada obstante, parece evidente que somente nessas hipóteses é que se poderá falar em concurso material de crime, pois somente em tal circunstância é que se poderá examinar a totalidade dos fatos – independentes entre si – em um mesmo contexto (jurídico). É que nas hipóteses em que os julgamentos das diversas condutas se realizarem em processos e em momentos distintos, nada impedirá a precedência do trânsito em julgado de uma condenação em relação à outra, a determinar, não só a somatória das penas cabíveis (regra do concurso material), mas também a agravante da *reincidência*. Note-se, então, que a unidade de julgamento de variadas infrações penais (em concurso material, portanto) impediria o reconhecimento da reincidência. Do ponto de vista prático, nisso se reduz a vantagem da regra do concurso material.

Diferentemente ocorrerá em relação ao concurso formal e às situações de continuidade delitiva, como veremos em maiores detalhes logo a seguir.

A razão fundamental para essa distinção no tratamento dos concursos de delitos pode ser explicada pela diversidade das consequências jurídicas atribuídas a cada um deles. Para o concurso material se aplicará a regra da *cumulação* das penas; para o crime formal e para a continuidade delitiva, o regime de *exasperação*, ou seja, de agravamento de uma das penas (a mais grave). Já as veremos.

II Unidade e pluralidade de ações

No que toca à sua compreensão por critérios naturais (ou naturalísticos), no espaço e no tempo, a distinção entre unidade e pluralidade de ações parece por demais óbvia. Sob a perspectiva *jurídica*, contudo, as coisas não são assim tão simples, já pelo fato de que o Direito Penal não pode escapar da necessidade de esclarecer o que ele entende por *ação* na configuração do delito.

No ponto, desnecessário retroceder aos estudos acerca dos diversos conceitos de ação na teoria geral do crime. Aquele (conceito) que aqui nos interessa se situa no âmbito *dos tipos penais*, isto é, das ações consideradas constitutivas de infrações penais. Por isso é que estamos a tratar do concurso de crimes, cujas regras se encontram inevitavelmente estruturadas na diferença entre o conceito de *unidade* e de *pluralidade* de ação, para fins de realização dos delitos.

Para início de conversa, é bom não confundir *atos* com *ações*. Do ponto de vista jurídico-penal a ação não é a mesma coisa que a manifestação de atividades ou de passividades (omissão) psicossomáticas, ou, tampouco, de movimentos (e omissões) corporais voluntários e relevantes no mundo exterior.

No crime de homicídio, por exemplo, pode estar presente toda uma cadeia de *atos* voltados para a produção do resultado morte, indo desde a preparação do crime (atos preparatórios) até a respectiva execução, podendo essa desdobrar-se em vários atos corporalmente distintos (ato de abordagem, de luta e de desfecho do golpe decisivo). No entanto, a ação que interessa na estruturação do concurso de crimes é aquela que realiza o núcleo do tipo penal (*matar alguém*).

Outra espécie ou modalidade delituosa caracterizada pela pluralidade *de atos*, mas também pela *unidade* de ação, refere-se aos delitos que exigem a permanência da situação ilícita, como se dá no sequestro e cárcere privado (art. 148, CP) ou na violação de domicílio (art. 150, CP, na modalidade de *permanência* contra a vontade do morador). Nesses crimes, a concretização do tipo prossegue no tempo enquanto e por força de novos atos subsequentes. Na mesma situação seriam os casos dos delitos de associação criminosa (art. 288, CP), da manutenção de casa de prostituição (art. 229) e a conduta de integrar organização criminosa (art. 2º, Lei 12.850/13), bem como de todos os injustos típicos cujo núcleo da ação reprovada indicar situação de permanência no tempo.

De outro lado, há determinados crimes em que a pluralidade de atos é inerente à respectiva realização, por absoluta impossibilidade de concretização por ato único. É o que ocorre, por exemplo, com o delito de rixa (art. 137, CP), bem como em todos os que podem ser designados por crimes *complexos* (art. 101, CP),[628] caso da maioria dos crimes de natureza sexual. Nessas hipóteses, de crimes complexos, há que se observar que a *unidade* de ação é *imposta* pela existência de um tipo penal específico, mais abrangente, na medida em que ali estariam subsumidos mais de um crime. Isso será melhor examinado logo adiante, ao exame do concurso *aparente* de normas, via do qual, embora presentes, aparentemente, mais de um tipo penal, apenas um deles será suficiente para acolher a reprovação jurídico-penal da ações e dos resultados.

E, por fim, pode-se encontrar a unidade de ação também nas situações em que a reiteração de um mesmo tipo penal ocorre simultaneamente, como se dá no crime de injúria, praticado mediante várias ofensas, seja por escrito (uma única carta ou mensagem), seja direta e verbalmente proferida diante da vítima ou de terceiros. O que importa em tais casos é que a repetição do ato (para a *unidade* da ação) não modifique a natureza (qualidade) da lesão, embora se tenha o aumento dela (quantitativo, portanto), e que "descanse sobre uma motivação unitária (culpabilidade unitária)".[629]

---

[628] Embora sem a referência expressa aos delitos complexos, confiram-se: SANTOS, Juarez Cirino dos. *Direito penal*: parte geral. 4. ed. revista e atualizada. São Paulo: Conceito/ICPC, 2011. p. 226-227. JESCHECK/WEIGEND, op. cit., p. 767.

[629] JESCHECK/WEIGEND, idem, ibidem.

Não descaracterizará a unidade de ação o fato de serem atingidos bens jurídicos de diferentes titulares, no mesmo contexto fático.

De tudo o quanto se viu, há que consolidar-se o entendimento no sentido de que, ao menos para fins de concurso de crimes, a identificação da regra a ser aplicada haverá que passar pelo conceito de *ação típica*, isto é, pela ação abrangida pelo tipo penal a ser levado em consideração na aplicação da pena, quando condenatória a decisão e quando presentes a pluralidade ou a unidade de ações na forma que adiante se examinará.

É tempo, então, de indagar: por que e como poderia haveria concurso de crimes nas hipóteses de *unidade* de ação?

E é quando se reafirmará, ainda mais uma vez, a utilidade do conceito de ação *conforme a previsão no tipo*. É que por meio de uma única ação – um disparo de arma de fogo, por exemplo – podem-se realizar *dois* ou até mais delitos, de idêntica natureza ou não (crimes contra a vida de duas pessoas atingidas e crime contra a vida e contra a integridade física nas lesões corporais). Exatamente por isso, a legislação penal haveria que atribuir consequências jurídicas que levassem em consideração tais duplicidades ou multiplicidades de resultados, tenham sido eles queridos ou desejados, tenham sido eles produzidos culposamente, tudo segundo critérios específicos para cada tipo penal realizado.

Relativamente aos crimes culposos, para os quais se impõe a exigência do dever de cuidado, a unidade ou a pluralidade de ações dependerá da concretização ou não demais de uma violação à referida exigência. Aquele que dirige em excesso de velocidade e em razão disso causa lesão a diversas pessoas deverá responder pela unidade do injusto (concurso formal, como veremos), tendo em vista estar presente a unidade também da inobservância do dever de cuidado. Acaso haja a reiteração da conduta imprudente em espaço de tempo suficiente para que se possa exigir a adoção de outro comportamento nos eventos, terá havido multiplicidade de violação daquele dever, e, assim, pluralidade de ações.

Antes de examinarmos cada espécie de concurso impõe-se um esclarecimento final: até aqui estamos a ver apenas o que pode ou não ser considerado como unidade ou como pluralidade de ação, independentemente do exame acerca da consequência da concretização de tipos penais diversos, que vem a ser o objeto das considerações que se seguem.

III O CONCURSO MATERIAL (OU REAL)

> **Código Penal**: Art. 69. Quando o agente, mediante mais de uma ação ou omissão, pratica dois ou mais crimes, idênticos ou não, aplicam-se cumulativamente as penas privativas de liberdade em que haja incorrido. No caso de aplicação cumulativa de penas de reclusão e de detenção, executa-se primeiro aquela.
>
> § 1º Na hipótese deste artigo, quando ao agente tiver sido aplicada pena privativa de liberdade, não suspensa, por um dos crimes, para os demais será incabível a substituição de que trata o art. 44 deste Código.
>
> § 2º Quando forem aplicadas penas restritivas de direitos, o condenado cumprirá simultaneamente as que forem compatíveis entre si e sucessivamente as demais.

A distinção entre o concurso *real* e o concurso *ideal* de crimes repousa na distinção entre a *pluralidade* e a *unidade* de ações.

Será *real* o concurso quando para ele concorrerem uma *pluralidade* de ações, correspondendo cada uma delas, portanto, à diferentes modalidades delituosas (tipos penais). Daí dizer-se também concurso *material* de crimes, extraindo-se o conceito da realidade fática então presente na relação entre as ações realizadas e os tipos penais concretizados.

E será *ideal* o concurso nas hipóteses de *unidade* de ação, quando uma única delas (ação) puder concretizar a realização de mais de um tipo penal. Nesse caso, bem se vê, o concurso ou concorrência entre os tipos não se confirma no plano da realidade da ação, que é apenas uma, mas, *idealmente,* isto é, como decorrência do tratamento *normativo* (e não *real*) atribuído às respectivas consequências dela resultantes. Afirma-se, então, que o concurso seria *formal* (decorrente da lei) e não *material* (constatado na realidade das ações realizadas).

Naturalmente, a diferença entre as duas modalidades de concurso implicará a distinção de tratamento penal da matéria. No concurso material, a pluralidade de ações importará a pluralidade de sanções, segundo os tipos penais realizados. O princípio será o da *cumulação* das penas. Já no concurso formal, a unidade de ação será considerada como razão suficiente para a não acumulação das sanções cominadas nos tipos realizados. O critério então utilizado será o da *exasperação* da pena mais grave (aumento de 1/6 à metade, respeitado o limite do concurso material).

Logo veremos que somente o exame de cada tipo efetivamente concretizado é que poderá apontar a necessidade de tratamento equivalente entre ambas as modalidades de concurso. Aquele que atira um explosivo letal dentro de um ônibus com vários passageiros em seu interior realiza uma única ação e, nada obstante, diversos homicídios. E como sua ação e os tipos concretizados demonstrariam a autonomia de vontade em relação aos bens atingidos, isto é, a presença de *desígnios autônomos* em relação ao resultado, deverá ele ser punido pela mesma regra do concurso material. Nessas hipóteses, não haveria razão alguma para a distinção de tratamento. As mesmas pessoas do exemplo dado poderiam ser mortas por um atirador, por meio de diversos disparos e ações, portanto. É o que tem na ressalva contida na segunda parte do art. 70 do nosso Código Penal.

Feitas tais anotações, passa-se ao estudo específico do concurso material de crimes.

Ao primeiro olhar, a leitura do art. 69 do Código Penal poderá levar à perplexidade o estudante de Direito Penal. Não pela complexidade do texto, mas, bem ao contrário, pela sua obviedade. Por que seria diferente? Diante de várias ações, correspondentes a vários crimes, outra solução não poderia ser senão a de aplicação daquelas várias penas então cominadas.

Sem adentrar às cabíveis ponderações acerca da possibilidade de adoção do critério da *exasperação* e não o da *cumulação* no concurso material, tal como existe, por exemplo, e como regra, no Código Penal alemão (§ 53 e § 54), e, limitando-nos, portanto, ao exame de nosso Código Penal, ainda assim carece de maiores explicações o que se está a afirmar no citado art. 69, CP. E assim é na exata medida em que nada se diz ali acerca das circunstâncias concretas em que se poderia reconhecer e aplicar a regra do concurso material. Com efeito, não existe qualquer referência ao tempo, ao espaço e, enfim, à eventual afinidade que poderia existir entre as diversas ações ali mencionadas.

Nas linhas introdutórias ao tema havíamos já avançado sobre tais considerações, deixando assentado que o reconhecimento do concurso material de crimes está condicionado a uma questão exclusivamente processual penal. Para que tal ocorra – o concurso material – é imprescindível que a pluralidade de ações e de crimes ali mencionados (art. 69, CP) sejam objeto de um único e mesmo processo. É preciso, portanto, que haja um mínimo de *contemporaneidade* entre eles. Por quê?

Pela simples razão de que, uma vez investigada a prática do delito, deve ser proposta a respectiva ação penal, independentemente da existência de outras investigações ou de outras ações já ajuizadas contra o mesmo acusado, por infrações penais distintas. Não se paralisa nem a investigação e nem o processo eventualmente em curso para o fim de se aplicar a regra do concurso material. Em princípio, cada apuração e cada acusação terão sua tramitação natural e regular, aos respectivos tempos.

É por isso que apenas o processo penal é que poderá determinar as hipóteses em que se aplicarão as regras do concurso material, dado que é somente ali, no CPP, que se dispõe sobre a necessidade ou não da reunião de processos, e, assim, sobre a unidade de *julgamento*. Não havendo a reunião, isto é, correndo em separado os processos em relação à pluralidade de ações/crimes praticados pelo agente, nada impedirá que um deles seja julgado antes de outros, e, por isso, que a referida decisão transite em julgado antes das demais. Em consequência, além das penas impostas para cada tipo penal, será possível que se aplique também a agravante da *reincidência* nos processos posteriores, tudo conforme o disposto no art. 61, I, CP, além de outras relevantes considerações desfavoráveis na dosimetria da pena.

Por isso, e ainda que não haja referência expressa no citado art. 69, CP, não há como recusar que o concurso material de crimes somente será aplicado – evitando-se a reincidência, por exemplo – quando houver (e apenas em relação ao) julgamento *simultâneo* de infrações penais. Resta examinar, então, em que circunstâncias a legislação brasileira determina a unidade de processos, para o fim da unidade de julgamento.

Os critérios de fixação e de modificação de competência em nosso processo penal se encontram nas normas dispostas no art. 76 ao art. 82, todos do CPP. Cuida-se da *conexão* e da *continência*.

Naturalmente, sendo outro o objeto deste trabalho, não se irá longe no exame da matéria processual. Releva observar, contudo, que as regras da conexão (art. 76, CPP) estão associadas ao concurso material de crimes, bem como à continuidade delitiva, cuidando, pois, das situações de pluralidade de ações, enquanto aquelas da continência (art. 77, CPP) estão vinculadas ao concurso *formal*, relativo à unidade de ação.

Assim, resulta claro que somente a observância dos aludidos critérios processuais penais é que poderão implicar a simultaneidade de julgamento entre os fatos apontados no art. 69, CP. Havendo julgamento em separado, como vimos, e a rigor, não se poderá falar em concurso material de delitos.

Em síntese: apenas nos casos em que houver alguma afinidade de pontos ou de questões entre as variadas ações delituosas, na forma descrita no art. 76, CPP, é que se fará a reunião dos processos e, assim, a simultaneidade do julgamento, da qual dependerá o reconhecimento desse específico regime concursal (art. 69, CP).

E em resumo: o concurso real ou material de crimes ocorre em relação à infrações penais caracterizadas pela pluralidade de ações, limitando-se àquelas que sejam objeto de um único e mesmo processo penal, exigindo, portanto, a unidade ou simultaneidade de seu julgamento. O critério adotado em nosso Código Penal foi o da *cumulação* das penas, somando-se aquelas cominadas nos diferentes tipos penais efetivamente realizados.

Há que se mencionar também uma distinção conceitual bastante simplória: designa-se por concurso material *homogêneo* aquele havido entre infrações *idênticas;* e por concurso material *heterogêneo,* quando diante de crimes distintos. Simples assim, nos exatos termos do citado art. 69, CP.

As demais questões atinentes ao referido concurso dizem respeito à aplicação da pena e, por isso, serão abordadas no tópico respectivo.

IV O CONCURSO FORMAL (OU IDEAL)

> Art. 70. Quando o agente, mediante uma só ação ou omissão, pratica dois ou mais crimes, idênticos ou não, aplica-se-lhe a mais grave das penas cabíveis ou, se iguais, somente uma delas, mas aumentada, em qualquer caso, de um sexto até metade. As penas aplicam-se, entretanto, cumulativamente, se a ação ou omissão é dolosa e os crimes concorrentes resultam de desígnios autônomos, consoante o disposto no artigo anterior.
>
> Parágrafo único. Não poderá a pena exceder a que seria cabível pela regra do art. 69 deste Código.

Conforme disposto no citado dispositivo, tem-se o concurso *formal* ou *ideal* quando o agente, *mediante uma só conduta ou omissão,* pratica *dois ou mais crimes, idênticos ou não.* Cabe aqui também a distinção entre concurso formal *homogêneo* (crimes idênticos) e concurso formal *heterogêneo* (crimes distintos).

Se no concurso material a escolha foi pelo critério da *cumulação* de penas, já aqui se adotou o da *exasperação* ou do agravamento da pena do crime mais grave. As razões de política criminal para a opção são bem visíveis e se justificam no âmbito da culpabilidade do agente, em seu sentido mais amplo.

Como regra, a unidade de ação, quando suficiente para a concretização de dois ou mais tipos penais, implica o cometimento de apenas um deles na modalidade dolosa, portadora de maior reprovação penal. O outro resultado, em regra não querido ou não desejado, deve também ser punido, mas em menor intensidade do que normalmente ocorreria. É que, em princípio, a punição pelo resultado dolosamente obtido já seria o suficiente para diminuir a reprovação daquele produzido culposamente, para limites até inferiores àquele que resultaria da somatória de ambos (doloso + culposo). Por isso, recorre-se à *exasperação* da pena mais grave. E há, também por isso, expressa proibição de que seja ultrapassado o limite da cumulação (doloso + culposo), consoante dispõe o art. 70, parágrafo único, do CP.

Exemplos de concurso formal, colhidos em Aníbal BRUNO:[630] aquele que, querendo produzir dano à propriedade alheia, atira uma pedra na vidraça, vindo a causar a morte do morador, que se encontrava no interior da residência. Responderá pela pena do homicídio culposo (a mais grave), acrescida de um sexto até metade. Aquele que com um só tiro mata ou fere diferentes pessoas, responderá pela pena de homicídio ou lesão, segundo os exemplos, acrescida de um sexto até metade (ressalvada a hipótese de autonomia dos desígnios).

E nem sempre se exigirá a presença de crime doloso no concurso formal. Aquele que, embriagado ou em alta velocidade, causa um acidente que vem a atingir (morte ou lesões corporais) diversas pessoas, responderá por tantos crimes *culposos* tenham se concretizado. Diferentemente, quando o mesmo agente causar mais de um evento (acidente), ainda que no mesmo percurso em que se encontrar, ele responderá por concurso *material* de crimes culposos, tendo em vista as violações reiteradas do dever de cuidado, caracterizadas em situações espaço-temporalmente distintas.

De outro lado, não se pode dizer que não seja possível a realização de dois ou mais crimes *dolosos* por meio de uma única ação. É claro que é possível, conforme, aliás, antecipamos nas notas introdutórias ao tema. No entanto, nesses casos o tratamento da matéria equivalerá àquele reservado ao concurso material em atenção à autonomia da vontade ou de desígnios, não se justificando a mesma solução prevista para o acréscimo pelo resultado culposo.

Aliás, em meio à sempre incontida proliferação de conceitos e de teorias em Direito Penal, eis aqui uma que certamente faz sentido. Quando o caso for de aplicação do regime de exasperação da pena, ter-se-á por presente o concurso formal *próprio;* quando resultante de desígnios *autônomos,* a hipótese será de concurso formal *impróprio,* pela simples razão de se cuidar de verdadeiro *cúmulo* material de penas e de crimes (embora unitária a ação).

E também por aqui podem surgir algumas perplexidades. SOUZA e JAPIASSÚ, por exemplo, levantam a questão da aplicação das regras do concurso formal *impróprio* nos casos de roubos ou furtos praticados no interior de ônibus ou residências. E fazem referência à posição do Supremo Tribunal Federal sobre a matéria (HC 91615 – 1ª Turma, Rel. Ministra Cármen Lúcia, *DJ* 28-9-2007), que, segundo eles, tenderia para a prevalência do concurso formal *impróprio* em casos que tais.[631]

Não podemos deixar de registrar, porém, que a jurisprudência nacional sobre a questão é das mais controvertidas, reinando mesmo induvidosa divergência na matéria. No Superior Tribunal de Justiça, por exemplo, há decisões reconhecendo o concurso formal *próprio* (HC 197684/RJ – 6ª Turma, Rel. Min. Sebastião Reis Júnior, pub. 29-6-2012 – HC 99957/SP – 5ª Turma, Rel. Min. Napoleão Nunes Maia Filho, pub. 19-12-2008), e outras, afirmando o concurso formal *impróprio* (REsp. 690760/RS – 5ª Turma, Rel. Laurita Vaz, pub. 28-5-2007, fundado expressamente no reconhecimento da unidade de desígnios). Também no Supremo Tribunal Federal grassa a divergência. Contrariamente àquela decisão relatada pela Min. Cármen Lúcia, e já aqui

---

[630] BRUNO, Aníbal: *Direito penal*: parte geral. 3. ed. Rio de Janeiro: Forense, 1967. t. II, p. 291.

[631] SOUZA, Artur de Brito Gueiros; JAPIASSÚ, Carlos Eduardo Adriano. *Curso de direito penal*, op. cit., p. 443.

referida, linhas antes, encontra-se a afirmação do concurso formal *próprio* em (STF – HC 96787/RS, Min. Ayres Britto, 2ª Turma, pub. 21-11-2011 – HC 103.887-MG, 2ª Turma, Rel. Min. Gilmar Mendes, pub. 14-12-2010).

A primeira questão que deve ser levantada é sobre o significado de desígnios autônomos.

Para além do exame linguístico e das possibilidades de interpretações estritamente jurídicas, talvez deva ser buscado em considerações de política-criminal o aludido conceito. Na pluralidade de ações do concurso material, a pluralidade de crimes é enfrentada de modo autônomo, como se não houvesse entre eles nenhum elemento de associação no âmbito, nem do injusto e nem da culpabilidade. No concurso formal, ao contrário, a *unidade* de ação é levada em consideração não só por ser uma mesma conduta, mas em razão de reunir resultados dolosos e culposos, ainda que resultantes de *erro na execução* (art. 73, CP). Haveria motivos, portanto, para a redução da culpabilidade do agente (daí o regime de exasperação da pena), confirmado pela proibição de se ultrapassar a pena que resultaria da somatória entre ambos os crimes (doloso e culposo), conforme o disposto no parágrafo único do mesmo dispositivo.

A ressalva da segunda parte do art. 70, CP, isto é, do concurso formal *impróprio*, diz respeito àquelas situações em que o agente consegue realizar o seu propósito prévio de concretização de mais de um crime por meio de uma única ação. Assim, diante da inexistência de motivos para a redução da culpabilidade em tais situações, aplica-se o mesmo tratamento penal o reservado ao concurso material. Solução essa que nos parece acertada e coerente com o sistema de punição do concurso material. Desígnios autônomos, portanto, significa autonomia dos resultados desejados, produzidos segundo a vontade prévia e deliberada do agente.

Alguém teria dificuldades em entender como desígnios autônomos a ação daquele que atira uma bomba no interior de um veículo cheio de pessoas, e, conhecendo a sua eficácia e a sua letalidade, produz diversas lesões corporais ou mortes? E, sim, para nós todas as modalidades de dolo se qualificam como autonomia de desígnios.

A segunda questão a ser resolvida, então, relativamente ao exemplo dos roubos praticados por meio de uma unidade de ação, diz respeito à possibilidade de identificação da autonomia dos desígnios e suas conexões com o *bem* ou com os *bens jurídicos* atingidos. Talvez uma rápida passada d'olhos na continuidade delitiva nos ajude a ver o melhor ou mais adequado caminho para se resolver a hipótese dada (do roubo de várias pessoas, no mesmo local e momento).

Ali, no art. 71, CP, fala-se da pluralidade de ações e de crimes da mesma espécie praticados em determinado contexto específico, e que, por razões de política criminal, deveriam ser tratados como uma unidade criminosa, a merecer a aplicação da pena pelo regime da exasperação, do mesmo modo que ocorre com o concurso formal *próprio* (art. 70, CP, primeira parte).

Já veremos os equívocos legislativos e jurisprudenciais em relação ao crime continuado, suficientes para induzir a erro também a doutrina que a eles se seguiu. E veremos também a importância do conceito de *unidade de dolo* ou de *resolução* para a compreensão da continuidade delitiva. Mas, por ora, fiquemos com a seguinte consideração: por que razão uma pluralidade de ações e de crimes, presentes no crime *continuado*, reclamaria um tratamento punitivo mais benigno que aquele do concurso *material* e do concurso formal *impróprio?* Sim, por que nestes últimos aplica-se a somatória de penas, enquanto no primeiro (continuado) tem lugar a regra da exasperação da pena de um deles!

A resposta – que não é aquela de nosso CP, diga-se de passagem – somente será encontrada pelo exame da *unidade de culpabilidade* do agente, necessariamente vinculada ao conceito de dolo *unitário* que, na generalidade dos casos, explica as razões de política criminal que justificariam o tratamento benéfico reservado ao crime continuado. Pode-se furtar de uma mesma pessoa diferentes quantidades de seu patrimônio. E isso pode ser feito de uma única vez ou por meio de ações continuadas. A nosso juízo, resta plenamente justificado o reconhecimento da continuação criminosa na reiteração de ações dirigidas à subtração de *partes* de um mesmo patrimônio (valores depositados em um cofre, por exemplo), já conhecido pelo agente. Se a culpabilidade dele deve mesmo ser maior que aquela resultante de uma única ação, deve também, por outro lado, ser bem menor que aquela que resultaria do concurso material de crimes (somatória de todas as ações de subtração parcial dos valores).

No caso do roubo no ônibus, o fato da existência de mais de uma vítima no veículo era de conhecimento do agente e foi exatamente a razão pela qual ele *escolheu* aquela abordagem, isto é, visando um proveito mais elevado do ponto de vista patrimonial. Não parece, portanto, desarrazoado o reconhecimento de uma *culpabilidade unitária* na referida ação.

No entanto, talvez não se possa mesmo recusar a autonomia dos desígnios dolosos a que alude a segunda parte do art. 70, CP. Por isso, entendemos que a solução mais adequada a esse caso, no contexto do postulado da proibição do excesso em matéria penal e punitiva, seria o afastamento da *unidade* de conduta, de tal modo que se poderia deslocar a conduta para a continuidade delitiva contida no art. 71, parágrafo único, CP. E essa nos parece uma tarefa facilitada – e muito – pela pluralidade de atos e, assim, de *ações* que estão presentes no crime de roubo contra várias pessoas, ainda que no mesmo lugar e no mesmo momento. Embora tratando de questão diferente, pode-se extrair essa solução aqui preconizada no julgamento do RHC 117.702-MG, pelo Supremo Tribunal Federal (2ª Turma, Rel. Min. Gilmar Mendes) no qual se faz referência ao dolo unitário na continuidade delitiva.

Como visto, então, a adoção do critério da *exasperação* da pena não deixa de ser a demonstração da fertilidade do postulado da *proibição do excesso* já no campo da política criminal, evitando-se o excesso de punição que resultaria ou que poderia resultar da somatória dos tipos, nas hipóteses de concurso formal entre o crime doloso e o culposo, quando resultantes da unidade de ação. Daí também o acerto da regra do art. 70, parágrafo único, do CP.

Por fim, anote-se importante referência doutrinária às possíveis divergências acerca de relevante aspecto do concurso formal, no sentido de haver, na hipótese, pluralidade ou unidade de crime.[632] A nosso juízo, contudo, não parece adequado falar-se em unida-

---

632 BRUNO, Aníbal. *Direito penal:* parte geral, op. cit., p. 292.

de de crime, mas apenas em *unidade de ação*, conforme e pelos fundamentos que já declinamos *retro*. Unidade de crime, como se verá a seguir, pode ser atribuída à continuidade delitiva, por meio da qual, embora presente a pluralidade de ações e a repetição de tipo ou de tipos penais, determinadas condições e circunstâncias serão suficientes para justificar a aplicação da pena de apenas um deles, agravada de um sexto a dois terços.

V O CRIME CONTINUADO

> Art. 71. Quando o agente, mediante mais de uma ação ou omissão, pratica dois ou mais crimes da mesma espécie e, pelas condições de tempo, lugar, maneira de execução e outras semelhantes, devem os subsequentes ser havidos como continuação do primeiro, aplica-se-lhe a pena de um só dos crimes, se idênticas, ou a mais grave, se diversas, aumentada, em qualquer caso, de um sexto a dois terços.
>
> Parágrafo único. Nos crimes dolosos, contra vítimas diferentes, cometidos com violência ou grave ameaça à pessoa, poderá o juiz, considerando a culpabilidade, os antecedentes, a conduta social e a personalidade do agente, bem como os motivos e as circunstâncias, aumentar a pena de um só dos crimes, se idênticas, ou a mais grave, se diversas, até o triplo, observadas as regras do parágrafo único do art. 70 e do art. 75 deste Código.

1 Classificações e definições conceituais

A continuidade delitiva é questão das mais complexas. Basta ver as confusões na jurisprudência nacional para que se tenha uma ideia das dificuldades de se chegar a uma definição mais clara quanto ao seu alcance. Confusões que se iniciam na escolha pela adoção única da teoria *objetiva* pelo nosso Código, que passam pela insuficiente redação do art. 71, CP, e se fecham na péssima opção e texto do parágrafo único do mesmo dispositivo. Não bastasse, a complexidade da matéria independe de texto legislativo.

Em primeiro lugar, por que se trata de *pluralidade* de ações e não de *atos*, ou seja, cuida-se da prática de *dois* ou *mais* crimes. Assim, e em princípio, a este concurso de ações deveria ser aplicada a regra do concurso *material* de crimes.

Em segundo lugar, pelas dificuldades concretas de se justificar, do ponto de vista da política criminal, a adoção de uma *unidade de* tratamento jurídico-penal para um conjunto de ações lesivas. No concurso *ideal* ou *formal* de crimes, a unidade da ação – uma só conduta, com mais de um resultado – parece suficiente para explicar as razões pelas quais não se realiza a somatória das penas cominadas nos tipos penais concretizados. Tanto é assim que também ali, no concurso formal, a regra a ser aplicada será a do concurso material, na hipótese de autonomia dos desígnios, consoante o disposto na parte final do art. 70, CP.

E, por último, porque a própria redação dada ao nosso art. 71, CP, em que claramente se busca a adoção de uma teoria *objetiva*, não é suficiente para afastar o exame de aspectos também subjetivos da ação típica.

Com efeito, a referência espaço-temporal como critério para a definição da *continuidade*, aliada à semelhança nos meios de execução e à homogeneidade do bem jurídico atingido, não exclui inteiramente a necessidade de exame de alguns elementos subjetivos. Há que se analisar em sua inteireza o *injusto típico*, até mesmo para que se possa avaliar sobre a realização de crimes *da mesma espécie*. Por isso, pensamos que a continuidade delitiva exige um juízo tanto no plano objetivo quanto no subjetivo.

Mas, antes disso tudo, isto é, antes de se examinar as diversas teorias articuladas para explicar a continuidade delitiva, assentemos a sua qualificação jurídica, na perspectiva da concretização de variados crimes.

Há quem a defina como *unidade real* de crimes (crime único) e há quem prefira a tese da *ficção jurídica* (crime único, por ficção). Outros ainda se referem a uma teoria *supostamente mista*, que consistiria em considerar a existência de ainda outro crime, resultante da continuação. A discussão, com o devido respeito a todos os seus autores, não oferece maiores proveitos.

Na verdade, o que resta nesse campo é o tratamento que o ordenamento jurídico escolhe para a punibilidade de fatos criminosos praticados pelo mesmo agente. No concurso *material* o critério escolhido foi o da *cumulação* de crimes, reconhecendo a autonomia geral entre eles. No concurso *formal*, prevaleceu a *exasperação* de uma das penas (a mais grave) em atenção à unidade da conduta, embora mais de um o resultado (crime). E, no crime continuado, como veremos, optou-se também pela regra da *exasperação* da pena, ainda que evidenciada a pluralidade de ações e de crimes. A Lei, CP, portanto, trata a questão como se houvesse uma unidade de ações, em *continuidade*, fazendo, então, daquilo que lhe oferece a *realidade fática* – a pluralidade de fatos efetivamente acontecidos – uma *ficção* normativa, considerando-as ou regulando-as como uma mesma ação a ser punida com a pena agravada de um dos crimes.

Esclarecido esse ponto, passa-se ao seguinte, no âmbito da justificação do referido tratamento legislativo. Afinal, por que tratar-se como uma única conduta a pluralidade de ações produtoras de variados crimes?

A nosso aviso, somente razões relevantes de política criminal poderão justificar a adoção do regime de *exasperação* da pena para as hipóteses de continuidade delitiva. E mais. Razões que permitam o reconhecimento de uma *culpabilidade unitária*, isto é, abrangente de um mesmo juízo de censura, agravado pela multiplicidade de resultados.

Dissemos ao início desta abordagem que a pluralidade de ações, em princípio, implicaria o concurso material, para o qual é prevista a *cumulação* das penas. E o crime continuado se qualifica como pluralidade de ações e de crimes. Por que, então, repita-se, o tratamento diverso, pelo critério da exasperação (pena mais grave agravada) e não o da cumulação (soma das penas)?

Vejamos algumas respostas a esta inquietante questão. E elas vêm em forma de *teorias*. Uma designada por *subjetiva*, outra por *objetiva*, e ainda uma terceira, denominada *objetiva-subjetiva*.

À primeira: uma teoria de corte exclusivamente *subjetivo* pesquisaria a unidade delitiva pela unidade do dolo, isto é, como realização de um projeto anteriormente delineado, sem maiores preocupações com os elementos externos das ações.

Já pela teoria *objetiva*, a continuidade delitiva seria aferida pelo exame apenas das circunstâncias e elementos externos do fato, tal como, por exemplo, se acha *descrito* no citado art. 71, Código Penal.

Por fim, tem-se a teoria *subjetiva-objetiva*, reunindo os diferentes elementos que compõem a continuidade delitiva, e que pressuporia, sempre, aqueles de natureza *subjetiva*, aliados aos demais, de ordem preferencialmente *objetiva*.

A doutrina majoritária nacional caminha no sentido de que o nosso Código Penal teria encampado a teoria *objetiva*, diante da ausência de referência expressa *à unidade do dolo* no art. 71, CP. Nesse sentido, seguem as lições de HUNGRIA, REGIS PRADO e BITENCOURT.[633]

Das três teorias citadas, apenas a *subjetiva* não pode ser aceita, dado que a ausência de elementos objetivos na configuração da continuidade delitiva parece pôr em dúvida a própria autonomia do conceito: poderiam ser continuados crimes praticados com larga distância temporal, apenas porque constavam de um projeto inicial do autor?? A resposta há de ser negativa. As demais teorias, ao contrário, ostentam viabilidade prática e teórica.

No que diz respeito à teoria designada por *objetiva*, a superação do sistema *causalista* ou da *ação causal* parece suficiente para esclarecer a impossibilidade do exame de qualquer injusto típico sem que seja contemplada a análise de elementos subjetivos. Assim, também por ela se procederá ao exame de elementos internos na ação do agente. Não deixa de surpreender que autores nacionais adeptos do finalismo (em que o dolo se encontra já no tipo) não se detenham nesse pormenor.[634]

No ponto, a lição de Juarez CIRINO é impecável. Segundo ele, ainda que na Exposição de Motivos de nosso Código se faça referência ao critério *objetivo* no crime continuado, o fato é que, desde a adoção de uma perspectiva finalista na reforma da Parte Geral em 1984, não há como fugir da necessidade de se compreender a estrutura do fato punível sem a apreciação de seus elementos objetivos e subjetivos. Nessa perspectiva, diz ele, "crimes de *igual espécie* constituem tipos de injusto *equivalentes*, do ponto de vista do tipo objetivo e do tipo subjetivo".[635]

Pela concepção *objetiva-subjetiva*, enfim, não bastariam os elementos externos da conduta, sendo de rigor a presença da unidade de dolo ou de resolução, voltada para a continuidade de ações no mesmo contexto espaço-temporal. Somente aí se poderia falar em crime continuado. CIRINO, que não vê outra alternativa para a continuação delitiva, conclui que: "A necessidade de um dolo *geral* ou de *continuação* é determinada pela própria natureza do *crime continuado:* a relação de *continuação* só pode existir no contexto de um *programa* ou *projeto* de realizar determinadas ações típicas em

---

633 HUNGRIA, Nelson. *Comentários ao Código Penal*. 4. ed. Rio de Janeiro: Forense, 1958. v. 6, p. 166-167. PRADO, Luiz Regis. *Curso de direito penal*. op. cit., p. 513. BITENCOURT, Cezar Roberto. *Tratado de direito penal:* parte geral. 8. ed. São Paulo: Saraiva, 2003. v. 1, p. 569

634 Na Alemanha, JESCHECK/WEIGEND, op. cit., p. 772, nota 40, embora adeptos da concepção objetiva-subjetiva, registram alguns partidários da teoria objetiva. Entre nós, por todos, PRADO, Luiz Regis. *Curso de direito penal brasileiro:* parte geral. 5. ed. São Paulo: Revista dos Tribunais, 2005. v.1, p. 513.

635 CIRINO, Juarez. *Direito penal:* parte geral, 4. ed., op. cit., p. 407.

condições *comuns* de tempo, lugar, modo de execução etc."[636] No mesmo sentido é a lição de ZAFFARONI/PIERANGELI.[637]

A seu turno, HUNGRIA critica a exigência da unidade do *dolo global* ao argumento de que tal comportamento demonstraria maiores razões de punição (cumulação e não exasperação da pena).

Sem embargo, não se pode concordar com o grande penalista brasileiro. É que Sua Excelência parece não ter alargado o seu campo de visão para uma compreensão mais adequada do significado de *dolo global, unitário*. Com efeito, unidade de dolo não pode ser entendida unicamente como a vontade de realizar o maior número possível de infrações no mesmo espaço e em simultaneidade temporal. Daí, de fato, não poderia resultar a compreensão de uma *continuidade delitiva*.

O que nos parece decisivo para a configuração do dolo global é a *antecipação* da totalidade do resultado pretendido, ainda que este não seja certo e determinado. E ainda que os bens jurídicos pertençam a diferentes titulares. Exemplos poderão clarificar o que se pretende afirmar.

Pense-e, então, na hipótese do agente que se dirige a um estacionamento onde sabe que ali encontrará diversas bicicletas estacionadas (exemplo de JESCHECK/WEIGEND[638]). Nesse caso, o *projeto* do autor já antecipava, senão a totalidade exata do patrimônio a ser atingido, pelo menos uma estimativa concreta. Do mesmo modo, aquele que se dirige a um local de maior afluência de pessoas sabe que, ainda que sem a dimensão exata dos valores disponíveis, elevará a possibilidade de seus ganhos patrimoniais, com o que, também, praticará furtos ou roubos de forma continuada, isto é, crimes da *mesma espécie*, valendo-se das mesmas circunstâncias de tempo, de lugar e de meios de execução (note-se que no exemplo dado estamos nos referindo à hipótese de pluralidade de ações, em continuidade, portanto).

E, com efeito, a unidade do dolo é imprescindível para a teoria objetiva-subjetiva. Sem ela, aliada aos elementos objetivos, sequer se poderia falar em continuidade da ação. É dizer, o que liga uma conduta a outra, como continuação, seria exatamente o elemento subjetivo da vontade dirigida a uma totalidade já antevista. E a posição do Supremo Tribunal Federal sobre a matéria parece se inclinar também pela exigência de um *dolo unitário*, ali designado por *unidade de desígnios*, como imprescindível para a continuidade delitiva. Ver STF – RHC 85.577, Rel. Min. Ellen Gracie, julg. 16-8-2005 e HC 109.971, Rel. Min. Ricardo Lewandowiscki, 2ª Turma, julg. 18-10-2011.

Não se pode mesmo desprezar a importância da unidade de dolo para o Direito Penal. Aquele que furta de uma pessoa o seu tênis comete o mesmo crime que o outro que, nas mesmas condições, subtrai da mesma pessoa, não só o calçado, mas a camisa, a calça e o dinheiro que estiver disponível. Ninguém ousará falar em concurso de crimes, ao entendimento, indiscutível, que se trataria de uma única ação e de um

---

636 Idem, p. 408.

637 ZAFFARONI, Eugenio Raúl; PIERANGELI, José Henrique. *Manual de direito penal brasileiro:* parte geral. São Paulo: Revista dos Tribunais, 1997. p. 727.

638 Op. cit., p. 772.

mesmo crime, embora em montantes diferentes. Se o exemplo não é dos melhores, tendo em vista a unidade de ação e de crime, serve, por outro lado, para demonstrar que o agente pode *antecipar* o grau de afetação do bem jurídico contra o qual se dirige. E é exatamente isso que justificaria a diferenciação de tratamento punitivo, do ponto de vista político-criminal.

Por outro lado, a exigência da unidade de dolo *em todas as situações* poderá produzir consequências indesejáveis, na mesma perspectiva (político-criminal).

E isso bem o demonstra o mesmo HUNGRIA, quando afirma que a realização de outros crimes, quando praticados em razão da oportunidade então surgida pela concretização do primeiro, e como consequência das mesmas situações de tempo e lugar, mereceria tratamento mais benigno que aquele reservado ao concurso *material* de crimes, ou seja, como verdadeira situação de *continuidade delitiva*.[639] É dizer: independentemente de *projeto ou planejamento* anterior.

A nosso aviso, e, a rigor, a unidade do dolo seria mesmo imprescindível para a afirmação da continuidade delitiva, isto é, para que se possa, junto aos demais elementos objetivos (tempo, espaço etc.), reconhecer a prática de um crime como *continuação* de outro. Pelo menos, como regra, o que já não é pouco.

Todavia, e jamais nos cansaremos de repetir, o Direito não é receita de bolo. E o Direito Penal, menos ainda. As teorias servem ao Homem, mas apenas na medida em que se mostrarem suficientes para resolver a maior parte dos problemas do cotidiano. Nesse passo, pensamos que a teoria *objetiva*, ao prescindir do dolo unitário, também pode levar à soluções corretas. Um exemplo poderá esclarecer a aplicabilidade das duas teorias, com as mesmas consequências.

Suponha-se que alguém, sabendo das facilidades de acesso a determinada loja situada em prédio comercial, para lá se dirige e realiza o furto de várias mercadorias em seu interior. Imagine-se ainda que ele, após a consumação do crime, quando de saída do local, percebe a ausência de monitoramento ou de facilidade de acesso também em relação a outros estabelecimentos situados no mesmo prédio. E, por isso, repete a ação por diversas vezes, em diferentes lojas. Enquanto os adeptos da teoria objetiva-subjetiva se verão na contingência de rejeitar a continuidade delitiva, por ausência da *unidade do dolo*, a adoção da teoria objetiva, corretamente, permitirá a sua aplicação. E justificada político-criminalmente, segundo nos parece.

Agora vamos supor que essa mesma pessoa, antes de se dirigir ao local, já planejava ter acesso ao maior número possível de lojas do prédio previamente escolhido, pretendendo, então, e desde o início, praticar diversos crimes de furto no local. Também se terá por presente a continuidade delitiva, agora também pelo reconhecimento da pertinência da unidade do dolo, dirigido à totalidade do patrimônio disponível no prédio. Veja-se aqui que a teoria objetiva chegaria ao mesmo resultado, dado que para ela sequer se exigiria a unidade de dolo.

Os exemplos dados são suficientes para confirmar a maior amplitude da teoria *objetiva*. E, talvez por isso mesmo, ela poderá induzir a erros. Imagine-se a hipótese de alguém

---

[639] HUNGRIA, idem, ibidem.

que dispara, individualmente, contra um grupo de pessoas da mesma família, em curto intervalo de tempo e no mesmo espaço. Poder-se-ia falar em continuidade delitiva?

Pensamos que não e nem seria por se tratar de bem jurídico personalíssimo. É que não se pode conceber a morte de uma pessoa como *continuação* do assassinato de outra. O agente até poderia se aproveitar das mesmas circunstâncias de tempo e de lugar para dar cabo ao seu intento, mas nem por isso se poderia *vincular objetivamente* uma morte às demais. E tampouco o critério da unidade de dolo poderia ser utilizado, na medida em que uma vida não pode ser somada a outra para um *dolo geral* de homicídio. Se determinadas quantidades de eletrodomésticos ou de dinheiro podem somar-se para uma totalidade de patrimônio, ainda que pertencentes a titulares diferentes, o mesmo não ocorre com a vida, única e cada uma delas em si mesma. No particular, vale ouvir a lição de ZAFFARONI/PIERANGELI, para quem a reiteração de condutas na continuidade delitiva somente seria possível em relação às formas de afetação de bens que admite *graduação.*[640]

Adiante, tentaremos aclarar um pouco mais essas questões, sobretudo aquelas decorrentes do disposto no parágrafo único do art. 71, CP, que trata da continuidade delitiva para ações dolosas praticadas com violência ou grave ameaça.

2 Os critérios objetivos do *caput* do art. 70, CP

Como visto, o nosso CP (art. 71) optou pela adoção de uma teoria *objetiva,* buscando a delimitação do crime continuado à descrição de elementos externos à ação.

Vimos também que mesmo essa teoria, e, assim, também a legislação nacional, não poderão excluir a necessidade de análise de alguns aspectos subjetivos do crime, na medida em que se trata de examinar as relações de pertinência jurídica entre os fatos, a exigir o exame do *injusto típico.* E isso, evidentemente, inclui a apreciação da ação realizada.

De todo modo, exige a lei que as ações subsequentes sejam consideradas *continuação* da primeira. E, para que tal seja possível, elas (ações) deverão se encontrar nas mesmas condições de *tempo, lugar, maneira de execução e outras semelhantes.* E mais. Será necessário que das ações resultem crimes *da mesma espécie.* Iniciemos por aqui.

2.1 Crimes da mesma espécie

A rigor, a *identidade* ou *homogeneidade* do bem jurídico afetado (crimes da mesma espécie) deveria ser aferida pelo *mesmo tipo penal* concretizado. Semelhante ponto de vista, aliás, se mostra perfeitamente compatível com a unidade de resolução ou de dolo. A doutrina de ZAFFARONI/PIERANGELI é nesse sentido.[641]

---

[640] ZAFFARONI/PIERANGELI, op. cit. p. cit. Dizem eles, claramente: "Quando o conteúdo do injusto do fato é único, como acontece no homicídio, em que a afetação implica a destruição do objeto da relação em que o bem consiste[...]nos encontraremos frente a uma repetição de condutas que dá lugar a um concurso real."

[641] Idem, ibidem.

No entanto, prevalece o entendimento no sentido de que a expressão *crimes da mesma espécie* se referiria essencialmente à homogeneidade do bem jurídico, ainda que atingido em ações típicas diversas, mas no mesmo âmbito de proteção. Seria o caso entre *tentativa* e *consumação*, entre a forma simples e qualificada do delito (furto), que se referem ao mesmo tipo, e dos crimes contra a honra, em que há diferentes maneiras de sua concretização, tudo no mesmo contexto fático. Alguém pode ofender o outro (ou outros) de modo continuado, tanto por meio de injúria, quanto de calúnia e difamação. CIRINO ainda dá o exemplo da possibilidade de continuidade entre o crime de furto e de apropriação indébita.[642]

A antiga jurisprudência do Supremo Tribunal Federal sempre rejeitou a continuidade delitiva entre roubo e furto e também entre roubo e extorsão (STF – HC 67181/SP, Rel. Min. Francisco Resek, 2ª Turma, jul. 9-5-1989). O Superior Tribunal de Justiça, ainda que em posição minoritária, já reconheceu a continuidade delitiva entre roubo e extorsão, o que demonstraria com redobradas razões a possibilidade também entre furto e roubo (REsp 1.031.683-SP, Resp 190534/SP e HC 112787/MG, Rel. Desembargadora Convocada Jane Silva, 6ª Turma, jul. 5-2-2009). Mas prevalece a posição em sentido contrário, isto é, da impossibilidade da continuidade (REsp. 636.289/RS, Rel. Min. Laurita Vaz, 5ª Turma, jul. 16-9-2004), ainda que o STJ tenha reconhecido recentemente (Informativo 493, de 2012) a continuidade delitiva entre crimes diversos: 168-A e 337-A, ambos do Código Penal.

Admitida que seja a tese no sentido de que a delimitação dos crimes *da mesma espécie* deve ser extraída pela identidade do bem jurídico e não do tipo penal, pensamos que o fato da pluriofensividade do roubo (ofensa a mais de um bem jurídico), inexistente no furto, não parece suficiente para impedir o reconhecimento da continuidade delitiva entre furto e roubo. É que a dupla afetação a bens jurídicos diferentes no roubo (patrimônio e integridade física ou liberdade individual) já é objeto de valoração jurídico-penal na cominação da pena, sensivelmente superior àquela do furto (art. 155, CP). Se essa circunstância fosse empecilho, seria também impossível a continuidade entre alguns crimes na forma simples e outros, na forma qualificada, dado que a qualificadora, em tese, poderá também atingir outro bem jurídico. Veja-se o exemplo das lesões corporais qualificadas (art. 129, CP).

Já entre o furto e a apropriação indébita dificilmente se encontrará a continuidade entre tais delitos que atendam as exigências objetivas do art. 71, CP (tempo e modo de execução, por exemplo). Mas, em linha de princípio, pode-se até aceitar a continuidade delitiva entre eles.

Constata-se, então, que nada aqui parece muito seguro! Todavia, e como quer que seja, a regra, então, é que a continuidade delitiva ocorra entre crimes previstos no mesmo tipo penal. Um exemplo claro de continuidade delitiva entre tipos penais distintos, mas com identidade do bem jurídico, seriam as ofensas a honra, que se desdobram em três modalidades distintas, como se sabe (calúnia, difamação e injúria). Por

---

642 CIRINO, Juarez, op. cit., p. 407.

que recusar a continuidade nessas hipóteses? Exceções, então, sempre serão possíveis, ao exame de cada caso concreto.

2.2 As condições de espaço, tempo e meios de execução

É aqui que se constata a extrema generosidade da jurisprudência e da doutrina nacionais em tema de continuidade delitiva. O que deveria se entender por ações *em continuação* às outras, ainda que sem qualquer exigência de unidade de dolo, seriam aquelas condutas limitadas no tempo e no espaço, para que se evite a tentação de se referendar a continuidade onde já estiver presente a *habitualidade* no comportamento lesivo.

Nos crimes previdenciários e tributários, com efeito, a jurisprudência nacional aceita a continuidade delitiva de sonegações fiscais em períodos superiores a *um ano!* É dizer: ela se contentaria com a identidade de espaço e de meios de execução, sem qualquer preocupação com a delimitação do tempo em que as ações se realizariam. O agente que deixa de recolher os valores descontados de pagamentos salariais, por exemplo, praticará o crime do art. 168-A e do art. 2º, II, Lei 8.137/90, na forma continuada, independentemente de se tratar de apenas alguns meses ou de vários anos! Será que a resolução pessoal de não pagamento de tributos poderia ser considerada uma *unidade de ação,* e, assim, uma culpabilidade *unitária?* Não aderimos à tese, mas ela prevalece incólume na jurisprudência de nossos Tribunais Superiores.

O exemplo clássico de identidade de situações de tempo e lugar e modo de execução vem do ambiente doméstico ou mesmo comercial, em que o agente, pretendendo subtrair os valores depositados no cofre local, faz pequenas e seguidas subtrações ao longo de significativo espaço de tempo. Aqui, a adoção do critério da unidade de dolo – teoria *objetiva-subjetiva* – é bastante útil para demonstrar a continuidade delitiva, dirigida à totalidade dos valores depositados no cofre, como se de um único furto se tratasse. Mas também a teoria *objetiva* pode resolver a questão, na medida em que as ações se dirigiam a um mesmo contexto de bem jurídico.

No caso dos tributos ou dos créditos previdenciários, bem ao contrário, somente quando as seguidas sonegações puderem ser tidas como concretizações de um mesmo contexto fático, como seria o caso de comprovadas dificuldades econômico-financeiras no período, a justificar a reiteração da conduta, mês a mês, é que se deveria pensar em crime continuado. Fora dessas situações, não se poderia falar em continuidade delitiva, mas, sim, na habitualidade da sonegação. Note-se, por necessário, que estamos a nos referir à reiteração habitual de crimes e não aos crimes de natureza habitual, como é o caso do delito de manutenção de casa de prostituição — art. 229, CP.

2.3 Outras condições semelhantes

Desnecessárias maiores especulações. Como o Código se refere às condições *objetivas,* referindo expressamente ao tempo, ao espaço e aos modos de execução, tem-se aqui, ao que me parece, mera *abertura* de significados, permitindo a mais ampla interpretação por analogia. O que efetivamente importa é que essas condições devem ser entendidas no âmbito de um mesmo contexto fático.

Digno de nota o entendimento que vem sendo reafirmado nos últimos anos pelo STJ de que o lapso temporal máximo para se caracterizar a continuidade delitiva nos crimes contra o patrimônio seria de 30 dias.

3 Crime continuado, violência e grave ameaça: continuidade qualificada ou específica e bens personalíssimos

A norma contida no parágrafo único do art. 71 do Código Penal é deveras complexa. Cuida ela de uma forma específica de punição do crime continuado, razão pela qual alguns autores a ela se referem como *crime continuado específico*. De início, refere-se obviamente aos delitos praticados com violência ou com grave ameaça – dolosos, portanto – contra vítimas diferentes. Já daí, uma questão: seria possível a continuidade contra a mesma vítima?

A resposta da doutrina e da jurisprudência é no sentido positivo. Até mesmo o crime de estupro poderia ser realizado de forma continuada, se contra a mesma vítima e se em momentos de tempos distintos (outra relação sexual), sobretudo depois da Lei 12.015/09. E, se assim é, não vemos motivos para rejeitar a mesma conclusão para as lesões corporais produzidas no mesmo contexto. O mesmo raciocínio, em tese, caberia em relação à tentativa de homicídio, que também pode se repetir em relação a uma mesma vítima, se presentes as condições exigidas no *caput* do art. 71, CP.

Todavia, o texto do parágrafo único do art. 71, CP, como visto, refere-se à continuidade delitiva contra vítimas diferentes, e por meio de grave ameaça ou de violência. Dispositivo para lá de infeliz e que reduz sensivelmente o âmbito de proteção de bens jurídicos de grande relevância na ordem constitucional. A norma em comento, portanto, quer sustentar a possibilidade de continuidade delitiva também contra *vítimas diferentes,* agravando a punição para até o triplo da pena mais grave. Solução essa desaconselhada pela melhor doutrina.[643]

É quando entram em cena os bens jurídicos considerados personalíssimos.

A antiga Súmula 605 do Supremo Tribunal Federal consagrava o entendimento de *ser inadmissível a continuidade delitiva nos crimes contra a vida*. Paulo QUEIROZ adverte que aludida compreensão seria anterior à reforma penal de 1984 (Lei 7.209/84), não sendo mais aplicável na atualidade[644].

Talvez a resposta a essa questão possa ser dada pelo exame das demais modalidades concursais. E, mais especificamente, pelo concurso *formal* de crimes.

Imaginemos a situação em que alguém causa a morte de várias pessoas *por meio de uma única ação*. A solução de nosso Código, em princípio, seria a da aplicação da pena agravada do homicídio, consoante o art. 70, primeira parte, CP (concurso formal *próprio*). Mas, se estiverem presentes *desígnios autônomos* – isto é, se o agente pretendesse

---

[643] JESCHECK/WEIGEND, op. cit., p. 771.

[644] QUEIROZ, Paulo, *Direito penal...*, op. cit., p. 305-306.

matar todos –, ele responderia pela regra do concurso formal *impróprio,* em tudo assemelhada àquela do concurso material de crimes (art. 70, segunda parte, CP).

Ora, por que razão, então, aquele que dolosa e seguidamente atira contra 4 (quatro) ou mais pessoas responderia, no máximo, pela pena de 3 (três) homicídios (pena triplicada), segundo o parágrafo único do art. 71, CP? Qual a lógica da solução? Por acaso, as circunstâncias de tempo, espaço e modo de execução mereceria tratamento político-criminal mais benigno que a *unidade de ação* do concurso formal? Em ambos os casos não haveria autonomia de desígnios? Absolutamente inaceitável a solução aparentemente dada pelo nosso Código, sempre que se tratar de homicídios de mais de 3 (três) pessoas.

Bem por isso, e confortados pelo postulado da proporcionalidade, na perspectiva da interpretação segundo a maior efetividade de proteção aos direitos fundamentais, rejeitamos a aplicação do citado parágrafo único às hipóteses de crimes contra a vida, embora a aceitemos em relação a outros crimes contra a pessoa. E aceitamos unicamente diante da escolha legislativa que é expressa nesse sentido!! Do ponto de vista teórico e também de política criminal, não encontramos justificativa para tamanha incoerência dentro do mesmo sistema de punição, a não ser quando presentes determinadas circunstâncias sequer previstas na lei.

Com efeito, em algumas situações envolvendo mais de uma vítima, a conduta criminosa pode se encontrar e se enquadrar na identidade de circunstâncias referidas na cabeça (*caput*) do dispositivo (art. 71, CP). Aquele que, armado, ameaça diversas pessoas presentes no mesmo ambiente no qual ele realiza determinado fato, pode mesmo ser punido (pela ameaça – art. 147, CP) na *forma continuada.* Em semelhante situação, seu comportamento, segundo nos parece, não teria se dirigido necessariamente *contra todas as pessoas, individualmente,* mas, circunstancialmente, contra o grupo que ali se encontrava no momento. Unidade de resolução, portanto (dolo unitário).

Hipótese diversa, segundo nos parece, ocorrerá se o agente, para evitar testemunhos contra si, ou mesmo por qualquer outra razão associada a proveito próprio, resolvesse matar todos os presentes. Nesse caso, não só o dolo da conduta se comprovaria como *desígnio autônomo* em relação a cada vítima, como também não o socorreria o núcleo *objetivo* central das circunstâncias do art. 71, *caput,* CP, qual seja a relação de *continuidade* (uma ação deve ser entendida como *continuação* das outras). Veja-se bem: não é o fato de se encontrarem as vítimas no mesmo local e no mesmo tempo que justificaria e legitimaria a continuidade delitiva. Quem age com o desejo de matar uma pessoa *não pode se aproveitar da circunstância* de existirem outras (pessoas) no local, para obter a redução do art. 71, CP. É que a regra do parágrafo único do art. 71, CP, não dispensa as exigências de continuidade da ação previstas na cabeça do mesmo dispositivo. Nesse exemplo, haveria concurso material, a possibilitar a aplicação cumulativa de penas.

Para além de tudo isso, não se pode jamais sustentar que o homicídio de uma pessoa possa ser considerado como *continuação* de outro, como se fosse possível a consideração legislativa de um conjunto de pessoas como um único e mesmo objeto de ação criminosa. Qualquer estudo mínimo sobre a evolução do Homem e dos direitos humanos no horizonte dos ordenamentos jurídicos ocidentais demonstrará a inviabilidade e a invalidade legal de qualquer norma nesse sentido. Aquele que comete mais de um homicídio, seja por meio de uma ou de mais ações, deve ser punido exatamente pelo que fez, quando nada em respeito àquelas e à cada uma das individualidades humanas tragicamente subtraídas.

Uma última observação: quando for o caso de aplicação do acréscimo previsto no parágrafo único, do art. 71, CP, deve-se observar o limite da pena no concurso material. Assim, se duas pessoas forem atingidas e for reconhecida a continuidade do crime, não poderá o juiz *triplicar* a pena, do que resultaria sanção superior à somatória do art. 69, CP. E isso por força da ressalva contida no próprio parágrafo único do art. 71, que faz remissão expressa ao art. 70 e seu parágrafo único, todos do Código Penal.

4 Crimes culposos

Nesse ponto, cabe importante observação: apenas a teoria objetiva é compatível com a possibilidade de continuidade delitiva nos crimes *culposos*. E isso porque a teoria *objetiva-subjetiva*, para além da exigência dos requisitos objetivos, reclama a presença da *unidade do injusto*, ou do *dolo global* nas ações, para que se possa reconhecer a continuidade delitiva. Ou seja, para essa concepção (objetiva-subjetiva) a continuidade delitiva somente ocorre nos *crimes dolosos*.

Segundo nos parece, ao menos como regra, a continuidade delitiva deveria se limitar mesmo aos crimes dolosos. De modo geral, a concorrência de crimes culposos decorre da *unidade* de ação, de que é exemplo clássico o acidente de veículos produzidos culposamente.

De se ver, contudo, que na hipótese de reiteração da conduta culposa na direção do veículo, logo após o primeiro acidente, não haveria mais unidade de ação e sim a sua pluralidade, diante da renovação da violação do dever de cuidado. Para a teoria *objetiva* da continuidade delitiva talvez aí se pudesse pensar na continuidade delitiva culposa, já que presentes as condições objetivas descritas no art. 71, CP. CIRINO, que não adere à tese da continuidade nos crimes culposos, faz referência à doutrina estrangeira que a acolhe.[645] Entre nós consulte-se a posição de Ney FAYET JÚNIOR, que a admite, com referências doutrinárias e jurisprudenciais.[646]

5 Lei nova e crime continuado

Embora se fale em unidade de crime no delito continuado, por ficção ou por determinação legal, o fato é que a pluralidade de condutas ao longo do tempo poderá influir – e muito – na aplicação do art. 71, CP.

Com efeito, aquele que prossegue ou *continua* nas ações delituosas após a superveniência de lei nova, ainda que mais gravosa, deverá responder pelo crime segundo as disposições desta. Razões muito simples: a unidade da culpabilidade, sempre considerada

---

645 Idem. ibidem.

646 FAYET JÚNIOR, Ney. *Do crime continuado*. 2. ed. revista, atualizada e ampliada. Porto Alegre: Livraria do Advogado, 2010. p. 159.

para justificar o critério da exasperação no delito continuado, deve corresponder ao grau de censura de seu tempo, isto é, da legislação vigente ao tempo da prática das últimas ações tidas como continuação. A jurisprudência dos Tribunais Superiores é tranquila nesse sentido. Mais que isso, o Supremo Tribunal Federal sumulou a matéria: STF – "Súmula 711: A lei penal mais grave aplica-se ao crime continuado ou ao crime permanente, se a sua vigência é anterior à cessação da continuidade ou da permanência."

Em extensa monografia sobre o tema, já aqui referida, confira-se posição doutrinária em sentido contrário, ao fundamento de que a *unidade do crime*, decorrente da ficção jurídica, deveria servir de critério hermenêutico mais adequado à concretização do princípio *in favor libertatis*.[647] É dizer, como os demais (subsequentes) seriam continuação do primeiro crime, dever-se-ia considerar a lei do tempo desta ação.

Não aderimos à posição do ilustre autor. A continuidade delitiva não pode ser entendida ou justificada apenas por princípios garantidores ou potencializadores da liberdade individual. É por isso que a teoria *objetiva-subjetiva* e a exigência do dolo unitário se apresentam em posição de vantagem à teoria objetiva, seja do ponto de vista dogmático, seja de política criminal. A consideração unitária do dolo não modifica e nem afasta a pluralidade de crimes. Presta-se, mais, a indicar razões específicas para a redução da culpabilidade do agente em níveis aproximados àquele do tipo penal mais grave, a ser exasperado. A ficção da unidade de crime é bem isso: uma escolha legislativa que faz de muitos um só, mas que não ignora necessariamente a eficácia e a potencialidade lesiva de cada comportamento em separado.

Por isso, do mesmo modo que a prescrição para o crime continuado – também segundo o nosso Código Penal (art. 119, CP) é nesse sentido! – atinge *cada fato em separado*, também a lei aplicável será aquela vigente ao tempo *da continuação delitiva*. Em remate, pode-se mesmo indagar: se o crime mais grave for posterior ao primeiro, não é levada em consideração a pena a ele cominada para fins da exasperação? Ninguém duvidará que sim!

6 Aplicação da pena e prescrição

De tudo o quanto afirmado, reitere-se que no crime continuado adotou-se o critério de *exasperação* da pena de um dos crimes realizados em continuidade (de um sexto a dois terços). No caso do art. 71, parágrafo único, CP, ou seja, da chamada continuidade específica, a exasperação poderá subir para até o triplo da pena de um dos crimes. O mínimo de aumento seria também o de um sexto, nos termos do quanto previsto no *caput* do mesmo dispositivo.

Conforme já pacificado pela doutrina e pela jurisprudência, a graduação deste aumento é baseada exclusivamente no número de crimes cometidos.

Quanto à prescrição, dispõe o art. 119, CP, que a extinção da punibilidade incidirá sobre a pena de cada um (dos crimes em concurso), isoladamente. A unidade do crime continuado, portanto, se limita a alguns efeitos da pena, mas não a todos.

Por último, renove-se o convite ao leitor para a abordagem que fazemos acerca do crime continuado, por ocasião dos estudos relativos à aplicação da pena.

---

[647] FAYET JÚNIOR, Ney, op. cit., p. 229.

XI

O CONCURSO APARENTE DE NORMAS

I INTRODUÇÃO

Nem sempre a doutrina penal se ocupa do tema atinente ao *concurso aparente de normas* ou de *tipos penais* no âmbito dos estudos acerca do concurso de crimes. Isso ocorre, provavelmente, por não se ter aqui, de fato, verdadeiro concurso (efetivo) de crimes ou de tipos penais incriminadores, agrupados, como vimos, sob a denominação de concurso real e de concurso ideal, o primeiro se referindo ao concurso material (art. 69, CP) e o segundo, ao concurso formal (art. 70, CP). Junto a eles, e caracterizado por uma unidade de crime resultante da Lei, o chamado crime continuado.

Em todas as hipóteses de concursos *efetivos* de crime, sejam *reais*, sejam *ideais*, o que estará presente é a possibilidade de adequação dos fatos em concurso (em concorrência) a mais de um tipo penal, diante da afetação de mais de um bem jurídico por eles tutelados.

Ainda quando se verifique um concurso meramente *ideal* (formal), em que haveria uma *única conduta*, a pluralidade de crimes estaria presente por se haver atingido mais de um bem jurídico por meio daquela mesma *ação*. Fala-se que o concurso é *ideal* em razão de se partir da perspectiva de que todo crime dependeria de uma ação; assim, dois ou mais crimes também dependeriam da existência de mais ações. Somente *idealmente* se poderia, então, falar em concurso.

Recorde-se, ao propósito, que a ação não é a mesma coisa que o ato. Na verdade, ela pode comportar diversos atos. Aquele que pratica a ação que se qualifica como *gestão fraudulenta de instituição financeira* (art. 4º, Lei 7.492/86) realiza diversos e variados atos no seu percurso. Também um homicídio doloso pode se compor de inúmeros atos, embora a ação tipicamente considerada seja a mesma (a de matar).

Já o concurso material traduziria um concurso *real*, por conter uma pluralidade de ações e de lesões/afetações a bens jurídicos.

Mas o que seria o concurso *aparente* de crimes?

Para logo: já por ser *aparente*, não se estará diante de um concurso de crimes, mas de possíveis convergências de incriminação em relação a um ou mais fatos! Aliás, o que se busca aqui é exatamente a afirmação da *inexistência* de concurso, a fim de que se aplique apenas um tipo penal ao fato sobre o qual convergiriam mais de um tipo incriminador. O critério orientador fundamental das soluções então perseguidas haverá de repousar no conhecido princípio do *ne bis in idem*, ou seja, na proibição de se punir mais de uma vez o mesmo fato.

Naturalmente, então, o pressuposto fundamental da existência do concurso aparente seria a identidade, parcial ou total, entre os suportes fáticos das condutas narradas nos respectivos tipos. Não havendo a subsunção do fato às normas em questão, nem se pensará na aparência do concurso.

O problema existe e não pode ser subestimado. É que o juízo de tipicidade penal se inicia pelo processo de *subsunção* de um fato a uma definição jurídica tipificada. Assim, devido à pluralidade dos meios de execução de lesões a bens jurídicos, das especificidades que acompanham as condutas a eles lesivas e da complexidade inerente às formulações de tipos penais, a realização de determinado comportamento se subsumirá, pelo menos parcialmente, em diversos delitos.

Basta ver o disposto no art. 101 do Código Penal, a dispor que quando a lei considera como elemento ou circunstâncias do tipo legal fatos que, *por si mesmos, constituem crimes*, estar-se-á diante dos chamados crimes complexos. Em outras palavras, é o próprio legislador (CP) quem reconhece e afirma o óbvio: muitas condutas proibidas integram mais de um tipo penal.

Tome-se como exemplo a *ameaça*, que mereceu incriminação autônoma no tipo previsto no art. 147 do CP, cujo comportamento proibido é assim descrito: *ameaçar alguém, por palavra, escrito ou gesto, ou qualquer outro meio simbólico, de causar-lhe mal injusto e grave*. Não é preciso qualquer esforço para saber que diversas lesões ou riscos de lesões podem ser efetivados mediante a ameaça. A aludida conduta será encontrada e está contida também: (a) no crime de aborto (art. 126, CP), (b) no constrangimento ilegal (art. 146, CP), (c) no roubo (art. 157, CP), (d) na extorsão (art. 158, CP), (e) no estupro (art. 213, CP), bem como em diversos outros tipos penais, seja como elementar, seja como circunstância qualificadora (ver, ainda, art. 161 – esbulho possessório –, art. 163 – dano qualificado –, art. 197 – atentado contra a liberdade do trabalho – etc.).

Suponha-se, então, a prática do crime de estupro (art. 213, CP) realizado por meio de grave ameaça. Seria possível aplicar-se *também* a pena do delito do art. 147, CP, isto é, da ameaça? Não haveria violação ao princípio do *ne bis in idem*? É que, evidentemente, se a ameaça é um dos meios de execução do estupro, já não estaria ela valorada (negativamente, é claro!) na configuração do crime de estupro? Certamente que sim!

Do mesmo modo, e pelas mesmas razões, se o estupro fosse realizado com violência, não se poderia pensar na aplicação cumulada do art. 129, CP (lesão corporal).

Note-se, nesse ponto, que a punição pelo resultado agravado pela lesão corporal já se encontra no próprio crime de estupro, na forma qualificada! É ver o disposto no art. 213, § 1º e § 2º, CP (se resulta lesão corporal de natureza grave e/ou morte).

Com isso, se esclarece uma primeira e importantíssima questão em relação ao concurso aparente de normas: o afastamento de uma norma incriminadora para a aplicação de outra (e única) justifica-se pelo fato de estar presente nesta última (a prevalecente) todo o juízo de valoração jurídico-penal em relação à proteção do bem jurídico tutelado em ambas. Não houvesse a previsão do § 1º e do § 2º do art. 213, CP, seria de rigor a aplicação da regra de concurso formal de delitos, conforme o art. 70, CP, combinado com o art. 129, § 1º, § 2º e § 3º, do mesmo CP.

Eis, portanto, um critério da maior importância: a previsão ou ressalva expressa na lei. Há crimes em que a própria norma incriminadora ressalva a aplicação de outro tipo penal, quando se tratar de conduta portadora de maior reprovação em outra norma incriminadora. É dizer, aplicar-se-ia o tipo ali descrito apenas e quando o *fato não constitui elemento ou outro crime mais grave ou distinto*. Tal ocorre expressamente em relação aos tipos previstos no art. 132 (perigo para a vida ou saúde de outrem), art. 163, parágrafo único (emprego de substância inflamável ou explosiva no dano qualificado), art. 177 (fraude e abusos na fundação ou administração de sociedades por ações), art. 238 (atribuir-se falsamente autoridade para celebração de casamento), art. 239 (simulação de casamento), art. 249 (subtração de incapazes), art. 307 (falsa identidade), art. 308 (uso de documento falso), art. 314 e art. 339 (extravio ou inutilização de livro ou documento) e art. 325 (violação de sigilo funcional), todos do CP.

De outro lado, não se pode negar a valia do elemento *lógico* na apreciação da matéria. Ninguém tem dúvida, por exemplo, sobre qual norma seria aplicada no caso do homicídio praticado com o emprego de veneno. Seria possível pensar-se em concurso efetivo entre os tipos do art. 121 (simples) e do art. 121, § 2º, III (forma qualificada)? Ora, evidentemente, toda qualificadora acrescentada a um tipo simples (básico) reporta-se a um mesmo bem jurídico e a graus diferentes de censura, pela natureza da execução ou das circunstâncias presentes na ação ou no resultado. Em semelhantes situações, não se justificaria a cumulação de tipos, na medida em que a maior cominação da pena (na forma qualificada) já incluiria o acréscimo resultante do maior desvalor atribuído ao crime assim qualificado.

Exemplo eloquente da fertilidade dos critérios antes mencionados pode ser encontrado no chamado *post factum* impunível ou coapenado. Pode ser que a pessoa realize, por exemplo, o crime descrito no art. 297 ou no art. 299, ambos do CP, relativos à falsificação *material e ideológica* de documentos. Se a conduta do agente se concretizou para o proveito de terceiros, responderão estes últimos pelo crime de *uso de documento falso*, e os primeiros pela *falsificação*. Se, porém, a utilização do documento falsificado se realizar pelo próprio agente responsável pelo *falsum*, o seu comportamento posterior será impunível, já que, fora daquela hipótese antes apontada (uso por terceiros), toda a valoração jurídico-penal que censura a falsificação do documento já estaria exaurida na referida ação. Em princípio, e ao senso comum, aquele que falsifica o documento tem por objetivo a sua utilização, salvo quando no interesse de terceiros, caso em que a punição do uso se justifica pela impossibilidade de se imputar a este último (o usuário) o fato da falsificação. Em outras palavras: aos olhos da lei, o uso do documento falso é *consequência lógica* de sua falsificação originária.

Mas, se até aqui as coisas parecem claras (esperamos!), outras há que tumultuam sobremaneira a compreensão da matéria.

Com efeito, os esforços da dogmática jurídico-penal em conceituar e diferenciar as hipóteses e os critérios que permitiriam solucionar os casos de concurso aparente de normas não parecem ter logrado êxito, ressalvada a eficácia do princípio da *especialidade* e os casos de *subsidiariedade expressa.* Consulte-se sobre o tema a obra indispensável de Frederico Gomes Almeida HORTA.[648]

De modo geral, apontam-se três critérios e/ou princípios que facilitariam a identificação da aparência do concurso, bem como a apresentação da respectiva solução. São eles, o da *especialidade,* o da *subsidiariedade* e o da *consunção.*

E adianta-se logo que, exceção feita ao primeiro, há irremovíveis dissensos quanto à utilidade e quanto às hipóteses de aplicação dos demais. Não bastasse, há doutrina a sustentar um quarto critério, da *alternatividade.*[649] Na verdade, parece dever-se a BINDING a sistematização *pluralista* das soluções no concurso aparente de normas, em oposição ao modelo *monista,* que se limitava a utilizar o critério da *especialidade.* Teria partido dele a formulação da *alternatividade.* Sobre esse ponto, especificamente, ver nossas observações adiante, item 10.4 (*Considerações finais*).

1 A especialidade

A relação de *especialidade* entre normas incriminadoras de conteúdo assemelhado identifica-se no fato de que, enquanto as normas gerais descrevem determinados tipos de modo genérico (ou geral), as normas especiais reclamam preferência em relação àquelas, por conterem, além de todas as disposições do tipo comum ou geral, outros elementos ou circunstâncias. Há, então, a especialização de uma norma em relação à outra pelos acréscimos que ela contém, a diferenciar as situações e a impedir a concretização do juízo de subsunção em ambas.

---

[648] HORTA, Frederico Gomes de Almeida. *Concurso aparente de normas.* Rio de Janeiro: Lumen Juris, 2007. p. 93-113.

[649] Apesar de reconhecer o acolhimento do princípio da alternatividade na legislação espanhola, Santiago MIR PUIG não vê ali um verdadeiro concurso de leis (na acepção por ele utilizada em relação ao concurso aparente de normas), dado que teria lugar, segundo ele, a revogação da infração com punição mais branda pela outra, mais grave. In: *Derecho penal:* parte general. 7. ed. Barcelona: Reppertor, 2005. p. 651. Entre nós, ver a referência feita em MIRABETE, Júlio Fabbrini; FABBRINI, Renato N. *Manual de direito penal:* parte geral. *I.* 25. ed. revista e atualizada. São Paulo: Atlas, 2009. p. 107.

Se os elementos da norma geral estão completamente subsumidos na descrição da norma especial, o contrário não é verdadeiro. No delito de infanticídio (art. 123, CP), realiza-se também a elementar *matar alguém;* já no homicídio (art. 121, CP), não se encontram os elementos *especializantes* contidos naquela (o *próprio filho* e o *estado puerperal*).

Haveria também especialidade de todas as formas qualificadas em relação aos tipos simples (homicídio simples e qualificado, lesão corporal simples e qualificada etc.). Note-se, porém, que embora se cuide da aplicação de um princípio geral do Direito Penal – *lex specialis derogat lex generali* (lei especial revoga lei geral) –, o fato é que não se trata de *revogação* efetivamente. Ora, o afastamento da norma geral no caso concreto não implica a sua invalidade e menos ainda a perda de sua vigência. Não se trata, com efeito, de revogação, mas de critério de adequação da norma aplicável ao caso concreto.

Há quem – Günther JAKOBS – trate da matéria quase que inteiramente sob a perspectiva da especialidade, rejeitando a fertilidade dos critérios da *subsidiariedade* e da *consunção*.[650] E aludida posição é bastante útil, para evitar preciosismos dogmáticos. Se, de fato, uma norma contém todos os elementos da outra e vem acrescida de outros ali não previstos, pode-se mesmo trabalhar com a especialidade na maior parte dos casos, ainda que haja outras explicações para justificar a escolha da norma de preferência.

Percebe-se, então, que a especialidade, que se opõe à generalidade, se orienta por um critério eminentemente lógico, ostentando como característica mais saliente a *identidade* na ordenação dos tipos em aparente concurso, surgindo a diferença – e daí a preferência – em razão do acréscimo de elementos ou circunstâncias que fazem com que uma se torne *especial* em relação à *geral*.

É de se salientar, ainda, que, conquanto se afirme a necessidade da presença de elementos *especializantes* que se somam ao tipo penal *básico*, é certo que tal adição, por vezes, não é tão patente. Exemplo disso pode ser encontrado em julgado do Superior Tribunal de Justiça[651] que considerou que a inserção de dados falsos em sistema de informações, em razão do recebimento de vantagem indevida, não configura concurso de crimes entre esse (art. 313-A do CP) e o peculato (art. 312 do CP), e sim que se resolveria pelo princípio da especialidade, eis que se reputou que a vantagem indevida – que caracteriza o peculato, foi obtida por um "especial modo de agir" – inserção falsa de dados. No caso em tela não havia por que se falar em concurso real de crimes, dado que também o art. 313-A, CP, prevê, além da inserção dos dados falsos, a finalidade de obtenção de vantagem para si ou para outrem.

2 A subsidiariedade

Quanto à *subsidiariedade*, é conhecida a designação do *soldado de reserva* concebida pelo nosso HUNGRIA, ao se referir às normas que, sendo menos graves que outras,

---

650 JAKOBS, Günther. *Derecho penal*. Parte general. Fundamentos y teoría de la imputación. 2. ed. Tradução de Joaquín Cuello Contrevas. Madrid: Marcial Pons, 1997. p. 1048 e seguintes.

651 HC 213.179/SC, Rel. Ministro Jorge Mussi, 5ª Turma, julgado em 19-4-2012, *DJe* 3-5-2012.

somente teriam aplicação quando não se completasse o tipo daquela (norma) mais grave, considerada a norma principal. Já demos aqui inúmeros exemplos em que a legislação brasileira condiciona a aplicação de determinados tipos penais apenas *quando o fato não constituir infração mais grave ou outra infração específica*. É o caso, dentre tantos, do art. 132, do art. 163, parágrafo único, II, do art. 197, do art. 307, todos do Código Penal. Trata-se de subsidiariedade *expressa*.

É certo que a lesão a bens jurídicos pode efetivar-se de várias maneiras e também em vários graus. Por isso, o Direito Penal, por vezes, desdobra em mais de um nível a proteção a alguns desses bens, criminalizando diversos estágios de lesões ao mesmo objeto de tutela. Assim, e quando se puder chegar ao maior grau de ofensa ao bem jurídico, não haveria qualquer razão para se fazer incidir as normas atinentes à proteção (do mesmo bem) em níveis inferiores. A norma subsidiária, portanto, somente terá aplicação se o fato praticado não constituir crime mais grave, ou seja, não atingir o nível mais alto de proteção ao bem. Em princípio, então, o critério da *subsidiariedade* vem ressalvado na legislação.

Mas nem sempre será assim. E aí, na subsidiariedade *tácita* começam as dificuldades. José Cirilo de VARGAS apresenta, como exemplo de subsidiariedade (tácita), a hipótese na qual a norma subsidiária atua como agravante especial de outro tipo, como ocorreria com o delito de omissão de socorro (art. 135, CP), que, no caso de homicídio culposo, na forma qualificada pela omissão na prestação de socorro (art. 121, § 4º, CP), não teria aplicação, pela preferência do tipo principal.[652] Observe-se que, na hipótese dada, tratando-se de homicídio culposo agravado pela omissão, não haveria mesmo que se pensar na aplicação do delito autônomo de omissão de socorro. Assim, entre a forma qualificada do homicídio culposo (§ 4º) e o delito de omissão de socorro, haveria subsidiariedade deste em relação àquele.

Mas, por outro lado, a relação existente entre o homicídio culposo, na sua forma *simples*, art. 121, § 3º, CP, e a aquela *agravada* pela mesma omissão de socorro (art. 121, § 4º, CP), será, evidentemente de *especialidade*, como ocorre de modo geral relativamente às modalidades simples e qualificadas e agravadas de delitos.

JESCHECK/WEIGEND e MIR PUIG ensinam que haveria também subsidiariedade tácita entre tentativa e consumação, convergindo ambos no sentido de que também haveria subsidiariedade na relação existente entre os crimes de perigo concreto e as lesões eventualmente existentes, ressalvando, ambos, que o mesmo não ocorreria com os crimes de perigo abstrato, que recebem punição autônoma.[653] Estão de acordo

---

[652] Op. cit., p. 117.

[653] Frederico HORTA não adere a tal conclusão. Para ele, reportando-se também à doutrina de Luis GRECO, poderá haver a subsidiariedade entre a norma incriminadora da conduta causadora do dano que efetivamente se realiza e a norma de perigo abstrato (e não só em relação às definidoras dos crimes de perigo concreto). Segundo HORTA, tal seria possível nos casos em que determinadas normas, geralmente dispostas para a proteção de bens coletivos e difusos, cumprissem a missão de tutelar bens jurídicos individuais. E dá exemplo: o art. 243 da Lei 8.069/90 (Estatuto da criança e do adolescente), que pune a entrega, à criança ou ao adolescente, de produtos que possam causar dependência física ou psíquica.

também ao mencionar que a participação em determinados delitos seria subsidiária em relação à autoria praticada pelo mesmo agente na realização do mesmo delito.[654]

A isso acrescentamos que a subsidiariedade do crime de perigo concreto em relação ao crime de dano não existirá se e quando o perigo da conduta for além do dano causado, como acertadamente pontua Pedro Jorge COSTA (exemplos seriam aqueles de trânsito). Da mesma fonte, cujo entendimento se alinha à doutrina comparada antes mencionada (JESCHECK e MIR PUIG), assinala-se inexistir subsidiariedade entre os crimes de perigo abstrato e as lesões causadas, já que aqueles (perigo abstrato) "atingem bens jurídicos da generalidade".[655] Em tal situação, ter-se-ia concurso efetivo (real) de crimes, podendo ser formal ou material.

Note-se, então, que, enquanto a especialidade se caracteriza essencialmente pela coincidência quase completa entre as normas (gerais e especiais), a subsidiariedade não preenche tais exigências. A sua nota distintiva repousaria no exaurimento da proteção do bem atingido, prescindindo da completa – ou quase completa – identidade entre os tipos. O exemplo da relação de subsidiariedade entre o crime de perigo concreto e o crime de dano (realizado ou consumado) pode explicar melhor a função subsidiária da norma *de reserva*. Se não há o dano, pune-se o perigo a que se expôs o bem; havendo o dano, o juízo de reprovação para fins de proteção a ele (bem) incluiria também o perigo, na medida em que este, o perigo, constitui etapa antecedente à realização do resultado final (o dano).

Repita-se, contudo, que a aplicação da subsidiariedade nem sempre é bem compreendida. O Superior Tribunal de Justiça apresenta precedente[656] em que considerou que a alienação de bem proveniente de apropriação indébita configura tão somente o delito do art. 168 do Código Penal, sob o argumento de que "ocorrendo duas condutas tipificadas como crimes contra o patrimônio, em que uma é mera sequência da outra, dirigida ao aproveitamento econômico, ocorre somente o crime principal, segundo o princípio da subsidiariedade". Ora, do ponto de vista dogmático, a hipótese seria claramente de consunção e não de subsidiariedade, como veremos.

Em síntese: é a relação de *minus ad maius* (de menos a mais ou do menor ao maior) que informa o critério da subsidiariedade, relação essa que pode se estabelecer entre diferentes ofensas ao mesmo bem jurídico.[657]

3 A consunção

Por fim, a *consunção*.

Aqui, como está a indicar a própria palavra, um delito ou uma norma incriminadora seria absorvida ou restaria consumida por outra, de maior alcance. Naturalmente,

---

[654] JESCHECK/WEIGEND, op. cit., p. 792, e MUIR PUIG, op. cit., p. 649.

[655] COSTA, Pedro Jorge. *A consunção no direito penal brasileiro*. Porto Alegre: Sergio Antonio Fabris Editor, 2012. p. 50.

[656] REsp 112.509/SP, Rel. Min. Vicente Leal, 6ª Turma, julgado em 12-5-1998, *DJ* 15-6-1998, p. 172.

[657] HORTA, Frederico G. A., op. cit., p. 138.

para que tal ocorra impõe-se que a norma *consuntiva* (a que absorve a outra) contemple e abarque todo o juízo de desvalor atribuído à norma consumida. Não se aplicam as duas precisamente por isso.

Há três situações bem delineadas no âmbito da consunção, a saber:

a) alguns fatos que constituem crimes por si mesmos são realizados como etapa antecedente da prática de outro delito, tal como ocorre com o roubo a ser praticado no interior de uma residência, quando não se recorrerá ao delito de violação de domicílio, já consumido pela norma do art. 157, CP;

b) há crimes, igualmente autônomos, que são praticados *concomitantemente* a outros fatos, constituindo, a reunião de seus elementos, outro crime, de maior alcance e cuja reprovação jurídica abarcaria a todos. Na realização do estupro, por exemplo, podem tipificar-se também a injúria, a ameaça etc. Todos eles, *fatos típicos concomitantes*, estariam absorvidos na censura ao estupro, ainda que se possam identificar diferentes bens jurídicos objeto de proteção específica em um ou outro; e

c) alguns delitos constituem etapas naturalmente posteriores e consequentes à realização de certos crimes. Assim, e quando já estiver esgotado o conteúdo da proteção ao bem jurídico atingido pela norma consuntiva (que absorverá a outra), o fato posterior não será punido autonomamente (*post factum* impunível).

Aliás, cabe considerar que a expressão *pós-fato impunível* não corresponde à verdade. Em realidade, o que ocorre é que o juízo de valoração penal em relação ao crime consuntivo, que absorve o fato posterior, já esgotaria o desvalor deste último. Mais adequado, então, seria falar em fatos *coapenados*.

Exemplos mais frequentes de consunção se encontram em delitos cujos elementos, embora constitutivos de crimes autônomos, funcionariam como *meio* de execução para a concretização de outro crime. Nesse caso, a relação seria de *meio a fim*, de tal modo que o primeiro (crime-meio) restaria absorvido (consumido) pelo segundo (crime-fim). É o que ocorreria em relação às lesões corporais, na hipótese de homicídio, e à violação de domicílio, quando utilizada como meio para a realização do furto ou roubo (ou mesmo outro crime mais grave, a ser cometido no interior da residência, desde que tenha sido este o motivo para o ingresso no local).

Há também consunção nos chamados crimes *progressivos*, em que o comportamento do agente realiza diferentes modalidades delituosas, dispostas, porém, em relação de antecedência lógica – mas não necessária – do menor em relação ao mais grave (*major absorvet minorem*). Anota René ARIEL DOTTI que haveria uma sucessão de atos no contexto do mesmo fato típico, exemplificando o homicídio em relação às lesões corporais e os petrechos com os quais se falsifica a moeda (respectivamente, diz-se de relações entre os arts. 121 e 129, 291 e 289, todos do CP).[658] Aqui, é bem de ver que

[658] DOTTI, René Ariel. *Curso de direito penal*. Parte geral. 4. ed. São Paulo: Revista dos Tribunais, 2012. p. 375.

poderá haver identidade na consunção *de meio a fim* e na *progressividade* (exemplo das lesões corporais em relação ao homicídio).

Frederico HORTA, com amparo em abalizada doutrina estrangeira, enumera diversas hipóteses de consunção caracterizadas pelo fato típico concomitante (realização de conduta prevista no tipo consumido ao mesmo tempo em que se consuma o delito consuntivo/prevalecente): injúrias (art. 140, CP) concomitantes ao estupro (art. 213, CP); a prática de determinados atos libidinosos durante o estupro (art. 213, CP); a violência utilizada para vencer a resistência da vítima de cárcere privado ou sequestro (art. 148, CP); na resistência (art. 329, CP) etc.[659]

O aspecto mais importante da consunção reporta ao fato de que:

a) primeiro, é dispensável que haja identidade entre os tipos envolvidos – observe-se que o tipo da lesão corporal (*ofender a integridade corporal ou a saúde de outrem*) não se identifica com o delito de homicídio (*matar alguém*);
b) há evidente conexão material (relativa à proteção ao bem jurídico) entre as normas em concurso, seja quando um dos fatos tenha se realizado concomitantemente (injúria no estupro – *fato típico concomitante*), seja quando o fato *descartado* ou consumido tenha se realizado *anterior ou posteriormente* ao crime punível;
c) haja unidade de agente e a pluralidade de normas incriminadoras aparentemente incidentes sobre determinada situação de fato (com ou sem pluralidade de condutas).[660]

Como visto, há situações nas quais, incidindo tipos penais diferentes – conectados ao mesmo bem jurídico – tem-se a consunção em relação aos fatos (anteriores e posteriores) *impuníveis* ou *coapenados*. Em tais hipóteses, todo o desvalor da lesão ao bem jurídico terá sido inteiramente abarcado pela realização do tipo aplicável (que consome o outro).

É o que se verifica, por exemplo, quando o fato típico subsequente pode ser entendido como desdobramento lógico da ação delituosa, praticado, então, com o fim de manter o proveito do crime punível. Nesse caso, porém, será preciso que não se tenha nova lesão a bem jurídico ou mesma uma ampliação dos danos já causados.[661] Já demos aqui um exemplo: o do uso de documento falso pelo agente responsável pela falsificação. O uso posterior constitui *post factum* impunível, salvo quando realizado por terceiros. Nesse caso, como o terceiro não pode ser punido pela falsificação, deverá ele responder pelo uso.

Como hipótese de fato anterior não punido pela absorção ou consunção, cita(m)-se a(s) falsidade(s) utilizada(s) como meio para a prática do estelionato, desde que e somente se não remanescer qualquer outra potencialidade lesiva do documento ou do escrito falsificado visando à obtenção da vantagem ilícita. Referido entendimento

---

[659] HORTA, Frederico G. A., op. cit., p. 154.

[660] COSTA, idem, p. 234.

[661] JESCHECK/WEIGEND, op. cit., p. 793.

consolidou-se na jurisprudência do Superior Tribunal de Justiça (Súmula 17 – *Quando o falso se exaure no estelionato, sem mais potencialidade lesiva, é por este absorvido*) e encontra respaldo também na jurisprudência do Supremo Tribunal Federal, como explicitado no julgamento do *Habeas Corpus* nº 91.469.[662]

Pensamos que o enunciado sumular aplica-se à hipótese de recibos ideologicamente falsos emitidos por profissionais liberais para fins de dedução de imposto de renda. No caso da extinção da punibilidade do crime tributário ou previdenciário – pelo pagamento do tributo, por exemplo (art. 337-A, § 1º, CP e Lei 10.684/03) –, não vemos como se pretender a punição pelo falso então cometido, dado que o referido documento não se prestaria a outras finalidades delitivas. Em princípio, pelo menos.

Note-se, ainda, que poderá haver a consunção ainda quando sejam *diversos os sujeitos passivos* do crime, relativamente aos crimes *meio* e *fim*.

Pode ocorrer, com efeito, de um documento falsificado ser apresentado à Administração Pública, com o objetivo específico de obtenção de vantagem indevida em prejuízo de particular, como seria a hipótese de falsificação de instrumento de procuração para fins de levantamento de valor depositado em conta judicial, em nome de um dos autores da ação judicial. O *falsum* se daria contra o interesse da Justiça e o prejuízo recairia no particular, verdadeiro titular do valor então apropriado. Nem se alegue que eventual responsabilidade civil da instituição financeira ou do Estado pela recomposição do dano ao particular alteraria o sujeito passivo do crime de estelionato. Não! Este, o ofendido, é identificado no momento da *consumação* do delito.

E no caso do fato posterior (*post factum*) então consumido constituir crime mais grave que o antecedente, continuaria ele impunível?

Segundo JESCHECK/WEIGEND, corretamente, não deveria haver punição do fato posterior na medida em que o tipo então realizado e punido – já abarcaria toda a valoração jurídico-penal do fato e de suas consequências, se efetivamente se puder entender o fato posterior tão somente como desdobramento lógico da ação típica punível (sem expansão dos danos e/ou a violação a novo bem jurídico).[663] Além disso, é bem de ver que o legislador nem sempre está atento à necessidade de coerência na gradação geral de suas censuras penais.

De outro lado, mas no mesmo sentido, questiona-se a possibilidade de se aplicar a consunção nos casos em que a relação entre os delitos ocorrer de "meio a fim", isto é, quando o crime-meio, consumido, for mais gravemente sancionado que o crime-fim. O Superior Tribunal de Justiça já reconheceu a impossibilidade, quando avaliava a viabilidade de o contrabando consumir o delito de corrupção ativa, argumentando que a finalidade do instituto seria "suavizar os rigores do concurso material e não possibilitar através de artifícios silogísticos, a impunidade".[664]

Eis aqui questão de grande importância.

---

[662] HC 91469, Relator(a): Min. Joaquim Barbosa, 2ª Turma, julgado em 20-5-2008, *DJe*-142 DIVULG 31-7-2008, PUBLIC 1-8-2008, EMENT v. 2326-03, p. 521.

[663] Idem, ibidem, p. 794.

[664] RHC 5.182/SP, Rel. Min. Adhemar Maciel, 6ª Turma, julgado em 21-5-1996, *DJ* 24-6-1996, p. 22813.

É que, ainda que a regra da absorção se reporte às situações em que o crime-*meio* seja menos grave que o delito-*fim*, exceções poderão ser encontradas, tudo a depender de cada caso concreto. Há delitos com menor punibilidade – por critérios de política criminal – que *podem* ser realizados por meio de condutas que, em princípio, sejam mais reprovadas, como ocorre com a *falsidade documental*.

No âmbito dos crimes ambientais, por exemplo, o tipo penal previsto no art. 46 da Lei 9.605/98 cuida da proibição de aquisição ou de recebimento de madeira, lenha, carvão e outros produtos de origem vegetal, para fins comerciais ou industriais, ou qualquer forma de exploração, econômica ou não, *sem a apresentação de licença outorgada por autoridade competente (pelo vendedor)*, para o qual estabelece a pena de seis meses a um ano. O documento exigido para comprovação da licença é o ATPF (autorização de transporte de produto florestal).

Ora, aquele que falsifica esse documento teria por objetivo exatamente o transporte dos produtos ali mencionados *sem* a necessária autorização legal. O *fim* seria esse; o *meio*, a falsidade documental. O problema é que o crime de falso de que ora se cuida é muito mais grave que o delito ambiental, segundo a regra geral do art. 297, CP (dois a seis anos)!

A solução, parece-nos, passa pela necessária observância da singularidade da documentação florestal (ATPF), que é utilizada *apenas para esse fim* – em princípio, pelo menos! – o que reduziria a potencialidade lesiva do tipo (de falso) às operações ambientais. Assim, quando se puder *delimitar o espaço de utilização* do crime *meio* às hipóteses de realização do crime *fim*, poder-se-á pensar na absorção de crime mais grave por delito de menor gravidade. Apenas em tais situações. Em matéria penal, a *legalidade* estrita cumpre importante função, alheia, em geral, aos equívocos aritméticos (quantidade de penas) do legislador. Não há mais espaço para o *dura lex sed lex* no horizonte pós-positivista.

Por fim, impõe-se esclarecer que nas hipóteses de consunção nem sempre estará presente o critério da unidade do bem jurídico. Veja-se, por exemplo, o latrocínio, que abrange a lesão à vida e também ao patrimônio. O fundamental, nesses casos, é identificar o esgotamento do desvalor na norma consuntiva.

Feitas tais ponderações, registra-se a existência de julgados do Superior Tribunal de Justiça que fazem referência à suposta exigência de unidade de bem jurídico[665] – muito embora o mesmo Tribunal, como já mencionado, admita, inclusive por meio de entendimento sumulado, que o estelionato consuma o uso de documento falso, desde que observados certos parâmetros, – que, evidentemente, tutelam bem jurídicos distintos.

Para um exame completo e exaustivo sobre a *consunção* no concurso aparente de normas, consulte-se a excelente e rigorosa investigação que sobre o tema fez Pedro Jorge COSTA, *A consunção no direito penal brasileiro.*[666]

---

[665] Exemplificativamente, HC 51.884/RJ, Rel. Min. Maria Thereza de Assis Moura, 6ª Turma, julgado em 2-10-2008, *DJe* 9-12-2008.

[666] COSTA, Pedro Jorge. *A consunção no direito penal brasileiro*. Porto Alegre: Sergio Antonio Fabris, 2012.

4 Considerações finais

Se há algo incontroverso em relação ao concurso aparente de normas é que o grau de divergência – particularmente sobre os pressupostos de aplicação e sobre os conceitos de consunção e de subsidiariedade – supera o de convergência na doutrina e nos tribunais. No caso da jurisprudência, o problema é menor, tendo em vista que, quer se recorra a um (consunção) ou a outro (subsidiariedade), a decisão, de modo geral, pode chegar aos mesmos resultados.

Já do ponto de vista teórico, doutrinário, o nível de divergência é bastante problemático, dificultando, em muito, a compreensão da matéria.

Algumas questões são mais simples: o critério da especialidade tem larga aplicação, tendo em vista a identidade existente entre as normas em aparente concurso, operando-se a distinção pelo fato de haver elemento ou circunstância previsto em uma (especial) e ausente na outra (geral). Assim, o juízo de subsunção do fato à norma somente se completaria em relação ao tipo especial. Se a norma que tiver preferência for a geral, não haverá subsunção em relação àquela especial, por ausência de um de seus elementos ou circunstâncias.

O que se vê, então, é que haveria dois vetores essenciais na busca das soluções em tema de concurso aparente de normas.

O primeiro, consagrado no princípio do *ne bis in idem,* diz da proibição à dupla punição pelo mesmo fato. Se alguém realiza o crime de roubo mediante ameaça, não pode, evidentemente, responder pelos dois delitos (o de roubo – art. 157 –, e o de ameaça – art. 147 –, ambos do CP), na medida em que um (ameaça) está contido no outro (roubo).

Daí decorre também – e esse é o segundo vetor – que a proibição do *bis in idem* tem por fundamento exatamente o esgotamento do juízo de valoração jurídico-penal em relação a duas ou mais modalidade de ofensas a um mesmo bem jurídico, se elas *integrarem* ou estiverem inteiramente abarcadas por um tipo penal mais completo. Certamente que a ameaça não é norma geral em relação ao roubo e nem este seria norma especial relativamente àquela. Não há aqui relação de especialidade.

E nem se pode dizer que uma norma, a ameaça, seria subsidiária do delito de roubo. Com efeito, não há entre eles qualquer relação de *minus ad maius* (do menor para o maior), dado que a ameaça integra uma série de outros delitos, sem qualquer relação com o roubo (estupro, por exemplo). Trata-se de consunção, identificada pela prática de fato típico concomitante (a realização do roubo mediante ameaça vem acompanhada das ações e demais elementos típicos do art. 157, CP).

Já na hipótese de consunção pelo fato posterior coapenado ou impunível, o fato *exaurido* ou *consumido* cede lugar à norma consuntiva (que a absorve) por razões de valoração jurídico-penal, já então relativamente às necessidades de proteção ao bem jurídico atingido, considerando-se ainda o contexto dos fatos praticados pelo autor. É claro que o tipo penal de falsificação de documento (art. 297, CP) não descreve a mesma conduta de seu uso (art. 304, CP). Não há, pois, identidade entre os tipos (especialidade), e, tampouco, relação de *minus ad maius* entre eles (subsidiariedade).

No entanto, aquele que falsifica um documento não o faz por mero deleite de comprovação de suas habilidades. Desde o princípio, o *plano* do autor já antecipa a sua utilização. Por isso, quando o próprio agente faz uso do documento que falsificou não há a necessidade de punição do uso, já que esse integrava, senão a descrição típica, o desdobramento natural e consequente do crime de falso. Se o uso é feito pelo terceiro, aí sim terá lugar a aplicação do delito de uso (art. 304, CP), tendo em vista que em relação a ele os fundamentos do *post factum* impunível não são pertinentes. Ademais, não se pode ignorar a lesividade da utilização de documentação falsa pelo terceiro.

Do mesmo modo, aquele que furta em uma residência deve, necessariamente, ingressar nela. Pode até ser que haja o consentimento do morador, quando então não se terá qualquer dúvida acerca da não aplicação do crime de violação de domicílio (art. 150, CP). Mas, não havendo autorização para ingresso, nem por isso se deverá punir o fato – *antecedente* – da violação do domicílio, porque o aludido fato estaria abrangido na censura do furto qualificado (art. 155, §§ 2º e 4º, II, CP). Caso de consunção, evidentemente, pela absorção do fato típico *antecedente*.

De notar-se, ainda, que a consunção e a subsidiariedade não se excluem reciprocamente, a depender dos tipos penais envolvidos. A morte que se segue ao crime de lesão corporal constitui o fato principal punível (art. 129, § 3º, CP), restando a lesão corporal, em relação a este último resultado, como norma subsidiária. Já no homicídio, a lesão corporal (que até pode não haver!) surgiria como a norma absorvida ou consumida pelo resultado mais grave (morte). Consunção pelo fato típico *concomitante*.

E, de outro lado, como adverte Frederico HORTA, entre duas normas aparentemente concorrentes pode haver consunção sem que haja subsidiariedade, do mesmo modo que pode haver subsidiariedade sem que haja consunção.[667] É dizer: a norma consumida (de aplicação descartada) pode não representar uma fase preliminar ou antecedente e menos gravosa ao mesmo bem jurídico (conceito de consunção). E vice-versa. O que importa para a identificação do critério é a relação do *menor (delito) ao maior*, presente na subsidiariedade, e a existência de níveis distintos de afetação ao mesmo bem, característica intrínseca à consunção, à qual se soma o vetor a que já nos referimos: o esgotamento do juízo de censura ocorrido em relação ao crime consuntivo (que absorve o consumido), seja no âmbito dos fatos típicos realizados concomitantemente, seja também em relação ao fato antecedente e ao chamado *post factum impunível*.

O que há de ficar bem explicitado é que haverá casos de consunção de normas (uma pela outra) mesmo quando envolver bens jurídicos distintos, é dizer, não se exigirá, sempre, sobretudo na consunção, a unidade de bem jurídico. E já vimos e demos vários exemplos, tal como se dá no latrocínio, em que se atinge a vida e também o patrimônio.

E, ainda, que não se deve ficar preso aos conceitos, finais ou causais, de ação, para a identificação do concurso aparente de normas. Nem sempre se poderá exigir a

[667] HORTA, Frederico G. A., op. cit., p. 150.

unidade de ação para abranger as normas em aparente conflito. Mais proveitoso é partir da consideração do *fato punível*, abrangendo a totalidade do *injusto*, o que incluiria o *resultado* na sua (des)valoração jurídico-penal.[668] Nesse sentido, é lapidar a conclusão de Frederico HORTA, acerca da vedação do *ne bis in idem*: "(ela – a vedação) não se restringe à proibição de se considerar mais de uma vez o desvalor de uma única ação, mas sim como proibição da múltipla consideração do desvalor de um mesmo fato".[669]

Por fim, não chegaremos ao critério da alternatividade. Não vemos aí um problema de concurso aparente de normas.

René Ariel DOTTI,[670] MIRABETTI e FABBRINI[671] sustentam que o critério da alternatividade seria aplicável àqueles casos em que a norma incriminadora descreve mais de uma conduta apta à adequação típica, caso em que o agente deveria responder por um só crime, ainda quando realizasse mais de um comportamento, desde que no mesmo recorte circunstancial. DOTTI, então, e lembrando Heleno FRAGOSO, se reporta ao conceito do *tipo misto alternativo*, para concluir, acertadamente, que o agente somente responderia por um único delito.

Exemplo eloquente de tipo misto alternativo seria o delito capitulado no art. 213, CP, a cuidar do estupro, que pode ser realizado pela prática de diferentes atos libidinosos, distintos da conjunção carnal.

Com efeito, como o aludido tipo se refere à proteção à liberdade sexual, o fato de serem realizados diversos comportamentos, isto é, vários atos de natureza libidinosa, além do coito (conjunção carnal), não deve gerar qualquer acréscimo de punição *por concurso de crimes*. Não se aplicaria aqui a hipótese do crime continuado, dado que o marco punitivo há de ser compreendido na ofensa ao bem jurídico e não nas modalidades típicas de sua realização. Se os atos forem praticados no mesmo contexto de violação à liberdade sexual (sexo anal e vaginal, por exemplo), isto é, no âmbito de uma mesma relação sexual, não haverá que se falar em delitos continuados. Em tais situações, será na dosimetria da pena que a censura aos meios de execução utilizados atingirá a sua máxima finalidade protetiva.

De todo modo, ainda que se constate aqui um critério *negativo*, ou seja, para a rejeição de um concurso efetivo de crimes (crime continuado), não vemos por que tratar do tema como um critério de solução para um concurso aparente de normas. Na verdade, cuida-se de um único e mesmo tipo penal a reclamar aplicação. Aliás, nos chamados tipos mistos *cumulativos*, a realização de mais de uma conduta prevista na norma implicará concurso efetivo de crimes, o que não nos parece ser o caso das diferentes modalidades de estupro no mesmo âmbito de lesão à liberdade sexual.

Hipóteses completamente diferentes ocorrerão quando houver reiteração do comportamento lesivo, ainda que em relação à mesma vítima, desde que em diferentes

---

[668] COSTA, Pedro Jorge, op. cit., p. 195.

[669] HORTA, Frederico, op. cit., p. 68.

[670] DOTTI, René Ariel, op. cit., p. 376.

[671] MIRABETE, Júlio Fabbrini; FABBRINI, Renato N., op. cit., p. 107.

circunstâncias e por meio das quais não se poderá identificar um único e mesmo contexto de violação sexual.

O primeiro exemplo, a consagrar hipótese de concurso *material*, ocorrerá quando o agente mantiver em cárcere privado a vítima, por tempo suficiente para a repetição do estupro, em momentos e em relações sexuais distintos. Nesse caso, impensável sequer a ideia de continuidade delitiva, dado que as circunstâncias de tempo e de lugar e/ou os meios de execução decorrerão unicamente da vontade do agente, que seguirá praticando o crime permanente de privação da liberdade (sequestro e manutenção em cárcere privado). Nessa situação, ele não se *aproveitará* de tais circunstâncias para que os fatos subsequentes sejam considerados continuidade dos anteriores, mas todo o projeto criminoso – de sequestro e reiteração das violações sexuais – já implicará a pluralidade de lesões ao mesmo bem, a serem realizadas *mediante a criação de circunstâncias* que permitam o agente a reiteração danosa. Caso evidente de concurso material de crimes (art. 69, CP).

Outro exemplo em que se dará o concurso, agora na forma *continuada*, poderá ocorrer nas relações domésticas, em que o autor se aproveita da circunstância da coabitação – pelo casamento ou pelo parentesco – para a reiteração da conduta. Nessa hipótese, salvo quando a permanência da vítima no local dependa da coerção – física ou moral – do agente, tratar-se-á de crime *continuado* e não de concurso material. As circunstâncias de tempo e de lugar não poderiam ser consideradas *obras* do autor.

Título IV

Das Consequências do Crime

XII

Política criminal e a pena pública

I De passagem pelos modelos de política criminal

1 Breve retrospectiva histórica

Praticado o fato definido como crime, restaria examinar as suas *consequências jurídicas*. E isso implica, portanto, uma ligeira imersão no ambiente da política criminal, a fim de que se saibam quais teriam sido as escolhas legislativas para o enfrentamento das infrações penais.

As primeiras questões que surgem são:

a) quais alternativas seriam possíveis para a orientação das modernas políticas criminais?
b) qual é o modelo prevalecente para as soluções dos conflitos de natureza penal?
c) qual é o *estado atual da questão* no país, relativamente aos resultados perseguidos e eventualmente alcançados?

Teoricamente, isso é, *em tese*, independentemente do direito positivo, tudo se iniciaria com a escolha da via mais adequada para as possíveis soluções: se jurisdicional ou se privada. Naturalmente, estamos a nos referir aos modelos *preferenciais*, ou seja, àqueles que constituem a regra em determinado ordenamento. Não há, de fato, qualquer incompatibilidade entre a jurisdicionalização geral dos conflitos cumulada com alternativas comunitárias de consenso.

Depois, ou junto a isso, examina-se a questão pela escolha do princípio geral quanto ao modo da intervenção penal, normalmente variando entre o (princípio) da *legalidade* ou o da *oportunidade*. E, a partir daí, pelas espécies ou modalidades de intervenção, segundo os critérios da respectiva justificação (penas, medidas de segurança, intervenção terapêutica etc.).

Certamente haverá de se cansar o leitor da insistência com que reafirmamos as limitações temáticas e teóricas deste trabalho, e, especialmente, no que se refere às aproximações com a criminologia e também com as principais questões emergentes da chamada política criminal. Tem-se aqui um manual da Parte Geral, cuja pretensão é oferecer algumas possibilidades de compreensão e de aplicação do Direito Penal, no âmbito, pois, de sua dogmática.

Por isso, nosso critério reitor é o exame do direito penal positivo brasileiro, tendo como ponto de partida as inúmeras determinações constitucionais que permitem a articulação de um modelo minimalista da intervenção penal, na linha de leituras mais atualizadas da moderna política criminal. Esclarecendo: se a dogmática trata da sistematização da ordem positiva válida, e, assim, das escolhas já realizadas pelo legislador, nem por isso a referida perspectiva (dogmática) se encontra abandonada à sorte dos equívocos e da ausência de coerência dos trabalhos realizados pelo Congresso Nacional.

Mas nada impede – e mesmo o exige – que neste ponto do trabalho se tangencie o objeto central das consequências jurídicas do fato definido como crime. É o que faremos, em pouquíssimas linhas. E nada originais, aliás. Jorge FIGUEIREDO DIAS,[1] lá, de além-mar, e Juarez CIRINO,[2] dos mares de cá, ensinam o que se segue com a proficiência daqueles que efetivamente se dedicaram ao tema.

Provavelmente a história do Direito Penal e a dos modelos de política criminal adotados ao longo dos tempos estejam atreladas à evolução do Estado moderno, inicialmente de feições liberais, passando pelo Estado Providência (do *bem estar social)* até sua chegada ao que atualmente se quer construir como Estado de Direito. Naturalmente, não retrocederemos para antes disso.

FIGUEIREDO DIAS, detendo-se sobre os paradigmas tradicionais das políticas criminais mais relevantes, e reportando-se a J. GALTUNG, aponta o denominado *modelo azul,* inerente às sociedades liberais, advindas das reações burguesas contra "concepções ainda remanescentes das sociedades feudais". Nesse quadro, vigorariam o princípio da legalidade na persecução penal (obrigatoriedade) e o monopólio estatal da repressão penal.[3] Aludido modelo corresponderia à escola clássica e à neoclássica

---

[1] FIGUEIREDO DIAS, Jorge de. *Direito penal português.* As consequências jurídicas do crime. Reimpressão. Coimbra: Editora Coimbra, 2005. p. 57-68.

[2] CIRINO DOS SANTOS, Juarez. *Direito penal.* Parte geral. 4. ed., op. cit., p. 593 e seguintes.

[3] FIGUEIREDO DIAS, Jorge de. *Direito penal português,* op. cit., p. 58.

do Direito Penal, com a pena exercendo a função de retribuição e de prevenção geral do crime.

O segundo movimento de maior relevo e interesse seria aquele gestado ao tempo do predomínio do chamado Estado do Bem-Estar Social (*Welfare State*), em que se pretendeu corrigir as desigualdades sociais produzidas pelo liberalismo econômico. Nesse modelo de política criminal, designado por *modelo vermelho,* já que conduzido como reação ao apogeu da burguesia, teria havido uma aproximação com a medicina, na medida em que o crime era visto como uma doença social, passível, então, e em princípio, de tratamento, de reabilitação e de cura. A pena cumpriria função de prevenção *especial,* em busca da recuperação e da reinserção social do condenado, pela via do "tratamento terapêutico" imposto pelo Estado, permanecendo, contudo, o monopólio da jurisdição estatal, mas orientado pelo princípio da *oportunidade* da intervenção, segundo a necessidade e conveniência.[4]

Digna de nota, ainda, e assim o faz FIGUEIREDO DIAS, a publicação da obra de Marc Ancel – *A defesa social nova* – que teria gerado um movimento renovador e mais moderado das concepções anteriores, ao preocupar-se mais com a *legalidade* e a *humanidade* do sistema de política-criminal, a partir, então, do formalismo e da obrigatoriedade da ação no processo penal e com a proeminência da atuação do juiz na função de protetor dos direitos e das garantias individuais. Segundo registra o ilustre penalista português, essa concepção teria sido incorporada, em parte, no Programa Mínimo da SIDS (*Société internationale de défense sociale*), de 1954, que, a partir de 1966 contou com Marc Ancel na sua presidência.[5]

Há que se acrescentar, ainda, que referido movimento teve seu início, provavelmente, com os trabalhos e a atuação de Filippo GRAMATICA, fundador, em 1945, em Gênova, do Centro de Estudos de Defesa Social. O ilustre advogado italiano propugnava, em verdade, pela progressiva eliminação do sistema penal, sustentando que a defesa da sociedade haveria que ser feita, bem e melhor, por outros mecanismos menos violentos. O citado *Programa Minimum,* elaborado e subscrito por ANCEL, HERZOG e STRAK, em 1954, foi e podia ser considerado *moderado* em face das propostas de GRAMATICA, que, embora aderindo à configuração final do citado movimento, deixava ressalvada sua convicção pessoal.

Juarez CIRINO reporta-se às *workhouses* do século 16 como sendo o modelo precursor da penitenciária moderna. Segundo ele, as aludidas *workhouses* eram casas de trabalho forçado de camponeses expropriados dos meios de subsistência material, surgidas para resolver os problemas de exclusão social do capitalismo então ascendente, com a finalidade de disciplina e adequação pessoal para o trabalho assalariado. E a elas teriam seguido, no século seguinte, as *Rasphuis,* modelos de estruturas carcerárias fundadas em Amsterdã para disciplina da força de trabalho ociosa da Europa continental.[6]

---

[4] Idem, p. 58-59.

[5] Idem, p. 60-61.

[6] CIRINO DOS SANTOS, Juarez. *Direito penal:* parte geral, op. cit., p. 459-460. Segundo FOUCAULT, as *workhouses* teriam sido programadas e definidas pelos *quakers* na América e pelos holandeses.

No particular, porém, há que se registrar que, segundo FOUCAULT, em sua concepção mais primitiva, o trabalho penal teria surgido mais como o aprendizado da própria virtude do *trabalho*, em si, que como instrumento para o ensino deste ou daquele ofício ou encargo. E que as *workhouses* – mencionadas por CIRINO, com referência à obra de MELOSSI/PAVARINI – teriam sido programadas e definidas pelos *quakers* na América e pelos holandeses para tais finalidades, sem, portanto, ou, necessariamente, o caráter de exploração da força de trabalho pelo capital em ascensão.[7]

O passo seguinte teria sido a instituição dos modelos clássicos de prisões nos EUA, conhecidos como o modelo de Filadélfia (1790) e o modelo de Auburn, em Nova York (1819).

O modelo *filadelfiano* de penitenciária, surgido em fins do século XVIII, se caracterizaria pelo:

a) pelo *state-use*, isto é, a utilização da mão de obra penitenciária para a produção de manufaturas na prisão, função essa que vem sendo cumprida até hoje no sistema carcerário da América Latina;
b) pelo *public work*, destinação da força do trabalho dos detentos em obras públicas;
c) pelo *public account*, via do qual o Estado comercializaria os bens produzidos no cárcere, em situação de óbvia vantagem no mercado, pelo baixo custo de produção. Referido modelo teria decaído com a chegada da industrialização em massa, já que tal sociedade e seu capital necessitariam da força de trabalho daqueles de fora dos presídios.[8]

E, por fim, aponta-se o modelo penitenciário *auburniano*, caracterizado pelo isolamento celular durante a noite e no trabalho comum durante o dia, a partir de duas formas bem definidas de exploração do trabalho carcerário, a saber: (a) o *contract*, via do qual a força de trabalho dos detentos era *partilhada* entre Estado e o privado, cabendo a este a exploração econômica da produção, mediante contrapartida remuneratória ao Estado; e (b) o *leasing*, quando se entregava ao privado todo o gerenciamento da prisão, incluindo o poder disciplinar, corretivo e de exploração da força de trabalho, o que teria permitido certas acomodações de interesses no prolongamento das penas impostas pelo Poder Público.[9]

O histórico crítico de tais origens pode ser também encontrado em FOUCAULT, no seu conhecido *Vigiar e punir: o nascimento das prisões.*[10] Aliás, quem quiser estudar sobre o nascimento, as origens e os fundamentos iniciais da prisão não pode deixar de ler a citada obra de FOUCAULT. Ali também se encontrará a maior parte do que se

---

7 FOUCAULT, Michel. *Microfísica do poder.* Org. Roberto Machado. 25. ed. São Paulo: Graal, 2012. p. 219.

8 CIRINO DOS SANTOS, Juarez. *Direito penal...*, op. cit., p. 462.

9 CIRINO DOS SANTOS, Juarez. *Direito penal...*, op. cit., p. 464-465.

10 FOUCAULT, Michel. *Vigiar e punir:* nascimento da prisão. Tradução de Raquel Ramalhete. 17. ed. Petrópolis: Vozes, 1998. p. 200 e seguintes.

precisa saber sobre o *panoptismo*, conceito cunhado pelo filósofo inglês Jeremy BENTHAM, adepto do *utilitarismo*, em fins do século XVIII.

A análise mais conhecida que se tem acerca da ideia do *panóptico* e de suas possíveis implicações para os sistemas prisionais, sobretudo no Brasil, é mesmo de Michel FOUCAULT, primeiro no citado *Vigiar e punir*, e, também, em entrevista publicada em seu *Microfísica do poder*.[11] Sobre o mais importante efeito do panóptico, anota o ilustre filósofo francês: "induzir no detento um estado consciente e permanente de visibilidade que assegura o funcionamento automático do poder". Por isso: "no anel periférico, se é totalmente visto, sem nunca ver; na torre central, vê-se tudo, sem nunca ser visto".[12]

O *panóptico* – de expressão/palavra *pan – óptico*, isto é, aquilo que permite uma visão ampla e geral – seria uma edificação construída em formato de anel, em cujo centro se elevaria uma torre, vazada de largas janelas, que permitiriam a permanente vigilância das células prisionais construídas ao longo do círculo que compunha a prisão. Desse modo, todos os detentos, separados por paredes, eram vistos da torre e não poderiam ver e se comunicar com os demais.

Há curiosidades certamente desconhecidas do grande público sobre a história do panóptico.

Os textos sobre ele (o panóptico) constam de cartas endereçadas por Jeremy BENTHAM, da Rússia, onde residia à época, a um particular não identificado (ao que se sabe) e dois pós-escritos, nos quais ele se debruçou sobre o tema em maiores detalhes, todos do ano de 1787.

Segundo o próprio BENTHAM, a ideia do panóptico teria surgido a partir de uma notícia que ele vira na imprensa inglesa acerca da construção de uma Casa de Correção que ali se anunciava, bem como de um plano de edificação elaborado por um irmão dele, Samuel Bentham – arquiteto naval, sob o nome de *Casa de inspeção* ou *Elaboratório*, desenhado com propósitos semelhantes àqueles (da Casa de Correção).

Inicialmente projetado para fins de tratamento hospitalar, por internação, os citados projetos de edificações foram concebidos por (Jeremy) BENTHAM como estabelecimentos ideais "para se manter sob inspeção um certo número de pessoas". Afirmava ele: "Não importa quão diferentes, ou até mesmo opostos, sejam os propósitos: seja o de punir o incorrigível, encerrar o insano, reformar o viciado, confinar o suspeito, empregar o desocupado, manter o desassistido, curar o doente, instruir os que estejam dispostos em qualquer ramo da indústria[...] seja ele aplicado aos propósitos das prisões perpétuas na Câmara da morte, ou prisões de confinamento antes do julgamento, ou casas penitenciárias, ou casas de correção, ou hospícios, hospitais e escolas.[13]

[11] FOUCAULT, Michel. *Microfísica do poder*. Org. Roberto Machado. 25. ed. São Paulo: Graal, 2012. p. 318-344.

[12] FOUCAULT, Michel. *Vigiar e punir:* Nascimento da prisão. Tradução de Raquel Ramalhete. 17. ed. Petrópolis: Vozes, 1998. p. 166-167.

[13] BENTHAM, Jeremy. *O panóptico*. E ensaios de Jacques-Alain Miller, Michelle Perrot e Simon Werret. Org. Tomaz Tadeu da Silva. Traduções: Guacira Lopes Louro, M.D. Magno e Tomaz Tadeu da Silva. Belo Horizonte: Autêntica, 2000. p. 17.

Assumindo, desde logo, que as facilidades da inspeção se ajustavam sobremaneira às casas penitenciárias, destinadas à reforma do punido, o citado autor, a respeito do confinamento dos detentos, afirmava, sem pudores: "É um fato pouco contestado o de que a solidão é, em sua natureza, conveniente ao propósito da reforma, assim como o é sua tendência a atuar em acréscimo à quantidade de sofrimento".[14]

Fiquemos aqui apenas com as informações; as reflexões sobre o panóptico já foram feitas em nível e no alcance superior da pena de FOUCAULT, merecendo registro também os ensaios que sobre as *Cartas* de BENTHAM se debruçaram Jacques-Alain Miller (*A máquina panóptica de Jeremy Bentham*), Michelle Perrot (*O inspetor Bentham*) e Simon Werret (*Potemkim e o Panóptico: Samuel Bentham e a arquitetura do absolutismo na Rússia do século XVIII*). Todos esses textos (ensaios) acompanham a edição brasileira do Panóptico, consultada e aqui referida.

1.1 Teoria das janelas partidas (quebradas) e Tolerância Zero

Não poderíamos deixar de mencionar – e apenas mencionar – algumas informações sobre o modelo estadunidense de política criminal, berço do maior contingente de aprisionados no mundo (algo superior a dois milhões de pessoas!).

Tais e impressionantes cifras situam-se no ápice de um movimento iniciado na década de 70 do século passado, quando o ideal da reabilitação dos condenados passou a ser substituído por outras perspectivas sociais, a começar pelo retorno do caráter retributivo da pena e pelo novo papel que foi dado à vítima no cenário da criminalidade, utilizada, então, pelo sistema punitivo, como atores e como justificativa para o endurecimento da política criminal (Lei Megan, Lei Jenna, Lei Brady[15]). Sobre tais movimentos, valiosas são as contribuições de Loïc WACQUANT, mais pelos dados impressionantes de sua pesquisa empírica que propriamente pela originalidade de suas reflexões.[16]

O fenômeno tem a ver com a disseminação do medo, não como algo presente em determinados nichos, mas como um problema de primeira magnitude no campo da segurança pública, a influenciar e direcionar tais políticas exclusivamente para a redução de seus níveis.

Nesse passo, foi inevitável o apelo aos discursos e movimentos de *Lei e Ordem*, acompanhados de "expressões de impacto", tais como 'a prisão funciona', '*three strikes and you're out*', '*rigor nas sentenças*', '*redução da maioridade penal*', '*tolerância zero*' e '*guerra ao crime*'.[17]

---

[14] Idem, p. 31.

[15] GARLAND, David. *A cultura do controle*. Crime e ordem social na sociedade contemporânea. Tradução e apresentação: André Nascimento. Rio de Janeiro: Revan, 2008. p. 55. (Coleção Pensamento criminológico)

[16] WACQUANT, Loïc. *Punir os pobres:* a nova gestão da miséria nos Estados Unidos. Rio de Janeiro: Instituto Carioca de Criminologia Freitas Bastos, 2001.

[17] GARLAND, David. *A cultura do controle*, op. cit., p. 57.

Aliás, cabe registrar um estudo levado a cabo pela Universidade de Stanford, nos EUA, que terminou por receber a alcunha de *Teoria das janelas partidas (ou quebradas – Broken Windows)*. Embora ainda tratada por aqui como uma concepção essencialmente penal, a pesquisa traduziu-se, em verdade, em uma experiência de psicologia social, que consistia no seguinte:

Duas viaturas foram abandonadas na via pública de dois bairros absolutamente distintos, do ponto de vista social. Uma em Nova York, no Bronx, e outra em Palo Alto, na Califórnia. A primeira, portanto, em uma região reconhecidamente pobre, e a segunda no que se pode definir como de classe alta. O rigor da experiência chegou ao ponto da mais completa identidade entre os veículos (cor, marca etc.).

Segundo os pesquisadores, a viatura do Bronx foi quase que imediatamente destruída, retirando-se dela todos os itens eventualmente utilizáveis, o que incluía os pneus e até o motor. Enquanto isso, a outra viatura permanecia intacta.

Depois de certo tempo nesse estado de coisas e de diferença de tratamento, os autores da pesquisa partiram então para outra fase: quebraram um dos vidros da viatura de Palo Alto, que até então permanecia sem qualquer arranhão. O que se viu, então, foi algo aparentemente surpreendente: também essa viatura foi objeto das mesmas ações predatórias realizadas no Bronx.

As conclusões a que chegaram os pesquisadores apontavam para o fato de que a identidade de tratamento das viaturas – após a janela quebrada – se devia a questões de psicologia humana, e, particularmente, das relações sociais. O vidro partido na viatura até então preservada teria transmitido a ideia de abandono e de descuido com o veículo, fazendo nascer a percepção de absoluta anomia em relação àquele espaço físico.

Já na década de 80 (oitenta) do século passado, foi essa teoria a responsável pela mudança de preservação das obras e dos lugares públicos, culminando em uma maior fiscalização e exercício do poder de polícia no metrô de Nova York, palco, então, de inúmeras situações de risco e de dano efetivo a pessoas e coisas.

A chegada e a apropriação dessa teoria para o sistema de segurança pública e, enfim, para as políticas de gerenciamento do sistema penal tinha como base, portanto, a ideia no sentido de que a ausência de atenção e de cuidados com e nos espaços de convivência poderiam fomentar a prática ou a reprodução de atos de desordem ou de desrespeito ao significado da eficácia normativa. Assim, e já agora no âmbito específico da política criminal, passou-se à rápida conclusão de que a ausência de resposta às pequenas infrações poderiam também incentivar o cometimento de outras, mais sérias e de maior repercussão. Teve início, assim, lá pelos idos de 1994, o que se convencionou chamar de programa de *Tolerância Zero*, durante a administração do então Prefeito Rudolph Giuliani.

Embora tenha havido, de fato, uma impressionante redução das estatísticas de criminalidade naquela cidade, não se pode negar, de outro lado, o aumento da população carcerária, senão nos mesmos índices percentuais, pelo menos e quando nada em níveis significativos. A política da *Tolerância Zero*, como não poderia deixar de ser em um país de economia liberal-capitalista, cuja mídia ocupa monumental espaço na formação da opinião pública, deve seu sucesso também aos grandes investimentos de *marketing* patrocinados por organizações (privadas) com distintos e variados interesses nos seus resultados. E para esse sucesso foi também fundamental o aumento dos números e dos gastos com o corpo policial e com os aparatos de segurança pública.

Conforme anota David GARLAND, as "teorias que agora informam o pensamento e a ação oficiais são *teorias do controle social* de várias espécies, que concebem a delinquência como problema não de privação, mas de controle inadequado. Controles sociais, controle situacionais, autocontroles – esses são os temas dominantes na criminologia contemporânea e nas políticas de controle do crime por elas geradas".[18] De se ver, no particular, que o modelo e a estrutura do sistema penal estadunidense favorecem e mesmo consolidam uma política criminal com tais características.

Ciosos de sua democracia representativa em níveis que superam a arrogância, referida política passa, em certa medida, pelo controle popular, dado que os *district attorney* (Chefes do MP), em sua grande maioria, são também eleitos, quando não indicados pelo Chefe do Executivo. Assim, sobre eles incidem as pressões naturais quanto aos resultados desejados no processo penal, inevitavelmente influenciados pela poderosa mídia norte-americana. Aliás, faz parte do cotidiano local a transmissão diária e ao vivo de julgamentos de maior repercussão na área criminal.

Nesse passo, o Ministério Público não poderia deixar de ser *hierarquizado*, cabendo ao seu Chefe a determinação da política de punição e do *plea bargainning* (acordos), a ser seguida por todos os *attorneys* ou *prosecutors* (os promotores) por ele recrutados ou indicados pelo Parlamento (em alguns Estados). Nesse cenário, em que o controle da atuação do *parquet* é político (eleitoral), parece irrecusável a perda de *objetividade* ou de estrita *legalidade* que deveriam conduzir a aplicação da lei penal e processual penal, em face da gravidade de suas consequências. Desnecessário, ainda, assinalar as mazelas que existem em qualquer processo eleitoral, sempre a colocar em dúvida o grau de legitimidade concreta dos eleitos.

E talvez isso explique um pouco o alarmante crescimento da população carcerária nos EUA, ou quando nada, as razões pelas quais esse processo seria inevitável, se levarmos em consideração as particularidades sociais daquele país, sempre às voltas com níveis perigosos de intolerância racial, étnica e religiosa. Sem falar em políticas de privatização dos presídios, ou, em linguagem mais técnica, na *terceirização* do cárcere.

2 Considerações gerais

Feitas tais considerações, observa-se, tragicamente, que todos esses modelos fracassaram, como, de resto, e para nós, fracassarão todas as tentativas de controle social pelo Direito Penal que não levem em conta os diversos fenômenos sociais que interferem no cotidiano de cada sociedade. A produção de miséria em escala industrial sempre produziu e sempre produzirá o incremento e o crescimento da violência.

[18] Idem, p. 61.

As diversas formas de intolerância e de marginalização social, *idem*. Se a comunidade jurídica não se dispuser a discutir em nível de maior seriedade as principais questões causadas pela corrupção e pelas desigualdades sociais, reduzindo os níveis de interferência causados pelos apelos midiáticos e eleitoreiros (produção legislativa), jamais chegaremos a qualquer resultado no controle da violência e de sua reprodução.

E por violência entenda-se não apenas aquela de maior visibilidade, a de *sangue*, tingida pelo vermelho das vítimas e pela vergonha da ausência de política públicas redutoras do *déficit* de igualdade social, mas também – e não seria, *sobretudo*? – aquela enorme violência que não apresenta claramente a sua face: a violência branca e silenciosa produzida pelos *donos do poder* (público e privado), via corrupção, espoliação urbana generalizada e o monopólio na distribuição da riqueza e do poder (incluindo o acesso a determinados cargos e funções públicas e à determinadas instituições essenciais do Estado).

Em *terrae brasilis*, então, o quadro é ainda mais trágico, diante do completo abandono do gerenciamento público do aparato penitenciário. De um Estado que, desde, pelo menos, 1988, quando se inaugurou uma nova ordem política, social e jurídica na Constituição da República, jamais se preocupou com a manutenção de sua estrutura carcerária em níveis humanitários mínimos, nada se pode esperar mesmo.

De outro lado, importa salientar também que nada se pode afirmar sobre os resultados possíveis de uma política abolicionista do Direito Penal, tal como a sugerida por Louk HULSMANN, em que o controle estatal dos conflitos seria gradativamente substituído por um modelo societário (comunitário) de respostas adequadas às situações-problemas (o crime, em tradução *desestigmatizante*).[19] Referida perspectiva, segundo nos parece, funda-se em utopia que se inicia pelo otimismo na construção do Homem *ideal* e que morre exatamente no mesmo lugar: o Homem *real*, tal como o conhecemos.

O que dos escombros dos modelos tradicionais de política criminal se pode retirar são as lições sobre os erros, esses sim, de visibilidade mais comprovada, sobretudo e particularmente aqueles derivados de uma cegueira eloquente acerca da enorme produção de violência que se origina das masmorras nacionais (incluindo delegacias e cadeias públicas).

A partir de tais considerações, pode-se avançar para as tentativas mais recentes de política do controle dos conflitos individuais (e coletivos) pela via do Direito Penal, já avançando sobre a nossa realidade normativa.

Não restam dúvidas de que a *descriminalização* de um sem-número de infrações penais atualmente vigentes no país seria muito bem-vindo, quando nada para a redução dos efeitos estigmatizantes que a condenação criminal produz. Há verdadeiras *bagatelas* de danos – alguns apenas aparentes – qualificadas como infrações penais, bastando ver o extenso e incompreensível rol das contravenções penais (Decreto-Lei 3.688/41).

---

[19] HULSMANN, Louk. Temas e conceitos numa abordagem abolicionista da justiça criminal. In: PASSETI, Edson; SILVA, Roberto Dias (Org.). *Conversações abolicionistas:* uma crítica ao sistema penal e da sociedade punitiva. São Paulo: IBCcrim/PEPG Ciências Sociais PUCSP, 1997.

Não bastasse, no âmbito da aplicação do direito, princípios penais (e de política criminal) de grande valia para a redução dos excessos continuam sendo subestimados pelos órgãos da persecução em juízo (Ministério Público e Poder Judiciário), tal como ocorre com a exigência de *lesividade efetiva* e da atipicidade material na *insignificância* da lesão ou da ação. Talvez isso, aliado à correta aplicação das medidas cautelares pessoais do CPP, com redação dada pela Lei 12.403/11, pudesse nos ajudar a diminuir a imensa e absurda população carcerária no país (em torno de 600 mil presos).

Isso sem falar na necessidade de ampliar o debate público acerca de determinadas incriminações, tão caras à sociedade brasileira de perfil mais conservador, como se dá, por exemplo, na questão dos gravíssimos problemas resultantes das drogas e entorpecentes.

Nesse sentido, o primeiro passo foi dado na Lei 11.343/06, no que respeita ao tratamento destinado ao usuário, ainda que tenha sido mantida a criminalização da conduta, o que somente se explica enquanto estratégia de convencimento, diante da mais absoluta ignorância técnica (médica), criminológica e sociológica daqueles absolutamente refratários a quaisquer abrandamentos legislativos sobre a matéria.

Será que a descriminalização de algumas substâncias de menor alcance danoso não reduziria a enorme e incontrolável violência que resulta *do mercado de drogas?* Bom lembrar, no ponto, que *descriminalizar* sequer significa a *legalização,* mas apenas – e, por ora – o afastamento do Direito Penal, mantida a ilicitude em outro nível.

De outro lado, é preciso também que se ampliem os espaços para o critério da *oportunidade* nas soluções penais, incentivando-se o livre consenso e a reparação dos danos entre os envolvidos, ao menos como alternativa ao sistema oficial da obrigatoriedade da ação penal. Nesse passo, o acordo civil da Lei 9.099/95 (art. 74) deveria ser estendido a outras infrações penais, notadamente aquelas de fundo patrimonial, ressalvando-se as hipóteses de grave ameaça ou de violência. Aliás, boa parte das infrações penais de menor potencial ofensivo sequer deveria permanecer como matéria de Direito Penal.

Digno de aplausos, no ponto, o Anteprojeto de Reforma do Código de Processo Penal – PLS 156, no Senado e atual PL 8045/10, adormecido na Câmara dos Deputados – elaborado por Comissão de Juristas que tivemos a honra de integrar, como Relator-Geral. Ali se dá mais mobilidade e flexibilidade ao Ministério Público para o arquivamento de inquéritos e de peças de informação, "seja por insuficiência de elementos de convicção ou por outras razões de direito, seja, ainda, com fundamento em provável superveniência de prescrição que torne inviável a aplicação da lei penal", conforme disposto no art. 37 do Anteprojeto.

E mais. Ali também se prevê o condicionamento da ação penal à representação da vítima nos crimes contra o patrimônio, ao acertado pressuposto que, muitas vezes, aquela (a vítima) não tem interesse em levar adiante a *notitia criminis,* a tanto se satisfazendo com a recuperação do bem (art. 46 do Anteprojeto).

Enfim, pode-se fomentar uma política de *descentralização* e de *participação* comunitária na solução dos conflitos, mesmo que mantido o monopólio da jurisdição estatal, que atuaria, então, como gestor e mediador de consensos. Naturalmente, isso não seria possível em relação a quaisquer delitos, sobretudo aqueles já gravemente censurados em texto constitucional. Mas, nada impede que para muitas outras infrações penais se recorra a soluções restaurativas das lesões, sem a incidência do sistema de penas, e, notadamente, daquela privativa da liberdade.

No ponto, registre-se a profícua experiência nacional das APACs – Associação de Proteção e Assistência aos condenados – que instituem um modelo alternativo para a execução penal, a partir de iniciativas da própria comunidade e com o apoio logístico do Estado.

Ali, o cumprimento da pena, qualquer que seja o delito e o regime, é feito mediante monitoramento e vigilância desarmada, por voluntários (particulares) e pelos próprios apenados. Há assistência médica, trabalho, estudo e orientação espiritual, independentemente da religião, a demonstrar o quão importante é a participação comunitária na redução das graves consequências do encarceramento. E, mais, a comprovar também a fecundidade de um modelo comunitário e minimamente descentralizado de execução da pena, ainda que submetido às regras do Juízo da Execução.

FIGUEIREDO DIAS sugere que uma política criminal com tais feições – de descentralização e de participação comunitária, ainda que mínimas – poderia desonerar o Estado de algumas das tarefas com as quais se encontra sobrecarregado, e para cuja realização ele poderia ser substituído com vantagem por comunidades não estatais. E que essa política sequer seria novidade, encontrando aproximação com o *modelo verde* cunhado por J. GALTUNG e com o modelo *societé peri-étatique* defendido por DELMAS-MARTY, feita a ressalva que estes últimos não se inseririam no âmbito de uma política *oficial* de Estado, mas como alternativa da própria sociedade.[20]

E se esse estágio de desenvolvimento civilizatório ainda não for possível – cada povo faz as suas escolhas éticas e culturais – que se dê maior efetividade às penas alternativas ao cárcere, bem como no plano do processo penal, que se recorra menos às prisões preventivas (e temporárias), dado que a Lei 12.403/11 aparelhou no nosso CPP de rico instrumental de medidas cautelares pessoais.

Na Grã-Bretanha e nos EUA das duas últimas décadas, para além do controle oficial da Justiça Criminal, formou-se uma rede de parcerias e de acordos entre agências públicas e privadas com o objetivo de intensificar a prevenção do crime, "primordialmente através da promoção do envolvimento das comunidades e da disseminação de ideias e práticas ligadas à prevenção do crime (policiamento comunitário, painéis de prevenção do crime, programas *Safer Cities*, projetos de *Environmental Design* etc.".[21]

Aliás, não se pode perder de vista que a melhor alternativa para o combate à criminalidade habitual situa-se no âmbito da segurança pública, nas atividades de antecipação e de prevenção à realização de condutas lesivas e capituladas como crime.

[20] Idem, ibidem, p. 68-69.

[21] GARLAND, David. *A cultura do controle*, op. cit., p. 62-63.

E em políticas de pacificação pelas autoridades públicas e não de interdição das liberdades pela força militar.

Nesse passo, merecedora de críticas a previsão de infiltração de agentes contida na Lei 12.850/13, que cuida das organizações criminosas, prevendo diversas alternativas de combate a tais modalidades delituosas. Embora haja ali pontos positivos, como boa parte das disposições atinentes à colaboração premiada (mas, não todas!), há também excessos e equívocos.

Reproduzimos um pequeno trecho das objeções que levantamos sobre a matéria na 18ª edição de nosso *Curso de processo penal, in verbis:*

> "Do ponto de vista de uma política criminal em um país ainda em desenvolvimento civilizatório, Brasil pós-1888, pensamos que a infiltração de agentes poderá produzir retrocessos visíveis *a priori.*
>
> Parece-nos evidente que as organizações criminosas para as quais se pretende instituir a infiltração de agentes não são aquelas que efetivamente causam os maiores danos à sociedade brasileira. Para essas, talvez, as medidas de infiltração sequer seriam eficazes, tendo em vista o avanço e o alto grau de sofisticação de sua estrutura criminosa. O alvo parece ser outro, mas empobrecido e, por isso, mais acessível e permeável a tais ações.
>
> Mas, não teríamos já conflitos suficientes nessa relação? Não teríamos já um diagnóstico bem claro da extensão do problema e das possibilidades de identificação de suas causas e consequências? Mais ainda, não teríamos já uma radiografia pronta e acabada dos núcleos de lideranças de tais organizações?
>
> Todas as observações que vimos de fazer devem ser compreendidas no contexto de nossa realidade histórica atual. O mundo hoje não será o de amanhã, se tudo der um pouco certo!
>
> Nossa rejeição à infiltração prevista na Lei 12.850/13, portanto, está vinculada às condições históricas de sua produção.
>
> [...]
>
> De novo o paradoxo da infiltração: qual conduta é exigível do agente policial? A organização exige que ele atue *para a prática de delitos,* enquanto o Estado dele espera um comportamento heroico, de neutralidade em relação ao crime. Mas, apenas quando possível, veja-se bem! Quando ele, por dever de *ofício* (na organização, é claro), tiver que executar algum ato na cadeia das condutas configuradoras de crimes, estará *previamente exculpado.*
>
> O infiltrado, portanto, tem dois deveres *originários* opostos: o de atuar *em favor dos delitos* e o de colher elementos que demonstrem a prática de tais crimes. Mas, pode surgir outro *dever,* agora *derivado:* o de executar, em algum nível, o delito, quando então não haverá contraposição de deveres: tanto a organização criminosa quanto o Estado esperam dele semelhante comportamento!
>
> Há que ter cuidado na luta contra a violência, pois o terror pode estar dos dois lados."

E, por fim, nos tempos que correm discute-se no Brasil a redução da menoridade penal. Como se vê, a história do homem oferece poucas variações, algumas se repetindo como tragédia, outras como farsa, à lembrança de Karl MARX. Soa-nos constrangedora a ideia, para ficarmos apenas no reconhecimento da legitimidade que tem a população de qualquer povo de se manifestar sobre questões de tamanha magnitude.

Todavia, uma coisa é reconhecer a legitimidade de tais posições; outra é deixar de apreciá-la sob considerações críticas, como convém àqueles que se dedicam, de algum modo, ao funcionamento do sistema penal.

Certamente quem defende essa ideia – de redução da menoridade penal – desconhece a profundidade dos desdobramentos que a questão oferece. Não se trata unicamente de se discutir a capacidade de compreensão do caráter ilícito do fato ou dos fatos praticados pelos menores de 18 anos. E, por outro lado, nem tampouco da simples ampliação evidente da clientela carcerária, que já seria um bom motivo para se refletir ainda mais sobre os impactos que a medida poderia produzir.

Para não irmos muito longe, qualquer discussão mais séria sobre a matéria deveria, no mínimo, partir da identificação do contingente de menores e da natureza de delitos que lhes são ou que lhes podem ser atribuídos. Talvez esse pequenino passo já pudesse dizer muito sobre as razões e os porquês de tais cifras de delinquência juvenil, deixando absolutamente exposta a omissão – essa sim, criminosa – dos poderes públicos em relação à reprodução industrial da pobreza em determinadas comunidades, cuja juventude não tem como escapar ao recrutamento precoce realizado pelo gerenciamento do tráfico de drogas e de outras espécies de criminalidade mais ou menos organizada, mas, de todo modo, consolidada.

Se a justificativa para a redução da menoridade penal for apenas o fato do crime, isto é, a da efetiva existência de ações danosas praticadas pelos menores, que se criminalize, antes, o exercício de determinadas atividades públicas, cuja incidência criminosa, quantitativa e qualitativamente, parece ser muito superior àqueles delitos. O que, evidentemente, também não faz o menor sentido.

II O SISTEMA PENAL BRASILEIRO

Entender o modelo de penas, ou, dito de modo mais amplo, do modelo de *reações* ao fato definido como crime, como vimos, já implica uma aproximação mínima com os horizontes da política criminal, para que se possa, a partir das vinculações que se puderem encontrar na Constituição da República, redefinir o campo de aplicação do Direito Penal positivo.

Veja-se, por exemplo, que nosso texto constitucional (art. 5º, XLVII) proíbe:

a) a pena de morte, salvo em caso de guerra declarada, nos termos do art. 84, XIX;
b) de caráter perpétuo;
c) de trabalhos forçados;

d) de banimento;

e) cruéis.

Para além disso, o conjunto de normas instituidoras de direitos e de garantias individuais e sociais gerais, como é o caso daquelas arroladas no art. 5º, no art. 6º e, por exemplo, no art. 7º, bem ilustra o tipo de Estado gestado na Carta de 1988, que, aliás, já pontifica, desde o início (art. 1º), sua pretensão de alçar-se à condição de Estado Democrático de Direito, tendo por fundamento a *soberania, a cidadania, a dignidade da pessoa humana, os valores sociais do trabalho e da livre iniciativa e o pluralismo político.*

Ora, em sendo assim, parece irrecusável que a base normativa constitucional para a política criminal nacional há de se orientar pelo princípio da *intervenção penal mínima.* Ao examinarmos os princípios fundamentais do Direito Penal, tentamos demonstrar que a intervenção mínima, além de critério de política criminal, deveria e pode também cumprir outro papel, já no campo da aplicação do direito, para o fim de impedir a incidência desarrazoada de tipos e de sanções penais. Em uma palavra: o Direito Penal há de ser a *última ratio* no campo das intervenções estatais.

Mas, não só o Direito Penal, como também o seu principal instrumento de pretendida eficácia – a pena de prisão, privativa da liberdade –, devem seguir o mesmo caminho, isto é, de última alternativa. Justificativas não faltam, a tanto bastando a leitura da Exposição de Motivos de nosso velho Código Penal, itens 26 e 27.

Do ponto de vista do direito positivo, desde a Lei 9.714/98, que instituiu diversas possibilidades de alternativas à pena de prisão, nosso ordenamento esclarece sua preferência por sanções não privativas da liberdade, dado que mais de 90% (noventa por cento) das incriminações foram ou estão submetidas, em tese, às alternativas legais ao cárcere. Bastaria essa constatação para concluirmos pela função de *ultima ratio* da pena privativa da liberdade. Mas há mais e não menos importantes questões dignas de abordagem.

É que a realidade de nosso sistema prisional deve também ser considerada, não só nas considerações e nas escolhas legislativas, mas por ocasião da aplicação das penas, sobretudo ao nível *quantitativo,* do qual emergirão as demais consequências quanto às possibilidades de substituição de pena e do regime prisional. É preciso que se dê um basta a tamanho descalabro de nosso sistema prisional, em que a maioria esmagadora dos presos permanece constituída de negros e pardos, ou brancos e pobres, na mais perfeita tradução das desigualdades sociais que campeiam do lado de fora dos muros das prisões.

No Brasil, como em diversos ordenamentos, há tratamentos diferentes para diferentes realidades do fato criminoso.

No que diz respeito ao *imputável* (incluindo aquele com a capacidade reduzida, nos termos do art. 26, parágrafo único, CP), a principal reação ao crime é a pena privativa da liberdade, em diferentes modalidades de regimes (prisão simples, detenção e reclusão).

Para o *inimputável*, isto é, aquele a quem não se pode atribuir a *culpabilidade* pelo fato, a previsão é de medida de segurança.

O regime de penas, portanto, busca a reprovação ao fato e a prevenção de novos delitos, fundado na *culpabilidade* do agente. A medida de segurança, diferentemente, se dirige contra a *periculosidade*, constatada, necessariamente, a partir da prática de um *injusto penal* (fato típico e ilícito).

A reforma penal de 1984 aboliu o chamado sistema do *duplo binário* em tema de reação ao crime, pelo qual se permitia a possibilidade de aplicação cumulativa de pena e de medida de segurança em relação ao mesmo fato. O modelo anterior era também conhecido por *dualista cumulativo*, precisamente por contemplar a possibilidade de aplicação tanto da *pena* quanto da *medida de segurança* – dualista, portanto – ao mesmo fato e autor.

O atual, em que se veda a aplicação cumulativa das citadas reações (ao mesmo fato), é também designado por *dualista alternativo*, no qual a pena se dirige apenas ao imputável e a medida de segurança somente ao inimputável. Há quem a ele se refira também como *vicariante*, expressão cujo sentido usual parece-nos particularmente inadequado para explicitar o referido modelo.[22]

Note-se que, embora o fundamento de política criminal que autoriza a imposição de medida de segurança se baseie na *periculosidade* do agente, nem por isso se pode pensar nela (medida de segurança) sem a prática anterior do injusto penal. Com efeito, ao Estado não se permite nenhuma atitude de prevenção ao crime que dispense a realização anterior de um fato típico e ilícito.

Com a medida de segurança, espera-se o controle da periculosidade então manifestada, por meio de medidas de assistência e de terapia individual impostas ao agente. Tais medidas se constituem em: (a) a internação em hospital de custódia e tratamento psiquiátrico; e (b) tratamento ambulatorial, conforme ainda veremos mais detidamente.

Ao lado dos modelos *dualistas* (alternativos ou cumulativos), existe também o sistema *monista*, em que a dualidade *pena/medidas de segurança* foi "integralmente substituído pela entidade única das 'medidas' ou das 'coações criminais'[...]como sucede, entre outros, no CP sueco de 1962 ou no projeto de CP francês".[23] A legislação de Portugal mantém o modelo dualista, no sentido de impedir a aplicação cumulativa de pena e medida de segurança para o mesmo fato, ainda que tenha se aproximado de um sistema *tendencialmente* monista, segundo FIGUEIREDO DIAS. Afirma ele que referido sistema "é acentuado por um certo *vicariato* aceito em matéria de *execução* das penas e medidas de segurança. Por uma parte, o próprio CP admite o internamento de imputáveis portadores de anomalia psíquica em estabelecimentos destinados à inimputáveis, mandando descontar na pena" o aludido tempo.[24]

---

[22] Vicariante é uma das formas de distribuição das espécies para além de seu *habitat* natural, em que a separação entre determinados grupos (da mesma espécie) produz a alteração de especialidade neles.

[23] FIGUEIREDO DIAS, Jorge de. *Direito penal português*. As consequências jurídicas do crime, op. cit., p. 54.

[24] Idem, p. 54-55. Aqui, a palavra *vicariato* apresenta o sentido de *substituição de funções*, referida, portanto, ao fato de a pena ser executada e computada (o tempo) da mesma maneira e pelos mesmos fundamentos que a medida de segurança.

Afastada no mundo contemporâneo a compreensão da pena criminal como *mera e só retribuição* ao fato praticado, é bem de ver que somente as penas públicas poderiam exercer a função de prevenção do crime. As medidas de segurança, ao contrário, ainda que manejadas também (ou principalmente!) como proteção social contra o agente que demonstrou sua periculosidade e impossibilidade imediata de outra forma de controle, somente poderiam obter efeitos de prevenção *especial*, a depender, indispensavelmente, da eficácia do tratamento e do nível da moléstia incapacitante.

Por outro lado, enquanto nas medidas de segurança não há lugar algum para a *retribuição*, diante da inimputabilidade, o mesmo não ocorre em relação à pena, em cujo interior, já o vimos, aquela (a retribuição) cumpre importante função, seja como limitação da culpabilidade pelo fato específico, seja como legitimação da espécie e da quantidade de sanção aplicada. De todo modo, jamais como *fundamentação* da pena.

Outra importante questão que vem sendo absolutamente ignorada na legislação penal brasileira diz respeito ao modelo de cominação e de aplicação de penas, via do qual não se faz qualquer distinção entre a *natureza* do crime e a *quantidade* (total) e *qualidade* (detenção, reclusão e seus regimes – aberto, fechado e semiaberto) de pena cominada nos tipos. É dizer: todo o tratamento de escolha da sanção cabível está centralizado no mínimo e máximo de pena cominada.

Pensamos que para alguns delitos e para alguns de seus autores, ainda que enquadrados em tipos mais gravemente apenados, deveriam ser reservadas algumas alternativas aos critérios gerais de punição. A legislação do delito de tráfico de drogas, por exemplo, apesar de excessivamente apenado quanto ao mínimo da sanção cominada – cinco anos (art. 33, Lei 11.343/06) – prevê a possibilidade de redução da pena, de um sexto a dois terços, até para abaixo do mínimo, desde que o agente seja primário e de bons antecedentes, não se dedique às atividades criminosas e nem integre organização criminosa (art. 33, § 4º, Lei 11.343/06).

Com efeito, é preciso não perder de vista que todo delito tem sua singularidade em relação aos demais, quando nada pelas circunstâncias pessoais do agente e sua inserção no meio em que praticado o crime. Assim, o aludido dispositivo legal já permite maior flexibilidade na gestão da política de drogas, dado que autoriza o juiz a avançar sobre a realidade pessoal de cada autor.

E não é só.

Trata-se, em verdade, de levar-se a sério a inegável importância das decisões de política criminal, não só para a compreensão da legislação positiva, mas também – e, talvez, sobretudo! – para a aplicação do Direito. Por isso, o *funcionalismo penal* tem angariado tanta simpatia mundo afora: trata-se de modelo ou de sistema em que as decisões de política criminal devem ser necessariamente consideradas na construção da dogmática do direito penal.

No caso do chamado *tráfico privilegiado*, o que se decidiu, via legislativa e por decisão de política criminal, é que tais pessoas devem receber tratamento distinto daqueles sobre os quais recai o alto juízo de censura e de punição pelo tráfico de drogas. As circunstâncias legais do *privilégio* demonstram claramente o menor juízo de reprovação e, em consequência, de punição de tais pessoas. Não se pode, então, chancelar-se a tais condutas a nódoa da hediondez, por exemplo. (Contudo, o STJ editou o enunciado 512 de sua súmula de jurisprudência, afirmando que o tráfico privilegiado ainda é considerado hediondo).

Eis, então, um caminho: a imposição de pena não deveria estar sempre tão atrelada ao grau de censura constante da cominação abstrata dos tipos penais. O ideal é que se dê ao juiz a possibilidade de exame quanto à *adequação* da sanção imposta e respectivo regime de cumprimento, a partir do exame das características específicas na execução de determinados fatos, cujo contexto em que praticados apresente variantes relevantes (socialmente) em relação ao juízo abstrato de censura cominada na regra geral (pena mínima e máxima).

De outro lado, se há motivos para se elogiar a citada norma penal do art. 33, § 4º, da Lei 11.343/06, haveria que se criticar o mesmo dispositivo, no parte em que proíbe a substituição da pena privativa por penas restritivas de direito. Aqui, a exceção legal feita pela Lei às regras gerais do art. 44, CP, não se justifica – ou pode não se justificar – quando presentes os requisitos subjetivos e objetivos do aludido art. 44, CP.

Não vemos, porém, inconstitucionalidade alguma na alternativa escolhida pelo legislador, nem sob a justificativa – abstrata a mais não poder – da necessidade de igualdade de tratamento entre os todos os condenados. Do mesmo modo que o legislador tem o poder de fixar a pena mínima e a máxima aos tipos penais, segundo um juízo de gravidade de que ele mesmo é o titular, poderia também dispor sobre exceções quanto ao cumprimento de pena de determinados delitos. Mais diremos sobre o tema, deixando, porém, já consignado, que o Supremo Tribunal Federal decidiu pela inconstitucionalidade da citada norma e que o Senado Federal já suspendeu os seus efeitos (Resolução 5, de 2012).

III Revisitando a pena pública

1 Apontamentos

Significativa parte da boa doutrina trata da matéria atinente às teorias e funções da pena por ocasião do exame das diversas espécies, modalidades e dos métodos e critérios de aplicação da pena pública. Não a acompanhamos, bem se vê, já que abordamos a matéria bem ao início desse trabalho, no âmbito da fundamentação do Direito Penal.

A nosso aviso, desde o início em que se coloca o problema da *existência* do Direito Penal, põe-se também, necessariamente, a questão de seus fundamentos e a respectiva pretensão de legitimidade, bem como das funções que poderiam cumprir semelhante desiderato. A pena pública, então, insere-se no campo das sanções jurídicas, impostas ao ato ilícito, em razão da prática de condutas em desconformidade com o Direito válido. E já vimos que mesmo em relação às pessoas jurídicas é possível atribuir-se a responsabilidade penal por atos realizados sob a respectiva gestão, a partir de modernos critérios e regras de imputação, não mais atrelados ao conceito de *ação humana* dirigida à determinada finalidade e às tradicionais categorias do crime, notadamente a da *culpabilidade*.

O que segue adiante, portanto, não é a repetição daquilo que já foi dito. Nesse espaço nos limitaremos, pois, a apenas *revisitar* a questão, diante de sua evidente pertinência com as consequências do crime.

Como já analisado (Título I), a incriminação de determinadas condutas, ou, melhor, a proibição legal de comportamentos lesivos, é absolutamente legítima, em qualquer ambiente democrático que esteja disposto a se valer de algum nível de coercibilidade para a proteção dos bens, dos valores e, enfim, daquilo que se tem por necessário ao convívio ou à coexistência (humana). Naturalmente, não estamos nos referindo, por ora, aos efeitos estigmatizantes que daí decorrem, até porque tais efeitos resultam exclusivamente do sistema de penas privativas da liberdade, cuja origem repousa no tipo de sanção jurídica que acompanha aludidas vedações de condutas.

A incriminação, portanto, enquanto preceito *primário* da norma – proibição da ação ou a atribuição de responsabilidades – não oferece maiores questionamentos. É o seu preceito *secundário* que produz tantos problemas. É a sanção penal que pode e deve ser discutida – e permanentemente – sob o aspecto de sua pertinência, de sua adequação, proporção e, enfim, de sua necessidade. Tudo isso já foi objeto de nossas considerações no Título I deste trabalho. Por aqui, repita-se ainda mais uma vez: a função *da norma proibitiva* é a de proteger bens ou interesses juridicamente valorados; a da pena (sanção) é fazer prevalecer o respeito a ela, com o fim de se evitar novas lesões e novos danos. A escolha do tipo de sanção, contudo, transcende os limites formais da função de apenas garantir a eficácia da proibição. É por isso que se deverá discutir também as finalidades da pena pública (prevenção etc.).

Se no Direito (estatal) em geral a sua coercibilidade parece definitivamente assentada, no âmbito penal, todavia, a formulação das justificativas para as aludidas sanções jurídicas cresce de importância, por razões até muito visíveis: trata-se da mais alta censura estatal reservada aos atos daqueles que coexistem sob e debaixo do mesmo ordenamento jurídico. E é – ou são! – exatamente a pena e as demais consequências jurídico-penais impostas pelo Direito Penal que demonstram o elevado grau de reprovação atribuída à ilicitude criminal.

Tão grave pode ser a resposta penal ao fato danoso que o seu autor poderá ser privado da liberdade de locomoção por considerável parcela de tempo, segundo a gravidade do delito por ele perpetrado. As penas privativas da liberdade, já mesmo em tese, implicam graves restrições a direitos subjetivos e fundamentais, daí por que, ao longo de nosso trabalho, insistimos tanto na necessidade de comedimento de seu uso e manejo. Não bastasse a dureza contida já em abstrato na *privação* da liberdade, a aplicação *concreta* das aludidas penas – privativas da liberdade – em território nacional tem nos levado a todos à inexorável indagação: para que serve mesmo tão violento instrumento, cotidianamente empunhado para a segregação da personalidade, da identidade e para o aviltamento da dignidade humana?

A resposta, que não é solução, é mesmo trágica: a pena pública serve ao *senhor* de seu tempo, distribuída entre os vários setores sociais daqueles que com ela convivem, uns com maior, outros com menor e tantos outros sem qualquer pesar ou comiseração. Desde o seu início, da monarquia mais absoluta às repúblicas de *direita* e de *esquerda* mais radicais, as prisões foram instrumentos do poder da ocasião.

A privação da liberdade, conforme se apregoa desde então, pretende *neutralizar* comportamentos que, reiteradamente, aparecem como os causadores dos maiores danos aos membros da comunidade jurídica que (sobre)vive sob sua tutela. Ou, pelo menos, dos danos mais visíveis ou a cuja visibilidade se dão maior notícia e ênfase. Em outras palavras, a pena servirá àqueles que detêm o controle da produção legislativa incriminadora e que são os verdadeiros responsáveis pelas decisões de política criminal. Obviamente, não estamos nos referindo apenas aos poderes constituídos, mas também àqueles (privados) que os constituem.

No entanto, quando o Direito Penal avança sobre tais agentes políticos e do poder, recorre-se, paradoxalmente, aos discursos articulados em favor dos oprimidos por esse mesmo Poder. Nesse passo, a agora inegável seletividade do sistema penal aparece então em forma de uma bem pensada e perversa *autodeslegitimação* de si mesmo: precisamente aquela significativa parcela de pessoas que comandam os destinos políticos e econômicos dos demais parece aderir então (e aplaudir calorosamente!) ao discurso abolicionista da pena. Vem dali também a pergunta: pena (privativa da liberdade) para quê? Para quem, sabemos todos...

É de fato curioso como uma mesma pergunta pode partir de fontes, de pressupostos e de premissas tão distintas e, no entanto, alcançar o mesmo grau de identidade na indignação da resposta. De modo mais claro: mesmo quando se sabe ou se pensa saber a origem – senão do nascimento, mas, quando nada, da disseminação – da tragédia dos cárceres não se altera a perspectiva do desalentado diagnóstico.

E, como a coroar a majestade do paradoxo, vem das classes sociais que mais, e, *quase* com exclusividade, abastecem o sistema penitenciário o brado em sentido contrário, da necessidade e da legitimidade do sistema, na equivocada percepção que tenham suas vozes ouvidas na extensão desejada. Eis aqui um dos problemas não analisados com profundidade nos discursos que deslegitimam o sistema penal: se não se pode enxergar ali o cidadão que todos desejamos, livre das manipulações eleitoreiras e midiáticas de toda ordem, que reconheçamos, pelo menos, o seu direito fundamental de *estar ali*, em todo o seu condicionamento histórico, e, alienado ou não, ainda assim cidadão, titular do conteúdo de suas manifestações.

Uma coisa é certa: não estamos aqui a apregoar a socialização do terror carcerário, reclamando para dentro dele aqueles que, de um modo ou de outro, são os principais responsáveis pela escolha da sua clientela. Na verdade, no que toca aos modelos prisionais existentes no Brasil, também o *status* social do condenado não se presta a legitimar a privação da liberdade. Com efeito, as prisões brasileiras (presídios e delegacias) descumprem, não só a Lei de Execuções Penais, mas a própria determinação constitucional que veda a inflição de penas cruéis (art. 5º, XLVII, *e*, XLIX). E nada indica uma mudança no atual cenário. Pior: o Direito Penal tem pouco a ver com isso.

Se pensarmos que 90% (noventa por cento) dos crimes previstos na legislação brasileira comportam a substituição da privação da liberdade pelas penas restritivas de direito, o abarrotamento das prisões nacionais explica bem o quão desigual é (ou são) a(s) sociedade(s) brasileira(s), bem como quais são os delitos que ainda recebem a intervenção estatal penal. Como se vê, há crimes e crimes e processos e processos...

Fato é que há normas constitucionais a exigirem aplicação em matéria penal, ainda que aquém daqueles limites e pretensões ali instituídos. A pena privativa da liberdade, instituída para as finalidades para as quais hoje é destinada, vem lá no século XVIII e prossegue até os dias de hoje, encontrando-se consagrada expressamente em nossa Constituição da República. O que aqui se postula é a intransigente defesa da mais adequada e efetiva tutela dos direitos fundamentais, ainda que pela via amarga do Direito Penal.

Primeiro, porque há previsão de semelhante proteção no âmbito constitucional; segundo, porque nem todo o Direito Penal se volta para a privação da liberdade, e, terceiro, porque, se não é possível transformar a realidade social pelas leis penais e processuais penais – e nunca foi essa a missão de nenhum deles! –, é possível pelo menos humanizar a aludida intervenção estatal, seja por meio de alternativas ao cárcere, seja pela minimização dos danos por ele causados.

Obviamente, o Direito Penal não cumpre nenhuma missão que lhe permita a alteração do eixo central das políticas públicas. Se o Direito positivo (estatal), em geral, segue sendo excludente, assim o será também, e com maior eficácia, o Direito Penal. Mudar esse quadro é tarefa que pertence, por primeiro, ao cidadão brasileiro, no dia ou no tempo em que forem cumpridas as promessas do Estado Social, primeiro passo para a concretização de um modelo de Estado de Direito, gestado, gerido e gerenciado para a realização dos direitos do Homem.

2 Funções e teorias legitimadoras da pena

Depois dos estudos acerca da *culpabilidade*, fica mais fácil compreender as relações ou conexões que aproximam as funções da pena de sua efetiva aplicação. É aqui, na fase de aplicação da pena, que se procurará discutir os papéis reservados à prevenção *geral*, que já teria cumprido parte de sua missão na fase de *cominação* da pena, isto é, no momento da tipificação do delito e na previsão da sanção cabível, e à prevenção *especial*, cuja missão se realiza, por excelência, na fase de aplicação e de execução da pena.

Como vimos ao início deste trabalho, por ocasião da abordagem atinente às teorias da pena, se a *retribuição* não pode ser entendida como *fundamento* da pena, ela, por outro lado, pode ser compreendida no âmbito de sua *legitimação*, dado que as funções preventivas não parecem suficientes para oferecer, por si sós, a *medida* da pena. E pena *desmedida* não é pena legítima. Por isso, a retribuição atua como limite da punição, exigindo a conexão da sanção *com o fato praticado*.

Mas por que ficaria mais fácil essa compreensão a partir da análise da *culpabilidade?*

É que repousa na culpabilidade o verdadeiro e derradeiro encontro entre as abstrações legislativas e a realidade do mundo por elas regulados, particularmente no que diz respeito ao Direito Penal. Se o *injusto (penal)* cuida de identificar a matéria proibida, de valorar as circunstâncias gerais de censura e de justificações dos comportamentos, é na culpabilidade que se aproxima o homem real e concreto dos fatos até então objetivados. O agente responde pelo delito na medida de sua *culpabilidade,* conforme o disposto no art. 29, CP. De outro lado, a sua culpabilidade é única, pessoal e intransferível, havendo que ser medida segundo o universo singular de cada responsável pelo crime, à consideração de sua particular inserção no ambiente em que produzido.

Se não vimos necessidade da opção por qualquer roteiro/método *funcionalista* na construção da dogmática penal, isto é, da necessidade de *funcionalizar* as categorias do crime segundo propósitos de política criminal, já na fase de aplicação da pena não há como fugir de semelhante tarefa.

Com efeito, já no início do art. 59 de nosso Código Penal, orienta-se o juiz a observar ou a atender à culpabilidade do agente, além de outras considerações, dentre as quais avulta o critério de *conforme seja necessário e suficiente para reprovação e prevenção do crime.* Vê-se, portanto, que o *processo de medida da pena é (e só pode ser) um puro derivado da posição tomada pelo ordenamento jurídico-penal em matéria de sentido, limites e finalidades da pena.*[25]

Constata-se, então, a conexão absolutamente necessária entre a função preventiva da pena e a culpabilidade do agente, para fins de determinação da pena a ser aplicada. De modo que haverão de combinar-se no interior do juízo de definição da pena ser aplicada, levando-se em conta, de um lado, as necessidades de prevenção do crime, e, de outro, o limite da culpabilidade do autor (agente).

Mais adiante, ao exame específico do papel da culpabilidade na aplicação da pena, ainda voltaremos ao tema, já deixando antecipada aqui uma relevante questão: a culpabilidade mencionada no art. 59 do Código Penal é a mesma que integra o conceito do crime, como fato típico, ilícito e culpável?

E outra: de qual prevenção estaríamos falando? Daquela, *geral,* que tem por objetivo comunicar a todos o significado *das consequências* jurídicas do desrespeito às proibições de condutas penalmente puníveis? Ou, da *especial,* voltada diretamente para o agente do fato, de modo a obter dele a futura observância às normas incriminadoras, seja por meio de efeitos de *intimidação* (prevenção *negativa),* seja por adesão aos respectivos conteúdos (prevenção *positiva*)?

Que se trata de prevenção *especial* não resta dúvida, dado que a *geral* atua essencialmente na fase de *cominação* da sanção no tipo e não na sua *execução.* Restaria saber se apenas ela, a especial, cumpre alguma finalidade nessa fase, de aplicação e de delimitação da medida da pena.

A nosso aviso, sem deixar de registrar a divergência doutrinária na matéria, a função de prevenção geral parece se esgotar inteiramente na fase de cominação da

---

25 FIGUEIREDO DIAS, Jorge de. *Direito penal português.* As consequências jurídicas do crime, op. cit., p. 215.

pena ao tipo. Uma coisa é a obtenção de efeitos de prevenção geral *pela aplicação efetiva* do Direito Penal, de modo a se demonstrar que as normas jurídicas cumprirão o seu destino e suas funções. Outra, muito diferente, parece-nos, é balizar a medida da pena *em aplicação* segundo tais finalidades (de prevenção geral).

A esta altura de nossos trabalhos, porém, não caberia retornar às ricas e intermináveis discussões acerca das funções da pena pública. As considerações pertinentes às relações que tem ela (a pena) com as fundamentações do Direito Penal já foram objeto de exame no início desta obra.

O que se pretende aqui, portanto, é realçar os principais aspectos que ligam as funções da pena à respectiva aplicação, e, de modo muito especial, por escolha do direito nacional, ao papel reservado à prevenção – particularmente a especial – e a culpabilidade.

No entanto, parece-nos também pertinente um recorte daquilo que já foi apreciado lá na fundamentação do direito penal, a fim de se permitir ao leitor a renovação das principais questões que a matéria suscita. Nesse passo, também pode ser levado em conta o fato de que, como o tema ali versado pode ter parecido muito mais chato que na verdade é, porque também associado à fundamentação do Direito Penal, aos sistemas penais, e, enfim, às noções introdutórias desse vasto e complexo universo de tão importante disciplina jurídica.

Reiniciemos o presente tópico, então, com uma ligeira síntese do que de essencial foi ali exposto. Para aquele que lá não permaneceu ou esteve, por falta de paciência, pode ser bem útil o que se segue.

Diz o nosso Código Penal que a pena deve ser aplicada conforme seja suficiente e necessária para reprovação e prevenção do crime (art. 59, CP).

Uma compreensão mais moderna do citado dispositivo deve encaminhar-se no sentido de se tratar ali de uma combinação de fundamentos da teoria *retributiva* com a ideia de *prevenção* de novos delitos. A explicação parece fácil, já que não se pode pensar na pena como *prevenção* do crime *já praticado* e tampouco como *reprovação* do delito *futuro*. Essa, a reprovação do ato futuro, já se contém na norma incriminadora. E como o dispositivo em comento trata da *aplicação* da pena (e não de sua *cominação* no tipo), segue-se a conclusão de que se está a recomendar a *reprovação* do fato praticado por meio da pena que se ajuste a ele, para fins de obtenção de efeitos preventivos como decorrência da eficácia da sanção aplicada.

É certo que não se pode dar primazia à função de reprovação ou de retribuição de pena pelo fato em si, já que a prevenção surge como o ápice da estipulação legal de que ora se cuida, tudo a demonstrar a prevalência da perspectiva preventiva como justificativa para a pena imposta no presente e para aquela que venha a se mostrar necessária no futuro. *Punitur ne ce pecatum* (punir para não se repetir o erro) e não *punitir quia pecatum* (punir quem errou pelo fato do erro).

Dissemos que a teoria então adotada no CP *combinaria* elementos de retribuição e de prevenção. E parece que não há mesmo como escapar dessa *união*. Com efeito, para que seja legítima a pena no ambiente de pretensões preventivas, a incidência do elemento *retributivo* na sanção penal surge como decorrência das diferentes modalidades dos danos e das ações praticadas nos delitos.

Mas, não – e jamais – como fator de *justificação* da pena, mas como critério máximo de determinação de sua medida. Se a prevenção *justifica* os *fins* escolhidos para a pena, a retribuição ou medida da reprovação *legitima* a pena escolhida. Se a única finalidade da pena fosse a de prevenir delitos futuros por que não se aplicar uma e mesma sanção a todos os casos? Não se cumpriria, então, a missão preventiva? Naturalmente, a culpabilidade *pelo fato específico* poderia atenuar o problema, mas não resolvê-lo.

De todo modo, a igualdade de sanção para a desigualdade de crimes afrontaria qualquer critério de justiça que leve em consideração e pessoa do condenado. É por isso que deverá ser levado em conta na escolha da pena pública o tipo de delito praticado, os meios de sua execução, a extensão de suas consequências e a natureza ou a espécie de bem jurídico por ele atingido. A medida da pena *pelo fato praticado,* então, surge como elemento imprescindível para que se tenha uma resposta *justa* ou adequada ao crime. Uma resposta *legítima,* enfim. A *justificativa* constituiria, portanto, o fundamento de política criminal para o controle de novos delitos, enquanto a *legitimidade* da pena seria obtida pela necessária consideração específica do fato praticado, de modo que a cada crime coubesse uma pena a ele proporcional. É nesse espaço que atuaria a *retribuição* da culpabilidade do agente.

Em sua teoria dialética *unificadora* da pena, Claus ROXIN se vale de raciocínio semelhante, ao posicionar a retribuição (pelo fato praticado) como *limite máximo* da pena a ser imposta. Para ele, então, a retribuição não *justifica,* mas oferece o *limite* à pena. A proporcionalidade da pena como critério de *compensação* pela *singularidade* do fato em si está presente na filosofia da pena de HEGEL, seguida, em linhas gerais, por JAKOBS, conforme já tivemos oportunidade de ressaltar lá no Título I, cumprindo-nos advertir que este último autor – JAKOBS – apresenta como justificativa para a pena a simples manutenção da validade da norma penal (que seria o verdadeiro bem jurídico a ser protegido pelo Direito Penal), de modo a impedir a erosão normativa de determinada sociedade.

Observe-se, por fim, que as concepções mais tradicionais da pena se subdividem em duas grandes teorias: as *absolutas* e as *relativas.* Estamos nos referindo somente às concepções que ainda operam com a legitimidade da pena, sem retornarmos àqueles que não vêem razões suficientes para a manutenção do sistema penal.

As teorias relativas buscam a justificação da pena na utilidade futura de seus efeitos, estando associadas, portanto, a determinadas finalidades que ela possa cumprir. As outras, denominadas absolutas, não querem justificar-se para o atendimento de necessidades gerais, mas por critérios – geralmente metafísicos, transcendentes – exclusivamente ligados ao *fato criminoso,* enquanto tal e por isso merecedor da consequência da pena.

Não percamos mais tempo: ninguém pode afirmar, com segurança, quais seriam as razões determinantes da observância (e nem para o descumprimento!) das normas penais incriminadoras. Não há pesquisa disponível que possa atestar que delitos não sejam praticados em razão da pena pública cominada ao comportamento proibido. Haverá sempre outras possibilidades: moralidade, religiosidade, cultura, formação humanística e qualquer outra forma de escolha pessoal quanto às determinações do agir humano. E pode ser também pela ameaça da pena ou até pela *crença* ou pela *confiança* na necessidade do Direito para regular a coexistência, caso em que se veria cumprida, em alguma medida, a principal função atribuída ao Direito Penal.

No entanto, nem sequer uma pesquisa empírica de maior amplitude poderia atestar a prevalência de nenhum desses motivos. E por uma razão nem tão difícil de compreender, ao menos no que se refere àqueles que *ainda não tenham praticado* alguma infração penal mais relevante. É que talvez nem mesmo o Homem possa conhecer-se a esse ponto, isto é, ao nível de poder antecipar suas possíveis reações diante das inúmeras e frequentes adversidades que o mundo da vida nos impõe, cotidianamente.

Mas há algo que nos parece induvidoso, com a devida licença às respeitáveis opiniões em contrário: não é função da pena pública a de *ressocializar* quem quer que seja. Os meios de execução da pena, sobretudo a privativa da liberdade, devem obediência e respeito aos princípios fundamentais dos diversos estatutos civilizatórios, a partir da consideração de que o seu *objeto* – dolorosa e talvez inadequada expressão! – em verdade é um *sujeito*, e, mais claramente, o Homem, titular único da dignidade humana, sob quaisquer condições.

Enquanto o preceito primário da norma penal protege o objeto das valorações humanas mais relevantes e a pena pretende consolidar essa tutela para o futuro, isto é, para evitar novos ataques como aquele realizado no crime que se pune, a ressocialização, quando muito, pode ser um *meio* de *execução* da pena, de modo a oferecer condições de desenvolvimento pessoal do apenado enquanto estiver ele cumprindo a sanção que lhe foi imposta. Com efeito, a execução da pena não pode desconsiderar a natureza de seus propósitos. Se ela é *privativa* da liberdade, que assim o seja e nesse espaço se contenha.

De outro lado, se por *ressocialização* se quiser entender a reinserção do condenado ao convívio após o cumprimento da pena, não há dúvida de que ela (ressocialização) se inseriria como *direito individual*, como, por via oblíqua, sustentava HEGEL (para ele, a pena, por dignificar o homem como pessoa, constituiria *direito* dele).[26] Mas, aí, também não se trataria de função da pena, mas de consequência de seu cumprimento.

O que não se pode tolerar é a previsão legal de execução de pena baseada no suplício, no castigo corporal permanente (para além da privação da liberdade, fique bem claro!) ou qualquer outro meio que venha a reduzir aquele sobre o qual incide à condições aviltantes da essência humana. A pena se impõe ao Homem e não a um animal, por mais bárbaro tenha sido o crime, e ainda que aos olhos de todos nós, no exercício de nosso direito de enxergar as coisas sem a lente da ciência e de outros saberes, assim o pareça. O Estado e seu Direito Positivo devem se orientar por critérios de racionalidade, entendida esta como a atuação *impessoal* de seus órgãos e normas,

---

[26] Essa a visão de Joaquim Carlos SALGADO. *A ideia de justiça em Hegel*. São Paulo: Loyola, 1996. p. 356.

submetidos todos à instâncias de controle de legalidade e de validade de seus atos, o que implica a realização de um interesse *público* e não privado.

Não bastasse, a Constituição da República de 1988 contém previsão nesse sentido, a vedar a imposição de penas cruéis ou de trabalhos forçados (art. 5º, XLVII, *c, e*) bem como a exigir o respeito à integridade física e moral do preso (XLIX).

Tudo isso ao nível *normativo,* é claro! A realidade de nossos presídios e cadeias públicas desmente sistematicamente a ordem jurídica nacional sobre a matéria. É, de fato, *penoso* falar de pena privativa da liberdade.

Enfim, se o que sobrou da pena privativa da liberdade é apenas o seu caráter retributivo, de *castigo* do condenado, e, então, a soma de um *mal praticado* com outro, *merecido,* talvez já não haja muito o que se falar nessa modalidade pública de sanção jurídica. Como adiante se fará, limitando-nos às questões essenciais à dogmática penal do universo das consequências jurídicas do crime.

IV Das espécies de pena

> **Código Penal**: Art. 32. As penas são:
>
> I – privativas de liberdade;
>
> II – restritivas de direitos;
>
> III – de multa.

A partir do gênero *penas,* o ordenamento penal brasileiro estabelece as seguintes espécies, previstas no art. 32, CP, e contidas no art. 5º, XLVI, da CF: *privativas de liberdade, restritivas de direitos* e *multa.* Eis, portanto, as sanções aplicáveis às condutas incriminadas segundo os tipos inscritos no preceito primário das normas penais.

Essas espécies do gênero *penas* podem ser aplicadas *isolada* ou *cumulativamente,* havendo, também, a possibilidade de aplicação das penas restritivas de direitos e da multa em *substituição* à privativa de liberdade. Em princípio, portanto, a pena privativa da liberdade compõe o cenário geral das sanções criminais, ainda quando possa e deva ser substituída por outra, já na sentença condenatória. Explica-se: em princípio, e desde que prevista no tipo, o juiz deve, primeiro, impor a pena privativa da liberdade; ao depois, sendo o caso (arts. 44 e seguintes, CP), deverá substituí-la por outra, de multa ou restritiva de direitos.

Aliás, justifica-se a *autonomia* que se reserva à pena privativa de liberdade por figurar ela no ápice de uma escala de gravidade punitiva, recurso último de intervenção estatal diante de condutas especialmente graves ou de recalcitrância do condenado em submeter-se às sanções estatais. Para cumprir tais finalidades, poderá ter lugar, portanto, a *conversão* das penas aplicadas em substituição – restritivas de direitos – naquela imposta originariamente, a privativa de liberdade, nos casos de descumprimento voluntário das limitações impostas (art. 44, § 4º, CP).

De todo modo, certo é que, sem dela abdicar, o ordenamento jurídico conferiu à pena privativa de liberdade o *status* de medida extrema, no bojo de uma política criminal que, ao menos idealmente, reconhece o potencial criminógeno do cárcere e as graves consequências da banalização do aprisionamento. É o que se extrai da Exposição de Motivos da Parte Geral do Código Penal, pelas mãos da Reforma de 1984, como se verifica em seus itens 26 a 29.

Contudo, ratificando todo o já exposto anteriormente sobre a realidade carcerária brasileira, certo é que a partir de agora nos deteremos exclusivamente sobre as questões dogmáticas que envolvem as penas previstas em nosso ordenamento. Prossigamos, pois, na abordagem a cada uma das espécies de pena previstas no art. 32, CP, em análise que também se servirá de dispositivos da LEP (Lei 7.210/84), por razões óbvias.

1 Da pena privativa da liberdade

1.1 Pena de reclusão, de detenção e prisão simples

> Art. 33. A pena de reclusão deve ser cumprida em regime fechado, semiaberto ou aberto. A de detenção, em regime semiaberto, ou aberto, salvo necessidade de transferência a regime fechado.
>
> § 1º Considera-se:
>
> a) regime fechado a execução da pena em estabelecimento de segurança máxima ou média;
>
> b) regime semiaberto a execução da pena em colônia agrícola, industrial ou estabelecimento similar;
>
> c) regime aberto a execução da pena em casa de albergado ou estabelecimento adequado.
>
> § 2º As penas privativas de liberdade deverão ser executadas em forma progressiva, segundo o mérito do condenado, observados os seguintes critérios e ressalvadas as hipóteses de transferência a regime mais rigoroso:
>
> a) o condenado a pena superior a 8 (oito) anos deverá começar a cumpri-la em regime fechado;
>
> b) o condenado não reincidente, cuja pena seja superior a 4 (quatro) anos e não exceda a 8 (oito), poderá, desde o princípio, cumpri-la em regime semiaberto;
>
> c) o condenado não reincidente, cuja pena seja igual ou inferior a 4 (quatro) anos, poderá, desde o início, cumpri-la em regime aberto.
>
> § 3º A determinação do regime inicial de cumprimento da pena far-se-á com observância dos critérios previstos no art. 59 deste Código.

§ 4º O condenado por crime contra a administração pública terá a progressão de regime do cumprimento da pena condicionada à reparação do dano que causou, ou à devolução do produto do ilícito praticado, com os acréscimos legais.

Observa-se, pois, que o art. 33, CP, apresenta a pena privativa de liberdade sob duas modalidades: *reclusão* ou *detenção*, cuja diferenciação se dá a partir dos regimes de cumprimento que cada uma delas comporta.

Enquanto o cumprimento da pena de *reclusão* admite os regimes fechado, semiaberto ou aberto, prevê o art. 33, CP, que a *detenção* poderá ser cumprida apenas em regime semiaberto ou aberto. A distinção, é de se reconhecer, tem pouca utilidade prática, considerando-se que a precariedade do sistema prisional em nada – ou quase nada – atende às condições que deveriam caracterizar cada um dos regimes, estabelecidos em forma progressiva (art. 33, § 2º, *caput*, CP, e art. 112, LEP).

Diante disso, lógica se apresenta a conclusão no sentido de que a pena de *reclusão*, ao menos em tese, há de ser reservada para infrações idealmente mais graves. Referida modalidade de regime comporta a maior restrição a direitos prevista em nosso ordenamento, no que se diz da possibilidade de submissão do condenado ao regime fechado, seja como forma de iniciar o cumprimento de sua pena, seja pela possibilidade de ser transferido a tal regime por regressão (art. 118, LEP – Lei 7.210/84).

Questões interessantes emergem nesse específico ponto do estudo das possibilidades de diferenciação entre reclusão e detenção, a saber:

1. É possível que alguém condenado pela prática de crime punido com pena de detenção seja transferido para o regime fechado pela prática de falta grave em sede de execução (art. 118, I c/c art. 50 e art. 52, todos da LEP)?;
2. A condenação por novo crime também punido com detenção pode ensejar a transferência para o regime fechado caso a soma das penas supere 8 (oito) anos ou reste caracterizada a reincidência (art. 118, II c/c art. 111, ambos da LEP, e art. 33, § 2º, CP)?

Do ponto de vista legislativo, a resposta a ambas as questões *pode* ser positiva.

É que o art. 33, *caput*, CP, já ressalva a possibilidade de cumprimento de pena em regime fechado pelo condenado em crime punido com detenção, *desde que necessária a transferência de regime*. É dizer, a mesma Lei que assegura o cumprimento de pena em regime semiaberto e aberto para a pena de *detenção* ressalva a possibilidade de transferência para o regime fechado, quando necessário. Restaria identificar as hipóteses de necessidade.

Nesse passo, a alínea *a* do § 2º do citado art. 33, CP, impõe o início de cumprimento de pena em regime fechado em caso de condenação superior a 8 (oito) anos, enquanto as alíneas *b* e *c* parecem limitar a aplicação do regime inicial semiaberto e aberto, respectivamente, ao condenado não reincidente.

Com isso, a resposta à segunda indagação haveria que ser positiva, se considerado que,

a) a unificação das penas dos crimes punidos com detenção superasse 8 (oito) anos; e
b) caracterizada a reincidência do condenado. A ressalva, nesta última situação, da reincidência, ficaria por conta da natureza da quantidade de pena aplicada ao delito punido com detenção: se igual ou inferior a 4 (quatro) anos, o regime inicial deveria ser o semiaberto; se superior, poderia ser o fechado.

Seria também positiva a resposta à primeira formulação, atinente ao cometimento de falta grave no curso da execução penal, já agora fundamentado no art. 118, I, c/c art. 50 e art. 52, todos da LEP (Lei 7.210/84). A falta grave poderia indicar a necessidade de maior rigor no cumprimento da sanção definitivamente imposta, tudo a ser objeto de decisão judicial fundamentada, é claro.

Tudo isso que estamos a apontar diz respeito ao tratamento legislativo da matéria, sem considerações específicas de cada caso concreto e suas inevitáveis singularidades.

Para início de conversa, nem tudo que vem arrolado como falta grave no art. 50 da LEP – Lei 7.210/84 – demonstra a necessidade de regressão do regime, como o atesta, mesmo em tese, a previsão de *provocação de acidente de trabalho* (art. 50, IV, LEP). Por outro lado, a *fuga*, quando facilitada pelo cumprimento de pena em regime semiaberto ou aberto, poderá justificar a necessidade do regime fechado, desde que analisadas com cautela as circunstâncias de cada caso concreto. Se é verdade que ela (fuga) pode muito bem ser entendida como um comportamento absolutamente justificado, afinal a privação da liberdade não pode implicar a *domesticação do corpo e nem do espírito*, de outro lado, não se pode compreendê-la como direito subjetivo. Cada caso será um caso e cada fuga será uma fuga. Umas justificadas, outras não.

De se ver também que qualquer definição de regime de cumprimento de pena deve se pautar, essencialmente, pelo exame detido da natureza do crime, das circunstâncias objetivas e subjetivas de sua execução, e, necessariamente, pela análise das condições pessoais do condenado. Ou seja, a possibilidade ou não de modificação do regime dependerá sempre do exame de cada caso concreto. Não se pode emitir juízo definitivo sobre qualquer espécie de *necessidade jurídica* pela *abstração legislativa*. A Lei, em sua abstração, deve ser o ponto de partida, o referencial com o qual o intérprete deve orientar a aplicação do Direito. Mas, até por circunstâncias óbvias das limitações do vernáculo e da pluralidade de sentidos de tantas expressões e palavras utilizadas na legislação, apenas a apreciação de cada situação em todas e suas especificidades é que poderá oferecer o ponto de chegada.

Não por outra razão, o art. 33, § 3º, CP, alerta para a consideração das circunstâncias judiciais da aplicação da pena também na fixação do regime inicial de seu cumprimento. Assim, mesmo quando presentes, *em tese*, os requisitos legais que autorizariam a transferência do preso para regime mais gravoso, deve o juízo da execução reportar-se também ao exame judicial realizado por ocasião da fase e da determinação da pena previstas no art. 59, CP.

E é na execução da pena, então, que, para muito mais além das abstrações legislativas, deve concretizar-se o juízo acerca da necessidade de agravamento da situação do condenado, tendo-se em mira a gravidade das consequências produzidas pelo encarceramento em regime fechado.

Mas há mais a ser dito.

Dentre as inconveniências que traz a sobrevivência das contravenções penais em nosso ordenamento, destacam-se as dúvidas sempre insistentes – e justificadas – acerca da *natureza* da prisão simples e de seu *modo* de cumprimento.

Em primeiro lugar, cumpre esclarecer que *prisão simples* é fator distintivo das contravenções penais em relação aos crimes/delitos, todos incluídos no grupo maior das infrações penais, consoante se infere do disposto no art. 1º da Lei de Introdução ao Código Penal (Decreto-lei 3.914/41).

Em segundo lugar, no que diz de seu *modo* de cumprimento, extrai-se do art. 6º do Decreto-lei 3.688/41 que a prisão simples deve ser cumprida "sem rigor penitenciário, em estabelecimento especial ou seção especial de prisão comum, em regime semi-aberto ou aberto", estabelecendo seu § 1º que o "condenado a pena de prisão simples fica sempre separado dos condenados a pena de reclusão ou de detenção".

Expostas as diferenciações estabelecidas para a identificação da reclusão, da detenção e da prisão simples, fato é que, na prática, as distinções se dissolvem na vala comum dos estabelecimentos prisionais superlotados e em péssimas condições, em completo abandono por parte do poder público.

Aliás, precariedade que justifica a engenharia jurídica que se faz em busca de aproximar ao máximo a realidade em frangalhos do que dispõem as normas acerca das *penas* e suas *formas de execução/cumprimento*, em verdadeiros esforços que visam à redução dos danos individuais e sociais causados pelo aprisionamento em condições indignas.

Com efeito, não se pode abandonar, por inanição do sistema, o comando legal do art. 1º da LEP, que define como objetivo máximo da execução uma "harmônica integração social do condenado". Abstraindo-nos justificadamente da ilusão/utopia/retórica da *ressocialização* ali idealizada, certo é que o cumprimento da pena privativa de liberdade no Brasil deve respeito a algumas garantias, dentre as quais se destaca a vedação a penas de caráter perpétuo (art. 5º, XLVII, *b*, CF). E, se não poderá ficar para sempre preso,[27] recomendável que o acesso à liberdade por parte do sujeito que,

---

[27] Ressalvada a hipótese de sucessivas condenações no curso do cumprimento de uma pena, segundo se extrai do art. 75, CP:

"Art. 75. O tempo de cumprimento das penas privativas de liberdade não pode ser superior a 30 (trinta) anos. (Redação dada pela Lei nº 7.209, de 11-7-1984)

§ 1º Quando o agente for condenado a penas privativas de liberdade cuja soma seja superior a 30 (trinta) anos, devem elas ser unificadas para atender ao limite máximo deste artigo. (Redação dada pela Lei nº 7.209, de 11-7-1984)

penalmente condenado, esteve dela privado se dê de forma progressiva, com redução escalonada do controle pelo sistema repressivo.

Nada mais óbvio, diante da complexidade que envolve o desligamento do cárcere e o reposicionamento social por parte de quem tem de suportar os estigmas do aprisionamento. Não por acaso, pois, a lei prevê que o cumprimento da pena privativa de liberdade dê-se de forma progressiva, com transferência do apenado do regime mais rigoroso para o imediatamente menos rigoroso, desde que preenchidos os requisitos objetivos (cumprimento de determinada fração da pena aplicada) e subjetivos exigidos (bom comportamento carcerário) – art. 33, § 2º, e art. 112 da LEP.

Assim sendo, tem-se que, em regra, para acessar o regime imediatamente menos rigoroso, deverá o apenado superar 1/6 da pena aplicada, além de ter atestado seu bom comportamento carcerário pelo diretor do estabelecimento prisional (art. 112 da LEP). A exceção à regra que se acaba de expor vem estabelecida na Lei 8.072/90 (art. 2º, § 2º), a definir que a progressão de regime em caso de cumprimento de pena aplicada pela prática de crime hediondo dar-se-á: (1) depois de superados 2/5 da pena aplicada (se primário o apenado) ou (2) após cumpridos 3/5 da reprimenda em execução (se reincidente).[28,29]

Mas o cumprimento da pena privativa de liberdade também contempla a possibilidade de regressão de regime, como se pode extrair do art. 118 da LEP. Afinal, se, por um lado, o bom comportamento do apenado é determinante para seu avanço rumo à liberdade, por outro, a prática de falta grave (art. 50 e art. 52 da LEP) é causa suficiente para o recrudescimento de sua condição prisional, com a regressão para regime mais rigoroso que aquele em que esteja cumprindo sua pena (art. 118, I, LEP).

E mais: a regressão também poderá operar-se em razão de soma de penas cujo resultado seja determinante à definição de regime mais grave que o imposto ao apenado, observadas as referências previstas nas alíneas do § 2º do art. 33 do CP (art. 118, II, LEP).

Estas últimas questões e respectivas considerações já foram objeto de apreciação bem ao início da abordagem da matéria (reclusão, detenção e prisão simples).

---

§ 2º Sobrevindo condenação por fato posterior ao início do cumprimento da pena, far-se-á nova unificação, desprezando-se, para esse fim, o período de pena já cumprido."

[28] Observe-se, entretanto, que o cumprimento dessas frações de pena só pode ser exigido daqueles condenados por crimes hediondos ou equiparados praticados após a entrada em vigor da Lei 11.464/07. Afinal, diante da reconhecida inconstitucionalidade da regra antes vigente (art. 2º, § 1º, da Lei 8.072/90) – que determinava o integral cumprimento da pena aplicada pela prática de crime(s) hediondo(s) ou equiparado(s) em regime fechado –, aos crimes perpetrados antes da entrada em vigor da referida lei, passou-se a aplicar a regra geral, prevista no art. 112 da LEP.

[29] Mas não é só. Segundo a Súmula Vinculante 26, a progressão de regime nos casos de cumprimento de pena por crime hediondo ou equiparado poderá ser condicionada ao resultado de exame criminológico, cuja realização for determinada pelo juiz em decisão fundamentada. Tal exigência extrapola o que prevê o art. 112 da LEP, segundo o qual a apuração do requisito subjetivo de acesso à progressão depende apenas de bom comportamento carcerário atestado pelo diretor do estabelecimento prisional.

1.2 O regime fechado

Art. 34 . O condenado será submetido, no início do cumprimento da pena, a exame criminológico de classificação para individualização da execução.

§ 1º O condenado fica sujeito a trabalho no período diurno e a isolamento durante o repouso noturno.

§ 2º O trabalho será em comum dentro do estabelecimento, na conformidade das aptidões ou ocupações anteriores do condenado, desde que compatíveis com a execução da pena.

§ 3º O trabalho externo é admissível, no regime fechado, em serviços ou obras públicas.

Destaque-se, inicialmente, que o regime fechado é reservado aos condenados a pena que supere 8 (oito) anos ou que sejam reincidentes, ainda que menor a reprimenda aplicada (art. 33, § 2º, CP).

Conforme já antecipado, trata-se do regime mais grave de cumprimento de pena, cuja execução, segundo o art. 33, § 1º, *a*, CP, deve dar-se – ou ao menos deveria dar-se – em estabelecimento de segurança máxima ou média, condições que, em tese, poderiam ser encontradas nas penitenciárias (art. 87, LEP).

Ressalvado o acima exposto, as disposições do art. 34, CP, organizadas sob o título de *regras do regime fechado*, têm pouca ou quase nenhuma efetividade.

Embora a LEP (Lei 7.210/84) preveja a necessidade de submissão do condenado a uma equipe multidisciplinar, a fim de viabilizar a individualização da pena (arts. 5º ao 9º da LEP), trata-se de disposição tão retórica quanto aquelas que preveem o isolamento noturno ou a atribuição de trabalho adequado às aptidões e ocupações anteriores do apenado (art. 34, §§ 1º e 2º, CP).

Quanto à possibilidade de trabalho externo, prevista no art. 34, § 3º, do CP,[30] observa-se algum esforço dos tribunais em autorizá-lo, mesmo que as atividades não envolvam serviços ou obras públicas. Porém, na medida em que as autorizações são condicionadas à vigilância direta por escolta,[31] o trabalho externo termina inviabilizado, restando insuperado o problema do ócio prisional.

---

[30] A regular o trabalho externo em regime fechado, assim dispõe o art. 36 da LEP:

"Art. 36. O trabalho externo será admissível para os presos em regime fechado somente em serviço ou obras públicas realizadas por órgãos da Administração Direta ou Indireta, ou entidades privadas, desde que tomadas as cautelas contra a fuga e em favor da disciplina.

§ 1º O limite máximo do número de presos será de 10% (dez por cento) do total de empregados na obra.

§ 2º Caberá ao órgão da administração, à entidade ou à empresa empreiteira a remuneração desse trabalho.

§ 3º A prestação de trabalho à entidade privada depende do consentimento expresso do preso."

[31] Vide, do STJ: HC 42444/RS (Relator: Min. José Arnaldo da Fonseca – Órgão Julgador: T5 – Data do Julgamento: 13-9-2005 – Data da Publicação/Fonte: *DJ* 3-10-2005) e HC 44369/DF (Relator: Min. Gilson Dipp – Órgão Julgador: T5 – Data do Julgamento: 13-9-2005 – Data da Publicação/Fonte: *DJ* 3-10-2005).

1.3 O regime semiaberto

> Art. 35. Aplica-se a norma do art. 34 deste Código, *caput*, ao condenado que inicie o cumprimento da pena em regime semi-aberto.
>
> § 1º O condenado fica sujeito a trabalho em comum durante o período diurno, em colônia agrícola, industrial ou estabelecimento similar.
>
> § 2º O trabalho externo é admissível, bem como a frequência a cursos supletivos profissionalizantes, de instrução de segundo grau ou superior.

Por sua vez, o regime semiaberto é aquele reservado aos condenados a pena superior a 4 (quatro) anos e que não ultrapasse 8 (oito), ressalvada a situação dos reincidentes (art. 33, § 2º, CP) e dos que o acessem por progressão.

Segundo a lei – e só segundo a lei –, os estabelecimentos penais adequados ao cumprimento da pena em regime semiaberto seriam as colônias agrícolas, industriais ou quaisquer outros centros profissionalizantes similares. Porém, consabido é que tais estabelecimentos são raríssimos no Brasil, sendo ainda comum o cumprimento de pena em cadeias públicas por falta de estabelecimento mais adequado.

A saída encontrada para a falta de colônias agrícolas ou industriais passa pela concessão de autorização para trabalho externo ou frequência a cursos (estudo), tal como autorizado no art. 35, § 2º, CP, observadas as disposições do art. 37 da LEP.

Aliás, vale consignar que, segundo o referido art. 37 da Lei 7.210/84, é atribuição da direção do estabelecimento conceder ou não a autorização para o trabalho externo, o que merece destaque à medida que, na prática, o procedimento é quase sempre judicializado. Diga-se, ainda, que a jurisprudência é predominante em entender pela desnecessidade de se aguardar o cumprimento de um sexto da pena (art. 37, LEP) para que se autorize o trabalho externo, estando o condenado em regime semiaberto.[32]

Ante a ausência de estabelecimentos adequados e a superlotação dos inadequados – em sentido amplo –, alternativa cada vez menos rara tem sido a determinação de permanência no regime aberto ou mesmo a concessão de prisão domiciliar, em caráter excepcional, para os apenados que estejam em regime semiaberto, mas que acabam sendo submetidos a condições compatíveis com o regime fechado.[33]

---

[32] Do STJ: HC 255781/RS – Relatora: Minª. Maria Thereza de Assis Moura – Órgão Julgador: T6 – Data do Julgamento: 7-2-2013 – Data da Publicação/Fonte: *DJe* 20-2-2013; HC 184291/RS – Relator: Min. Gilson Dipp – Órgão Julgador: T5 – Data do Julgamento: 26-4-2011 – Data da Publicação/Fonte: *DJe* 16-5-2011.

[33] Nesse sentido, e por todos, o seguinte julgado do STJ:

"AGRAVO REGIMENTAL NO RECURSO ESPECIAL. EXECUÇÃO PENAL. INEXISTÊNCIA DE ESTABELECIMENTO COMPATÍVEL COM O REGIME SEMIABERTO. TRANSFERÊNCIA PARA O REGIME ABERTO ATÉ O SURGIMENTO DE VAGA. ALEGADA OFENSA AO Art. 112, *CAPUT*, DA LEP E ART. 573, § 1º, DO CPP. AUSÊNCIA DE PREQUESTIONAMENTO. NULIDADE RECONHECIDA PELO TRIBUNAL DE JUSTIÇA. PERMANÊNCIA DO APENADO NO REGIME ABERTO ATÉ QUE NOVA DECISÃO SEJA PROFERIDA. ACÓRDÃO PROFERIDO EM CONSONÂNCIA COM O ENTENDIMENTO DO STJ. AGRAVO REGIMENTAL IMPROVIDO. [...] 2. O Superior Tribunal de Justiça tem entendido que a inércia do Estado em disponibilizar vagas ou até mesmo estabelecimento adequado ao cumprimento de pena no regime

Os condenados que cumprem sua pena em regime semiaberto também têm direito às saídas temporárias, previstas nos arts. 122 a 125 da LEP. Trata-se de instituto que se justifica pela necessidade de progressiva redução da vigilância sobre o apenado em seu processo de *ressocialização* (retorno ao seu ambiente).

Sua concessão depende de decisão judicial, alcançando condenados que tenham bom comportamento carcerário atestado pela direção do estabelecimento prisional e que tenham cumprido 1/6 da pena, se primários, ou 1/4, se reincidentes. As saídas temporárias serão autorizadas por até cinco vezes no ano, em períodos não superiores a 7 dias, preferencialmente em datas que propiciem o convívio do apenado com seus familiares (datas de aniversário, festejos natalinos etc.).

A lei cuidou de estabelecer um período mínimo de 45 dias entre uma saída e outra (art. 124, § 3º, LEP), assegurando, ainda, a possibilidade de autorização das saídas temporárias para frequência a "curso profissionalizante, de instrução de ensino médio ou superior", hipótese na qual "o tempo de saída será o necessário para o cumprimento das atividades discentes" (art. 124, § 2º, LEP).

Acrescente-se que a saída temporária é submetida a condições, podendo o juízo da execução penal acrescentar às previstas em lei outras que entenda pertinentes e adequadas ao caso especificamente considerado (art. 124, § 1º, da LEP).

Observe-se, por fim, a previsão legal de revogação automática da autorização de saída temporária – ou seja, sem prévia oitiva do apenado ou do Ministério Público –, caso se verifique a prática de fato definido como crime doloso, punição por falta grave, descumprimento das condições impostas ou se constate baixo grau de aproveitamento do curso que ensejou a decisão (art. 125, LEP).

1.4 O regime aberto

> Art. 36. O regime aberto baseia-se na autodisciplina e senso de responsabilidade do condenado.
>
> § 1º O condenado deverá, fora do estabelecimento e sem vigilância, trabalhar, frequentar curso ou exercer outra atividade autorizada, permanecendo recolhido durante o período noturno e nos dias de folga.
>
> § 2º O condenado será transferido do regime aberto, se praticar fato definido como crime doloso, se frustrar os fins da execução ou se, podendo, não pagar a multa cumulativamente aplicada.

O regime aberto é aquele que a lei reserva aos condenados a pena igual ou inferior a 4 (quatro) anos, com as ressalvas comuns para a situação dos reincidentes (art. 33, § 2º, CP) e dos que o acessem por progressão. Segundo se extrai da alínea *c* do

semiaberto autoriza, ainda que em caráter excepcional, o cumprimento da reprimenda no regime aberto, ou, na sua falta, em prisão domiciliar" (AgRg no REsp 1367274/SE – Relator: Ministro Marco Aurélio Belize – Órgão Julgador: T5 – Data do Julgamento: 28-5-2013 – Data da Publicação/Fonte: *DJe* 10-6-2013).

art. 33, § 1º, CP, o cumprimento de penas em regime aberto deve dar-se "em casa de albergado ou estabelecimento adequado".

Porém, como sói acontecer, a *casa de albergado* (arts. 93 a 95 da LEP) ou os *estabelecimentos adequados* para cumprimento da pena em regime aberto são outra promessa não cumprida de nossa legislação de execução penal. E o que é pior: à falta de estabelecimentos adequados, toda sorte de malabarismos na administração carcerária termina por permitir que sejam acolhidos (!) em estabelecimentos prisionais superlotados os condenados que se encontrem formalmente em regime semiaberto ou aberto.

Na prática, pois, todos ficam em condições que mais se aproximam[34] do regime fechado, com as óbvias e gravíssimas consequências que dali resultam. Dada a ausência de separação efetiva entre os regimes – e mesmo entre os condenados e os presos provisórios –, os apenados que estejam em regime semiaberto ou aberto terminam por ser o contato dos provisórios ou daqueles que estejam em regime fechado com o ambiente externo. Fácil concluir, então, como são tantas as armas, as drogas e os aparelhos de telefonia celular que *entram* nos estabelecimentos prisionais. Difícil é entender por que isso acontece nas prisões brasileiras, se em nossos bancos (instituições financeiras) não se consegue entrar com chaves nos bolsos...

O ingresso ou permanência (art. 118, § 1º, LEP) no regime aberto dependerá da obediência a determinadas condições impostas pelo juízo da execução, segundo a lei e conforme o caso especificamente considerado (art. 115 e art. 116, LEP). Diga-se, inclusive, que o ingresso no regime aberto (por progressão) depende da aceitação das condições impostas e do programa que estabelecem, bem como do desempenho de atividade laboral ou da comprovação da imediata possibilidade de fazê-lo (desempenhar atividade laboral) – art. 113 e art. 114, LEP.

Cabem, aqui, algumas considerações.

Por óbvio, uma vez que estamos longe de uma realidade de pleno emprego, quando a LEP se refere ao desempenho de trabalho ou à imediata possibilidade de fazê-lo enquanto condição de ingresso no regime aberto, não se pode interpretá-la como a exigir o exercício de atividade laboral formal. Parece-nos inaceitável uma análise restritiva da norma, como, por exemplo, a que exija o trabalho "com carteira assinada", conforme expressão popular. Nada impede que o ingresso no regime aberto seja autorizado àquele que estude ou desempenhe atividade laboral na informalidade. Fechar os olhos a essa realidade é reproduzir a política de punição dos marginalizados *de* e *desde sempre*, os quais, por isso mesmo, têm mais dificuldades de conseguir um emprego formal. E mais: se essa *dificuldade* já existia antes do encarceramento, provavelmente se converterá em *impossibilidade* após a oficialização do estigma de criminoso.

Pela importância do tema e pelo arejamento hermenêutico, vale a transcrição de julgado do Superior Tribunal de Justiça, em que a realidade acima descrita é bem analisada:

---

[34] E a expressão *mais se aproximam* justifica porque, em regra, trata-se de condições inadequadas até mesmo para o regime fechado.

> *HABEAS CORPUS*. ESTUPRO. AGRAVO EM EXECUÇÃO. *WRIT* SUBSTITUTIVO DE RECURSO PRÓPRIO. NÃO CONHECIMENTO. VIA INADEQUADA. PROGRESSÃO AO REGIME ABERTO. REQUISITOS. INTERPRETAÇÃO DO ART. 114, I, DA LEI Nº 7.210/84. ESTIPULAÇÃO DE UM PRAZO RAZOÁVEL PARA A COMPROVAÇÃO DO TRABALHO LÍCITO. CONCESSÃO DA ORDEM DE OFÍCIO. CONSTRANGIMENTO ILEGAL EVIDENTE.
>
> [...] 3. Embora o art. 114, inciso I, da Lei nº 7.210/1984 exija que o condenado comprove a possibilidade imediata de trabalho para a progressão ao regime aberto, tal regra deve ser interpretada em consonância com a realidade social, sob pena de inviabilizar por completo a concessão dessa benesse e, por conseguinte, a finalidade ressocializadora almejada na execução penal. 4. É certo que as pesquisas apontam uma redução significativa na taxa de desemprego no Brasil, entretanto, a realidade mostra que as pessoas com antecedentes criminais encontram mais dificuldade para iniciar-se no mercado de trabalho (principalmente o formal), o qual está cada vez mais exigente e competitivo. 5. Se, de um lado, não é razoável condicionar a progressão de regime à demonstração prévia de ocupação lícita, de outro lado, também não é aceitável deixar de observar às regras concernentes à Execução Penal e seus princípios basilares. 6. O que se espera do reeducando que se encontra no regime aberto é sua reinserção na sociedade, condição esta intrinsecamente relacionada à obtenção de emprego lícito, o qual poderá ser comprovado dentro de um prazo razoável, a ser fixado pelo Juiz da Execução. 7. *Habeas corpus* não conhecido. Ordem concedida de ofício para restabelecer a decisão do magistrado de primeiro grau, que deferiu ao paciente a progressão ao regime aberto, com a recomendação ao Juízo da Execução que estabeleça um prazo razoável para que o apenado comprove ocupação lícita. (HC 180940/RJ – Relator: Min. Ogg Fernandes – Órgão Julgador: T6 – Data do Julgamento: 21-2-2013 – Data da Publicação/Fonte: *DJe* 1º-3-2013).

Observe-se que, por ser *conditio sine qua non* de ingresso e permanência no regime aberto, o trabalho desempenhado pelo apenado a ele submetido não dá direito à remição.[35] Aliás, segundo a previsão legal, a remição somente é cabível aos condenados que estejam nos regimes fechado ou semiaberto, desempenhando atividade laboral ou estudando (art. 126, LEP).[36]

O mesmo se aplica às saídas temporárias, sendo prevalente a jurisprudência no sentido da impossibilidade de sua autorização a apenados submetidos ao regime aberto.

Tais restrições, ou seja, (a) impossibilidade de remição por dias de trabalho ou estudo; (b) impedimento às saídas temporárias, e (c) ausência de estabelecimento diferenciado para cumprimento de pena no regime aberto, dão ensejo à curiosa situação,

---

35 Sobre a remição e o abatimento de dias de pena pelo estudo ou trabalho, vide arts. 126 a 130 da LEP.

36 Nesse sentido, os seguintes julgados do STJ: AgRg no REsp 1339093/RS – Relator: Min. Marco Aurélio Bellizze – Órgão Julgador: T5 – Data do Julgamento: 18-12-2012 – Data da Publicação/Fonte: *DJe* 1º-2-2013; AgRg no HC 258029/RS – Relator: Min. Campos Marques (Desembargador convocado do TJ/PR) – Órgão Julgador: T5 – Data do Julgamento: 19-3-2013 – Data da Publicação/Fonte: *DJe* 22-3-2013.

para dizer o mínimo. Os apenados optam por não progredir para o regime aberto, uma vez que suas condições são, na prática, mais gravosas que as do regime semiaberto, a não ser quando concedida a prisão domiciliar, reconhecida a excepcionalidade de que já se cuidou no tópico anterior.

1.5 Direitos do preso[37]

> Art. 37. As mulheres cumprem pena em estabelecimento próprio, observando-se os deveres e direitos inerentes à sua condição pessoal, bem como, no que couber, o disposto neste Capítulo.
>
> Art. 38. O preso conserva todos os direitos não atingidos pela perda da liberdade, impondo-se a todas as autoridades o respeito à sua integridade física e moral.
>
> Art. 39. O trabalho do preso será sempre remunerado, sendo-lhe garantidos os benefícios da Previdência Social.
>
> Art. 40. A legislação especial regulará a matéria prevista nos arts. 38 e 39 deste Código, bem como especificará os deveres e direitos do preso, os critérios para revogação e transferência dos regimes e estabelecerá as infrações disciplinares e correspondentes sanções.
>
> Art. 41. O condenado a quem sobrevém doença mental deve ser recolhido a hospital de custódia e tratamento psiquiátrico ou, à falta, a outro estabelecimento adequado.

Ante a vedação a penas cruéis (art. 5º, XLVII, *e*), em um contexto orientado pela preservação máxima da dignidade humana, a síntese do que são – ou deveriam ser – os direitos do preso vem bem expressa no art. 38 do CP (art. 40, LEP), segundo o qual o "preso conserva todos os direitos não atingidos pela perda da liberdade, impondo-se a todas as autoridades o respeito à sua integridade física e moral".

Sendo assim, por certo que condições excepcionais devem ser tratadas em sua excepcionalidade, já pela lei. Daí as disposições legais diferenciadas no que diz respeito ao encarceramento de mulheres (art. 37 do CP, arts. 83, §§ 2º e 3º, e 89 da LEP), aos idosos e gravemente enfermos (art. 117 da LEP), com previsão expressa de desencarceramento para internação ou tratamento ambulatorial daqueles aos quais sobrevenha doença mental ou a perda de discernimento por qualquer outra causa (art. 41 do CP e arts. 183 e 184 da LEP).

Vale também acrescentar que o direito ao trabalho remunerado é garantia constitucional, para além do exposto no art. 39 do CP e no art. 41, II, da LEP. Aliás, deste dispositivo da LEP (art. 41) extrai-se não só haver a garantia legal de remuneração pelo trabalho e ao descanso (II e V), como também à previdência social (III) e constituição de pecúlio (IV).

---

[37] Em seus arts. 38 a 43, a LEP faz enumeração de *deveres* (arts. 38 e 39) e *direitos* dos presos (40 a 43).

Nada mais sistematicamente coerente, quando se pensa na vedação constitucional a penas que impliquem trabalhos forçados (art. 5º, XLVII, *c*, da CF) e a uma estrutura de repúdio a qualquer tipo de escravização. Contudo, nada mais falacioso, se lidos os direitos com atenção ao que se passa em realidade.

Mas há mais a dizer.

O art. 15 de nossa Constituição veda a cassação de direitos políticos, admitindo, entretanto, sua suspensão no caso de condenação criminal transitada em julgado, enquanto durarem seus efeitos (inciso III). Com isso, os condenados em cumprimento de pena, enquanto durarem os respectivos efeitos, não poderão exercer os direitos políticos, de modo que estarão privados, inclusive, do direito de votar. Com justificadas e expressas razões, não poderão candidatar-se a cargo eletivo (art. 14, § 3º, II, CF).

1.6 Da detração

> Art. 42. Computam-se, na pena privativa de liberdade e na medida de segurança, o tempo de prisão provisória, no Brasil ou no estrangeiro, o de prisão administrativa e o de internação em qualquer dos estabelecimentos referidos no artigo anterior.

Detrair significa *abater*, sendo a *detração* do art. 42, CP, portanto, o *abatimento*, na pena definida em condenação, do tempo de restrição à liberdade suportado por razões cautelares pelo já então apenado. Trata-se, sem dúvida, de uma forma de *compensar* a gravidade das restrições à liberdade de cunho cautelar, descontando-se o tempo que o réu as teve de suportar quando da aplicação de sua pena.

E alguns pontos da explicação sintetizada no parágrafo acima merecem detalhada atenção.

Primeiramente, observe-se que o abatimento na pena aplicada não se dá somente pelo tempo de efetiva prisão ou internação (art. 319, VII, CPP) imposta ao réu no curso da persecução. O cuidado em dizer de *restrição à liberdade* justifica-se porque a prisão provisória já não é a única cautelar que implica efetiva constrição ao direito de ir e vir daqueles submetidos à persecução penal.

Consoante já destacado noutras oportunidades, a Lei 12.403/11 determinou profundas alterações no sistema de cautelares de nosso processo penal. No que aqui interessa, vale destacar que, além de disposições inovadoras relativas à prisão provisória, a citada lei introduziu em nosso ordenamento outras cautelares, dentre elas o recolhimento domiciliar no período noturno e nos dias de folga do investigado/réu (CPP, art. 319, V). Também incluiu em nosso sistema processual penal a prisão domiciliar substitutiva da preventiva, segundo o disposto nos arts. 317 e 318, CPP.

E, sem dúvidas, as medidas acima indicadas representam significativa restrição à liberdade de quem a elas se submeta, justificando que o período que as tenha suportado o sentenciado no curso da persecução seja descontado da pena que lhe seja aplicada. Naturalmente, o tempo de compensação ou de abatimento da pena poderá ser objeto de inevitáveis debates, no que toca especificamente ao *recolhimento noturno*, no qual somente se restrinja a liberdade *parcialmente*. Como quer que seja a conta final, o caso será de detração, ainda que em percentuais proporcionais.

Em segundo lugar, vale destacar que a detração, atualmente, já há de ser considerada na sentença condenatória para o adequado estabelecimento do regime em que deverá iniciar-se o cumprimento da pena. Trata-se de inovação introduzida no Código de Processo Penal pela Lei 12.736/12, que acrescentou ao art. 387 um § 2º com a seguinte disposição: "o tempo de prisão provisória, de prisão administrativa ou de internação, no Brasil ou no estrangeiro, será computado para fins de determinação do regime inicial de pena privativa de liberdade".

E as mudanças não são poucas, embora se verifique uma quase repetição do previsto no art. 42 do CP.

De plano, vale destacar que a detração passa a produzir efeitos na determinação da pena e não somente em sua execução. Isso, no mínimo, facilita sua aplicação eficaz, sendo inegável que o juiz de primeira instância encontra melhores condições para apurar os dias de restrição cautelar à liberdade suportados pelo réu ao longo da persecução, para, então, abatê-los da pena que lhe impõe. Evitam-se, assim, os difíceis cálculos feitos em apuração regressiva pelo juízo da execução, que nem sempre tem à sua disposição imediata cópia integral do processo condenatório, o que representa considerável entrave ao cômputo do tempo de restrição à liberdade cautelar a que esteve submetido o apenado. E vale destacar que nem sempre esta restrição se dá sem intervalos, o que demanda acurada análise dos autos do processo condenatório para apuração dos dias a serem detraídos.

Cumpre asseverar, ainda, que o tempo de submissão a cautelares restritivas de liberdade também deverá ser abatido das penas *restritivas de direitos* aplicadas em condenação, desde que haja identidade entre as *espécies* de uma (cautelar) e outra (restritiva de direitos). É o que se verifica, por exemplo, no caso de prestação de serviços à comunidade, espécie de pena restritiva de direitos que comporta a detração.

Uma inquietante questão diz respeito à possibilidade de detração do tempo de prisão provisória (preventiva) quando houver substituição da pena privativa aplicada na condenação por uma ou mais restritivas de direito. Seria possível a detração entre sanções tão distintas?

Pensamos que sim. E por uma razão que julgamos até bem simples: a pena aplicada será a de privação da liberdade, depois, então, substituída pela restritiva de direitos. Assim, deve-se, já à saída, antes da conversão, detrair-se o tempo de prisão provisória e somente aí proceder-se à substituição, ou seja, pela pena restante. Desse modo sequer se teria que discutir a inconveniência de se aplicar a detração entre espécies totalmente diferentes (privação da liberdade e restrição de direitos).

Mas há ainda uma última questão merecedora de análise.

Muito se discute sobre a possibilidade de detrair de penas aplicadas o tempo de restrição cautelar à liberdade suportado em persecuções ao final das quais se tenha uma decisão (sentença/acórdão) absolutória.

Sobre o tema, eis o que diz Paulo QUEIROZ:[38]

> Em verdade, nada impede que se mantenha essa *conta corrente* com o criminoso, pois, ao se lhe decretar a absolvição ou ser extinta a punibilidade, não se está propriamente diante de um delinquente, mas diante de um não delinquente a quem se impôs uma prisão ilegal, o qual deve ser de alguma forma compensado, mesmo porque dispõe a Constituição Federal que "o Estado indenizará o condenado por erro judiciário, assim como o que ficar preso além do tempo fixado na sentença" (art. 5º, LXXV). E certamente a detração é a forma mais adequada e pronta de se lhe atenuar, ao menos em parte, o ilegal constrangimento.

Não acompanhamos a fundamentação do ilustre penalista, no que toca, especificamente, à conta corrente do aprisionado e ao dever de indenização do Estado por erro judiciário. Se a prisão então decretada decorrera de *necessidade* e de *indispensabilidade,* e, mais, de ordem escrita e fundamentada da autoridade judicial competente, como de rigor, não há que se falar em erro judiciário e muito menos em direito à indenização. Ressalve-se, é claro, não só a hipótese de erro, mas de abuso de autoridade ou de sua má-fé. Fora daí, incabível cogitar-se de indenização.

Quanto ao mais, a ele fazemos coro, com ressalvas. Detrair a prisão provisória é abater o respectivo prazo da pena imposta pelo Estado. E mesmo quando a prisão cautelar tenha sido justificada naquele processo em que teria sido absolvido o acusado (ou extinta a punibilidade do crime), o fato é que estaríamos diante da privação efetiva da liberdade, a ser reconhecida pelo Estado na execução de qualquer pena privativa da liberdade.[39]

De se observar, no entanto, que essa seria uma medida excepcional e que não pode e nem deve ser entendida como direito subjetivo daquele que esteve aprisionado. Uma coisa é reconhecer-se no tempo de condenação aquele outro (tempo) em que já ocorreu a privação da liberdade, ainda que baseada em outra fundamentação, dissociada do processo em execução. Isso poderá ser feito e justificado, excepcionalmente, a partir do exame acurado das circunstâncias do crime e das condições pessoais do agente, bem como dos fundamentos utilizados para a absolvição. Outra coisa é tratar a questão como direito subjetivo do condenado, como se ele tivesse em seu favor *créditos penitenciários.* O risco aqui seria o da implícita autorização ou estímulo à prática de delitos, quando superior o *crédito* pelo tempo de prisão em relação às sanções a serem *abatidas.*

2 Das penas restritivas de direito

> Art. 43. As penas restritivas de direitos são:
>
> I – prestação pecuniária;
>
> II – perda de bens e valores;

[38] QUEIROZ, Paulo de Souza. *Direito penal*: parte geral. 6. ed. Rio de Janeiro: Lumen Juris, 2010. p. 412.

[39] Ver nosso *Curso de processo penal.* 19. ed. São Paulo: Atlas, 2015.

III – [...]

IV – prestação de serviço à comunidade ou a entidades públicas;

V – interdição temporária de direitos;

VI – limitação de fim de semana.

Art. 44. As penas restritivas de direitos são autônomas e substituem as privativas de liberdade, quando:

I – aplicada pena privativa de liberdade não superior a quatro anos e o crime não for cometido com violência ou grave ameaça à pessoa ou, qualquer que seja a pena aplicada, se o crime for culposo;

II – o réu não for reincidente em crime doloso;

III – a culpabilidade, os antecedentes, a conduta social e a personalidade do condenado, bem como os motivos e as circunstâncias indicarem que essa substituição seja suficiente.

§ 1º [...]

§ 2º Na condenação igual ou inferior a um ano, a substituição pode ser feita por multa ou por uma pena restritiva de direitos; se superior a um ano, a pena privativa de liberdade pode ser substituída por uma pena restritiva de direitos e multa ou por duas restritivas de direitos.

§ 3º Se o condenado for reincidente, o juiz poderá aplicar a substituição, desde que, em face de condenação anterior, a medida seja socialmente recomendável e a reincidência não se tenha operado em virtude da prática do mesmo crime.

§ 4º A pena restritiva de direitos converte-se em privativa de liberdade quando ocorrer o descumprimento injustificado da restrição imposta. No cálculo da pena privativa de liberdade a executar será deduzido o tempo cumprido da pena restritiva de direitos, respeitado o saldo mínimo de trinta dias de detenção ou reclusão.

§ 5º Sobrevindo condenação a pena privativa de liberdade, por outro crime, o juiz da execução penal decidirá sobre a conversão, podendo deixar de aplicá-la se for possível ao condenado cumprir a pena substitutiva anterior.

2.1 Considerações gerais e introdutórias

As *restritivas de direitos* são definidas como espécie autônoma do gênero penas, consoante se infere do art. 32, CP.

Rara, entretanto, é sua cominação independente no preceito secundário das normas penais incriminadoras, como ocorre no art. 28 da Lei 11.343/06. Em regra, as restritivas de direitos são aplicadas em substituição à pena privativa de liberdade, segundo os parâmetros previstos nos arts. 44 e 54 do CP, havendo polêmica, entretanto, no que tange à aplicabilidade deste dispositivo, do que se cuidará mais adiante.

Por ora, vale dizer que dos incisos e parágrafos do art. 44 do CP extraem-se cinco fatores determinantes para a análise da possibilidade de substituição da pena privativa de liberdade por restritiva(s) de direitos:

a) o tempo de privação de liberdade imposto na decisão condenatória;
b) os modos de execução do crime – com ou sem violência ou grave ameaça;
c) a primariedade ou reincidência do réu;
d) a atuação com dolo ou culpa, a ser aferida também na análise da reincidência impeditiva à substituição; e
e) as circunstâncias judiciais analisadas quando da aplicação da pena-base.

De modo geral, pode-se afirmar a possibilidade de substituição das penas privativas de liberdade por restritivas de direitos nas hipóteses em que aquelas não superem quatro anos e tenham sido aplicadas em razão de delitos praticados sem violência ou grave ameaça, desde que seja primário o réu e assim recomendem as circunstâncias judiciais.

A primeira exceção diz respeito às condenações por crimes culposos, hipóteses nas quais a pena privativa de liberdade poderá ser substituída por restritiva(s) de direitos qualquer que seja a pena aplicada – resguardadas hipóteses de marcada excepcionalidade, em que a substituição não seja recomendável, por exemplo, devido à reiteração na prática de condutas negligentes, caracterizadoras de crimes culposos.

Em segundo lugar, vale observar que a reincidência impeditiva da substituição é a que se verifica em razão de práticas dolosas. Consigne-se que a reincidência por práticas dolosas não é impeditivo intransponível à substituição, que será possível caso não se trate de reincidência pelo mesmo crime e a medida (substituição) seja socialmente recomendável (art. 44, § 3º).[40]

Eis, portanto, o que se pode definir como uma moldura, nos limites da qual é possível a substituição das penas privativas de liberdade por restritivas de direitos.

Passa-se, então, à abordagem de *como* haverá de se dar a substituição, segundo o tempo de pena privativa de liberdade aplicada – exame que será retomado quando da análise de cada uma das modalidades de penas restritivas de direitos.

As possibilidades de substituição da pena privativa de liberdade por restritiva(s) de direitos segundo o tempo de reprimenda imposto encontram previsão no § 2º do art. 44, CP. Infere-se, dali, na literalidade do dispositivo, que a pena privativa de liberdade igual ou inferior a um ano poderá ser substituída por multa ou por uma restritiva de direitos – valendo aqui destacar que a prestação de serviços à comunidade só é aplicável em caso de pena privativa de liberdade que supere seis meses (art. 46. *caput*, CP). Caso a pena aplicada supere um ano, poderá ser substituída por duas penas restritivas de direitos ou por uma restritiva de direitos e (conjunção aditiva) multa.

---

[40] Aqui se observam o esforço de evitação do cárcere e todos seus efeitos deletérios e estigmatizantes.

Posto isso, em desfecho à exposição acerca das penas restritivas de direitos em seus aspectos gerais, cumpre dizer das possibilidades de sua conversão na privativa de liberdade que substituíam (em regresso, portanto), o que requer um olhar atento ao que preveem os §§ 4º e 5º do art. 44, CP.

Observe-se que o descumprimento injustificado das restrições impostas é a primeira causa de conversão da pena restritiva de direitos na privativa de liberdade.

Mas vale uma pausa para o destaque à expressão *injustificado*, que leva a duas conclusões: (a) nem todo descumprimento ensejará a conversão, havendo que se analisar a pertinência e eventual legitimidade dos motivos apresentados para a desobediência à pena substituída; e (b) a decisão que determina a conversão da(s) pena(s) restritiva(s) de direitos na privativa de liberdade que substituía(m) depende de prévia oitiva do apenado, na qual lhe sejam garantidos o contraditório e a ampla defesa, o que se dá na chamada *audiência de justificação*, designada pelo juízo da execução penal.

Havendo a conversão, por razões de proporcionalidade e de vedação ao *bis in idem*, a quantidade da pena restritiva de direitos aplicada que eventualmente tenha sido cumprida deverá ser abatida da pena privativa de liberdade que restará a executar. Cabe, aqui, outra observação relevante, que emerge pelo disposto na parte final do § 4º (art. 44, CP): serão sempre resguardados 30 dias de pena privativa de liberdade a cumprir na dedução do *quantum* da(s) restritiva(s) de direitos cumprida(s). Trata-se de disposição que tem o nítido escopo de compelir o apenado a cumprir integralmente as medidas substitutivas à privação de liberdade que lhe foram impostas, mantendo ativa a possibilidade de a omissão injustificada ensejar 30 dias de encarceramento.

O § 5º do art. 44, CP, por sua vez, dispõe sobre a possibilidade de conversão da(s) restritiva(s) de direitos em caso de superveniente condenação a pena privativa de liberdade.

Note-se, entretanto, que se está diante de uma faculdade aberta ao juízo da execução, que poderá deixar de proceder à conversão caso constate que a pena privativa de liberdade aplicada não impossibilita ao apenado o cumprimento da pena substitutiva a cumprir ou em cumprimento. A título de exemplo, reportemo-nos à possibilidade de condenação à pena privativa de liberdade em regime inicial aberto, tendo o apenado disponibilidade de horários para, por exemplo, cumprir a prestação de serviços à comunidade substitutiva nos intervalos entre o encerramento diário de suas atividades e o horário de ingresso na *casa do albergado*(!). Ou ainda: nada obsta o pagamento de prestação pecuniária – que inclusive pode ser feito por terceiros e o cumprimento de pena privativa de liberdade, mesmo em regime fechado. Enfim, são muitas as hipóteses de compatibilidade que se abrem no plano prático, valendo as duas aqui tratadas para fins de ilustração.

Finda a abordagem ao regramento geral da aplicação das restritivas de direitos em substituição às privativas de liberdade, cumpre fechar o círculo proposto ao seu início, tratando da polêmica que envolve a aplicabilidade do art. 54, CP. A interpretação do dispositivo ganha em relevância à medida que se trata de norma anterior à reforma promovida pela Lei 9.714/98, a qual prevê a possibilidade de substituição da pena privativa de liberdade por restritivas de direitos sempre que aplicada em quantidade inferior a um ano.

Eis a questão: seria possível a substituição por restritiva de direitos da pena privativa de liberdade aplicada em quantidade inferior a um ano, mesmo que o tenha sido em razão de crime(s) praticado(s) mediante violência ou grave ameaça?

A resposta há de ser positiva!

A nosso aviso, o referencial do art. 54, CP, põe-se como *exceção* às regras gerais do art. 44 e seguintes do Código, sobretudo porque *anterior* à nova redação dada aos apontados dispositivos pela Lei 9.714/98. Ou seja, a ausência de sua revogação expressa, por eventual incompatibilidade com a ressalva da proibição de substituição feita pelo art. 44, CP, relativamente aos delitos praticados com violência e/ou grave ameaça, permite a interpretação no sentido de que o baixo grau de apenação à pena privativa da liberdade (inferior a um ano) justificaria a sua substituição por outra, menos gravosa.

A *escala* de substituição, portanto, teria o seguinte espectro:

a) até um ano de pena privativa da liberdade aplicada ou se culposo o delito caberia a substituição, como regra. Excepcionalmente, a depender da gravidade da conduta e das consequências do crime culposo, por exemplo, não se deveria impor a substituição, por considerações de ordem objetiva (circunstâncias do fato) e subjetivas (circunstâncias e condições pessoais do agente);
b) condenações até quatro anos (e superiores a um ano), seria cabível a substituição pelas restritivas de direito, desde que presentes os requisitos do art. 44, CP, incluindo a vedação da substituição quando do emprego de violência ou de grave ameaça na conduta.

Passa-se, doravante, à análise de cada uma das modalidades de penas restritivas de direitos previstas em nosso Código Penal, destacando-se, desde já, a necessidade de pertinência entre a infração ensejadora da condenação, seu agente e a restritiva de direitos aplicada em substituição à privativa de liberdade.

2.2 Da prestação pecuniária (art. 43, I, CP)

> Art. 45. Na aplicação da substituição prevista no artigo anterior, proceder-se-á na forma deste e dos arts. 46, 47 e 48.
>
> § 1º A prestação pecuniária consiste no pagamento em dinheiro à vítima, a seus dependentes ou a entidade pública ou privada com destinação social, de importância fixada pelo juiz, não inferior a 1 (um) salário mínimo nem superior a 360 (trezentos e sessenta) salários mínimos. O valor pago será deduzido do montante de eventual condenação em ação de reparação civil, se coincidentes os beneficiários.

> § 2º No caso do parágrafo anterior, se houver aceitação do beneficiário, a prestação pecuniária pode consistir em prestação de outra natureza.

De plano, verifica-se um ponto de destaque no que diz respeito à prestação pecuniária. A destinação que lhe confere a lei evidencia seu caráter eminentemente reparatório ou compensatório, seja à vítima ou seus dependentes, seja à sociedade ou ao Estado, que se presumem sempre atingidos pela prática de infração penal ("a entidade pública ou privada com destinação social").

Observe-se, inclusive, que, pelo § 2º do art. 45, CP, abre-se ao beneficiário (vítima, dependentes, bem como entidade pública ou privada com destinação social) a possibilidade de aceitar uma prestação diversa da pecuniária, a ser cumprida pelo agente condenado a título de pena restritiva de direitos (por exemplo, a prestação de serviços). Atente-se, ainda, para o previsto ao final do § 1º do dispositivo em comento, de onde se extrai que o valor pago a título de prestação pecuniária "será deduzido do montante de eventual condenação em ação de reparação civil, se coincidentes os beneficiários".

De todo modo, se aplicada a prestação pecuniária,[41] seu cálculo deverá tomar por parâmetro o salário-mínimo, variando entre 1 e 360 dessas unidades, em *quantum* a ser definido segundo a capacidade econômica do apenado e a extensão do dano provocado pela infração ensejadora da condenação – em conciliação da pena com a reparação/compensação.

Embora não se tenha ainda dado a importância que a questão oferece, a pena pecuniária se insere no âmbito de uma política criminal mais flexível, e mais direcionada para a reparação do dano causado pela infração penal que propriamente pela obtenção de efeitos preventivos da pena pública. É claro que qualquer modalidade de pena até pode obter tais efeitos, mas, seguramente, a pena pecuniária, sobretudo quando voltada para a recomposição do dano, ostenta características muito semelhantes às sanções do Direito Civil, para as quais a justificativa primária não se dirige à prevenção de novas lesões.

2.3 Da perda de bens e valores (art. 43, II, CP)

> Art. 45. [...]
>
> § 3º A perda de bens e valores pertencentes aos condenados dar-se-á, ressalvada a legislação especial, em favor do Fundo Penitenciário Nacional, e seu valor terá como teto – o que for maior – o montante do prejuízo causado ou do provento obtido pelo agente ou por terceiro, em consequência da prática do crime.

Também nesse caso se avulta o caráter reparatório ou compensatório da pena, que encontra importante distinção em relação à prestação pecuniária a partir do que indica sua destinação bem especificada na lei: o Fundo Penitenciário Nacional. Dessa

[41] Que não pode ser confundida com a pena de multa, que é autônoma (art. 32, III, CP), enquanto a prestação pecuniária é modalidade de pena restritiva de direitos.

destinação infere-se que a aplicação da perda de bens e valores faz-se mais adequada (relação meio a fim) às práticas delituosas que tenham o Estado ou a sociedade como sujeitos passivos imediatos – crimes contra a Administração Pública, contra a fé pública, o tráfico de drogas (em sua forma *privilegiada*, por certo) etc.

E vale atentar para mais um detalhe: o limite máximo para a pena de perda de bens e valores é o montante do prejuízo causado com a conduta ou do provento obtido pelo agente, optando a lei pelo que for maior. A curiosidade aqui é saber-se em que situações haveria diferença relevante entre um valor (do proveito) e outro (do dano).

De todo modo, nada há de inválido ou de ilegítimo da previsão legal, dado que ambos os referenciais adotados são perfeitamente aceitáveis como critérios de fixação da totalidade da pena. Se o valor do proveito for superior ao valor do dano, o cálculo da pena baseado nessa circunstância (a do proveito) se justifica a fim de evitar-se também o enriquecimento sem causa, ou, na hipótese, ilícito.

2.4 Da prestação de serviços à comunidade ou a entidades públicas (art. 43, IV, CP)

> Art. 46. A prestação de serviços à comunidade ou a entidades públicas é aplicável às condenações superiores a seis meses de privação da liberdade.
>
> § 1º A prestação de serviços à comunidade ou a entidades públicas consiste na atribuição de tarefas gratuitas ao condenado.
>
> § 2º A prestação de serviço à comunidade dar-se-á em entidades assistenciais, hospitais, escolas, orfanatos e outros estabelecimentos congêneres, em programas comunitários ou estatais.
>
> § 3º As tarefas a que se refere o § 1º serão atribuídas conforme as aptidões do condenado, devendo ser cumpridas à razão de uma hora de tarefa por dia de condenação, fixadas de modo a não prejudicar a jornada normal de trabalho.
>
> § 4º Se a pena substituída for superior a um ano, é facultado ao condenado cumprir a pena substitutiva em menor tempo (art. 55), nunca inferior à metade da pena privativa de liberdade fixada.

Cumpre anotar, por primeiro, que, assim como se dá com a interdição temporária de direitos e a limitação de fim de semana, a prestação de serviços constitui restrição a direitos que perdurará por igual tempo que aquele fixado para o cumprimento da pena privativa de liberdade (art. 55, CP). A ressalva, que se extrai do mesmo art. 55, CP, se aplica exclusivamente à prestação de serviços à comunidade ou a entidades públicas, estando prevista no § 4º do art. 46 CP.

Segundo esse dispositivo, se a pena privativa de liberdade substituída tiver sido aplicada em patamar superior a um ano,[42] a prestação de serviços à comunidade (ou

[42] Hipótese em que terá de ser substituída por duas restritivas de direitos ou por uma restritiva de direitos e multa (art. 44, § 2º, CP).

a entidades públicas) que venha a substituí-la poderá ser prestada em menos tempo, jamais, entretanto, em tempo inferior à metade da pena – até mesmo para que não se esvazie o caráter retributivo (limitador) e preventivo (justificador) da pena.

Em síntese: a prestação de serviços à comunidade (ou a entidades públicas) "consiste na atribuição de tarefas gratuitas ao condenado" (art. 46, § 1º), as quais "deverão ser cumpridas à razão de 1 (uma) hora de tarefa por dia de condenação" (art. 46, § 3º), de modo que não reste prejudicada a jornada de trabalho do apenado (art. 149, § 1º, LEP). Pode ser aplicada em substituição a penas privativas de liberdade superiores a seis meses (art. 46, *caput*), devendo ser cumprida em "entidades assistenciais, hospitais, escolas, orfanatos e outros estabelecimentos congêneres, em programas comunitários ou estatais" (art. 46, § 2º).

Assim, a título de exemplo, quanto à possibilidade de cumprimento da prestação de serviços à comunidade (ou a entidades públicas) em tempo que não seja inferior à metade da pena privativa de liberdade estabelecida, veja-se o seguinte: aplicada uma pena de reclusão de um ano, as horas de tarefa deverão ser distribuídas em, no máximo, seis meses, não sendo permitido ao apenado que conclua a execução de sua pena cumprindo todas as 365 horas em menor prazo. Aliás, pelo que prevê o dispositivo, é de se concluir que, ainda que cumpra as 365 horas (uma hora de tarefa por dia de nossa hipotética condenação) em menos de seis meses, terá de integralizá-los, prestando uma hora de tarefa por cada dia restante.

Acrescente-se, ao final, que a prestação de serviços à comunidade (ou a entidades públicas) deverá se dar a partir de tarefas "atribuídas conforme as aptidões do condenado" (art. 46, § 3º), o que remete a um importante apontamento.

A prestação de serviços não há de ser aviltante, ou seja, não pode ser utilizada como instrumento de exposição vexatória daquele que a ela tenha de se submeter em razão de substituição de pena privativa de liberdade. As aptidões do condenado deverão ser aproveitadas ao máximo, revertido seu proveito à comunidade, representada pela entidade em que presta serviços, os quais, sempre que possível, devem guardar relação de pertinência com o ato que ensejou a condenação e com a lesão dele decorrente.

O controle de cumprimento da pena ficará a cargo da entidade beneficiária, à qual caberá o envio de relatórios mensais ao juízo da execução penal, pelo qual descreva as atividades do condenado e informe o descumprimento de condições ou restrições impostas (art. 150, LEP).

2.5 Interdição temporária de direitos (art. 43, V, CP)

> Art. 47. As penas de interdição temporária de direitos são:
>
> I – proibição do exercício de cargo, função ou atividade pública, bem como de mandato eletivo;
>
> II – proibição do exercício de profissão, atividade ou ofício que dependam de habilitação especial, de licença ou autorização do poder público;

> III – suspensão de autorização ou de habilitação para dirigir veículo;
>
> IV – proibição de frequentar determinados lugares;
>
> V – proibição de inscrever-se em concurso, avaliação ou exame públicos.

Os arts. 56 e 57, CP, trazem também importantes disposições no que diz da interdição temporária de direitos. Observe-se:

> Art. 56. As penas de interdição, previstas nos incisos I e II do art. 47 deste Código, aplicam-se para todo o crime cometido no exercício de profissão, atividade, ofício, cargo ou função, sempre que houver violação dos deveres que lhes são inerentes.
>
> Art. 57. A pena de interdição, prevista no inciso III do art. 47 deste Código, aplica-se aos crimes culposos de trânsito.

Sem sombra de dúvidas, a aplicação da pena de interdição temporária de direitos justifica-se na medida em que a condenação tenha sido motivada por uma infração penal praticada em violação às normas que regulem determinada atividade ou em circunstâncias que guardem relação estreita com determinados ambientes. Daí por que a proibição do exercício de atividade(s) determinada(s) ou o impedimento de acesso a ela(s), bem como a vedação de frequência a determinados lugares, constituem o principal *efeito* da interdição temporária de direitos.

Ou seja, tem-se, portanto, relação de pertinência entre o ato e sua consequência, com o que se busca também atender às funções retributiva e preventiva das penas. É o caso específico das sanções de interdição de direitos e de suspensão parcial das atividades aplicadas às pessoas jurídicas nos crimes ambientais (Lei 9.605/98).

Destaque-se, por oportuno, a previsão expressa quanto à suspensão da autorização ou habilitação para dirigir veículo nas hipóteses de crimes culposos de trânsito (art. 57, CP).

2.6 Da limitação de fim de semana

> Art. 48. A limitação de fim de semana consiste na obrigação de permanecer, aos sábados e domingos, por 5 (cinco) horas diárias, em casa de albergado ou outro estabelecimento adequado.
>
> Parágrafo único. Durante a permanência poderão ser ministrados ao condenado cursos e palestras ou atribuídas atividades educativas.

No caso da limitação de fim de semana, destaca-se seu escopo educativo-preventivo, nítido no que se expressa pelo parágrafo único do art. 48, CP.

Observe-se, entretanto, que a aplicação dessa pena, especificamente, deve guardar pertinência em relação a circunstâncias que justifiquem a restrição que se impõe à liberdade do condenado justamente aos finais de semana. Não à toa, trata-se de pena frequentemente aplicada em casos que envolvem atos violentos durante partidas de futebol.

De todo modo, cabe aqui ressalvar que a aplicação de tal modalidade de sanção, em tais casos, está condicionada à fixação de pena inferior a um ano e ao entendimento no sentido da aplicabilidade do disposto no art. 54, CP. E também aqui haverá exceção aos limites fixados no art. 44, I, CP, conforme já vimos ao início dos estudos relativos às penas restritivas de direito, *retro* (Considerações gerais e introdutórias).

3 Da pena de multa

> Art. 49. A pena de multa consiste no pagamento ao fundo penitenciário da quantia fixada na sentença e calculada em dias-multa. Será, no mínimo, de 10 (dez) e, no máximo, de 360 (trezentos e sessenta) dias-multa.
>
> § 1º O valor do dia-multa será fixado pelo juiz não podendo ser inferior a um trigésimo do maior salário mínimo mensal vigente ao tempo do fato, nem superior a 5 (cinco) vezes esse salário.
>
> § 2º O valor da multa será atualizado, quando da execução, pelos índices de correção monetária.
>
> **Pagamento da multa**
>
> Art. 50. A multa deve ser paga dentro de 10 (dez) dias depois de transitada em julgado a sentença. A requerimento do condenado e conforme as circunstâncias, o juiz pode permitir que o pagamento se realize em parcelas mensais.
>
> § 1º A cobrança da multa pode efetuar-se mediante desconto no vencimento ou salário do condenado quando:
>
> a) aplicada isoladamente;
>
> b) aplicada cumulativamente com pena restritiva de direitos;
>
> c) concedida a suspensão condicional da pena.
>
> § 2º O desconto não deve incidir sobre os recursos indispensáveis ao sustento do condenado e de sua família.
>
> Conversão da Multa e revogação
>
> – Modo de conversão.
>
> Art. 51. Transitada em julgado a sentença condenatória, a multa será considerada dívida de valor, aplicando-se-lhes as normas da legislação relativa à dívida ativa da Fazenda Pública, inclusive no que concerne às causas interruptivas e suspensivas da prescrição.
>
> § 1º e § 2º [...]
>
> **Suspensão da execução da multa**
>
> Art. 52. É suspensa a execução da pena de multa, se sobrevém ao condenado doença mental.

A pena de multa é uma das três espécies do gênero penas, conforme prevê o art. 32, CP, podendo ser cominada isolada ou cumulativamente, cumprindo, ainda, função substitutiva, consoante se infere do art. 44, § 2º, e do art. 60, § 2º, ambos do CP.

Do art. 60, § 2º, CP, extrai-se a possibilidade de aplicação da multa em substituição à pena privativa de liberdade igual ou inferior (não superior) a seis meses, independentemente de ter sido a infração praticada mediante violência ou grave ameaça.

A seu turno, até mesmo em razão de sua localização topográfica, é de se concluir que a multa aplicável em substituição à pena privativa de liberdade igual ou inferior a um ano – maior que seis meses e menor que um ano, pois – reserva-se às infrações perpetradas sem violência ou grave ameaça, nos limites previstos no art. 44, I, CP.

Mas é em sua autonomia que a multa se destaca, devendo ser aplicada a partir do mesmo critério balizador da aplicação da pena privativa de liberdade (trifásico), seguindo, entretanto e em regra, os limites mínimo e máximo previstos no art. 49, *caput*, CP – ressalvada a previsão de outros limites no preceito secundário da norma incriminadora.[43]

Assim, tem-se, como regra, que a multa deverá ser aplicada entre 10 e 360 dias-multa, observado o critério trifásico de definição da pena (art. 68, CP). Consigne-se, entretanto, que esses limites não são os únicos referenciais a serem observados. Afinal, para o cálculo da unidade *dia-multa* deverá o juiz estar atento a outro parâmetro relevante para se alcançar a multa final, qual seja a capacidade financeira do réu (art. 60, *caput*, CP).

Daí prescrever o § 1º do art. 49 que o valor do dia-multa deverá ser fixado entre um trigésimo do salário-mínimo e até cinco vezes seu valor (do salário-mínimo), a depender da capacidade do réu de quitar o *quantum* estabelecido, até mesmo para que seja efetiva a pena.[44] E mais: estando atentos ao art. 60, § 1º, CP, podemos observar que "a multa pode ser aumentada até o triplo, se o juiz considerar que, em virtude da situação econômica do réu, é ineficaz, embora aplicada no máximo".

Ela deve ser paga até dez dias depois do trânsito em julgado da sentença condenatória (art. 50, CP, primeira parte). Quando de sua execução, o valor há de ser atualizado segundo os índices de correção monetária (art. 49, § 2º, CP), podendo sua quitação ser dividida em parcelas mensais, a requerimento do condenado (art. 50, CP, parte final). Mais: pode a multa ser cobrada mediante desconto em folha, desde que não incida sobre recursos indispensáveis ao seu sustento e de sua família (art. 50, § 2º, CP) e tenha sido aplicada isoladamente, cumulativamente com pena restritiva de direitos (art. 44, § 2º, CP) ou em sede de suspensão condicional do processo.

Uma vez que o inimputável não está sujeito à pena, prevê o art. 52, CP, que a execução da pena de multa deve ser suspensa em caso de superveniência de causa determinante de inimputabilidade.

---

[43] Como ocorre, por exemplo, nos arts. 33 a 39 da Lei 11.343/06.

[44] Considerando-se que, se não quitada, não pode se transmudar em pena privativa de liberdade – como outrora ocorria – e assim se converte em dívida de valor (art. 51, CP), passando a integrar as estatísticas de execuções fiscais fadadas ao fracasso, máxime em se considerando o poderio econômico da clientela preferencial de nosso sistema penal.

Se a multa não for paga, independentemente das condições econômico-financeiras do condenado, ela será considerada *dívida de valor*, aplicando-se, então, a legislação pertinente à dívida ativa da Fazenda Pública, inclusive no que se refere às causas de interrupção e de suspensão do prazo prescricional. Os *prazos prescricionais*, no entanto, continuam sendo aqueles previstos na legislação penal (art. 114, CP).

E, já segundo a jurisprudência consolidada nos Tribunais, a competência para a execução da citada dívida de valor é o juízo fazendário e não o juiz da execução penal. Por isso, a atribuição para a respectiva cobrança é da Fazenda Pública e não do Ministério Público, como deveria ser.

V Aplicação da pena

> Art. 59. O juiz, atendendo à culpabilidade, aos antecedentes, à conduta social, à personalidade do agente, aos motivos, às circunstâncias e consequências do crime, bem como ao comportamento da vítima, estabelecerá, conforme seja necessário e suficiente para reprovação e prevenção do crime:
>
> Art. 68. A pena-base será fixada atendendo-se ao critério do art. 59 deste Código; em seguida serão consideradas as circunstâncias atenuantes e agravantes; por último, as causas de diminuição e de aumento.
>
> Parágrafo único. No concurso de causas de aumento ou de diminuição previstas na parte especial, pode o juiz limitar-se a um só aumento ou a uma só diminuição, prevalecendo, todavia, a causa que mais aumente ou diminua.

VI Da sua individualização

1 Considerações gerais

As decisões judiciais devem ser fundamentadas, conforme determinação de índole constitucional (art. 93, IX, CF). Referida norma, à evidência, presta-se a conferir maior grau de racionalidade à função jurisdicional, na medida em que a exigência de fundamentação não só impõe ao magistrado a declinação de suas razões jurídicas para uma ou outra opção decisória, mas também permite às partes o controle dessa escolha, pela via recursal. Decisões não fundamentadas tendem ao arbítrio, ao menos em linha de princípio. O grau ou a extensão e a profundidade da fundamentação dependerão da natureza da matéria a ser decidida.

Em se tratando de decisão condenatória, em que se imporá ao acusado a pena criminal, reação estatal das mais graves, a exigência de ampla fundamentação será sempre de rigor. E não poderia ser diferente, é claro, no tocante à aplicação da pena ao condenado.

Sabe-se, por óbvio, que essa tarefa judicial está submetida a rígidos controles por parte do legislador, seja por meio da fixação de limites mínimos e máximos na *cominação* da pena ao tipo, seja também pelo reconhecimento de diversas *circunstâncias* (periféricas ao fato ou mesmo intrínsecas ao autor) que deverão ser consideradas na determinação (dosimetria) da pena.

Nem por isso, contudo, se poderá prescindir da fundamentação judicial no referido momento processual, sobretudo no que diz respeito às questões que envolvem certa margem de discricionariedade do juiz sentenciante. Se determinadas circunstâncias apresentam balizamentos mais objetivos, como é o caso dos percentuais de diminuição e de aumento, outras há que deixam ao magistrado o prudente exame da quantidade de pena que atenda aos interesses da política criminal. É o que ocorre na fixação da denominada *pena-base,* quando da análise das circunstâncias judiciais do art. 59 do Código Penal.

Assim, e como regra, a opção pela quantidade de pena correspondente ao critério legal autorizado, de que é exemplo aquele (critério) que se refere ao que seja *necessário e suficiente para a reprovação e prevenção do crime* (art. 59, CP), deverá ser fundamentada, nos limites estritamente jurídicos da decisão. De modo geral, a dosimetria da pena deve seguir a seguinte orientação: a condenação acima do mínimo cominado ao tipo deverá ser fundamentada, segundo jurisprudência consolidada em nossos Tribunais.

O processo de *cominação* da pena, como se sabe, diz respeito às considerações legislativas acerca da espécie do crime e da gravidade de suas repercussões, avaliadas, contudo, do ponto de vista genérico, isto é, de modo geral e abstrato, sem descer aos inevitáveis detalhes que sempre tornam a prática de um crime distinta da outra, ainda quando realizado o mesmo tipo penal.

Nesse sentido, pode-se afirmar que a função de prevenção buscada na fase de aplicação da pena está relacionada, não só, mas essencialmente com a prevenção *especial,* dirigida especificamente a determinado e único autor. Daí dizer-se, com acerto, que a pena deve ser *individualizada,* isto é, segundo as circunstâncias do fato, é claro, mas, sobretudo, nas relações que têm elas com o seu autor. Individualizar, portanto, é conectar o fato praticado – o delito concretizado (tipicidade, ilicitude e culpabilidade) – com o seu autor, atentando-se particularmente para a singularidade do sujeito, suas condições pessoais e características especiais, que fazem dele o autor concreto de um fato definido como crime. A individualização da pena é princípio constitucional, segundo se vê no art. 5º, XLVI, da Constituição da República.

Por isso mesmo ainda se tem como voz corrente a afirmação no sentido de que, ao aplicar a pena, o juiz deveria se colocar na posição do agente, para, somente ali, poder dimensionar as razões e motivações essenciais (ou ausência delas) para o cometimento do delito. Naturalmente, essa seria uma tarefa humanamente impossível. Nenhum ser (humano) conseguirá se incorporar ao conjunto de atributos intrínsecos e condições pessoais de outro. O máximo que ele poderá fazer – e isso dele deverá ser exigido – é abstrair-se momentaneamente de sua posição social, cultural e, enfim, de sua visão pessoal de mundo, para tentar compreender o universo do outro. Aliás, como vimos, essa operação já teria incidido também na fase anterior, do juízo de culpabilidade pelo fato, ao se examinar a *exigibilidade de conduta diversa.* No entanto, na fase de aplicação da pena se buscará entender a dimensão ou o grau desta exigibilidade já afirmada. Mais se dirá sobre o tema da relação entre a culpabilidade e prevenção na determinação da pena.

De todo modo, também aqui terá lugar a *proibição do excesso*, que surge como um critério com feições objetivas para o magistrado, oferecendo-lhe fundamentação legítima para superar as dificuldades impostas pelo componente subjetivo que sempre estará presente na avaliação de toda e qualquer circunstância legal ou judicial, mas, sobretudo, naquelas que digam respeito à pessoa do autor.

A individualização da pena, portanto, obedecerá a alguns critérios bem específicos, segundo as determinações legislativas orientadas pelas escolhas de política criminal. Como veremos, o juiz, em três momentos distintos, e, a partir dos balizamentos legais de cada tipo penal concretizado na sentença (tipo penal e suas formas qualificadas ou privilegiadas), se pautará, (a) na primeira fase, pelas chamadas circunstâncias judiciais (art. 59, CP); (b) na segunda, pelas circunstâncias legais (art. 68, CP, atenuantes, agravantes); e, (c) na terceira, considerada *definitiva*, por outras circunstâncias legais, presentes na terceira e última fase de determinação da pena definitiva: as causas de aumento e de diminuição, ou *majorantes* e *minorantes* (art. 68, CP).

2 A cominação da pena, as qualificadoras, e limites máximos e mínimos

Com a cominação da pena ao tipo, o legislador dimensiona objetivamente o campo da punibilidade pelo fato, considerado então de modo abstrato, como não poderia deixar de ser. O grau ou a medida da reprovação objetiva do fato, portanto, são fixados em bases mínimas e máximas, segundo sejam necessárias para o cumprimento das funções da pena. A atividade legislativa, porém, não acaba aqui.

Além de estabelecer acréscimos e decréscimos legais em atenção a determinadas circunstâncias (atenuantes e agravantes, art. 61, art. 65, CP) que estejam presentes ao crime, também outras *majorantes* (que aumentam) e *minorantes* (que diminuem) foram instituídas, tanto na Parte Geral quanto na Parte Especial, como *causas de aumento e de diminuição* obrigatória da pena. Ou seja, além do critério de pena mínima e de pena máxima cominadas ao tipo, há também circunstâncias que implicarão o aumento ou a diminuição na operação de cálculo da sanção a ser tornada definitiva. Isso sem falar nas *qualificadoras*, que, inseridas junto ao mesmo tipo penal, estabelecem nova moldura punitiva, fixando também os limites mínimos e máximos da pena, tal como ocorre com o art. 121, § 2º, Código Penal. Já veremos que isso será realizado segundo a metodologia *trifásica*, em que todas as circunstâncias presentes serão apreciadas em três fases ou operações de cálculo diferentes.

Surgirá daí a inevitável indagação: após os acréscimos e/ou diminuições previstas em leis (seja como atenuantes/agravantes, seja como majorantes/minorantes), poderá a pena definitiva ser *inferior* ou *superior* aos limites legais da pena cominada ao tipo?

A resposta não é simples.

Em um primeiro exame, caberia concluir que, se o legislador aponta o limite mínimo (o piso) e o máximo (o teto) da pena em abstrato, estaria vedada a ultrapassagem desses limites, em qualquer situação, até mesmo por força do princípio da legalidade.

No entanto, há que se atentar para o fato de que tanto as causas de diminuição quanto aquelas de aumento de pena resolveriam esse problema (da legalidade), na medida em que os respectivos percentuais (de acréscimo ou decréscimo) estariam – como estão – devidamente delimitados em lei, em critérios objetivos (ex.: *um a dois terços, metade, um sexto*). Outras questões permaneceriam em aberto: a previsão de limites mínimos e máximos, bem como de acréscimos e de decréscimos em percentuais fixos e objetivos, é suficiente para a concretização da pena? Haveria uma pena *média* (entre o mínimo e o máximo)? Não caberia nenhuma atuação judicial nessa importantíssima fase de individualização da pena?

Naturalmente que a tarefa de *determinação* da pena cabível não é e nem poderia ser exclusiva do legislador, já que este labora com juízos necessariamente *abstratos* e *genéricos*. Fosse assim, e ainda que se aceitasse a pena *intermediária*, fixada entre o mínimo e o máximo, não restaria espaço algum para o exame mais aprofundado sobre a *culpabilidade* do agente e nem sobre as necessidades *preventivas* que resultariam do crime. A pena seria, por assim dizer, extraída por simples operação matemática, válida para todos os crimes e todos os respectivos autores, sem quaisquer considerações acerca da inescapável singularidade dos fatos e do homem.

A nosso aviso, a solução da indagação a respeito dos limites da pena passa pela compreensão do sistema de aplicação e cálculo de penas adotado na legislação brasileira.

Note-se que, em princípio, tanto as chamadas atenuantes e agravantes quanto as denominadas causas de aumento e de diminuição (majorantes e minorantes) dizem respeito ao mesmo universo das circunstâncias que incidem, ou sobre o agente ou a sobre vítima, ou, ainda, sobre os fatos criminosos (modo de execução, motivação, consequências etc.), mas não sobre os elementos típicos propriamente ditos. Ou seja, não há uma diferença radical ou mesmo conceitual sobre tais circunstâncias ou causas, tudo dependendo do tratamento legislativo que se tenha reservado a umas e outras.

A razão da distinção entre elas parece residir, portanto, nas consequências atribuídas a cada espécie por ocasião do cálculo da pena. Pode-se adiantar que as causas de aumento e de diminuição estão em posição de maior *valoração* e de *desvaloração* pelo legislador que as atenuantes/agravantes, no que se refere à quantidade de acréscimo ou de decréscimo delas resultantes. Por isso, elas estão posicionadas na última fase do cálculo, para o fim de aumentar ou de diminuir a pena obtida nas duas fases anteriores.

Todavia, o fator fundamental a conceder maior relevância às causas de diminuição e de aumento da pena repousa precisamente no princípio da legalidade. Ao contrário do que ocorre com as *atenuantes/agravantes*, a quantidade de acréscimo ou de decréscimo que resulta das causas de aumento e de diminuição vem expressamente determinada em Lei. Não há margem de discrição ao juiz quanto aos respectivos percentuais de incidência, salvo quando é a própria que assim especifica, conforme se vê no caso de *tentativa* (*art. 14. Salvo disposição em contrário, pune-se a tentativa com a pena correspondente ao crime consumado, diminuída de um a dois terços*).

Já em relação às atenuantes e às agravantes, nada se diz acerca do quanto será *agravada* ou *atenuada* a pena cabível. Veja-se, ao exemplo, o disposto no art. 61 e no art. 65, Código Penal. Além do mais, tais circunstâncias são sempre *genéricas*, constantes da Parte Geral do Código Penal, enquanto as causas de aumento e de diminuição tanto podem ser genéricas (art. 14 e art. 70, CP) quanto *específicas*, incluídas na Parte Especial (art. 157, § 2º, CP).

Talvez seja por isso que a jurisprudência nacional tenha se consolidado no entendimento de que as atenuantes e as agravantes não podem implicar nem a diminuição e nem a superação dos limites da pena cominada. Basta ver, ao propósito, o disposto na Súmula 231 do Superior Tribunal de Justiça: *A incidência de circunstância atenuante não pode conduzir à redução da pena abaixo do mínimo legal.*

Embora compreensível, reputamos equivocado o raciocínio. As razões da discordância virão logo a seguir, quando tratarmos da segunda fase da aplicação da pena, e, especificamente, sobre as atenuantes e sobre as agravantes. Mas adiantamos que, em relação às agravantes, não há como superar o princípio da legalidade estrita, de tal modo que a pena jamais poderá superar o máximo legal, por ausência de previsão legal nesse sentido.

Já as atenuantes, e bem ao contrário da jurisprudência sumulada do Superior Tribunal de Justiça, devem, em tese, poder diminuir a pena aquém do mínimo legal.

É que, em relação ao grau de punibilidade pela prática de determinado delito, o Estado não poderá deixar de observar também o princípio da *igualdade* entre os responsáveis por infrações penais. Se duas pessoas agiram *debaixo* de uma mesma circunstância atenuante, não se pode deixar de reconhecer a sua eficácia em relação a ambos! Ainda que daí resulte a diminuição da pena abaixo do mínimo para uma delas. Soa bizarra a solução em sentido contrário, que, ao fim e ao cabo, termina por favorecer apenas o agente que tenha tido elevada a sua pena base (na primeira fase), em prejuízo daquele cujas condições pessoais e demais circunstâncias do fato resultaram na fixação da pena base no mínimo legal. Mais diremos sobre isso adiante (ver segunda fase da aplicação da pena).

Eis, então, os fundamentos com os quais se explica por que tanto as causas de aumento como as causas de diminuição (majorantes e minorantes) podem elevar acima do máximo e reduzir abaixo do mínimo as penas cominadas ao tipo. Porque têm previsão legal e são aritmeticamente controláveis.

Com isso, explica-se também por que o mínimo e o máximo da pena cominada nas normas incriminadoras se referem apenas às circunstâncias apontadas no art. 59, CP, denominadas *judiciais* porque dirigidas ao juiz, a quem cabe realizar a modulação dos critérios legais relacionados às finalidades da pena, em face da culpabilidade do agente. Havendo causas de aumento ou de diminuição, tais marcos poderão ser modificados, segundo os percentuais ou as quantidades previstas expressamente na lei. De outro lado, as *qualificadoras,* como vimos, não podem rigorosamente ser tratadas como circunstâncias, na medida em que constituem outra e autônoma figura típica, para fins de balizamento das penas, instituindo novos pisos e tetos (limite máximo e mínimo).

Em síntese: das duas interpretações possíveis, no sentido de que, ou bem o piso (mínimo) e o teto (máximo) podem variar segundo a presença e eficiência de quaisquer das circunstâncias legais, ou, de outro lado, devem permanecer sempre como limites intransponíveis, ficamos com a primeira. Apenas as circunstâncias agravantes é que não poderiam elevar a pena acima do máximo legal, em razão do princípio da legalidade das penas. É essa a posição da jurisprudência, ressalvada a questão das atenuantes. Nossos tribunais ainda não aceitam a redução do mínimo legal por influência das atenuantes, equívoco esse que julgamos ter demonstrado.

3 Fixação da pena, o pedido e o contraditório

Talvez estejamos por aqui a refletir sobre questões de cunho prioritariamente *processuais.* No entanto, o campo temático da aplicação das penas é mesmo, e por assim dizer, *transdisciplinar.*

Questão que em geral passa ao largo das discussões sobre a sentença condenatória, e, assim, sobre seus reflexos na validade da pena aplicada, se refere ao eventual desrespeito ao princípio do contraditório no referido ato judicial, quando o juiz vem a alterar a definição jurídica atribuída pela acusação, no que se denomina *emendatio libelli,* prevista no art. 383 do Código de Processo Penal. Há doutrina de largos méritos nesse sentido.[45]

Não aderimos a semelhante ponto de vista, porém. E não se tem notícia de que referido entendimento esteja a prosperar na jurisprudência ou mesmo em doutrina, ressalvados alguns autores de maior envergadura.

Aliás, questão das mais curiosas diz respeito ao quase absoluto imobilismo que sempre imperou no cotidiano forense, relativamente ao debate acerca da fase de cálculo e de dosimetria da pena *antes* da prolação da sentença. Nem o Ministério Público ou o querelante e tampouco a defesa cuidam de adiantar qualquer estimativa ou critério a ser seguido pelo magistrado no caso de condenação. De modo geral, a acusação se limita a apontar o tipo penal incidente, quando requer a condenação, e a defesa pouca notícia dá sobre a eventualidade de imposição de pena. *Dá-me o fato e te darei o direito,* como prevalece na máxima latina.

Anote-se que, embora seja assim, não vemos nulidade alguma em relação a essa ausência de antecipação acerca de possível condenação. E, sobretudo, por entendermos que o Ministério Público não é detentor, nem da escolha da pena a ser aplicada e nem de sua quantidade e demais consequências. A matéria é estritamente legal no direito brasileiro.

---

[45] CABRAL, Antônio do Passo. *Nulidades no processo moderno.* Rio de Janeiro: Forense, 2010.

Com efeito, o *parquet* se move ou se orienta pelo princípio da *legalidade* ou da *objetividade*, não se lhe reservando discricionariedade ou juízo de *oportunidade* sobre a persecução penal. E, de outro lado, o juiz não está adstrito à compreensão ministerial acerca da definição jurídica do fato imputado na ação penal. Em outras palavras: o objeto ou o conteúdo do processo penal não é disponível ao legitimado à ação – ressalvado os casos das ações penais privadas – e, do mesmo modo, não cabe a ele, titular da persecução em juízo, a determinação definitiva da consequência jurídico-penal do fato submetido ao Poder Judiciário.

Mas o que se discute em maior extensão sobre tais questões é se o juiz, ao proceder à *emendatio libelli*, não estaria surpreendendo a defesa (ou a acusação), e, assim, violando o princípio do contraditório.

E a resposta deve ser mesmo negativa. A classificação jurídica do fato, ou seja, a identificação do tipo penal a ser aplicado, é matéria que se abre às partes do primeiro ao último ato processual, da denúncia (ou queixa) às alegações finais. *Clichê* do *clichê* em matéria processual penal é afirmar que a "a defesa deve se defender dos fatos e não da classificação dada a eles". Batida ou repisada a afirmação, trata-se de assertiva correta, mas incompleta!

O réu deve se defender também da classificação do crime, particularmente quando aquela sustentada pela acusação lhe parecer equivocada e excessiva. Ora, se a imposição de pena de um tipo penal é superior àquela prevista em outro tipo penal, mais adequado, segundo seu juízo, cabe-lhe, a todo tempo, impugnar a definição jurídica ministerial. E esse ponto constitui matéria de defesa direta, cabível até mesmo após o trânsito em julgado, em sede de revisão criminal ou mesmo *habeas corpus*, segundo nos parece.

Mas também na hipótese em que a equivocada classificação dada pelo Ministério Público lhe for favorável, cumpre à defesa avançar sobre a possibilidade de sua modificação pelo juiz, sobretudo porque a defesa técnica é qualificada precisamente para a avaliação das questões de direito. O defensor deve saber que o juiz não está vinculado ao pedido ou às interpretações jurídicas apresentadas pelo Ministério Público. Essa questão diz respeito à estrutura do processo penal brasileiro. Pode não ser a melhor, mas certamente nada tem de inconstitucional.

De outro lado, a tese no sentido de que as partes deveriam se manifestar sobre a modificação da classificação já previamente anunciada pelo juiz esbarra em outro obstáculo, dado que ela implicaria o *fracionamento* – temporal e intelectual – da sentença, que vem a ser o último ato do juiz no processo. O magistrado, ao sentenciar, emite o seu juízo, o seu *sentire* a respeito dos fatos e do direito, o que lhe exige um completo exame dos autos e a formação de seu convencimento. Ou de sua dúvida inarredável, que implicaria a absolvição. Mas estamos a falar é da *emendatio*, que, via de regra, ocorre na condenação. Se ela vier a ser proferida em decisão absolutória não haveria sequer o que se discutir, no interesse da defesa. Assim, estando o juiz já prévia e *oficialmente* convencido, a *interrupção* da sentença para as partes se manifestarem sobre a interpretação que ele *já realizou* dos fatos não parece medida capaz de qualquer eficácia.

Por fim, e em arremate de tudo o quanto foi dito até aqui, renove-se que o juiz não está vinculado *aos pedidos* do Ministério Público. A imposição de pena pressupõe juízo acerca da tipicidade, isto é, acerca do tipo penal a ser aplicado. E esse juízo, não sendo uma escolha do titular da ação penal, traduz questão de interesse público, indisponível tanto às opções *volitivas* das partes, quanto àquelas de índole *intelectivas*, a significar a liberdade de compreensão jurídica do juiz sobre os fatos. Liberdade, naturalmente, limitada pelo Direito, jamais reservada ao seu arbítrio decisório.

VII A DOSIMETRIA DA PENA: O MÉTODO TRIFÁSICO

1 O cálculo da pena

O nosso Código Penal indica a sequência de apreciação das circunstâncias legais e das judiciais para a fixação da pena. Fala-se em método trifásico apenas para distinguir o *objeto* das considerações a serem feitas na ordem sequencial prevista na legislação.

Em primeiro lugar, deverão ser observadas as circunstâncias judiciais do art. 59, CP, que compõem a chamada *pena base*; depois as circunstâncias atenuantes e agravantes, que estabelecerão a *pena provisória*, e, por fim, serão aplicadas as causas de aumento e de diminuição, a fim de se tornar *definitiva* a sanção penal aplicável.

O critério a ser utilizado é o *sucessivo*, de modo que a pena provisória (2ª fase) será obtida *após* a realização e a descoberta da *pena base* (1ª fase), levando em consideração e incidindo sobre aqueles resultados. A pena *definitiva*, na sequência, será obtida pela incidência das causas de aumento e de diminuição, nessa ordem, diretamente no montante de pena resultante da segunda fase, isso é, sobre a pena *provisória*.

Exemplo: na fixação da pena provisória (circunstâncias judiciais, acrescidas das agravantes e atenuantes), apurou-se o total de 6 anos. Presentes uma causa de aumento (1/2) e outra, de diminuição (1/3), a operação seria a seguinte: 6 + 3 (aumento) = 9. Depois: 9 – 3 (diminuição de 1/3) = 6. Note-se que, embora distintos os percentuais de aumento e de diminuição, o resultado final terminou sendo o mesmo, já que a aplicação da causa de diminuição *após* a concretização da causa de aumento implicará, sempre, a ampliação da diminuição, a incidir, portanto, sobre a pena provisória, acrescida da causa de aumento.

2 A primeira fase: a pena-base e as circunstâncias judiciais

O processo de determinação da pena a ser concretamente aplicada haverá de percorrer três fases distintas. A primeira delas é denominada como a da *pena-base*, via da qual se apreciariam determinadas circunstâncias que, segundo o legislador, seriam suficientes para delimitar o espaço de liberdade do juiz na identificação da pena cabível, tendo por moldura o mínimo e o máximo da sanção prevista em cada tipo penal.

Essa delimitação da atividade judicial decorre do princípio da legalidade em matéria de sanções penais. Todavia, bem se percebe a grande dificuldade presente em semelhante tarefa, dado que sempre restará um mínimo de discricionariedade judicial na aplicação dos critérios legais para a concretização da pena. Mas, de todo modo, embora não conste expressamente da lei essa característica do sistema de penas no Código Penal, há dois vetores essenciais a serem observado na fixação da pena-base, a saber: (a) o mínimo legal previsto em lei; (b) a culpabilidade e a necessidade da pena (finalidade de prevenção).

No que toca ao limite mínimo (piso) previsto em lei, outra não poderia ser a conclusão. Superado o velho modelo da *pena média*, prevalecente no século XIX, como ponto de partida para a individualização da pena, deve-se mesmo iniciar a operação pelo mínimo legal, até porque a estipulação de um piso ao tipo (sanção cominada) é indicativa da aceitabilidade geral da sua suficiência para as finalidades da pena naquele nível, como regra. Será a consideração judicial acerca das circunstâncias apontadas no art. 59 do Código Penal que poderá fazer elevar-se o mínimo legal, até o seu máximo, nessa fase da dosimetria.

O outro vetor essencial na determinação da pena, e diríamos que ele, em verdade, abrange todas as demais circunstâncias previstas no citado art. 59, CP, diz respeito à culpabilidade do agente e às necessidades de prevenção previstas no mencionado dispositivo legal. E aqui então haverá de se renovar, mais uma e última vez, a discussão acerca da finalidade e das funções da pena pública, já agora com o objetivo de concretizar *qual* pena deverá ser imposta a um *específico autor.*

A primeira fase da concretização da pena, portanto, se inicia pelo exame da pena cominada ao tipo, simples ou qualificado, e das circunstâncias subjetivas e objetivas com as quais o juiz deverá sopesar a medida da culpabilidade do agente e a necessidade de pena para fins de prevenção do crime. Essa fase é denominada de determinação da pena-base, a ser construída segundo o peso e a influência das *circunstâncias judiciais.* Embora a lei se refira a 8 (oito) circunstâncias, tudo se resume à aferição da culpabilidade do agente e a necessidade preventiva da pena.

a) Culpabilidade e prevenção

E já por aqui se iniciam as divergências doutrinárias que rondam o tema. Essa culpabilidade referida no art. 59, CP, seria a mesma daquela apreciada na teoria do delito, como elemento e categoria inerente à constituição do crime? Para não irmos muito longe na discussão, fiquemos que os principais pontos.

Segundo FIGUEIREDO DIAS, a posição majoritária no direito comparado, sobretudo na Alemanha e em Portugal, seria no sentido de que se trataria de *duas perspectivas diferentes* da culpabilidade. Aquela que a define como elemento do crime na teoria do delito seria insuficiente para se prestar à determinação da pena, já que ela se esgotaria no puro juízo de censura, a partir da prática de conduta diversa àquela exigida na norma, quando possível ao agente realizá-la.[46] Assim, seria necessária alguma referência também aos elementos do injusto para o cumprimento de tal desiderato, do que resultaria um conceito *superior* de culpabilidade.

Já a primeira posição, minoritária, que afirma tratar-se do mesmo juízo de culpabilidade, insiste em que o conceito material de culpabilidade, entendida como elemento do crime, não traduziria unicamente juízo de censura quanto à conduta exigida e possível, mas se estenderia à compreensão das *razões* da censura e sobre *aquilo (objeto)* que se censura ao autor. É esse o entendimento perfilhado na citada doutrina (FIGUEIREDO DIAS).

O debate sobre tal questão está conectado com as funções reservadas à prevenção na determinação da pena concreta. Que há uma relação entre ambas no interior da dosimetria da pena parece haver concordância geral. A dissidência se localiza, contudo, no papel e, sobretudo, na primazia atribuída, ora à culpabilidade, ora à prevenção.

Para variar, o caminho até chegar a essas conclusões conheceu diferentes concepções ou teorias sobre o relacionamento entre a culpabilidade e a prevenção na formação da pena a ser aplicada.

Há referência à *teoria do valor de posição,* em que se buscava afastar qualquer possibilidade de conflito entre a culpabilidade e a prevenção, devendo cada uma delas ocupar uma única função e ser assim valorada. A função de prevenção seria exercida unicamente na própria cominação da pena (limites mínimos e máximos) e nas causas de aumento e de diminuição, enquanto a culpabilidade atuaria na determinação do *quantum* em concreto a ser aplicado (circunstâncias judiciais e atenuantes e agravantes).

Outra concepção acerca da função da culpabilidade na determinação da pena diz respeito à *teoria da culpabilidade exata,* que, aliás, nada tem de exata, dado que a tese no sentido de que a medida da pena deve ser unicamente a medida da culpabilidade não resolve absolutamente nada, relativamente ao problema da *concretização* ou *quantificação* da pena. A menos que houvesse critérios rígidos quanto ao *quantum* de cada incidência das circunstâncias que compõem a apuração da culpabilidade, referida teoria termina por descambar inevitavelmente para a compreensão da culpabilidade como *retribuição,* isto é, como correspondente ao fato praticado.

Por fim, a teoria de maior repercussão e aceitação no direito comparado ficou conhecida como *teoria do espaço de liberdade* ou *moldura da culpabilidade.* Ao contrário da *culpabilidade exata,* sustenta-se aqui que a culpabilidade seria apenas uma moldura em cujo interior haveria certos níveis de liberdade do juiz para a apreciação do *quantum* que a ela corresponderia. Nessa ordem de ideias haveria também espaços para consideração da necessidade de prevenção, de tal modo que a pena poderia ser estipulada até mesmo abaixo da culpabilidade do agente, desde que desnecessária para fins preventivos. ROXIN, adepto dessa concepção, sustenta que nesse caso as considerações acerca da desnecessidade de prevenção não poderiam, porém, reduzir a pena *abaixo*

---

[46] O ilustre penalista menciona a posição de Eduardo CORREIA e M. Cavaleiro de FERREIRA, entre os portugueses, e de JESCHECK, ROXIN, ACHENBACH, MAURACH/ZIPF, e, por fim, FRISCH, na Alemanha. *Direito penal português*, op. cit., p. 217.

do *mínimo legal* (pena cominada). Explicando: a medida da culpabilidade não é a mesma que a medida da pena cominada ao tipo, nos seus limites mínimos e máximos. A identificação da culpabilidade em cada caso concreto seria feita dentro dessa moldura legal, considerando todas as circunstâncias e a singularidade de cada delito e cada autor. No entanto, ainda que este – agente – merecesse determinada pena, pelo exame da respectiva culpabilidade, essa sanção poderia ser reduzida ainda mais, desde que não ultrapassasse o mínimo previsto em lei.[47]

Feitas tais considerações, reconhecemos que as referências que acabamos de fazer às variadas concepções acerca do papel da culpabilidade no interior da determinação da pena podem não ter sido suficientes à satisfatória apreensão da matéria pelo leitor. No entanto, não há motivos para frustrações. A nosso aviso, as aludidas teorias é que padecem de maiores esclarecimentos. E se o defeito foi nosso, cuidaremos agora de corrigi-lo, apreciando a questão sob a perspectiva de nossa legislação.

Em primeiro lugar, há que se ter em mente o seguinte: não há *duas* perspectivas diferentes da culpabilidade, uma supostamente reservada à teoria do delito e outra à aplicação da pena. Em quaisquer dessas situações estaremos falando da mesma coisa: da culpabilidade como juízo de censura e de reprovação ao comportamento daquele que, podendo fazê-lo, não se comportou segundo a norma penal. No campo da aplicação da pena haverá somente o desdobramento daquele juízo, em dimensões ainda mais individualizadas. Talvez se possa até entender que haveria uma ampliação da investigação acerca da reprovação pessoal do agente, de maneira a se chegar ao exame de circunstâncias que não seriam essenciais para a identificação da culpabilidade por ocasião da afirmação do fato criminoso. Mas não se pode perder de vista que tanto o reconhecimento do crime quanto a fase de aplicação da pena estão reunidos em um mesmo ato processual, isto é, na decisão condenatória. De modo que o juízo de censura não é tão fragmentado assim.

Não bastasse, o fato é que a legislação brasileira, e mais especificamente o art. 59 de nosso Código Penal, explicita as circunstâncias que deverão ser apreciadas, seja para fins de determinação do âmbito da culpabilidade, seja no que toca aos fins preventivos da pena. Tem-se ali, com efeito: *"O juiz, atendendo à culpabilidade, aos antecedentes, à conduta social, à personalidade do agente, aos motivos, às circunstâncias e consequências do crime, bem como ao comportamento da vítima, estabelecerá, conforme seja necessário e suficiente para reprovação e prevenção do crime."* Note-se, então, que, embora o texto legal posicione tanto a culpabilidade quanto a prevenção ao lado das demais circunstâncias ali descritas, como se tratassem de outro tipo de valoração, o que na verdade ocorre é que todas elas, as circunstâncias judiciais, exercem funções *de prevenção* ou *considerações de culpabilidade.*

E mais. Algumas delas cumprem as duas missões simultaneamente. É o caso, por exemplo, dos *motivos* do crime e de suas *consequências.* Tanto deverá ser feito um

[47] Apud DIAS, Jorge de Figueiredo. *Direito penal português*, op. cit., p. 224-225. O leitor haverá de nos perdoar pela citação de fonte em segunda mão. O conforto que nos sobra, porém, já que sem qualquer intimidade com o idioma alemão, é que a doutrina aqui referida é do primeiro time do direito penal comparado.

juízo para fins de apreciação do *grau* ou do *nível* da culpabilidade do agente pelo fato, quanto, também e do mesmo modo e ao mesmo tempo, acerca das necessidades preventivas. Também os *antecedentes* exercem dupla função. Já a circunstância atinente ao *comportamento da vítima*, por exemplo, parece cuidar unicamente do juízo de culpabilidade, o mesmo se dando com aquela relativa *à conduta social*, a ser considerada ao nível da maior ou da menor reprovação do agente. No particular, como já veremos, esta última circunstância é das mais importantes no âmbito da culpabilidade *material*, na medida em que é ali que poderão ser considerados todos os elementos atinentes à posição de sua inserção ou de *exclusão social*, fundamentais para a compreensão também dos motivos do crime. É o que se verá a seguir.

Naturalmente, a fixação do *quantum* devido por uma e por outra circunstância, segundo o respectivo papel no interior da reprovação de culpabilidade e da necessidade de prevenção, estará sempre sujeito à subjetividade do magistrado.

b) Demais circunstâncias judiciais do art. 59, CP

b.1 Antecedentes

O princípio da não culpabilidade (ou da inocência, como querem alguns) tem aplicação, geralmente, no âmbito de determinada persecução penal instaurada contra quem se aponta como responsável por fato definido como crime.

Todavia, não se pode negar que semelhante consideração constitucional deve irradiar seus efeitos também para além da referida eficácia processual.

No caso da aplicação da pena, a previsão legal da consideração dos *antecedentes* do acusado pode trazer graves riscos da aplicação de um direito penal *do autor*, por meio do qual se passa a examinar o fato, não só por ele mesmo, mas também a conduta pregressa do agente, como se seus erros anteriores devessem ser levados em consideração para fins de aumento da pena, ainda que tais erros não tenham sido objeto de reprimenda judicial (penal ou não).

Naturalmente que qualquer juízo que se queira fazer sobre o agente, *para além de sua culpabilidade pelo fato*, incorrerá em tais riscos. Por isso, o critério que nos parece decisivo para a aceitação ou não dos *fatos passados*, como critério de fixação da pena, é, ao lado da previsão legal (princípio da legalidade), a observância do *devido processo legal* em que se possa, de fato, afirmar-se, com convicção, a responsabilidade pelo fato a ser considerado.

Precisamente por isso a jurisprudência do Supremo Tribunal Federal, após muito oscilar sobre a possibilidade ou não de consideração de inquéritos e ações penais não transitadas em julgado, terminou por rejeitar semelhante possibilidade, em decisão recentíssima (RE 591054), na qual se reconhecera a repercussão geral da matéria.

Embora o citado entendimento possa gerar alguma perplexidade, sobretudo naquelas hipóteses em que a pessoa está sendo processada em várias e diferentes ações penais, ou que esteja indiciada em inúmeros inquéritos policiais, o fato é que não se deve correr o risco de antecipar-se o juízo negativo sobre o fato ainda não definitiva e judicialmente esclarecido. E isso até mesmo em razão da possibilidade absolvição, de extinção da punibilidade e, enfim, da não apreciação definitiva da responsabilidade penal do agente naqueles fatos.

De outro lado, nem se pense que o agente, acaso venha a ser condenado em outros processos, não terá ampliada a sua responsabilidade. Primeiro, porque a pena cabível *para cada crime,* segundo a regra específica do concurso de crime, parece suficiente a demonstrar a censura legal aos ilícitos então praticados. Segundo, porque em algum momento será possível a consideração da *reincidência* como fator de maior censura ao agente que reitera a prática criminosa. E essa, a reincidência, permite um juízo mais seguro quanto à necessidade de maior eficácia preventiva da pena, na medida em que exige a condenação criminal passada em julgada. Já falaremos dela.

Ou seja, não há espaço para a consideração de antecedentes na aplicação da pena, a não ser nos casos de prescrição da pretensão *executória,* já que a prescrição da pretensão *punitiva* apaga os efeitos de eventual condenação, e desde que se trate de condenações definitivas (se não consideradas como reincidência).

b.2 Conduta social e personalidade

Acerca de *conduta social* nada poderia ser dito. Mas certamente há muito a ser criticado. Haveria um conceito *único* a respeito da valoração positiva do comportamento social de alguém? Afinal, a sociedade brasileira não é inteiramente *fragmentada,* do ponto de vista social? Não temos dúvida em afirmar que sim.

A única possibilidade de se examinar a conduta social de alguém é se o juízo recaísse sobre o *meio social* em que vive a pessoa. Ou seja: as circunstâncias históricas e humanísticas que possam se qualificar como a *cultura social* local.

De todo modo, o que se teria aqui seria praticamente a mesma coisa da valoração acerca dos *antecedentes.*

Por outro lado, não se pode negar que a tal *conduta social* pode ser avaliada no âmbito da culpabilidade do agente, o que significaria dizer o seguinte: o comportamento padrão no ambiente social do condenado deve ser valorado em seu favor, na medida em que o meio poderá, em tese, influenciar as escolhas e tomadas de posição do cidadão no convívio com os seus (e os outros, evidentemente).

O que não é aceitável é o agravamento das circunstâncias judiciais do art. 59, CP, com base em juízos especulativos ou com suposto argumento em fatos negativos da vida pregressa do agente, e que sequer seriam qualificados como *antecedentes.* Ora, se estes, os antecedentes, dependem de acertamento judicial para a respectiva valoração, o que dizer então da conduta social?

Já a *personalidade* é questão das mais complexas.

Em primeiro lugar, porque jamais se poderia exigir do juiz o conhecimento técnico a respeito das diversas perspectivas com que se pode trabalhar o conceito de personalidade. Basta ver o atual nível do debate na neurociência e as determinações do sujeito, segundo boa parte daqueles estudos. Também a psicologia, a psicanálise e a psiquiatria teriam muito a oferecer nesse campo, a fim de se formar um juízo técnico sobre os contornos da personalidade do agente.

Em segundo lugar, porque, para não se incorrer no risco de se permitir aqui outras formas de censura judicial pela vida pregressa do condenado, seria preciso eleger circunstâncias objetivas de fatos, que, reunidos, apresentariam um quadro *social* – por assim dizer – da *personalidade* do agente.

FIGUEIREDO DIAS, autor do mais aprofundado tratado sobre as consequências jurídicas do crime, aponta os seguintes elementos que poderiam construir a ideia de personalidade do agente, para fins de consideração na dosimetria da pena: (a) condições pessoais e econômicas do agente; (b) sensibilidade à pena e suscetibilidade de ser por ela influenciado; (c) qualidades da personalidade manifestada no fato.

A primeira e a última (*a* e *c*) podem ser úteis, na medida em que oferecem elementos objetivamente apreciáveis e podem traduzir certo nível da culpabilidade do agente na prática do fato. Por isso, devem mesmo ser consideradas, sobretudo aquelas relativas às condições pessoais e econômicas do agente. Feito isso, poderá – ou não! – haver mesmo relação entre tais circuntâncias e a natureza do crime perpetrado (qualidades da personalidade manifestada no fato). Os crimes patrimoniais seriam eloquente exemplo dessa relação.

b.3 Motivos

Os motivos do crime, quando efetivamente constatados, constituem fator relevantíssimo na aplicação da pena, desde que não se queira, daí, valorar-se também a personalidade do agente, com *dupla consideração* de uma mesma causa.

Com efeito, a motivação para a prática do fato tanto pode revelar cinrcunstâncias favoráveis quanto desfavoráveis na dosimetria da pena. Aquele que se move por sentimento de vingança, por ter sido – ele ou pessoas de seu afeto – vítima de fato ilícito, não pode merecer o mesmo grau de censura que o autor de crime, realizado por cupidez, por exemplo.

Naturalmente, tudo que disser respeito à apreciação dos motivos do crime, seja para atenuar, seja agravar, terá que se sustentar em um *senso comum* cultura e moralmente compartilhado. Talvez resida aqui um dos elementos mais democráticos da fase de aplicação da pena, a exigir que a motivação do fato seja analisada segundo os parâmetros socialmente demarcados. Por óbvio, quando falamos em *socialmente demarcados*, estamos nos referindo ao exame que deve ser feito no âmbito do ambiente social do cotidiano do agente. A sonegação fiscal, por exemplo, pode ser socialmente aceita pela maioria esmagadora daqueles que devem tributos (contribuintes), daí derivando menor juízo de censura sobre sua prática. No entanto, as pessoas que não são tributadas, pela baixa renda de que dispõem, talvez pensem diferente sobre isso, já que ninguém duvida da importância dos tributos para a realização das funções sociais do Estado.

Ainda no delito de sonegação de tributos, podem ser encontradas motivações diversas para a respectiva prática. Uns podem recorrer a ela para engrandecimento da fortuna e outros apenas para satisfazer necessidades temporárias de caixa. Em hipóteses que tais – frequentes, aliás –, a reprimenda haverá de sopesar tais circunstâncias.

Deve-se alertar, porém, que os motivos a serem considerados na dosimetria não podem ser valorados quando *elementares ou circunstâncias específicas* do tipo penal, ou mesmo quando sejam *inerentes* à tipificação. Os crimes sexuais, por exemplo, já contemplam diversos elementos na realização do tipo, e que, por isso mesmo, não devem ser novamente considerados na aplicação da pena, à conta dos *motivos do crime* (lascívia etc.). O mesmo ocorre nos crimes patrimoniais, sobretudo no estelionato, que pressupõe conduta prévia deliberada para a consecução do crime (a preparação e a montagem da fraude). No homicídio, há várias formas qualificadas descrevendo motivações específicas e que, por isso mesmo, não poderão ser objeto de nova valoração na fase de aplicação da pena.

Ainda relativamente ao homicídio e suas formas qualificadas, há parte da doutrina que faz curiosa distinção entre o motivo *fútil* (forma qualificada) e a *ausência* de motivos. Nesse segundo caso, de ausência de motivos, não incidiria qualificadora alguma, com o que se chegaria ao absurdo de punir na forma simples um homicídio com tais características.[48]

A nosso aviso, há aqui um preciocismo de linguagem e de conceitos que não podem ser construídos com a segurança desejada no âmbito da dogmática penal contemporânea.

Com efeito, o delito de homicídio é, por excelência, o crime que apresenta as mais variadas modalidades de motivação, até porque inerente à condição humana, quando presente o ato de *matar alguém*. Abstraídas as considerações acerca das *patologias* que aparecem como suficientes para a exclusão da responsabilidade penal (culpabilidade), não conseguimos encontrar nenhuma situação em que esteja presente a *ausência de motivação*. Motivação sempre haverá para esse crime. A qualificação e o reconhecimento de diferentes níveis de censura, social e moral, do ato é que poderá variar. Por isso, há tantas formas qualificadas do delito, que chegam a incluir a *torpeza* e a *futilidade* como razões específicas para a sua prática.

A expressão *futilidade* parece ampla o suficiente para abarcar quaisquer formas de motivação não explicadas ou não justificadas segundo a compreensão geral acerca do significado dos *motivos* do crime. Aquele que atira em pessoa desconhecida apenas para ver "de que lado ele cairá" revela evidente motivação ao nível de sua curiosidade mórbida e do inexplicável senso de entretenimento. Mas não se pode dizer aí que haveria *ausência de motivos*. Nenhuma pessoa, atuando em algum estágio mínimo da consciência, pode revelar ausência de motivação. O que pode ocorrer é a impossibilidade de comprovação probatória das razões ou de explicação racional para a prática do ato. Jamais, segundo nos parece, ausência de motivos. Quem age assim, sem nenhuma justificava ou explicação racional conhecida, atua futilmente e por isso deve ser punido na forma qualificada.

---

[48] BITENCOURT, César Roberto. *Tratado de direito penal*. Parte Especial. Dos crimes contra a pessoa. 6. ed. São Paulo: Saraiva, 2007. p. 54.

Não se pode levar assim, tão a ferro e fogo, o princípio da legalidade estrita, sobretudo quando se trata de definição de elementos normativos do tipo, a exigir certa flexibilidade no acertamento do significado da norma.

b.4 Consequências do crime

O cuidado aqui é evitar a tentação de se punir mais intensamente orientada exclusivamente pela consequência do fato criminoso, particularmente quando o resultado do crime estiver claramente definido, ou como elementar do tipo, ou como consequência *necessária de sua realização*. Exemplo: incapacidade para o trabalho nas lesões corporais gravíssimas.

O que deve ser avaliado é a maior ou menor consequência do fato criminoso, seja em relação à vítima, seja em relação a terceiros. A subtração de coisa pode ter resultados mais ou menos danosos para a vítima, a depender de suas condições econômicas, por exemplo. O furto ou o estelionato que reduzem completamente a fortuna da vítima há de merecer maior desvaloração. Certamente.

A maior ou menor quantidade da droga, por exemplo, pode ser aqui apreciada nos delitos de tráfico de entopecentes, se já não o tiver sido quando do exame da culpabilidade, espaço que nos parece mais adequado.

b.5 Comportamento da vítima

O comportamento da vítima, sobretudo – mas não só! – nos crimes passionais devem também apresentar-se como parâmetro valorativo na fixação da pena. Na verdade, e, via de regra, semelhante circunstância já terá sido apreciada ao exame da culpabilidade do agente, ocasião em que o comportamento da vítima pode bem dimensionar o grau de reprovação da conduta criminosa, e, especificamente, da culpabilidade.

De todo modo, a previsão legal em separado da aludida circunstância há de ser aplaudida, pois deve mesmo influenciar na definição da pena-base.

Desnecessário seria alertar para o fato de que estamos nos referindo apenas àqueles comportamentos que não tenham relevância para a concretização do injusto (tipicidade e ilicitude), pois se o comportamento anterior da vítima consistir na prática de um ilícito, poderá se fazer presente causa excludente da própria ilicitude (legítima defesa, por exemplo).

3 Segunda fase: circunstâncias atenuantes e agravantes

Art. 61. São circunstâncias que sempre agravam a pena, quando não constituem ou qualificam o crime:

I – a reincidência;

II – ter o agente cometido o crime:

a) por motivo fútil ou torpe;

b) para facilitar ou assegurar a execução, a ocultação, a impunidade ou vantagem de outro crime;

c) à traição, de emboscada, ou mediante dissimulação, ou outro recurso que dificultou ou tornou impossível a defesa do ofendido;

d) com emprego de veneno, fogo, explosivo, tortura ou outro meio insidioso ou cruel, ou de que podia resultar perigo comum;

e) contra ascendente, descendente, irmão ou cônjuge;

f) com abuso de autoridade ou prevalecendo-se de relações domésticas, de coabitação ou de hospitalidade, ou com violência contra a mulher na forma da lei específica;

g) com abuso de poder ou violação de dever inerente a cargo, ofício, ministério ou profissão;

h) contra criança, maior de 60 (sessenta) anos, enfermo ou mulher grávida;

i) quando o ofendido estava sob a imediata proteção da autoridade;

j) em ocasião de incêndio, naufrágio, inundação ou qualquer calamidade pública, ou de desgraça particular do ofendido;

l) em estado de embriaguez preordenada.

Art. 62. A pena será ainda agravada em relação ao agente que:

I – promove, ou organiza a cooperação no crime ou dirige a atividade dos demais agentes;

II – coage ou induz outrem à execução material do crime;

III – instiga ou determina a cometer o crime alguém sujeito à sua autoridade ou não-punível em virtude de condição ou qualidade pessoal;

IV – executa o crime, ou nele participa, mediante paga ou promessa de recompensa.

Art. 63. Verifica-se a reincidência quando o agente comete novo crime, depois de transitar em julgado a sentença que, no País ou no estrangeiro, o tenha condenado por crime anterior.

Art. 64. Para efeito de reincidência:

I – não prevalece a condenação anterior, se entre a data do cumprimento ou extinção da pena e a infração posterior tiver decorrido período de tempo superior a 5 (cinco) anos, computado o período de prova da suspensão ou do livramento condicional, se não ocorrer revogação;

II – não se consideram os crimes militares próprios e políticos.

Art. 65. São circunstâncias que sempre atenuam a pena:

I – ser o agente menor de 21 (vinte e um), na data do fato, ou maior de 70 (setenta) anos, na data da sentença;

II – o desconhecimento da lei;

III – ter o agente:

a) cometido o crime por motivo de relevante valor social ou moral;

b) procurado, por sua espontânea vontade e com eficiência, logo após o crime, evitar-lhe ou minorar-lhe as consequências, ou ter, antes do julgamento, reparado o dano;

c) cometido o crime sob coação a que podia resistir, ou em cumprimento de ordem de autoridade superior, ou sob a influência de violenta emoção, provocada por ato injusto da vítima;

d) confessado espontaneamente, perante a autoridade, a autoria do crime;

e) cometido o crime sob a influência de multidão em tumulto, se não o provocou.

Art. 66. A pena poderá ser ainda atenuada em razão de circunstância relevante, anterior ou posterior ao crime, embora não prevista expressamente em lei.

Art. 67. No concurso de agravantes e atenuantes, a pena deve aproximar-se do limite indicado pelas circunstâncias preponderantes, entendendo-se como tais as que resultam dos motivos determinantes do crime, da personalidade do agente e da reincidência.

Concluída a primeira fase, com a fixação da pena base, encerra-se, por assim dizer, o espaço de ampla discricionariedade atribuído ao magistrado no sopesamento das circunstâncias *judiciais* do art. 59, Código Penal. E terá início a segunda fase, que consiste na aplicação, ou não, de circunstâncias previstas em lei como atenuantes ou como agravantes da pena base. Ainda restará aqui pequena margem de liberdade ao juiz, no que toca à definição da quantidade de aumento ou de diminuição das referidas circunstâncias.

Como visto, as atenuantes e as agravantes reproduzem juízos de menor (atenuante) ou maior (agravante) desvalor de determinada circunstância presente ao fato criminoso. Devem sempre vir previstas em Lei, sobretudo as agravantes, diante do princípio da legalidade estrita em matéria de punibilidade.

Têm como característica mais importante – o que as diferencia essencialmente das causas de aumento e de diminuição da pena – o fato de não haver previsão legal da quantidade de acréscimo ou de decréscimo delas resultantes.

A grande questão que sempre se pôs em relação a elas é se seria possível que a respectiva incidência poderia elevar ou diminuir a pena *cominada no tipo* acima do máximo ou abaixo do mínimo. E o problema, de fato, existe, na medida em que a ausência de previsão legal quanto à quantidade de aumento ou de diminuição pode permitir um descompasso entre a atuação do Poder Legislativo (pena mínima e máxima) e do Poder Judiciário na determinação da pena definitiva.

A jurisprudência de nossos Tribunais é no sentido de que tal não seria possível. As atenuantes e as agravantes teriam por limite a pena mínima e a máxima prevista em Lei. Aliás, há Súmula de jurisprudência do Superior Tribunal de Justiça nesse sentido

(Súmula 231: *A incidência de circunstância atenuante não pode conduzir à redução da pena abaixo do mínimo legal*).

Referido entendimento é compreensível.

É compreensível na medida em que as circunstâncias atenuantes, tais como as agravantes, receberam tratamento legal mais precário em nossa legislação, padecendo, todas elas, de certo *déficit* de legalidade. E isso porque, como dito, tais circunstâncias não oferecem critério seguro para a determinação da quantidade de aumento ou de diminuição que delas resultariam. E esse é, de fato, um grande e intransponível obstáculo no que se refere à possibilidade de se *superar* a pena máxima com fundamento em *agravantes*. Admitir semelhante alternativa implicaria conferir ao juiz uma ampla margem de discricionariedade, incompatível com o princípio geral e constitucional da legalidade em matéria penal, traduzido na fórmula:

> Art. 5º...
>
> [...]
>
> XXXIX – não há crime sem lei anterior que o defina e *nem pena sem prévia cominação legal.*

No entanto, embora compreensível, ele nos parece equivocado.

O que teria, então, de errado na aludida Súmula 231, que parece apenas ratificar o princípio da legalidade?

O que está errado na citada orientação jurisprudencial é o tratamento idêntico reservado às atenuantes e às agravantes. Pode-se questionar: mas não seriam ambas apenas circunstâncias legalmente valoradas como merecedoras de maior ou de menor censura? Por que não a identidade de consequências?

Advirta-se, para logo, que para responder a essa questão não iremos aqui nos valer de qualquer argumentação de corte genérico como se dá com o princípio do *favor rei* (em favor do réu) e nem de fundamentações críticas ao Direito Penal, quando entendido, por exemplo, como reduzido instrumento de limitação das liberdades. Coerente com nossa perspectiva hermenêutica, orientada – sobretudo em matéria de incriminação e de aplicação de pena – pela *proibição do excesso,* a solução há de resultar da necessidade de eliminação da efetiva tensão que aqui aparece entre os princípios da *legalidade* e o da *igualdade*.

Explica-se.

Se todos os homens devem ser tratados e tidos como iguais, e se cabe ao Direito, não só consagrar tais expectativas, mas avançar e permitir a concretização dessa promessa, a igualdade parece ser a via preponderante na interpretação, sobretudo, das normas proibitivas e punitivas. Assim, todos quantos estejam submetidos à presença de uma circunstância atenuante, ou seja, em situação legalmente qualificada como de *menor reprovabilidade,* devem-se beneficiar desse juízo, atenuando a pena a eles cominada no tipo. Nesse passo, o limite mínimo cominado ao tipo penal não poderá impedir que todas as pessoas que tenham agido em situação de atenuação da pena recebam o mesmo tratamento. Há que se lembrar que o Código Penal determina que as circunstâncias previstas no art. 65 *sempre atenuam* a pena. Ou seja, para além do fundamento principiológico da igualdade, há também o argumento legal.

Caberia, então, objetar: mas também o art. 61, CP, ao cuidar das agravantes, afirma que estas *sempre agravarão* a pena. Verdade.

Todavia, impende observar que a interpretação ora proposta em relação às atenuantes *não viola qualquer norma legal ou constitucional,* enquanto a identidade de tratamento com referência às agravantes implicaria o desrespeito frontal ao princípio da legalidade. De fato, uma coisa é deixar-se à discricionariedade do juiz a fixação de uma pena *abaixo* do mínimo; outra, *materialmente* diferente, é permitir que ele o faça para ultrapassar o juízo abstrato de reprovação máximo do fato criminoso (além, é claro, de eventuais causas de aumento). No segundo caso, sobrariam razões de política criminal para impedir semelhante possibilidade, já que, por primeiro, quaisquer finalidades preventivas da pena jamais poderão superar a culpabilidade do agente, o que não se aplicaria à hipótese de redução abaixo do mínimo.

Nosso Código Penal explicita quais seriam as circunstâncias atenuantes e as agravantes, deixando espaço, porém, para a possibilidade de reconhecimento de circunstância atenuante, anterior ou posterior ao crime, ainda que não prevista em Lei (art. 66, CP).

Não pretendemos apreciar em detalhes todas as agravantes e todas as atenuantes legais. Algumas são autoexplicativas. Nada que um dicionário não possa resolver, se aliado ao conhecimento básico e rudimentar da matéria penal.

Iniciemos com as agravantes.

3.1 Circunstâncias agravantes

I – A reincidência

Opera-se a reincidência apenas quando o agente já tiver contra si condenação anterior definitivamente passada em julgado, na data do novo fato delituoso. Para fins de definição do momento de apuração da reincidência, deverá ser observada a data da ação e não da consumação do novo delito.

E assim nos parece ser em razão dos próprios fundamentos de política criminal que buscam justificar a reincidência. Assim, se o agente realiza a ação quando ainda não transitada em julgado a decisão anterior, eventuais modificações posteriores do tipo (lesões corporais e resultado morte, homicídio tentado para consumado) não alterarão a sua situação de primariedade.

Do mesmo modo e pelas mesmas razões, pensamos que a reincidência há de ser aplicada tanto aos crimes dolosos quanto aos delitos culposos. Não só porque não há distinção legal no tratamento da matéria, mas pela simples razão de que a observância do dever de cuidado ou de não criação de riscos proibidos ou não permitidos também há de estar inserida no âmbito da prevenção dos delitos culposos. Nesse ponto, nos afastamos da abalizada doutrina de FIGUEIREDO DIAS, para quem a reincidência só faria sentido em relação aos crimes dolosos. Seu argumento central repousa no fato de que apenas os comportamentos queridos e desejados, fundados em atitude contrária ou indiferente às normas, constituiriam o pressuposto material da reincidência.[49]

Mesmo do ponto de vista de uma perspectiva funcionalista como a adotada pelo ilustre penalista português, não vemos razão alguma para se chegar a essa conclusão. Se a punição do fato culposo deriva da violação dos deveres normativos de comportamentos (e cuidados) exigidos em Lei, a reiteração culposa ou a repetição de violação ao dever de cuidado há que ser mais censurada que a conduta isolada, da mesma natureza (culposa).

Aliás, vem da pena do mesmo FIGUEIREDO DIAS a melhor resposta dada àqueles que entendem inconstitucional o agravamento da pena pela reincidência, ao argumento de que aí se teria verdadeiro direito penal do autor, incompatível com as conquistas do Estado de Direito.[50]

Na verdade, o agravamento da pena pela reincidência pode não ser mesmo a melhor escolha legislativa de política criminal. A Alemanha, por exemplo, passou a tratar a matéria como *perigosidade*, no âmbito, então, das *medidas de segurança*. Todavia, não vemos como avançar para a inconstitucionalidade da previsão legal da reincidência como medida de agravamento da pena.

O grande problema dessa especial forma de agravamento da sanção, como apontado pelo citado penalista português,[51] reside na constatação evidente de que o instituto tende a atingir, quase que exclusivamente, aquele enorme contingente de crimes de bagatela ou de insignificância, ou em outra perspectiva, de fundo criminológico, aquele igualmente enorme contingente de pessoas abarcadas pelo notório *déficit social e de igualdade na distribuição de riquezas*. Assim, a aplicação da reincidência opera com muito maior eficácia, sobretudo, nos crimes patrimoniais, com ou sem ameaça.

Por isso, talvez seja necessária e possível uma interpretação mais bem balizada do Direito Penal, abrindo-se a extensão da aplicação do princípio da insignificância, para atingir também os casos de reiteração da conduta, particularmente para aqueles delitos praticados sem maior ofensividade. O STF, como já vimos, não aceita a possibilidade da insignificância às hipóteses de habitualidade ou de reincidência criminosa (STF – HC 122.529/MG – 2ª Turma, Rel. Min. Gilmar Mendes, 2-9-2014).

É bem de ver, ainda, que, se a legislação brasileira se ocupa das considerações acerca da culpabilidade e da prevenção como os balizamentos fundamentais na dosimetria da pena base (art. 59, CP), a reincidência pode mesmo ser considerada como reforço ou fundamento de necessidades *preventivas*, ainda quando não se deva – e não se deve mesmo! – aplicar a agravante como aumento da censura, ao nível da culpabilidade.

Em síntese: fundamentar a agravante da reincidência com base na maior culpabilidade do agente não se justifica, na medida em que se estaria avaliando, não

---

[49] FIGUEIREDO DIAS, Jorge de. *Direito penal português*, op. cit., p. 264.

[50] QUEIROZ, Paulo. *Curso de direito penal*, op. cit., p. 462-463.

[51] FIGUEIREDO DIAS, Jorge de, idem, p. 276.

mais o fato, mas o seu autor, no campo, então, da *periculosidade* do agente. Mas aceitar a agravante com fundamento em necessidades preventivas é perfeitamente coerente com o sistema legal brasileiro. Por isso, é preciso que se tenha muito cuidado: se as necessidades preventivas já tiverem fundamentado a aplicação da pena base, não será possível a reiteração do fundamento como agravante.

Requisito legal, então, da reincidência é a condenação anterior passada em julgado no momento da nova conduta delituosa. A condenação poderá ser até mesmo no estrangeiro, desde que devidamente comprovadas (a condenação e o trânsito em julgado). Não se aplicará a agravante no caso de prática anterior de *contravenção*, por força do princípio da legalidade estrita (o art. 63, CP, se refere *ao crime*, restando excluída a contravenção).

Por fim, não serão considerados, para fins de reincidência:

a) a condenação anterior, se entre a data do cumprimento da pena ou de sua extinção e a data da infração posterior tiver decorrido período de tempo superior a 5 (cinco) anos, computados os períodos de prova da suspensão ou do livramento condicional, se não houver revogação (art. 64, I);
b) os crimes militares próprios e os políticos.

Crimes militares próprios são aqueles que somente podem ser praticados por militares. Já o conceito de crimes políticos é bastante discutível. No entanto, prevalece o entendimento de que seriam aquelas infrações penais definidas na Lei 7.170/83, autointitulada *Lei de Segurança Nacional.*

II – Agravantes no concurso de pessoas

Também aqui, como nas diversas modalidades *nominadas* (previstas expressamente) de agravantes, parece-nos ocioso ir além da própria definição legal. Talvez deva ser apenas salientado o alerta acerca da impossibilidade de se considerar como agravante qualquer das circunstâncias que configurem também figuras típicas autônomas. Nessas hipóteses, o agente responderá por dois (ou mais) delitos e não pelo crime agravado.

Toda a matéria atinente ao *concurso de pessoas* já foi suficientemente estudada no capítulo correspondente. Ali se deve rever então os conceitos de autoria, de participação e de coautoria, para que se compreendam melhor as modalidades de agravamento da pena pela organização e direção da conduta dos demais agentes.

A inclusão da agravante da *paga ou promessa de recompensa* se justifica logicamente pelo fato de que a hipótese seria sempre de concurso de agentes, em que haveria aquele que determina a prática do crime e o outro, que o realiza mediante o pagamento ou a promessa de recompensa.

De outro lado, pensamos que a *recompensa* não pode se limitar à vantagem financeira ou patrimonial específica, podendo incluir também outras espécies (de vantagem), em que o retorno econômico seja *mediato* (ocupação de função ou cargo).

3.2 Circunstâncias atenuantes

I – Nominadas e inominadas

Em doutrina é comum a referência classificatória entre categorias ou institutos jurídicos que recebem *nome* ou *designação* específica, definidos então como *nominados*, e outros, sem tais caraterísticas, mas ainda assim com a mesma natureza e com as mesmas consequências, que passam a ser aplicados como *inominados*.

O exemplo evidente da segunda hipótese são as atenuantes *inominadas* previstas no art. 66, Código Penal, em que se estabelece que *a pena poderá ser ainda atenuada em razão de circunstância relevante, anterior ou posterior ao crime, embora não prevista expressamente em lei.* Ou seja: trata-se de situações de fato ou de direito que poderão ser consideradas à conta de atenuante, por meio de *analogia*, expressamente autorizada pela Lei.

Feita a observação de que as atenuantes expressas (nominadas) não poderão ser modificadas ou ampliadas pelas *inominadas*, cumpre anotar que nessa fase de aplicação da pena (a segunda) não se poderão *repetir* eventuais fundamentações da fase anterior (primeira fase), sobretudo aquelas que digam respeito à *culpabilidade* do agente. Se eventual circunstância, pessoal, subjetiva, ou de fato, serviu para a diminuição da pena base com fundamento em menor grau culpabilidade, não se deverá abrir espaços aqui, na segunda fase, para reiteração do mesmo juízo. Veja-se, por exemplo, a hipótese da atenuante fundada nos *motivos do crime* (art. 65, III, *a*, CP). Invariavelmente, a relevância moral, ética ou cultural da conduta terá já sido considerada na fixação da pena base (primeira fase), no que toca ao grau de culpabilidade.

Nesse campo, então, o espaço de criação hermenêutica para o juiz não é tão amplo. Mas nem por isso deve ser subestimado. Nada impede que o juiz, na primeira fase, reduza a culpabilidade do agente *com base em determinado fundamento*, e, na segunda fase, atenue a pena base anteriormente fixada, com apoio *em outro fundamento*, mesmo quando relacionado diretamente com a culpabilidade.

Condutas posteriores ao fato, sobretudo, poderão se prestar a demonstrar a necessidade de diminuição da censura na aplicação da pena, desde que, repita-se, não implique o mesmo juízo já realizado na fase anterior.

E, por fim, reiteramos ainda mais uma vez: segundo a jurisprudência nacional, capitaneada pela Súmula 231 do E. Superior Tribunal de Justiça, o reconhecimento de atenuantes não pode abaixar a pena abaixo do mínimo legal nessa segunda fase de aplicação da pena. Do mesmo modo ocorre em relação às agravantes, naturalmente. E reiteramos também nossa discordância em relação às atenuantes, pelas razões declinadas acima.

II – Concurso entre agravantes e atenuantes

Embora seja o próprio Código Penal quem estabeleça serem de aplicação *obrigatória* as atenuantes e as agravantes, não há estipulação concreta acerca dos critérios a serem utilizados no caso de concurso de tais circunstâncias. Imagine-se, por exemplo, a hipótese da presença de duas ou mais agravantes ou de duas ou mais atenuantes. O quanto se agravará e o quanto se atenuará a pena base?

De outro lado, poderá haver concurso entre as atenuantes e as agravantes *no mesmo processo*. Poderão estar presentes, por exemplo, duas ou mais agravantes e duas ou mais atenuantes *no mesmo fato* e *para o mesmo autor*. Como resolver?

Há soluções na doutrina que indicam a adoção do *fracionamento mínimo* das causas de aumento e de diminuição, como o critério ideal para a realização da *soma*, ou de agravantes ou atenuantes. Assim, a variação seria de um a seis sextos da pena, segundo a quantidade de umas (agravantes) e outras (atenuantes). Ou seja, de um sexto para cada circunstância.

Em relação ao concurso na mesma sentença, isto é, no caso de haver tanto atenuantes quanto agravantes no mesmo fato, há entendimentos no sentido de que uma atenuante deveria compensar uma agravante, adotando-se, pois, um critério de *compensação*. Aí, seria desnecessário o recurso ao critério *qualitativo* baseado em frações de aumento (um sexto para cada circunstância). Curioso que não haja críticas a esse raciocínio, apesar de ele ser francamente prejudicial ao réu. Melhor seria para a defesa que ambas as operações fossem computadas (a redução e a majoração).

Contudo, há que se ter em mente que a legislação nacional não adotou qualquer critério fixo ou variável (*frações ou percentuais*) para as atenuantes e para as agravantes. Aliás, é precisamente nisso que reside a grande distinção entre tais circunstâncias e as causas de aumento e de diminuição, para as quais o nível de acréscimo ou de decréscimo vem expresso em Lei (de um a dois terços, um sexto, metade etc.).

Por isso, a atuação do magistrado, ainda que menos discricionária que aquela exercida na fase das circunstâncias judiciais do art. 59, CP (primeira fase), poderá se orientar com alguma liberdade, desde que observadas as regras do art. 67, CP, que, no concurso entre atenuantes e agravantes, recomenda que a pena deve se aproximar do limite indicado pelas circunstâncias preponderantes, levando-se em conta, *objetivamente*, os *motivos determinantes do crime, da personalidado do agente e da reincidência*.

Faz-se, de novo, o mesmo alerta: se tais circunstâncias (motivos, personalidade, reincidência) já foram consideradas na fixação da pena base, a reiteração deles implicaria violação ao princípio do *ne bis in idem*.

No entanto, o que parece autorizar o citado dispositivo legal é que possa o juiz orientar-se pelas circunstâncias agravantes ou atenuantes que tenham sido reconhecidas com independência da fase anterior (art. 59, CP, pena base). Assim, elas se apresentarão como *preponderantes* em relação às demais, devendo, por isso mesmo, *prevalecer*.

O que não poderá ocorrer, entretanto, sob pena de violação à regra geral da obrigatoriedade das agravantes e atenuantes, é a desconsideração completa das demais, unicamente com fundamento na preponderância de uma delas. O que a Lei permite é que estas (as preponderantes) se sobreponham às demais, de modo que a pena se aproxime *mais de uma que de outras*. Ou seja, o critério será *qualitativo* (uma circunstância deve ser mais valorada que a outra).

Um exemplo sobre a complexidade de algumas das questões incidentes: no **conflito entre a agravante da reincidência com a atenuante da confissão** há divergência no STF, sendo que a 2ª Turma, em julgamento recente, decidiu que devem ser compensadas (STF, 2ª Turma, HC 101909, Rel. Min. Ayres Britto, j. 28-2-2012), ao passo que a 1ª Turma entende que a agravante da reincidência deve preponderar (STF, 1ª Turma, RHC, 111454, Rel. Min. Luiz Fux, j. 3-4-2012). No STJ, a 3ª Seção, recentemente, decidiu, por apertada maioria, após voto-desempate da Min. Maria Thereza, pela possibilidade da compensação (STJ, 3ª Seção, EREsp 1154752, Rel. Min. Sebastião Reis Júnior, j. 23-5-2012).

4 Terceira fase: causas de aumento e causas de diminuição

Como visto, o cálculo na terceira fase se inicia com a aplicação das causas de aumento, só depois incidindo as de diminuição. Referido critério se alinha com o postulado da proibição do excesso, permitindo que a diminuição da sanção seja sempre a última operação.

Havendo mais de uma causa de aumento, e quando for obrigatória a aplicação de ambas (se da Parte Geral), a primeira delas incidirá sobre a pena provisória encontrada na segunda fase. Feito isso, obtido o resultado, sobre ele incidirá a outra causa de aumento. Só ao final, portanto, incidirá ou incidirão as causas de diminuição. Tem-se, então, a adoção do critério da *cumulação*.

Pensamos que, na hipótese de incidência de duas ou mais causas de aumento da Parte Geral, que devem ser aplicadas cumulativamente, no caso de haver também causas de diminuição previstas na Parte *Especial*, não deverá o juiz se limitar à aplicação de uma delas apenas (art. 68, parágrafo único, CP), a fim de se manter a proporcionalidade nas respectivas incidências.

Não há muito mais a ser dito em relação às causas de diminuição e de aumento, reservadas à terceira e última fase da aplicação da pena.

Todas elas devem vir previstas em Lei e, por estabelecerem critérios fixos e objetivos para o juiz, poderão determinar o aumento ou a diminuição acima do máximo e do mínimo legal, respectivamente. Trata-se de juízo de valor imposto pelo legislador ao magistrado, de modo que, ainda que fixada nas frações mínimas (de aumento ou de diminuição), deverão sempre ser aplicadas referidas circunstâncias, ressalvada a hipótese prevista no art. 68, parágrafo único, do Código Penal, que estabelece que, em se tratando das causas de aumento ou de diminuição previstas *na parte especial*, o juiz poderá se limitar a aplicar a que mais aumente ou a que mais diminua, no caso de concurso de causas (de aumento e de diminuição).

De outro lado, as causas de aumento e de diminuição previstas na *Parte Geral* serão sempre aplicadas, ainda que cumulativamente.

5 Limite máximo e unificação da pena

> Art. 75. O tempo de cumprimento das penas privativas de liberdade não pode ser superior a 30 (trinta) anos. (Redação dada pela Lei nº 7.209, de 11-7-1984)

§ 1º Quando o agente for condenado a penas privativas de liberdade cuja soma seja superior a 30 (trinta) anos, devem elas ser unificadas para atender ao limite máximo deste artigo. (Redação dada pela Lei nº 7.209, de 11-7-1984)

§ 2º Sobrevindo condenação por fato posterior ao início do cumprimento da pena, far-se-á nova unificação, desprezando-se, para esse fim, o período de pena já cumprido. (Redação dada pela Lei nº 7.209, de 11-7-1984)

O texto vem em bom português. Não havendo, em tese, penas perpétuas (art. 5º, XLVII, *b*, da Constituição da República), fixa a lei o prazo de duração máxima de cumprimento da pena, seja em relação a uma mesma condenação (pena máxima + causas de aumento), seja para as hipóteses de concurso de crimes, quando simultâneas ou contemporâneas as condenações.

Já vimos a questão do concurso *material*, que impõe a somatória das penas de cada crime e que o julgamento dos crimes se realize em um mesmo processo. Quando o julgamento se concretizar em processos diferentes – porque ausente a conexão entre os fatos –, a consequência será a mesma do concurso material, ainda que tecnicamente dele não se trate: somatória das penas. E aí, em ambas as hipóteses, se imporá o limite máximo de 30 (trinta) anos para o cumprimento da pena.

Ou seja, ainda quando o somatório de penas privativas da liberdade, em um ou mais processos, ultrapassar os 30 (trinta) anos, a pena será *unificada* nesse limite, para fins de cumprimento da pena.

Embora assim seja, não se pode afirmar que o tempo máximo de prisão que alguém pode cumprir no Brasil seja de 30 anos. Ao que se deduz dos termos expressos do art. 75, § 2º, CP, haverá *nova unificação* nos casos em que o apenado venha a ser novamente condenado, por fato praticado *após o início* da execução penal. Nesse caso, então, o tempo cumprido será desprezado, ou seja, não será computado para fins de nova unificação.

Quando, ao contrário, se tratar de nova condenação por fato *anterior* ao início do cumprimento da pena, prevalecerá a unificação originária. A solução é coerente com o sistema. Pouco importa que os julgamentos dos fatos já realizados ocorram em diferentes momentos. Qualquer que fosse (pela totalidade dos fatos) ou que seja (pelos fatos então processados) o somatório, a unificação seria sempre em 30 anos.

Exemplo: passadas em julgado três condenações de 15 anos cada, em diferentes momentos, far-se-á a unificação em 30 anos, aferida após a somatória de todas as condenações. Suponha-se que, após cinco anos de cumprimento da pena, seja o apenado novamente condenado, por fato anterior àquele início (do cumprimento). Referida condenação não alterará a unificação até então concretizada, pela simples razão de que, se ela (condenação) fosse levada em consideração ao tempo da unificação, não haveria qualquer alteração no limite máximo. (Exceto para fins de progressão de regime e livramento condicional).

Diferentemente ocorreria se a superveniente condenação se referisse a fato *posterior* ao início do cumprimento da pena. Nesse caso, os 25 (vinte e cinco) anos restantes da pena até então unificada seriam acrescidos da pena fixada na nova condenação, não podendo, porém, ultrapassar o limite de 30 anos na nova unificação.

Segundo a Súmula 715 do Supremo Tribunal Federal, "*a pena unificada para atender ao limite de trinta anos de cumprimento, determinado pelo art. 75 do Código Penal, não é considerada para a concessão de outros benefícios, como o livramento condicional ou regime mais favorável de execução*".

Não vemos equívoco nessa orientação.

Por primeiro, porque a lei parece clara em se referir ao *tempo máximo de cumprimento de pena privativa da liberdade,* pondo-se em linha de convergência com a vedação constitucional às penas perpétuas.

Em segundo lugar, porque haveria manifesta violação à isonomia de tratamento em relação aos demais condenados, não abrangidos pela unificação, tornando iguais situações materialmente desiguais. Suponha-se a hipótese de dois condenados, sendo o primeiro à pena de 29 anos e o segundo o somatório de 60 anos (três condenações), unificadas em 30. Se o segundo pudesse fruir dos mesmos benefícios do primeiro (diferença de apenas um ano nas penas), haveria inegável favorecimento a ele, mesmo sabendo-se que a censura que lhe foi imposta pelo Estado é radicalmente distinta e mais grave.

Não se faz aqui qualquer defesa da pena privativa da liberdade. Estamos somente *compreendendo,* tanto a opção legislativa pela limitação do tempo máximo de prisão, quanto a orientação jurisprudencial que limita tal juízo exclusivamente *ao tempo de prisão,* e não aos demais benefícios. As mazelas do cárcere são muitas e já nos detivemos sobre elas e sobre a respectiva ilegitimidade. Todavia, e, à luz de sábia e conhecida filosofia, *uma coisa é uma coisa, outra coisa é outra coisa.*

Ora, tanto a progressão de regimes quanto os benefícios do livramento condicional estão simetricamente alinhados com o tempo de *pena aplicada* e não com o tempo de pena *cumprida.* Dizer que o raciocínio desenvolvido na citada Súmula 715 poderá impedir a fruição de tais benefícios em casos de longa condenação, com o devido respeito de seus subscritores, implica inversão de premissas. Os benefícios ou vantagens da execução penal somente aparecem como direito na exata medida do cumprimento proporcional da pena aplicada. Eles não existem *de per si,* ou por si mesmos. Fosse assim, eles deveriam ser aplicados em toda e qualquer situação, de tal modo que a pena máxima deveria ser reduzida para facilitar a sua incidência. É o contrário que ocorre: eles incidirão somente em relação à pena já concretizada. Aquele que é condenado à pena curta se beneficia mais rápido que o outro, em cumprimento de pena mais longa. Não se deve diminuir a pena longa para a pena curta para favorecer a incidência dos benefícios penitenciários.

6 O concurso de crimes

Deve ser acentuado, contudo, que os acréscimos decorrentes do concurso de crimes e do crime continuado *não integram as três fases da dosimetria da pena.* Por isso, devem incidir separadamente, após a aplicação da pena, segundo as fases que acabamos de ver.

Já cuidamos do concurso de crimes nos estudos pertinentes à teoria do delito, e, mais especificamente, junto a outras categorias jurídicas que também implicam ou podem implicar um juízo de *concorrência* ou de concurso. Assim o fizemos também em relação ao concurso apenas *aparente* de delitos (ou de normas, ou, ainda, de tipos penais).

Alguns autores, contudo, preferem tratar dessa temática somente quando da abordagem das penas, ao entendimento de que o regime concursal de delitos diria respeito unicamente à fase de aplicação das sanções criminais.

A nosso aviso, há questões que justificam mesmo uma ou outra escolha. No entanto, e, a rigor, elas (questões) implicam diferentes perspectivas de exame da matéria.

Com efeito, na teoria do delito o concurso de crimes deve ser estudado sob o aspecto de suas relações com as variadas modalidades de ações puníveis, reunidas, ora sob a perspectiva da *unidade*, ora sob a compreensão da *pluralidade* do comportamento proibido. Lá, importam mais as características de determinados atos e condutas e bem por isso remetemos o leitor ao respectivo tópico, para o exame dos conceitos essenciais ao estudo da dogmática do concurso de crimes.

Já aqui, no âmbito da aplicação da pena, a matéria (concurso de delitos) demonstra todo o seu relevo e significado na identificação do método ou dos critérios de punição reservados pela legislação a essas condutas (unitárias ou plurais).

De modo geral e nos diferentes ordenamentos jurídicos, há três possibilidades de tratamento da matéria, a saber:

a) o *cúmulo* ou *acumulação* material;
b) o da pena *unitária;*
c) o da pena *conjunta* ou total.

Confirmando e reiterando o quanto já dissemos sobre o concurso de crimes, os critérios de aplicação da pena em razão da concorrência de delitos, em princípio, se referem aos fatos apurados em um mesmo processo penal. E, para que tal ocorra, ou seja, para que condutas diversas ou mesmo resultados diversos sejam investigados em um mesmo processo, há que se ter em mente as regras de *reunião de processos* previstas no Código de Processo Penal, que abrangem as diferentes modalidades do concurso (material, formal e continuado), ainda que não expressamente.

E lá, no art. 76 e no art. 77, CPP, se encontrarão as disposições atinentes à unidade de processos por conexão e por continência, aptas a permitir e viabilizar a unidade de *julgamento* de fatos que tenham alguma relação jurídica relevante entre si. Não havendo tal relação entre eles, não se identificará o concurso de crimes, ainda quando *contemporâneos* os fatos. E nessa hipótese, de não reunião dos processos, não terá lugar a aplicação da regra do concurso material, abrindo-se a possibilidade de se terem aumentadas as penas que resultariam da soma dos crimes pelo reconhecimento da reincidência, se e desde que transitada em julgado a condenação em um dos processos, anteriormente ao julgamento dos demais.

Como estamos a tratar agora somente da consideração do regime concursal somente para fins de aplicação da pena, cumpre apenas relembrar o seguinte:

a) O concurso *material* de delitos somente terá lugar quando os diferentes delitos tiverem que ser apreciados em um mesmo processo, sobretudo em razão da adoção do critério de *cumulação* de penas, isto é, do somatório das penas cominadas em cada um dos tipos.
b) Se os fatos, ainda que conexos (a continência diz respeito a uma única conduta!), forem objetos de processos diferentes, nem se poderá falar em concurso de crimes, diante da autonomia processual e penal de cada um deles. A consequência, porém, será sempre a mesma: acumulação das penas.
c) Nos casos de concurso formal e de crimes continuados, diante da evidente relação de *continência* (no concurso formal) e de *conexão* (nos crimes continuados), a regra será sempre a da unidade de processo e de julgamento.
d) Em tais situações concursais, mesmo nas raras hipóteses de eventual ajuizamento dos fatos em processos diferentes, a aplicação dos critérios de fixação da pena do regime concursal respectivo será sempre exigível. É que o art. 82, do CPP, autoriza a modificação e a *unificação* da pena mesmo após o trânsito em julgado, já, então, na fase de execução.

Vejamos, então, como se explicam e como se aplicam os modelos de concurso de crimes.

No primeiro sistema de punição, o do cúmulo *material* das penas, o juiz aplicará a pena de cada delito individualmente, seguindo-se a somatória de todas elas. Em regra, e, sobretudo, quando se tratar de penas privativas da liberdade, as sanções serão aplicadas sucessivamente (uma após a outra); quando de natureza diversas (prisão e multa, restritiva e multa, mas não prisão e algumas restritivas de direito), serão aplicadas cumulativamente. Em se tratando de penas restritivas de direitos, em princípio, e a depender daquelas impostas nas sentenças (ou sentença, se houver um único julgamento de todos os crimes), poderá haver o cumprimento cumulativo das penas (ex.: prestação pecuniária e prestação de serviços).

No segundo modelo, o da pena *unitária,* não se leva em conta o número de infrações praticadas, reunindo-se todas elas em uma *única,* como se, de fato, se tratasse de um *único* delito. Aqui, as diversas penas cominadas aos tipos penais realizados perderiam toda a sua autonomia.[52]

Por fim, no terceiro sistema de punição, a pena seria aplicada *conjuntamente,* por meio de uma *combinação* das penas de cada delito, de modo a permitir uma "avaliação

---

[52] FIGUEIREDO DIAS, Jorge de. *As consequências jurídicas do crime,* op. cit., p. 281.

conjunta dos fatos e da personalidade do agente". Seria essa a opção da legislação portuguesa, conforme o disposto no art. 77, 1, do Código Penal daquele país.

Neste último sistema, da pena conjunta, podem ser adotados dois diferentes princípios: o da *absorção*, aplicando-se somente a pena *mais grave*, e o da *exasperação*, via do qual se aplica a pena de um dos delitos, acrescida de determinado percentual, em razão da pluralidade dos crimes. A legislação alemã parece adotar os dois princípios, no concurso ideal (o da *absorção*, § 52, StBG – Código Penal) e no concurso real (da *exasperação*, § 53 e § 54, StGB).

Todos esses modelos podem apresentar vantagens e, seguramente, apresentam desvantagens, ora resultando em excesso de punição, como no modelo da acumulação material, ora dando lugar à mais absoluta ausência de resposta efetiva a comportamentos comprovadamente danosos, como no princípio da *absorção* (da totalidade das penas pela mais grave), presente na pena conjunta.

Fiquemos com o exame detido do modelo de punição no concurso de crimes de nosso Código Penal.

Por aqui, foram incorporados dois métodos na aplicação da pena:

a) O da acumulação material, no *concurso material*, também designado por *real* (art. 69, CP).
b) E o da pena *conjunta*, pelo princípio da *exasperação*, no concurso formal ou *ideal* (art. 70, CP) e também no crime continuado (art. 71, CP).

Há, porém, algo em comum para todas as modalidades de concurso contidas nos arts. 69, 70 e 71 do Código Penal. As penas de multa são aplicadas distinta e integralmente, tal como previstas no respectivo tipo penal que tiver que ser aplicado, seja no regime de cumulação de penas (concurso material ou real), seja no de exasperação (crime formal – ou ideal – e crime continuado).

> Código Penal. Art. 72. No concurso de crimes, as penas de multa são aplicadas distinta e integralmente.

Vejamos as particularidades de cada um deles.

6.1 Concurso material (ou real)

> Art. 69. Quando o agente, mediante mais de uma ação ou omissão, pratica dois ou mais crimes, idênticos ou não, aplicam-se cumulativamente as penas privativas de liberdade em que haja incorrido. No caso de aplicação cumulativa de penas de reclusão e de detenção, executa-se primeiro aquela.
>
> § 1º Na hipótese deste artigo, quando ao agente tiver sido aplicada pena privativa de liberdade, não suspensa, por um dos crimes, para os demais será incabível a substituição de que trata o art. 44 deste Código.

§ 2º Quando forem aplicadas penas restritivas de direitos, o condenado cumprirá simultaneamente as que forem compatíveis entre si e sucessivamente as demais.

Como visto, o art. 69 de nosso CP cuida das regras de punição do denominado concurso material de crimes, caracterizado pela *pluralidade* de condutas e de crimes, idênticos ou não, e com ou sem relação de dependência ou de qualquer afinidade entre eles. Como visto, apesar da ausência de disposição expressa nesse sentido, o que qualifica o tratamento da matéria como concurso material de crimes é unicamente o fato da apreciação de todas as condutas em um mesmo processo. Em se tratando de diferentes processos, o trânsito em julgado em relação a um deles poderá dar lugar à reincidência, que nada tem que ver com o concurso de crimes.

Nesse sentido, a legislação alemã (§ 53, Código Penal, alemão) é muito mais técnica que a nossa, ao incluir na definição do concurso material de crimes o *julgamento simultâneo* dos fatos. De todo modo, havendo conexão entre eles (a regra da continência – art. 77, CPP – se aplica ao concurso *formal*), o nosso CPP autoriza a unidade de processo e de julgamento. A grande vantagem da reunião dos processos e da aplicação do concurso material é a de impedir a *reincidência*, que ocorreria a partir do trânsito em julgado da decisão em relação a um dos fatos, antes do julgamento dos demais.

E mais. Nas hipóteses de separação de processos, ainda quando não transitada em julgado a decisão eventualmente proferida em relação a um dos crimes, o só fato de já ter sido ele *sentenciado* – na pendência de recurso, portanto – já impede que se fale na aplicação do regime concursal, na medida em que toda a operação de fixação da pena naquele processo em separado se fará com alheamento (em princípio) dos demais, ainda não julgados.

O concurso material pelo sistema da acumulação, portanto, se orienta pela consideração individualizada de cada um dos fatos, que, assim, serão somados para fins de apuração da pena base que dará início à dosimetria.

Nesse passo, impõe-se observar que:

a) a pluralidade de crimes resultantes do concurso material tem influência até mesmo na possibilidade de substituição da pena privativa da liberdade, consoante as hipóteses previstas no art. 44, Código Penal. Assim, havendo condenação à sanção privativa da liberdade para um dos delitos em concurso, ficará impedida a substituição, ressalvada a hipótese, se cabível, da suspensão da pena (art. 77, CP);

b) Havendo cumulação de sanções de reclusão e de detenção para os variados crimes, executa-se primeiro aquela (de reclusão), o que tem relevantes consequências na determinação do regime inicial de cumprimento da pena;

c) Quando houver compatibilidade entre as penas aplicadas, a execução delas poderá ser simultânea (privativa da liberdade e multa, restritivas de direito compatíveis) ou sucessiva, no caso de restritivas de direito que sejam incompatíveis;

d) Para quem gosta de excessos conceituais, aí vai: o concurso material pode ser *homogêneo* – entre crimes da mesma espécie – ou *heterogêneo*, entre delitos diferentes;

e) Pode-se aceitar a possibilidade das considerações acerca do concurso material aos delitos culposos,[53] sobretudo levando-se em conta a solução do somatório de penas adotada em nosso Código Penal.

Por último, e não menos importante, há que se anotar que as mesmas considerações de política criminal que culminaram na escolha do somatório de penas para o concurso material impuseram também, e, de outro lado, um limite máximo ao tempo de pena privativa da liberdade, relativamente aos delitos considerados na regra do concurso de crimes. É o que dispõe o art. 75, CP, fixando o máximo de 30 (trinta) anos para todo e qualquer regime concursal de delitos.

> Art. 75. O tempo de cumprimento das penas privativas de liberdade não pode ser superior a 30 (trinta) anos.
>
> § 1º Quando o agente for condenado a penas privativas de liberdade cuja soma seja superior a 30 (trinta) anos, devem elas ser unificadas para atender ao limite máximo deste artigo.
>
> § 2º Sobrevindo condenação por fato posterior ao início do cumprimento da pena, far-se-á nova unificação, desprezando-se, para esse fim, o período de pena já cumprido.

6.2 Concurso formal (ou ideal)

> Art. 70. Quando o agente, mediante uma só ação ou omissão, pratica dois ou mais crimes, idênticos ou não, aplica-se-lhe a mais grave das penas cabíveis ou, se iguais, somente uma delas, mas aumentada, em qualquer caso, de um sexto até metade. As penas aplicam-se, entretanto, cumulativamente, se a ação ou omissão é dolosa e os crimes concorrentes resultam de desígnios autônomos, consoante o disposto no artigo anterior.
>
> Parágrafo único. Não poderá a pena exceder a que seria cabível pela regra do art. 69 deste Código.

Diferentemente do que ocorre no concurso material, o concurso formal de crime cuida da hipótese de *unidade* de conduta, da qual resulte, porém, dois ou mais crimes, idênticos ou não.

Exatamente sob tais considerações é que se determina o sistema de *agravação* ou de *exasperação* da pena de um dos crimes, de um sexto até metade. Naturalmente, a pena a ser exasperada é a mais grave, se não forem iguais. Não havendo pluralidade de

---

[53] Ver, no ponto, JESCHECK/WEIGEND, *Tratado de derecho penal*, op. cit., p. 768.

condutas, não se poderia mesmo pensar no sistema de *acumulação* material ou soma das penas, aí evidentemente excessivo e injustificável, em razão de se correr o risco (nem sempre, é certo!) de ampliar indevidamente o âmbito da culpabilidade do agente.[54]

O concurso (formal) pode se realizar entre crimes de mesma natureza ou entre delitos diversos. No primeiro caso, se falará em concurso *homogêneo* e, no segundo, em *heterogêneo*. E quando o critério da exasperação da pena de um dos crimes for o utilizado se falará em concurso formal *próprio*.

E isso por que, ao que se vê da segunda parte do dispositivo, a punição pela exasperação somente ocorrerá nos casos em que os dois ou mais crimes praticados não sejam dolosos e decorrentes de desígnios autônomos, quando, então, deverá ser aplicada a regra do concurso *material*, com a somatória das penas. Neste último caso, o concurso formal será *impróprio*, já que na realidade se tratará de verdadeiro cúmulo material de penas. Isso quer dizer o seguinte:

a) É possível a aplicação da regra do concurso formal em crimes culposos, em que a consumação resulte de uma única conduta. Exemplo: provocação de acidente de veículos em que haja mais de uma vítima.
b) Do mesmo modo, será cabível o concurso formal na hipótese da produção de um crime doloso e outro culposo.
c) Pode ocorrer o concurso entre crimes tentados e crimes consumados, como se dá no roubo (tentado) com o furto consumado, em que a coisa é subtraída, mas não se realiza a lesão pretendida, conforme lição de JESCHECK.[55]
d) Não se aplicará a regra do art. 70, CP, quando os crimes efetivamente praticados (que podem ser consumados ou tentados) nos casos em que o agente tenha se movido com dolo em relação a todos eles. Exemplo: o agente que atira uma granada na multidão ou joga o seu carro propositadamente em várias pessoas.

Importa ainda salientar que a regra da exasperação da pena no concurso formal poderá ser aplicada até mesmo quando não tiver sido observada a unidade de processo, isto é, quando, por alguma razão, houver mais de um processo para a apuração dos delitos em concorrência. Nesse caso, a modificação da pena, para reconhecimento do concurso formal, será feita na fase de execução da sentença, tudo conforme o disposto no art. 82, CPP, *in verbis:*

> Art. 82. Se, não obstante a conexão ou continência, forem instaurados processos diferentes, a autoridade de jurisdição prevalente deverá avocar os processos que corram perante os outros juízes, salvo se já estiverem com sentença definitiva. Neste caso, a unidade dos processos só se dará, ulteriormente, para o efeito de soma ou de unificação das penas.

---

[54] Assim, JESCHECK/WEIGEND. *Tratado de derecho penal*, op. cit., p. 774.

[55] Idem, p. 775.

Por fim, é preciso estar atento ao limite punitivo disposto no parágrafo único do citado art. 70, CP, que impede a aplicação da regra do concurso formal quando dela se puder chegar a resultado mais gravoso que a soma dos crimes individualmente considerados. Isso ocorrerá sempre nas hipóteses em que um dos crimes for muito mais gravemente apenado que o outro, de tal modo que o acréscimo incidente sobre a pena a ele cominada (a mais grave) seja superior àquela, atribuída ao segundo delito.

Para o aprofundamento do tema atinente ao concurso formal ou ideal de crimes, remetemos o leitor, mais uma vez, ao respectivo Capítulo, no qual se abordam em maior extensão as principais questões dogmáticas da matéria. Por aqui, fiamos apenas com o exame das consequências do concurso na aplicação da pena.

6.3 Crime continuado

> Art. 71. Quando o agente, mediante mais de uma ação ou omissão, pratica dois ou mais crimes da mesma espécie e, pelas condições de tempo, lugar, maneira de execução e outras semelhantes, devem os subsequentes ser havidos como continuação do primeiro, aplica-se-lhe a pena de um só dos crimes, se idênticas, ou a mais grave, se diversas, aumentada, em qualquer caso, de um sexto a dois terços.
>
> Parágrafo único. Nos crimes dolosos, contra vítimas diferentes, cometidos com violência ou grave ameaça à pessoa, poderá o juiz, considerando a culpabilidade, os antecedentes, a conduta social e a personalidade do agente, bem como os motivos e as circunstâncias, aumentar a pena de um só dos crimes, se idênticas, ou a mais grave, se diversas, até o triplo, observadas as regras do parágrafo único do art. 70 e do art. 75 deste Código.

Estando já esclarecido o conceito e o alcance da chamada continuidade delitiva, ficaremos nesse espaço apenas com o registro das consequências do crime continuado na aplicação da pena.

Observa-se, de início, certa identidade entre aquele tratamento reservado ao concurso formal, e este, destinado ao denominado *continuado*. O fundamento para essa opção, já o dissemos, repousa na consideração *unitária* com que foi compreendida a *cadeia* ou sequência de atos e de ações delituosas, baseada, por primeiro, na percepção *global* da culpabilidade, a abranger o conjunto dos fatos, ligados por critérios objetivos e subjetivos (tempo, espaço, meios de execução e unidade do injusto), e, em segundo lugar, na perspectiva da proibição do excesso, de modo a evitar a multiplicação das consequências punitivas.

Por isso, pela *unificação* atribuída às condutas, adotou-se o método da exasperação da pena, de um sexto até dois terços, em níveis mais elevados, portanto, que a agravação do concurso formal (de um sexto até metade), o que até se justifica pela possibilidade de maior censura aos resultados produzidos, a depender do número de condutas e da quantidade e qualidade dos bens atingidos.

Aliás, há importante ressalva na continuidade delitiva, no que toca exatamente *à qualidade* do bem jurídico lesionado.

Afirma o parágrafo único do art. 71, CP, que nos crimes dolosos, contra vítimas diferentes, cometidos com violência ou grave ameaça à pessoa, poderá o juiz, considerando a culpabilidade, os antecedentes, a conduta social e a personalidade do agente, bem como os motivos e as circunstâncias, aumentar a pena de um só dos crimes, se idênticas, ou a mais grave, se diversas, até o triplo, observadas as regras do parágrafo único do art. 70 e do art. 75 deste Código.

Naturalmente, porém, na aplicação de semelhante critério não se poderá superar o marco punitivo previsto na regra do concurso material ou real (art. 70, CP), que prevê o somatório das penas de cada delito individualmente considerado, e tampouco o limite máximo de 30 (trinta) anos de pena privativa da liberdade pelo concurso de crimes (art. 75, CP). Obviamente!

E, tal como ocorre em relação ao concurso formal, também no crime continuado as regras de exasperação da pena pela continuidade delitiva poderão ser reconhecidas na fase de execução da pena, nas hipóteses em que não tiver sido observada a unidade de processo e de julgamento, ou seja, nos casos em que tenham sido instaurados mais de um processo para a apuração dos delitos continuados (ver art. 82, CPP).

E, por fim, embora a lei não o estabeleça expressamente, o acréscimo mínimo das hipóteses do parágrafo único do art. 71, CP, há de ser o de um sexto, precisamente aquele previsto no *caput* do mesmo dispositivo legal.

7 *Aberractio ictus* ou erro na execução

> Art. 73. Quando, por acidente ou erro no uso dos meios de execução, o agente, ao invés de atingir a pessoa que pretendia ofender, atinge pessoa diversa, responde como se tivesse praticado o crime contra aquela, atendendo-se ao disposto no § 3º do art. 20 deste Código. No caso de ser também atingida a pessoa que o agente pretendia ofender, aplica-se a regra do art. 70 deste Código.

Há autores que, justificadamente, em razão da topografia da regra da *aberractio ictus* e da referência expressa à possibilidade do cabimento da aplicação do concurso formal, cuidam do tema exatamente aqui, por ocasião dos estudos atinentes à pena.

De nossa parte, contudo, entendemos que, do ponto de vista dogmático, o erro na *aberractio ictus* deveria ser tratado tanto como uma *situação* de erro em relação ao tipo concretizado, quanto uma *consequência jurídica* do concurso formal de delitos. Por isso, cuidamos dos conceitos e características da *aberractio* lá naquele espaço, logo após o exame do *erro sobre a pessoa*. Para lá, então, remetemos o leitor.

À guisa de lembrança, no ponto aqui ora mencionado, o dispositivo legal objeto dessas considerações (art. 73, CP) preferiu adotar, como regra, o mesmo tratamento reservado ao *erro de pessoa*, punindo-se o crime *como se o fato tivesse sido concretizado contra a pessoa idealizada* (e não a efetivamente atingida), seguindo, então, o disposto no art. 20, § 3º, CP. A exceção ficou por conta da possibilidade de atingimento também daquela para a qual se dirigiu a ação (pessoa idealizada). Nesse caso, tendo havido o *resultado* em relação a ambas, a lei prevê a aplicação da regra do concurso formal (art. 70, CP), com exasperação da pena mais grave.

Ainda mais uma vez, então: o Código erra na lógica de sua escolha punitiva. Renovemos o exemplo:

a) o agente, com dolo de homicídio, atira em A e, por erro na execução, atinge B, e apenas B. Nesse caso, ele será punido pelo homicídio doloso, aplicando-se a regra do erro de pessoa (art. 20, § 3º, CP). A solução adotada pelo Código ignora a efetiva existência de uma *tentativa* em relação à vítima idealizada e da *consumação* do delito culposo realizado contra a outra (atingida);
b) O agente age da mesma maneira, mas atinge ambos (A e B). O Código prevê a solução do concurso formal, que deverá existir, ou, a) entre dois homicídios consumados (um doloso e outro culposo), ou b) entre um homicídio doloso tentado ou consumado e uma lesão corporal culposa.

No exemplo *a*, ignora-se o fato de ter havido, além da lesão ao terceiro, efetivamente atingido, uma *tentativa* em relação à pessoa idealizada! Adotando-se a teoria da *equivalência*, substituíram-se dois resultados concretamente realizados: uma *tentativa* (dolosa) e uma *consumação* (culposa) por apenas uma consumação dolosa. No exemplo *b*, a circunstância de ter havido a lesão a ambos é que justificou a aplicação da regra do concurso. Aí, os eventos efetivamente concretizados mereceram a preferência do legislador. Ou seja, nesse caso, e corretamente, adotou-se a teoria da *concretização*.

E nem se diga que o legislador brasileiro teria incorporado, no ponto, o sistema da *absorção* da pena menos grave pela mais grave. É que, se assim fosse, a pena a ser aplicada seria a do crime *tentado*, em relação à vítima não atingida, que, por ser mais grave, absorveria o resultado culposamente atingido. Não foi isso, porém, que fez o art. 73, CP. Ali, parece ter havido uma estranha *combinação* de elementos presentes nos dois crimes (ação dolosa de um e resultado consumado do outro), para optar-se pela mesma solução dada ao erro incidente sobre a pessoa (art 20, § 3º, CP). Ora, são situações completamente diferentes: no erro *sobre a pessoa*, a vítima idealizada é efetivamente atingida! O erro incide sobre a pessoa *querida* ou *imaginada*.

E se a escolha legal não se justifica dogmaticamente, também do ponto de vista de uma política criminal orientada pela proibição do excesso ela pode se mostrar equivocada, na medida em que, voltando ao exemplo dado, a punição de um homicídio doloso (art. 20, § 3º, CP), em princípio, é mais gravemente apenada que aquela relativa à punição do homicídio tentado em concurso formal com o homicídio ou a lesão imputáveis a título de culpa.

Cabível, também aqui, a regra do art. 82, CPP, a permitir o reconhecimento do critério da exasperação da pena em fase de execução penal, quando se tratar da hipótese de lesão tanto à pessoa idealizada quanto àquela, atingida por erro.

8 Resultado diverso do pretendido

Art. 74. Fora dos casos do artigo anterior, quando, por acidente ou erro na execução do crime, sobrevém resultado diverso do pretendido, o agente responde por culpa, se o fato é previsto como crime culposo; se ocorre também o resultado pretendido, aplica-se a regra do art. 70 deste Código.

Valem aqui as mesmas observações que acabamos de fazer.

E, então, pelas mesmas razões, remetemos o leitor aos estudos da teoria do delito, e no qual tratamos das demais hipóteses de erro quanto ao tipo efetivamente realmente realizado.

Ficam reiteradas, contudo e também, as observações que fizemos acerca da pertinência dos estudos da matéria tanto no âmbito da aplicação da pena quanto no da teoria do delito.

9 Outros efeitos da condenação

Art. 91. São efeitos da condenação:

I – tornar certa a obrigação de indenizar o dano causado pelo crime;

II – a perda em favor da União, ressalvado o direito do lesado ou de terceiro de boa-fé:

a) dos instrumentos do crime, desde que consistam em coisas cujo fabrico, alienação, uso, porte ou detenção constitua fato ilícito;

b) do produto do crime ou de qualquer bem ou valor que constitua proveito auferido pelo agente com a prática do fato criminoso.

§ 1º Poderá ser decretada a perda de bens ou valores equivalentes ao produto ou proveito do crime quando estes não forem encontrados ou quando se localizarem no exterior.

§ 2º Na hipótese do § 1º, as medidas assecuratórias previstas na legislação processual poderão abranger bens ou valores equivalentes do investigado ou acusado para posterior decretação de perda.

Art. 92. São também efeitos da condenação:

I – a perda de cargo, função pública ou mandato eletivo:

a) quando aplicada pena privativa de liberdade por tempo igual ou superior a um ano, nos crimes praticados com abuso de poder ou violação de dever para com a Administração Pública;

b) quando for aplicada pena privativa de liberdade por tempo superior a 4 (quatro) anos nos demais casos.

II – a incapacidade para o exercício do pátrio poder, tutela ou curatela, nos crimes dolosos, sujeitos à pena de reclusão, cometidos contra filho, tutelado ou curatelado;

III – a inabilitação para dirigir veículo, quando utilizado como meio para a prática de crime doloso.

Parágrafo único. Os efeitos de que trata este artigo não são automáticos, devendo ser motivadamente declarados na sentença.

A responsabilidade penal não é a única repercussão jurídica do fato definido como crime. Sabendo que, se, de um lado, nem toda ilicitude civil constitui também uma ilicitude penal, e, que, de outro, toda ilicitude penal é também uma ilicitude *geral*, a afirmação da responsabilidade penal haverá de originar outras consequências, não exatamente penais ou tipicamente penais.

9.1 Efeitos não penais genéricos (comuns a toda condenação)

É de se observar que os critérios de certeza judicial do processo penal são muito mais rigorosos que aqueles do processo civil, ou não penal. Costuma-se dizer, não sem algum e bom equívoco, que o que seria apurado no processo penal seria *a verdade material* (ou *real*, para aqueles mais otimistas), enquanto nos demais processos (não penais), o critério de certeza seria o da *verdade formal*.

O que tem de correto nisso é o seguinte.

Verdade é uma questão tipicamente filosófica, seja ela desenvolvida no âmbito das *teorias do conhecimento*, seja ela inserida no mais amplo conceito do *mundo da vida*. O processo judicial não pode ter qualquer compromisso ou vinculação com a descoberta *dessa* verdade. Aliás, dito de um modo mais claro: o processo judicial não cuida da verdade, mas da *decidibilidade*, de modo a permitir que o Poder Judiciário resolva os conflitos a ele endereçados, *decidindo* o que seria ou não verdadeiro, *segundo as regras do processo*. Toda verdade judicial, portanto, é uma *verdade processual*.

No processo penal, os métodos de prova são mais rigorosos para o juiz que nos demais processos. Ao se referir a uma verdade *material*, o que se está afirmando é que as decisões no processo penal deverão se fundamentar em *prova material*, isto é, em prova efetivamente materializada (provada) nos autos.

Já no processo civil, o legislador se contenta com um método de certeza judicial bem mais frágil e adequado à disputa de interesses privados. Veja-se que o art. 302 do CPC ainda vigente estabelece que o juiz poderá *reputar verdadeiros* os fatos *não impugnados* pelo réu. Ou seja, renuncia-se abertamente à produção da prova para considerar-se como verdadeiro um fato, pelo simples motivo de não ter o réu oferecido resistência contra ele. Bem do tipo *quem cala consente*. É por isso que se se denomina por *verdade formal* aquela assim obtida, na medida em que o que tem de verdadeiro ali é apenas a aplicação de uma regra de julgamento. *Forma* (não impugnação) e não *matéria* (prova), pois.

A importância de tudo isso reside no seguinte: transitada em julgado a condenação penal, poderão os legitimados executar a decisão no cível, no que toca à reparação dos danos (art. 63, CPP). É dizer: como os critérios de decisão judicial são mais rigorosos que no cível, a condenação passada em julgada *já estabelece* a verdade sobre os fatos e sobre o respectivo autor.

Daí um dos primeiros efeitos não penais da condenação criminal é exatamente o de *tornar certa a obrigação de indenizar o dano causado pelo crime* (art. 91, I, CP). A sentença penal condenatória constitui título judicial executivo (art. 584, II, CPC). Havendo ou não havendo decisão específica sobre o valor mínimo do dano (art. 387, IV, CPP), caberá liquidação da sentença no cível (sobre o restante ou sobre o total).

Trata-se, portanto, de efeito *civil e genérico* da condenação criminal.

Outro efeito não penal da condenação é o da *perda, em favor da União,* e *ressalvados os direitos do lesado ou de terceiros de boa-fé:*

a) dos instrumentos do crime, desde que consistam em coisas cujo fabrico, alienação, uso, porte ou detenção constitua fato ilícito;
b) do produto do crime ou de qualquer bem ou valor que constitua proveito auferido pelo agente com a prática do fato criminoso.

As explicações aqui são as mais simples.

Se o porte, uso ou detenção de algum instrumento utilizado no crime constituir fato ilícito, não há razão alguma para a sua devolução ao agente do crime, mesmo quando já desnecessário para a investigação ou para o processo (art. 118, CPP). A *perda,* de tais instrumentos, portanto, sequer dependem de decisão expressa nesse sentido, impondo-se como efeito automático da condenação (art. 92, parágrafo único, a *contrario sensu*).

Do mesmo modo, havendo a certeza de tratar-se de proveito ou produto obtido com o crime, tais valores também constituirão *perda em favor da União.* Como se trata de questão a depender de prova, há procedimento penal específico para isso: o *sequestro* previsto no art. 125 e seguintes do CPP. Ou mesmo o *arresto* (art. 136 e seguintes, CPP), incidente sobre outros bens do condenado, se e quando não forem encontrados aqueles obtidos como proveito do crime (art. 91, § 1º, CP).

E quando a lei se refere ao *crime,* não se poderá estender seus efeitos *às contravenções.* Evidentemente.

9.2 Efeitos não penais específicos (para determinados crimes)

Dependendo da natureza do delito, haverá outros efeitos não penais, ainda mais onerosos, precisamente em consideração ao tipo de bem jurídico lesado e à necessidade de maior prevenção contra tais comportamentos e danos.

9.2.1 Perda de cargo, função pública ou mandato eletivo

Como vimos, a condenação criminal não tem efeitos unicamente penais, no sentido da aplicação das sanções de natureza exclusivamente criminais.

Algumas infrações, pela peculiaridade da conduta e pela natureza do bem jurídico objeto de tutela, repercutem também no âmbito da Administração Pública, quando praticadas por pessoas que ocupam ou exercem cargos, funções ou mandatos eletivos. Por isso, a legislação penal se estende àquele horizonte para impor a aplicação de sanções de natureza administrativa e/ou política, a fim de melhor proteger a probidade e a moralidade administrativas.

O Supremo Tribunal Federal, no julgamento da Ação Penal Originária 470, notoriamente conhecido por *mensalão,* teve oportunidade de enfrentar importantíssima questão jurídica, envolvendo a aplicação – ou não – da regra disposta no art. 55 da Constituição da República, que cuida das hipóteses de perda de mandato de Deputados Federais e de Senadores, que se põe como exceção à regra geral do art. 92, Código Penal.

Verifica-se, de fato, que a perda de mandato de tais parlamentares é regulada de modo distinto dos demais servidores e agentes políticos, havendo hipóteses em que ela (perda) dependerá de decisão da própria Casa (Câmara dos Deputados ou Senado), por voto secreto e por maioria absoluta, independentemente da condenação pelo Poder Judiciário (art. 55, § 2º, CF).

No entanto, a Suprema Corte, no referido julgamento da AP 470 (ação penal originária), determinou a perda do mandato eletivo de réus que ocupavam aquelas cadeiras (Deputado Federal ou Senador). E, embora não tenha ficado muito clara a fundamentação vencedora então utilizada, verifica-se que alguns Ministros se valeram de argumentos de fundo hermenêutico constitucional para impor a perda do mandato, apropriando-se da definição e das consequências atribuídas aos atos de improbidade administrativa para aplicar a mesma solução a determinados delitos em julgamento.

Com efeito, constata-se que o critério de reprovação adotado pelo constituinte em relação aos atos de improbidade administrativa, conforme disposto no art. 37, § 4º, CF, a determinar a *suspensão dos direitos políticos, a perda de função pública, a indisponibilidade dos bens e ressarcimento ao erário,* foi utilizado como vetor para a aplicação do art. 92, I, Código Penal, e, sobretudo, para a não incidência da regra de exceção contida no art. 55, § 2º, CF, que atribui à respectiva Casa (Câmara dos Deputados ou Senado) a competência para decidir acerca da perda de mandato do parlamentar condenado criminalmente por sentença passada em julgado (inciso VI, art. 55, CF).

Um ano depois, e já contando com novos integrantes, a mesma Corte, alterando o posicionamento então firmado, recusou semelhante possibilidade (de perda do mandato por condenação criminal aos membros do Congresso Nacional) no julgamento da AP 565, tendo como réu o Senador Ivo Cassol – decidindo, por maioria (6 x 4), caber à respectiva Casa do Congresso a decisão acerca da perda do mandato nos casos de condenação criminal. Para essa alteração de rumo, foram decisivos os votos dos novos Ministros, Teori Zavascki e Luis Roberto Barroso, que ainda não integravam a Corte quando julgamento da AP 470.

A questão está longe de ser simples.

Urge, porém, e em primeiro lugar, distinguir o seguinte: uma coisa é a *perda do mandato* e outra, essencialmente distinta, é a *suspensão dos direitos políticos.* Não há relação de absoluta dependência entre ambas. Alguém pode ter decretada a perda do mandato, sem que lhe tenha sido imposta também a suspensão dos direitos políticos. Basta ver o próprio art. 55, I, II e III, CF.

E nem toda suspensão de alguns dos direitos políticos determinará a perda do mandato eletivo, que sempre dependerá de previsão legal expressa nesse sentido. Relembre-se, no ponto, das inelegibilidades legais, que impedem a candidatura ao mandato (cidadania *passiva*), mas não implicam a perda do direito de voto (cidadania *ativa*).

Mas, se, de modo geral, a suspensão dos direitos políticos implicará a perda do mandato, em pelo menos uma hipótese isso não se fará presente, como adiante se verá.

Em segundo lugar, é de se ver que o Código Penal prevê a perda do cargo, da função pública ou do mandato eletivo em caso de condenação criminal passada em julgado, a depender da natureza da infração (art. 92, I, *a*, CP) ou da pena imposta (art. 92, I, *b*, CP).

Mas não é só.

O art. 15, CF, prevê várias hipóteses de suspensão dos direitos políticos, aplicáveis a quaisquer pessoas, incluindo a condenação criminal passada em julgado (III). Ora, quem está privado de seus direitos políticos não pode mesmo exercer mandato eletivo, cujo objeto, por definição, é a atuação político-funcional.

Por outro lado, e já exclusivamente em relação aos membros do Congresso Nacional, dispõe o art. 55, § 2º, CF, que a perda do mandato eletivo decorrente de condenação criminal dependerá de decisão da respectiva Casa.

Como conciliar tais dispositivos?

O primeiro passo: observe-se que a suspensão dos direitos políticos poderá ocorrer em razão de variados e distintos motivos. Tenha-se em vista o disposto no art. 15, da Constituição, que arrola as causas de suspensão e perda dos aludidos direitos, dentre as quais a condenação criminal é apenas uma delas (inciso III).

Em relação, portanto, à generalidade das pessoas, a suspensão dos direitos políticos implica a impossibilidade do exercício de qualquer atividade reservada àqueles que estejam em seu gozo regular. E tal conclusão é extensiva à generalidade dos agentes *políticos* (que não sejam membros do Congresso Nacional), sobretudo no que respeita ao exercício de mandatos eletivos.

O segundo passo: em relação a estes últimos (membros do Congresso Nacional) é que se terá presente uma regra de exceção, na medida em que o constituinte lhes deferiu especial prerrogativa funcional, que bem pode ser explicitada como *privilégio*, e que consiste no condicionamento de um dos mais importantes efeitos da condenação criminal (perda do mandato) à aprovação ou à decisão da respectiva Casa Legislativa (Câmara dos Deputados e Senado Federal).

Bem, poder-se-ia sustentar que a previsão constitucional de suspensão dos direitos políticos pela condenação criminal (art. 15, III, CF) não estaria excepcionada pelo aludido art. 55, § 2º (perda de mandato dos membros do Congresso Nacional), de modo que, ainda quando não determinada a perda do mandato, suspensos estariam os direitos políticos do condenado criminalmente.

O argumento não deixa de ser razoável, dado que, como vimos, não há identidade de situações entre a suspensão dos direitos políticos e a perda do mandato.

No entanto, parece-nos também irrecusável que a norma de exceção que permite ao Congresso Nacional deliberar sobre a cassação (perda) do mandato de seus membros em caso de condenação criminal passada em julgada deve ser igualmente aplicada à hipótese em que a suspensão dos direitos políticos decorrer da citada condenação criminal.

É dizer: se as demais situações de suspensão dos direitos políticos previstas no art. 15 da Constituição são aplicáveis automática e diretamente a todos, indistintamente, incluindo os membros do Congresso Nacional, já no caso do inciso III (art. 15, CF – condenação criminal), tal não ocorrerá, pois, se a Casa Legislativa pode decidir sobre a perda de mandato pela condenação criminal, parece-nos inevitável que ela possa decidir também sobre *esse específico efeito* da condenação criminal, qual seja a da suspensão dos direitos políticos.

A condenação criminal passada em julgado, portanto, poderá ter por consequência a perda de mandato eletivo e a imediata suspensão dos direitos políticos do condenado, ressalvado apenas o caso dos membros do Congresso Nacional, aí por expressa disposição constitucional (art. 55, § 2º, CF).

Importante assinalar que há condenações criminais e condenações criminais, com efeitos e graus de reprovação totalmente distintos. Daí por que se justificam mesmo algumas cautelas, e para todos e não apenas para os membros do Congresso Nacional.

De fato, *o tempo* da condenação criminal pode ser muito inferior àquele do mandato, de modo a permitir que o parlamentar condenado possa voltar ao exercício do mandato, nos limites contidos no art. 56, II, CF. Não se olvide, porém, que o parlamentar não goza dos mesmos benefícios atribuídos aos servidores públicos, no que toca ao tempo de licença para tratamento de interesses particulares. E isso se justifica facilmente: embora ele seja o titular do mandato, trata-se de representação de vontade popular, impondo a ele o dever do exercício, ressalvada a hipótese de doença ou outro impedimento de idêntica gravidade.

De outro lado, há que se convir mesmo que determinadas infrações penais, e, de modo muito especial, as *culposas*, não deveriam ter por consequência, nem a perda de mandato, nem a suspensão dos direitos políticos. Afinal, a não observância dos deveres sociais e coletivos de prudência não deveriam ser de molde a apear do cargo alguém que ali estava por escolha popular. Contudo, o art. 15, III, CF, não faz qualquer distinção nesse sentido.

Como quer que seja, a legislação penal atual, devidamente atualizada para o fim de, tanto quanto possível, afastar-se do excesso de penas privativas da liberdade, já oferece soluções compatíveis com tais observações, não só a permitir a substituição de tal modalidade de pena por medidas restritivas de direitos (mantida, embora, a *condenação*), mas, sobretudo, por *evitar* que se chegue a termo (ao final) o processo condenatório, caso específico da: (a) transação penal, nas infrações de menor potencial ofensivo (Lei 9.099/95); (b) suspensão condicional do processo, conforme art. 89, Lei 9.099/95; e (c) o próprio Código Penal permite a suspensão da execução da pena nos casos do art. 77, CP.

Se é verdade que apenas as duas primeiras situações, transação penal e suspensão condicional do processo, afastam e impedem a *condenação criminal* – que seria o motivo da suspensão dos direitos políticos –, o *sursis* do art. 77, CP, remanesceria como alternativa, última (77, III, CP), para evitar-se o excesso nos efeitos da condenação.

É certo que a suspensão da execução da pena (art. 77, III, CP) não pode ser considerada como extintiva dos efeitos da condenação, a tanto bastando ver que as condições impostas no período de prova somente se justificam enquanto *efeitos* da sentença. Todavia, e, sobretudo, a depender do tipo de crime, não vemos porque não se recorrer a ele (*sursis*) como hipótese de esgotamento dos efeitos da suspensão dos direitos políticos (art. 15, III, CF).

E o que aqui se sustenta, evidentemente, seria aplicável a quaisquer pessoas e não apenas aos parlamentares.

De outra sorte, e essa foi uma das mais importantes fundamentações utilizadas pelo Supremo Tribunal Federal na citada Ação Penal 470, quando da determinação de perda dos mandatos, é bem de ver que a norma constante do art. 37, § 4º, CF, a dispor sobre a suspensão dos direitos políticos pela prática de ato de improbidade administrativa, não é afetada ou excepcionada pelo art. 55, III, CF. Em tal hipótese, seria de rigor a aplicação do contido no § 3º do mesmo dispositivo, cumprindo à Mesa da Casa tão somente o ato formal de declarar a perda do mandato parlamentar.

Ora, ocorre que inúmeros atos que configuram improbidade administrativa são *também* tipificados *como crimes*. Assim, soa mesmo contraditório que um mesmo e único fato, que constitui tanto a ilicitude administrativa (improbidade), quanto a penal, se submeta a duas soluções completamente diferentes no que concerne à sanção da perda do cargo. Pela condenação criminal, a perda do cargo dependeria de decisão da respectiva Casa do Congresso (Câmara ou Senado), conforme art. 55, § 2º, CF; pela condenação por improbidade, a perda do mandato seria imediata, por simples declaração da Mesa (art. 55, § 3º, CF). E isso em relação ao mesmo fato, repita-se! E repise-se: em qualquer hipótese de condenação (crime ou improbidade) dela resultaria a suspensão dos direito políticos.

Então, o que parece ter sido assentado naquele julgamento (AP 470), por maioria de votos, foi que, quando a infração penal também caracterizar ato de improbidade administrativa, ou, nos termos da lei, violação aos deveres para com a Administração Pública, seria cabível a aplicação do art. 92, I, do Código Penal. Fato esse não levado em consideração ou, quando nada, superado no julgamento posterior daquela Corte, na Ação Penal 565.

A nosso juízo, a solução dada no primeiro julgamento, do chamado *mensalão*, parece-nos constitucionalmente adequada, no que toca, em particular, à alínea *a*. No entanto, mesmo aqui não podemos deixar de assinalar certa incoerência na Suprema Corte, na medida em que, na apreciação da Reclamação 2.138, decidiu-se que a

Lei 8.429/92 (de Improbidade) não se aplicaria aos agentes políticos submetidos a tais modalidades de responsabilização (crimes de responsabilidade).

Cabem, por fim, algumas últimas observações a respeito do tema.

Relativamente aos servidores públicos e/ou ocupantes de funções públicas, a perda da função ou do cargo, tal como prevista no art. 92, I, Código Penal, é perfeitamente aplicável, não havendo óbice constitucional que impeça semelhantes efeitos da condenação criminal, desde que observados os requisitos do art. 92, *a* e *b*, do Código Penal.

Quanto aos prefeitos, vereadores e deputados estaduais, todos eleitos pelo voto popular, ninguém duvida da eficácia e da validade do mencionado dispositivo legal (art. 92, I, CP) em relação a eles, não se encontrando divergências na jurisprudência dos Tribunais Superiores.

Naturalmente, há ainda diversas regras de tratamento acerca da perda de mandato eletivo no âmbito da Justiça Eleitoral, cuja apreciação não seria pertinente nesse espaço. Ver, então, art. 14, § 9º e § 10, CF; Lei Complementar 64/90 e Lei Complementar 135/10; Código Eleitoral (Lei 4.737/65) e Lei 9.504/97 (Lei das Eleições).

9.2.2 Demais hipóteses do art. 92, II e III, CP

A perda do poder familiar, para a curatela ou para a tutela de incapazes, não será decorrência de qualquer crime. Para que tal ocorra, deve-se tratar de crime doloso, punido com reclusão, praticado contra estes últimos (filhos, tutelados e curatelados).

Nada mais é preciso dizer sobre isso.

Quanto à inabilitação para dirigir veículo, quando utilizado para a prática de crime doloso, pensamos ser absolutamente desproporcional a medida. Uma coisa pode não ter rigorosamente nada a ver com a outra. Vários delitos podem ser praticados mediante a utilização de veículo, sem que essa utilização seja indispensável. É dizer, quando o crime poderia ser viabilizado por outro meio, que não o veículo, não se entende por que deveria haver a sanção de inabilitação.

Já na previsão de perda do veículo, embarcação ou aeronave nos crimes de tráfico de drogas, a fundamentação é outra, na medida em que o *transporte* da droga se apresenta como condição indispensável à prática do delito (art. 62, Lei 11.343/06).

Nos crimes culposos praticados no trânsito, a Lei 9.503/97 prevê a inabilitação como pena e não como efeito secundário específico da condenação criminal (arts. 292, e 293).

9.3 A necessidade de decisão expressa

Ao contrário do que ocorre em relação aos efeitos *não penais genéricos* do art. 91, do CP, os efeitos específicos do art. 92 exigem o reconhecimento expresso de tais circunstâncias, sob pena de não poderem ser aplicados. Semelhante regra de tratamento é relevantíssima, na medida em que exige que sobre a matéria já se instaure o contraditório.

VIII Da suspensão condicional da pena (*sursis*)

Art. 77. A execução da pena privativa de liberdade, não superior a 2 (dois) anos, poderá ser suspensa, por 2 (dois) a 4 (quatro) anos, desde que:

I – o condenado não seja reincidente em crime doloso;

II – a culpabilidade, os antecedentes, a conduta social e personalidade do agente, bem como os motivos e as circunstâncias autorizem a concessão do benefício;

III – Não seja indicada ou cabível a substituição prevista no art. 44 deste Código.

§ 1º A condenação anterior a pena de multa não impede a concessão do benefício.

§ 2º A execução da pena privativa de liberdade, não superior a quatro anos, poderá ser suspensa, por quatro a seis anos, desde que o condenado seja maior de setenta anos de idade, ou razões de saúde justifiquem a suspensão.

Art. 78. Durante o prazo da suspensão, o condenado ficará sujeito à observação e ao cumprimento das condições estabelecidas pelo juiz.

§ 1º No primeiro ano do prazo, deverá o condenado prestar serviços à comunidade (art. 46) ou submeter-se à limitação de fim de semana (art. 48).

§ 2º Se o condenado houver reparado o dano, salvo impossibilidade de fazê-lo, e se as circunstâncias do art. 59 deste Código lhe forem inteiramente favoráveis, o juiz poderá substituir a exigência do parágrafo anterior pelas seguintes condições, aplicadas cumulativamente:

a) proibição de frequentar determinados lugares;

b) proibição de ausentar-se da comarca onde reside, sem autorização do juiz;

c) comparecimento pessoal e obrigatório a juízo, mensalmente, para informar e justificar suas atividades.

Art. 79. A sentença poderá especificar outras condições a que fica subordinada a suspensão, desde que adequadas ao fato e à situação pessoal do condenado.

Art. 80. A suspensão não se estende às penas restritivas de direitos nem à multa.

Revogação obrigatória

Art. 81. A suspensão será revogada se, no curso do prazo, o beneficiário:

I – é condenado, em sentença irrecorrível, por crime doloso;

II – frustra, embora solvente, a execução de pena de multa ou não efetua, sem motivo justificado, a reparação do dano;

III – descumpre a condição do § 1º do art. 78 deste Código.

Revogação facultativa

§ 1º A suspensão poderá ser revogada se o condenado descumpre qualquer outra condição imposta ou é irrecorrivelmente condenado, por crime culposo ou por contravenção, a pena privativa de liberdade ou restritiva de direitos.

Prorrogação do período de prova

§ 2º Se o beneficiário está sendo processado por outro crime ou contravenção, considera-se prorrogado o prazo da suspensão até o julgamento definitivo.

§ 3º Quando facultativa a revogação, o juiz pode, ao invés de decretá-la, prorrogar o período de prova até o máximo, se este não foi o fixado.

Cumprimento das condições

Art. 82. Expirado o prazo sem que tenha havido revogação, considera-se extinta a pena privativa de liberdade.

1 A suspensão (*sursis*) a substituição da pena privativa da liberdade

As misérias do cárcere, para lembrar-mo-nos do grande jurista Francesco CARNELUTTI (*A miséria do processo penal,* em tradução nacional), atravessam a história desde o nascimento da pena privativa da liberdade. A ideia de alternativas a ela, porém, não é tão velha, mas podemos nos situar no século passado e no espaço da nossa legislação. Na reforma da Parte Geral do Código Penal brasileiro, trazida pela Lei 7.209/84, a antiga redação do art. 44, CP, previa a possibilidade de substituição da pena privativa da liberdade quando,

a) a pena aplicada fosse *inferior a um ano* ou se o crime fosse culposo;
b) o réu não fosse reincidente;
c) a culpabilidade, os antecedentes, a conduta social e a personalidade do condenado, bem como os motivos e as circunstâncias indicassem ser suficiente a substituição.

Nesse quadro, o *sursis,* ou a suspensão da pena concretizada na condenação, fazia muito mais sentido do que atualmente, na medida em que ali se ampliava o rol de possibilidades de substituição da pena privativa da liberdade, para atingir condenações até *dois anos* (art. 77, Código Penal). Ou seja, ainda quando não cabível a substituição do art. 44, CP, cujo limite objetivo da condenação era de até *um ano* ou para os crimes culposos, seria possível a aplicação do *sursis,* desde que respeitados os requisitos objetivos (e os subjetivos, como sempre foi) de condenação até *dois anos.* Assim, evita-se mais amplamente a imposição de prisão.

Com a chegada da Lei 9.714/98, porém, as coisas sofreram relevantes alterações, já que o limite objetivo da condenação para a possibilidade de substituição da pena passou de *um* para *quatro anos,* mantendo-se a regra, sem limite de pena cominada, para os crimes culposos. É essa a atual redação do art. 44, I, do Código Penal.

Nota-se, então, que o espaço de aplicação do *sursis* terminou por ser reduzido, dando-se preferência à substituição de pena prevista no citado dispositivo (art. 44). Vejamos a razão disso.

O *sursis* somente é cabível para condenações à pena privativa de *até dois anos* (art. 77, *caput,* CP). E, além dos requisitos *subjetivos* que devem estar presentes (art. 77, II, CP), exige-se ainda para a sua aplicação:

a) no primeiro ano do prazo, deverá o condenado *prestar serviços à comunidade (art. 46) ou submeter-se à limitação de fim de semana (art. 48)*;
b) se o condenado houver reparado o dano, salvo impossibilidade de fazê-lo, e se as circunstâncias do art. 59 deste Código lhe forem inteiramente favoráveis, o juiz poderá *substituir a exigência do parágrafo anterior* pelas seguintes condições, aplicadas cumulativamente:
c) proibição de frequentar determinados lugares;
d) proibição de ausentar-se da comarca onde reside, sem autorização do juiz;
e) comparecimento pessoal e obrigatório a juízo, mensalmente, para informar e justificar suas atividades.

E o mais importante: a suspensão da pena será *de dois a quatro anos,* tempo em que o condenado será submetido a um *período de prova,* obrigando-se a cumprir, além das condições *legais* (fixadas no próprio CP), outras a serem fixadas pelo juiz (art. 77 e art. 78, CP). É dizer, além de ficar o condenado obrigado ao atendimento das citadas condições *judiciais,* deverá ele, como regra, cumprir também *um ano de pena restritiva de direitos* (prestação de serviços à comunidade ou limitação de fim de semana), nos termos do art. 78, § 1º, CP, salvo quando cabível a substituição de tal exigência pelo atendimento das condições enumeradas no art. 78, § 2º, CP (reparação dos danos e condições específicas).

Ou seja, atualmente:

1. Para condenações até um ano, já há previsão da substituição no art. 44, CP, § 2º, CP, *"por multa ou por uma pena restritiva de direitos; se superior a um ano, a pena privativa de liberdade pode ser substituída por uma pena restritiva de direitos e multa ou por duas restritivas de direitos"*. Vale dizer: não teria aplicação o *sursis* (art. 77, III, CP).
2. Para condenações entre um ano e dois anos –, quando ainda cabível o *sursis* – não se pode afirmar ser mais favorável a suspensão da pena do que a substituição prevista no art. 44, I, CP. É que a pena *substituída* poderá ser cumprida em tempo muito inferior ao período de prova do *sursis.*

São essas as ponderações que talvez possam explicar a redução na aplicação do *sursis*.

Nada obstante, pensamos que, a depender, sobretudo, das condições judiciais a serem impostas, pode até ser mais favorável ao condenado valer-se da suspensão da pena do que de sua substituição, desde que seja afastado o cumprimento das restrições de direito no primeiro ano (prestação de serviços ou limitação de fim de semana), que traduzem verdadeira pena. É verdade que as condições do *sursis* devem vir dispostas na sentença condenatória. No entanto, nada impede que tais condições sejam modificadas na audiência admonitória, afim de bem promover-se a execução da pena. Ademais, nas hipóteses de crimes praticados com violência ou grande ameaça a pessoa não cabe substituição da pena (art. 44, I, CP) – mas cabe o *sursis*.

2 Natureza jurídica?

Ainda chegará o tempo em que a dogmática jurídica abandonará de vez essa história de *natureza jurídica* de suas diversas categorias e institutos. E nem é pelo fato das dificuldades filosóficas quanto à definição das *coisas* e das respectivas *essências*. Já KANT, em sua filosofia da consciência, pontuava que o que pode ser acessível ao conhecimento é apenas aquilo que *representamos* da coisa e não *ela, em si*. Pode-se conhecer o *fenoumeno,* e não o *noumeno*.

O maior problema, contudo, e que está ainda por ser resolvido, é a dificuldade da própria dogmática em convergir quanto ao que realmente significaria *natureza jurídica*.

O *sursis* é pena? É benefício concedido *na execução da pena?* É *direito subjetivo* do condenado? Ou seria apenas um outra forma de restrição de direitos?

Não bastasse a complexidade inerente à precisão conceitual, é de se notar que a própria Lei comete inúmeros deslizes nas definições jurídicas que faz.

Que o *sursis*, efetivamente, *é pena*, não resta a mais mínima dúvida. Fica ressalvada, é claro, a hipótese do art. 78, § 2º, CP, em que a exigência de prestação de serviços ou de llimitação de fim de semana, pelo prazo de um ano, poderá ser substituída por condições de comportamento pessoal, não qualificadas como sanção penal. Nesse caso, não se poderá falar em pena, rigorosamente.

Ora, mas fora dessa hipótese – de *sursis especial* – como justificar o cumprimento de *prestação de serviços à comunidade* ou de *limitação de fim de semana*, exigidos no primeiro ano do período de prova do *sursis*, se não for como *pena?* Não é o Código Penal que define tais exigências como penas *restritivas de direito?*

No entanto, a própria definição do *sursis* parece indicar o contrário: afirma-se que a execução da pena *será suspensa!* Então não se executa nada? A restritiva de direitos pelo prazo de um ano (prestação de serviços ou limitação de fim de semana), quando imposta, não deve, então, ser considerada pena no *sursis?*

Durma-se com um barulho desses...

Bem, mas se é pena não pode ser considerada como benefício, dirão alguns e outros. Sem razão, contudo. A diminuição de qualquer medida de coercibilidade estatal caracterizará *benefício,* se considerada em relação àquela que *seria imposta.* É nesse relação, do mais para menos, que se pode encontrar a qualificação da medida como benefício. A aplicação de uma pena mais leve *é benéfica* para o condenado em relação à outra, mais pesada.

Portanto, a expressão *benefício,* presente em diversos dispositivos atinentes à suspensão da pena, não pode ser classificada como *natureza jurídica.* Ela nada tem de essência. A essência da coisa, aqui, se existe, é a pena e a respectiva suspensão, como exigência de cumprimento de deveres impostos pelo Estado.

Nos casos, então, em que não for exigido o cumprimento de pena no primeiro ano (*sursis especial),* a suspensão da pena se qualifica como *restrição de direitos,* diversa da prisão e das demais penas criminais.

Por fim, diante da complexidade de se afirmar ser ou não mais vantajoso o regime de *sursis* que aquele da substituição da pena (art. 44, I, CP), nos casos de condenação entre um a dois anos, não se pode dizer também que o acusado teria *direito subjetivo a ele,* dado que dependerá do juiz a escolha das condições a serem impostas, além do exame dos elementos *subjetivos* do *sursis* e da *substituição.* É dizer: cabe a ele o juízo sobre a adequação da medida a ser imposta nesses restritos casos.

3 Pluralidade de classificações do *sursis*

Pensamos discutíveis, no mínimo, diversas das classificações que são feitas em relação à suspensão da pena. E não culpamos ninguém pela existência delas. Trata-se de tentativa de *simplificação* para o processo de apreensão do instituto, em suas variadas dimensões.

Fala-se, então, em:

a) *sursis* simples ou comum, para diferenciá-lo do denominado *especial.* A distinção residiria no fato de que, neste último – *sursis especial* –, poderia haver a substituição da exigência do cumprimento de um ano de restritiva de direitos (prestação de serviços ou limitação de fim de semana), pelo atendimento às condições e restrições de comportamento determinadas pelo juiz (art. 78, § 2º, CP);

b) *sursis* etário, cabível e com requisitos específicos para os casos estipulados no art. 77, § 2º, CP, para pessoas maiores de 70 (setenta) anos na data da sentença, cabível para condenações até 4 anos, e com período de prova ampliado (de 4 a 6 anos);

c) *sursis* humanitário, associado à concessão fundada *em razões de saúde* (art. 77, § 2º, CP).

A nosso juízo, todavia, nada disso tem importância, em perspectiva de maior comprometimento com a ciência penal. Todas são hipóteses de suspensão da pena, ora com diferentes requisitos, ora em atenção às condições pessoais do condenado. Nada que justifique as classificações que acabamos de ver.

4 Revogação do *sursis*

O chamado período de prova é o tempo em que o condenado permanecerá em observação, para fins de avaliação do cumprimento das condições e restrições impostas na suspensão da pena. Há duas situações distintas em que se procederá à *revogação* do *sursis:* (a) a primeira, por superveniência de fato não relacionado à observância das condições do *sursis,* e (b) a segunda, por violação de tais deveres.

Na primeira hipótese, a revogação se dará por condenação por crime doloso, por sentença já passada em julgado. Na segunda, pelo desatendimento a determinadas restrições legais ou judiciais, tudo conforme o disposto no art. 81, II e III, CP.

Referidas hipóteses de revogação do *sursis* são designadas pelo Lei como *obrigatórias,* isto é, a salvo do juízo de discricionariedade do magistrado da execução.

E há também a revogação *facultativa* do *sursis,* quando o condenado (a) descumpre qualquer outra condição a ele imposta (que não aquelas mencionadas no art. 81, II e III, CP) e (b) é condenado irrecorrivelmente por crimes culposos ou por contravenção, desde que a pena imposta seja privativa da liberdade ou restritiva de direitos. A pena de multa, portanto, não autoriza a revogação facultativa da suspensão.

Nada mais precisa ser dito, segundo nos parece. As expressões *obrigatória* e *facultativa* falam por si. Na primeira, a revogação *deve* ocorrer; na segunda, *pode,* segundo prudente avaliação do magistrado, que deve sempre zelar pela correta aplicação da Lei, mas sempre atento também às finalidades da pena pública. Evitar a imposição do cárcere deve ser a meta do juiz criminal, diante dos comprovados malefícios por ela causados.

De modo que o descumprimento de condições ou mesmo a frustração do pagamento de multa devem ser sempre avaliados com critérios e com permanente ponderação. Há aqui o risco de desequilíbrio na concretização dos direitos fundamentais, se presente a violação ao postulado da proibição do excesso.

5 Prorrogação

Prorrogação do período de prova

§ 2º Se o beneficiário está sendo processado por outro crime ou contravenção, considera-se prorrogado o prazo da suspensão até o julgamento definitivo.

§ 3º Quando facultativa a revogação, o juiz pode, ao invés de decretá-la, prorrogar o período de prova até o máximo, se este não foi o fixado.

Finalmente, nos casos de pendência de processos criminais (por crime ou por contravenção) contra o condenado, considera-se prorrogado o prazo de suspensão da pena até o julgamento definitivo da aludida ação penal (art. 81, § 2º, CP).

Reputamos absurdo e absolutamente desbordante de qualquer política criminal razoável a previsão do referido dispositivo legal. Ora, a duração de ações penais, infelizmente, pode ultrapassar, e muito, o prazo do período de prova, submetendo o condenado a verdadeiro calvário no cumprimento das condições a ele impostas.

Atualmente, então, em que a jurisprudência do Supremo Tribunal Federal sequer admite a valoração negativa – como maus antecedentes – da existência de inquéritos e ações penais contra o sentenciado (fase do art. 59, CP), menos ainda se poderá reputar válida a norma em comento.

Assim, o que poderá influenciar na suspensão da pena, determinando a sua revogação e o consequente cumprimento dela, é a condenação criminal passada em julgado, e para crimes dolosos (*obrigatória*). A existência de processos não poderá onerar a esse nível (prorrogação por tempo indefinido) o condenado. E talvez se tenha aqui mais uma razão que explica a perda de aplicabilidade do *sursis.*

Por fim, e nos termos do art. 82, CP, expirado o prazo sem revogação da suspensão, estará extinta a pena privativa da liberdade. A nosso aviso, qualquer que seja o motivo da ausência de revogação, a pena deverá restar extinta ao final do período de prova. E mesmo quando a própria suspensão da pena tenha resultado de incorreta avaliação judicial. Cabe ao Estado zelar pela *correta* aplicação de suas leis, quando válidas e exigíveis. Para lembrar-mo-nos agora de conhecido autor lusitano, não tendo havido a revogação do *sursis*, durante e ao final do período de prova, *Inês é morta. Causa finita.*

IX Do livramento condicional

> Art. 83. O juiz poderá conceder livramento condicional ao condenado a pena privativa de liberdade igual ou superior a 2 (dois) anos, desde que:
>
> I – cumprida mais de um terço da pena se o condenado não for reincidente em crime doloso e tiver bons antecedentes;
>
> II – cumprida mais da metade se o condenado for reincidente em crime doloso;
>
> III – comprovado comportamento satisfatório durante a execução da pena, bom desempenho no trabalho que lhe foi atribuído e aptidão para prover à própria subsistência mediante trabalho honesto;
>
> IV – tenha reparado, salvo efetiva impossibilidade de fazê-lo, o dano causado pela infração;
>
> V – cumpridos mais de dois terços da pena, nos casos de condenação por crime hediondo, prática da tortura, tráfico ilícito de entorpecentes e drogas afins, e terrorismo, se o apenado não for reincidente específico em crimes dessa natureza.
>
> Parágrafo único. Para o condenado por crime doloso, cometido com violência ou grave ameaça à pessoa, a concessão do livramento ficará também subordinada

à constatação de condições pessoais que façam presumir que o liberado não voltará a delinquir.

Soma de penas

Art. 84. As penas que correspondem a infrações diversas devem somar-se para efeito do livramento.

Especificações das condições

Art. 85. A sentença especificará as condições a que fica subordinado o livramento.

Revogação do livramento

Art. 86. Revoga-se o livramento, se o liberado vem a ser condenado a pena privativa de liberdade, em sentença irrecorrível:

I – por crime cometido durante a vigência do benefício;

II – por crime anterior, observado o disposto no art. 84 deste Código.

Revogação facultativa

Art. 87. O juiz poderá, também, revogar o livramento, se o liberado deixar de cumprir qualquer das obrigações constantes da sentença, ou for irrecorrivelmente condenado, por crime ou contravenção, a pena que não seja privativa de liberdade.

Efeitos da revogação

Art. 88. Revogado o livramento, não poderá ser novamente concedido, e, salvo quando a revogação resulta de condenação por outro crime anterior àquele benefício, não se desconta na pena o tempo em que esteve solto o condenado.

Extinção

Art. 89. O juiz não poderá declarar extinta a pena, enquanto não passar em julgado a sentença em processo a que responde o liberado, por crime cometido na vigência do livramento.

Art. 90. Se até o seu término o livramento não é revogado, considera-se extinta a pena privativa de liberdade.

1 Livramento e execução da pena: cabimento

Se o *sursis* também deve ser entendido como etapa de execução da pena, embora nem sempre se possa falar nesta última (pena), o *livramento condicional* constitui claramente fase de execução penal.

Vimos que a suspensão da pena é para condenações até dois anos. Já o livramento é previsto para condenações acima desse *piso*, ou seja, a partir de dois anos, exigindo, porém:

a) o cumprimento de mais de um terço da pena, salvo quando o condenado não for reincidente em crime doloso e tiver bons antecedentes (art. 83, I, CP);

b) o cumprimento de mais da metade da pena, quando reincidente nessa espécie de crime (doloso), conforme art. 83, II, CP;

c) o cumprimento de mais de dois terços da pena, nos casos de condenação por crime hediondo, prática da tortura, tráfico ilícito de entorpecentes e drogas afins, e terrorismo, se o apenado não for reincidente específico em crimes dessa natureza (art. 83, V, CP).

Mas não só.

Além dos chamados requisitos *objetivos*, há também aqueles, diretamente vinculados ao comportamento do condenado (requisitos *subjetivos*), seja no curso da execução de parte de sua pena (art. 83, III, CP), seja antes (art. 83, IV, CP).

Para o condenado por crime doloso, cometido com violência ou grave ameaça à pessoa, a concessão do livramento ficará também subordinada à constatação de condições pessoais que façam presumir que o liberado não voltará a delinquir, conforme dispõe o art. 83, parágrafo único, CP.

Como se trata de medida somente cabível após o cumprimento de frações da pena, isto é, associada ao tempo máximo de pena de prisão imposta, não haverá de surpreender a previsão de somatório de sanções, quando aplicadas em relação à infrações diversas (em execução de pena, obviamente), para a obtenção do benefício (art. 84, CP). Mas, note-se, estamos falando em condenações à pena *privativa da liberdade,* e apenas nelas. Restritivas de direitos ou multa não serão somadas.

Nesse caso (de soma), se forem diferentes as modalidades de crimes, isto é, se houver tratamento legislativo diverso para cada um deles, o livramento obedecerá a tais particularidades, pela aplicação *parcial* de cada regime. Assim, se a soma se der entre crimes para os quais seja suficiente o cumprimento de mais de um terço, e outros a exigirem o cumprimento de mais de metade ou de mais de dois terços, a operação de soma deverá atender a cada uma das exigências. Exemplo: soma entre crime A, pena de 6 anos, exigido o cumprimento de 1/3, o crime B, pena de 6 anos, exigido o cumprimento de mais de metade, e o crime C, pena de 6 anos, exigido o cumprimento de mais de 2/3. Resultado: 2 (A) + 3 (B) + 4 (C) = 9 anos, a serem exigidos para o livramento condicional.

Por fim, anota-se que a reincidência *específica,* ou seja, no *mesmo* crime, pode ter efeitos distintos. Em princípio, ela não impede o benefício, exigindo, porém, o cumprimento de mais de metade da pena (art. 83, II). Em se tratando, porém, de crimes hediondos, a de tortura, do tráfico ilícito de entorpecentes e drogas afins, e do terrorismo, a reincidência específica impede a concessão do livramento condicional (art. 83, V, CP).

Quando culposo o delito anterior, não haverá proibição do livramento.

2 Natureza jurídica do livramento condicional?

Se em relação ao *sursis* a própria legislação oferece dificuldades para o esclarecimento da principal (ou principais) característica(s) intrínseca(s) do instituto, já o livramento condicional não se abre a divergências quanto a esta questão.

Trata-se evidentemente de suspensão *da execução da pena* – e não de suspensão *da pena*, como ocorre no *sursis* –, dado que o condenado é posto em liberdade condicionada, deixando, portanto, de seguir no cumprimento da pena.

Por óbvio, as exigências do livramento condicional são menos onerosas que a pena privativa da liberdade, daí por que inegável o seu caráter benéfico. A ideia, bem se vê e não se deve duvidar, é de *mediação* na integração (ou reintegração) do condenado ao ambiente de seu convívio. Em outras palavras, o Estado reconhece a satisfação de determinados requisitos (aqueles, objetivos, e os outros, subjetivos) pelo condenado, e, por isso mesmo, dá preferência ao tratamento menos oneroso (a todos) do livramento condicional, evitando-se, assim, a permanência no regime carcerário.

3 Revogação

E como nem tudo são flores, e menos ainda na execução penal, há previsão legal de revogação do livramento, como não poderia deixar de ser, já que ele é *condicional*. Uma delas é *obrigatória*, a salvo de qualquer ponderação judiciária, e a outra é *facultativa*.

A primeira ocorrerá quando o liberado vier a ser condenado irrecorrivelmente à pena privativa da liberdade: (a) por crime cometido durante a vigência do benefício; e (b) por crime anterior a ele (benefício), observado, nesta última hipótese, o somatório de penas prevista no art. 84, CP.

Como se percebe, há mais rigor em relação à prática do crime praticado *durante* a vigência do benefício. Isso pode ser facilmente explicado pelo fato de ser o livramento condicional uma verdadeira *suspensão da execução da pena*, acompanhada de monitoramento velado do condenado. E como dele se exige o cumprimento de determinadas condições, a prática de ilícito penal, à evidência, constitui motivo relevante para a revogação do livramento.

Já em relação ao crime praticado anteriormente ao benefício, o que deverá ser observado é a somatória de penas do art. 84, CP. Assim, a depender do tempo de pena da nova condenação, a proporcionalidade entre o resultado da soma e o tempo de pena *cumprido* é que justificará, ou não, a revogação.

De outro lado, a revogação será *facultativa*, quando o liberado (beneficiário do livramento): (a) deixar de cumprir qualquer das obrigações constantes da sentença; ou (b) for condenado irrecorrivelmente por crime ou por contravenção, a pena que *não seja* privativa da liberdade. Se for privativa da liberdade a condenação, seria aplicado o art. 86, CP, excluídas, porém, as hipóteses de contravenção, na medida em que o referido dispositivo delas não cuida. Em síntese, no ponto: se a condenação superveniente for por contravenção, pouco importa a pena aplicada, se privativa de liberdade (ou de prisão simples) ou se restritiva de direitos: a revogação será sempre *facultativa*.

Pensamos que eventual e superveniente condenação à pena de multa não deve interferir no livramento condicional.

Por fim, tem-se que, uma vez revogado o livramento, por qualquer motivo, não poderá ele ser novamente concedido.

Nesse caso, não será descontado da pena o tempo em que o liberado esteve solto. A única ressalva nesse caso diz respeito à hipótese de revogação por condenação por crime anterior ao benefício, quando então se computará o referido tempo.

Não há como não deixar de criticar a distinção, explicada obviamente pelo maior rigor dado ao fato praticado na vigência do benefício. É que a solução legislativa ignora olimpicamente o fato de que o liberado estaria *cumprindo medidas restritivas de direito* impostas pelo Estado (as condições do livramento) no tempo anterior à prática do novo delito (na vigência do benefício).

Ou seja, o impedimento do desconto do tempo de livramento na pena aparece então como mera e exclusiva *retribuição*, impondo verdadeiro acréscimo de punição, por desconsiderar os encargos assumidos e cumpridos pelo condenado durante o prazo do livramento. A vedação do desconto será unicamente um *outro e novo* castigo pelo crime praticado posteriormente, que, a seu turno, já imporá a respectiva pena cominada. Violação manifesta à proibição do excesso, segundo nos parece, além do descompasso em relação a uma política criminal mais atualizada, redutora da imposição do cárcere.

Também não faz sentido a proibição de reconhecimento da extinção da pena efetivamente cumprida, baseada unicamente na pendência de processo penal instaurado contra o condenado por fato praticado na vigência do livramento condicional (art. 89, CP). Verifica-se aqui inaceitável *transcendência da pena*, projetada para fato posterior. Medida excessiva e por isso mesmo inválida, segundo nos parece.

Finalmente, se até o término do prazo do livramento não for ele revogado, qualquer que seja o fundamento, haverá que ser considerada extinta a pena (art. 90, CP).

X Da reabilitação

> Art. 93. A reabilitação alcança quaisquer penas aplicadas em sentença definitiva, assegurando ao condenado o sigilo dos registros sobre o seu processo e condenação.
>
> Parágrafo único. A reabilitação poderá, também, atingir os efeitos da condenação, previstos no art. 92 deste Código, vedada reintegração na situação anterior, nos casos dos incisos I e II do mesmo artigo.
>
> Art. 94. A reabilitação poderá ser requerida, decorridos 2 (dois) anos do dia em que for extinta, de qualquer modo, a pena ou terminar sua execução,

> computando-se o período de prova da suspensão e o do livramento condicional, se não sobrevier revogação, desde que o condenado:
>
> I – tenha tido domicílio no País no prazo acima referido;
>
> II – tenha dado, durante esse tempo, demonstração efetiva e constante de bom comportamento público e privado;
>
> III – tenha ressarcido o dano causado pelo crime ou demonstre a absoluta impossibilidade de o fazer, até o dia do pedido, ou exiba documento que comprove a renúncia da vítima ou novação da dívida.
>
> Parágrafo único. Negada a reabilitação, poderá ser requerida, a qualquer tempo, desde que o pedido seja instruído com novos elementos comprobatórios dos requisitos necessários.
>
> Art. 95. A reabilitação será revogada, de ofício ou a requerimento do Ministério Público, se o reabilitado for condenado, como reincidente, por decisão definitiva, a pena que não seja de multa.

Leitura mais que suficiente para a compreensão da matéria.

XI Da transação penal

> Art. 61. Consideram-se infrações penais de menor potencial ofensivo, para os efeitos desta Lei, as contravenções penais e os crimes a que a lei comine pena máxima não superior a 2 (dois) anos, cumulada ou não com multa.

A Lei 9.099/95, que instituiu os Juizados Especiais Criminais, dando cumprimento às determinações constitucionais pertinentes (art. 98, I, CF), além de definir o que deveria ser considerado infração de menor potencial ofensivo, estabelece a única modalidade de *justiça negociada* do Direito Penal brasileiro, se considerado que a solução dada ao caso passará sempre pela imposição de uma sanção penal.

O limite a ser considerada para a respectiva definição é a pena máxima não superior a dois anos, cumulada ou não com multa. Isso, para os crimes, porque para as contravenções não há qualquer exigência em relação à quantidade de sanção cominada no tipo. As infrações assim qualificadas poderão se submeter a um modelo distinto daquele ordinariamente conhecido como o processo *condenatório;* trata-se do processo *conciliatório,* no qual será possível o ajuste quanto à pena criminal a ser imposta, antes e independentemente de qualquer procedimento de comprovação da culpa.

A ideia, como se verá, foi de ampliar o leque de alternativas ao cárcere, permitindo a imposição de penas restritivas de direito ou de multa, por meio da transação penal, e de fomentar iniciativas conciliatórias entre os envolvidos, objetivando, *sempre que possível, a reparação dos danos sofridos pela vítima e a aplicação de pena não privativa da liberdade* (art. 62, Lei 9.099/95).

No conjunto de suas disposições, a Lei 9.099/95 ainda tem mesmo o que oferecer, se bem considerado o quadro aflitivo do nosso sistema penal. Mas duas questões remanescem desde o início de sua vigência, a saber: (a) não seria melhor descriminalizar boa parte das infrações de menor potencial ofensivo, mantendo-se, é claro, a iniciativa restaurativa da reparação civil dos danos?; e (b) há como controlar o juízo de legalidade acerca do cabimento da transação penal?

A primeira indagação permanece em aberto e assim prosseguirá enquanto não alterada a percepção nacional acerca da eficácia – ou não – do sistema penal geral. A segunda reporta-se ao papel a ser desempenhado pelo Ministério Público na condução dos instrumentos de alternativa ao cárcere. É que, embora se cuide de procedimento orientado pela não imposição de pena privativa da liberdade, nem por isso se deve deixar de examinar, com rigor, se a infração penal sob exame atende preenche todos os elementos que a definem enquanto tal.

De fato, não é por que se *pode* transacionar que *se deve fazê-lo*. O que se quer dizer com isso? Ora, em muitas situações se poderá constatar que a conduta então praticada não ostenta grau suficiente de lesividade que esteja a reclamar a intervenção penal. A insignificância do dano, por exemplo, impõe a atipicidade *material* do fato, e, por isso mesmo, não deveria – e não deve – comportar a transação penal.

É dizer, para que o órgão da persecução penal ingresse no processo conciliatório, isto é, para que ele proponha a transação penal, ele deve estar já absolutamente convencido e seguro quanto ao juízo de acusação que fará em relação ao fato, de tal modo que a recusa ao acordo já lhe permita, imediatamente, oferecer a denúncia. Estamos, também aqui, e tal como ocorre no modelo *condenatório* comum, no âmbito da *legalidade* ou da *objetividade* da atuação persecutória. Somente quando for possível a acusação, com todos os seus requisitos, é que poderá ter lugar a transação, nos casos previstos em lei.[56]

Apesar de termos utilizado a expressão *justiça negociada*, a nossa transação penal nem chega perto do *plea bargaining* do direito estadunidense, via do qual se encerra a maioria esmagadora dos *casos* criminais naquele país. Naquele procedimento (do *plea*), a começar do fato de ser indispensável a *confissão de culpa*, há verdadeira negociação quanto ao objeto efetivo da investigação, importando mais a resolução da questão pela imposição de uma pena – ainda que não correspondente ao crime inicialmente vislumbrado – que a responsabilização pelo fato efetivamente praticado.

Enquanto, então, no *plea bargaining*, se realiza um tipo de Justiça *por atacado*, com pretensão de eficácia geral pela quantidade de casos supostamente *resolvidos*, o nosso modelo de transação penal, tal como previsto na Lei 9.099/95, segue rumos bem diferentes.

---

[56] Carlos Del Rio FERRETTI anota que a experiência chilena após a reforma de 2000 registra inúmeros problemas na jurisdição consensual, sobretudo no que toca ao mau uso do princípio da legalidade na formulação dos acordos, além dos inevitáveis e deletérios efeitos da pressão pela aceitação das propostas dos órgãos da persecução. FERRETTI, Carlos Del Rio. *Proceso penal, consenso de las partes y enjuiciamiento jurisdiccional*. Santiago, Chile: Librotecnia, 2009. p. 25.

Em primeiro lugar, cumpre anotar que o Ministério Público brasileiro ainda se vê vinculado ao princípio da *legalidade* ou da *objetividade* de sua atuação, não só no processo de natureza *condenatória,* que abrange a persecução penal na jurisdição *comum* (fora dos Juizados Especiais Criminais), conforme se lê em vários dispositivos do CPP (ver arts. 16, 24, 28, 42 e 576), como também no âmbito dos Juizados Especiais Criminais.

Isso quer dizer o seguinte: embora nas infrações de menor potencial ofensivo o *parquet* atue com certa *discricionariedade* no que se refere *à pena* a ser *transacionada* – se de multa ou se restritiva de direitos –, o certo é que ele se acha *vinculado* ao fato efetivamente *constatado* na fase (sumaríssima!) de investigação da infração. É dizer: ele não pode *oferecer* ao acusado *alhos* por *bugalhos,* ainda quando este último seja mais favorável àquele. A submissão ao princípio da legalidade e da objetividade do *parquet* significa ausência de discrição quanto ao juízo de valoração jurídico-penal dos fatos. Transaciona-se a pena e não a infração penal. Pelo menos, é assim que *deveria ser...*

De todo modo, e ainda voltaremos a isso, há duas modalidades de transação prevista na citada Lei 9.099/95.

De um lado, a *composição civil* dos danos, que será reduzida a termo e objeto de decisão judicial (homologatória), passando a valer como título executivo a ser executado no juízo cível competente (art. 74, *caput*).

No âmbito penal, em se tratando de ações penais públicas *condicionadas* ou de ações penais *privadas,* o acordo civil terá como consequência a renúncia ao direito de representação e ao de queixa, impondo-se, portanto, a extinção da punibilidade, consoante os termos do art. 74 e seu parágrafo único da Lei 9.099/95, já, então, combinado com o art. 107, V, Código Penal. Não há, porém, previsão legal da extinção da punibilidade em razão de eventual acordo em infrações passíveis de ação penal pública incondicionada, o que, evidentemente, parece ser um erro calculado.

Observe-se que ali no citado dispositivo do Código Penal (art. 107, V) não há referência à renúncia da *representação,* mas apenas ao direito de *queixa.* No entanto, há que se esclarecer que o Código Penal não trata da matéria atinente à *composição civil* dos danos como hipótese de renúncia ao direito de representação. Ao contrário, o art. 104, CP, que é de 1940, caminha em direção diametralmente oposta, afirmando não dever considerar-se renúncia o acerto patrimonial do dano (art. 104, parágrafo único, CP). *Quid iures?*

Ora, nenhuma dificuldade há aqui.

A Lei 9.099/95 é posterior ao Código Penal e cuida de regra de *exceção* ao citado art. 104, parágrafo único, CP, que segue sendo aplicado fora do ambiente dos Juizados Especiais, ou seja, fora do âmbito das infrações de menor potencial ofensivo. Assim, quando ela afirma, art. 74, parágrafo único, que a composição civil dos danos implica a renúncia ao direito de queixa *e ao de representação* tem-se, então, nova modalidade extintiva da punibilidade, na medida em que a impossibilidade de representação impede, definitivamente, o manejo da ação penal a ela condicionada.

A outra e principal modalidade de transação penal, no que respeita às consequências penais do fato, é aquela que se encontra disposta no art. 76 da Lei 9.099/95, aplicável, em princípio, somente às ações penais públicas. Embora se encontre pacificada no Superior Tribunal de Justiça a admissibilidade da transação penal em ações privadas (APn 634/RJ, Rel. Min. Félix Fischer, Corte Especial, *Dje* 3-4-2012, e, ainda, HC 187.090/MG, Rel. Adílson Vieira Macabu [Desembargador Convocado], *Dje* 21-3-2011, e RHC 8.123, *DJU* 21-6-1999, p. 203), a posição do Supremo Tribunal Federal parece ser em sentido contrário, conforme se vê no julgamento do Inq 2969 – AgR/SP, Rel. Min. Dias Toffoli, Plenário, em 10-11-2011 (e, também, HC 83.412/GO, Rel. Sepúlveda Pertence, 1ª Turma, 3-8-2004).

> Art. 76. Havendo representação ou tratando-se de crime de ação penal pública incondicionada, não sendo caso de arquivamento, o Ministério Público poderá propor a aplicação imediata de pena restritiva de direitos ou multas, a ser especificada na proposta.

A primeira discussão que surge em relação à *transação penal* diz respeito à natureza do instituto, relativamente à posição do Ministério Público e do acusado na sua aplicação. Tratar-se-ia de *direito subjetivo* (do réu) ou de poder *discricionário* (do *parquet*)?

É longo o debate, mas já enfraquecido pela consolidação da jurisprudência do Supremo Tribunal Federal sobre as principais questões que o tema suscita.

Para nós, como a própria lei especifica as condições e circunstâncias de aplicação da transação, não vemos ali muito espaço para a discricionariedade do Ministério Público, ao menos na dimensão em que geralmente se coloca o aludido conceito. Como visto, nosso modelo não passa nem perto, por exemplo, do *plea bargaining* norte-americano, via do qual se *negocia* a solução penal sem qualquer vinculação ao juízo concreto acerca do fato efetivamente praticado. Ali, *troca-se* um delito pelo outro, em perspectiva essencialmente pragmática, com o objetivo de *resolver* o caso, ou seja, há disponibilidade completa sobre o *objeto* do processo e *sobre ele mesmo* (processo). Não por outra razão, a maioria esmagadora dos resultados da Justiça criminal dos EUA advém dali (da negociação do crime e da pena).

De observar-se, então, que não há incompatibilidade entre o princípio da *legalidade*, ou da *objetividade* da atuação do MP, e o *consenso* ou a transação entre as partes no processo penal. Não é por haver a possibilidade legal de *ajuste* entre acusação e réu quanto à solução penal do caso que se estará diante do princípio da *disponibilidade* ou da discricionariedade quanto ao objeto do processo penal.[57] O que efetivamente caracteriza o sistema processual orientado pela discricionariedade da acusação é a disponibilidade acerca do conteúdo do processo, o que não ocorre em terras brasileiras.

Na Lei 9.099/95, ao *parquet* restou apenas a liberdade de escolha da sanção que será transacionada, se restritiva de direitos, se pena de multa. Não lhe é dado optar pela *conveniência* ou não da transação, dado que a lei já estabelece os requisitos de exigência para a validade do ajuste. Toda a estrutura do processo penal brasileiro, seja

---

[57] Ver, no ponto, com acerto, FERRETTI, Carlos Del Rio. *Proceso penal, consenso de las partes y enjuiciamiento jurisdiccional*, op. cit., p. 25 e seguintes.

no âmbito das ações de fundo *condenatório* (o processo comum), seja no campo dos Juizados e sua transação penal, parece permeada pela *legalidade,* não se atribuindo ao *parquet* a liberdade na condução da política de persecução penal.

Eis os requisitos:

> Art. 76. Lei 9.099/95
>
> § 2º Não se admitirá a proposta se ficar comprovado:
>
> I – ter sido o autor da infração condenado, pela prática de crime, à pena privativa de liberdade, por sentença definitiva;
>
> II – ter sido o agente beneficiado anteriormente, no prazo de cinco anos, pela aplicação de pena restritiva ou multa, nos termos deste artigo;
>
> III – não indicarem os antecedentes, a conduta social e a personalidade do agente, bem como os motivos e as circunstâncias, ser necessária e suficiente a adoção da medida.

Disso resulta, pois, que a transação penal, enquanto modelo processual de natureza *não condenatória,* deveria ser entendida como um verdadeiro *direito subjetivo* daquele a quem se atribui a autoria da infração de menor potencial ofensivo, desde que devidamente preenchidos os requisitos legais exigidos. O problema é que, na prática, surgem significativos entraves de ordem processual penal que impedem o *exercício* desse direito. Talvez por isso os tribunais não consigam ainda reconhecer a sua existência (dele, direito).

Com efeito, a transação é também modalidade de persecução penal que se exerce somente em juízo, e, já por isso, depende da *demanda,* isto é, do ato de sua propositura, a ser apreciado pelo acusado e submetido ao controle de legalidade pelo magistrado. Assim, a legitimação ativa para a sua propositura pertence unicamente ao órgão responsável pela acusação. Se ele entender que o acusado não preenche os requisitos para a transação, não poderá o juiz substituir-se a ele.

E não só por evidente ausência de legitimação ativa do juiz, mas sobretudo (e é quanto basta!) porque semelhante atuação seria absolutamente incompatível com qualquer espécie de modelo acusatório de processo! A jurisdição, a rigor, só tem início após o ajuizamento da ação, seja ela condenatória, como é a regra no processo penal, seja também de natureza conciliatória, como é o caso da transação. Não se exerce jurisdição sem a regular instauração do processo pela parte legitimada (à ação ou à transação). Relembre-se, por oportuno, de que o juiz somente atua na fase de investigação por provocação do interessado, exercendo a função de juiz das garantias, na tutela dos direitos fundamentais, no âmbito das chamadas cláusulas da reserva da jurisdição (exigência de ordem judicial para a prática da diligência).

Com isso, ou por isso, fica mesmo embaraçado o exercício desse direito. A única alternativa que se abriria seria a rejeição da acusação pelo juiz, exatamente ao fundamento da ausência de interesse *condenatório,* se e quando presentes os requisitos que autorizam o modelo *conciliatório*. Essa seria uma forma oblíqua, reconhecemos, de afirmação do direito subjetivo à transação penal.

De todo modo, a jurisprudência do Supremo Tribunal Federal, ao afirmar a exclusiva iniciativa do *parquet* para a propositura da transação – o que é óbvio! – parece afastar a tese do direito subjetivo à conciliação.

Quanto ao conteúdo do processo conciliatório, ou seja, quanto ao objeto da transação penal, cuida-se efetivamente de *pena pública,* que poderá ser *restritiva de direitos* ou de *multa* (art. 76, Lei 9.099/95), não se admitindo, nem por conversão, a imposição de pena privativa da liberdade.

Homologada a transação, portanto, estaria configurado e completo o título executivo da sanção ali ajustada. Eis outro (grande) problema: a eficácia da pena restritiva de direitos no processo condenatório comum é *garantida* pela pena privativa da liberdade, nas hipóteses de substituição prevista no art. 44, Código Penal. Não cumprida injustificadamente a restritiva, a pena será convertida em privativa da liberdade, consoante o disposto no § 4º do citado art. 44, CP.

Ocorre que não há essa possibilidade na transação penal, dado que *inexistente* qualquer *decisão de condenação,* como ocorre na aplicação da pena no processo comum. Não se pode converter a restritiva de direitos em privativa da liberdade exatamente por não ter havido a condenação criminal, segundo o devido processo legal.

Com isso, e para se evitar o enfraquecimento da transação penal, a jurisprudência da Suprema Corte passou a admitir a *renovação* da iniciativa acusatória, sempre que descumprida injustificadamente a pena restritiva de direitos transacionada. Ou seja, passou-se a admitir que, uma vez inexequível o título executivo judicial da transação penal, poderia e pode o Ministério Público propor a ação penal, nos termos e procedimentos alinhados a partir do art. 77 da Lei 9.099/95. Solução pragmática, sem dúvida.

Todavia, nem tudo está definitivamente justificado nesse cenário. Não há dúvidas de que o texto legal não veda a solução encontrada pela doutrina e pelos Tribunais Superiores, no sentido de se autorizar a persecução penal nas hipóteses de descumprimento injustificado da restritiva de direito transacionada. Contudo, quando se tratar de pena de multa, há que se observar que, mesmo no processo comum condenatório, não há previsão de *conversão* da citada pena *em outra.*

Com efeito, o atual art. 51 do Código Penal dispõe que a multa aplicada na sentença condenatória será considerada *dívida de valor,* aplicando-se-lhe as normas da legislação relativa à dívida ativa da Fazenda Pública, conforme já vimos. É dizer, não há conversão alguma dessa modalidade de pena.

Assim, parece em descompasso com a legislação geral a solução de propositura da ação penal nos Juizados Criminais quando não quitada a pena de multa transacionada. E o mesmo se poderia dizer da prestação pecuniária transacionada, incluída entre as restritivas de direito, segundo o disposto no art. 45, § 1º, CP.

Ao que parece, porém, a preocupação com a eficácia do instrumento da transação penal prosseguirá justificando a atual posição da jurisprudência, a permitir o ajuizamento da ação no caso de descumprimento do acordo. Obviamente, quando a pena de multa for *a única* aplicável, nada justificará o ingresso em juízo, na hipótese de não quitação da transação.

Por fim, a aplicação da pena no processo conciliatório da transação penal não implicará em reincidência e não constará de antecedentes criminais, sendo registrada apenas para impedir novamente o mesmo benefício no prazo de cinco anos (art. 76, § 4º e § 6º, Lei 9.099/95).

O rito e outras questões de índole essencialmente processuais não serão objeto de nossas reflexões, podendo ser encontradas em obras dessa natureza (processual penal).

XII Da suspensão condicional do processo

> Art. 89. Nos crimes em que a pena mínima cominada for igual ou inferior a um ano, abrangidas ou não por esta Lei, o Ministério Público, ao oferecer a denúncia, poderá propor a suspensão do processo, por dois a quatro anos, desde que o acusado não esteja sendo processado ou não tenha sido condenado por outro crime, presentes os demais requisitos que autorizariam a suspensão condicional da pena (art. 77 do Código Penal).

A rigor, soa-nos impertinente tratar da suspensão condicional do processo nesse espaço, afinal, não se trata e nem poderia se tratar de pena, ainda que se possa encontrar algumas decisões dos Tribunais Superiores aceitando a imposição do pagamento de cesta básica como condição para a suspensão do processo.

A nosso aviso, a matéria é ou deveria ser e se manter como questão processual. Aliás, tornou-se hábito em doutrina a designação da aludida suspensão do processo como *sursis processual,* em clara referência ao art. 77 do Código Penal. Mas note-se a remissão da lei (art. 89, Lei 9.099/95) se reporta às condições para o exercício da suspensão, o que não parece suficiente para tornar a matéria como de Direito Penal.

Uma única questão que dali se origina tem fundo eminentemente penal, ainda que vinculado à aplicação da norma de conteúdo processual. Trata-se da suspensão do prazo prescricional enquanto suspenso estiver o processo, nos termos do art. 89, § 6º, da Lei 9.099/95.

Estamos, pois, desde o início, insistindo na definição das características principais da suspensão condicional do processo, no sentido de se tratar de matéria *processual,* exatamente com o objetivo de levantar objeções a certas propostas e acordos que vêm sendo realizados na jurisdição criminal, sob o patrocínio do Ministério Público, responsável pela propositura da medida. Mais adiante, veremos também a inadequação da suspensão do processo para as ações penais privadas.

Que a política criminal brasileira vai se tornando mais pragmática que já foi não restam dúvidas.

O art. 77 do Código Penal prevê a suspensão da pena (da pena!), pelo período de 2 (dois) a 4 (quatro) anos, desde que:

I – o condenado não seja reincidente em crime doloso;

II – a culpabilidade, os antecedentes, a conduta social e personalidade do agente, bem como os motivos e as circunstâncias autorizem a concessão do benefício;

III – Não seja indicada ou cabível a substituição prevista no art. 44 deste Código.

Isso, naturalmente, pressupõe a condenação passada em julgado e quando a pena privativa da liberdade aplicada *não seja superior a dois anos* (art. 77, CP, *caput*).

O que fez então a Lei 9.099/95?

Antecipou-se à condenação, reputando ineficaz ou inútil o funcionamento do sistema penal quando possível a previsão de condenação que se insira nos requisitos do *sursis* do art. 77, Código Penal. Por isso, instituiu a suspensão *do processo* desde já, quando a pena mínima cominada ao tipo for igual ou inferior a um ano.

Na realidade, e como se trata mesmo de uma *antecipação* dos resultados finais possíveis no processo (condenação até dois anos), a lei haveria que esclarecer em que circunstâncias seria isso possível (a antecipação sobre o *quantum* de condenação). Daí a exigência de atendimento dos requisitos do art. 77 do Código Penal (não reincidência – ressalvada a possibilidade de condenação anterior a pena unicamente de multa – condições pessoais favoráveis do agente, além de outros – do art. 89, Lei 9.099/95 – como *não estar sendo processado* e *não ter sido condenado por outro crime*).

Mas a questão é: estamos a falar – *rectius,* fazer – a suspensão do processo ou da pena? A pena pressupõe condenação!!

Obviamente, cuida-se da suspensão do processo *justificada* pela possível e futura suspensão *da pena.* Mas que fiquemos por aqui: a suspensão é do processo, por que não há condenação e nem *transação penal!*

É verdade que a transação penal é cabível até para infrações *menos graves* que aquelas para as quais é possível a suspensão condicional do processo. É verdade também que a transação penal não implica a *admissão de culpa.*

Mas também é verdade que naquela (transação penal), ao contrário desta (suspensão do processo), há a previsão legal de *imposição de pena pública!*

Não é ou não deveria ser o que ocorre na suspensão condicional do processo, cujo art. 89, Lei 9.099/95, estabelece as seguintes condições para o ajuste:

I – reparação do dano, salvo impossibilidade de fazê-lo;

II – proibição de frequentar determinados lugares;

III – proibição de ausentar-se da comarca onde reside, sem autorização do Juiz;

IV – comparecimento pessoal e obrigatório a juízo, mensalmente, para informar e justificar suas atividades.

§ 2º O Juiz poderá especificar outras condições a que fica subordinada a suspensão, desde que adequadas ao fato e à situação pessoal do acusado.

Ora, parece-nos claro que o dispositivo em comento não contempla a possibilidade de se estabelecer, como condição para a suspensão, alguma das alternativas de penas públicas previstas em nossa legislação.

É certo que a exigência de *reparação do dano* (I) pode até cumprir a mesma finalidade da *prestação pecuniária,* art. 45, § 1º, CP, mas isso não significa a mesma coisa, até porque o dano causado pode ser remediado sem a prestação de pecúnia, como ocorre, por exemplo, nos delitos ambientais.

Nesse passo, uma coisa é certa: a imposição de pagamento de *cestas básicas* como condição para a suspensão do processo não nos parece adequada ou cabível, a menos que se possa enquadrá-la como uma das formas de *reparação dos danos,* o que parece bastante improvável.

No entanto, a jurisprudência do Superior Tribunal de Justiça admite essa exigência, sem maiores objeções, chegando até a admitir a imposição de *pena de prestação de serviços à comunidade,* o que nos parece flagrantemente desbordante dos limites legais, conforme se vê no julgamento do HC 1.205.160/RS, Rel. Min. Napoleão Nunes Maia. Para piorar, aludida decisão veio a ser referendada monocraticamente pelo Min. Gilmar Mendes, na apreciação da medida cautelar no HC 108.103/RS, em 19-5-2011. Posteriormente, a Segunda Turma manteve a aludida decisão monocrática, em 8-11-2011.

É nesse sentido, então, que segue a Segunda Turma do Supremo Tribunal Federal, também no HC 108.927/RS, Rel. Min. Joaquim Barbosa, julgamento em 28-2-2012, decisão em que, inclusive, e, porém, se afirmou que a cesta básica *não constitui pena* e sim condição facultativa à disposição do juiz, desde que adequada ao fato e ao agente. Estamos de acordo, então, que *não se pode impor pena como condição para a suspensão,* mas o que seria a cesta básica?

As nossas (objeções) são de fundo jurídico. Se o processado, livremente, no melhor significado da palavra, concorda com o básico da cesta, não seremos nós a permanecer esperneando. Ou seja, quando todo mundo está satisfeito, silencie-se aquele que não será atingido pelo barulho.

O que nos cumpria aqui, portanto, é salientar a natureza *processual* do instituto da suspensão condicional do processo, a fim de separá-lo das consequências que o Direito Penal impõe com a pena pública.

Assim, uma vez descumprida o ajuste, o processo retomará seu curso regular.

Mas é importante renovar o lembrete que a suspensão do processo implica também a suspensão do prazo prescricional, como não poderia deixar de ser, dado que a paralisação da persecução penal, por força de lei, jamais poderia justificar a ausência de interesse na aplicação da pena cabível, seja por qualquer fundamento que subjaza à prescrição como hipótese de extinção da punibilidade.

De outro lado, e já por fim, não deveria ser possível também a aplicação da suspensão condicional do processo nas ações penais privadas. E não só porque o art. 89 da Lei 9.099/95 se refere apenas ao Ministério Público, como de fato é.

Mas, sobretudo, por incompatibilidade lógica. Ao menos em princípio.

É que o primeiro requisito para a suspensão do processo é a *reparação do dano*, quando possível. Ora, já pelos termos do art. 74 da mesma Lei 9.099/95, relativamente ao acordo civil nos Juizados Especiais, ou, quando nada, por leitura mais atualizada do art. 104, CP, a reparação do dano, *nessas condições*, ou seja, *feita em juízo*, implicaria renúncia tácita ao direito de queixa, ou, assim, de *perempção* da ação proposta (art. 60, I, CPP).

A jurisprudência da Suprema Corte parece se posicionar nesse sentido, isto é, no da incompatibilidade entre a ação privada e a suspensão condicional do processo, conforme se vê do paradigmático acórdão relatado pelo eminente e então Min. Sepúlveda Pertence (HC 83.412/GO – Primeira Turma, julgamento em 3-8-2004).

Já o Superior Tribunal de Justiça caminha na direção oposta, aceitando sem maiores divergências tanto a transação penal quanto a suspensão condicional do processo nas ações penais privadas, consoante se vê dos seguintes julgados: APn 634/RJ, Rel. Min. Félix Fischer, Corte Especial, *DJe* – 3-4-2012, e, ainda, HC 187.090/MG, Rel. Adílson Vieira Macabu (Desembargador Convocado), *DJe* 21-3-2011.

Quanto ao mais, ou seja, quanto às questões processuais, remete-se o leitor ao nosso *Curso de processo penal*[58] e nossos *Comentários ao Código de Processo Penal e sua jurisprudência*.[59]

---

[58] Ver a 19ª edição. São Paulo: Atlas, 2015.

[59] OLIVEIRA, Eugênio Pacelli; FISCHER, Douglas. Ver a 7ª edição. São Paulo: Atlas, 2015.

Título V

Da Persecução Penal: a punibilidade e sua extinção

XIII

Da ação penal

I Ação penal condenatória e a transação penal

> Art. 100. A ação penal é pública, salvo quando a lei expressamente a declara privativa do ofendido.
>
> § 1º A ação pública é promovida pelo Ministério Público, dependendo, quando a lei o exige, de representação do ofendido ou de requisição do Ministro da Justiça.
>
> [...]
>
> Art. 101. Quando a lei considera como elemento ou circunstâncias do tipo legal fatos que, por si mesmos, constituem crimes, cabe ação pública em relação àquele, desde que, em relação a qualquer destes, se deva proceder por iniciativa do Ministério Público.

À primeira vista, pode causar alguma perplexidade ao iniciante nos estudos do Direito Penal o tratamento da ação penal no corpo do Código Penal. Não estaria o tema melhor acomodado no Processo Penal?

Sim e não!

Em primeiro lugar – e seriam estes os motivos de ser *negativa a resposta* –, é de se observar que a escolha do modelo de persecução penal – se de ação pública, condicionada ou incondicionada, ou se de ação privada – tem várias consequências no que toca à punibilidade do fato.

Afinal, em geral, e no Brasil é assim, a ação penal de natureza privada tem como característica principal a *disponibilidade* de seu conteúdo. É dizer: cabe ao ofendido (ou representantes, quando for o caso) *decidir* pela persecução penal, o que tem graves consequências na punibilidade do crime. Adiante, avançaremos um pouco mais sobre a matéria.

Daí a importância de a própria legislação penal já definir, em linhas gerais, quais são os delitos cuja punibilidade está *à disposição* do ofendido, o que, nos moldes de nosso Código Penal, constará de sua Parte Especial, espaço em que se definem os crimes e respectivas sanções, segundo as regras gerais do art. 100, CP.

Não bastasse, e como a realçar a estreita relação entre o Direito Penal e o Processo Penal, a legislação penal, ao cuidar das hipóteses de extinção da punibilidade, tema de evidente natureza material, tem que levar em consideração alguns institutos ou conceitos que, embora de aplicação específica no processo penal, dizem respeito à questão da própria punibilidade do crime, na medida em que afastam, por razões de política criminal, a punição do fato, diante de determinadas condições verificáveis no âmbito da persecução penal. É o caso, por exemplo, da renúncia, da decadência ou do perdão na ação penal privada.

Por outro lado – e já agora esclarecendo por que a resposta à indagação feita é também *positiva*, ou seja, já apontando a inadequação da regulação de determinadas matérias no Código Penal –, não vemos a menor necessidade ou mesmo pertinência de se tratar, neste âmbito (do Código Penal), da renúncia (art. 104, CP), e, ainda, das diversas modalidades do perdão (art. 106, CP). Tais *atos*, ainda que tenham por consequência a extinção da punibilidade, caso específico da renúncia ao direito de queixa e do perdão aceito, ambos na ação privada, recebem também minucioso tratamento na legislação processual penal. Veja-se que a *perempção*, que diz respeito à perda do direito de se *prosseguir* na ação já instaurada, é também causa de extinção da punibilidade do crime (art. 107, IV, CP), todavia, e corretamente, não foi objeto de maiores considerações no CP.

Talvez, porém, a crítica que ora se faz sequer deveria ter por alvo a legislação. Possivelmente, o erro maior está na doutrina penal, que parece se ver na obrigação de descer a detalhes na abordagem da ação penal (legitimidade ativa e demais condições da ação, pressupostos processuais etc.).

De nossa parte, nos limitaremos a apontar as diversas modalidades de intervenção penal de nosso direito sem investigar em minúcias as características das respectivas modalidades de persecução, deixando-as para o nosso *Curso de Processo Penal*,[1] obra em que se faz amplo e aprofundado estudo de temas atinentes à ação penal, pública ou privada, assegurada a análise devida aos institutos da transação penal e suspensão condicional do processo (Lei 9.099/95 e Lei 10.259/01).

---

[1] Ver, também, nossos *Comentários ao Código de Processo Penal e sua jurisprudência* 6. ed. em parceria com Douglas FISCHER. São Paulo: Atlas, 2014.

Mas, ainda que breves, algumas considerações hão de ser feitas sobre os referidos temas. Assim, se a ação penal diz respeito ao processo de natureza *condenatória,* isto é, dirigido, como regra, à imposição das sanções penais cominadas no tipo penal imputado ao acusado, a transação penal, por sua vez, cabível para as infrações denominadas de *menor potencial ofensivo,* nos termos da Constituição Federal (art. 98, I) e Lei 9.099/95 (art. 61), tem lugar no que se pode designar por *processo conciliatório,* orientado, "sempre que possível, para a reparação dos danos sofridos pela vítima e *a aplicação de pena não privativa da liberdade*" (art. 62, Lei 9.099/95 – grifamos).

Nos termos do art. 76 da citada legislação (Lei 9.099/95), em se tratando de ação penal pública incondicionada ou condicionada, desde que já apresentada a representação, o Ministério Público poderá propor a aplicação imediata de pena restritiva de direitos ou multas, a ser(em) especificada(s) na proposta. A *transação penal,* portanto, seria um *acordo* firmado entre a acusação e a defesa, com a concordância do imputado e devidamente supervisionado pelo juiz.

Importante assinalar que toda forma de justiça *negociada* é sempre problemática no que concerne à execução do modelo. Não serão poucas as vezes em que o acusado, por variadas razões (má orientação, má informação etc.), se verá compelido ou *constrangido* a aceitar a proposta de transação, pelo receio de sofrer consequências piores. Eis uma constatação irrespondível.

No entanto, e ao contrário do que ocorre nos EUA, o Brasil não adota um sistema de *plea bargaining* (barganha, negociação) inteiramente livre quanto aos limites do respectivo objeto.

Note-se, por primeiro, que a proposta de transação somente poderá ser feita *se – e somente se – não for o caso de arquivamento* (art. 76, Lei 9.099/95), ou seja, apenas quando o Ministério Público estiver convencido da viabilidade de oferecimento da denúncia. E disso resulta que o delito que venha a dar ensejo à transação será, necessariamente, aquele que integraria o núcleo da imputação penal, no caso de se formalizar a acusação. O que se transaciona não é o delito, mas a sanção, desde que, e evidentemente, não se trate de pena privativa da liberdade.

Aliás, no particular, é bem de ver que a jurisprudência da Suprema Corte, e, assim, dos demais tribunais nacionais, já se pacificou no sentido da inconstitucionalidade do art. 85, Lei 9.099/95, que permitia a conversão da pena de multa em privativa da liberdade, quando não fosse paga aquela em sede de execução. Inaceitável, por óbvio, a imposição de pena privativa da liberdade a quem quer que seja – e mesmo que esteja de acordo! – sem o devido processo legal, no âmbito de um Juizado e de um processo vetorizado pelo princípio conciliatório. Ver STF – HC 79.572/GO, Rel. Min. Marco Aurélio, 2ª Turma, *DJ* 22-2-2002 e Plenário do STF, RE 602.072, Rel. Min. Cezar Peluso, julg. 19-11-2009.

E mais: segundo entendimento que hoje prevalece no âmbito dos Tribunais Superiores,[2] diante do não pagamento da multa transacionada, o Ministério Público se vê livre para oferecer denúncia e, assim, dar início ao processo de natureza *condenatória*.

No ponto, não estamos de acordo com este último entendimento. Ora, se no direito penal comum, condenatório, o não pagamento da multa aplicada na sentença penal implicará a sua consideração como *dívida de valor*, aplicando-se em sua cobrança as normas relativas à dívida ativa da Fazenda Pública, conforme art. 51, CP, não vemos por que não ser essa a interpretação aplicável no âmbito dos Juizados. Naturalmente, há uma explicação: no direito penal comum, a multa é geralmente aplicada *cumulativamente* com outra sanção, enquanto na transação penal não (a pena transacionada é uma só!), o que deixaria praticamente sem punição o autor da infração de menor potencial ofensivo.

De nossa parte, e mesmo sem deixar de reconhecer que esse entendimento, se prevalecente, afastaria a multa como objeto de transação penal, pensamos que referida sanção, devidamente homologada pelo juiz, constitui título executivo e, por isso, deveria ser objeto de execução nos Juizados, ainda que nos moldes da dívida ativa.

Insta observar, ainda, que a configuração constitucional do Ministério Público brasileiro é totalmente diferente da dos EUA, país em que quase – e impressionantes – 90% (noventa por cento) dos processos são resolvidos pela via do *plea bargaining* e *plea guilty*. Aqui, e ao contrário dali, não há o controle político (pelo processo eleitoral) da atuação do Ministério Público, órgão instituído em carreira e cujos cargos são preenchidos a partir de concurso público (o nosso MP).

E, mais que isso, o nosso *parquet*, sobretudo pela independência funcional de seus membros, atua *debaixo de lei* e não sob eventuais e frequentes pressões punitivas do corpo social, com o que se espera sejam diminuídos os riscos de práticas persecutórias movidas por outra ordem de interesses.

Tudo isso permite concluir que o nosso modelo de transação penal, se não é perfeito e nem ideal (não há perfeição em nenhuma política criminal), é, no mínimo, garantidor de um arrefecimento responsável da intervenção punitiva, desde que bem seguidas as suas orientações e observados seus princípios fundamentais. Para tanto, hão de concorrer os advogados criminalistas, desempenhando papel já bem exercido pelas Defensorias Públicas na fiscalização da pauta de garantias assegurada pelo referido modelo, merecendo destaque o fato de que a aceitação da pena transacionada não pode ser considerada para fins de *reincidência*, limitando-se a impedir novo procedimento (de transação) nos cinco anos seguintes (art. 76, § 4º, Lei 9.099/95).

De outro lado, uma alternativa concreta a tais modelos se apresenta pela possibilidade de descriminalização de muitas das infrações consideradas de menor potencial ofensivo, evitando-se, assim, o congestionamento desnecessário de um sistema judiciário já completamente exaurido de demandas, cíveis ou criminais. Mas, fora do

---

[2] Ilustrativamente: RHC 34.580/SP, Rel. Ministra Maria Thereza de Assis Moura, 6ª Turma, julgado em 12-3-2013, *DJe* 19-3-2013.

âmbito da legalidade – apenas as leis revogam leis que definem crimes –, somente uma hermenêutica pautada pela proibição do excesso e potencializada pelo reconhecimento da insignificância de determinadas condutas e/ou resultados poderá reduzir os efeitos da criminalização arbitrária.

II A pretensão punitiva e o conteúdo do processo

Depois de pontuarmos o fato de haver excessos de abordagem processual penal nos manuais de Direito Penal, há de causar estranheza a tematização atinente à pretensão punitiva e ao conteúdo do processo. Mas há uma razão para isso.

É que a definição acerca da natureza, pública ou privada, condicionada ou incondicionada, da ação penal tangencia algumas questões de índole essencialmente material. Quando se afirma ser pública, como regra, a ação penal, tal como disposto no art. 100, CP, e segundo a melhor leitura do conjunto de normas atinentes às funções do Ministério Público estabelecidas no texto constitucional (art. 129, CF), têm-se já uma primeira escolha e suas consequências, e que precisam ser mais bem explicadas.

Com efeito, sendo pública a ação, haveria e haverá ela de ser perseguida, portanto, por órgãos públicos. No Brasil e na maioria esmagadora dos países ocidentais, o titular da ação penal pública, privativamente, é o Ministério Público (art. 129, I, CF). Mas a questão da legitimidade ativa para ação penal pública está longe de justificar o tratamento da matéria nesse espaço, bem o sabemos. Duas questões emergem daí, reclamando maiores detalhes.

A primeira diz respeito aos poderes atribuídos ao Ministério Público em sua tarefa de fazer aplicar o Direito Penal. A ação penal pública seria *obrigatória* ou *discricionária?* De outro modo: poderia o *parquet* empreender uma política de escolha das pautas punitivas (crimes mais graves) ou estaria ele vinculado ao critério da legalidade?

E, a segunda, absolutamente conectada – e, mais que isso, verdadeiro desdobramento da primeira – é: o que seria o tão decantado *ius puniendi*, usado com frequência injustificável no processo penal? O que ele oferece ao Direito Penal? As respostas, em maior profundidade, seguirão mais adiante, quando do exame da ação penal pública e da privada.

Para logo: não há *direito* de punir! Quando o Estado criminaliza condutas e impõe sanções ele está exercendo parcela de *poder*, inerente à sua soberania. As expressões *direito de punir*, bem como a *pretensão punitiva*, decorrem, unicamente, de uma frustrada tentativa de se enquadrar as especificidades do processo penal às principais categorias da teoria geral do processo. Assim, o sucesso da teoria *abstrata do direito de ação*, segundo a qual o autor exerceria um direito subjetivo em face do Estado (direito de agir), que, por sua vez, teria a obrigação de prestar jurisdição, foi o responsável pela criação do tal *ius puniendi*, como se, de fato, o Estado-Ministério Público estivesse a exercer direito diante do Poder Judiciário. E, curiosamente, o princípio essencial da ação penal pública é o da *obrigatoriedade* da ação, isto é, o *parquet* não exerce direito de ação, mas *dever* dela!! Evidentemente!

Quem exerce direito de ação penal, nos moldes em que a teoria do processo o configurou, é apenas o particular (ofendido ou representantes legais), nas ações de natureza privada. E bem por isso, a ação penal privada se caracteriza pela disponibilidade de seu objeto ou conteúdo. É dizer, o querelante (titular da ação privada) tanto pode propor a ação como não fazê-lo (por vontade própria, por decadência ou por renúncia)! E mais: depois de ingressar em juízo, pode pôr fim ao processo (por abandono ou perempção – art. 60, CPP) ou perdoar o querelado, caso em que, uma vez aceito o perdão, encerra-se a persecução e extingue-se a punibilidade do(s) agente(s) em relação ao crime (art. 107, V, CP).

E, no que diz com o tipo de pretensão punitiva encaminhada pelo Ministério Público, nossa legislação processual penal adota o critério da objetividade ou da legalidade, de modo que o Ministério Público não exerce *direito de ação* e nem *discricionariedade* quanto ao processamento da persecução. Ele se acha vinculado aos termos da lei, de tal maneira que, estando presentes os pressupostos processuais, as condições da ação e eventuais condições específicas de procedibilidade, não se lhe abrirá alternativa outra que não seja o ajuizamento da ação penal.

Naturalmente, a persecução somente se dará quando o órgão ministerial estiver convencido da existência do crime, em todas as suas dimensões (tipicidade, ilicitude, culpabilidade e eventuais condições específicas de punibilidade paralelamente à ausência de outras que a excluam – a punibilidade).

Nada há que se censurar no *parquet* o arquivamento das investigações quando entender presentes causas e fatos que excluem a ilicitude, a culpabilidade ou também a tipicidade, aqui, sobretudo, na perspectiva da concreta *lesividade* ou *ofensividade* da conduta e do resultado, a serem examinadas sob as luzes da (in)significância ou da intervenção desnecessária (mínima).

Nos processos de natureza conciliatória, como se dá no âmbito dos Juizados Especiais Criminais, o Ministério Público somente pode exercer margem de discricionariedade no que toca às sanções a serem objeto de transação penal (se restritivas de direitos ou multa). Não lhe cabe a *escolha* acerca da oportunidade ou de qualquer política criminal de maior alcance, em face da legalidade que orienta o nosso modelo. Assim, e desde que objetivamente presentes as circunstâncias que autorizam a transação penal, cumpre ao *parquet* oferecer a proposta. Sobre o tema e seus desdobramentos mais significativos, consulte-se nosso *Curso de processo penal.*[3]

Em síntese: a persecução penal no Brasil, em regra, tem o Ministério Público como titular, a obrigatoriedade como princípio fundamental nas ações públicas e, portanto, o dever de fazer cumprir a legislação válida em matéria penal. Nas ações penais privadas, o conteúdo do processo é disponível, nem sequer se permitindo ao *parquet* a assunção de qualquer dever de prosseguir ou de iniciar a aludida ação penal, embora deva ele zelar pela correta aplicação da lei, na qualidade de *custos legis* em tais ações (privadas).

---

[3] OLIVEIRA, Eugênio Pacelli de. *Curso de processo penal.* 17. ed. São Paulo: Atlas, 2013, item 14.5.3.

III Ação penal pública e ação penal privada: indisponibilidade e disponibilidade

A escolha por um modelo público de persecução penal diz um pouco sobre o compromisso que o Estado assume com a aplicação do Direito Penal. É que as ações penais privadas são orientadas por critérios mais flexíveis quanto à punibilidade do fato, na medida em que, sendo disponível o seu objeto (conteúdo do processo), nada há que garanta o resultado final da iniciativa persecutória, como ocorre, em regra, nas ações públicas.

Alguns autores ainda sustentam a possibilidade de maior eficácia da ação penal privada, a partir da consideração de que a punição (ou não) do fato deveria se inserir no âmbito dos direitos subjetivos da vítima, permitindo, então, que ela melhor defendesse tais interesses (punitivos).

Não nos alinhamos a semelhante ponto de vista.

Na perspectiva de um direito penal de intervenção mínima voltado para a tutela dos direitos fundamentais, e legitimado apenas para a proteção contra lesões mais significativas aos bens jurídicos de maior relevância, a disponibilidade do objeto da persecução penal somente se justifica em procedimentos voltados para a reparação do dano e para a pacificação de conflitos de menor alcance, no âmbito de uma política criminal que não privilegie a pena privativa da liberdade.

E, no entanto, não vemos qualquer razão para que tais modelos, de fundo restaurativo, não possam ou não devam ser controlados pelo Poder Público, e, especificamente, pelo Ministério Público. A configuração constitucional do *parquet* permite, e, mais que isso, *exige* uma atuação voltada para a efetiva concretização do direito, sem qualquer compromisso prévio com o interesse de partes.

Note-se, contudo, que não se está aqui afirmando qualquer superioridade pessoal e *a priori* dos órgãos do Ministério Público; estamos a concluir apenas que as *funções institucionais* do *parquet* garantem um grau mais elevado de racionalidade na persecução penal que os motivos que podem comandar os interesses do ofendido. Racionalidade no sentido do *distanciamento* crítico que deve haver por parte daquele que aprecia, com poderes (públicos) de decisão, não só os danos causados pela infração, mas a totalidade das circunstâncias em que eles ocorreram. Dificilmente, por exemplo, se poderá esperar do ofendido uma análise mais aprofundada acerca da *culpabilidade* do agente, até porque determinados delitos deixam marcas indeléveis naqueles que são por eles atingidos.

De outro lado, não estamos também defendendo um modelo geral de *plea bargaining*, típico de países em que a administração da justiça penal se orienta muito mais por critérios de *custo e benefício* que propriamente sob as considerações fundamentais da pena pública. Uma abertura desmedida à discricionariedade na persecução pelo Estado pode terminar por excluir completamente o ofendido do juízo de ponderação, conveniência e oportunidade do afastamento do processo penal condenatório comum, e assim acerca da desnecessidade de resposta mais severa ao fato delituoso.

Tivemos oportunidade de abordar em maior extensão e em maior profundidade o tema alusivo às ações penais privadas e sua incompatibilidade com um direito penal de orientação mínima, necessário apenas para a proteção dos direitos fundamentais, em nosso *Processo e hermenêutica na tutela penal dos direitos fundamentais.*[4]

1 Ação penal pública

Como visto, o art. 100 do Código Penal define a natureza da persecução penal, que pode ser pública – condicionada ou incondicionada – ou privada, desde que haja específica previsão no tipo penal. Assim, em regra, as ações serão públicas incondicionadas, salvo disposição em contrário, quando: (a) a lei poderá considerá-la privativa do ofendido (art. 100, *caput,* CP, ou de seus representantes legais e sucessores, nesta última hipótese, nos casos de morte ou de ausência, art. 31, CPP); e (b) nas ações públicas, privativas do Ministério Público, a lei poderá condicionar o respectivo exercício à representação do ofendido ou à requisição do Ministro da Justiça (art. 100, § 1º, CP).

Em princípio, então, e adotando-se o critério da *legalidade* da atuação do *parquet,* as ações penais são públicas *incondicionadas,* isto é, independem da manifestação ou da autorização da vítima para que tenha início a persecução penal.

E eis aqui uma questão de grande complexidade, especialmente nos chamados *crimes contra a dignidade sexual.* Antes da Lei 12.015/09, e na velha redação do art. 225, CP, as ações penais em relação a tais crimes, em regra, eram *privadas,* salvo quando fossem referidos delitos praticados com violação aos deveres do poder familiar, tutela ou curatela, ou quando pobre a vítima e familiares (redação já revogada do art. 225, § 1º e § 2º, CP), quando, então, seria pública *condicionada à representação.* Outra exceção, por definição jurisprudencial, vinculava-se ao emprego de violência real (física), hipótese em que a ação pública era incondicionada, segundo entendimento consolidado na antiga Súmula 608 do Supremo Tribunal Federal.

A opção legislativa daquele tempo (1941) – de ação exclusivamente privada – somente se explicava no contexto da moralidade conservadora da época, em que a eventual descoberta do fato poderia trazer graves danos à vítima, do ponto de vista de sua inserção social (àquele tempo, o CP se referia à mulher *honesta* em vários tipos penais[5] – antiga redação dos arts. 215, 216 e 219, todos do CP, referentes à conjunção carnal e ao atentado ao pudor mediante fraude, bem como ao rapto).

A partir, então, da citada Lei 12.015/09, as ações penais nos aludidos crimes de natureza sexual passaram a ser *públicas, condicionadas à representação (do ofendido).* Verifica-se, portanto, uma profunda alteração no trato jurídico da questão, na medida em que a persecução penal passa para as mãos do Ministério Público, embora ainda

---

[4] OLIVEIRA, Eugênio Pacelli de. *Processo e hermenêutica na tutela penal dos direitos fundamentais.* 3. ed. São Paulo: Atlas, 2012. p. 95-119.

[5] Em concepção de *honestidade* estreitamente relacionada a uma conduta sexual conforme aos padrões – definidos pelo universo masculino, é claro! – da época.

se assegure que o ofendido, já vitimado pela gravíssima agressão, possa manter sob reserva a existência do fato, segundo forem ou sejam as circunstâncias do crime e os transtornos pessoais e psicológicos causados pela infração.

As exceções são os crimes praticados contra vulnerável ou menor de 18 (dezoito) anos, nos termos do parágrafo único do atual art. 225, CP, agora sempre de persecução pública *incondicionada.*

A essas duas ressalvas, de fundo *legal,* acrescentaríamos os casos de lesões corporais de natureza grave ou morte (art. 213, § 1º e § 2º, CP). Embora o legislador não as tenha incluído no rol das ações incondicionadas, resta clara a aplicação do art. 101, CP, a cuidar do crime *complexo,* de modo que, se na prática do estupro tiver resultado lesão corporal de natureza grave ou morte, sendo esses dois delitos autônomos punidos por meio de ação pública incondicionada, também por essa via se punirá o delito do art. 213, § 1º e § 2º, CP, com o que anui a jurisprudência do Superior Tribunal de Justiça.[6] Nesse passo, ainda cabível e perfeitamente aplicável a velha Súmula 608 do Supremo Tribunal Federal.

Com efeito, alguns crimes sexuais, e, de modo especial, o estupro, revelam grave violação a direitos fundamentais (liberdade sexual), não se justificando a disponibilização da persecução penal. Tornar a ação pública *condicionada* à representação da vítima, tal como o fez a Lei 12.015/09, foi medida que nos parece inteiramente correta, na linha, aliás, do que já sustentávamos na primeira edição de nosso *Processo e hermenêutica na tutela penal dos direitos fundamentais,*[7] muito antes da alteração legislativa.

O problema em relação à *incondicionalidade* da ação penal pública é que nem sempre convergirão os interesses das vítimas com aqueles tutelados pelo Ministério Público. É dizer, sempre haverá casos em que a vítima preferiria, ou melhor, *se resignaria* a não tornar pública a ocorrência do crime. Não obstante, supondo-se a *incondicionalidade* da persecução, caso seja o fato criminoso noticiado à autoridade policial (informação prestada por profissionais da saúde, impostas por lei, *v. g.* art. 245, Lei 8.069/90 e art. 269, CP), deverá[8] ser iniciada a persecução com a abertura da investigação. Do ponto de vista *legal,* portanto, o fato será inevitavelmente levado a juízo, sem a anuência da vítima. Do ponto de vista prático, porém, cautelas devem ser adotadas previamente ao ajuizamento da ação penal, dado que, se a vítima não se dispuser a corroborar a tese acusatória, tanto na investigação quanto no processo, a denúncia estará irremediavelmente condenada ao fracasso.

Feitas as principais anotações atinentes à ação pública incondicionada – com os devidos apontamentos relacionados aos crimes contra a liberdade sexual –, cumpre avançar um pouco sobre a ação pública *condicionada.*

---

[6] Ilustrativamente: AgRg no REsp 1111919/RS, Rel. Ministra Laurita Vaz, 5ª Turma, julgado em 19-11-2009, *DJe* 15-12-2009.

[7] Op. cit.

[8] Estar-se-á diante de um dever *de ofício,* sendo obrigatória a persecução, dada a *incondicionalidade* da ação penal na hipótese suposta.

Atente-se, por primeiro, que o *condicionamento* da ação à representação do ofendido significa apenas que a deflagração da persecução penal dependerá de sua *autorização*. É dizer, a representação é a maneira pela qual o ofendido autoriza o Estado à *persecutio criminis*.

Naturalmente, em se tratando de menor ou incapaz a representação será feita pelo representante legal do ofendido (art. 5º, II, art. 24, CPP) – ressalvando-se as hipóteses em que for constatada, de alguma forma, a colidência de interesses entre *representantes* e *representados* (*v. g.*, crime praticado pelo pai contra o filho menor). E como se trata de simples autorização, ou seja, na conformidade com a vontade da vítima, não se exige forma específica, a tanto se considerando até mesmo o pedido de providências junto à autoridade policial, consoante pacífico entendimento no âmbito do Superior Tribunal de Justiça.[9]

De outro lado, é ampla a *capacidade* para representar, podendo fazê-lo até mesmo o Conselho Tutelar, nos casos de comprovada leniência dos titulares do poder familiar (desde que não seja expressamente contrário à vontade destes).

Relembre-se, ao propósito, que nos *crimes sexuais* a menoridade da vítima torna pública *incondicionada* a ação, não se aplicando as regras da ação condicionada (art. 225, parágrafo único, Código Penal).

O condicionamento da ação penal tem uma justificativa, obviamente. E já fizemos referência a ela ao mencionarmos os crimes contra a dignidade sexual, linhas antes.

A legislação, portanto, e dependendo da infração, deixa em mãos da vítima uma escolha de conveniência e de oportunidade da ação penal, em atenção a importantes considerações, de variadas ordens. É certo que, diante da alta potencialidade lesiva dos crimes sexuais, por exemplo, nos quais se constatam gravíssimas violações ao direito fundamental à liberdade sexual, pode soar perturbador o condicionamento da ação aos interesses da vítima. Essa é, de fato, uma questão problemática.

Mas é bom que se tenha em mente que nas soluções dos diversos conflitos presentes na coexistência humana, nem sempre o Direito, em geral, e o Direito Penal, em particular, oferece soluções *ótimas*, satisfatórias para todos os envolvidos. E essa sequer é uma peculiaridade da intervenção estatal; mesmo os consensos privados na busca de resoluções de conflitos não atendem completamente às partes convenentes.

O fato é que nos parece perfeitamente aceitável que o Estado mantenha uma posição de respeito às condições pessoais da vítima de determinados crimes, à consideração de que a submissão dela ao processo penal poderia implicar novos danos ou mesmo estender ainda mais aqueles já produzidos pela infração. Não se pode esquecer que a persecução penal, em suas duas fases – investigação e processo – termina, invariavelmente, por divulgar a existência do fato, ainda quando ambas (fases) estejam protegidas pelo sigilo.

---

9 AgRg no REsp 1110889/SC, Rel. Min. Jorge Mussi, 5ª Turma, julgado em 5-2-2013, *DJe* 15-2-2013.

E não é só. Também a possibilidade – mais que isso, o inevitável – confronto com o algoz pode produzir novos transtornos e traumas naquele já profundamente impactado pela infração. Mais uma vez, eloquentes os exemplos de alguns crimes sexuais.

O grande problema a ser contornado se situa naqueles inúmeros casos em que as vítimas se encontrem sob qualquer relação de dependência (financeira, econômica ou emocional) com o autor dos delitos. Exatamente por isso a Lei 11.340/06 (Lei Maria da Penha – art. 41) afastou a incidência das regras previstas na Lei 9.099/95 às hipóteses de violência doméstica, com o que restou inaplicável também a exigência de representação nos casos de lesão corporal leve ou culposa, conforme contido no art. 88 (Lei 9.099/95). Com isso, em tais situações (de lesão corporal leve ou culposa resultante de violência doméstica – a lesão grave, com mais razões ainda), a ação penal será pública incondicionada. E o STF já decidiu em definitivo pela constitucionalidade do citado dispositivo (art. 41, Lei 11.340/01), no julgamento da ADI 4.424 (PGR) e ADC 19 (Senado).

Nos delitos de fundo patrimonial (ainda que não exclusivamente), por exemplo, soa-nos mais que razoável deixar-se em mãos da vítima o juízo acerca da necessidade (ou mesmo *utilidade*, por que não?) do processo criminal. Precisamente por isso, o art. 46 do Anteprojeto de Novo Código de Processo Penal – atual Projeto de Lei 8.045/09, em lenta e modorrenta tramitação na Câmara dos Deputados, de cuja Comissão de Juristas tivemos a honra de participar, na condição de Relator-Geral –, além de tornar públicas condicionadas as ações relativas aos crimes que impliquem danos patrimoniais, desde que praticados sem violência ou grave ameaça, prevê situações em que o ajuste entre os envolvidos seria causa suficiente à extinção da punibilidade do fato (art. 46, § 2º, do Anteprojeto originário).

Em outros casos, a exigência da representação conecta-se à própria concretização do crime, a depender, então, do juízo do ofendido a respeito dos fatos. É o que ocorre nos crimes contra a honra de servidor público em razão do ofício (art. 145, parágrafo único, CP) e nos crimes de ameaça (art. 147, CP).

São várias as infrações condicionadas à representação, podendo-se arrolar, apenas na Parte Especial do Código Penal, aquelas (e/ou circunstâncias) do art. 130, 145, parágrafo único, 147, 151 a 154, 156, 176, 182, 186 e a regra geral do art. 225, todos do Código Penal. É também exemplo de condicionamento da ação penal pública o disposto no art. 154-B, CP, com redação dada pela Lei 12.737/12, que altera o Código Penal e institui alguns tipos de *crimes de informática* (art. 154-A, CP).

Por fim, há outra modalidade de condicionamento da ação pública, que ocorre mediante *requisição* do Ministro da Justiça. Nessas hipóteses, o fundamento (do condicionamento) reside nas altas funções exercidas pela vítima, tais aquelas atinentes ao Presidente da República ou Chefe de Estado estrangeiro (art. 141, I, CP).

De ver-se, contudo, que o legitimado à requisição não pode obrigar o Ministério Público a exercer a ação penal. Pode ele *requisitar* inquérito policial, mas em relação à ação penal, o *parquet* é inteiramente livre para formar a sua *opinio delicti*, independentemente do juízo que sobre o fato tiver a vítima ou o citado Ministro da Justiça.

2 Ação penal privada

Reputamos frustradas as tentativas de justificação da ação penal privada – que tem por principal característica a *disponibilidade* de seu conteúdo – pelo chamado *escândalo do processo,* em razão da divulgação do fato, inevitável como já assinalamos. Se o risco de danos à vítima está mesmo presente na publicidade da infração, nem por isso deveria ser privada a persecução penal, a tanto bastando o condicionamento da ação.

Argumentação mais plausível repousa na *qualidade* da tutela dos interesses da vítima, dado que: (a) estaria em risco o direito *civil* de reparação dos danos causados pela infração, em razão da *dependência* da instância cível em relação à criminal, no que toca às decisões judiciais acerca da *existência ou inexistência do fato* e respectiva *autoria,* que, como se sabe, vinculam e podem afastar a responsabilidade civil (ver, art. 935, Código Civil, art. 66, CPP), e (b) nas ações privadas, o juízo acerca da propositura da ação fica em mãos da vítima e seu advogado, enquanto nas ações públicas o convencimento do Ministério Público é livre.

Quanto à primeira fundamentação, a previsão de *assistência da acusação,* nos termos do art. 268 e seguintes do CPP, se não resolve a questão, dado que tal atuação somente ocorre *a partir* da acusação, pelo menos minimiza suas consequências, na medida em que ali a vítima poderá oferecer arrazoados, indicar provas e até mesmo recorrer da decisão absolutória.

Já a segunda argumentação sugerida tem, de fato, maior alcance.

No entanto, e paradoxalmente, pode ser mais facilmente afastada.

É que se a força do argumento não pudesse jamais ser afastada, não haveria fundamento para a *regra geral* das ações públicas. Se a lesão causada nas ações privadas *pode ser* melhor tutelada pela vítima e seus sucessores, por que então não se estabelecer a referida modalidade de persecução penal como a verdadeira regra, reservando-se, então, ao Ministério Público uma atuação meramente subsidiária?

E, antes de maiores considerações sobre a objeção, observe-se que a pena pública não se impõe para a proteção *da vítima* do fato, na medida em que ela *já teria sido atingida pela infração.* A imposição da pena privativa da liberdade e daquelas restritivas de direito não reverte o quadro produzido pelo crime e nem restaura o *status quo* da vítima. Por isso, a perspectiva de proteção dos interesses da vítima pela ação penal privada não se justifica racionalmente, esvaziando-se em puro instrumento de *retribuição pessoal* (ou, mesmo, de vingança)! E não nos encontramos mais nesse estágio de justificação da pena no direito moderno.

Com efeito, a intervenção penal implica drástica manifestação de poder estatal, uma vez que potencialmente restritiva a direito fundamental (liberdade). Disso decorre que deve reservar-se a práticas notoriamente graves, que representem efetiva lesão ou ameaça concreta de lesão a direitos também fundamentais, desde que não haja meios não penais mais eficazes em assegurar a tutela a esses direitos. Assim sendo, no âmbito de um Estado de Direito, nada mais lógico do que a reserva da persecução penal a órgãos públicos, o que pressupõe controle racionalizado do exercício de poder.

O que restaria da justificativa, portanto, seria que os eventuais efeitos preventivos que se espera da pena pública, destinados à proteção geral da comunidade jurídica, poderiam ser melhores tutelados pela vítima do crime. Ora, vê-se, facilmente, que semelhante argumentação carece de substrato lógico, a menos que se queira – de novo! – reduzir o papel do *parquet* a uma intervenção meramente subsidiária quanto à persecução penal.

Não bastasse a inarredável objeção constitucional a tal ponto de vista – consoante os termos expressos do art. 127, do art. 129, I, CF, e também da legislação processual penal em vigor (art. 24, CPP) –, é bem de ver que o envolvimento pessoal da vítima no conflito, por si só, constitui fator impeditivo do necessário distanciamento que se espera daquele que se dispõe a enfrentar a árdua tarefa de apreciar possível hipótese de aplicação da lei penal. Obviamente, não estamos a nos referir à *neutralidade* do acusador. Nenhum ser humano é neutro em relação ao que quer que seja, bem o sabemos e há muito. O *distanciamento* a que aludimos é meramente *pressuposto*, fundado e justificado pela *objetividade* do não envolvimento pessoal nos fatos, tal como se dá com a imparcialidade do julgador. Apenas isso.

Mas, nada obstante, suficiente (o distanciamento dos fatos) para legitimar o Ministério Público à persecução penal, sobretudo, em atenção à estrutura administrativa e às prerrogativas funcionais atribuídas a esse órgão, aptas a permitir o adequado exercício da tutela penal dos direitos fundamentais.

Vejamos, então, as principais questões envolvendo a ação privada, na perspectiva da aplicação do direito penal.

Orientada, como visto, pela *disponibilidade* de seu objeto, a atuação do legitimado – ofendido e seus representantes legais e sucessores (arts. 30, 31 e 36, todos do CPP) –, haverá que seguir e respeitar os limites impostos pela lei (CPP) para uma eficaz persecução penal, desde que seja essa a sua vontade. E a ausência desta (da vontade) pode aparecer e se comprovar, antes da ação penal, tanto pela *renúncia* quanto pela *decadência*.

Dá-se a renúncia por meio de atos inequívocos de desinteresse na ação, a começar, portanto, pela renúncia *expressa*, por meio de declaração nesse sentido (art. 50, CPP). Mas poderá ser *tácita* também, a tanto bastando a prática de qualquer ato incompatível com a vontade de exercer o direito de ação (art. 104, *caput*, e parágrafo único, CP).

> Art. 104, CP – O direito de queixa não pode ser exercido quando renunciado expressa ou tacitamente.
>
> Parágrafo único. Importa renúncia tácita ao direito de queixa a prática de ato incompatível com a vontade de exercê-lo; não a implica, todavia, o fato de receber o ofendido a indenização do dano causado pelo crime.

Saliente-se, contudo, que a norma prevista no citado parágrafo único, art. 104, CP, na parte em que alude à indenização do dano como causa que exclui a renúncia tácita, não se aplica aos casos submetidos aos Juizados Especiais Criminais, cujo art. 74, Lei 9.099/95, prevê a composição civil dos danos precisamente como hipótese de renúncia ao direito de queixa, na ação privada, e à representação, na ação pública condicionada. Portanto, quando se tratar de infração penal de menor potencial ofensivo, não se aplicará a regra do art. 104, parágrafo único, CP, e sim a norma especial do art. 74, Lei 9.099/95.

Outra modalidade de manifestação de desinteresse na ação, antes de sua propositura (é claro!), pode ser obtida por meio do simples *decurso* do prazo previsto para o respectivo exercício. Conforme aqui consignado, a ação penal privada é cercada de limites mais rígidos que aqueles impostos nas ações públicas, exigindo um comportamento ativo do legitimado em todas as etapas da persecução.

E, no particular, dispõe o art. 103, CP:

> Art. 103. Salvo disposição expressa em contrário, o ofendido decai do direito de queixa ou de representação se não o exerce dentro do prazo de 6 (seis) meses, contado do dia em que veio a saber quem é o autor do crime, ou, no caso do § 3º do art. 100 deste Código, do dia em que se esgota o prazo para oferecimento da denúncia.

Assim, para que se imponha a *decadência* do direito de agir sequer é necessária a prática de qualquer ato, de qualquer natureza, bastando apenas a inércia e o transcurso do prazo decadencial. Obviamente, nem sempre a decadência ocorrerá por desinteresse do legitimado. Pode ser que ela decorra da demora ou desídia do autor e/ou de seu advogado. Fato é que, encerrado o termo decadencial, extinta estará a punibilidade do fato (art. 107, IV, CP), o mesmo ocorrendo com a *renúncia,* tácita ou expressa.

E mesmo depois de proposta a ação, ainda assim poderá o autor (querelante) por termo ao processo, seja pela via do *perdão* seja em razão da *perempção.*

O perdão, que também deve ser feito ou estendido a todos os autores do fato (art. 106, I, CP), constitui modalidade específica de extinção da punibilidade (art. 107, V, CP), se e quando for aceito pelo querelado (réu). Havendo mais de um querelante (ofendido), o perdão concedido por um não prejudica os demais (art. 106, II, CP). E tal como a renúncia, o perdão pode ser tácito ou expresso, nas mesmas circunstâncias em que ocorre aquela. A exigência de aceitação do perdão para que produza seus efeitos é perfeitamente compreensível, tendo em vista que o querelado (réu) pode não se julgar responsável ou punível pelo crime a ele imputado – e, assim, preferir que o processo prossiga, com sua absolvição ao final. Ademais, a aceitação do perdão não deixa de carregar um efeito simbólico de confissão de culpa, o que, por si só, justificaria a sua previsão para a completa eficácia do ato (perdão).

No entanto, ainda quando o querelado não aceite o perdão, nada impede o querelante (autor da ação) de encerrar o processo. Com efeito, basta que ele dê causa à *perempção,* para que tenha fim a persecução penal.

E, mais, a perempção produz os mesmos efeitos do perdão, relativamente às consequências penais, impondo, do mesmo modo, a extinção da punibilidade do fato (art. 107, IV, CP). Entende-se por perempção a *perda* da ação já iniciada, por atos e fatos supervenientes, dependentes ou não da vontade do querelante. O *abandono* do processo (art. 60, I, CPP) e a omissão no que tange à realização de determinados atos processuais (art. 60, III, CPP) são exemplos da primeira hipótese (atos supervenientes), enquanto a morte do autor da ação (art. 60, II, CPP) ou a sua extinção, se pessoa jurídica (art. 60, IV, CPP), sem deixar sucessores, caracterizam a segunda (fatos supervenientes).

Mas vale destacar: embora privada a ação, como não poderia deixar de ser, o Ministério Público intervirá no processo como *custos legis.*

E como já alertamos, não tocaremos aqui em questões de fundo eminentemente processual penal, como é o caso do princípio da indivisibilidade da ação privada, a impor que a queixa seja oferecida contra todos os autores do fato (art. 47, CPP), de modo que a renúncia em relação a um deles se estenderá aos demais (art. 48, CPP). Deixemos apenas o registro, remetendo o leitor ao nosso *Curso de processo penal* e aos *Comentários ao Código de Processo Penal,* este em parceria com Douglas Fischer, e ambos publicados pela Editora Atlas.

3 Ação penal (privada?) subsidiária da pública

Por fim, ainda merece registro uma modalidade de iniciativa para a persecução penal que reúne elementos das ações pública e privada. A doutrina acostumou-se a designá-la por ação *privada subsidiária da pública,* conceito ao qual não prestamos adesão, ao menos sem algumas importantes reservas.

O cabimento dessa ação subsidiária limita-se às hipóteses em que verificada a inércia do Ministério Público nas ações de natureza pública. Nos termos do art. 29, CPP, se, no prazo legal, o *parquet* não adotar quaisquer das providências cabíveis após o encerramento das investigações (arquivamento, denúncia, recusa de atribuição para a causa, requerimento de novas provas), poderá o ofendido apresentar *queixa* – então designada por *subsidiária* –, atuando como verdadeiro fiscal da atividade ministerial persecutória.

Contudo, é de anotar-se que a *iniciativa* para a propositura da ação penal não a transforma em ação *privada.* De maneira alguma! A ação continuará sendo essencialmente pública, permanecendo indisponível o seu conteúdo e não se lhe aplicando quaisquer dos institutos (categorias jurídicas) típicos da ação privada (decadência, perdão ou perempção, sobretudo).

Uma vez proposta a ação, os autos serão encaminhados ao Ministério Público, que poderá aditar a queixa, repudiá-la e oferecer outra peça acusatória (denúncia *substitutiva,* diz a lei – art. 29, CPP), além de intervir em todos os atos do processo, incluindo a produção de provas e a interposição de recursos. Na primeira oportunidade em que o querelante deixar de praticar qualquer ato de sua atribuição, o Ministério Público reassumirá o processo na condição de parte principal.

Em resumo: ainda que a ação seja proposta pelo particular, os principais elementos que definem a ação penal demonstram tratar-se de ação verdadeiramente pública e indisponível. O único limite que a queixa poderá impor ao Ministério Público é a demarcação de sua imputação. É dizer, ainda que o *parquet* esteja legalmente autorizado a *repudiar* a queixa e oferecer *denúncia substitutiva,* pensamos não lhe ser cabível *retirar a acusação* feita pelo querelante. O Ministério Público poderá, então, incluir novos *fatos* e novos *autores,* mas não poderá retirar aqueles constantes da queixa, na medida em que o querelante terá exercido *direito de ação,* não cabendo ao *parquet* limitá-lo após seu exercício e em razão de inércia.

XIV

Da extinção da punibilidade

I Considerações gerais

A punibilidade de um fato definido como crime não repousa unicamente na criminalização da conduta e do resultado juridicamente relevante, como, à primeira vista, pode parecer. Já tivemos oportunidade de constatar a existência de fatos, circunstâncias ou de condições pessoais do agente que importam impedimento à punição (*não punibilidade*) de determinadas condutas, ainda quando efetivamente lesivas. Foram aqui designadas, e assim o são na generalidade da doutrina, como *(outros) pressupostos de punibilidade.*

Os motivos ou as razões, o juízo, enfim, que fundamenta a punibilidade de comportamentos criminalizados se insere no que se convencionou conceituar, de modo bem genérico, de *política criminal.* Política, então, no sentido daquele conjunto de ações e de gestões, no âmbito público e no privado, voltadas para o esclarecimento quanto à definição, à necessidade e quanto aos limites do Direito Penal.

É também nesse mesmo contexto e nesse mesmo ambiente que se definem as *causas, circunstâncias* ou os *fatos* que determinariam a exclusão e a extinção da punibilidade, independentemente da imposição ou do cumprimento da pena cominada ao crime, e da existência ou não de decisão condenatória transitada em julgado.

Há hipóteses de extinção da punibilidade de fundo *material,* diretamente associadas à necessidade ou à utilidade da pena em determinadas e especiais circunstâncias, e outras de índole *processual,* definidas a partir da prática ou da ausência de realização de certos atos no processo. Ao fim e ao cabo, porém, tratar-se-á, sempre, de um juízo de conteúdo material, na medida em que, ainda quando se trate de fatos ou atos originados do processo penal, o fundamento para a exclusão (no caso, a extinção) da punibilidade derivará de orientações de política criminal. É dizer: somente se afasta a punição do fato delituoso se houver, e *por expressa* previsão legal, mesma fonte originária de sua criminalização.

Atente-se para a necessidade de se distinguirem situações que nada têm que ver com a extinção da punibilidade, embora não se chegue à punição do fato por considerações aparentemente aproximadas. É conhecida e banalizada no Brasil a afirmação da *suposta* existência da chamada *prescrição em perspectiva*, que se daria a partir do exame *ex ante* (antes da sentença) dos elementos que deveriam integrar a dosimetria da pena (circunstâncias e condições pessoais do agente, sobretudo), levando-se em conta, então, a aplicação da sanção no seu mínimo legal, no confronto com os prazos estipulados no art. 109, CP.

Ora, insustentável qualquer decisão judicial que se refira à extinção da punibilidade nesses casos! O que se pode reconhecer é a *ausência de interesse de agir*, na perspectiva da utilidade do processo, a permitir que o membro do Ministério Público requeira o *arquivamento* das peças de informação ou do inquérito, sob tal fundamento (condição da ação – art. 395, II, CPP). Ou, se já proposta a ação e já proferida sentença absolutória, reconhecer-se a ausência de interesse recursal da acusação. Jamais a extinção da punibilidade por inexistente modalidade de prescrição *na legislação*! E a Suprema Corte já assim o assentou, conforme teremos oportunidade de ver logo adiante.

Em síntese: somente a lei poderá dispor sobre causas ou fatos extintivos da punibilidade, na medida em que se trata de matéria de exclusiva competência do poder público responsável pela gestão da política criminal. Aos intérpretes (aplicadores), é certo, será também possível o afastamento da punição, mas apenas no âmbito da interpretação acerca da validade, dos limites e do alcance, enfim, das normas incriminadoras.

Acrescente-se, por fim, que, como visto, as perspectivas funcionalistas – ver Capítulo III, item 7, IV – caracterizam-se, sobretudo, pela aproximação que fazem entre a política criminal e a dogmática penal, ou seja, entre os fundamentos e justificativas da adoção deste ou daquele modelo de Direito Penal (política criminal) e a construção das principais categorias que permitiriam a aplicação do sistema (penal) segundo tais escolhas (dogmática funcionalista).

Nesse passo, a extinção da punibilidade em semelhantes sistemas ou *modos de aplicação* do Direito Penal, há também de encontrar a respectiva explicação no âmbito da fundamentação da pena pública. Para Günther JAKOBS, por exemplo, que vê como função primordial da sanção criminal a proteção da norma penal e, assim, a manutenção de sua validade, as causas extintivas da punibilidade, segundo *nossa* leitura, poderiam cumprir o papel de verdadeiros *equivalentes funcionais* (à pena!), na medida em que a norma violada não mais correria risco de ver questionada a sua validade, pela ocorrência de determinados fatos ou circunstâncias supervenientes (incluindo-se, aqui, as causas extintivas da punibilidade).

Sob outro ângulo, Claus ROXIN anota o caráter polêmico e as dificuldades de delimitação da natureza material ou processual penal de algumas das várias causas de exclusão da punibilidade, dentre as quais estaria a prescrição. E isso porque seria preciso identificar a justificativa da aludida exclusão (da punição), se ligada à desnecessidade da pena, à ausência de merecimento dela, ou se, finalmente, se trataria de uma questão eminentemente ligada à persecução penal.[10] Problema esse que, aliás, não é muito discutido em *terrae brasilis*.

De fato, a prescrição, por exemplo, tanto pode ter por fundamento o esquecimento do fato no ambiente social em que teria sido cometido, quanto a ausência de material probatório suficiente, quando e por que já decorrido muito tempo após o crime. Conclui o ilustre penalista alemão que pertenceriam ao direito processual penal as circunstâncias que excluem a pena e que por sua desvinculação com o fato não estão sujeitas à proibição de retroatividade, ou, ainda, cuja apreciação delas (circunstâncias) esteja submetida ao juízo dos órgãos persecutórios e não às determinações legais.[11] Cuidaremos da prescrição mais adiante, mas anote-se, para logo, que os prazos expressamente previstos em lei para a ação privada (decadência[12]) e para a ação penal pública (prescrição) estão submetidos ao princípio da proibição da irretroatividade, acentuando o caráter material de ambas as causas.

Já a perempção, com efeito, apresenta-se essencialmente como uma causa de fundo processual. No entanto, mesmo aqui, parece-nos que o fundamento para atribuir-se à extinção do *processo* por qualquer uma das razões alinhadas no art. 60, CPP, as mesmas consequências previstas para as causas de fundo *material* repousam em considerações de ordem político-criminais, a buscar a respectiva legitimação na desnecessidade da pena ou mesmo de sua inconveniência.

Importante anotar, por fim, que a extinção da punibilidade de um fato definido como delito que integra outro crime, como sua elementar ou circunstância agravante, não se estende a este e nem interfere na agravação da pena que eventualmente resulte da conexão entre delitos, consoante o disposto no art. 108, CP. Não poderia ser de outra maneira, afinal a justificativa para a extinção da punibilidade de um fato não se transfere para o complexo de outro tipo penal, portador de outros elementos e outras definições, além de maior reprovação, como regra. A punibilidade que se extingue limita-se unicamente ao fato, de *per si*.

> Art. 108. A extinção da punibilidade de crime que é pressuposto, elemento constitutivo ou circunstância agravante de outro não se estende a este. Nos crimes conexos, a extinção da punibilidade de um deles não impede, quanto aos outros, a agravação da pena resultante da conexão.

---

[10] ROXIN, Claus. *Derecho penal*, op. cit., p. 984.

[11] Idem, p. 992.

[12] Que também incide sobre o direito de representação, no que diz da ação penal pública condicionada.

II Fatos extintivos da punibilidade

Código Penal: Art. 107 – Extingue-se a punibilidade:

I – pela morte do agente;

II – pela anistia, graça ou indulto;

III – pela retroatividade de lei que não mais considera o fato como criminoso;

IV – pela prescrição, decadência ou perempção;

V – pela renúncia do direito de queixa ou pelo perdão aceito, nos crimes de ação privada;

VI – pela retratação do agente, nos casos em que a lei a admite;

VII – Revogado pela Lei nº 11.106, de 2005.

VIII – Revogado pela Lei nº 11.106, de 2005.

IX – pelo perdão judicial, nos casos previstos em lei.

Vejamos, então, as causas e os fatos que expressamente extinguem a punibilidade do crime no direito brasileiro.

1 (I) – Pela morte do agente

Para que a morte do autor do fato não determinasse a imediata extinção da punibilidade do delito seria preciso que a pena criminal pudesse ser transferida a outra pessoa, como ocorre no direito sucessório em geral.

No entanto, o atual estágio civilizatório impede maiores incursões no tema. Nenhuma teoria da pena com um mínimo de vinculação ao Estado de Direito insinuaria a possibilidade de aplicação da pena a quem se sabe inocente. Mesmo as concepções ligadas à prevenção *geral*, isto é, que justificam a pena pelos efeitos a serem obtidos *junto aos outros* e não junto *ao autor* do fato, jamais sufragaram semelhante raciocínio. Levada às últimas consequências, a imposição da pena *aleatoriamente*, isto é, sem compromisso com a efetiva autoria, seria evidentemente contraproducente, dado que as chances da não punição *do autor* do crime seriam imensamente maiores. Assim, mesmo que menos importantes as funções de prevenção *especial* – eficácia junto *ao autor* do fato –, elas são *irrenunciáveis* na perspectiva preventiva.

De outro lado, admitir-se a *transferência da responsabilidade penal* aos herdeiros e sucessores ultrapassaria até mesmo as fronteiras do direito patrimonial moderno, que limita a assunção das obrigações patrimoniais do falecido ao montante por ele deixado (ver, por exemplo, art. 1.997, Código Civil).

Não bastassem tais considerações, de ordens teóricas e teleológicas, há norma constitucional intransponível, a impor que "nenhuma pena passará da pessoa do condenado, podendo a obrigação de reparar o dano e a decretação do perdimento de bens ser, nos termos da lei, estendidas aos sucessores e contra eles executadas, até o limite do valor do patrimônio transferido" (art. 5º, XLV, CF). Há quem traduza o aludido conteúdo pelo (princípio) da *intranscendência da pena;* outros, preferindo, corretamente, a literalidade do texto, nomeiam-no o da *personalidade da pena.* Fato é que: morto o autor, extinta estará a punibilidade, condicionada a decisão que assim declare, entretanto, à juntada aos autos da certidão de óbito e à prévia oitiva do Ministério Público (art. 62, CPP).

2 (II) – Pela anistia, graça ou indulto

2.1 Anistia

Se há alguma coisa que o aluno de Direito nos dias atuais já aprendeu é que o legislador não só *não é onipotente* – que tudo sabe e jamais comete erros –, como, mais que isso, não tem qualquer compromisso com conceitos e definições dogmáticas prévias.

Há tempos, dizia-se que a *indenização* seria a forma de recomposição patrimonial, ou econômica, do dano causado por ato *ilícito* do Estado, como ocorre nas desapropriações, por exemplo. No entanto, uma rápida leitura no texto constitucional nos demonstrará o equívoco dessa classificação: ali, a indenização é meio de recomposição pelo dano *material,* pelo dano *moral,* pela rescisão da relação *trabalhista* ou *estatutária,* conforme se vê em vários dispositivos (art. 5º, V, X, por exemplo). A própria legislação civil já banalizou o uso da palavra, conforme se vê no art. 236, Código Civil.

Também a *anistia* não tem sentido *unívoco* no direito brasileiro. Veja-se que a Constituição da República refere-se à anistia até mesmo de créditos tributários e previdenciários (art. 150, § 6º), bem como de contribuições sociais (art. 195, § 11), então com o significado de extinção da dívida, por razões de política fazendária.

A expressão, que se originaria do grego *amnestía,*[13] e cujo significado se aproxima da palavra *amnésia,* e, assim, do *esquecimento,* tem suas raízes estreitamente conectadas com alterações significativas na ordem política e social de determinada comunidade jurídica. E isso porque o *poder político* nem sempre está nas mesmas mãos daqueles que censuravam determinados comportamentos ou que deles eram vítimas. Assim, a anistia sempre foi o modo de *superação* definitiva das consequências produzidas pelo *fato anistiado,* de maneira a se obter a pacificação geral entre os envolvidos e a ordem jurídica que lhe afirma e lhe atribui os efeitos reparadores.

A Constituição da República (1988) dispõe sobre diferentes modalidades de anistia. Observe-se, por exemplo, que o constituinte, no Ato das Disposições Constitucionais Transitórias, concedeu anistia a diversas pessoas – sobretudo, servidores públicos –, atingidas por atos institucionais ou de exceção (na verdade, *ambos,* isto é, atos oficiais, institucionais, movidos unicamente pela exceção e o abuso da força política do poder de ocasião). O texto chega a se reportar a determinados períodos de maior conturbação política (de 1946 a 1988, e, particularmente, durante a ditadura

[13] SANTOS, Juarez Cirino dos. *Direito penal,* op. cit., p. 641.

militar, instaurada em 1964), prevendo formas de reparação econômica e de reintegração (art. 8º, ADCT).

Nesse passo, a anistia, sempre com o colorido da *virada política* no Poder, não se reportava, como regra, aos atos praticados pelos anistiados e sim aos *direitos* que lhes teriam sido subtraídos. É o que se verifica no art. 9º, dos mesmos ADCT, pelo qual aqueles que tiveram cassados ou suspensos os seus direitos políticos no segundo semestre de 1969, por ato do Presidente da República de motivação exclusivamente política, se veem autorizados a pleitear a reparação face à *interrupção* dos seus direitos e vantagens pelos aludidos atos punitivos do Estado.

Compete à União legislar sobre anistia, enquanto cabe ao Congresso Nacional a sua concessão (art. 21, XVII, e art. 48, VIII, CF). Ou seja, somente *por lei* ela será concedida. E nem poderia ser de outro modo, dada a amplitude de seu objeto e de suas consequências, qualquer que seja o campo de sua atuação. Em matéria penal, então, mais que justificada a reserva de lei.

Assim, e mesmo para as infrações de natureza penal, a anistia tradicionalmente se qualificou como o *esquecimento* de determinados fatos – crimes – praticados em situações e circunstâncias específicas, sempre associadas à motivação política (incluindo o direito eleitoral), que justificariam o afastamento das consequências jurídico-penais comuns. A anistia atinge, então, a punibilidade penal do fato, incluindo a medida de segurança eventualmente imposta (art. 96, parágrafo único, CP), apagando também os antecedentes criminais dos autores anistiados. Eventuais danos causados pela infração penal (anistiada) aos particulares não podem ser abrangidos pela anistia penal. Quem quiser fazer cortesia (extinção da obrigação econômico-patrimonial) que o faça com o próprio chapéu (Administração Pública) e não com o alheio (privado).

É bem de ver que, embora a anistia se destine *aos autores* dos fatos, o que parece se enquadrar no *esquecimento* é precisamente o crime praticado e não os responsáveis por ele. E ainda quando a anistia seja *parcial*, isto é, para algumas pessoas e não para todas, ela não se legitima pelas condições pessoais do agente, mas, e sim pelas *circunstâncias peculiares da execução do fato*, sobretudo e particularmente, a motivação.

Não se trata de uma *descriminalização* dos fatos, e sim, e em regra, da retirada de todos ou de alguns de seus principais efeitos ainda pendentes. Do ponto de vista penal, a anistia, com tais características, ou seja, associada às infrações penais de origem política, visa a impedir qualquer consequência jurídico-penal aos autores do fato, impondo a extinção da sua punibilidade, ainda quando ele – o fato, enquanto regra geral de proibição – permaneça constituindo tipificação penal. O que é anistiado, pois, não é o fato *em si mesmo*, que pode seguir sendo abstratamente criminalizado, mas o fato *então, tal e por quem foi praticado*, e com as características que fazem dele um crime movido por sentimentos ou ideais políticos.

Exemplo de legislação com tais características se encontra na Lei 6.683/79, que concedeu anistia aos autores de delitos praticados com motivação política (ou eleitoral), desde que realizados no período de setembro de 1961 a agosto de 1979, além de abranger aqueles que tiveram seus direitos políticos suspensos, bem como os servidores públicos civis e militares e, ainda, dirigentes e representantes sindicais vítimas de perseguição política.[14]

Mas o legislador brasileiro, como não poderia deixar de ser, nem sempre se satisfaz com a tradição e menos ainda com os conceitos já assentados e determinados no âmbito de sua dogmática.

Assim foi, por exemplo, que no ano de 1996, o Congresso Nacional nos brindou com a Lei 9.639/98, que concedia *anistia* (?) aos agentes políticos e demais responsabilizados (privados) aos quais se pudesse imputar a prática do então delito de apropriação indébita previdenciária. A festa tinha o seguinte endereço:

> "Art. 11. São anistiados os agentes políticos que tenham sido responsabilizados, sem que fosse atribuição legal sua, pela prática dos crimes previstos na alínea 'd' do art. 95 da Lei nº 8.212/91 e no art. 86 da Lei nº 3.807/60.
>
> Parágrafo único. São igualmente anistiados os demais responsabilizados pela prática dos crimes previstos na alínea 'd' do art. 95 da Lei nº 8.212/91 e no art. 86 da Lei nº 3.807/60.

Dias depois, percebendo que o número de convidados (à festa com o dinheiro público) ou *anistiados* seria imenso, abarcando a totalidade dos empresários e dos administradores públicos que deixavam de recolher aos cofres públicos as contribuições sociais arrecadadas de seus empregados e servidores, o Congresso Nacional cuidou de *republicar* a citada Lei, *suprimindo*, no entanto, o parágrafo único do art. 11, cuja generosidade era extensiva a todos. A republicação, portanto, tinha o objetivo de limitar a anistia então e assim mal concedida apenas aos agentes políticos!

Como se vê, se pouco havia a justificar a anistia para a incriminação da *mora* (às vezes, *apropriação* mesmo!) no recolhimento do crédito devido, menos ainda havia para a limitação dela aos agentes políticos. Se, aos olhos da lei, eles, e apenas eles, tinham motivos relevantes para deixar de fazer o tempestivo recolhimento, que se apurassem as razões no âmbito da culpabilidade e não como *ausência de censura* pelas peculiaridades do exercício do Poder Público. Aliás, diga-se de passagem, também o empresariado pode encontrar-se em dificuldades econômico-financeiras para o repasse, no prazo da lei. O exemplo aqui, portanto, é de uma anistia *sem qualquer fundamentação* que justifique a sua aplicação, e, pior, a sua limitação a apenas alguns de seus autores.

O que não significa, em tese, que ela não possa efetivamente ser *parcial* ou *restrita* a determinados agentes de crimes praticados em circunstâncias especiais e singulares. O que não pode ser aceito, sob pena de violação ao princípio da isonomia no tratamento destinado aos administrados e aos jurisdicionados, é a sua limitação a certas pessoas, embora em idênticas situações se comparadas às demais não beneficiadas.

A anistia pode ser concedida antes do início da persecução penal, durante a ação penal ou após a condenação.

---

[14] DOTTI, René Ariel. *Direito penal*, op. cit., p. 766.

De outro lado, a Constituição veda expressamente a concessão de anistia (e de *graça*) à prática de tortura, do tráfico de entorpecentes e drogas afins, do terrorismo e dos delitos definidos como hediondos (art. 5º, XLIII). As normas constantes da Lei 8.072/90 (art. 2º, I) e Lei 9.455/97 (art. 1º, § 6º), portanto, reproduzem a determinação constitucional nesse sentido. Disposição em contrário seria tida por inválida, por manifesta inconstitucionalidade.

É dizer, o constituinte limitou a atuação do Congresso Nacional[15] impedindo o *esquecimento* de fatos que foram por ele considerados de excessiva gravidade e, por isso mesmo, merecedores de maior censura normativa e reprovação social. O curioso é que ainda estamos aguardando maiores esclarecimentos legislativos – *lei*, portanto – acerca do significado jurídico-penal do crime de *terrorismo*. Há, desde há muito tempo (Lei 7.170/83), norma que alude *aos atos de terrorismo*, na forma prevista no art. 20 da referida legislação. Mais curiosamente ainda, porém, a mesma Lei 7.170/83, que definiria os *crimes contra a segurança nacional*, prevê a concessão de anistia e de *indulto* para os crimes ali previstos (art. 6º, II). Assim, ou bem se tem por revogada a possibilidade de anistia ao aludido crime (art. 20, Lei 7.170/83), ou bem não se admitirá aquela conduta como hipótese do *terrorismo* apontado na Constituição da República (art. 5º, XLIII).

2.2 Graça

Ao contrário da anistia, privativa do Congresso Nacional e, por isso, somente veiculada por *lei*, a *graça* e o *indulto*, apesar de extinguirem também a punibilidade do fato, têm seus efeitos limitados à execução das penas aplicadas na condenação criminal, não abolindo os demais efeitos decorrentes da sentença condenatória, sejam os de natureza penal (art. 91 e art. 92, CP), sejam aqueles de ordem patrimonial ou econômica (obrigação de indenizar ou de reparar os danos causados pela infração – art. 927, Código Civil). É dizer, tanto um (graça) como outro (indulto) se limitam a encerrar o cumprimento da pena imposta, razão pela qual aparecem como causa extintiva da punibilidade (art. 107, CP).

Na verdade, nada mais arbitrário que a *graça*, que, essencialmente, outra coisa não é senão o *indulto individual*.[16] Aliás, note-se que, apesar do constituinte proibir a *graça* para determinados crimes, ele não se referiu a ela entre as atribuições do Presidente da República, limitando-se a apontar a concessão de *indulto*. E esse, o indulto, como regra, é *coletivo*, concedido a autores de determinados crimes, via do qual, a juízo do Chefe do Executivo, reduzindo, extinguindo ou comutando as respectivas penas, se vê autorizado a abrandar os rigores da abstração legislativa incriminadora. A legislação também poderá vedar a concessão de indulto ou de graça, a partir da valoração da gravidade do crime e da necessidade de maior rigor na imposição da sanção penal. A Lei 9.455/97, por exemplo, veda a concessão de graça e anistia para os crimes de tortura (art. 1º, § 6º).

---

[15] Ao definir que *a lei* considerará insuscetíveis de graça ou anistia os delitos já indicados.

[16] Nesse sentido, vide: STF – HC 81565/SC – Relator: Min. Sepúlveda Pertence – julgamento: 19-2-2002 – Órgão Julgador: Primeira Turma.

E dizemos arbitrário, porque a concessão de graça (ou do indulto individual), somente pelo fato de se tratar de benefício concedido a pessoa específica (direito penal do *amigo?*), já retira o caráter geral e de igualdade de tratamento que deve orientar toda a política criminal. É certo que todo ser humano é absolutamente único em relação aos demais. Pode-se também aceitar que todo crime contém boa dose de especificidade, sobretudo porque envolve a complexidade humana, quando nada do autor do crime. Nesse sentido, todo crime seria também *único*, no que se refere à singularidade do fato.

No entanto, e já agora não mais pelo fato da *possibilidade* de sua concessão, mas pela *autoridade* investida desse poder, a medida remonta aos antigos (e, em geral, podres) poderes dos monarcas,[17] detentores, à época, do conhecido *direito de graça*, que, em última análise, abrangeria a anistia, a graça e o indulto.

Nesses casos, sequer se poderia levantar qualquer objeção ao nível de possível violação à *separação dos poderes*, dado que a autoridade para a concessão da graça já revelava a pujança do soberano da ocasião. A *graça* – ou *indulto individual* –, portanto, e porque inserida no contexto de um genérico e incontrolável poder de perdão, não nos parece medida compatível com um direito vetorizado por valores democráticos. Já o indulto *coletivo*, ao contrário, embora também submetido ao poder do Chefe do Executivo, oferece um mínimo de racionalidade na sua utilização, dado que a generalidade de seu alcance daria contornos mais *objetivos* à medida.

Ademais disso, e seja como for, a Constituição da República autoriza expressamente o Presidente da República a conceder *indulto*, consoante o disposto no art. 84, XII. A *graça*, portanto, parece ter recebido o mesmo tratamento normativo do indulto *individual*, o que soa-nos absolutamente correto. A se registrar que a Lei de Execução Penal (Lei 7.210/84) também não se reporta ou se refere à *graça*, e, sim, ao *indulto*.

E, malgrado as críticas antes mencionadas, a possibilidade de redução da pena ou sua comutação (substituição por outra, menos gravosa) ou mesmo de sua extinção, em atenção às particulares condições pessoais do condenado e das circunstâncias gerais do fato, mediante a *graça* ou o *indulto individual* do Presidente da República, art. 84, XII, CF, pode ser bem compreendida, sobretudo quando os olhos se voltarem para o sistema carcerário nacional, algoz oficial e institucionalizado de nossos condenados.[18]

A *graça*, portanto, é o indulto *individual* concedido pelo Presidente da República, a partir de requerimento do condenado, do Ministério Público, do defensor, do Conselho Penitenciário ou do órgão da administração da execução penal (arts. 188/192, Lei 7.210/84). Sua concessão poderá ser delegada pelo Presidente aos Ministros de Estados, ao Procurador-Geral da República ou ao Advogado-Geral da União, consoante o disposto no art. 84, parágrafo único, CF.

---

[17] PUIG, Santiago Mir. *Derecho penal*, op. cit., p. 748.

[18] Depois de ressaltar que o indulto (ou graça) pode resultar conveniente em determinados momentos na política geral do país, MIR PUIG anota que o ideal seria a concessão de graça pelo Parlamento, ressalvada a competência pontual do Poder Judiciário, nos casos concretos, sob alguma forma de controle do Legislativo. *Derecho penal*, op. cit., p. 748.

Ressalvados os casos de sua vedação na Constituição ou em Lei, ela poderá ser concedida em relação a qualquer crime.

2.3 Indulto

Como antecipado, o *indulto* se insere entre as prerrogativas do Presidente da República (art. 84, XII, CF) para determinar a redução, a extinção ou a comutação (substituição) da pena. Tudo que foi dito sobre a *graça* tem aplicação em relação ao indulto *individual.*

No entanto, e como *regra,* o indulto é *coletivo,* voltando-se não para uma pessoa especificamente, mas para os autores de determinados crimes (*comuns,* em geral), a partir de considerações de natureza político criminal, situadas, sobretudo, no âmbito da prevenção *especial,* em que se busca obter a eficácia e os efeitos pretendidos com a sanção penal junto ao autor do fato (ver, em maiores detalhes, as *Teorias da pena*).

O indulto pode ser *total,* extinguindo a pena, ou *parcial.* Neste último caso, poderá haver a *redução* da pena ou a sua *comutação,*[19] substituindo-se aquela aplicada por outra medida menos gravosa. Em qualquer caso, o que se extingue é a pena e não os demais efeitos da condenação, como, por exemplo, o registro de antecedentes criminais para fins penais.[20]

E, tal como já assinalado, poderá a lei proibir a concessão de indulto, na linha, aliás, do que já dispõe a Lei 8.072/90 (art. 2º, I), que define os crimes considerados hediondos. Observe-se que a vedação constitucional à concessão de *graça ou anistia* aos crimes de tortura, ao tráfico de drogas, aos crimes hediondos e ao terrorismo, consoante o disposto no art. 5º, XLIII, abarca também o *indulto.* Do mesmo modo, embora a Lei 9.455/97, que define os delitos de tortura, não se reporte ao indulto, a proibição ali apontada estende-se também a ele (art. 1º, § 6º).

Nem se argumente, no ponto, que se trataria de analogia *in malam partem* ou de ampliação dos efeitos de normas proibitivas, vedados como *princípios* de nosso Direito Penal. Na verdade, a proibição da *graça,* que é sempre individual, implicaria já a vedação do *indulto individual* a tais crimes. E aqui não se tem mero jogo de palavras, pois o *defeito* é da normatização brasileira sobre a matéria.

De fato, a Constituição parece equiparar a *graça* ao *indulto* – pelo menos, o *individual.* Ora, como explicar a falta de referência à *graça* na norma que autoriza o Presidente da República a conceder *indulto* (art. 84, XII)? Como explicar a também ausência de previsão de *graça* na Lei de Execuções Penais (Lei 7.210/84), apesar de a Parte Geral – reformada no mesmo ano de 1984 – prever, separadamente, como causas de extinção da punibilidade a *anistia,* a *graça* e o *indulto* (art. 107, II, CP)?

---

[19] Considerando a *comutação* como um *indulto parcial,* vide os seguintes julgados do STF: HC 103618/RS – Relator: Min. Dias Toffoli – Julgamento: 24-8-2010 – Órgão Julgador: Primeira Turma e HC 96431/RJ – Relator: Min. Cezar Peluso – Julgamento: 14-4-2009 – Órgão Julgador: Segunda Turma.

[20] PUIG, Santiago Mir. *Derecho penal,* op. cit., p. 749.

Assim, e porque vedado o indulto *individual*, vedado também estaria o indulto *coletivo* para tais crimes, na medida em que a proibição do primeiro (individual), ao impor critério objetivo e geral de vedação, ou seja, a *espécie* ou a *natureza* do crime, sequer considera as condições pessoais do condenado.

3 (III) – Pela retroatividade de lei que não mais considera o fato como criminoso (*abolitio criminis*)

A norma incriminadora traduz, dentre outras coisas, um juízo de censura e de reprovação a determinado comportamento, suficiente, segundo esse mesmo juízo, para causar lesões ou produzir situações de risco significativo a bens jurídicos.

Assim, se e quando, no evoluir da história, essa censura não mais subsistir, nada mais natural que a revisão legal do fato, impondo-se a *abolitio criminis*. Já cuidamos do tema em outro espaço, ao tratarmos da eficácia e da aplicação de normas penais mais favoráveis ou benignas, bem assim da própria *abolitio* (Título II, Capítulo V, item 15.3). Desnecessárias novas considerações.

Imperativo, pois, que se tenha por *extinta* a punibilidade de um fato cuja ilicitude penal não mais prevaleça no ordenamento jurídico.

Muito mais complexa que essa questão é a que diz respeito aos efeitos decorrentes da modificação da jurisprudência sobre a *tipicidade* de determinado comportamento, no sentido de se passar a entender – o Supremo Tribunal Federal – que esta ou aquela conduta não constitui determinado tipo penal. Também já nos detivemos sobre o tema no mesmo capítulo a que fizemos referência (Capítulo V), item 15.3.1.

Acrescentaríamos apenas que, se, de um lado, a *abolitio criminis* implica a extinção da punibilidade do fato, tendo em vista tratar-se de modificação da própria lei – e é a lei que pode extinguir a punibilidade! –, as alterações da jurisprudência acerca de determinado fato não poderão ter a mesma consequência, ao menos no plano conceitual.

A revisão de uma condenação já passada em julgado poderá ser feita pelas vias processuais cabíveis – ação de revisão criminal e de *habeas corpus* –, ali se podendo obter não a extinção da punibilidade, mas a *absolvição* do acusado, se esse for o caso, ou mesmo a *modificação* de parte do dispositivo da sentença condenatória. Há exemplo, e já o vimos em outro espaço, em que se reconheceu a própria extinção da punibilidade em situação semelhante, ao tratar da *abolitio criminis* em relação ao delito de posse de arma praticado antes de 23 de outubro de 2005.[21]

4 (IV) – Pela prescrição, decadência ou perempção

De comum entre as três categorias jurídicas objeto do inciso IV, art. 107, CP, apenas a consideração acerca da *inação* ou da *leniência* (lentidão) dos responsáveis pela

---

[21] HC 237.722/SP, Rel. Min. Jorge Mussi, 5ª Turma, julgado em 21-6-2012, *DJe* 28-6-2012.

persecução penal, seja na fase de investigação (prescrição e decadência[22]), seja na de processo (prescrição e perempção), ainda quando involuntária.

De todo modo, o fundamento de justificação para que o legislador legitimamente imponha a extinção da punibilidade como consequência de cada uma delas, sobretudo da prescrição, há de ser encontrado no âmbito da política criminal, no sentido de se tratar de decisões de conteúdo *material*, isto é, acerca da *desnecessidade* da pena ou da *inconveniência* da persecução penal. Considerações acerca da *inutilidade* do processo, por ausência de elementos probatórios suficientes (pelo decurso do tempo, na hipótese de ações *públicas*), são até pertinentes, mas não se prestam a justificar a extinção da punibilidade, segundo nos parece.

Até mesmo a *perempção*, questão essencialmente processual, não serve a esse propósito, dado que ela se encontra estreitamente conectada com as considerações de política criminal que determinaram a opção pela ação penal privada para alguns e específicos delitos. Se o problema fosse apenas a inércia do particular, por que razão não se convocar o Ministério Público para prosseguir na persecução penal privada?

Quanto à decadência específica das ações *privadas*, a explicação é ainda um pouco mais complexa, como veremos adiante.

A seguir, então, tentaremos esclarecer o conceito, o significado, as consequências e a extensão de cada uma dessas causas – ou fatos – extintivas da punibilidade.

4a Prescrição

4a.1 A prescrição: conceito e fundamentos

Provavelmente a prescrição é o fato extintivo da punibilidade que provoca as maiores polêmicas, notadamente por se tratar da *ausência* de atuação eficiente do Estado. É dizer, a prescrição é a *impossibilidade* de se ajuizar a pretensão punitiva, é a *perda da ação*, que constitui *dever* do Estado, em face da escolha pela *obrigatoriedade* da ação penal pública. Exatamente por isso, a prescrição põe a descoberto o *descumprimento* de um dever do Poder Público, que deixa decorrer *in albis* (em branco) o prazo máximo previsto em lei para a propositura – ou conclusão – da ação. Bem por isso, em tese, seria cabível a indenização da vítima em determinados casos, em que, por qualquer razão, se mostre inviabilizada a sua intervenção no processo (ação subsidiária da pública – art. 29, CPP). Se a ação penal aparece na ordem jurídica como um *interesse de todos*, é certo que, com muito mais razão, se personifique na pessoa daquele diretamente atingido pela infração penal.

Naturalmente, nem sempre se poderá imputar ao Estado a *responsabilidade* pelo não exercício da ação penal. É que, às vezes, não se consegue mesmo apurar a autoria ou mesmo a materialidade de determinados delitos, por variados motivos. Há casos, inclusive, em que a descoberta do fato, isto é, de sua *existência*, somente ocorre muito

[22] Com a ressalva de que a decadência também incide sobre o direito de representação (art. 103, CP), dizendo aqui de uma leniência do interessado na persecução e não dos responsáveis por ela.

tempo depois de sua execução. Ainda assim, a prescrição porá fim à pretensão punitiva, ressalvadas as hipóteses de seu impedimento, de sua interrupção ou suspensão (art. 116 e art. 117, CP).

Logo veremos a distinção entre a prescrição da pretensão punitiva e a prescrição da pretensão executória. Por ora, contudo, fiquemos na compreensão do significado e da justificação da prescrição enquanto causa extintiva da punibilidade do fato.

Enquanto no direito civil a prescrição do *direito de ação* (e não do direito subjetivo *material* subjacente!) está relacionada com a estabilização das relações jurídicas e com a segurança dos negócios jurídicos, no pressuposto de que o não exercício da ação em determinado e prolongado tempo significaria a pouca relevância do bem ou direito para o respectivo autor, em matéria penal a questão segue outro rumo, completamente diferente.

Para início de conversa, a pena pública não se institui como *direito subjetivo* de quem quer que seja, mas como consequência jurídica imposta ao fato danoso com pretensões de satisfação das necessidades coletivas (prevenção etc.). Nesse contexto, portanto, a prescrição não pretende *estabilizar* a situação do autor do fato, pela sua acomodação social posterior, ainda que possam e devam ser considerados os reflexos de seu comportamento em relação a esse meio.

Seu fundamento somente pode ter lugar no âmbito das finalidades de política criminal, do mesmo modo que ali se encontra a justificativa para a imposição da pena. Tanto se impõe a pena quando se vê nela uma *necessidade*, quanto se renuncia a ela – pela exclusão ou pela extinção da punibilidade – em se concluindo por sua *desnecessidade*. É dizer: a pena pública traduz um juízo de indispensabilidade da intervenção estatal penal em determinadas situações; por isso mesmo, se presentes outras e específicas circunstâncias, a sua imposição poderá se demonstrar dispensável, desde que se possa concluir que com ela não se obteria resultado superior àquele obtido com sua não aplicação.

A prescrição, portanto, diz respeito ao transcurso do tempo e ao esquecimento forçado do fato e de suas consequências, não na perspectiva individual da vítima, que até poderá permanecer padecendo dos efeitos do crime, mas de sua superação no seio da coletividade atingida. Estabelecer o prazo desse esquecimento constitui matéria das mais complexas.

E é quando se soma a tais considerações outra, de ordem prática e não propriamente processual, senão como *fundamento* para a prescrição, mas como reforço para o reconhecimento de sua inevitabilidade. Cuida-se, então, da questão ligada à possibilidade concreta de apuração do fato e sua autoria, quando ultrapassado demasiado tempo desde a data de seu cometimento.

Imagine-se, por exemplo, a prova testemunhal. Sabemos o quão difícil pode ser a apreensão integral do fato presenciado pessoalmente, sobretudo diante de determinadas e específicas condições ambientais (visibilidade, violência real, velocidade da ação etc.), sem considerar, é claro, as condições pessoais daquele que tudo testemunha. Sabe-se, com efeito, que um mesmo fato nem sempre é apreendido da mesma maneira por diferentes pessoas. E outras provas também trilham o mesmo caminho, da dificuldade de sua produção pelo passar prolongado do tempo.

Por tudo isso, a prescrição, em maior ou em menor grau, constitui causa extintiva da punibilidade do fato nos mais diversos ordenamentos jurídicos, prestando-se também a servir de poderoso instrumento de controle da atuação dos órgãos persecutórios, que se veem obrigados a agir a tempo e modo, a fim de evitarem o perecimento da persecução penal pela leniência e morosidade do serviço público.

Tão relevante é esse instrumento de política criminal que tem aplicação também em relação às medidas socioeducativas, nos atos infracionais praticados por adolescentes[23] (Lei 8.069/90). É nesse sentido a Súmula 338 do Superior Tribunal de Justiça: *a prescrição penal aplica-se nas medidas socioeducativas.*

4a.2 Pretensão punitiva e pretensão executória

Assentado o conceito, resta esclarecer que a prescrição pode atingir a persecução penal em diferentes momentos e/ou fases. Fala-se, então, em prescrição da pretensão *punitiva* e em prescrição da pretensão *executória.*

A pretensão é punitiva quando o Estado ainda não obteve o reconhecimento judicial da responsabilidade penal, isto é, quando o Estado se encontra ainda na fase de investigação preliminar (administrativa) ou da acusação em juízo. O prazo estipulado para a descoberta do crime, a identificação dos autores, a imputação do fato na ação penal e a condenação dos réus, todos eles, dizem respeito à pretensão *punitiva.*

Uma vez obtida a condenação e estando já em condições de ser executado o *título judicial* (sentença penal condenatória), o que somente ocorrerá a partir do *trânsito em julgado* da decisão, põe-se em curso então a pretensão *executória.* Já veremos que a exigência do trânsito em julgado em definitivo, isto é, para *ambas as partes* (acusação e defesa), decorrerá de inevitável interpretação a ser dada ao disposto no art. 110, § 1º, CP, a partir da histórica decisão do Supremo Tribunal Federal (Plenário – HC 84.078/MG, Rel. Min. Eros Grau, *DJ* 26-2-2010), em que se reconheceu a impossibilidade de se executar a sentença penal condenatória antes de seu definitivo trânsito em julgado. E não só: tal conclusão decorre também do texto expresso do art. 283, *caput,* CPP, com redação dada pela Lei 12.403/11.

As distinções entre uma e outra modalidade de prescrição são relevantíssimas, sobretudo em razão da contagem dos prazos para ambas: na pretensão punitiva, o prazo prescricional (art. 109, CP) deverá levar em conta a pena máxima cominada no tipo penal (em *abstrato*), acrescida das causas de aumento (no percentual máximo) e de diminuição (no percentual mínimo), além das qualificadoras, que, em verdade, alteram o tipo; na pretensão executória, deverá ser considerado o tempo de pena imposto na condenação (em *concreto*).

---

[23] Destaque-se que somente aos adolescentes são aplicadas medidas socioeducativas, sendo expresso o art. 105 do ECA ao definir que às crianças que praticarem atos infracionais serão aplicáveis as medidas de proteção previstas no art. 101 do referido estatuto.

De outro lado, há apenas uma hipótese em que o prazo prescricional relativo à pretensão *punitiva* considerará a pena *concretizada*: é na chamada prescrição *retroativa* (contagem do prazo *anterior* à última causa de interrupção), que termina por atingir a pretensão punitiva e não a executória. É o que ocorre quando houver recurso apenas da defesa. Assim, diante da impossibilidade de *reformatio in pejus* (reforma para pior no julgamento do recurso), a pena então *concretizada* na condenação será o referencial para o reconhecimento da prescrição. E, não tendo havido o trânsito em definitivo da decisão, o que será atingida é a pretensão punitiva. Já a veremos.

E, mais importante. A prescrição da pretensão punitiva impede a imposição de qualquer consequência penal ao fato, enquanto a prescrição da pretensão executória apenas afasta a execução da pena imposta, subsistindo os demais efeitos da condenação, e para todos os fins de direito (arts. 91 e 92, CP, reincidência etc.). Obviamente, a prescrição penal não afeta as consequências civis da infração (recomposição econômica/patrimonial dos danos).

O manejo de tais conceitos nem sempre caminha em boa direção. Veja-se, como exemplo, recente decisão emanada da 6ª Turma do E. Superior Tribunal de Justiça: STJ – HC 254.080/SC, Rel. Marco Aurélio Bellizze, julgado em 15-10-2011.

Ali, corretamente, se afirma que a "possibilidade de ocorrência da prescrição da pretensão executória surge somente com o trânsito em julgado *para ambas as partes.*". No entanto, mais à frente, explicita-se – então com aparente *dubiedade*! – que: "Todavia, esse entendimento não altera o termo inicial da contagem do lapso prescricional, o qual *começa da data em que a condenação transitou em julgado para a acusação*, conforme dispõe expressamente o art. 112, I, do CP."

O que parece haver na aludida decisão é a ausência de uma explicitação mais clara quanto ao alcance da norma contida no art. 112, I, Código Penal. Já veremos isso em maiores detalhes, mas que fique desde já esclarecido o seguinte: somente se pode falar em prescrição da pretensão executória a partir do trânsito em julgado para as partes e não só para a acusação! Isso é óbvio, dado que antes disso a acusação *está proibida* de executar a pena! Onde estaria, então, a morosidade estatal que surge como um dos mais importantes fundamentos para a prescrição?

Assim, o que foi reconhecido na citada decisão foi a prescrição da pretensão *punitiva*, possível no curso do processo (e até da investigação), conforme teremos oportunidade de ver em maiores detalhes. O que ali poderia induzir a erro é o fato de que o art. 112, I, CP, se reporta ao "termo inicial da prescrição após a sentença condenatória irrecorrível", conforme se vê na *rubrica marginal* logo acima do citado dispositivo legal.

4a.3 Prescrição pela pena em concreto e pela pena em abstrato

Em princípio, quando se fala em prescrição pela pena concretizada está se falando daquela que se apura *após* o trânsito em julgado, em definitivo, ou seja, a prescrição da pretensão executória. É que, de fato, somente aí é que se poderia falar na concretização da decisão.

Entretanto, e já dissemos linhas atrás, o princípio da *reformatio in pejus* impede a modificação da decisão recorrida em desfavor do recorrente. E, em processo penal, por recorrente entenda-se apenas a defesa, dado que se acha a salvo de maiores indagações a possibilidade de o órgão recursal *melhorar* a situação do réu em recurso exclusivo da acusação. Há várias explicações possíveis para a exceção. Fiquemos com apenas uma delas: mesmo após o trânsito em julgado, o condenado poderá rever sua condenação por meio da ação de revisão criminal. Se isso é possível, por que não reconhecer tal possibilidade desde logo, no recurso da acusação?

Assim, e a matéria se encontra no § 1º do art. 110, CP, não tendo havido recurso da acusação, pode-se considerar *concretizada* a condenação, ao menos para fins de reconhecimento da prescrição da pretensão *punitiva*. Nada mais pragmático e acertado.

Nesses casos, o Tribunal competente para a apreciação do recurso da defesa deverá examinar a prescrição da pretensão punitiva (*e não executória,* porque não teria havido ainda o trânsito em julgado *para ambas as partes*!) pela pena em concreto e não mais pelo máximo de pena cominada no tipo. Tudo, é claro, segundo os prazos contidos no art. 109, CP.

Já a prescrição pela pena em abstrato diz respeito exclusivamente à pretensão punitiva e será apurada pelo máximo de pena cominada no tipo penal. E em razão de não se poder antecipar em que patamar restará concretizada a pena, serão consideradas todas as causas de aumento e de diminuição eventualmente presentes, bem como as qualificadoras. Nessas hipóteses, precisamente pela abstração do critério de tal modalidade de prescrição, deve ser considerado o máximo da causa de aumento e o mínimo da causa de diminuição. Na tentativa, por exemplo, deverá ser observada a redução (mínima) de 1/3 (um terço).

4a.4 Prescrição antes do trânsito em julgado e prescrição intercorrente

> Art. 109. A prescrição, antes de transitar em julgado a sentença final, salvo o disposto no § 1º do art. 110 deste Código, regula-se pelo máximo da pena privativa de liberdade cominada ao crime, verificando-se:
>
> I – em vinte anos, se o máximo da pena é superior a doze;
>
> II – em dezesseis anos, se o máximo da pena é superior a oito anos e não excede a doze;
>
> III – em doze anos, se o máximo da pena é superior a quatro anos e não excede a oito;
>
> IV – em oito anos, se o máximo da pena é superior a dois anos e não excede a quatro;
>
> V – em quatro anos, se o máximo da pena é igual a um ano ou, sendo superior, não excede a dois;
>
> VI – em 3 (três) anos, se o máximo da pena é inferior a 1 (um) ano.[24]

[24] Vale observar que o prazo de 3 (três) anos hoje constante do inciso VI do art. 109, CP, foi definido pela Lei 12.234/10, em alteração ao prazo de 2 (dois) anos anteriormente previsto. Trata-se de questão relevan-

O art. 109 do Código Penal estipula os prazos prescricionais segundo seja a maior ou menor gravidade do crime, o que haverá de ser apurado pelo tempo de pena privativa da liberdade prevista no tipo penal. Quanto mais grave e apenado o delito, maior o prazo para a sua persecução.

O dispositivo, evidentemente, cuida da pretensão punitiva. Assim, e exatamente porque inexistente ainda a condenação judicial, o que deverá ser considerado é o prazo máximo cominado no tipo (incluídas causas de aumento, de diminuição e qualificadoras), abstraídas quaisquer outras considerações atinentes às peculiaridades de cada caso.

Uma vez atingido o prazo ali previsto, estará extinta a punibilidade, devendo ser encerrada a investigação e requerido o arquivamento do inquérito pelo Ministério Público (art. 61, CPP). E não é porque o nosso Código de Processo Penal trata a extinção da punibilidade como hipótese de *absolvição* que se poderia exigir do *parquet* o oferecimento da denúncia nesse caso. O caminho correto é o do requerimento de arquivamento. Absolve-se apenas quem foi acusado.

De outro lado, se já oferecida a denúncia ou a queixa subsidiária (art. 29, CPP), o juiz deverá receber a peça acusatória e, de pronto, *absolver o(s) acusado(s)*, na forma do disposto no art. 397, IV, CPP. Observa-se, no ponto, que referido dispositivo legal (art. 397, IV, CPP) somente pode ser entendido como exercício de *ginástica* legislativa (Lei 11.719/08), dado que não se poderia absolver aquele que *não foi julgado*. Com efeito, se o que se decide é pela extinção da punibilidade, nada se diz acerca da materialidade e da autoria do fato. A medida parece ter origem na jurisprudência dos tribunais, que deixam de apreciar o recurso da defesa em sentença condenatória em que se pede a absolvição, pelo reconhecimento da prescrição. Assim, a ideia é diminuir os efeitos simbólicos da aludida decisão. Melhor seria obrigá-los a apreciar o recurso em toda a sua extensão e profundidade ou manter-se a possibilidade de extinção da punibilidade apenas como decisão *terminativa* de mérito, sem falar-se em absolvição.

Embora de menor incidência, pode ser que a prescrição pela pena máxima cominada ao tipo venha a ser reconhecida no *curso* do processo, após já recebida a peça acusatória e interrompida a prescrição (art. 117, I, CP). Trata-se de uma hipótese de prescrição *intercorrente*, isto é, apurada durante a tramitação do processo e reconhecida pela morosidade de seu processamento. E a denominação *intercorrente* tem apenas esse significado: o de ser reconhecida no curso do processo e não em período anterior ao recebimento da peça acusatória. Infelizmente, o fato é mais frequente do que se pensa.

E nem é tanto pela ineficiência do Ministério Público ou do Judiciário. Não são poucos os casos em que a *rejeição* da peça acusatória determinará a incidência da prescrição pela pena *em abstrato*. É que, como se sabe e ainda examinaremos, o recebimento

---

te, dada a irretroatividade da previsão legal e o sem-número de persecuções penais que se desenvolvem a partir de fatos anteriores à referida alteração legislativa, sobre os quais, portanto, ainda se aplica o prazo prescricional de 2 (dois) anos, devendo a data do fato ser considerada como marco de contagem para fins de prescrição retroativa, nos termos do antigo texto do § 2º do art. 110, revogado pela referida legislação. A questão será melhor abordada adiante.

da denúncia interrompe o curso do prazo prescricional (art. 117, I, CP), que, então, voltará a correr desde o início e pelo mesmo tempo. Quando a peça acusatória é rejeitada, então, a ausência de interrupção da prescrição impõe que o recurso interposto contra essa decisão (art. 581, I, CPP) seja apreciado com a maior urgência possível, na medida em que o respectivo prazo (prescricional) permaneceria correndo, desde a data do fato!

Assim, seja porque os tribunais não atentaram ainda para essa importante questão, seja pelo grande volume de processos que ali tramita, o fato é que em muitas oportunidades sequer se julga o mérito do recurso da acusação (contra a rejeição da denúncia) pela intercorrência da prescrição, apurada entre a data do fato e o julgamento do recurso em sentido estrito.

4a.5 Prescrição após o trânsito em julgado

> Art. 110. A prescrição depois de transitar em julgado a sentença condenatória regula-se pela pena aplicada e verifica-se nos prazos fixados no artigo anterior, os quais se aumentam de um terço, se o condenado é reincidente.
>
> § 1º A prescrição, depois da sentença condenatória com trânsito em julgado para a acusação ou depois de improvido seu recurso, regula-se pela pena aplicada, não podendo, em nenhuma hipótese, ter por termo inicial data anterior à da denúncia ou queixa.

Ainda que referido ao trânsito em julgado, o dispositivo contempla duas hipóteses distintas de prescrição. A primeira, do *caput*, que atinge a pretensão executória, e a segunda, relativa à pretensão punitiva, quando presente o recurso exclusivo da defesa ou improvido o da acusação.

E, como vimos, a pretensão executória somente surge com o título executivo, ou seja, com a sentença penal condenatória. Deveria ser assim também com o acordo de transação penal da Lei 9.099/95 (art. 76). No entanto, e quando transacionada a pena de multa, a jurisprudência da Suprema Corte já se consolidou no sentido de admitir o oferecimento de nova peça acusatória, no caso de seu não pagamento (da multa).[25]

Já a primeira parte do § 1º do art. 110, CP, dispõe sobre a possibilidade de já ter início o prazo prescricional desde o trânsito em julgado *para a acusação*, ou seja, na pendência de recurso da defesa, o que permite que o tribunal *ad quem*, competente para apreciar o citado recurso, conheça, em preliminar, da prescrição, levando em consideração a pena *aplicada* e não a pena *em abstrato*. A segunda esclarece que o termo inicial da prescrição não poderia levar em conta qualquer data anterior à denúncia ou queixa, ou seja, a data do *fato*.

Vejamos.

---

[25] RE 602.072/RS, *DJe* de 26-2-2010.

Uma vez interrompida a prescrição pelo recebimento da peça acusatória, caberia ao juiz, ao sentenciar, apreciar apenas a possível incidência da prescrição pela pena *em abstrato*, contada da data da primeira interrupção até a data da sentença. E assim é porque não lhe caberia avaliar a pena concretizada (na sua decisão) diante da possibilidade de recurso ainda em aberto.

Mas como não estamos falando da prescrição em abstrato, vamos exemplificar uma hipótese de aplicação do § 1º, art. 110, CP. Suponham-se, então, a sentença condenatória e o recurso exclusivo da defesa.

Diante da ausência de recurso da acusação, o tribunal poderia:

a) reconhecer a prescrição pela pena *concretizada* na sentença, contando-se o prazo da data da primeira interrupção (recebimento da denúncia ou queixa) até a data da sentença condenatória; ou

b) reconhecer a mesma prescrição entre a data da sentença e a do julgamento do recurso, considerando-se, em ambos os casos, o lapso previsto no art. 109, pela pena aplicada.

Repita-se, pois, que ao juiz de primeiro grau não é dado reconhecer a prescrição pela pena concretizada por ele mesmo, na medida em que ainda possível a interposição de recurso. Nas ações penais originárias, o mesmo ocorreria em relação aos Tribunais (exceção feita ao STF, que julga em *única instância*, porquanto, em tese, ainda cabíveis os recursos da via extraordinária).

E, depois, é preciso estar atento à seguinte questão: a vedação da contagem *retroativa* da prescrição para data anterior à denúncia ou queixa adveio com a Lei 12.234/10. Antes dela, era possível retroceder ainda mais no tempo, para aplicar os prazos do art. 109, CP, à *pena em concreto*, levando em consideração, então, o prazo transcorrido entre a data do fato e a data do recebimento de peça acusatória. A prescrição, nesse caso, seria *retroativa*, retrocedendo a período anterior à sua interrupção (recebimento da denúncia ou queixa).

Veja-se, em exemplo: se alguém foi processado por fato cuja pena máxima é de 4 (quatro) anos, o prazo prescricional do crime, em abstrato, seria de 8 (oito) anos, de tal modo que o juiz, ao receber a acusação, estaria adstrito a esse prazo. Se esta fosse oferecida, portanto, 7 (sete) anos depois do fato, o juiz *teria* que receber a denúncia.

Seguindo o mesmo exemplo: recebida a denúncia, processado o fato e sobrevindo sentença condenatória à pena mínima 1 (um) ano, o tribunal *ad quem* deverá considerar essa pena, *fixada* na decisão, para aplicar os prazos do art. 109, CP, *se e somente se não houver recurso da acusação que possa determinar o aumento da reprimenda*. Se houver tal recurso, a pena então aplicada poderia, em tese, *ser aumentada*, se provido o aludido apelo, daí por que não se poderia pensar na contagem do prazo pela pena em concreto.

Não tendo havido, na hipótese, recurso da acusação, o prazo prescricional se reduziria de 8 (oito) anos (que era pela pena em abstrato) para 4 (quatro) anos, pela pena concretizada (sem recurso da acusação), deslocando-se do inciso IV para o inciso

V do art. 109, CP. O Tribunal, portanto, reconheceria a prescrição se decorrido prazo igual ou superior a 4 (quatro) anos: (a) entre o recebimento da denúncia ou queixa e a data da sentença; e (b) entre a data da sentença e o julgamento do recurso. Isso, para fatos praticados *após* a Lei 12.234/10. Para fatos anteriores, a prescrição poderia retroceder à data do fato.

Devem ser ressalvados, então, por força do princípio da *legalidade*, todos os fatos praticados anteriormente à citada Lei 12. 234/10, aos quais se aplicarão as regras da legislação anterior, sendo perfeitamente cabível a prescrição *retroativa* à data do fato, levando-se em consideração, portanto, o tempo anterior ao recebimento da peça acusatória. A partir daí, de 6 de maio de 2010 (vigência da Lei), não mais se computará esse período para fins de prescrição.

Uma exceção poderia ser levantada, como bem e corretamente o fez Leonardo Luiz de Figueiredo COSTA,[26] em alentado artigo sobre o tema, ao afirmar que, na hipótese de *desclassificação* do crime imputado na peça acusatória para outra infração menos grave, o prazo máximo de pena a ser considerado para fins de prescrição seria aquele da nova capitulação (em abstrato). É dizer, nesse caso, o tribunal *ad quem* poderia *retroceder* ao período anterior ao recebimento da peça acusatória (até a data do fato), mesmo para crimes praticados já sob a vigência da Lei 12.234/10, dado que se trataria apenas de correção do juízo de prescrição pela pena em abstrato, na data do recebimento da acusação.

De tudo o quanto se disse, restaria acrescentar que estamos a falar da prescrição da pretensão punitiva e não da executória, que pressupõe título executivo definitivamente constituído. É dizer: a prescrição da pretensão punitiva pode ocorrer tanto pela pena em abstrato quanto pela pena concretizada!

E é precisamente por tais considerações que se impõe a adequação da interpretação do art. 112, Código Penal, ao atual entendimento do Supremo Tribunal Federal, no sentido de vedar a execução provisória da sentença penal condenatória.

Como já antecipado ao exame das *normas penais no tempo*, e, mais especificamente, no item relativo às *Revogações/alterações parciais e a unidade do sistema*, não é possível ignorar os efeitos e as consequências lógicas advindas da modificação de interpretação das normas jurídicas, no âmbito de uma perspectiva sistemática. E, sobretudo, quando a própria legislação superveniente a essa jurisprudência – Lei 11.596/07, que alterou o inciso IV do art. 117, CP – promove o ajuste do sistema.

Relembre-se de que nosso Código Penal, que veio junto à legislação codificada do processo penal – CPP –, é de 1940/41. Àquele tempo, insista-se nisso, previa-se a *execução provisória* da sentença condenatória, senão desde a primeira instância, pelo menos a partir da decisão dos tribunais de segundo grau. E, quanto a isso, especificamente, não houve alterações consideráveis com a reforma penal de 1984. É por isso que o art. 117 do CP não previa, àquela época – ou mesmo com a reforma –, a interrupção da

---

[26] COSTA, Leonardo Luiz de Figueiredo. Prescrição penal. In: OLIVEIRA, Eugênio Pacelli de (Coord.). *Direito e processo penal na Justiça Federal*. São Paulo: Atlas, 2011. p. 182-211.

prescrição pela condenação de segundo grau! Simples assim: a partir dali, *tinha início a pretensão executória* e não mais a pretensão *punitiva*. Esta (a punitiva) se encerrava na instância ordinária, com a manifestação do tribunal de segundo grau.

Hoje, e, sobretudo, a partir da histórica decisão do Plenário do Supremo Tribunal Federal no julgamento do HC 84.078/MG, *DJ* 26-2-2010, Rel. Ministro Eros Grau, na qual se decidiu pela inconstitucionalidade da execução da sentença condenatória antes de seu trânsito definitivo em julgado, não se pode mais admitir o transcurso do prazo prescricional da pretensão *executória* enquanto *não for possível*, concretamente, a execução da pena. Nem é preciso qualquer esforço para se compreender tal conclusão: a prescrição é consequência que se impõe à inércia, à morosidade e à leniência dos poderes públicos; quando há *obstáculo legal* ou *judicial* à prática do ato, não se pode pensar no curso do prazo prescricional! Evidentemente!

Deixemos essa questão, porém, para logo mais, item 4.8.4.

Do mesmo modo que também mais à frente esclareceremos o alcance da norma contida no art. 117, IV, CP, na qual se estabelece, desde a Lei 11.596/07, que não só a sentença, mas também o acórdão condenatório *interromperá* a contagem do prazo prescricional (item a.7).

4a.6 Prescrição retroativa e prescrição superveniente

Não existe propriamente uma prescrição retroativa, mas, sim, a contagem do prazo (prescricional) retroativamente. E isso ocorrerá, como vimos, quando for possível *retroceder* no tempo para considerar como prazo prescricional um período já apreciado anteriormente. A prescrição retroativa poderá surgir pela pena *concretizada* na condenação.

Desde a Lei 12.234/10, que deu nova redação ao art. 110, § 1º, CP, as hipóteses de prescrição retroativa diminuíram sensivelmente, para os fatos praticados após a sua vigência (6-5-2010). Para os delitos até então praticados, continuará a ter aplicação a regra anterior, que permite a contagem *retroativa* do prazo prescricional para momento anterior ao recebimento da acusação (entre a data do fato e o recebimento da denúncia ou queixa).

Observe-se que, em princípio, e antes do trânsito em julgado, o que se aprecia é a pretensão punitiva, e, por isso, a contagem de prazo levará em conta o máximo da pena cominada no tipo, para que se chegue aos limites dispostos no art. 109, CP.

Quando a denúncia ou queixa é oferecida, o juiz deverá se orientar, então, pelo máximo da pena contida no tipo penal imputado, para o exame da ocorrência, ou não, da prescrição e para o recebimento da acusação. Feito isso, *supera-se*, em tese e em princípio, aquele tempo decorrido entre a data do fato e o aludido ato processual (recebimento da denúncia ou queixa).

Proferida a sentença condenatória, o juiz deverá fixar a pena, que dificilmente chegará ao máximo cominado. Se a acusação estiver satisfeita com a sanção concretizada e dela não recorrer, estará aberta a via para a aplicação do art. 110, § 1º, CP, que prevê a consideração do prazo prescricional pela pena concretamente imposta, diante da impossibilidade de seu aumento, por ausência de recurso nesse sentido, e por força, então, da vedação da *reformatio in pejus* na apreciação do apelo unicamente da defesa.

Assim, e para os fatos praticados até a data de vigência da Lei 12.234/10, o tribunal poderá levar em consideração, para fins de apreciação da prescrição, o período entre a data do fato e a data da primeira interrupção do prazo prescricional (recebimento da acusação), que *já havia sido superado* quando da prática do citado ato processual de recebimento da denúncia ou queixa. Fala-se em prescrição retroativa, então, em razão de ter havido, no exemplo dado, o retrocesso da contagem da prescrição para uma fase já superada (no recebimento da acusação, quando o juiz se orienta pela pena máxima cominada no tipo!).

Entretanto, não se pode afirmar que, com a Lei 12.234/10, tenha se encerrado a prescrição retroativa, ainda que se reconheça a diminuição de seus efeitos, pela impossibilidade de se computar o período que vai da data do fato até a do recebimento da acusação.

A primeira situação em que ela ainda se aplicará já foi aqui antecipada, relativamente à desclassificação operada na sentença, para infração penal menos grave, reduzindo o prazo prescricional pela pena máxima em abstrato (da nova capitulação). Mas não só.

Imagine-se, mais uma vez, a hipótese de condenação em primeiro grau, pela pena mínima, e sem a interposição de recurso do Ministério Público, nas ações penais públicas.

No julgamento do recurso pelo tribunal, tanto poderão surgir a prescrição *superveniente* (à decisão que interrompe o prazo de sua contagem) quanto a *retroativa*. Explica-se.

A primeira (superveniente) ocorrerá quando o tribunal constatar que entre a data da sentença e a data do julgamento do recurso já tenha transcorrido o prazo prescricional pela pena concretizada (sem recurso da acusação, repita-se!). E será considerada *superveniente* por sobrevir em fase posterior à anterior causa de interrupção. Registre-se que os conceitos ora mencionados – prescrição *retroativa, superveniente* e a já mencionada *intercorrente* – não são incompatíveis entre si. Com efeito, a prescrição poderá ser superveniente e *também* intercorrente, bastando que se refira ao prazo computado no processo já em andamento.

E a segunda, a retroativa, quando o tribunal reconhecer que entre a data do recebimento da acusação e a data da sentença já tiver transcorrido o prazo prescricional, levando-se em conta, é claro, a pena aplicada na condenação de primeiro grau. É dizer, nesse caso, a contagem seria retroativa, para período anterior à decisão condenatória de primeiro grau, que interrompera a prescrição. Seria também retroativa se o período a ser considerado fosse anterior ao recebimento da acusação (incabível, a partir de maio de 2010, Lei 12.234/10, que deu nova redação ao art. 110, § 1º, CP). Relembre-se de que o tribunal não poderia aumentar a sanção imposta (pela ausência de recurso da acusação).

Essa é uma hipótese de menor incidência, geralmente porque o juiz, antevendo a prescrição, pode balizar a aplicação da pena para além daqueles limites. Lamentavelmente, é certo. E também porque a defesa poderá, em tese, e ainda em primeiro grau, se conformar com a prescrição, e, diante da ausência de recurso da acusação, suscitar o seu reconhecimento desde logo, na primeira instância. E isso porque, sabe-se, os tribunais conhecem da prescrição como matéria *preliminar*, julgando prejudicado o mérito do recurso da defesa, mesmo quando nele se pede a absolvição.

Do mesmo modo, e, para nós, que entendemos que o acórdão condenatório, mesmo quando confirmatório da sentença, interrompe a prescrição (art. 117, IV, CP), a prescrição retroativa poderá ocorrer nos casos em que haja redução da condenação nas instâncias superiores.

4a.7 Prescrição em perspectiva[27] e interesse de agir

E foi a prescrição retroativa a responsável por um largo movimento, em doutrina e em alguns julgados, no sentido de se *criar* a prescrição *em perspectiva*, ou seja, a antecipação dos efeitos da prescrição, quando o juiz ou tribunal, até mesmo antes do recebimento da acusação ou em outra fase do processo – e mesmo da investigação! – pudesse constatar a impossibilidade concreta de aplicação da pena em níveis significativamente superiores ao mínimo legal. O exame seria feito, *ex ante*, já em preliminar, a partir da comprovação da primariedade e da ausência de antecedentes criminais do acusado, bem como da inexistência de causas legais de aumento ou de outras circunstâncias relevantes da dosimetria da pena.

Referido entendimento – minoritário, diga-se – pretende ver extinta a punibilidade do fato pela *possível* prescrição da pretensão punitiva, que fatal e inevitavelmente ocorreria quando do julgamento e da aplicação da pena, no caso de condenação.

Para além do inconveniente – para dizer o mínimo! – de não se apreciarem as razões e eventuais provas da defesa que poderiam ser levantadas e produzidas, ou mesmo a inconsistência concreta do juízo acusatório, se já oferecida a denúncia ou a queixa, a tese esbarra em argumento intransponível: a ausência de previsão legal. É certo que o art. 397, IV, CPP, com redação dada pela Lei 11.719/08, prevê a extinção da punibilidade como hipótese de *absolvição*, mas ela se refere apenas às causas *legais* que extinguem a punição.

Ora, a incriminação e a punibilidade de um comportamento dependem de lei, evidentemente. E uma vez emitido esse juízo, com a censura legalizada do fato (tipicidade, ilicitude e culpabilidade), somente ela, a lei, poderá afastar a sua punibilidade, em abstrato. Ambas as situações (a punição e sua exclusão) compõem o amplo cenário da política criminal, não cabendo ao intérprete *instituir* novos critérios de *impunibilidade*, apenas porque mais favoráveis aos acusados.

---

[27] Ou *projetada*, ou *virtual*, ou pela *pena ideal*, sendo essas algumas das denominações conferidas ao que tratamos por prescrição *em perspectiva*.

É até possível o emprego da analogia *in bonam partem* (em favor da parte) no campo das causas extintivas da punibilidade, mas apenas em relação *ao alcance* das hipóteses já legalmente previstas, não sendo possível, contudo, a instituição, por equiparação, de situações distintas nas respectivas configurações.

O que pretende a prescrição em perspectiva é subtrair ao julgador o conhecimento amplo e completo do fato, ao fundamento da inutilidade concreta de se chegar a um resultado efetivo, no que toca à imposição da pena cominada no tipo penal. O argumento, como se vê, ligado à efetividade do processo, aí mesmo deveria ter sua solução, ou seja, no âmbito de uma teoria do *processo* e não do Direito Penal.

Com efeito, se, em muitos processos, é possível – e é mesmo! – antecipar por aproximação a dosimetria da pena, a partir do exame *a priori* das condições pessoais do agente e das circunstâncias objetivas do fato, nada justifica o encerramento em definitivo da questão penal sem a *comprovação concreta,* isto é, pelo julgamento efetivo do caso, da aludida antecipação.

O que pode e deve ser feito é o *não ajuizamento* da ação penal, quando se puder chegar à conclusão de que a impossibilidade de condenação à pena máxima, ou próxima a ela, levará à aplicação do art. 110, § 1º, CP, tornando-se inevitável a contagem da prescrição pela pena *em concreto.* Aí, seria mesmo inútil o desenvolvimento da atividade judicante, não se justificando a persecução penal. Se oferecida a denúncia, poderá o juiz rejeitá-la, sob o fundamento do disposto no art. 395, II, CPP.

Mas, note-se bem, uma coisa é a ausência de interesse (utilidade) de agir; outra, muito diferente, é a *eficácia preclusiva* da coisa julgada que cobre o *mérito* da pretensão punitiva, como ocorre em relação às causas extintivas da punibilidade. No primeiro caso, de coisa julgada *formal,* poderão surgir novas evidências que modifiquem o juízo anterior acerca da inutilidade do processo; no segundo, não, diante da coisa julgada de fundo *material.*

Do mesmo modo e pelos mesmos motivos, pensamos que, nos casos em que se recorre contra a decisão absolutória de primeiro grau, não deveria o tribunal conhecer do recurso da acusação, quando puder constatar que o tempo transcorrido entre o recebimento da denúncia e o julgamento do recurso (não teria havido a interrupção do prazo, porque absolutória a sentença!) seria inapelavelmente atingido pela prescrição, pela pena *em concreto,* a ser aplicada, no caso de provimento do recurso. Nessa situação, porém, a coisa julgada que se formará será *material,* diante da prevalência da absolvição em primeiro grau. Ainda assim, a questão alusiva ao *interesse de recorrer,* no exemplo dado, teria fundo eminentemente processual.

Não bastassem tais considerações, o Supremo Tribunal Federal, reconhecendo a repercussão geral da matéria, afirmou a impossibilidade de se afirmar a prescrição *em perspectiva,* na apreciação de Questão de Ordem no Recurso Extraordinário RE 602.527-RS, Rel. Min. Cezar Peluso. Do mesmo modo, há jurisprudência sumulada no âmbito do Superior Tribunal de Justiça, em idêntica direção (Súmula 438[28]).

---

[28] Súmula 438. "É inadmissível a extinção da punibilidade pela prescrição da pretensão punitiva com fundamento em pena hipotética, independentemente da existência ou sorte do processo penal."

Cumpre alertar-se, ainda, que, a partir da Lei 12.234/10, não mais se computará prazo anterior à data do recebimento da peça acusatória, para fins de prescrição (art. 110, § 1º, CP). A aludida alteração legislativa reduziu a eficácia da prescrição *retroativa*, produzindo consequências também no âmbito da *ausência de interesse e de utilidade* da ação penal, para os fatos praticados a partir de maio de 2010, data da vigência da citada lei. É que não se poderá, com efeito, antecipar-se a *duração* do processo, ou seja, o tempo que perdurará entre o recebimento da acusação e a data da sentença.

4a.8 Cômputo e contagem dos prazos prescricionais

> Art. 111. A prescrição, antes de transitar em julgado a sentença final, começa a correr:
>
> I – do dia em que o crime se consumou;
>
> II – no caso de tentativa, do dia em que cessou a atividade criminosa;
>
> III – nos crimes permanentes, do dia em que cessou a permanência;
>
> IV – nos de bigamia e nos de falsificação ou alteração de assentamento do registro civil, da data em que o fato se tornou conhecido.
>
> V – nos crimes contra a dignidade sexual de crianças e adolescentes, previstos neste Código ou em legislação especial, da data em que a vítima completar 18 (dezoito) anos, salvo se a esse tempo já houver sido proposta a ação penal (Redação dada pela Lei nº 12.650, de 2012)

4a.8.1 Regras gerais

O fato punível pode ser consumado ou tentado. No primeiro caso, o prazo prescricional tem início na data de sua consumação; no segundo, do dia em que cessou a atividade criminosa. Adota-se, portanto, como regra, a teoria do resultado e não a da ação. E nem poderia ser de outro modo, afinal apenas quando o resultado é obtido é que se pode definir o delito para fins de prescrição (a pena cominada no tipo). Desnecessário repetir conceitos básicos já analisados acerca dos crimes de resultado *material* e aqueles cuja consumação se dá com a ação, pressupondo-se e antecipando-se o dano.

De ver-se, contudo, que a pena a ser considerada para fins de prescrição antes do trânsito em julgado (pretensão punitiva, portanto) incluirá as causas de aumento e as qualificadoras, que, na verdade, constituem tipo autônomo em relação à modalidade simples, além, é claro, das causas de diminuição.

Já na tentativa, que se configura com a interrupção da execução por circunstâncias alheias à vontade do agente (art. 14, II, CP), o início do prazo se reporta ao último ato então praticado, *devendo ser reduzida a pena de um terço* – diminuição mínima, segundo o parágrafo único do art. 14, CP – para fins de aplicação dos prazos estipulados no art. 109, CP.

E por que não se faz a redução do percentual máximo da causa de diminuição da tentativa? Simples, porque estamos a tratar da prescrição da pretensão *punitiva*, que leva em consideração a pena cominada abstratamente no tipo. Do mesmo modo que deverá ocorrer com qualquer causa de diminuição ou de aumento que apresente variações percentuais ou quantitativas. Em síntese: nas causas de diminuição, leva-se em conta o percentual mínimo de diminuição; nas causas de aumento, o percentual máximo, tendo em vista que somente assim se opera no campo da abstração, sem exame do caso concreto.

Dentre tantos exemplos possíveis, fiquemos com o do roubo tentado (art. 157, CP): sabendo-se que a pena máxima é de 10 (dez) anos, a redução pela tentativa será de 3 (três) anos e 4 (quatro) meses, que é igual a um terço da pena (art. 14, II, CP). Assim, obtendo-se o restante de 6 (seis) anos e 8 (oito) meses de pena, o prazo prescricional será de 12 (doze) anos, consoante o disposto no art. 109, III, CP.[29]

Nos delitos permanentes, como a ação *permanece* no tempo, também o resultado se alonga no mesmo período, de tal modo que o fim da permanência será o fim tanto da ação quanto do resultado, tal como ocorre com o sequestro ou a manutenção em cárcere privado (art. 148, CP). Mais adiante examinaremos a prescrição nos crimes continuados, nos crimes habituais e nos instantâneos com efeitos permanentes.

De se lembrar, ainda, o disposto no art. 108, CP, a dispor sobre o chamado crime *complexo*, regulando, de passagem, os delitos conexos:

> Art. 108. A extinção da punibilidade de crime que é pressuposto, elemento constitutivo ou circunstância agravante de outro não se estende a este. Nos crimes conexos, a extinção da punibilidade de um deles não impede, quanto aos outros, a agravação da pena resultante da conexão.

Define-se o crime complexo (art. 101, CP), pelo fato de um único delito (o complexo) conter diversos elementos ou circunstâncias que, por si só, constituem crimes. Assim, a prescrição operada em relação à (grave) ameaça, por exemplo, não se estenderá, evidentemente, ao delito de estupro.

Do mesmo modo, quando um fato constitutivo de crime constituir circunstância agravante de outro, a prescrição em relação a ele não abrangerá este último.

Já a conexão diz respeito à matéria processual, significando a existência de algum tipo de afinidade entre dois ou mais fatos, suficiente para determinar a reunião dos processos e a unidade de julgamento de todos (art. 76 e art. 78, CPP). Assim, se determinado delito, que constitui agravante de outro, restar prescrito, a prescrição não impedirá a consideração do fato – agora como agravante e não mais como crime autônomo – ao outro crime, tendo em vista que o que deve ser considerado, abstratamente, é a pena deste último.

---

[29] Renova-se a referência ao artigo de Leonardo Luiz de Figueiredo COSTA, que oferece outros exemplos e maiores detalhamentos acerca da matéria. *Prescrição penal*, op. cit., p. 197.

Mas há que se reparar que a redação da parte final do art. 108 pode induzir a erros: a agravação do resultado *não decorre* da conexão! É o contrário que ocorre: a agravante (art. 61, II, CP) é que pode determinar a conexão entre crimes (art. 76, II e III, CPP).

A curiosidade reservada no aludido dispositivo, mais especificamente no inciso IV, art. 111, CP, diz respeito ao início do prazo prescricional nos delitos de bigamia (art. 235, CP) e de falsificação ou alteração nos assentamentos do registro civil (arts. 241 e 242, CP).

Nesses delitos, tendo em vista as maiores dificuldades na sua descoberta, fixou-se o início do prazo prescricional a partir da data em que o fato tenha se tornado conhecido. O critério, bem se vê, é por demais vago.

Naturalmente que a prescrição é imposta, de modo geral, ao Poder Público, e, em particular, aos órgãos da persecução penal, diante da ineficácia das respectivas atuações. Isso não significa, porém, que o marco temporal apontado no dispositivo – *data em que o fato tenha se tornado conhecido* – se volte exclusivamente para as autoridades públicas. Se assim fosse, apenas a *notoriedade* do fato é que justificaria a aplicação da norma. Pensamos, então, que desde que as pessoas efetivamente interessadas na falsidade e na bigamia tenham conhecimento dos delitos, é de se ter por iniciado o prazo prescricional. Obviamente, qualquer comunicação formal às autoridades públicas, sejam aquelas responsáveis pelo registro, sejam as da persecução penal, atesta o *conhecimento* do fato.

4a.8.2 Crimes contra a dignidade sexual de menores

Embora não arrolada como causa *impeditiva* da prescrição (art. 111, V, CP), a norma introduzida pela Lei 12.650/12 cumpre exatamente essa função, ao determinar que o curso do prazo prescricional nos crimes contra a dignidade sexual praticados contra crianças e adolescentes, no CP e em legislações especiais, somente tenha início quando a vítima completar 18 (dezoito anos). Nessa medida, *impedem* a incidência do curso do citado prazo de prescrição, *a não ser que a essa data já tenha sido proposta a ação penal.*

Ora, nesse ponto a aludida norma pode parecer óbvia – e é mesmo! –, mas, na verdade, pretende esclarecer que a vítima do delito não teria qualquer direito de ação ou de representação *pelo fato* de atingir a maioridade. O direito que se lhe reconhece é de *diligenciar* pela persecução penal (investigação e processo), já que o crime é de ação penal pública *incondicionada* (art. 225, parágrafo único, CP). Por isso, quando se ressalva a existência de ação penal *antes* da maioridade da vítima, pressupõe-se já interrompido o prazo prescricional, com o recebimento da acusação. Não há previsão *de novo prazo* para a *renovação* da ação penal! Essa, se já instaurada, seguirá a sorte que lhe couber no respectivo processo.

E tal como se acha disposta no art. 111, V, CP, tudo leva a crer que a matéria não oferecerá qualquer dificuldade, exceção feita, é claro, à impossibilidade de sua aplicação aos fatos praticados antes de sua vigência, por força do princípio da legalidade. A prescrição constitui matéria de direito *material*, penal, por isso incorporada à proibição de retroatividade.

Mas há muito a ser ainda discutido, mesmo que e quando se aceite, como o fazemos, a validade constitucional da regra, justamente em razão de sua excepcionalidade em relação às normas gerais dos demais incisos do mesmo art. 111, CP. De fato, há justificativa plausível para o alargamento do prazo prescricional, afinal as crianças e os adolescentes – tal como os denominados *vulneráveis* do art. 217 e seguintes do CP – ostentam maior vulnerabilidade (redundância proposital!) diante de tão graves delitos, sem violação ao princípio geral da isonomia.

E, como a citada Lei 12.650/12 não trouxe qualquer modificação do art. 117, CP, isto é, como não se incluiu o início da investigação como causa interruptiva da prescrição, há que se concluir que, qualquer que seja a situação (já veremos alguns exemplos), o curso do prazo prescricional somente terá início com a maioridade civil da vítima 18 (dezoito) anos – observada, frise-se, a ressalva quanto à anterior propositura da ação penal.

Se, do ponto de vista de sua *validade*, não temos muito que objetar, de outro lado, do ponto de vista dogmático, a escolha legislativa parece-nos merecedora de alguns reparos.

Note-se que, desde a Lei 12.015/09, a persecução penal nos crimes contra a dignidade sexual é de ação *pública*, não havendo mais espaço para a intervenção privada, a não ser como *assistente* de acusação e na hipótese de ação *subsidiária*, em caso de inércia do Ministério Público. Assim, há que se indagar: qual a influência que a maioridade civil da vítima terá em relação às investigações já encetadas e concluídas ao tempo do crime e de sua menoridade?

Vejamos com maior atenção o problema.

Segundo a atual regra, então, e embora se cuide de ação penal pública incondicionada (art. 225, parágrafo único, CP), entendeu por bem o legislador aguardar a maioridade da vítima, permitindo a ela a divulgação do fato às autoridades persecutórias (*notitia criminis*), bem como o requerimento de providências processuais penais, tão logo complete os 18 (dezoito) anos, independentemente, então, das razões que eventualmente tenham levado os seus representantes legais a não adotarem quaisquer medidas contra o autor à época dos fatos (quando ela, vítima, era menor).

Isso significa o seguinte: se o delito então cometido é comunicado à autoridade policial ao tempo do fato, e quando menor a vítima, a investigação policial seguirá seus trâmites regulares, após o que os autos serão encaminhados ao Ministério Público. Caberá a este oferecer a denúncia, requerer novas provas ou o arquivamento do inquérito, se não for o caso de incompetência do juízo e de ausência de atribuições do *parquet* para a causa.

Com o oferecimento da acusação, o seu recebimento já implicaria a interrupção da prescrição, ainda que este prazo somente tivesse início quando a vítima viesse a completar 18 (dezoito) anos. Por essa razão, e também porque não se computará mais o tempo entre a data do crime e o recebimento da denúncia ou da queixa para fins prescricionais – para os fatos praticados a partir da Lei 12.234/10 –, não haveria a necessidade de aplicação da norma constante do inciso V, art. 111, CP, justificando-se, então, a ressalva ali contida (quando já proposta a ação penal).

Mas e se o Ministério Público requerer o arquivamento? Estaria ou não em curso o prazo de prescrição? Note-se que a única ressalva da legislação (art. 111, V, CP) diz respeito ao *ajuizamento* da ação antes da maioridade.

Do ponto de vista prático, a questão talvez não produza maiores consequências, dado que o arquivamento do inquérito também possui eficácia preclusiva, seja para exigir novas provas para o prosseguimento das investigações, seja para impedir qualquer outra apreciação dos fatos – coisa julgada *material,* portanto – quando se basear na *atipicidade* da conduta, por exemplo. Neste último caso, pouco interessa o curso ou não do prazo prescricional, na medida em que a decisão judicial de arquivamento – por atipicidade da conduta – não poderá ser revista em qualquer outro processo e a qualquer tempo.

Mas, supondo um arquivamento por ausência de provas, o surgimento de outras (provas) permitirá a reabertura das investigações, o que, aí sim, será relevante para a questão da prescrição, a depender do tempo transcorrido entre o arquivamento e o aparecimento de novos elementos informativos.

Na interpretação mais literal que se nos apresenta o texto legal, não há como negar que o prazo de prescrição não teria se iniciado, enquanto não atingida a maioridade da vítima ou não oferecida a acusação. A questão é: qual é importância da idade da vítima para o aparecimento de novas provas? Haveria mesmo uma relação essencial entre esses fatos?

A impressão que se tem é que o legislador parece não ter percebido que os crimes sexuais não se submetem mais à persecução penal *privada,* como era antes da Lei 12.015/09. Fosse ainda de ação privada, a norma que se referisse à impossibilidade de prescrição (deveria ser de *decadência,* então!) antes da vítima completar a maioridade civil viria instituir, aí sim, um *direito de ação, autônomo* em relação àquele que poderia e deveria ter sido exercido pelo seu representante legal. Mas, se a ideia era essa, ou seja, de instituir *direito subjetivo* de ação penal, o legislador deveria ter alterado o disposto no art. 225, *caput* e parágrafo único, do Código Penal, que impôs como dever do Estado a persecução de tais delitos, e tornou pública *incondicionada* a ação penal nos crimes contra os menores de 18 (dezoito) anos e contra os vulneráveis.

Talvez, então, a preocupação do legislador não se limite à ausência de providências por parte dos representantes legais do menor ao tempo do delito. Talvez, o que se pretenda, também, seja permitir que a vítima *possa colaborar em maior extensão* e com maior eficácia com a investigação, a partir de sua maioridade civil. Aí, teríamos que considerar, por exemplo, o *novo* depoimento da vítima como *nova prova,* suficiente para a reabertura das investigações. Discutível, é certo, mas *válido.*

De outro lado, contudo, o impedimento do curso do prazo prescricional até a data da maioridade da vítima, pode ser importante – importantíssimo! – nos casos em que os seus representantes legais não adotam quaisquer providências para o esclarecimento dos fatos.

Diríamos até que reside aí o verdadeiro fundamento e o *alvo* da Lei 12.650/12. A preocupação do legislador, parece-nos, foi com a *inércia* ou com a *negativa* de adoção de qualquer providência por parte dos representantes dos menores (por qualquer outra razão!). Preserva-se na vítima, portanto, e nesses casos, a legitimidade para deflagrar a apuração dos fatos, negligenciada ao tempo de sua menoridade.

Portanto, se já *arquivado* o inquérito policial, o surgimento de novas provas poderá justificar a continuidade das investigações (art. 18, CPP), mas *não deveria* implicar a reabertura ou o *início* do prazo prescricional, somente em razão da maioridade da vítima. O oferecimento da *notitia criminis* ao tempo do crime, pelo representante legal do menor ou por qualquer pessoa do povo (o crime é de ação pública incondicionada!), e a abertura e regular tramitação do inquérito policial para o esclarecimento dos fatos, parece-nos, *seriam* suficientes para afastar a aplicação da norma disposta no inciso V do art. 111, CP. *Deveriam ser!*

Nosso entendimento, então, é que o impedimento de contagem do prazo prescricional antes dos 18 (dezoito) anos da vítima, nos crimes sexuais contra crianças e contra os adolescentes, tal como previsto na norma introduzida pela Lei 12.650/12 (art. 111, V, CP), não é inconstitucional. Todavia, e muito provavelmente, não terá qualquer eficácia ou utilidade prática nos casos em que tenha havido o arquivamento das investigações ao tempo do crime, quando ainda menor a vítima.

O prazo, pois, em princípio, é *único* e terá início quando a vítima completar 18 (dezoito) anos, ressalvado, portanto, o anterior ajuizamento da ação penal, tal como consta da lei (art. 111, V, CP). Renove-se, porém, e ainda uma vez mais, as observações de ordem dogmáticas que acabamos de fazer, no sentido de não ostentar utilidade prática o novo e excepcional marco prescricional, ressalvados os casos de inércia do representante legal do menor *ao tempo do crime*. E ele não se aplicará aos fatos praticados antes da vigência da Lei 12.650/12, em obediência ao princípio da legalidade e da proibição de retroatividade de normas penais desfavoráveis.

E no caso de morte da vítima?

Naturalmente, se a morte for consequência do estupro (art. 213, § 2º, CP), ter-se-á por consumado o crime na forma qualificada, tendo início aí a contagem do prazo prescricional.

Mas, se a morte ocorrer tempos depois do crime contra a dignidade sexual, não tendo qualquer relação com ele, impõe-se a questão de se saber se o prazo prescricional teria início: (a) na data em que a vítima *completaria* 18 (dezoito) anos; (b) na data do crime sexual; ou (c) na data do dia da morte da vítima. Não podemos deixar de reconhecer que todas as teses são defensáveis, algumas mais que as outras, é claro.

A primeira delas (data em que a vítima completaria 18 (dezoito) anos, de longe, é a menos consistente. É que, a partir da morte da vítima, quaisquer que tenham sido os fundamentos para o estabelecimento do citado marco para a contagem do prazo prescricional, eles não mais subsistirão àquela data futura. Se a lei tem em vista o comportamento e as escolhas da vítima quando atingida a sua maioridade, referidas ponderações não serão mais possíveis ou realizáveis.

A segunda tese (data do fato), melhor que a primeira, se sustenta com base no argumento de que a norma de exceção (crimes sexuais contra menores) não deveria mais ser aplicada exatamente por faltar o elemento decisivo para a sua instituição, ou seja, a maioridade da vítima. Não sendo mais possível a conclusão dos 18 (dezoito) anos, não mais existiria a situação de excepcionalidade que justificasse a aplicação da aludida norma, impondo-se, pois, a regra geral do art. 111, I, CP.

O problema em relação a esse entendimento, e que surge com força de convencimento suficiente para o acolhimento da terceira hipótese antes levantada, é que se estaria a pretender *a retroatividade* de um prazo prescricional *ainda não iniciado* – a não ser, é claro, que já tenha sido proposta a ação penal, caso em que, inclusive, seria inútil a discussão que se trava. E qualquer consideração quanto a essa possibilidade de retroação parece já inviabilizada com a atual redação do art. 110, § 1º, CP, introduzida pela Lei 12.234/10, que impede o *cômputo* do prazo prescricional ocorrido antes do recebimento da denúncia ou da queixa.

Assim, pensamos que o início da prescrição em tais situações se dará na data do óbito da vítima, momento em que – e somente aí – se poderá falar no transcurso do prazo prescricional.

Mas, após todas essas considerações, cabe um apontamento final. Sabe-se que a data do fato continua a ser marco inicial para o curso do prazo prescricional, considerada a pena em abstrato, na hipótese de extinção da pretensão punitiva. É o que se infere da leitura dos arts. 111, I c/c 110, § 1º, CP.

Assim, consideradas as penas máximas cominadas às práticas tipificadas nos arts. 218, 218-A e 218-B do CP, é de se concluir que, ante a ocorrência dos fatos ali incriminados – sem a análise de circunstâncias majorantes que eventualmente possam incidir –, a prescrição não poderá ser reconhecida, ainda que transposto o lapso previsto para sua incidência, tomando-se por referência a pena máxima abstratamente considerada – a não ser, é claro, que já tenha sido proposta a ação penal e se verifiquem superados os prazos prescricionais aplicáveis à hipótese.

Ilustrativamente: após a entrada em vigor da Lei 12.650/12, um adulto, a fim de satisfazer sua própria lascívia, praticou conjunção carnal na presença de criança de 7 (sete) anos de idade – sem que sua parceira sexual soubesse da presença da criança, que a tudo assistiu. Tem-se, portanto, uma conduta que se subsume ao tipo previsto no art. 218-A, CP, para a qual se prevê pena máxima de 4 (quatro) anos.

Nesse caso, não fosse o previsto no art. 111, V, CP, ante a inércia dos órgãos responsáveis pela persecução, haveria de ser reconhecida a prescrição pela pena abstratamente considerada quando a vítima completasse seus 15 (quinze) anos, tendo em vista o previsto no art. 109, IV, CP. Entretanto, pela exceção veiculada no referido art. 111, V, CP, o curso do prazo prescricional só terá início quando a vítima completar seus 18 (dezoito) anos, salvo se já tiver sido proposta a ação penal que, em casos tais, destaque-se, é pública incondicionada (art. 225, parágrafo único, CP).

Por óbvio, perdem sentido essas considerações finais quando a pena máxima prevista supera 12 (doze) anos – como é o caso do delito tipificado no art. 217-A, CP, –, hipótese em que a prescrição dar-se-á em 20 (vinte) anos, intervalo que é superior aos 18 (dezoito) anos previstos na parte final do inciso V, art. 111, CP.

4a.8.3 Crimes permanentes, crimes instantâneos de efeitos permanentes, crimes continuados e crimes habituais, concurso material e formal de delitos

Todos esses conceitos – de crimes permanentes, instantâneos de efeitos permanentes, continuados e habituais, bem como aqueles relativos ao concurso de crimes propriamente dito – já foram examinados a seu tempo e no espaço adequado, para onde remetemos o leitor, se necessário, rememorá-los.

Assentada a compreensão deles, avancemos sobre o marco inicial da prescrição em cada um, em separado.

Vimos que nos crimes permanentes, diante do prolongamento (*permanência*) da ação e da lesão ao bem, que faz perdurarem no tempo os efeitos da infração penal, o prazo prescricional somente terá início com a cessação da ação criminosa, nos termos expressos do art. 111, III, CP.[30] Ver, nesse sentido, Súmula 711 do Supremo Tribunal Federal: *a lei penal mais grave aplica-se ao crime continuado ou ao crime permanente, se a sua vigência é anterior à cessação da continuidade ou da permanência.*

Nos crimes habituais, por sua vez, cuja caracterização depende da reiteração frequente das condutas narradas no tipo (crimes que envolvem a prostituição, por exemplo, lembrando que esta, por si só, não é crime!), a prescrição acompanha a *habitualidade* dos fatos, renovando-se sempre na mesma sequência temporal ou cronológica da citada atividade.

Situação assemelhada ao que ocorre com o crime *continuado*, sobretudo quanto aos efeitos prescricionais. Entende-se por crime *continuado* a sequência de ações ou omissões da mesma espécie, realizadas em situações em que, pela identidade de tempo e de lugar, ou, dos meios de execução, as condutas posteriores possam ser entendidas como continuação da anterior (art. 71, CP). A legislação, então, a fim de diminuir o impacto da *pluralidade* de ações que caracteriza a continuidade delitiva, considera todo o conjunto de condutas, que, em tese, constituiriam dois ou mais delitos, uma única *unidade do crime*, exasperando a pena daquele mais gravemente sancionado.

Em tais hipóteses, a prescrição seguirá a ordem cronológica de consumação de cada crime, sem levar em conta a unidade atribuída na lei pela continuidade delitiva. Cada ação prescreverá ao tempo de sua prática. O último ato praticado nos delitos continuados permanecerá como marco prescricional, não se estendendo, porém, aos anteriores, se eventualmente já atingidos pela prescrição. Imagine-se o crime de sonegação

---

[30] Por óbvio, refere-se, aqui, à prescrição apurável segundo a pena abstratamente considerada, tendo em vista o previsto no art. 110, § 1º, do CP.

mensal de tributos, de janeiro e junho de determinado ano. Se estiverem prescritos os atos praticados até abril, apenas as ações realizadas em maio e em junho poderão ser punidas, *pela continuação.*

No entanto, em qualquer caso, imperioso esclarecer que o acréscimo resultante da continuidade delitiva *não pode ser considerado* para fins do cômputo do prazo para a contagem da prescrição, nos termos do disposto no art. 119, CP. É dizer, cada fato prescreve ao seu tempo de consumação, considerando-se a pena *autônoma* para cada um deles, do mesmo modo que ocorre com o concurso *material* e com o concurso *formal* de delitos (art. 69, art. 70, CP). Apenas as causas de aumento e de diminuição é que são levadas em conta no cômputo do prazo prescricional. Ainda voltaremos a isso, ao final de nossas considerações sobre a prescrição.

A explicação é relativamente simples. Cada fato constitutivo de um crime existe com independência de outros, eventualmente praticados pelo mesmo agente. A soma de penas somente tem lugar para fins de execução penal e seus incidentes. Para a prescrição, o que importa é a pena cominada no tipo (prescrição pela pena em abstrato) ou a pena efetivamente aplicada (pela pena em concreto).

No caso da prescrição pela pena em concreto, e diferentemente do que ocorre em relação às causas de aumento, de diminuição, qualificadoras, agravantes e atenuantes, que se referem a *um e mesmo fato criminoso,* o acréscimo de pena decorrente do crime continuado e do concurso formal (art. 70, CP) *não será computado* para fins de cálculo da prescrição. Trata-se, aliás, de questão já sumulada no âmbito da Suprema Corte (Súmula 497).

Na hipótese, então, da prescrição pela pena *em abstrato,* que diz respeito à pretensão punitiva, o que deve ser considerado é o máximo de pena em relação *a cada crime específico.* Por isso, as qualificadoras, que modificam o tipo e a capitulação do fato, bem como as causas objetivas de aumento e de diminuição, podem ser consideradas no prazo prescricional.

De outro lado, e como o acréscimo do concurso de crimes (continuado e formal) diz respeito *a mais de uma infração penal,* ele não pode ser levado na conta de nenhum deles, *para fins de prescrição,* que se refere *a cada fato punível.* A unidade da punição, com exasperação da sanção (art. 70 e art. 71, CP), não pode servir de aumento do prazo prescricional. Se no concurso material, em que as penas são *somadas* para a punição, cada prazo prescricional é autônomo em relação a cada delito, por que não seria assim nos demais concursos de crimes?

Em outra ponta, a definição de crimes *instantâneos de efeitos permanentes,* embora não acolhida, em geral, na doutrina estrangeira, parece já assimilada no território nacional, tanto em doutrina quanto na jurisprudência, conforme já o registramos por ocasião dos estudos acerca das diversas modalidades de crimes.

Trata-se de delito cuja principal característica é a existência da obtenção continuada do proveito de uma única ação, adequadamente típica.

O exemplo clássico é o da aposentadoria obtida fraudulentamente. Nesse caso, a conduta inicial inclui a prática de atos fraudulentos, como a apresentação de documentação forjada, tanto *materialmente* quanto *ideologicamente* falsa. Nesse ato, então, poderão intervir mais de uma pessoa, que não o beneficiário das prestações continuadas. Há exemplos em que o próprio servidor público participa da fraude, facilitando a obtenção da aposentadoria indevida.

Nessas hipóteses, não há dúvida quanto ao fato de ser *instantânea* a conduta e a consumação do crime, assim que se chega à obtenção do ato de aposentação. O resultado é lesivo em si mesmo, ou seja, por constituir uma situação jurídica absolutamente indevida, em proveito de quem não teria condições efetivas para a obtenção do benefício previdenciário.

No entanto, não para aí a lesão.

Pelo contrário, tratando-se de prestações sucessivas no tempo, o beneficiário da fraude, mês a mês, ampliará o proveito de seu ato anterior, aumentando consideravelmente a lesão ao Erário, tanto maior seja o tempo por que se estendam os ganhos fraudulentos.

A nosso aviso, como já o assentamos, haveria uma *pluralidade* de ações nos recebimentos mensais do benefício, aproveitando-se o agente das mesmas circunstâncias de tempo e de lugar e da ação fraudulenta que permitiu o acesso à indevida aposentadoria. Haveria, portanto, crime *continuado* por parte do beneficiário, que recebe *continuadamente* o proveito do crime, independentemente da prática de qualquer outra conduta.

Todavia, se para o ato de fraude na obtenção da aposentadoria houver concorrido outra pessoa, que não venha a participar das prestações futuras e continuadas, pensamos que aí se poderia localizar e identificar o conceito de crime *instantâneo* de *efeitos permanentes,* dado que a configuração típica, em relação a ele, se esgotaria ali, na prática do aludido ato, que tem capitulação específica (sem a exigência de vantagem futura).

A nosso aviso, contudo, não se pode deixar de reconhecer que aquele que assim procede, isto é, que, não atua nos recebimentos futuros, mas contribui eficazmente para a obtenção fraudulenta da aposentadoria, tem plena consciência dos fatos subsequentes, a eles aderindo dolosamente. E, por isso, deveria responder também pelo mesmo delito, na forma continuada. Não nos parece decisivo para a identificação da espécie delituosa o exame acerca da qualidade ou da quantidade do proveito a ser revertido aos agentes.

A jurisprudência da Suprema Corte sobre a matéria, como vimos, e, apesar de não se encontrar pacificada, recusa a punição do servidor (ou de terceiro), cuja atuação tenha ocorrido apenas no ato (ação) de obtenção da aposentadoria, nos mesmos moldes e na mesma extensão que aquela atribuída ao beneficiário.

De outro lado, quanto ao cabimento da continuidade delitiva em tais situações (aposentadoria fraudulenta), poderia argumentar-se que o beneficiário teria praticado *duas condutas diferentes,* a saber: (a) a fraude na aposentadoria e (b) o recebimento das parcelas continuadas, cada uma caracterizando modalidade distinta de crime.

Não é assim, contudo.

Embora os *atos* sejam *diversos* – requerimento, apresentação de documentação etc. de um lado, e, de outro, a percepção dos pagamentos mensais –, não resta a menor dúvida de que se trata da realização continuada de um *mesmo tipo penal* e, portanto, de unidade de conduta (com atos diferentes), passível do enquadramento como *delito continuado*.

E por entendermos que se trata dessa modalidade de crime, pensamos que o prazo prescricional, em relação a todos os autores e partícipes, *deveria ser* o mesmo.

Para a jurisprudência de nossos tribunais superiores, porém, haveria prazos prescricionais diferentes para os agentes, na linha, então, da definição do crime *instantâneo, com efeitos permanentes*.

Para aquele que apenas realiza ou participa do ato de obtenção da aposentadoria, o prazo da prescrição terá seu início nesse momento, daí por que se fala em crime *instantâneo*, embora os seus efeitos e consequências naturais sejam *permanentemente renovados*.

Já em relação ao beneficiário da fraude, justamente aquele que se apropria dos pagamentos mensais da aposentadoria, a regra da prescrição será aquela constante do art. 111, I, CP, observando-se que a consumação do delito ocorrerá *a cada percepção fraudulenta do benefício*. Ou seja, os atos mensais de recebimento da aposentadoria prescreverão a partir da respectiva data de prática, não se estendendo aos atos posteriores a eles.

4a.8.4 No trânsito em julgado

> **Código Penal**: Art. 110. A prescrição depois de transitar em julgado a sentença condenatória regula-se pela pena aplicada e verifica-se nos prazos fixados no artigo anterior, os quais se aumentam de um terço, se o condenado é reincidente.
>
> § 1º A prescrição, depois da sentença condenatória com trânsito em julgado para a acusação ou depois de improvido seu recurso, regula-se pela pena aplicada, não podendo, em nenhuma hipótese, ter por termo inicial data anterior à da denúncia ou queixa.

Antes de chegarmos à questão da contagem do prazo prescricional após o trânsito em julgado, o que será feito mais adiante, é preciso fazer alguns e relevantes esclarecimentos acerca do significado e do alcance do trânsito em julgado para fins prescricionais.

A incidência da prescrição na Parte Geral do Código Penal atende a variados momentos e em diferentes modalidades. A primeira divisão é feita segundo se trate da prescrição *antes* ou *depois* do trânsito em julgado; a segunda diz respeito à consideração da pena *em abstrato* e em *concreto*, e ainda uma terceira divisão, consistente na distinção entre a prescrição da pretensão *executória* e da pretensão *punitiva*.

Já vimos que a pretensão *punitiva* diz respeito a toda fase (de investigação ou de processo) que antecede ao trânsito em julgado *em definitivo* da decisão condenatória. A pretensão *executória* como o nome está a indicar, somente se inicia quando incabíveis quaisquer impugnações à condenação. Até aqui tudo muito simples, ainda que nossos Tribunais Superiores ainda não tenham clarificado bem a questão. Nesse sentido, então, têm-se as disposições do art. 109, CP, prevendo os prazos de incidência da prescrição antes do trânsito em julgado, e do art. 110, CP, regulando a prescrição após a condenação em definitivo.

De outro lado, a prescrição também se regula tanto pela pena *em abstrato* quanto por aquela efetivamente *concretizada*, o que, em princípio, somente deveria ocorrer após o trânsito em julgado, já que somente aí se poderia falar em pena *concretizada*. Ocorre, porém, que, em atenção ao princípio da vedação da *reformatio in pejus*, que impede o agravamento da situação do recorrente no próprio recurso, a concretização da pena em processo penal poderá se realizar *a partir do momento em que a acusação não recorre da condenação*. E assim é porque o órgão *ad quem* (o tribunal) não poderia agravar ou aumentar a condenação até então imposta em recurso exclusivo da defesa.

Precisamente por isso, a norma do *caput* do art. 110, CP, que cuida da prescrição *após* o trânsito em julgado e se refere à prescrição pela pena *concretizada*, vem acompanhada de outra, em seu parágrafo primeiro, a ratificar que a *concretização* da pena ocorreria na ausência ou no não provimento do recurso da acusação, na pendência, portanto, de impugnação apenas da defesa.

Já quanto ao termo inicial da contagem do prazo prescricional, o Código Penal trata da matéria em seu art. 111, relativamente aos prazos a serem considerados *antes* do trânsito em julgado, e no art. 112, dispositivo que cuidaria do termo inicial da prescrição *após* o trânsito em julgado. Vê-se com clareza que o dispositivo constante do art. 112, CP, cuidava do termo inicial da prescrição da pretensão *executória*, referindo-se expressamente à sentença *irrecorrível*.

E dissemos "cuidava" por um motivo simples: a referida norma sempre esteve vinculada ao conteúdo de definição da prescrição constante do art. 110, *caput*, CP, que, a seu turno, cuidava e cuida da prescrição pela pena *concretizada*. Mas por que então "cuidava" e não cuida mais?

É que ao tempo do Código Penal – e mesmo após, com a Reforma de 1984 (Lei 7.209) –, a execução da sentença condenatória ocorria já no segundo grau, ou seja, já com a apreciação do recurso interposto contra a sentença de primeiro grau. Ou seja, já na segunda instância tinha início a execução da pena, e, em consequência, tinha também início a contagem do prazo da prescrição da pretensão *executória*. Essas explicações todas podem ser encontradas na redação e na vigência àquele tempo do velho Código de Processo Penal. Hoje, porém, não mais se admite a execução provisória da condenação, exigindo-se o trânsito em definitivo. Assim, o art. 112, I, primeira parte, não pode ter mais eficácia alguma, porquanto, na pendência de recurso da defesa, não se poderá mais executar provisoriamente a condenação. É o que pretendemos demonstrar adiante.

Se fosse possível uma síntese, arriscaríamos: o art. 109, CP, regula a prescrição pela pena *em abstrato* e *antes* do trânsito em julgado; o art. 110, CP, cuida da prescrição pela pena *concretizada* e *após* o seu trânsito em julgado (*caput*), além daquela prescrição ocorrida com o trânsito em julgado para a acusação (§ 1º). O art. 111 e art. 112, ambos CP, tratam somente do termo inicial da contagem da aludida prescrição. Nesse passo, a pretensão punitiva estará presente enquanto não se puder *executar* a condenação, o que dependerá do trânsito em julgado em definitivo da condenação, segundo a orientação da Suprema Corte, no sentido de vedar a execução provisória da pena. Por isso, a prescrição da pretensão punitiva poderá incidir tanto pela pena em abstrato quanto pela pena concretizada.

Para logo, contudo, percebe-se que a norma contida no art. 112, I, primeira parte, CP, repete a disposição do art. 110, § 1º, CP, a ditar que a prescrição se contaria a partir do trânsito em julgado *para a acusação*. Ora, nem poderia ser diferente, já que o art. 110, § 1º, é expresso nesse sentido.

A grande questão que surge, então, diz respeito ao seguinte: tanto o art. 110, CP, quanto o art. 112, CP, tratam da prescrição *após* o trânsito em julgado. Pergunta: cuidariam eles, então, somente da prescrição da pretensão *executória?* A resposta a essa questão demonstrará as razões pelas quais há tantos desencontros na jurisprudência nacional (e também na doutrina!) sobre tão importante matéria.

Para melhor entender a questão, teremos que retroceder rapidamente no tempo.

Ao que parece, toda a confusão que parece obscurecer a compreensão do tema da prescrição advém do fato de que, tanto o nosso Código Penal, quanto o antigo Código de Processo Penal, em suas redações originárias, ambas de 1940/41, separavam claramente a pretensão *punitiva* e a pretensão *executória* no âmbito exclusivo da jurisdição *ordinária*, isto é, *até os tribunais de segundo grau* – o que persistiu mesmo após a reforma de 1984!

A partir do julgamento da apelação por esses tribunais, tinha início a pretensão *executória*, e, por isso, o prazo prescricional (dessa pretensão executória)! Por quê? Porque àquele tempo *era possível a execução provisória da pena*, desde a decisão de segundo grau! E isso durou até o ano de 2010, com a modificação da interpretação processual penal acerca da execução provisória pela já citada decisão da Suprema Corte (HC 84.078/MG), posição essa que veio a se consolidar com a Lei 12.403/11 e na redação atual do art. 283, *caput*, CPP.

Observe-se, ainda, que o que alguns de nossos tribunais parecem não ter percebido é que a única razão pela qual o Código Penal originariamente não previa a interrupção da prescrição pelo *acórdão condenatório*, isto é, pela decisão de segundo grau, devia-se ao fato de que, a partir dali (decisão do tribunal de segunda instância), *já era possível executar-se a condenação!* Tinha início, portanto, a pretensão *executória* e não mais a *punitiva*, encerrada em segundo grau!

Pois bem.

Desde a Lei 12.403/11 – aliás, *antes dela*, desde 2010, com a multicitada decisão do STF –, com a vedação da execução provisória antes do trânsito em definitivo da decisão condenatória, não se pode mais falar em pretensão executória *antes desse momento* (o trânsito em julgado para acusação e defesa)! Como se ter por iniciado o curso do prazo prescricional – relativamente à pretensão executória – se *não é possível* a prática do respectivo ato processual?

Uma coisa é admitir que o início do prazo prescricional se dê após o trânsito em julgado para a acusação, diante da proibição de reforma para pior da condenação objeto de recurso exclusivo da defesa. Outra, muito diferente, é afirmar que se cuidaria da prescrição da pretensão executória! Ora, uma vez impedida a execução provisória da condenação, a prescrição que terá curso, então, somente poderá ser a da pretensão *punitiva*. Aquele que pretende dar início ao processo de execução necessita do respectivo título, de modo que a pretensão executória dependerá sempre do trânsito em julgado em definitivo. Que isso fique bem claro: a pretensão executória somente terá início *a partir do trânsito em julgado para ambas as partes!* Uma pena que o Supremo Tribunal Federal e parte da jurisprudência do Superior Tribunal de Justiça não tenham ainda atentado para isso.

Mas, dirá o leitor, com razão, não é essa a redação do art. 112 do Código Penal! Não é mesmo (a redação do dispositivo)! Ali, onde se cuidaria da prescrição após *sentença irrecorrível,* se fala mesmo em trânsito em julgado *para a acusação!*

Não se trata, aqui, de questão ligada à interpretação de normas mais favoráveis ao acusado ou mesmo do surrado bordão que sustenta suposta dicotomia entre leituras *mais* e leituras *menos* garantistas. Contudo, fato é que não se faz hermenêutica jurídica sem a visão do todo, ou seja, sem a compreensão do sistema de conhecimento que se está a aplicar. Não se podem ignorar as consequências que a modificação radical de interpretação de determinados dispositivos legais no campo do processo penal deve trazer a outros, àqueles conectados e, mais que isso, *vinculados.* Já o dissemos, e, exatamente com esse exemplo, em outro espaço dessa obra. Não bastasse, a Lei 11.596/07 veio precisamente confirmar e exigir a interpretação que vimos de fazer.

Depois que o Supremo Tribunal Federal tornou a condenação criminal uma questão de jurisdição *ordinária,* ou seja, dependente da superação de todas as instâncias do Judiciário – enquanto houver recurso, é claro –, pode-se perfeitamente sustentar a possibilidade de prescrição da pretensão *punitiva* (e não mais a *executória!*) entre o acórdão condenatório de segundo grau – que, para nós e para a Lei 11.596/07, consoante art. 117, IV, CP, *interrompe* a prescrição – e o julgamento do recurso especial ou extraordinário no Superior Tribunal de Justiça e no Supremo Tribunal Federal. Como seguir falando em pretensão executória, como era antes, se, agora, já não se pode mais executar *provisoriamente* a sentença ou o acórdão?

Há que obtemperar, ainda, o seguinte.

Como os nossos Tribunais Superiores (STJ e STF) detêm competência jurisdicional para muito além de suas possibilidades concretas de julgamento tempestivo e em prazo razoável dos processos, pensamos que somente nas hipóteses em que os recursos especiais e extraordinários *forem efetivamente admitidos* é que se poderá falar em prescrição da pretensão punitiva nesses casos. Em outras palavras: somente quando, presentes as condições de sua *admissibilidade* (art. 102 e art. 105 da Constituição da República), for apreciado o respectivo *mérito recursal.* Fora daí, interrompida a prescrição pelo acórdão condenatório de segundo grau, há que se aguardar o trânsito em julgado, em definitivo, para que se possa iniciar a execução da pena e o prazo de prescrição da pretensão executória, não mais se considerando a pretensão *punitiva* e tampouco se computando o prazo entre a decisão de segundo grau e aquela, definitiva, da instância extraordinária. Em favor dessa leitura, militam os relevantes obstáculos legais e constitucionais para o acesso a esses Tribunais Superiores (art. 102 e art. 105, da Constituição da República).

Não se recusa, contudo, a complexidade da matéria e mesmo da solução ora aventada. Mas assim é o Direito, repleto de regras, confirmadas sempre pelas exceções. Os recursos de fundamentação *vinculada,* como é o caso do *especial* e do *extraordinário,* deveriam ser aviados e também apreciados apenas em casos excepcionais, daí se falar em instância e em via recursal *extraordinária*! Por isso, parece-nos inteiramente razoável exigir-se a admissibilidade do especial e do extraordinário manejados, para o fim de se considerar ainda em curso a prescrição da pretensão *punitiva,* para o que haverá de ser apreciado o prazo transcorrido entre o julgamento em segunda instância e nos Tribunais Superiores.

Foi nesse sentido, por exemplo, embora com fundamentação nem tão extensa ou com a mesma identidade daquela que aqui se vem de levantar, a decisão da Segunda Turma do Supremo Tribunal Federal, que teve por Relatora a então Ministra Ellen Gracie (HC 86.125-3, julg. 16-8-2005). Apesar de discordarmos de algumas das observações então lançadas, sobretudo em relação ao acórdão confirmatório de condenação e à não interrupção da prescrição, a conclusão a que ali se chegou, em linhas gerais, está correta. Mesmo o equívoco a que nos referimos sequer pode ser assim considerado, já que a decisão é anterior à Lei 11.596/07, que modificou o art. 117, IV, CP, para incluir o acórdão condenatório como causa *legal* de interrupção. Antes, havia apenas o entendimento *jurisprudencial* sobre a distinção.

Por último, de se ver que, após o trânsito em julgado da sentença condenatória, não terá início o prazo prescricional (da pretensão executória, pois!) enquanto o condenado estiver preso por outro motivo (art. 116, parágrafo único, CP). É que, nesses casos, há que se preservar a autonomia da privação da liberdade, sempre determinada por autoridade judiciária, e que, aliás, pode até decorrer de outra execução de pena. Mesmo a prisão cautelar imposta em outro processo criminal impedirá o início do curso do prazo da prescrição executória, devendo o juiz da execução, nesses casos, requisitar ao juiz que decretou a prisão cautelar a entrega do preso para fins de execução da pena já passada em julgado. A providência atenderia tanto ao interesse do Estado, quanto aos interesses do condenado.

Em nova síntese: o art. 112, § 1º, CP, primeira parte, perdeu sua eficácia, o que não impedirá o eventual cabimento da aplicação do art. 110, § 1º, CP, para a prescrição da pretensão *punitiva* e não da *executória* como se previa no citado dispositivo (art. 112, § 1º, CP). Essa interpretação encontra amparo no disposto no art. 283, *caput,* com redação dada pela Lei 12.403/11, bem como à proibição de execução provisória penal, conforme decidido pelo Plenário do Supremo Tribunal Federal (HC 84.078/MG), além de expressa previsão legal no art. 117, IV, CP, com redação dada pela Lei 11.596/07.

A primeira parte do art. 110, § 1º, CP, diz respeito à contagem do prazo prescricional da pretensão *punitiva* e não da pretensão *executória*. Esta, como julgamos ter esclarecido, somente poderá ter início com o trânsito em julgado em definitivo da condenação, ou seja, para ambas as partes.

Confira-se nesse sentido:

> *HABEAS CORPUS*. SONEGAÇÃO FISCAL. PRESCRIÇÃO DA PRETENSÃO EXECUTÓRIA. TERMO INICIAL. TRÂNSITO EM JULGADO PARA AMBAS AS PARTES. LAPSO TEMPORAL NÃO VERIFICADO. CONSTRANGIMENTO ILEGAL NÃO EVIDENCIADO.
>
> 1. O termo inicial da contagem do prazo prescricional da pretensão executória é o trânsito em julgado para ambas as partes, porquanto somente neste momento é que surge o título penal passível de ser executado pelo Estado. Desta forma, não há como se falar em início da prescrição a partir do trânsito em julgado para a acusação, tendo em vista a impossibilidade de se dar início à execução da pena, já que ainda não haveria uma condenação definitiva, em respeito ao disposto no artigo 5º, inciso LVII, da Constituição Federal.[...] – (STJ – HC 180993/SP, Rel. Jorge Mussi, 5ª Turma, julg. 13-12-2011).

No Supremo Tribunal Federal, contudo, a solução da matéria parece seguir (há hesitações em algumas fundamentações) em direção oposta, sem que se constate, porém, o enfrentamento das questões aqui abordadas, consoante se vê em decisão emanada da 2ª Turma do E. Supremo Tribunal Federal, Rel. Min. Cármen Lúcia.

> EMENTA: *HABEAS CORPUS*. CONSTITUCIONAL. PENAL. FURTO QUALIFICADO. ALEGAÇÃO DE PRESCRIÇÃO DA PRETENSÃO EXECUTÓRIA. TERMO INICIAL DA CONTAGEM DO PRAZO PRESCRICIONAL: TRÂNSITO EM JULGADO DA SENTENÇA PENAL CONDENATÓRIA PARA A ACUSAÇÃO. ORDEM CONCEDIDA. 1. O Paciente foi condenado a um ano e quatro meses de reclusão, sendo que, em 23.7.2007, a sentença penal condenatória transitou em julgado para a acusação; e, em 30.9.2011, o Juízo da Execução Penal decretou a extinção da punibilidade. Entre essas datas não houve qualquer causa impeditiva, interruptiva ou suspensiva da prescrição. 2. Segundo as regras vigentes nos arts. 109 e 110 do Código Penal, a prescrição executória se regula pela pena aplicada depois de transitar em julgado a sentença condenatória para a acusação, verificando-se em quatro anos, se o máximo da pena é igual a um ano ou, sendo superior, não excede a dois. 3. A jurisprudência deste Supremo Tribunal Federal sedimentou-se no sentido de que o prazo prescricional da pretensão executória começa a fluir da data do trânsito em julgado para a acusação. Precedentes. 4. Ordem concedida. (2ª Turma, HC 113715/DF, Data 16-4-2013).

De outro lado, colhe-se manifesta contradição entre fundamentação e a ementa constante do Informativo 0532 – dezembro de 2013 – Superior Tribunal de Justiça, conforme se vê em transcrições parciais:

STJ – [...]O termo inicial da prescrição da pretensão executória é a data do trânsito em julgado da sentença condenatória para a acusação, ainda que pendente de apreciação recurso interposto pela defesa que, em face do princípio da presunção de inocência, impeça a execução da pena. [...] HC 254.080-SC, Rel. Min. Marco Aurélio Bellizze, julgado em 15-10-2013."

STJ – A possibilidade de ocorrência da prescrição da pretensão executória surge somente com o trânsito em julgado da condenação para ambas as partes. Isso porque o título penal executório surge a partir da sentença condenatória definitiva, isto é, com o trânsito em julgado para acusação e defesa, quando também surgirá a possibilidade de ocorrência da prescrição executória. Antes do trânsito em julgado para ambas as partes, eventual prescrição será da pretensão punitiva. Todavia, esse entendimento não altera o termo inicial da contagem do lapso prescricional, o qual começa da data em que a condenação transitou em julgado para a acusação, conforme dispõe expressamente o art. 112, I, do CP. STJ – HC 254.080-SC, Rel. Min. Marco Aurélio Bellizze, julgado em 15-10-2013."

Vê-se aparente contradição em relação à possibilidade de se ter curso a prescrição da pretensão executória quando ainda pendente recurso da defesa. No segundo trecho transcrito do citado informativo, essa firmação parece ter sido corrigida, no ponto em que se afirma que o que se teria atingido é a prescrição punitiva e não a executória. De todo modo, não nos parece que as coisas sejam exatamente assim, *data venia*.

Em primeiro lugar, há que se observar que, antes do trânsito em julgado, toda prescrição que vier a ser afirmada será a da pretensão punitiva, jamais a da executória, porque essa, como se reconheceu em parte na citada decisão, somente terá lugar após o trânsito em julgado para ambas as partes.

Assim, quando a decisão afirma que o lapso inicial da prescrição seria aquele da data em que transitara em julgado a condenação para a acusação (art. 112, I, CP), ela só pode estar se referindo à pretensão punitiva, pois não se poderia ainda falar no início da execução da pena!

Por isso, o que parece ainda pendente de explicação é se ainda seria possível recorrer-se à aplicação da norma contida no aludido art. 112, I, Código Penal, que se referia e continua a se referir à prescrição após a sentença condenatória irrecorrível, após a mudança da orientação da Suprema Corte para vedar a possibilidade de execução provisória da condenação. Não se perca de vista então que o dispositivo aqui mencionado art. 112, I, CP, contemplava e contempla a situação na qual ainda se encontre pendente recurso da defesa, já que menciona expressamente o trânsito em julgado para a acusação (e não o trânsito em definitivo!). Como pode ser isso?

A nosso juízo, a proibição de execução provisória determinada pela jurisprudência do Supremo Tribunal Federal e pela Lei 12.403/11, isto é, a exigência no sentido de que somente se possa promover a execução penal após o trânsito em julgado em definitivo (para ambas as partes!) implica a conclusão, inarredável, de que apenas se poderá reconhecer até aquele momento (trânsito em definitivo) a prescrição da pretensão *punitiva*. E essa somente será aferida a partir da contagem do lapso existente entre os marcos legais interruptivos (da prescrição) presentes ao caso concreto. É dizer, nos casos de prescrição pela pena *concretizada*, diante da impossibilidade de *reformatio in pejus* na pendência de recurso exclusivo da defesa. A norma a ser aplicada, então, será aquela do art. 110, § 1º, do Código Penal e não a do art. 112, I, CP, que, aliás, tem redação quase idêntica. A diferença é que a segunda (do art. 112, I, CP) se referia – ao tempo do Código – ao início do prazo prescricional nas hipóteses de execução provisória!

Aos exemplos, então:

a) Proferida sentença condenatória em primeiro grau, o prazo prescricional a ser apurado não mais se fará pela pena em abstrato, desde que não haja recurso da acusação. A contagem, então, levará em conta o prazo pela pena concretizada em relação aos marcos interruptivos existentes no processo. Se a condenação foi de 2 (dois) anos, o prazo será de 4 (quatro), devendo ser aferido entre a data do recebimento da acusação (primeiro marco interruptivo) e a sentença condenatória (segundo marco interruptivo). Relembre-se de que, para os fatos anteriores à Lei 12.234/10, poderia também ser considerado o prazo entre a data do fato e a do recebimento da denúncia ou queixa (art. 110, § 1º, CP, com redação modificada pela citada lei).
b) Imagine-se, agora, a mesma decisão condenatória já agora proferida em segunda instância. De notar-se que a distinção entre acórdão confirmatório de condenação e acórdão condenatório é absolutamente arbitrária e dissociada da lei. Assim, a decisão condenatória em segundo grau sempre *interromperá* o prazo prescricional. De modo que, tendo havido recurso unicamente da defesa e estando proibida a *reformatio in pejus*, a pena se terá *concretizado* em dois anos. Assim, será possível reconhecer a prescrição, tanto *retroativamente* – entre marcos interruptivos anteriores – quanto entre a data do acórdão e o trânsito em julgado em definitivo, se iguais ou superiores a quatro anos.

Resumo da ópera, no particular: o art. 112, I, CP, somente parece compatível com a possibilidade de execução provisória, que sempre existiu no Brasil até a mudança de orientação jurisprudencial da Suprema Corte! E, depois, pela Lei 12.403/11. Assim, sempre que estiver pendente de recurso da defesa a decisão condenatória, eventual prescrição somente se atingirá a pretensão punitiva e terá por fundamento a norma disposta no art. 110, § 1º, do Código Penal.

4a.9 Redução do prazo prescricional

Código Penal: Art. 115. São reduzidos de metade os prazos de prescrição quando o criminoso era, ao tempo do crime, menor de 21 (vinte e um) anos, ou, na data da sentença, maior de 70 (setenta) anos.

A redução do prazo prescricional, cabível tanto para a pretensão punitiva quanto para a executória, atende a razões diversas.

No caso do menor de 21 (vinte e um) anos – e maior de 18 (dezoito), evidentemente! –, o que parece fundamentar a escolha legislativa é a menor maturidade do agente, ao tempo do cometimento do crime. A medida se justifica, ainda mais em tempos tão sombrios, em que se discute a redução da maioridade penal. Deve-se evitar mesmo, o quanto possível, o encarceramento da juventude.

O que deve ser considerado é a data da *conduta* realizada, ainda quando o resultado do delito possa vir a ocorrer tempos depois. E assim, independente da natureza ou da classificação do delito.

Nos crimes permanentes, portanto, enquanto estiver sendo realizada a conduta, ou seja, enquanto permanecer o agente lesionando o bem protegido na norma penal, estará se renovando o prazo prescricional e, assim, a redução pela menoridade (de 21 anos), até que essa se complete, evidentemente. No caso de um sequestro, por exemplo, iniciado quando o agente ainda não havia completado a idade limite para a redução, não será esta aplicada se a privação da liberdade da vítima prosseguir até a data em que aquele completar os 21 (vinte e um) anos.

O mesmo deve ser observado em relação à continuidade e à habitualidade delituosas, considerando-se, então, a idade do agente na data do último ato praticado – destacando-se, entretanto, que, no caso da continuidade, os prazos prescricionais serão computados autonomamente, considerando-se cada prática criminosa, isoladamente (art. 119, CP).

Já em relação ao maior de 70 (setenta) anos, a redução se dará a partir do dia seguinte ao aniversário do septuagenário, devendo o magistrado (ou o tribunal, nas ações originárias) levar em consideração o fato por ocasião da decisão. Essa, a regra.

Algumas questões podem surgir daí.

Poderia a instância recursal aplicar o aludido dispositivo legal, quando o agente completasse a idade, não na sentença, mas no julgamento de recurso eventualmente interposto?

Ainda: poderia o juiz *antecipar* a prescrição, com a aplicação da causa de redução, *sem julgar o feito*, pelo aniversário *futuro e iminente* do réu?

No que toca à primeira indagação, pensamos que a resposta há de ser positiva. E pelas mesmas razões que já lançamos no tópico atinente ao conceito do *trânsito em julgado*, para fins prescricionais, item a.6.4, *retro*.

É que, ao tempo da redação originária de nossa legislação penal e processual penal, CP e CPP, ambos de 1941, a fase da pretensão *punitiva* se esgotava nas instâncias ordinárias, e, mais precisamente, com o julgamento da causa pelo tribunal de segundo grau. É por isso, e antes o dissemos, que o já modificado art. 117, IV, CP, não previa o acórdão condenatório como causa de interrupção da prescrição. Julgado o recurso pelo tribunal, se mantida a condenação, executava-se desde logo a sentença (ou o acórdão).

Assim, parece-nos que a idade de 70 (setenta) anos prevista no art. 115, CP, servia como balizamento para a *execução da pena*. A redução do prazo prescricional, portanto, nada tem que ver com os fundamentos específicos da prescrição (inércia dos órgãos públicos, qualidade probatória reduzida pelo tempo etc.), mas com considerações gerais de política criminal.

E, se assim for, como de fato nos parece, diante da atual proibição da execução provisória da pena, conforme disposto no vigente art. 283, *caput*, CPP, a possibilidade de consideração da idade *para fins de redução do prazo prescricional* haverá de ser *estendida* também para a segunda instância (jurisdição ainda *ordinária*). E isso porque, como a decisão de segundo grau não mais determina a execução imediata da pena, nada mais consequente que a *prorrogação* da incidência da norma insculpida no art. 115, CP, também para aquele momento (o acórdão em segundo grau).[31]

Não bastasse isso, já veremos que o acórdão condenatório também foi considerado como marco interruptivo da prescrição, segundo a redação dada ao art. 117, IV, CP, pela Lei 11.596/07. Vai daí que a interpretação do art. 115, CP, deverá seguir a mesma lógica, considerando a idade de 70 anos tanto na data da sentença quanto na do acórdão condenatório recorrível, exceção feita às decisões dos Tribunais Superiores, que se instituem como jurisdição *extraordinária* (e não *ordinária*).

Exemplo: absolvido em primeiro grau, o réu, após completar setenta anos depois da sentença, vem a ser condenado pelo Tribunal em recurso de apelação. Acaso, não deveria o Tribunal reduzir o prazo prescricional pela idade do acusado? E, se assim deve ser na hipótese de *absolvição* em primeiro grau, por que não o seria no caso de recurso contra sentença *condenatória* (no primeiro grau)?

Não é essa, porém, a posição da jurisprudência majoritária,[32] conquanto se reconheça a existência de precedentes do Superior Tribunal de Justiça no sentido aqui defendido.[33] No entanto, pensamos que a fundamentação aqui expendida não foi ainda objeto de apreciação nos tribunais, embora haja julgados que cheguem à mesma conclusão, por razões diversas.

Quanto à segunda indagação, no sentido de ser ou não possível ao juiz (ou ao tribunal, na ação penal originária) *antecipar* o reconhecimento da prescrição, pelo avanço inexorável da idade do acusado *antes* da fase de sentença no processo, julgamos que a questão há de merecer solução no âmbito do *processo* e não do direito penal.

Com efeito – e isso ocorre com a chamada e inadmitida prescrição em *perspectiva* –, caso se possa avistar a impossibilidade concreta de qualquer efetividade do processo, pela consideração da inevitabilidade da redução, de metade, do prazo prescricional, ao tempo da sentença, deve a acusação render-se à ausência de interesse e utilidade da ação penal. Imagine-se um inquérito policial, com investigações pendentes, em que o

---

[31] Nesse sentido, embora se tratando de acórdão reformador de sentença absolutória, o seguinte julgado: STJ – AgRg no Ag 885098/MG (Agravo Regimental no Agravo de Instrumento 2007/0102291-4) – Relator: Min. Jorge Mussi – Órgão Julgador: T5 – 5ª Turma – data do julgamento: 17-8-2010 – data da publicação/Fonte: *DJe* 20-9-2010.

[32] AgRg no AREsp 18.959/RS, Rel. Min. Maria Thereza de Assis Moura, 6ª Turma, julgado em 3-11-2011, *DJe* 21-11-2011.

[33] HC 211.001/DF, Rel. Min. Vasco Della Giustina (Desembargador Convocado Do TJ/RS), 6ª Turma, julgado em 14-2-2012, *DJe* 21-3-2012.

suspeito (provável indiciado) conte com idade próxima – bem próxima, que seja! – dos 70 (setenta) anos. Sabendo-se da impossibilidade concreta de se concluírem as investigações em tempo hábil, ou, mesmo se já encerradas, restando por cumprir ainda toda a fase judicial, da postulação à instrução, antes que se chegue à sentença, por que não se requerer desde logo o arquivamento do IP? De prescrição não se cuidará, mas de ausência de condição da ação (interesse – utilidade).

Quanto ao momento da interrupção da prescrição pela sentença e pelos acórdãos condenatórios, no que diz respeito ao significado da *publicação* de tais decisões, remetemos o leitor à fundamentação que adiante se desenvolverá acerca do aludido tema (a.8.2., IV, interrupção da prescrição – art. 117, IV, CP).

Adiante-se apenas que a jurisprudência que vai se consolidando nos Tribunais Superiores, corretamente, parece *equiparar* a data da publicação do acórdão com a data da *sessão de julgamento*, relativamente aos Tribunais. É o que se vê na decisão proferida no julgamento do HC 233.594-SP, Rel. Desembargadora Federal Convocada Alderita Ramos de Oliveira, julgado em 16-4-2013.

Na fundamentação do julgado, a ilustre Relatora se reporta a alguns precedentes dos Tribunais Superiores (Precedentes citados do STJ: EDcl no REsp 962.044-SP, Quinta Turma, *DJe* 7-11-2011; e AgRg no Ag 1.325.925-SP, Sexta Turma, *DJe* 25-10-2010. Precedentes citados do STF: AI-AgR 539.301-DF, Segunda Turma, *DJ* 3-2-2006; e HC 70.180-SP, Primeira Turma, *DJ* 1º-12-2006). No mesmo sentido no STJ, já agora de sua Quinta Turma: HC 89.203/SP, Rel. Min. Napoleão Nunes Maia Filho, julgado em 12-8-2012, no qual se assentou em ementa, expressamente, que a *publicidade do julgamento* dispensaria a publicação da decisão. A Suprema Corte também assim decidiu na AP 516 e na AP 396.

A aparente contradição entre o disposto no art. 115 e no art. 117, IV, ambos do CP, se explicaria, então, pelo fato de o velho CPP considerar a publicação da sentença como o ato *de sua entrega em* Cartório e não o da posterior intimação das partes.

Mais um alerta: para os fatos praticados a partir de maio de 2010, vigência da Lei 12.234/10, que deu nova redação ao art. 110, § 1º, CP, o prazo que vai entre a data do fato e o recebimento da peça acusatória não poderá mais ser considerado para fins de reconhecimento da prescrição retroativa, e, por isso, não poderá também ser utilizado como fundamento para a ausência de interesse (utilidade) de agir. Ou seja, em tais hipóteses não se poderá recorrer à ausência de interesse para fundamentar o pedido de arquivamento das peças de investigação, já que, ainda que se possa levar em conta a redução pela metade do prazo prescricional do crime imputado, jamais se poderá antecipar *o prazo de duração do processo*, ou seja, daquele compreendido entre o recebimento da acusação e a prolação da sentença condenatória.

4a.10 Interrupção, causas impeditivas e suspensão da prescrição

Código Penal: Art. 116. Antes de passar em julgado a sentença final, a prescrição não corre:

I – enquanto não resolvida, em outro processo, questão de que dependa o reconhecimento da existência do crime;

II – enquanto o agente cumpre pena no estrangeiro.

Parágrafo único. Depois de passada em julgado a sentença condenatória, a prescrição não corre durante o tempo em que o condenado está preso por outro motivo.

Art. 117. O curso da prescrição interrompe-se:

I – pelo recebimento da denúncia ou da queixa;

II – pela pronúncia;

III – pela decisão confirmatória da pronúncia;

IV – pela publicação da sentença ou acórdão condenatórios recorríveis;

V – pelo início ou continuação do cumprimento da pena;

VI – pela reincidência.

§ 1º Excetuados os casos dos incisos V e VI deste artigo, a interrupção da prescrição produz efeitos relativamente a todos os autores do crime. Nos crimes conexos, que sejam objeto do mesmo processo, estende-se aos demais a interrupção relativa a qualquer deles.

§ 2º Interrompida a prescrição, salvo a hipótese do inciso V deste artigo, todo o prazo começa a correr, novamente, do dia da interrupção.

4a.10.1 Causas impeditivas

Se há causas que *interrompem* e outras que *suspendem* o curso do prazo prescricional, outras há que *impedem* a sua incidência ou fluência, seja obstando o início de sua contagem, seja impossibilitando a continuidade de seu curso (caso, então, de suspensão).

Ainda que regulada em outro dispositivo, cumpre incluir entre as causas que impedem o início do prazo prescricional a menoridade da vítima nos crimes contra a dignidade sexual de crianças e de adolescentes, conforme art. 111, V, CP, com redação dada pela Lei 12.650/12.

Já em relação às contidas no art. 116, a primeira delas diz respeito à denominada *questão prejudicial,* objeto também de idêntica regulação na legislação processual penal,[34] cujo significado há de ser encontrado na estreita vinculação de um fato a outro, de tal modo e em tamanha intensidade que o esclarecimento e a solução de um

---

[34] "Art. 92. Se a decisão sobre a existência da infração depender da solução de controvérsia, que o juiz repute séria e fundada, sobre o estado civil das pessoas, o curso da ação penal ficará suspenso até que no juízo cível seja a controvérsia dirimida por sentença passada em julgado, sem prejuízo, entretanto, da inquirição das testemunhas e de outras provas de natureza urgente. Parágrafo único. Se for o crime de ação pública, o Ministério Público, quando necessário, promoverá a ação civil ou prosseguirá na que tiver sido iniciada, com a citação dos interessados."

deles *depende* da elucidação do outro. Este, então, seria *prejudicial* daquele, na medida em que a apreciação do *prejudicado* (o fato em apuração no processo *penal*) ficaria na dependência da produção da prova em relação ao outro fato (este), objeto de outro processo, de natureza civil.

A explicação é a seguinte: em matéria de processo penal, existem poucas restrições quanto aos *meios* de prova, as quais são limitadas às questões relativas ao *estado civil* (parentesco, filiação, casamento etc.), consoante se vê do disposto no art. 155, parágrafo único, do CPP, ressalvadas, é claro, aquelas obtidas ilicitamente, inadmissíveis no processo, por opção constitucional (art. 5º, LVI).

Assim, quando a prova da existência do crime depender do esclarecimento de tais questões (art. 92 e art. 93, CPP), de natureza cível, o processo deverá ser suspenso, suspendendo-se também o prazo prescricional. Exemplos clássicos de tais situações seriam aquelas envolvendo os crimes contra a filiação (art. 241 e seguintes, CP) e contra o casamento (art. 235 e seguintes, CP).

Pensamos que, também diante de outras questões – senão tão importantes, de todo modo valiosas para a comprovação de determinadas circunstâncias penalmente relevantes (causas de aumento/diminuição, agravantes/atenuantes e de exclusão da pena), tal como ocorre no art. 181, CP –, da mesma forma será possível a suspensão do processo. Nesses casos, em princípio, não seria cabível a suspensão da prescrição, por ausência de previsão legal. Contudo, há de se observar que, ao menos no que tange à comprovação de circunstâncias *mais favoráveis* ao acusado (de novo, o exemplo do art. 181, CP), a suspensão da prescrição permitiria a ampliação da prova no processo de natureza cível e daria mais liberdade ao juiz criminal.

Não terá início também o curso do prazo da prescrição quando o agente se encontrar preso, tanto no Brasil quanto no estrangeiro (art. 116, II, e parágrafo único, CP). Obviamente. Se não se pode ainda executar a pena, não haveria que se falar no curso do prazo de prescrição da pretensão executória – e é dela que se trata. Ver, no particular, as observações que acabamos de fazer ao final do item a.6.4, *retro*.

4a.10.2 Interrupção da prescrição

Nos termos do disposto no art. 117, § 2º, CP, a *interrupção* da prescrição, ao contrário do que ocorre com a *suspensão*, implica a reabertura de sua contagem, iniciando-se novamente todo o curso do prazo prescricional, desde a data em que foi interrompido. A única e óbvia exceção ocorre em relação ao início ou à continuação do cumprimento da pena, já, portanto, no curso de sua execução (art. 117, V). Nesse caso, o tempo efetivamente cumprido haverá de ser computado na prescrição da pretensão executória, eis que apurada sobre o que resta de pena a cumprir (art. 113, art. 117, § 2º, CP).

Conforme se verá, as causas de interrupção da prescrição parecem efetivamente relacionadas com fatos que demonstram a *atividade* dos órgãos de persecução, o que, com efeito, está a indicar que a morosidade e a ineficiência de tais agentes públicos é que estaria no fundo da justificativa para a prescrição. Convém apreciar cada uma de modo separado, alindado pelos respectivos incisos do art. 117, para facilitação da compreensão da matéria.

I – o recebimento da denúncia ou da queixa

Em linhas gerais, significa que o *oferecimento* da peça acusatória não é suficiente para interromper o prazo prescricional, exigindo-se, mais, que a denúncia ou a queixa seja *recebida* pelo magistrado, do que resultaria, em princípio, a sua aptidão para a produção de seus regulares efeitos e a superação das condições da ação. Adiante-se, no ponto, que a *anulação* dessa decisão pelo órgão jurisdicional recursal implicará a *retirada* dos efeitos da interrupção, considerando-se, pois, como não interrompida a prescrição naquela data (do recebimento da peça acusatória).[35] Inclui-se, nessa conclusão, a anulação decorrente do vício de incompetência *relativa* (a incompetência *absoluta* com muito e maiores razões!).

Importante salientar que a queixa mencionada no dispositivo em apreço não é aquela da ação penal *privada*, e, sim, a queixa *subsidiária* ou *substitutiva* da denúncia, nos casos de inércia do Ministério Público, consoante o disposto no art. 29 do Código de Processo Penal.

De fato, há relevantes distinções entre as duas modalidades de ação penal. Na ação *privada*, o princípio fundamental que orienta o seu manejo é a *disponibilidade*, não só da ação, no sentido de ser *facultativa* a sua propositura, mas também do conteúdo do processo, em que se encerra a causa nas hipóteses de perdão e de perempção. Não se fala em *prescrição* na ação privada e sim em *decadência*, cujo prazo, como se sabe, não pode ser interrompido ou suspenso. Por isso, a queixa aqui referida é aquela exercitada pela *ausência* de atuação tempestiva do Ministério Público nas ações públicas.

Assim, no âmbito exclusivo das ações privadas, eventual anulação do recebimento da queixa por vício de incompetência jurisdicional *não invalida* o exercício tempestivo da iniciativa persecutória e não reabre oportunidade para a ocorrência da decadência. É nesse sentido antiga jurisprudência do Supremo Tribunal Federal (STF – 2ª. Turma – HC 63665/RS, Rel. Min. Djaci Falcão, julg. 1º-4-1986 – HC 65.425/SP, Min. Djaci Falcão, 2ª Turma, julg. 27-10-1987), até hoje não modificada.

Por último, mas, não menos importante, no caso de provimento do recurso contra a decisão que rejeitou a denúncia, o acórdão do Tribunal cumprirá a missão de interromper a prescrição, desde que a decisão seja exatamente nesse sentido. Trata-se de questão já sumulada no STF (Súmula 709): *salvo quando nula a decisão de primeiro grau, o acórdão que provê o recurso contra a rejeição da denúncia vale, desde logo, pelo recebimento dela.* É que pode ocorrer, por exemplo, que o tribunal anule a decisão da rejeição por vício de incompetência do juízo, caso em que, evidentemente, não se terá por interrompida a prescrição.

---

[35] Nesse sentido, o seguinte julgado do STJ: HC 153751/SP (*Habeas Corpus* 2009/0224317-6 – Relator: Ministro Jorge Mussi – Órgão Julgador: T5 – 5ª Turma – data do julgamento: 13-3-2012 – data da publicação/Fonte: *DJe* 30-3-2012).

II – pela pronúncia

Nos julgamentos da competência do Tribunal do Júri, há duas fases bem demarcadas. A primeira, destinada à análise prévia da matéria atinente aos crimes dolosos contra a vida, ou seja, acerca da admissibilidade da competência do júri. Nesse juízo de *acusação*, dirigido por e a um juiz singular, são apreciados os elementos de convicção acerca da *materialidade* do crime, bem como da respectiva autoria, a fim de que se saiba que o material disponível é suficiente para submeter o réu ao julgamento pelo corpo de jurados, integrado, como sabido, por pessoas sem formação jurídica (como regra, é claro).

Assim, esse *filtro* procedimental visa impedir que processos absolutamente carentes de material probatório possam desaguar em um julgamento no qual a força da argumentação e da atuação pessoal da acusação (e da defesa, por certo) poderia substituir a exigência da prova material dos fatos. Esse, o problema do júri: decidindo por livre convencimento, nada garante que a formação daquele (convencimento) não se origine de experiências pessoais e preconceitos variados do jurado.

A *pronúncia*, portanto, é a decisão que *admite* a competência do Tribunal do Júri, afirmando a existência de elementos informativos suficientes para a sua apreciação e julgamento pelos jurados. Trata-se, pois, de juízo de *admissibilidade* e não de *certeza*, este último privativo do júri nos crimes dolosos contra a vida.

No caso de sua anulação ou *despronúncia* pelo tribunal (não o do júri!), não se terá por interrompido o prazo, do mesmo modo que ocorre em relação à anulação do recebimento da peça acusatória e da própria sentença ou acórdão condenatórios.

Idêntica consequência deverá ser dada à decisão de *desclassificação* da infração pelo tribunal de segundo grau (em recurso contra a pronúncia), desde que dela resulte a alteração da competência do Tribunal do Júri, isto é, desde que se trate de desclassificação *própria*. Nesse caso, haveria, sem dúvida alguma, *revisão completa* da decisão de admissibilidade da competência do júri, reclamando os mesmo efeitos da anulação do recebimento da peça acusatória por juiz incompetente.

No entanto, quando a *desclassificação* mantiver a competência do júri – desclassificação *imprópria* –, a consequência haverá que ser outra, mantendo-se a interrupção do prazo prescricional. Exemplo: desclassificação da imputação (e da pronúncia) do *homicídio* para *infanticídio*. A pronúncia, nesse caso, estaria *correta* quanto à natureza da infração e, portanto, quanto à competência do Tribunal do Júri para o seu julgamento. Não haveria, assim, *anulação* da pronúncia e nem *revisão* quanto aos seus principais efeitos, associados apenas à *admissibilidade* da competência do júri.

Mas quando a desclassificação provier da apreciação do fato *pelo Tribunal do Júri* não será atingida a interrupção da prescrição consolidada na pronúncia. É que, nesse caso, tratar-se-ia do julgamento do mérito do processo criminal, ainda quando dela (desclassificação) *pudesse* resultar a modificação da competência do júri. É nesse sentido a Súmula 191 do Superior Tribunal de Justiça: *a pronúncia é causa interruptiva da prescrição, ainda que o Tribunal do Júri venha a desclassificar a infração.* Perfeitamente em sintonia com o disposto no art. 492, § 1º e § 2º, CPP.

A interrupção deve ser contada a partir da *publicidade* da decisão, que tanto pode se dar em *audiência* (art. 411, § 9º, CPP), quanto pela sua *publicação* na forma prescrita em lei. O raciocínio, quando nada, encontra conforto na referência explícita que faz o inciso IV, do mesmo art. 117, CP, relativamente à *sentença ou acórdão condenatório recorríveis*. De todo modo, não poderá haver *mais de um prazo* interruptivo. A intimação do réu e de seu defensor tem precedência àquela do Ministério Público, contando-se daí o novo prazo prescricional.

III – pela decisão confirmatória da pronúncia

Como nos processos do Tribunal do Júri existe uma fase de formação de culpa, dirigida por um juiz singular, eventual recurso contra a decisão de pronúncia implicará o sobrestamento do feito, até que o tribunal de segundo grau confirme a decisão (art. 421, CPP). Não fosse assim, se prosseguisse o processo, o julgamento do fato pelos jurados poderia se revelar atividade absolutamente inútil – em prejuízo geral, de todos – sempre que a instância revisora da aludida decisão (de pronúncia) modificasse seu conteúdo para: (a) *absolver sumariamente* o réu (art. 415, CPP), (b) *impronunciar* o acusado, deixando em aberto, ainda, a possibilidade de nova acusação, na hipótese do surgimento de novas provas (art. 414, CPP),[36] ou (c) *desclassificar* a infração, mudando a capitulação do crime (art. 418 e art. 419, CPP).

Assim, e porque paralisado o processo e impedida a persecução penal, também a confirmação da decisão de pronúncia interrompe o prazo prescricional.

Note-se, contudo, que o julgamento dos crimes dolosos contra a vida cometidos por aqueles que detêm foro privativo em razão da função que exercem não obedecerá as regras do CPP, não havendo que se falar em *pronúncia*. O rito processual, em tais situações, será aquele previsto na Lei 8.038/90, acrescido das regras estabelecidas no Regimento Interno do respectivo Tribunal.

IV – pela publicação da sentença ou acórdão condenatórios recorríveis

Com a sentença encerra-se o processo, abrindo-se então a fase recursal, inicialmente na instância ordinária (tribunais de segundo grau), e, depois, nas vias extraordinárias, da jurisdição do Superior Tribunal de Justiça e do Supremo Tribunal Federal.

Já o afirmamos aqui que o fim da *execução provisória* do acórdão de segundo grau (instância ordinária) *poderá* ter como consequência a perda, em certa medida, da *excepcionalidade* da jurisdição também dos nossos Tribunais Superiores em matéria criminal. Mais adiante, explicaremos como, quando e por que isso ocorrerá.

A sentença, então, pondo fim à persecução (ressalvadas as vias recursais), haveria mesmo que ser considerada causa de interrupção da prescrição, dado que, em princípio, já teria havido o *acertamento* dos fatos, após as fases de postulação e de instrução, a demonstrar a regularidade da atuação dos órgãos da persecução penal.

---

[36] Ver, no particular, nossas observações acerca da inconstitucionalidade da referida norma, na medida em que a decisão de impronúncia, após regular instrução judicial, afrontaria o princípio da vedação da reforma *pro societate*. OLIVEIRA, Eugênio Pacelli de, op. cit.

E bem aqui convidamos o amigo leitor a um brevíssimo retorno, não só nesta obra, mas também no tempo. O passeio é necessário.

A redação originária do art. 117 do Código Penal não contemplava o *acórdão condenatório* como causa de interrupção da prescrição. Bem por isso, a jurisprudência aceitava a interrupção da prescrição apenas quando o acórdão condenatório *alterasse a absolvição* de primeiro grau. Naturalmente, pois a decisão de segundo grau *substitui* a de primeiro, equivalendo-se, então, à sentença condenatória ali já prevista àquela época (art. 117, IV, CP).

E isso somente veio a ocorrer com a Lei 11.596/07, acrescentando o acórdão junto à sentença de primeiro grau. É preciso explicar – e entender! – que essa mudança legislativa tinha por fundamento, e única razão de ser, o princípio constitucional da não culpabilidade, cuja força normativa terminou por desaguar na mencionada decisão da Suprema Corte, no HC 84.078/MG, Plenário, Rel. Min. Eros Grau, *DJ* 26-2-2010, que passou a impedir a execução provisória da condenação criminal.

Ou seja, diante do movimento doutrinário e jurisprudencial que se encaminhava pela consolidação da proibição de execução da decisão condenatória dos tribunais de segundo grau, a Lei 11.596/07 cuidou de incluir o acórdão condenatório *também* como interruptivo da prescrição, tendo em vista que a pretensão executória foi prorrogada para depois do *trânsito em definitivo* da condenação, isto é, não só para a acusação (art. 112, I, CP), mas para ambas as partes. E quanto a isso não há dúvidas, pois não corre prescrição se e enquanto impossível a prática do ato processual que impulsiona o processo ou a execução da decisão condenatória.

Ao tempo do Código Penal, então, não constava o acórdão condenatório (de segundo grau) como causa interruptiva por uma razão mais que simples: óbvia! Àquela época, contemporânea ao nosso Código de Processo Penal (1941), a pretensão *punitiva* se encerrava na segunda instância – frise-se que, quanto a isso, nada se alterou na reforma penal de 1984 (Lei 7.209/84)!! Em outras e ainda mais claras palavras: àquele tempo, proferida a decisão do tribunal de segundo grau, mantendo-se a condenação ou reformando-se a absolvição em primeiro grau, tinha início a *execução provisória* da decisão!! Iniciava-se, então, a pretensão *executória* do Estado, na medida em que a interposição de recursos (especial e extraordinário) *não impedia a execução da pena.* A interrupção da pretensão *punitiva* era, pois, consequência lógica, dispensando estipulação expressa.

Relembre-se do fato, de todo significativo, que o Código Penal e o Código de Processo Penal vieram praticamente ao mesmo tempo, havendo entre eles inegável sintonia em grande parte de suas disposições – o que em relevantes pontos se manteve mesmo com a reforma de 1984. Ora, por que então haveria de se prever o acórdão de segundo grau como causa interruptiva da prescrição se a execução da pena ali tinha início? Seria verdadeiro contrassenso!

Com a decisão do Supremo Tribunal Federal, ou seja, com o *fim da execução provisória,* abriu-se, então, imenso hiato entre a sentença de primeiro grau e o trânsito em julgado em definitivo, tendo em vista o acesso inevitável aos recursos especial e extraordinário em matéria criminal, quando nada para se obter a prescrição.

Assim, e malgrado o fato de parte significativa da doutrina e jurisprudência ainda não se alinharem a esse entendimento, pensamos que, para que se dê interpretação teleologicamente adequada em favor da unidade do sistema na referida legislação, o inciso IV do art. 117, Código Penal, há que ser aplicado da seguinte maneira:

a) o acórdão de segundo grau, quando condenatório, sempre interrompe a prescrição;
b) mesmo se o acórdão de segundo grau mantiver a condenação da sentença, *alterando*, porém, *a pena*, seja para reduzi-la, seja por *desclassificação*, seja, enfim, por qualquer razão, estará interrompida a prescrição;
c) não há distinção entre o acórdão *confirmatório* (que confirma a condenação da sentença) e aquele que profere a primeira condenação (caso de absolvição na sentença), que seria, então, o acórdão *condenatório;*
d) a inadmissibilidade do recurso especial ou do recurso extraordinário interpostos implica a impossibilidade do cômputo do prazo prescricional entre o acórdão de segundo grau e a aludida decisão (de inadmissibilidade).

O que importa, para fins de interrupção da prescrição, é a afirmação da culpa e não o fato, em si, da manifestação do tribunal. Não há fundamento e nem previsão legal quanto à distinção entre os efeitos de uma decisão confirmatória e outra condenatória – mesmo porque o acórdão *substitui* a sentença, como se sabe. A previsão legal expressa pela interrupção da prescrição no caso de *confirmação* da pronúncia (art. 117, III, CP) decorre do fato da paralisação do processo até a preclusão da matéria. A pronúncia não constitui julgamento dos fatos, mas simples admissão da competência do Tribunal do Júri.

Não é o que ocorre nas decisões *condenatórias.* Nessas, emite-se juízo de certeza quanto à autoria e à materialidade, cumprindo o Poder Judiciário o seu dever de tutela jurisdicional. Há diferentes efeitos legais somente entre a decisão *absolutória* e a decisão *condenatória.* Apenas esta última se presta a interromper a prescrição, pela afirmação da responsabilidade penal. Não há, portanto, distinção entre a decisão do tribunal que mantém a condenação e aquela que reforma a absolvição em primeiro grau. Ambas *condenam* e, por isso, ambas *interrompem* a prescrição. E, por fim, ambas *substituem* a decisão de primeiro grau (absolutória ou condenatória), como se sabe há muito tempo nos estudos do processo. Em nossa companhia, demonstrando a extensão da alteração legislativa, confiram-se as lições de Paulo QUEIROZ.[37] De se ver, no particular, que inúmeras decisões que afirmavam a distinção entre acórdão *confirmatório* e acórdão *condenatório* faziam-no baseado na *ausência de previsão legal!!!*

---

[37] QUEIROZ, Paulo. *Curso de direito penal. Parte geral. V. 1.* 8. ed. revista, ampliada e atualizada. Salvador: JusPodivm, 2012. p. 578.

A pretensão *punitiva* do Estado, diante da impossibilidade de execução da condenação em segundo grau, haverá que se prolongar até o encerramento final da questão, com a ressalva que segue abaixo. Com isso, imperioso que a decisão de segundo grau, quando condenatória, interrompa a prescrição.

Nesse passo, cabe ponderar ainda o seguinte: mesmo que se admita que a proibição da execução da decisão de segundo grau (execução provisória) implique a perda de *excepcionalidade* da jurisdição dos Tribunais Superiores, normalmente entendida como jurisdição *extraordinária*, o fato é que tanto o recurso especial quanto o recurso extraordinário possuem *fundamentação vinculada*, ou seja, exigem o atendimento de rígidos requisitos para o acesso ao Superior Tribunal de Justiça e ao Supremo Tribunal Federal, exceção feita, obviamente, ao *habeas corpus*, que, todavia, *não é recurso*, mas *ação autônoma*.

Assim, impõe-se a não aceitação da contagem do prazo prescricional nos casos em que tais recursos (especial e extraordinário) não sejam *admitidos*. Foi precisamente nesse sentido a posição do Supremo Tribunal Federal no já citado julgamento do HC 86.125-3, em 16-2-2005, Segunda Turma, relatora a então Ministra Ellen Gracie.

Por fim, impõem-se algumas considerações sobre a data de interrupção da prescrição pela *publicação* da sentença ou do acórdão condenatório.

Em princípio, e ao exame da literalidade do quanto disposto no art. 117, IV, CP, o marco interruptivo da prescrição seria aquele em que se dá publicidade ao ato decisório, geralmente por ocasião da sua publicação.

Há que se ter em mira o fato de que, ao tempo da legislação processual penal de 1941, época também de nosso Código Penal, a sentença *era publicada em mãos do escrivão*, a quem competia lavrar nos autos do processo o respectivo termo, conforme se constata da redação originária do art. 389 do velho CPP. A *intimação* da sentença era ato *posterior*, inconfundível, portanto, com a sua *publicação*. Por isso, se pode concluir que a referência processual relativa ao marco interruptivo da prescrição pela *publicação* da sentença dizia respeito ao ato de *entrega da decisão em cartório*.

No ponto, importante revisitar os fundamentos básicos que costumam legitimar a extinção da punibilidade pela ocorrência da prescrição, e, particularmente, aquele que diz respeito ao controle *de eficiência* da persecução penal, a exigir o pronto cumprimento dos prazos processuais e, antes disso, de celeridade nas investigações.

É por isso que a interrupção da prescrição não está vinculada à ciência que tem as partes da realização do ato de persecução. Essa, a ciência, é fundamental para o início da contagem dos prazos recursais e de outras faculdades processuais que possam ser exercidas por elas, mas nada tem que ver com o curso ou a interrupção da prescrição. Na legislação processual penal atualmente em vigor, não se considera mais a publicação como a entrega da sentença em cartório, mas o ato que lhe dá publicidade.

Em primeira instância, então, as sentenças, como regra, são publicadas em audiência, conforme o disposto no art. 403, CPP, ressalvadas as exceções constantes do mesmo dispositivo legal. Daí se deve concluir o seguinte: o marco interruptivo da prescrição será a data da publicação da sentença, podendo ser em audiência ou por meio de órgão oficial.

Todavia, já em relação aos julgamentos nos Tribunais, não há justificativa para que se entenda a publicação do acórdão como o ato de *publicidade* pela intimação das partes ou pela publicação em órgão oficial. É que as sessões de julgamentos são *públicas* e previamente levadas ao conhecimento público (a repetição da palavra aqui se justifica!). Assim, deve-se considerar como o marco interruptivo da prescrição exatamente a data da sessão de julgamento e não da publicação da decisão.

De notar-se, mais ainda, que tais considerações sequer teriam muita pertinência no âmbito das ações originárias da competência do Supremo Tribunal Federal, tendo em vista inexistir naquela instância recurso cabível contra a decisão do Colegiado. Verdade que ali também cabem os embargos de declaração. No entanto, eles não parecem se ajustar à exigência contida na norma do art. 117, IV, CP, que se refere ao acórdão recorrível. Desnecessário dizer, então, que não se poderia aplicar a causa de redução pela idade (70 anos) quando o aniversário do acusado ocorresse *após* o julgamento, ainda que interpostos embargos de declaração.

Veja-se a jurisprudência:

> Superior Tribunal de Justiça. Para efeito de configuração do marco interruptivo do prazo prescricional a que se refere o art. 117, IV, do CP, considera-se como publicado o "acórdão condenatório recorrível" na data da sessão pública de julgamento, e não na data de sua veiculação no Diário da Justiça ou em meio de comunicação congênere. Conforme entendimento do STJ e do STF, a publicação do acórdão nos veículos de comunicação oficial deflagra o prazo recursal, mas não influencia na contagem do prazo da prescrição. Precedentes citados do Superior Tribunal de Justiça: EDcl no REsp 962.044-SP, Quinta Turma, DJe 7/11/2011; e AgRg no Ag 1.325.925-SP, Sexta Turma, DJe 25/10/2010. Precedentes citados do Supremo Tribunal Federal: AI-AgR 539.301-DF, Segunda Turma, DJ 3/2/2006; e HC 70.180-SP, Primeira Turma, DJ 1º/12/2006. **HC 233.594-SP**, Rel. Desembargadora Convocada: Alderita Ramos de Oliveira, Sexta Turma, julgado em 16/4/2013, vencidos a Min. Maria Thereza de Assis Moura e o Min. Sebastião Reis Júnior. Há mais: HC 89.203/SP, Quinta Turma, Rel. Min. Napoleão Nunes Maia Filho, julgado em 12.08.2012, no qual se assentou em ementa, expressamente, que a *publicidade do julgamento* dispensaria a publicação da decisão.

Na Suprema Corte, a questão parece consolidada nesse sentido – da interrupção na data do julgamento – conforme se vê das decisões proferidas na AP 516 e 470 (ações penais originárias naquela Corte).

Por último, e especificamente em relação à questão da inadmissibilidade dos recursos da via extraordinária, muitos dos quais são interpostos unicamente com pretensões protelatórias, é de se observar que não deveria ser computado o prazo prescricional que corre entre a decisão de segundo grau e a decisão que inadmite os citados recursos. Se não for essa a interpretação mais adequada da matéria estamos absolutamente convencidos de que não haverá um único processo penal em que não se interporá o recurso especial ou o extraordinário. O objetivo seria sempre o de evitar-se, o quanto possível, a pretensão executória.

De outro lado, se *conhecido* e *cabível* o recurso, apreciando-se o seu mérito, a solução deverá ser outra, reconhecendo-se o cômputo do prazo prescricional, independentemente do resultado do julgamento nas instâncias extraordinárias. Nesse caso, então, terá corrido o prazo prescricional (entre a segunda e a instância extraordinária), no âmbito, portanto, da *pretensão punitiva*.

O leitor, porém, há de estar atento! O entendimento que acaba de se expor – da retirada dos efeitos do cômputo do prazo prescricional na hipótese de inadmissibilidade do recurso especial e extraordinário – é francamente minoritário, e, até onde se sabe, limitado àquela decisão proferida pelo Supremo Tribunal Federal aqui já mencionada (HC 86.125-3, Segunda Turma, Rel. Min. Ellen Gracie, julg. em 16-2-2005) e o recente (e merecedor de aplausos) voto eminente ministro Roberto Barroso no informativo 769 do STF, defendendo o entendimento aqui exposto (e também nossa posição acerca do início do prazo da prescrição executória).

Em nosso ponto de vista, pois, a razão do *discrimen* parece-nos justificada: a via recursal *é constitucionalmente reduzida* para as instâncias extraordinárias, o que permite a facilitação de tentativas sabidamente infundadas de seu acesso, com o único objetivo de alongar a persecução penal, diante do público e notório acúmulo de processos naqueles Tribunais Superiores.

Em Portugal, a não culpabilidade prevista na Constituição portuguesa exige o trânsito em julgado para a execução da pena (art. 32, 2). No entanto, a via recursal extraordinária *não impede o trânsito em julgado;* pelo contrário, exige-o (para fixação de jurisprudência, art. 437, 4, CPP). Questão de semântica processual talvez...

Mais sobre o tema, item 4.8.4, *retro*.

V – pelo início ou continuação do cumprimento da pena

Naturalmente, iniciando-se o cumprimento da pena, interrompe-se a prescrição da pretensão executória.

No caso de fuga ou de *revogação* do livramento condicional (art. 86, art. 87 e art. 88, todos do CP), a prescrição será regulada pelo tempo restante da pena, devendo ser considerado, então – por óbvio – o tempo já cumprido. E, embora à primeira vista possa parecer, não se trata de *suspensão* da prescrição. O prazo prescricional que é *recalculado* pelo tempo de pena restante.

VI – pela reincidência

Somente pode ser considerado reincidente aquele que, depois de passada em julgado sua condenação, aqui ou no exterior (art. 63, CP), comete novo crime, ressalvados os *militares* ou *políticos* (com motivação política – Lei 7.170/83), conforme o disposto no art. 64, II, CP.

A primeira questão que aqui se põe diz respeito a qual pretensão estatal estaria sendo atingida: a punitiva ou a executória.

Ao que se vê, estamos a tratar da interrupção da pretensão *executória*, a ocorrer depois de transitada em julgado a sentença condenatória em vias de ser executada ou em execução. Da pretensão *punitiva* é que não se cuida, já que não se pode falar em reincidência antes do trânsito em julgado da condenação no processo em que se postularia tal pretensão (punitiva). Nessa hipótese, de ação penal ainda em curso, a reincidência poderá ser aplicada é na aplicação da pena (art. 61, I, CP). Ver, no ponto, a Súmula 220 do STJ: *a reincidência não influi no prazo da prescrição da pretensão punitiva.*

Mas, ainda que de pretensão executória se trate, tem-se aqui um (pelo menos) enigma. Por que a prática de *outro* fato criminoso poderia interferir na prescrição do crime objeto de execução (penal)?

Uma coisa é aceitar a validade da reincidência para fins de agravamento da pena (art. 61, I, CP), como já o fizemos. Outra, muito diferente, é admitir efeitos de interrupção do prazo prescricional – cujos fundamentos nada têm que ver com o comportamento do agente – pela prática de outros atos não relacionados com a condenação ou com a leniência estatal.

No entanto, ainda que *inexplicável* a opção do legislador, nem por isso nos animamos a ver nela alguma inconstitucionalidade. A matéria, efetivamente, é de conformação legislativa. Nem tudo que não gostamos ou com o que não concordamos é inconstitucional. A abertura dos princípios constitucionais não pode impor camisa de força à atividade legiferante, por pior que sejam os seus protagonistas em cada momento histórico de nossa trajetória. De lembrar-se, no particular, que, se a *prescritibilidade* (na verdade, há referência apenas à *imprescritibilidade!*) vem referida no texto constitucional (art. 5º, XLII e XLIV), não é ali que se dispôs sobre seus prazos e causas de interrupção.

A interrupção se daria, então, na data do fato ou do trânsito em julgado da decisão que condenar o seu autor?

Não chegaríamos até aí (exigência do trânsito em julgado) com a força normativa do princípio da não culpabilidade, na medida em que não se está a impor consequências *ao fato recém praticado*, mas à contagem do prazo prescricional de outro fato já julgado e (a ser) objeto de execução penal.

De outro lado, como atestar a prática efetiva de outro crime? Indiciamento em inquérito policial?

Aqui, parece-nos que a saída será o manejo da analogia. Se o recebimento da denúncia ou da queixa é causa interruptiva da prescrição da pretensão punitiva, por que não a admitir também na *executória*? Assim, desde que recebida a acusação no outro processo, tendo por objeto o novo fato praticado, poder-se-ia pensar na aplicação da interrupção da prescrição pela reincidência. Essa é a solução que nos parece mais adequada.

VII – A comunicabilidade da interrupção

Código Penal – Art. 117[...]

§ 1º Excetuados os casos dos incisos V e VI deste artigo, a interrupção da prescrição produz efeitos relativamente a todos os autores do crime. Nos crimes conexos, que sejam objeto do mesmo processo, estende-se aos demais a interrupção relativa a qualquer deles.

A legislação penal e processual penal brasileira comete frequentes deslizes quando se refere aos *autores do crime,* sem apontar *quando* e em que circunstâncias será possível que alguém seja assim considerado.

Naturalmente, a *não culpabilidade* surge como o primeiro óbice ao alargamento da expressão *autor* do crime, ao se referir ao trânsito em julgado da sentença penal condenatória. É dizer, autor só poderia ser aquele definitivamente condenado pela prática de infração penal, sem que também se desça à questão da extensão do significado de *autor* em eventual concurso de agentes, em que também se verifique a participação.

No entanto, como estamos a tratar apenas da interrupção do prazo prescricional, questão ligada à eficiência da atuação dos órgãos públicos e inutilidade da pena em determinadas hipóteses (pelo longo transcurso do tempo), parece-nos irrecusável a competência do legislador para regular a matéria, sem violação ao aludido princípio (da não culpabilidade). E acabamos de dar um exemplo, ao reconhecermos válida a interrupção pela reincidência, a tanto considerando, porém, não a data do *novo* fato, mas aquela do eventual *recebimento* da acusação em relação a ele (VI, *retro*).

Afirma, então, o art. 117, § 1º, que, excetuados os casos dos incisos V e VI, atinentes à execução da pena e, portanto, da pretensão executória (cumprimento de pena e reincidência), que as demais hipóteses de interrupção da prescrição teriam efeitos em relação *a todos os autores do fato.*

Vamos supor, então, que cinco pessoas sejam acusadas de um crime. Se o juiz receber a denúncia contra apenas um deles, estaria interrompida a prescrição também em relação aos demais. O fato de a acusação não recorrer dessa decisão, ou seja, concordar que a denúncia não deveria mesmo incluir os outros quatro, em princípio, não teria maiores influências sobre a questão. Em outro processo contra tais pessoas se poderia ainda arguir a interrupção da prescrição, segundo o citado dispositivo legal.

E se é assim em relação àqueles contra os quais efetivamente se ofereceu a denúncia, o mesmo haverá de ocorrer em relação àqueles ali não incluídos, por quaisquer razões (ausência de provas, por exemplo). De modo que, surgindo elementos informativos em desfavor deles, tanto se poderia *aditar* a acusação (se, ainda cabível e conveniente no processo em curso), quanto oferecer-se nova peça acusatória. E, nessa situação, *seria computada,* também em relação a eles, a interrupção da prescrição.

Do mesmo modo, no mesmo exemplo, se, recebida a denúncia ou queixa contra todos, apenas um dos acusados for *condenado – absolvidos os demais!* – a interrupção da prescrição se daria em relação a *todos.* Isso, segundo os termos do art. 117, § 1º, CP.

Estamos de acordo, em geral, com as aludidas prescrições legais, mas não poderíamos deixar de fazer um reparo, relativamente à decisão de *absolvição*.

Se é verdade que o *recebimento* da peça acusatória traduz juízo meramente *delibativo* – no sentido de *experimentação*, isto é, de decisão, se não *superficial*, mas *limitada* quanto ao conteúdo –, já a sentença de *absolvição* deveria seguir caminho e consequências bem diferentes.[38]

É que, segundo nos parece, a sentença (e o acórdão!) *absolutória* constitui o termo final de um processo de amplo conhecimento da matéria, no qual serão apreciadas todas as questões relevantes do *fato imputado*, desde a fase de postulação, de instrução e de julgamento. Não por outra razão, a eficácia preclusiva da sentença, ao contrário da decisão de *recebimento* da acusação, produz efeitos de coisa julgada *material*, impedindo a rediscussão da matéria *em qualquer outro processo ou instância* (desde que passada em julgado, é claro!).

Imagine-se a hipótese de um processo em que *todos os acusados* tenham sido absolvidos na sentença! Aqui, – não há controvérsia! –, a sentença absolutória *não interromperá* o prazo prescricional, pela ausência de condenação de qualquer um deles!

A pergunta que deve ser feita então é: por que razão o juízo *condenatório* em relação a um ou mais acusados deveria estender seus efeitos àquele que foi igualmente julgado, mas *absolvido*?

Bem, pode-se argumentar que esta teria sido a escolha do legislador, nada se podendo falar, em princípio, sobre a sua invalidade constitucional. Frágil o fundamento, ao que nos parece.

Ora, embora acreditemos se cuidar de matéria submetida à conformação legislativa, ou seja, de matéria de competência do legislador, sem vinculação *direta* ao texto constitucional, nem por isso se deverá aceitar qualquer escolha ou opção normativa sobre ela. Há outros princípios que, senão *diretamente* relacionados, poderiam estar a reclamar aplicação, ainda que indiretamente, ou seja, como normas gerais. Tal seria o caso, a nosso aviso, do princípio da igualdade de tratamento judicial para questões de idêntica configuração.

A *sentença condenatória* foi escolhida como critério ou como marco interruptivo da prescrição por razões as mais óbvias: ela encerra o processo judicial de conhecimento, após a superação de *todas as fases procedimentais* previstas para a completa e cabal apreciação estatal dos fatos. E, mais que isso, implica a operatividade do sistema e o cumprimento dos prazos estipulados para o devido processo penal persecutório.

Ocorre, entretanto, que a decisão *absolutória* cumpre a mesma função de *acertamento* definitivo da questão penal (ressalvada a possibilidade de recurso)! Só que, ao contrário da condenação, a absolvição afirma *a inexistência de responsabilidade penal*

---

[38] Ver artigo em coautoria sobre o tema, com ressalva e reserva pessoal de; parte de suas conclusões. OLIVEIRA, Eugênio Pacelli de; COSTA, Domingo Barroso da. *Prescrição do art. 117, § 1º, do Código Penal e sua interpretação conforme a Constituição: a absolvição, a pronúncia, a condenação e a interrupção da prescrição*. Disponível em: <www.eugeniopacelli.com.br/publicações/artigos> e em *Boletim IBCCRIM*, nº 241, dez. 2012, p. 9-10.

daquele acusado! De ver-se que a aludida decisão é portadora de vários efeitos processuais, incluindo a imediata soltura daquele que estiver preso cautelarmente! Por que, então, recusar-lhe o efeito de *afastamento da interrupção* do prazo prescricional, *em relação a ele*, como ocorreria no caso em que todos os réus fossem absolvidos? Por que a condenação de *um* se sobrepõe à absolvição de *outro*, quanto aos efeitos da prescrição?

Pensamos, portanto, que não se deveria recusar o significado eloquente de uma decisão absolutória, via da qual o Estado afirma a *improcedência* de sua atuação/acusação. Veja-se: quando não se tem acusação alguma contra quem quer que tenha sido o autor do fato, não se interrompe a prescrição; quando, porém, se absolve um dos acusados, interrompe-se o curso do prazo prescricional unicamente pelo fato de ter havido a condenação de outro!

Uma coisa é o *desconhecimento* acerca da *totalidade* dos responsáveis pelo delito. A condenação de um único acusado pelo fato deveria mesmo ter efeito em relação aos demais autores, ainda desconhecidos. Mas outra coisa é a afirmação judicial da ausência de responsabilidade penal de quem tenha sido acusado, qualquer que seja o motivo. Lá, não se sabia *quem;* aqui, afirmou-se *não ser alguém*!

E nem se diga que o mesmo poderia ser alegado em relação às decisões de rejeição de denúncia ou de impronúncia, quando recebida a peça acusatória em relação a outro e pronunciado um dos acusados. Não.

O que é decisivo como razão do tratamento diferenciado aqui propugnado é o fato de apenas a *sentença* poder ser considerada uma decisão *definitiva*. O recebimento da acusação e a pronúncia no Tribunal do Júri constituem somente *juízos de admissibilidade*, sem a extensão e a profundidade exigidas para a sentença. Eis aqui, portanto, a diferença entre os mencionados atos processuais: é de conteúdo e de significados! Na sentença definitiva, todas as diligências cabíveis teriam sido adotadas pelos órgãos da persecução criminal e devidamente apreciadas pelo Poder Judiciário. Nas demais, não.

Não é esse, porém, o entendimento do Supremo Tribunal Federal, nem dos demais tribunais nacionais, e, tampouco, de nossa doutrina, ate onde sabemos. Para eles, há que se seguir a letra seca da lei, impondo-se a interrupção da prescrição em relação a todos, desde que: (a) recebida a denúncia em relação a um dos acusados, (b) pronunciado um dos réus, ou (c) condenado um dos acusados.

Nosso compromisso não é com as certezas de uma (jurisprudência) ou de outra (doutrina), ainda que originárias da Suprema Corte. Essa é uma obra de dogmática penal, livre para a reflexão e para a construção de melhores soluções às necessidades de nosso dia a dia. É nosso dever *apontar a posição* da *jurisprudência* e da doutrina; não o de acompanhá-los.

Observe-se, ainda, que a parte final do dispositivo (art. 117, § 1º, CP) se reporta aos *crimes conexos* que sejam objeto *do mesmo processo*. Explica-se: a conexão (art. 76, CPP) é critério de *modificação* da competência jurisdicional, ancorado em duas sólidas motivações, a saber: (a) a facilitação do julgamento de dois ou mais fatos, com a otimização da instrução criminal, mediante a reunião dos processos; e (b) a ampliação da visibilidade acerca da responsabilidade penal, na medida em que apenas a reunião dos processos é que, em alguns casos, comprovará a participação de alguns na pluralidade dos fatos. A conexão, portanto, tem por objetivo a reunião e a unidade dos processos (com crimes conexos) e a unidade do julgamento dos fatos.

Precisamente por isso, o art. 117, CP, somente se refere aos crimes conexos já reunidos no mesmo processo. Só assim seria possível a visão *do todo*.

E também aqui, e com muito mais razões, pensamos que a absolvição de um dos acusados não deveria sofrer a consequência da interrupção da prescrição pela condenação de alguém em crime conexo! Na *continência*, art. 77, CPP, todos os réus são acusados *do mesmo fato*; na conexão, não. O que autoriza a reunião dos processos conexos é a identidade ou a afinidade de questões entre um e outro, mas não, necessariamente, a coautoria e participação.

VIII – Nulidade da sentença ou do acórdão

Conforme já havíamos antecipado, na abordagem relativa ao *recebimento* da acusação, a nulidade da sentença condenatória haverá que portar os mesmos efeitos, ou seja, o de não interrupção da prescrição, dado que a decisão anulatória retira-lhe a eficácia interruptiva.

De ver-se que apenas a anulação da sentença ou do acórdão teria esse efeito. Eventuais reformas ou revisões parciais, sobretudo no que tange à modificação da pena, não impedirão a interrupção da prescrição.

Haverá de reparar o leitor que estamos a nos referir indistintamente à sentença e ao acórdão, como se ambos tivessem a mesma consequência. E é exatamente o que ocorre, segundo julgamos ter demonstrado.

Quanto ao acórdão, já assentamos que tanto aquele que *confirma* a condenação de primeiro grau, quanto o que revê a *absolvição* e faz surgir, pela primeira vez, a condenação, se prestam a interromper a prescrição. Sabemos que a maioria da doutrina e praticamente a totalidade da jurisprudência caminha em sentido contrário.[39]

No entanto, após a Lei 11.596/07, que, *expressamente*, passou a incluir o *acórdão condenatório* como marco interruptivo da prescrição, junto à sentença condenatória (art. 117, IV, CP), não vemos como sustentar o antigo entendimento que se perpetua, conforme já expusemos no local apropriado (abordagem do item IV, *retro*).

Assim, e como também o acórdão poderá interromper a prescrição da pretensão punitiva (relembre-se de que a pretensão executória somente começa a correr após o trânsito em julgado *em definitivo*, isto é, para ambas as partes), sua eventual anulação (do acórdão) pelas instâncias superiores poderá retirar tais efeitos interruptivos.

---

[39] A confirmar o que se vem de afirmar, citam-se, por todos, os seguintes julgados do STJ: HC 183735/RR (*Habeas Corpus* 2010/0160703-1) – Relatora: Min. Maria Thereza de Assis Moura – Órgão Julgador: T6 – Sexta Turma – data do julgamento: 20-3-2012 – data da publicação/Fonte: *DJe* 11-4-2012; HC 143594/MT (*Habeas Corpus* 2009/0147777-3) – Relator: Ministro Jorge Mussi – Órgão Julgador: T5 – Quinta Turma – data do julgamento: 25-5-2010 – data da publicação/Fonte: *DJe* 2-8-2010 e HC 155290/SP (*Habeas Corpus* 2009/0234527-0) – Relator: Min. Napoleão Nunes Maia Filho – Órgão Julgador: T5 – Quinta Turma – data do julgamento: 11-5-2010 – data da publicação/Fonte: *DJe* 31-5-2010.

De outro lado, nas ações penais originárias, cuja decisão somente poderá ser revista nas vias recursais extraordinárias (recurso especial e extraordinário), também se poderá pensar na retirada dos efeitos de interrupção da prescrição, se acolhidos os aludidos recursos, *para fins de anulação do acórdão*. Na hipótese de revisão do mérito – absolvição – o acórdão seguirá mantendo sua eficácia interruptiva, do mesmo modo que ocorre com a sentença condenatória de primeiro grau.

4a.10.3 Suspensão da prescrição

Ao contrário da interrupção, a suspensão não obsta a continuidade do andamento do prazo prescricional, pressupondo o prosseguimento de seu curso. A partir dela, suspensão, conta-se apenas o prazo restante.

As primeiras hipóteses de suspensão do prazo prescricional podem ser entendidas também como casos de *impedimento* de seu curso, tal como consta do art. 116, CP. É que, antes de se poder identificar aquelas circunstâncias (questão de que dependa a existência do crime discutida em outro processo e cumprimento de pena no exterior), não se poderá negar que o prazo prescricional poderia já estar em curso. Por isso, alguns autores não fazem distinção entre causas de impedimento e de suspensão da prescrição.

Como regra, apenas a lei poderá prever situações interruptivas ou suspensivas da prescrição. E, mais, desde que se trate de circunstâncias associadas aos fundamentos da prescrição (desnecessidade ou inutilidade da pena e perda de eficácia probatória).

Nesse passo, a norma contida no art. 366, CPP, com redação dada pela Lei 9.271/96, contempla verdadeira causa *suspensiva* do prazo prescricional, ao tempo em que consagra também a suspensão *do processo*, no caso de citação do réu por edital. E perfeitamente justificada, na medida em que a paralisação do processo impediria mesmo a prática de qualquer ato de perșecução. A ressalva diz respeito à eventual necessidade de produção de prova considerada urgente, e cuja eficácia restaria comprometida pelo transcurso do tempo. Note-se que não é a prova que é urgente, mas a necessidade de sua *antecipação*, por risco de perecimento (art. 366, CPP).

E até quando se estenderia a suspensão do processo e do prazo prescricional? Indefinidamente, enquanto não se apresentar o *citando* (réu)?

Pensamos que não há razão alguma para que a norma do art. 366, CPP, não siga a mesma trilha das regras gerais contidas no art. 109, CP. Ora, qual a diferença entre o desaparecimento do suposto autor do fato *antes* da ação penal, *e/ou depois* de sua deflagração, quando tentada a sua citação por edital? Rigorosamente nenhuma! Não há, com efeito, interrupção da prescrição pelo fato de não se encontrar o agente na fase de investigação. Cabe ao Estado diligenciar na sua busca, valendo-se, inclusive, da prisão preventiva, para fins de garantia da aplicação da lei penal (art. 312, CPP).

Por que, então, seria diferente, no curso da ação penal, quando infrutíferas as tentativas de sua citação pessoal e realizado o ato por meio de edital? Acaso, seria vedada a decretação da preventiva? Naturalmente que não.

Não foi o que pareceu, contudo, à Primeira Turma do Supremo Tribunal Federal, no julgamento do RE 460971, Rel. Sepúlveda Pertence, 1ª Turma, *DJ* 30-3-2007.[40] Ali se decidiu que o art. 366, CPP, ao não prever qualquer prazo máximo para a suspensão da prescrição, teria instituído nova hipótese de imprescritibilidade, o que seria válido aos olhos da Constituição da República. Decisão manifestamente equivocada, como se vê!

Em sentido diametralmente oposto, porém – e correto! –, tem-se o disposto na Súmula 415 do Superior Tribunal de Justiça, cujo enunciado assim prevê: *o período de suspensão do prazo prescricional é regulado pelo máximo da pena cominada.* É dizer, aplicam-se os prazos prescricionais contidos no art. 109, CP, como não poderia deixar de ser.

Outras modalidades de suspensão do prazo prescricional encontram-se na legislação tributária, bem como da interpretação que dela fez o Supremo Tribunal Federal.

A primeira, nascida com a Lei 9.964/00, cuida da suspensão da pretensão punitiva (art. 15º) nas hipóteses em que o contribuinte devedor de tributos estiver incluído no regime de parcelamento ali instituído (REFIS). Ora, suspender-se a pretensão punitiva implica, evidentemente, suspender o curso do prazo prescricional, conforme aqui se tem sustentado exaustivamente. Além do mais, a previsão de suspensão da prescrição é *expressa* na referida lei.

Depois dela, outras vieram lhe fazer companhia, caso, sobretudo, da Lei 10.684/03, que, não só manteve as regras antecedentes, mas ampliou as hipóteses de *parcelamento do débito* tributário, para alcançar também aqueles de natureza *previdenciária.* Referida legislação se aplica aos delitos capitulados na Lei 8.137/90 (art. 1º e art. 2º), no art. 168-A e art. 337-A, ambos do Código Penal. Criou-se ali outra modalidade de parcelamento suspensivo da pretensão punitiva e, via de consequência, do prazo prescricional: o Paes, mantido também o Refis.

Ainda depois dela, a Lei 11.941/09 manteve a festa geral com os tributos e contribuições sociais devidos e objeto de ações definidas como crime, conforme o disposto no art. 68. Leitura mais atualizada das aludidas leis indicam que o parcelamento poderá ser obtido – e, sobretudo, seus *efeitos*! – até mesmo quando já instaurada a ação penal.

O Supremo Tribunal Federal, inevitavelmente, terá que se debruçar sobre tais questões, diante do ajuizamento da ADI 4.273, Rel. Min. Celso de Mello, tratando da possível inconstitucionalidade das apontadas regras constantes da Lei 11.941/09, e, também, da ADI 4974, Rel. Min. Rosa Weber, na qual se questiona a validade da extinção da punibilidade pela confissão do agente, conforme consagrado no art. 337-A, CP. Não bastasse, a Suprema Corte já admitiu a repercussão geral no Recurso Extraordinário 462.760-RS, Rel. Min. Ricardo Lewandovscki, que tem por objeto a possível inconstitucionalidade da suspensão da pretensão punitiva pelo parcelamento do débito tributário/previdenciário (Lei 10.684/03). Mais adiante ainda voltaremos sobre alguns desdobramentos dessas questões (outras hipóteses de extinção da punibilidade).

---

[40] Cumpre registrar que foi reconhecida Repercussão Geral no RE 600851RG/DF, no qual, finalmente, o Pleno do STF deve dar contornos definitivos à interpretação do art. 366, CPP.

O fundamento constitucional utilizado em todos os citados procedimentos ancora-se no postulado da proporcionalidade, na perspectiva da proibição de proteção deficiente, ou, como preferimos, na máxima efetividade dos direitos fundamentais.

Se, por um lado, não se pode criticar a política fiscal orientada por critérios mais pragmáticos na arrecadação tributária, de outro, o mesmo não ocorre em relação à política criminal em relação ao alto volume de sonegações fiscais. São coisas completamente distintas.

Com efeito, a maioria dos casos penais que chegam aos tribunais diz respeito a médias e pequenas empresas com dificuldades financeiras, sempre às voltas com a mais elevada carga tributária do mundo ocidental. A atividade empresária no Brasil é de grande risco, o que facilita ou deságua na informalização das relações de trabalho e outros problemas.

De outra parte, há delitos (art. 2º, Lei 8.137/90, por exemplo) em que o repasse do valor descontado da remuneração do empregado, a título de tributo devido, não se realiza em razão de dificuldades de caixa supervenientes ao fato da apropriação. E mais. Há casos em que sequer se realiza o *desconto*, já que o empresário se vê obrigado a recorrer a empréstimos bancários para saldar os salários dos empregados. Em tais situações, o manejo do Direito Penal é absolutamente indevido e mesmo contraproducente.

No entanto, há também um grande volume de milionárias sonegações fiscais, mediante falsificação de documentos, fraudes e outras *embalagens* de igual censura, em prejuízo de todos, seja no âmbito do mercado interno, relativamente à maior competitividade daquele que não recolhe tributos, seja em relação à totalidade dos contribuintes, sobretudo os assalariados, que sequer têm a opção de pagar (ou não) em dia os seus impostos.

O que não parece admissível é a instrumentalização do Direito Penal como agente de cobrança do Estado. Por que não fazer o mesmo, então, em relação aos demais delitos de fundo patrimonial que não envolvam violência ou grave ameaça contra pessoa? Por que não se decretar a extinção da punibilidade da apropriação indébita, do estelionato, do furto, da receptação etc., quando devolvida a coisa ou valor?

Bem, a outra modalidade de suspensão da prescrição a que havíamos nos referido diz respeito à interpretação criada pelo Supremo Tribunal Federal em relação ao *exaurimento* das instâncias fazendárias na constituição do crédito tributário.

No julgamento do HC 81.611/SP, Rel. Min. Sepúlveda Pertence, em 10-12-2003, o Plenário da Suprema Corte decidiu que o Erário somente poderá cobrar os tributos e as contribuições devidas após o esgotamento das vias administrativas competentes.

Embora a ementa do acórdão tenha se reportado *também* à suposta *condição objetiva de punibilidade*, o que parece ter ficado assentado é que o esgotamento das instâncias administrativas tributárias constitui, na verdade, *elemento normativo do tipo*, de tal modo que o tributo ou a contribuição somente seriam *devidos*, para os fins da configuração dos tipos penais, a partir daquela decisão (fazendária) definitiva. É dizer: o *trânsito em julgado* administrativo seria *elemento do tipo* e não *condição objetiva de punibilidade*.

Por isso, e para espancar inevitáveis discussões acerca da questão, o Supremo Tribunal Federal editou a Súmula Vinculante de nº 24, que tem a seguinte redação: *não se tipifica crime material contra a ordem tributária, previsto no art. 1º, incisos I a IV, da Lei 8.137/90, antes do lançamento definitivo do tributo.*

Há uma série de equívocos e de incompreensões entre o que consta do acórdão e o que afinal se pretendeu decidir, sem falar em julgados subsequentes sobre a mesma matéria.

No entanto, a Súmula parece ter esclarecido o seguinte: (a) em primeiro lugar, reconhece-se a diferença entre crimes *materiais* e crimes *formais* em matéria tributária, o que já não é pouco, e (b) em segundo, e o mais importante, é que apenas os primeiros, isto é, apenas os crimes *materiais* comporiam aquele cenário da exigência de esgotamento das instâncias fazendárias para a configuração do tipo penal. Assim, e, como exemplo, seriam *materiais* os delitos contidos no art. 1º, da Lei 8.137/90, e art. 337-A, CP, ao exigirem resultado material na respectiva tipificação. Nessas hipóteses, sequer seria possível a instauração de inquérito policial.

Já os crimes previstos no art. 2º da mesma Lei 8.137/90, bem como do art. 168-A, CP, ao contrário, seriam crimes *formais,* de tal maneira que já seria possível a instauração da persecução penal (inquérito policial e processo) contra condutas assim capituladas.

Tudo muito bem, tudo muito claro (?)! O problema é: não se teria aqui qualquer causa de *suspensão* do prazo prescricional, na medida em que, uma vez não configurado o tipo, não há se falar em crime, e, menos ainda, em curso do prazo prescricional para a sua persecução! Nem causa *interruptiva* seria, se entendida a questão (esgotamento da via administrativa), como parece ser o caso, como elemento do tipo e não como condição objetiva de punibilidade, cuja conceito já vimos e para lá remetemos o leitor.

O que, porém, é de todo inaceitável, *data venia,* é pretender estender os efeitos de semelhante interpretação e exigência ao crime de descaminho, conforme art. 334, CP. Estamos a nos referir apenas ao descaminho e não ao contrabando. A diferença entre eles é significativa: no contrabando há a internação clandestina de mercadorias cuja importação é proibida! Ou seja, não há a constituição do crédito tributário *também* por esse motivo!

Ao manifestamente errôneo pressuposto de que se trataria de crime de natureza unicamente tributária, as duas Turmas do Egrégio Superior Tribunal de Justiça vêm decidindo que haveria suspensão da pretensão punitiva (e da prescrição) também para o crime de descaminho, enquanto não exaurida a via administrativa fazendária. É ver: STJ – RHC 31.368-PR – 5ª Turma, julg. em 8-5-2012; HC 201.164/PR, julg. em 8-11-2011; e RHC 25.228/RS, 6ª Turma, julg. em 27-10-2009.

Nada mais equivocado!

Por uma razão dolorosamente simples: *não há previsão legal de constituição do crédito tributário* no descaminho. A consequência tributária para o delito é a pena de *perdimento* do bem clandestinamente introduzido, sem o pagamento do tributo. Basta ver o quanto se contém no DL 37/66, art. 1º, § 4º, III, no Regulamento Aduaneiro (art. 71, Decreto 4.543/02, art. 689, Decreto 6.759/9), e, ainda, no Decreto 1.455/76, com redação dada pela Lei 10.637/02. Também, em relação ao PIS e à Cofins, Lei 10.864/04 (art. 2º, III).

Não há meio-termo: se o bem é declarado às autoridades alfandegárias, é cobrado o tributo para a internação regular; se não é declarado, aplica-se a pena de *perdimento*. Então, não há o que ser suspenso, a menos que se queira aguardar o desfecho final do procedimento administrativo do *perdimento*, o que, convenhamos, ultrapassaria os limites do razoável!

Não bastasse tudo isso, de ver-se que a Súmula Vinculante 24 somente se refere aos crimes *materiais*, o que não é o caso do descaminho! Incabível, portanto, a pretendida analogia.

4a.10.4 Imprescritibilidade

> Constituição da República – Art. 5º
>
> [...]
>
> XLII – a prática do racismo constitui crime inafiançável e imprescritível, sujeito à pena de reclusão, nos termos da lei;
>
> [...]
>
> XLIV – constitui crime inafiançável e imprescritível a ação de grupos armados, civis ou militares, contra a ordem constitucional e o Estado Democrático;

A renúncia à punibilidade de um fato legal e criminalmente censurado há que ser mesmo justificada. E vimos que a prescrição atende às exigências nesse sentido. O *esquecimento* e/ou a *superação* das consequências do crime pode se revelar, sob determinadas condições, mais proveitosa que a sua punição.

No entanto, entendeu por bem nosso constituinte em tornar *imprescritíveis* determinados delitos, à vista de sua notória e compartilhada censura, sobretudo no que diz respeito ao *racismo*, manifestação insuportável de ódio e de discriminação racial, em tudo violadora dos direitos humanos e, em especial, de sua intrínseca dignidade. Naturalmente que há crimes *mais graves* que o racismo, sobretudo a se considerar a pena máxima prevista nos tipos. Todavia, há que se obtemperar que a imprescritibilidade de que ora se cuida tem nítido caráter *civilizatório*, orientado por inevitável e bem-vinda pedagogia de respeito e de construção da cidadania, necessária principalmente se considerado nosso passado de escravidão que ainda hoje reverbera em exclusão social. Mais que simples *simbologia* de tutela penal, busca-se dignificar em grau mais elevado a igualdade entre os homens.

Não se recusa, por óbvio, a gravidade das ações armadas, de origem civil ou militar, contra a ordem constitucional e contra o Estado de Direito. O problema reside é na adequada capitulação legal de tais infrações, bem assim nas dificuldades de uma segura conceituação do significado de tais expressões. Quem poderá garantir a longevidade da compreensão atual acerca do papel, das funções, e, assim, do significado de

Estado de Direito no mundo contemporâneo? Não estaremos todos à mercê da força de coerção estatal de cada momento histórico (incluindo o Poder Judiciário)?

Atualmente, há alguns tipos penais tratando de ações armadas contra instituições públicas representativas do Estado (Lei 7.170/83). No entanto, não se pode afirmar sequer a plena validade de seus tipos e, menos ainda, da adequação deles ao modelo de imprescritibilidade consagrado na Constituição da República.

Também o Estatuto de Roma se refere à imprescritibilidade de alguns crimes considerados contra a humanidade, conforme se vê de seu art. 29, no âmbito do Tribunal Penal Internacional. Relembre-se, no ponto, que a Constituição da República admite a validade dos Tratados e das Convenções Internacionais (art. 5º, § 2º e § 3º), bem como a jurisdição subsidiária dos Tribunais Penais de mesma índole (internacionais), a cuja criação tenha o Brasil aderido, consoante o disposto no art. 5º, § 4º, CF.

Por último, reitere-se a possibilidade, em tese, da legislação ordinária afastar a prescrição para determinados crimes (imprescritibilidade, portanto), desde que e se devidamente justificado no âmbito de uma política criminal direcionada pela mínima intervenção, mas, também, pela efetiva tutela penal dos direitos fundamentais.

Não é o caso, como visto, da regra constante do art. 366 do CPP, apesar da decisão emanada da Primeira Turma do STF, exatamente no sentido da suspensão *ad infinitum* do prazo prescricional, enquanto não encontrado o acusado citado por edital. Como tivemos oportunidade de objetar, não há a menor consistência no argumento de se identificar a *paralisação* do processo *por ausência* do réu com os relevantes motivos de política criminal que haverão de legitimar a imprescritibilidade.[41] Correto, portanto, o entendimento consagrado na Súmula 415 do STJ, em sentido contrário àquele julgado da Suprema Corte.

4a.10.5 Outras questões

Como estamos a ver, a prescrição é tema de grande interesse no Direito Penal, desdobrando-se em várias possibilidades de aplicação e de contagem e/ou cômputo de seus prazos.

Fosse possível uma síntese, diríamos que a prescrição constitui alternativa de política criminal comum à grande maioria dos ordenamentos jurídicos, fundada na desnecessidade da pena pelo decurso do tempo, em atenção, então, à busca de superação das consequências do crime e dos riscos dos efeitos da pena criminal. A pretensão será *punitiva* enquanto não se puder *executar* a decisão condenatória.

Quanto aos seus prazos, se eles, de modo geral, se regulam pela pena abstrata (art. 109, CP), poderão ser contados pela pena concretizada na sentença ou no acórdão condenatórios, quando ausente ou improvido o recurso da acusação, caso em que a contagem poderá ser feita até mesmo *retroativamente*, não podendo ser considerado, porém, o prazo anterior ao recebimento da peça acusatória, pelo menos em relação

---

[41] A matéria está afetada ao Plenário do STF, admitida que foi a Repercussão Geral no RE 600851RG/DF.

aos fatos praticados a partir da Lei 12.234/10. Alerta: uma coisa é a *contagem* do prazo prescricional pela pena concretizada *pela ausência* de recurso da acusação: o que então poderá restar prescrita é a pretensão *punitiva*. A (prescrição) *executória*, só com o trânsito em julgado em definitivo (para ambas as partes).

Vejamos, então, e ainda, algumas e últimas considerações sobre a matéria.

a) A prescrição da pena de multa

> Art. 114. A prescrição da pena de multa ocorrerá:
>
> I – em 2 (dois) anos, quando a multa for a única cominada ou aplicada;
>
> II – no mesmo prazo estabelecido para prescrição da pena privativa de liberdade, quando a multa for alternativa ou cumulativamente cominada ou cumulativamente aplicada.

Autoexplicativo o dispositivo. Se a pena de multa é a única cominada no tipo, ou se foi a única aplicada (no caso de prever o tipo penas alternativas), o prazo de prescrição será de dois anos. Quando aplicada cumulativamente à outra, ou nos demais casos, em que ela é *cominada* no tipo, cumulativa ou alternativamente (mas não aplicada), o prazo prescricional será o mesmo daquele previsto para a pena privativa da liberdade, ou seja, do art. 109, CP.

Dispõe ainda, o art. 51 do Código Penal, que a pena de multa, após o trânsito em julgado, será considerada *dívida de valor*, sendo-lhe aplicadas as normas da legislação relativa à dívida ativa da Fazenda Pública, inclusive no que concerne às causas interruptivas e suspensivas da prescrição.

Como a matéria relativa à prescrição é de *conformação legislativa*, ou seja, encontra-se na disponibilidade da regulação por lei, pensamos perfeitamente válida a norma, ainda que dela resulte tratamento mais gravoso ao condenado à pena de multa, já que o prazo prescricional para a cobrança da dívida ativa é de cinco anos. Haveria, então, alteração do prazo prescricional da pretensão *executória*, que pressupõe a coisa definitivamente julgada.

Não podemos esquecer que a flexibilização na escolha da pena aplicada – quando de multa – atende às determinações constitucionais de uma política criminal minimalista e voltada para a ampliação de alternativas ao cárcere. Pena privativa é violência institucionalizada, mesmo quando justificada por outra. Por isso, o elastecimento em abstrato do prazo prescricional da pena de multa estará sempre compensado pela menor gravidade de sua natureza.

Ocorre, entretanto – e é importantíssimo que se atente para o fato – que a aplicação do art. 51, CP, pressupõe o trânsito em julgado (em definitivo) da condenação criminal. Com a conversão da multa em dívida de valor, o prazo prescricional a que se refere o dispositivo é *para a cobrança* da dívida.

Assim, nada impede que se apliquem as regras do art. 114, I e II, CP, pela prescrição da pena concretizada na sentença ou no acórdão (retroativa ou intercorrente), antes de seu trânsito em julgado em definitivo. É dizer: o prazo de cinco anos de cobrança da dívida ativa não interfere e não impede a ocorrência da prescrição da pretensão punitiva (e não a *executória*!) no curso da ação penal, caso em que terá aplicação o art. 114, CP.

b) Penas mais leves e penas mais graves

> Art. 118. As penas mais leves prescrevem com as mais graves.

Quase desnecessária e inútil a previsão legal de que ora se cuida. *Quase*, porém. Convém esclarecer que as penas aqui referidas são aquelas aplicadas a um mesmo crime. É dizer, cuida-se de hipótese de penas cumuladas.

Assim, nada mais óbvio que a pena mais leve prescrever com a mais grave. De que outra maneira seria? A prescrição da pena restritiva de direitos segue a regra da privativa da liberdade. A de multa também, quando cumulada ou alternativa (art. 114, I, CP); e quando aplicada isoladamente será de dois anos (art. 114, II, CP). Ora, o prazo mínimo da pena privativa da liberdade é de três anos, conforme art. 109, VI, CP, desde a Lei 12.234/10 (não aplicável aos fatos anteriores!). Assim, a pena mais leve sempre prescreverá antes da mais grave.

c) A prescrição no concurso de crimes

> Art. 119. No caso de concurso de crimes, a extinção da punibilidade incidirá sobre a pena de cada um, isoladamente.

Dá-se ou denomina-se o *concurso de crimes* quando se imputa a alguém (ou a várias pessoas) a prática de mais de um delito. Já fizemos algumas críticas à expressão, particularmente nos casos de concurso material em que não haja qualquer outra vinculação entre os fatos, que não a respectiva autoria. Neste último caso, melhor seria falar-se em concurso de *penas,* que se somarão para a execução.

No que se refere à prescrição, porém, a aludida classificação (de concursos de crimes) pode ser bastante esclarecedora.

É que, como se cuida de crimes *diferentes,* se parte da ideia de que as razões que buscam legitimar a prescrição devem ser entendidas autonomamente, isto é, em relação a cada conduta separada. A *cumulação* das penas resultantes da prática de mais de um delito decorre da pluralidade de condenações; não se justificaria a extinção da pena mais leve pelo *cumprimento* da pena mais grave!! O condenado, obviamente, deve cumprir todas aquelas que lhe foram impostas (ver art. 76, CP).

Já a prescrição, que tem por fundamento o *transcurso do tempo,* pode perfeitamente ser aplicada em relação a cada fato isoladamente, até porque cabe ao Estado o dever de persecução relativamente a todos eles. Por isso, e para a contagem do prazo prescricional, não serão considerados: (a) a soma das penas, no concurso material (art. 69, CP), nem (b) os acréscimos que resultam do concurso *formal* (art. 70, CP); e (c) tampouco, aqueles resultantes do crime continuado (art. 71, CP).

Observe-se, mais, que a contagem isolada da prescrição relativamente a cada crime se aplica também às hipóteses de prescrição pela pena concretizada na sentença, caso em que, do mesmo modo, não deverá ser considerada a soma de penas do concurso material e nem o acréscimo do concurso formal ou do crime continuado.

Aliás, em relação a este último concurso de crimes, o continuado, a jurisprudência do Superior Tribunal de Justiça não discrepa do texto legal: Súmula 497: *quando se tratar de crime continuado, a prescrição regula-se pela pena imposta na sentença, não se computando o acréscimo decorrente da continuidade delitiva.*

Em resumo: quaisquer que sejam os fundamentos utilizados para se justificar a prescrição penal há que se considerar que ela deve incidir sobre *cada fato* delituoso, de modo autônomo, na medida em que o *tempo,* critério objetivo da referida causa de extinção da punibilidade, incide igualmente em relação a cada um deles. Portanto, embora a *contagem* da prescrição se oriente pela *pena cominada,* a sua aplicação se reporta *aos fatos* praticados (e não à soma das penas deles).

d) Causas de diminuição e de aumento, agravantes e atenuantes

Ao contrário do que ocorre no concurso de crimes, as causas de aumento e de diminuição da pena deverão ser levadas em conta no cômputo do prazo prescricional.

Não se trata aqui de *pluralidade* de fatos, como ocorre ali, no concurso, mas de um único crime, daí por que se deve considerar o máximo de pena que a ele poderia ser imposta – no que diz da prescrição analisada segundo a pena abstratamente prevista. No concurso de delitos, as penas *derivam* de cada um e por isso devem ser contadas autonomamente.

Um esclarecimento necessário: tanto no crime formal quanto no continuado, a legislação *reduziu* a somatória de penas que caberia a cada um dos fatos, contentando-se com a imposição de *um acréscimo* à sanção daquele mais gravemente apenado (art. 70 e art. 71, CP). Veja-se que, na hipótese do art. 71 (a continuidade delitiva), há pluralidade de ações e fatos, que, por decisão de política criminal, são *unificados,* com exasperação da pena.

Como quer que seja, a distinção entre as situações ora abordadas é bem clara: as causas de aumento e de diminuição *referem-se* a um *único* crime e *integram* a pena a ele cominada, quando verificadas as circunstâncias que ensejam sua incidência. Relembre-se de que elas podem tanto elevar a pena acima do máximo quanto abaixá-la aquém do mínimo abstratamente previsto. No concurso, o *somatório* (material) e o *acréscimo* (formal e continuado) decorrem da incidência de mais de um tipo penal.

Vejamos, então, como se faz a contagem para análise da prescrição pela pena abstratamente considerada.

À pena cominada ao tipo deverá ser acrescido o máximo do aumento e o mínimo da diminuição, independentemente de se tratar de percentual variável ou fixo. Se a causa de aumento é de 1/3 a 2/3, aplica-se este último, para fins de prescrição. Do mesmo modo, na tentativa, como o percentual de diminuição é o mesmo (1/3 a 2/3), deverá ser considerado o menor (de um terço), de tal maneira que se leve em conta, sempre, o critério da mais alta pena cabível.[42]

Repita-se que estamos a cuidar da prescrição pela pena em abstrato, dado que, uma vez concretizada a punição, na sentença ou no acórdão, todas essas questões terão sido superadas (e consideradas).

Por essa razão, são indiferentes as agravantes e atenuantes no que tange ao cômputo da prescrição pela pena em abstrato. Como anota Paulo QUEIROZ, com acerto, "as circunstâncias judiciais (CP, art. 59) e legais (agravantes e atenuantes) são irrelevantes para efeito da prescrição da pretensão punitiva (ordinária), uma vez que já é regulada com base na pena máxima cominada, a qual não pode ser majorada para além do máximo, ainda que presentes tais circunstâncias".[43]

E, também aqui, a mesma conclusão: nas hipóteses de prescrição pela pena em concreto, as aludidas circunstâncias já terão sido computadas.

4b A decadência

> **Código Penal** – Art. 103. Salvo disposição expressa em contrário, o ofendido decai do direito de queixa ou de representação se não o exerce dentro do prazo de 6 (seis) meses, contado do dia em que veio a saber quem é o autor do crime, ou, no caso do § 3º do art. 100 deste Código, do dia em que se esgota o prazo para oferecimento da denúncia.

A se julgar pela enorme diferença existente entre os prazos prescricionais do art. 109, CP, e os seis meses previstos para o exercício da *representação* (autorização do ofendido), nos crimes de ação pública *condicionada*, ou do oferecimento da *queixa*, nas ações de iniciativa privada, os fundamentos para a extinção da punibilidade em razão de uma (prescrição) e outra (decadência) deveriam ser completamente distintos. Afinal, por que tão pouco tempo para o exercício da ação privada? Risco de perda dos elementos probatórios é que certamente não é.

Na verdade, a justificação de uma ação penal deixada em mãos do particular, e, sobretudo, orientada pela *disponibilidade* de seu objeto, está longe de constituir matéria desprovida de complexidade. E já aqui o alertamos, em momento anterior.

Com efeito, quando se decide pela ação penal privada e pela disponibilidade de seu conteúdo, passa-se a admitir, inexoravelmente, o risco de não se chegar a resultado algum na persecução penal, particularmente pela possibilidade de *consenso* entre autor e vítima. E parece residir exatamente aqui a fixação de um prazo mais curto – curtíssimo, diríamos – para a definição acerca da iniciativa penal.

E nem para por aí a abertura legislativa oferecida aos envolvidos, já que, mesmo após iniciado o processo, autor e réu poderão encerrá-lo por outras vias, no

---

[42] QUEIROZ, Paulo. *Curso de direito penal*, op. cit., p. 567.

[43] Idem, ibidem.

caso da ação penal privada (perdão aceito ou a perempção, pelo abandono da causa pelo querelante).[44]

Ou seja, a possibilidade de pacificação de ânimos sem a intervenção estatal surge como alternativa à incidência do sistema penal, permitindo aos interessados a busca de soluções menos gravosas do conflito. E, nesse passo, ainda que não se queira ver aí a mesma fundamentação de política criminal que parece regular a prescrição, dúvidas não há quanto ao conteúdo *material* da decadência. Em consequência, alterações legislativas em relação ao tema da decadência somente poderão ser aplicadas aos fatos praticados após a respectiva vigência, impondo-se o princípio da *irretroatividade* da lei penal mais gravosa, sendo possível a retroação, por óbvio, quando se tratar de legislação mais favorável.

Portanto, a decadência é o prazo fixado em lei para que o ofendido, por meio da ação privada, aponte a *lesividade* do fato, a *necessidade* da persecução em juízo, por impossibilidade de conciliação até aquele momento, e, enfim, manifeste seu desejo na aplicação da lei penal. A referência que fizemos acerca da lesividade a ser apontada pelo querelante há de ser explicada. É que nem todo ato que se subsume a um tipo penal é portador de tipicidade *material,* no sentido de configurar efetiva lesão ao bem jurídico tutelado pela norma incriminadora. Relembrem-se, no ponto, das observações sobre o princípio da *insignificância.* E mais: há crimes de ação privada em que a conduta realizada nem sempre produz o mesmo efeito ou a mesma eficácia lesiva ao ofendido. De fato, este, o ofendido, pode não se *ofender* com determinada palavra, que, em princípio, pareceria injuriosa a outros (art. 140, CP). Aliás, de passagem: tanto a dignidade quanto o decoro, elementares do aludido crime, andam sumidos em alguns horizontes...

De notar-se que a exigência de representação, como autorização da vítima para a ação penal pública *condicionada,* cumpriria missão semelhante, permitindo aos envolvidos a busca de uma solução menos onerosa (em todos os sentidos) para o encerramento ou a superação do conflito, além de deixar ao ofendido o exame de oportunidade quanto à divulgação do fato. Daí a equiparação do prazo decadencial tanto para a queixa quanto para a representação. A diferença, sabe-se bem, é que, na ação pública condicionada, uma vez oferecida a denúncia, a representação é irretratável (art. 25, CPP).

Já do ponto de vista do Direito Penal, e, assim, compreendendo a matéria como de direito *material,* impõe-se a análise da ocorrência ou não do prazo decadencial para o oferecimento da queixa. É que a decadência é causa extintiva da punibilidade, e nesse sentido, configura uma vantagem normativa para o autor do fato, apta a exigir *irretroatividade.*

Dentre tantas características e singularidades da *decadência,* cumpre anotar que não há previsão legal de sua *interrupção* e nem de sua *suspensão.* A partir do dia em que o(a) ofendido(a) vem a saber quem é o autor do crime (art. 103, CP, e art. 38, CPP),

---

[44] Aliás, sendo cabível a retratação quanto à representação até o oferecimento da denúncia (art. 25, CPP, e art. 102, CP), também nos casos de ação pública condicionada será possível acerto semelhante entre réu e vítima, como se verá mais adiante.

tem início a contagem do prazo decadencial, cabendo às autoridades de investigação diligenciarem com a urgência necessária para a conclusão do inquérito ou procedimento preliminar, exatamente pela ausência de interrupção ou de suspensão do citado prazo de decadência. Pode-se mesmo criticar a celeridade que se espera do querelante, sobretudo porque nem sempre dependerá dele o sucesso da investigação.

No entanto, observa-se, particularmente com a alteração trazida pela Lei 12.015/09, que pôs fim às ações privadas nos crimes contra a dignidade sexual, que não restaram muitos delitos objetos de persecução privada. E mais. De modo geral, eles não demandam maiores esforços na obtenção de elementos informativos (de prova), não oferecendo complexidade para a investigação. E não fosse o suficiente para resolver a questão, o início do prazo decadencial somente se daria com o *efetivo conhecimento* acerca da *autoria* do crime, o que já pressuporia, e pressupõe, ao menos em tese, o andamento das investigações.

Naturalmente, não se pode exigir que o aludido conhecimento da autoria seja absolutamente inquestionável, do ponto de vista concreto. O que se exige é que ele seja suficiente apenas para o direcionamento da queixa, a tanto bastando o indiciamento da autoridade policial, certo ou equivocadamente produzido.

De outro lado, e diferentemente do que ocorre com a prescrição, nas ações penais públicas, no caso de se reconhecer a nulidade da sentença ou de atos do processo instaurado pela queixa do ofendido, não será atingido o prazo decadencial. Pode-se exigir do ofendido a tempestividade ou a presteza do ajuizamento da ação penal, mas não o controle sobre a regularidade de seu processamento pelos órgãos do Poder Público que intervêm na ação privada (Poder Judiciário e Ministério Público). Evidentemente! Já no caso de inépcia da inicial, a questão é mais grave, pois, ao tempo do oferecimento de nova peça acusatória, aí sim o querelante terá irremediavelmente decaído do direito de ação.

Por fim, questão das mais interessantes poderá surgir com a eventual modificação legislativa que transforme a modalidade de persecução, com consequências no âmbito da *decadência*. Foi o que ocorreu, por exemplo, com a Lei 12.015/09, que tornou *pública condicionada* a maioria das ações penais nos crimes contra a dignidade sexual, pondo fim, também, às antigas ações *privadas*. Caso, então, de se indagar acerca dos efeitos daquela legislação aos fatos a ela anteriores, tendo em vista que o prazo decadencial teria sido suprimido em razão da nova natureza da ação penal. Que a norma alterando a ação privada em ação pública é *desfavorável* ao autor do fato não resta a menor dúvida.

Na perspectiva do direito *material*, isto é, em relação à eficácia da proteção penal, a retirada da iniciativa das mãos do particular diminui a área dos *consensos possíveis* entre os envolvidos no curso da ação penal, já que na ação privada a disponibilidade permanente de seu conteúdo permite o encerramento do processo já instaurado, enquanto na ação pública isso não mais será possível a partir da *representação* do ofendido e do *oferecimento* da denúncia. Assim, a *retroatividade* da lei ocorreria em desfavor do agente.

Eis, então, hipótese esclarecedora sobre as dificuldades de se fazer uma classificação técnica mais precisa sobre a natureza *material* ou *processual* de algumas causas de extinção da punibilidade, e também de determinadas normas penais que apresentem conteúdo aparentemente *penal* ou aparentemente *processual penal*, conforme alerta de Claus ROXIN, em doutrina e observações já aqui apontadas, linhas atrás.

A modificação do meio de persecução penal pela via da alteração da ação penal, em princípio, parece mesmo inserida no contexto de normas de conteúdo processual. No entanto, precisamente por tocar a fundamental questão alusiva ao tempo disponibilizado para o exercício do direito de ação – decadência ou prescrição –, não vemos como recusar a natureza *material* da modificação, impondo-se a observância do princípio da *irretroatividade*.

Ouçamos, no ponto, e, mais uma vez, o próprio ROXIN, em obra traduzida para o idioma espanhol.

> *"Así, frente a lo que sostienen jurispr (RGSt 77, 106 s), hay que considerar inadmisible la supresión posterior del requisito de querella, pues en los delitos privados el ius puniendi estatal depende de la necesidad de satisfacción del ofendido, em cuya ausencia puede confiar con razón en mucho casos el autor. Si si suprime retroactivamente la exigencia de querella y se castiga sin que se haya interpuesto la misma, con ello se estará creando a posteriori un derecho del Estado a castigar, y esto es precisamente lo que el art. 103, II pretende impedir."*[45]

4c A perempção

> Código de Processo Penal. Art. 60. Nos casos em que somente se procede mediante queixa, considerar-se-á perempta a ação penal:
>
> I – quando, iniciada esta, o querelante deixar de promover o andamento do processo durante 30 dias seguidos;
>
> II – quando, falecendo o querelante, ou sobrevindo sua incapacidade, não comparecer em juízo, para prosseguir no processo, dentro do prazo de 60 (sessenta) dias, qualquer das pessoas a quem couber fazê-lo, ressalvado o disposto no art. 36;
>
> III – quando o querelante deixar de comparecer, sem motivo justificado, a qualquer ato do processo a que deva estar presente, ou deixar de formular o pedido de condenação nas alegações finais;
>
> IV – quando, sendo o querelante pessoa jurídica, esta se extinguir sem deixar sucessor.

Dentre todas as demais, a perempção constitui a única modalidade de extinção da punibilidade de natureza *exclusivamente* processual penal. Se a decadência é a perda

[45] ROXIN, Claus. *Derecho penal*, op. cit., p. 165.

do direito de ação, a perempção, prevista para a fase necessariamente posterior àquela, é a perda do direito *de prosseguir na ação proposta.* Perda essa decorrente, por primeiro, da inação, desídia ou abandono da causa pelo *querelante* ou sucessores (I, II e III, primeira parte), e, em segundo lugar, por ausência de sucessores processuais a tanto legitimados (II e IV).

Esse tema, no que toca à compreensão de suas hipóteses de aplicação (art. 60, CPP), tem espaço mais adequado no processo penal. Cumpre-nos, no entanto, avançar sobre as eventuais vinculações da categoria (perempção) no âmbito penal.

Sempre foi voz corrente que as normas processuais têm aplicação imediata, desde a respectiva vigência, respeitados os atos processuais já praticados e seus efeitos. Lei processual penal que altere o prazo recursal não poderá ser aplicada em processo já sentenciado, conforme se vê na variedade de exemplos. De outro lado, cresce o coro de penalistas sustentando a equivalência de tratamento entre ambas as modalidades de legislação.

Temos insistido na distinção entre normas de conteúdo penal e aquelas de natureza processual penal, no que tange à diferença das respectivas consequências e, particularmente, em relação à aplicabilidade de umas e outras. E, com o devido respeito às opiniões em sentido contrário, não vemos razões mínimas para alterarmos nosso ponto de vista.

Alerte-se, desde logo, que o problema não reside e não poderia residir na equiparação entre normas processuais penais e normas penais, quanto aos respectivos conteúdos. Ainda quando haja dificuldades na identificação desta ou daquela legislação, as normas de processo, ou melhor, as normas *exclusivamente* processuais, não giram e não contornam o fato criminoso em nenhuma de suas consequências e/ou circunstâncias. Na verdade, a legislação processual regula os ritos e procedimentos, as faculdades processuais das partes, os requisitos para a validade do processo, as decisões judiciais e suas impugnações. É dizer, tais normas são assim entendidas *a partir* da instauração do processo.

Ao contrário, quando dispuserem sobre *as condições* da ação ou sobre específicas condições de *procedibilidade,* poderão apresentar conteúdo material, caso, por exemplo, da ampliação do rol de legitimados à ação privada ou da supressão da *representação* do ofendido (transformação da ação *condicionada* em ação *incondicionada*).[46] Naturalmente que a *teoria do processo* também acolhe e discute as *condições* da ação. Contudo, como em matéria *processual penal* o exercício da ação está associado aos fundamentos de punibilidade do fato (e, por isso, às hipóteses de não punibilidade), o tema apresenta contornos de conteúdo *material.* Aliás, por isso vem regulada também no Código Penal. Assim, as alterações promovidas no âmbito do *direito de ação* ou de requisitos de *procedibilidade* estão conectadas com a própria justificação da persecução penal escolhida, atingindo, portanto, decisões tipicamente de política criminal.

[46] É nesse sentido também a lição de Claus ROXIN, *Derecho penal,* op. cit., p. 104.

Acabamos de apontar um exemplo, ao tratarmos da decadência. Com efeito, a transformação de uma ação privada em ação pública (sobretudo, a incondicionada) produz evidente alteração, não só na legitimação ativa, mas – e reside aqui o essencial da objeção – no prazo de persecução penal, afetando evidentemente os interesses do agente. Não é que se possa dizer que o autor de um fato criminoso teria *direito subjetivo* ao prazo prescricional. Trata-se, para muito além, de decisões que afetam a *reserva legal*, senão da conduta proibida, mas do tipo e da modalidade de persecução penal, o que pode também estar inserido no contexto das motivações ou das considerações levadas a cabo na prática do delito. É certo que não se pode afirmar que aquele que pratica um delito está ciente da *qualidade* e da *quantidade* da pena, das regras atinentes ao regime penitenciário e, mais certamente ainda, do modo de persecução penal. No entanto, e mesmo assim, o conhecimento da lei penal *é pressuposto* da legitimidade de sua aplicação.

A grande diferença, portanto, entre as leis penais e as processuais penais, reside no fato de que o Direito não exige do agente o conhecimento sobre o conteúdo destas últimas, por considerá-las de natureza meramente procedimental, a reproduzir a técnica pela qual se realiza o devido processo legal. Quem deve conhecê-las é e são os profissionais com capacidade postulatória. Quando o aludido conhecimento compõe o conjunto dos direitos e garantias fundamentais, a legislação é expressa, como ocorre, por exemplo, no dever de comunicar ao réu o seu direito ao silêncio, bem o dever de constar do mandado de citação os requisitos legais para o manejo da defesa (art. 352, CPP).

Em síntese: normas penais *comunicam* o sentido da *proibição* e suas consequências, o que inclui elementos básicos da persecução penal (decadência e prescrição, por exemplo); normas processuais penais apenas *regulam* o procedimento e a técnica do processo.

Por isso, feitas tais considerações, pensamos que eventuais modificações ocorridas em relação às hipóteses de perempção – *depois de exercida a ação penal privada* – poderão ser aplicadas imediatamente, respeitados os efeitos dos atos processuais já realizados.

5 Pela renúncia do direito de queixa ou pelo perdão aceito, nos crimes de ação privada

> **Código Penal**: Art. 104. O direito de queixa não pode ser exercido quando renunciado expressa ou tacitamente.
>
> Parágrafo único. Importa renúncia tácita ao direito de queixa a prática de ato incompatível com a vontade de exercê-lo; não a implica, todavia, o fato de receber o ofendido a indenização do dano causado pelo crime.

Nas ações penais privadas, em que o objeto ou conteúdo do processo é *disponível*, tanto pode o ofendido desistir da punição do fato *antes* de ir a juízo, quanto poderá fazê-lo após o exercício do direito de ação.

E assim como ocorre com a decadência, a *renúncia* a esse direito de ação tem lugar antes de sua iniciativa. Naturalmente. O que é renunciado é exatamente o direito à persecução do fato em juízo.

E a lei não emite qualquer juízo acerca das motivações que eventualmente convençam o ofendido a renunciar à punibilidade penal do fato. Não se exige, ademais e por isso mesmo, qualquer requisito específico. A renúncia tanto poderá ser feita expressamente, por escrito, quanto tacitamente, mediante a prática de qualquer ato que demonstre, ou do qual se possa deduzir, o acertamento, a pacificação entre os envolvidos, ou, de alguma maneira, a ausência de ânimo no ajuizamento da ação penal (art. 104, CP).

No particular, importante reassentar que, enquanto em relação às infrações penais de menor potencial ofensivo a composição econômico-financeira (reparação dos danos) entre os envolvidos produz o efeito da extinção da punibilidade, pela renúncia ao direito de representação ou de queixa (art. 74, Lei 9.099/95), o mesmo não ocorre no âmbito das demais infrações. Com efeito, há ressalva expressa no parágrafo único do art. 104, CP, a retirar os efeitos extintivos da punibilidade pela reparação dos danos.

E, do mesmo modo que ocorre com a renúncia, também o perdão e sua aceitação comportam manifestação expressa ou tácita, admitindo qualquer meio de prova em um sentido ou outro (art. 57, CPP). E aplica-se a ambos o princípio da indivisibilidade da ação, a exigir que a renúncia e o perdão sejam feitos ou terão seus efeitos estendidos a todos os autores do fato (art. 106, CP, e art. 49, CPP).

Segundo se verifica do art. 105, CP, o perdão teria cabimento *após* o exercício da ação penal. No entanto, nada impede a sua ocorrência antes dela, caso em que, sendo tácito (o perdão), e havendo dúvidas quanto à sua concessão, a *renúncia* restará caracterizada pela prática do ato que manifeste o desinteresse na ação penal.

Diz a lei – Código Penal e Código de Processo Penal – que apenas o perdão aceito poderia produzir efeitos. E, mais, que a aceitação por parte de um dos réus não se estenderia aos demais, do mesmo modo que o perdão de um dos querelantes não teria qualquer eficácia em relação aos outros (art. 106, CP, art. 51, CPP). Tem-se aqui a *indivisibilidade* da ação privada, aplicável também à renúncia, conforme já assinalamos (art. 48, CPP).

Ora, e já o vimos, mesmo que o querelado não aceite o perdão, o querelante poderá pôr termo ao processo, dando causa à perempção (art. 60, CPP), independentemente da concordância do querelado. E o resultado do perdão aceito ou da perempção é o mesmo, no que toca à extinção da punibilidade.

Uma observação final.

A partir da maioridade plena daquele que completa 18 (dezoito) anos – desde a entrada em vigor do Código Civil de 2002, portanto – não mais terão aplicabilidade as normas do art. 52 e 54 do CPP, não havendo mais que se falar em acusado menor de 21 anos e maior de 18, conforme ainda consta de algumas disposições, objeto, então, de revogação tácita. Outras há, no mesmo sentido, ou seja, se referindo à incapacidade relativa do maior de 18 e menor de 21 anos, que foram revogadas expressamente, caso do art. 194, CPP, em face da Lei 10.792/03.

6 Pela retratação do agente, nos casos em que a lei a admite

O Direito Penal, em diferentes níveis e por distintas considerações, admite a relevância de determinados comportamentos do agente, posteriores ao delito praticado. É o que ocorre em relação à *desistência voluntária*, ao *arrependimento eficaz* (art. 15, CP) e no *arrependimento posterior* (art. 16, CP), para os quais será cabível a redução da pena, no segundo caso, e a limitação da punição aos atos até então realizados, na primeira hipótese.

No que tange, porém, à *retratação* do agente, entendeu por bem o legislador por excluir a punibilidade do fato, nas condições em que estipulado junto à norma incriminadora.

Retrata-se aquele que *volta atrás* em sua manifestação, isto é, que após afirmar algo, *desdiz* a veracidade do respectivo conteúdo, como a reconhecer a falsidade da afirmação.

Não é por outra razão que as possibilidades de retratação para fins de extinção da punibilidade limitam-se aos crimes relativos aos juízos subjetivos emitidos pelo agente em relação a determinadas pessoas ou a determinados fatos. No primeiro caso, incluem-se os delitos de *calúnia e difamação* (art. 138 e art. 139, CP), e, no segundo, o crime de falso testemunho e de falsa perícia, consistente no fato de se fazer afirmação falsa, negar ou calar a verdade, como testemunha, perito, contador, tradutor ou intérprete em processo judicial ou administrativo, inquérito policial ou em juízo arbitral (art. 342, CP).

Em todas essas hipóteses, a retratação *tempestiva* (antes da sentença, no processo pelos crimes do art. 138 e art. 139, CP, e antes da sentença no processo em que praticado o delito do art. 342, CP), é considerada suficiente para retirar a necessidade da pena, diante de sua eficácia, pelo afastamento completo de suas consequências, no caso do delito previsto no art. 342, § 2º, CP (falso testemunho ou falsa perícia), e pela suposta *recuperação* dos danos produzidos pela falsidade da calúnia ou pelo teor difamatório da imputação feita pelo agente (art. 143, CP).

Dizemos *suposta* recuperação dos danos porque, à evidência, jamais se poderá aferir concretamente os efeitos de semelhante consequência simplesmente pelo fato da retratação. A possibilidade de o *desdizer-se* ou do *afirmar-se mendaz* (mentiroso) retirar os danos causados pela afirmação indevida e ilícita, na verdade, é até pouco provável. Em um mundo de tamanho volume de informações e de incontrolável velocidade na propagação delas a um público cada vez maior (vide, por exemplo, as *redes sociais*), parece-nos muito difícil – quando não impossível! – atestarem-se os efeitos da retratação.

Por outro lado, há que se assentar que o que ocorre na hipótese é a extinção da punibilidade apenas *no âmbito do Direito Penal*. A via da reparação civil – aliás, muito mais eficaz que a resposta penal – permanecerá inteiramente aberta ao ofendido, independentemente da retratação feita no juízo criminal.

E por que não teria a lei incluído o crime de *injúria simples* dentre aqueles passíveis de retratação?

A nosso aviso, em razão de um manifesto equívoco quanto à distinção tradicionalmente feita em relação aos bens jurídicos protegidos nos delitos contra a honra.

Afirma-se que a calúnia e a difamação, por se referirem às imputações de *fatos inverídicos* (calúnia) ou *difamatórios* a alguém estariam a atingir a honra *objetiva* do sujeito passivo, traduzida na reputação ou prestígio pessoal que o ofendido gozaria junto ao seu círculo de relacionamentos. Assim, a retratação feita em relação *aos fatos imputados* resgataria a credibilidade do ofendido junto à comunidade, dispensando a punição do agente.[47] Já a *injúria,* ofensa dirigida à *dignidade* ou ao *decoro* da vítima, não permitiria o *desdizer-se* da imputação, talvez por se entender menos provável a sinceridade da retratação. Nessa linha de entendimento, portanto, a honra atingida seria a *subjetiva.*

O respeito à divergência de pensamentos ou de compreensão das coisas no mundo jurídico é dever de ofício daqueles que se propõem a avançar no movediço terreno da *dogmática,* sobretudo quando existente entre autores de reconhecida competência e seriedade. No entanto, não há por que não divergir da posição que vem de se apontar.

Em primeiro lugar, a distinção entre honra *objetiva* e honra *subjetiva* não se nos apresenta bem fundamentada, no que toca *especificamente* às consequências jurídicas atribuídas a uma e outra. Pode-se perfeitamente entender a distinção entre o que *pensam terceiros* sobre a pessoa e o conceito de retidão de conduta (dignidade e decoro) que *essa mesma pessoa* guarda sobre si. Aliás, uma distinção óbvia: o juízo *pessoal* e o juízo alheio *sobre o mesmo objeto,* isto é, sobre o conceito e a reputação que construímos no dia a dia de nossos afazeres.

De outro lado, não se pode afirmar com segurança que a *dignidade* e o *decoro* sejam atributos de valoração exclusivamente *pessoal* de seu titular, e nem que a legislação nacional tenha tido tais pretensões. Veja-se, por exemplo, que a Constituição da República prevê a *quebra de decoro* no exercício de função pública como motivo e fundamento para a perda do cargo (!!!), consoante se tem disposto no art. 55, II (decoro parlamentar dos membros do Congresso Nacional). Há também referências expressas em relação ao dever de *decoro pessoal* no comportamento *público,* ou seja, diante de todos, para os membros do Ministério Público e do Poder Judiciário (art. 236, X, LC 75/93 e art. 56, II, LC 35/79).

E certamente ninguém duvida de que o decoro ali mencionado diz respeito ao juízo *alheio, de terceiros,* lançados sobre a conduta dos apontados membros do Poder Público. Naturalmente, a dignidade é atributo inerente e irrenunciável ao ser humano. Talvez até *intrínseco.* No entanto, no que toca ao bem jurídico *honra,* objeto da tutela

---

[47] Desnecessário arrolar a profusão de entendimentos nesse sentido na doutrina brasileira. Ver BITENCOURT, Cezar Roberto. *Tratado de direito penal.* Parte especial. Vol. 2. Dos crimes contra a pessoa. 6. ed. São Paulo: Saraiva, 2007. p. 274, 295 e 305, e, DELMANTO, Celso et al. *Código penal comentado.* Legislação complementar. 6. ed. Rio de Janeiro: Renovar, 2002. p. 296, 301 e 303.

penal e da extinção da punibilidade pela retratação, é de se ver também que a *reputação*, o *prestígio* – profissional, comercial ou pessoal – e o *decoro* integram o patrimônio moral da pessoa vitimada pela ofensa. Disso não temos a menor dúvida. Então por que a impossibilidade de retratação para a ofensa configuradora de *injúria simples* (praticada por meio de gestos ou palavras)?

A suspeita, que já lançamos, no sentido de que o efeito *reparatório* da retratação não seria passível de aferição no caso da injúria, unicamente pelo fato de a ofensa proferida se referir *à ausência de qualidades ou aos defeitos* do ofendido, não nos convence, em definitivo. Desdizer *o fato* ou desdizer *o que se pensa* sobre alguém constituem uma mesma situação de *mendacidade* (mentira), o que faz possível tanto a *insinceridade* da retração de um (fato) ou de outro (juízo sobre a pessoa).

De outro lado, a questão de a reputação de alguém poder ser restaurada ou recuperada pela negação do fato imputado pelo agente de sua notícia (o autor do crime) parece-nos em tudo semelhante àquela em que a injúria é retratada. Se fosse exigida para a extinção da punibilidade a *comprovação da mendacidade* da calúnia ou da difamação, de tal maneira que os efeitos da retratação decorressem efetivamente de uma situação *concreta e mensurável*, aí, sim, não hesitaríamos em aceitar a distinção de tratamento. E isso porque o mesmo não poderia ocorrer em relação à injúria, já que a *prova* acerca da ausência dos *defeitos de qualidade* apontados na imputação retratada é praticamente *diabólica* (impossível).

Mas, como se sabe, a retratação é e deve ser feita *antes* da sentença no processo criminal por calúnia e difamação, nada se exigindo quanto ao reconhecimento judicial ou de terceiros quanto à veracidade ou da sinceridade do ato de desdizer-se. Assim, não vemos razão alguma para não se dar à injúria *simples* o mesmo tratamento extintivo da punibilidade pela retratação do agente. Analogia autorizada pelo princípio constitucional da isonomia.

A exceção, com efeito, ficaria por conta da falsa perícia ou do falso testemunho prestado em processo ou procedimento administrativo (art. 342, CP). Nesses casos, a retratação produziria inevitavelmente o efeito de *desconsideração* das declarações falsamente prestadas, devendo o juiz ou quem for o responsável pelo procedimento administrativo (inquérito policial incluído!) *levar em consideração*, necessariamente, a mudança de versão daquele que se retratou (art. 342, § 2º, CP).

Mas, que fique claro, contudo, que não estamos a nos referir, obviamente, aos casos de *injúria real*, em que a lesão é produzida, não por meio de palavras ou gestos, mas por meio de violência ou vias de fato, hipótese em que não haveria como se retratar da agressão (art. 140, § 2º, CP). Do mesmo modo é o caso das ofensas consistentes na utilização de elementos referentes a raça, cor, etnia, religião, origem ou à condição de pessoa idosa ou portadora de deficiência (art. 140, § 3º, CP). Em tais situações, poderá não ser possível acreditar-se na retratação e em nenhum de seus efeitos, diante da *objetividade* da ofensa desferida.

Por fim, se não estamos convencidos da eficácia do ato de retratação, no que diz respeito *à reparação do dano* (para fins penais) causado pela calúnia ou pela difamação, com a ressalva do falso testemunho e da falsa perícia, por outro lado não vemos razão alguma para se seguir criminalizando tais comportamentos (os crimes contra a honra), exceção feita, quando muito, nos casos em que a publicidade da propagação da ofensa for suficiente para gerar danos de extrema gravidade ao ofendido. Fora daí, a responsabilização civil pelos danos mostra-se mais eficaz na tutela da honra.

No ponto, não é porque a honra constitui direito constitucional fundamental que se deve protegê-la pela via do Direito Penal. Com o devido respeito ao pensamento em sentido contrário, não vemos na Constituição nenhum *mandado de criminalização*, ainda que sob o signo da *proibição de proteção deficiente*, uma das faces do postulado da proporcionalidade. Nessa ordem de ideias, o que deve ser buscado é a proteção estatal mais *adequada*, até porque a *eficiência* do sistema penal é bastante discutível.

Cabe, ainda, considerar que a *irretratabilidade* da representação a que alude o art. 102, CP, nada tem que ver com a causa de extinção da punibilidade que estamos a visitar. Ali, do que se cuida é da retirada da autorização dada (a representação do ofendido) para a persecução penal nos crimes de ação penal pública condicionada à representação.

7 Pelo perdão judicial, nos casos previstos em lei

Que não se pode crer na onipotência legislativa já o sabemos. A falibilidade da aludida atividade é inerente à natureza intrínseca da lei, enquanto produto da *abstração* para a regulação de fatos futuros. Naturalmente, não se cria a lei por *insight* pessoal do legislador: é a experiência do dia a dia que, em tese, fomentaria toda a produção normativa, segundo necessidades de regulação.

O perdão como causa de extinção da punibilidade é perfeitamente compreensível, se presentes determinadas circunstâncias ou condições que, por si mesmas, já explicitariam a desnecessidade da sanção penal. A curiosidade é a escolha do titular do juízo que opera nesse sentido, quando não a própria vítima. Afinal, por que o juiz poderia perdoar? Apenas por que lhe cabe sentenciar?

Pensamos que a resposta se encontra no parágrafo anterior às indagações que vêm de se fazer.

É que a singularidade de todo fato, aliado à ainda mais complexa singularidade das pessoas envolvidas em eventos danosos, justifica a abertura de *exceções* na lei para o afastamento de suas *regras*.

Veja-se o quanto corretamente disposto no art. 121, § 5º, CP, que trata do homicídio *culposo*. Afirma-se ali que o juiz poderá conceder o perdão (*judicial*, então!) nos casos em que *as consequências do fato sejam tão graves para o agente que a pena se mostre desnecessária*. Não só desnecessária, diríamos nós, mas inoportunamente *onerosa*.

Ao cuidarmos do erro na *aberractio ictus* em artigo de nossa autoria,[48] deixamos o exemplo de caso concreto ocorrido no Brasil, em que uma mãe (e esposa), pretendendo

[48] PACELLI, Eugênio. *Funcionalismo e dogmática penal:* ensaio para um sistema de interpretação. Ver <www.eugeniopacelli.com.br/publicações/artigos>.

dar cabo à vida de seu marido, termina por produzir a morte, involuntária e culposa, de seus dois filhos menores, por ingestão de comida envenenada, dirigida originariamente àquele (marido). Se for acertada a solução que oferecemos à hipótese – contrária àquela concretamente apresentada à Justiça –, seria possível, cabível, e, mais que isso, aconselhável a aplicação do perdão judicial, ao se reconhecer como *culposo* o resultado morte das crianças (art. 121, § 5º, CP). Depois de ter produzido a morte de seus dois filhos, o que mais seria preciso, sob qualquer perspectiva, impor-se a ela (mãe)?

Ou seja, haverá casos, não necessariamente previsíveis em abstrato, em que o juízo acerca da desnecessidade da pena deverá ter por base os elementos concretos de cada situação ocorrida. Por isso, justificada a opção legislativa pelo perdão judicial.

No entanto, o que deve ser posto sob exame do magistrado não é a *autoridade para perdoar,* como se a ele se delegasse um poder *supralegal* para emitir o juízo de perdão, como já houve com os antigos monarcas. O que lhe cabe é apreciar a presença dos requisitos legais para o reconhecimento da desnecessidade da pena, sendo-lhe facultado, a tanto, a apreciação das circunstâncias do fato e das condições pessoais do agente, segundo o quadro normativo previsto para cada tipo penal em que seja cabível o perdão judicial.

Assim, e exemplificativamente, terá aplicação o perdão pelo juiz:

a) No homicídio culposo, na situação antes mencionada (gravidade das consequências para o agente – art. 121, § 5º, CP);
b) Na injúria, praticada por provocação reprovável da vítima, ou no caso de retorsão imediata, com outra injúria (art. 140, § 1º, I e II, CP);
c) Na apropriação indébita e de sonegação previdenciária, se primário e de bons antecedentes o agente, e quando realizado o pagamento antes da denúncia, sendo de baixo valor o débito (art. 168-A e art. 337-A, CP);
d) No estelionato previsto no art. 176, CP, consistente na obtenção de refeição, hospedagem ou transporte, sem o pagamento devido. Nesse caso, a lei abre ainda mais o juízo de discricionariedade do magistrado, que *dependerá das circunstâncias do caso;*
e) No crime de receptação (art. 180, § 5º, CP), pela primariedade do agente e da modalidade do delito (§ 3º);
f) Nos casos de assunção do parto alheio como próprio ou do registro de filho de terceiro como próprio (art. 242, CP) por razões de reconhecida nobreza. Note-se que o delito aqui mencionado nada tem que ver com o *sequestro* da pessoa e sim com o registro. Poderá haver concurso *material* entre ambas as espécies.

Por fim, a sentença concessiva do perdão (judicial) não será considerada para fins de reincidência (art. 120, CP). A decisão, como se vê, não é *absolutória,* mas extintiva da punibilidade. Nada obstante, a lei ressalva a impossibilidade de sua consideração para o fim de agravar a pena por outro fato criminoso. Questão de opção legislativa, coberta, portanto, pelo princípio da *legalidade.*

8 Outras hipóteses de extinção da punibilidade

Além das hipóteses de extinção da punibilidade contidas no art. 107, CP, outras há na Parte Especial, bem como na legislação *não codificada,* isto é, em leis *fora* do Código.

Cuidaremos aqui daquelas alusivas à extinção da punibilidade pelo pagamento de débitos tributários e/ou previdenciários, no âmbito de uma questionável política fiscal *incriminadora,* iniciada em 1995, com a Lei 9.249/95 (art. 34), ampliada pela Lei 9.964/00 (art. 15), pela Lei 9.983/00, que incluiu dispositivos no Código Penal (art. 168-A e art. 337-A), e ainda mais revigorada com a Lei 10.684/03 (art. 9º). Seguiu na mesma senda a Lei 11.941/09 (art. 68 e art. 69).

Adiante-se, contudo, o seguinte: há no Supremo Tribunal Federal duas ADIs propostas pela PGR, a de nº 4.273, Rel. Min. Celso de Mello, e nº 4.974, Rel. Min. Rosa Weber, questionando a constitucionalidade de tais modalidades de extinção da punibilidade. Também no RE 462.760-RS, já admitida a repercussão geral, discute-se a matéria contida na Lei 10.684/03, e a previsão de suspensão da pretensão punitiva pelo parcelamento.

Na verdade, a incriminação de fatos praticados contra o Erário é muito anterior às citadas legislações. De há muito, a legislação penal brasileira se ocupa dos crimes de sonegação fiscal (Lei 4.729/65), hoje com nova roupagem e definição (crimes contra a ordem tributária – Lei 8.137/90, que também dispôs sobre os crimes contra a ordem *econômica*), algumas das quais definitivamente incorporadas no Código Penal, casos do art. 168-A, relativo ao delito de *apropriação indébita* previdenciária, e do art. 337-A, atinente à *sonegação* previdenciária, ambas introduzidas pela Lei 9.983/00.

A política *fiscal incriminadora* a que nos referimos diz respeito à indevida utilização do Direito Penal como *agente de coerção* para o cumprimento de obrigações fiscais, a partir da consideração do pagamento do débito em determinado prazo como meio de extinção da punibilidade criminal. É que, conforme já estudado, as hipóteses legais de afastamento ou de exclusão da punibilidade estão inseridas no contexto de uma política (criminal) voltada para a identificação de situações em que a desnecessidade da pena aparece de modo muito mais claro que a sua aplicação, segundo circunstâncias e condições pessoais do agente que justifiquem a excludente, considerados, ainda, os efeitos e consequências do ato.

Nesse passo, não vemos como o cumprimento de uma obrigação tributária ou previdenciária possa demonstrar a desnecessidade da pena, sobretudo porque a extinção da punição não leva em consideração aspectos subjetivos ou pessoais do agente, contentando-se, de modo geral, com o pagamento do débito.

Obviamente, não estamos a referendar toda forma de incriminação fiscal vigente no Brasil, e/ou, menos ainda (de qualquer forma!), a interpretação dada pelos tribunais a alguns tipos penais. Não é incomum, por exemplo, a ausência de tipicidade em casos de apropriação de parcelas descontadas da remuneração de empregados, para fins tributários, quando o empregador *se socorre de empréstimos bancários* para o aludido pagamento. Ora, em semelhante situação, como afirmar presente o *efetivo desconto* se e quando o total do empréstimo então realizado se referir apenas ao valor *líquido* devido ao empregado? Isso sem levar em consideração outros aspectos, mais conectados com a (ausência de) *culpabilidade* do agente, cuja apreciação não seria pertinente nesse espaço.

O que não nos impede, contudo, de criticar – e muito – essa indevida manipulação do Direito Penal como instrumento de maior eficácia para a cobrança de créditos fiscais.

No entanto, há de se assentar, confortado *no* e *pelo* princípio da legalidade penal, que, enquanto existir uma norma jurídica prevendo a extinção da punibilidade pela prática de qualquer ato do agente ou de terceiros, não se poderá buscar a responsabilização penal daquele que cometer o delito sujeito à regra da exclusão da punição, ainda que se queira ter por *inconstitucional* a referida regra.

É que, em tais situações, não se pode exigir do agente qualquer conhecimento acerca da *validade* da lei. A ele basta – e já não é pouco – conhecer a regra *proibitiva* e suas *consequências*. O juízo acerca da validade/constitucionalidade de lei é essencialmente *técnico*. Do contribuinte, portanto, exige-se o conhecimento sobre a *vigência* e não sobre a *validade* das normas jurídicas.

De todo modo, o Supremo Tribunal Federal afirmou a *constitucionalidade* do art. 9º da Lei 10.684/03, admitindo a regularidade normativa da suspensão da pretensão punitiva, bem como da extinção da punibilidade pelo pagamento do valor devido. É ver STF – Plenário – HC 81.611 – Rel. Min. Sepúlveda Pertence. E, mais ainda: a sua aplicação mesmo após iniciada a ação penal (STF – HC 85.048, Rel. Ministro Cezar Peluso, 1ª Turma, 1-9-2006). E para quaisquer débitos tributários e/ou previdenciários: STF – HC 85.452/SP – Rel. Min. Eros Grau, *Informativo STF* 390. Veremos o que resultará do julgamento da ADI 4273 a que já nos referimos, *retro,* relativamente à Lei 11.941/09.

Enquanto a Lei 9.249/95 previa a extinção da punibilidade pelo pagamento antes do recebimento da denúncia (art. 34), as demais citadas (Lei 9.964/00, Lei 10.684/03 e Lei 11.941/09) dispõem sobre o *parcelamento* dos débitos tributários – extensíveis aos previdenciários (STF – HC 85.048, Rel. Cezar Peluso, *DJ* 1-9-2006), sobre a suspensão da pretensão punitiva e do prazo prescricional – o que implicará o impedimento do ajuizamento da ação penal ou sua suspensão se já proposta –, e, ao final, se pago o débito, a extinção da punibilidade do fato.

A moda, enfim, pegou em definitivo, atingindo as infrações penais contra a ordem econômica, dispondo a Lei 12.529/11 sobre o acordo de *leniência,* do qual decorreria a suspensão da pretensão punitiva e do prazo prescricional, e a extinção da punibilidade ao final, se cumprido (art. 86 e art. 87).

Há mais. No julgamento da AP 516 – ação penal originária no STF – a Suprema Corte, por seis votos a cinco, parece ter consagrado o entendimento no sentido de que seria possível a extinção da punibilidade pelo pagamento do tributo *mesmo após a condenação*. E dizemos *parece ter consagrado* em razão da multiplicidade de questões ali envolvidas. Um dos ilustres Ministros, inclusive, sustentou tal possibilidade mesmo *após o trânsito em julgado* da condenação. Equívoco manifesto, bem se vê! Uma vez julgada a ação penal, segundo nos parece, e, independentemente do trânsito em julgado, tem-se por resolvida a questão de mérito, somente podendo haver a sua alteração quando presente a incidência de fatos novos *devidamente previstos em lei*. O que não é o caso em comento.

Aliás, a 1ª Turma daquela Egrégia Corte já vinha sinalizando no sentido de admitir a extinção da punibilidade pelo pagamento do tributo, desde que realizado antes do trânsito em julgado:

> EMENTA: AÇÃO PENAL. Crime tributário. Não recolhimento de contribuições previdenciárias descontadas aos empregados. Condenação por infração ao art. 168-A, cc. art. 71, do CP. Débito incluído no Programa de Recuperação Fiscal – REFIS. Parcelamento deferido, na esfera administrativa pela autoridade competente. Fato incontrastável no juízo criminal. Adesão ao Programa após o recebimento da denúncia. Trânsito em julgado ulterior da sentença condenatória. Irrelevância. Aplicação retroativa do art. 9º da Lei no 10.684/03. Norma geral e mais benéfica ao réu. Aplicação do art. 2º, § único, do CP, e art. 5º, XL, da CF. Suspensão da pretensão punitiva e da prescrição. HC deferido para esse fim. Precedentes. No caso de crime tributário, basta, para suspensão da pretensão punitiva e da prescrição, tenha o réu obtido, da autoridade competente, parcelamento administrativo do débito fiscal, ainda que após o recebimento da denúncia, mas antes do trânsito em julgado da sentença condenatória" (HC nº 85048, Rel.(a): Min. Cezar Peluso, 1ª Turma, *DJ* 1-9-2006, p. 21).

A anotar-se, ainda, que a Lei 9.983/00, que introduziu o art. 168-A e o art. 337-A, CP, é a campeã da generosidade penal, ao prever a extinção da punibilidade pelo *reconhecimento espontâneo do débito* e pela *prestação das informações ao fisco*, se antes do início *da ação fiscal* (art. 168-A, § 1º, e art. 337-A, § 1º). Já fizemos o alerta, linhas antes: o Procurador-Geral da República ajuizou a ADI 4974, questionando a constitucionalidade da citada modificação (do art. 337-A, CP), cabendo a relatoria do processo à Min. Rosa Weber.

Outra importante questão, ainda alusiva ao tema da extinção da punibilidade, diz respeito ao delito de *descaminho*, tal como disposto no art. 334, CP, segunda parte, que cuida da introdução clandestina de mercadoria estrangeira no Brasil, seja com o objetivo de iludir o pagamento do tributo devido (*caput*), seja com finalidades comerciais ou industriais (§ 1º e § 2º, art. 334, CP).

E exatamente porque se trata de crime em que se faz a referência à sonegação dos impostos devidos pela importação clandestina, sustenta-se que a apreensão e a posterior decretação da pena de *perdimento* (perda) da mercadoria deveriam trazer as mesmas consequências do pagamento do débito fiscal, isto é, da extinção da punibilidade.[49]

No entanto, o problema não é tão simples.

Impõe-se, antes, identificar a natureza jurídica do citado delito, na medida em que apenas os crimes *contra a ordem tributária* mereceram o favor da legislação ora mencionada. Seria o descaminho um crime *tributário?* Parece-nos que não!

É certo que o tipo penal do art. 334, *caput*, institui duas modalidades diferentes de delitos, a saber, o crime de *contrabando*, consistente na importação ou na exportação de mercadoria *proibida*, e o de *descaminho*, referente à introdução clandestina de mercadoria estrangeira *sem o pagamento do imposto devido*. Há duas outras espécies do mesmo delito nos §§ 1º e 2º no citado art. 334, CP, em cujos núcleos se aponta claramente a vedação à utilização de tais mercadorias (introduzidas clandestinamente) na atividade comercial e na industrial.

Quanto ao contrabando, não há qualquer divergência quanto à natureza *não tributária* da citada infração penal, em que se proíbe a importação ou a exportação de mercadoria proibida, sem qualquer referência ao tributo devido. Assim, e, em tais situações, o problema não se coloca.

E o mesmo pode ser dito também em relação ao descaminho nas modalidades constantes do art. 334, § 1º e § 2º, CP, em que o exercício de atividade industrial e comercial bem demonstra que a questão não se reduziria à ordem tributária, afetando também o regular funcionamento do mercado interno e a livre concorrência, na medida em que aquele que não recolhe tributos pode estipular preços com maior competitividade comercial ou industrial.

Já em relação ao descaminho previsto no *caput* do art. 334, CP, à primeira vista, poderia parecer que o citado delito se limitaria a tutelar a ordem tributária, tendo em vista que o tipo se contenta com a conduta de *iludir o pagamento do tributo devido*, sem nenhuma referência à finalidade comercial ou industrial. Certamente por isso, a 1ª Turma do Supremo Tribunal Federal teve oportunidade de reconhecer a possibilidade de extinção da punibilidade do crime de descaminho (e não do contrabando!) pelo pagamento do tributo (STF – HC 85.942/SP – 1ª Turma, Rel. Min. Luiz Fux, julg. 24-5-2011). Uma curiosidade: apreendidas as mercadorias descaminhadas, não há constituição do crédito tributário, impondo-se o *perdimento* do bem. É o que se encontra na legislação de regência da matéria: Decreto-lei 37/66, art. 1º, § 4º, III, no Regulamento Aduaneiro (art. 71, Decreto 4.543/02, art. 689, Decreto 6.759/09), e, ainda, no Decreto 1.455/76, com redação dada pela Lei 10.637/02. Como, então, proceder ao pagamento do tributo?

Todavia, há que se ter em vista que a abertura completa e irrestrita do mercado internacional aos consumidores brasileiros, sem a exigência do pagamento de tributos devidos pela importação, certamente poderá afetar a ordem interna e a competitividade dos produtos aqui comercializados e/ou industrializados. Sabe-se que os tributos

[49] DOTTI, René Ariel. *Direito penal*, op. cit., p. 786-787.

não têm função unicamente *fiscal*. Muito ao contrário – e particularmente no que tange ao IPI –, alguns deles exercem função *parafiscal* ou *extrafiscal*, servindo de critério de ajuste para a manutenção da competitividade dos produtos internos.

Nesse passo, a proibição da importação clandestina, isto é, sem o pagamento do tributo devido, é perfeitamente compreensível e aceitável, até certo ponto. Isso, é claro, do ponto de vista da lógica das sociedades capitalistas, como é o caso do regime de economia de Estado acolhido na Constituição da República, quer aceitemos, quer detestemos a escolha. Não há negar, contudo, que a aludida política fiscal surge como verdadeiro paradoxo *dentro* de tal lógica (capitalista), na medida em que *protege o mercado interno* contra os efeitos da globalização cultural e econômica, que, em princípio, seria o sonho de consumo do aludido sistema.

É por isso, então e enfim, que não se pode afirmar que se trata, aqui, de crime *contra a ordem tributária.*

De outro lado, isso não significa, necessariamente, que se deva recorrer ao Direito Penal para semelhante proteção.

Primeiro, porque o Brasil pode e deve exercer com rigor sua função de controle de alfândega pela via aérea e marítima, constituindo semelhante atividade serviço público de natureza relevantíssima. As vias de fronteira terrestre são mesmo mais complicadas, diante da dimensão continental do país. Mas, nem por isso, se dispensa o poder público de sua tarefa fiscalizadora. É dizer: há efetivos e concretos mecanismos de proteção ao mercado interno.

Em segundo lugar, fora dos casos já regulados pelo art. 334, § 1º e § 2º, CP, em que se proíbe a utilização de mercadoria introduzida clandestinamente na atividade comercial ou industrial, não parecem suficientemente relevantes os casos de importação clandestina para uso pessoal das mercadorias, a ponto de se justificar a substituição da política fiscal pela política penal punitiva! A *quantidade* de mercadorias clandestinas até pode ser alta, mas daí a se concluir pela relevância dos danos causados ao produtor interno vai grande distância...

Por fim, e já do ponto de vista prático, ou seja, aceitando a validade *abstrata* da incriminação, pensamos que dificilmente se poderá recusar a aplicação do princípio da insignificância em tais situações (fora dos casos de atividade comercial e industrial), sobretudo porque a aplicação da pena de perdimento das mercadorias introduzidas clandestinamente já exerceria função (a) suficientemente *punitiva*, (b) concretamente *reparatória* e (c) potencialmente *preventiva*. Como querem o moderno Direito Penal e o art. 59 do nosso Código Penal.

É nesse sentido a posição da Suprema Corte em relação ao tema, ressalvando as hipóteses de criminalidade habitual no descaminho, quando então não seria possível falar-se em insignificância (STF – HC 115.331, Rel. Min. Gilmar Mendes, 2ª Turma, 18-6-2013).

Referências

ALEXY, Robert. *Teoría del discurso y derechos humanos*. Colômbia: Universidad Externado de Colombia, 1995.

______. *Derecho y razón práctica*. Colonia del Carmen: Biblioteca de Ética, Filosofia del Derecho y Política, 2002.

ANARTE BORRALLO, Enrique. *Causalidad e imputación objetiva en Derecho penal*. Estructura, relaciones y perspectivas, Huelva, 2002.

ARAGÃO, Eugênio José Guilherme. Crimes contra a humanidade. Sistema internacional de repressão. *Rev. TST*, Brasília, v. 75, nº 1, jan./mar. 2009.

ASCENSÃO, José de Oliveira. *O direito*. Introdução e teoria geral. 13. ed. refundida. Coimbra: Almedina, 2005.

ASSIS TOLEDO, Francisco de. *Princípios básicos de direito penal*. São Paulo: Saraiva, 2000.

______. *Ilicitude penal e causas de sua exclusão*. Rio de Janeiro: Forense, 1984.

ÁVILA, Humberto. *Teoria dos princípios*. Da definição à aplicação dos princípios jurídicos. 4. ed. São Paulo: Malheiros, 2005.

BACIGALUPO, Enrique. *Principios de derecho penal*. 5. ed. parte general. Madrid: Akal/Iure, 1998.

BARACHO, José Alfredo de Oliveira. Teoria geral do constitucionalismo. *Revista de Informação Legislativa*, ano 23, nº 91, p. 46, jul./set. 1986.

BARATA, Alessandro. *Criminologia crítica e crítica do direito penal.* Introdução à sociologia do Direito Penal. 2. ed. Tradução de Juarez Cirino dos Santos. Rio de Janeiro: Freitas Bastos, 1999.

BARROS, Suzana de Toledo. *O princípio da proporcionalidade e o controle de constitucionalidade das leis restritivas de direitos fundamentais.* 2. ed. Brasília: Brasília Jurídica, 2000.

BARROSO, Luís Roberto. *Interpretação e aplicação da constituição.* 5. ed. rev. ampl. e atual. São Paulo: Saraiva, 2003.

BATISTA, Nilo. *Concurso de agentes*. Brasília: Liber Juris, 1979.

BECCARIA, Cesare. *Dos delitos e das penas.* 2ª ed. São Paulo: Martins Fontes, 1997.

BELING, Ernst von. *Esquema de derecho penal*. Buenos Aires: Depalma, 1944.

______. *A ação punível e a pena.* Tradução, por Maria Carbajal, de parte – Doutrina do delito-tipo – do famoso *Esquema de Direito Penal,* traduzido para o espanhol por Sebastián Soler, em 1944. São Paulo: Riedel, 2007.

BENTHAM, Jeremy. *O panóptico.* E ensaios de Jacques-Alain Miller, Michelle Perrot e Simon Werret. Org. Tomaz Tadeu da Silva. Traduções: Guacira Lopes louro, M.D. Magno e Tomaz Tadeu da Silva. Belo Horizonte: Autêntica, 2000.

BETTIOL, Giuseppe. *Direito Penal.* Tradução e anotações de Paulo José da Costa Jr. e Alberto Silva Franco; notas de Everardo da Cunha Luna. São Paulo: Revista dos Tribunais, 1971. v. 2.

BINDING, Karl. *As normas e suas infrações.* Trad. do *Die normen und ihre ubertretungen,* por Antônio José Miguel Feu Rosa. Vol. I, Biblioteca pessoal do Min. Bueno de Souza, Biblioteca do Superior Tribunal de Justiça.

BITENCOURT, Cezar Roberto. *Tratado de direito penal.* Parte especial. Dos crimes contra a pessoa. 6. ed. São Paulo: Saraiva, 2007. v. 2.

BOBBIO, Norberto. *Teoria geral do direito.* Tradução de Denise Agostinetti. São Paulo: Martins Fontes, 2008.

______. *Teoria do ordenamento jurídico.* Tradução de Maria Celeste Cordeiro Leite dos Santos. 10. ed. Brasília: UnB, 1982.

______. *Da estrutura à função.* Novos estudos de teoria do direito. Tradução de Daniela Beccaccia Versiani. São Paulo: Manole, 2007.

______. *O positivismo jurídico.* Lições de filosofia do direito. Tradução e notas: Márcio Pugliese, Edson Bini e Carlos E. Rodrigues. São Paulo: Ícone, 1995. p. 147-160.

BONAVIDES, Paulo. *Curso de direito constitucional.* 7. ed. São Paulo: Malheiros, 1997.

BOTTINI, Pierpaolo Cruz. *Crimes de perigo abstrato.* 2. ed. São Paulo: Revista dos Tribunais, 2011.

BRANDÃO, Cláudio. *Curso de direito penal.* Parte geral. Rio de Janeiro: Forense, 2008.

______. *Teoria jurídica do crime.* 2. ed. Rio de Janeiro: Forense, 2007.

BRUNO, Aníbal. *Direito penal* – parte geral. revista e atualizada por Raphael Cirigliano Filho. Rio de Janeiro: Forense, 2003.

BUSTOS RAMIREZ, Juan J.; MALARÉE, Hernán Hormazábal. *Nuevo sistema de derecho penal.* Madrid: Trota, 2004.

______. *Manual de derecho penal español.* Parte general. Barcelona: Ariel, 1984.

CALLEGARI, André Luís. *Imputação objetiva, lavagem de dinheiro e outros temas do Direito Penal.* Porto Alegre: Livraria do Advogado, 2001.

______; LOPES, Fabio Motta. *Boletim do Instituto Brasileiro de Ciências Criminais,* nº 191, 2008.

CANARIS, Claus Wilhelm. *Pensamento sistemático e conceito de sistema na ciência do direito.* 3. ed. Lisboa: Fundação Calouste Gulbenkian, 2002.

CANCIO MELIÁ, Manuel. *Líneas básicas de la teoría de la imputación objetiva.* Mendoza, 2001 (México D.F., 2001).

______; CALLEGARI, André Luis. *Direito penal e funcionalismo.* Porto Alegre: Livraria do Advogado, 2004.

______; FERRANTE, Marcelo: SANCINETTI, Marcelo. *Estudios sobre la teoría de la imputación objetiva.* Buenos Aires, 1998 (Bogotá, 1998).

______; PÉREZ MANZANO, Mercedes. Principios del derecho penal (II). In: LASCURAÍN SÁNCHEZ, Juan Antonio (Org.). *Introducción al Derecho penal.* Madri: Civitas, 2011. cap. 3, p. 81-110.

______; ______. Principios del Derecho penal (III). In: LASCURAÍN SÁNCHEZ, Juan Antonio (Org.). *Introducción al derecho penal.* Madri: Civitas, 2011. Cap. 4, p. 111-1147.

CAPEZ, Fernando. *Curso de direito penal.* São Paulo: Saraiva, 2000. v. 1.

CARVALHO, Salo de. *Pena e garantias.* Uma leitura do garantismo de Luigi Ferrajoli no Brasil. Rio de Janeiro: Lumen Juris, 2001.

CASTALDO, Andrea R. *L'imputazione oggetiva nel delitto colposo d'evento.* Napoli, 1989.

CEREZO MIR, José. *derecho penal*. Parte General. 2. ed. Madrid: Universidad Nacional de Educación a Distancia, 2000.

CIRINO DOS SANTOS, Juarez. *Direito penal*. Parte geral. 4. ed. revista e atualizada. Florianópolis: Conceito, 2010.

COBO DEL ROSAL, M.; VIVES ANTÓN, T. S. *Derecho penal*. Parte general, 5. ed. Valencia: Tirant lo Blanch, 1999.

CONDE, Francisco Muñoz. *Teoria geral do delito*. Tradução de Juarez Tavares e Luiz Regis Prado. Porto Alegre: Sergio Antonio Fabris, 1988.

CONDE, Francisco Muñoz. *Derecho penal y control social*. Bogotá: Temis, 1999.

COSTA, Pedro Jorge. *A consunção no direito penal brasileiro*. Porto Alegre: Sergio Antonio Fabris, 2012.

COSTA, Leonardo Luiz de Figueiredo. Prescrição penal. In: OLIVEIRA, Eugênio Pacelli de (Coord.) *Direito e processo penal na Justiça Federal*. São Paulo: Atlas, 2011.

COSTA JUNIOR, Paulo José da. *Curso de direito penal*. Parte geral, 2. ed. São Paulo: Saraiva, 1992. v. 1.

______. *Direito penal objetivo*. Rio de Janeiro: Forense Universitária.

CUELLO CONTRERAS, Joaquin. *El derecho penal español*: parte general. Madrid: Civitas, 1996.

DAVID, René. *Os grandes sistemas do direito contemporâneo*. Tradução de Hermínio A. Carvalho. São Paulo: Martins Fontes, 1998.

DELMANTO, Celso et al. *Código Penal comentado*. Legislação complementar. 6. ed. Rio de Janeiro: Renovar, 2002.

DIAZ PITA, Mª Del Mar. *El dolo eventual*. Valencia: Tirant Lo Blanch, 1994.

DOTTI, René Ariel. *Curso de direito penal*. Parte geral. 4. ed. São Paulo: Revista dos Tribunais, 2012.

DURKHEIM, Émile. *As regras do método sociológico*. Tradução de Paulo Neves. São Paulo: Martins Fontes, 2007.

DWORKIN, Ronald. *O império do direito*. São Paulo: Martins Fontes, 1999.

ENCINAS, Emilio Eiranova (Coord.). *Código penal alemán* – StGB Código procesal penal alemán StPO. Barcelona: Universidad de Múnich, 2000.

ENGISCH, Karl. *Introdução ao pensamento jurídico*. 8. ed. Tradução de João Batista Machado. Lisboa: Fundação Calouste Gulbenkian, 2001.

FAYET JÚNIOR, Ney. *Do crime continuado*. 2. ed. revista, atualizada e ampliada. Porto Alegre: Livraria do Advogado, 2010.

FEIJÓO SÁNCHEZ, Bernardo. *Teoría de la imputación objetiva*. Estudio crítico sobre fundamentos dogmáticos y evolución. México D. F., 2000.

FERRAJOLI, Luigi. *Derecho y razón*. Teoría del garantismo penal. Tradução de Perfecto Ibánez et al. Madrid: Trotta, 1995.

______. *Direito e razão:* teoria do garantismo penal. São Paulo: Revista dos Tribunais, 2002.

FERRAZ JR., Tércio Sampaio. *Teoria da norma jurídica*. 4. ed. Rio de Janeiro: Forense, 2002.

FIGUEIREDO DIAS, Jorge de. *Direito Penal*. Parte geral. Questões fundamentais. A doutrina geral do crime. Coimbra: Coimbra Editora, 2004. t. I.

______. *Direito penal português*. As consequências jurídicas do crime. Coimbra: Editora Coimbra, 2005.

FLORIAN, Eugenio. *Trattato di diritto penale:* dei reati e delle pene in generale. 2. ed. Milano: Dott. Francesco Vallardi, 1910. v. 1.

FOUCAULT, Michel. *Vigiar e punir*. Nascimento da prisão. Tradução de Raquel Ramalhete. 17. ed. Petrópolis: Vozes, 1998.

FRAGOSO, Christiano. Sobre a necessidade do *animus defendendi* na legítima defesa. *Boletim IBCCRIM*, v. 10, Fascículo 112, São Paulo, mar. 2002.

FRAGOSO, Heleno Cláudio. *Lições de direito penal*. A nova parte geral. 10. ed. Rio de Janeiro: Forense, 1986.

FRANCO, Alberto Silva et al. *Código Penal e sua interpretação jurisprudencial*. 6. ed. São Paulo: Revista dos Tribunais, 1997.

FRISCH, Wolfgang. *Tipo penal e imputación objetiva*. Tradução de Manuel Cancio Meliá, Beatriz de la Gándara Vallejo, Manuel Jaén Vallejo, Carlos Pérez del Valle, Yesid Reyes Alvarado y Arturo Ventura Püschel. Madrid, 1995.

GADAMER, Hans-Georg. *Verdade e método*. Petrópolis: Vozes, 1997.

GARCIA, Fernanda Lau Mota. O Tribunal Penal internacional: funções, características e estrutura. *Âmbito Jurídico*, Rio Grande, XV, nº 103, ago. 2012: Disponível em: <www.ambito-jurídico.com.br>.

GARLAND, David. *A cultura do controle*. Crime e ordem social na sociedade contemporânea. Tradução e apresentação: André Nascimento. Rio de Janeiro: Revan, 2008. (Coleção Pensamento Criminológico).

GIMBERNAT ORDEIG, Enrique. *Conceito e método da ciência do direito penal*. Tradução de José Carlos Gobbis Pagliuca. São Paulo: Revista dos Tribunais, 2002. (Série As ciências criminais no século XXI, vol. 9.)

HABERMAS, Jurgen. *Direito e democracia:* entre faticidade e validade. Tradução de Flávio Beno Siebeneichler. Rio de Janeiro: Tempo Brasileiro, 1997. v. I.

______. Sobre a legitimação pelos direitos humanos. In: MERLE, Jean Christophe; MOREIRA, L. (Coord.). *Direito e legitimidade*. São Paulo: Landy, 2003.

HASSEMER, Winfried; GRECO, Luís; TÓRTIMA, Fernanda Lara (Organizadores e tradutores). *O bem jurídico como limitação do poder estatal de incriminar?* Rio de Janeiro: Lumen Juris, 2011.

______. *Fundamentos del derecho Penal*. Barcelona: Bosch, 1984.

______. *Um panorama da teoria da imputação objetiva*. Rio de Janeiro: Lumen Juris, 2005.

______. *Cumplicidade através de ações neutras*. A imputação objetiva na participação. Rio de Janeiro/São Paulo/Recife: Renovar, 2004.

______; LEITE, Alaor. O que é e o que não é a teoria do domínio do fato sobre a distinção entre autor e partícipe no direito penal. *RT*, v. 933, jul. 2013.

HEGEL, G. W. F. *Princípios da filosofia do direito*. Tradução de Orlando Vitorino. São Paulo: Martins Fontes, 2000.

HORTA, Frederico Gomes de Almeida. *Concurso aparente de normas*. Rio de Janeiro: Lumen Juris, 2007.

HULSMANN, Louk. Temas e conceitos numa abordagem abolicionista da justiça criminal. In: PASSETI, Edson; SILVA, Roberta Dias. *Conversações abolicionistas:* uma crítica ao sistema penal e da sociedade punitiva. São Paulo: IBCcrim/PEPG Ciências Sociais PUCSP, 1997.

______; BERNAT DE CELIS, Jaqueline. *Penas perdidas:* o sistema penal em questão. Tradução de Maria Lúcia Karam. Niterói: Luam, 1993.

HUNGRIA, Nelson. *Comentários ao Código Penal*. Rio de Janeiro: Forense, 1953. t. 2, v. 1.

JAKOBS, Günther. *Derecho penal*. Parte general. Fundamentos y teoría de la imputación. Tradução de Joaquin Cuello Contreras y Jose Luis Serrano de Murillo. 2. ed. Madrid: Marcial Pons, 1997.

______. *La imputación objetiva en Derecho penal*. (Tradução de Manuel Cancio Meliá. Bogotá, 1994 (= Buenos Aires, 1996; = Madrid, 1996; = Lima, 1998; = México, 2001; = São Paulo [trad. al portugués – de André Callegari – con base en la trad. española], 2002).

JAKOBS, Günther. *Teoria da pena e suicídio e homicídio a pedido.* Tradução espanhola de Manuel Câncio Meliá, vertida para o português por Maurício A. Ribeiro Lopes. São Paulo: Manole, 2003.

______. *Fundamentos do direito penal.* Tradução para o espanhol: Manuel Cancio Meliá e Enrique Peñaranda Ramos. Tradução para o português: André Luís Callegari. São Paulo: Revista dos Tribunais, 2003.

______. *Tratado de direito penal.* Teoria do injusto penal e culpabilidade. Tradução do alemão: Gercélia Batista de Oliveira Mendes e Geraldo de Carvalho. Apresentação: Eugênio Pacelli de Oliveira. Belo Horizonte: Del Rey, 2009.

______. *Direito penal do inimigo.* Tradução de Gercélia Batista. Rio de Janeiro: Lumen Juris, 2008.

JESCHECK, Hans-Heinrich. *Tratado de derecho penal*: parte general. 4. ed. Tradução de José Luis Manzanares Samaniego. Granada: Comares, 1993.

______; WEIGEND, Thomas. *Tratado de derecho penal.* Parte general. 5. ed. corregida y ampliada. Tradução de Miguel Olmedo Cardenete. Granada: Comares, 2002.

JESUS, Damásio de. *Direito Penal,* 1º v. – Parte Geral. 19. ed. São Paulo: Saraiva, 1995.

______. *Direito penal*: parte geral. 31. ed. São Paulo: Saraiva, 2010. v. I.

______. *Direito penal.* Parte especial. 8. ed. São Paulo: Saraiva, 1985. v. 2.

KANT, Immanuel. *A metafísica dos costumes.* A doutrina do direito. A doutrina da virtude. Tradução de: Edson Bini. 2. ed. São Paulo: Edipro, 2008.

KELSEN, Hans. *Teoria pura do direito.* 6. ed. Coimbra: Armênio Amado, 1984.

KREBS, Pedro. *Teoria jurídica do delito.* Noções introdutórias: tipicidade objetiva e subjetiva. São Paulo: Manole, 2004.

LARENZ, Karl. *Metodologia da ciência do direito.* 3. ed. Tradução de José Lamego. Lisboa: Fundação Calouste Gulbenkian, 1997.

LEITE, Alaor. *Dúvida e erro sobre a proibição no direito penal.* A atuação nos limites entre o permitido e o proibido. São Paulo: Atlas, 2013.

LUHMANN, Niklas. *A nova teoria dos sistemas.* Coordenação Clarissa Baeta Neves e Eva Machado Barbosa Samios. Tradução de Eva Machado Barbosa Samios. Porto Alegre: Editora da Universidade, 1997.

LUZ, Yuri Corrêa da. *Entre bens jurídicos e deveres normativos.* Um estudo sobre os fundamentos do direito penal contemporâneo. São Paulo: IBCCRIM, 2013.

LUZÓN PEÑA, Diego-Manuel. *Curso de derecho penal*: parte general I. Madrid: Editorial Universitas,1996.

MAGALHÃES, José Luiz Quadros de. *Direito constitucional*. 2. ed. Belo Horizonte: Mandamentos, 2002.

MARTÍNEZ ESCAMILLA, Margarita. *La imputación objetiva del resultado*. Madrid: Editora Edersa, 1992.

MAURACH, Reihart; ZIPF, Heinz; GÖSSEL, Karl Heinz. *Derecho penal*: parte general 2. Tradução de Jorge Bofill Genzcch. Buenos Aires: Astrea, 1995.

______; ______; ______. *Derecho penal*, parte general 1. Buenos Aires: Astrea, 1994.

MENDES, Gilmar; COELHO, Inocência Mártires; BRANCO, Paulo G. G. *Curso de direito constitucional*. São Paulo: Saraiva, 2007.

MERLE, Jean-Christophe; MOREIRA, Luiz (Org.). *Direito e legitimidade*. São Paulo: Landy, 2003.

MEROLLI, Guilherme. *Fundamentos críticos de direito penal*. Rio de Janeiro: Lumen Juris, 2010.

MIR PUIG, Santiago. *Derecho penal*: parte general. 4. ed. Barcelona: PPU, 1996.

______. *Derecho penal*: parte general. 7. ed. Barcelona: Reppertor, 2005.

______. *Función de la pena y teoría del delito en el Estado social y democratico de derecho*. 2. ed. Barcelona: Bosch, 1982.

______. *Direito penal*. Fundamentos e teoria do delito. Tradução de Cláudia Viana Garcia e José Carlos Porciúncula. São Paulo: Revista dos Tribunais, 2007.

MIRABETE, Júlio Fabbrini; FABBRINI, Renato N. Fabbrini. *Manual de direito penal*. Parte geral. I. 25. ed. revista e atualizada. São Paulo: Atlas, 2009.

______. *Manual de direito penal 1*. Parte geral. 7. ed. São Paulo: Atlas, 1992.

MONREAL, Eduardo Novoa. *Fundamentos de los delitos de omisión*. Buenos Aires: Depalma, 1984.

MONTEALEGRE LYNETT, Eduardo. Introdução à obra de Günther Jakobs. *Direito Penal e Funcionalismo*. Tradução de André Luís Callegari. Porto Alegre: Livraria do Advogado, 2005.

MUÑOZ CONDE, Francisco; GARCÍA ARÁN, Mercedes. *Derecho penal*: parte general. 2. ed. Valencia: Tirant lo Blanch, 1996.

______. *El desistimiento voluntario de consumar el delito*. Barcelona: Bosch, 1972.

MUÑOZ CONDE, Francisco. *Teoria geral do delito*. Porto Alegre: Sergio Antonio Fabris, 1988.

ORDEIG, Enrique Gimbernat. *Conceito e método da ciência do direito penal*. Tradução de José Carlos Gobbis Pagliuca. São Paulo: Revista dos Tribunais, 2002.

PACELLI, Eugênio. *Processo e hermenêutica na tutela penal dos direitos fundamentais*. 3. ed. São Paulo: Atlas, 2012.

______. *Funcionalismo e dogmática penal:* ensaio para um sistema de interpretação. In Direito penal contemporâneo. Coordenação: Gilmar Mendes, Eugênio Pacelli de Oliveira e Pierpaolo Bottini. São Paulo: Saraiva, 2011.

______. *Curso de processo penal*. 17. ed. São Paulo: Atlas, 2013.

______. Sistemas penais e a nova lei de drogas: do uso, da pena e de outras questões. In: *Estudos criminais em homenagem a Weber Martins Batista*. POLASTRI LIMA, Marcellus, RIBEIRO, Bruno de Morais. Rio de Janeiro: Lumen Juris, 2008. p. 187-209.

______; COSTA, Domingo Barroso da. *Prescrição do art. 117, § 1º, do Código Penal e sua interpretação conforme a Constituição: a absolvição, a pronúncia, a condenação e a interrupção da prescrição.* <www.eugeniopacelli.com.br/publicações/artigos>.

PALAZZO, Francesco C. *Valores constitucionais e direito penal*. Porto Alegre: Sergio Antonio Fabris, 1989.

PEDROTTI, Marcelo Líscio. Do concurso de agentes nos delitos de lesões corporais e homicídios culposos na direção de veículo automotor. *Revista Ibero-Americana de Ciências Penais*, ano 2, nº 2, jan./abr. 2001. Porto Alegre: Centro de Estudos Ibero-Americano de Ciências Penais, 2001.

PEÑARADA RAMOS, Enrique. *La participación en el delito y el principio de accesoriedad*. Madrid: Tecnos, 1990.

______; SUÁREZ GONZÁLEZ, Carlos; CANCIO MELIÁ, Manuel. *Um novo sistema do direito penal*. Tradução de André Luís Callegari e Nereu José Giacomolli. Barueri: Manole, 2003.

PIERANGELLI, José Henrique. *Escritos jurídicos penais*. São Paulo: Revista dos Tribunais, 1992.

PORCIÚNCULA, José Carlos Nobre. *La 'exteriorización de lo interno': Sobre la relación entre lo 'objetivo' y lo 'subjetivo' en el tipo penal*. Tesis Doctoral. Universidade de Barcelona, 2012.

PRADO, Luiz Regis. *Bem jurídico-penal e constituição*. 2. ed. São Paulo: Revista dos Tribunais, 1997.

PRADO, Luiz Regis. *Curso de direito penal brasileiro*. São Paulo: Revista dos Tribunais, 2002.

______. *Curso de direito penal brasileiro*. V. 1 – Parte Geral. 4. ed, São Paulo: Revista dos Tribunais, 2004.

______. *Curso de direito penal brasileiro*. V. 2 – Parte Especial. São Paulo: Revista dos Tribunais, 2000.

PUPPE, Ingeborg. *La imputación objetiva*. Presentada mediante casos ilustrativos de la jurisprudencia de los altos tribunales. tradução de Percy García Cavero. Granada, 2001.

QUINTERO OLIVARES, Gonzalo. *Manual de derecho penal*: parte general. Pamplona: Aranzadi, 1999.

QUEIROZ, Paulo. *Curso de direito penal*. Parte geral. 8. ed. Salvador: JusPodivm, 2012. v. 1.

RADBRUCH, Gustav. *Introdução à ciência do direito*. São Paulo: Martins Fontes, 1999.

RAMÍREZ, Juan Bustos. *Manual de derecho penal español*. Parte general. Buenos Aires: Ariel, 1991.

REALE JÚNIOR, Miguel. *Instituições de direito penal: parte geral*. Rio de Janeiro: Forense, 2002. v. 2.

REYES ALVARADO, Yesid. *Imputación objetiva*. Bogotá: Temis, 1994.

RODRIGUEZ DEVESA, Jose Maria; SERRANO GOMEZ, Alfonso. *Derecho penal español*. Parte general, 18. ed. Dykinson, 1995.

RODRÍGUEZ MOURULLO, Gonzalo. *Comentarios al Código Penal*. Madrid: Civitas, 1997.

______. *Derecho penal*: parte general. Madrid: Civitas, 1978.

ROXIN, Claus. *A proteção de bens jurídicos como função do Direito Penal*. Tradução de André Luís Callegari e Nereu José Giacomolli. Porto Alegre: Livraria do Advogado, 2006.

______. *Autoría y dominio del hecho en derecho penal*. Madrid: Marcial Pons, 1998.

______. *Problemas básicos del derecho penal*. Tradução e notas de Diego-Manuel Luzón Peña. Madrid: Marcial Pons, 1976.

______. *Funcionalismo e imputação objetiva no direito penal*. Rio de Janeiro: Renovar, 2002.

______. *La evolución de la política criminal*. El derecho penal y el proceso penal. Tradução de Carmen Gómez Rivero y Maria Del Carmen García Cantizano. Introdução de Francisco Muñoz Conde. Valencia: Tirant lo Blanch, 2000.

ROXIN, Claus; ARZT, Gunther; TIEDEMAN, Klaus. *Introdução ao direito penal e ao direito processual penal*. Tradução de Gercélia Batista de Oliveira Mendes. Apresentação de: Eugênio Pacelli de Oliveira. Belo Horizonte: Del Rey, 2007.

______. *Derecho penal*. Parte general. Tomo I. Fundamentos. La estructura de la teoría del delito. Tradução de Diego-Manuel Luzón Peña, Miguel Díaz y García Conlledo e Javier de Vicente Remesal. Madrid: Civitas, 1997.

RUEDA MARTÍN, María Ángeles. *La teoría de la imputación objetiva del resultado en el delito doloso de acción* (una investigación, a la vez, sobre los límites ontológicos de las valoraciones jurídico-penales en al ámbito de lo injusto). Barcelona/Bogotá, 2001.

SAINZ CANTERO, José A. *Lecciones de derecho penal*: parte general. 3. ed. Barcelona: Bosch, 1990.

SALGADO, Joaquim Carlos. *A ideia de justiça en Hegel*. São Paulo: Loyola, 1996.

SAMPAIO, José Adércio Leite. *Direitos fundamentais*. Retórica e historicidade. Belo Horizonte: Del Rey, 2004.

SANCINETTI, Marcelo. *Subjetivismo e imputación objetiva en derecho penal*. Buenos Aires, 1997 (= Bogotá, 1996).

SARMENTO, Daniel. *A ponderação de interesses na Constituição Federal*. Rio de Janeiro: Lumen Juris, 2002.

SICA, Leonardo. *Justiça restaurativa e mediação penal*. O novo modelo de justiça criminal e de gestão do crime. Rio de Janeiro: Lumen Juris, 2007.

SILVA FRANCO, Alberto et al. *Código Penal e sua interpretação jurisprudencial*. 6. ed. São Paulo: Revista dos Tribunais, 1997.

SILVA SÁNCHEZ, Jesús-María. *El nuevo Código Penal:* cinco cuestiones fundamentales. Barcelona: José Maria Bosch, 1997.

______. *A expansão do direito penal*. Aspectos da política criminal nas sociedades pós-industriais. Tradução de Luiz Otávio de Oliveira Rocha. São Paulo: Revista dos Tribunais, 2002. (As Ciências Criminais no Século XXI. Volume 11).

SILVEIRA, Renato de Mello Jorge. *Direito penal supra-individual*. Interesses difusos. São Paulo: Revista dos Tribunais, 2003.

SOLLER, Sebastián. *Derecho penal argentino*. Buenos Aires: La Ley, 1945. t. II.

SOUZA, Artur de Brito Gueiros. *As novas tendências do direito extradicional*. 2. ed. revista, atualizada e ampliada. Rio de Janeiro: Renovar, 2013.

______; JAPIASSÚ, Carlos Eduardo Adriano. *Curso de direito penal*. Parte geral. Rio de Janeiro: Elsevier, 2012.

STRATENWERTH, Günther. *Derecho penal*: Parte general, I. Tradução de Gladys Romero. Madrid: Edersa, 1982.

STRECK, Lenio Luiz; FELDENS, Luciano. *Crime e Constituição*. Rio de Janeiro: Forense, 2005.

STRECK, Maria Luíza Schäfer. *Direito penal e constituição*. A face oculta da proteção dos direitos fundamentais. Porto Alegre: Livraria do Advogado, 2009.

TAVARES, Juarez. *A Controvérsia em torno dos crimes omissivos*. Instituto Latino-Americano de Cooperação Penal, 1996.

______. *Teoria do injusto penal*. 2. ed. Belo Horizonte: Del Rey, 2000.

TEIXEIRA, Ricardo Augusto de Araújo. *Direito penal de emergência*. Belo Horizonte: D'Plácido, 2014.

TOLEDO, Francisco de Assis. *Princípios básicos de direito penal*. São Paulo: Saraiva, 2000.

______. *Princípios básicos de direito penal*. 5. ed. São Paulo: Saraiva, 2008.

VARGAS, José Cirilo de. *Instituições de direito penal*. Parte geral. Tomo I. Belo Horizonte: Del Rey, 1997.

VELO, Joe Tennyson. *O juízo de censura penal* – o princípio da inexigibilidade de conduta diversa e algumas tendências. Porto Alegre: Sergio Antonio Fabris, 1993.

VON LISTZ, Franz. *Tratado de direito penal allemão*. Tradução de José Hygino Duarte Pereira. Rio de Janeiro, F. Briguiet & C, 1899. T. I.

______. *Tratado de derecho penal*. 4. ed. Tradução da 18. edição alemã, por Quintiliano Saldaña. Madrid: Reus, 1999. t. I.

______. *Tratado de derecho penal*. 4. ed. Tradução da 20. edição alemã, por Luis JIMENEZ DE ASUA. Madrid: Reus, 1999. t. III.

______. *Tratado de derecho penal*. 4. ed. Tradução da 20. edição alemã, por Luis JIMENEZ DE ASUA. Madrid: Reus, 1999. t. III.

WACQUANT, Loïc. *Punir os pobres:* a nova gestão da miséria nos Estados Unidos. Rio de Janeiro: Instituto Carioca de Criminologia: Freitas Bastos, 2001.

WELZEL, Hans. *Derecho penal alemán*. Tradução de Juan Bustos Raírez y Sergio Yáñez Pérez. Santiago: Jurídica de Chile, 1993.

______. *O novo sistema penal*. Uma introdução à doutrina da ação finalista. Prólogo à 4. ed. Tradução da versão espanhola anotada por José Cerezo Mir, por Luis Régis Prado. São Paulo: Revista dos Tribunais, 2001.

WESSELS, Johannes. *Direito penal*: parte geral. Tradução de Juarez Tavares. Porto Alegre: Sergio Antonio Fabris, 1976.

WITTGENSTEIN, Ludwig. *Investigações filosóficas*. 6. ed. Tradução de: Marcos G. Montagnoli. Petrópolis: Vozes, 2009.

ZAFFARONI, Eugenio Raúl; PIERANGELI, José Henrique. *Manual de direito penal brasileiro:* parte geral. 3. ed. São Paulo: Revista dos Tribunais, 2007.

______; ______. *Manual de direito penal brasileiro*. Parte geral. São Paulo: Revista dos Tribunais, 1997.

______. BATISTA, Nilo; ALAGIA, Alejandro; SLOKAR, Alejandro. *Direito penal brasileiro – I*. Teoria geral do direito penal. Rio de Janeiro: Revan, 2003.

Formato	17 x 24 cm
Tipografia	Iowan 10/13
Papel	Offset Sun Paper 63 g/m^2 (miolo)
	Supremo 250 g/m^2 (capa)
Número de páginas	704
Impressão	RR Donnelley

e aqui

Cole aqui

Sim. Quero fazer parte do banco de dados seletivo da Editora Atlas para receber informações sobre lançamentos na(s) área(s) de meu interesse.

Nome: ______________________________

______________ CPF: ______________ Sexo: ○ Masc. ○ Fem.

Data de Nascimento: ______________ Est. Civil: ○ Solteiro ○ Casado

End. Residencial: ______________________________

Cidade: ______________ CEP: ______________

Tel. Res.: ______________ Fax: ______________ E-mail: ______________

End. Comercial: ______________________________

Cidade: ______________ CEP: ______________

Tel. Com.: ______________ Fax: ______________ E-mail: ______________

De que forma tomou conhecimento deste livro?

☐ Jornal ☐ Revista ☐ Internet ☐ Rádio ☐ TV ☐ Mala Direta

☐ Indicação de Professores ☐ Outros: ______________

Remeter correspondência para o endereço: ○ Residencial ○ Comercial

e aqui

Indique sua(s) área(s) de interesse:

○ Direito Civil / Processual Civil
○ Direito Penal / Processual Penal
○ Direito do Trabalho / Processual do Trabalho
○ Direito Financeiro Tributário / Processual Tributário
○ Direito Comercial
○ Direito Administrativo
○ Direito Constitucional
○ Direito Difusos e Coletivos
○ Outras Áreas ______________

Comentários

____

____

____

Corte aqui

Manual de Direito Penal / Pacelli e Callegari

ISR-40-2373/83

U.P.A.C Bom Retiro

DR / São Paulo

CARTA - RESPOSTA

Não é necessário selar

O selo será pago por:

atlas

01216-999 - São Paulo - SP

REMETENTE:

ENDEREÇO: